Münchener Universitätsschriften · Juristische Fakultät

ABHANDLUNGEN
ZUR RECHTSWISSENSCHAFTLICHEN
GRUNDLAGENFORSCHUNG

Band 91

Herausgegeben im Auftrag der Juristischen Fakultät
von Peter Landau, Dieter Nörr, Bernd Schünemann

Peter Landau / Rolf Rieß
Herausgeber

Recht und Politik in Bayern zwischen Prinzregentenzeit und Nationalsozialismus.

Die Erinnerungen von Philipp Loewenfeld

2004

AKTIV DRUCK & VERLAG GMBH · EBELSBACH

Gedruckt mit Unterstützung aus den Mitteln
der Münchener Universitätsschriften,
des Herbert Wehner Fonds
und der Rechtsanwaltskammer München.

Gedruckt auf alterungsbeständigem Papier

Printed in Germany

Gesamtherstellung: Aktiv Druck & Verlag GmbH, Ebelsbach am Main

ISBN 3-932653-16-5

Philipp Loewenfeld

DANKSAGUNG

Ein solch umfangreiches und viele Themen von der Universitäts-, Militär- bis zur allgemeinen Geschichte berührendes Werk lässt sich ohne fremde Hilfe nicht mehr kommentieren, da die Forschung zu den einzelnen Sachgebieten so weit ausdifferenziert ist, dass ein Einzelner sie nicht mehr überblicken kann. Hinzu kommen noch die unveröffentlichten Quellen aus den Archiven. Daher gilt es vielfach Dank abzustatten, was der Bearbeiter gerne tut.

An erster Stelle möchte ich Herrn Professor Landau, Frau Eva Goldschmidt und Frau Irene Loewenfeld danken, ohne die das Buch nicht hätte erscheinen können.

Für zahlreiche Hinweise danke ich den Herren Professor Harold Hurwitz, Dr. Reinhard Weber, Dr. Otto Gritschneder und Dr. Andreas Heusler, sowie Frau Dr. Monika Dimpfl.

Die Friedrich-Ebert-Stiftung hat mit einem Reisestipendium die Forschungen erst ermöglicht. Auch hierfür sei nochmals gedankt.

Der nicht immer leichten Lektüre und der Korrekturarbeit unterzog sich dankenswerter Weise Professor Dr. Andreas Thier.

Nicht zu vergessen ist, dass ein Buch auch geschrieben werden muss. Für die geduldige Erfassung des Textes im Computer möchte ich meinem Vater Anton Rieß noch Dank abstatten.

Sollte sich hier und da doch noch ein Fehler eingeschlichen haben, so übernimmt der Bearbeiter dafür die Verantwortung und bittet um Nachsicht.

Rolf Rieß

INHALTSVERZEICHNIS

ABKÜRZUNGSVERZEICHNIS

BBB:	Bosls Bayerische Biographie
BGB:	Bürgerliches Gesetzbuch
BHE:	Biographisches Handbuch der Emigration
BHStA:	Bayerisches Hauptstaatsarchiv
BVP:	Bayerische Volkspartei
DBE:	Deutsche Biographische Enzyklopädie
DDP:	Deutsche Demokratische Partei
DJZ:	Deutsche Juristen-Zeitung
DNVP:	Deutschnationale Volkspartei
E.B.:	Encyclopedia Britannica
GVBl:	Gesetz- und Verordnungsblatt
KAG:	Kommunistische Arbeitsgemeinschaft
KPD:	Kommunistische Partei Deutschland
MdL:	Mitglied des Landtages
MdR:	Mitglied des Reichstages
MNN:	Münchner Neueste Nachrichten
MP:	Münchener Post
NDB:	Neue Deutsche Biographie
NJW:	Neue Juristische Wochenschrift
NSDAP:	Nationalsozialistische Deutsche Arbeiterpartei
RGBl:	Reichsgesetzblatt
RMJ:	Reichsministerium der Justiz
SA:	Sturmabteilung
SS:	Schutzstaffel
StAM:	Staatsarchiv München
USP(D):	Unabhängige Sozialdemokratische Partei
ZRG:	Zeitschrift für Rechtsgeschichte

VORWORT

Das Schreiben von Büchern ist schwer, die Herausgabe von Büchern dagegen ist leicht, so lautet ein weit verbreitetes Vorurteil. Der Autor eines Werkes muss über eigene Gedanken und über den Stoff und seine Gliederung verfügen. Der Herausgeber dagegen folgt den Vorgaben des Autors und vollzieht dessen Gedankengang nach, da ja der Text bereits vorliegt. So oder so ähnlich hat sich Rolf Rieß die Arbeit gedacht, als er 1995 das Manuskript von Loewenfelds Erinnerungen in der Bayerischen Staatsbibliothek fand. Dass noch andere Fassungen existierten, deren Alter und Abhängigkeit erst festgestellt werden mussten, stellte sich erst im Laufe der Arbeit heraus. So besaßen die Erben Frau Eva Goldschmidt und Frau Irene Loewenfeld noch Materialien, und auch Professor Harold Hurwitz konnte ein Manuskript der Erinnerungen zur Verfügung stellen, wofür ausdrücklich gedankt sei.

Peter Landau, der in verschiedenen Beiträgen zu Juristen jüdischer Herkunft dieses düstere Kapitel deutscher Geschichte behandelt hat, war nicht nur interessiert, sondern förderte die Herausgabe durch Sicherstellung der Finanzierung und durch aufmerksame Lektüre und kritische Begutachtung des Kommentars. Die Kommentierung selbst hatte Rolf Rieß übernommen, wobei er sich von zwei Gedanken leiten ließ. Zum einen versuchte er, die Angaben Loewenfelds auf ihre Zuverlässigkeit hin zu untersuchen, wozu die neuere Forschungsliteratur herangezogen wurde. Zum anderen war es das Ziel, die zeitgenössischen Quellen, die von Loewenfeld verwendet wurden, sichtbar zu machen und anzuführen. Auch hier konnten sich die Herausgeber auf vielfältige Hilfen und Ratschläge erfahrener Historiker stützen, von denen besonders Herr Dr. Reinhard Weber und Herr Dr. Andreas Heusler genannt seien.

Den Herausgebern ist es ein 'nobile officium', für vielfache Hilfe bei der Vorbereitung der Edition zu danken. Unser Gruß und Dank gilt zuerst den beiden Töchtern Philipp Loewenfelds, Frau Eva Goldschmidt und Frau Irene Loewenfeld. Wir danken dem Freistaat Bayern für die Gewährung einer sehr großzügigen Druckbeihilfe; unser Dank gilt ferner der Rechtsanwaltskammer für den Oberlandesgerichtsbezirk München, die ebenfalls eine erhebliche Druckbeihilfe gewährte. Die Friedrich-Ebert-Stiftung hat aus den Mitteln des Herbert-Wehner-Stipendiums die Vorbereitung des Drucks der Erinnerungen außerordentlich gefördert; wir sind uns der

Verbundenheit dieser Stiftung mit der sozialdemokratischen Tradition in der deutschen Geschichte dankbar bewusst. Ferner hat der seit kurzem bestehende Verein zur Förderung der Juristischen Fakultät der Universität München e.V. die Publikation mit einem namhaften Betrag unterstützt, wofür wir gem unseren Dank abstatten. Schließlich hat ein amerikanischer Spender, der ungenannt bleiben wollte, mit einem namhaften Betrag eine Lücke in der Finanzierung geschlossen; hierfür sei über den Atlantik herzlich gedankt.

Für die Erfassung im Computer und die immer wieder anfallende Revision des Textes statten wir gerne Herrn Anton Rieß unseren Dank ab, der sich dieser Arbeit widmete.

Sollten sich noch Fehler finden, so ist dies dem Kommentator zuzurechnen. Falls wir jemanden vergessen haben, möge er Nachsicht üben und uns ohne Argwohn die Nachlässigkeit verzeihen.

München, den17. September 2003

Die Herausgeber
Peter Landau, Rolf Rieß

ZUR EINFÜHRUNG
PHILIPP LOEWENFELDS POLITISCHE ERINNERUNGEN

Die Erinnerungen des Münchner Rechtsanwalts *Philipp Loewenfeld* (1887 - 1963) sind ein einzigartiges Zeitzeugnis für die Geschichte Bayerns im ersten Drittel des 20. Jahrhunderts. Der Autor schrieb sie in der Emigration in New York 1942/43, wobei der Text ursprünglich in erster Linie für künftige Leser in seiner neuen amerikanischen Wahlheimat abgefasst war, denen er den Weg Deutschlands und besonders Bayerns in die nationalsozialistische Diktatur schildern und erklären wollte. Es handelt sich folglich weniger um eine Autobiographie als um *politische Erinnerungen* mit besonderem Quellenwert, da der Verfasser an entscheidenden Wendepunkten der Geschichte Bayerns als Anwalt und zeitweilig auch als politisch Handelnder im Mittelpunkt der Ereignisse stand. Die Herausgeber haben sich deshalb entschlossen, die nunmehr vorgelegte Publikation mit dem Titel ‚Recht und Politik in Bayern zwischen Prinzregentenzeit und Nationalsozialismus' zu veröffentlichen, um die Intentionen des Verfassers möglichst zutreffend wiederzugeben.

Loewenfelds Erinnerungen setzen mit einer Schilderung seiner Jugend in München vor 1914 ein. Er wuchs in einer jüdischen Familie auf, die seit Generationen mit Bayern verbunden war. In der Schilderung der Jugendzeit ist der Vater *Theodor Loewenfeld* (1848 - 1919) eine zentrale Gestalt und das bewunderte Vorbild. Theodor Loewenfeld war Rechtsanwalt und Honorarprofessor an der Münchner Universität; er schrieb bedeutende Arbeiten im Zivilrecht und Arbeitsrecht.

Der Lebensstil einer Münchner jüdischen Familie in der Prinzregentenzeit vor 1914 wird in den Etappen Schulzeit, juristisches Studium und Militärdienst für den Leser lebendig. Die Erinnerungen werfen aufschlussreiche Schlaglichter auf das Münchner Universitätsmilieu dieser Zeit und auf berühmte Gelehrte wie den Nationalökonom *Lujo Brentano* und den Rechtshistoriker *Karl v. Amira,* beides enge Freunde des Vaters. Philipp Loewenfeld war bereits als Student politisch engagiert und wurde 1912 Mitglied der SPD, da er sich für politische Reformen und gesetzlichen

Fortschritt einsetzen wollte. Der politischen Gesinnung eines reformistischen Sozialdemokraten blieb er seitdem unbeirrt verbunden.

In den Erinnerungen tritt ab 1914 die Darstellung und Kommentierung der großen politischen Ereignisse in den Vordergrund. Philipp Loewenfeld meldete sieh, trotz erheblicher Zweifel an der deutschen Haltung bei Kriegsausbruch, freiwillig zum Militärdienst. Er beurteilte die Realität des Krieges mit wachsender Kritik, insbesondere der deutschen Militärgerichtsbarkeit, wobei bereits das Verhältnis der deutschen Politik zum Recht als das eigentliche Hauptthema dieser politischen Memoiren deutlich wird.

Schon vor dem Revolutionsjahr 1918 kam Loewenfeld nach München zurück, da er zum dortigen Generalkommando versetzt wurde. In und bei München wurde er zum Zeitzeugen des Endes der Monarchie und der Begründung des Freistaats Bayern durch Kurt Eisner, den er bereits seit 1914 kannte. Die Schilderung Loewenfelds lässt erkennen, dass Eisners Revolte vom 7.11.1918 von diesem genau geplant war; Loewenfelds Bericht ist ein zentrales Zeugnis für die Genese der bayerischen Revolution. Er entwirft ein Charakterbild dieses bis heute in Bayern umstrittenen Politikers, das dessen Schwächen nicht verschweigt, aber ihn gegenüber vielen Verleumdungen positiv würdigt und zu dem Ergebnis gelangt: „Kurt Eisner war eine von Grund auf saubere Natur."

Obwohl Loewenfeld gerade in der Zeit der Regierung Eisner sich beruflich als Anwalt in München niederließ und eine angebotene politische Karriere ausschlug, nahm er doch Eisners Angebot zur Ausarbeitung einer demokratischen bayerischen Verfassung zusammen mit zwei anderen bayerischen Juristen an. Der Entwurf dieses ‚Staatsgrundgesetzes für die Republik Bayern' wurde am 7.1.1919 als erste demokratische Verfassung in der bayerischen Geschichte verkündet; er trägt unverkennbar Loewenfelds Handschrift. Allein wegen dieser Leistung sollte der Name Philipp Loewenfelds in Bayern nicht vergessen werden.

Von besonderer Bedeutung sind Loewenfelds Erinnerungen an die blutige Episode der bayerischen *Räterepublik,* da er während dieser Wochen ganz im Mittelpunkt der Ereignisse stand. In dem nach der Ermordung Eisners ausbrechenden Chaos ließ er sich bestimmen, als sozialdemokratischer Delegierter am bayerischen *Rätekongress* teilzunehmen, mit dem Ziel, die Entwicklung zu einer Räterepublik russischen Musters zu verhindern.

Er nahm intensiv an den Diskussionen des Kongresses teil und bekämpfte zeitweilig erfolgreich die Agitation des Kommunisten Max Levien. Nach der Flucht der Regierung Hoffmann harrte er zunächst in München aus und wurde zeitweilig von den Kommunisten sogar gefangen gesetzt.

Mit bemerkenswertem Mut versuchte er, zwischen der legalen Regierung und den Vertretern der Räterepublik zu vermitteln, stets mit dem Ziel, letztere zur Waffenniederlegung zu bewegen und ein Blutvergießen zu verhindern. Die Darstellung von Loewenfelds Pendeln zwischen den Fronten und seiner zweimaligen Verhaftung in Dachau und Ingolstadt gehört zu den Höhepunkten der Erinnerungen und vermittelt einen anschaulichen Einblick in diese wirren Wochen der späteren sog. „Ordnungszelle Bayern". Loewenfeld scheiterte mit seinem Einsatz für eine friedliche Lösung und konnte sich nur noch in Einzelfällen gegen den Terror der Freikorps bei der Eroberung Münchens Anfang Mai 1919 durchsetzen, indem er einigen Verdächtigten das Leben rettete. Die Praxis der damaligen sog. *Standgerichte* wird eindringlich dargestellt, ebenso wie der Autor an mehreren Stellen der Erinnerungen die besondere bayerische Institution der *Volksgerichte* schildert, die weitgehend für die Perversion der Rechtsprechung in Bayern nach 1918 verantwortlich waren. Wie ein Leitmotiv zieht sich durch Loewenfelds Bericht die Erkenntnis, dass die Verletzung rechtsstaatlicher Prinzipien Hitlers Aufstieg in Bayern ermöglichte.

Loewenfeld stellt klar heraus, dass Bayern sich bereits nach dem Kapp-Putsch von 1920 unter dem Ministerium *Kahr* einer autoritären Staatsform näherte, in der die Volksgerichte als Ausnahmegerichte wirken konnten und zahlreiche Fememorde zu Zuständen führten, die der Politiker *Held* bereits am 18.1.1924 im Bayerischen Landtag mit den Worten charakterisierte, dass in Bayern kein anständiger Mensch seines Lebens sicher sei. Die Erinnerungen erwähnen Morde und zahlreiche Justizskandale, aber auch kriminelles Verhalten der Münchner Polizei. Loewenfeld kämpfte als Strafverteidiger in vielen Fällen für den Rechtsstaat, musste aber schon 1921 erleben, dass nach einem von ihm erreichten Freispruch der Entlastete unmittelbar in „Schutzhaft" genommen wurde, und dass sein Freund *Karl Gareis,* sozialdemokratischer Landtagsabgeordneter, vor seinem Hause ermordet wurde. An den großen politischen Strafverfahren der zwanziger Jahre war Loewenfeld zusammen mit seinem Sozius *Max Hirschberg* (1883-1964) stets als Verteidiger oder Zeuge beteiligt. Sehr ausführlich würdigt Loewenfeld den sog. Kriegsschuldprozess gegen *Felix Fechen-*

bach, den Mitarbeiter Eisners, der den Rechtsradikalen besonders verhasst war. Dieses Verfahren endete 1922 mit einem Fehlurteil des Münchner Volksgerichts unter dem späteren Richter im Hitlerprozess 1924. Das Urteil wurde von der Elite der deutschen Strafrechtler und sogar von dem damaligen konservativen Reichsjustizminister als Fehlurteil bezeichnet. Loewenfeld konnte nach Jahren erreichen, dass das Volksgerichtsurteil, gegen das es keine Rechtsmittel gab, aufgrund eines neuen Reichsgesetzes über die Wiederaufnahme gegen Volksgerichtsurteile schließlich aufgehoben wurde.

Den Aufstieg Hitlers, den er meist nach dem ursprünglichen Familiennamen von Hitlers Vater als *„Adolf Schückelgruber"* bezeichnet, verfolgte Loewenfeld mit Ablehnung und Sorge von Anfang an. Die Herausgeber haben sich im Interesse der Authentizität des Textes entschlossen, die Namensgebung Loewenfelds für Hitler beizubehalten.

Loewenfeld geriet frühzeitig in Konflikt mit *Wilhelm Frick,* damals Oberamtmann bei der Münchner Polizei, und konnte schon 1921 eine Verurteilung dieses fanatischen Nationalsozialisten wegen Beleidigung erreichen. Die Vorbereitung des Hitler-Putsches vom 9. November 1923 und die dubiose Rolle zeitweiliger Verbündeter Hitlers wie *Kahr* und *Ludendorff* wird ausführlich dargestellt. Loewenfeld behandelt auch den Hitler-Prozess von 1924 und gelangt zu einer Bewertung des Verfahrens, die den Ergebnissen der neuesten Geschichtsforschung entspricht. Seine persönlichen Erlebnisse in der Putschnacht vom 8. zum 9. November vermitteln einen überaus lebendigen Eindruck von diesen Stunden. Er kannte genauestens das Milieu, in dem Hitler erfolgreich agitierte, und beschreibt dessen Auftritte im Gerichtssaal. Beruflich hatte Loewenfeld mit mehreren Paladinen Hitlers zu tun, mit *Wilhelm Frick, Hans Frank* und *Ernst Röhm,* die alle in den Erinnerungen scharf charakterisiert werden. Überhaupt sind die Charakterbilder der bayerischen Zeitgenossen besonders gut gelungen, nicht nur von Nationalsozialisten, sondern auch von Deutschnationalen, Politikern der Bayerischen Volkspartei, Sozialdemokraten und Liberalen, wie der vieldeutig schillernden Figur des Justizministers *Müller-Meiningen*, aber auch wandlungsfähiger Publizisten wie *Paul Nikolaus Cossmann* und *Fritz Gerlich*. Cossmann und Gerlich begünstigten zunächst den Aufstieg der Nazis durch deutschnationale Agitation, wurden später Gegner und schließlich Opfer der Nazis. Die generelle Bezeichnung der Politik der Bayerischen Volkspartei als klerikal entspricht Loewenfelds sozialdemokratischer Einstellung. Es sei jedoch darauf hingewiesen, dass er einzelne Politiker dieser konkurrierenden Partei auch positiv würdigt, so vor allem *Konrad Beyerle,* einen der Väter der Weimarer Reichsverfassung.

Loewenfeld blieb bis 1933 ein unbeugsamer Gegner der Nationalsozialisten. 1932 wurde er im 'Völkischen Beobachter' in beleidigender Form angegriffen, erwirkte sofort eine einstweilige Verfügung gegen Hitler und schließlich noch ein rechtskräftiges Urteil am 29.1.1933, einen Tag vor dessen Machtübernahme. Er erlebte am Ende die Genugtuung, dass er seine Prozesskosten gegen den Reichskanzler Hitler im Wege der Zwangsvollstreckung eintreiben konnte.

Bis zum letzten Moment versuchte Loewenfeld, das drohende Verhängnis abzuwenden. Am 28. Januar 1933 sprach er im Sitzungssaal des Preußischen Herrenhauses in Berlin, heute der neue Sitz des deutschen Bundesrats, vor sozialdemokratischen Juristen über „Das Strafrecht als politische Waffe“. Dieser Vortrag wurde von der SPD als Broschüre gedruckt und noch im Wahlkampf des Februar 1933 verwendet. Eindringlich schildert Loewenfeld, wie er auf der Bahnrückfahrt nach München den Schlafwagen mit triumphierenden Nazis teilen musste. Am Ende der Erinnerungen steht der Bericht über seine dramatische Flucht in die Schweiz am 11. März 1933 nach der Verhaftung seines Sozius und Freundes *Max Hirschberg*.

Loewenfelds Erinnerungen werden vor allem für den Bereich der politischen Prozesse in der Zeit der Weimarer Republik durch die Memoiren Max Hirschbergs ergänzt und bestätigt. Es sei daher nachdrücklich auf folgendes Werk hingewiesen:

Max Hirschberg, Jude und Demokrat. Erinnerungen eines Münchener Rechtsanwalts. 1883 bis 1939. Bearbeitet von Reinhard Weber mit einem Geleitwort von Hans-Jochen Vogel (München 1998).

Philipp Loewenfelds Vater und sein Werk habe ich selbst in folgender biographischer Skizze behandelt:

Peter Landau, Theodor Loewenfeld (1848-1919). In: Peter Landau/ Hermann Nehlsen (Hrsg.): Große jüdische Gelehrte an der Münchener juristischen Fakultät (= Abhandlungen zur rechtswissenschaftlichen Grundlagenforschung, Band 84, Ebelsbach 2001). S.45-62.

Philipp Loewenfeld warnte vor 1933 unermüdlich vor den Feinden der Demokratie und versuchte, die verhängnisvolle Machtübernahme Hitlers trotz Lebensgefahr für sich selbst zu verhindern. Er war ein kämpferischer Sozialdemokrat und beklagte das Fehlen von Kampfesmut bei seinen prominenten Parteigenossen. Ihr Scheitern in Deutschland konnte seinen Glauben an die Demokratie nicht zerstören – am Ende der Erinnerungen bekennt er sich zu den ewigen Gütern der Demokratie und, trotz der erzwungenen Emigration. auch zur deutschen Kultur. Seine Erfahrungen in Deutschland hatten ihn aber auch gelehrt, dass nicht nur eine kleine Minderheit der Deutschen Hitlers Parolen bejahte, so dass er in den Erinnerungen schreibt: „Tatsache ist aber. dass ein großer Teil von Deutschland ihm (Hitler) wesensgleich ist, und dass die Wesensgleichheit sich keineswegs nur auf eine kleine, aber gewalttätige Minorität erstreckt.“ Dieses bittere Urteil aus der Zeit des Zweiten Weltkriegs kann man auf das heutige Deutschland nicht übertragen. Aber auch die zweite deutsche Demokratie darf nicht die überzeugten Demokraten der ersten deutschen Republik und ihren Kampf für den demokratischen Rechtsstaat von Weimar vergessen. Loewenfelds Erinnerungen legen Zeugnis ab für den Beitrag eines jüdischen Deutschen im 20. Jahrhundert bei der Entwicklung demokratischer Traditionen im Freistaat Bayern.

Peter Landau

ERSTES KAPITEL

EINLEITUNG

Die Frage, was mit den Deutschen nach ihrer militärischen Niederlage und nach dem Niederbruch des Hitler-Systems geschehen soll, beschäftigt alle Gemüter dieses Landes. Je nach den persönlichen und politischen Voraussetzungen, von denen der Einzelne ausgeht, fallen naturgemäß die Antworten verschieden aus.

Nicht wenige träumen von ihrer "totalen Vernichtung". Zu dieser Kategorie zählen die berufsmäßigen Extremisten, die an Gesinnungstüchtigkeit die Übrigen zu übertrumpfen suchen und von denen gar manche ihr antinazistisches oder antifaschistisches Herz erst in fast unglaubhaft später Zeit entdeckt haben. Bei weitem der größte Teil dieser Kategorie rekrutiert sich aber aus den Kreisen derer, die selbst oder deren Angehörige und Freunde in irgend einem Sinne zu Naziopfern wurden. Die Patrioten unterdrückter Länder, die Juden aller nazibesetzten Gebiete leben zum größten Teil von der Hoffnung auf Rache, soweit man bei ihnen von einem Leben sprechen kann.

Dieser Revanche-Armee haben sich nicht wenige betriebsame Autoren in der Hoffnung auf Massenabsatz ihrer Werke angeschlossen. Zu ihnen gehören auch manche Amerikaner, die einige Monate oder Jahre in Deutschland gelebt haben und sich aus diesem Grunde zu solchem Tun als ausreichend informiert und berufen betrachten.

Das kontradiktorische Gegenteil dieser Kategorie stellen diejenigen dar, die "beweisen" wollen, dass das heutige Deutschland nur ein weiteres von Hitler und seinen Horden "unterdrücktes" Land ist und dass demgemäß alles in Ordnung sei, wenn es von Nazismus "befreit" werde. Die Nazis, so sagen die Vertreter dieser Auffassung, sind nur eine Minorität in Deutschland, die die Majorität durch totalen Terror an jeder oppositionellen Regung und jeder Äußerung ihres wahren Wesens verhindert. Wahr ist aber, dass die angeblichen Unterdrücker des deutschen Volkes bei jeder ihrer Schandtaten gegen die persönliche, politische und internationale Moral, gegen Freiheit, Ehre, geistiges Gut und Vermögen von Einzelpersonen, Gruppen und ganzen Staatswesen jeweils mit der freiwilligen Zustimmung und Begeisterung eines sehr bedeutenden Teiles der deutschen Nation rechnen durften. Propaganda solcher Art wird auch von manchen Würdenträgern früherer deutscher Regimes gemacht, die mit jener bequemen Lehre ihre eigene Unzulänglichkeit in der Verhinderung des Faschismus zu verdecken suchen und ihre eigene Qualifikation zur "Neuerziehung" des deutschen Volkes durch Besetzung von Posten und Bezug von Gehältern bereits jetzt geräuschvoll anzumelden für notwendig halten.

Eine letzte Kategorie bilden die sehr weiten Kreise, die zu dem Problem keine feste Stellung nehmen. Bei vielen von ihnen ist dies durch die Überschätzung der rein militärischen Seite des Krieges und die Unterschätzung seiner politischen Probleme verständlich. Sie kleiden ihren Mangel an konstruktiver Phantasie und ihre Bereitschaft, mit jedermann Geschäfte zu machen, in die scheinpatriotische Wendung, dass man zunächst einmal den Krieg militärisch gewinnen müsse.

Ihnen hat Pearl Buck[1] in ihrer wundervollen Menschlichkeit unlängst vor dem Forum der Nobelpreisträger die Antwort mit gebührender Unverblümtheit gegeben. Der Krieg wäre seitens der United Nations umsonst geführt, wenn er allein mit einem Sieg über die Axis und nicht mit einem Sieg der Freiheit über den internationalen Faschismus enden würde. Sie hat es in einfachen, dafür aber umso eindrucksvolleren Worten klar gemacht, dass um die Freiheit überall und täglich gekämpft werden muss und dass sie zu keiner Zeit leichter als in Kriegszeiten verloren wird, wenn diese Grundwahrheit vergessen wird. Eine besondere Gefahr geht von dieser Kategorie aus, weil zu ihr nicht wenige gutgläubige Fachmilitärs gehören, die in traditionaler Überschätzung ihres eigenen Milieus die verderbliche Lehre aufstellen, dass Krieg und Politik nichts miteinander zu tun hätten. Sie wissen nicht, dass es der geistige Schöpfer des preußischen Generalstabes, der General von Clausewitz[2] war, der gesagt hat, dass der Krieg nur die "Fortsetzung der Politik mit anderen Mitteln" ist. Georges Clémenceau[3], Repräsentant einer ruhmreichen geistigen Tradition Frankreichs, hat ihnen erwidert, der Krieg sei eine zu ernste Sache, als dass man seine Führung Militärs überlassen könne. Dies ist sicherlich eine sehr harte Formulierung. Jedenfalls ist an ihr so viel richtig, dass ein jeder Krieg vergeblich geführt ist, wenn er nach ausschließlich militärischen Gesichtspunkten geführt wird.

[1] PEARL S. BUCK, The Changing War, in: dies., What America Means to Me, New York 1971, 1. Aufl. 1942, S. 107-116. Die "address" wurde am 10.12.1942 in New York bei einem Essen für Nobelpreisträger vom Common Council for American Unity gegeben.

[2] CARL VON CLAUSEWITZ (1780-1831), preußischer Heeresreformer und Kriegstheoretiker, in: Kriegstheorie und Kriegsgeschichte, hrsg. v. R. STUMPF, (=Bibliothek der Geschichte und Politik Bd. 23 hrsg. R. KOSELLECK), Frankfurt am Main 1993, S. 15 f, 25 f.

[3] GEORGES CLÉMENCEAU (1841-1929), November 1917 - Januar 1920. französischer Ministerpräsident, Parteiführer der Linken. Das Zitat wird Clemenceau, aber auch Aristide Briand und Talleyrand zugeschrieben, z.B. in: HUMPDEN JACKSON, Clemenceau and the Third Republic (1946), S. 228.

Die nachfolgenden Erinnerungen eines expatriierten deutschen Juden wollen dem Leser keine fertige Lösung der Frage servieren, was mit den Deutschen nach ihrer militärischen Niederlage geschehen soll. Sie wollen keine Universalantwort auf die Frage geben, ob die Deutschen "andersartig" sind und ob ihre Verhaltungsweise in den letzten Menschenaltern hierfür Beweis oder Gegenbeweis liefert. Ihr Ziel ist viel begrenzter. Sie wollen an der Hand des persönlichen und lokalen Erlebens eines privaten Bürgers, der weder Neigung noch Berufung zu einer historischen Figur, zu einem Staatsmann oder politischen Führer, verspürt, die Ereignisse und Tendenzen aufzeigen, die im Geburtslande des Nazismus zu der Entwicklung von der konservativen Monarchie über eine misslungene Revolution[4] und eine kurze bolschewistische Periode[5] in den ständig wachsenden Faschismus hineingeführt haben. Sie beschränken sich bewusst auf das, was der Autor persönlich und beruflich miterlebt hat und wollen deshalb keine historisch soziologische Gesamtanalyse der Entstehung des deutschen Faschismus und der Gründe, warum er zur Macht kommen konnte, bieten. Andere Bücher haben viel weiter ausgegriffen und haben in Darlegungen prinzipieller und geschichtlicher Art einen Querschnitt durch das Gesamtverhalten der Deutschen während bestimmter Perioden zum Beweis einer pro-nazistischen oder anti-nazistischen, einer prodeutschen oder antideutschen These zu ziehen gesucht. Die Periode seit Beendigung des Ersten Weltkrieges ist naturgemäß in dieser Beziehung am häufigsten untersucht und dargestellt worden. Zu solchen Werken verhalten sich die nachfolgenden Erinnerungen wie ein einzelner Zeugenbericht zu einem Gesamtreport eines parlamentarischen Untersuchungsausschusses. Sie enden deshalb auch mit dem März 1933, dem Zeitpunkt der Machtübernahme Hitlers in Bayern. In diesem Zeitpunkte wanderte der Verfasser aus Deutschland aus und konnte deshalb die Vorgänge nicht mehr selbst beobachten.

Diese Methode hat der Verfasser gewählt, weil die Wiedergabe persönlicher Wahrnehmung den Vorzug unmittelbarer Lebendigkeit hat und andererseits, weil er dem Leser keine Schlüsse aufdrängen will. Immerhin war der Verfasser an einem Beobachtungsposten, an dem man zu gewissen Zeiten mehr Zusammenhänge sehen konnte, als an den meisten anderen Punkten der Welt, München, die Stadt, in der der Verfasser von seiner Geburt an gelebt hat, hat von den Nazis den traurigen Ehrentitel "Hauptstadt der Bewegung" erhalten. In Bayern, dem Geburtslande des Verfassers, hat nicht nur der erste hochverräterische Versuch Hitlers, die Macht zu errin-

[4] Loewenfeld meint die Revolution 1918/19.
[5] Dies dürfte die bayerische Räterepublik ab April 1919 sein.

gen, stattgefunden, es war auch abgesehen von diesem Einzelereignis die eigentliche Brutstätte des Nazismus.

Der Leser wird herausfinden, warum die Entstehung jenes barbarischen Unsinns, der in dem Worte "Nationalsozialismus" den Begriff der Nation in gleicher Weise wie denjenigen des Sozialismus geschändet hat, gerade an jenem Orte fällig war und welche die Bedingungen waren, unter denen diese unmenschliche Bewegung Einfluss und Macht gewinnen konnte. Er wird miterleben, welche Rolle für den schließlichen Sieg der Nazis im Jahre 1933 die Taten und Unterlassungen vieler Gruppen gespielt haben, von denen sich jede auf eine andere Weise als anti-nazistisch gefühlt und betätigt hat. Er mag selbst überlegen, ob Schwäche, Zersplitterung, Interessen- und Fraktionspolitik, mangelnder Glaube an das Recht und an die Wirksamkeit der eigenen Ideale, mangelnder Schutz der progressiven Kräfte von außen gerade nur an jenem Punkte der Welt so fürchterliche Ergebnisse haben konnten und mussten, oder ob dies auch bei Vorliegen ähnlicher Voraussetzungen anderswo der Fall sein könnte. Viele der "Bewegungen", deren Endprodukt der deutsche Faschismus war, existieren auch in diesem Lande[6]. Der Leser mag beispielsweise die Rolle von Richtungen, die die christliche Religion in den Dienst des reaktionären Kampfes gestellt haben, in diesen Erinnerungen so gut beobachten wie diejenige des deutschen Zweiges des russischen Kommunismus. Wenn er erfahren wird, welche Vorspanndienste der letztere dem Entstehen der faschistischen Bewegung in Deutschland geleistet hat, so mag ihn dies ebenso zu Vergleichen reizen wie die Pläne einer angeblich konservativen Revolution[7], die in vielen Ländern von zweifelhaften Propheten als eine Patentlösung auf den Markt gebracht werden und deren Auswirkungen von dem Beobachtungsposten des Verfassers mit Genauigkeit studiert werden konnten. Mancher amerikanische Jude mag seine eigene Einstellung einer Nachprüfung unterziehen, wenn er aus Tatsachen ersieht, dass assimilatorische Selbstleugnung, ärmlicher Selbsthass und Mitlaufen mit reaktionären Bewegungen

[6] USA

[7] Loewenfeld spielt hier auf einen ursprünglich von Hugo von Hofmannsthal 1927 geprägten Begriff an, der in den 30er Jahren auch von Edgar Jung verwendet wurde und der heterogene Intellektuelle wie Oswald Spengler, Carl Schmitt, Ernst Jünger u.a. und Gruppen wie den Tat-Kreis und die Fichte-Gesellschaft zusammenfaßt. Gemeinsam ist ihnen die revolutionäre Ablehnung der Weimarer Republik und deren Ersetzung durch einen autoritären Staat mit nationaler, sozialer und ideologischer Homogenität. In letzter Zeit wurde vor allem von Stefan Breuer Zweifel an der Zusammenfassung und Klassifizierung geübt. Vgl.: ARMIN MOHLER, Die Konservative Revolution in Deutschland 1918-1932. Ein Handbuch, 3. Aufl. Darmstadt 1989. Vgl.: STEFAN BREUER, Anatomie der Konservativen Revolution, Darmstadt 1993.

demjenigen Teil des Judentums, der seinen Weg in der Welt durch mimikry machen will, nicht das Geringste genutzt haben.

In einem großen Teil aller öffentlichen Diskussion wird die These verfochten, dass eine grundlegende Änderung des deutschen Wesens auf den durch den verlorenen Krieg und den Versailler Vertrag zur Siedehitze gebrachten gekränkten Nationalismus zurückgehe. Der Verfasser hat es deshalb für nötig gehalten, in seiner Schilderung des Lebens in einem deutsch-jüdischen Bürgerhause auf die "gute, alte" Zeit vor dem Ersten Weltkrieg zurückzugreifen. Es ereigneten sich damals längst nicht so viele dramatische Zuspitzungen, alles war, äußerlich gesehen, weit gemäßigter, ja sogar kultivierter. Dennoch wird der Leser sehen, wie viele wesentliche Vorbedingungen des späteren Sieges des rechtlosen und kulturlosen Faschismus in jenem "viktorianischen" Zeitalter bereits klar zu erkennen waren.

Sollte es dem Verfasser so gelungen sein, einen bescheidenen Beitrag zu der Frage zu liefern, wie Demokratie sich verhalten muss, um das überwuchernde Anwachsen der reaktionären Kräfte unmöglich zu machen, dann wäre der Zweck seiner Zeugenaussage erreicht.

ZWEITES KAPITEL

AUS DER KINDHEIT UND JUGENDZEIT

1. *Der Vater Theodor Loewenfeld*

Das Haus Pfandhausstraße 3 in München, in dem meine Eltern schon etwelche Jahre vor meiner Geburt lebten, war ein etwa hundert Jahre alter Ziegelsteinbau mit grauem Mörtelbewurf, wie er in den achtziger Jahren des vorigen Jahrhunderts einen verbreiteten Typ des bürgerlichen Wohnhauses darstellte. In dem siebenräumigen ersten Stock des Hauses wohnte mit seiner Frau und seinen vier Kindern der damalige Privatdozent des römischen und deutschen bürgerlichen Rechts Theodor Loewenfeld[8] in drei Räumen. Vier Räume dienten dem noch nicht lange eröffneten Anwaltsbüro, das der damals noch nicht vierzigjährige Privatdozent mit einem anderen Collegen zusammen betrieb, weil die Wissenschaft des römischen und des bürgerlichen Rechts kein genügend goldener Boden war, um einen Mann mit einer großen Familie zu ernähren. So war dies freilich nur, wenn es sich um Privatdozenten oder unbezahlte außerordentliche Professoren oder um sogenannte Honorarprofessoren handelte. Die erste Hälfte des Wortes "Honorarprofessor" hatte nämlich nichts mit Honorar, das heißt mit irgendwelcher Vergütung zu tun, sondern sie leitete sich sprachlich ab von dem lateinischen Worte honor, das heißt Ehre. Honorarprofessoren waren also Professoren ehrenhalber, sie hatten im Gegensatz zu den ordentlichen und den bezahlten ausserordentlichen Professoren kein Gehalt, sie waren vielmehr auf sogenannte Collegiengelder angewiesen. So nannte man die Zahlungen, die der Student an die Universität zu leisten hatte und von der damals noch den bedeutendsten Teil der Dozent erhielt. Es gab gewisse Fächer, die nur von Privatdozenten und Honorarprofessoren gelehrt wurden. In diesen Fächern waren die Collegiengelder häufig eine gute Einnahme. Das römische Recht und das deutsche bürgerliche Recht gehörten nicht zu diesen Fächern. Sie wurden auch von den ordentlichen Professoren

[8] THEODOR LOEWENFELD, (31.07.1848-18.01.1919), Honorarprofessor an der Universität München und Rechtsanwalt. Vgl.: JOACHIM RÜCKERT, Theodor Loewenfeld, in: NDB 15, S. 91 f. und PETER LANDAU, Theodor Loewenfeld (1848-1919), in: PETER LANDAU/HERMANN NEHLSEN (Hrsg.), Große jüdische Gelehrte an der Münchener Juristischen Fakultät, Ebelsbach 2001, S. 45-62.

gelehrt. Und da die ordentlichen Professoren zugleich auch die Examinatoren waren, gingen die Studenten, zwar nicht lieber, aber noch zahlreicher zu dem langweiligsten ordentlichen Professor als zu dem unterhaltendsten Privatdozenten. Die Emanzipation der Juden in Bayern war juristisch erst durch das Gesetz über die Gleichberechtigung der Konfessionen in bürgerlicher und staatsbürgerlicher Beziehung vom 8. Juli 1869 vollendet worden[9]. Dieses Gesetz hob alle bestehenden, aus der Verschiedenheit des religiösen Bekenntnisses hergeleiteten Beschränkungen der bürgerlichen und staatsbürgerlichen Rechte auf. Beschränkungen unter dem Gesichtspunkt der sogenannten Rasse waren damals und früher noch etwas Unbekanntes. Die bayrische Ehre und Erkenntnis waren bis zu jenem Hochstand noch nicht fortgeschritten. Vor dem Gleichberechtigungsgesetz waren die bürgerlichen und staatsbürgerlichen Rechte der Juden in Bayern noch stark eingeschränkt. Das sogenannte Judenedikt von 1813[10], von dem „aufgeklärten“ König Max Joseph und seinen Beratern herrührend, unterschied noch zwischen Juden, die die Polizei in die "Judenmatrikel" eintrug, und solchen, bei denen die oberste Polizeibehörde dies ablehnte. Wenn der Jude in die Judenmatrikel eingetragen wurde, durfte er den Untertaneneid auf die Bibel ablegen. Wurde er hiezu nicht als würdig befunden, dann galt er als "fremder" Jude. Die Einwanderung und Niederlassung fremder Juden war zunächst überhaupt verboten, später wurde dieser Grundsatz etwas gemäßigt. Nach dem Judenedikt hatten die Juden noch keine Freizügigkeit. Das Gesetz sagte, dass die Zahl der Judenfamilien an den Orten, wo sie derzeit bestehen, in der Regel nicht vermehrt werden dürfe, vielmehr solle sie nach und nach vermindert werden, wenn sie "zu groß" sei. Darüber, ob die Zahl der angesiedelten Juden zu groß sei, hatte natürlich wieder die Polizei zu entscheiden. Wenn ein Jude sich an Orten ansiedeln wollte, wo sich bereits Juden befanden, oder in solchen Orten, wo noch keine Juden waren, musste die Angelegenheit bis zum König gehen. Erst durch das Judenedikt erhielten die Juden in Bayern Gewerbefreiheit, jedoch nicht in vollem Umfang. So war ihnen beispielsweise der Betrieb von Brauereien und

[9] Vgl.: Gesetz (des Norddeutschen Bundes) betreffend die Gleichberechtigung der Konfessionen in bürgerlicher und staatsbürgerlicher Beziehung vom 08.07.1869, in: KARL WEBER, Neue Gesetz- und Verordnungen-Sammlung für das Königreich Bayern Bd. 8, Nördlingen 1888, S. 218. Dieses für den Norddeutschen Bund erlassene Gesetz wurde durch die Versailler Bündnisverträge und durch das Gesetz vom 16.04.1871 zum Reichsgesetz erklärt und galt seit dem 13.05.1871 auch in Bayern. Vgl.: Gesetzblatt für das Königreich Bayern von 1870/71, Beilage, S. 32 f.

[10] Vgl.: Edikt vom 10.06.1813 über die Verhältnisse der jüdischen Glaubensgenossen im Königreich Baiern, in: KARL WEBER, Neue Gesetz- und Verordnungen-Sammlung für das Königreich Bayern Bd. 1, Nördlingen 1880, S. 417-423.

Gastwirtschaften untersagt. Die Gewissensfreiheit für die Juden war ebenfalls erst ein Ergebnis des Judenedikts.

Nachdem das Gleichberechtigungsgesetz die formelle und materielle Gleichberechtigung der Juden eingeführt hatte, konnte die gesellschaftliche Gleichberechtigung noch keineswegs auf dem Fuße folgen. Zulange waren die Juden von der Gesetzgebung und im praktischen Leben nur als ein notwendiges Übel angesehen worden, dessen Existenz durch eine scharfe Polizeigesetzgebung nach zahlreichen Richtungen zu kontrollieren und zu regulieren war, als dass im Bewusstsein der Gesamtbevölkerung der ethische Fortschritt, der durch die Anerkennung ihrer Gleichberechtigung erreicht wurde, sogleich allgemeinen Anklang hätte finden können. In bestimmten Bevölkerungskreisen, wie in der Armee und in der höheren Staatsverwaltung, war um die Zeit, als ich in der Pfandhausstraße 3 das Licht der Welt erblickte ein gewisser aufgeklärter Antisemitismus eine Selbstverständlichkeit. Auch die Universitäten waren hievon nicht frei. Die gebildetsten und feinsinnigsten jüdischen Universitätslehrer blieben in aller Regel "ewige Privatdozenten". Wollten sie ordentliche Professoren werden, dann konnten sie dieses Ziel im allgemeinen nur erreichen, wenn sie in liberalere Länder auswanderten, sofern sie sich nicht der Taufe unterzogen und die Visitenkarte ihrer Väter auch sonst verleugneten. Bei den meisten half aber auch dies nichts.

So war es also zu erklären, dass mein Vater wirtschaftlich mit der Ausübung der Rechtswissenschaft und der Stellung eines Universitätsdozenten auf keinen grünen Zweig kommen konnte. Als Sprössling einer kleinen und unbemittelten Handwerkerfamilie, musste er schon während der Gymnasial- und Studentenzeit durch Stundengeben, Repetitionskurse und ähnliche Tätigkeiten nicht nur für sich, sondern auch zur Erhaltung seiner Eltern und Geschwister Geld verdienen. Seinen ersten Urlaub in den bayrischen Bergen nahm er, nachdem er seine Zulassung als Universitätsdozent erhalten hatte. Um ihn zu "finanzieren", half er bei den Bauern in der Jachenau, einem Gebirgstal in der Nähe von Tölz, beim Heumachen mit. Er erzählte in seinen alten Tagen noch oft, wie dann am Abend die ganze Bauernfamilie samt allen Knechten und dem gelehrten Hilfsknecht um eine große Milchschüssel herumsaßen, aus der ein jeder löffelte und in die ein jeder seine Kirschkerne hineinspuckte. Zeitweise konnte mein Vater in seinen Privatdozentenjahren seine wirtschaftliche Situation dadurch etwas heben, dass er das Sekretariat der jüdischen Kultusgemeinde neben seiner Lehr- und Forschungstätigkeit verwaltete. Anfangs der achtziger Jahre heiratete er meine Mutter, deren Vater ein Hopfen- und Eisengeschäft im Schwäbischen betrieb. Die Familie, die ursprünglich aus dem kleinen Dorfe Mönchsroth stammte, wo sich schon unter dem Judenedikt Juden hatten aufhalten dürfen, war später nach Nördlingen gezogen, das von seiner alten Größe als ehemalige freie Reichsstadt und geschichtlicher Erinnerungspunkt aus dem Schwedenkrieg zu jener Zeit nicht mehr viel merken ließ. Es war eine ruhige Landstadt mit beiläufig zehntausend Seelen, einem hübschen, noch aus der Zeit der historischen Größe stammenden Dom, einer für die Kinderphantasie ungemein interessanten Stadtmauer und einer relativ viel zu großen Zahl von Bierwirtschaften, welch letztere naturgemäß dem Hopfenhandel meines Großvaters sehr zustatten kam. Ich kann mich an das weiträumige Haus am Domplatz in Nördlingen, dessen Hof und Winkel gar manche Gelegenheit zu Bubenstreichen gab, noch ziemlich genau erinnern, besonders gut aber an den Respekt, den es mir einflößte, wenn mein Großvater, ein hochgewachsener, stattlicher Mann mit Kaiser Franz Joseph-Backenbärtchen von seinen sich oft auf die ganze Woche erstreckenden Reisen mit dem Pferdefuhrwerk heimkam, auf dem er beladen mit Hopfen- und Eisenmustern, seine Kunden in der Gegend besuchte. Das Eisenbahnnetz hatte damals noch keineswegs die Dichtigkeit der späteren Zeit, sodass sich der großväterliche Handel im Wesentlichen mittels dieses Pferdefuhrwerkes abspielte. Als die Juden in Nördlingen in den achtziger Jahren eine neue Synagoge bauten, war mein Großvater Vorstand der Kultusgemeinde[11]. Zur Eröffnung der Synagoge schickte der bayrische Prinzregent, der damals an Stelle des geisteskranken und internierten Königs der Landesherr war, seinen ältesten Sohn als Ehrengast nach Nördlingen. Mein Großvater hat zeitlebens davon geschwärmt, dass er von diesem veritabeln königlichen Prinzen in ein Gespräch verwickelt wurde und dass er ihm keine Antwort schuldig blieb. Ob diese unter den Auspizien der bayrischen Krone eingeweihte Synagoge heute noch besteht, weiss ich nicht. Vermutlich ist auch sie, zum Schutze deutscher Ehre[12], von den Knechten Hitlers zerstört worden, wie die anderen bayrischen Synagogen.

2. *Die Anwaltspraxis*

Kurz vor meiner Geburt – vielleicht war das Erscheinen eines weiteren Kindes die auslösende Ursache – wendet sich mein Vater, unter Beibehaltung seiner Dozententätigkeit, der Rechtsanwaltschaft zu. Die Zulassung zur Rechtsanwaltschaft und die Rechte und Pflichten der An-

[11] Die Synagoge wurde 1885 erbaut. Vgl.: STRAUß, aus den letzten 50 Jahren der Gemeinde Nördlingen, in: Bayerische Israelitische Gemeindezeitung Nr. 2 (15.01.1937), S. 26 f.

[12] Anspielung auf das Gesetz zum Schutze des deutschen Blutes und der deutschen Ehre vom 15.09.1935, in: Reichs-Gesetzblatt Nr. I (1935), S. 1146 f. Loewenfeld irrt, die Synagoge wurde zwar geschändet, das Gebäude aber nicht beschädigt. Vgl. ISRAEL SCHWIERZ, Steinerne Zeugnisse jüdischen Lebens in Bayern, 2. Aufl. München 1992, S. 274.

wälte waren in Bayern früher landesrechtlich geregelt. Die Rechtsanwälte hatten den hochklingenden Titel "königliche Advokaten". Im Jahre 1878, sieben Jahre nach der Begründung des Deutschen Reiches, wurden die Verhältnisse der Anwälte durch ein Reichsgesetz, die Rechtsanwaltsordnung[13], geregelt. Es war dies die Zeit, in der, teilweise sehr gegen den Widerstand der Landesregierungen, die Gesetzgebung des jungen deutschen Reiches in erheblichem Umfang Landesgesetze aufhob und eine Rechtseinheit für ganz Deutschland anstrebte. Mein Vater hieß also von Anfang an nur "Rechtsanwalt", während bärtige Herren, die nicht älter waren als er, die aber schon früher sich diesem Beruf zugewendet hatten, sich weiterhin "königliche Advokaten" nennen durften. Der Kanzleigenosse meines Vaters in der neugegründeten Praxis war Max Bernstein[14], der sich zu dieser Zeit zwar noch keinen Namen als Jurist, wohl aber einen solchen als Kunst- und Literaturkritiker gemacht hatte. Auch im Dichten hatte er sich schon versucht. Es stammen eine Reihe Theaterstücke von ihm, die in der damaligen Zeit Augenblickserfolg hatten, später aber wieder vergessen wurden. Mein Vater pflegte seine Dichtertätigkeit als "nageln" zu bezeichnen, er meinte damit, dass er ein Theaterstück zusammennagele, wie der Schreiner eine Kiste. Wenn also auch in seinen Augen die produktiv-literarischen Fähigkeiten Bernsteins nicht überschätzt werden durften, so hielt er erhebliche Stücke auf Bernsteins große Bildung und seinen ausgezeichneten Witz. Im Laufe seiner Tätigkeit erlangte Bernstein eine nennenswerte Bedeutung in der Deutschen Anwaltschaft auf dem Spezialgebiet der Kriminalistik, das er zu seinem fast einzigen juristischen Arbeitsfeld wählte. Von seinen vielen und großen Strafprozessen ist er vor allem in der Sache Harden - Eulenburg der Öffentlichkeit bekannt geworden, die in diesen Erinnerungen noch in anderem Zusammenhang zu erwähnen sein wird[15]. Im Hause Bernsteins versammelten sich viele geistige Größen der damaligen Zeit. Die Frau Bernsteins, die sich unter dem Schriftstellernamen Ernst Rosmer[16] manche Erfolge errang – unter anderem ist sie die

[13] in: Rechtsanwaltsordnung vom 01.07.1878 (RGBl. I, 1878), S. 177ff). Vgl.: WERNER SCHUBERT, Entstehung und Quellen der Rechtsanwaltsordnung von 1878, Frankfurt/M 1985.

[14] MAX BERNSTEIN,(12.05.1854-08.03.1925), Rechtsanwalt und Schriftsteller, Anwalt unter anderem von Maximilian Harden. Vgl.: KARSTEN HECHT, Die Harden-Prozesse. Strafverfahren, Öffentlichkeit und Politik im Kaiserreich, jur. Diss. München 1997, S. 28 f. Vgl. auch: JÜRGEN JOACHIMSTHALER, Max Bernstein. Kritiker, Schriftsteller, Rechtsanwalt (1854-1925), Frankfurt/M. 1995. Vgl.: NDB 2, S. 135 f.

[15] Vgl.: HELMUTH ROGGE, Holstein und Harden. Politisch-publizistisches Zusammenspiel zweier Außenseiter des Wilhelminischen Reichs, München 1959. Vgl.: KARSTEN HECHT, Die Harden-Prozesse (wie Anm. 14)

[16] ERNST ROSMER, Pseudonym von Elsa Bernstein, der Frau von Max Bernstein, (1866-1949), sie überlebte das Konzentrationslager Theresienstadt; Vgl.: URSULA WIEDENMANN,

Dichterin des Librettos zu Humperdincks "Königskinder" – war die Tochter von Heinrich Porges[17], dem Begründer und Leiter des "Porges'schen Chorvereins", der im Münchener und bayrischen Musikleben eine hervorragende Rolle spielte und dessen Konzerte und Oratorienaufführungen nur in denen der "Musikalischen Akademie" einen künstlerischen Ebenpart hatten. Unter Porges Dirigentenstab erstand zum erstenmal in Deutschland ein Teil der Werke Richard Wagners und ein bedeutender Teil der Werke von Franz Liszt. Zu den häufigen Gästen des Hauses Bernstein gehörte auch Henrik Ibsen[18] bei seinen zahlreichen Münchener Aufenthalten. Ich kann mich aus meiner Knabenzeit noch gut erinnern, wie ich einmal ins Café Maximilian mitdurfte, als Bernstein und mein Vater zusammen Ibsen dort trafen. Der ungeheure Schädel Ibsens mit dem nach zwei Seiten gesträubten Bart machte mir damals einen etwas beängstigenden Eindruck, zumal Ibsen, ohne dass er mürrisch gewesen wäre, nicht ein einziges Mal lachte oder lächelte.

3. *Die Familienwohnung*

Wenn ich nun daran gehe, das Leben in der Pfandhausstraße 3 ein wenig zu beschreiben, so will ich mit dem Äußeren anfangen. Das Haus war das Eckhaus zum Maximiliansplatz, der später in Lenbachplatz – zur Erinnerung an den damals in München höchst populären Portrait-Massenproduzenten und Massenkopisten alter Bilder, Franz von Lenbach[19] – umgetauft wurde. Von den Fenstern des Hauses, die auf der Seite der Pfandhausstraße gelegen waren, sah man in die Herzog Maxburg hinein, einem zweistöckigen langgestreckten Trakt mit einem viereckigen Turm, dessen niemals

Elsa Porges-Bernstein (1866-1949), Schriftstellerin, in: Geschichte und Kultur der Juden in Bayern. Lebensläufe, hrsg. von Manfred Treml und Wolfgang Weigand, München u.a. 1988, S. 217-224. Vgl.: Gerty Spies, Erinnerungen an Elsa Bernstein, in: Hans Lamm, Von Juden in München. Ein Gedenkbuch, München 1959, S. 292 ff.

[17] Heinrich Porges, (25.11.1837-18.11.1900), Königlicher Musikdirektor; Porges Tochter ist die Frau von Max Bernstein (Ernst Rosmer). Vgl.: Biographisches Jahrbuch V (1903), S. 247 und Siegfried Wagner, Am Grabe Heinrich Porges, in: Hans Lamm, Von Juden in München. Ein Gedenkbuch, München 1959, S. 121.

[18] Henrik Ibsen (20.03.1828-23.05.1906), norwegischer Dramatiker des Realismus, der das Gesellschaftsdrama des 20. Jahrhunderts stark beeinflusst hat. Er war in München wohnhaft von 1875 bis 1878 und danach wieder von 1885 bis 1891. Seine Dramen fielen im Deutschen Reich mehrfach unter die Zensurbestimmung, z.B., das Drama "Gespenster".

[19] Franz Ritter von Lenbach (13.12.1836-06.05.1904), Maler. Vgl.: NDB 14, S. 198 ff. und BBB, S. 473.

genaugehende Uhr uns Kindern anzeigte, wann wir zur Schule zu gehen hatten. Von den nach dem Maximiliansplatz hinausgehenden Fenstern sah man in die sogenannten Eschenanlagen hinein, die ihren Namen offenbar daher hatten, dass sie hauptsächlich aus Kastanienbäumen bestanden. Es war dies ein weiträumiger, sehr schön angelegter, öffentlicher Garten, dessen einer Teil aus gepflegten Grünflächen, Blumenbeeten, Wegen und Baumanlagen bestand, geziert mit schönen Denkmälern des Chemikers Liebig[20] und des Hygienikers Pettenkofer[21]. Der andere Teil der Anlagen bestand aus kiesbedeckten Plätzen, die Ruhe- und Spielplätze für Kinder waren. Gerade gegenüber unserem Haus mündeten die Anlagen in einen kleinen Hügel aus, auf dem später der wundervolle Wittelsbacher Brunnen des Juden Adolf von Hildebrand[22] errichtet wurde. In meinen ersten Kinderjahren waren auf dem Hügel noch die Sandhaufen, in denen wir mit unseren Spielgefährten die ersten Figuren machten und uns herumrauften. Die letztere Tätigkeit war bei mir sehr entwickelt und es scheint mir, dass ich damals gewisse militärische Fähigkeiten besessen haben muss. Die Dinge gediehen soweit, dass, als ich in die erste Volksschulklasse ging, bei meiner Mutter eine Deputation von Kindermädchen erschien, mit dem Anliegen, man möge mich von der Schule abholen, weil ich die anderen Kinder sonst totschlüge.

4. *Ludwig Thoma*

In das Haus selbst trat man durch einen langen, ziemlich dunklen Gang ein und gelangte auf eine in spiralenform ansteigende Treppe, die zu den einzelnen Wohnungen führte. Zu der Zeit, in die meine Erinnerung noch zurückreicht, hielten "wir" bereits zwei Stockwerke besetzt. Die junge Anwaltskanzlei hatte sich nämlich so rasch vergrößert, dass die beiden

[20] Justus Freiherr von Liebig (12.05.1803-18.04.1873), Chemiker. Vgl.: NDB 14, S. 497-501. Vgl.: Rudolf Pummerer, Justus von Liebig, in: Geist und Gestalt Bd. 2, hrsg. von Ulrich Thürauf und Monika Stoermer, München 1959, S. 133-153 und Brock, William H., Justus von Liebig, eine Biographie des großen Wissenschaftlers und Europäers, Braunschweig/Wiesbaden 1999.

[21] Max von Pettenkofer (03.12.1818-10.02.1901), Professor für Hygiene, Begründer der experimentiellen Hygiene. Vgl.: BBB, S. 581. Vgl.: Rudolf Pummerer, Max von Pettenkofer, in: Geist und Gestalt , Bd. 2, hrsg. von Ulrich Thürauf und Monika Stoermer, München 1959, S. 154-156 und August Wilhelm Forst, Max von Pettenkofer, in: Geist und Gestalt, Bd. 2, hrsg. von Ulrich Thürauf und Monika Stoermer, München 1959, S. 239-242.

[22] Adolf Ritter von Hildebrand (06.10.1847-18.01.1921), Bildhauer, Vgl.: NDB 9, S. 119 f. Vgl.: BBB, S. 347.

Chefs der ständigen Mitarbeit anderer Anwälte bedurften, die bei ihnen als Hilfsarbeiter tätig waren. Von diesen sind mir noch besonders gut im Gedächtnis Dr. Buhmann[23], der später selbst ein bedeutendes Büro gründete und viele Jahre lang Vorsitzender des Vorstands der Anwaltskammer im Oberlandesgerichtsbezirk München war, und Dr. Ludwig Thoma[24], der es später zu großem Dichterruhm in Deutschland brachte. Wenn ich es mir genau überlege, tut mir die Wahl weh, wer von den Beiden der Mürrischere war. Sie saßen in einem Zimmer, von dem aus eine sogenannte Wendeltreppe in den zweiten Stock hinaufführte, der mittlerweile von meinen Eltern als Wohnung gemietet worden war. In Bayern hatte das Anwaltspersonal von 12 - 2 Uhr eine streng geheiligte Mittagspause. Da mein Vater von selbst niemals zum Mittagessen gekommen wäre und es bei der Art seiner Versenkung in seine Arbeit auch nie gehört hätte, wenn wir auf der äußeren Haupttreppe heruntergegangen und im Büro geläutet hätten, wurden wir Kinder abwechselnd als Sendboten über die Wendeltreppe hinabgesandt, um meinen Vater zu Tisch zu holen. Sobald wir das Zimmer der Herren Hilfsarbeiter betraten, wurden wir als Störer in deren Arbeit oft mit feindseligen Blicken, manchmal auch, speziell von Thoma, mit nicht eben freundlichen bayrischen Kraftausdrücken empfangen. Ich hatte daher auch noch als erwachsener Mensch in Erinnerung an diese etwas ungute Art Thomas trotz der Anerkennung seiner dichterischen Befähigung ein Gefühl der Reserve und war nicht eben sehr überrascht, als sich Thoma nach dem Ende des Weltkrieges auf die Seite der Feinde der jungen deutschen Reichseinheit schlug und in Skandalblättern vom Schlage des "Miesbacher Anzeigers"[25] grobe und zum Teil rohe Angriffe auf die Reichsregierung erscheinen ließ. Immer wenn ich diese Exzesse Thomas las und zu meiner Trauer sehen musste, wie er Formlosigkeit mit Volkstümlichkeit und Patzigkeit mit Bodenständigkeit verwechselte, fiel mir wieder die Miene ein, die er uns Loewenfeld-Kindern machte, wenn wir uns vorsichtig durch sein Zimmer schlichen, um den Vater zu Tisch zu rufen. Diese Einstellung

[23] Dr. Karl Buhmann (26.04.1862-21.11.1922), Rechtsanwalt, Vorstand der Anwaltskammer am Oberlandesgericht München. Im Archiv der Anwaltskammer konnte seine Akte nicht gefunden werden. Zu Buhmann vgl. Juristische Wochenschrift, Jg. 51, 1922, S. 1701.

[24] Ludwig Thoma (21.01.1867-26.08.1921), bayerischer Schriftsteller und Rechtsanwalt. Vgl.: Ludwig Thoma, Erinnerungen, München 1983, S. 118. Vgl. auch: Otto Gritschneder, Ludwig Thoma und die Justiz in: ders., Weitere Randbemerkungen München 1986, S. 95-107 und Helmut Ahrens, Ludwig Thoma. Sein Leben, sein Werk, seine Zeit, Pfaffenhofen 1983, S. 200, 203 ff, 217.

[25] Vgl.: auch hierzu den Antisemitismus Thomas betreffend: Wilhelm, Volkert, Ludwig Thoma. Sämtliche Beiträge aus dem "Miesbacher Anzeiger" 1920/21, München/Zürich 1993.

entfremdete mir schließlich innerlich auch viele seiner Werke, wie zum Beispiel die "Lausbubengeschichten" und die "Briefe eines bayrischen Landtagsabgeordneten", die ich in einer unkritischeren Zeit meines Lebens gleich vielen Anderen für urwüchsige Ausbrüche derben bayrischen Humors gehalten hatte. Den sackgroben Antiklerikalismus der "Filser-Briefe" haben manche für gewachsenen Liberalismus gehalten. In Wirklichkeit steckte in ihm doch viel mehr ungehobelte Gehässigkeit, als irgendwelcher freiheitlicher Wert. Die Thoma-Episode im väterlichen Büro endete damit, dass Ludwig Thoma sich selbständig machte und sich als Rechtsanwalt in dem in den letzten Jahren zu trauriger Weltberühmtheit gewordenen Orte Dachau[26] niederließ. Er verblieb nicht lange bei der Jurisprudenz und ging bald ganz zum Schriftstellerberuf über. In den Jahren vor dem Weltkrieg übte er als Herausgeber des "Simplizissimus"[27] und des "März"[28] starken Einfluss auf der politischen Linken aus. Der Simplizissimus wechselte im Jahre 1914 die politische Farbe wie ein Hemd und ging mit Kriegsbeginn zu radikalem Nationalismus über. Schließlich brachte er es bis zum Hitlerwitzblatt ohne wesentlichen Wechsel des lebenden und toten Inventars. Leute wie der einstige Schwabinger Revoluzzer Karl Arnold[29], die ein halbes Menschenalter lang die Hitlerbewegung in sehr wirksamer Weise bildlich verhöhnten, sind heute Besitzer des Titels "Professor" von Adolfs Gnaden. Nur den Allerbesten von Allen, Thomas Theodor Heine[30], ließ man laufen. Er hatte zwar in erster Linie den Ruhm des Blattes geschaffen, er war zwar ein anerkanntes produktives Genie, indessen war er als Jude für das gleichgeschaltete Käseblatt nicht mehr brauchbar. Deutsche Treue, deutscher Wein, deutscher Sang, deutsche Frauen, deutscher Mond über deutschem Wald, deutscher Honig von deutschen Bienen bildeten nunmehr den unerschöpflichen Stoff, sozusagen Deutsch für Anfänger. Daneben tra-

[26] Anspielung auf das Konzentrationslager Dachau, das als erstes KZ im Deutschen Reich von Himmler am 22. März 1933 eingerichtet worden ist. Vgl.: Hans-Günter Richardi, Schule der Gewalt. Das Konzentrationslager Dachau, München/Zürich 1995, S. 36

[27] Vgl.: Simplicissimus. Eine satirische Zeitschrift, München 1896-1944, Darmstadt 1978.

[28] "März", Halbmonatsschrift für deutsche Kultur, erschienen in München 1907-1917, fortgeführt unter dem Titel "Deutsche Politik".

[29] Karl Arnold (01.04.1883-29.11.1953), Zeichner und ab 1917 Teilhaber des "Simplicissimus", Vgl.: BBB, S. 27.

[30] Thomas Theodor Heine (28.02.1867-26.01.1948), Maler und Zeichner des "Simplicissimus", ab 1933 im Exil. Vgl.: BBB, S. 321,Vgl.: NDB 8, S. 295 f. Vgl.: Franz Menges, Thomas Theodor Heine (1867-1948), Karikaturist und Zeichner, in: Geschichte und Kultur der Juden in Bayern. Lebensläufe, hrsg. von Manfred Treml und Wolfgang Weigand, München u.a. 1988, S. 243-249.

fen die instinktsicheren Pfeile gleichgeschalteten Humors jetzt die krummen Nasen der Juden, ihren bekannt fragwürdigen Ehrbegriff, die teuflische Tücke der Engländer und Franzosen und Alles, was sonst ein unter Terror stehendes deutsches Fettherz in Wallung bringt.

5. *Anwaltsbüro*

Der nächste Schritt aus dem Buhmann-Thoma-Zimmer im väterlichen Büro führte in das sogenannte Schreiberzimmer. Die Anwaltsbüros hatten damals noch fast ausschließlich männliches Personal. Erst viele Jahre später kamen als ein viel bestauntes Kuriosum weibliche Bürokräfte auf. In dem Schreibzimmer wurden alle Arbeiten, die ein Anwaltsbüro benötigte, noch mit der Hand geschrieben. Die Schreibmaschine war noch etwas Unbekanntes. Wenn man von einem Schriftsatz sechs Exemplare benötigte, musste er also sechsmal mit der Hand abgeschrieben werden, und zwar sauber. Nur bei großen Schriftsätzen halfen sich die Anwaltsbüros dadurch, dass sie sie drucken ließen. Das suchte man aber zu vermeiden, wenn es ging, denn das war eine sehr teure Sache. Soweit diese Arbeit bei künstlichem Licht verrichtet werden musste, gab es nur Petroleumlampen, das Gasglühlicht existierte zwar bereits in eleganten Wohnbezirken, nicht aber in solch älteren Häusern. Elektrische Lampen waren noch unbekannt. Eines Tages wurden in dem Büro auf Bernsteins Betreiben versuchsweise Spiritusglühlampen eingeführt, die ein ähnliches, nur etwas grelleres Licht gaben als die Gasglühlampen. Die Spiritusglühlampen waren ebenfalls auf dem Prinzip der Glühstrümpfe konstruiert. Das Experiment hielt nicht lange vor, weil eine Spiritusglühlampe explodierte und diese eine Bürokraft verletzte, worauf man reuig zu den Petroleumlampen zurückkehrte. Von unseren Bürokräften hatte ich als Kind den baumlangen Franz Boeck ins Herz geschlossen. Franz Boeck, der es vom Schreiber später zum Buchhalter brachte, kam immer gerne zu uns Kindern in den zweiten Stock herauf, um mit uns zu scherzen. Wir wussten dabei nicht, dass er es weniger auf uns als auf die langjährige Köchin Therese abgesehen hatte, sodass er sich schließlich bei meiner Mutter den Ruf eines Lebemanns zuzog. Er parierte diesen schweren Vorwurf, indem er Therese heiratete, die damit zum Leidwesen meiner Eltern aus deren Dienst ausschied. Franz Boeck selbst blieb in der Kanzlei bis zum Tode meines Vaters im Jahre 1919, in diesem Jahr übernahm ich ihn dann selbst in meine eigne Kanzlei, wo er bis zu seinem Tode Dienst machte. Er war ein Mann von all den Eigenschaften, von denen man heute in Deutschland so gerne spricht, von bedingungsloser Treue und Zuverlässigkeit, von ausschließlicher Konzentration auf seinen Beruf und trotz etwas rauen Auftretens von einer großen Zartheit des Empfindens. Als ich ihn an seinem Krankenlager, am Tage vor seinem Tode, besuchte, schüttelte er mir heftig die Hand und versicherte mir aufgeregt, in wenigen Tagen werde er wieder im Büro sein können und noch lange Jahre dort arbeiten. Ich war noch nicht oft persönlich so niedergeschlagen als an dem Tage, an dem ich ihm die Grabrede auf dem Nordfriedhof in München halten musste. Seine Witwe Therese stand bis zu ihrem Ableben bei mir in freiwilliger Pension.

Vom Schreiberzimmer führte ein kurzer Durchgang in das Arbeitszimmer meines Vaters, das für uns Kinder sozusagen das Allerheiligste war. Es war ein langgestreckter Raum mit vier Fenstern, von denen zwei auf die Anlagen und zwei auf die Herzog Maxburg hinausgingen. In der Ecke zwischen zweien dieser Fenster stand das Stehpult meines Vaters, an dem er mehr als vierzig Jahre seine Lebensarbeit verrichtete. Sein Arbeitstag war unbegrenzt wie sein Wahrheits- und Erkenntnisdrang. Wenn Menschen von späten Vergnügungen in der Nacht über den Maximiliansplatz gingen, konnten sie das Schattenbild meines Vaters im Lichte der auf dem Schreibtische stehenden Stehlampe erblicken. Der nicht einmal mittelgroße Mann konnte nicht im Sitzen arbeiten. Er dachte im Umhergehen im Zimmer nach und schrieb das Nachgedachte an dem Stehpult mit Lettern von unglaublicher Kleinheit und Zierlichkeit nieder. Den großen Schreibtisch, an dem man sitzen konnte, benutzte mein Vater eigentlich nur zur möglichst ungeordneten Ablage von Büchern und Akten. Er selbst kannte sich in dieser Unordnung genauestens aus und wurde wild, wenn jemand wirklich auf dem Schreibtisch Ordnung zu schaffen versuchte, denn dann konnte er nichts mehr finden. Den übrigen Hauptinhalt des Raumes bildeten Bücher. Deutsche Rechtsgeschichte, römische Rechtsgeschichte, klassische Quellenwerke, ungefähr alle Institutionen- und Pandektenausgaben, daneben ur- und kulturgeschichtliche Werke, Anthropologie, Philosophie, daneben wiederum modernste juristische Materien, wie Patentrecht, Urheberrecht, Warenzeichenrecht, Arbeitsrecht. Die Zusammensetzung der Bibliothek für sich allein ließ schon einen Rückschluss auf das polyhistorische Streben und Wissen ihres Besitzers zu. In der Kinderzeit wirkten die vielen Bücher eher furchterregend, weil wir uns nicht vorstellen konnten, dass es einen Menschen geben könne, der alles dies gelesen haben und wissen könne und noch dazu, dass dieser Mensch gerade unser Vater sein solle. Dieses Gefühl wurde dadurch noch eher etwas gesteigert, dass meinem Vater jede äußere Bekundung von Zärtlichkeit fremd war, und dass er bei aller Toleranz gegen fremde Meinungen und Einstellungen von einer unerbittlichen Strenge in der Führung seines eigenen Lebens war, dass seine nahen Freunde ihn Cato nannten. Infolge seiner ungeheuer harten Jugend, durch das Übermaß der allzeit auf ihm lastenden Pflichten, war er, wiewohl innerlich der weichherzigste Mensch, äußerlich früh verschlossen geworden. Wenn er nach absolviertem Arbeitstag endlich zum Abendessen bestimmt werden konnte, war er meistens bereits übermüdet und deshalb wenig gesprächig. Trotzdem ging er auch in diesem Zustand nach dem Abendtisch fast regelmäßig ins Büro hinunter und arbeitete dort bis in die tiefe Nacht hinein. Vor dem Einschlafen wusste er sich manchmal dadurch zu schützen, dass er, auch im Winter, die Füße in eiskaltes Wasser steckte. Er behauptete, diese Methode sei schon im alten Rom bekannt gewesen und sie sei "gesund", worüber wir Kinder, trotz unseres jugendlichen Unverstandes, ernstliche Zweifel hatten. Wie eine Sonne brach es bei ihm nur durch, wenn er einen Scherz machte. Sein Humor war nie grob, dabei ungemein treffend und pointiert und es stammen eine Unmenge Formulierungen von ihm her, die er in der Eingebung einer Laune machte und die dann unser unverlierbarer Besitz wurden. Im Besonderen hatte er die Gabe, eine ganze Situation mit einem geringen Aufwand von Worten so bildhaft zu umschreiben, wie wohl nur wenige Meister des Pinsels oder der graphischen Kunst eine Gestalt oder eine Landschaft mit wenigen Strichen erstehen lassen können. So entstanden in mehr als einem Menschenalter in diesem Raume die Grundlagen von Vorlesungen über römische Rechtsgeschichte, römisches Privatrecht, Rechtsphilosophie, Konkursrecht, römisch-rechtliche Quellenarbeiten, die ein gleiches Maß von altphilologischen, sprachlichen und kulturgeschichtlichen, wie von juristischen Kenntnissen voraussetzten; ein Kommentar zum Allgemeinen Teil des bürgerlichen Gesetzbuches[31], der in der gesamten deutschen Juristenwelt nicht nur äußere Anerkennung, sondern auch sachliche Autorität errang; größere und kleinere wissenschaftliche Arbeiten auf den verschiedensten Gebieten, von der gelehrten Mitarbeit am griechischen Syllogos Hellenikos angefangen, bis zu seinen sozialrechtlichen Kampfschriften gegen die deutsche Gewerbegesetzgebung und die sogenannte Zuchthausvorlage, mit denen er in Arbeits- und Gesinnungsgemeinschaft mit seinen Freunden Philipp Lotmar[32]

[31] THEODOR LOEWENFELD, Einleitung und Kommentar zu § 1-89, in: STAUDINGER, Kommentar zum BGB, 1. Aufl. 1903, S. 1-252, und in: STAUDINGER, Kommentar zum BGB, 7/8. Aufl. 1912, S. 1-131. Eine Bibliographie findet sich bei J. RÜCKERT (Vgl. Anmerkung 8).

[32] PHILIPP LOTMAR (08.09.1850-19.05.1922), Professor für römisches Recht in Bern, von 1876-1888 Privatdozent an der Universität München, befreundet mit Theodor Loewenfeld, Eintritt in die SPD zur Zeit des Sozialistengesetzes, Begründer der Arbeitsrechtswissenschaft. Vgl.: NDB 15, S. 241 f. Vgl.: JOACHIM RÜCKERT, Philipp Lotmars Konzeption von Freiheit und Wohlfahrt durch "soziales" Recht (1850-1922), in: DERS. (Hrsg.), Philipp Lotmar. Schriften zum Arbeitsrecht, Zivilrecht und Rechtsphilosophie, Frankfurt/M 1992, S. XI-XXXVI. und MANFRED REHBINDER, Über die Geburt des Arbeitsrechts aus dem Geiste

und Lujo Brentano[33] das soziale Gewissen der Nation in einer so nachhaltigen Weise aufrüttelte, dass die auf weitere Verschlechterung der Arbeiterrechte gerichteten von agrarischer und schwerindustrieller Seite propagierten Pläne im Parlament ein wahrhaft unrühmliches Ende fanden, indem sie nicht nur von der Linken des Reichstags, sondern auch von der bürgerlichen Mitte und einem Teil der Rechten mit großer Mehrheit abgelehnt wurden.

Auf die wissenschaftliche Betätigung meines Vaters und seinen geistigen Einfluss auf mich möchte ich etwas später, im Zusammenhang mit der Darstellung meiner Lehrjahre, noch eingehen. Hier will ich noch ein wenig von seinem Äußeren, seinen Gewohnheiten und Einstellungen und von seinen Schicksalen sprechen.

Ich habe den im Revolutionsjahr 1848 geborenen Mann nie anders als grau- und weißhaarig gekannt. Wie man uns Kindern erzählte, war er schon ergraut, als er mit etwas über dreiunddreissig Jahren heiratete. Er hatte einen ausgesprochen kleinen Körper und einen ebenso ausgesprochen umfangreichen Schädel mit einer sehr hohen, steilen Stirn. In meinen Jugendjahren trug er nur den damals üblichen Schnauzbart, später ließ er sich den im damaligen Universitätsmilieu häufigen, achtungsgebietenden weißen Vollbart wachsen. Die Ursache zu dem Letzteren war weniger der Wunsch, ihn zu besitzen, als der Umstand, dass mein Vater sich infolge großer körperlicher Ungeschicklichkeit niemals hätte selbst rasieren können, andererseits aber in seinem Reinlichkeitsdrang Streit mit allen Barbieren anfing, weil ihm keiner sauber genug war. Der Vollbart war also der einzige Ausweg. Immerhin ließ er ihn nicht in der Staubwischerlänge wachsen, wie manche seiner Collegen, sondern mehr mit Maß und Ziel. Mit seinen sehr gütigen und klaren, oft aber müden Augen blickte er durch überaus scharfe Brillengläser, ohne die er bei seiner großen Kurzsichtigkeit überhaupt nichts sehen konnte. Gekleidet war er fast immer in schwarzen oder dunklen Cutaways, von denen er Ungezählte in allen Altersklassen besaß. Wenn er einen neuen brauchte, ging nicht er, sondern meine Mutter mit seinen Massen zum Schneider. In seiner Erscheinung bildeten so altmodischer Ernst und durchdringende, allen modernen Problemen zugewandte Geistigkeit einen fühlbaren Kontrast. Wiewohl er sich unablässig mit allem Neuen beschäftigte, war er in äußeren Lebensdingen der denkbar

der Rechtssoziologie, Die Pionierarbeit von Philipp Lotmar, in: W. Hadding (Hrsg.) Festgabe Zivilrechtslehrer 1934/1935, Berlin/New York 1999, S. 505-522.

[33] Lujo Brentano (18.12.1844-09.09.1931), Professor für Nationalökonomie; Mitbegründer des Vereins für Socialpolitik 1872; Vgl.: NDB 2, S. 597. Vgl.: Friedrich Lütge, Lujo Brentano, in: Geist und Gestalt Bd. 1, hrsg. von Ulrich Thürauf und Monika Stoermer, München 1959, S. 299-305.

konservativste Mensch. Er war außerstande, sich seine Stiefel selbst anzuziehen. Wenn er zu einem Termin von München nach Berlin fuhr, nahm er sich in einem Koffer sein Plumeau mit, weil er mit einem anderen nicht schlafen konnte. Ich sehe ihn noch lebendig vor mir, als wir mit unseren Eltern bei einer Schweizerreise die neueröffnete Jungfraubahn benutzten. Während meine Mutter und wir Kinder aus dem Staunen nicht herauskamen, war mein Vater schwer mit der Frankfurter Zeitung beschäftigt. Wenn wir sagten "Papa, schau doch, wie schön das ist" blickte er einen Moment auf und sagte zerstreut "ja, ja" und war sofort wieder in die Zeitung vertieft. Auf der anderen Seite lebte er sich in jede geistige Materie so hinein, als ob sie sein Beruf schon immer gewesen wäre. Selbst in schwierigen technischen Fragen machte er eigene Studien mit einer Gründlichkeit, dass er dann und wann einen technischen Sachverständigen von der Unrichtigkeit seiner eigenen Meinung überzeugen konnte. Anlässlich eines bedeutenden Bierprozesses studierte er vollkommen Gärungschemie. Dagegen konnte er noch als alter Mann Erbsen und Bohnen nicht mit Sicherheit voneinander unterscheiden, weil dies nicht eine Materie der Geistigkeit, sondern der Anschauung war, garnicht zu reden etwa von Blumen und Schmetterlingen auf einer Wiese. Würde man ihm dagegen die Aufgabe gegeben haben, die Blumen und Schmetterlinge in einem Aufsatz zu beschreiben, so würde er solange studiert haben, bis er dies mit derselben Anschaulichkeit gekonnt hätte, mit der etwa Schiller die von ihm nie gesehene Schweiz beschrieben hat. Vollendet war die noble Ritterlichkeit seiner Einstellung. Nicht nur, dass er einem Jeden half, geistig und materiell, der etwas von ihm wollte, der Gebrauch ungerader oder ungehöriger Waffen im persönlichen und beruflichen Leben war ihm bis zum Äußersten widerwärtig. Sein juristischer Beruf war ihm nicht eine Krippe, sondern eine Sendung. Wie wohl er ein anerkannter Meister des positiven Rechts war, interessierte ihn zeitlebens der ethische Gehalt der Rechtsnormen mehr als ihr juristischer. Im Zorn und in der Empörung über ungerechtes Recht und den Missbrauch des Rechtsgedankens für egoistische oder sonst unethische Interessen wuchs seine Diktion zu einer wahrhaft adeligen Größe, und zwar in der mündlichen Augenblickspolemik nicht minder als in der sorgfältigen Wahl des geschriebenen und gedruckten Wortes.

Von alledem wussten wir Kinder naturgemäß damals noch wenig. Wir sahen unseren Vater nicht eben viel. Morgens, wenn wir vor dem Schulgang zu Cacao und Brötchen antraten, war er schon ins Büro verschwunden. Mittags brachte man ihn meistens mit vielen Kunststücken gegen 1 Uhr zum Essen. Um zwei Uhr hatte er seine Vorlesung in der Universität zu halten, also zu einer Zeit, die ihn bei den Studenten nicht beliebt machen konnte, denn dies war normalerweise die Zeit, in der der

Student ins Caféhaus, zum Kartenspielen oder zu ähnlichen Vergnügungen ging. Die Leute, die die zwei Uhr-Vorlesung durchhielten, waren also meistens gute und eifrige Studenten. Noch heute in Amerika lerne ich ständig Leute kennen, die diese zwei Uhr-Vorlesung besucht haben. Zwischen dem Mittagessen und dem Gang zur Vorlesung lagen ungefähr zwanzig Minuten, in denen er seinen sogenannten Mittagsschlaf hielt. Von meinem achten Jahre an hatte ich Klavierunterricht, von da an sagte mir mein Vater oft, ich solle mal während seines "Mittagsschlafes" laut Klavier spielen, weil er dann besser schlafe. Pünktlich um zehn Minuten vor zwei Uhr fuhr er dann mit der Straßenbahn, die damals noch eine Pferdebahn mit peitschenknallendem Kutscher war, zur Universität. Von einhalb vier Uhr an hielt er dann Sprechstunde bis gegen Abend, und erst wenn diese zu Ende war, sagte er "so, nun können wir einmal zu arbeiten anfangen". Auch an den Sonntagen sahen wir ihn häufig nur kurz. Sonntagvormittag war er stets im Büro. Am Sonntagnachmittag aber ging er ins Hotel Marienbad in der Barerstraße, um zu baden. In der Pfandhausstraße 3, wie in den meisten durchschnittlichen Bürgerhäusern, gab es damals noch keine Bäder. Auch wir Kinder mussten daher unsere Badeprozeduren im "Marienbad" machen, natürlich nur im Winter, im Sommer gingen wir zum Schwimmen. Während unser Vater großen Wert darauf legte, dass wir uns im Sport bildeten, betrieb er selbst keinen einzigen. Er hätte nicht die leichteste Turnübung machen können, nicht zu reden etwa von Rudern, Schwimmen, Bergsteigen oder dem damals aufkommenden Radfahren. Dies alles wäre ihm bei seiner körperlichen Schwäche unmöglich gewesen und er bekam Schwindelgefühle, wenn er von einem Fenster in einem hohen Haus herunter sah. Wenn wir in einer Sommerfrische mit ihm im Wald neben einem Wasser hergingen, musste er immer auf der Innenseite des Weges gehen, die dem Wasser abgewandt war. Dies hinderte ihn aber nicht, sich über jede sportliche Leistung seiner Kinder mindestens so sehr zu freuen wie über gute Schulnoten, auf die er immer sehr große Stücke hielt. Überhaupt war ihm nichts mehr zuwider, als wenn er sich irgendwo und irgendwie als Vorbild hingestellt sah. Er sagte immer, er wolle nicht, dass einer seiner Söhne Jurist werde, denn mit der Jurisprudenz könne man im Leben nur wenig anfangen. Sein Gedanke war, dass wir in technische, physikalische, chemische oder ähnliche Berufe gehen sollten, weil diesen, nach seiner Meinung, weit mehr die Welt offenstand. Allerdings musste er schon frühzeitig und zu seinem Kummer diese Meinung revidieren. Ans Auswandern in fremde Länder dachten damals die Söhne der einigermaßen arrivierten deutsch-jüdischen Familien nicht. Man war in diesen Familien ganz eingedeutscht und konnte sich selbst schwer vorstellen, wie man etwa die Vaterstadt später aus Berufsgründen verlassen sollte. Mit den naturwissenschaftlichen

Berufen war man aber entweder an die Universität oder an die größeren industriellen Betriebe gebunden. Die Universitätskarriere war auf diesen Gebieten auch bei den Nichtjuden immer nur wenigen Begnadeten offengestanden. Von den deutschen Juden konnten in ihr nur ein paar weltberühmte produktive Genies, wie etwa der meinem Vater befreundete Chemiker Adolf von Bayer[34], der Entdecker des künstlichen Indigos, auf dessen Lebensarbeit in erster Linie Gründung und Entwicklung der Badischen Anilin- und Sodafabriken in Ludwigshafen beruhte, in den philologischen Fakultäten deutscher Universitäten Platz finden. Die deutsche Großindustrie aber war damals, wie früher und später, antisemitisch eingestellt, nicht im Sinne eines Radauantisemitismus von Gesellen nach der Art von Goebbels[35] und Streicher[36], sondern im Sinne eines ungeschriebenen gesellschaftlichen Kodex, dass Juden nicht oder jedenfalls nur ganz ausnahmsweise in ihr einen Platz fanden. Gerade Adolf von Bayer warnte meinen Vater sehr nachdrücklich vor irgendwelchen Hoffnungen für seine Söhne auf dem naturwissenschaftlichen, im Besonderen aber auf dem chemischen Gebiet. Er sagte ihm einmal: "ob der Mensch ein Genie wird, sieht man ihm in der Regel in der Jugend noch nicht an. Bei den Malern und Musikern mag es vielleicht anders sein, da gibt es eher Wunderkinder. Bei den Wissenschaftlern, auch wenn sie begabt sind, braucht der Funke nie zu zünden. Und die Juden, bei denen er nicht zündet, würden noch besser Droschkenpferde als Chemiker werden. Denn wenn das Automobil sich auch entwickeln wird, wird man immer noch Droschkenpferde brauchen (wie Unrecht hatte er mit dieser letzteren Prophezeiung!). Jüdische Chemiker aber werden bald ein Widerspruch in sich selbst sein". So musste mein Vater später, sehr wider seinen Willen, es erleben, dass seine Söhne Juristen wurden. Er hat sich aber mit diesem Schmerz bald abgefunden und war schließlich doch froh bei dem Gedanken, in ihnen eine Nachfolge zu finden.

[34] Adolf von Baeyer (1835-1917), Chemiker, Entdecker des Indigos, Vgl.: Rudolf Pummerer, Adolf von Baeyer, in: Geist und Gestalt Bd. 2, hrsg. von Ulrich Thürauf und Monika Stoermer, München 1959, S. 156-174.

[35] Joseph Goebbels (29.10.1897-01.05.1945), NSDAP, Reichsminister für Volksaufklärung und Propaganda 1933-1945. Vgl.: Ralf Georg Reuth, Goebbels, München 1990.

[36] Julius Streicher (12.02.1885-16.10.1946), NSDAP, 1920 Führer der NSDAP Nordbayern, 1933 Mitglied des Reichstags, Herausgeber des nationalsozialistischen, antisemitischen Hetzblattes "Der Stürmer", 1946 in Nürnberg zum Tode verurteilt und hingerichtet. Vgl.: Robert Wistrich, Wer war wer im Dritten Reich, München 1983, S. 265 ff.

6. *Die Mutter*

Ich denke, der Leser hat bereits genau verstanden, dass ich unser Haus und die sich darin hauptsächlich bewegenden Personen, insbesondere aber die Eigenart meines Vaters, nicht so eingehend beschrieben habe, weil es sich etwa bei alledem um ausnahmsweise Erscheinungen gehandelt hätte. Mit der Beschreibung soll vielmehr nur ein Bild des typischen "guten" und gebildeten deutsch-jüdischen Bürgerhaushaltes der achtziger und neunziger Jahre des vorigen Jahrhunderts gezeichnet werden. Dieser deutsch-jüdische Kreis war in der Regel nicht reich, sondern bestenfalls auf einem mittelbürgerlichen Wohlstand, der entweder auf gutem Berufseinkommen oder auf Mitgift der Frau oder aber auf Beidem beruhte. Die Juden, die es einigermaßen zu etwas gebracht hatten, fühlten sich vermeintlich gehoben, wenn ihre Töchter in die akademischen Berufe hineinheirateten. Für diese Möglichkeit wurde dann mehr Mitgift geblutet, als wenn die Tochter "nur" einen Kaufmann fand. Der an sich lächerliche Nimbus, dass der Mensch um deswillen mehr sei, weil er einige Examina abgelegt und den Eingang in die Anwaltschaft, die Ärzteschaft und andere "Doktorsberufe" gefunden hatte, war ein Stück des seiner Natur nach jungen und bescheidenen gesellschaftlichen Ehrgeizes, den die Juden der damaligen Zeit pflegen konnten. Meine Großeltern in Nördlingen waren von diesem Ehrgeiz sicherlich frei. Man war sich dort keineswegs abschließend klar, was eigentlich so ein "Privatdozent" sei, was er zu tun habe. Restlos klar war man sich nur, dass er kein Gehalt hatte und dass er als ein Anfänger in der Anwaltschaft wirtschaftlich gesehen, keine große "Partie" war. Eine solche aber hätten meine Großeltern, obwohl sie alles Andere als nur eingefleischte Materialisten waren, im Grund ihres Herzens doch wohl lieber gesehen. Das treibende Element war zweifellos meine Mutter selbst, was in der damaligen Zeit, in der jüdische Ehen noch ohne Vorwissen der Ehekandidaten sorgfältig von der Familie arrangiert zu werden pflegten, eine gewisse Ausnahme war. Meine Mutter hatte einen ausgesprochenen Drang nach "höherer Bildung" und den brennenden Wunsch, aus der Landstadt fortzukommen. Sie war in der Klosterschule in Nördlingen erzogen worden. Diese rein katholische Institution stand, abgesehen vom Religionsunterricht, auch den Juden als Bildungsstätte zur Verfügung. Vom gesetzlichen Recht, eigene jüdische Schulen zu haben, machten die "liberalen" jüdischen Gemeinden so gut wie keinen Gebrauch, nur vereinzelte orthodoxe Gemeinden richteten solche ein. Die katholische Klosterschule in Nördlingen stand auf einem sehr hohen menschlichen und kulturellen Niveau. Sie war keineswegs einseitig klerikal, sondern wirklich bemüht, ihren Zöglingen eine innere Beziehung zu den wesentlichsten Lebensgütern beizubringen. Dazu hatte der bessere

Teil der Jugend der damaligen Zeit einen großen Respekt vor Allem, was mit der Wissenschaft zusammenhing. Der philosophische Materialismus, der glaubte, dass das Wissen alle Probleme lösen könne und dass nur das Wissen der Gradmesser des Wahren sei, der nichts glaubte, was man nicht sehen und beweisen konnte, der daher ein skeptisches Verhältnis zu der Welt der Irrealität und ein überpositives Verhältnis zu der des Realen hatte, beherrschte damals als Zeitgeist das Feld. Dies drückte sich irgendwie auch in der gesellschaftlichen Schätzung der wissenschaftlich tätigen Menschen aus. Die Universitäten standen auf diese Weise im öffentlichen Nimbus wesentlich höher als dies etwa eine Generation später der Fall war. Ohne dass meine Mutter eigentliche gesellschaftliche Ambitionen gehabt hätte, war sie daher, als sie mit der Frage der Gattenwahl konfrontiert wurde, als ein Kind ihrer Zeit instinktiv entschlossen, den armen Privatdozenten einem Kaufmann vorzuziehen, der ihr mehr Wohlleben und Annehmlichkeit hätte garantieren können. Ihre Gedanken waren dabei sicherlich nicht auf "Avancement" gerichtet. Im Gegenteil, nicht nur sie selbst, sondern auch wir Kinder wurden an den Gedanken gewöhnt, dass unser Vater Privatdozent nicht nur sei, sondern auch bleiben werde. Als er im Jahre 1895 zum unbezahlten Honorarprofessor an der Münchener Juristenfakultät, nach einer beinahe 20jährigen Privatdozentenzeit, ernannt wurde, gab es bei meiner jüngsten Schwester einen Tränenstrom, sie sagte heulend, bis jetzt hätte sie einen Papa gehabt und jetzt habe sie nur einen Professor. Dies war der kindliche Ausdruck dessen, dass sie nach unserer Vorstellungswelt unseren Vater mit dieser Veränderung der Verhältnisse als verloren betrachtete.

Unsere Mutter, deren ich schon einigemale Erwähnung getan habe, schaltete im zweiten Stock der Pfandhausstraße 3. Sie hatte schon in verhältnismäßig jungen Jahren ein schweres Leben. Als sie meinen Vater heiratete, war sie noch nicht neunzehn Jahre alt. Nachdem pünktlich das erste Kind das Licht der Welt erblickt hatte, kam wiederum pünktlich ein Sohn. Dieser starb schon im frühen Kindesalter, ich habe ihn nie gekannt. Wir besuchten nur später manchmal mit meiner Mutter sein winziges efeuumsponnenes Grab auf dem jüdischen Friedhof in München. Ich glaube, dass meine Mutter, wiewohl sie von diesem Sohn wenig gesprochen hat, seinen Verlust doch nie ganz verwunden hat. Das nächste der Kinder war dann ich selbst. Die früheste Zeit, in die ich an meine Mutter noch zurückdenken kann, war sie schon einigermaßen leidend. Vor Allem wurde sie sehr früh schwerhörig, was ihre Lebensfreude sehr beeinträchtigte. So herrschte im zweiten Stock nur relativ selten ein leichter und fröhlicher Ton. Der Ernst des Lebens trat zeitig in unseren Gesichtskreis, und wenn wir ihn auch naturgemäß als richtige Kinder noch keineswegs voll erfassen konnten, so drückte er sich doch auch dahin aus, dass uns die Begriffe der Pflicht, der Arbeit, der Anstrengung früher etwas vorstellten als die eines leichten und mühelosen Daseins.

Der Ton unserer Erziehung war nicht eben spartanisch. Immerhin suchten unsere Eltern uns von vornherein an Einfachheit, Regelmäßigkeit und vollständige Ausführung jedweder Verrichtung zu gewöhnen. In den Sommermonaten ging die Familie an bescheidene Plätze von Münchens Umgebung, wie Fürstenfeldbruck und Tölz, und zwar in der Regel in ländliche Anwesen, wo wir unsere erste Einführung in die Mysterien der Natur erhielten. So erinnere ich mich noch sehr lebhaft meiner schweren Aufregung über einen Besuch des Fuchses auf einem Hühnerhof und über die von ihm angerichteten Verwüstungen. Wir lernten Dinge, wie Bienenzucht, Stallgerüche, Grasmähen zum ersten Mal kennen und waren begeistert, wenn wir irgendwie mithelfen konnten. Bei dem Herumtollen ging es naturgemäß ohne Löcher im Kopf und ähnliche Zwischenfälle nicht ab. Unsere gesunde Kindernatur überwand dergleichen Dinge aber leicht. Da wir von Zuhause das Schlafen in Kinderbetten mit hohen Gittern gewohnt waren, bildeten die gitterlosen Bauernbetten für uns ein Problem. Eines Nachts fiel ich aus meinem Bett im Schlaf mit solcher Gewalt heraus, dass mein zwei Zimmer weit entfernt schlafender Vater von dem Krach aufwachte und sich nach mir umsah. Er fand mich jedoch in friedlichem Schlaf auf dem Boden. Erst bei der Beförderung ins Bett wurde ich wach. Von der Mitte der neunziger Jahre an machten meine Eltern in den Sommermonaten manchmal größere Reisen, insbesondere Badereisen. Während dieser Reisen wurden wir Kinder mit den Großeltern aufs Land geschickt. Die Großeltern waren mittlerweise von Nördlingen nach München gezogen, nachdem der Großvater in seinem Geschäft so gut gearbeitet hatte, dass er sich in der Mitte seiner fünfziger Jahre zurückziehen und dem Dasein eines Privatiers zuwenden konnte. Sie gingen im Sommer mit uns nach Tutzing am Starnbergersee, das ein wahres Paradies für Kinder war. Wir wohnten außerhalb des Dorfes in einem Haus mit riesengroßem Garten, den man schon eher einen Wald als einen Garten nennen konnte. Im See und am See gab es alle Freuden des Wassersports. Mit dem Großvater machten wir lange Streifzüge zum Beerensuchen, Schmetterlingsfangen und ähnlichen Vergnügungen. Unser Großvater verbarg die fast zu große Weichheit seines Herzens hinter oft martialischen Gesten. Wenn wir nicht gleich so parierten, wie er wollte, donnerte er: Verschießen soll man euch! „Ich schlage euch, bis ihr schwarz werdet.“ Wir Kinder nahmen derartige Ausbrüche nur von der fidelen Seite, weil wir wussten, dass er nicht einer Fliege ein Bein hätte ausreissen können. Im Übrigen standen wir mit ihm auf einem sehr kameradschaftlichen Fuß und respektierten, ja bewunderten die körperlichen Fähigkeiten des Großvaters, wenn er etwa bei der Schmetterlingsjagd uns Allen voran stürmte und die schönsten Exemplare mit der größten Geschicklichkeit erwischte.

7. *Marienbad*

Einmal wurde ich auch auf eine Badereise mitgenommen, und zwar nach Marienbad. Damals waren meine Großeltern auch dabei. Marienbad war zu dieser Zeit ein Platz, an dem Menschen aus vieler Herren Länder zusammen kamen. Bevor wir hinfuhren, wurde ich fashionable ausgestattet, mit den ersten langen, weißen Hosen und weißen Schuhen, auf die ich außerordentlich stolz war. Das internationale Kur- und Promenadenleben war für mich etwas völlig Überraschendes und Unerhörtes. Ich lernte aber dort auch zum ersten Mal die Verschiedenheit der aus verschiedenen Länder kommenden West- und Ostjuden kennen. In München gab es zur damaligen Zeit auch eine große Anzahl vom Osten eingewanderter jüdischer Familien. Die eingesessenen Judenfamilien hatten mit ihnen aber durchschnittlich weniger Beziehungen, als mit der eingesessenen nichtjüdischen Bevölkerung. Dies rührte zum Teil daher, dass die ostjüdischen Familien den orthodoxen Gemeinden anzugehören pflegten und demgemäß auch zum größten Teil in andere Synagogen gingen als die eingesessenen Juden, sodass man sich gegenseitig relativ wenig kannte. Im äußeren Auftreten aber, wie Kleidung, Sitten, unterschieden sich die Ostjuden so wenig von der übrigen Bevölkerung wie die eingesessenen Juden[37], sodass sie für uns Kinder nichts irgendwie Auffälliges waren. Dies war in Marienbad anders. Dort traten beispielsweise die reichen polnischen und galizischen Juden mit einem äußeren Glanz und einer Pracht auf, die uns etwas völlig Unbekanntes war. Andererseits trat das orthodoxe Element dort in der historischen Kleidung der langen Röcke und Bärte und der Löckchen ins Straßenbild. Dies war besonders auffallend bei jungen, stattlichen Männern mit riesengroßen braunen und roten Bärten. Ich konnte zum ersten Mal aus diesem Anlass das Gefühl der Fremdheit empfinden, das unter Juden möglich ist. Dass aus solchen äußeren Umständen bei anderen Leuten das Gefühl der Missachtung und der Feindschaft die Konsequenz sein könne, ahnte ich

[37] Vgl.: NACHUM GOLDMANN, Zur Psychologie der Ostjuden, in: HANS LAMM (Hrsg.), Von Juden in München, München 1959, S. 150-154. Vgl.: GUSTAV LANDAUER, Ostjuden und Westjuden, in: HANS LAMM a.a.O., S. 155 ff. und JAKOB REICH, Eine Episode aus der Geschichte der Ostjuden Münchens, in: HANS LAMM a.a.O., S. 318-322. Vgl. auch TRUDE MAURER, Ostjuden in Deutschland 1918-1933, Hamburg 1986.

natürlich noch nicht. Mir kam eben nur der ganze Aufzug und zum Teil auch das heftige Gestikulieren etwas komisch vor, zumal wenn man eine Prozession solcher langer Röcke mitten im Wald oder auf der Promenade begegnete. Unsere Mahlzeiten nahmen wir in dem "liberal"-koscheren Restaurant "New York" ein, das früher einmal Baruch geheißen hatte. Das streng orthodoxe Restaurant hieß Loewenthal. Mein Großvater war nur sehr schwer zu überzeugen, dass er im "New York" ohne Versündigung gegen seine Religion essen könne. Er glaubte nicht recht an die Rabbinatskontrolle, unter der das Restaurant angeblich stand. Seine Zweifel darüber, ob im "New York" alles mit rechten Dingen zugehe, waren vor allem dadurch genährt, dass es dort manchmal Rehbraten gab. Da bekanntlich der gläubige Jude nur geschächtetes Fleisch essen darf, wollte er nicht verstehen, dass diese Rehe den Anforderungen der Religion entsprachen, weil er wusste, dass man Rehe in der Regel schieße. Es bedurfte starker Überredungskünste meiner Eltern, um ihn davon zu überzeugen, dass der Rehbraten im "New York" von gefangenen und geschächteten Rehen herrühre. Immer wieder erkundigte er sich bei meinem Vater, ob wir ihn damit nicht in gottloser Weise hereinlegten. Ich glaube, so recht geschmeckt hat es ihm im "New York" deshalb nie. Um so besser schmeckte es einem anderen Gast, der fast täglich zu derselben Zeit wie wir dort sein Essen einnahm, nämlich dem Prince of Wales, dem nachmaligen König Eduard VII.[38]. Er brauchte allerdings zu der Prozedur des Essens ungefähr zwei Stunden, während es bei uns in weniger als einer Stunde abgemacht war. Sein Appetit auf gute Sachen war fast unbegrenzt, was sich in seinem mächtigen Körperumfang widerspiegelte. Die Leute in Marienbad raunten sich allerhand zu, was für galante Fähigkeiten der Dickwanst an den Tag lege. Wir unsererseits fanden es außerordentlich demokratisch, dass er im Essen nur auf die Qualität hielt und sich unter den vielen Juden, mit denen er in einem Raume ass, nicht abzusondern suchte. Dass dieser Mann später einmal eine weltgeschichtliche Rolle spielen werde, konnte man nach seiner Erscheinung und seinem Auftreten unmöglich annehmen.[39] Der Marienbader Sommer hinterließ bei mir auch noch einen anderen Eindruck bisher unbekannter Art. In diesen Tagen spielte nämlich in Frankreich der Höhepunkt der Dreyfusaffaire[40]. Alle Menschen rissen sich um die Zeitungen und umla-

[38] EDUARD VII. (1841-1910), König von Großbritannien und Irland, war im Gegensatz zu seiner puritanischen Mutter, Königin Viktoria, vor allem an der glanzvollen Repräsentation seiner Macht interessiert. Vgl.: S. LEE, King Edward VII., London 1925.

[39] Gestrichene Stelle: "Und um wieviel klüger war er dabei, als die ganze heute England regierende Generation"!

[40] Vgl.: VINCENT DUCLERT, Die Dreyfus-Affäre. Militärwahn, Republikfeindschaft,

gerten die Telegrammtafeln, um die neuesten Pronunziamentos von Labori[41], dem Verteidiger Dreyfus und dem Ankläger der reaktionären, antisemitischen Generals- und Fälscherclique zu erhaschen. Ohne dass ich damals den dramatischen Kampf eines neuen Frankreich gegen die Dunkelmänner verstanden hätte, deren traurige Exponenten es nun, nach mehr als einem Menschenalter, von Hitlers Gnaden wieder erobert haben, spürte ich schon, dass hier das Gute und das Böse, das Recht und das Unrecht, die niederträchtige Gewalt und die unbestochene Menschenliebe miteinander kämpften, und dass – fast klingt es wie eine Sage – die Kräfte des Guten und Sauberen sich durchsetzten. Die gewaltigen Verkündigungen Emile Zola's[42] konnte ich zwar in ihrer Bedeutung nicht erfassen, das kindliche Gemüt spürte aber nachdrücklich, wie die Menschen ganz und gar von diesen Kämpfen aufgewühlt waren. An den Mienen meines Vaters konnte man das Tagesergebnis ablesen. War es gut, dann rieb er sich die Hände und wollte abends immer noch ein bisschen ausgehen, war gesprächig und verlor fast ganz jene Distanz, die sein Wesen sonst von den Kindern trennte. Schien aber ein Rückschlag möglich, dann schimpfte er über Kleinigkeiten, sah kaum aus den Zeitungen heraus und ging früh zu Bett, ohne Ruhe zu finden. Es war dies das allererste Mal, dass eine weltgeschichtliche Situation so stark fühlbar in unser privates Leben hereinbrandete. Einen Geschichtsablauf, wie den heutigen, wo sich in der Woche mehr grundstürzende Ereignisse begeben, als in jenen Zeiten in Jahren, hätte die damalige Generation wohl physisch und nervenmäßig noch nicht so gut durchhalten können, wie die nächste, die durch Weltkrieg, Revolution, Gegenrevolution, Inflation, Deflation, Devalvation, Femezeit, Halbdiktatur, Vorübungen für den Hitlerterror erhielt, wie sie der "guten alten" Zeit trotz der Tiefe von Gegensätzen und Meinungsverschiedenheiten ganz undenkbar erschienen wäre. Denn um Gegensätze und Meinungsverschiedenheiten wurde zu jener Zeit immerhin ernstlich gerungen, und zwar auch in Deutschland. Die Versuche, die aufkommende Arbeiterbewegung mit der Peitsche von ungerechten Ausnahmegesetzen niederzuhalten, waren

Judenhaß, Berlin 1994. Zur deutschen Rezeption 1894-1906 und Benita Storch, Der Fall Dreyfus in Deutschland, in: Uwe Puschner/Walter Schmitz/Justus H. Ulbricht, Handbuch zur "Völkischen Bewegung" 1871-1918, München et. al. 1996, S. 464-481.

[41] Fernand Labori (18.04.1860-14.03.1917), Verteidiger von Dreyfus und Emile Zola, E.B. (Micro) V, p. 967.

[42] Emile Zola (02.04.1840-28.09.1902), französischer Schriftsteller des Naturalismus und literarischer Verteidiger von Dreyfus. Vgl.: Henri Mitterand, Zola et le naturalisme, 2. Aufl. Paris 1989.

missglückt[43]. Der "eiserne Kanzler"[44] saß grollend als Pensionsempfänger in seinem Schloss in Friedrichsruh und schrieb Erinnerungen. Freilich veröffentlichte er sie nur zum Teil, den dritten Band seiner Erinnerungen, mit dem er Gericht unter seinen wirklichen und vermeintlichen Feinden halten wollte, behielt er in der Schreibtischschublade und ordnete letztwillig an, dass er erst viele Jahre nach seinem Tode veröffentlicht werden dürfe[45]. Diese Art von Heroismus hat Nachahmung bei vielen späteren memoirenschreibenden deutschen Ministern und Generälen gefunden, so bei dem General Grafen von Waldersee[46] und bei dem Reichskanzler Fürsten von Bülow[47]. Sie speicherten das Gift, das sie auf ihre Feinde loslassen wollten, in diesen Memoiren auf, hatten aber, gleich Bismarck, nicht die menschliche Haltung, für ihre Geschichtsdarstellung zu ihren Lebzeiten mit ihrer Person einzustehen.

8. *Ära Wilhelms II.*

Nach Abgang Bismarcks, im ersten Jahrzehnt der Herrschaft Wilhelm II.[48] über Deutschland, erschütterten vor Allem die großen sozialpolitischen Debatten die deutsche Nation. Männer vom geistigen Range eines Gustav

[43] Das "Sozialistengesetz" galt zunächst nur für drei Jahre. Es wurde aber dreimal verlängert, bis es am 30.09.1890 aufgehoben wurde. Vgl.: Gesetz gegen die gemeingefährlichen Bestrebungen der Sozialdemokratie, vom 21.10.1878 (RGBl. I, 1878, S. 351). Vgl.: Horst Karasek, Belagerungszustand. Reformisten und Radikale unter dem Sozialistengesetz 1878-1890, Berlin 1978.

[44] Fürst Otto von Bismarck (01.04.1815-30.07.1898), preußischer Ministerpräsident 1862-1890, deutscher Reichskanzler 1871-1890. Vgl.: Lothar Gall, Bismarck. Der weiße Revolutionär, Frankfurt/M/Berlin/Wien 1980.

[45] Bismarck, Gedanken und Erinnerungen Bd. 1 und 2, Stuttgart und Berlin 1898. Der dritte Band erschien erst im Jahre 1921, drei Jahre nach der Abdankung Kaiser Wilhelms II., der mehrfach Ziel der harten Kritik Bismarcks ist.

[46] Alfred Graf von Waldersee (08.04.1832-05.03.1904), preußischer Generalfeldmarschall, 1900/01 Oberbefehlshaber der europäischen Truppen im chinesischen Boxerkrieg. Vgl.: W. Fornaschon, Die politischen Anschauungen des Grafen Waldersee, Diss. Göttingen 1935.

[47] Bernhard Fürst von Bülow (03.05.1849-28.10.1929), deutscher Reichskanzler 1900-1909. Vgl.: Bernhard von Bülow, Denkwürdigkeiten, Berlin 1930/31.

[48] Kaiser Wilhelm II. (27.01.1859-04.06.1941), 15.06.1888-09.11.1918 König von Preußen und Deutscher Kaiser. Vgl.: John C.G. Röhl, Kaiser, Hof und Staat, Wilhelm II. und die deutsche Politik, 4. Aufl. München 1995. Derselbe Autor schreibt an einer großen Biographie über Wilhelm II., von der zwei Bände erschienen sind: Bd. 1: "Die Jugend des Kaisers 1859-1888" München 1993; Bd. 2: Der Aufbau der persönlichen Monarchie 1888-1900, München 2001. Bismarcks Entlassung erfolgte am 20.03.1890.

Schmoller[49], Adolf Wagner[50], Lujo Brentano[51], Heinrich Herkner[52], fochten auf der Seite der Evolution der Arbeiterrechte. Der junge Kaiser, in seinen ersten Anfängen ein Anhänger der Arbeiteremanzipation, geriet unter dem Einfluss des reaktionär-antisemitischen Oberhofpredigers Stoecker[53] und von Ratgebern ähnlicher Einstellung bald in eine extrem arbeiterfeindliche Stimmung, die die Schwerindustrie und die Großagrarier mit allen Mitteln zu schüren suchten. Er hielt provokatorische Reden, in denen er die "Zerschmetterung" der Arbeiterorganisationen ankündigte[54]. Sein politischer Einfluss und der seiner Ratgeber reichte aber zur Verwirklichung dieser Pläne nicht aus. Die diesbezüglichen Gesetzesvorlagen wurden vom Parlament mit großer Mehrheit abgelehnt[55]. An eine verfassungswidrige Diktatur zur Durchführung seiner Pläne konnte Wilhelm II. nicht entfernt denken. Er hielt sich im Rahmen der Konstitution und wartete "bessere" Zeiten ab.

[49] GUSTAV SCHMOLLER (24.06.1838-27.06.1917), Professor für Nationalökonomie, (Vertreter der historischen Schule (sog. Kathedersozialisten). Vgl.: JÜRGEN BACKHAUS (Hrsg.), Gustav Schmoller und die Probleme von heute, Berlin 1993, und PIERANGELO SCHIERA, FRIEDRICH TENBRUCK, Gustav Schmoller in seiner Zeit. Die Entstehung der Sozialwissenschaften in Deutschland und Italien, Bologna/Berlin 1989.

[50] ADOLPH WAGNER (25.03.1835-08.11.1917), Professor für Nationalökonomie mit Schwerpunkt auf Finanzwissenschaft, Vertreter der Kathedersozialisten. Vgl.: HEINRICH RUBNER, Adolph Wagner. Briefe, Dokumente, Augenzeugenberichte 1851-1917, Berlin 1978.

[51] LUJO BRENTANO (18.12.1844-09.09.1931), Professor für Nationalökonomie; Mitbegründer des Vereins für Sozialpolitik 1872. Vgl.: NDB 2, S. 597. Vgl.: FRIEDRICH LÜTGE, Lujo Brentano, in: Geist und Gestalt. Bd. 1, hrsg. von ULRICH THÜRAUF und MONIKA STOERMER, München 1959, S. 299-305.

[52] HEINRICH HERKNER (27.06.1863-27.05.1932), Nationalökonom und Sozialreformer, Vorsitzender des Vereins für Sozialpolitik 1917/19-1929 und zeitweise ab 1921-1923 Vorsitzender der Gesellschaft für soziale Reform. Vgl. dazu: RÜDIGER VON BRUCH, Weder Kommunismus noch Kapitalismus. Bürgerliche Sozialreform in Deutschland vom Vormärz bis zur Ära Adenauer, München 1985. Vgl.: NDB 8, S. 622. Vgl.: JÜRGEN BACKHAUS/ JOHANNES HANEL, Die Nachfolge. Ein Versuch über Heinrich Herkner, den Volkswirt, Marburg 1994.

[53] ADOLF STOECKER (11.12.1835-02.02.1909), evangelischer Theologe, Hofprediger in Berlin. Als Politiker bekämpfte er die Sozialdemokratie und gründete 1878 die Christlichsoziale Arbeiterpartei. Er war weiterhin beteiligt an der Gründung des Evangelisch-Sozialen Kongresses 1890. Er verband Sozialpolitik mit dem Kampf gegen den Liberalismus, als dessen Vertreter er die Juden ansah, und ist somit mitschuldig am starken Aufschwung des Antisemitismus am Ende des 19. Jahrhunderts. Vgl.: Die nationalsozialistische Rezeption: WALTER FRANK, Hofprediger Adolf Stoecker und die christlich-soziale Bewegung, Berlin 1928. und aus der Sicht eines Anhängers: REINHARD MUMM, Art. Stöcker, Adolf, in: Realenzyclopädie für protestantische Theologie und Kirche Bd. 24, 3. Aufl. Leipzig 1913, S. 529-535 und GÜNTER BRAKELMANN, Art. Stoecker Adolf, in: Theologische Realenzyklopädie, Bd. 22, Berlin/New York, 2000, S. 194f.

[54] WILHELM II., Vgl.: Anmerkung 48.

[55] Nichtverlängerung der Umsturzvorlage, die am 01.10.1890 auslief. Vgl.: ERNST RUDOLF HUBER, Deutsche Verfassungsgeschichte seit 1789, Bd. 4, 2. Aufl., Stuttgart u.a. 1994, S. 207 f.

Mein Vater stand in diesen ganzen Kämpfen entschlossen auf der Seite des Rechtes der Schwächeren gegen die Gewalt der Stärkeren. Diese Einstellung war ihm nicht politische, sondern ethische Pflicht. Er interessierte sich nie für Parteidinge und hat sein Leben lang niemals einer politischen Partei angehört. Er sagte immer, wenn man sich vor einen Parteiwagen spanne, verliere man auf die Dauer die äußere und innere Unabhängigkeit. Insoweit hatte er die typische Einstellung des deutschen Professors, der "politisch Lied ein garstig Lied" erklärte. Diese professorale Einstellung war aber bei Vielen nur ein schlechter Vorwand für Unterwürfigkeit unter die jeweils herrschende Bürokratie und äußere Teilnahmslosigkeit, um nirgends anzustoßen[56]. So fasste mein Vater seine "unpolitische" Stellung garnicht auf. Er ging vielmehr davon aus, dass die Wissenschaft und ihre Vertreter unter allen Umständen der Wahrheit und dem Fortschritt zu dienen hätten. Patriotische Unwahrheiten hielt er für Schändlichkeit und die englische Maxime "right or wrong - my country" hielt er für den Gipfelpunkt machiavellistischer Verworfenheit. Wenn man ihm prophezeit hätte, es werde einmal eine Zeit kommen, in der Zerstörer und Schänder des Deutschtums mit Erfolg den Satz proklamieren könnten, dass Recht sei, was dem Lande nütze und Unrecht, was ihm schade, so wäre dies für ihn etwas völlig Unvorstellbares gewesen. Sein Wahlspruch war der Satz, der in späteren Jahren, als die Münchener Universität umgebaut wurde, den Eingang des Neubaus zierte: "Ne quid falsi audeat, ne quid veri non audeat dicere scientia!, was heißt, "die Wissenschaft wage es nicht etwas Falsches zu sagen, oder etwas Wahres nicht zu sagen"[57]. Offiziell war dies der allgemeine Standpunkt der Professoren. Tatsächlich gab es nur wenige Charaktere, die sich daran hielten, wenigstens im Gebiet derjenigen Wissenschaften, die irgendwie in die Politik hineinreichten, wie dies im Besonderen bei der Rechtswissenschaft und der Wirtschaftswissenschaft der Fall war. Ja, es konnte vorkommen, dass Universitätslehrer, die es mit diesem Grundsatz streng nahmen, bei den herrschenden, meist "konservativen" Fakultätscliquen einigermaßen verdächtig waren. Alle diese Erfahrungen blieben meinem Vater nicht erspart. Während der Herrschaft des sogenannten Sozalistengesetzes (1878-1890), mit dem Bismarck die erstarkende sozialdemokratische Bewegung mit Strafgesetzen niederzuhalten suchte, war es für einen Anwalt, zumal wenn er Universitätslehrer war, nicht ungefährlich, die Verteidigung von Angeklagten zu führen, die wirklich

[56] Zur politischen Einstellung der Professoren Vgl.: Fritz K. Ringer, Die Gelehrten. Der Niedergang der deutschen Mandarine 1890-1933, Stuttgart 1983.

[57] Der Satz über dem Eingang des Neubaus der Münchner Universität an der Adalbertstraße ist bis heute zu lesen.

oder angeblich gegen jenes Gesetz verstoßen haben sollten. Ich habe in späteren Jahren in den alten Papieren und Akten meines Vaters manche Beweise dafür gefunden, dass er solche Gefahren nicht scheute. So fand ich das Protokoll eines sogenannten Geheimbundprozesses[58], der sich vor dem Münchener Gericht abspielte, und in dem eine Anzahl von Leuten angeklagt waren, weil sie, nach Behauptung der Polizei, einen sozialdemokratischen Geheimbund organisiert hätten. Wie sich in diesem Prozess herausstellte, war die ganze Anklage das Werk von Lockspitzeln, die Arbeiter zu etwas aufrührerischen Reden aufgeputscht hatten, um sie dann als Zeugen verraten zu können. Der wichtigste Lockspitzel war ein Polizeikommissar, namens Michael Gehret[59], der von diesem Prozess an in der Münchener Bevölkerung den Namen "Meineid-Michel" behielt. Er hatte nämlich seinen Agenten angelernt bei der Wiedergabe von Äußerungen der Angeklagten grundsätzlich etwas mehr zu sagen, als die Leute selbst gesagt hatten, um die Angeklagten mit größerer Sicherheit zu einer Verurteilung zu bringen. Dieses provokatorische Meineidssystem wurde in der Verhandlung aufgedeckt. Aus dem Protokoll war zu ersehen, dass der Polizeidirektor von München, hierdurch reichlich nervös, sich auf dem Gerichtsgang bewegte, um in Rücksprachen mit seinen Beamten die Situation zu retten. Es folgt dann in dem Protokoll ein Antrag des Rechtsanwalts Loewenfeld, der lautet: "Der Polizeidirektor von München läuft auf dem Gang herum und beeinflusst Zeugen. Ich bitte dafür zu sorgen, dass dieser Mensch unverzüglich entfernt wird." In dem Protokoll heißt es dann lakonisch, das Gericht habe dem Antrag stattgegeben. Ein Zeitungsbericht betraf eine Verteidigung, in der der Angeklagte, der Redakteur des damals in München erscheinenden "Süddeutscher Postillon"[60] war. Es war dies

[58] Münchner Geheimbundprozess gegen sozialdemokratischen Geheimbund im Jahre 1888. Vgl: StAM, Staatsanwaltschaft 706. Vgl.: Der Sozialdemokrat. Organ der Sozialdemokratie deutscher Zunge (London), Nr.49 (01.12.1888). Es erschien auch eine Broschüre zu diesem Prozess, mit dem Titel "Der erste Nichtgentleman auf dem Zeugenstande", München 1888.

[59] Michael Gehret, Polizeikommissar (Direktor) in München. Nähere Angaben zu seiner Biographie konnten nicht ermittelt werden, allerdings wird er mehrfach in sozialdemokratischen Blättern als Polizeispitzel genannt. Vgl.: Der Sozialdemokrat. Organ der Sozialdemokratie deutscher Zunge (London), Nr.50 (09.12.1887), sowie ebenda, Nr. 49 (01.12.1888). In diesem Artikel wird auch Bezug genommen auf die Anwaltstätigkeit von Theodor Loewenfeld. Vgl.: Franz Mehring, Geschichte der deutschen Sozialdemokratie, in ders., Gesammelte Schriften Bd. 2, 2. Aufl. Berlin 1976, S. 606 f.

[60] Die satirisch-politische Zeitschrift "Süddeutscher Postillon" Nr. 227 (Mainummer 1894) wurde wegen der Bilder "Es werde Licht", "Es ward Licht" und "Fin de siècle" konfisziert. Vgl.: Eduard Fuchs, Süddeutscher Postillon, hrsg. von Udo Achten, Berlin/Bonn 1979, S. 11 und S. 54 ff.

Eduard Fuchs[61], der später als Verfasser der Karikaturen-Geschichte, der illustrierten Sittengeschichte und vieler anderer kulturhistorischer Werke sich einen Namen machte. In der Nummer, für die er als verantwortlicher Redakteur zeichnete, war, den Worten der Staatsanwaltschaft zufolge, auf dem Titelblatt eine "rotgekleidete Frauensperson" abgebildet, die eine "brennende Fackel in der Hand schwang". Der Staatsanwalt erklärte mit feinem Spürsinn, das sei die "Fackel der Revolution". Er begründete dies schlagend mit den roten Kleidern der Fackelträgerin. Mein Vater dagegen behauptete, die rote Farbe beweise nichts, denn in Deutschland dürfe sich, trotz des Sozialistengesetzes, jedermann rot anziehen, der hiezu Lust habe. Er glaube, es handle sich um die Fackel der Wissenschaft. Jedenfalls sei nicht zu beweisen, dass die Frau die Fackel der Revolution schwinge. Das Gericht, dem offenbar derartige lachhafte Anklagen widerwärtig waren, entschied gemäß den Ausführungen meines Vaters gegen den diensteifrigen Staatsanwalt. Es sagte im Urteil, die Verteidigung habe zwar keineswegs bewiesen, dass die Frauensperson die Fackel der Wissenschaft schwinge. Andererseits sei der Verteidigung zuzugeben, dass auch kein Beweis für die Anklage vorliege, dass es die Fackel der Revolution sei. Nach dem Grundsatz "in dubio pro reo" sei der Angeklagte daher, unter Überbürdung der Kosten auf die Staatskasse, freizusprechen gewesen. Ein anderer Prozessbericht betraf vier Leute, die in Augsburg wegen Geheimbundsorganisation angeklagt waren. Der Verdacht, dass sie einen Geheimbund hätten organisieren wollen, wurde vom Staatsanwalt aus der Tatsache gefolgert, dass sich die vier Leute wiederholt in demselben Gasthaus getroffen und dabei, nach dem Bericht eines Polizeispitzels, sich im Flüsterton unterhalten hätten. Mein Vater sagte ausweislich dieses Prozessberichtes, Augsburger Arbeiter könnten es dem Staatsanwalt scheinbar sehr schwer recht machen. Wenn sie laut schreien würden, klage er sie wegen Ruhestörung an, wenn sie aber flüsterten, gäbe es einen Prozess wegen Geheimbundsbildung. Offenbar gebe es nur eine Methode, mit der sie die Billigung des Staatsanwaltes erringen könnten, nämlich Maulhalten. Er sei der Meinung, dass ein Ankläger, der solche Anklagen vertrete, seinen Beruf verfehlt habe. Die Begründung, mit der das Gericht die Angeklagten freisprach, adoptierte zwar ausweislich des Berichtes nicht wörtlich die scharfe und wohlverdiente Abfuhr, die mein Vater dem Ankläger bereitet hatte. Immerhin sprach auch das Gericht seine Verwunderung darüber aus, dass solche Anklagen vor ihm vertreten würden. Als mein Vater im Jahre 1890

[61] EDUARD FUCHS, (31.01.1870-26.01.1940), der "Sitten-Fuchs" war von 1892-1901 Redakteur des "Süddeutschen Postillons" (München). Vgl.: THOMAS HUONKER, Leben und Werk von Eduard Fuchs, Zürich 1983.

in einer Schrift "Kontraktbruch und Koalitionsrecht", die er im „Archiv für soziale Gesetzgebung und Statistik“[62] veröffentlichte, den von der Regierung eingebrachten Gesetzentwurf, der die "widerrechtliche Einstellung der Arbeit" unter schwere Gefängnisstrafe stellen wollte, mit scharfer wissenschaftlicher Kritik ablehnte, wurde dies gewissen Unternehmerkreisen unangenehm, und man versuchte es mit öffentlichen Denunziationen gegen ihn. In der "Münchner Allgemeine Zeitung"[63], einem in geringer Auflage erscheinenden Blatt, das Unternehmerinteressen und allgemeine Interessen konstant miteinander verwechselte, erschien eine Notiz, in der auf den "jüdischen Privatdozenten mit der spitzen Feder" hingewiesen wurde, mit dem Bemerken, dass man diesen Mann wohl besser an eine Universität im Zukunftsstaat als im Gegenwartsstaat anstelle. Mein Vater legte diese Notiz damals pflichtgemäß dem Vorstand der Anwaltskammer und dem Dekan der Juristenfakultät vor. Wie die Anwaltskammer reagiert hat, habe ich nicht erfahren. Der Dekan der Juristenfakultät, der weithin berühmte Professor Max von Seydel[64], antwortete mit einem Brief, in dem er meinen Vater beschwor, nichts gegen eine solche Schmiererei zu unternehmen. In dem Brief war gesagt: "Sie können sich durch ein Eingehen auf derlei Schreiberei nur erniedrigen. Wir alle stehen fest zu Ihnen, um so fester, je niedriger die Angriffe auf die Unabhängigkeit und Unbestechlichkeit Ihrer Überzeugung sind, die wir alle lieben." Wir Abkömmlinge meines Vaters konnten damals den Sinn dieser geistigen und ethischen Kämpfe noch nicht erfassen. Wir fühlten nur, dass unser Vater ein überaus beschäftigter Mann war und dass er die meiste Zeit ein wenig müde und sehr ernst war. Im täglichen Leben waren wir weit mehr mit der Mutter zusammen. Alles ging den geregelten Weg, wie er in einem besseren deutsch-jüdischen Bürgerhaus üblich war. Mit sechs Jahren kam ich in die Volksschule und zwar in die katholische Domschule, die nur eine kurze Strecke Weges von der Pfandhausstraße 3 war. Mein erster Klasslehrer war über siebzig Jahre alt

[62] Vgl.: THEODOR LOEWENFELD, Kontraktbruch und Koalitionsbruch, in: Archiv für soziale Gesetzgebung und Statistik 1890, S. 383-488.

[63] Vgl.: "Buße und Schadenersatz", in: Allgemeine Zeitung (München) Nr. 302 (31.10.1890, Morgenblatt). Vgl.: "Contractbruch und Buße, in: Allgemeine Zeitung (München) Nr. 345 (13.12.1890).

[64] MAX VON SEYDEL (02.09.1846-23.04.1901), Dr. jur., seit 1881 Ordinarius für bayerisches Verfassungs- und Verwaltungsrecht an der Universität München; Hauptwerk: Bayerisches Staatsrecht (1884-1894) in 7 Bänden. Vgl.: BBB, S. 725. Vgl.: HANS VON NAWIASKY, Max von Seydel, München 1953, GERD KLEINHEYER/JAN SCHRÖDER (Hrsg.), Deutsche und europäische Juristen aus neun Jahrhunderten, 4. Aufl. Heidelberg 1996, S. 510 und PETER LANDAU, Max von Seydel, Bayerns Staatsrechtslehrer im Bismarckreich, in: Verfassung - Philosophie - Kirche, Festschrift Alexander Hollerbach hrsg. von BOHNERT/GRAMM/KINDHÄUSER/LEGE/RINKEN/ROBBERS, Berlin 2001. S. 59-79.

und forderte die unbewusste Opposition der Schüler durch ein Übermaß von strengen Gesten und ständigen Schwingens des Tatzenstockes heraus. Wenn ein Schulbub seinem Nachbar etwas zuflüsterte oder zusteckte, schrie er ihn an, als sei er der Ausbund der Verworfenheit. Die Folge war naturgemäß, dass wir uns alle, ich eingeschlossen, in jenen Handlungen übten. Die Rache des Lehrers war fürchterlich. In dem ersten Schulzeugnis, das ich nach einem Viertel Jahr zu Weihnachten erhielt, hatte ich ausnahmslos die besten Noten, auch im Betragen hatte ich einen Einser. In die Spalte "Bemerkungen" schrieb er aber hinein "schwätzt gern und ist auch sittlich sonst nicht reif". Als ich mit diesem Zeugnis nach Hause kam, ging mein Vater, ein wenig besorgt zu dem Lehrer hin, um sich zu erkundigen, was er eigentlich mit der "sonstigen sittlichen Unreife" des sechs ein Viertel Jahre alten Knaben gemeint habe. Es stellte sich heraus, dass er eine Anzahl von Notizen gemacht hatte, weil ich gleich anderen Buben in der Schulstunde manchmal gelacht habe. Lachen eines Schulbuben sah der Lehrer als sittliche Unreife an.

9. *Erste Schuljahre*

In diesem ersten Schuljahr bekamen wir auch zum ersten Mal zu fühlen, dass ein Unterschied zwischen Juden und Nichtjuden gemacht wurde. Vorher hatten wir hievon überhaupt noch nichts erfahren. Jetzt lernten wir, dass wir "Israeliten" seien, ohne mit diesem schwierigen Wort irgend eine Vorstellung zu verbinden, als die, dass wir eine eigene Religionsstunde hatten. Dies kam uns an zwei Wochentagen zustatten, indem die Katholiken an diesen Wochentagen ihre Religionsstunde morgens um 8 Uhr hatten und wir Israeliten demgemäß erst um 9 Uhr in der Schule zu erscheinen hatten. An einem Wochentag war es für uns nachteilig, indem die Katholiken am Mittwochnachmittag schulfrei hatten, während wir Israeliten zwei Stunden Religionsunterricht hintereinander hatten. Zu Beginn dieses Religionsunterrichtes, als wir die ersten hebräischen Lettern und die Geschichte von der Erschaffung der Welt lernten, wussten wir immer noch nicht, dass wir Juden waren. Erst als einer unserer Mitschüler unserem Lehrer einmal Juckpulver streute und der wackere Diener Gottes uns darauf kollektiv und sinnig als "freche Judenbuben" titulierte, erfuhren wir davon, dass Israeliten auch Juden heißen. Ich weiss noch, dass einer von uns aufstand und fragte, was der Unterschied zwischen Juden und Israeliten sei, der Herr Religionslehrer kam hiedurch in große Verlegenheit und setzte auseinander, dass es eigentlich dasselbe sei und dass Jude nur ein anderer Name für einen Israeliten sei, dass aber Beides nur die Bezeichnung einer Religion sei. Auf diese und ähnliche Weise wurde uns in der Religionsstunde von

Anfang an eingetrichtert, dass wir deutsche Knaben seien, die lediglich eine andere Religion hätten wie die anderen. Auch als wir später begannen, jüdische Geschichte zu lernen, hörten wir immer nur davon, dass die Verfolgungen und Benachteiligungen der Juden wegen ihrer Religion stattgefunden hatten. Viele von uns kamen dadurch auf die Idee, dass diese Religion doch irgend einen Inhalt haben musste, der für andere Leute sehr störend sei. Keiner von uns kam durch die Art des Unterrichtes darauf, dass es außerhalb des Gebiets des Religiösen eine jüdische Gemeinschaft gäbe. Erst als im Gymnasium der Rabbiner Dr. Werner[65], ein gebildeter Führer des sogenannten jüdischen Liberalismus, den Religionsunterricht übernahm, bekamen wir hievon die erste Ahnung. Sie war unvollständig genug. Wir konnten auch damals noch kaum verstehen, wie es komme, dass die jüdischen Familien mehr unter sich als mit den christlichen Familien verkehrten, wo es sich doch nur um eine Verschiedenheit der Religion handele. Erst recht war uns vollständig unklar, wieso manche Leute sich feiner vorkamen, wenn sie mit Christen verkehrten, als wenn sie sich in Gesellschaft von Angehörigen ihrer eigenen Religion befanden. Dabei spielte in diesem ganzen Zustand, wie wir allmählich merkten, neben dem religiösen Moment, die soziale Stellung der Eltern die Hauptrolle. Dies wurde zum Beispiel recht deutlich, als wir Knaben in die erste Tanzstunde geschickt wurden. Die Söhne der sogenannten "feinen" jüdischen Familien, das heißt derjenigen, die über Geld oder Titel verfügten, wurden in die "christliche" Tanzstunde eingeladen, so die Kinder von Kommerzienräten, Justizräten, Medizinalräten. Die Kinder der "gewöhnlichen" Kaufleute waren dagegen in der "christlichen" Tanzstunde nicht zugelassen. Für mich war dies sehr störend, weil meine beiden besten Freunde Söhne von "gewöhnlichen" jüdischen Kaufleuten waren und weil ich viel lieber mit diesen zusammen gewesen wäre. Als ich dies meinem Vater und meiner Mutter sagte, meinten sie beide, diese Angelegenheit habe mit der Religion nichts zu tun, ich solle nicht dumm sein, und in die "bessere" Tanzstunde gehen. Das instinktive Gefühl der "liberalen" Juden jener Epoche, das für uns Kinder oft etwas Verwirrendes hatte, kam nicht nur in jener Form zum Ausdruck. Meine Mutter und viele andere Juden und Jüdinnen fanden auch ein Kind hübscher, wenn es nicht jüdisch aussah. Meine Mutter hielt etwas darauf, dass dies – nach ihrer Meinung – auch bei ihren Kindern nicht der Fall war. Dieselben jüdischen Kreise aber waren tief entrüstet, wenn ein Jude nicht zur jüdischen Gemeinschaft hielt, insbesondere wenn er sich taufen ließ.

[65] RABBINER PROFESSOR DR. WERNER COSSMANN (17.12.1854-22.06.1918), gab von 1894-1918 israelitische Religionslehre. Vgl.: Festschrift zur 400-Jahr-Feier des Wilhelms-Gymnasiums 1559-1959, München 1959, S. 55.

Mein Vater pflegte dies in die Worte zu fassen, dass "man aus einer belagerten Festung nicht entweicht". Für einen großen Teil der Juden dieser Generation war es also viel mehr eine Sache des Charakters als des Bewusstseins, bei der jüdischen Stange zu bleiben. Sie verdammten aus Charaktergründen die Leute, die es sich selbst oder ihren Kindern durch Empfang der Taufe "leicht machen" wollten. Sie verdächtigten zumeist auch die Leute, die als Nichtanhänger der monotheistischen Lehre aus der israelitischen Glaubensgemeinschaft austraten, Dissidenten wurden und sich keiner christlichen Kirche anschlossen. Man sagte sich in solchen Fällen zumeist, das sei doch nur die Vorstufe zur Taufe, es handle sich jedenfalls um "Abtrünnige". So lernten wir es gleichermaßen von unseren Eltern und Religionslehrern. Der innere Widerspruch dieser Lehre wurde zwar nicht den Eltern, wohl aber den Kinder oft quälend bewusst. Warum sollte es eine Angelegenheit des Charakters sein, in einer Gemeinschaft zu verbleiben, wenn es doch feiner war, mit anderen umzugehen? Und warum sollten andererseits die Anderen feiner sein als wir, die wir doch nach unserer Meinung eine richtige, nach Aussage unserer Religionslehrer sogar die allein richtige Religion hatten? Es war uns naturgemäß noch nicht klar, dass der Rückzug auf die Religionsgemeinschaft einen mehr oder weniger bewussten Versuch der Juden darstellte, ihre noch nicht lang errungene Emanzipation durch assimilatorische Gesten vor sich selbst als den Ausdruck wirklicher Gleichberechtigung auszugeben. Im Laufe unserer Erziehungszeit wurden wir in Schule und Familie von der Tatsache des Bestehens einer zionistischen Lehre und eines eigentlichen jüdischen Stammesbewusstseins völlig ferngehalten. Ich glaube, dass ich mindestens achtzehn Jahre alt war, als ich von diesen Dingen, von den Lehren Herzls[66] und seiner geistigen Nachfolger, etwas erfuhr, und auch dies nur im Zusammenhang mit blöden Witzen, wie etwa "Zionist ist ein Jude, der einen zweiten Juden auf Kosten eines dritten Juden nach Zion bringen will". Auf mich machte es deshalb in meinen Knabenjahren – ich mag damals so beiläufig zwölf Jahre alt gewesen sein – einen tiefen Eindruck, als ich eine Diskussion zwischen meinem Vater und einem ihm befreundeten jüdischen Professor hörte, bei der dieser College zu meinem Vater sagte, er fühle jedes Jahr jüdischer. Ich hörte meinen Vater ihm opponieren mit Gründen wie etwa: Jude sein, sei ein Zustand und kein Verdienst oder Makel, man solle sich darauf weder etwas einbilden noch sich dessen schämen. Der Freund insistierte, dass dies eine unzulängliche Stellungnahme

[66] THEODOR HERZL (02.05.1860-03.07.1904), Begründer des politischen Zionismus, Publizist. Vgl.: THEODOR HERZL, Der Judenstaat, Wien 1896. Vgl.: ALEX BEIN, Theodor Herzl, Wien 1934.

sei, und unter seinem Druck begann mein Vater ein wenig das Feld zu räumen und ihm zuzugestehen, dass es ihm mit seinen Gefühlen eigentlich genau so ginge. Die Wenigsten wollten das aber damals wahrhaben. Die Meisten hielten an der Lehre fest, das Judentum sei nur eine besondere Religion gleichberechtigter, deutscher Staatsbürger.

In die Domschule ging ich vier Jahre lang. Von den Lehrern, die dem über Siebzigjährigen folgten, ist mir noch der Prügelpädagoge in Erinnerung, den wir in der zweiten Klasse hatten. Er drohte nicht nur mit dem Tatzenstock wie der alte Mann, er machte von ihm bei jeder möglichen und unmöglichen Gelegenheit Gebrauch, und zwar nicht nur, indem er uns mit diesem spanischen Rohr auf und über die Finger schlug, sondern auch, indem er uns über das Knie legte und uns die Verlängerung des Rückens gerbte. Die meisten Buben rapportierten das nicht zu Hause, weil die meisten Eltern mit dieser Prügelpädagogik damals noch einverstanden waren. Von meinen Eltern wusste ich, dass sie im Prinzip gegen Prügelei waren. Mein Vater betrachtete es sozusagen als seine Privatsphäre, dass er uns im Zorn einmal eine Ohrfeige verabreichen durfte. Von den Lehrern aber wünschte er nicht, dass sie hauen. Ich suchte diese Einstellung in meinem Interesse auszunutzen, indem ich es einmal zu Hause rapportierte, dass der Lehrer mich verhauen habe. Mein Vater ging tatsächlich in die Schule, um sich zu erkundigen, was der Grund gewesen sei. Er sagte zu Hause dann, der Lehrer habe von mir lediglich erklärt, ich sei und bleibe ein "Galgenstrick". Schon die Frage meines Vaters hatte aber die Wirkung, dass der Herr Prügelpädagoge mich das weitere Schuljahr verschonte, ja mir sogar einen Einser im Betragen ins Schulzeugnis schrieb. In der vierten Klasse wurde ich nochmals mit Prügelpädagogik konfrontiert. Ich hatte im frühen Winter den ersten Unfall meines Lebens, indem ich auf der Eisbahn mir das Schienbein brach. Ein monatelanges Krankenlager im Gipsverband war die Folge. Die medizinische Methode, den Beinbruch zu fixieren und den Patienten frühzeitig laufen zu lassen, war noch unbekannt. So versäumte ich reichlich Schulzeit und bekam, um wieder mitzukommen, Nachhilfestunden von einem alten Fräulein Viktoria St., die am Frauenplatz gegenüber dem Dom wohnte. Von ihr bekam ich in zwei Monaten mehr Prügel, als in meinem ganzen übrigen Leben zusammen. Eines Tages war ich hierdurch so verwirrt, dass ich nach Beendigung der Stunde auf dem Heimwege mit aller Gewalt mit dem Kopf an die Wand des Domes anstieß. Der blieb stehen, mein Kopf aber hatte ein solches Loch, dass meine Eltern sehr besorgt waren, und sich nach der Ursache erkundigten, worauf ich mit dem, was ich erlebt hatte, auspackte. Die Nachhilfestunden wurden darauf sogleich gekündigt. Viktoria St. war todunglücklich. Es stellte sich heraus, dass sie es als eine Pflicht der Liebe betrachtet hatte, mich so zu verhauen, und dass sie wirklich glaubte, nur mit dieser Methode aus mir ein brauchbares Mitglied der menschlichen Gesellschaft machen zu können. Sie war reizend mit mir, sobald sie mich nicht mehr zu unterrichten hatte, ich habe sie gut gekannt und oft gesehen bis sie – über achtzig Jahre alt – starb.

Einen gewissen Höhepunkt meines Volksschullebens stellte es dar, dass ich bei der sogenannten Centennarfeier, das war die Feier des hundertjährigen Geburtstages des verstorbenen Kaisers Wilhelm I.[67], unter allen Schülern herausgesucht wurde, um von dem Podium des Schulsaales in Gegenwart aller Schüler und Eltern und zahlreicher Ehrengäste das Festgedicht aufzusagen. Ich lernte es wochenlang auswendig, sodass ich es wirklich im Schlaf konnte. Je länger und ausdrucksvoller ich es aber lernte, desto mehr wuchs das Lampenfieber, das mir dieses, mein erstes öffentliches Auftreten verursachte. Tatsächlich ging die Sache ziemlich kläglich aus, indem ich, nachdem das Orchester seinen Tusch geblasen hatte, sehr blässlich auf das Podium kam und nach ungefähr drei bis vier Strophen veritabel stecken blieb. Mein Lehrer, der als Souffleur hinter einem Arrangement von grünen Bäumen vorsprach, suchte mir die Fortsetzung sehr akzentuiert ins Ohr zu flüstern, vor Aufregung verstand ich ihn aber nicht und übersprang von der Geschichte vom Kaiser Barbarossa im Kyffhäuser mindestens zwei bis drei Strophen, ehe ich wieder den Anschluss fand. Mein Vater tröstete mich hinterher, als ich ziemlich totenblass vom Podium herunterkam, indem er meinte, der Bildungsgrad der meisten Anwesenden werde nicht gereicht haben um die fehlenden Strophen zu merken. Dies war mir ganz unvorstellbar. Wie sollte ein Erwachsener nicht wissen, was ein Volksschüler lernen muss? Erst spätere Lebenserfahrung ließ mich erkennen, dass mein Vater wahrscheinlich Recht gehabt hat. Damals war ich noch unglücklich, weil ich meinte, mich gewaltig blamiert zu haben. Der Lehrer, der mich als Festdeklamator in Vorschlag gebracht hatte, war offensichtlich darüber enttäuscht, dass meine Vortragsfähigkeiten nicht seinen Vorstellungen entsprochen hatten, wodurch ich in dem Gefühl der Blamage gestärkt wurde. Dass ich später einmal mich mit einigem Erfolg auf dem Gebiet der freien forensischen Rede würde betätigen können, hätte mir an diesem Tage bestimmt niemand vorausgesagt.

[67] WILHELM I., (22.03.1797-09.03.1888), König von Preußen (1861-1888), Deutscher Kaiser (1871-1888). Die Feier war also am 22.03.1897. Vgl.: ERICH MARCKS, Kaiser Wilhelm I., 8. Aufl., Berlin 1918.

10. *Wilhelm-Gymnasium*

Nach Beendigung der vier Volksschuljahre berieten sich meine Eltern, ob man mich in das sogenannte humanistische Gymnasium oder in das Realgymnasium tun sollte. Im Realgymnasium wurden mehr die naturwissenschaftlichen Fächer und die modernen lebenden Sprachen, insbesondere Französisch und Englisch, im humanistischen Gymnasium mehr die historische Bildung und die klassischen Sprachen, Lateinisch und Griechisch, gepflegt. Zum Universitätsstudium berechtigte die Absolvierung jedes der beiden Schultypen. Mein Vater, wiewohl selbst der größte Kenner und Gelehrte auf dem Gebiete der klassischen Sprachen, war mehr für das Realgymnasium. Meine Mutter dagegen konnte sich schwer vorstellen, dass ihr Sohn einen anderen Bildungsgang machen sollte als sein Vater und setzte durch, dass ich ins humanistische Gymnasium kam. Das unserer Wohnung nächstgelegene humanistische Gymnasium war das sehr geistlich geleitete Ludwigs-Gymnasium. Mein Vater, als ein typischer Liberaler seiner Zeit, wünschte, dass ich in eine etwas weltlichere Schule käme. Er sagte dies aber nicht so direkt, sondern brachte die Frage des Schulweges in den Vordergrund, indem er sich auf den Standpunkt stellte, ein Schulweg von nur wenigen Minuten sei für einen heranwachsenden Knaben zu kurz. Der Weg zum Wilhelm-Gymnasium war zu Fuß annähernd eine halbe Stunde. Wenn man Eile hatte, dann konnte man mit der Pferdebahn eine Station bis zum Promenade-Platz fahren, von dort zu Fuß bis zum Hoftheater laufen, von dort mit einer anderen Pferdebahn zu dem in der Nähe der Isar gelegenen Wilhelm-Gymnasium gelangen. So bezog ich also mit zehn Jahren das königliche Wilhelm-Gymnasium[68] und so kam es, dass ich in der Schule zwar Lateinisch, Griechisch, Hebräisch und Französisch, nicht jedoch Englisch lernte, was sich für meinen späteren Lebensweg in vielen Beziehungen als nachteilig erwies. Der Rektor der Anstalt war der etwa siebzigjährige Oberstudienrat Dr. Ritter von Arnold[69], ein kleiner, buckliger, jedoch höchst eleganter Junggeselle von großer Bildung und,

[68] PHILIPP LOEWENFELD trat im Schuljahr 1897/98 (am 18.09.1897) in die Klasse 1B des Wilhelm-Gymnasiums ein. Im Schuljahr 1905/1906 unterzog er sich als Schüler der Klasse 9A "der Absolutarialprüfung", (Brief des OStD DR. HOPP an den Herausgeber vom 10.04.1997). Vgl.: Jahresbericht über das Kaiser Wilhelms-Gymnasium zu München für die Schuljahre 1897/98 ff.

[69] Oberstudienrat DR. RITTER VON ARNOLD (1838-1927), Rektor des Wilhelm-Gymnasiums München (1887-1909), Prinzenerzieher, Vgl.: ROLF SELBMANN, Vom Jesuitenkolleg zum humanistischen Gymnasium. Zur Geschichte des Deutschunterrichts in Bayern zwischen Gegenreformation und Gegenwart am Wilhelmgymnasium München, Frankfurt/M. u.a. 1996, S. 111-118.

trotz vieler und teilweise lächerlicher Schrullen, von vorzüglichen pädagogischen Fähigkeiten. Er war schon solange im Schuldienst gewesen, dass er im Jahre 1869 bereits meinen Vater unterrichtet hatte, der damals in die letzte Klasse des Wilhelm-Gymnasiums ging. Als ich das Gymnasium nach neun Jahren absolvierte, war er immer noch dessen Rektor und in der obersten Klasse auch mein Klassenlehrer. Er war lange Jahre bayrischer Prinzen-Erzieher und aus der Zeit dieses seines regelmäßigen Verkehrs mit dem bayrischen Königshause rührte wohl sein Drang zu adretter Eleganz her, eine Eigenschaft, die im Königshause selbst so gut wie unbekannt war. Besonders hervortretend war das starke Gerechtigkeitsgefühl Arnolds. Er verteilte bei den Schülern Lob und Tadel wirklich nur nach Verdienst, war niemals formlos grob und niemals von übertriebener Freundlichkeit. Die Dummen und Faulen konnten ihn nicht leiden, weil er ihnen eine ruhig-verachtungsvolle Geste zeigte, bei den Leistungsfähigen genoss er aber ehrlichen Respekt. Die Schüler der höheren Klassen hatten das Privileg, ihm persönliche Wünsche persönlich vorzutragen. Es war immer ein Moment wirklicher Spannung, wenn man in das Vorzimmer seines sehr geschmackvoll eingerichteten Arbeitsraumes im ersten Stock des Gymnasiums wartete, bis er sich leise von seinem Platz erhob und in der Türe erschien, um den Schüler zu empfangen. Er forderte den Schüler niemals zum Sitzen auf, setzte sich aber auch selbst nicht, wenn er mit ihm sprach. Trotzdem hatte man bei ihm nie das Gefühl, einem lächerlichen Schulschinder gegenüber zu stehen, sondern immer die Empfindung, man spreche mit einem älteren besorgten Freund. Gegenüber dem Nichtwollen, der Bequemlichkeit und der Stumpfheit eines Schülers zeigte er mehr den Ausdruck stiller Trauer als tobenden Schulmeisterzorns. Die Selbstanspannung und den geistig-moralischen Wettbewerb der Schüler wusste er in wahrhaft feinsinniger Weise anzuspornen. Er war, trotz seiner Schrullen, eine humane und humanistische Erscheinung, wie ich sie in dieser Vollendung sonst in dem Lehrkörper des Gymnasiums nicht kennenlernte. Wir hatten noch einen zweiten Prinzenerzieher im Lehrer-Kollegium, den Gymnasial Professor Dr. Himmler[70]. Er war der Vater des Mannes, der es im Dritten Reich bis zum allmächtigen Gestapo-Chef gebracht hatte. Dr. Himmler war das klare Gegenteil dieses Gewaltmenschen, ein streng gläubiger und in seinem Auftreten maßvoller, ausgesprochen gebildeter Mann. Ich weiss aus dem Kreis

[70] Gymnasialprofessor Dr. Gebhard Himmler (1865-1935). Vgl.: Alfred Andersch, Der Vater eines Mörders, Zürich 1980. Vgl.: Bradley F. Smith, Heinrich Himmler 1900-1926, Sein Weg in den deutschen Faschismus, München 1979. Vgl.: Otto Gritschneder, Anderschens Märchen, in: ders., Weitere Randbemerkungen, München 1986, S. 443 ff.

seiner eigenen Familie, wie sehr er seinen späterhin zu solcher Macht gelangten Sohn als das entartete Sorgenkind der Familie betrachtete. Er starb erst im Dritten Reich und es war sicherlich eine schwere Schändung seines Andenkens, dass er bei seinem Begräbnis von liebedienerischen Satrapen seines Herrn Sohnes als ein angeblicher Anhänger der Hitler-Himmler Prinzipien verleumdet wurde.

Das Wilhelm-Gymnasium galt in München als die "feinste" Bildungsanstalt. Dies kam keineswegs nur daher, dass der Durchschnitt des Lehrerkollegiums ein ziemlicher hoher war und dass es in der Gymnasial-Laufbahn als eine Auszeichnung galt, an diese Anstalt zu kommen. Vielmehr kam dieser Ruf auch davon, dass in das Wilhelm-Gymnasium die Zöglinge der sogenannten königlichen Pagerie gingen, das heißt die Söhne des höheren und mittleren Adels, die als "Königliche Edelknaben" im Hofdienst erzogen und in der herrlich hoch über der Isar gelegenen Pagerie gemeinsam untergebracht waren. Diese adeligen Schüler wurden täglich alle zusammen in einem großen Wagen von der Pagerie ins Wilhelm-Gymnasium gefahren. Wenn sie ausnahmsweise ihren Weg zu Fuß machten, gingen sie zu zwei und zwei hintereinander in geschlossenem Zuge. Sie trugen eigene Uniformen, schwarze, stramm gezogene lange Hosen, dunkelblaue Waffenröcke mit silbernen Knöpfen mit Kronen darauf und hohe silberbestickte Kragen. Wir hatten durchschnittlich sechs solche Edelknaben in der Klasse. Beim nichtadeligen Teil der Schüler hatten sie den Beinamen "könligliche Eselknaben". Im Großen und Ganzen repräsentierten sie nämlich nicht eben das bessere geistige Element in der Schülerschaft, es waren unter ihnen viele ausgesucht dumme Menschen, neben einigen ausgesprochen Begabten. Wir lernten durch den Unterschied, der zwischen diesen Knaben und uns in Kleidung und sonstigen Äußerlichkeiten bestand, zum ersten Mal eine gesellschaftlich privilegierte Schicht kennen, die ein vollständiges Eigenleben führte. In der Schule wurden die königlichen Edelknaben nicht anders erzogen und behandelt als alle anderen Schüler. Im Gegenteil, von dem liberalen und demokratisch eingestellten Teil der Lehrerschaft wurden sie oft ein wenig schärfer angefasst als wir Übrigen, wodurch mancher Lehrer seine innere Opposition gegen dergleichen kastenmäßige Erscheinungen zum Ausdruck brachte. Ausserhalb des Gymnasiums hatten aber diese Knaben noch Sonderunterricht und Sonderbeschäftigung. So lernten sie Reiten, Fechten, ferner aber auch den eigentlichen Hofdienst junger Adeliger, wie Schleppentragen von Prinzessinnen, Totenwache stehen bei königlichen Leichen und was dergleichen farbig-dekorativer Unsinn mehr die Pracht und Gottsendung des Monarchen oder seiner irdischen Stellvertretung dem Volke zeigen sollte. Dabei wussten auch wir Knaben schon, dass der eigentliche König als

Geisteskranker interniert[71] war und dass seine höchst unkönigliche Beschäftigung darin bestand, mit dem Kopf gegen gepolsterte Wände zu rennen. Das Schloss Fürstenried, wo der Geisteskranke festgehalten wurde, lag wenige Meilen von Münchens Peripherie entfernt, in einer waldigen Gegend. Die Münchener Residenzwache hatte jeden Tag die Militärmannschaften zu seiner Bewachung abzustellen und kein Sterblicher, von Irren- und sonstigen Ärzten abgesehen, durfte einen Blick hinter die Mauern jenes stillen Baues werfen, wo der "von Gottes Gnaden" zum König eingesetzte Kranke dahinvegetierte. Mit der Ausübung der Regentschaft als "des Königreichs Bayern Verweser" war der Prinzregent Luitpold[72], ein Onkel des Königs, betraut, ein unbedeutender und humorloser Greis, den wohl noch nie jemand lachen gesehen hatte und dessen wesentliche Leidenschaft sich in Sport und Zitherspielen erschöpfte. Sein Stolz war, dass er mit fünfundachtzig Jahren noch durch den Schwansee bei Hohenschwangau schwimmen und weite Strecken reiten konnte. Wenn er einen Justiz- oder Innenminister auszuwählen hatte, war es wesentlicher, dass dieser die gleiche körperliche Fähigkeit hatte und dass er Zither spielen konnte, als dass er allzuviel von seinem Fach verstand. Er ließ sich in der Pracht seines langen weißen Bartes unaufhörlich malen, und seine Bilder waren für alle öffentliche Gebäude, einschließlich der Schulen, genau so obligatorisch, wie heute diejenigen Hitlers. Der Maler Slevogt[73], wohl das einzige Genie, das ihn je gemalt hat, fiel bei ihm vollständig in Ungnade. Slevogt zeigte einst meinem Vater und mir lachend das Bild, das dies bewirkt hatte. Der Prinzregent sah darauf nämlich so aus, wie er wirklich war, ein klappriger, geistloser alter Mann, mit müden, ausdruckslosen Augen und ohne alle Königlichkeit. Slevogt erzählte, das alles habe Seine Hoheit nicht in Wut gebracht. Dass aber seine Muskeln auf dem Bilde nicht genügend zur Geltung gekommen seien, darüber habe er in unverhohlener Weise seinen Zorn geäußert. Trotzdem wurde das Bild von der königlichen Zivilliste gekauft. Es sollte damit verhindert werden, dass es in der Öffentlichkeit bekannt werde.

Uns Schüler interessierte an den königlichen Edelknaben vor Allem die Feststellung, dass diese Günstlingskinder weder gescheiter noch tüchtiger waren, als die anderen Zöglinge des Gymnasiums. Umsoweniger

[71] Otto (27.04.1848-11.10.1916), nominell von 1886 bis 1913 König von Bayern, regierte aber nicht, da er wegen geistiger Umnachtung in Schloß Fürstenried verwahrt wurde. Vgl.: BBB, S. 567.

[72] Luitpold (12.03.1821-12.12.1912), 1886-1912 Prinzregent von Bayern. Vgl.: BBB, S. 497 f.

[73] Max Slevogt (08.10.1868-20.09.1932), Maler und Graphiker, Bildnisse von Prinzregent Luitpold ab 1908. Vgl.: BBB, S. 731.

konnten wir verstehen, dass diese Knaben lediglich Kraft der Tatsache, Kinder ihrer Eltern zu sein, ohne den Nachweis besonderer Fähigkeiten oder Kenntnisse oder Tugenden bestimmte Vorrechte sozusagen in die Wiege gelegt bekamen. Wenn ein Nichtadeliger das Gymnasium absolvierte, kam er, falls tauglich, zum Militärdienst. Die Dienstzeit des "Gemeinen" war zwei Jahre. Die Schüler höherer Lehranstalten, die dort sechs Jahre mindestens absolvierten, erlangten dadurch die Berechtigung, nur ein Jahr dienen zu brauchen. Schon dies war ein gesellschaftliches Vorrecht, denn die Söhne kleiner Leute, insbesondere die Arbeitersöhne, konnten damals noch kaum in irgend einem nennenswerten Umfang höhere Lehranstalten besuchen. Immerhin musste der Einjährige im Rang des Gemeinen einrücken und hatte die Chance, nach neun Monaten Dienstzeit Gefreiter zu werden (der Rang, den der Diktator Hitler durch seine Heroenleistung im Weltkrieg 1914-1918 erreichte), bei der Entlassung konnte er zum Unteroffizier ernannt werden, nach mehreren, jeweils achtwöchigen Reserveübungen konnte er es schließlich zum Reserveoffizier bringen, das Letztere normalerweise nur, wenn er kein Jude war. Der königliche Edelknabe dagegen trat sofort nach abgelegtem Gymnasial-Absolutorium als Fähnrich in die Armee ein. Dies war ein Rang, der über dem des Unteroffiziers lag, zu dessen Erringung der Einjährige ein Jahr brauchte. Ich selbst sollte dies später sinnbildlich erleben. Als ich als Einjähriger am 1. Oktober des Jahres, in dessen Juli ich das Gymnasium absolviert hatte, beim königlich-bayrischen Infantrie-Leibregiment in München eintrat[74], war mein "Vorgesetzter" der meine "militärische Ausbildung" besorgen sollte, der Fähnrich Freiherr von P., der immer einer der schlechtesten Schüler unserer Klasse gewesen war, dessen fragwürdige Leistungsfähigkeit besonders Dr. von Arnold immer stark betont hatte. Er sollte nun auf einmal qualifiziert sein, nicht nur mich gehen und stehen zu lehren, sondern mir auch die erforderlichen Begriffe von Zucht, Ordnung, vaterländischer Gesinnung beizubringen. Ich sollte vor ihm stramm stehen und auf seine Kommandos, mit den Händen an der Hosennaht, "jawohl Herr Fähnrich" sagen.

Mir wollte es nicht in den Kopf hinein, dass mein Klasskamerad, der wohl nicht durchs Absolutorium gekommen wäre, wenn er nicht maßlos von seinen jüdischen Mitschülern abgeschrieben hätte, nun auf einmal mein Befehlshaber sein sollte. Ich nahm mir deshalb ein Herz und wollte sehen, was er tun werde, wenn ich ihn kameradschaftlich anspreche. Als er mir auf dem Kasernenhof begegnete, sagte ich, ohne eine Bewegung zum

[74] PHILIPP LOEWENFELD trat am 01.10.1906 in das königlich-bayrische Infanterie-Leibregiment ein. JOHANN FREIHERR VON PRANCKH war der Fähnrich. Vgl.: BHStA, Abt. IV-Kriegsarchiv, Personalakte Loewenfeld.

Strammstehen zu machen, "Guten Morgen, P.", wie wir es unter uns Schülern neun Jahre lang getan hatten. Da kam ich aber an den Rechten. Er machte mir einen tobenden Krach, schrie vor Wut mit weithin vernehmbarer Stimme und drohte mir, mich einsperren zu lassen, wenn ich mich noch einmal erfrechen sollte, ihm gegenüber die schuldige Disziplin zu verletzen, ihn anzusprechen oder gar zu duzen, wie ich es versucht hätte, oder nicht die richtige Ehrenbezeugung vor ihm zu machen.

Diese ebenso dumme wie bübische Haltung machte auf mich einen tiefen Eindruck. Ich sagte mir, in einem Staat, der solche Ungerechtigkeiten dulde, ja sogar anordne, müsse bestimmt etwas nicht in Ordnung sein. Ich begann mich eigentlich erst auf Grund dieses Erlebnisses mit der Frage der Klassenbildung, der gesellschaftlichen Macht, der Standesvorrechte und ähnlichen Problemen zu beschäftigen. Trotz der sozialen Einstellung und Betätigung meines Vaters war ich bis dahin als ein durchschnittlicher Bürgerknabe erzogen worden und auch die Methode des Schulunterrichtes hatte uns Schülern kaum mit gesellschaftskritischen Problemen vertraut gemacht. Der Geschichtsunterricht im Besonderen war eine Geschichte von Herrschern, von Kriegen, Siegen und Niederlagen mit kurzen Abschnitten über die Kunst und Literatur jeder Epoche. Dass die Bauernkriege eine soziale Revolution waren, erfuhren wir so wenig, wie dass der siegreiche Napoleon die reaktionären deutschen Fürsten zur Einführung konstitutioneller Rechte in den deutschen Einzelstaaten zwang. Im Geographieunterricht mussten wir zwar die Grenzen eines jeden Landes auswendig zeichnen können und alle Hauptstädte der Welt samt ihren Einwohnerzahlen wissen, wir erfuhren schließlich auch, ob die einzelnen Länder Königreiche seien oder nicht und was ihre Hauptprodukte waren. Tieferer gesellschaftlicher Zusammenhänge wurden wir aber auch in diesem Unterricht nicht gewahr. Bei mir persönlich kam hinzu, dass sich seit meinem Eintritt ins Gymnasium und schon vorher mein Hauptinteresse auf die Musik konzentrierte. Ich konnte als Kind Melodien singen, bevor ich sprechen konnte. Von meinem achten Lebensjahr an hatte ich Klavierunterricht, vom elften Jahre an bei einem ersten Professor der Akademie der Tonkunst, in der Folge auch Cellounterricht, Musiktheorie und zeitweise Gesangsunterricht. Meine ganze Phantasie kreiste um den Wunsch einmal ein berühmter Musiker zu werden. Es lockte mich gleichermaßen die Pianisten- und die Dirigenten-Laufbahn. Alles, was ich mir von meinem nicht eben großen Taschengeld zusammensparen konnte, verwendete ich, um auf einem Galleriesitz oder einem Stehplatz in die Hofoper gehen zu können. Die Personalien aller halbwegs bekannten Mitglieder dieser Oper waren mir restlos geläufig. Meine Eltern waren sehr gegen die Musikerlaufbahn. Mein Vater sagte immer, man könne schließlich in jedem Beruf ein zweiter

Mann sein, ohne unglücklich zu sein. In der Kunst aber sei es eine Tragödie, wenn man es nur bis zum zweiten Platz bringe. Es sei viel besser, die Kunst nur zum Vergnügen auszuüben, als dieses Risiko zu laufen. Gleichwohl wollten meine Eltern meinem vermeintlichen Glücke nicht im Wege sein und ließen mir daher eine Ausbildung angedeihen, die qualitativ die Grundlage zur beruflichen Tätigkeit hätte bilden können. Hierdurch war fast meine gesamte freie Zeit in Anspruch genommen. Häufig war ich mit den musikalischen Dingen so beschäftigt, dass ich die Schule darüber ein wenig vernachlässigte, was schlimmere Folgen gehabt hätte, wenn ich nicht ziemlich leicht gelernt hätte. Mir selbst war es genügend, dass ich in den Gymnasialfächern doch jeweils mit guten Noten durchkam, während mein Vater, für den das Primussein in der Schule immer eine Selbstverständlichkeit gewesen war, es lieber gesehen hätte, wenn auch ich Primus gewesen wäre und dafür etwas weniger Musik gemacht hätte. Den bestimmenden Einfluss auf mich, mich nicht dem Musikerberuf, sondern einem wissenschaftlichen Beruf zuzuwenden, nahm mein Cellolehrer, Professor Anton Werner[75]. Der winzigkleine Mann mit dem riesengroßen Schädel und den stets von schwarzen Brillengläsern bedeckten Augen war einer der feinsinnigsten Menschen, die ich in meinem Leben kennenlernte. Er hatte eine lange und ruhmvolle Künstlervergangenheit hinter sich. Unter Anderem war er viele Jahre der Kammermusikgenosse Hans von Bülows[76] gewesen. Einer seiner wesentlichsten Schüler war Richard Strauss[77]. Werner, der mir wirklich ein guter väterlicher Freund war, teilte prinzipiell ganz die Meinung meiner Eltern. Er sagte, meine musikalische Veranlagung sei längst gut genug, um mir den Musikerberuf zu empfehlen. Er glaube aber nicht, dass meine Technik- das "Maschinenmäßige", wie er es nannte - auf den höchsten Punkt vorgetrieben werden könne. Er führte mir viele Beispiele an, die ihm bewiesen, dass Leute von hoher Musikalität, infolge ihrer nicht ganz erstklassigen Technik, auf dem Mittelmaß geblieben waren. Wiewohl mich diese seine ernüchternden Ratschläge tief betrübten, konnte ich mich ihrer Begründetheit nicht verschließen und revi-

[75] Anton Werner war Professor, Kammermusiker a.D. und Lehrer an der Königlichen Akademie der Tonkunst, Cellolehrer von Philipp Loewenfeld, Kammermusiker mit Hans v. Bülow und Lehrer von Richard Strauss. Vgl.: Jahresbericht über das Kaiser Wilhelms-Gymnasium zu München für das Schuljahr 1897/98, S. 4.

[76] Hans von Bülow, (08.01.1830-12.02.1894), Dirigent, Komponist, Förderer von Richard Wagner und Richard Strauss, Uraufführung des "Tristan" (1865) und der "Meistersinger" (1868). Vgl.: NDB 2, S. 734. Vgl.: BBB, S. 102.

[77] Richard Strauss (11.06.1864-08.09.1949), Komponist, bedeutender Programmsymphoniker und Musikdramatiker. Vgl.: Riemann Musiklexikon, Personenteil 2, Mainz 1961, S. 742-745.

dierte meinen eigenen Entschluss, Musiker zu werden, gerade als es meine Eltern mir endgültig erlaubt hatten.

So kam ich erst verhältnismäßig spät dazu, mich mit anderen als musikalischen Problemen überhaupt zu befassen und so kam es, dass die erste Auswirkung staatlicher und gesellschaftlicher Ungerechtigkeit mich noch ganz unvorbereitet, dafür aber um so tiefer, traf.

11. *Militärzeit*

Dergleichen Auswirkungen bekam ich, auch abgesehen von dem Zwischenfall mit meinem einstigen Klasskameraden, dann in meiner Militärzeit mehr als genug zu fühlen. Meine Eltern hatten ursprünglich den Wunsch, dass ich bei der Feldartillerie diene, deren es in München drei Regimenter gab. Die Nachforschungen ergaben, dass das erste und siebte Feldartillerieregiment im Prinzip antisemitisch waren, das heißt jüdische Einjährige im Allgemeinen nicht annahmen und keinesfalls zu Reserveoffizieren machten. Für manche reichen Juden allerdings bildete das gerade den Grund zu einem Versuch, ihre Söhne bei diesen Regimentern ihr Einjährigenjahr abdienen zu lassen. Denn auch auf diesem militärischen Gebiet kamen sich manche reichen Juden "feiner" vor, wenn ihre Söhne in einer judenreinen Umgebung geduldet wurden. Das dritte Feldartillerieregiment nahm auch jüdische Einjährige an und ließ sie normal zum Unteroffizier avancieren, auch ließ es sie zu den Reserveoffizierskursen zu. Wenn ein jüdischer Einjähriger dann "reif" zum Reserveoffizier war, wurde er in aller Regel nicht bei dem Regiment, sondern bei dem in München garnisonierenden ersten Trainbataillon zum Reserveoffizier gemacht. Jeder Mann kannte daher den Scherz-Tagesbefehl, der zum Geburtstag des Prinzregenten Luitpold die Teilnahme am militärischen Gottesdienst in folgender Weise für das Reserveoffizierskorps regelte: "die Herren Katholiken in den Dom, die Herren Protestanten in die Sankt Markuskirche, die Herren vom Train in die Synagoge".

Da meine Eltern den Begriff des Bürgerstolzes nicht nach dem Wahlspruch mancher Reicher auffassten, der besagte "man will mich nicht, komm ich erst recht", sollte ich mein Einjährigenjahr beim dritten Artillerieregiment abdienen. Bevor ich mich aber dort melden konnte, erlitt ich einen Unfall, der nach ärztlichem Urteil Reiten für lange Monate ausgeschlossen hätte, während Marschieren und Laufen nicht verboten waren. Dies war der Grund, warum beschlossen wurde, mich zur Infanterie zu tun. Das erste und zweite Infanterieregiment, die jüdische Einjährige nicht nur annahmen, sondern in kleinen Prozentsätzen in ihr Reserveoffizierskorps aufnahmen, hatten aber zu dieser Zeit ihre Meldelisten bereits geschlossen. Es blieb daher nur noch die Möglichkeit, mich zum Infanterie-Leibregiment, dem bayrischen Garderegiment, zu tun. Dieses lehnte zwar jüdische Einjährige nicht ab, stand aber im Geruch, sie weder zu den Reserveoffizierskursen zuzulassen, noch als Reserveoffiziere aufzunehmen. Mir war dies gleich, da ich keinerlei Ehrgeiz hatte, dereinst ein Offizier zu werden, da ich vielmehr, übrigens gleich meinen Eltern, in der ordentlichen Leistung des Militärdienstes die Erfüllung einer gesetzlichen Pflicht sah, deren Notwendigkeit ich mich innerlich nicht verschloss, die ich aber auch nicht als mehr als eine Notwendigkeit empfand. Immerhin war ich auf diese Weise der einzige jüdische Einjährige des Regiments in meinem Jahrgang.

Das Infanterie-Leibregiment lag in der Türkenkaserne, deren geräumiger viereckiger Exerzierhof auf drei Seiten von langgestreckten zweistöckigen Kasernenbauten umgrenzt war, während die vierte westliche Seite nur durch ein Gitter von der Strasse getrennt war, auf der sich das neugierige Publikum ansammelte, wenn es die Soldaten auf dem Hof exerzieren, turnen, laufen und springen sah. Wie jedes normale Friedensregiment bestand das Leibregiment aus drei Bataillonen mit je vier Kompanien. Die Mannschaften mit einjähriger und zweijähriger Dienstzeit konnten in das Regiment nur aufgenommen werden, wenn sie eine bestimmte Mindestgröße hatten. Bei der ersten Kompagnie, die bei feierlichen Anlässen in der Regel die Ehrenkompanie war, war die Mindestgröße 1,90 m = 6 1/3 Fuß. Ich selbst wurde bei der neunten Kompagnie eingeteilt, die zum dritten Bataillon gehörte. In dieser Kompagnie war die Mindestgröße 1,75 m = 5 5/6 Fuß. Ich war mit sechs Fuß unter den größten Leuten in der Kompagnie. Diese Auswahl der Mannschaften hatte keineswegs den Sinn einer Auslese körperlicher Tüchtigkeit. Erfahrungsgemäß machten die "größten" Kompanien bei Marschleistungen oder anderen Anstrengungen am ehesten schlapp, während die "kleinsten" durchschnittlich am meisten aushielten. Die Leute wurden vielmehr in diesen Größen nur in Nachahmung der absolutistischen Launen des alten Kurfürsten Friedrich Wilhelm von Preußen[78] zusammengestellt, der seine "Kerls" gerne in dieser Größenordnung sah und seit dessen Tagen es demgemäß zu dem gedankenlosen, höfischen Sport gehörte, die Garde aus körperlich langgewachsenen Menschen zusammenzusetzen. Für das Offizierskorps des Regiments galten nicht die gleichen Größenvorschriften. Dagegen galt in dem Regiment die Tradition, dass sein Offizierskorps sich im Wesentlichen vollstän-

[78] Kurfürst FRIEDRICH WILHELM VON BRANDENBURG (1688-1740), König in Preußen 1713 bis 1740 (Gemeint ist Friedrich Wilhelm I.) Vgl.: CARL HINRICHS, Friedrich Wilhelm I., Darmstadt 1974 (unveränderter Nachdruck der Ausgabe Hamburg 1941).

dig aus Adligen zusammensetzte. Die Zahl der Offiziere, die Grafen oder Freiherren waren, überwog, das bloße Prädikat "von" war noch geduldet, "bürgerliche" Offiziere waren eine absolute Ausnahme, die die Regel bestätigte. Die neunte Kompagnie, bei der ich eingeteilt wurde, hatte zur Zeit meines Eintritts den einzigen bürgerlichen Kompaniechef, Hauptmann Maurer. Er war ein Sohn des weltberühmten Germanisten und Historikers Konrad von Maurer[79], der den Adelstitel nur persönlich, auf Grund einer Ordensverleihung trug, jedoch nicht auf seinen Sohn vererbte. Konrad von Maurer war in früherer Zeit eine der Hauptzierden der Münchener Juristenfakultät gewesen und war lange Jahre ein Fakultätscollege meines Vaters. Mein Vater kannte daher die Familie persönlich und hatte den Sohn Maurer, als er noch ein Kind war, manchmal auf seinen Armen herumgetragen. Hauptmann Maurer hatte von der Kultur seines genialen Vaters nicht übermäßig viel geerbt. Es war ein hagerer Mann mit Vollbart und ewig düsterer Laune, der mit seinen Leuten keinen Spaß kannte. Immerhin war er kein ausgesprochener Soldatenschinder, wie es der einzige andere im Lauf meines Einjährigenjahrs hinzugekommene bürgerliche Kompaniechef war, der damals frisch aus dem Kolonialdienst in Deutsch-Südwest Afrika importierte junge Hauptmann Epp, der heutige bayrische Reichsstatthalter von Hitlers Gnaden, General Ritter von Epp[80]. Wenn wir Soldaten diesen ungebildeten Rohling vom Fenster der neunten Kompagnie manchmal seine siebte Kompagnie exerzieren sahen und hörten, stieg auch den Ruhigsten von uns über die Summe ordinärer Gesinnung und Ausdrucksweise, wie er sie seinen wehrlosen Mannschaften gegenüber anwendete, das Blut in den Kopf. "Ihr Lumpen, Euch schind ich, dass Euch die Sauce hinten herunter rennt", war so ungefähr noch eine seiner freundlichsten Ausdrucksweise seines unerschöpflichen Lexikons von Schimpfworten, Rohheiten und Gemeinheiten. Verglichen mit ihm hielt Hauptmann

[79] Konrad von Maurer (29.04.1823-16.09.1902), Jurist, Rechtshistoriker . Vgl.: NDB 16, S. 437 f. Vgl.: Hans Erich Feine, Konrad von Maurer, in: Geist und Gestalt Bd. 1, hrsg. von Ulrich Thürauf und Monika Stoermer, München 1959, S. 228-232 und Peter Landau, Konrad Maurer, der Lehrer Amiras, in: Peter Landau/Hermann Nehlsen/Matthias Schmoeckel (Hrsg.) Karl von Amira zum Gedächtnis (= Rechtshistorische Reihe 206), Frankfurt/M. 1999, S. 23-27.

[80] Franz Xaver Ritter von Epp (16.10.1868-31.12.1946), Generalleutnant. Letzter Kommandeur des Münchner Infantrie-Leibregiments, 1919 an der Niederschlagung des Räteaufstandes in München beteiligt (Freikorps Epp), 1921-1923 Infanterieführer der 7. (bay.) Reichswehrdivision, 1928 Mitglied der Reichstagsfraktion der NSDAP, 1933 Reichskommissar für Bayern und Reichsstatthalter in Bayern, 1945 von den US-Streitkräften festgenommen. Vgl. NDB 4, S. 547. Vgl.: Katja-Maria Wächter, Die Macht der Ohnmacht. Leben und Politik des Franz Xaver Ritter von Epp (1868-1946), Frankfurt/M. u.a. 1999.

Maurer immerhin eine Art von mittlerer Linie ein. Auch blieb tatsächlich der Umstand, dass er meine Herkunft kannte, ersichtlich nicht ohne jede Einwirkung auf ihn. Er war zwar zu mir genau dienstlich wie zu Allen, hob jedoch gegenüber Einjährigen und Mannschaften im Dienst einige Male rühmend meine Leistungen im Turnen, Schnellaufen, Hochspringen hervor. Auch schützte er mich gegen Ungehörigkeiten, wo solche auftauchten. In einem Falle handelte es sich um eine antisemitische Ungehörigkeit. Wir hatten in der Kompagnie einen Gewehrunteroffizier St. Dies war der Vorgesetzte, der für die Ausgabe, Reinhaltung und Pflege der Gewehre verantwortlich war. Außer mir war im Regiment noch ein einziger jüdischer Soldat mit zweijähriger Dienstzeit, der Hirsch hieß. Eines Tages kommandierte der Gewehrunteroffizier vor versammelter Kompanie: "Einjähriger Loewenfeld und der andere Hirsch vortreten!" Die zum Dienst angetretenen Mannschaften, meistens oberbayrische Bauernburschen, lachten und wir beiden Juden traten in militärischer Haltung vor. Er gab uns dann irgend einen nebensächlichen Befehl und ließ uns dann wieder zurücktreten, womit der Zweck seiner kleinen antisemitischen Demonstration erreicht war, vor versammelter Mannschaft auf unsere Eigenschaft als Juden hinzuweisen und uns damit vermeintlich lächerlich zu machen. Wenn einem Soldaten dergleichen Unrecht widerfuhr, hatte er nach dem militärischen Kodex das Beschwerderecht. Nach einer weisen Vorschrift durfte der Soldat sein Beschwerderecht aber erst frühestens vierundzwanzig Stunden nach dem Ereignis ausüben, das ihm den Grund zur Beschwerde gab. Wenn er sich früher beschwerte, wurde er selbst eingesperrt. Es sollte damit erreicht werden, dass die Leute sich nicht vorzeitig, sondern nur nach gründlicher Überlegung beschwerten. Denn eine Beschwerde gegen einen Vorgesetzten galt bei der scharfen Militärdisziplin als etwas Außerordentliches, und wenn sie als unbegründet empfunden wurde, endete es in der Regel wieder mit Einsperrung des Beschwerdeführers. Ich hatte also vierundzwanzig Stunden Zeit, in mir die Frage zu wälzen, ob ich mein Beschwerderecht ausüben wollte. Dagegen sprach die relative Belanglosigkeit des Vorfalls, die Möglichkeit, dass man das Verhalten des Gewehrunteroffiziers als einen Witz erklären und mich einsperren werde, schließlich auch die Befürchtung, mir den Gewehrunteroffizier zum Feind zu machen. Für die Ausübung des Beschwerderechts sprach der Zynismus, mit dem der Mann unter Missbrauch seiner Vorgesetztenstellung uns jüdische Soldaten lächerlich zu machen versucht hatte, und die Annahme, dass er sich wiederholt und hässlicher so aufführen werde, wenn er merken würde, dass wir uns die Sache bieten lassen. Ich besprach mich mit Hirsch, dieser entschied sich, nach einigem Seelenkampf, sich nicht zu beschweren, weil er sich vor dem Vorgesetzten zu sehr fürchtete. Ich entschied mich, auch nach einigen Seelenkampf, mich zu beschweren und Hirsch künftig nicht mehr anzuschauen. Pünktlich nach vierundzwanzig Stunden meldete ich mich zum Rapport beim Kompaniechef persönlich. Ich trug ihm in strammer Haltung den Vorfall vor, worauf er, ohne mit der Wimper zu zucken, nur "abtreten" kommandierte. Ich befürchtete demgemäß schon, meine Beschwerde sei verworfen und es werde im nächsten Kompaniebefehl eine über mich verhängte Strafe bekannt gegeben werden. Ich hatte mich jedoch getäuscht. Zu meinem großen Erstaunen ließ Hauptmann Maurer die Kompagnie am nächsten Morgen an derselben Stelle antreten, wo sich der Zwischenfall ereignet hatte und ließ den Gewehrunteroffizier allein vor die Front treten. Er schrie ihn vor versammelter Mannschaft mit donnernder Stimme an, es sei ihm zu Ohren gekommen, dass er sich eines antisemitistischen Übergriffs gegen zwei Angehörige der Kompagnie schuldig gemacht habe, er wolle für dieses Mal, mit Rücksicht auf die Tüchtigkeit des Gewehrunteroffiziers, von der Verhängung einer Strafe noch Abstand nehmen. Wer immer aber in der Kompanie sich eines gleichen Verhaltens noch einmal schuldig machen sollte, habe mit schärfstem Durchgreifen zu rechnen. Ich hatte diese scharfe Reaktion auf Seiten von Hauptmann Maurer für unmöglich gehalten, insbesondere aber auch, dass er den Missetäter vor versammelter Mannschaft abkanzelte. Wiewohl ich innere Befriedigung darüber empfand, dass der Hauptmann mich geschützt hatte, war ich von der Heftigkeit und Öffentlichkeit seines Vorgehens nicht einmal sehr erbaut, weil ich dachte, der Gewehrunteroffizier werde nun alles daransetzen, um sich legaldienstlich an mir zu rächen. Ich putzte also in den darauffolgenden Wochen mein Gewehr wie ein Wahnsinniger, sodass er auch bei der schikanösesten Haltung nicht den kleinsten Vorwand für eine Zurechtweisung oder Bestrafung hätte finden können. Aber ich hatte mich auch in dem Unteroffizier getäuscht. Es stellte sich später heraus, dass er mich nicht ernstlich hatte kränken wollen, dass er vielmehr nur gedankenloserweise angenommen hatte, der von ihm gemachte Wortwitz werde auch die beiden Juden erheitern. Er suchte sich nicht nur nicht an mir zu rächen, sondern war in der Folgezeit immer sehr nett und kameradschaftlich zu mir, weit netter als der adelige Fähnrich, der solange mit mir die Schulbank gedrückt hatte. Viele Jahre später, als ich schon Rechtsanwalt in München war, suchte er mich in einer kleinen Rechtssache auf und übertrug mir seine Vertretung. Er war damals bereits ein pensionierter Feldwebel. Als ich ihm meine Überraschung ausdrückte, dass er sich nach mehr als fünfzehn Jahren noch meiner erinnert habe, sagte er, es habe ihm damals Respekt vor mir eingeflößt, dass ich mich über ihn beschwert hätte und mir jene Sache nicht hätte bieten lassen. Seit dem Vorfall aber mit mir habe er diese Einstellung bereut und sich bemüht, sich die Gefühle seiner

Untergebenen richtig vorzustellen. In diesem Sinne sei es also sehr günstig gewesen, dass ich gegen ihn vorgegangen sei. Ich fand diese Handlung ebenso versöhnend wie respektabel. Der Mann war, wie meine Erfahrung zeigte, noch nicht so "geläutert", wie es die Hitlerbewegung von einem wahren Deutschen verlangt. Als ich es in Erinnerung an die Dienstzeit ablehnte, durch eine Liquidation seine schmale Pension zu beschneiden, schlugen die Wellen seiner philosemitischen Begeisterung hoch. Er meinte, so eine Anständigkeit könne man von einem Nichtjuden gar nicht erwarten, und war ein wenig enttäuscht, als ich ihm mit Entschiedenheit widersprach.

Als die Zeit heranrückte, zu der die Reserveoffizierskurse begannen, war im Kompagniebefehl ein Hinweis enthalten, dass die Einjährigen, die die Kurse mitmachen wollten, sich melden sollten. Ich meldete mich nicht. Nachdem die Meldeliste abgeschlossen war, wurde ich zu Hauptmann Maurer in die Schreibstube der Kompagnie befohlen. Der Hauptmann ließ den Kompagnieschreiber hinausgehen und fragte mich dann, als wir allein waren, warum ich mich nicht zum Offizierskurs gemeldet hätte. Ich erwiderte darauf, er wolle es nicht als eine Undisziplin ansehen, wenn ich ihm die volle Wahrheit mitteile. Er war über diese Antwort überrascht und meinte, wenn er nicht die Wahrheit von mir wissen wolle, hätte er mich nicht gefragt. Ich sagte dann, ich sei Jude und deshalb der Auffassung, dass ich nicht Reserveoffizier in diesem Regiment werden könne. Hauptmann Maurer bekam darauf einen roten Kopf und schrie mich an, ob ich behaupten wolle, dass er mir schon einmal Unrecht getan habe. Ich erwiderte: Ich hätte mich ohne Weiteres gemeldet, wenn ich annehmen dürfte, dass für die endgültige Auswahl das dienstliche Urteil meiner Vorgesetzten allein maßgebend sei. Ich wüsste jedoch, dass die Auswahl zum Reserveoffizier durch das Offizierskorps erfolge und stünde vor der Tatsache, dass es, soweit ich unterrichtet sei, in diesem Regiment nicht einen einzigen Fall gegeben habe, in dem ein Jude zum Reserveoffizier gewählt worden sei. Ich war beinahe umgestimmt, als Hauptmann Maurer mit einem Seitenblick sagte: "Einer muss ja immer der erste sein". Im nächsten Moment fühlte er aber offenbar selbst, dass er mich nicht zu dieser Handlung treiben solle, und drückte dies so aus: "Eigentlich haben Sie Recht, ich kann Ihnen selbst nicht ernstlich raten sich zu melden, ich weiss nicht, warum es mir trotzdem nicht gepasst hat, dass Sie sich nicht in die Liste eingetragen haben". Er regte dann an, ich solle mich doch "wenigstens" zum Unteroffizierskurs melden, was ich sofort tat. In diesem Kurs, über den er die persönliche Oberleitung hatte, behandelte er mich mit betonter Bevorzugung, so sehr, dass ich oft Sorge hatte, es werde die anderen Kursteilnehmer ärgern. Erfreulicherweise ereignete sich aber nichts dergleichen, sodass ich allen

Grund hatte, die Haltung meines Hauptmanns in dieser Angelegenheit als menschlich und korrekt anzusehen, insbesondere aber sein klares Eingeständnis, dass die Benachteiligung der Juden in dem Punkt "Reserveoffizier" keine auf den einzelnen Soldaten zugeschnittene, sondern eine grundsätzliche war, gegen die anzukämpfen für ihn zwecklos gewesen wäre.

Auch mit anderen Militärvorgesetzten aus meiner Einjährigenzeit verbindet mich eine freundliche Erinnerung. Der Kommandeur des Regiments, Oberst Graf von Montgelas[81], war ein ausgesprochen gebildeter Mann. Im Gegensatz zu den Einstellungen vieler Offiziere des Regiments, die über Geld-, Uniform-, Weiber- und Kasino-Interessen hinaus kaum irgendwie in Betracht kamen, war er in lebendiger Verbindung mit der Welt der geistigen und sittlichen Güter. In seinem äußeren Auftreten als Vorgesetzter musste er naturgemäß ebenso schematisch sein wie die anderen. Die wenigen Ansprachen aber, die ich von ihm hörte, standen hoch über den üblichen militärischen und vaterländischen Kraftmeiereien, die uns bei geeigneten Anlässen wie Kaisers Geburtstag oder Prinzregenten-Geburtstag, versetzt wurden. Im Weltkrieg kommandierte Graf Montgelas als General ein Armeekorps, nahm jedoch frühzeitig seinen Abschied, weil er mit der deutschen Kriegsführung nicht einverstanden war. Er ging mitten im Weltkrieg in die Schweiz. Es ist nie formell festgestellt worden, dass er etwa Refraktaer war, jedenfalls kehrte er aber während des Krieges nicht nach Deutschland zurück. Nach dem Kriegsende gab er, zusammen mit dem Sozialisten Karl Kautsky[82] und anderen, amtliche Urkunden zur deutschen Vorkriegsgeschichte heraus und widmete sich vollständig der historischen Erforschung der Kriegsursachen. Er fiel dabei ein wenig auf die nationalistische Seite, die bemüht war, den historischen Nachweis der Alleinschuld der Ententemächte am Weltkrieg zu führen. Immerhin hielt er sich dabei in den Grenzen der Objektivität und sah von tendenziösen Schlagworten, wie sie die Erfinder der sogenannten Dolchstoßlegende[83]

[81] Oberst GRAF VON MONTGELAS (1860-1938), Kommandeur des Bayrischen Infanterie-Leibregiments. Die deutschen Dokumente zum Kriegsausbruch. Vollständige Sammlung der von Karl Kautsky zusammengestellten amtlichen Aktenstücke mit einigen Ergänzungen. Hrsg. von WALTER SCHÜCKING und MAX GRAF MONTGELAS. Neue durchgesehene und vermehrte Ausgabe. 5 Bände, Berlin 1927. Vgl.: DETLEF VOGEL, Max Graf Montgelas (1860-1944). Ein Offizier im Spannungsfeld zwischen nationalen Ansprüchen und Menschlichkeit, in: WOLFRAM WETTE (Hrsg.), Pazifistische Offiziere in Deutschland 1871-1933, Bremen 1999, S. 83-97.

[82] KARL KAUTSKY (18.10.1854-17.10.1938), sozialistischer Theoretiker und Publizist. Vgl.: MASSIMO L. SALVADORI, Sozialismus und Demokratie. Karl Kautsky 1880-1938, Stuttgart 1982. Vgl.: NDB 11, S. 373 ff.

[83] Die Dolchstoßlegende wurde von Ludendorff erfunden und lanciert. Vgl.: JOACHIM PETZOLD, Die Dolchstoßlegende. Eine Geschichtsfälschung im Dienst des deutschen

dienstbefliessen auf den Markt brachten, vollständig ab. Ich werde etwas später noch von einem die Kriegsursachen betreffenden Münchner Prozess erzählen, in dem ich ihn als historischen Sachverständigen wiedersah. Er hat auch damals, obwohl seine Meinung vielfach und weitgehend von der von mir als Vertreter des Klägers vorgetragenen Auffassung abwich, nach Form und Inhalt Anstand und Ritterlichkeit bewahrt, im Gegensatz zu manchen anderen Prozessbeteiligten. Er war und blieb ein gebildeter und geistig interessierter Kavalier der alten Schule.

Eine weniger geistige, gleichwohl aber recht originelle Erscheinung war der Kommandeur des dritten Bataillons des Infanterie-Leibregiments, Major von Hartz[84], der später als General in den großen Generalstab kam. Er war fast so rund als lang und ritt bei allen Felddienstübungen ein Pferd, das in seiner Dicke wunderbar zu ihm passte. Trotz vorschriftsmässiger äußerer Schneidigkeit war er ein Skeptiker, den ein nicht zu unbequemes Leben mehr interessierte, als allzuheftige dienstliche Anstrengung. Ich war während der großen Herbstmanöver seinem Stabe zugeteilt. Ich sehe ihn noch vor mir auf seinem Ross hoch auf einem waldigen Hügel, beobachtend, wie die Herren Kompagniechefs sich mit ihren Truppen im Dienste des erhofften Avancements übereifrig abstrapazierten. Plötzlich wendete er sich zu mir und deutete mit dem Finger auf einen vorbeispringenden Hauptmann und sagte mit wegwerfender Geste: "Er reitet, als ob es um das Leben ginge." Ich fand es außerordentlich, dass ein höherer Vorgesetzter gegenüber einem Mann, der noch nicht einmal Unteroffizier war, eine derart kritische Bemerkung über einen Kompagniechef machte. Ich hatte das Gefühl, dass ihm die Abneigung gegen diese Art von Dienstbetrieb sehr hoch gestiegen sein musste, wenn er sich hiezu gegenüber einem Untergebenen vergaß, noch dazu gegenüber einem, den er doch nicht sehr genau kannte. Auch in anderen Dingen machte ich die Erfahrung, dass Major von Hartz kein Vertreter der "scharfen" Richtung war. Eines Tages ging ich aus der Türkenkaserne heraus und hatte meinen Leibriemen samt Seitengewehr vergessen. Wenn man in diesem Aufzug von dem "richtigen" Offizier erwischt wurde, hatte man mit absoluter Sicherheit drei Tage Mittelarrest zu gewärtigen. Als ich ein Stück des Weges war, begegnete mir Major von Hartz. Ich machte die gegenüber einem Vorgesetzten vorgeschriebene Ehrenbezeugung, indem ich zur Seite trat und stramm stand. Major von Hartz

Imperialismus und Militarismus, Berlin (DDR) 1963. Vgl.: Heinrich August Winkler, Von der Revolution zur Stabilisierung. Arbeiter und Arbeiterbewegung in der Weimarer Republik 1918-1924, Berlin/Bonn 1984.

[84] Bernhard von Hartz (06.08.1881-1928 ?), General, Vgl.: Das Bayerland 09.09.1916, S. 364. Vgl.: BHStA, Kriegsarchiv, Personalakte.

musterte mich von oben bis unten, ohne dass ich wusste warum, dann sagte er halblaut und ohne jede Grobheit: "Wo haben Sie den Leibriemen und Seitengewehr?" Vor Überraschung gab ich meine vorgeschriebene stramme Haltung auf, fuhr mit der Hand an die Hüfte und sagte: "ich bitte um Entschuldigung, die muss ich vergessen haben". Er lächelte ein wenig über diese geistreiche Antwort und sagte, wiederum freundlich: "da scheinen Sie mir Recht zu haben. Gehen Sie zurück und holen Sie sie." Dass er mir weder einen Krach machte, noch auch nur meine in der Überraschung unvorschriftsmäßige Haltung rügte, verlieh ihm in meinen Augen viel mehr Autorität, als eine der aus solchen Anlässen üblichen Schimpfereien.

Neben diesen sympathischen Figuren war auch das ausgesprochen soldatenschinderische Element unter meinen Vorgesetzten vertreten, und zwar in der Person meines "Ausbildungsoffiziers", des Leutnants Freiherr von H.[85], des Sohnes des damals amtierenden bayrischen Kriegsministers. Dieser sehr elegante junge Mann, dessen äußere Erscheinung in seiner schmucken Leibregimentsuniform ungefähr das Leutnantsideal der jungen Mädchen darstellte, war ein Repräsentant aller Eigenschaften, die ein Offizier nicht haben sollte, launenhaft bis zum Äußersten, hochmütig in kaum erträglicher Weise, ein wahres Genie in der Erfindung immer neuer körperlicher und seelischer Qualen. Für seine Untergebenen stellte er einen ausgesprochen hassenswerten Menschentyp dar. Von seinem Privatleben sickerten immer neue Frauengeschichten durch, auch hieß es, dass er trinke und Schulden mache. Es bedurfte sicherlich nicht nur bei mir, sondern auch bei meinen soldatischen Kameraden der äußersten Willensanstrengung, um gegenüber diesem erbärmlichen Schinder, der eine Zierde für jede heutige Konzentrationslagerleitung abgegeben hätte, die volle Strammheit der dienstlichen Haltung zu bewahren. Ich hatte als Schüler den Drang, der Wilhelm Tell[86] zu seiner Tat trieb, noch gar nicht recht verstanden. Erst als ich einige Monate das Produkt der "Erziehung" des Freiherrn von H. gewesen war und am eigenen Leibe erfahren hatte, was ein Mensch erlaubtermaßen an Niedrigkeit gegen einen Mitmenschen verüben darf, habe ich erstmals hassen und verachten gelernt, zugleich aber die wohltätige Notwendigkeit, mich gegenüber derartigen ordinären Übergriffen vollständig zu beherrschen. Ich hätte mich nie über Freiherrn von H. beschwert. Dazu

[85] Es handelt sich um Leutnant FREIHERR HANS KARL VON HORN (09.09.1877-05.10.1914).Horn galt als besonders harter Ausbilder, über den auch mehrere Beschwerden eingegangen sind. Vgl.: BHStA, Kriegsarchiv, Personalakte. Vgl.: Mars bavaricus minor, in: Münchener Post 27.07.1906.

[86] WILHELM TELL: Philipp Loewenfeld spielt hier auf das despotische Verhalten des Landvogts Geßler an.

stand er schon nach wenigen Ausbildungstagen zu niedrig in meinem Bewusstsein. Wahrscheinlich hätten Beschwerden auch nichts genützt, weil seine Methode, zu quälen, zu feige, geschickt und vorsichtig war. Wenn er mich etwa mit dem Titel "Rindvieh" beschimpfen wollte, würde er nie gesagt haben: "Loewenfeld, Sie sind ein Rindvieh". In einem solchen Falle sah er einen nur durchdringend und spöttisch an und sagte: "Wer ist das Rindvieh? Natürlich wieder ein Einjähriger!" Dann konnte er sich, wenn sich einer beschwerte, darauf hinausreden, diesen habe er nicht gemeint. Schließlich ereilte ihn aber doch sein Schicksal, indem er sich eines Tages dazu hinreißen ließ, einem Einjährigen, der der Sohn eines Richters war, eine Ohrfeige zu geben und hinzuzufügen: "So nun geh hin und erzähl' es den Rindviechern vom Landtag". Der Einjährige führte diesen erhaltenen Befehl aus, indem er sich zwar persönlich nicht beschwerte, von der Angelegenheit aber dem Chef der damals allmächtigen klerikalen Zentrumsfraktion des bayrischen Landtags, dem Landgerichtsdirektor Dr. F.[87] berichtete. Dieser brachte im bayrischen Parlament eine Anfrage über die Beschimpfung des Landtages durch den Sohn des Ministers ein und der Papa Minister musste sie beantworten. Er sagte, dem Sinne nach, der junge Offizier bestreite nicht, hinsichtlich der Herren Parlamentarier den Ausdruck "Rindviecher" gebraucht zu haben, es habe ihm dabei aber jede Absicht einer Beleidigung gefehlt. Da der Papa-Minister immerhin aber gleichzeitig berichtete, dass der junge Offizier zu einem in der Provinz garnisonierenden Regiment versetzt worden sei, erklärte der Landtag den "Zwischenfall" für erledigt und wir Angehörige der neunten Kompagnie waren glücklich, unseren "Ausbildungsoffizier" los zu sein und an seine Stelle einen Oberleutnant Grafen B.[88] einzutauschen, dessen militärische und moralische Autorität wir innerlich alle anerkannten.

Mich wühlten diese Erlebnisse am meisten in dem Sinne auf, dass ich durch sie die Grundfehler des ganzen monarchistisch-militärischen Machtstaates erstmals bewusst erkannte. Vor allem wollte es mir nicht in den Sinn, wieso in diesem System der Schlechte und Gemeine, wenn er nicht gerade einen Exzess, wie den eben geschilderten, beging, grundsätzlich ebenso weit kam, wie der Gute und Anständige. Ich hatte in der Schule ein sorgloses und unpolitisches Leben geführt. Neben dem Lernen und der Musik hatten nur wenige harmlose Liebeleien mich ein wenig erschüttert. Wie harmlos diese waren, geht wohl am besten daraus hervor, dass ich bei

[87] Dr. F.: Es handelt sich möglicherweise um Christian Federkiel. Vgl.: Hof- und Staatshandbuch des Königreichs Bayern 1904, S. 162.

[88] Es handelt sich hier wahrscheinlich um Oberleutnant FRIEDRICH GRAF BOTHMER (21.12.1883-1945). Vgl.: BHStA, Kriegsarchiv, OP 7808.

meinem Eintritt in den Militärdienst noch keine abschließende Vorstellung davon hatte, wo eigentlich die Kinder herkommen. Ich hatte das Glück gehabt, in einer Klasse von relativ sehr gesunden Knaben und von durchschnittlich anständigen Lehrern aufzuwachsen. Wir Mitschüler hatten außerhalb unserer Schule unsere Zusammenkünfte in den elterlichen Wohnungen, machten Fuß- und Radtouren miteinander, verprügelten uns gelegentlich. In der letzten Klasse des Gymnasiums hatten wir auch einmal in der Woche einen Kneipabend, wo wir studentische Trinksitten, oder, besser gesagt, Unsitten lernten und die mehr oder weniger geistreichen Gesänge sangen, die damals in den farbentragenden Studentenverbindungen der Universität zum guten Ton gehörten. Mit Elend und Armut, mit Unterdrückung und Ausbeutung, mit gesellschaftlichen Kämpfen aber waren wir in keine wie immer geartete Berührung gekommen. Erst auf Grund meiner Erlebnisse im Militärdienstjahr begann ich über alle diese Fragen nachzudenken, und als ich, nach beendigtem Einjährigenjahr, die Ludwig-Maximilians-Universität zu München bezog, war ich durch dieses Erleben ernster und nachdenklicher, aufnahmefähiger für die wirklichen Lebensprobleme, aus einem Knaben ein junger Mann geworden.

DRITTES KAPITEL

LEHRJAHRE

1. *Studium in München*

Schon bevor ich die Universität bezog, zu Beginn meines Einjährigenjahres, hatte sich in meinem äußeren Leben eine Änderung zugetragen. Bis dahin hatte ich immer bei den Eltern gewohnt. Nach Beendigung meiner Gymnasialzeit und vor dem Einrücken zum bayrischen Infanterie-Leibregiment, sagte mir mein Vater, ich solle mir in der Gegend der Kaserne eine eigene Wohnung mieten. Da die Türkenkaserne nicht mehr als zehn Minuten zu Fuß von meiner elterlichen Wohnung entfernt war, konnte ich das nicht recht verstehen und brachte dies auch zum Ausdruck. Mein Vater machte geltend, wenn ich sehr früh aufstehen müsse, führe das zu Störungen in der elterlichen Wohnung, in der Gegend der Kaserne gebe es aber Vermieterinnen, die auf das Leben der Einjährigen eingestellt seien. Mit einem etwas schalkhaften Augenaufschlag fügte er dann hinzu: "Außerdem wünsche ich nicht, dass Du den Reiz des Verbotenen kennenlernst." Ich verstand wohl, dass er damit zum ersten Mal ausdrücklich an meine moralische Autonomie appellierte und mir in dieser Form sein Vertrauen zum Ausdruck brachte. Ich verstand noch nicht, wie weise diese seine Einstellung war.

So zog ich denn in ein möbliertes Zimmer, gegenüber der Kaserne, dessen Vermieterin die Oberamtsrichterwitwe Bertha Kalbskopf, eine Dame in den siebziger Jahren war, die auf ihrem völlig kahlen Schädel eine dunkelbraune Perücke trug, sodass man sie notfalls für fünfzig Jahre halten konnte. In das nächste Zimmer neben mir zog ein nicht militärpflichtiger Schulkamerad aus dem Wilhelm-Gymnasium, der nach Beendigung der Schule Zoologie zu studieren begann, in welchem Fach er es später zum Professor[89] an der Münchener Universität brachte. Frau Kalbskopf sorgte für uns in sehr netter Weise und brachte es insbesondere fertig, dass ich in meiner ganzen Militärzeit kein einziges Mal verschlafen habe. Ich habe bei ihr während meiner ganzen Militär- und nachfolgenden Studienzeit gewohnt und sie auch späterhin noch dann und wann besucht. Nach der Revolution

[89] Den Lehrstuhl für Zoologie an der Münchner Universität hatte seit 1918 Professor Dr. Reinhard Demoll (03.12.1882-25.03.1960) inne. Vgl.: BBB, S. 132.

von 1919 fand sie ihren Namen nicht mehr fein genug und machte eine Eingabe an die Regierung, sich Ebert nennen zu dürfen. Sie erhielt hiezu die amtliche Bewilligung.

Von dieser Wohnung Gabelsbergerstraße 2a aus trat ich denn nach beendigter Militärzeit den Weg an, um mich als Student der Münchener Universität immatrikulieren zu lassen. Die Rede, die der damalige Rektor[90] der Universität anlässlich der Immatrikulationsfeier hielt, war für meine Erwartungen enttäuschend. Sie hätte ebenso gut beim Infanterie-Leibregiment oder im Wilhelm-Gymnasium gehalten werden können. Immerhin enthielt auch diese Rede Einiges, was heute in Deutschland auszusprechen ein schweres Verbrechen wäre. Der Rektor sagte unter anderem, es bedeute nur eine Selbstverständlichkeit, wenn er darauf verweise, dass die Grundhaltung jedes wissenschaftlichen Strebens strengste Objektivität sein müsse. Der Zweck der Wissenschaft sei einzig und allein die Auffindung des Wahren. Im Dienste der Wahrheitsfindung dürften persönliche oder gar politische Interessen oder Wünsche niemals eine Rolle spielen. Eine von Interessen oder Wünschen abhängige Wissenschaft sei ein Widerspruch in sich selbst. Unter den Wünschen, auf die gegebenenfalls keine Rücksicht genommen werden könnte, erwähnte er insbesondere den Wunsch nach Anerkennung von oben, unter den politischen Interessen, die im Wissenschaftsbetrieb ausgeschaltet bleiben müssten, ausdrücklich das Interesse der Regierung oder bestimmter herrschender Gruppen an diesem oder jenem Ergebnis wissenschaftlichen Forschens. Dies bedeutete eine Anspielung auf die Versuche der damals in Bayern parlamentarisch herrschenden Zentrumspartei, auf den Wissenschaftsbetrieb durch klerikale Machtgelüste einzuwirken. Es war die Rede eines wackeren Liberalen, ohne sehr aufregenden Gedankenflug.

Der normale Stundenplan eines angehenden Juristen sah vor, dass er zunächst seine allgemeine Bildung auf der Universität erweiterte und zu diesem Zweck "philosophische" Fächer belegte. Unter diesen verstand man nicht nur die Philosophie im engeren Sinne, sondern alles, was in der philosophischen Fakultät gelehrt wurde. Hierauf hatte die Ausbildung in römischer Rechtsgeschichte und Geschichte des römischen Privatrechts, in deutscher Rechtsgeschichte und Geschichte des deutschen Privatrechts zu folgen. Nach insgesamt drei Semestern konnte der junge Rechtsbeflissene dann das sogenannte Zwischenexamen machen, in dem er ausschließlich in

[90] Rektor der LMU war Karl von Birkmeyer (27.06.1847-29.02.1920), Professor für Strafrecht, Strafprozeß und Rechtsphilosophie. Seit 1903 im Komitee für die Vorarbeiten zur Revision des Strafgesetzbuches. Vgl.: NDB 2, S. 258. Die Rede zur Immatrikulation 1907 hat sich nicht erhalten.

den rechtshistorischen Fächern geprüft wurde. Ich hatte mir vorgenommen, durch meine Militärzeit kein Universitätssemester einzubüßen. Ich belegte deshalb in den zwei Semestern, die ich als Soldat diente, die "philosophischen" Fächer, ohne diese Vorlesungen hören zu können, in der Hoffnung, dass ich das dabei Versäumte schon irgendwie würde nachholen können. In dem mir vor dem Zwischenexamen allein zur Verfügung stehenden dritten, praktisch meinem ersten Semester, belegte ich dann nicht nur sämtliche eben erwähnten historischen Fächer, sondern daneben noch Anthropologie, Psychologie, Ethik und Ästhetik. Ich hatte auf diese Weise in meinem ersten Universitätshalbjahr täglich neun Stunden Kollegien zu hören und dann das Gelernte examenreif in mich aufzunehmen und Übungen darüber zu machen. Dies bedingte von Anfang an eine tägliche Studienzeit von zwölf bis vierzehn Stunden, ein Arbeitsmaß, wie ich es bis dahin noch nicht gekannt hatte.

2. *Theodor Lipps*

Mit der unvergesslichen Vorlesung von Theodor Lipps[91] über Ethik erhielt ich den ersten Begriff von der geistigen Distanz eines produktiven, wissenschaftlichen Genies von dem Niveau der besten Leute, die mich am Gymnasium unterrichtet hatten. Die Wirkung der überaus einfachen Sprechweise des äußerlich völlig schmucklosen Mannes war ungeheuer. Was er über die Notwendigkeit des prinzipiengebundenen Denkens und Handelns, über die Verwerflichkeit jedwedes wissenschaftlichen Opportunismus, über die Notwendigkeit strenger Maßstäbe und der Selbstverantwortung sagte, klang so selbstverständlich, als ob es andere Lösungen nicht gebe. Ob er das Wesen der Buße an den Brüdern Karamasoff[92], ob er das Erhabene des Hässlichen am Hundert-Guldenblatt Rembrandts[93] auseinanderlegte, es war immer so, dass es sofort dauernder Bewußtseinsbesitz wurde.

[91] THEODOR LIPPS (28.07.1851-17.10.1914), Philosoph und Psychologe, Begründer des psychologischen Instituts der Universität München. Nach den Belegbögen der Universität hat Loewenfeld mehrmals Vorlesungen von Lipps besucht. Vgl.: NDB 14, S. 670 ff.

[92] FJODOR DOSTOJEWSKI, Die Gebrüder Karamasow, 1879/80. Das Buch gilt als Dostojewskis Meisterwerk. Eine eigenständige Veröffentlichung Lipps' zu dem Buch ist nicht nachzuweisen. Vgl.: GEORG ANSCHÜTZ, Theodor Lipps, in: Archiv für die gesamte Psychologie 34 (1915), S. 1-13.

[93] REMBRANDT, HARMENSZ VAN RIJN (15.07.1606-04.06.1669), niederländischer Maler. Einc eigenständige Veröffentlichung Lipps' zu dem Werk ist nicht nachzuweisen. Vgl.: GEORG ANSCHÜTZ, Theodor Lipps (wie Anm. 92).

3. *Karl von Amira*

Theodor Lipps war nicht der einzig wissenschaftlich Große, der mir in diesem ersten Studienhalbjahr gegenüber trat. Ich hatte in diesem Semester auch das Glück, deutsche Rechtsgeschichte bei Karl Amira[94] zu hören, der wohl das merkwürdigste Gemisch eindringender wissenschaftlicher Präzision und tiefgründiger Gelehrsamkeit auf der einen und künstlerischer Intuition auf der anderen Seite war. Ich hatte Karl von Amira schon oft zuvor im Elternhaus gesehen, wie andererseits meine Eltern mit uns Kindern öfters am Sonntagnachmittag in Amiras Garten an der Moehlstraße in Bogenhausen hinauspilgerten. Das Freundespaar Amira-Loewenfeld war in der äußeren Erscheinung eine Kuriosität. Mein fast überkleiner, zierlich gewachsener Vater konnte an dem hünenhaften Mann, der annähernd zwei Meter groß war, nur hinaufschauen. Wenn er mit seinem wallenden, weißgrauen, bis in die Hüftgegend reichenden Bart, immer in viel zu weite Anzüge und Mäntel gekleidet und dadurch noch massiver erscheinend, mit einem tief in der Stirne sitzenden Schlapphut, morgens durch den Englischen Garten, bei gutem und bei schlechtem Wetter zu Fuß zur Universität schritt, hätte man glauben können, einer Figur aus der altgermanischen Sage entgegenzutreten. Als ihn, Jahrzehnte später, meine Kinder zum ersten Mal sahen, fragte unsere Älteste meine Frau: "Mutti, ist das der Weihnachtsmann?" Erst wenn er mit meinem Vater an unserem Tisch saß, oder im Restaurant Eberspacher, wo die Beiden oft stundenlang Diskussionen über Wissenschaftsprinzipien oder praktische Universitätsfragen pflegten, verschwand einigermaßen die enorme Verschiedenheit der äußeren Proportionen. Diese Besuche, Spaziergänge, Zusammenkünfte mit dem Riesen waren mir als Kind und Schüler immer ein geheimnisvolles Erlebnis gewesen, doch fehlten mir damals naturgemäß die Maßstäbe für seine geistige Bedeutung. Ich konnte nur erfassen, dass ein großer Teil alles dessen, was er mit meinem Vater besprach, Kritik war. Wenn mein Vater von einer Begegnung mit ihm heimkam und man fragte ihn: "Nun was habt ihr getan?" antwortete er, freudig erregt: "Geschimpft". Das Erste, was ich von seinem Wesen in ausdrucksvoller Weise kennenlernte, als ich sein Zu-

[94] KARL VON AMIRA (08.03.1848-22.06.1930), Dr. jur., Rechtshistoriker, Professor in München, konservativ und liberal zugleich, war er Mitglied sowohl der Antiduell-Liga und als auch der Vaterlandspartei. Vgl.: NDB 1, S. 249. Vgl.: HANS ERICH FEINE, Karl von Amira, in: Geist und Gestalt Bd. 1, hrsg. von ULRICH THÜRAUF und MONIKA STOERMER, München 1959, S. 232-239. Vgl.: G. SCHUBART-FIKENTSCHER, Karl von Amira, in: Handwörterbuch zur deutschen Rechtsgeschichte I, hrsg. von ADALBERT ERLER und EKKEHARD KAUFMANN, Berlin 1964, Sp. 146 ff. und PETER LANDAU/HERMANN NEHLSEN/MATTHIAS SCHMOECKEL (Hrsg.) Karl von Amira zum Gedächtnis (= Rechtshistorische Reihe 206), Frankfurt/M. 1999.

hörer auf der Universität wurde, war die wunderbare Kraft, die gestaltende Bildhaftigkeit und der strömende Reichtum seiner freien Rede. Wenn er, hinter dem Katheder des großen Hörsaals der Universität sitzend, seinen jungen Schülern eine Entwicklung oder einen Begriff erklärte, glich seine Erscheinung einem alten Schnitt in ihren strengen, gemeißelten Formen. Karl von Amira, ungefähr gleichaltrig mit meinem Vater, hatte damals die typische Laufbahn des hochwertigen deutschen Wissenschaftlers hinter sich. Er war mit vierundzwanzig Jahren bereits außerordentlicher Professor, mit fünfundzwanzig Jahren ordentlicher Professor des germanischen Rechts. Sein zweibändiges "Nordgermanisches Obligationenrecht", das er 1882 publizierte, hatte endgültig seinen Ruhm und seine dominierende Stellung in der germanistischen Wissenschaft begründet, nachdem schon vorher andere wissenschaftliche Arbeiten die Fachwelt auf die ungewöhnlichen Qualitäten seines Geistes und seines Könnens hingewiesen hatten. Für den Anfänger in der Wissenschaft war sein "Grundriss des germanischen Rechts"[95] von besonderer Bedeutung. Er war in der Einfachheit und Bildhaftigkeit der Bibel geschrieben. In der Vorlesung verstand es Amira in unnachahmlicher Weise, das Wort und die Gebärde zu einer Einheit zu verbinden. Wenn er mit einer leichten Bewegung den Hörer auf die geschichtliche Bedeutung der Handgebärden für die Deutung des germanischen Rechts hinwies, glaubte man die alten Figuren, denen diese rechtsgestaltende Gebärdensprache zugeschrieben wurde, leibhaftig vor sich zu sehen. Aber nicht nur die Vortragsweise Amiras verriet seinem Hörer die künstlerische Begabung des Lehrers, Amira betätigte sich auch aktiv künstlerisch. Als er die Bilderhandschrift des Sachsenspiegel[96] rekonstruierte, stellte er zehntausende von Farbenversuchen an, um die alten Originalfarben getreu wieder herzustellen. Die musikalische Akademie berief ihn als Sachverständigen für die Programmbildung ihrer Konzerte. Sein Klavierspiel war von erlesener Kultur, ganz besonders seine Wiedergabe Mozarts. Über seine wissenschaftliche und künstlerische Bedeutung hinaus war Amira als eine geborene Führernatur auch eine der wesentlichsten Kräfte im deutschen Hochschullehrerverband, auf dessen Gründungsversammlung in Salzburg im Jahre 1907[97] er eine der großartigsten Reden hielt, die wohl je

[95] KARL VON AMIRA, Grundriß des germanischen Rechts, Strassburg 1913 (zuerst 1890 als neunter Abschnitt in: HERMANN PAUL (Hrsg.) Grundriß der germanischen Philologie)

[96] Die Dresdner Bilderhandschrift des Sachsenspiegels, hrsg. von KARL VON AMIRA, Leipzig 1901/1902; DERS., Kommentar zur Dresdner Bilderhandschrift des Sachsenspiegels, Leipzig 1925/26.

[97] Gründungsversammlung des deutschen Hochschullehrerverbands, Salzburg 1907. Vgl.: LUJO BRENTANO, Der erste deutsche Hochschullehrertag, in: Berliner Tageblatt 474 (18.09.1907).

in deutscher Sprache gehalten worden sind. Indem er das Postulat der bedingungslosen Freiheit der Wissenschaft von ausserwissenschaftlichen Autoritäten, insbesondere von staatlichen Interessen, begründete, setzte er auseinander, dass dies nicht die Einstellung eines "Salons der Zurückgewiesenen" sein dürfe, sondern dass die Besten eben gut genug seien, um sich in den Dienst dieses Ziels zu stellen. Die Leute, die immer erst warteten, wie der Hase laufe, "um dann sagen zu können, dass sie immer dabei gewesen seien", kämen dann ganz von selbst, ebenso die Professoren mancher norddeutscher Universitäten, denen Fressgelage wichtiger seien als Wissenschaftsergebnisse. Amira teilte den Professorenstand ganz allgemein in solche ein, "die Trinkgelder nehmen" und solche, "die keine nehmen". Den ersteren und ihre Brüdern, den Konjunkturisten, galt allzeit seine unendliche Verachtung. Die Vorlesungen Amiras stellten gewisse spartanische Anforderungen an seine Zuhörer. Im Sommersemester begann er sie bereits morgens sieben Uhr. Wenn sich ein Student dann um Minuten verspätete, hielt er mitten im Wort an, musterte ihn durchdringend und sagte: "Jetzt kann ich alter Mann pünktlich sein und Sie junger Mensch müssen durch Ihre Bequemlichkeit die Übrigen und mich stören". Wem dies einmal passierte, der kam nie wieder zu spät. Ein einziges Mal schwänzte ich persönlich eine Vorlesung von Amira. Als er mich unter den hunderten von Studenten nicht sah, rief er morgens acht Uhr meinen Vater an, ob ich krank sei. Da ich nicht im Elternhause wohnte, konnte ihm mein Vater nichts sagen, schickte aber seinerseits jemand in meine Wohnung herüber, um sich nach meinem Befinden zu erkundigen. Um im Ansehen Amiras nicht zu sehr zu sinken, sagte ich, es sei mir nicht gut gewesen. Tatsächlich hatte ich, nach einer langen Abendgesellschaft, verschlafen.

Den Eindrücken von Amiras Vorlesungen[98] verdanke ich den wesentlichsten Teil meiner theoretischen Grundlegung als Jurist. Niemand konnte das Wesen der einzelnen Rechtsinstitute an der Hand ihres historischen Werdegangs mit einer so scheinbaren Selbstverständlichkeit erklären und dadurch unauslöschlich dem Bewusstsein einprägen, wie er. Um das von ihm Gelehrte zu behalten, bedurfte es so gut wie keiner Gedächtnisanspannung, die Dinge saßen von selbst. Sehr gefürchtet war Amira als Examinator. Seine Fragen gingen nicht nur auf das Fachliche allein, sondern

[98] Vorlesungen AMIRAS, die Loewenfeld belegt hat:

WS 1907/08:	Deutsche Rechtsgeschichte und Grundzüge des deutschen Privatrechts (7 Std.)
WS 1908/09:	Handels- und Wechselrecht (5 Std.)
SS 1909:	Deutsches Reichsstrafrecht (4 Std.)
SS 1911:	Übersicht über die Rechtsentwicklung in Bayern (2 Std.).

auch immer etwas auf das Niveau der allgemeinen Bildung. Einen Kandidaten ließ er zu meiner Zeit durchfallen, weil er nicht wusste, zu welchem deutschen Bundesstaat die Stadt Mainz[99] gehörte. Wenn der Prüfling auf seine Frage nicht antworten konnte, fixierte er ihn minutenlang durchbohrend und fragte dann im Grabeston mit seiner tiefen Bassstimme: "Nun, Herr Kandidat, wissen Sie es immer noch nicht?" Die meisten gerieten dadurch in eine solche Aufregung, dass die Situation für sie gefährlich wurde.

Die geistigen und freundschaftlichen Beziehungen zum Hause Amira blieben auch nach Abschluss meiner Studienzeit erhalten. Amira hatte einen "Vertrag" mit meinem Vater, dass derjenige von den Beiden, der den anderen überlebe, dem Vorversterbenden die Grabrede halten müsse. Diese traurige Freundespflicht traf Amira, der fast zehn Jahre älter wurde, als mein Vater[100]. Nach dem Tode meines Vaters trat bei mir eine gewisse gefühlsmäßige Entfremdung dadurch ein, dass Amira, der sich schon während des Weltkrieges auf die Seite der nationalistischen und annexionistischen "Vaterlandspartei" geschlagen und deren Forderungen nach einem "deutschen" Gewaltfrieden sich zu eigen gemacht hatte, in seinen alten Tagen immer mehr in das Fahrwasser der politischen und geistigen Reaktion geriet. Als in den ersten Maitagen des Jahres 1919 in München große Metzeleien gegen linksgerichtete Arbeiter[101] stattfanden, begegnete mir Amira auf der Strasse und drückte mir seine tiefe Befriedigung über dieses Ergebnis aus. Als ich ihm darauf die Frage vorlegte, ob er glaube, dass es richtig sei, dies gegenüber dem Sohne seines verstorbenen Freundes zu tun und ob er annehme, dass sein Freund diese seine Äußerung gebilligt hätte, erwiderte er rau, er bestimme seine Überzeugung ausschließlich nach eigenen Maßstäben. Ich fand dies plump und pietätlos und besuchte ihn von da ab nicht mehr. An meiner Verehrung seiner Persönlichkeit und seiner großen geistigen Leistung hat sich durch diese persönliche Trübung nichts geändert. Ich weiss, dass Amira, trotz seiner Entwicklung zur äußersten Rechten ein Hasser und Verächter des Hitlerismus im allgemeinen und sei-

[99] Mainz gehörte zum Bundesstaat Hessen-Darmstadt.

[100] Tod THEODOR LOEWENFELDS am 18.01.1919. Die Rede Amiras zum Tode von Theodor Loewenfeld ist nicht überliefert. Vgl.: MNN 23.01.1919, S. 2. Der Nachruf im "Jahrbuch der Universität München für die Jahre 1914-1919", München 1927, S. 76 f, stammt aber von Karl von Amira. Vgl.: Universitätsarchiv München, Personalakte Theodor Loewenfeld.

[101] Terror der Freikorps gegen die Räteregierung oder nur vermutete Anhänger, Vgl.: HEINRICH HILLMAYR, Roter und weißer Terror in Bayern nach 1918. Ursachen, Erscheinungsformen und Folgen der Gewalttätigkeiten im Verlauf der revolutionären Ereignisse nach dem Ende des Ersten Weltkrieges, München 1974.

ner Rassentheorien im besonderen war. Dies wussten auch seine zahlreichen Schüler, von denen sich ein Teil, selbstverständlich aus purer Überzeugung und nicht aus Konjunkturgründen, schon vor dem Beginn der Hitlerei in Deutschland in vorsichtiger Weise dem Rasseschwindel annäherten. Als Amira Ende der zwanziger Jahre hochbetagt starb, hinterließ er eine ausdrückliche Anweisung, dass an seinem Grabe keinerlei Rede gehalten werden soll. Der Einzige, von dem er sie hätte haben wollen, war ja nicht mehr da. Der letzte Wunsch Amiras hinderte einen seiner Schüler, den Professor Freiherrn von Schwerin[102] nicht, an dem offenen Grabe zu sagen, der teure Verstorbene habe sich zwar alle Grabreden verbeten, es solle aber trotz der Respektierung dieses letzten Wunsches doch wenigstens zum Ausdruck gebracht werden, dass seine Schüler und Freunde in ihm den leibhaften Ausdruck aller germanischen Tugenden und die gestaltgewordene Ablehnung alles "Artfremden" verehrt und geliebt hätten. Diese kecke Ausnützung eines feierlichen Moments für diensteifrige antisemitische Propaganda empfanden nicht nur die allermeisten Trauergäste, sondern auch die anwesende Familie als einen Schlag ins Gesicht. Sie war um so bemerkenswerter, als fast jeder Anwesende wusste, dass die einzigen wirklichen Freunde des Verstorbenen Juden gewesen waren. Es gelang Herrn von Schwerin aber keineswegs, sich auf solche Weise des Universitätslehrstuhles Amiras zu bemächtigen, worauf er im Stillen offenbar gehofft hatte. Die bayrische Regierung berief auf den Lehrstuhl den Geheimen Rat Professor Dr. Konrad Beyerle[103], der dem linken Flügel der Reichstagsfraktion der klerikalen bayrischen Volkspartei zu der Zeit angehörte hatte, zu der im Jahre 1919 die Weimarer Verfassung vom Reichstag beschlossen wurde. Beyerle war bei seiner Fraktion, besonders bei deren in Bayern allmächtigen Führer, dem sogenannten "Bauerndoktor" Dr. Georg Heim[104]

[102] FREIHERR CLAUDIUS VON SCHWERIN, Grabrede für Amira (†22.06.1930). Vgl.: ZRG Germ. Abt., Bd. 51(1931), XI-XLV. Vgl.: WOLFGANG SIMON, Claudius von Schwerin. Rechtshistoriker während dreier Epochen deutscher Geschichte (= Rechtshistorische Reihe 84), Frankfurt/M. 1991.

[103] PROF. DR. KONRAD BEYERLE (04.09.1872-26.04.1933), München, Professor für Rechtsgeschichte in Freiburg, Göttingen und München, 1919 Mitglied der Nationalversammlung, 1920 bis 1924 BVP-Abgeordneter des Reichstags, Mitglied des Staatsgerichtshofes, Vizepräsident der Görres Gesellschaft. Beyerle war nicht Nachfolger Amiras, sondern dessen Kollege. Vgl.: NDB 2, S. 206 f. Vgl.: GERD KLEINHEYER/JAN SCHRÖDER (Hrsg.), Deutsche und europäische Juristen aus neun Jahrhunderten, 4. Aufl. Heidelberg 1996, S. 464 und THOMAS HENSE, Konrad Beyerle (= Rechtshistorische Reihe 256), Frankfurt/M. 2002.

[104] DR. GEORG HEIM, (24.04.1865-17.08.1938), BVP,1897 Zentrumsabgeordneter des Bayerischen Landtags und Reichstags, 1900 Gründung der "Landwirtschaftlichen Zentralgenossenschaft des Bayerischen Bauernvereins", bis 1925 Präsident der Bayerischen Landesbauernkammer, 1920-1924 BVP-Abgeordneter des Reichstags, 1924 Gründung des Bayerischen Heimat- und Königsbundes, Schüler Brentanos. Vgl.: NDB 8, S. 267 f.

dadurch in Ungnade gefallen, dass er entgegen der Parole der "föderalistischen" – zeitenweise besser gesagt separatistischen – bayrischen Volkspartei für die Weimarer Verfassung stimmte. Diese Handlung Beyerles war zu vernünftig und anständig, als dass ihn seine Partei bei der nächsten Reichstagswahl noch einmal als Kandidaten aufgestellt hätte. Er schied aus der aktiven Politik aus und widmete sich in der Folge wieder im Wesentlichen seinen wissenschaftlichen, daneben seinen katholischen Interessen. Nach der Berufung Beyerles auf den Lehrstuhl Amiras veranstaltete die Münchener Juristenfakultät in der Universität eine offizielle Gedenkfeier für Amira, bei der Beyerle der einzige Trauerredner war. Beyerle benutzte diesen Anlass, um an dem Freiherrn von Schwerin wegen seiner germanisch-antisemitischen Bemerkung am Grabe Amiras fürchterliche Rache zu nehmen. Seine Rede, gehalten vor den besten Geistern der Münchener Universität und vielen erheblichen Gästen von auswärts, begann etwa mit folgenden Darlegungen: "Zu Beginn des neunzehnten Jahrhunderts wanderte ein Grieche namens Amira von Rhodos nach Warschau aus. Er trat in die Dienste des Generalstabs und machte in der Folge die napoleonischen Kriege mit. Im Feldlager in Regensburg lernte er ein uradliges, tschechisches Fräulein kennen und lieben und verband sich mit ihr zur Ehe. Dieser Verbindung entstammte ein Sohn, der in Bayern verblieb und der Stadt- und Landgerichtsrat Amira in München wurde. Richter Amira heiratete die Tochter des Rektors Wuest von Aschaffenburg, wodurch der erste Tropfen deutschen Blutes in die Familie kam. Das einzige Kind aus dieser Ehe war unser teurer Verstorbener, Karl von Amira. Die kürzlich gehörte Behauptung, dass Karl von Amira der Inbegriff alles Germanischen gewesen sei – hierbei sah er den Freiherrn von Schwerin, der in der ersten Reihe saß, durchbohrend an – ist also eine historische Unwahrheit. Der weltweite Blick Karl von Amiras, sein tiefes Verständnis für alle Kulturen, die völlige Unabhängigkeit seines Denkens von allen Obrigkeitseinflüssen beruht vielmehr nach meiner Meinung gerade darauf, dass Karl von Amira kein Germane war."[105]

Nach dieser Abfuhr hat bis zum Ausbruch des Dritten Reiches niemand mehr gewagt, Amira für nazistische oder naziähnliche Gedankengänge in Anspruch zu nehmen. Erst die Nazis selbst, die sich ja niemals ein Gewissen daraus machen, den guten Namen eines Menschen im Wege der Geschichtsfälschung zu stehlen und zu benutzen, haben den Schwindel von dem "germanischen" Amira neuerdings wieder aufgenommen. Sie benann-

[105] Die Rede BEYERLES bei der Trauerfeier der Universität München ist ebenfalls nicht erhalten. Sie dürfte aber im Tenor dem Nachruf im "Jahrbuch der Universität München für das Jahr 1930/31", München 1931, S. 13-17 entsprechen. Vgl. auch: MNN 14.07.1930.

ten einen öffentlichen Platz in München in nächster Nähe des Braunen Hauses als "Amiraplatz" und reklamierten ihn für die nazistische Gesinnung[106] mit ähnlichen verlogenen Argumenten, wie sie dies in der Literatur etwa mit Stefan George[107] gemacht hatten. Der Tote kann sich hiergegen nicht mehr wehren, und Siege über Wehrlose sind ja das eigentliche Charakteristikum nazistischen Wesens.

4. *Juristische Professoren*

Von den übrigen Professoren der Juristenfakultät, bei denen ich in den nächsten Jahren zu lernen hatte, erreichte niemand Amira an Bedeutung. Der Romanist, Professor Friedrich Hellmann[108] war aus Gründen, die ich nie erfahren habe, mit vielen Fakultätsmitgliedern verfeindet und zwar so sehr, dass man sich nicht grüßte. Es war deshalb meinem Vater ein großer Schmerz, dass ich bei dem Feind die Pflichtvorlesungen und Pflichtübungen hören musste. Hellmann andererseits behandelte mich, besonders in den Übungen, mit betontem Vorzug, offenbar um mir zu beweisen, dass er die Feindschaft nicht auf die nächste Generation übertrage. Er war zu jener Zeit schon ein schwerkranker Mann und musste schließlich auf einer Tragbahre ins Kolleg getragen und auf dem Pult abgesetzt werden. Er war bis zu seinem Tode nicht zu bewegen, die Abhaltung der Vorlesungen aufzugeben. Hellmann, der den Rang eines ordentlichen Professors im klerikalen Bayern nur gegen das Opfer der Judentaufe erreichen konnte, war trotz seiner Krankheit zu der Zeit, zu der ich ihn auf dem Katheder kennenlernte, noch das, was man einen schönen Mann nennt. Er hatte ein feingeschnittenes Gesicht, lebhafte blaue Augen, sein sehr gepflegtes Kopf- und Barthaar verdiente tatsächlich den Ausdruck "Silberhaar". Sein Wesen war sehr poliert, seine Rede gewandt und präzis. Die geistige Impression war indessen kaum größer oder angenehmer als der von seiner Judentaufe herrührende Eindruck von seinem Charakter. Er war der Typus des Menschen, der ein Lehramt nicht in erster Linie durch persönliche Qualität, sondern durch Gewandtheit und Opfer der Gesinnung erlangt. In letzter Linie

[106] Vgl. zu Amira: PETER LANDAU/HERMANN NEHLSEN/MATHIAS SCHMOECKEL (Hrsg.) Karl von Amira zum Gedächtnis (Rechtshist. Reihe Bd. 206) Frankfurt/M. 1999 – hier besonders H. NEHLSEN, Karl von Amira - ein Gelehrtenleben, S. 9 -22.

[107] STEFAN GEORGE (12.07.1868-04.12.1933), Lyriker, charismatische Führerfigur der Schwabinger Bohème. Vgl.: STEFAN BREUER, Ästhetischer Fundamentalismus. Stefan George und der deutsche Antimodernismus, Darmstadt 1995.

[108] FRIEDRICH HELLMANN (30.11.1850.-11.03.1916), Professor für deutsches bürgerliches Recht, römisches Zivilrecht und Zivilprozeßrecht. Vgl.: Jahrbuch der Universität München für die Jahre 1914-1919, München 1927, S. 32 f.

werden wohl darauf auch die Meinungsverschiedenheiten seiner Kollegen mit ihm zurückgegangen sein.

Ein wesentlich bedeutenderer und eindrucksvollerer Professorentyp war Lothar von Seuffert[109], der neben römischem Recht vor allem Zivilprozessrecht in München lehrte. Von allen Juristen, die ich gekannt habe, war er vielleicht der scharfsinnigste. Sein Vortrag war von unendlicher Sprödigkeit, aber von einer bewundernswerten Präzision und von einem nie versiegenden Gedankenreichtum. Zugleich war Lothar von Seuffert aber auch der zerstreuteste Professor, den ich im Laufe meines Lebens kennenlernte. Es wird nur wenige Menschen gegeben haben, die ihn mit geschlossener Hosentür erblickten, denn schon diese in der bürgerlichen Gesellschaft nun einmal notwendige Funktion vergaß er regelmäßig. Unvergesslich wird es auch sicher allen Teilnehmern einer Einladung in einem Professorenhause bleiben, bei der Lothar von Seuffert einer der vielen Gäste war. In seiner Gedankenabwesenheit meinte er plötzlich, die Einladung sei bei ihm selbst, und entschuldigte sich bei den anwesenden Gästen, dass der Braten verbrannt sei, gab aber zu bedenken, dass er ein neues Dienstmädchen habe, die noch nicht so eingearbeitet sei. Man kann sich die Versteinerung der Hausfrau, die die wirkliche Gastgeberin war, leicht denken. Es ist kaum vorstellbar, dass ein Mann, der solche Stückchen lieferte, nicht allein ein wunderbarer Jurist war, sondern auch allgemein ein Mensch von erlesener Persönlichkeitskultur. Der Aktionsradius seiner Bildungsinteressen war fast unbeschränkt. Seine Beherrschung der historischen Quellen war so umfassend wie die des lebenden Rechts. Am herrlichsten entfaltete sich jedoch seine große Persönlichkeit, wenn er die Aufgabe hatte, bei besonderen Anlässen der Redner zu sein. Seine Gedächtnisrede anlässlich des Todes des großen Romanisten Alois von Brinz[110] ist eines der großen Denkmäler kongenialer Humanität, wie sie nur ganz Berufenen zu eigen ist. Leider steigerten sich bei Seuffert mit den Jahren die Absonderlichkeiten und geistigen Ausfallserscheinungen immer mehr und er endete tragischerweise schließlich in einem Verblödungszustand, was einen schweren Schmerz für Alle bedeutete, die ihn trotz seiner Merkwürdigkeiten geliebt hatten. Wenn auf irgendeinen Menschen aus dieser Zeit ausnahmsweise das Prädikat "edel" passte, so war es Lothar von Seuffert.

[109] Lothar von Seuffert (15.06.1843-08.05.1917), Professor für Zivilrecht. Vgl.: BBB, S. 724.

[110] Alois Ritter von Brinz (25.02.1820-13.09.1887), Jurist und Politiker, Professor für Rechtsgeschichte und Pandektenrecht. Vgl.: NDB 2, S. 617. Vgl.: Gerd Kleinheyer/Jan Schröder (Hrsg.), Deutsche und europäische Juristen aus neun Jahrhunderten, 4. Aufl. Heidelberg 1996, S. 469, und Jürgen Rascher, Die Rechtslehre des Alois von Brinz, Berlin 1975.

Eine sehr kuriose Erscheinung war der damalige Strafrechtler der Münchener Juristenfakultät, Professor Birkmeyer[111]. Er war vor seiner Berufung nach München Professor und Oberkonsistorial-Rat in Rostock gewesen, das zu den damaligen Zeiten eine der sauf- und fressfreudigsten Universitäten Deutschlands war. Der kleine Mann mit der dröhnenden Bassstimme brachte das Vergnügen am Gesellschaftlichen von dort in die etwas spröde Münchener Fakultät mit. Er bewohnte eine festungsartige Villa mit Türmen hinter dem Biedersteiner Park. Die Sommerfeste und Bierabende in dem herrlichen Garten dieses Hauses zogen viele Professoren und Studenten an, und man begegnete dort Juristen aus aller Herren Länder, vor allem auch nicht selten japanischen, deren damals viele zum Studium europäischer Einrichtungen in Deutschland waren. Niemand hätte dem liebenswürdigen Gesellschafter und vielgewandten Gastgeber angemerkt, was für eine martialische Rolle er auf dem Katheder spielte. Er vertrat alles, was im Strafrecht rückschrittlich war, mit Feuereifer und bekämpfte in oft gehässiger Weise alle Vertreter strafrechtlicher Reformideen und deren Lehrer. Er war für Abschreckungsstrafrecht, gegen Erziehungsstrafrecht, für Vergeltung, gegen Besserung. Die Todesstrafe verteidigte er gegen jedweden Einwand, insbesondere auch den ihrer Irreparabilität. Wie alle von Hause aus überkonservativen Naturen hielt er blutige Gesten des Staates für ein Zeichen staatlicher Stärke und bekämpfte die Idee der Evolution als Verfallserscheinung. Seine Vorlesung begann er mit folgenden Worten: "Es gibt im Strafrecht zwei Schulen, die sogenannte moderne Schule und die klassische Schule. Das Haupt der sogenannten modernen Schule ist Franz von Liszt[112]. Das Haupt der klassischen Schule – bin ich". Die Vernichtung und vermeintliche Widerlegung der "sogenannten" modernen Schule und ihres anerkannten Führers, Franz von Liszt, betrachtete Birkmeyer als sein wesentlichstes Lebensziel. In seinem Pamphlet "Was lässt von Liszt vom Strafrecht übrig?"[113] gestaltete er bedauerlicherweise diesen Kampf in einer sehr hässlichen persönlichen Weise. Der

[111] Karl von Birkmeyer (27.06.1847-29.02.1920), Professor für Strafrecht, Strafprozess und Rechtsphilosophie. Seit 1903 im Komitee für die Vorarbeiten zur Revision des Strafgesetzbuches. Vgl.: NDB 2, S. 258. Vgl.: Gerd Kleinheyer/Jan Schröder (Hrsg.), Deutsche und europäische Juristen aus neun Jahrhunderten, 4. Aufl. Heidelberg 1996, S. 467.

[112] Franz Ritter von Liszt (02.03.1851-21.06.1919), Professor für Strafrecht, Mitglied der Fortschrittlichen Volkspartei, Mitglied des Reichstages 1912-1918. Vgl.: NDB 14, S. 704 f. Vgl.: Gerd Kleinheyer/Jan Schröder (Hrsg.), Deutsche und europäische Juristen aus neun Jahrhunderten, 4. Aufl. Heidelberg 1996, S. 248-253.

[113] Karl von Birkmeyer, Was lässt von Liszt vom Strafrecht übrig? Eine Warnung vor der modernen Richtung im Strafrecht, München 1907.

Angegriffene tat darauf das Einzige, was man tun konnte, er schwieg. Stellte Birkmeyer so das kämpferisch-reaktionäre Element in der Fakultät dar, so darf man indessen doch keineswegs glauben, dass er etwa jemals auf einen Tiefpunkt gelangt wäre, der mit dem Niveau heutiger deutscher "Universitäten" irgendwie vergleichbar wäre. Er war niemals ein Wissenschaftsfeldwebel und Gesinnungsknecht, wie es heute neunundneunzig Hundertstel der Diktaturprofessoren sind, für die Erkenntnis nur noch ein technisches Mittel im militaristischen Völkerkampf darstellt. Er war ein Freund völlig freier Debatte und kümmerte sich wenig darum, ob die Kundgabe seiner Meinungen der Regierung mehr oder weniger angenehm war. Seinem Schwiegersohn, einem jüdischen Staatsanwalt, bewahrte er anhängliche Treue bis zum Tode. Einen Menschen, der einen Mitmenschen wegen seiner Herkunft oder Rasse zu schädigen oder zu vernichten sucht, hätte er nur als einen schmutzigen Barbaren angesehen. Gemessen an dem, was heute die deutsche Universität bevölkert, kann man ihn deshalb als ein Element geistiger und ethischer Qualität betrachten.

Auch mit manchen anderen Mitgliedern der Münchener Juristen-Fakultät haben mich im Laufe meine Studiums freundliche und anregende Beziehungen verbunden, so mit dem Germanisten und Handelsrechtler Karl Gareis[114], dem eleganten Völkerrechtler Emanuel von Ullmann[115], einem Oesterreicher von sprudelnder Beredsamkeit und einer unerschöpflichen Gabe in der Erfindung immer neuer Fremdworte und schließlich zu dem hochgelehrten Kirchen- und Staatsrechtler Anton Dyroff[116]. Dieser kam aus dem bayrischen Ministerialdienst, und die damalige klerikale Regierung berief ihn auf Grund einiger verwaltungsrechtlicher Arbeiten auf das Ordinariat des Kirchen- und Verwaltungsrechts, in der Meinung, sie werde an ihm ein gefügiges Werkzeug professoraler Art haben. Die Regierung machte aber die Rechnung ohne den Wirt. Dyroff erwies sich als ein Mann von seltener Unabhängigkeit, Charakterstärke und Unbestechlichkeit und widerlegte aufs Bündigste die Befürchtung mancher Fakultätsmitglieder, die

[114] KARL GAREIS (24.04.1844-18.01.1923), Professor für Deutsche Rechtsgeschichte und Handelsrecht, ab 1902 an der Universität München, 1912/13 Rektorat. Vgl.: DBE 3, S. 574. Vgl.: DIETER SCHWAB, Geschichtliches Recht und moderne Zeiten. Einige Gedanken zu Leben und Werk von Karl Gareis, in: S. BAUMGÄRTEL, u.a. (Hrsg.) Festschrift f. Heinz Hübner zum 70. Geburtstag, Berlin/New York 1984, S. 215-234. – auch in DERS., Geschichtliches Recht und moderne Zeiten. Ausgewählte rechtshistorische Aufsätze, Heidelberg 1995, S. 3-26.

[115] EMANUEL VON ULLMANN (28.02.1841-04.04.1913), Professor für Strafrecht, Strafprozessrecht und Völkerrecht in München. Vgl.: Jahrbuch der Universität München für Jahre 1912-1913, München 1913, S. 9 ff. Vgl.: MNN 05.04.1913.

[116] ANTON DYROFF (05.03.1864-23.06.1948), Professor für Staats-, Verwaltungs- und Kirchenrecht in München. Vgl.: BBB, S. 157.

ihn bei seinem Erscheinen als einen Eindringling unwissenschaftlicher Art betrachteten. Sein Vortrag allerdings war von letzter Langweiligkeit. Er hob und senkte kaum seine monotone Stimme, sprach trotz seiner mächtigen Gestalt in einem ermüdenden und nahezu flüsternden Ton und las sein Skriptum wörtlich ab, sodass ihn Amira spöttisch den "perpetuus dictator" nannte. Ja er ging soweit, dass er, wenn er im Kolleg den Buchstaben A eines Abschnitts diktiert hatte, in der nächsten Stunde seinen Vortrag mit den Worten begann: "Meine Herren, wir fahren fort mit B." Der qualitative Inhalt des Vorgetragenen aber war stets von wissenschaftlicher Bedeutung. Dyroffs Kommentar zum Bayrischen Verwaltungsgerichtsgesetz war eine Fundgrube des Wissens und ausgezeichneter Belehrung.[117]

Die Juristenfakultät war, wie man aus Vorstehendem entnehmen kann, in der Zeit meiner ersten Studienjahre, eine Lernfakultät mit wenigen ganz überragenden Köpfen. Ähnlich stand es in der nationalökonomischen Fakultät, deren Vorlesungen ich vom vierten Semester an ebenfalls hörte. Ruhm und Glanz dieser Fakultät waren damals durch die Namen Lujo Brentano[118] und Walter Lotz[119] begründet.

5. *Lujo Brentano*

In Lujo Brentano lernte ich den Mann kennen, der neben meinem Vater und dem noch zu erwähnenden Philipp Lotmar[120] den größten Einfluss auf meine Lebensentwicklung genommen hat, und dessen Ideenwelt, wie ich glaube, für die heutige Situation der Vereinigten Staaten von Amerika noch von derselben Aktualität ist, wie sie zur damaligen Zeit für Deutschland war. Brentanos Lebenswerk in der Agrarpolitik, in der Gewerbepolitik, in der Sozialpolitik und in der Handelspolitik kann man auf einen einzigen Nenner bringen, indem man sagt, dass es der Kampf eines wahren und gänzlich unabhängigen Patrioten für das Allgemeininteresse und gegen egoistische Gruppen- und Sonderinteressen war. Brentano lehnte den Sozialismus als Organisationsform der Gesellschaft und die Sozialisierung der Produktionsmittel als Konsequenz dieser Organisationsform ab und verteidigte den bürgerlichen Staat, in dem alle Gruppen der Bevölkerung in voller Freiheit für das Gemeinwohl arbeiten sollten. Die Begriffe "Freiheit"

[117] ANTON DYROFF, Kommentar zum Bayerischen Verwaltungsgerichtsgesetz, Ansbach 1894.

[118] Vgl.: Anmerkung 51.

[119] WALTER LOTZ (21.03.1865-13.12.1941), Professor für Nationalökonomie, Herausgeber der Münchner Volkswirtschaftlichen Studien. Vgl.: NDB 15, S. 252 f.

[120] Vgl.: Anmerkung 32.

und "Gemeinwohl" waren aber für Brentano nicht bloße Schemata oder gar, wie dies im heutigen Deutschland der Fall ist, eine lügenhafte Benennung für das Gegenteil, sondern Bestandteil einer bis zu letzten Konsequenz getriebenen Gewisseneinstellung. Kraft dieser Einstellung wurde Brentano der überzeugte Vorkämpfer gegen alle jenen Interessenhaufen, die in Deutschland, wie überall, den Versuch machten, ihre Alleinherrschaft auf der Basis des nackten Profits aufzurichten. Er verteidigte in glänzenden Studien den Freihandel gegen das immer mehr überwuchernde Hochschutzzollsystem. Er widerlegte mit schlagenden Argumenten die Interessenbehauptung der Großagrarier, dass die Getreidezölle für den Schutz der Landwirtschaft erforderlich seien, indem er nachwies, dass die durch diese Zölle eintretende Preissteigerung der landwirtschaftlichen Produkte nur den Großen nütze, dem Kleinen aber nicht zustatten käme, weil diese einen großen Teil aller Bedürfnisse für ihren landwirtschaftlichen Haushalt zu den gestiegenen Preisen zukaufen müssten. Mit seinen berühmt gewordenen Reden "Die Getreidezölle als Mittel gegen die Not der Landwirte"[121] und "Das Freihandelsargument"[122] zog er sich den Hass und die giftige Agitation der großagrarischen Interessenten in nachhaltiger Weise zu. Nicht minder aber hasste ihn das industrielle Großunternehmertum, weil es in ihm den überzeugtesten, kenntnisreichsten und sachlich unangreifbarsten Vorkämpfer für die Gleichberechtigung der Arbeiter in Deutschland kannte und fürchtete. Brentanos erstes großes Standardwerk "Die Arbeitergilden der Gegenwart", das bereits 1871/72 erschienen war, schilderte auf Grund langer Studien in England zum erstenmal in grundlegender Weise die Bedeutung der als Gewerkschaften, Gewerkvereine und so weiter bekannten Berufsvereinigungen der Arbeiter für Staat und Gesellschaft. Er stellte insbesondere die Tatsache in den Vordergrund, welche Nützlichkeit für das Gemeinwohl jene Vereine in England auf Grund des Umstandes erlangt hatten, dass man dort nicht das Streben nach besseren Lohn- und Arbeitsbedingungen mit Polizeigesetzen, Strafdrohungen, Rechtsschutzverweigerung bekämpfte, sondern die Unions zu vollberechtigten und vollverantwortlichen Gliedern des sozialen Organismus gemacht hatte. Zusammen mit Gustav Schmoller[123], Adolf Wagner[124], Heinrich Herkner[125] war er

[121] LUJO BRENTANO, Die Getreidezölle als Mittel gegen die Not der Landwirte, Vgl.: DERS., Die Schrecken des überwiegenden Industriestaats, in: Münchner Neueste Nachrichten 3.07.1901 und 04.07.1901.

[122] LUJO BRENTANO, Das Freihandelsargument, Erweiterter Vortrag. Berlin-Schöneberg, 2. Aufl. 1910 (Zuerst in der Allgemeinen Zeitung Nr. 254/55, 6./7.11.1900).

[123] Vgl.: Anmerkung 49.

[124] Vgl.: Anmerkung 50.

[125] Vgl. Anmerkung 52.

der Begründer des "Vereins für Sozialpolitik"[126], dessen Entstehung wütende Proteste der Konservativen auslöste, denen Gustav Schmoller, selbst ein Konservativer, in seinem historischen "Sendschreiben"[127] an Heinrich Treitschke[128], den Wortführer der rückwärtsgerichteten Konservativen, entgegentrat. Lujo Brentanos Gedankengut bescherrschte im Wesentlichen die in den achtziger Jahren von Bismarck inaugurierte Arbeiterversichungsgesetzgebung[129]. Den bereits erwähnten Versuchen Wilhelm II., mittels der sogenannten Zuchthausvorlage die Arbeiter nachhaltiger als bisher an der Teilnahme an Koalitionen zu hindern und sie zum Austritt aus solchen zu zwingen, trat Brentano in überlegener Geistigkeit und großartiger sittlicher Wucht mit vollem Erfolg entgegen[130]. Aus dieser Zeit datiert seine enge Freundschaft mit meinem Vater, in dem er seinen wissenschaftlich und ethisch hochstehendsten Mitstreiter in diesen Kämpfen erkannte. Ich besitze ein Dokument dieser Zusammenarbeit, das nur wenigen Kennern der Werke Lujo Brentanos bekannt sein dürfte. Im Jahre 1905 streikten die sächsischen Weber in Crimmitschau, dem Sitz der größten deutschen Webereiindustrie. Charakteristischerweise war es ein Ziel dieses Streikes, den Zehnstundentag zu erreichen. Daneben sollte durch den Streik auch die Anerkennung der Organisation der Weber als gleichberechtigter Verhandlungsfaktor mit den Unternehmern und deren Organisation erreicht werden. Die Regierung, die Polizei, die gesamte bürgerliche Presse, ja auch die Kirche standen in diesem Kampf um Dinge, die im heutigen Amerika als eine Selbstverständlichkeit anerkannt werden, auf Seiten des schroff ablehnenden Unternehmertums. Als die Arbeiterorganisation eine Weihnachtsfeier für ihre Mitglieder veranstalten wollte, wurde diese auf eine Denunziation der evangelischen Kirche hin von der Polizei verboten, mit der Begründung, es solle verhindert werden, dass Weihnachten aus einem Fest der Liebe zu einem Fest des Hasses gemacht werde. Nur drei bürgerliche

[126] Vgl.: DIETER LINDENLAUB, Richtungskämpfe im Verein für Sozialpolitik, Wiesbaden 1967.

[127] GUSTAV SCHMOLLER, Über einige Grundfragen des Rechts und der Volkswirthschaftslehre. Ein offenes Sendschreiben an Herrn Professor Dr. Heinrich von Treitschke, in: Jahrbücher für Nationalökonomie und Statistik Bd. 23 (1874) und Bd. 24 (1875).

[128] HEINRICH VON TREITSCHKE (15.09.1834-28.04.1896), Professor für Geschichte an der Universität Berlin, Vgl.: GEORG IGGERS, Heinrich von Treitschke, in: HANS-ULRICH WEHLER, Deutsche Historiker II, Göttingen 1971, S. 66-80.

[129] Vgl.: GERHARD A. RITTER/KLAUS TENFELDE, Arbeiter im Deutschen Kaiserreich 1871-1914, Bonn 1992, S. 691-716. Vgl.: GERHARD A. RITTER, Sozialversicherung in Deutschland und Großbritannien, München 1983.

[130] Vgl.: LUJO BRENTANO, Sozialpolitik und Umsturzvorlage, in: Zukunft Bd. 10 (1895), S. 397-407.

Professoren standen in diesem Kampf auf Seiten der Arbeiter. Sie alle Drei gehörten der Münchner Universität an. Es waren Max von Gruber[131], Lujo Brentano und Theodor Loewenfeld. Max von Gruber, der Nachfolger des Altmeisters Pettenkofer[132] auf dem Münchner Lehrstuhl der medizinischen Hygiene und später langjährige Präsident der Bayrischen Akademie der Wissenschaften, stand politisch sehr weit rechts. Dies hinderte ihn als einen unabhängigen und nur seinem Gewissen verpflichteten Forscher nicht, die Schädlichkeit zu langer Arbeitszeit für Leben und Gesundheit der Arbeiter und damit für das Volkswohl zu erkennen. In seinem gedruckten Gutachten über die Forderungen der Crimmitschauer Arbeiter bezeichnete er sie als das Minimum des hygienisch Möglichen[133]. Lujo Brentano hatte in eingehenden Studien volkswirtschaftlicher Art längst unwiderleglich erkannt und bewiesen, dass mit der Steigerung der Arbeitszeit über ein bestimmtes Maß hinaus die Arbeitsleistung automatisch abzunehmen pflegt. Er verwarf die zu langen Arbeitszeiten nicht von einem Parteistandpunkt der Arbeiter, sondern vom Standpunkt ihrer volkswirtschaftlichen Nutzlosigkeit und Gefährlichkeit. Diese seine Ansicht hat er in einer grundsätzlichen Studie niedergelegt, die den Titel trägt "Über das Verhältnis vom Arbeitslohn und der Arbeitszeit zur Arbeitsleistung"[134]. In dem Crimmitschauer Fall zog er die praktische Nutzanwendung seiner Lehre, indem er das Streben der Crimmitschauer Industriellen nach Beibehaltung maßloser Arbeitszeiten als volkswirtschaftlich schädlich verwarf. Mein Vater endlich nahm die juristische Begründung, mittels derer die sächsische Regierung den Streik der Weber für volkswirtschaftlich nützliche Ziele unter Zuhilfenahme straßenpolizeilicher Verordnungen und sonstiger kleinlicher Schikanierungsmethoden als gesetzwidrig zu erklären suchte, unter die Lupe, und zeigte, dass die juristischen Argumente, die zur Verteidigung des Regie-

[131] MAX VON GRUBER (06.07.1853-16.09.1927), Professor für Hygiene und Präsident der Bayerischen Akademie der Wissenschaften (1924-1927). Vgl.: AUGUST WILHELM FORST, MAX VON GRUBER, in: Geist und Gestalt Bd. 2, hrsg. von ULRICH THÜRAUF und MONIKA STOERMER, München 1959, S. 242-247.

[132] MAX VON PETTENKOFER (03.12.1818-10.02.1901), Professor. Vgl.: AUGUST WILHELM FORST, Max von Pettenkofer als Hygieniker, in: Geist und Gestalt Bd. 2, hrsg. von ULRICH THÜRAUF und MONIKA STOERMER, München 1959, S. 239-242. Vgl.: Anmerkung 21.

[133] Vgl.: OTTO FRANK, Max von Gruber. Festrede gehalten in der öffentlichen Sitzung der Bayerischen Akademie der Wissenschaften am 04.07.1928, München 1928.Das dort enthaltene Werkverzeichnis, das von Max von Gruber selbst zusammengestellt worden ist, weist eine Publikation zu Crimmitschau nicht auf. Vgl.: Anmerkung 131.

[134] LUJO BRENTANO, Über das Verhältnis von Arbeitslohn und Arbeitszeit zu Arbeitsleistung, Leipzig 1876 Zuerst in Holtzendorffs Jahrbuch Bd. 4 (1875), S. 190-213. Zu Crimmitschau: LUJO BRENTANO, Mein Leben im Kampf für die soziale Entwicklung Deutschlands, Jena 1931, S. 238 f.

rungsstandpunkts gebraucht wurden, so faul waren, wie die Sache, die mittels dieser Argumente gestützt werden sollte[135]. Von bürgerlichen Politikern war in dem Lager der Arbeiter ein Einziger zu finden, ein junger sächsischer Rechtsanwalt mit dem Namen Gustav Stresemann[136]. Dass er später einmal deutscher Reichskanzler werden und als solcher die Stimme der Vernunft und der Versöhnlichkeit gegen die meisten Leute seiner eigenen politischen Richtung würde verteidigen müssen, merkte dem jungen Mann, der damals als Einzelgänger auf der Seite der Moral und des Fortschrittes stand, niemand an.

Das Crimmitschauer Beispiel ist nur eine bescheidene Episode in dem großen Lebenskampf Lujo Brentanos für die gesetzliche Gleichberechtigung der arbeitenden Bevölkerung. Gerade um die Zeit von 1905, als Lujo Brentano für die Crimmitschauer Arbeiter eintrat, standen die Kämpfe unabhängiger Wissenschaftler im Dienste dieser Ziele auf einem Höhepunkt. Auf der großen Tagung, die der Verein für Sozialpolitik im gleichen Jahre 1905 zu Mannheim[137] abhielt, kamen diese Kämpfe in dramatischer Weise zum Ausbruch, indem den besten Geistern der nationalökonomischen Wissenschaft wie Brentano, Max Weber[138], Alfred Weber[139], die Häupter der großen Interessentenhaufen, in Gestalt des mächtigen Geschäftsführers des Centralverbandes deutscher Industrieller Bueck[140] und der Wortführer der westdeutschen Industrie Alexander Tille[141], persönlich

[135] Vgl.: Crimmitschau unter Belagerungszustand, hrsg. vom Centralverband deutscher Textilarbeiter und Arbeiterinnen, Berlin 1903

[136] GUSTAV STRESEMANN (10.05.1878-03.10.1929), 1902-1918 Syndikus des Verbandes sächsischer Industrieller, 1914-1923 Präsidialmitglied des deutsch-amerikanischen Wirtschaftsverbandes, 1907-1912, 1914-1918 Nationalliberales Mitglied des Reichstags. 1920-1923 Fraktionsvorsitzender der DVP im Reichstag, 1923 Reichskanzler, 1923-1929 Reichsaußenminister. Vgl.: RUDOLF OLDEN, Gustav Stresemann, Berlin 1929 und ANNELISE THIMME, Gustav Stresemann. Eine politische Biographie zur Geschichte der Weimarer Republik, Hannover 1957.

[137] Verhandlungen des Vereins für Sozialpolitik, Mannheim 1905. Vgl.: Schriften des Vereins für Sozialpolitik Bd. 116.

[138] MAX WEBER (21.04.1864-14.07.1920), Professor für Nationalökonomie, Soziologe. Vgl.: WOLFGANG J. MOMMSEN, Max Weber und die deutsche Politik 1890-1920, 2. Aufl., Tübingen 1974. Vgl.: MARIANNE WEBER, Max Weber, Lebensbild, Tübingen 1984.

[139] ALFRED WEBER (30.07.1868-02.05.1958), Professor für Soziologie. Vgl.: EBERHARD DEMM, Ein Liberaler in Kaiserreich und Republik. Der politische Weg Alfred Webers bis 1920, Boppard 1990.

[140] HENRI AXEL BUECK (12.10.1830-04.07.1916), Geschäftsführer des Centralverbandes Deutscher Industrieller (1887-1910), Geschäftsführer des Verbandes deutscher Eisen- und Stahl-Industrieller (1893-1912). Vgl.: NDB 2, S. 723 f.

[141] ALEXANDER TILLE, Lujo Brentano und der akademische Klassenmoralismus, in: Sozialwirtschaftliche Zeitfragen Heft 9/10, Berlin 1912, (Der Kathedersozialismus am Pranger). Vgl.: WILFRIED SCHUNGEL, Alexander Tille (30.03.1866-16.12.1912). Leben und Ideen eines Sozialdarwinisten, Husum 1980.

entgegentraten. Die Tagung war von Brentano wissenschaftlich dadurch vorbereitet worden, dass unter seiner Führung der Verein für Sozialpolitik eine Anzahl Arbeiten veröffentlichte, von denen vor allem die Arbeit von Dr. Adolf Günther[142] und Dr. René Prevôt[143] über die "Wohlfahrtseinrichtungen" in der deutschen Grossindustrie großes Aufsehen erregte. In der Arbeit waren in dokumentarischer Weise, durch Abdruck von Satzungen, Regulationen, Mietverträgen und anderen Beweisunterlagen, die indirekten Mittel der Koalitionshinderung dargestellt, die sich äußerlich als soziale Fürsorge der Unternehmer präsentierten. So baute man schmucke Arbeiterhäuser für die eigenen Werksangehörigen und schloss Mietverträge, kraft deren der Arbeiter im Falle der Entlassung aus dem Unternehmen zugleich auch fristlos seine Wohnung verlor, sodass er zugleich von Einkommenslosigkeit und Wohnungslosigkeit bedroht war. So gründete man Pensionskassen und erhob von den Arbeitern Zwangsbeiträge zu diesen Kassen durch Abzug vom Lohn. Machte der Arbeiter von seiner gesetzlichen Koalitionsfreiheit Gebrauch, indem er sich einem erlaubten Streik anschloss, dann drohte ihm nicht nur die Entlassung, mit der Folge der Einkommenslosigkeit, sondern, kraft der Statuten derartiger Kassen, zugleich der Verlust jahrelanger Beitragszahlungen, mittels deren der Arbeiter sein Alter zu sichern gehofft hatte[144]. Die Schwere dieser Situation wurde dadurch verschärft, dass es eine Arbeitslosenversicherung oder Arbeitslosenfürsorge[145] in Deutschland damals noch nicht gab, sodass das volle ökonomische Risiko der Ausübung der Koalitionsfreiheit, wie es schon durch die drohende Entlassung gegeben war, durch diese indirekten Mittel

[142] DR. ADOLF GÜNTHER, Die Wohlfahrtseinrichtungen der Arbeitgeber in Deutschland in: Schriften des Vereins für Socialpolitik Bd. 114, Leipzig 1905, S. 1-194. DR. ADOLF GÜNTHER war Privatdozent an der Universität Berlin und Hilfsarbeiter im Kaiserlichen Statistischen Amt.

[143] DR. RENÉ PREVÔT, Die Wohlfahrtseinrichtungen der Arbeitgeber in Frankreich, in: Schriften des Vereins für Socialpolitik Bd. 114, Leipzig 1905, S. 195-275, Dr. René Prevôt (14.12.1880-10.06.1955), ab 1915 MNN-Vertreter in Frankreich, 1928-1944 Mitarbeiter des Feuilletons der MNN, 1945-1948 Kunstreferent im Bayerischen Wirtschaftsministerium, ab 1947 Mitarbeiter des Feuilletons der Süddeutschen Zeitung und des Münchner Merkur. Vgl.: PAUL HOSER, Die politischen, wirtschaftlichen und sozialen Hintergründe der Münchner Tagespresse zwischen 1914 und 1934, Frankfurt/M u.a. 1990, S. 1010. Vgl.: Kürschners Deutscher Literatur-Kalender. Nekrolog 1936-1970, hrsg. v. WERNER SCHUDER, Berlin/New York 1973, S. 523

[144] Vgl.: PHILIPP LOEWENFELD, Pensionskassen und Arbeitsvertrag, 104 Seiten, Diss. jur. Würzburg 11.12.1911, Referent: Piloty.

[145] Einführung der Arbeitslosenversicherung: 16.07.1927. Vgl.: LUDWIG PRELLER, Sozialpolitik in der Weimarer Republik, Düsseldorf 1978 (erstmals 1949), S. 363-376. Vgl.: KARL CHRISTIAN FÜHRER, Die Arbeitslosigkeit und die Entstehung der Arbeitslosenversicherung in Deutschland 1902-1927, Berlin 1990.

noch wesentlich vergrößert wurde. In seinem auf der Mannheimer Tagung gehaltenen Referat, "Das Arbeitsverhältnis in den privaten Riesenbetrieben"[146], gab Brentano eine erschütternde, und in jeder kleinsten Einzelheit durch Tatsachen belegte Übersicht über die Knebelungsmethoden, mit denen das Großunternehmertum jeder Verbesserung der Lohn- und Arbeitsbedingungen vorzubeugen und eine möglichste Verschlechterung dieser Bedingungen herbeizuführen trachtete. Trotz der Riesenfülle des Tatsachenmaterials, mit denen seine Behauptungen belegt wurden, machten die industriellen Wortführer den schäbigen Versuch, Brentanos Darlegungen als "weltfremde Ideologie" abzutun, ja sogar den Anschein zu erwecken, als suche er das Verhältnis zwischen Arbeitgebern und Arbeitern zu untergraben, während er doch nur wahrheitsgemäß die Tatsachen aufgezählt hatte, die ein gutes Verhältnis zwischen Unternehmer und Arbeiter nicht aufkommen ließen. Eine Reihe der bedeutendsten Gelehrten rat in der Diskussion den Ausführungen Brentanos vollinhaltlich bei und zeigte die Unwahrhaftigkeit und Hinterhältigkeit, mit der von der Interessentenseite der Kampf gegen die unabhängige Wissenschaft geführt wurde. Die Tagung hinterließ auf diese Weise einen nachhaltigen Eindruck in der deutschen Öffentlichkeit und stärkte die einer positiven Sozialpolitik zugetanen Kreise der Regierung, der Verwaltung und der Wissenschaft nicht unerheblich.

Das Leben Lujo Brentanos ist von manchen beschrieben worden, am ausführlichsten von ihm selbst in seinem Buch "Mein Leben im Kampf um die soziale Entwicklung Deutschlands", das 1930 bei Diederichs, Jena, erschien[147]. In der Einleitung dieses Buches sagt Brentano das, was jeden nicht eingebildeten Memoirenschreiber drückt, nämlich, dass es unendlich schwer für den feiner Organisierten sei, von sich selbst zu sprechen, besonders aber den Schleier des Privaten von Personen wegzuziehen, deren Zuneigung oder Andenken dem Schreibenden teuer ist. Brentano überwand diesen natürlichen Widerstand im Interesse der Sache, indem er sagte, er müsse "zugeben", dass sein Leben und sein Werk auf die Entwicklung der deutschen Sozialpolitik nicht ohne Einfluss gewesen sei, und indem er andeutete, in welchem Maße sein ganzes Leben mit Kämpfen für die Freiheit und Unabhängigkeit der Wissenschaft und gegen das Sonderinteresse ausgefüllt war. Es wäre angesichts der vielen Orientierungsquellen, die sich mit dem Leben und Werk Brentanos befassen, ein Fehler, in

[146] LUJO BRENTANO, Das Arbeitsverhältnis in den privaten Riesenbetrieben, in: Schriften des Vereins für Socialpolitik, Bd. 116, S. 135-149 und 228-233.

[147] LUJO BRENTANO erwähnt ebenfalls Theodor Loewenfeld in seinen Memoiren. Vgl. DERS.:, Mein Leben im Kampf für die soziale Entwicklung Deutschlands, Jena 1931, S. 238.

diesen Erinnerungen dieses Thema breiter zu behandeln. Immerhin sind einige besonders significante Punkte zu erwähnen, weil ohne sie die Persönlichkeit Brentanos nicht ganz verstanden werden kann.

Brentano entstammte einer alten, oberitalienischen, katholischen Adelsfamilie, deren Stammhaus in Azzano bei Tremezzo am Lago di Como stand, weshalb Teile dieser Familie den Namen "Brentano di Tremezzo" führten. Brentano selbst machte von dem Recht zur Führung des Adelstitels nicht Gebrauch, auch nicht, nachdem er es ein zweites Mal durch Verleihung des bayrischen Kronenordens erlangt hatte. Er folgte damit einer Tradition seiner direkten Vorfahren, die in der deutschen Kulturgeschichte eine nicht geringe Rolle gespielt hatten. Brentanos Urgroßmutter, Sophie von La Roche[148], war die Jugendgeliebte Wielands, die als Verfasserin des "Fräulein von Sternheim" und anderer Romane und als die Freundin der Mutter Goethes in der Literatur bekannt ist. Brentanos Großmutter, Maximiliane Brentano, geborene La Roche, fand die Zuneigung und Liebe Goethes, der unglücklich darüber war, dass Maximiliane Peter Anton Brentano, Lujo Brentanos Großvater, heiratete. Goethe gebrauchte sogar das starke Wort, dass er von ihr nicht lassen könne, solange er lebe, er hat aber, wie man weiss, dieses Wort öfters gebraucht. Brentanos Onkel, Clemens Brentano[149], ein Sohn von Maximiliane, war eine der erheblichsten Dichtererscheinungen der deutschen Romantik. Er hat nicht nur als Poet, sondern auch als Herausgeber der schönsten Sammlungen deutscher Volkslieder "Des Knaben Wunderhorn" einen dauernden Platz in der Literaturgeschichte gefunden. Brentanos Tante, die schwärmerische Bettina von Arnim[150], Clemens Brentanos Schwester und des romantischen Dichters Achim von Arnim[151] Frau, ist durch ihre jugendliche Liebe zu Goethe, die dieser anfangs erwiderte, später aber abbrach, als Bettina Goethes Gattin beleidigte, in die Literaturgeschichte eingegangen. Bettinas berühmtes

[148] SOPHIE VON LA ROCHE, (06.12.1730-18.02.1807), Schriftstellerin, Jugendfreundin Wielands, Großmutter der Geschwister Clemens und Bettina Brentano, Wichtigstes Werk: "Geschichte des Fräuleins von Sternheim" (1771). Vgl.: KLAUS MANGER, in: WALTHER KILLY (Hrsg.), Deutsche Autoren Bd. 3, Gütersloh 1994, S. 352 ff.

[149] CLEMENS BRENTANO, (09.09.1778-28.07.1842), deutscher Dichter, Vertreter der sogenannten Heidelberger Romantik, Lyriker und Novellist, Mitherausgeber der Volksliedersammlung "Des Knaben Wunderhorn" (1806/1808). Vgl.: WOLFGANG FRÜHWALD, in: WALTHER KILLY (Hrsg.), Deutsche Autoren Bd. 1, Gütersloh 1994, S. 266-273.

[150] BETTINA VON ARNIM, (04.04.1785-20.01.1859), Schriftstellerin, Sie verfaßte das sozialpolitisch-kritische Werk "Dies Buch gehört dem König" (1843). Vgl.: HARTWIG SCHULZ in: WALTHER KILLY (Hrsg.), a.a.O., S. 98 ff.

[151] ACHIM VON ARNIM, (26.01.1781-21.01.1831), Schriftsteller, Vertreter der sogenannten Heidelberger Romantik; Mitherausgeber der Volksliedersammlung "Des Knaben Wunderhorn" (1806/1908). Vgl.: THOMAS STERNBERG, in: WALTHER KILLY (Hrsg.), a.a.O., S. 94-98.

Werk "Goethes Briefwechsel mit einem Kind" ist eines der herrlichsten Denkmäler deutscher Literatur. Brentanos Bruder Franz[152] hat als Philosoph und Mathematiker Weltruhm erlangt. Brentano selbst war ein selten vollendeter Typus eines aristokratischen Liberalen. Er hatte das Kulturgut seiner Vorfahren nicht nur rezeptiv in sich aufgenommen, sondern produktiv fortgebildet. Seine literarische Bildung war von ebenso großer Tiefe wie ungeheurer Vielseitigkeit. Sie hat unter anderem in einem herrlichen Buch über Clemens Brentanos Liebesleben[153] ihren Niederschlag gefunden, das er erst als Achtzigjähriger schrieb. Als Historiker hat Brentano der Mitwelt, neben zahlreichen Einzelabhandlungen, seine großartige Geschichte des Frühkapitalismus[154] und seine vierbändige "Wirtschaftsgeschichte Englands"[155], geschenkt, in der er vor allem die Entstehung des englischen Kolonialweltreiches, mit ebenso gelehrter Präzision wie dramatischer Wucht beschreibt. Auch in der theoretischen Nationalökonomie hat Brentano Bedeutendes geleistet, wobei nur an seine Schrift über die Malthus'sche Bevölkerungslehre[156], an seine "Theorie der Bedürfnisse"[157] und an seine Arbeiten zur Wertlehre[158] erinnert werden soll. Dies alles sei nur angemerkt für diejenigen, die nur Brentanos Ruhm als Sozial-, Handels- und Agrarpolitiker kennen.

Brentanos Auftreten als akademischer Lehrer zeigte ihn im vollen Glanze seiner hinreißenden Persönlichkeit. Seine Diktion war ebenso gewählt wie temperamentvoll, seine Beispiele bilderreich und lebhaft, seine Polemik scharf, aber vornehm. Wenn ihm, was sehr häufig der Fall war, einer seiner ausgezeichneten Witze gelang, dann war seine Freude so

[152] FRANZ BRENTANO, (16.01.1838-17.03.1917), Philosoph und Psychologe. Wichtigste Werke: "Psychologie vom empirischen Standpunkte" (1874), "Untersuchungen zur Sinnespsychologie" (1907), "Von der Klassifikation der psychischen Phänomene" (1911). Zu seinen Schülern gehörten Siegmund Freud, Edmund Husserl und Thomas G. Masaryk. Vgl.: E.B. (Micro) II, p. 255.

[153] LUJO BRENTANO, Clemens Brentanos Liebesleben. Eine Ansicht, Bern 1969 (1. Aufl., 1921).

[154] LUJO BRENTANO, Die Anfänge des modernen Kapitalismus, München 1916.

[155] LUJO BRENTANO, Eine Geschichte der wirtschaftlichen Entwicklung Englands, Jena 1927 ff.

[156] LUJO BRENTANO, Die Malthus'sche Lehre und die Bevölkerungsbewegung der letzten Decennien, in: Sitzungsberichte der Königlich bayerischen Akademie der Wissenschaften (Philosophisch-philologisch und historische Klasse) Jg. 1909, 3. Abhandlung, München 1909.

[157] LUJO BRENTANO, Versuch einer Theorie der Bedürfnisse, in: Sitzungsberichte der Königlich bayerischen Akademie der Wissenschaften (Philosophisch-philologisch und historische Klasse) Jg. 1908, 10. Abhandlung, München 1908.

[158] LUJO BRENTANO, Die Entwicklung der Wertlehre, Die letztgenannten drei Abhandlungen sind auch enthalten in: LUJO BRENTANO, Konkrete Grundbedingungen der Volkswirtschaft, Gesammelte Aufsätze, Leipzig 1924.

groß, das er durch lebhafte Körperbewegungen reagierte, sodass mein Vater einmal sehr treffend sagte, Brentano tanze seine Witze. Vielleicht noch stärker als in der Vorlesung war Brentanos geistiger Einfluss im volkswirtschaftlichen Seminar, in dem er einen ausgewählten Ausschnitt aus der Zahl seiner Schüler in freier Diskussion, Kritik und Gegenkritik zu selbständiger volkswirtschaftlicher Forschungsarbeit anregte. Brentano hat eine ganze Generation von Schülern gefördert, deren bedeutendster sicherlich Walther Lotz[159] war, der mit Brentano bekannt wurde, als dieser in den achtziger Jahren in Straßburg den Lehrstuhl der Nationalökonomie bekleidete. Als Brentano als Professor nach Leipzig ging, nahm er Lotz als seinen Assistenten mit. Ebenso folgte Lotz Brentano, als dieser nach München berufen wurde. Nach wenigen Jahren seiner Münchener Lehrtätigkeit wurde Lotz 1897 zum Ordinarius der Finanzwissenschaft, Statistik und Nationalökonomie ernannt und lehrte dort neben Brentano bis zu dessen Tode. Die wissenschaftliche Produktivität von Lotz war ungeheuer. Neben einer Unzahl von bedeutsamen Arbeiten auf dem Gebiet der Finanzwissenschaft publizierte er auch viele Arbeiten handelspolitischen und sozialpolitischen Inhalts[160]. Auf allen diesen Gebieten lieferte er eine Menge wichtigsten Tatsachenmaterials, das durchwegs die wissenschaftlichen Ideen Brentanos stützte und untermauerte. Aus den beiden wurde also ein richtiges Dioskurenpaar und es wird wohl wenige Fälle in der deutschen Wissenschaft gegeben haben, in denen die Harmonie des Geistes und der Freundschaft wesentlichere Resultat zu Tage gefördert hat. Dabei kann man sich kaum einen größeren Gegensatz äußerer Art vorstellen, als diese beiden Männer. Den stärksten Kontrast bildeten das gewaltige und überschäumende Temperament des älteren Brentano und die scheinbare spröde Sachlichkeit des weit jüngeren Lotz. Als sie sich am Rande des Englischen Gartens ein wunderschönes Haus zusammen erbauen ließen, wurde dieses so konstruiert, dass beide den gleichen Haupteingang benutzen konnten, dass aber für Lotz auf der Rückseite des Hauses noch ein eigener Eingang geschaffen wurde, der direkt zu seiner Wohnung führte. Brentano sagte zu meinem Vater, man könne doch nie wissen, ob man nicht einmal in Streit gerate, und für diesen Fall müsse Lotz seinen Extraeingang haben. Nichts konnte Brentano besser charakterisieren als diese Vorsorge für "seinen" Lotz, für den Fall einer Auseinanderentwicklung beider Männer. Lotz hat es aber nie notwendig gehabt, aus diesem Grunde die rückwärtige Treppe zu benutzen.

[159] Vgl.: Anmerkung 119.

[160] Werkverzeichnis WALTHER LOTZ: KARL BRÄUER, Walter Lotz, in: Handwörterbuch der Sozialwissenschaften Bd. 7, Göttingen 1961, S. 48 f. Zu Walter Lotz: Vgl. Anmerkung 119.

6. *Sozialwissenschaftlicher Verein*

Es war für mich eines der stärksten Erlebnisse meiner Entwicklungsjahre, als ich wahrnahm, dass Lujo Brentano begann, mir persönliches Interesse entgegenzubringen. Als Sohn meines Vaters musste ich naturgemäß zunächst das bedrückende Gefühl haben, dass das bezeugte Interesse möglicherweise mehr durch die Freundschaft mit meinem Vater als durch die Leistung des Sohnes hervorgerufen sei. Immerhin ging die Zusammenarbeit bald über einen Punkt hinaus, bei dem ich noch hätte das Empfinden haben können, dass irgendwelcher Nepotismus mit im Spiele sei. Zunächst ermunterte mich Brentano sehr, mich der sozialwissenschaftlichen Studentenbewegung zur Verfügung zu stellen, welcher Anregung ich durch Beitritt zu dem sozialwissenschaftlichen Verein der Universität München nachkam, dessen Vorsitz ich in der Folge übernahm. Der Verein war die Organisation der sozialwissenschaftlichen Studenten, während die "Volkswirtschaftliche Gesellschaft", die Brentano selbst präsidierte, die bereits im wissenschaftlichen und wirtschaftlichen Leben stehenden volkswirtschaftlich Interessierten umfasste. Da die Volkswirtschaftliche Gesellschaft und der sozialwissenschaftliche Verein in vieler Beziehung cooperierten, kam ich dadurch sehr rasch in nähere persönliche Verbindung zu Brentano, der mir vom ersten Augenblick an wie ein väterlicher Freund entgegenkam. In dem sozialwissenschaftlichen Verein lernte ich viele junge Wissenschafter kennen, mit denen mich in der Folge eine lange Freundschaft verbinden sollte. Ich nenne die Besten und Liebsten von ihnen nicht, weil sie sich noch in der deutschen Hölle befinden, wo manche von ihnen Jahre der Qual in Konzentrationslagern verbracht haben und andere, die in den öffentlichen Dienst getreten sind, Familien gegründet und es zu Rang und Würden gebracht haben, ängstlich von ihren Pensionen vegetieren müssen, allzeit die Möglichkeit gewärtigend, dass man ihnen auch diese entziehe, weil sie aus Gewissensgründen keine Gesten der Begeisterung für das blutige Barbarenregime zu machen in der Lage sind. Nur ganz wenige will ich nennen, denen die Nennung nichts mehr schaden kann, weil sie dahingegangen sind. Zu ihnen gehörte in erster Reihe mein Freund Jürgen Hansen[161], ein blonder, blauäugiger Jütländer, der Inbegriff aller guten deutschen Eigenschaften, die von den heutigen Machthabern stündlich geschändet

[161] JÜRGEN HANSEN, Nationalökonom. Vgl.: JÜRGEN HANSEN, Bodenpreise, Eigentumswechsel und Grundverschuldung in einigen Teilen Niederbayerns während der Jahre 1909-1910, in: Schriften des Vereins für Socialpolitik Bd. 148, München/Leipzig 1914. Vgl. DERS.,: Die Landwirtschaft der Provinz Ostpreußen im Rahmen der deutschen Landwirtschaft im letzten Jahrhundert, Tübingen 1914.

werden, vor allem ein Mann von weitreichender Bildung, unerschütterlicher Überzeugungstreue, durchdringendem Verstand und vorbildlicher wissenschaftlicher Objektivität. Brentano vertraute ihm eine Untersuchung über die wichtige Frage der Preisbewegung landwirtschaftlicher Güter an. Seine hervorragende Arbeit über dieses Thema wurde mit dem ersten Preis der nationalökonomischen Fakultät gekrönt. Ein anderes treues Mitglied des Vereins war der sozialdemokratische Agrartheoretiker Dr. Arthur Schulz[162], ein stämmiger Ostpreusse, der Bahnbrechendes gegen die herkömmliche sozialistische Agrarpolitik geschrieben hat und dessen Forschungen und nimmermüder Arbeit es vor allem zuzuschreiben ist, dass das Konzept des früheren sozialistischen Agrarprogrammes, wonach der Kleinbetrieb als etwas dem Untergang Geweihtes anzusehen und deshalb in seinen Interessen nicht zu berücksichtigen sei, vollkommen aufgegeben wurde. Jürgen Hansen und Arthur Schulz sind beide als deutsche Soldaten im Weltkrieg gefallen.

Als ich den Vorsitz im sozialwissenschaftlichen Verein übernahm, bedurfte dieser etwas der Belebung. Wir beschlossen deshalb eine Anzahl öffentlicher Vorträge bedeutender Männer in größeren Versammlungslokalen zu veranstalten, daneben Diskussionsabende durchzuführen, an denen ein bestimmter Fragenkomplex unter einem Diskussionsleiter jeweils ein ganzes Semester diskutiert werden sollte, also sozusagen Seminare ohne Professoren, endlich auch praktische Führungen durch industrielle Betriebe, staatliche und kommunale Sozialeinrichtungen, landwirtschaftliche Siedlungen und so weiter durchzuführen, um damit der Gefahr eines Mangels an sozialem Anschauungsmaterial vorzubeugen.

7. *Ludwig III.*

Die Reihe der Vorträge eröffnete Lujo Brentano selbst mit einer Darlegung über die Arbeiterwohnungsverhältnisse in München[163]. Wir hatten für diesen Vortrag die "Neue Akademie" gemietet, die aber keine Akademie war, sondern eine sehr große Bierwirtschaft, gegenüber der Universität, in deren Saal etwa 1000 bis 1500 Personen Platz finden konnten.

[162] DR. ARTHUR SCHULZ, Nationalökonom, im 1. Weltkrieg gefallen. Vgl: ARTHUR SCHULZ, Zur Agrartheorie und -politik der deutschen Sozialdemokratie, München 1914 sowie DERS., Zur landwirtschaftlichen Bodenpolitik in Bayern, in: Sozialistische Monatshefte 2. Heft 1914. Arthur Schulz betreute auch die Kolumne "Landwirtschaft" der Sozialistischen Monatshefte bis 1914.

[163] LUJO BRENTANO, Arbeiterwohnungsfrage in den Städten mit besonderer Berücksichtigung Münchens, München 1909.

Als der Saal bereits vollständig gefüllt war, wurde vom Eingang gemeldet, dass der Kronprinz Ludwig von Bayern, der nachmalige König Ludwig III.[164] mit einer seiner zahlreichen Töchter und einem Adjutanten erschienen sei, um den Vortrag zu hören. Da Lujo Brentano noch nicht da war, musste ich als Vorsitzender des Vereins den Kronprinzen allein in Empfang nehmen und ihn einladen, mit seiner Begleitung an unserem Vorstandstisch Platz zu nehmen. Kronprinz Ludwig hatte in manchen Kreisen Bayerns den Namen eines "roten Prinzen", weil ihm nachgesagt wurde, dass er an sozialen Dingen einiges Interesse nehme. Bei unserem Empfang aber war hievon nichts zu merken. Er stellte uns Vereinsvorständen Fragen, wie sie wohl alberner kein Serenissmus hätte stellen können. Einige dieser geistreichen Fragen waren beispielsweise, ob wir viele Vorlesungen hätten, ob uns unsere Professoren gefielen, ob wir die Universität hübsch fänden. Ganz überrascht aber war er, in unserem Vorstand auch eine Frau, die Studentin der Nationalökonomie Florentine Neuhaus[165], spätere Oberregierungsrätin im bayrischen Sozialministerium, vorzufinden. Er versicherte ihr glaubhaft, er habe noch nie eine Studentin gesehen, und sagte dann mehrmals: "Sie sind die erste, die allererste, das ist ja wirklich sehr interessant". Mittlerweile war Lujo Brentano in einem nicht ganz sauberen und verkrüppelten, weißen Sommerröckchen angekommen und begrüßte auch pflichtschuldig den hohen Gast. In seinem dann folgenden Vortrag entwarf er ein äußerst düsteres Bild der Arbeiterwohnverhältnisse in München und schilderte unter anderem die Zustände in gewissen Aussenquartieren, in denen die Wohnungen noch ohne Aborte gebaut waren, und in denen die Hauseigentümer dem Mieter für besagten Zweck Kübel zur Verfügung stellten, jedoch nur unter der Bedingung, dass die Mieter im Geschäft des Vermieters einkauften, zum Beispiel ihr Bier von einer bestimmten Wirtschaft bezogen, wenn einer Brauerei das Haus gehörte. Brentano gebrauchte das Bonmot, dass hier noch "Bannrecht gegen Abortleihe" herrsche. Durch das Lachen, das dieses Bonmot beim Publikum hervorrief, wachte der Kronprinz, der in einen wohltätigen Schlaf versunken war, wieder auf, klatschte mit und murmelte mehrmals: "Wirklich ausgezeichnet". Als er sich nach dem Ende der Versammlung von Brentano und uns Studenten einigermaßen umständlich verabschiedet hatte und wir soeben die von uns konsumierten Getränke zahlen wollten,

[164] König Ludwig III., (07.01.1845-18.10.1921), 1912-1913 Prinzregent des Königreichs Bayern, 1913-1918 König von Bayern, als König am 07.11.1918 gestürzt. Vgl.: Alfons Beckenbauer, Ludwig III. von Bayern 1845-1921, Regensburg 1987.

[165] Florentine Neuhaus, Oberregierungsrätin im Bayerischen Sozialministerium. Im BHStA nicht nachweisbar.

kam die Kellnerin zu mir her und sagte, der Herr – gemeint war der Kronprinz – habe sein Bier nicht bezahlt. Ich zahlte also auch das kronprinzliche Bier und hatte diesen höchst unwichtigen Vorgang sofort wieder vergessen, als sich einige Tage darauf etwas Erheiterndes ereignete, dessentwegen mir die Geschichte im Gedächtnis geblieben ist. Als ich nämlich eines Abends in meine Bude bei Frau Kalbskopf heimkam, sagte sie ein wenig aufgeregt, es sei ein königlicher Leibjäger – so hießen die persönlichen Bediener am Königshofe – in Uniform und mit Federbusch dagewesen und habe mich sprechen wollen, er werde am nächsten Morgen wiederkommen und hoffe, mich dann anzutreffen. Ich konnte mir absolut nicht denken, was das Bayrische Königshaus von mir wollen könne, blieb aber morgens zu Hause, um den Mann zu erwarten. Er kam auch und entschuldigte sich zunächst, dass er störe, und teilte mir dann seinen Auftrag mit. Seine Königliche Hoheit der Kronprinz habe bei dem Vortrag des Herrn Geheimrats Brentano leider vergessen, hoch dero Bier zu bezahlen. Durch "Erhebungen" sei festgestellt worden, dass Herr cand.jur. Loewenfeld das Bier bezahlt habe. Seine Königliche Hoheit lasse für diese Gefälligkeit bestens danken und habe den Leibjäger beauftragt, mir den verausgabten Geldbetrag zurückzubringen. Ich erwiderte, dass ich bitte, von dieser Rückzahlung Abstand zu nehmen, da diese Angelegenheit vollständig erledigt sei, und für die erwiesene Freundlichkeit danke. Ich erwähne diese kleine Episode, um den riesenhaften kulturellen Abstand des keineswegs besonders liberal gesinnten Bayrischen Königshauses gegenüber dem Durchschnitt der heutigen Bedrücker Deutschlands zu charakterisieren. Der legitime Erbe der bayrische Krone wollte einen Mitmenschen auch nicht um ein Glas Bier schädigen. Etwa die staatlichen Museen gleich Göring[166] oder Rust[167] auszuplündern und an der Stelle, wo das gestohlene Gut einmal hängte, Zettel anzubringen, dass es "geliehen" sei, wäre einem damaligen Herrscher noch nicht in den Sinn gekommen. Dieser letztere "Fortschritt" ist erst ein weiteres Produkt heutiger "arteigener" Kultur.

[166] HERMANN GÖRING (12.01.1893-15.10.1946), NSDAP, preußischer Ministerpräsident und Reichsluftfahrtminister. Vgl.: ALFRED KUBE, Hermann Göring. Zweiter Mann im Dritten Reich, in: RONALD SMELSER/RAINER ZITELMANN, Die braune Elite, Darmstadt 1989, S. 69-83.

[167] BERNHARD RUST (30.09.1883-08.05.1945), NSDAP, Reichsminister für Wissenschaft, Erziehung und Volksbildung (1934-1945). Vgl.: ULF PEDERSEN, Bernhard Rust. Ein nationalsozialistischer Bildungspolitiker vor dem Hintergrund seiner Zeit, Braunschweig 1994.

8. *Studentische Korporationen*

Die Erinnerung an den sozialwissenschaftlichen Verein der Universität München gibt mir Veranlassung, des damaligen studentischen Organisationswesens an der Universität München in seiner Allgemeinheit kurz zu gedenken. Die große Scheidung, die durch die Studentenschaft ging, war die zwischen korporierten und nichtkorporierten Studenten. Die korporierten Verbindungen zerfielen in die "Korps" im engeren Sinne, die Burschenschaften, Turnerschaften, farbentragenden und konfessionellen Verbindungen. Die Korps repräsentierten den "feudalen" Teil der Studentenschaft. Die Söhne des Adels, der Beamtenschaft, des größeren Besitzes waren vor allem in ihnen zu finden. Die Verfassung der Korps beruhte auf dem alten Studentenkomment, der in seinem wesentlichsten Teil in Saufen, Singen und Fechten zerfiel. Die offiziellen Kneipen der Korps, meist in selbsterbauten, oft kostspieligen Korpshäusern befindlich, waren Stätten einer verzopften falschen Romantik, die ihre Gewohnheiten und Embleme durchwegs aus einer nicht mehr zeitgemäßen Vergangenheit nahm. Wenn man sich etwa mancher Filme wie "Alt - Heidelberg"[168] erinnert, dann kann man einen gewissen Vorgeschmack von dem damals üblichen Stumpfsinn des Korpsgeistes bekommen. Die Korpsbrüder kleideten sich bei offiziellen Anlässen in lächerliche Uniformen, die für ihren kastenmäßigen Abstand von der Volksgesamtheit charakteristisch waren. Hohe Lackstiefel bis über die Knie, weiße Hosen, farbige Röcke mit allen möglichen Tressen und Bändchen, kleine, auf der einen Seite des Kopfes aufsitzende Mützchen, Bänder mit den Korpsfarben über die Brust, wehrhaft aussehende, glänzende Rapiere gaben den Aufzügen der Korps bei offiziellen Universitätsfesten und ähnlichen Anlässen, bei denen sie in zwei- und vierspännigen Kaleschen durch die Hauptstraßen der Stadt fuhren, einen farbenprächtigen Glanz, der dem Tieferempfindenden und Bessersehenden die ganze Hohlheit und volksfremde Schäbigkeit dieses Hokuspokus nicht zu verbergen vermochte. Der gesellschaftliche Einfluss der Korps war nicht zu unterschätzen. Alle die angeblich geheimen Einflüsse, die später eine blöde Agitation der wahrhaft harmlosen Bewegung der Freimaurer nachsagte, waren bei den Studenkorps verwirklicht. Speziell bestimmte feudale Korps preußischer Universitäten, wie die Bonner Borussen, haben einen ebenso

[168] Gemeint ist der Film "Alt-Heidelberg" ("The Student Prince of Old Heidelberg"); USA 1927, Lubitschs (Stumm-) Film von 1927 beschreibt mit Witz und Ironie deutsche Verhältnisse um die Jahrhundertwende. Vgl.: Lexikon des Internationalen Films Bd. 1, Reinbek 1987, S. 103.

weitreichenden wie verderblichen Einfluss auf die Geschäfte der Staatsverwaltung genommen. In der preußischen Provinzialverwaltung gab es vor dem Weltkrieg wohl kaum einen Landrat oder Regierungspräsidenten, der nicht durch Mitgliedschaft oder Protektion solcher exclusiver Zirkel zu seinem Amt gelangt war. Die Staatsverwaltung bekam dadurch in starkem Umfang den Charakter eines privaten Vereins von Angehörigen der Gesellschafts- und Besitzcliquen. Alles Soziale war streng verpönt, dafür wurde aber um so eifriger die tierische Ausbildung zum Zweikampf mit tödlichen Waffen betrieben, und jeder Angehörige der Korps hatte die Pflicht, eine Anzahl sogenannter Bestimmungsmensuren zu absolvieren, das heißt, er musste eigens mit einem anderen Studenten Streit suchen, damit die jungen Burschen Gelegenheit hatten, sich nach den Regeln des Komments mit Schlägern oder Säbeln die Gesichter zu zerhacken und dadurch ihre angeblich gekränkte deutsche Studentenehre wieder herzustellen. Jeder Deutsche, der früher mit der Justiz und der höheren Staatsverwaltung zu tun hatte, erinnert sich, wieviele solche zerhackte Gesichter ihm als Träger des Staatsgedankens entgegentraten. In Bayern und insbesondere in München wurden alle solche Dinge etwas weniger provozierend und etwas gemütlicher betrieben. Im Prinzip war es aber dasselbe, und um auf höhere Regierungsposten zu gelangen, war es wichtiger, Philister eines gesellschaftlich exclusiven Korps zu sein, als über übermäßiges Können und Wissen zu verfügen. Die Burschenschaften, ein historisches Stück deutscher Freiheitsbewegung aus den Reaktionszeiten von 1815 - 1848, hatten längst aufgehört, irgendwelche revolutionären Züge an sich zu tragen und waren sozusagen Saufvereine zweiter Klasse geworden, mit denselben Uniformen, Bändern, Mützen, Emblemen, Kneipen und Fechtsitten, jedoch gesellschaftlich aus einer etwas niedrigeren Schicht des kleineren Beamtentums und des Mittelstandes rekrutiert. Ähnlich stand es mit den farbentragenden Verbindungen, den Turnerschaften und Landsmannschaften. Die konfessionellen Verbindungen waren ausschließlich katholisch. Sie hatten ebenfalls dieselben äußeren Abzeichen und Uniformen, dieselben Trinksitten, lehnten aber den Duellzwang und die Bestimmungsmensur aus religiöser Überzeugung ab. In dem überwiegend katholischen Bayern hatten die konfessionellen Verbindungen einen nicht geringen Einfluss.

Die Korps waren durchwegs antisemitisch. Sie pflegten nicht etwa einen politischen Antisemitismus oder gar einen Radauantisemitismus, wie ihn in Deutschland Hitler, Streicher[169] und deren Kumpane einführten, son-

[169] Julius Streicher,Vgl.: Anmerkung 36.

dern es war ein gesellschaftlicher Antisemitismus von der Art, wie ihn etwa in Amerika traditionell ein Teil der sogenannten "guten" Gesellschaft pflegt. Wie deren Häuser und gesellschaftliche Veranstaltungen Juden verschlossen sind, wie in deren Geschäften kein Jude Anstellung findet, wie diese Gesellschaftsgruppen ihre Erholung an Plätzen verbringt, die dem Juden gegenüber "restricted" sind, so war auch der "Geist" der deutschen Studentenkorps. Die Tatsache, dass in einzelnen dieser Korps, keineswegs in den höchstrangigen, einmal ganz ausnahmsweise ein Renommierjude zugelassen war, änderte nichts an diesem Bild, sondern bestätigte es. Eben diese Renommierjuden waren in aller Regel Leute minderwertigsten Charakters. Sie gingen in ihrer unlimitierten Sucht nach völliger Assimilation und Mimikry nicht nur zur Taufe, sondern suchten ängstlich ihre Abstammung von Juden zu verbergen, sie änderten ihre jüdisch klingenden Namen, um als autochthone christliche Glieder der Gesellschaft dazustehen, sie wichen ihrer jüdischen Verwandtschaft und ihren früheren jüdischen Freunden scheu aus und waren beglückt, wenn ihnen in aller Stille ein wissender "Christ" mehr oder weniger hämisch versicherte, sie sähen garnicht jüdisch aus, sie seien genau so wie die "Anderen". Man weiss heute, dass schließlich alle diese Leute unter die Hitlerwalze gerieten und dass für sie die Wiederhinzurechnung zu den Juden eine fast noch größere persönliche Tragödie war, wie ihre Entrechtung und Aussaugung als Juden. Dennoch kann nicht bezweifelt werden, dass in jener Wiederhinzurechnung eine zwar sicherlich im einzelnen Falle grausame, aber doch in jedem Falle wohlverdiente Rache des Schicksals für Verrat an der Gemeinschaft zu sehen war. Dass die Kräfte, die diese Schicksalsrache auslösten, noch schmutzigere Gesellen waren als die Objekte der Rache, kann nichts an der Tatsache ändern, dass die volle Erfolgslosigkeit gemeinschaftswidrigen Verhaltens an sich etwas Befriedigendes ist.

Die Verhältnisse in den Burschenschaften, den Turnerschaften, Landsmannschaften und farbentragenden Verbindungen waren im Punkte des gesellschaftlichen Antisemitismus kaum anders. Jede dieser Gruppen und Grüppchen kam sich "feiner" vor, wenn sie judenrein waren. Wenn einzelne Verbindungen in diesem Punkt etwas toleranter waren, so verschlechterten sich doch zusehends auch bei ihnen die Verhältnisse, indem sie es als eine Art Gnade auf ihrer Seite und als eine Art Vorzug für den jüdischen Studenten ausgaben, wenn sie ihn ausnahmsweise aufnahmen. Mein Vater war in seiner Jugend noch bei einer Verbindung gewesen, die "Adelphia" hieß und die später in eine andere Verbindung mit dem Namen "Apollo" aufging. In dieser Verbindung gab es, als ich mein Universitätsstudium begann, außer meinem Vater noch einige weitere jüdische "Philister", darunter einige höhere jüdische Richter und auch Rechtsanwalt

Justizrat O., den damaligen Vorsitzenden der jüdischen Kultusgemeinde[170]. Als ich zu studieren begann, wurde ich von dieser Verbindung auch zum Beitritt eingeladen. Ich wollte die Einladung weder annehmen noch ablehnen, bevor ich mir ein Bild von der Angelegenheit gemacht hatte. Ich ging also mehrere Wochen als Gast zu den Veranstaltungen der Verbindung und war bald stark angewidert von dem rückständigen und verblödenden Geist, der unter den jungen Leuten dort herrschte. Saufen und nochmals Saufen, Fechtangelegenheiten, sonstiger Komment, Kartenspielen im Kaffeehaus, Unterhaltungen über die Eroberungen immer neuer Mädchen, die diese frisch auf das Leben losgelassene Jünglinge besonders maßgeblich interessierten, bildeten die Hauptunterhaltungsthemen. Mit den verhältnismäßig Besten konnte man eben noch ein wenig "fachsimpeln". Einigen geistig besonders Zurückgebliebenen gab ich, wiewohl selbst ein juristischer Neuling, Nachhilfestunden, in denselben Fächern, die sie mit mir studierten. Das Ganze war für mich so unerfreulich und ernüchternd, dass ich nach ungefähr achtwöchiger Beobachtung erklärte, ich könne nicht beitreten. Ich war besonders froh, diesen Entschluss gefasst zu haben, als ich nicht sehr viel später hörte, dass das Aufnahmegesuch des Sohnes von Justizrat O. zurückgewiesen worden sei. Sein Vater war Jude, gleich meinem. Aber er war "nur" ein angesehener Rechtsanwalt und ein hochverdienter Funktionär der jüdischen Gemeinschaft, nicht ein Universitätsprofessor. Dies gab bei den unreifen Burschen, die für die Wahl oder Nichtwahl maßgebend waren, und bei den Alten Knaben, die diese hoffnungsvolle Jugend im Stillen berieten, offenbar den Ausschlag für die Zurückweisung. Aber auch den Einladungen zum Beitritt bei jüdischen farbentragenden Studentenverbindungen, deren wir in München zwei hatten[171], bin ich nicht gefolgt. Ich konnte mich, als ich einigen Einblick in deren Geist und Tun und Lassen nahm, rasch davon überzeugen, dass sie eine genaue, für Juden aber umso lächerlichere Copie der Trink-, Fecht- und Kommentsitten der "christlichen" Verbindungen darstellten. Für diese aber waren sie nicht "satisfaktionsfähig", das heißt, die "Christen" sollten sich untereinander, zur Befestigung ihrer deutschen Ehre, die Köpfe verhauen und die Gesichter zerhacken. So mussten die Juden aus der Not eine Tugend machen und ihre deutsch-jüdische Ehre dadurch befestigen und wieder herstellen, dass sie

[170] "JUSTIZRAT O." (12.07.1877-16.12.1961). Vorsitzender der jüdischen Kultusgemeinde war Justizrat Dr. Carl Oestreich. Vgl.: ALFRED WERNER, Jüdische Juristen in München, in: HANS LAMM, Von Juden in München. Ein Gedenkbuch, München 1959, S. 257. Vgl.: BHE I, S. 538.

[171] Zwei jüdische farbentragende Studentenverbindungen: a. Licaria, b. Thuringia. Vgl.: FRIEDRICH SCHULZE/PAUL SSYMANK, Das deutsche Studententum, Leipzig 1910.

jüdische Köpfe verhauten und jüdische Gesichter zerhackten. Ein Mitglied der jüdischen "Licaria" konnte in der Regel nur einem Mitglied der jüdischen "Thuringia" in die Fresse hauen, während es einem Mitglied des vornehmen Korps "Suevia" niemals in den Sinn gekommen wäre, dies zu tun. Für ihn war hiezu grundsätzlich nur ein anderer Korpsstudentenkopf und nur notfalls ein Burschenschaftergesicht oder eine farbentragende Verbindungsbacke "fein" genug.

Gerade die völlige innere Ablehnung jenes Verbindungswesens, die das Resultat meines aufmerksamen Einblickes in dieses war, ließ mir die von Brentano angeregte Tätigkeit für den sozialwissenschaftlichen Verein besonders erwünscht erscheinen. Es war für mich eine wahre seelische Wohltat, als ich schon bei meinem ersten Zusammentreffen mit den vielfach ganz vortrefflichen Menschen, die sich in dieser Gruppe vereinten, des tiefgehenden geistigen Unterschiedes gewahr wurde, der zwischen Vereinigungen bestand, die mit ihrem Gesinnungs- und Gefühlsleben im Wesentlichen auf dem Boden einer verzopften Vergangenheit standen, und Gruppen, bei denen der Respekt vor geistiger und wissenschaftlicher Leistung, das soziale Verantwortungsgefühl und die Diskussion gegenwarts- und zukunftswichtiger Probleme den Kern des Inhalts bildeten.

9. *Freistudentenschaft*

Die Ablehnung des christlichen und jüdischen Corporationswesen brachte mich aber auch der eben im Entstehen begriffenen Organisation der "Freistudentenschaft" nahe, die es sich zum Ziele setzte, die Sammelorganisation aller nicht in Korps und schlagenden und farbentragenden Verbindungen befindlichen Studenten und Studentinnen zu sein. Die aktiven Studierenden waren in lokalen "Freistudentenschaften", so zum Beispiel in München in der "Freistudentenschaft München" zusammengefasst. Während man die früheren Studenten nach Ablegung ihrer Examina bei den farbentragenden und schlagenden Verbindungen "Alte Herren" und, nicht ganz mit Unrecht, "Philister" nannte, waren sie in der freistudentischen Organisation in sogenannten Landesverbänden zusammengefasst, in meiner Heimat im Freistudentischen Bund Landesverband Bayern, dessen Vorsitz ich nach meinem Ausscheiden aus der Universität längere Zeit führte[172].

[172] Vorsitz PHILIPP LOEWENFELDS im Freistudentischen Bund Landesverband Bayern. Vgl.: KONRAD H. JARAUSCH, Deutsche Studenten 1800-1970, Frankfurt/M, 1984, S. 94-105. Vgl.:Freistudententum.Versuch einer Synthese der freistudentischen Ideen, in Verbindung mit CARL LANDAUER und HANS REICHENBACH herausgegeben von HERMANN KRANOLD, München 1914.

Der Gedanke der Freistudentenschaft rührte zunächst aus der gleichen Ablehnung des antiquierten Korpskomments her, der mich so sehr abgestoßen hatte. Die Freistudentenschaft verwarf auch völlig jede rassische und gesellschaftliche Diskriminierung und öffnete sich jedem Studenten und jeder Studentin, die willens war, ehrlich mitzuarbeiten. Dies trug der Freistudentenschaft von Seite der schlagenden Korps und Verbindungen natürlich prompt den Namen von "Judenvereinen" ein. Soweit es sich um die zahlenmäßige Zusammensetzung der Organisation handelte, war dies sicherlich unbegründet, da die Mehrheit der Mitglieder Nichtjuden waren. Was dagegen die geistige Führung angeht, so ist nicht zu bezweifeln, dass die Blüte der damaligen akademischen jüdischen Jugend an ihr einen bedeutenden, ja man darf sagen ruhmvollen Anteil hatte. Junge jüdische Studentenführer, wie Carl Landauer[173], jetzt Professor der Finanzwissenschaft an der State University of California, Max Reichenbach[174], jetzt Professor der Mathematik in Los Angeles, verstanden im Zusammenwirken mit ausgezeichneten nichtjüdischen Männern wie Wilhelm Ohr[175], einem späteren im Weltkrieg gefallenen Arzt, Herbert Kühnert[176], später Oberregierungsrat im Thüringischen Volksbildungsministerium, Hermann Kranold[177], jetzt Dozent der Nationalökonomie an der Universität Alabama, die akademische Jugend für die freistudentische Idee zu begeistern und präzise, programmatische Grundlagen dieser Idee zu schaffen. Die einzelnen Ortsgruppen der Freistudenschaft waren fachlich untergliedert in Abteilungen, so zum Beispiel solche für Kunst, für Philosophie, für studentische Politik und viele andere, sodass die Studenten und Studentinnen

[173] CARL LANDAUER (15.10.1891-16.10.1983), Professor der Finanzwissenschaft an der University of California Berkeley; Landauer promovierte 1913 bei Brentano, war von 1926-1933 Mitherausgeber der Zeitschrift "Der Deutsche Volkswirt" und von 1929-1933 a.o. Professor an der Handelshochschule Berlin, 1933 emigrierte er in die USA. Vgl.: BHE II, 2, S. 686.

[174] Hier muss es sich wohl um HANS REICHENBACH handeln, Professor für Wissenschaftsphilosophie in Los Angeles. Reichenbach studierte unter anderem zwischen 1910 und 1915 in München und war von 1933 bis 1938 in Istanbul tätig. Vgl.: JÜRGEN MITTELSTRAß (Hrsg.), Enzyklopädie Philosophie und Wissenschaftstheorie Bd. 3, Stuttgart 1995, S. 541-544.

[175] WILHELM OHR, Arzt, im 1. Weltkrieg gefallen. Nähere Angaben waren nicht zu ermitteln.

[176] HERBERT KÜHNERT, Oberregierungsrat im thüringischen Volksbildungsministerium; Kühnert schrieb auch die Kolumne "Religionswissenschaft" für die Sozialistischen Monatshefte.

[177] HERMANN KRANOLD (09.03.1888-Juli 1942), SPD, Jungsozialist; 1925-1932 Landrat in Schlesien; 1933-1934 Haft, 1934 Emigration nach Großbritannien, in die USA 1936, Dozent der Nationalökonomie an der University of Alabama. Vgl.: HERMANN KRANOLD, Die geistigen Typen der heutigen deutschen Studentenschaft, in: Sozialistische Monatshefte 3.Heft (1914), S.178-185. Vgl.: BHE I, S. 390.

neben der Eingliederung in die örtlichen Verbände auch noch die Gelegenheit hatten, in den Fachgruppen mit solchen Kommilitonen und Kommilitoninnen zusammen zu kommen, die gleichartige geistige Interessen hatten. So wurde Vielen Vieles geboten, manchmal sogar etwas zu Vieles, indem die Organisation eine gewisse Tendenz zeigte, mehr in die Breite als in die Tiefe zu wachsen. Immerhin bildeten Freistudentenschaft und freistudentischer Bund ein Element der Anregung und des Fortschrittes innerhalb der Gesamtstudentenschaft. Vielfach machten sie auch gemeinschaftliche Veranstaltungen mit anderen Organisationen, so auch mit dem sozialwissenschaftlichen Verein. Aber auch der Ideenaustausch mit anderen, damals aufkommenden akademischen Bewegungen, zum Beispiel der Wandervogelbewegung, der Abstinentenbewegung war lebhaft, besonderes Interesse bestand für die "Freischar", eine sehr ideenstrenge Gruppe von Studenten, die dem Abolitionismus und der Lebensreform huldigte. In dieser Gruppe waren zum Teil ganz prachtvolle, junge Menschen; ich erinnere mich besonders gern des Vorsitzenden Knud Ahlborn[178], eines stillen, blonden Norddeutschen von tiefer Geistigkeit und absolut kompromisslosem Idealismus.

10. *Freiheit der Wissenschaft*

So wuchs ich, lernend und schwer arbeitend unter dem Einfluss meines Vaters und Brentanos, rasch in die Ideenwelt der sozialen Pflicht und Verantwortung hinein und betätigte mich mit größter Begeisterung auf diesem Gebiet. Auch die damaligen Kämpfe um die Freiheit der Wissenschaft brandeten aus dem Professorenlager in das Studentenlager herüber und wurden von uns Jungen mit Inbrunst mitgemacht. Es war dies die Zeit, in der die Einbruchsversuche in die wissenschaftliche Freiheit vor allem von der politisch-katholischen Seite herkamen. Im Jahre 1901 hatte der weltberühmte Historiker Theodor Mommsen[179], angesichts des Versuches der preußischen Regierung zur Einführung katholisch-konfessioneller Professuren jene weithin bekannt gewordene Erklärung abgegeben, deren erster Absatz lautete: "Es geht durch die deutschen Universitätskreise das Gefühl

[178] KNUD AHLBORN (14.03.1888-das Todesdatum konnte nicht ermittelt werden), Mitglied der Freischar, Arzt, führendes Mitglied der Jugendbewegung, Vgl.: WERNER KINDT (Hrsg.), Grundschriften der deutschen Jugendbewegung, Düsseldorf/Köln 1963, S. 557.

[179] THEODOR MOMMSEN (30.11.1817-01.11.1903), Jurist und Historiker, liberal, 1863-1866 und 1873-1879 Mitglied des preußischen Abgeordnetenhauses, 1881-1884 Mitglied des Reichstages. Vgl.: LOTHAR WICKERT, Theodor Mommsen. Eine Biographie, Frankfurt/M.1959/80.

der Degradierung. Unser Lebensnerv ist die voraussetzungslose Forschung, diejenige Forschung, die nicht das findet, was sie nach Zweckerwägungen und Rücksichtnahme finden soll und finden möchte, was außerhalb der Wissenschaft liegenden praktischen Zielen dient, sondern was logisch und historisch dem gewissenhaften Forscher als das Richtige erscheint, in ein Wort zusammengefasst: Die Wahrhaftigkeit. Auf der Wahrhaftigkeit beruht unsere Selbstachtung und Standesehre, unser Einfluss auf die Jugend. Auf ihr ruht die deutsche Wissenschaft, die das ihrige beigetragen hat zu der Größe und Macht des deutschen Volkes. Wer daran rührt, führt die Axt gegen den mächtigen Baum, in dessen Schatten und Schutz wir leben, dessen Früchte die Welt erfreuen"[180]. Zu dieser Erklärung haben die besten Geister der Münchener Universität und der Münchener Technischen Hochschule Theodor Mommsen in einem öffentlichen Dankschreiben beglückwünscht. Lujo Brentano und Karl von Amira waren die treibenden Kräfte in dieser Aktion. Karl von Amira trat in der Folge mit einer öffentlichen Erklärung aus der katholischen Kirche aus, als diese den Innsbrucker Professor Wahrmund[181] und den Münchener Professor der Theologie Dr. Schnitzer[182] wegen ihrer wissenschaftlichen Auffassungen und Schriften mit Exkommunikation verfolgte und den sogenannten Antimodernisteneid[183] einführte, demzufolge sich Theologieprofessoren auf ihren Lehrstühlen nur halten konnten, wenn sie ihren kirchlichen Oberen die eidliche

[180] THEODOR MOMMSENS Erklärung von 1901 war ein Artikel mit dem Titel "Universitätsunterricht und Konfession", der zunächst in den "Münchner Neuesten Nachrichten" vom 15.11.1901 erschienen ist. Der Anlaß dafür war die Besetzung eines Lehrstuhls für Geschichte an der Universität Strassburg nach konfessionellen Gesichtspunkten mit dem katholischen Historiker Martin Spahn. Der Artikel sowie die Erklärung der Münchener Professoren sind abgedruckt in: KURT ROSSMANN, Wissenschaft, Ethik und Politik. Erörterung des Grundsatzes der Voraussetzungslosigkeit in der Forschung, Heidelberg 1949, S.28 ff.
Das Zitat ist wortwörtlich wiedergegeben in: LUJO BRENTANO, Mein Leben a.a.O., S. 221. Dort ist auch auf S. 222 die Liste der Münchener Professoren abgedruckt, bei der Theodor Loewenfeld fehlt. Unterschrieben haben unter anderem v. Amira, v. Baeyer, Birkmeyer, Brentano, Ebermayer, Hellmann, Lotz, v. Maurer, v. Seuffert, v. Ullmann u.v.a.m.

[181] LUDWIG WAHRMUND, (21.08.1860-10.09.1932) Professor für Kirchenrecht, wurde 1908 wegen seiner modernistischen Anschauungen nach Prag versetzt. Vgl.: THOMAS G. MASARYK, Die kirchenpolitische Bedeutung der Wahrmund-Affäre, Wien 1908. Vgl.: FRIEDRICH ENGEL – JANOSI, Österreich und der Vatikan, Graz 1960, Bd. 2, S. 86-103.

[182] DR. JOSEPH SCHNITZER (15.06.1859-02.12.1939), Professor für Dogmengeschichte, Symbolik und Pädagogik. Vgl.: NORBERT TRIPPEN, Theologie und Lehramt im Konflikt, Freiburg 1977.

[183] Antimodernisteneid: Am 01.09.1910 erließ PAPST PIUS X ein Motuproprio "Sacrorum antistites", dass alle Geistlichen einen Eid gegen den Modernismus zu leisten hätten. Vgl.: NORBERT TRIPPEN, Modernismus, in: Staatslexikon der Görres-Gesellschaft Bd. 3, 7. Aufl., Freiburg/Basel/Wien 1993, Spalte 1201-1204.

Erklärung abgaben, keinerlei von der päpstlichen Kurie nicht gebilligte Lehrmeinungen zu vertreten. Als Professor Dr. Schnitzer, ein geschätzter Freund meines Vaters, die Abgabe jenes Modernisteneides verweigerte und in seiner Schrift "Hat Jesus das Papsttum gestiftet?"[184] historische Auffassungen vertrat, die mit dem offiziell anerkannten päpstlichen Dogma unvereinbar waren, wurde er auf Grund jener päpstlichen Gesetzgebung von der ganz im Fahrwasser der Klerikalen segelnden bayrischen Regierung aus der theologischen Fakultät der Universität München, der er als ordentlicher Professor angehörte, ausgestoßen. Die philosophische Fakultät der Universität München berief ihn hierauf als Honorarprofessor in ihre eigenen Reihen, um gegen diesen Akt der Schändung wissenschaftlicher Freiheit zu Gunsten dogmengebundener kirchlicher Machtaspirationen zu protestieren. Die Mehrheit der Münchener Studentenschaft stellte sich in diesem Kampf mit Leidenschaft auf die Seite der philosophischen Fakultät und des angegriffenen Professor Schnitzer. Der damalige Rektor der Münchener Universität war ein katholischer Theologe, Professor Bardenhewer[185]. Ihm wurde in dieser ganzen Angelegenheit eine denunziatorische Rolle zugeschrieben. Dies löste in der Studentenschaft solche Erregung aus, dass Professor Bardenhewer von den Studenten aus seinem Hörsaal hinausgeprügelt wurde. Er konnte tagelang keine Vorlesungen halten, und als sein Kolleg wieder eröffnet wurde, musste eine regelrechte Überwachung an der Türe des Hörsaals stattfinden, in dem Sinne, dass nur jene Theologiestudenten hereingelassen wurden, die nachweislich die Vorlesung Bardenhewers belegt hatten, jedoch keine anderen Zuhörer. Diese Vorfälle lösten wieder Protestversammlungen in den katholisch-konfessionellen Akademikerorganisationen aus, denen eine Gegenprotestversammlung der Münchener Freistudentenschaft und des freistudentischen Bundes folgte. In dieser letzteren ging es so heftig zu, dass mit Bierkrügen geworfen wurde. Ich bin, am Vorstandstisch sitzend, nur durch affenartig geschwinde Bewegungen meines Kopfes davor behütet worden, einen Münchener Maßkrug abzubekommen und lernte an diesem Abend den Maßkrug als bayrische geistige Waffe zum erstenmal kennen. Ich konnte nicht ahnen, welche Bedeutung diese Waffe neben Zaunlatte, Gummiknüppel und anderen Schlag-, Stoß- und Hiebinstrumenten in der späteren Agitation der Hitlerbewegung in Bayern gewinnen sollte.

[184] Joseph Schnitzer, Hat Jesus das Papsttum gestiftet? Eine dogmengeschichtliche Untersuchung, Augsburg 1910.

[185] Otto Bardenhewer (16.03.1851-23.03.1935), Professor für Hermeneutik, neutestamentliche Einleitung und Exegese, 1905/06 Rektor der Universität München. Vgl.: NDB 1, S. 584 f.

11. *Arbeiterpensionskassen*

Neben den juristischen und nationalökonomischen Kollegien, Übungen, Seminaren und der Tätigkeit für die studentischen Verbände habe ich in dieser Zeit auf Brentanos Anregung auch begonnen, Material für meine erste wissenschaftliche Arbeit zu sammeln, für die mir Brentano eine Untersuchung vorschlug, zu deren Durchführung sowohl juristisches wie nationalökonomisches Wissen erforderlich war. Wie bereits erwähnt, hatte der Mannheimer Tagung des Vereins für Sozialpolitik im Jahr 1905 ein Materialband vorgelegen, der sich mit den sogenannten Wohlfahrtseinrichtungen der Arbeitgeber befasste, in dem er schilderte, wie man auf Unternehmerseite mittels der Wohlfahrt eine Einschränkung der gesetzlichen Koalitionsfreiheit zu erreichen suchte. Seit der Mannheimer Diskussion hatte sich bei vielen Unternehmungen der Zustand verschärft und es war zu Prozessen gekommen, in denen entlassene Arbeiter die von ihnen bezahlten Pensionskassen-Beiträge zurückforderten, mit der Begründung, dass die Einbehaltung verdienter Lohnteile unter gleichzeitiger Ablehnung der versprochenen Pension den Unternehmer zu Unrecht bereichere und dem Gesetz und der öffentlichen Ordnung widerspreche. Ein Teil der Gerichte hatte sich auf Seite der Arbeiter, ein anderer auf Seite der Unternehmer gestellt. Dies führte dazu, das auch der Reichstag sich in wiederholten Verhandlungen mit der Angelegenheit befasste, wobei Zentrum, Demokraten und Sozialdemokraten den Standpunkt der Arbeiter, die Rechtsparteien und die Antisemiten den der Unternehmer vertraten. Brentano hatte den Wunsch, dass für die zu erwartenden, weiteren parlamentarischen Debatten exaktes wissenschaftliches Tatsachenmaterial über das Ausmaß jener koalitionsfeindlichen Bestrebungen in wesentlich größerem Umfang zur Verfügung stehe. Er regte also an, dass ich, soweit irgendwie möglich, alle wesentlichen Betriebe feststelle, in denen solche Einrichtungen vorkommen, dass die Satzungen und die finanziellen Unterlagen jener Einrichtungen geprüft werden sollten, was die Feststellung ermöglichen sollte, in welchem Masse dem Unternehmertum tatsächlich seine Einwirkung auf die Koalitionsfreiheit mittels der Kassen gelungen war und welche gesetzlichen und organisatorischen Wege zur Beseitigung dieses Übels vorgesehen werden könnten. Zu diesem Zwecke sollte die Abhandlung auch eine Übersicht über die Einstellung der gesamten Gerichtsbarkeit, der juristischen und national-ökonomischen Wissenschaft nebst kritischer Stellungnahme enthalten. Um ein derartig umfängliches Projekt zu bearbeiten, bedurfte ich zunächst, nachdem ich in mühevoller Arbeit einmal festgestellt hatte, wo sich solche Einrichtungen überhaupt befinden, der Satzungen, der Jahresberichte und insbesondere der Kassenberichte der vorhandenen

Pensionskassen. Aber wie diese bekommen? Wenn ich an die hunderte und aber hunderte von Unternehmungen selbst geschrieben hätte, sie möchten mir diese Unterlagen senden, wäre ich zweifellos gefragt worden, zu welchem Zwecke ich sie haben wolle. Hätte ich dann antworten müssen, ich wolle sie benützen, um auf Anregung von Professor Brentano die Wahrheit darüber festzustellen, welchen Einfluss diese Einrichtungen auf die gesetzliche Koalitionsfreiheit der Arbeiter hätten, dann hätte mir zweifellos die Mehrzahl aller Unternehmungen die Aushändigung der Unterlagen verweigert, denn sie waren zwar sehr an der Einschränkung der Koalitionsfreiheit, keineswegs aber an der wissenschaftlichen Feststellung dieses Sachverhaltes interessiert. Ich sagte mir also, wenn ich die Wahrheit erfahren wolle, müsse ich wohl irgend eine Kriegslist gebrauchen. Denn ich war entschlossen das Material der Unternehmer selbst, nicht etwa das der Arbeitervereine, zu untersuchen. Hätte ich das Letztere getan, dann wäre der Einwand möglich gewesen, dass das Material nicht authentisch, dass es gefärbt oder gefälscht oder irgendwie unrichtig sei. Nur wenn ich den urkundenmäßigen Nachweis in der Hand hatte, dass das Material von den Firmenleitungen selbst herrührte, nur wenn ich in der Fußnote zu jeder Zahlenaufstellung wahrheitsgemäß sagen konnte: "die Ziffern verdanke ich den Firmenleitungen", war es ausgeschlossen, dass von Unternehmerseite ein Versuch riskiert werden konnte, die Echtheit aller urkundlichen Unterlagen und die Richtigkeit aller Ziffern anzuzweifeln. Nach langer Überlegung kam ich zu dem Ergebnis, dass ich das Material wohl nur erhalten würde, wenn die Unternehmungen mit einer Zusendung ihrem Reklamebedürfnis genügten. Dazu war einmal erforderlich, dass das Material nicht von einer Privatperson, sondern von einer öffentlichen Behörde erbeten wurde, weiter auch, dass die Unternehmungen nicht argwöhnten, die Unterlagen würden zu sozialrechtlichen Untersuchungen verwendet werden, sondern annehmen konnten, die betreffende Behörde wolle den Unternehmungen ein Denkmal für ihre große Mildtätigkeit setzen. Nun hatte wiederum eine weitere Überlegung die Frage zu lösen, welche Behörde mir wohl den Gefallen tun würde, hunderte von Rundschreiben an deutsche Großunternehmungen auszusenden, diese Rundschreiben so abzufassen, dass sie auch das "richtige" Material erhalten werde, und mir dieses Material dann zur Bearbeitung zu überlassen. Es war mir klar, dass nur eine öffentliche Behörde in Frage kommen könne, die in voller Kenntnis meines Zweckes handelte, was wiederum nur möglich war, wenn die Leitung der betreffenden Behörde dieselbe Auffassung von der Notwendigkeit wissenschaftlicher Tatsachenfeststellung und von der Unmöglichkeit der Erlangung des Materials auf einem andern Wege hatte. Ich begab mich zunächst zu dem Präsidenten des statistischen Landesamtes

Professor Dr. Zahn[186]. Zahn war als Jurist Schüler meines Vaters gewesen und hatte als Nationalökonom bei Brentano gelernt. Er hatte als Schüler von Brentano eine ausgezeichnete Untersuchung über die Organisation der Prinzipale und Gehilfen im deutschen Buchdruckgewerbe veröffentlicht[187]. Mittlerweile war er zwar ein sehr weit rechtsstehender Mann geworden; ich hatte jedoch das Zutrauen in seine Rechtlichkeit und in seinen Respekt vor wissenschaftlichen Notwendigkeiten, anzunehmen, er werde das von ihm geleitete statistische Landesamt Bayern in den Dienst meiner Bestrebung stellen. Ich hatte mich aber in meiner Hoffnung getäuscht. Zahn, der auch als Honorarprofessor der Statistik der nationalökonomischen Fakultät angehörte, war, wie immer, äußerst liebenswürdig in der Form, fand auch sachlich meinen Plan sehr interessant und notwendig, sagte aber, seine Behörde könne nur amtliche Untersuchungen machen und kein Material für Private sammeln. Ich wendete ein, das Material verbleibe doch dem statistischen Landesamt und könne dort von jedermann für wissenschaftliche Zwecke verwendet werden. Er meinte darauf, die bei seinem Amt eingehenden Materialien könnten eben nur von Beamten und Mitarbeitern des Amtes behandelt werden. Der Standpunkt war formellbürokratisch richtig. Er hatte aber zugleich den Vorzug, Zahn jedes unangenehme Gefühl und jeden Angriff von Unternehmerseite auf Kosten der Möglichkeit der Wahrheitserforschung zu ersparen. Als ich Zahn auf diese Konsequenz in vorsichtiger Weise verwies, wurde er wesentlich kühler und sagte, als Beamter habe er sich an bestimmte Regeln zu halten, über die er nicht hinaus könne. Nach diesem hundertprozentigen Misserfolg bekam ich die lebhaftesten Zweifel, ob sich irgend eine Behörde finden werde, der die Wahrheit wichtiger sei, als der gute Ruf bei Interessenten. Zu einer Behörde, die mich nicht kannte und die in keinerlei Verbindung mit solchen Zwecken stand, konnte ich, wollte ich nicht gehen. Aus diesem Grunde schied das statistische Amt der Stadt München, dessen Funktionäre ich damals noch nicht näher kannte, aus. Auch im bayrischen Arbeitermuseum hatte ich damals noch nicht ausreichende persönliche Beziehungen, um den Versuch riskieren zu können. Endlich fand ich das Ei des Columbus, indem mir einfiel, ich könne es mit der Direktion der Universitäts-Bibliothek

[186] Friedrich Zahn (08.01.1869-01.02.1946), Präsident des statistischen Landesamtes Bayern bis 1939, Honorarprofessor für Statistik und Sozialpolitik an der Universität München ab 1913. Vgl.: Handwörterbuch der Sozialwissenschaften Bd. 12, Stuttgart/Tübingen/Göttingen 1965, S. 405 ff.

[187] Friedrich Zahn, Die Organisation der Prinzipale und Gehilfen im deutschen Buchdruckgewerbe, Leipzig 1890 (aus: Schriften des Vereins für Socialpolitik Bd. 45).

München probieren. Der Direktor dieses Instituts, Dr. Wolff[188], war ein ebenso vortrefflicher Gelehrter wie persönlich hilfsbereiter Mann. Er hatte, wie ich wusste, bereits Außerordentliches in der Unterstützung jedwedes ehrlichen wissenschaftlichen Strebens geleistet. Im Gegensatz zu Zahn war er sofort Feuer und Flamme für den Plan, der auf der einen Seite seinem Institut ein umfängliches Material, auf der anderen Seite der Tatsachenforschung einen Vorteil bringen sollte. Er bemerkte etwas verschmitzt, dass er mit dieser seiner Hilfstellung in manchen Interessentenkreisen seine Beliebtheit nicht steigern werde, doch sei es ihm hierauf nie angekommen. Ich hatte ihm nicht verschwiegen, dass Zahn vorher mein Ansinnen abgelehnt hatte. Seine Bemerkung stellte deshalb auch eine Kritik an Zahn dar, in genau der gleichen Richtung, in der dessen Haltung mein Empfinden von wissenschaftlichen Pflichten verletzt hatte. Dr. Wolff stellte mir anheim, das Schreiben, das die Direktion der Universitäts-Bibliothek gedruckt verschicken sollte, und die Fragebogen, die dieser Drucksache beigefügt werden sollten, selbst zu entwerfen und ihm einzureichen. Er hat meine Entwürfe ohne jede Abänderung drucken lassen und versandt, wozu ich ihm natürlich das Adressenmaterial liefern musste. Der Erfolg war ganz hervorragend. Mehr als 95 Prozent der befragten Unternehmungen sandten die Satzungen und Kassenberichte ihrer Pensionseinrichtungen, ebenso viele füllten die statistischen Fragebogen aus, in denen unter anderem nach der Zahl der Einstellungen und Entlassungen von Arbeitern in den vorangegangenen Jahren gefragt war, was Rückschlüsse hinsichtlich der Einwirkung der Pensionseinrichtungen auf die Fluktuation der Arbeiter und auf die Größe der finanziellen Verluste, die die Arbeiterschaft eines Unternehmens durch die Entlassung erlitt, zulassen sollte. Selbst die Fragen nach den Entlassungsgründen, die gemeinhin als ein sehr heikles und vertraulich gehaltenes Material angesehen werden, wurden mit größtem Eifer beantwortet. Ich konnte mich daher mit Recht in der später erschienenen Arbeit nicht nur bei Dr. Wolff, sondern auch, an vielen Stellen der Schrift, bei den Firmenleitungen bedanken.

12. *Philipp Lotmar*

Die wissenschaftliche Ausbeute des Materials stellte außer jeden Zweifel, dass die Mehrzahl der Kassen überlegte Einrichtungen zur Er-

[188] Dr. Georg Wolff (15.10.1859-25.05.1943), Direktor der Universitätsbibliothek München und Honorarprofessor für Buch- und Bibliothekswesen (Universitätsarchiv München, Personalakte).

schwerung der Ausübung der Koalitionsfreiheit waren. Die juristische Ausbeute des Materials brachte mich in eine lange Correspondenz und in die erste persönliche wissenschaftliche Fühlung mit dem Altmeister des deutschen Arbeitsrechtes, Professor Philipp Lotmar[189] in Bern. Lotmar war neben Karl von Amira der älteste Freund meines Vaters, seit den gemeinschaftlichen Studienjahren in München. Er war ursprünglich reiner Romanist. Als der bedeutendste Schüler des großen Pandektisten Alois von Brinz, hat er nach dessen Tod den letzten Band der Brinz'schen Pandekten in kongenialer Weise herausgegeben[190]. Seine romanistischen Arbeiten, unter denen ich das meinem Vater gewidmete Buch "Der unmoralische Vertrag"[191] erwähnen möchte, beschäftigten sich neben der historischen Tatsachenerforschung von allem Anfang an mit grundsätzlichen Fragen der Philosophie, der Soziologie, der Ethik und der Gerechtigkeit. In meiner ersten Studienzeit hatte ich bereits seine Vorträge "Vom Rechte, das mit uns geboren ist" und "Die Gerechtigkeit" mit Begeisterung gelesen[192]. Besonders tiefen Eindruck hatte mir Lotmars Rektoratsrede "Die Freiheit der Berufswahl"[193] gemacht. Lotmar war seit den siebziger Jahren Privatdozent in München gewesen. Als Jude kam er an der Münchener Universität damals zu keiner Professur. Dies umsomehr, als er noch mit dem weiteren Gebrechen des Eintretens für die Schwachen und gegen die Starken geschlagen war. So war Lotmar 1888 einem Ruf als Ordinarius des römischen und bürgerlichen Rechts an die schweizerische Universität Bern gefolgt, an der er zweiunddreißig Jahre, bis zu seinem Tode, lehrte. Sein Ansehen an der schweizerischen Hochschule war so groß, dass er weniger als zehn Jahre nach seiner Berufung schon zum Rektor der Universität gewählt wurde. In der Rektoratsrede sprach er Worte aus, die für meine ganze spätere Lebensbetätigung richtunggebend geworden sind. So sagt er: "Wenn ihr (der Gelehrten) Dienst der Musen kein Geheimdienst ist, wenn sie bei ihrer Forschung nicht bloß ihre Fachgenossen im Auge haben, wenn es ihnen Ernst ist mit der Erhaltung und Steigerung der Kultur, nicht irgend eine Selbstsucht sie mit ihrem Beruf verknüpft, dann müssen sie, über Bücher, Mikroskop oder Retorte gebeugt, schon einmal den Klagelaut des gefesselten Prometheus vernommen haben, der in tausenden ihrer Mitmen-

189 PHILIPP LOTMAR, Vgl.: Anmerkung 32.

190 PHILIPP LOTMAR (Hrsg.), Alois von Brinz, Lehrbuch der Pandekten Bd. 3 und 4, 2. Aufl., 1889, 1892, 1894.

191 PHILIPP LOTMAR, Der unmoralische Vertrag (1895), in: RÜCKERT, Anm.32, S. 173-378.

192 PHILIPP LOTMAR, Vom Rechte, das mit uns geboren ist (1893), in: RÜCKERT, Anm. 32, S. 1-45, PHILIPP LOTMAR, Die Gerechtigkeit (1893), in: RÜCKERT, a.a.O., S. 47-95.

193 PHILIPP LOTMAR, Die Freiheit der Berufswahl (1898), in: RÜCKERT, Anm. 32, S. 379-429.

schen unterdrückten Natur. Und dann könnte ihnen wohl der Gedanke gekommen sein, dass sie ihre dem Erwerbskampf entrückte, der Erkenntnis zugewandte Berufsübung einer Freiheit der Berufswahl verdanken, die sie über die Mehrzahl der Volksgenossen erhebt, und dass sie damit einer Vergünstigung teilhaftig sind, die sie nicht selber begründet haben. Wer sich von diesem Gedanken beklommen und belastet fühlt, der wird jede Linderung der fremden Fesseln als eigene Erleichterung empfinden, und eine Entwicklung, die ohne Vermehrung der Knechtschaft Zeit und Kräfte für die Förderung der Wissenschaft frei macht, muss von denen begrüßt werden, die sich selber der Wissenschaft geweiht haben"[194]. Nie hatte ich vor dem Erleben dieser Worte so sehr empfunden, welches drückende Privilegium es bedeute, im Lesesaal, bei der Studierlampe die eigene Erkenntnis vertiefen zu dürfen, während es für hunderttausende von jungen Leuten, die die Fabriken, die Werkstätten, die Lagerplätze, die Kontore bevölkerten, von der Volksschule weg nur den einen kategorischen Imperativ des Erwerbens des schmalen täglichen Brotes gab. Nur ein Mann, der so eingestellt war wie Lotmar, vermochte über seine fachmännische Betätigung als Romanist und Zivilrechtler so hinauszuwachsen, dass er für die Rechtswissenschaft eines ihrer wichtigsten Gebiete sozusagen erst entdeckt hat, nämlich das Arbeitsrecht, ja man darf beinahe sagen, das soziale Recht überhaupt. In seinem großen zweibändigen Werk "Der Arbeitsvertrag nach dem Privatrecht des Deutschen Reichs"[195], dessen erster Band 1902, dessen zweiter Band 1908 erschien, hat Lotmar die Juristenwelt mit dieser Entdeckung konfrontiert und die tiefgehendsten Umwälzungen auf diesem Gebiete hervorgerufen. Aus der ungeheueren Zersplitterung der Quellen schuf er ein einheitliches System, dessen Wurzeln nicht nur in herkömmlicher Weise in Gesetz, Verordnung und Gewohnheitsrecht zu suchen war, sondern in tausenden und abertausenden von unbekannten Rechtsquellen, wie Gewerkschaftssatzungen, Industrievereinbarungen, Jahresberichten und allen möglichen anderen Arten von Informationsquellen über die juristische Wirklichkeit. Rechtsfiguren wie der Tarifvertrag, welchen Namen Lotmar für die kollektiven Vereinbarungen zwischen Unternehmer-Organisation und Arbeiter-Organisation erstmals prägte, sind aus seinem Werk völlig in das allgemeine Volksbewusstsein, in die Gesetzgebung und in die Tagespraxis übergegangen. Die Einleitung zu dem zweibändigen Werk, in der er die Bedeutung des Arbeitsvertrages für Volksgesamtheit und Wissenschaft darlegt, gehört zu den ganz überragenden und ganz genialen Leis-

[194] PHILIPP LOTMAR, Die Freiheit der Berufswahl (1898) in: RÜCKERT, Anm. 32, S. 418

[195] PHILIPP LOTMAR, Der Arbeitsvertrag nach dem Privatrecht des Deutschen Reichs, Bd. 1, Leipzig 1902, Bd. 2, Leipzig 1908.

tungen deutscher Rechtswissenschaft. Lotmar kam jedes Jahr, oft mehrmals jährlich, nach München, und seine Besuche bildeten für meinen Vater die größte Freude. Als heranwachsender junger Mensch hatte ich erst allmählich bei Lotmars Diskussionen mit meinem Vater einen Vorbegriff seiner menschlichen und wissenschaftlichen Bedeutung bekommen. Das Studium seiner eben erwähnten Werke aber bestimmte dann in nicht geringerem Umfang als meine Mitarbeit bei Lujo Brentano meine Gesamtentwicklung. Lotmar hatte sich auch in der Pensionskassenfrage wissenschaftlich geäußert[196]. Als Arbeiter der Firma Krupp gegen diese einen Prozess auf Zurückzahlung einbezahlter Pensionskassenbeiträge nach ihrer Entlassung führten, wendete sich der christliche Metallarbeiterverband zu Essen, in dem diese Arbeiter organisiert waren, an Lotmar, mit der Bitte um Erstattung eines Rechtsgutachtens. Das Lotmar'sche Gutachten hat die öffentliche Diskussion in dieser Frage nachhaltig beeinflusst und gehörte zu meinen wichtigsten wissenschaftlichen Materialien. Da ich also das Interesse Lotmars an meinem Thema kannte, fragte ich bei ihm an, ob ich ihm meine fertigen Druckbogen zur Stellungnahme und Kritik senden dürfe. Er erklärte sich einverstanden, und es entwickelte sich hieraus ein monatelanger Briefwechsel, in dem Lotmar in der einlässlichsten Weise auf die verschiedensten Einzelheiten der Arbeit kritisch einging, wobei sich die Diskussion auch auf viele nicht in der Arbeit selbst enthaltene Nebenfragen erstreckte. Es war mir eine tiefe Befriedigung, das lebhafte Interesse Lotmars an der Arbeit verspüren zu dürfen, und ich erhielt dadurch mehr als durch deren äußeren Erfolg den Ansporn, mich auf dem Gebiete des sozialen Rechtes auch weiterhin zu betätigen. Lotmars freundschaftliches Fühlen und Handeln hat den Tod meines Vaters überdauert. Es drückte sich außer in seinen regelmäßigen Besuchen, in einem lebhaften, sich auf viele Fragen des sozialen Rechts erstreckenden Briefwechsel aus, in dem Lotmar immer in der feinsinnigsten Weise bemüht war, meinen Gesichtskreis zu erweitern und sich mit meinen Meinungen auseinanderzusetzen. Als ich, anlässlich seines siebzigsten Geburtstages, in einer Zeitschrift[197] einen Festartikel veröffentlichte, in dem ich nicht nur seiner gewaltigen positiven Leistungen gedachte, sondern auch des großen Undankes und des methodologischen Diebstahls, der darin lag, dass man Lotmars Rechtsgedanken als eine Selbstverständlichkeit benutzte, ohne ihres Urhebers Erwähnung zu tun, antwortete mir Lotmar in einem melancholisch-witzigen Briefe, in dem er sagte, er sei nur durch unseren großen Altersunterschied verhindert,

[196] PHILIPP LOTMAR, Gutachten zum Streit der Werkspensionskassen, hrsg. von der Firma Friedrich Krupp, 1908, und in: Die Kruppsche Pensionskasse vor Gericht, 1908.

[197] PHILIPP LOEWENFELD, Philipp Lotmar, in: Sozialistische Monatshefte 1921, I, S. 49 f.

sich bei mir für den gleichen Anlass zu revanchieren. Er ging auf meine Bemerkungen über den geistigen Diebstahl ein, der mit seinem Werk getrieben werde, und meinte – als ein wahrhaft ahnungsvoller Engel –, das sei es nun einmal, was bei Vielen das "Deutschtum" ausmache: Allen alles wegnehmen und dabei so tun, als ob es dem Dieb von Rechtswegen schon immer gehört hätte. Dieser Brief, geschrieben im Jahre 1920, geschrieben von einem Mann, der seine deutsche Staatsangehörigkeit bis zu seinem Tode aus patriotischem und kulturellem Gefühl nicht ablegte und die Staatsangehörigkeit seiner Wahlheimat nie zu erwerben suchte, umriss mit einem einzigen Satz den Charakterzug jener scheinbar "nationalen" Räuber und Diebe, deren Exponenten schließlich das ganze Deutsche Reich gestohlen haben und heute im Begriff sind, die ganze Welt zur Domäne ihrer ungebändigten Raubtierinstinkte zu machen, wenn sie nicht noch in letzter Stunde von Regierungen und Völkern davon abgehalten werden, denen Rechtlichkeit höher steht als Blut und Anstand als Boden, die internationale Moral höher achten als nationale Gangsterwirtschaft.

Die Arbeit über die Pensionskassen brachte mich rasch mit Theoretikern und Praktikern der Sozialpolitik in Berührung. Die Schrift wurde sowohl in einer großen Reihe wissenschaftlicher Archive und Zeitschriften, wie auch in der Fachpresse der freien und der christlichen Gewerkschaften eingehendst besprochen[198]. Die Quintessenz aller dieser Besprechungen war, es sei nunmehr außer Zweifel gestellt, dass mittels dieser Einrichtungen die Wohlfahrt zu Koalitionshinderungszwecken benutzt werde. Von Unternehmerseite war eingewendet worden, die Nichtzurückzahlung im Falle der Entlassung sei eine versicherungstechnische Notwendigkeit. Ich war in der Lage gewesen, die Haltlosigkeit dieses Einwandes nachzuweisen und zwar nicht nur dadurch, dass ich ihn vom theoretischen Standpunkt widerlegte, sondern vor allem dadurch, dass ich eine Reihe von Kassen ausfindig machte, denen es finanziell sehr gut ging, wiewohl sie beim Ausscheiden des Arbeiters aus der Firma die Kassenbeiträge ganz oder doch zum größten Teil zurückerstatteten. Der Beitrag zur öffentlichen Diskussion, den die Schrift darstellen sollte, war also tatsächlich geliefert.

[198] Vgl.: GÜNTHER, ADOLF, Das Problem der Arbeiterpensionskassen und seine rechtlichen und sozialen Konsequenzen, in: SCHMOLLERS JAHRBUCH 35. Jahrgang, 1911, Heft 3, LUDWIG SINZHEIMER, Der Kampf gegen den neuen Feudalismus, in: MÄRZ. Eine Wochenschrift, hrsg. von LUDWIG THOMA und HERMANN HESSE, 5. Jahrgang (03.11.1911), Bd. 4, S. 9-10, BITTA, Justizrat, Pensionskassen und Arbeitsvertrag. (I. Teil), in: Deutsche Juristen-Zeitung, Nr. 4, 27. Jahrgang, 1912, S. 291 und BRAUN, HEINRICH, Rezension Loewenfeld, Pensionskassen und Arbeitsvertrag, in: Annalen für Soziale Politik und Gesetzgebung, hrsg. von Heinrich Braun, Jahrgang, 1912, S. 390 f.

13. *Berufswahl*

Neben diesem ideellen Erfolg trat auch der materielle ein, dass ich von verschiedenen wissenschaftlichen und Verbandsorganen zur Mitarbeit und von Organisationen aller Art zur Abgabe von Gutachten und zur Abhaltung von Vorträgen und Lehrkursen aufgefordert[199] wurde. Es drängte sich mir deshalb die Frage auf, ob ich ganz zur Nationalökonomie und wissenschaftlichen Praxis übergehen oder meine juristische Laufbahn fortsetzen sollte. Für das erstere sprach besonders, dass mir kurz nach dem Erscheinen der Schrift die größte genossenschaftliche Organisation Deutschlands[200] den Posten als ihr Syndikus und als Redakteur ihrer Verbandszeitschrift anbot. In dem Angebot hieß es, ich möge mir darüber klar sein, dass Genossenschaften und Genossenschaftsverbände nicht die Gehälter zahlen könnten, wie sie für leitende Kräfte in der Grossindustrie, bei Banken und großen Versicherungsgesellschaften üblich seien. Immerhin könne mir Gehalt und Pension (die letztere wurde in Deutschland immer als etwas besonders Wichtiges angesehen) eines Richters am Reichsgericht zugesagt werden, bei weitgehender Selbstständigkeit meiner Stellung. Für einen Mann, der soeben die juristische Universitätsprüfung abgelegt und zum Doktor der Rechts- und Staatswissenschaft promoviert hatte, der 23 Jahre alt und dazu noch frisch verlobt war, bedeutete solches Angebot eine starke Verlockung. In dieser Situation riet mir mein Vater sehr entschieden, mich nicht in jungen Jahren an Interessentenorganisationen oder Interessenten zu binden, welche Vorteile diese mir auch immer bieten möchten. Er empfahl mir, unter allen Umständen zunächst einmal die zweite juristische Prüfung zu machen, die zum Richteramt und zur Rechtsanwaltschaft befähigte, wozu eine dreijährige Praxis bei Gerichten, Verwaltungsbehörden und bei einem Rechtsanwalt gesetzliche Voraussetzung war. Er schilderte mir, wie schon so oft, den Wert der persönlichen Unabhängigkeit und der freien Meinungsbildung in einem freien, nur den Schranken der Gesetze unterworfenen Beruf, daneben die großen Gefahren, die dem Inhaber einer abhängigen Stellung durch Konkurrenz, Neid und Ellenbogengewaltigkeit anderer Stellenbewerber, durch Änderung der politischen und wirtschaftlichen Verhältnisse und Anschauungen entstehen konnten. Ich musste ihm, so sauer es mir wurde, Recht geben und verzichtete schweren Herzens auf die

[199] Hierbei handelt es sich um die Deutsche Bühnen-Genossenschaft, den Deutschen Orchesterbund, den Allgemeinen Deutschen Musiker-Verband u.a.

[200] Größte genossenschaftliche Organisation Deutschlands war der Deutsche Raiffeisenverband e.V. Vgl.: Georg Draheim, Genossenschaften (I), in: Handwörterbuch der Sozialwissenschaften Bd. 4, Stuttgart u.a. 1965, S. 357.

schöne Stellung. Immer habe ich es innerlich meinem Vater gedankt, dass er an diesem wesentlichen Wendepunkt meines Lebens mich im Sinne des Festhaltens an der Unabhängigkeit der Berufsausübung gestützt hat. Heute weiss ich um Vieles genauer, wie völlig untauglich ich für ein Anstellungsverhältnis gewesen wäre, und die Entwicklung vieler meiner Freunde, die sich bei dem Staat, bei Gemeinden und bei Privaten anstellen ließen, zeitigte Änderungen in ihrem Profil, die mich dem Schicksal für meinen Entschluss dankbar sein ließen.

Ich trat also in die juristische Vorbereitungspraxis ein, führte in Gerichtsverhandlungen bei niedrigen und höheren Gerichten Protokoll, machte für die Richter Entwürfe von Urteilen und Beschlüssen, lernte die Verwaltungspraxis des Staates und der Gemeinde kennen und wurde schließlich in dem Büro eines Freundes meines Vaters anwaltschaftlich ausgebildet, da mein Vater selbst nicht wünschte, mir für die Zwecke der staatlichen Prüfung ein Zeugnis über meine Ausbildung zur Verfügung stellen zu müssen[201]. Während der gleichen Zeit aber blieb ich auch der nationalökonomischen und sozialpolitischen Tätigkeit treu, schrieb Aufsätze für eine Reihe von Zeitschriften, führte das ehrenamtliche Syndikat der Organisation der deutschen Hof- und Stadtorchester, gehörte einer vom Reichsamt des Innern einberufenen Kommission zur Reform des Theaterrechtes an, publizierte eine Monographie über das Erfinderrecht der Angestellten, reiste in Deutschland landauf und landab, um Vorträge zu halten[202], sodass ich mir selbst die Gewähr bot, meine Entwicklung nicht in eine einseitig-juristische Richtung zu treiben.

13. *Polemik um Brentano und das Streikrecht*

Die damalige Zeit war erfüllt von schweren politischen und sozialpolitischen Kämpfen. Mit den letzteren kam ich durch die eben erwähnte Tätigkeit ständig in Berührung. Besonders gehässig waren die Angriffe der großen Interessenten und Interessentenverbände auf meinen Lehrer Lujo Brentano. Als der bedeutendste Führer und Vorkämpfer positiver Sozialpolitik in Deutschland hatte er sich zu allen Zeiten schwere Angriffe der

[201] Referendarstätigkeit beim Geheimen Justizrat PROFESSOR DR. FRANKENBURGER. Vgl.: Anwaltskammer Akte LOEWENFELD. Vgl.: Akte FRANKENBURGER. (Stadtarchiv München). DR. FRANKENBURGER (19.06.1856-08.12.1938), Geheimer Justizrat und Honorarprofessor und der Technischen Hochschule München. Am 01.12.1938 wird er aus der Liste der Anwälte wegen Zurücknahme der Zulassung gelöscht. 1942 wird seine Tochter "evakuiert".

[202] Vgl.: PHILIPP LOEWENFELD, Der Erfinderschutz der Privatangestellten, München 1914.

vom Unternehmertum abhängigen Presse zugezogen. Den beliebten Vorwurf, er sei Sozialist oder Kommunist, konnte man ihm nicht anhängen, da es weithin bekannt war, dass er ein entschiedener Gegner der marxistischen Lehre und der materialistischen Geschichtsauffassung war. So bekämpfte man ihn mit allgemeinen Verdächtigungen und Beschimpfungen jedweder Art. Man kann sagen, dass diese Kämpfe bereits einen Vorgeschmack der Verrohung und Niedertracht gaben, wie sie im Dritten Reich dann etwas allgemein Übliches geworden ist. Eine besonders charakteristische Episode dieses Kampfes schloss sich an einen Vortrag an, den Lujo Brentano im Februar 1912 in München unter dem Titel "Der Schutz der Arbeitswilligen" hielt[203]. Als "Arbeitswillige" pflegte man in Deutschland auf Unternehmerseite zur damaligen Zeit zu Unrecht die Streikbrecher zu bezeichnen. Die Bezeichnung "Arbeitswilliger" für die Streikbrecher bildete eine Beleidigung der anständigen Arbeiterschaft, indem dieser unterstellt wurde, sie sei nicht arbeitswillig, weil sie durch Lohnkämpfe ihre Existenzbedingungen zu verbessern suchte, die Streikbrecher dagegen, die ihren kämpfenden Kollegen in den Rücken fielen, seien arbeitswillig. Dabei war es bekannt, dass das Unternehmertum sich anlässlich von Streiks bestimmter Firmen bediente, die gewerbsmäßig Streikbrecher gegen Barzahlung lieferten. In Amerika, wo solche Agenturen von der Art der Pinkerton-Leute auch nicht unbekannt sind, hat das Gesetz eine solche Schmach verboten. In Deutschland hatten die gewerbsmäßigen Streikbrecherkolonnen auch den Namen Hintze-Gardisten, weil die größte Lieferfirma für solche Streikbrecher Hintze hieß[204]. In seinem Vortrag teilte Brentano die Arbeitwilligen in verschiedene Kategorien ein und erwähnte auch die Hintze-Gardisten, von denen er sagte, dass sie "jeden Gemeingefühls für die Interessen und Ehre ihres Standes bar, lediglich ihren momentanen persönlichen Vorteil verfolgen"[205]. Unwahre Presseberichte teilten mit, Brentano habe alle Arbeitswilligen als ehrlos bezeichnet. Dadurch war die Bahn frei für eine ebenso wohlorganisierte wie verlogene Entrüstungsaktion. So schrieb zum Beispiel der Syndikus des bayrischen Industriellenverbandes[206] einen Artikel in nicht weniger als

[203] LUJO BRENTANO, Der Schutz der Arbeitswilligen, München 1912 (Berlin 1899). Brentano hatte den Vortrag bereits am 26.01.1899 in der Volkswirtschaftlichen Gesellschaft zu Berlin gehalten.

[204] Zur Geschichte des Streiks in Deutschland: Vgl.: TENFELDE, KLAUS/VOLKMANN, HEINRICH (Hrsg.), Streik. Zur Geschichte des Arbeitskampfes in Deutschland während der Industrialisierung, München 1981.

[205] LUJO BRENTANO, Mein Leben im Kampf für die soziale Entwicklung Deutschlands, Jena 1931, S. 292 ff.

[206] DR. ALFRED KUHLO (19.07.1876-21.03.1931), Jurist, Syndikus des bayrischen

hundertdreiunddreissig deutschen Zeitungen, in dem gesagt war: Brentanos Vortrag habe an Weltfremdheit und Verhetzung alles Dagewesene überboten, er habe bewiesen, dass ein brauchbarer sozialistischer Agitator an ihm verloren gegangen sei. Wenn Brentanos Ausführungen Wissenschaft seien, dann müssten Bebel[207] und Liebknecht[208] auf Grund ihrer Brandreden schon längst Ehrendoktoren der Münchener Universität sein. Revolverschießen, Messerstiche und schwere Drohungen seien nach Brentanos Meinung wohl nur durchaus berechtigte harmlose Aufklärungen. Das eigentliche Scheusal sei immer der Unternehmer, der gemütsroh genug sei, nicht jede Forderung übermütiger Agitatoren ohne Weiteres zu bewilligen. Brentano habe es gewagt, ungestraft tausenden braven, ehrlichen Arbeitern eine gröbliche Beschimpfung ins Gesicht zu schleudern. Es müsse weit gekommen sein im deutschen Vaterlande, wenn die Inhaber der Lehrstühle der Universitäten solche wüste Hetzereien, die mit Wissenschaft nicht das Mindeste zu tun hätten, öffentlich betreiben dürften. Im Schlussabsatz der denunziatorischen Beschimpfung forderte der Artikel schließlich dazu auf, dass die Industrie keine jungen Volkswirte mehr in ihre Betriebe aufnehme, die mit dem Gifte Brentano'scher Hetzereien herangebildet seien. Brentano sandte sämtlichen Zeitungen, die die Angriffe gegen ihn aufgenommen hatten, sofort Berichtigungen. Er konnte aber mit diesen gegen die Massenverbreitung von Unwahrheit nicht aufkommen. Waren seine Berichtigungen kurz, dann wurden sie als "nichtssagend", als "nicht gentlemanlike", als "Kneiferei" bezeichnet, waren sie ausführlich und zitierten genau, so wurde ein Zusatz daran gefügt, des Inhaltes, Brentano beweise mit seiner Berichtigung lediglich, dass er den ihm gemachten Vorwurf verdient habe. Eine von einem großen Lederindustriellen ausgehaltene Zeitung schrieb sogar liebenswürdig, Brentanos Anschauung von der Arbeitswilligkeit sei eine

Industriellenverbandes, Aufsichtsrat der Bayerischen Hypotheken- und Wechselbank und der UFA. Vgl.: PAUL HOSER, Die politischen, wirtschaftlichen und sozialen Hintergründe der Münchner Tagespresse zwischen 1914 und 1934, Frankfurt/M u.a. 1990, S. 66. Ferner ALFRED KUHLO, Das ewige Problem der Arbeitswilligen, in: Die Bayerische Industrie 10 (06.03.1912), S. 1- 4. Weitere Artikel zum Prozess Brentano-Kuhlo finden sich in den Ausgaben der Zeitschrift "Die Bayerische Industrie", Jahrgang 1912, Nr.11, 27, 37, 38.

[207] AUGUST BEBEL (22.02.1840-13.08.1913), SPD, Parteivorsitzender. Vgl.: WILHELM HEINZ SCHRÖDER, Sozialdemokratische Parlamentarier in den Deutschen Reichs- und Landtagen 1867-1933, Düsseldorf 1986, S. 359 f. Vgl.: NDB 1, S. 683ff. Vgl.: BRIGITTE SEEBACHER-BRANDT, Bebel. Künder und Kärrner im Kaiserreich, Bonn 1988 und FRANCIS L. CARSTEN, August Bebel und die Organisation der Massen, Berlin 1991.

[208] WILHELM LIEBKNECHT (26.03.1826-07.08.1900), SPD, Politiker und Publizist. Vgl.: FRIEDRICH WILHELM WEITERHAUS, Wilhelm Liebknecht. Das unruhige Leben eines Sozialdemokraten. Eine Biographie, Gütersloh 1976. Vgl.: WILHELM HEINZ SCHRÖDER, Sozialdemokratische Parlamentarier in den Deutschen Reichs- und Landtagen 1867-1933, Düsseldorf 1986, S. 588.

"niedrige, aber echt Brentanosche Auffassung". Der Geschäftsführer[209] des "Centralverbandes Deuscher Industrieller" schrieb, etwas Stärkeres an blindem Vorurteil und Unkenntnis der Verhältnisse als die Brentanosche Theorie gebe es nicht, und auch hier bewahrheite es sich wieder, dass in sozialistischen Ideen noch jederzeit der verwegenste Idealismus mit dem begehrlichsten Materialismus zusammengetroffen sei. Als es sich erwies, dass Brentano mit Berichtigungen der Wahrheit nicht zur Ehre verhelfen konnte, erhob er Strafklage gegen eine Anzahl von Redakteuren, die für die Verbreitung der gegen ihn gerichteten Verleumdungen verantwortlich waren. Die Organisation der Streikbrecher beantwortete diese Strafklage Brentanos mit einer in der Unternehmerpresse angekündigten "Massenklage" von elf Streikbrechern, da Brentano diese ehrlos genannt habe. Die angeklagten Redakteure wurden zu Strafen verurteilt, und es wurde auf Grund eingehender Beweisaufnahme gerichtlich festgestellt, dass Brentano die ihm zugeschriebene Äußerung, wonach alle Arbeitswilligen ehrlos seien, nicht getan habe. Die angeklagten Redakteure legten Berufung ein. Diese wurde vom Gericht verworfen. In dem Urteil der Berufungsinstanz war ausgesprochen, Brentanos Angreifer hätten sich "absichtlich der Erkenntnis der Wahrheit verschlossen, um nicht in die unbequeme Notwendigkeit versetzt zu werden, die Unbegründetheit ihres Angriffes eingestehen und den grundlos Angegriffenen um Entschuldigung bitten zu müssen". Die angeklagten Redakteure gingen auch noch in die höchste Instanz, ihre Revision wurde jedoch von dieser verworfen. Die "Massenklage" der elf Streikbrecher gegen Brentano wurde vom Gericht als unbegründet abgewiesen. Der Vorstand des bayrischen Industriellenverbandes scheute nach diesen Vorgängen nicht davor zurück, in offensichtlicher Verhöhnung der Rechtspflege einen Beschluss zu fassen, wonach seinem verurteilten Syndikus die gesamten Unkosten des gegen ihn durchgeführten Strafverfahrens durch den Verband abgenommen werden und er aufgefordert werde, den Kampf "entsprechend" fortzusetzen[210].

Kaum hatten die Wortführer des Unternehmertums und der von ihm abhängigen Streikbrecherorganisationen diese schwere öffentliche Nieder-

[209] ALEXANDER TILLE, (30.06.1866-16.12.1912), 1890-1900 Dozent für Germanistik, Geschäftsführer des Centralverbandes Deutscher Industrieller 1901, 1903 Syndikus der Handelskammer in Saarbrücken, Vertreter eines radikalen Sozialdarwinismus. Vgl.: ROLF PETER SIEFERLE, Alexander Tille, in: Handbuch zur 'Völkischen Bewegung' 1871-1918, hrsg. von UWE PUSCHNER/WALTER SCHMITZ/JULIUS H. ULLRICH, München 1996, S. 930. Vgl.:Anonym, Lujo Brentano und der akademische Klassenmoralismus, in: Die Bayerische Industrie 41 (09.10.1912), S. 1 ff.

[210] Vgl.: LUJO BRENTANO, Mein Leben im Kampf für die soziale Entwicklung Deutschlands, Jena 1931, S. 295 ff.

lage erlitten, als der Führer der extrem scharfmacherischen Richtung des deutschen Unternehmertums, Dr. Alexander Tille aus Saarbrücken, unter dem Titel "Lujo Brentano und der akademische Klassenmoralismus. Der Kathedersozialismus am Pranger"[211], ein Buch erscheinen ließ, in dem wohl sämtliche Beschimpfungen, die man mit Ausnahme eines Abdrucks des Tierlexikons überhaupt über einen Menschen erfinden kann, auf Brentano gehäuft wurden und in dem sämtliche Verleumdungen, die gerichtlich bereits als solche festgestellt waren, wiederholt und verstärkt wurden. Unter anderem war der Vorwurf der Herabsetzung und Verdächtigung des deutschen Unternehmertums aus niedrigen Motiven an dreizehn Stellen, der Vorwurf der Aufreizung zum Klassenhass an achtundzwanzig Stellen, der Vorwurf der sittlichen Minderwertigkeit, der Begünstigung von Erpresserhandlungen, von Sachbeschädigung und Körperverletzung an achtundzwanzig Stellen, der Vorwurf der Verlogenheit in allen möglichen Formen, nach einer auf Vollständigkeit keinen Anspruch machenden Zählung, an hundert Stellen des Buches erhoben. Mit diesen Vorwürfen alternierten die der Unwissenheit, Unwissenschaftlichkeit, Denkunfähigkeit und völligen Verrücktheit. Wiederum druckte die Industriepresse dieses elende Machwerk als eine hervorragende Aufklärung abschnittweise ab. Zudem kaufte der bayrische Industriellenverband hunderte von Exemplaren der Schrift an, stellte sie an "Interessenten" unentgeltlich zur Verfügung. Nunmehr war Brentano gezwungen, zum zweiten Male vor Gericht zu gehen. Dr. Tille starb, bevor der gegen ihn gerichtete Prozess zum Austrag kam. Die übrigen Beklagten krebsten auf der ganzen Linie, nahmen ihre Vorwürfe als unbegründet und mit dem Ausdruck des Bedauerns zurück und verpflichteten sich, sie nicht mehr zu verbreiten. Der angeklagte Verleger der Tilleschen Schrift musste das Buch aus dem Handel ziehen und alle noch vorhandenen Exemplare Brentano zur Einstampfung übergeben. Ferner hatten die Beklagten sämtliche Kosten zu übernehmen und ihre Erklärung in einer Reihe von öffentlichen Blättern zu publizieren. So blamabel der Ausgang dieser Beschimpfungshetze gegen Brentano für deren Urheber war, so war doch das verhältnismäßig milde juristische Resultat um deswillen charakteristisch, weil es scharf mit den drakonischen Strafdrohungen kontrastierte, die für Verletzung fremder Ehre von Arbeiter zu Arbeiter vorgesehen waren, falls die Ehrverletzung dazu bestimmt war, die Zwecke einer Arbeiterkoalition zu fördern. Während es nämlich für Kaiser und Könige und für jeden Bürger des deutschen Reiches nur den Begriff der

[211] ALEXANDER TILLE, Lujo Brentano und der akademische Klassenmoralismus, in: Sozialwirtschaftliche Zeitfragen Heft 9/10, Berlin 1912, (Der Kathedersozialismus am Pranger).

Beleidigung gab, bei der entweder beschimpfende Ausdrücke gebraucht oder etwas inhaltlich Unehrenhaftes behauptet sein musste, waren Arbeiter auch, und zwar ausschließlich mit Gefängnis, niemals mit Geld strafbar, wenn sie "Andere durch Anwendung körperlichen Zwanges, durch Drohung, Ehrverletzung oder Verrufserklärung bestimmen oder zu bestimmen versuchten, an Koalitionen teilzunehmen oder ihnen Folge zu leisten, oder Andere durch gleiche Mittel hindern oder zu verhindern versuchten, von solchen Verabredungen zurückzutreten". Wenn unter Bürgern einer den anderen beleidigt hatte, dann war die Angelegenheit erledigt, wenn die Beiden vor Gericht einen Vergleich schlossen, indem der Beleidiger seine Äußerung zurücknahm und die Kosten bezahlte. War aber die Äußerung von einem Arbeiter im Interesse der Koalition ausgesprochen, dann musste der Beleidiger noch von Amtswegen wegen "Ehrverletzung" mit Gefängnis gestraft werden. Wenn der Zweck der Beleidigung dagegen koalitionsfeindlich war, dann blieb es bei dem Vergleich und brauchte keine Gefängnisstrafe ausgesprochen zu werden. Was bei solchen Anklagen alles als "Ehrverletzung" angesehen wurde, war ebenso lächerlich wie traurig. So verurteilte zum Beispiel ein westfälisches Schöffengericht eine völlig unbescholtene Bergarbeitersfrau, die einem vorübergehenden Streikbrecher das einzige Wort "Pfui"! zugerufen hatte, wegen Ehrverletzung zu sechs Wochen Gefängnis. Wegen des Wortes "Streikbrecher" erhielt man regelmäßig drei Monate Gefängnis, es war also gefährlich, einen Streikbrecher beim wahren Namen zu nennen. Eine Bergarbeitersfrau wurde zu Gefängnis verurteilt, weil sie zu einer Zeit, zu der Streikbrecher an ihrem Fenster vorbeigingen, einen Topf mit Knödeln vor das Fenster herausgestellt hatte; das Gericht erklärte, in dem Hinausstellen des Topfes vor das Fenster sei der stillschweigende Vorwurf gegen die Streikbrecher enthalten, dass diese Hungerleider seien. In ähnlicher Weise wurde von der Justiz mit dem Begriff der "Verrufserklärung"[212] gewirtschaftet. In allen Berufs- und Gesellschaftsschichten war die Verrufserklärung völlig erlaubt und straffrei. In den sogenannten gehobenen Schichten des Volkes, vor allem im Offizierskorps und bei den Studenten, galten Solidarität und Korpsgeist als die wichtigsten Tugenden des satisfaktionsfähigen Menschen. Beim Arbeiter aber galten sie als ein kriminelles Vergehen, sobald sie irgendwie greifbar getätigt wurden. Es genügte also zu einer mehrmonatlichen Gefängnisstrafe, wenn ein Arbeiter zum Zwecke der Förderung einer Koalition erklärte, der Kollege soundso habe die Solidarität gegenüber seinem

[212] Vgl.: PHILIPP LOTMAR, Die Verrufserklärung vertragsbrüchiger Arbeiter durch den Zechenverband. Ein Gutachten, in: Soziale Praxis 18 (1908/09) vom 29.10.1908, Spalte 108-112.

Verband gebrochen und die Mitglieder sollten daraus die Konsequenz ziehen, ja wenn er auch nur erklärte, mit der Tochter dieses Kollegen tanze er nicht mehr. Denn das Eine und das Andere wurde von der Rechtsprechung bereits als eine "Verrufserklärung" angesehen. Wenn dagegen ein Offizier einem Offizier oder ein Student einem Studenten erklärte, mit der Tochter des Herrn soundso tanze er nicht mehr, so war dies selbstverständlich straffrei. Dass ein deutsches Gericht sich fand, das das Ausspucken eines Arbeiters vor einem Streikbrecher als "Zwang" erklärte und mit mehrmonatlicher Gefängnisstrafe ahndete und dass diese Entscheidung in allen Instanzen aufrecht erhalten wurde, sei nur der Kuriosität halber erwähnt. Es zeigt, zu welchen Exzessen des Unsinns ein Teil der deutschen Rechtsprechung schon damals im Dienste der Mächtigen bereit war.

15. *Beitritt zur SPD*

Ich trat in diesen sozialpolitischen Kämpfen mit vollem Eifer für die Seite der Schwächeren ein und verteidigte Brentanos Standpunkt gegen seine Angreifer in einer Reihe von Aufsätzen[213]. Es war für mich eine tiefe Genugtuung, dass er mir nach der Veröffentlichung eines dieser Aufsätze schrieb, ich hätte den betreffenden Angriff auf ihn so vollständig widerlegt, dass er selbst in dieser Angelegenheit das Wort nicht mehr zu ergreifen brauche. Auf Grund meiner wachsenden Erfahrung sozialwissenschaftlicher und sozialpolitischer Art legte ich mir auch immer dringlicher die Frage vor, ob ich verpflichtet sei, aus meiner Überzeugung die Konsequenz des Anschlusses an eine politische Partei zu ziehen. Von meinen Lehrern und Vorbildern war dieses Problem in sehr verschiedener Weise gelöst worden. Mein Vater hatte immer auf dem Standpunkt gestanden, als ein parteipolitisch nichtgebundener Hochschullehrer der Sache des Fortschrittes am besten dienen zu können. Bei politischen Wahlen wählte er sozialdemokratisch. Der damalige sozialdemokratische Abgeordnete für München hieß Birk[214]. Er sagte deshalb, er erfülle seine "Birkerpflicht". Karl von Amira war politisch liberal gesinnt, gehörte keiner Partei an und ließ darüber, wie er wählte, nichts verlauten. Lujo Brentano war einer der Mitgründer der

[213] Vgl.: PHILIPP LOEWENFELD, Unternehmer-Sozialpolitik und Wissenschaft, in: MÄRZ 1. Bd. (1912), S.207-217, sowie DERS., Der Kathedersozialismus am Pranger, in: MÄRZ 3. Bd. (1913), S. 217-221 und 257-261.

[214] GEORG BIRK (11.10.1839-23.09.1924), SPD-Abgeordneter für München, Mitglied des Reichstages 1890-1898 und 1903-1907; Mitglied des Landtages 1899-1907. Vgl.: WILHELM HEINZ SCHRÖDER, Sozialdemokratische Parlamentarier in den Deutschen Reichs- und Landtagen 1867-1933, Düsseldorf 1986, S. 372.

"Nationalsozialen Partei" zusammen mit Friedrich Naumann[215] und Theodor Barth[216]. An der Zugehörigkeit zu einer der großen bürgerlichen Parteien verhinderte ihn seine Ansicht, dass er diese in sozialpolitischen Dingen samt und sonders für vernagelt hielt, an der Zugehörigkeit zur Sozialdemokratie deren damals betont zur Schau getragene internationale Einstellung, die dem deutschen Nationalgefühl Brentanos widersprach. Er sah es deshalb mit Naumann und Barth als deren gemeinschaftliche Mission an, die linksbürgerlichen Parteien und die Sozialdemokraten einander zu nähern, indem er das Bürgertum mit sozialem und die Arbeiterschaft mit nationalem Geist zu durchdringen suchte. Die nationalsoziale Partei[217] erwies sich rasch als ein totgeborenes Kind, sie verfiel der freiwilligen Auflösung, ein Teil ihrer Mitglieder ging zu den Sozialdemokraten, ein anderer Teil zu der deutsch-freisinnigen Partei, der linken Vertretung des Bürgertums, über. Meines Wissens hat sich Brentano nach dieser Entwicklung nicht mehr politisch organisiert. Philipp Lotmar hat der sozialdemokratischen Partei schon unter dem Bismarck'schen Sozialistengesetz angehört, als diese Parteizugehörigkeit noch ein äußerst gefährliches Unternehmen war, auf dessen Feststellung Freiheitsstrafen und Amtsverlust angedroht waren. Gegen eine politische Organisierung bei irgend einer Partei sprach in meinen Augen die Gefahr einer schematischen Abstempelung des Menschen, die bekannte Tatsache, dass in den politischen Parteien neben persönlicher Tüchtigkeit und sachlicher Leistungsfähigkeit auch Ehrgeiz, Vorurteil, Anciennitätsgesichtspunkte und Intrigen eine bedeutende Rolle spielten. Für eine parteipolitische Organisierung sprach die Erwägung, dass der Mensch der Gemeinschaft da dienen solle, wo er seine persönlichen Ideen und Überzeugungen am relativ meisten verwirklicht sah, und wo er sich deshalb subjektiv auf dem rechten Weg fühlen konnte. Empfindungsmäßig hielt mich am längsten von einer Organisation bei einer Partei die Erwägung ab, dass man durch die parteipolitische Bindung vielleicht genötigt sein könne, seine bessere Erkenntnis einer vermeintlich nötigen Anschauungsdisziplin zu opfern, Dinge zu verteidigen, die man nicht gutgläubig verteidigen konnte, und Dinge anzugreifen, weil dies nun einmal

[215] FRIEDRICH NAUMANN (25.03.1860-24.08.1919), Mitbegründer des Nationalsozialen Vereins und der Freisinnigen Vereinigung, Politiker. Vgl.: THEODOR HEUSS, Friedrich Naumann, 2. Aufl., Tübingen 1949 (1. Aufl., Berlin-Stuttgart 1937).

[216] THEODOR WILHELM BARTH (16.07.1849-02.09.1909), Publizist und Politiker, Mitbegründer des Nationalsozialen Vereins und der Freisinigen Vereinigung. Vgl.: NDB 1, S. 606.

[217] Vgl.: DIETER DÜDING, Der Nationalsoziale Verein 1896-1903. Der gescheiterte Versuch einer parteipolitischen Synthese von Nationalismus, Sozialismus und Liberalismus, München/Wien 1972.

Parteischablone war. Meine Eindrücke von dem deutschen Parteiwesen waren alles andere als ermutigend. Dass auf Seite der Rechtsparteien unter ihren Mitgliedern erheblicher Gesinnungsterror herrschte, konnte ich anhand vieler Einzelwahrnehmungen feststellen. In den Fragen der Zoll- und der gesamten Handelspolitik, der Agrarpolitik, der Arbeiterpolitik waren die Angehörigen der Rechtsparteien, von wenigen rühmlichem Ausnahmen abgesehen, die handfesten Vertreter nackter Macht- und Geldinteressen, die oft in der übelsten Weise in angeblich nationale Interessen umgefälscht wurden. Die bürgerlichen Mittel- und Linksparteien, zahlenmäßig relativ schwach und innerlich zerrissen durch den Mangel gemeinschaftlich begeisternder Parolen, schwankten in der praktischen Politik oftmals zwischen liberaler und reaktionärer Geisteshaltung herum. Aber auch an der Einstellung der Sozialdemokraten, die in der damaligen deutschen Politik die äußerste Linke darstellten, stieß mich Vieles ab. Die Partei war noch von den alten radikalen Parolen revolutionärer Art beherrscht, wie sie in ihrer Entwicklungszeit sozusagen klassisch geworden waren, und sie von altgewordenen Führern, wie Bebel und Singer[218], und jüngeren hinzugekommenen marxistischen Theoretikern mit einem wahrhaft konservativen Revolutionarismus gepflegt wurden. Innerlich hatte die Partei trotz aller radikalen Gesten längst ihren Frieden oder wenigstens ihren Waffenstillstand mit der Gegenwartsordnung gemacht und dachte nicht ernstlich daran, die kapitalistische Ordnung oder den monarchistischen Staat umzustürzen[219]. Unter dem Einfluss der rapid wachsenden Gewerkschaftsbewegung, deren Interesse nicht der Verwirklichung eines Zukunftsstaates[220], sondern der Hebung der Lage der Arbeiterklasse im Gegenwartsstaat gehörte und unter dem Einfluss hochgebildeter geistiger Führer wie Eduard Bernstein, Georg von Vollmar, Eduard David, Adolf Müller, Max Schippel[221], hatte sich die

[218] Paul Singer (16.01.1844-31.03.1911), Vorsitzender der SPD, Mitglied des Reichstages 1884-1911. Vgl.: Wilhelm Heinz Schröder, Sozialdemokratische Parlamentarier in den Deutschen Reichs- und Landtagen 1867-1933, Düsseldorf 1986, S. 706.

[219] Vgl.: Dieter Groh, Negative Integration und revolutionärer Attentismus. Die deutsche Sozialdemokratie am Vorabend des Ersten Weltkrieges, Frankfurt/M. 1973.

[220] Vgl.: Carl Ballod, Der Zukunftsstaat, Produktion und Konsum im Sozialstaat, Stuttgart 1898. Vgl.: Nikolas Balabkins, Der Zukunftsstaat: Carl Ballod's vision of a leisure-oriented socialism, in: History of Political Economy 10:2 (1978), p. 213-232.

[221] Eduard Bernstein (06.01.1850-18.12.1932), sozialistischer Theoretiker des Revisionismus. Vgl.: Wilhelm Heinz Schröder, Sozialdemokratische Parlamentarier in den Deutschen Reichs- und Landtagen 1867-1933, Düsseldorf 1986, S. 367. Vgl.: Peter Gay. The Dilemma of Democratic Socialism. Eduard Bernstein's challenge to Marx, New York 1952. Georg von Vollmar (07.03.1850-30.06.1922), 1877 Redakteur des "Volksboten" in Dresden, anschließend Haft und Emigration, 1890-1918 Mitglied des Reichstags der SPD. Vgl.: Wilhelm Heinz Schröder, Sozialdemokratische Parlamentarier

sogenannte revisionistische Bewegung[222] in der Partei, die ihr Ziel nicht in der Revolution, sondern in der Evolution sah und die deshalb mit den Einstellungen Brentanos eine große Ähnlichkeit hatte, zu einem achtungsgebietenden Faktor in der sozialdemokratischen Politik entwickelt, ohne gegenüber dem Revolutionarismus mehrheitsmäßig irgendwie durchdringen zu können. Der Revolutionarismus als solcher aber war längst versandet und verkalkt. Er zeichnete sich nicht durch produktive Geisteshaltung, sondern durch orthodoxes und gewalttätiges Festhalten an allen Teilen der marxistischen Theorie aus, auch an denen, die durch den Lauf der Geschichte als widerlegt gelten mussten. Ganz im Sinne dieser Orthodoxie wurden die jungen Leute in der Partei zu künftigen Revolutionsveteranen, statt zu selbstständigen kühnen Denkern ausgebildet. Um ein Parteifunktionär zu werden, musste man zunächst einmal lokal eine Anzahl von Jahren im Ortsverein gearbeitet haben, um seine "Zuverlässigkeit" zu beweisen. Die jungen Arbeiter in den Betrieben, die durch die revolutionären Parolen der Partei angezogen wurden, hatten also zunächst einmal ein höchst prosaisches Werk zu verrichten. Sie mussten ihre Freizeit benutzen, um zum Kassieren von Beiträgen bei den "Genossen" – wie der überflüssig jakobinische Ausdruck für die Parteizugehörigkeit lautete – an den Abenden und den Sonntagen treppauf und treppab zu laufen, um kleine Pöstchen als Sektionsvorsitzende, Schriftführer, Kassierer von Ortsverei-

in den Deutschen Reichs- und Landtagen 1867-1933, Düsseldorf 1986, S. 784. Vgl.: FLORIAN BECK, Georg von Vollmar, König in Bayern, Wegbereiter für die deutsche Sozialdemokratie, in: Von der Klassenbewegung zur Volkspartei. Wegmarken der bayerischen Sozialdemokratie 1892-1992, hrsg. von HARTMUT MEHRINGER, München u.a. 1992, S. 45-53 Vgl.: CHRISTIAN UDE: Georg von Vollmar, Aus dem Leben eines bayerischen Vollblutpolitikers, in: Von der Klassenbewegung zur Volkspartei. a.a.O., S. 54-61. EDUARD DAVID (11.06.1863-24.12.1930), 1896-1908 Mitglied der II. Hessischen Ständekammer, 1903-1918 sozialdemokratisches Mitglied des Reichstages, 1918 Unterstaatssekretär im Auswärtigen Amt, 1919 Präsident der Nationalversammlung, 1919 Reichsminister des Inneren, seit 1923 Vertreter des Reiches in Darmstadt, 1920-1930 Reichstagsabgeordneter der SPD. Vgl.: WILHELM HEINZ SCHRÖDER, a.a.O. S. 404f. ADOLF MÜLLER (19.08.1865-05.09.1943), SPD, Redakteur, Mitglied des Bayerischen Landtages 1899-1918. Vgl.: WILHELM HEINZ SCHRÖDER, a.a.O., S. 624. und KARL HEINRICH POHL, Adolf Müller, sozialdemokratischer Politiker und deutscher Diplomat, in: HARTMUT MEHRINGER, a.a.O. S. 103-110. MAX SCHIPPEL, (06.12.1859-06.06.1928), SPD, Redakteur, Mitglied des Landtages 1923-1928, Professor für wirtschaftliche Staatswissenschaften an der TH Dresden, Mitglied des Reichstages 1890-1905. Vgl.: WILHELM HEINZ SCHRÖDER, a.a.O. S. 720.

[222] Vgl.: HELGA GREBING, Der Revisionismus. Von Bernstein bis zum "Prager Frühling", München 1977.

nen oder Teilen von Ortsvereinen zu bekleiden, um mehr oder weniger konventionelle Begrüßungsansprachen in lokalen Versammlungen zu halten, wenn "große" Genossen einmal dort ein Referat hielten, um derartige Versammlungen mit den obligaten Hochrufen auf die "internationale revolutionäre Sozialdemokratie" zu schließen, um Protokolle zu führen, Jahresberichte zu machen und vor allem, um in Wahlzeiten möglichst Erhebliches in der örtlichen Kleinagitation von Haus zu Haus und von Person zu Person zu leisten. Wenn sich ein junger Arbeiter für alle diese Verrichtungen anstellig genug erwies, wenn er in ihrem Vollzuge genügenden Eifer zeigte, wenn er nicht verdächtig war, zuviele eigene oder gar irgend welche nichtmarxistische Gedanken zu haben, dann konnte er die nächste Stufe der sozialdemokratischen Karriere erklimmen, indem er aus dem Betrieb herausgenommen und zu einem Kleinfunktionär in einem örtlichen Parteibüro oder in einem Büro der mit der Partei cooperierenden Gewerkschaften oder Genossenschaften gemacht wurde. Diese örtliche Bürokratie hatte soziologisch bereits die Interessenlage des Kleinbesitzers. Sie lebte in einer 2 - 3 Zimmerwohnung mit Küche und Kammer, war Mitglied beim Konsumverein und beim Sportverein, die besseren auch beim Arbeiterbildungsverein, sie kaufte sich Möbel, eine Regulatoruhr, eine Kücheneinrichtung auf Abzahlung aus den bescheidenen Gehältern, die sie durch Dokumentierung und Exerzierung ihrer Gesinnung erlangte. Viele aus dieser Schicht hatten auch Schrebergärten in der Vorstadt, wo man Blumen, Gemüse und Kartoffeln züchtete. Die Öldrucke oder "echten" Kupferstiche von Marx, Lassalle und Bebel[223] in der Wohnstube des Funktionärs waren die sozusagen sentimental – revolutionären Attrappen zu dieser kleinbürgerlich geregelten Existenzführung. Auf dem Bücherbrett der "besseren" Funktionäre fand man die Handbücher des Reichstages und des Landtages, medizinische Volkslexika, Schiller, Goethe und Heine[224], Karl Marx und Lassalle, sowie die Bände mindestens einer sozialdemokratischen Zeitschrift, die sorgfältig gesammelt und meist auch ordentlich gebunden wurden. Vielfach war die Wohnung des Funktionärs bereits durch einen Telefonanschluss mit dem "Geschäft", nämlich eben dem Partei-, Gewerkschafts-,

[223] Karl Marx (05.05.1818-14.03.1883), Theoretiker, Begründer des marxistischen Sozialismus und Verfasser des "Kapitals" (1867-1894). Vgl.: NDB 16, S. 328-344. Ferdinand Lassalle, (11.04.1825-31.08.1864), Theoretiker und Organisator der deutschen Arbeiterbewegung. Vgl.: NDB 13, S. 661-668. August Bebel (22.02.1840-13.08.1913), Vgl.: Anmerkung 207.

[224] Friedrich Schiller (10.11.1759-09.05.1805),
Johann Wolfgang Goethe (28.08.1749-22.03.1832) ,
Heinrich Heine (13.12.1797-17.02.1856), Deutsche Klassiker.

Genossenschaftsbüro verbunden. Man hielt sich einen Kanarienvogel, eine Katze, einen Hund, manche auch ein Musikinstrument, man war Mitglied des Arbeitergesangsvereins Lassallia und wie sie alle hießen. An den Abenden diskutierte man in gewaltiger Weise raue Revolutionsprobleme, wie die Frage des Generalstreiks im Falle eine Krieges, untertags aber war man zu einem bürokratischen Kleinbürger geworden. Aus dieser Menschenschicht wurden dann schließlich wiederum die "Besten" ausgesiebt, die für den dritten und eigentlichen Schritt im Parteiavancement in Betracht kamen, nämlich für die Parteischule in Berlin. Auf dieser Parteischule wurde der Mann mit einer tierischen Gründlichkeit im Marxismus exerziert. Er musste eine Antwort auf jeden Einwand, gegen jedes Argument lernen, das an der unfehlbaren Richtigkeit der marxistischen Lehre eine Spur von Zweifel übrig ließ. Es gab kein Gebiet der gesamten politischen, wirtschaftlichen, geistigen und ethischen Ordnung der Dinge, für das der ausgelernte Marxist nicht sofort eine betriebsfertige und auf alleinige Richtigkeit Anspruch erhebende Erklärung auf dem Präsentierteller zu haben hatte. Gegenüber bestimmten Problemen hatte der ausgelernte Parteischüler eine im Voraus bestimmte Einheitshaltung anzunehmen. Das Militärbudget zum Beispiel hatte er "grundsätzlich" abzulehnen. (Er wusste allerdings, dass Majorität der Übrigen ausreichte, um es anzunehmen) Der Parteischüler hatte gegen Kolonialbesitz zu sein. Eben als ich innerlich mit dem Problem der Notwendigkeit einer Parteizugehörigkeit rang, schloss die Mehrheit des sozialdemokratischen Parteitages von 1911 mit großem Getöse Dr. Hildebrand[225], einen der selbstständigsten und interessantesten Denker der jüngeren sozialdemokratischen Generation, aus der Partei aus, weil er sich erfrecht hatte, gegen das herrschende Parteidogma die Ansicht zu haben, dass Kolonialbesitz nicht im Voraus zu verwerfen sei. Die gegen Hildebrand gehaltenen orthodoxen Reden unterschieden sich geistig in nichts von päpstlichen Indexbeschlüssen, menschlich peinlich aber war der teils kühl überlegene, teils wuteifernde Ton, mit dem die Inhaber der Patentmeinung den terroristischen Standpunkt begründeten, dass für den Vertreter einer abweichenden Ansicht kein Platz in einer Partei der sozialistischen Freiheit sei. Die Plädoyers geistig und ethisch hochstehender Parteiführer für den Angegriffenen, so jene von Wolfgang Heine[226], und

[225] Dr. Gerhard Hildebrand, SPD, Ausschluss aus der Partei 1912. Vgl.: Protokoll über die Verhandlungen des Parteitages der SPD 1912, S. 450-507. Vgl.: Franz Osterroth/Dieter Schuster, Chronik der deutschen Sozialdemokratie Bd. 1, Berlin/Bonn-Bad Godesberg 1975, S. 152 ff.

[226] Wolfgang Heine (03.05.1861-09.05.1944), 1888 Rechtsanwalt in Berlin, seit 1884 Mitglied der Sozialdemokratischen Partei, 1918-1919 Vorsitzender des Staatsrates für

Adolf Müller, fruchteten nichts. Die Mehrheit lieferte den Beweis, dass sie entschlossen war, selbständiges Denken unter keinen Umständen zu dulden.

Die Lage war für mich sehr quälend. Ich empfand, dass ein Teil der theoretischen Grundsätze der Partei, ihr Kampf für die Befreiung der Arbeiterklasse, für die Emanzipation der Frau, für die Beseitigung von Herrenrechten und Klassendünkel völlig in meiner Denk- und Gefühlslinie lag. Auch einem großen Teil der gesellschaftskritischen Haltung der Partei, ihrer Verurteilung der Auswüchse des Militarismus, ihrer Justizkritik, ihrer positiven Leistung in Sachen der Sozialpolitik und vielen anderen ihrer Aktivitäten stimmte ich warm zu. Umso stärker stieß mich der geistige Drill ab, mittels dessen der durchschnittliche Parteifunktionär Alles und Jedes "wissenschaftlich" sofort "endgültig" zu erklären wusste. Schon damals herrschte in der Partei auch die wahrhaft üble Manier, jedwedes Denkresultat, das als unbequem empfunden wurde, als "intellektuell" anzuschwärzen. Die "Intelligenzbestie" ist keineswegs eine rein nazistische Erfindung, sie hatte vielmehr Vorbilder in der sozialdemokratischen Bewegung. Dies war umso peinlicher, als ja der historische Glanz und die dialektische Schulung der Bewegung ohne das Werk der Intellektuellen Karl Marx und Friedrich Engels[227] ganz undenkbar gewesen wäre. Trotzdem war es jahrzehntelang eine beliebte Methode in weiten Parteikreisen, lästige Meinungen als die Produkte der Geistesverfassung von "Intellektuellen" abzutun, womit eine gewisse Entartung und ein Gegensatz zu dem angeblichen volksgewachsenen Verstand des "einfachen" Arbeiters gekennzeichnet werden sollte. Schließlich konnte ich nicht übersehen, dass die Partei trotz aller gegenteiligen Versicherungen zum Judenproblem[228] ein lauwarmes Verhältnis hatte. Von ihren geschichtlichen Vätern waren Karl Marx und Ferdinand Lassalle Juden gewesen. Unter ihren großen Führern, die wirkliche Popularität erlangt hatten, war der Berliner Jude Paul Singer, ursprünglich ein reicher Fabrikant, der Leben und Vermögen für die Bewegung opferte, nachdem er einmal deren Richtigkeit erkannt hatte. Zu der

Anhalt und preußischer Justizminister, 1919-1920 preußischer Innenminister, 1923-1925 Mitglied es Staatsgerichtshofes zum Schutz der Republik, 1933 Emigration in die Schweiz. Vgl.: WILHELM HEINZ SCHRÖDER, Sozialdemokratische Parlamentarier in den Deutschen Reichs- und Landtagen 1867-1933, Düsseldorf 1986, S. 496.

[227] FRIEDRICH ENGELS (28.11.1820-05.08.1895), marxistischer Theoretiker. Vgl.: NDB 4, S. 521-527.

[228] Vgl.: HANS HELMUTH KNÜTTER, Die Juden und die deutsche Linke in der Weimarer Republik 1918-1933, Düsseldorf 1971. Vgl.: ROSMARIE LEUSCHEN-SEPPEL, Sozialdemokratie und Antisemitismus im Kaiserreich. Die Auseinandersetzungen der Partei mit den konservativen und völkischen Strömungen des Antisemitismus 1871-1914, Bonn 1978.

damaligen Zeit waren in der sehr starken sozialdemokratischen Reichstagsfraktion und in den deutschen Landtagen nur wenige Juden, während man im Großen und Ganzen die Kandidatenlisten der Partei von solchen frei hielt. Unter diesen Juden befand sich der noch junge sozialdemokratische Abgeordnete von Mannheim, Rechtsanwalt Dr. Ludwig Frank[229], der gleich in den ersten Tagen des Weltkrieges als kriegsfreiwilliger Soldat fiel. Er war einer der besten Köpfe des sozialdemokratischen Revisionismus, ein Mann von glänzender Erscheinung und fortreißender Beredsamkeit, den viele in der Größe seiner Konzeption mit dem jungen Lassalle verglichen. Mit ihm hatte ich anlässlich eines von mir in Mainz gehaltenen Vortrages eine Begegnung, bei der wir uns lange aussprachen. Es zeigte sich, dass er meine Arbeiten kannte und schätzte. Er fragte mich unvermittelt, warum ich meinen Platz noch nicht in der Bewegung gefunden hätte. Ich erwiderte ihm, indem ich ihm alle Bedenken darlegte, die hier geschildert sind. Er sagte hierauf, jedes dieser schweren Bedenken sei berechtigt, allein es handle sich darum, dass die positiven Kräfte sich zur Verfügung stellten, sonst könne sich nichts bessern und werde Alles noch mehr versanden. Auch er, so sagte er, sei mit tiefem Pessimismus in die Partei eingetreten und doch sei es ihm schon gelungen, viel Lebendiges gegen die Orthodoxie durchzusetzen. Er meinte weiter, nicht ein Jeder müsse einen Parteiagitator machen. Positive Leistung aber solle ein Jeder zur Verfügung stellen. Das Allermindeste sei die Notwendigkeit des Erwerbes der Mitgliedschaft, darüber hinaus aber sei auch eine sachliche Wirksamkeit geboten, durch die man einer weiteren Verödung des Parteiwesens vorzubeugen suche. Mit dem sachlichen Gewicht seiner Gründe und mit der zu Herzen gehenden Wärme seines Tones, mit der einfachen Kameradschaft seines Wesens überzeugte er mich, dass ich doch den organisatorischen Anschluss da finden müsse, wo so Vieles erstrebt wurde, was ich auch erstrebte. Ich trat also anfangs 1912 den Gang in das Büro der sozialdemokratischen Partei Münchens an, um mich dort als Mitglied zu melden. Der Parteisekretär, ein Mann mit langem, wallenden, weißen Bart, der später einmal in Revolutionszeiten Präsident des bayrischen Parlaments[230] wurde, empfing mich

[229] Dr. Ludwig Frank (25.03.1874-03.09.1914), SPD-Abgeordneter für Mannheim, Rechtsanwalt; Kriegsfreiwilliger 1914, gefallen beim Angriff auf Noissoncourt. Vgl.: Wilhelm Heinz Schröder, Sozialdemokratische Parlamentarier in den Deutschen Reichs- und Landtagen 1867-1933, Düsseldorf 1986, S. 445. Vgl.: E. Matthias, NDB 5, 1961, S. 342 f.

[230] Es handelt sich hier um den Parteisekretär Franz Schmitt (11.03.1862-21.09.1932), SPD, Präsident des bayerischen Landtags 1919-1920. Vgl.: Wilhelm Heinz Schröder, Sozialdemokratische Parlamentarier in den Deutschen Reichs- und Landtagen 1867-1933, Düsseldorf 1986, S. 727.

mit Anstand, jedoch mit großer Zurückhaltung. Er versicherte mir, dass er meinen Vater sehr verehre und meinen Kampf für Brentano mit Interesse verfolgt habe. Immerhin war ich aber fühlbar für ihn ein junger Herr aus einer bürgerlichen Professorenfamilie, und diese Art von Mitgliedern war sicherlich sehr selten in dem mehrere Zehntausende von Genossen umfassenden Ortsverein. Ein Teil seiner Zurückhaltung beruhte wohl auch auf einer gewissen Schüchternheit im persönlichen Verkehr, die ich später an ihm noch zu beobachten Gelegenheit hatte. Nach einer konventionellen Unterhaltung von etwa zehn Minuten trennten wir uns, nicht ohne dass er mir das Versprechen abgenommen hatte, in den Sektionen des Ortsvereines einige Vorträge nationalökonomischer und sozialpolitischer Art zu halten. Bis zum Beginn des Weltkrieges war dies die einzige Form, in der die Partei auf meine Mitwirkung Anspruch erhob. Ich war dessen im Grunde genommen froh, da ich nicht das Gefühl hatte, mich tiefer in eine eigentliche parteipolitische Tätigkeit einlassen zu sollen, da mir insbesondere vor dem Gedanken schauderte, man könne mich etwa einmal für irgend welche Ehrenämter oder Mandate heranziehen. Denn soviel wusste ich bereits damals aus eigener Beobachtung wie auch aus Mitteilungen von Freunden und Bekannten, dass in diesem Punkt die Verhältnisse in der Partei so schlimm wie nur irgendwo waren. Wenn ein "Neuer" hochzukommen versuchte, dann hatte er die ganze Meute der über fünfzigjährigen Mandatsinhaber gegen sich, die ihre Vorrechte von der Zeit der Befreiungskriege ableiteten. War der "Neue" gar hinreichend verdächtig, Mitglied eines Parlaments werden zu wollen, dann wurden seine Vergangenheit, seine früheren Anschauungen, aber auch sein Privatleben sorgfältigster Durchschnüffelung unterzogen und die Partei der "Alten" und "Zuverlässigen" war glücklich, wenn man ihm einen wirklichen oder vermeintlichen, einen politischen oder einen privaten Schmutzfleck nachweisen konnte. So diente also der formelle Anschluss an die sozialdemokratische Partei nicht etwa der Einleitung einer politischen Karriere, sondern im Grunde genommen nur der Befriedigung des Gefühls der Pflicht, sich nicht von der Mitwirkung am Ganzen da auszuschließen, wo man am ehesten eine Bewegung in der Richtung der eigenen Gedankenwelt erhoffen durfte.

16. *Bund freiheitlicher Akademiker*

Viel wesentlicher als irgend ein Versuch des Einlenkens in eine politische Laufbahn erschien mir die geistige Durchdringung der politischen Systeme in dem Sinne, dass man mit Andersdenkenden über die beiderseitigen Abgrenzungen und Berührungspunkte diskutierte. Solche

Diskussionen erschienen mir vor allem nötig zwischen den geistig interessierten Liberalen und den Sozialdemokraten. Bei der in den offiziellen politischen Parteien herkömmlichen sturen Manier, nur Vertreter der eigenen Gesinnung herauszustellen, konnte man solche Diskussionen weder im sozialdemokratischen Verein noch in der freisinnigen Partei, noch bei der jungliberalen Parteiorganisation veranstalten. Ich gründete also, zusammen mit Alwin Sänger und Albert Kranold[231], welch letzterer, von der liberalen Seite herkommend, sich gleich mir der Sozialdemokratie angeschlossen hatte und sich zu einem der feinsten und gedankentiefsten Vertreter der jüngeren sozialistischen Generation entwickelte, eine kleine eigene Organisation, um derartige Diskussionen zu ermöglichen. Da es uns vor allem um die Klärung der Begriffe innerhalb der akademischen Jugend zu tun war, suchten wir unsere Mitglieder im Hochschulkreis und nannten die Organisation "Bund freiheitlicher Akademiker"[232]. Wir beschränkten aber die Diskussionen selbst keineswegs auf Akademiker, sondern zogen mit Vorliebe auch die Vertreter der freien und der liberalen Gewerkschaften und viele andere im praktischen Leben stehende Persönlichkeiten heran. Häufig hielten wir gemeinschaftliche Diskussionsabende mit dem "Euphoristischen Orden", einer Gründung des Kulturphilosophen Dr. Müller-Lyer und seines Freundes Dr. Bohlen[233]. Auch diese Vereinigung hatte sich zum Ziele gesetzt, die Grenzen und Überschneidungen der verschiedenen politischen und kulturellen Systeme zu erkennen und zu diskutieren. Die Ausspracheabende in diesen Gruppen waren oft wundervolle Erlebnisse. Sie vermittelten uns die Bekanntschaft vieler ernster und strebender junger Männer, die es verschmähten, ihre Meinungen nur nach Schlagworten zu bilden, und die an sich selbst den Anspruch stellten, in das Wesen der Dinge einzudringen. Wir bekamen auch Fühlung mit dem sozialgerichteten Teil der

[231] ALWIN SÄNGER (12.07.1881-18.02.1929), SPD, Rechtsanwalt, Mitglied der Nationalversammlung und des Reichstags Januar 1919-Februar 1919/ Mai 1924-Dezember 1924, Mitglied des Landtages 1919-1924. Vgl.: WILHELM HEINZ SCHRÖDER, Sozialdemokratische Parlamentarier in den Deutschen Reichs- und Landtagen 1867-1933, Düsseldorf 1986, S. 694. ALBERT KRANOLD (1889-1944), SPD, Journalist; 1933 Konzentrationslager.

[232] "Bund freiheitlicher Akademiker". Über diese Vereinigung ist nichts Näheres bekannt. Es scheint sich um eine eher lockere Vereinigung von Studierenden gehandelt zu haben, die durch die Münchner Polizei noch kurz vor dem Ersten Weltkrieg im Sommer 1914 aufgelöst worden ist. Vgl.: Freistudententum. Versuch einer Synthese der freistudentischen Ideen, in Verbindung mit CARL LANDAUER und HANS REICHENBACH herausgegeben von HERMANN KRANOLD, München 1914.

[233] DR. FRANZ MÜLLER-LYER (05.02.1857-29.10.1916), Psychologe und Soziologe. Vgl.: NDB 18, S. 503 f. Vgl.: DR. H. BOHLEN (Hrsg.), Chronik des Euphoristen-Ordens, München 3. Jg. (1913) Heft 1, S. 1-15.

katholischen Bewegung, mit Männern wie Dr. August Pieper[234], dem damaligen Direktor des Volksvereins für das katholische Deutschland, einem Prälaten von großer Persönlichkeitskultur und vielseitigen Interessen, und Dr. Karl Sonnenschein[235], einem jungen Berliner Pfarrer von freudiger Beredsamkeit und großer persönlicher Überzeugungskraft, der die Gotteslehren in den Quartieren der Ärmsten und Elendsten zu verbreiten suchte. In den offiziellen Parteien wurde diese unsere Wirksamkeit mit etwas Missbehagen betrachtet. Schon dass wir keinerlei auf Mehrheitsbeschlüssen beruhende Vollmachten zu unserer Gründung hatten, machte uns einigermaßen verdächtig. Als wir die "revolutionäre" Handlung begingen, eine große öffentliche Versammlung zu veranstalten, zu der wir als Redner je einen führenden Liberalen und einen führenden Sozialdemokraten gewinnen konnten, verspürten wir deutlich das Murren auf beiden Seiten über solche "neue Experimente". Der liberale Redner war Professor Dr. Ludwig Quidde[236], der spätere Nobelpreisträger für den Friedenspreis, der sozialdemokratische Redner der Abgeordnete Peus[237] aus Detmold, der es später zum Anhaltischen Staatspräsidenten brachte. Das Thema "Heer und Demokratie", über das beide sprechen sollten, hatte eine nach Tausenden zählende Zuhörerschaft angezogen. Als ich als Vorsitzender die Versammlung eröffnete, gab es sogleich bei meiner Begrüßungsrede Zwischenrufe und Pfeifen. Verschiedene Parteihengste des linken Flügels der Sozialdemokratie fanden es verräterisch, dass wir einen bürgerlichen Demokraten sprechen ließen, dessen Ruf als überzeugter Friedensfreund, als Gelehrter und als untadeliger Charakter gleich bedeutend war, verschiedene Ortsgrößen des Linksliberalismus fanden es nicht passend, dass ein prominenter bürgerlicher Politiker zusammen mit einem "Roten" das Rednerpodium bestieg. Der Lauf der Versammlung aber war ein voller Erfolg unserer Bestre-

[234] Dr. August Pieper (14.03.1866-25.09.1942), Direktor des Volksvereins für das katholische Deutschland. Vgl.: Staatslexikon der Görres-Gesellschaft, Bd. 7, Freiburg 1962, S. 270 f. Vgl.: Thomas Dammen, Pieper, Carl Friedrich August, in: NDB 20(2001), S. 425 f.

[235] Dr. Karl Sonnenschein (15.07.1876-20.02.1929), Berliner Pfarrer und Sozialpolitiker. Vgl.: Staatslexikon der Görres-Gesellschaft, Bd. 7, Freiburg 1962, S. 126 f. Vgl.: Traugott Bautz, Sonnenschein, Carl, in: DBE 9 (1998), S. 374 f.

[236] Dr. Ludwig Quidde (23.03.1858-05.03.1941), Professor, Pazifist, Träger des Friedensnobelpreises 1927. Vgl.: Utz-Friedebert Taube, Ludwig Quidde. Ein Beitrag zur Geschichte des demokratischen Gedankens in Deutschland, Kallmünz 1963.

[237] Wilhelm Heinrich Peus (24.07.1862-10.04.1937), SPD-Abgeordneter aus Detmold, später Staatspräsident von Anhalt. Vgl.: Wilhelm Heinz Schröder, Sozialdemokratische Parlamentarier in den Deutschen Reichs- und Landtagen 1867-1933, Düsseldorf 1986, S. 650.

bungen, indem in den beiderseitigen Parteikonventikeln, abgesehen von den Stimmen einiger Unentwegter, doch zugegeben wurde, dass es nicht nur ein lehrreicher politischer Anschauungsunterricht, sondern auch eine notwendige Selbstkontrolle sei, die Vertreter entgegengesetzter politischer Systeme öffentlich über das gleiche Thema diskutieren zu lassen. Der Bund freiheitlicher Akademiker bestand bis zum Kriegsausbruch. Gleich in den ersten Kriegstagen, bevor noch die Sozialdemokraten am 4. August 1914 zu allgemeiner Begeisterung die Kriegskredite bewilligt hatten, löste ihn die Münchener Polizei auf. Als ich eben im Begriffe stand, mich zum Militärdienst bei meinem früheren Regiment, dem bayrischen Infanterie-Leibregiment zu melden, läutete ein Polizeibeamter in Zivil an meiner Wohnungstür, um mir das Auflösungsdekret zu bringen und mich um eine Liste der Mitglieder zu ersuchen. Offenbar hatte irgend ein idiotischer Denunziant - das Denunziationswesen blühte in den ersten Kriegstagen, so wie man es später nur noch unter Hitler erlebt hat - der Polizei eingeblasen, wir seien gefährliche Verschwörer. Als ich dem etwas schüchternen Beamten, dem offenbar in seiner Rolle nicht ganz wohl war, kurz erzählte, um was es sich bei dem Bund gehandelt hatte, war er sichtlich erstaunt und sagte, dass es ihm leid tue, mir die nun einmal erlassene Auflösungsorder dalassen zu müssen, er rate mir jedoch, wir sollten uns "beschweren", da es sich wohl um ein "Missverständnis" handle. Er sagte weiter, auf die Mitgliederliste wolle er zunächst einmal verzichten, ich sollte sie ihm nur geben, wenn er noch einmal geschickt werde. Er kam nicht wieder und wir beschwerten uns nicht, sodass der Bund freiheitlicher Akademiker auf eine sanfte Weise sein Leben aushauchte.

17. *Polemik um studentisches Wohnen*

Wie man an der Behandlung eines solchen Falles seitens der staatlichen Behörde sofort den großen Unterschied von der späteren terroristischen Hitlerzeit erkennt, (hätte der Bund zur Hitlerzeit noch existiert, so wäre sein Vorsitzender zunächst einmal verhaftet und verprügelt und, wenn nicht in einem Lager erschlagen, so jedenfalls als ein politisch Verdächtiger ruiniert worden), so bestand dieser Unterschied auch grundsätzlich sonst in der Behandlung öffentlicher Meinungskämpfe. Ich will auch hierfür ein besonders charakteristisches Beispiel erzählen: Im Mai 1913 beriefen die Universität München, die Technische Hochschule München und die tierärztliche Hochschule München einen akademischen Wohnungskongress ein, der im Auditorium maximum der Münchener Universität, unter dem

Vorsitz der Rektoren der drei Hochschulen abgehalten wurde[238]. Neben vielen anderen Problemen des studentischen Wohnungswesens wurde auch die Frage des Wohnungsnachweises behandelt. Professor Bücher[239] von der Universität Leipzig, einer der berühmtesten deutschen Nationalökonomen, erwähnte in dieser Aussprache, man habe in Leipzig den Versuch gemacht, die nachzuweisenden Studentenwohnungen nach ihrer sittlichen Güte zu klassifizieren, das heißt, eine schwarze Liste von solchen Studentenwohnungen herzustellen, in denen die Vermieter dem Studenten zu große Freiheit ließen. Betrüblicherweise habe diese Bemühung genau das umgekehrte Ergebnis gehabt, als es die Universitätsverwaltung gedacht habe. Die als sittlich einwandfrei bezeichneten Wohnungen seien am schlechtesten vermietbar gewesen, während die auf der schwarzen Liste stehenden Wohnungen reißenden Absatz gefunden hätten. Diese Mitteilung rief den Rektor der Universität Münster-Westfalen, Professor Dr. Krückmann[240], auf den Plan. Krückmann, ein alter Korpsphilister mit zerhacktem Gesicht und ein als äußerst reaktionär bekannter Mann, meinte, gegenüber diesem Übelstand sei wohl nur mit Zwangsmaßnahmen durchzukommen, am besten dadurch, dass man das Gewerbe des Zimmervermietens konzessionspflichtig mache und jeder Vermieterin, der irgend etwas nachgewiesen sei, die Konzession entziehe. Da auf der Konferenz Professoren und Studenten in vollständiger Gleichberechtigung und akademischer Freiheit miteinander diskutieren konnten, meldete ein älterer Student der Medizin in sehr ruhigem und sachlichem Ton Bedenken gegen die Ausführungen Krückmanns an. Er setzte auseinander, dass der allergrößte Teil der Studierenden sich im Stadium der sich vollendenden Geschlechtsreife befinde und dass gegen dieses natürliche Problem mit Zwangsmaßnahmen nichts ausgerichtet werden könne. Er betonte, dass bei den stärkeren und besseren Naturen der Appell an sittliche Verantwortlichkeit und Selbsterziehung wirksamer sei als Wohnungspolizei, dass aber bei den schwächeren Naturen übergroße Strenge in der Regel nur zu Heimlichkeit und zu Vermehrung der Geschlechtskrankheiten führe, indem ein Student dadurch leicht zu Benützung öffentlicher Häuser mit allen ihren Gefährdungen ver-

[238] Vgl.: Heinrich Herz, Die Studentische Wohnungskonferenz, in: Münchner Akademische Rundschau Nr. 14 (Jahrgang 1913), S. 242-245.

[239] Dr. Karl Bücher (16.02.1847-12.11.1930), Professor für Nationalökonomie. Vgl.: NDB 2, S. 718.

[240] Dr. Paul Krückmann, seit 1902 Professor für Römisches Recht und Deutsches Bürgerliches Recht, Rektor der Universität Münster, im Zweiten Weltkrieg durch Bombenangriff umgekommen. Vgl.: Heinz Dollinger (Hrsg.), Die Universität Münster 1780-1980, Münster 1980, S. 270 f.

leitet werden könne. Er erwähnte einige ihm bekannte tragische Fälle, die sich aus solchen Situationen ergeben hätten. Seine Bemerkungen fanden bei dem größten Teil des Kongresses, insbesondere bei der großen Masse der Professoren und bei den zahlreichen anwesenden Medizinern, Beifall. Kaum hatte er geendet, als Professor Krückmann mit hochrotem Kopf sich zum Wort meldete und ihm dem Sinne nach erwiderte, er könne wohl infolge seines jugendlichen Alters noch nicht übersehen, was er mit seinen libertinischen Bemerkungen den älteren Konferenzteilnehmern angetan habe. Krückmann schrie in einem Kommandoton wie ein Feldwebel vor der Kompaniefront wiederholt, der Vorredner sei viel zu jung, um in solchen Fragen überhaupt mitreden zu dürfen, ohne dass er irgend etwas Neues vorgebracht hätte, was geeignet gewesen wäre, die Meinung jenes Studenten zu widerlegen. Ich hörte mir diesen inferioren Temperamentsausbruch eine Weile an und sagte mir, dass es von Seiten der jüngeren Generation nicht unerwidert bleiben dürfe. Ich meldete mich nach Beendigung der Krückmann'schen Rede zu Wort und erhielt sofort stürmischen Beifall von allen Seiten des Hauses, mit Ausnahme der in geschlossener Gruppe erschienenen katholischen Klerikalen, als ich sagte, ich sei mir während dieses Zwischenfalles nicht klar gewesen, ob wir uns augenblicklich in einer Hochschule oder in einer Mittelschule befänden. Die Tonart des Herrn Geheimrates Professor Dr. Krückmann möge für den letzteren Schultyp vielleicht möglich gewesen sein, für eine Hochschule aber sei sie unmöglich. Unter den Personen, die mir zu dieser Äußerung Beifall klatschten, waren neben zahlreichen im Auditorium sitzenden bekannten Gelehrten auch die drei Hochschulrektoren am Präsidialtisch. Ich unterstrich weiter, dass hier niemand das Recht habe, einen Redner wegen seiner Jugend oder seines Alters abzukanzeln, denn Alter sei ein Zustand und kein Verdienst. Zur Sache sagte ich kurz, dass man den Auffassungen, wie sie jener Student vorgebracht habe, nur vollinhaltlich beistimmen könne. Ein aufrechter und geschmackvoller junger Mann werde das Wohnen in einer Kupplerwohnung von selbst ablehnen, und diejenigen, die eine solche Wohnung zur Befriedigung ihrer Bedürfnisse für notwendig hielten, seien immer noch nicht so gefährdet als die, die sich mit irgend einer Form von Prostitution, sei es der kasernierten, sei es der Straßenprostitution einließen. Die Rede Krückmanns habe mehr Vertrauen zum Polizeigeist als zum Geiste der Jugend erwiesen, mit Polizei aber könne man keine Gesinnung herstellen. Nachdem sich das donnernde Getrampel, das meinen Ausführungen folgte, gelegt hatte, erhob sich am Präsidialtisch der Rektor der Münchener Universität, Professor Dr. Karl Gareis, um kurz zu erklären, dass er mir völlig zustimme und dass der "in Bayern nicht bekannte Ton" des Herrn Kollegen Krückmann hier nicht geduldet werden könne, weil in diesen Räumen völlige akademische Diskussionsfreiheit, ohne Rücksicht auf Alter und Geschlecht, herrsche. Die Studentenschaft brachte ihm für diese Ausführungen eine förmliche Ovation dar. Die klerikale Gruppe, die am Ende meiner Rede als einzige zum Zeichen ihres Missfallens gescharrt hatte, verhielt sich verlegen ruhig, zumal die Rektoren der beiden anderen Hochschulen, Professor Siegmund Günther[241] und Professor Voith[242], ihre Zustimmung zu Gareis' Ausführungen erklärten. Herrn Krückmann blieb bei dieser Sachlage nichts übrig, als nach einer belanglosen Gegenerklärung den Saal zu verlassen. Die Tagespresse berichtete im Rahmen ihrer Mitteilungen über den Kongress auch kurz über diesen Zwischenfall, ohne ihm besondere Bedeutung beizulegen, die ihm ja gewiss auch nicht gebührte. Mehrere Wochen später aber brachten einige klerikale Parteiorgane über den Zwischenfall wohlvorbereitete und zugespitzte Entstellungen, die ihrem Inhalt nach darauf hinausliefen, ich hätte dadurch, wie ich den Ausführungen Krückmanns entgegengetreten sei, Propaganda für Unsittlichkeit getrieben. Die "Augsburger Postzeitung", ein in Bayern sehr einflussreiches klerikales Organ, sagte unter anderem, was Rektor und Senat der Münchener Universität in jahrelanger Bemühung nicht zu Wege gebracht hätten, nämlich eine Einigung der corporierten und der nichtcorporierten Studentenschaft, das habe der junge Dr. Philipp Loewenfeld in einer Mittagsviertelstunde spielend durch die Propaganda der "sturmfreien Bude" erreicht[243]. Mit diesem gehässigen Angriff war darauf angespielt, dass mir während und nach meiner Rede die Studentenkorps und die farbentragenden Verbindungen ebenso starken Beifall gezollt hatten wie die "Freie Studentenschaft". Ich war in der glücklichen Lage, den verleumderischen Charakter dieses Angriffes ohne Weiteres nachzuweisen, denn meine Rede war nicht nur von den Rektoren der Hochschulen, zahlreichen hochangesehenen Professoren und beiläufig tausend Studenten angehört worden, sondern es war auch über den ganzen Kongress von Parlamentsstenographen ein gedrucktes, wörtliches Protokoll aufgenommen worden, das mittlerweile in der Öffentlichkeit erschienen war[244]. Ich erhob also

[241] SIEGMUND GÜNTHER (06.02.1848-03.02.1923), Professor für Geographie, Rektor der Technischen Hochschule München 1911-1913, MdR und MdL. Vgl.: GEORG GREIM, Siegmund Günther, in: Geographische Zeitschrift, 29. Jahrgang (1923), S. 161 f. Vgl. KURT MAGNUS (Hrsg.), 125 Jahre Technische Hochschule München, München 1993, S. 116.

[242] ERWIN VOITH (16.12.1852-1933), Professor für Biologie, Rektor der Tierarzneischule München, ab 1914 Professor an der Universität, Mitglied der Bayerischen Akademie der Wissenschaften. Vgl.: Jahrbuch der Bayerischen Akademie der Wissenschaften 1932 und 1934.

[243] Vgl.: Augsburger Postzeitung Nr. 249 (03.06.1913)" 'Die sturmfreie Bude' auf dem studentischen Wohnungskongreß in München".

[244] Vgl.: Bericht über die Konferenz über studentisches Wohnungswesen an den

gegen die Augsburger Postzeitung Strafklage wegen übler Nachrede und Beleidigung bei dem Amtsgericht München. Das Gericht eröffnete das Verfahren gegen den verantwortlichen Redakteur und lud zum Hauptverhandlungstermin auf meinen Antrag die Rektoren der Universität und der Technischen Hochschule, daneben mehrere Professoren, unter ihnen Lujo Brentano und einige anwesend gewesene Redakteure von Tageszeitungen als Zeugen vor. Der angeklagte Redakteur benannte zunächst als einzigen Zeugen einen klerikalen Studenten und kurz vor dem Verhandlungstermin zu meiner namenlosen Überraschung Professor Max von Gruber, dessen Zusammenwirken mit meinem Vater in der Sache des Crimmitschauer Streikes ich in diesen Erinnerungen erwähnt habe. Max von Gruber stand zwar politisch auf dem äußersten konservativen Flügel und es war auch hinlänglich bekannt, dass er, wenn er sich einmal in eine Auffassung verrannt hatte, mit Fanatismus an ihr festhielt und wenig Neigung zeigte, Gegenmeinungen zu hören. Immerhin war er aber ein weltberühmter Gelehrter und Präsident der königlich-bayrischen Akademie der Wissenschaften, sodass man annehmen durfte, er werde sich nicht dazu hergeben, irgend welche tendenziösen Korrekturen an den Fakten vorzunehmen. Ich hatte also Grund, der Verhandlung mit Spannung entgegenzusehen. Der Vorsitzende des Gerichtes, Oberlandesgerichtsrat Dr. Wilhelm Mayer[245], war ein wegen seiner Unabhängigkeit und seiner vornehmen Gesinnung weithin bekannter Mann. Er vernahm, nachdem er den inkriminierten Artikel verlesen hatte, eidlich sämtliche von mir benannten Zeugen. Sie alle legten übereinstimmend dar, dass der Angriff auf mich inhaltlich vollständig unwahr sei, dass ich keinerlei Propaganda, insbesondere keine solche Unsittlichkeit, getrieben hätte, dass ich mich lediglich gegen zwecklose Polizeimaßnahmen und für moralische Selbsterziehung ausgesprochen hätte. Besonders temperamentvoll legte dies der Universitätsrektor dar. Sodann wurde der klerikale Student hereingerufen, der sagte, er habe seiner Zeit den "Eindruck" gehabt, dass ich die Unsittlichkeit propagiert hätte. Es war klar, dass diese Äußerung den angeklagten Redakteur nicht retten konnte. Als dann Max von Gruber den Sitzungssaal als Zeuge betrat, machte ihn der Vorsitzende bei seiner Eidesbelehrung in ernsten Worten darauf

Hochschulen des Deutschen Sprachgebiets, München 1913. Dort ist auch die Äußerung von Loewenfeld auf den Seiten 98 ff wiedergegeben.

245 Dr. Wilhelm Mayer (18.11.1874-06.03.1923),Oberlandesgerichtsrat, Rechtsanwalt in München und Kaufbeuren, seit 1907 Zentrumsabgeordneter im Reichstag, 1919/1920 Zentrumsabgeordneter in der Nationalversammlung und im Reichstag, seit 1920 BVP-Mitglied des Bayerischen Landtags, 1919 Reichsschatzmeister, 1920 Botschafter in Paris. Vgl. DBE 7, S. 12.

aufmerksam, das er sein Gedächtnis genau erforschen solle, da die Behauptung, die durch ihn als Zeugen unter Beweis gestellt werde, der bereits gemachten eidlichen Bekundung zahlreicher, mitten im öffentlichen Leben stehender, hochangesehener Männer widerspreche. Max von Gruber, dem eine solche Belehrung seitens eines Gerichtspräsidenten wohl noch nie passiert war, erwiderte ziemlich erregt, es sei eine Selbstverständlichkeit, dass er sein Gedächtnis genau erforsche, und es bedürfe bei ihm in dieser Richtung keines Hinweises. Der Vorsitzende ließ sich diese Kritik nicht gefallen und erwiderte mit starker Stimme, der Hinweis sei wohlgemeint und liege im persönlichen Interesse des Zeugen. Max von Gruber wurde darauf beeidigt und bekundete, er habe meine Rede als libertinisch und als eine Aufforderung an die anwesenden Studenten zu unsittlicher Betätigung aufgefasst. Kaum hatte er diesen Satz ausgesprochen, als der Vorsitzende mit einem Ruck von seinem Richterstuhl aufstand und in sehr scharfem Ton sagte: "Ich unterbreche die Sitzung auf zehn Minuten. Ich überreiche dem Herrn Zeugen ein Exemplar des gedruckt erschienenen, von Parlamentsstenographen aufgenommenen, wörtlichen Kongressprotokolls. Ich fordere den Herrn Zeugen auf, nach dem Ende der Pause dem Gericht diejenigen Stellen des wörtlichen Protokolls namhaft zu machen, die nach seiner Meinung die Richtigkeit seiner eidlichen Bekundung bestätigen." Max von Gruber, der trotz der deutlichen Belehrung des Vorsitzenden eine so scharfe Reaktion auf sein Auftreten offenbar nicht erwartet hatte, erbleichte und nahm das Protokoll entgegen, mit dem er sich in den rückwärtigen Teil des Saales zurückzog. Im Weggehen sagte er wütend und immerhin so laut, dass es verschiedene Leute hören konnten: "Hier wird man ja wie ein Meineidiger behandelt". Worauf ein in der Nähe stehender Saaldiener tröstend zu ihm sagte: "Ja, hier werden viele falsche Eide geschworen, aber nicht jeder wird erwischt". Nach dem Ende der Pause sagte der Vorsitzende "unter Rückerinnerung an den geleisteten Eid" zu Max von Gruber, er solle sich nunmehr in dem verlangten Sinne äußern. Gruber erklärte darauf, er habe das Protokoll studiert und wolle nicht bezweifeln, dass es wörtlich sei. Er sei nicht in der Lage, eine Stelle des Protokolls zu bezeichnen, die für die Richtigkeit seiner Erinnerung spreche. Er bleibe aber dabei, dass das, was ich ausgeführt hatte, im Moment meiner Rede auf ihn den Eindruck gemacht habe, den er eidlich wiedergegeben habe. Die Beweisaufnahme wurde darauf geschlossen und das Wort erhielt der Vertreter des angeklagten Redakteurs, ein Anwalt, der in der klerikalen Bewegung Bayerns eine große Rolle spielte[246]. Er konnte

[246] Anwalt des beklagten Redakteurs war Justizrat DR. FRANZ REISERT (28.06.1889- das

natürlich auf Grund des Ergebnisses der Beweisaufnahme nicht behaupten, dass sein Klient den Wahrheitsbeweis für seine Behauptungen geführt habe. So behalf er sich mit einer längeren, höchst demagogischen Rede, in der er seine eigenen Auffassungen über das studentische Sittlichkeits- und Wohnungsproblem zum Besten gab und seinen Klienten als eine Art Retter der Sittlichkeit in Bayern hinstellte. Im Bezug auf meine eigene Rolle in der Sache begnügte er sich mit äußerst vagen Redensarten und mit dem Argument, wenn ein so berühmter Mann wie Max von Gruber meine Ausführungen habe als unsittlich empfinden dürfen, so habe sein Klient das auch gedurft. Auf die Aufforderung des Gerichts, meinerseits zu dem Plädoyer des Verteidigers Stellung zu nehmen und meine eigenen Anträge zu stellen, erwiderte ich, ich hielte es nicht für nötig, zur Sache selbst etwas zu sagen, ich verlangte die Bestrafung des Angeklagten entsprechend der Schwere und der Leichtfertigkeit seines Angriffes, bei der Strafzumessung bäte ich, ihm die Rede seines Verteidigers nicht strafschärfend anzurechnen, denn an dieser sei er unschuldig. Die Beratung des Gerichts war sehr kurz, der Angeklagte wurde zu einer für damalige Verhältnisse empfindlichen Geldstrafe, zu allen Kosten des Verfahrens und zur Veröffentlichung des Urteils in mehreren Zeitungen auf seine Kosten verurteilt. In der Urteilsbegründung stellte das Gericht fest, der Angeklagte habe nicht nur nicht vermocht, die Wahrheit seiner Behauptungen zu beweisen, es sei vielmehr auf Grund der Zeugenaussagen deren Unwahrheit vom Gericht festgestellt worden. Das Gericht würdigte dann die einzelnen Zeugenaussagen. Es befasste sich mit einem einzigen Satz mit der Aussage jenes klerikalen Studenten, den sein auffällig schlechtes Gedächtnis vor einer bestimmten eidlichen Bekundung bewahrt hätte. Sodann sagte der Vorsitzende, auf Max von Gruber übergehend, seine "vereinzelte" Aussage sei gegenüber den zahlreichen Bekundungen vortrefflicher und weithin bekannter Männer, darunter derer der Hochschulrektoren, "nicht ins Gewicht gefallen". Die Aussage spreche nur in sehr vager Weise von "Eindrücken", für die es an der Hand der erwiesenen Tatsachen keine Substantiierung gäbe. Man müsse zudem den Zeugen, und insbesondere sein Temperament, kennen, um seine Aussage würdigen zu können. Diese gerichtliche Feststellung über den amtierenden Präsidenten der Akademie der Wissenschaften war wohl die schärfste Verurteilung seiner Ausführungen, die ohne eine direkte und für den Zeugen gefährliche Negierung seiner Gutgläubigkeit überhaupt denkbar war. Meine Freunde und ich beschlossen deshalb, das Urteil in der damals von Albert Kranold geleiteten "Akademischen Rundschau",

Todesdatum konnte nicht ermittelt werden). Vgl.: Die "sturmfreie Studentenbude" vor Gericht, in: Augsburger Postzeitung 08.02.1914, S. 2 ff.

die als Nachrichtenblatt für die Studentenschaft der drei Hochschulen diente, abzudrucken[247]. Wir versandten mehrere hundert Nummern dieser Abdrucke an die wesentlichsten Universitäts-Professoren Deutschlands, um diesen eine Vorstellung zu geben, wie ein Hochschullehrer von dem Ruf Max von Grubers mit den Tatsachen umgegangen sei und wie das staatliche Gericht darüber urteilte. Es war vorauszusehen, dass diese unsere Revanche den lebhaften Zorn Grubers erregen werde. Nicht vorauszusehen war, in welcher Weise er versuchen würde, diesen Zorn abzureagieren. Es bestand damals an den Münchener Hochschulen ein gemeinschaftlicher Wohnungsausschuss, dem sowohl der von Krückmann angegriffene Medizinstudent wie ich selbst, noch von meiner Studentenzeit her, angehörten. Vorsitzender dieses Ausschusses war der jeweilige Universitätsrektor. Professor Dr. Gareis, der in so mannhafter und korrekter Weise für mich eingetreten war, war mittlerweile vom Rektorat wegen Ablauf seiner Amtszeit zurückgetreten. Sein Nachfolger war Professor Georg von Mayr[248], der in der Bismarck'schen Ära Unterstaatssekretär der Finanzen in dem von den Deutschen 1871 annektierten Elsass-Lothringen war und der später nach seiner Entlassung, entgegen den Wünschen der nationalökonomischen Fakultät, auf Grund seiner Beziehungen zu dem damaligen Kronprinzen Ludwig, in die Fakultät als Ordinarius der Finanzwissenschaft und Statistik berufen worden war. Lujo Brentano schildert ihn in seinen Lebenserinnerungen als einen Mann von angenehmen geselligen Eigenschaften, sagt aber, er sei kein Mann der Wissenschaft gewesen. Er erzählt, dass Mayr nur Dinge erstrebte, die seiner Eitelkeit dienten und dass er alle Gelegenheiten, die Gunst einflussreicher Leute zu erwerben, benutzte. Auch seine wissenschaftliche Leistung sei stets so gewesen, dass von ihm kein Widerspruch gegen die jeweilige Regierungspolitik zu fürchten gewesen sei[249]. Diesen Mann suchte sich nun mit vermeintlich scharfem Blick Max von Gruber aus, um Rache an mir und jenem Studenten zu nehmen. Er schrieb einen Brief an Professor von Mayr, der besagte: er entnehme den Verzeichnissen des akademischen Wohnungsausschusses, dem er angehöre, dass Mitglieder des Ausschusses auch der Medizinstudent K.[250] und Dr. Philipp Loewenfeld seien. Er werde von der Rolle, die die beiden genann-

[247] Vgl.: Ein Urteil und seine Begründung in: Münchner Akademische Rundschau Nr. 15, S. 260-265 und Nr. 16, S. 277-281 und Nr. 17, S. 298 f.

[248] GEORG VON MAYR (12.02.1841-06.09.1925), Professor für Finanzwissenschaft und Statistik, Unterstaatssekretär der Finanzen in Elsaß-Lothringen. Vgl.: NDB 16, S. 561 ff.

[249] Vgl.: LUJO BRENTANO, Mein Leben im Kampf für die soziale Entwicklung Deutschlands, Jena 1931, S. 205.

[250] K. ist HERMANN KRANOLD. Vgl.: DERS., Nachträgliches zum studentischen Wohnungswesen, in: Münchner Akademische Rundschau 06.05.1914, S. 208 f.

ten Herren auf dem akademischen Wohnungskongress gespielt hätten, Kenntnis haben und es deshalb begreifen, dass er nicht mit den Herren in einem Ausschuss zusammen wirken könne. Die Konsequenz sei, dass entweder die beiden Herren von ihrer Ausschuss-Mitgliedschaft abberufen werden müssten, oder dass er selbst zurücktreten müsse. Dieser Brief brachte Professor von Mayr aus vielen Gründen in die denkbar größte Verlegenheit. Zunächst hatte er die Nummer der Akademischen Rundschau mit dem abgedruckten Urteil von uns erhalten, wusste also, dass die Angriffe Grubers durch Gerichtsurteil als unwahr und widerlegt erklärt waren. Sodann kannte er mich persönlich, da ich, unter Einsatz erheblicher Langeweile, seine Vorlesungen über Statistik gehört hatte[251]. Auch wusste er, dass ich ein Schüler seines Collegen Lujo Brentano war, dessen Urteil zu jener Zeit in der nationalökonomischen Fakultät höchst maßgeblich war. Auch mit meinem Vater hatte er bei vielen Gelegenheiten zu tun gehabt. Er konnte also kaum riskieren, sich zum Werkzeug dieses wenig vornehmen Racheaktes eines Collegen zu machen. Auf der anderen Seite wollte er dem auf der bayrischen Rechten sehr einflussreichen Max von Gruber nicht zu weh tun. In dieser Situation verfiel er auf einen Gedanken, der, wie sich sofort erwies, von seinem Standpunkt aus äußerst unglücklich, von meinem aus äußerst glücklich war. Da er nämlich die Verantwortung für den Inhalt seiner Erwiderung gerne los sein wollte, wandte er sich an Lujo Brentano, der ebenfalls dem akademischen Wohnungsausschuss angehörte, mit der Frage, ob er das "Referat" in dieser Beziehung übernehmen und einen Entwurf für die Antwort herstellen wolle. Lujo Brentano, der die Mentalität seines Mayr sehr wohl kannte und der deshalb sofort sah, dass er sich von einer ihm unangenehmen Verantwortung drücken wolle, erwiderte sehr geschickt, er sei zur Übernahme der ihm zugedachten Aufgabe bereit, jedoch nur unter der Bedingung, dass Herr von Mayr ihm zusichere, seinen Entwurf auch als Rektor unverändert weiterzugeben. Nun saß von Mayr in der Patsche und musste notgedrungen ja sagen. Die Antwort an Max von Gruber lautete demgemäß: "Sehr geehrter Herr College! Von Ihrem Austritt aus dem akademischen Wohnungsausschuss haben wir mit Bedauern Kenntnis genommen. In vorzüglicher Hochachtung, Ihr sehr ergebener Georg von Mayr". Den Brief Grubers an den Rektor und die Antwort von Mayrs ließ Brentano mir in Abschrift zukommen. Die Akademische Rund-

[251] LOEWENFELD hat im Sommersemester 1910 bei Mayr Versicherungswesen (zweistündig) und im Wintersemester 1910/11 System der gesamten Sozialpolitik (fünfstündig) sowie Statistik (vierstündig) gehört. Vgl.: Universitätsarchiv der LMU-München, Belegbogen Loewenfeld.

schau veröffentlichte wiederum diesen Briefwechsel[252], und meine Freunde und ich versandten ihn wiederum an über tausend Professoren, womit die Blamage Grubers besiegelt war. Ob er je erfahren hat, wie es kam, dass der vielgewandte Georg von Mayr ihn so wortlos fallen ließ, weiss ich nicht.

Die Episode zeigt alle charakteristischen Unterschiede der damaligen und der heutigen Zeit in Deutschland. In dem klerikalen und monarchistischen Bayern – und anderswo war es nicht anders – konnten sich verkalktes Alter gegen aufstrebende Jugend, Unwahrheit gegen Wahrheit, persönliche Prominenz gegen sachliche Gründe nicht ohne Weiteres durchsetzen, wenn nur die Zivilcourage zur Vertretung des richtigen Standpunktes vorhanden war. So viele Vorurteile die damalige Justiz, Verwaltung, Armee auch beherrschen mochten, so viele gesellschaftliche Machtgruppen mit parlamentarischen und ausserparlamentarischen, privaten und öffentlichen, feinen und unfeinen Mitteln gegeneinander kämpften, es herrschte doch im Prinzip noch der Geist der Fairness, des öffentlichen und privaten Anstandes, des Maßhaltens in der Wahl persönlicher und politischer Mittel und wo jemand, wie in diesem Falle Krückmann und Gruber, glaubte, sich hierüber hinwegsetzen zu können, konnte er vor dem Recht und vor der Gesellschaft sich auch nicht durch den Einsatz rangmäßiger und fachwissenschaftlicher Geltung und gesellschaftlicher Verbindungen durchsetzen. Dies war der Kern einer Ordnung, die die Nazis als "liberalistisch" denunzierten und durch ein System der Vernichtung von Menschen mit ihren Ansichten, der rücksichtslosen Denunziation des Anständigen durch den Niederträchtigen, des Könners durch den Neider, des wissenschaftlichen Denkers durch den ordinär-ungebildeten Menschenverächter, ersetzten. Ich bin gewiss weit davon entfernt, der klerikal-monarchistischen Politik meines Heimatlandes irgend welche unverdiente Lorbeerkränze zu flechten. Immerhin kann man, wie sich an solchen Erinnerungen erweist, ihren geistigen und ethischen Abstand von dem Herrschaftssystem der heutigen Gangsterhorden garnicht groß genug einschätzen.

18. *Verlobung*

Diese grundlegende Verschiedenheit der Zeiten erwies sich aber auch in der gesamten außerberuflichen und privaten Sphäre eines jeden Men-

[252] Ein Briefwechsel zum Prozesse Menth, in: Münchner Akademische Rundschau 17 (1914), S. 298 f. Die Konferenz erregte durch den Vorfall Loewenfeld - Krückmann sehr großes öffentliches Aufsehen und ist gut in den Akten der Universität dokumentiert. Vgl.: Rektorats - und Senats-Akten 365b/5-7 (Universitätsarchiv München).

schen. Auch hierfür will ich ein einziges Beispiel aus meiner Erlebnissphäre erzählen. Wie bereits erwähnt, war ich zur damaligen Zeit schon einige Jahre verlobt. Ich hatte meine Verlobte[253] kurz vor meinem Universitäts-Staatsexamen und Doktorexamen in der praktischen Sozialarbeit kennen gelernt. In der Schwanthaler-Schule zu München lehrte ich je an einem Wochenabend für Arbeiter und Angestellte aller Richtungen und Parteien Staatsbürgerkunde[254]. Sie lehrte im Zimmer nebenan für die gleiche Personenkategorie Schönschreiben. Sie war damals eine junge Studentin der Germanistik, Schülerin des weithin bekannten germanischen Philologen Hermann Paul[255]. Als wir uns nach kurzer Bekanntschaft einander versprachen, hatten wir uns gegenseitig zu gestehen, dass wohl mancher Widerstand aus den beiderseitigen Familien zu erwarten sei. Auf meiner Seite war von dem anerkannten Liberalismus meines Vaters nichts zu fürchten. Auf der Seite meiner Mutter aber konnte höchstens ein geteiltes Gefühl angenommen werden, denn ihr noch lebender Vater war ein strenggläubiger Jude, der die Ehe eines Juden mit einem Mädchen, das man heute in Deutschland als "Vollarierin" bezeichnen würde, jedenfalls bekämpfen würde. Meine Verlobte ihrerseits entstammte einer Familie, in der Mischehen mit einem Juden etwas Unbekanntes waren. Sie hatte zwar in der Schule jüdische Freundinnen, mit denen sie echte Zuneigung verband. Der Gedanke an eine eheliche Verbindung mit einem Juden war ihr aber kraft der Tradition und der häuslichen Einflüsse kurz zuvor noch etwas so völlig Fremdartiges gewesen, dass sie zugegebenermaßen nicht mehr als ein Jahr vor unserer Verlobung bei Erörterung der Mischehenfrage in einer Gesellschaft geäußert hatte, man könne ebenso gut einen Neger wie einen Juden heiraten. Die Mutter meiner Verlobten entstammte der Familie Gruson in Magdeburg, von der die Erfindung des Panzerplattenstahles ausging und deren bedeutende Fabrikanlagen, die Gruson-Werke, in den neunziger Jahren auf die Firma Krupp-Essen übergingen, in deren Besitz sie sich noch heute befinden. Die Geschichte der wahrhaft germanischen Schiebung, mittels deren die Firma Krupp den Vorfahren meiner Verlobten ihr für einen völlig unangemessenen Gegenwert abdrückte, ist in dem instruktiven

[253] Verlobte Philipp Loewenfelds: Charlotte Winkler.

[254] Vgl.: Programm im Nachlass Philipp Loewenfeld, Leo Baeck Institute - New York. Vgl.: KARL HEINRICH POHL, Die Münchener Arbeiterbewegung. Sozialdemokratische Partei, Freie Gewerkschaften, Staat und Gesellschaft in München 1890-1914, München 1992, S. 368-382.

[255] HERMANN PAUL (07.08.1846-29.12.1921), Professor für Germanistik an der Universität München. Führender Vertreter der sogenannten Junggrammatiker, Verfasser von "Mittelhochdeutsche Grammatik" und "Deutsches Wörterbuch". Vgl.: BBB, S. 575 und DBE 7, S. 574.

Buch von Bernhard Menne, "Krupp", das im Jahre 1936 im Europa Verlag in Zürich, erschien[256], ausführlich geschildert. Verschiedene Angehörige der Familie Gruson wurden aus Anlass dieser Schiebung mit in den Dienst der Firma Friedrich Krupp übernommen und so kam es, dass auch der Vater[257] meiner Verlobten ein Menschenalter lang in den Gruson-Werken für die Interessen von Friedrich Krupp-Essen arbeitete. Seine Anschauungen und Einstellungen waren das getreue Spiegelbild dieser seiner äußeren Stellung. Er war deutschnationaler Stadtverordneter, sehr tätig im Reserveoffiziersverein und befreundet mit der ganzen rechtsstehenden Gesellschaft von Magdeburg. Er war einer der Mitgründer der sogenannten gelben Gewerkschaften, das heißt jener angeblichen Arbeitervereine, die sich als "wirtschaftsfriedlich" ausgaben, in denen auch die Unternehmer Mitglieder waren und deren wirkliche Funktion es war, bei Streiks der eigentlichen Gewerkschaften die Streikbrecherkolonnen zu stellen. Es war daher zu gewärtigen, dass die Bekanntgabe unserer Eheabsichten uns allerhand familiäre Nüsse zu knacken geben werde. Auf Grund unseres taktischen Planes weihten wir zunächst meinen Vater ein. Wie es zu erwarten war, war seine Haltung nobel und ritterlich, nachdem er sich durch seinen persönlichen Eindruck davon überzeugt hatte, dass meine Verlobte geistig und ethisch seinen Vorstellungen entsprach. Bei meiner Mutter gab es gelinden Schrecken, in der Folge jedoch familiäre Haltung. Der Großvater, dem man die Verlobung nun auch nicht mehr verschweigen konnte, erklärte, an dem Tage, an dem diese Ehe geschlossen werde, werde er sich vom Fenster herunterstürzen, Die Ehe wurde geschlossen, er hat sich nicht vom Fenster heruntergestürzt. Er überwand sein negatives Gefühl und brachte meiner Frau nicht nur äußere Korrektheit, sondern ehrliche Zuneigung entgegen. Mit Eiseskälte wurde ich empfangen, als ich im Hause meines Schwiegervaters antrat, um ihm die Absicht der Eheschließung mit seiner Tochter mitzuteilen. Er war offenbar von der Mutter meiner Frau darauf, dass der junge jüdische Jurist, der seinen Besuch angekündigt hatte, ein "Attentat" vorhabe, schon irgendwie schonend vorbereitet. Er empfing mich sitzend und ließ mich stehen. Es entwickelte sich folgendes Gespräch: "Womit kann ich Ihnen dienen?" "Ich bin gekommen um Ihnen mitzuteilen, dass Ihre Tochter Lotte und ich zu heiraten beabsichtigen". "Das ist ausgeschlossen!" "Dann kann ich wieder gehen. Ich wollte nur die Pflicht der Sitte und des

[256] BERNHARD MENNE, Krupp, Zürich 1937, S. 175 ff. Zur Familie Gruson: Vgl.: ERNST GRUSON, Geschichte der Familie Gruson, Quedlinburg 1924.

[257] Vater der Verlobten, Julius Winkler, Mitbegründer der gelben Gewerkschaften, Mutter Marie Winkler, geborene Gruson. Vgl.: ERNST GRUSON, Geschichte der Familie Gruson, Quedlinburg 1924.

Anstandes erfüllen, indem ich diese Mitteilung persönlich machte. Einer Zustimmung Ihrerseits bedürfen wir als Volljährige, wie Sie wissen, nicht". "Darf ich Dich bitten Platz zu nehmen!" Das Eis war gebrochen, er hatte sich sofort mit der Geschwindigkeit eines praktischen Menschen davon überzeugt, dass eine Fortsetzung seiner Taktik nutzlos sein würde. Nun verwickelte er mich in ein Kreuz- und Quergespräch von Stunden. Er wollte unendlich viel wissen. Sein Schock darüber, dass ich Jude war, wurde – da das gehobene Rassengefühl damals noch unbekannt war – offenbar einigermaßen paralysiert durch die Tatsache, dass ich einer Professorenfamilie entstammte, dass er in meinem bisherigen Lebensgang nichts Abenteuerliches fand und dass ihm meine bisherige Entwicklung eine Gewähr für baldige völlige Selbstständigkeit zu sein schien. Dass ich ein Schüler von Brentano war, verursachte einiges Nasenrümpfen, denn Lujo Brentano war auch in der Magdeburger Industrie das rote Tuch. Als er auf das Gebiet der politischen Ansichten kam, sagte ich ihm, die seinigen seien mir bekannt und ich respektierte seinen guten Glauben. Er solle mich nach den meinigen nicht fragen. Sie seien von den seinigen unversöhnlich verschieden. Ich beanspruchte von ihm in dieser Beziehung auch nichts, als Respektierung meines guten Glaubens. Er war anständig genug, um keinerlei Versuch zu einem Insistieren zu machen. Wir haben auch später nie versucht, politische Diskussionen zu halten oder uns sonst gegenseitig politisch zu beeinflussen. Er entwickelte sich zum besten, ja man darf sagen, zum zärtlichsten Schwiegervater. Das Menschliche in ihm überwog, genau wie beim Großvater auf meiner Seite, das bisher gepflegte Vorurteil. Diese Selbstüberwindung zeitigte aber sogar bei ihm eine größere Selbstkontrolle auch auf dem politischen Gebiet. Auf Grund wiederholter Überprüfung seiner Anschauungen trat er schließlich aus der deutsch-nationalen Gruppe aus und bekannte sich in den letzten Jahren seines Lebens zu der etwas mehr in der Mitte stehenden Deutschen Volkspartei[258], die auch eine ausgesprochene Industriellenpartei, jedoch eine solche von etwas gemäßigterem Charakter war. Als nach dem Ende des Krieges und der vollzogenen Revolution von 1918 Bürgermeisterwahlen in Magdeburg stattfanden, trat er öffentlich für die Wahl des Sozialdemokraten Beims[259] ein, mit der Begründung, dass dieser ein besserer Kommunalfachmann sei, als der Kandi-

[258] Zur Deutschen Volkspartei vgl.: SIGMUND NEUMANN, Die Parteien der Weimarer Republik, 4. Aufl., Stuttgart u.a. 1977 (1. Aufl., Berlin 1932), S. 54-61. Vgl.: HANS FENSKE, Deutsche Parteiengeschichte. Von den Anfängen bis zur Gegenwart, Paderborn u.a. 1994, S. 165 ff.

[259] HERMANN BEIMS (26.04.1863-10.12.1931), Oberbürgermeister von Magdeburg 1919-1931. Vgl.: WILHELM HEINZ SCHRÖDER, Sozialdemokratische Parlamentarier in den Deutschen Reichs- und Landtagen 1867-1933, Düsseldorf 1986, S. 363 f.

dat seiner eigenen Gruppe. Dieser Beweis von persönlicher Unabhängigkeit wurde ihm in seinem eigenen Parteikreis sehr übel genommen, zumal der Sozialdemokrat tatsächlich gewählt wurde. Als er starb, waren die öffentlichen Nachrufe aus seinen eigenen Kreisen mehr lau als warm. Der anständigste Nachruf stand im sozialdemokratischen Parteiblatt. Dort war gesagt, der Verstorbene sei zwar immer ein sehr scharfer Gegner der sozialdemokratischen Bewegung gewesen, jedermann aber habe die Unabhängigkeit und strenge Sachlichkeit seines Urteils achten und schätzen müssen. Er sei nicht nur ein erheblicher Fachmann auf seinem Gebiet, sondern, in seiner politischen und persönlichen Gesamthaltung ein Repräsentant toleranten und liberalen Denkens und Handelns gewesen. Im heutigen Deutschland wäre er also verfemt, und zwar nicht nur etwa wegen des jüdischen und demokratisch eingestellten Schwiegersohnes, sondern vor allem wegen seiner unüberwindlichen Abneigung gegen jede Einheitsmeinung und irgend welchen Gesinnungsterror.

VIERTES KAPITEL

WELTKRIEG, NIEDERLAGE, REVOLUTION, GEGENREVOLUTION.

1. *Kriegsausbruch 1914*

Lernend und kämpfend war ich so in das Jahr 1914 eingetreten, nichtahnend, welche Bedeutung dieses Jahr für das Schicksal Deutschlands und dasjenige der Welt haben werde. Wie bei so vielen jüngeren und älteren Bürgern war auch bei mir die ganze politische Aufmerksamkeit auf die inneren Angelegenheiten des Landes, vor allem auf die Möglichkeit eines Fortschrittes im Innern, gerichtet. Die außenpolitischen Überzeugungen erschöpften sich in einer Verwerfung und Bekämpfung alldeutsch-imperialistischer Politik. Dieser gefühlsmäßigen Einstellung entsprach aber keineswegs eine systematische Kenntnis der historischen Faktoren, die Deutschland in den Krieg treiben mussten.

Alle Einzelheiten dieser Entwicklung waren dem normalen Staatsbürger, auch soweit er politisch brennend interessiert war, mehr oder weniger nicht oder nur ungenau bekannt. Ich habe es immer vom teleologischen Standpunkt aus als das Hauptverschulden der unter dem Einfluss Bismarcks adoptierten deutschen Erziehungsprinzipien angesehen, dass sich die geschichtliche Bildung im Wesentlichen nur auf entfernte Zeiträume und nicht auf die wichtigere jüngste Vergangenheit erstreckte und dass, soweit diese jüngste Vergangenheit überhaupt berührt wurde, sie mit dem deutschen Siege von 1870 und der Verherrlichung der deutschen Entwicklung seit jenem Zeitpunkt abschloss. Über die ganzen geistigen, wirtschaftlichen und politischen Kämpfe, die der Außenpolitik von 1870-1914 zu Grunde lagen, war der gebildete Deutsche nur oberflächlich orientiert. Die Außenpolitik im Besonderen galt in Deutschland seit der Bismarck'schen Periode mehr denn je als das Geheimfeld der Regierung und der Diplomaten. Der Untertan hatte davon überzeugt zu sein, dass diese beiden miteinander nichts als das Beste des Volkes und die Fortdauer des Friedens im Auge hatten. Lujo Brentano sagte einmal in seiner Vorlesung, er unterscheide sich von seinem verehrten Freunde Gustav Schmoller[260],

[260] Gustav Schmoller (24.06.1838-27.06.1917), Professor für Nationalökonomie. Vgl.: Anmerkung 49.

– dem berühmten Inhaber des nationalökonomischen Lehrstuhles an der Berliner Universität – grundsätzlich nur in einem Punkt: Schmoller glaube nämlich, "dass aller Segen von oben komme". Diese Einstellung Schmollers war für das Gebiet der Außenpolitik beinahe allgemein in der großen Masse, wie auch bei der Elite der Gebildeten. So sah der durchschnittlich politisch Interessierte auf der deutschen Linken zwar die sich immer steigernde Macht des deutschen Militarismus, die von der Regierung nur sanft abgewehrte perfide Hetze des alldeutschen Verbandes, das Gerede vom "Platz an der Sonne" und von der "Zukunft auf dem Wasser", von der "schimmernden Wehr"[261]. Man mokierte sich über Wilhelminische Reden, wie jene, die er an das "Strafexpeditionskorps" nach China anlässlich des Boxeraufstandes hielt, in der er sagte, das Korps habe dafür zu sorgen, "daß kein Chinese es je wieder wagen werde, einen Deutschen scheel anzusehen"[262]. Man war besorgt über die ruhmgierigen Winkelzüge, die im Jahre 1905 zu dem "Panthersprung nach Agadir"[263] führten, welchen Namen die Entsendung eines deutschen Kriegsschiffes an die marokkanische Küste in der Geschichte erhielt, die Europa schon damals an den Rand eines Krieges brachte. Das heutige Naziwitzblatt "Simplizissimus"[264], das damals in schärfster Abwehr der Wilhelminischen Abenteurerpolitik stand, brachte das Bild einer bayrischen Bauernstube, in der die Bauern eben ihre Knödel verzehrten. In diese Bauernstube trat in Gardeuniform mit Helm und Federbusch ein preußischer Offizier und schrie die Bauern an: "Ins Feld! Eure Interessen in Marokko sind bedroht!" Gelegentlich gab es im Parla-

[261] Es handelt sich um Schlagworte des deutschen Imperialismus, von denen besonders die Forderung des Staatssekretärs und späteren deutschen Reichskanzlers Bernhard von Bülow nach einem "Platz an der Sonne" bekannt geworden ist. Vgl.: Stenographische Berichte über die Verhandlungen des Reichstags, IX. Legislaturperiode, V. Session, 4. Sitzung (06.12.1897), Bd. 1, S. 60.

[262] WILHELM II. besichtigte am 27.07.1900 Truppen, die nach Ostasien geschickt wurden. Er hielt dabei eine Ansprache, die als sog."Hunnenrede" in die Geschichte einging. Nach einer nicht offiziellen Version hatte der Kaiser am Ende seiner Rede gesagt: "Kommt ihr vor den Feind, so wird derselbe geschlagen! Pardon wird nicht gegeben! Gefangene werden nicht gemacht! Wer euch in die Hände fällt, sei euch verfallen! Wie vor 1000 Jahren die Hunnen unter ihrem König Etzel sich einen Namen gemacht, der sie noch jetzt in Überlieferung und Märchen gewaltig erscheinen läßt, so möge der Name Deutscher in China auf 1000 Jahre durch euch in einer Weise bethätigt werden, daß niemals wieder ein Chinese es wagt, einen Deutschen auch nur scheel anzusehen!" Vgl.: SCHULTHESS, Europäischer Geschichtskalender 1900, S. 108. Vgl.: Die Reden Kaiser Wilhelm II.in den Jahren 1896-1900, hrsg. v. J. PENZLER, Leipzig 1904, S. 209 ff, Vgl.: EGBERT KIESER, Als China erwachte. Der Boxeraufstand, Esslingen 1984, S. 221 ff.

[263] Vgl.: WILLIBALD GUTSCHE, "Panthersprung" nach Agadir 1911, Berlin 1988.

[264] Simplicissimus: Die Karikatur konnte nicht gefunden werden.

ment auch wegen der Anflüge eines persönlichen Regiments[265], die Wilhelm II. in der Außenpolitik versuchte, Sturmszenen. Anlässlich eines besonders taktlosen und törichten außenpolitischen, auf eigene Faust vorgenommenen Schachzuges Wilhelms II. musste der damalige Reichskanzler Fürst von Bülow vor versammeltem Reichstag sagen, "dass Seine Majestät der Kaiser sich künftig auch in privaten Kundgebungen mehr Zurückhaltung auferlegen werde". Wiederum traf der Münchener "Simplizissimus" damals die Volksmeinung, indem er König Philipp II. von Spanien und den Marquis Posa bildlich darstellte und in Umkehrung des Schiller'schen Zitats "Sire, geben Sie Gedankenfreiheit!", den Marquis Posa sagen ließ: "Sire, geben Sie Ihren Gedanken nicht soviel Freiheit!"[266]. Trotz dieses Wissens, trotz der Kenntnis der sich immer steigernden Militärvorlagen, des sich ständig schärfer anspannenden internationalen Wettrüstens[267], glaubte ich nicht ernstlich an einen Krieg und befand mich damit in völliger Übereinstimmung mit der großen Masse der jüngeren Akademiker ohne Ansehen der Richtung und Partei. Es war damals gerade ein Buch eines jüngern Engländers erschienen, das den Titel "Die falsche Rechnung" trug. Sein Verfasser war der noch unbekannte Norman Angell[268], dem in der Nachkriegszeit der Friedensnobelpreis verliehen wurde. Das Buch wies mit einem unerhörten Aufwand von Scharfsinn und Kenntnissen nach, dass es in einem künftigen Kriege unbeschadet seines Ausganges Sieger oder Besiegte nicht geben könne, dass die Sieger in einem modernen Krieg sich nicht minder ruinieren müssten als die Besiegten, dass kein kriegerischer Sieg in der künftigen Geschichte von Dauer sein könne. Zu diesen Einsichten war der Verfasser nicht etwa auf "pazifistischem" Wege, sondern als Historiker, Soziologe, Psychologe und Nationalökonom gelangt. Der Inhalt des Buches, das in kurzer Zeit in fast alle Weltsprachen übersetzt

[265] Vgl.: ERICH EYCK, Das Persönliche Regiment Wilhelms II. Politische Geschichte des Deutschen Kaiserreiches von 1890-1914, Zürich 1948. Die Frage, inwieweit Wilhelm II. ein Gestalter oder nur ein Dulder deutscher Politik gewesen ist, ist zwischen verschiedenen Historikern stark umstritten. Vgl. zur Diskussion: JOHN C.G. RÖHL, Kaiser, Hof und Staat. Wilhelm II. und die deutsche Politik, München 1987, S. 116-140. Vgl.: GEOFF ELEY, Die Sicht vom Thron: Das persönliche Regiment Wilhelms II., in: DERS., Wilhelminismus, Nationalismus, Faschismus. Zur historischen Kontinuität in Deutschland, Münster 1991, S. 58-79.

[266] Vgl.: Simplicissimus 23.03.1908.

[267] Vgl.: FRITZ FISCHER, Krieg der Illusionen. Die Deutsche Politik 1911-1914, Düsseldorf 1969, S. 169-205. MILITÄRGESCHICHTLICHES FORSCHUNGSAMT (Hrsg.), Handbuch zur deutschen Militärgeschichte, Bd. 5. Von der Entlassung Bismarcks bis zum Ende des Ersten Weltkrieges (1890-1918), Freiburg 1968.

[268] NORMAN ANGELL, Die falsche Rechnung, Berlin-Charlottenburg 1913. NORMAN ANGELL (1874-1967), Nationalökonom und Friedensnobelpreisträger 1933.

wurde und das kaum je zuvor gekannte Rekordauflagen erlebte, war für jeden Vernünftigen so absolut einleuchtend, dass es für denjenigen, der nicht auf der Innenseite der politischen Treibereien, Schachzüge, Eifersüchteleien und Hetzereien stand, geradezu unfassbar war, dass die in dem Buche vorgetragenen Erkenntnisse nicht längst Gemeingut aller verantwortlichen Staatslenker geworden seien oder spätestens mit dem Erscheinen des Buches würden. So hielt man in weiten Kreisen des linken Bürgertums und auch der Arbeiterschaft es für unmöglich, dass ein moderner Staatsmann zu einer vorsätzlichen Kriegstreiberei neben der Niedertracht und der Verantwortungslosigkeit auch das erforderliche Maß von Dummheit besitzen solle. Wie blutig im buchstäblichen Sinne man dabei die damalige Staatsmännergeneration überschätzt hatte, sollte sich in Bälde zeigen.

Der 28. Juni 1914 war ein herrlicher Sommersonntag. Wir waren in zahlreicher männlicher und weiblicher Gesellschaft an den lieblichen Tegernsee gefahren und lagen dort, nach hübschen Spaziergängen, im Wasser, als Ludwig Thoma, der in dieser Gegend seinen Sommersitz hatte, in einem Ruderboot ankam und die Botschaft brachte, im Dorf Tegernsee sei soeben ein Telegramm eingegangen, wonach der oesterreichische Thronfolger, Erzherzog Franz Ferdinand[269], und seine Gattin in der Hauptstadt von Bosnien, Sarajevo, von einem bosnischen Attentäter ermordet worden seien. Mein neben mir im Wasser liegender, damals noch lebender Bruder verblasste sich und sagte lakonisch: "Das gibt Krieg". Ich, im Vollbesitz der Erkenntnisse von Norman Angell, erwiderte: "Dieser Dein Ausspruch beweist, dass Du von Politik wirklich nicht viel verstehst". Ich habe seitdem das politische Prophezeien aufgegeben.

Was in den nächsten vier Wochen in Deutschland und Oesterreich-Ungarn von sogenannten Staatsmännern gespielt wurde, vor allem von dem Grafen Berchtold[270] auf oesterreichischer, dem Grafen Tisza[271] auf unga-

[269] Erzherzog Franz Ferdinand (18.12.1863-28.06.1914), österreichischer Thronfolger, dessen Ermordung den Anlaß zum Kriegsausbruch gegeben hat. Vgl.: R. Kiszling, Erzherzog Franz Ferdinand, Graz/Köln 1953.

[270] Leopold Anton Graf Berchtold (18.04.1863-21.11.1942), österreichischer Diplomat und Außenminister. Vgl.: Hugo Hantsch, Leopold Graf Berchtold, Grandseigneur und Staatsmann, Graz 1963.

[271] Istvan Graf Tisza (22.04.1861-31.10.1918), ungarischer Ministerpräsident, der ein starker Verteidiger des österreichisch-ungarischen Regierungssystems und Gegner jeglicher Reform war. Daher war er ein loyaler Bündnispartner des Zweibundes des Deutschen Reichs und Österreich-Ungarns im 1. Weltkrieg. Am 31.10.1918 wurde er ermordet. Vgl.: Geschichte in Gestalten. Ein biographisches Lexikon Bd. 4, hrsg. von Hans Herzfeld, Frankfurt/M. 1963, S. 200 f.

rischer, dem schwächlichen Reichskanzler von Bethmann-Hollweg[272] und Kaiser Wilhelm selbst auf deutscher Seite, ist später Gegenstand vieler historischer Bücher geworden[273]. Viele amtliche Aktensammlungen der verschiedenen kriegsbeteiligten Staaten über diese Zeit wurden teils während des Krieges, teils nach dem Krieg in mehr oder minder großer Vollständigkeit herausgegeben, von jeder Regierung, um ihre eigene Unschuld am Kriege und die Schuld der anderen zu beweisen. Die oesterreichische Regierung steuerte vom ersten Augenblick auf einen Krieg hin und entfaltete die unverschämteste antiserbische Propaganda, mit der Behauptung, dass die Täter Serben gewesen seien, hinter deren Tat als Anstifter und Helfer die serbische Regierung gestanden sei. Tatsache war, dass die Täter Bosnier, also damals oesterreichische Staatsbürger, waren und dass die Behauptung von einer Anstiftung oder Teilnahme der serbischen Regierung niemals auch nur im bescheidensten Umfang bewiesen wurde. Die deutsche Regierung suchte die oesterreichische zunächst ein wenig abzubremsen, gab aber ihren Widerstand unter dem Druck des Wiener und Berliner Generalstabs bald auf. Das Ergebnis alles Hin und Her war ein zwischen Wien und Berlin abgekartetes Ultimatum an Serbien, dessen Bestimmungen absichtlich so abgefasst waren, dass sie von einem souveränen Staat nicht unverändert angenommen werden konnten. Dieses Ultimatum wurde mit achtundvierzigstündiger Frist von der Wiener Regierung dem serbischen Kabinett am 23. Juli 1914 6 Uhr nachmittags zugestellt, wobei man den Zeitpunkt so gewählt hatte, dass die Nachricht von der Zustellung den Ministerpräsidenten der französischen Republik, Herrn Poincaré[274], nicht mehr vor seiner Abreise zu einem Besuch am Zarenhof erreichen konnte, wodurch der Einfluss von Frankreich und Russland in den kritischen Tagen möglichst ausgeschaltet werden sollte. Die serbische Regierung brachte es fertig, in den achtundvierzig Stunden das Ultimatum so zu beantworten, dass sie seine sämtlichen Punkte, mit Ausnahme von zweien, bezüglich deren sie im Interesse ihrer Souveränität Abänderungen vor-

[272] THEOBALD VON BETHMANN-HOLLWEG (29.11.1856-02.01.1921), 1905-1907 preußischer Innenminister, 1909-1917 deutscher Reichskanzler und preußischer Ministerpräsident. Vgl.: KONRAD H. JARAUSCH, The Enigmatic Chancellor. Bethmann Hollweg and the Hybris of Imperial Germany, New Haven/London 1973.

[273] Gestrichene Stelle: „... von denen vielleicht das beste das im Jahre 1922 erschienene Buch von Dr. Heinrich Kanner "Kaiserliche Katastrophenpolitik" ist.“
Vgl. HEINRICH KANNER, Kaiserliche Katastrophenpolitik, Leipzig/Wien/Zürich 1922.

[274] RAYMOND POINCARÉ (20.08.1860-15.10.1934),französischer Ministerpräsident (1912-1913) und Präsident (1913-1920), der wesentlich die Verantwortung für die Aufnahme des Schuldparagraphen in den Versailler Vertrag trägt. Vgl.: PIERRE MIQUEL, Raymond Poincaré, Paris 1961.

schlug, annahm. Die serbische Note wurde dem oesterreichisch-ungarischen Gesandten am 25. Juli Abend zwei Minuten vor 6 Uhr, also vor Ablauf der achtundvierzigstündigen Frist, übergeben. Bereits mit dem um 6.30 Uhr abgehenden Schnellzug verließ der oesterreichisch-ungarische Gesandte mit dem gesamten Gesandtschaftspersonal Belgrad. Heinrich Kanner sagte hierüber, in seinem 1922 erschienenen Buch "Kaiserliche Katastrophenpolitik":

> "In zweiunddreißig Minuten hatte also Baron Giesl die vier Druckseiten lange, jeden der zehn Punkte des Ultimatums besonders behandelnde, neue Vorschläge enthaltende Antwortnote Serbiens geprüft, "ungenügend" gefunden, die serbische Regierung vom Abbruch der diplomatischen Beziehungen verständigt, sein gesamtes Personal zusammenberufen und mit diesem und dem zugehörigen Gepäck noch den Schnellzug 6,30 Uhr erreicht. Ein Kinorekord auf dem Gebiete der Diplomatie, der sich einfach daraus erklärt, dass alles im Voraus abgekartet, dass Giesl von vorneherein entschlossen war, abzureisen, was immer die serbische Regierung antworte, es sei denn, sie beschränke sich auf ein einfaches Ja zu allen zehn Punkten. Und dass dies nicht der Fall war, bewies ihm zu seiner Freude ein flüchtiger Blick auf die Antwortnote und ihre Länge allein schon. Der Krieg, der langersehnte Krieg war da ....."[275].

Wie sehr die deutsche Regierung und die oesterreichische zusammenspielten, beweist die unbestrittene Tatsache, dass bereits am nächsten Tag, am 26. Juli, der deutsche Generalstabschef von Moltke[276] den Text der umfangreichen Noten an die belgische und holländische Regierung zu Papier brachte, mit denen die Invasion der deutschen Armee in Belgien angekündigt und begründet wurde.

In den sieben Tagen von der Bekanntgabe des oesterreichischen Ultimatums an fanden eine Reihe Vermittlungsverhandlungen unter den europäischen Mächten statt. Die englische, französische, russische und deutsche Regierung waren daran beteiligt. Der psychopathische Kaiser Wilhelm II. hatte erhebliche Angst vor seinem Mut. Die oesterreichische Regierung durchkreuzte alle Vermittlungen, indem sie am 28. Juli, drei Tage nach Ultimatumsablauf, an Serbien den Krieg erklärte. Auch nach der Kriegserklärung wurde unter den Mächten noch über die „Lokalisierung des Konfliktes“ weiterverhandelt. Am 31. Juli mobilisierte Russland seine Armee, nachdem die Vermittlungs- und Verschleppungsmanöver zu nichts geführt hatten. Man hat später behauptet, dass die Mobilisierung eine aus-

[275] HEINRICH KANNER, Kaiserliche Katastrophenpolitik, Leipzig/Wien/Zürich 1922, S. 252 f. Nach der Ablehnung unterzeichnete Kaiser Franz Joseph am selben Tag den Mobilmachungsbefehl. Auch Graf Tisza (Vgl. Anmerkung 271) drängte auf rasches Handeln. Vgl.: FRITZ FISCHER, Griff nach der Weltmacht. Die Kriegszielpolitik des kaiserlichen Deutschland 1914/18, Düsseldorf 1961, S. 64.

[276] GRAF HELMUTH VON MOLTKE, (23.05.1848-18.06.1916), preußischer General, Chef des Generalstabs der Armee im 1. Weltkrieg bis September 1914 nach Verlust der Marneschlacht. Vgl.: NDB 18, S. 17 f.

sichtsreiche deutsche Vermittlung durchkreuzt habe. In Wirklichkeit hatten die Oesterreicher die Vermittlungsvorschläge schon abgelehnt, bevor ihnen die russische Mobilisierung bekannt geworden war. Auf die russische Mobilisierung folgte ein deutsches Ultimatum an Frankreich und Russland auf dem Fuß. Dass England seiner Bündnispflicht genügen werde, glaubten die leichtfertigen Kriegstreiber nicht und in dieser falschen Hoffnung trumpften sie auf, trotzdem sie nicht nur durch unmissverständliche Kundgebungen der verantwortlichen englischen Minister, sondern auch durch die Berichte ihrer eigenen diplomatischen Vertreter in London hätten erkennen müssen, wie trügerisch ihre Hoffnung war. Es war dieselbe Methode, die man später im Deutschland Hitlers wiedererlebte: Mittels militärischer und diplomatischer Erpressung sollte den Mächten, die sich einer Durchdringung des Balkans durch den deutsch-oesterreichischen Imperialismus widersetzten, solche Furcht vor der militärischen Überlegenheit der deutschen Armee eingejagt werden, dass der Frieden erhalten bleibe. Wie später, so damals, wollten die Abenteurer ohne Einsatz spielen und einen Sieg ohne Krieg nach Hause bringen. Sie sind in den Weltkrieg aus Versehen hineingeschlittert, weil sie zu der Wirksamkeit ihrer politischen Erpressermethoden zu großes Zutrauen hatten[277].

Von alledem erfuhr der deutsche Bürger und Zeitungsleser nicht das Geringste. Er konnte nur den steigenden patriotischen Rummel wahrnehmen, mit dem das Publikum von der Presse auf kommende Dinge präpariert wurde. In den öffentlichen Versammlungen wurde von dem "größenwahnsinnigen" Balkanstaat geschwatzt, dem Oesterreich und Deutschland als die "traditionellen Träger der westlichen Kultur" das Handwerk legen müssten. An den Universitäten, in den wissenschaftlichen Zirkeln wurde fest mitgehetzt. In den Restaurants, den Tanz- und Nachtlokalen wurden patriotische Hymnen losgelassen und Leute verprügelt, wenn sie nicht rasch genug aufstanden. Überall setzte, schon vor der Kriegserklärung, eine tolle Spionenhetze ein. Frauen wurden aus Straßenbahnwagen herausgeholt, weil eifrige Idioten sie für verkleidete Russen erklärten. Es wurden Gerüchte ausgesprengt, dass die Franzosen Nürnberg mit Bomben beschossen hätten. Mit

[277] PHILIPP LOEWENFELD übernimmt hier die Theorie des "Hineinschlitterns" in den Krieg, wertet dies aber nicht als politischen Zufall, sondern als Ergebnis einer verfehlten Außenpolitik. Vgl.: FRITZ FISCHER, Der Griff nach der Weltmacht, Die Kriegszielpolitik des kaiserlichen Deutschland 1914/18, Düsseldorf 1961, S. 64. Vgl.: FRITZ FISCHER, Krieg der Illusionen, Die Deutsche Politik 1911-1914, Düsseldorf 1969, S. 169-205. Vgl.: MILITÄRGESCHICHTLICHES FORSCHUNGSAMT (Hrsg.), Handbuch zur deutschen Militärgeschichte, Bd. 5. Von der Entlassung Bismarcks bis zum Ende des Ersten Weltkrieges (1890-1918), Freiburg 1968. Vgl.: MICHAEL DREYER/OLIVER LEMBCKE, Die deutsche Diskussion um die Kriegsschuldfrage 1918/19, Berlin 1993.

der Behauptung, dass unbekannte Feinde am Werk seien, um die deutschen Wasserleitungen mit Bazillen zu vergiften, verdienten die Mineralwasserfabriken ungeahnte Beträge, denn schließlich musste doch der deutsche Mensch etwas zum Trinken und zum Zähneputzen haben. Als dann der Krieg wirklich ausbrach, war keine Rohheit und Gemeinheit des Tones und des Inhaltes niedrig genug, um die patriotische Begeisterung abzureagieren. Für jede Macht, die sich an ihm beteiligte, wurden neue Schimpfworte erfunden. Die Formel "Gott strafe England" wurde unter viele Briefe geschrieben, so wie heute "Heil Hitler". Als die Japaner, die heutigen "arischen" Bundesgenossen Hitlers, an der Seite Englands in den Krieg eintraten, war die deutsche Qualifikation für sie "gelbe Stinkaffen". Als später die Italiener folgten, brandete das Übermaß der Beschimpfung besonders hoch auf. In München nannten die Leute die Makkaroni "Treubruchnudeln". Eine Sonderstellung in dem Schimpf- und Hetzkonzert nahmen die Dichter und die Professoren ein. Diese vermeintliche Blüte der Nation leistete Ungeahntes an Schmutzigkeit und Niedertracht. Dreiundneunzig Professoren deutscher Universitäten erließen mit Namensnennung einen völkerverhetzenden Aufruf schlimmen Niveaus[278]. Zu meinem größten Schmerz war unter ihnen Lujo Brentano. Er hatten den Mut, seine Unterschrift unter diesen Aufruf mitten im Kriege, als unter falschen Voraussetzungen abgegeben, zu widerrufen. In München bildete sich unter der Führung Max von Grubers ein "Verein zur raschen Niederkämpfung Englands". Die bärtigen Mannen, im wesentlichen Professoren, hielten lange Sitzungen im Isartorturm, wo sie Resolutionen über die Methoden verfassten, wie man den Feind am besten vernichte. In der Bevölkerung nannte man dieses lächerliche Vereinsgebilde "Verein zur raschen Niederschwätzung Englands". Den Monarchen fiel plötzlich ein, dass sie über Völker regierten und nicht nur Interessen zu vertreten hatten. Wilhelm II., der so lange die gehässigsten Parolen gegen den "inneren Feind" ausgegeben hatte, hielt eine Rede vom Balkon seines Berliner Schlosses, in der er sagte: "Ich kenne keine Parteien mehr, ich kenne nur noch Deutsche"[279].

[278] Vgl.: KLAUS SCHWABE, Wissenschaft und Kriegsmoral. Die deutschen Hochschullehrer und die politischen Grundlagen des Ersten Weltkrieges, Göttingen 1969.

[279] Das Zitat stammt aus einer Rede des Kaisers anlässlich von Huldigungen vor seinem Schloss in Berlin am 01.08.1914.Es lautet vollständig: "Aus tiefem Herzen danke ich Euch für den Ausdruck Eurer Liebe, Eurer Treue. In dem jetzt bevorstehenden Kampfe kenne Ich in Meinem Volke keine Parteien mehr. Es gibt unter uns nur noch Deutsche. Und welche von den Parteien auch im Laufe des Meinungskampfes sich gegen Mich gewandt haben sollten, Ich verzeihe ihnen allen. Es handelt sich jetzt nur darum, daß alle wie Brüder zusammenstehen, und dann wird dem deutschen Volke Gott zum Siege verhelfen". Vgl.: SCHULTHESS, Europäischer Geschichtskalender I, 1914, S. 371.

Dieser Rede war das Ereignis vorangegangen, das wie kein anderes die Kriegsstimmung anheizte und hochtrieb, nämlich, dass die Sozialdemokraten in Deutschland und Oesterreich mit einem Schlage ihre traditionelle Kriegsgegnerschaft und Militärfeindlichkeit aufgaben und die Kriegskredite in feierlichen Reden bewilligten[280]. Um hiezu den Absprung zu bekommen, musste die Behauptung aufgestellt werden, es handle sich um einen Angriffskrieg von Frankreich und Russland gegen Deutschland und Oesterreich, die "mitten im Frieden" von ihren bösen Feinden überfallen worden seien. Zu den "Hauptkriegshetzern" wurden von der deutschen Propaganda der französische Ministerpräsident Poincaré und der russische Ministerpräsident Iswolski[281] ernannt und in allen Tonarten durch den Kot gezogen. Für den Fall eines Angriffes des "russischen Zarismus", der "russischen Dampfwalze", auf Deutschland, hatte der alte August Bebel einmal erklärt, selbst die Flinte auf den Rücken nehmen zu wollen[282]. Es musste also den Arbeitermassen eingeredet werden, dass ein solcher Angriff des "absolutistischen Zarismus" auf die "deutsche Kultur" nunmehr vorliege, um die Umkehrung der bisherigen politischen Doktrin in ihr Gegenteil begründen zu können. In den der Bewilligung der Kriegskredite vorangegangenen internen Sitzungen hatte sich gegen diesen radikalen Umfall scharfe Opposition gezeigt. Als wesentlichster Grund für die Bewilligung der Kredite war geltend gemacht worden, dass deren Verweigerung zur Zerschlagung der sozialdemokratischen Organisationen führen würde. Einer der Hauptträger der Opposition gegen die Annahme der Kredite war der Parteivorsitzende Hugo Haase[283]. Ihm oblag es sodann, aus "Disziplin" den von der Mehrheit gegen seine eigene Anschauung gefassten Bewilligungsbeschluss mit den Worten zu begründen: "Da machen wir wahr, was wir immer gesagt haben..."[284].

[280] Am 04.08.1918 erfolgte die Bewilligung der Kriegskredite durch die SPD. Vgl.: Verhandlungen des Reichstags. Stenographische Berichte, XIII. Legislaturperiode, II. Session, 2. Sitzung (04.08.1914), Bd. 306, S. 8 f. Vgl.: SUSANNE MILLER, Burgfrieden und Klassenkampf. Die deutsche Sozialdemokratie im Ersten Weltkrieg, Düsseldorf 1974.

[281] ALEXANDER PETROWITSCH ISWOLSKIJ (1856-1919), russischer Außenminister (1906-1910), Diplomat/Botschafter in Paris (1910-1917). Vgl.: Geschichte in Gestalten. Ein biographisches Lexikon Bd. 2, hrsg. von HANS HERZFELD, Frankfurt/M. 1963, S. 234 f.

[282] AUGUST BEBEL erklärte dies am 07.03.1904 im Reichstag. Vgl.: Stenographische Berichte über die Verhandlungen des Reichstags, XI. Legislaturperiode, I. Session, 51. Sitzung (07.03.1904), Bd. 198, S. 1588.

[283] HUGO HAASE (29.09.1863-08.10.1919), Rechtsanwalt,1897-1918 mit Unterbrechungen Mitglied des Reichstags als Führer der SPD, später der Unabhängigen Sozialdemokraten, 1918 Volksbeauftragter in der Revolutionsregierung, 1919 ermordet. Vgl.: WILHELM HEINZ SCHRÖDER, Sozialdemokratische Parlamentarier in den Deutschen Reichs- und Landtagen 1867-1933, Düsseldorf 1986, S. 480.

[284] Loewenfeld gibt die Rede sehr verkürzt wieder. Nach der Ablehnung der

Wenn so die Leute handelten, die Wilhelm II. zuvor als "vaterlandslose Gesellen" beschimpft hatte, wer sollte da nicht für den "gerechten" Krieg gegen "französische Revanchelust", "englischen Krämergeist" und "zaristische Raubgier" sein. Die Zunft der Dichter überschlug sich in vorschriftsmässiger Begeisterung.

Ein Jude namens Lissauer[285] bedeckte den deutschen Namen mit ewiger Schande, indem er einen "Hassgesang" dichtete, der im Nu eine kaum glaubliche Popularität errang. Nicht minder populär waren das "Reiterlied" des oesterreichischen Juden Hugo Zuckermann[286] und die dichterische Versicherung des Sozialdemokraten Karl Broeger[287], dass in der Stunde der größten Gefahr "Deutschlands ärmster Sohn sein getreuester war". Unter dem Stichwort des "politischen Burgfriedens" wurden die bisherigen Partei- und Klassengegensätze geleugnet und verniedlicht. Es wurden Taten einer "neuen Volksgemeinschaft" angekündigt, die niemals eintrafen. Zum Zeichen äußerer Meinungsumstellung besuchten eine Anzahl Minister, Generale, Admirale und sonstige führende Persönlichkeiten das Berliner Gewerkschaftshaus, das vorher von staatlichen Beamten nur den Gendarmen als ständigen Gast gekannt hatte. Einige gutgläubige rechtsstehende Politiker, unter ihnen der Freikonservative Dr. Friedrich Thimme[288], schrieben wohlgemeinte Bücher, in denen der Hoffnung Ausdruck gegeben war, dass nunmehr die Periode des negativen unfruchtbaren Kampfes zwischen Kapital und Arbeit an ihrem Ende angelangt sei. Sie sollten sich sehr täu-

Verantwortung für den Kriegsausbruch, der Betonung der zu erwartenden Not und der Betonung des russischen Despotismus erklärte Haase: "... Es gilt, diese Gefahr abzuwehren, die Kultur und Unabhängigkeit unseres eigenen Landes sicherzustellen. Da machen wir wahr, was wir immer betont haben: wir lassen in der Stunde der Gefahr das eigene Vaterland nicht im Stich ..." Vgl.: Anmerkung 280.

[285] ERNST LISSAUER (10.12.1882-10.12.1937), Philosoph und Schriftsteller, Leiter der Deutschen Karpathen Zeitung und der Feldzeitschrift "Front", distanzierte sich später von seinem Haßgesang gegen England. Vgl.: Die Dichter und der Krieg. Deutsche Lyrik 1914-1918, hrsg. von THOMAS ANZ und JOSEPH VOGL, München 1982, S. 185.

[286] HUGO ZUCKERMANN (15.05.1881-1915), war "deutschböhmischer Jude" aus Eger, der in Wien zum Dr. jur. promovierte. Dort lernte er den Zionismus kennen und gründete den Studentenverein "Theodor Herzl". Er trat für die Integration der Juden im Vielvölkerstaat Österreich ein, den er aber im Sinne der Revolution von 1848 reformiert sehen wollte. Er starb in der 1. Hälfte des Jahres 1915 in einer Feldschlacht. Vgl. DERS., Gedichte, Wien 1915, S. 99.

[287] Vgl.: ALFRED KLEIN, Im Auftrag ihrer Klasse. Weg und Leistung der deutschen Arbeiterschriftsteller 1918-1933, Berlin/Weimar 1972, S. 92-95 und 809. Broeger dichtete auch einen Nekrolog auf Ludwig Frank. Vgl.: Anmerkung 229.

[288] DR. FRIEDRICH THIMME (12.02.1868-26.06.1938), Bibliothekar des preußischen Landtages und Herausgeber bedeutender Akteneditionen zur Politik des deutschen Kaiserreiches. Vgl.: ANNELISE THIMME, Friedrich Thimme 1868-1938. Ein politischer Historiker, Publizist und Schriftsteller in seinen Briefen, Boppard 1994.

schen. Die Regierung hob zwar einige schikanöse Gesetzesbestimmungen auf, um den Gewerkschaften entgegenzukommen[289]. Alle größeren Reformen aber scheiterten auch im Kriege an den Machtansprüchen des deutschen Großunternehmertums.

Mehrere Tage vor dem Ausbruch des Krieges fand in dem Münchener Bierkeller, der später die Stätte des ersten Hitlerputsches von 1923 war, eine sozialdemokratische Versammlung statt. Als Tagesordnung war ein Protest dagegen vorgesehen, dass die bayerische Regierung unter dem Druck der klerikalen Partei sich immer noch weigerte, die Feuerbestattung in Bayern zuzulassen, sodass man, wenn jemand letztwillig seine Feuerbestattung angeordnet hatte, diese außerhalb Bayerns ausführen musste. Als Redner war der Schriftsteller Kurt Eisner[290] vorgesehen. Er war früher Redakteur im sozialdemokratischen Zentralorgan, dem Berliner "Vorwärts", gewesen. Einige Jahre zuvor war er anlässlich der Machtkämpfe der revolutionären Richtung mit der evolutionären als nicht radikal genug aus der Redaktion verdrängt worden und lebte nun in München als Theaterkritiker des dortigen sozialdemokratischen Blattes, der "Münchener Post", deren damaliger Chefredakteur Adolf Müller, später langjähriger deutscher Gesandter in Bern, zum Vollmar-Flügel gehörte und einen überzeugt evolutionären Standpunkt einnahm. Kurt Eisner war ein äußerst gebildeter Mann von sehr maßvollem Urteil, dessen sozialistische Überzeugung sich im demokratischen Rahmen hielt. Er hatte sich immer brennend für Außenpolitik interessiert und viel darüber geschrieben. Die militaristische Politik Deutschlands nach außen und innen hatte er stets mit dem schärfsten Nachdruck bekämpft. Als ich in die Versammlung kam, erfuhr ich, dass die Tagesordnung ausgedehnt worden sei und dass der Protest in Sachen der Feuerbestattung nur kurz behandelt werde, dass dagegen der Hauptzweck der Versammlung ein Protest gegen den drohenden Krieg sein solle. Zu diesem letzteren Punkt sprach dann Kurt Eisner. Entgegen seiner sonstigen Präzision und Klarheit waren seine Ausfüh-

[289] Gesetz über den vaterländischen Hilfsdienst (05.12.1916, RGBl. 1916, S. 1333) Vgl.: GERALD D. FELDMAN, Armee, Industrie und Arbeiterschaft in Deutschland 1914-1918, Berlin/Bonn 1985, S. 169-206.

[290] KURT EISNER (15.05.1867-21.02.1919), 1892-1893 Redakteur der "Frankfurter Zeitung", 1898-1905 des "Neuen Vorwärts", und 1907-1910 der "Fränkischen Tagespost", 07.11.1918-21.02.1919 bayerischer Ministerpräsident und Minister des Auswärtigen. Vgl.: Für Freiheit und Völkerfrieden, in: Münchener Post 173 (29.07.1914), S. 2. Vgl.: BERNHARD GRAU, Parteiopposition, Kurt Eisner und die Unabhängige sozialdemokratische Partei, in: Von der Klassenbewegung zur Volkspartei. Wegmarken der bayerischen Sozialdemokratie 1892-1992, hrsg. von HARTMUT MEHRINGER, München u.a. 1992, S. 126-137. Vgl.: FREYA EISNER (Hrsg.) Kurt Eisner. Zwischen Kapitalismus und Kommunismus, Frankfurt/M 1996. Ferner: BERNHARD GRAU, Kurt Eisner 1867-1919. Eine Biographie, München 2001.

rungen sehr vage und pflaumenweich. Er gab in allgemeinster Form seinem "Vertrauen" Ausdruck, dass es der deutschen Regierung doch noch "gelingen" werde, den Kriegsausbruch zu verhindern. Das oesterreichische Ultimatum kritisierte er sehr sanft, indem er Bemerkungen des Inhaltes fallen ließ, wenn man es auch nicht billigen könne, so könne man es doch verstehen. Am Schluss wurde eine äußerst zahme Resolution angenommen, in der die Hoffnung auf Erhaltung des Weltfriedens ausgedrückt war. Davon, was die Partei tun wolle, wenn sich diese Hoffnung nicht bewahrheite, war nicht mit einem Wort die Rede.

Der Verlauf der Versammlung hatte auf mich einen ebenso ernüchternden und niederdrückenden Eindruck gemacht, wie wohl auf die meisten Teilnehmer. Jedermann wusste, dass Kurt Eisner ein Mann von unbedingter sozialistischer Überzeugungstreue und allgemein bekannter Kriegsgegnerschaft war. Wie mochte es nur kommen, so fragte sich ein jeder, dass er sich in ernstester Stunde so diplomatisch ausdrückte? Mangel an Mut war bestimmt nicht die Ursache, denn sein tapferes Eintreten für seine Überzeugung war allgemein geschätzt. Um der Sache auf den Grund zu kommen, beschloss ich, mich Eisner nach Schluss der Versammlung anzuschließen. Ich hatte mit ihm in einem Restaurant eine stundenlange Unterredung. Mein Erstaunen über das, was er mir erzählte, war nicht zu überbieten. Er war völlig eingefangen von der deutschen Propagandathese, dass ein russischer Angriffskrieg bevorstehe und war ganz und gar dafür, dass die Sozialdemokratie die Ankündigung von Bebel wahrmache und die Flinte auf den Buckel nehme. Er berief sich auf eingehende militärische Informationen, die er kraft besonderer Beziehung aus dem bayrischen Kriegsministerium erhalten habe. Dass er solche Beziehungen hatte, war mir wohlbekannt, da er sie unter dem Pseudonym "Palatinus" in der Zeitschrift "März" auswertete, zu deren Mitarbeiterkreis ich ebenfalls gehörte[291]. Auch in anderen politischen Zeitschriften arbeitete Eisner über militärische Themen mit. Ich konnte also keinerlei Zweifel haben, dass seine Angaben über die Informationen den Tatsachen entsprachen. Was mein maßloses Erstaunen erregte, war, dass ein Mann von so kritischem

[291] Der "März" wurde 1907 vom Verleger des "Simplicissimus" Albert Langen gegründet. Als Herausgeber fungierten LUDWIG THOMA und HERMANN HESSE. Obwohl von Ludwig Thoma unpolitisch und süddeutsch regionalistisch konzipiert, gehörte der "März" zur Gruppe "nicht parteigebundener Rundschauzeitschriften, die das Festhalten an einem starken deutschen Reich und die Propagierung einer eigenständig deutschen Kultur als gemeinsamen Nenner beanspruchten." Vgl.: HELGA ABRET, Albert Langen. Ein europäischer Verleger, München 1993, S. 113-121. Vgl.: GERTRUD M. RÖSCH, Ludwig Thoma als Journalist. Ein Beitrag zur Publizistik des Kaiserreichs und der frühen Weimarer Republik, Frankfurt/M. u.a. 1989, S. 65-80.

Sinn sich vom Berufsmilitär zur Entgegennahme und vorsichtigen Verbreitung solcher Informationen in zweifellosem gutem Glauben benutzen ließ, um, objektiv gesprochen, Kriegsstimmung zu verbreiten. Ich ging von dieser Unterredung mit dem schauerlichen Gefühl weg, dass wohl niemand in Deutschland, vielleicht von einigen einflusslosen theologischen Sektierern abgesehen, dem heraufziehenden Unheil irgendwelchen politischen Widerstand entgegensetzen werde.

2. *Meldung zum Militärdienst*

In dieser Situation hatte ich den schweren Entschluss zu fassen, wie ich mich persönlich im Falle des Kriegsausbruches zu verhalten hätte. Durch mein eignes militärisches Erleben und durch meine ganze persönliche und politische Entwicklung war ich ein Ablehner, ja man darf sagen, ein Hasser des militaristischen Systems. Jeder organisierten Massenbewegung gegen den Krieg hätte ich mich freudig auf jedes Risiko angeschlossen. Der Gedanke gar, dass der deutsche Militarismus in einem Kriege siegreich sein könne, war mir in höchstem Maße konträr und widerwärtig. Ich sagte mir instinktiv, dass dann der Übermut der deutschen Militärkaste keine Grenzen kennen werde. In der äußeren Politik war für den Fall eines deutschen Sieges ein maßloser Exzess von Neid, Hass und Gier zu befürchten, dem jedes Streben nach staatlicher Integrität und nach Aufrechterhaltung eines vernunftgemäßen Gleichgewichts unter den Völkern erliegen würde. Innenpolitisch musste, so war ich mir klar, ein deutscher Sieg rechtlich und gesellschaftlich zu einem völligen Überwuchern der Militärmacht führen. Ich sah im Geiste bereits die deutschen Zivilisten, wie sie bei der Begegnung mit dem Herrn Leutnant vom Trottoir heruntermussten. Lange genug hatte ich selbst den geistlosen militärischen Drill mitgemacht, um nicht in erster Linie die grauenerregende Verdummungswirkung eines solchen Systems zu fürchten. Ohne genauere Kenntnis der diplomatischen Zusammenhänge fühlte ich instinktiv, dass der kommende Krieg kein gerechter deutscher Abwehrkrieg sein werde. Dazu war die Massenvorbereitung, deren widerwilliger Zeuge ich wurde, viel zusehr auf Lärm, Rummel, chauvinistische Instinkte, persönliche und politische Brunnenvergiftung abgestellt. Dazu lag es für den halbwegs vernünftig Denkenden auf der Hand, dass ein Kleinstaat von dem Umfang und den Machtmitteln Serbiens nicht aus sich heraus eine Macht von dem damaligen Ausmaße von Oesterreich-Ungarn angreifen werde, dass andererseits Oesterreich-Ungarn niemals ohne offene oder geheime Rückendeckung Deutschlands die Kriegserklärung an Serbien im Hinblick auf die möglichen Rückwirkungen riskiert hätte. Ich fühlte deshalb, ohne Urkundenbeweise in der Hand zu haben, dass der alldeutsch-imperialistische Pangermanismus die Stunde für gekommen erachte, sich mit dem sogenannten Panslawismus zu messen, wie er von den zaristischen Imperialisten gepflegt wurde. Dass der deutsche Generalstab unter zynischem Bruch aller völkerrechtlichen Grundsätze und unter Verletzung der durch alte Verträge verbürgten Neutralität Belgiens wenige Tage später in dieses Land einfallen werde, um die strategische Vorhand gegenüber Frankreich, dem Bundesgenossen Russlands, zu erlangen, dass hierfür alle Vorbereitungen bereits getroffen waren, lag damals noch nicht im Bereiche meiner Phantasie. Denn trotz aller Ablehnung der politischen Doktrinen des deutschen Generalstabes hatte ich ihn ethisch und intellektuell immer noch viel zu hoch eingeschätzt. In Konsequenz meiner Einstellung und meiner politischen Erziehung hätte meine persönliche Entscheidung dahin lauten müssen, dass ich mich den sich anspinnenden Kriegszwecken vorbehaltlos verweigere. Ich war mir dennoch bald darüber klar, dass die persönliche, politische, wirtschaftliche und gesellschaftliche Vernichtung, die die unausbleibliche Folge eines solchen Schrittes gewesen wäre, ein nutzloses Opfer bedeutet hätte. Der Schritt wäre juristisch ein Verbrechen gewesen, das mich, wenn selbst nicht die physische Vernichtung daraus entstanden wäre, der bürgerlichen Ehre und damit jeder politischen Wirksamkeit beraubt hätte. Eine derartige Konsequenz würde möglicherweise nicht zu scheuen gewesen sein, wenn hinter der Handlung eine moralische oder politische Erfolgsaussicht gestande wäre. Allein die moralische Wirkung eines solchen Opfers war schon dadurch im Voraus verhindert, dass ich mit Präventivzensur und allen anderen Mitteln einer militärischen Meinungsmanufaktur für den Fall des Kriegsausbruches zu rechnen hatte, sodass die erste Voraussetzung eines moralischen Erfolges, nämlich seine Beispielhaftigkeit in einem größeren Kreise, gefehlt hätte. Politisch war im Hinblick auf die Haltung der Sozialdemokratie damit zu rechnen, dass man einen solchen Schritt als die Privatattitüde eines geistig mehr oder weniger gesunden Sektierers ohne ins Gewicht fallenden Anhang erklären würde. Ich kam also zu meinem Schmerze zu dem Resultat, dass ich mich dem deutschen Militarismus viel zu billig verkaufen würde, wenn ich den Dienst verweigern würde. Mich den Massen von Leuten anzuschließen, die ihre Abneigung vor dem Kriege, ihren Schrecken vor Gefahr, ihre Furcht vor einer verantwortungsbewussten Entscheidung in "einfacher" Weise durch Flucht in fremde Länder abreagierten - in Amerika wohnen heute als wohlbestallte Bürger viele Leute, die auf Grund solcher Erwägungen ihre Beschlüsse gefasst hatten - kam mir nicht in den Sinn. Deutschland war das Land, in dem ich geboren war, dessen Bürger ich in Recht und Pflicht war und mit dem ich mich demgemäß allein auseinanderzusetzen hatte. Zweifellos schwangen bei dieser Entscheidung auch ererbte und eingewurzelte Vorstellungen von der Notwendigkeit der Legalität, ja vielleicht sogar von jener verkehrten Treue und Loyalität mit, die man, der kantischen Philosophie gemäß, dem Regierer des Landes auch dann schuldet, wenn er sein Verderber ist. Jene Lehre, die der deutsche Rechtsphilosoph Kohler[292] in die Worte fasste, dass jede Regierung von selbst gerechtfertigt sei, solange sie bestehe und den Staat lenke, hatte in der Erziehung des Deutschen und vor allem des deutschen Juristen, viel tiefere Wurzeln geschlagen, als die Doktrin von den "ewigen" Rechten, die sich das Individuum, nach Schiller, im Widerstand gegen die Macht erobere, indem es "in die Sterne greife". Mein Vater im Besonderen, der von allen Menschen in meinen jungen Jahren den tiefsten Einfluss auf mich ausübte, war ein entschlossener Anhänger des rein gesetzlichen Fortschrittes. Ich fühlte, dass eine vorsätzliche Abweichung von der gesetzlichen Linie nicht nur den Bruch mit Staat und Gesellschaft, sondern auch mit ihm zur Folge haben müsse. Ich war jederzeit entschlossen, für meine Überzeugung meine Existenz zu riskieren, niemals aber die Beziehung zu meinem Vater, weil ich in ihm jenes bessere Ich anerkannte, dessen Einstellung in persönlicher und ethischer Hinsicht man nicht ohne unwiderstehliche Gründe unbeachtet lassen dürfe.

So beschloss ich, wider meine eigene Überzeugung, mich zum Militärdienst zu stellen, falls es zum Kriege komme. Ich hatte damals die Reservezeit bereits hinter mir und gehörte demgemäß dem Unteroffiziersstand der Landwehr an. Mit einer sofortigen Einberufung bei Kriegsausbruch war deshalb nicht zu rechnen, andererseits war es nicht mehr Sache meiner freien Wahl, wo ich mich stellen wollte, wenn ich erst einmal eine Einberufungsorder hätte. Ich beschloss deshalb, eine solche Zwangsorder nicht abzuwarten, sondern meldete mich freiwillig vier Tage nach Kriegsausbruch bei meinem Stammregiment, dem bayrischen Infanterie-Leibregiment zu München, und wurde dort angenommen[293]. In den ersten

[292] Josef Kohler (09.03.1849-03.08.1919), Jurist und Rechtsphilosoph, Vgl. ders., Das Recht als Kulturerscheinung, 1885. Vgl.: Günter Spendel, Josef Kohler. Bild eines Universaljuristen, 1983. Vgl.: NDB 12, S. 425 f. Vgl.: Gerd Kleinheyer/Jan Schröder (Hrsg.), Deutsche und europäische Juristen aus neun Jahrhunderten, 4. Aufl. Heidelberg 1996, S. 490.

[293] Zum Kriegsdienst Philipp Loewenfelds Vgl.: BHStA, Abt. IV - Kriegsarchiv, Personalakte Loewenfeld, sowie Akte Loewenfeld, Anwaltskammer, Stadtarchiv München:
Kriegsteilnehmer 06.08.1914
20.09.1914 Vizefeldwebel der Landwehr
01.02.1915 Feldwebel der Landwehr
24.04.1915-24.04.1917 im Felde, bis 28.12.1918 im Dienst, EK II.

vier Wochen war von einem Abtransport ins Feld noch keine Rede. Ich wurde verwendet, um die einströmenden Rekruten im gesamten Militärdienst mit auszubilden, daneben wurde mir als Sonderaufgabe zugeteilt, für Mannschaften meines Bataillons Unterricht in den Kriegsartikeln und in allen Fragen des Militär-, Kriegs- und Disziplinarrechtes zu geben. Dieser Sonderauftrag hatte seine Ursache darin, dass mein Kompagniechef, Hauptmann Freiherr von Lamezan[294], mich vom Wilhelm-Gymnasium kannte. Sein Bruder, ursprünglich ebenfalls Berufsoffizier, war ein Klassenkamerad von mir gewesen, er erlangte später unter dem Pseudonym "Ferdinand Alten" nennenswertes Ansehen als Schaupieler im Verband der bayrischen Staatstheater[295]. Mein Bataillonskommandeur war der Major der Reserve van Calker[296], im Zivilberuf Professor des Strafrechts an der Münchener Universität und so Fakultätskollege meines Vaters. Er hatte mich unter dem Unteroffizierskorps bald herausgefunden, sprach mich öfters in und außer Dienst an und beförderte mich bereits vier Wochen später zu meiner nicht geringen Überraschung im militärischen Rang. In den ersten Septembertagen 1914 wurde beim Kompagnieappell ein Erlass des Generalkommandos des ersten bayrischen Armeekorps[297] verlesen, wonach sich alle Angehörigen des Unteroffiziersstandes mit juristischer oder nationalökonomischer Vorbildung in eine Liste eintragen und genaue Angaben über ihre Vorbildung machen sollten. Der Zweck des Erlasses war, wie verlesen wurde, die Besetzung von Beamtenstellen in der juristischen und wirtschaftlichen Heeresverwaltung. Anordnungsgemäß machte ich die Angaben über meine juristische und nationalökonomische Ausbildung. Drei Tage später erhielt ich einen Gestellungsbefehl zu einer Feldformation im Westen auf den 8. September. Inhaltlich des Gestellungsbefehles hatte ich mich am 7. September nachts zu dem Transport zu melden, der am nächsten Morgen ins Feld abgehen sollte. Nach der militärischen Lage im

[294] WILHELM FREIHERR VON LAMEZAN (22.03.1888-19.01.1939), Hauptmann a.D., Bayerisches Infanterie-Leibregiment, Direktor der Amperwerke Elektrizitäts-Aktiengesellschaft oder ALBRECHT FREIHERR VON LAMEZAN (09.08.1878- das Todesdatum ließ sich nicht ermitteln), Hauptmann a.D. Vgl.: BHStA, Kriegsarchiv, Personalakte.

[295] FERDINAND ALTEN: Pseudonym für Freiherr von Lamezan auf Altenhofen (13.04.1885-16.03.1933), Offizier und Schauspieler, 1912 am Hoftheater München, 1918-1933 in Berlin. Vgl.: WILHELM KOSCH, Deutsches Theaterlexikon Bd. 2, Klagenfurt/Wien 1960, S. 1150.

[296] FRITZ VAN CALKER (24.10.1864-15.02.1957), Professor für Strafrecht und Gesetzgebung. Er wurde erst im August 1933 ordentlicher Professor. Vgl.: "Ein Lebensalter lang die Jugend betreut", in: Völkischer Beobachter 09.07.1941. Vgl.: "van Calker, der Achtzigjährige", in: MNN 23.10.1944. Vgl.: Nachruf, in: NJW 1954, S. 1922.

[297] Der Erlass des Generalkommandos des 1. Bayerischen Armeekorps um den 3. bzw 5. September 1918 hat sich im BHStA, Abt. Kriegsarchiv nicht erhalten.

Westen war es eine offene Frage, ob jemand, der dort ein Feldkommando antrat, von ihm zurückkehren werde. Ich hatte also nicht nur von meinen Eltern und Geschwistern, sondern auch von meiner Verlobten Abschied zu nehmen. Ihr Vater war bereits, im Alter von 64 Jahren, als Kommandeur eines Landsturmpionierbataillons nach dem Osten abgerückt, ihre Brüder waren ebenfalls bereits ausnahmslos zum Felddienst eingezogen worden. Sie selbst befand sich im Elternhaus in Magdeburg, um ihrer Mutter in dieser Situation ein wenig beizustehen. Auf meine telegraphische Benachrichtigung fuhr sie noch in derselben Nacht ab und kam am Morgen in München an. In der feuerroten Autodroschke, die uns vom Bahnhof in meine elterliche Wohnung brachte, beschlossen wir, vor meinem Abrücken ins Feld zu heiraten. Ich machte hierfür im wesentlichen praktische Gründe geltend, vor allem, dass sie, wenn ich fallen sollte, eine Pension bekommen würde. Zur bürokratischen Einleitung der Eheschließung beim Standesamt standen uns nur zwei Tage zur Verfügung, da wir als spätesten Eheschließungstermin den 7. September vorsehen mussten. Das Standesamt hatte wenig Neigung, in "großer" Zeit von seinen gewohnten Regeln abzugehen, das heißt, eine Menge Papiere zu verlangen. Auf meiner Seite waren diese komplett vorhanden, auf Seite meiner Verlobten aber fehlten Nachweise über einen Großvater. Unglücklicherweise hatte der Mann in dem kleinen Nest Forst in der Lausitz gewohnt. Es entspann sich also ein lebhafter Telegrammwechsel mit "Forstlaus" wegen dieser Papiere. Schließlich konnte eine Vorstellung meines Vaters auf Grund seines Rufes als Kommentator des Personenstandrechtes den amtierenden Vorsteher des Standesamts München I. überzeugen, dass er uns ohne diese Papiere trauen könne. Am 7. September 1914 traten wir also beim Standesamt an und ließen die routinemäßige Rede des Vorstehers, dass der Mann das Haupt der Familie sei und dass die Frau ihm Zuneigung und Gehorsam schuldig sei, ohne Wimpernzucken über uns ergehen. Nach beendigter Trauung fuhren wir in mein Elternhaus und verblieben dort einige Stunden mit meinen Angehörigen und der Mutter meiner Frau, dic inzwischen als einziges ihrer Familienmitglieder herbeitelegraphiert werden konnte. Sodann zog meine Frau nach tiefbetrübtem Abschied in die Wohnung meiner Schwester, während ich sogleich zum Antritt meines Kommandos und zur Vorbereitung meines Abtransportes in die Kaserne einrückte. Es war ein reichlich melancholischer Tag, an dem meine Frau, als Beginn ihrer Ehe, von ihrem Mann Abschied zu nehmen hatte, von dem niemand wusste, ob er nicht ein Abschied für's Leben sei, nachdem vorher schon alle Abschiede von ihren nächsten Angehörigen notwendig geworden waren.

Doch der Mensch denkt und das Generalkommando denkt nicht immer. Der Ruf nach dem Westen erwies sich als ein blinder Alarm. Am Morgen des 8. September stellte sich heraus, dass das Generalkommando die in Frage kommende Beamtenstelle an der Westfront versehentlich doppelt besetzt hatte. Der dienstältere Unteroffizier, dem diese Stelle ebenfalls verliehen war, "durfte" ausrücken, während ich als der dienstjüngere dableiben "musste". Da ich aber nun schon einmal von meinem Truppenteil wegkommandiert und dem Generalkommando zugewiesen war, behielten sie mich da und gaben mir, unter nochmaliger Rangbeförderung, die Stellvertretung einer Beamtenstelle mit der Erklärung, dass ich diese solange versehen solle, bis ich auf eine Beamtenstelle ins Feld kommandiert würde. Mein militärisches Büro war von diesem Moment an im Haus gegenüber dem Büro meines Vaters, sodass wir uns in die Fenster sehen konnten. Meine Ehe konnte nun doch noch ihren Anfang nehmen. Wir zogen in eine kleine Pensionswohnung und richteten uns nicht ein, da man ja jeden Moment damit rechnen musste, dass ich ins Feld kommandiert würde. Tatsächlich dauerte es viel länger, als ursprünglich vorgesehen, bis dieses Ereignis eintrat, nämlich bis zum Frühjahr 1915. Während im Anfang des Krieges die großspurigen Erklärungen der Heeresleitung, des Kaisers und der deutschen Propaganda versicherten, der Krieg werde in aller Geschwindigkeit mit einem deutschen Siege endigen, während die deutsche Presse infolge der angeblichen unaufhörlichen Siege völlig übergeschnappt war, während die alldeutschen Vereine und Bierphilister im Siegesrausch schon den Diebstahl der halben Welt vorbereiteten, war, noch nicht ein Vierteljahr nach Kriegsausbruch, jener schwere Rückschlag an der Marne erfolgt, der dem damaligen deutschen Bewegungskrieg ein Ende setzte. Das Wort Wilhelms II., dass die deutsche Armee sieges- und ruhmbedeckt heimkehren werde, "ehe die Blätter fallen", erwies sich als einer seiner kraftmeierischen Sprüche ohne Tatsachengehalt. Der Versuch der Erregung von Furcht beim Gegner durch solche geschwollenen Reden war schon damals eine der psychologischen Methoden, mittels deren das deutsche Militär andere Völker glaubte, auf die Knie zwingen zu können. Das Charakteristische dieser Methoden war damals wie heute, dass die Großsprecher und Maulsieger den Anschein zu erwecken suchten, als ob ihre Propaganda alleinrichtig, nüchtern und wahr sei, während die Berichterstattung der anderen nur Lügen verbreite. Der Popanz dieser Methode waren "unsere stets kurzen, aber immer wahrheitsgetreuen Heeresberichte". Allmählich merkten die Leute aber natürlich doch, an der Front und in der Heimat, dass die ihnen gemachten Zusicherungen nicht eintrafen, dass sich aber dafür die Ernährung, Bekleidung, Ausrüstung und das Verkehrswesen in raschem Tempo verschlechterten und dass diese Entwicklung trotz einer geradezu tollen Fülle von bürokratischen Anordnungen der Militär- und Zivilbehörden nicht aufgehalten werden konnte. Andererseits trat bei vielen

Politikern, die sich bei Kriegsausbruch durch die Propagandathese des "feindlichen Angriffskrieges" hatten täuschen lassen, eine Ernüchterung ein, indem sie, nicht zuletzt angesichts der von der Heeresleitung stillschweigend gebilligten und teilweise auch offen geförderten maßlosen Annexionspropaganda, erkannten, dass es sich um den großangelegten Versuch eines deutschen Raubkrieges, unter Verschleierung seines wahren Charakters, handele. In der deutschen Sozialdemokratie gab es ein großes Erwachen mit erheblichem Katzenjammer. Ein nennenswerter Teil der führenden Männer war kraft neugewonnener Einsicht nicht mehr in der Lage, die verlogene These vom gerechten deutschen Abwehrkrieg zu unterschreiben. Dramatisch begründet wurde diese neu – oder, besser gesagt – wiedergewonnene Erkenntnis von Kurt Eisner in einem Briefwechsel mit dem Sozialdemokraten Wolfgang Heine, der im Jahre 1915 in der von Hans von Weber herausgegebenen Münchener Zeitschrift "Der Zwiebelfisch" abgedruckt war[298]. Wolfgang Heine[299], der ursprünglich auf der alldeutschen Seite stand und erst nach schmerzlichen Überzeugungskämpfen seinen Weg zur Sozialdemokratie gefunden hatte, war eine der vornehmsten, geistig und ethisch reinsten Führergestalten der Partei, das Sinnbild eines deutschen Mannes bester Prägung. Er glaubte damals, an den Thesen der deutschen Regierung und des deutschen Militärs noch festhalten zu müssen, da er unfähig zu der Vorstellung war, dass Männer von angeblicher Ehre ihr eigenes Volk derartig belügen und betrügen könnten, wie es sich hinsichtlich des deutschen Generalstabes schließlich als schreckliche Wirklichkeit herausstellte. Die Diskussion darüber, ob man die deutsche Kriegs- und Annexionspolitik weiterhin stützen dürfe, oder ob man auf einen für alle Seiten tragbaren Vergleich, einen Frieden ohne gegenseitige Annexionen und Kriegsentschädigungen, hinzuarbeiten habe, spaltete schließlich die Partei und führte zur Gründung einer organisatorisch selbstständigen Parteigruppe, die sich den Namen "Unabhängige sozialdemokratische Partei" (USP) gab[300]. Die oft gehörte Behauptung, dass diese neue Parteigruppe grundsätzlich "links" von der bisherigen Sozialdemokratie gestanden sei, entspricht nicht den Tatsachen. Der Trennungsstrich ging vielmehr durch die Rechte und Linke der Partei. Neben Vertretern des linken Flügels, wie dem bisherigen Parteivorsitzenden Hugo Haase, gehörten der neuen

[298] Briefwechsel EISNER - HEINE, in: Der Zwiebelfisch 1919, S. 75-83. HANS VON WEBER (22.04.1872-22.04.1924), Herausgeber der literarisch-essayistischen Zeitschrift und Verlagsleiter. Vgl.: Der Zwiebelfisch 17. Jahrgang (1924), S. 1-5, 49-70.

[299] Vgl.: Anmerkung 226.

[300] Am 06./07.04.1917 wurde in Gotha die USPD gegründet. Vgl.: EUGEN PRAGER, Geschichte der USPD, Berlin 1922 (Neudruck: Das Gebot der Stunde. Geschichte der USPD, Berlin/Bonn 1980).

Kombination Männer wie der geistige Vater des Parteiprogramms, der sozialistische Theoretiker Karl Kautsky, aber auch Eduard Bernstein, der theoretische Begründer der revisionistischen, gegen den Revolutionarismus gerichteten Bewegung, an. Dass auch Kurt Eisner, dessen Auffassungen in der neuen Kombination eine gewisse Rolle spielten, eben wegen seines Revisionismus aus seiner Redakteurstellung am Zentralorgan der Partei entlassen worden war, ist bereits erwähnt.

3. *Im Felde in Frankreich*

Im April 1915 wurde ich schließlich zum Stabe einer Landwehrdivision im Felde kommandiert. Ich war dort zweieinviertel Jahre, bis ich, verletzt und krank, in die Heimat zurückkehrte. Es kann mir nicht etwa einfallen, mein persönliches Felddienstleben irgendwie zu schildern. Es war, vom Standpunkt des Allgemeinschicksals aus gesehen, durchschnittlich. Meine Vorgesetzen müssen gefunden haben, dass ich mich richtig verhalten habe, denn ich wurde in den zweieinviertel Jahren zweimal militärisch ausgezeichnet, zuerst mit einer bayrischen Auszeichnung und sodann mit dem Eisernen Kreuz[301]. Ich kann aber über keinerlei Heldentaten rapportieren, wie sie das große Vorbild der Deutschen, Herr Adolf Hitler, zu Wege gebracht haben soll, der ja bekanntlich von sich sogar behauptet hat, er habe allein 15 Franzosen umzingelt[302]. Immerhin sah ich in dieser Zeit von den Abscheulichkeiten des Krieges, von seiner kaum wieder gutzumachenden Verrohungswirkung auf Menschen, von abstumpfendem Fatalismus und namenlosem Elend jedweder Art genug, um meine eigene Einstellung in der grausamsten Weise bestätigt und übertroffen zu erhalten. Alle diese Dinge sind von so vielen Berufeneren beschrieben worden, dass ich mich weder berechtigt noch verpflichtet glaube, den sogenannten "Kriegsbüchern" noch irgend einen wesentlichen Zug hinzuzufügen. Ein Berliner Arzt hat während des Krieges in einer Schrift, die den Titel "Kriegspsychologisches"[303] trägt, eine Art visionärer Statistik aufgestellt, ausgehend von dem Gedanken, dass auch derjenige, der über ein großes Anschauungsvermögen verfügt, wohl durch Erzählung von Einzelschicksalen und Ereignissen, durch Ziffern und Kurven keine klare Vorstellung von den Schäden gewinnen könne, die der Krieg an Menschen und Dingen verur-

[301] Diese Auszeichnungen sind in der Kriegsstammrolle Philipp Loewenfelds vermerkt. Vgl.: BHStA, Abt. IV - Kriegsarchiv, Personalakte Loewenfeld.

[302] Vgl. zu dieser Legende: PHILIPP BOUHLER, Kampf um Deutschland. Ein Lesebuch für die deutsche Jugend, Berlin 1938, S. 30 f. ALAN BULLOCK, Hitler, Düsseldorf 1957, S. 49 f.

[303] MAGNUS HIRSCHFELD, Kriegspsychologisches, Bonn 1916.

sachte. Er fragte zu diesem Zwecke, wie lang es wohl dauern würde, wenn die gefallenen Männer und Jünglinge sämtlicher kriegsführender Staaten in geschlossenem Zug in Marschkolonnen vorüberziehen würden. Er sagt, wer diese Parade abnehmen wollte, müsste mehrere Wochen lang, Tag und Nacht, ohne Unterbrechung die Millionen entseelter Europäer an sich vorbeimarschieren lassen. Sodann fährt er in seiner Vision fort mit den Worten:

"Ich sah viele der zu Tode Getroffenen Hand in Hand gehen, zu zweit, zu dritt, zu viert. Es waren Brüder, Väter mit ihren Söhnen, Freunde. Ebenfalls zusammen wanderten aus allen Ländern die getöteten einzigen Söhne, die "fils unique", die letzten ihres Stammes. Ihr Vorbeimarsch allein währte vierundzwanzig Stunden. Und hinter den Gefallenen sah ich in Scharen das endlose Gefolge derer, die in den Vorbeischreitenden ihr Teuerstes dahingegeben hatten: Hunderttausende vergrämter Witwen, Millionen verwaister Kinder und schmerzzerrissene Eltern ohne Zahl, die mit ihren Söhnen ihren Lebensstolz und Stütze dem Vaterland geopfert hatten. Dieses Gefolge setzte sich in weiteren Reihen fort, deren Vorbeizug wiederum Wochen währte. Es waren die Kriegsversehrten, voran die ihrer Sehkraft beraubten, viele Tausende aller Nationen. Nach ihnen Zehntausende jüngere und ältere Männer auf Krücken und Holzbeinen und ebenso viele, denen ein oder zwei Arme fehlten. Den Kriegsversehrten reihten sich die Siechen an, die ein unheilbares körperliches oder seelisches Leiden aus dem Felde heimwärts trugen. Kein Organ war verschont geblieben. Den Herzkranken folgten die Lungenkranken, den Magenleidenden folgten die Nierenleidenden und so ging es fort bis zu den Nerven- und Geisteskranken. Und immer neue Gruppen schlossen sich in unabsehbaren Scharen an: die Kriegsgefangenen, wiederum mehrere Millionen aus allen Erdteilen, weit von der Heimat verschlagen, bis in das kälteste Nordasien, bis in das heißeste Nordafrika. Mit ihnen kamen Hunderttausende festgesetzte Zivilgefangene. Auch in dieser Abteilung marschierten viele Tote. Nicht nur Tausende, die einem ungewohnten Klima erlagen, sondern auch viele unschuldige Opfer der Spionenfurcht und unter den Schuldigen so mancher Verräter aus Vaterlandsliebe. Die Fortsetzung dieses unheimlichen Menschenstroms bildeten die Brotlosen und Obdachlosen. Zunächst die von der Scholle Vertriebenen, meist ganze Familien, ostpreußische Flüchtlinge, russische und französische Flüchtlinge, belgische und serbische Flüchtlinge, zusammen wieder viele Millionen. Ihnen schlossen sich die Landesverwiesenen an, die in der Fremde glaubten, eine zweite Heimat gefunden zu haben. Zwischen ihnen Hunderttausende von Auslandsdeutschen, die in Russland, England, Frankreich, Italien bodenständig geworden waren, nichtahnend, dass sie so wieder verjagt würden. Und noch immer näherte sich der Zug des Elends nicht seinem Ende. Denn auch diejenigen, für die der Krieg den wirtschaftlichen Ruin bedeutete, marschierten mit. Den Schluss des Zuges aber bildete eine unterernährte, frierende, verbitterte Millionenschar, die Kriegsopfer der mit der Zeit in allen Ländern eintretenden Teuerung und Überteuerung, des Lebensmittelmangels und des Lebensmittelwuchers."[304]

Die Schauerlichkeit dieser Vision erschöpft aber keineswegs die Kriegswirkungen auf die Völker. Mindestens so schlimm wie die physischen Vernichtungen waren die moralischen Auswirkungen, die hier nur gestreift werden sollen. In der "Sittengeschichte des Weltkrieges" von Magnus Hirschfeld[305] sind diese Schäden in überaus gründlicher Weise dargestellt und jeder, der in der Frage der Kriegswirkungen sich eine Meinung bilden will, sollte diese Darlegungen kennen, von denen ich nur in aller Kürze das Wichtigste erwähnen will. Zunächst führte das Kriegsgeschehen zu einer Art von Kraftanbetung und Heldenverehrung, durch die den Menschen das Bewusstsein der Grausamkeit und Aussermenschlichkeit des Krieges immer mehr abhanden kam. Tiefgehende Veränderungen des weiblichen Wesens traten vor allem dadurch ein, dass mit sich verlängernder Kriegsdauer die Frauen in immer größerem Umfang Mannesarbeit übernehmen mussten, vor allem im sogenannten vaterländischen Hilfsdienst[306]. Durch die zahllosen Kriegstrauungen wurden Ehen zwischen einer Menge von Personen geschlossen, die weder die Reife für die Ehe hatten, noch den Willen, bei gegenseitiger Abwesenheit eine eheliche Gesinnung zu erhalten. Das Kapitel Ehebruch, Unsittlichkeit, Gefangenenliebe wuchs ins Ungeheure. Aber auch bei Frauen, die sich die eheliche Gesinnung erhielten, waren die Wirkungen langer Trennung von ihren Männern oft verheerend. Psychosen, Selbstmorde waren bei daheimgebliebenen Frauen mindestens so sehr an der Tagesordnung wie Wesensveränderungen durch die aufgezwungene Enthaltsamkeit in Form von sadistischen und sonstigen perversen Anwandlungen. Riesige Massen von Frauen wurden durch den Lazarett- und sonstigen Pflegedienst verdorben, der, zumal in den besetzten Gebieten, vielfach eine Quelle von Unsittlichkeit und Ausschweifung war. Aber auch bei den im Felde nicht gefallenen oder verwundeten Soldaten und besonders bei den in der Etappe lebenden Männern hatte der Krieg schwere moralische Schäden zur Folge. Die Unmöglichkeit normalen Geschlechts-

[304] Magnus Hirschfeld, Kriegspsychologisches, Bonn 1916, S. 5 ff.

[305] Magnus Hirschfeld (14.05.1868-14-05.1935), Professor für Sexualwissenschaft, derselbe, "Sittengeschichte des Weltkrieges", Hanau/Main 1929. Vgl.: NDB 9, S. 226 f.

[306] Vgl.: Ute Daniel, Frauen in der Kriegsgesellschaft 1914-1918. Arbeiterfrauen in Beruf, Familie und Politik des Ersten Weltkrieges, Göttingen 1989.

lebens in der vorderen Linie ließ die Soldaten vielfach organschädigende Wege der Ersatzbefriedigung finden. Die Kriegsliteratur gibt eingehenden Aufschluss über die ungeheure Verbreitung von Onanie und Päderastie bei bisher normalen Personen, über obszöne Bilder und Gegenstände, pornographische Bücher und Träume. Hienzu kam die ungeheuerliche Verrohung, die teils durch den ungünstigen Einfluss Verdorbener innerhalb der Truppen, teils durch die Errichtung von Feldbordellen seitens der Heeresverwaltung selbst zwangsläufig eintreten musste. Die Heeresverwaltung stand vor dem Dilemma, ob sie eine Ausbreitung der Geschlechtskrankheiten, mit allen dadurch bedingten Einflüssen auf die Tauglichkeit, oder aber eine Förderung des Präventivverkehrs mit allen üblen Auswirkungen auf die seelische Einstellung des Soldaten vorziehen wolle. Aus "militärischen" Gründen bevorzugte sie die zweite Alternative. Um möglichst wenig Feldsoldaten durch Geschlechtskrankheiten dem Dienst zu entziehen, stellte sie in den von ihr organisierten Freudenhäusern Gelegenheit zum außerehelichen Verkehr in Formen zur Verfügung, die jedes feinere Gefühl ertöten und speziell für jüngere Leute schlimmste moralische Verheerungen hervorrufen mussten. Bedingung der Benutzung dieser Einrichtung war lediglich der Gebrauch von Schutzmitteln, die die Heeresverwaltung selbst lieferte, und die Beachtung der Merkblätter, die den Besuchern dieser Häuser über das "richtige" Verhalten nach getaner Arbeit abgegeben wurden. Dass dadurch bei Hunderttausenden der Geschlechtstrieb animalisch verroht und im Sinne sozialer und ethischer Verantwortung dauernd geschädigt wurde, ist klar. Die Einteilung in Offiziers- und Mannschaftsbordelle, die gedruckten Preisverzeichnisse für alkoholische Getränke einerseits und den Geschlechtsakt andererseits, das reihenweise Anstehen der Leute vor diesen Häusern, hat ebensoviele Menschen moralisch ruiniert, wie andererseits die nichtkasernierte Kriegs- und Etappenprostitution sich vielfach aus bisher einwandfreien Frauen zusammensetzte, die sich, um ein Kommissbrot oder eine Scheidemünze, den Eroberern hingaben. Im Hinterland dieses Infernos aber gingen ebenfalls vollständige moralische Umschichtungen vor sich, durch das Aufkommen des neuen Bevölkerungskreises der Kriegslieferanten und Schieber. Diese Personenschicht, der der Krieg nicht lange genug dauern konnte und die bereit gewesen wäre, zeitlebens "durchzuhalten", benutzte in stärkstem Umfang nicht nur offene, geheime und Gelegenheitsprostitution, sondern vor allem auch die durch den Krieg herbeigeführte Zerrüttung der Ehen für ihre Vergnügungen. Einschneidende Änderungen ergaben sich ferner daraus, dass in Stadt und Land Jugendliche, deren Väter im Felde waren, rasch zu Einkommen kamen und auf diese Weise vorzeitiger, als dies sonst der Fall gewesen wäre, ins Geschlechtsleben eintraten. So wurden auch hinter den

Fronten bisher hochgehaltene moralische Begriffe zersetzt, und das Genussverlangen der Völker wurde noch durch die allgemeine Ungewissheit der Zukunft, durch die Aufhebung jeder persönlichen Sicherheit, durch die Sorge vor immer neuen Gefahren gesteigert. Die Stimmung des "après nous le déluge" war der Verderbnis im höchsten Masse günstig. In allen Großstädten entstanden heimliche und schweinische Vergnügungsindustrien, die einmal miterlebt zu haben, nicht nur für die "oberen Zehntausend", sondern auch die korrumpierte Phantasie vieler jüngerer und älterer Männer aus dem Mittelstande eine Art Ehrgeiz war. Rechnet man die klinischen Kriegsbeschädigungen durch Verletzungen des Genitalapparates, des Rückenmarks, durch Neurosen und Selbstverstümmelung hinzu, denkt man an die Abstumpfung der Menschen im Allgemeinen, durch Übermüdung, Verschmutzung, Verlausung, durch ständig drohende Todesgefahr, durch Alkohol und Nikotin, durch die tägliche Mitteilung über Schlachten und Gefechte, getötete und verletzte Menschen, Torpedierungen von nicht Kriegsbeteiligten[307], ja an die Ausrottung ganzer Volksstämme, wie der Armenier durch die Türken[308], so kann man ermessen, dass eine derartige Häufung von Scheußlichkeiten das Bewusstsein der daran beteiligten Menschen keineswegs nur ganz vorübergehend korrumpieren konnte. Es ist deshalb kein Wunder, dass der "Geist" der Hitlerbewegung[309] seine "Quellen" in erster Linie auf diese ganz und gar zu Unrecht heroisierte Zeit zurückführt.

Als ich Mitte 1917, – zunächst auf Krankenurlaub – nach München zurückkam, war es für mich bereits völlig klar, dass Deutschland, trotz aller gegenteiliger Zusicherung der Heeresleitung und der Regierung, den Krieg nicht mehr gewinnen könne. An unserem Frontabschnitt fraßen die Pferde vor Hunger bereits die Latierbäume durch. Der ständige Wechsel des Futters, in ständig abnehmender Qualität, machte die Tiere so schlapp wie die Menschen, die die sich ständig verschlechternde Feldkost essen mussten. In den Sommermonaten waren die immer knapperen Fleischportionen häufig madig. Pferdeblutwurst, vom Blut gefallener Pferde, war ein von der Heeresverwaltung geschätztes Abendessen für Mannschaften. In den Unterkünften war die Jagd auf Ratten vorgeschrieben, die oft die Größe kleiner Katzen und Hunde hatten. Man benötigte nicht nur die Rattenfelle für

[307] Vgl.: FRITZ FISCHER, Griff nach der Weltmacht (wie Anm. 275), S. 240-247.

[308] Deutschland und Armenien 1914-1918. Sammlung diplomatischer Aktenstücke, hrsg. v. JOHANNES LEPSIUS, Potsdam 1919 (Nachdruck Bremen 1986). JOHN S. KIRAKOSSIAN, The Armenian Genocide, Madison 1992.

[309] Vgl.: PHILIPP LOEWENFELD, Die geistigen Grundlagen der Hitler-Bewegung, in: Münchener Post Nr. 173 (28.07.1932), S. 7 f.

die Handschuhindustrie, auch das Fett der Ratten fand seine "Verwertung" im Dienste der deutschen Kriegsmaschine. Der Automobilverkehr im Felde litt immer mehr unter dem Mangel an Gummi und Betriebsstoffen. Die Zigarren, die dem Soldaten als Genussmittel verabreicht wurden, enthielten mehr Buchenlaub als Tabak. Nur den Offizieren ging es immer noch einigermaßen leidlich. Das stärkste Moment in der dauernd absinkenden Stimmung der Mannschaften war die unterschiedliche Versorgung von Offizier und Mann. Es kam nicht selten vor, dass auf den langen Gewaltmärschen die Leute offen sangen "gleiche Löhnung, gleiches Essen, wär' der Krieg schon längst vergessen". Als das Armeeoberkommando Gaede[310], dem unsere Divison unterstand, einen Tagesbefehl erließ, der es verbot, Eier durch Requisition dem Lande zu entnehmen, – die Division lag damals in Elsaß-Lothringen, das noch deutscher Boden war – fand der Befehl gutes Verständnis bei der Mannschaft. Als es aber durchsickerte, dass sich das Armeeoberkommando für die "Herren des Stabes" vor Ausgabe dieses Befehls einen Hühnerhof von dreihundert Hühnern eingerichtet hatte, kannte die Wut der Mannschaft keine Grenze. Für Offiziere, die mit der Mannschaft in jeder Hinsicht Freud und Leid teilten und insbesondere mit ihr aus derselben Gulaschkanone verpflegt wurden, ging der durchschnittliche Mann jederzeit durchs Feuer. Umso verhasster waren diejenigen Offiziere, die an gedeckten Tafeln ernährt wurden und mit weißen Manschetten zur Offizierstafel gingen, während die Verhältnisse der Mannschaft immer trauriger wurden. Ich war in meiner Dienststellung hoch genug oben, um zu sehen, wie befohlen wurde, und tief genug unten, um zu erfahren, welche Wirkung die ausgegebenen Befehle auf die Massen der Soldaten hatten. Deshalb erfuhr ich auch, dass die durchschnittlichen, verantwortlichen Truppenführer sich über die Möglichkeiten eines Endsieges keinerlei Illusionen hingaben. Deutsche Truppen standen tief in Russland, hielten ganz Rumänien und Serbien, ja Teile von Kleinasien und Palästina, ganz Belgien und große Teile von Frankreich, verteidigten die Karpathenpässe so gut gegen die Russen, wie die Zentralalpenpässe gegen die Italiener, doch hatten sich Hass und Gier des Generalstabs zu viel vorgenommen. Die englische Blockade war, trotz aller gegenteiligen Tiraden, äußerst effektiv, die deutsche Flotte konnte, trotz angeblicher Siege, hieran nichts ändern. Man baute die zweiten und dritten Stellungen an unserem Frontabschnitt bereits mit mindertauglichen Zivilarbeitern, ja sogar mit Frauen, aus. Das Problem der Beschäftigung dieser Personenkategorien war für die

[310] Es handelt sich um den General der Infanterie HANS GAEDE (19.02.1852-16.09.1916). Vgl.: HANNS MÖLLER (Hrsg.), Geschichte der Ritter des Ordens "pour le merite" ´im Weltkrieg, Bd. I, Berlin 1935, S. 352 f.

Armeeleitung etwas Neues, und es gab deshalb in dieser tragischen Situation genug Lächerlichkeiten. So brüteten zum Beispiel unsere Kriegsgerichtsräte aus, dass die eingestellten Frauen dem Militärstrafrecht[311] unterstünden, weil sie "Heeresgefolge" seien. Wenn ein Truppenteil nun etwa eine Wäscherin beschäftigte und es ging in deren Nähe ein Volltreffer nieder, dann sollten wir sie wegen "Feigheit vor dem Feind", vor das Kriegsgericht bringen, falls sie, einer sehr natürlichen Regung folgend, davonlief. Von den militärischen Strafen war der sogenannte strenge Arrest im Felde dadurch zu vollziehen, dass der Bestrafte an einen Baum angebunden wurde. Auf diese Weise konnte man öfters ein nettes Mädchen an einen Baum angebunden finden. Um die zum Dienst eingestellten Frauen unterzubringen, musste man Massenquartiere herrichten. Vor diesen entwickelte sich schließlich ein solcher "Verkehr", dass man den Versuch wegen seiner zu zahlreichen Nebenwirkungen wieder aufgab. Als die Einstellung der Zivilarbeiter forciert wurde, gab es auf deren Seite massenhafte Beschwerden über Verpflegung, Behandlung und Lohnniveau. Ich machte damals den Vorschlag, beim Divisionskommando eine Beschwerdekommission einzurichten, an die sich die Leute ohne Inanspruchnahme des langwierigen militärischen Dienstweges sollten wenden können. Unser Generalstabsoffizier, ein bayrischer Oberstleutnant, war zunächst über eine so "revolutionäre" Idee vollkommen perplex, zumal ich noch vorschlug, die Beschwerdekommission auch mit zivilen Mitgliedern auszustatten, die man den verschiedenen Gewerkschaftsrichtungen entnehmen solle. Als ich ihm aber in einer mehrstündigen Besprechung klarlegte, wie dringend notwendig es sei, die höchst fragwürdige Stimmung der Leute nicht zum Äußersten zu treiben, erklärte er sich gepressten Herzens einverstanden und vertrat den Vorschlag beim Armeeoberkommando, das ihn nach einigem Hin und Her genehmigte. Die Arbeiten hinter der Front, wie zum Beispiel die Aberntung sequestrierter Güter zwecks Gewinnung von Futter für die Armeepferde, mussten wir damals bereits mit Kriegsgefangenen ausführen. Ich sehe noch einen solchen Transport gefangener Russen vor mir, wie sie am Bahnhof in Colmar, nach einer Fahrt von vier Tagen und vier Nächten, ankamen und auf dem Bahnsteig sich auskleiden mussten, um vom Divisionsarzt untersucht zu werden. Die Leute waren bis zum Skelett abgemagert, an der Stelle der Verlängerung des Rückens, wo normalerweise eine Fleisch- und Fettschicht beginnt, war alles eingeschmolzen. Ein Mann starb damals auf dem Bahnsteig vor Erschöpfung. Der

[311] Vgl.: ANTON ROMEN/KARL RISSOM, Militärstrafgesetzbuch für das Deutsche Reich, Berlin 1916. Vgl.: H. DIETZ, Militärstrafrecht. Grundriss für Krieg und Frieden, Rastatt 1916.

Divisionsarzt stimmte mir zu, dass man mit diesen Jammergestalten nicht arbeiten könnte. Ich setzte durch, dass die Leute für kurze Zeit die Verpflegungsportionen des deutschen Soldaten bekamen, die wahrlich nicht luxuriös waren. Die Leute arbeiteten darauf nicht nur gut, sondern ihre Dankbarkeit kannte keine Grenzen. Wir hatten in der ganzen Dauer des Kommandos keinen Fluchtversuch, während bei den nebenanliegenden Divisionen, wo die Leute die Kriegsgefangenenportionen bekamen, einer nach dem andern auf der Flucht erschossen wurde. Als das Kommando schließlich wieder in ein Kriegsgefangenenlager zurücktransportiert wurde, gab es bei starken Männern Tränen darüber, dass sie von uns scheiden mussten. Es war dies auch die Zeit, zu der die Armeeleitung bereits den Versuch machte, mittels brutaler Strafdrohungen auf die Stimmung der Mannschaft einzuwirken. Zufolge einer Anordnung der obersten Heeresleitung wurden "Äußerungen von Kriegsmüdigkeit" unter schwere Strafe gestellt. Zu diesem Zweck wurde die Zensur über die Mannschaftspost wesentlich verschärft, während die Offizierspost nach wie vor unzensiert blieb. Wenn also ein Mann an seine Frau schrieb "ich wollte der Schwindel wäre aus und ich läge wieder mit Dir im Bett", dann war dies ein "Tatbestand", mit dem sich im Falle seiner "Aufdeckung" das Kriegsgericht zu beschäftigen hatte. Die Mannschaften versuchten angesichts solcher Verhältnisse oft das Unmöglichste, um ihre Angehörigen in der Heimat nicht zu sehr anzulügen. Sie beschrieben oft das Briefpapier nur einseitig und versuchten auf der anderen Seite mittels irgendwelcher Chemikalien, ja sogar mittels Kreide und Urin ihre Mitteilungen über ihre wahre Stimmung den stereotypen Brieftexten hinzuzufügen. Je nachdem der Zensor dann etwas menschlicher oder etwas denunziatorischer war, gab er ihnen die Briefe zur Zerstörung mit einer mehr oder minder strengen Mahnung zurück oder brachte er sie in Strafuntersuchung. Eine Armeeleitung, die solch schäbige Mittel benötigte, konnte dann leicht den Nimbus aufrecht erhalten, dass die Stimmung im Felde gut sei. Wie sehr sie sich in Wirklichkeit des Gegenteils bewusst war, ergab sich aus der zynischen Maßnahme, dass in der Zeit größerer Angriffshandlungen damals bereits die Schnapsportionen der Mannschaften verdoppelt wurden. Die Hebung der Heeresmoral durch stärkeren Schnapskonsum war eine Idee, die der "Psychologie" des deutschen Generalstabs würdig war. Naturgemäß konnte ein derartiger Zwang zur Verlogenheit bei den halbwegs besseren Elementen nur die gegenteilige Wirkung von dem haben, was er bezweckte. Schlimmer noch waren die Stimmungsverwüstungen, die ich bei der Rückkunft in der Heimat vorfand. Schon als ich im Winter 1916 zum ersten Mal auf einem zweiwöchigen Heimaturlaub in München war, war die Lebensmittelnot mit allen ihren Konsequenzen auf einen äußerst bedenklichen

Grad gestiegen, dazu die allgemeine Rohstoffnot und die Kohlennot. Die Leute fuhren von der Stadt zu den Bauern über Land, um einige Eier, ein wenig Butter oder gar ein Stück Speck außerhalb der Lebensmittelregelung zu ergattern. Solche Streifzüge waren aber äußerst gefährlich. Denn wenn der Gendarm die Leute erwischte, kamen sie als "Hamsterer" wegen der Überschreitung der Lebensmittelgesetze vor Gericht und zudem wurden ihnen noch die mühsam und meistens gegen teures Geld erworbenen Sachen abgenommen. Die Leute andererseits, die sich aus Gesetzlichkeitsfanatismus an die vorgeschriebenen Portionen hielten, kamen vollständig von Kräften. Zu diesen zählte auch mein Vater, der auf solche Weise seine Lebenskraft vollständig zerstörte und so das Kriegsende nur wenige Wochen überlebte. Neun Monate nach meinem Winterurlaub 1916 wurde uns unser erstes Kind[312] geboren. Wir besitzen noch die amtlichen Bewilligungen, durch die meine Frau wegen dieses Schwangerschaftsfalles "Vorzugskarten" erhielt. Die Bevorzugung bestand in einem extra Viertelliter Milch pro Tag und sage und schreibe einem Sonderzentner Kohle pro Monat. Es gelang uns nur durch verschiedene ländliche Beziehungen einer Situation vorzubeugen, bei der zumindestens Skrofulose und andere Beeinträchtigungen der Lebenskraft des Säuglings unvermeidlich gewesen wären. Im Jahre 1914 hatte ich meiner Frau einen Pudel, Harro von Petersberg, gekauft. Schon bei meinem Winterurlaub 1916 war es soweit, dass wir uns einig wurden, das Tier nicht mehr in der Heimat halten zu können. Meine Frau hatte es einige Monate vor meinem Kommen zu einem Bauern in Münchens Umgebung getan. Wir fuhren gemeinschaftlich dort hin, um uns nach dem Tier umzusehen. Wir fanden es völlig abgemagert und mit scheußlicher Krätze bedeckt. Als wir dem Bauern Vorhaltungen machten, dass er, entgegen seinen Zusicherungen, das Tier so verkommen lasse, sagte er, jedes kleine Stückchen Fett oder Fleisch, das er übrig habe, nähmen ihm die Städter ab und sauber halten könne er das Tier auch nicht, weil die von der Regierung bewilligte Seifenportion schon nicht für die Menschen, geschweige denn noch für den Pudel gereicht hätte. Wir nahmen Harro mit nach München und gaben ihn zunächst zur Behandlung in die Tierklinik. Nachdem er dort in wenigen Tagen die Krätze losgeworden war, beschlossen wir, dass ich ihn ins Feld mitnehme, in der Hoffnung, dass man dort von den Abfällen in irgend einem Offizierskasino etwas Fressen für ihn auftreiben könne. Tatsächlich nahm sich eine Zeitlang die Stabskantine unseres Minenwerferbataillons seiner an. Nach einigen Monaten wurde mir jedoch gesagt, sie dürften den Hund nicht mehr füttern, weil die

[312] Erstes Kind Philipp Loewenfelds war Anne Margarete, geboren am 06.09.1917.

Abfälle in die Heimat für Industriezwecke geliefert werden müssten. Um das Tier am Leben zu erhalten, blieb mir schließlich nichts anderes übrig, als es einem Angehörigen des Divisionsstabes zu schenken, da es dort am längsten etwas gab. Harro hat auf diese Weise als eine Art deutscher Vorzugshund den Krieg tatsächlich überlebt, der so vielen menschlichen und tierischen Lebewesen Tod und Verderben gebracht hatte. Immerhin waren die Verhältnisse in der Heimat, als ich Ende 1916 den Pudel Harro ins Feld mitnehmen musste, noch einigermaßen besser als in den darauffolgenden Monaten. Ich erhielt fortgesetzt Nachrichten darüber, wie außerordentlich schwer es noch möglich sei, dort den primitiven Lebensbedarf aufzubringen. Für meine Frau, die als Norddeutsche den bayrischen Dialekt nur schlecht verstand und die wenige persönliche bayrische Beziehungen hatte, waren diese Schwierigkeiten noch größer, als für die immer ansässig gewesenen Soldatenfrauen, die sich auf ihren Streifzügen über Land mit der Bauernbevölkerung viel besser verständigen konnten. Ich schickte deshalb von dem Wenigen, was man sich in unseren Marketendereien neben der offiziellen Feldkost noch kaufen konnte, meiner Frau und meinen Eltern möglichst oft etwas heim. Man war dort um alles froh, ob es sich um ein paar Pfund Kunsthonig oder um ein Schächtelchen Sacharin oder um etwas gedorrte Früchte handelte. Begeisterung aber erregte es, wenn es uns gelang, von den Kleinbauern unseres Frontabschnittes einmal ein Stück Käse zu ergattern und heimzuschicken. Viele dieser Kleinbauern hatten ihre Häuschen zwischen den deutschen und den französischen Linien und ließen sich auch durch tägliches Artilleriefeuer nicht vertreiben, solange die Siedlung nicht formell evakuiert wurde. Die Leute wollten von uns kein Geld für ihren Käse, sondern nur notwendige Sachen oder Schnaps, in der Regel den Letzteren. Mein treuer Bursche, ein stämmiger Altbayer, überraschte mich öfters mit so einem Stück Käse, für dessen Beschaffung er durchs Sperrfeuer gegangen war. Wenn ich ihm Vorhaltungen machte, dass er sich für einen solchen Zweck doch nicht gefährden solle, meinte er, durch das Sperrfeuer gehen sei immer noch leichter, als hinten sitzen und auf die Familie zu warten, wie dies Frau Doktor müsse. Trotz solcher Gelegenheitszuschüsse war, als ich im Frühsommer 1917 krank nach Hause kam, der Ernährungszustand meiner schwangeren Frau erbärmlich. Es bestand ernste Sorge, ob ein Kind, dass unter solchen Umständen das Licht der Welt erblicken werde, auf einen halbwegs lebenstüchtigen Gesundheitsstandard gebracht werden könne. Tatsächlich wäre dies mit einiger Dauerwirkung kaum möglich gewesen, wenn die Verhältnisse, wie sie zur Zeit der Geburt des Kindes bestanden, noch sehr lange angedauert hätten. Kaum wiederzuerkennen war bei meiner Rückkunft mein Vater. War er auch früher körperlich nie stark gewesen, so hatten ihn die drei vorangegangenen Jahre zu einem zitterigen Greis gemacht. Seine früher unbedeutende Diabetes war in den Friedensjahren und im ersten Kriegsjahr mit Vermeidung weniger ihm schädlicher Nahrungsmittel und mit dem Genuss von Aleuronatbrot immer im Rahmen des Bruchteiles eines Prozentes zu halten gewesen. Seitdem aus militärischen" Gründen das Aleuronatbrot nicht mehr fabriziert und die für seine Diät notwendigen Dinge nicht mehr in genügender Menge erhältlich waren, war er dem Untergang geweiht. Die Prozentsätze des Zuckers schnellten in die Höhe und die Lage wurde noch dadurch verschlimmert, dass er aus Hunger Dinge aß, die ihm absolut verboten waren. Neben seinem körperlichen Widerstand gegen das Eindringen der Krankheit war aber auch sein geistiger Widerstand gegen die Propagandalügen des Generalstabs geschwächt. Er war überzeugt, dass Hindenburg und Ludendorff[313] so siegreich waren, wie es bis zum bitteren Ende immer wieder dem ahnungslosen Volk vorgeschwindelt wurde. Umso vernichtender schlug es ihn dann nieder, als er schließlich noch vor seinem Tode den nicht mehr zu verheimlichenden Stand erfahren musste.

4. *Beim Generalkommando in München*

Als ich mich nach Beendigung meines Krankenurlaubs wieder zum Dienst meldete, wurde mir bedeutet, dass ich zunächst nicht wieder auf eine Feldstelle kommandiert würde und dass mir eine mit Offiziersrang verbundene Beamtenstelle im Verband des stellvertretenden Generalkommandos des 1. bayrischen Armeekorps verliehen werden solle. Jedes im Feld befindliche Armeekorpskommando hatte in der Heimat ein "stellvertretendes" Generalkommando, dem die wichtige, und damals schon überaus schwierig gewordene Aufgabe des Offiziers- und Mannschaftsersatzes, sowie der Rohstoff- und Fertigungsfabrikatversorgung des Feldheeres oblag, also die Aufgabe des gesamten Nachschubes von Offizieren, Beamten, Unteroffizieren und fertig ausgebildeten Mannschaften, sowie der Versorgung des Feldheeres mit Nahrung, Bekleidung, Waffen, Munition und Kriegsmaterial und allen notwendigen Artikeln zur Unter-

[313] PAUL VON (BENECKENDORFF UND VON) HINDENBURG (02.10.1847-02.08.1934), Generalfeldmarschall, 1925 und 1932 zum Reichspräsidenten gewählt. Vgl.: NDB 9, S. 178-182. Vgl.: RUDOLF OLDEN, Hindenburg oder der Geist der preußischen Armee, Hof 1948 (zuerst Paris 1935). ERICH LUDENDORFF (09.04.1865-20.12.1937), General, mit Hindenburg Mitglied der Obersten Heeresleitung (OHL), 1920 Teilnahme am Kapp-Putsch, 1923 Teilnahme am Hitler-Putsch, 1924 freigesprochen, 1924 Mitglied des Reichstags und Fraktionsvorsitzender der NSDAP, 1925 Kandidatur zur Reichspräsidentenwahl, 1926 Gründung des "Tannenberg-Bundes", gründete mit von Graefe die Reichsführerschaft der Deutschvölkischen Freiheitspartei. Vgl.: NDB 4, S. 3 f.

bringung, Beheizung, Beleuchtung, kurz, zur Befriedigung allen notwendigen Bedarfs für Mann und Tier, Gerät und Bau. Die mit diesen Aufgaben betrauten Generalkommandos legten Wert darauf, in ihrem Verband eine Anzahl von Offizieren und Beamten zu haben, die nicht allein in der Heimat beschäftigt gewesen waren, sondern auch Felderfahrung gesammelt hatten. Die Abteilung D 2, in die ich berufen wurde, hatte vor allem den zentralen Einkauf und die Verteilung einer großen Anzahl von notwendigen Heeresmaterialien unter sich, wie zum Beispiel von Seife, Chemikalien, Wolldecken und Baugerät jedweder Art. Es unterstanden ihr aber auch zugleich die Garnisonverwaltungen des Armeekorpsbezirks und die Militärbauämter in der Heimat. In dieser Eigenschaft hatte sie beispielsweise für die Unterbringung der gesamten neueinrückenden Jahrgänge, für die Errichtung und Instandhaltung der Schießplätze, für die Einrichtung und Ausstattung der Kriegsgefangenenlager zu sorgen. Bei der in schärfstem Tempo ansteigenden Rohstoffnot war also die Abteilung vor geradezu fürchterliche Aufgaben gestellt. Nachdem ich in der Abteilung eine Anzahl von Monaten beschäftigt gewesen war, wurde ich zu ihrer Leitung berufen, unter Übergehung vieler aktiver Beamter, die ihren Ärger über dieses Ereignis nur schlecht verhehlen konnten. Ich war damit zum vierten Mal während des Krieges im militärischen Rang befördert und war für die Dauer des Kommandos dem militärischen Dienstrang eines Hauptmanns gleichgestellt[314]. Die Politik der Armeeleitung, vereinzelte Juden zu solchen Funktionen zu berufen, war ebenso neu wie diejenige, dass damals, zum ersten Mal in der deutschen Heeresgeschichte, vereinzelte jüdische Reserveoffiziere Stabsoffiziersrang erreichten und mit dem Kommando über Bataillone, ja sogar über Regimenter betraut wurden. Einen jüdischen General oder Admiral, wie sie in Frankreich, Belgien, Italien und anderen Staaten keineswegs selten waren, hat es freilich auch damals in Deutschland nicht gegeben. Die Heeresleitung tat sich schon viel auf ihre Vorurteilslosigkeit zugute, indem sie vereinzelte Juden in der hier umschriebenen Weise aufrücken ließ[315]. Die Leitung der Abteilung brachte mir dienstliche Anerkennung, doch konnte ich mir nicht verhehlen, dass die Tätigkeit eine Sisyphusarbeit war und dass der unaufhaltsame Niedergang des militärischen Schicksals Deutschlands und seiner Verbündeten in raschem Fortschreiten war. Bei den internen Sitzungen im Kriegsministerium und Generalkommando, zu denen ich nunmehr Zugang hatte, wurde

[314] Beförderungen Loewenfelds: Die genaue Dienstbezeichnung lautete: Stellvertretender Intendanturassessor. Vgl.: Anmerkung 293.

[315] Vgl.: MILITÄRGESCHICHTLICHES FORSCHUNGSAMT (Hrsg.), Die Deutsch-Jüdischen Soldaten 1914-1915, Herford/Bonn 1982.

dies auch nicht mehr ernstlich in Abrede gestellt. Nach außen musste jedoch immer noch der Schein siegreichen Fortschreitens und größter Überlegenheit aufrecht erhalten werden. Die versöhnlichste Seite meiner Erinnerung an diese Zeit ist, dass die Verwaltung im Prinzip sauber war. Wohl kamen seitens vereinzelter Industrie- und Handelsfirmen Versuche vor, durch kleinere oder größere Bestechungen Vorzug bei Lieferung oder Vergünstigungen in den Preisen zu erlangen. Ich hatte immer den Beifall meiner Vorgesetzten, wenn ich solche Versuche rücksichtslos, vor allem mit Ausschluss von jedweden Lieferungen, verfolgte. Der Opfersinn der Bevölkerung für die Zwecke der Armee war auch damals, trotz der wirklich ganz miserablen Lage der breiten Massen in Bezug auf Ernährung und Bekleidung, kaum zu übertreffen. Gelegentlich standen wir allerdings vor der Notwendigkeit, den unpatriotischen Widerstand Mächtiger und Reicher zu brechen. Zu diesen zählte auch der damalige Oberkommandierende der deutschen Ostarmeen, Prinz Leopold von Bayern[316], der Bruder des Königs von Bayern. Als die Heeresverwaltung zum Zwecke der Ausbildung von Gebirgsartillerie einen neuen Artillerie-Schießplatz im bayrischen Hochgebirge einrichtete, war ich mit der Führung von Verhandlungen mit vielen Grundbesitzern beauftragt, deren Interessen durch die Anlage des Schießplatzes betroffen waren. Sämtliche Verhandlungen konnten in Güte und auf einer für beide Seiten tragbaren Basis erledigt werden, mit der einzigen Ausnahme derer mit dem königlichen Prinzen. Die Vermögensverwaltung Seiner Hoheit sträubte sich auf deren direkten Befehl energisch gegen die Anlage, weil dadurch der Prinz in seiner Hochgebirgsjagd gestört werde. Bei einer Sitzung im Kriegsministerium wurden angesichts dieses Widerstandes einige alte Knaben etwas lendenweich. Es gelang mir damals, die Androhung der Zwangsenteignung an den fürstlichen Generalfeldmarschall durchzusetzen, dem die Ruhe seiner Jagd wichtiger war als das Schicksal seines Landes. Erst auf diese Androhung hin wurden die von sehr unköniglichem Geist zeugenden Widersprüche zurückgenommen.

5. *Marineunruhen 1917*

Im Sommer 1917 kamen auf einigen Schiffen der Reichsmarine Unruhen infolge des Umstandes vor, dass die Verpflegung der Mannschaften unter jedem Niveau war, während in den Offizierskasinos der Schiffe noch aus dem Vollen geschöpft wurde. Einige Vertreter der Schiffsmannschaften

[316] LEOPOLD PRINZ VON BAYERN (09.02.1846-28.09.1930), ab 29.08.1916 Oberbefehlshaber Ost als Nachfolger von Hindenburg. Vgl.: NDB 14, S. 271 f.

wandten sich mit ihren Beschwerden an Abgeordnete der unabhängigen sozialdemokratischen Partei. Die deutsche Marineleitung versuchte, um ihre Verantwortung für die Beschwerden gegenüber dem Parlament loszuwerden, darauf einen Feldzug gegen die gesamte unabhängige sozialdemokratische Partei, mit der Behauptung, dass "Meutereien" stattgefunden hätten und dass eine Geheimorganisation zur gewaltsamen Herbeiführung des Friedens bestanden habe, die ihre Leitung im Fraktionszimmer der unabhängigen sozialdemokratischen Partei im Reichstag gehabt habe. Ich hatte, Jahre nach Kriegsschluss, Gelegenheit, den Verhandlungen des vom Reichstag eingesetzten Untersuchungsausschusses über die Frage dieser sogenannten "Marinemeuterei" anzuwohnen und erlangte dadurch Kenntnis von dem Inhalt der aktenmäßigen Unterlagen über diese politischen Vorgänge, die aus den Akten über 47 Schiffsprozesse, aus 13 Aktenbänden des Reichsmarineamts und 14 Aktenbänden des Reichsgerichts, insgesamt aus über 25000 Aktenseiten bestanden. Für die Zeitgenossen von heute, die die jetzigen Methoden der deutschen Nachrichten- und Meinungsfälschung täglich erleben, ist es von Interesse, sich die Frage vorzulegen, ob und inwieweit es damals anders gewesen ist. Antwort ist, dass es, so weit die Regierung und das Militär in Frage standen, nicht besser war. Die Methode der alldeutschen Heerespropaganda und der Unterdrückung jeder Friedenspropaganda bestand in einer stinkenden Korruption von amtlicher Lockspitzelwirtschaft, gesetzwidrigem Terror der Untersuchungsführer, offenem Rechtsbruch der Militärbehörden, ungerechtfertigter Füsilierung und unmenschlichen Zuchthausurteilen, auf Grund erpresster Geständnisse, erlogener Protokolle und feiger Leugnung der Wirklichkeit. Was gegenüber heute anders war, war der Umstand, dass die Verbrecher im Offiziers- und Beamtenrock sich politisch nicht durchsetzen konnten, weil das deutsche Reichsgericht und der deutsche Reichstag diese Treibereien nicht mitmachten. Alle Angeklagten, die füsiliert wurden, gaben zu Protokoll, dass man ihre Überführung mit Erpressungsmethoden versuchte. Einer sagte: "Es wurde mir einfach auf den Kopf zugesagt, ich hätte mich des Kriegsverrats schuldig gemacht und würde eventuell erschossen oder käme lebenslänglich ins Zuchthaus, würde mindestens diverse Jahre erhalten. Auf meine Frage, was man denn überhaupt unter Kriegsverrat verstehe, wurde nicht eingegangen. Ich wäre genügend überführt und nur ein reuiges Geständnis könne mich retten."

Derselbe Angeklagte richtete an das Militärgericht ein Protestschreiben, in dem er sagte:

> "In meinem Vernehmungsprotokoll sind Angaben enthalten, die ich nicht gemacht habe und die mit der Wahrheit nicht übereinstimmen. Diese Angaben sind ohne meinen Willen hineingeschrieben worden. Zu der Unterschrift dieser Aussage habe ich

mich nur durch die Zusage bestimmen lassen, dass diese Angaben sofort verändert oder gestrichen würden, da ich dieselben nicht aufrecht erhalten kann. Zu diesem Zweck habe ich mehrfach den Wunsch geäußert, vorgeführt zu werden. Trotz mehrfachem Bitten ist diesem Wunsch bisher nicht entsprochen worden."

Ein anderer Angeklagter schilderte in der Hauptverhandlung das Zustandekommen seines angeblichen Geständnisses folgendermaßen:

"Herr Kriegsgerichtsrat D. erklärte mir: "Wir haben bisher mit gefährlichen Menschen zu tun gehabt, aber Sie sind der gefährlichste. Sie können die Kugel kriegen, oder Sie können ins Zuchthaus kommen, das liegt in meiner Hand." Das übte einen so niederschmetternden Eindruck auf mich aus, dass ich den letzten Rest von Fassung verloren habe. Ein Geständnis habe ich nicht abgelegt, sondern die Worte sind mir förmlich in den Mund gelegt worden. Herr Kriegsgerichtsrat D. drückte mir dann am Schluss des Verhörs die Feder in die Hand und sagte: "Unterschreiben Sie, oder unterschreiben Sie nicht?" Da sagte ich, dass ich auch von schlechter Verpflegung hineingeschrieben haben möchte, und darauf sagte er: "Das können wir nicht. Die schlechte Verpflegung ist schon immer vorgeschoben worden."

Die Auffassung eines der Militärrichter über die Stellung des Angeklagten im Strafprozess wird am besten mit seinen eigenen Worten wiedergegeben, die er in einer Verhandlung am 3. November 1917 gebrauchte. Nach dem bei den Akten befindlichen Stenogramm seiner Ausführungen sagte er:

"Der Fluch einer jeden Verhandlung ist immer, dass durch die Aushändigung der Anklageschrift die Angeklagten merken, worauf es ankommt."

Nach dem Willen dieses Gerichtsvorsitzenden sollte also in Sachen, in denen es um Leben und Sterben ging, mit Überraschungsstrategie gegen die Angeklagten gearbeitet werden. Tatsächlich erwiesen die Akten, dass in manchen Verfahren, auch in solchen, die mit Todesurteil endigten, die Anklageschrift an die Angeklagten nur im Auszug, in anderen Fällen nur für einige Stunden, die zur Durchsicht nicht genügten, ausgehändigt wurde. In einem Fall lehnte deshalb ein nur drei Tage vor der Verhandlung bestellter Offizialverteidiger, wegen Unmöglichkeit der Vorbereitung der Sache, die Verteidigung ab. Am nächsten Tag kommandierten die Militärbehörden einen als Leutnant eingezogenen Rechtsanwalt zum Verteidiger. Doch auch dieser lehnte aus dem gleichen Grund ab, dem erteilten Befehl zu gehorchen. Im allerletzten Augenblick wurde dann in der Person eines alldeutschen Justizrates ein zur Übernahme bereiter Verteidiger gefunden, der eine Vorbereitung einer solchen Sache nicht für erforderlich hielt. In dieser Sache ergingen dann vier Todesurteile.

Es war kein Wunder, dass viele Angeklagte nur zu dem Mittel erlogener Geständnisse griffen, um den terroristischen Methoden der Untersuchungsführer zu entgehen. Ein Matrose C. erzählte einen ganzen Räuberroman darüber, wie ihn am 2. August 1917 der Reichstagsabgeordnete D. zum

Kriegsverrat angestiftet habe. Als Abgeordneter D. hierüber vernommen wurde, konnte er sofort nachweisen, dass er vom 30. Juli bis 7. August 1917 nicht in Deutschland war und demgemäß mit dem Mann nicht hatte sprechen können. C. hat später zugegeben, dass er den Räuberroman nur erfunden habe, weil der untersuchungsführende Kriegsgerichtsrat ihn fortwährend mit Erschießen bedroht habe und gleichzeitig belastende Aussagen gegen die Abgeordneten der unabhängigen Sozialdemokraten aus ihm habe herauspressen wollen. Da sei ihm der Gedanke gekommen, wenn er so gravierende Aussagen gegen die Abgeordneten mache, dass man ein Interesse daran habe, ihn als Zeugen zu benutzen, werde man ihn nicht zum Tode verurteilen und nicht erschießen. Der Mann hat Recht behalten, denn er hat "nur" fünfzehn Jahre Zuchthaus bekommen[317]. Offenbar haben auch andere Angeklagte nach diesem Rezept gehandelt. Der Vorsteher der Oberreichsanwaltschaft, der höchsten deutschen Anklagebehörde, also der Mann, dessen Dienststellung derjenigen des federal attorney general in U.S.A. entsprechen würde, sagte deshalb in einem Bericht an den Strafsenat des Reichsgerichts:

> "Die Angaben der bereits verurteilten Marineangehörigen sind insbesondere aus dem Grund mit besonderer Vorsicht aufzunehmen, weil sich aus ihnen die zum Teil offen ausgesprochene Erwartung ergibt, dass die Ermöglichung eines gegen die Abgeordneten der U.S.P. gerichteten erfolgreichen Strafverfahrens für sie selbst eine gnadenweise Milderung der gegen sie erkannten Strafen zur Folge haben könnte."[318]

Ein Teil der angeblichen Meuterei war durch Lockspitzel der Herren Kriegsgerichtsräte direkt arrangiert, um eine Handhabe für ein Vergehen zu gewinnen. So hat Matrose A. von dem Kriegsgerichtsrat L.[319] den Auftrag erhalten, aufzupassen, was seine Kameraden in Privatgesprächen und bei Zusammenkünften an Bord oder Land sagen würden, und hierüber zu berichten. Dieser Lump erfüllte seine Aufgabe so gut, dass er von seinen Kameraden zum Vertrauensmann gewählt wurde, da er "treu wie Gold" sei. Er fragte nach geschehener Wahl bei seinem Auftraggeber an, ob er den Posten annehmen solle. Da er nicht sogleich Antwort erhielt, nahm er die "Vertrauensstellung" auf eigene Faust an und denunzierte alle paar Tage

[317] Kriegsgerichtsrat D. ist Dr. Dobring. Matrose C. ist der Matrose Calmus, Reichstagsabgeordneter D. ist der Abgeordnete Wilhelm Dittmann (USPD). Vgl.: Untersuchungsausschuss des Reichtstags, Bd. 10,1, S. 313-315. Vgl.: WILHELM DITTMANN, Die Marine-Justizmorde von 1917 und die Admirals-Rebellion von 1918. Dargestellt nach den amtlichen Geheimakten im Auftrage des Parlamentarischen Untersuchungsausschusses über den Weltkrieg, Berlin 1926, S. 80-83.

[318] Vgl.: WILHELM DITTMANN, Anm. 317.

[319] Es handelt sich um Kriegsgerichtsrat Dr. Loesch und die Matrosen Adams (A) und Feldmann (F). Vgl.: WILHELM DITTMANN, Anm. 317.

einen anderen Kameraden. Alle Denunzierten haben in der Verhandlung die Angaben des A. als erlogen erklärt und gesagt, gerade A. sei es gewesen, der immer gesagt habe, das könne man sich nicht mehr gefallen lassen, dagegen müsse man mit Gewalt vorgehen, man müsse eine Handgranate in die Offiziersmesse schmeißen. A. arrangierte unter anderem in Kiel eine Versammlung und lud dazu auch einen Matrosen F. vom Schiff "Ostfriesland" ein, der, weil er der Einladung Folge leistete, verurteilt wurde. Das Lokal für diese Versammlung besorgte die Kieler Kriminalpolizei. Der Kriminalpolizist H. berichtete wörtlich an die Polizei zu Kiel:

> "Mit dem Vertrauensmann sind Vereinbarungen getroffen worden, um rechtzeitig Kenntnis von der Abhaltung und dem Beginn der geplanten Versammlung zu erhalten."

Die Versammlung wurde tatsächlich verabredungsgemäß polizeilich ausgehoben. Dem Spitzel A. war von seinem Gerichtsoffizier, Oberleutnant E., die Instruktion gegeben worden, sich für seine Person der "Festnahme" durch Flucht oder "Widerstand" zu entziehen. Die Kriminalpolizei Kiel fand diese Weisung zu unvorsichtig. Der Kriminalpolizist H. berichtete wörtlich:

> "Nach Rücksprache und gemäß Anordnung des Herrn Kriminalkommissars G. habe ich den Vertrauensmann dahin angewiesen, dass er sich unter keinen Umständen, wegen der damit verbundenen großen Gefahr, irgend welchen Widerstand gegen die Beamten, mit der Aussicht auf eine Flucht, zu Schulden kommen lassen dürfe, dass er sich vielmehr nach Ablauf einer halben Stunde, vor dem Erscheinen der Polizei, unauffällig entfernen solle, oder aber, sofern dies nicht ausführbar, sich mit allen Anderen festnehmen lassen müsse. Seine Freilassung würde dann von hier aus, beziehungsweise durch sein Schiffskommando, alsdann veranlasst."

Tatsächlich wurde der Spitzel mitverhaftet, sodann in das Lazarett überführt und von dort aus freigelassen. Gegen die Teilnehmer an dieser Versammlung wurden auf Grund des Zeugeneides des Spitzels schwere Zuchthausstrafen verhängt. Auf die Frage des Verteidigers, ob dem Lockspitzel A. Vorteile und Straflosigkeit versprochen worden seien, verweigerte der Gerichtsoffizier, unter Berufung auf das Dienstgeheimnis, die Antwort. Das Gleiche tat der Kriegsgerichtsrat Dr. L. auf die Frage, warum gegen A. kein Strafverfahren eingeleitet worden sei.

Einer der Matrosen, die auf Grund solcher verächtlicher Untersuchungsmethoden hingerichtet wurden, hat seinen Eltern einen Abschiedsbrief geschrieben, dessen Kopie sich bei den Akten fand. Er lautete:

> "Geliebte Eltern. Ich hätte Euch schon lange geschrieben, was mit mir los ist, aber ich wollte erst mein Urteil abwarten. Nun ist dieser Tag gewesen, und er ist noch schlimmer ausgefallen, als ich gedacht hatte. Es ist ein Todesurteil geworden. Ob es vollstreckt wird, oder ob es durch die Gnade des Kaisers verhindert wird, liegt in Gottes Hand. Ich habe keine Hoffnung mehr und habe mit dem Leben abgeschlossen. Das hätte wohl keiner gedacht, als wir im Juni Abschied nahmen, dass es das letzte Mal

sein sollte. Nun bitte ich Euch, liebe Eltern, verzeiht mir dieses letzte Vergehen, damit ich ruhig in die andere Welt hinüber gehen kann, wo wir uns alle einmal wiedersehen. Ich danke Euch für all das Gute, was Ihr an mir getan habt. Teilt mir bitte die Adresse und den Namen des Vorstehers der Gemeinde von hier mit. Und wenn Ihr noch mehr und Näheres über mein Vergehen wissen wollt, so schreibt an den, der Euch auf meinen Auftrag hin zum ersten Mal geschrieben hat. Nun entschuldigt, dass ich nicht mehr schreibe; aber mir ist das Herz so schwer, dass es mir unmöglich ist weiterzuschreiben. Denn es ist traurig, als junger Mensch, in der Blüte der Jahre, mit seinem Herzen voll Hoffen und Sehnen schon sterben zu müssen, sterben durch harten Richterspruch. Grüßt Willy und Gertrud, und Euch selbst umarmt und küsst zum letzten Male Euer Sohn Max. P.S. Alles, was Ihr für mich machen könnt, ist, wenn Ihr durch einen Rechtsanwalt oder den Stammapostel ein Gnadengesuch an den Kaiser macht, in dessen Hand augenblicklich mein Leben ruht und dessen Hand auch hier mildtätig wirken wird ."[320]

Dieser Brief wurde zunächst von der kaiserlichen Admiralität unterschlagen. 10 Tage nach der Hinrichtung des Unglücklichen und gleichzeitig mit der Nachricht von seiner Erschießung wurde er seinen Eltern zugestellt. Die Admiralität verhinderte die rechtzeitige Beförderung des Briefes, weil sie offenbar fürchtete, ein Gnadengesuch an den Kaiser könne eine Verzögerung oder eine Verhinderung des Justizmordes bewirken.

Der Zweck dieser schandbaren und schoflen Rechtsbrüche war die Konstruktion scheinjuristischer Unterlagen für eine politische Verfolgung der unabhängigen sozialdemokratischen Partei. Die Flottenleitung wusste, dass diese Partei nicht verboten war, dass die von ihr betriebene Propaganda mit Flugblättern, die die Militärzensur passiert hatten, ebenso legal war, wie die Mitgliederwerbung für ihre Ortsgruppen. Sie wusste, dass es legal war, wenn einzelne Leute ihre Beschwerden über Verpflegung, Behandlung, Urlaub und insbesondere über das vielfach jeder Beschreibung spottende Verhalten einzelner Offiziere Abgeordneten der Partei vortrugen. Sie wusste, dass beispielsweise gleichartige Beschwerden von katholischen Matrosen Abgeordneten der klerikalen Zentrumspartei vorgetragen wurden und dass diese sich mit Entschiedenheit für die Abstellung der Beschwerden eingesetzt hatten. Die Ablenkung der Sache auf das politische Gebiet, auf eine angebliche Verschwörung der U.S.P., wünschte die Flottenleitung, weil sie glaubte hierdurch lästige Kritik loszuwerden. Die beteiligten Behörden, das Reichsmarineamt, der Staatssekretär des Reichsjustizamtes, der Staatssekretär des Innern, der Kriegsminister, der Reichskanzler, die oberste Heeresleitung, ja der Kaiser selbst wäre nur allzu gerne bereit gewesen, diese Ablenkung mitzumachen. Um sie aber in Form von Parteiverboten, Maßnahmen auf Grund des Belagerungszustandes, Verhaftung

[320] Dies ist der Brief des Matrosen Max Reichpietsch. Vgl.: Wilhelm Dittmann, Anm. 317, S. 67 f.

von Abgeordneten ohne Genehmigung des Reichstags, Schutzhaft gegen Abgeordnete, oder gar in Form einer Wiederholung des Bismarck'schen "Sozialistengesetzes"[321] durchzuführen, hielt man doch erst eine "juristische Grundlage" für erforderlich, da es als zu weitgehend erschien, eine ganze politische Partei, auf Grund bloßer Gerüchte, zu verbieten und zu verfolgen. Kriminelle Brandstifter, wie Göring[322], die solche "Probleme" durch Begehung von Verbrechen lösten, die dann anderen zugeschrieben wurden, befanden sich damals noch nicht in der Regierung. Für die Aufnahme solchen Auswurfes der Menschheit in leitende Funktionen eines Staates waren auch die damaligen scharfmacherischsten Kräfte noch nicht "geläutert" genug. Deshalb überließ man die Schaffung der "juristischen Grundlage" traurigen, kleinen Justizverbrechern, die, wie die vorstehenden wörtlichen Zitate belegen, stupide genug waren, jede ihrer ungesetzlichen Regungen und Erwägungen zu Papier zu bringen und so den historischen Nachweis zu ermöglichen, dass im Prinzip zwischen nazistischen Verbrechermethoden und den Praktiken der damaligen deutschen Heeresleitung kein Unterschied war, mit Ausnahme des einen, dass man die Lockspitzel und Verbrecher nicht in die Regierung selbst aufnahm, sondern sie nur benutzte. Damals musste jede Regierung noch befürchten, dass sie vom Parlament und vom Reichsgericht werde desavouiert werden, wenn sie ohne wirklich greifbares Beweismaterial derartige Maßnahmen vorgenommen hätte. So erhob man also zunächst auf Grund des "Beweismaterials" gegen einige Abgeordnete der unabhängigen sozialdemokratischen Partei die Anschuldigung des Hoch- und Landesverrats und suchte auf die Oberreichsanwaltschaft, die die Anklagebehörde beim Reichsgericht war, dahin einzuwirken, dass sie ein Strafverfahren gegen die Abgeordneten eröffne. Die Oberreichsanwaltschaft teilte jedoch in einer vertraulichen Besprechung, nach Durchsicht des gesamten Materials des Abgesandten, der Marineleitung mit, dass ausreichende tatsächliche Unterlagen zu einem Einschreiten nicht gegeben seien. Sie fügte hinzu, dass in den Akten Vieles den Abgeordneten unterstellt werde, was garnicht von diesen ausgegangen sei. Wörtlich sagte sie, sobald man die Akten nach Handlungen und Worten durchsehe, die auf die Zivilisten zurückzuführen seien, werde man im Stich gelassen, auf allgemeine Redensarten aber lasse sich eine so bedeutsame

[321] Bismarcks Sozialistengesetz (1878-1890). Vgl.: Anmerkung 43.

[322] HERMANN GÖRING (12.01.1893-15.10.1946), Vgl.: Anmerkung 166. Loewenfeld spielt hier auf die damals vom Braunbuch zum Reichstagsbrand vertretene These an, dass Göring den Auftrag zum Reichstagsbrand gegeben habe. Vgl. dazu: UWE BACKES/KARL-HEINZ JANßEN/ECKHARD JESSE/HENNING KÖHLER/HANS MOMMSEN/FRITZ TOBIAS, Reichstagsbrand-Aufklärung einer historischen Legende, München/Zürich 1986.

Untersuchung nicht aufbauen. Der stellvertretende Reichsanwalt Freiherr von Eberz und Rockenstein[323] sagte sogar nach dem Studium der Akten, die unabhängige sozialdemokratische Partei dürfe es mit Recht ablehnen, wenn man ihr politische Ziele "unterschiebe". Diese für die Marineleitung äußerst unangenehme Gewissenhaftigkeit der obersten Anklagebehörde wurde in den vertraulichen Sitzungen des Parlaments von den Vertretern sämtlicher Parteien, von der äußersten Rechten bis zur äußersten Linken, als berechtigt anerkannt. Die Marineleitung konnte mit ihrer Anregung, das Parlament solle einer politischen Verfolgung der Abgeordneten ohne juristische Grundlage zustimmen, nicht durchdringen, wiewohl der Kaiser selbst auf Seite der Marineleitung stand und die Vertreter der Marineleitung aus Angst vor Ungnade des Kaisers das Äußerste taten, um die politische Verfolgung durchzusetzen. Zu diesen äußersten Mitteln gehörte auch, dass der Flottenchef, Admiral von Scheer, die Vollstreckung von Todesurteilen anordnete, wiewohl seine eigenen Referenten diese als juristisch anfechtbar erklärten. Ja, die Akten erweisen sogar urkundlich, dass der Flottenchef und der Kriegsminister[324] schriftliche Vereinbarungen über die Vollstreckung der Todesstrafen trafen, bevor überhaupt die Verhandlung stattgefunden hatte. Dass man sich innerhalb der Marineleitung ausdrücklich darauf einigte, die Sache vor dem Reichstag durch absichtliche Verschweigung der Wahrheit günstiger zu gestalten, haben die hochbegabten Erfinder der angeblichen Verschwörung auch noch aktenkundig gemacht. Als der Geheime Admiralitätsrat Dr. Felisch dem Staatssekretär des Reichsmarineamtes für die Reichstagsverhandlung das Reichsgutachten des Oberkriegsgerichtsrats de Bary übermittelte, schrieb er hiezu wörtlich:

> "Aus den Anlagen geht hervor, dass auch der Rechtsberater des Chefs der Hochseestreitkräfte die Todesurteile für einen Fehlspruch hält. Er kommt zu diesem Schlusse aus den stets von mir dargelegten Gründen. Der Chef der Hochseestreitkräfte hat sich über diese juristischen Bedenken hinweggesetzt, wozu er berechtigt war. Bei dieser Sachlage werden Euer Exzellenz dringend gebeten, weder den Inhalt der Rechtsgutachten, noch den Satz aus dem Urteil gegen R. und Genossen, der das Vorliegen der vollendeten Tat der Erregung eines Aufstands rechtfertigen soll, dem

[323] Max Freiherr von Eberz und Rockenstein (25.04.1860-30.04.1921), Reichsanwalt seit dem 03.04.1906. Vgl.: Dittmann, Anm. 317, S. 74 f. Vgl.: Adolf Lobe, Fünfzig Jahre Reichsgericht, Berlin/Leipzig 1929, S. 402.

[324] Admiral Reinhard von Scheer (30.09.1863-26.11.1928), Flottenchef, seit August 1918 Chef der (Obersten) Seekriegsleitung. Vgl.: Hans H. Hildebrand/Ernest Henriot, Deutschlands Admirale 1849-1945, Bd. 3, Osnabrück 1990, S. 195 f, Kriegsminister Hermann von Stein (13.09.1854-25.05.1927), preußischer General, ab Oktober 1916 Kriegsminister. Vgl.: Der Große Brockhaus, 15. Aufl. Leipzig 1934, S. 101, Vgl.: Wilhelm Dittmann, Anm. 317, S. 65 f.

Reichstag mitzuteilen. Überhaupt dürfte es sich empfehlen, mit keinem Worte sich auf die Frage einzulassen, ob der Tatbestand des Gesetzes, der die Verhängung von Todesstrafe zulässt, erfüllt war oder nicht. Die Marinejustizverwaltung braucht sich auf einen Streit darüber, aus dem sie nicht als Siegerin hervorgehen würde, nicht einzulassen"[325].

Auf dem blutigen Hintergrunde eines solchen widerlichen Justizskandals wollten die Herren Admiräle, die von der heutigen Hitlerbewegung als deutsche Heroen gefeiert werden, "Geschichte" machen. Dies ist ihnen, politisch gesehen, misslungen. Die zu Unrecht Füsilierten konnten zwar nicht mehr ins Leben zurückgerufen werden. Die Verfolgungsaktion gegen die U.S.P., für die die barbarischen Urteile die Unterlage bieten sollten, wurde aber abgelehnt, und als am 9. Oktober 1917 der Reichskanzler Michaelis[326], einer der armseligsten Nachfolger, die Bismarck in seinem Amte gehabt hat, im Reichstag zusammen mit dem Staatssekretär der Marineleitung gegen die Abgeordneten der U.S.P. vorprellte, erlitt er eine derart schwere Niederlage vor dem Parlament, dass sein Rücktritt nicht mehr zu vermeiden war. Es konnte sich noch Recht gegen Gewalt, Wahrheit gegen Amtsverbrechen, Fairness gegen Hetze durchsetzen, womit im Ergebnis, trotz der Abscheulichkeit der Geschehnisse, der Abstand der damaligen Zeit von der heutigen deutschen Wirklichkeit charakterisiert ist.

6. *Munitionsarbeiterstreik 1918*

Im Januar 1918 war die Unruhe in der deutschen Arbeiterschaft, verursacht durch den schweren Lebensmittelmangel und seine gesundheitlichen Folgen und durch die immer zweifelhafter werdende militärische Lage, so groß geworden, dass die politische Agitation für eine rasche Beendigung des Krieges Streiks in Munitionsfabriken hervorrief[327]. Um diese Bewe-

[325] Dr. Felisch (18.05.1855- ?), Wirklicher Geheimer Admiralitätsrat (Berlin), Leiter der Rechtsabteilung des Reichsmarineamtes, Staatssekretär des Reichsmarineamtes. Seit 1923 im Ruhestand. Bis zum Jahre 1930 war er freier Mitarbeiter bei der Deutschen Juristen-Zeitung. De Bary, Oberkriegsgerichtsrat, Gutachter. Zu de Bary ließen sich keine näheren Angaben ermitteln. Vgl.: Reichshandbuch der deutschen Gesellschaft Bd. 1 (1930), S. 398. Der Begleitbrief ist abgedruckt in: Dittmann, Anm. 317, S. 68.

[326] Georg Michaelis (08.09.1857-24.07.1936), deutscher Reichskanzler seit 14.07.1917, Reichstagssitzung 09.10.1917 gegen die USP, Rücktritt am 31.10.1917, Mitglied der DNVP. Staatssekretär war von Capelle. Zum Sachverhalt vgl.: Dittmann, wie Anm. 317, S. 78 ff. Vgl.: NDB 17, S. 432 ff. Vgl.: Verhandlungen des Reichstags. Stenographische Berichte, XIII. Legislaturperiode, II. Session, 124. Sitzung (09.10.1917), Bd. 310, S. 3773-3805.

[327] Vgl.: Gerald D. Feldman, Armee, Industrie und Arbeiterschaft in Deutschland 1914-1918, Berlin/Bonn 1985, S. 356-368.

gung so weit wie möglich in legalen Bahnen zu halten, waren führende Sozialdemokraten, darunter der spätere Reichspräsident Ebert[328], in die Streikkomittees eingetreten, was ihnen Jahre danach alldeutsche Geschichtsfälschung als Landesverrat auslegte. Es folgte diesen Streiks eine Verhaftungswelle. In München wurde, neben einer Anzahl von anderen Personen, Kurt Eisner verhaftet, der namens der unabhängigen sozialdemokratischen Partei mit zu dem Munitionsstreik aufgerufen hatte. Er wurde zur Verfügung eines in München amtierenden Untersuchungsrichters des deutschen Reichsgerichts gestellt. In Strafsachen wegen Landesverrats war nämlich zur damaligen Zeit das höchste deutsche Gericht, das Reichsgericht zu Leipzig, in erster und letzter Instanz zur Aburteilung zuständig. Das Münchener Verfahren gegen sämtliche Angeschuldigte verlief im Sande, während das Reichsgericht ein Mitglied der zentralen Berliner Streikleitung, den Abgeordneten D.[329], zu fünf Jahren Festungshaft verurteilte, was die mildeste Strafart für Überzeugungstäter war. Sämtliche Münchener Angeklagten wurden aus der Haft entlassen, noch bevor die politische Revolution im November 1918 ausgebrochen war. Der Munitionsarbeiterstreik aber als solcher war ein politischer Misserfolg seiner Urheber. Er konnte nichts an der Lebensmittellage oder an der militärischen Lage ändern, schuf auch keine Besserung im Punkte der alldeutschen Agitation in Heer und Marine, verschärfte vielmehr die Handhabung von Schutzhaft, Präventivzensur, Belagerungszustand und aller anderen amtlichen Mittel zur Fälschung und Unterdrückung der öffentlichen Meinung, zur Verhinderung richtiger und zur Verbreitung unwahrer Nachrichten. Nochmals startete, nachdem im März 1918 der Gewaltfriede von Brest-Litowsk von den mittlerweile in Russland ans Ruder gelangten Bolschevisten erzwungen war, die deutsche Heeresleitung mit einer gewaltigen Massenoffensive, unter Einsatz der letzten Reserven an Mannschaften und Material, nach Anfangserfolgen brach sie zusammen, wozu zu einem nicht geringen Teil das Eingreifen der frischen amerikanischen Truppenformationen beitrug[330]. Ende September 1918 war sich die Armeeleitung

[328] Friedrich Ebert (04.02.1871-18.02.1925), MSPD, 1900 Mitglied der Bremer Bürgerschaft, 1912 Mitglied des Reichstags, 1913 Parteivorsitzender, 09.11.1918 Reichskanzler, 11.02.1919-1925 Reichspräsident. Vgl.: Waldemar Besson, Friedrich Ebert - Verdienst und Grenze, Göttingen 1962. Vgl.: NDB 4, S. 254 ff.

[329] Abgeordneter D. (= Wilhelm Dittmann) (13.11.1874-07.08.1954), USPD, Vgl.: NDB 4, S. 3 f.

[330] Westoffensive nach dem Frieden von Brest-Litowsk am 03.03.1918, vom 21.03. bis 14.06. (Frühjahrsoffensive) und vom 15.07. bis 17.07.1918 (letzte deutsche Westoffensive) Vgl.: Fritz Fischer, Der Griff nach der Weltmacht. Die Kriegszielpolitik des kaiserlichen Deutschland 1914/18, Düsseldorf 1961, S. 542-553.

darüber klar, dass nur ein rascher Waffenstillstand die Situation retten könne. Hindenburg und Ludendorff drängten aufs schärfste auf einen solchen und auf die Einleitung von Friedensverhandlungen. Die übrigen Mitglieder der Regierung waren Vertreter der Reichstagsparteien der Mitte und Beamte, während man an die Spitze der Regierung einen liberalen Prinzen, den Erbprinzen Max von Baden[331] stellte, um vermeintlich die Interessen der Dynastie wahrzunehmen, die (für) deren Mitglieder auch in dieser historischen Stunde so wichtig oder wichtiger waren als das Vaterland. Als auf Verlangen der Generale diese "parlamentarische" Regierung anfangs Oktober 1918 ein deutsches Friedensangebot an den Präsidenten Wilson[332] abgesandt hatte, das zu einem Notenwechsel mit dem Staatssekretär Lansing führte, war Ludendorff auf einmal wieder anderer Meinung und trat für den Verzweiflungskampf ein. Der einzige Mann von einigem politischen Gewicht, der ihn in dieser Idee unterstützte, war der Jude Walter Rathenau[333], der im Kriege Bedeutendes für die Munitionsversorgung Deutschlands geleistet hatte. Er trat für die "Levée en masse" ein. Als er später in der deutschen Republik Reichsaußenminister wurde, haben ihn die Nationalisten ermordet. Ein nationalsozialistisches Lied, das dieser Mordtat voranging und das landauf und landab gesungen wurde, hatte den Refrain: "Knallt ab den Walter Rathenau, die gottverdammte Judensau".

Als schließlich am 30. Oktober 1918 die deutsche Marineleitung den Befehl zum Ausfahren an die Hochseeflotte erteilte, das nicht mehr zu deren Sieg, sondern nur zu deren Untergang hätte führen können, revoltierte die Mannschaft der Hochseeflotte, sodass das Auslaufen unterbleiben musste. Die Regierung musste sich bei den revoltierenden Schiffsmannschaften der Vermittlung eines sozialdemokratischen Abgeordneten bedienen, dem sich die Schiffsmannschaft sofort willig unterstellte[334].

[331] PRINZ MAX VON BADEN (10.07.1867-06.11.1929), deutscher Reichskanzler seit 29.09.1918. Vgl.: ERNST DEUERLEIN, Deutsche Kanzler von Bismarck bis Hitler, München 1968, S. 217-240. Vgl.: NDB 16, S. 475 ff.

[332] Friedensangebot des Deutschen Reichs von 03.10.1918 an den Präsidenten der Vereinigten Staaten WOODROW WILSON. Vgl.: Amtliche Urkunden zur Vorgeschichte des Waffenstillstandes 1918, hrsg. vom Auswärtigen Amt und vom Reichsministerium des Innern, 2. Aufl. Berlin 1924, Dokumente Bd. 3, Nr. 209.

[333] WALTER RATHENAU (29.09.1867-24.06.1922), deutscher Großindustrieller (AEG) und Politiker, ab 01. Februar 1922 Außenminister, am 24.06.1922 ermordet. 1921 Wiederaufbauminister, Vgl.: ERNST SCHULIN, Walther Rathenau. Repräsentant, Kritiker und Opfer seiner Zeit, 2. Aufl., Göttingen 1992. Ferner PETER BERGLAR, Walter Rathenau. Ein Leben zwischen Philosophie und Politik, 2. Aufl., Graz/Wien/Köln, 1987.

[334] Der sozialdemokratische Abgeordnete war GUSTAV NOSKE (09.07.1868-30.11.1946), der von der Regierung MAX VON BADEN geschickt worden war. (Siehe Anm. 414) Vgl.: WILHELM DITTMANN, Anm. 317, S. 99

Im Oktober 1918 saß ich noch immer als Abteilungsvorstand im Hause des Generalkommandos. In München war um diese Zeit bereits ausgesprochene Krisenstimmung. Es fanden öffentliche Versammlungen statt, in denen der Rücktritt des Kaisers gefordert wurde, ohne dass die Polizei dies verhinderte. Die Leute waren von dem plötzlichen Umsturz der Dinge einfach erschlagen. Bis Ende September hatte man sie mit Siegesmeldungen gefüttert, hatte die Offizierskaste in Heer und Flotte ihre zügellose Propaganda für einen "deutschen Frieden"[335] betrieben, und nun mit einem Schlage brach es auf das irrgeführte Volk herein, dass alles verloren sei, dass Waffenstillstand und Frieden zu den Bedingungen der anderen nicht zu vermeiden war. Der grenzenlose Zorn, den die Bevölkerung von rechts bis links, ohne Unterschied der Parteirichtung und Gesinnung erfasste, äußerte sich drastisch in dem Ausruf des konservativen Parteiführers, des Herrn von Heydebrandt und der Lasa[336]: "Wir sind jahrelang belogen und betrogen worden".

7. *Kurt Eisners Revolutionsplan*

Um den 20. Oktober herum wollte ich abends in einen Vortrag eines holländischen Schriftstellers gehen. Als ich vor dem Gebäude ankam, sprach mich ein Mann an, den ich kaum mehr erkannte. Es war der eben aus der Haft entlassene Kurt Eisner. Er hatte sich einen langen, breiten Vollbart wachsen lassen, sodass mein erstes Wort zu ihm war: "Sie sehen ja zum Verwechseln aus wie Karl Marx". Eisner war ersichtlich in einem heftigen Erregungszustand. Er schrie in der offenen Einfahrt des Hauses so laut, dass die Leute stehen blieben und zwar Dinge, die, wenn die Zeit eine andere gewesen wäre, ihm die Gefahr sofortiger Wiederverhaftung zugezogen hätte. Der Sinn seiner Worte war, der "Milchhändler von Leutstetten" habe schon Verbindung mit ihm gesucht, er habe ihn aber abfahren lassen, es gebe jetzt nur noch "ganze Arbeit". Mit dem "Milchhändler von Leutstetten" war König Ludwig III. von Bayern gemeint, der in der Nähe des Starnbergersees ein Landgut mit dem Namen Leutstetten besaß, das als eine Musterwirtschaft geführt wurde und dessen Milch als "Vorzugsmilch" für schwangere Frauen an die Bevölkerung verkauft wurde, und zwar zu Preisen, die gelegentlich Gegenstand öffentlicher Diskussion waren. Mit

[335] Vgl.: HERFRIED MÜNKLER, Siegfrieden. Politik mit einem deutschen Mythos, Berlin 1988.

[336] ERNST VON HEYDEBRANDT UND DER LASA (20.02.1851-15.11.1924), Konservativer Parteiführer. Vgl.: NDB 9, S. 66 f.

der "ganzen Arbeit" konnte nach Sachlage nur die Beseitigung der Monarchie gemeint sein. Da ich in Uniform war, sagte ich zu Eisner, er möge diesen Umstand berücksichtigen und in seinem ureigensten Interesse seine Absichten mit etwas weniger Geräusch wiedergeben. Er war hierüber zunächst einigermaßen indigniert, als ich ihm aber sagte, ich sei durchaus interessiert, seine Ansichten und Intentionen kennenzulernen und er solle mich doch, wenn er die Zeit dazu finde, im Generalkommando besuchen, beruhigte er sich und wir verabschiedeten uns freundlich.

Eisner erschien nicht bei mir im Generalkommando. Wohl aber besuchte mich dort, unter ausdrücklicher Bezugnahme auf dieses unser Gespräch, in meinem Büro wenige Tage später der Professor der Nationalökonomie an der Münchener Universität, Dr. Edgar Jaffé[337], ein hochgebildeter Gelehrter, der Jahre lang zusammen mit Max Weber das "Archiv für Sozialwissenschaft", die angesehenste wissenschaftliche Zeitschrift Deutschlands auf dem Gebiete der Nationalökonomie, herausgegeben hatte. Ich wusste, dass Jaffé der unabhängigen sozialdemokratischen Partei angehörte und mit Eisner befreundet war. Jaffé sagte mir, er habe von Eisner den Auftrag, mich zu fragen, ob ich die "Revolution mitmachen" wolle. Diese werde am 7. November stattfinden und durch eine öffentliche Kundgebung auf der Münchener Theresienwiese eingeleitet werden, bei der wenige Personen sprechen sollten. Eisner würde es begrüßen, wenn ich zu diesen gehören würde. Ich war über die vermeintliche Naivität dieser Aufforderung einfach starr vor Staunen und brachte dies auch zum Ausdruck. Wohl wusste ich, welche öffentliche Erregung über die politische Entwicklung bestand. Auch kannte ich die politische Agitation für eine rasche Beendigung des Krieges. Jedoch war ich der Auffassung, dass der Heereskörper, im Ganzen genommen, trotz der Unmöglichkeit der Fortführung des Krieges, noch intakt war. Auch kannte ich eingehend die Vorbereitungen, die die Polizeiabteilung des Generalkommandos zur Niederwerfung etwaiger revolutionärer Erhebungen getroffen hatte. Vorsteher dieser Polizeiabteilung war der Hauptmann der Landwehr Dr. Roth[338], der vor dem Kriege Bezirksamts-

[337] Dr. Edgar Jaffé (14.05.1866-29.04.1921), parteilos, Nationalökonom, 1918/19 Staatsminister der Finanzen. Vgl.: NDB 10, S. 290 f. Vgl.: Franz Menges, Edgar Jaffé (1866-1921) Nationalökonom und Finanzminister im Kabinett Kurt Eisner, in: Manfred Treml (Hrsg.), Geschichte und Kultur der Juden in Bayern. Lebensläufe, München u.a. 1988, S. 225-230. Max Weber (21.04.1864-14.07.1920), parteilos, 1918/19 DDP, Nationalökonom und Soziologe, 1919 Nachfolger Brentanos an der Universität München. Vgl.: Anmerkung 138.

[338] Dr. Christian Roth (12.02.1873-06.09.1934), DNVP, Hauptmann der Landwehr, 1920-1921 bayerischer Staatsminister der Justiz, später Amtsanwalt der Polizeidirektion in München, 1928 Generalstaatsanwalt des Bayerischen Verwaltungsgerichtshofes, 1924 Mitglied des Reichstags der Nationalsozialistischen Freiheitspartei. Vgl.: BBB, S. 645. Vgl.:

assessor in der Polizeidirektion München gewesen war. Roth war schon vor dem Kriege ein Vertreter der "scharfen" polizeilichen Richtung gewesen. Er hatte eine traurige Bekanntheit dadurch erlangt, dass er den allerdings misslungenen Versuch machte, der zaristischen Regierung einige russische Flüchtlinge ans Messer zu liefern. Zwischen Bayern und Russland bestand noch aus der Zeit vor der Reichseinheit von 1870 ein Auslieferungsvertag vom 26. Februar 1869[339], auf Grund dessen die bayrische und die russische Regierung sich gegenseitig verpflichteten, sich gewisse kriminelle Personen, zum Beispiel Brandstifter, Münz- und Banknotenfälscher auszuliefern. Der Artikel VI. des Vertrages sah ausdrücklich vor, dass wegen politischen Vergehen und Verbrechen keine gegenseitige Auslieferung stattfinde. Die russische Regierung, die in Bayern bis zur Revolution von 1918 noch eine eigne diplomatische Vertretung unterhielt, versuchte nun wiederholt, sich politischer Flüchtlinge dadurch habhaft zu machen, dass sie Auslieferungsantrag an die bayrische Regierung mit der erlogenen Behauptung stellte, die betreffenden Personen würden wegen Delikten des allgemeinen Strafrechts, zum Beispiel Notzucht, Kindsraub, Erpressung verfolgt. Als der russische Attaché in München, ein Herr von Bibikoff[340], eine solche Methode auch hinsichtlich eines Fräulein Tatjana Leontieff[341] versuchte, die die zaristische Polizei aus politischen Gründen verfolgte, griff mein Vater ein, indem er dem damaligen bayrischen Ministerpräsidenten, Grafen von Hertling[342], nachwies, dass Roth Fräulein Leontieff auf Ver-

Peter Winter, Dr. Christian Roth. Biographie eines bayerischen Juristen und Politikers, Diss., Regensburg 1990.

339 Vgl.: Auslieferungsvertrag Bayern-Russland vom 26.02.1869, in: Neue Gesetz- und Verordnungen-Sammlung für das Königreich Bayern Bd. 7, hrsg. v. Karl Weber, Nördlingen 1887, S. 595-599, besonders 597.

340 von Bibikoff, russischer Attaché in München. Es konnten keine weiteren Angaben ermittelt werden.

341 Tatjana Leontieff (1883- das Todesdatum konnte nicht ermittelt werden). Sowohl zu Bibikoff als auch zu Leontieff sind keine Akten überliefert. Von Leontieff ist nicht einmal ein polizeilicher Meldebogen beim Einwohnermeldeamt München erhalten. Tatjana Leontieff wollte Durnowo, den „Henker des Zaren", töten. Am 01.09.1906 erschoss sie aus Versehen aber den völlig unbeteiligten Rentner Müller. Sie wurde dafür mit vier Jahren Gefängnis bestraft und anschließend in eine Nervenheilanstalt eingewiesen. Vgl.: Wolf Middendorff, Der Fall David Frankfurter, in: Zeitschrift für die gesamte Strafrechtswissenschaft Bd. 89, 1977, S. 570-638, hier S. 594. Vgl.: Paul Liman, Der politische Mord im Wandel der Geschichte. Eine historisch-psychologische Studie, Berlin 1912, S. 254 f.

342 Graf Georg Friedrich von Hertling (31.08.1843-04.01.1919), Professor für Philosophie, seit 1875 Mitglied der Zentrumsfraktion des Reichstages, 1891 lebenslängliches Mitglied der bayerischen Kammer der Reichsräte, seit 1909 Fraktionsvorsitzender des Zentrums im Reichstag, 1912-1917 Staatsminister des Kgl. Hauses und des Äußeren, Vorsitzender des Ministerrates, 1917 Reichskanzler und preußischer Ministerpräsident, 1918 zurückgetreten. Vgl.: NDB 8, S. 702 ff.

langen Bibikoffs in Auslieferungshaft gesetzt hatte, genau darüber unterrichtet war, dass die kriminellen Beschuldigungen gegen Fräulein Leontieff pure Erfindungen waren, was Roth nicht hinderte, der zaristischen Ochrana[343] ein Opfer auszuliefern. Mein Vater konnte diese seine Behauptung urkundenmäßig erhärten. Nach dem Bericht Bibikoffs sollte nämlich Fräulein Leontieff ihre angeblichen Verbrechen in einem bestimmten Halbjahr in Russland begangen haben. Glücklicherweise ergab sich jedoch aus den geretteten Papieren von Fräulein Leontieff der Beweis, dass sie zur Zeit der angeblichen Verübung der angeblichen Verbrechen und noch lange vor- und nachher sich überhaupt nicht in Russland befunden hatte.

Roth erhielt damals innerdienstlich eine scharfe Zurechtweisung und aus dem geplanten staatlichen Menschenraub wurde nichts. Dass Roth meinem Vater für diesen ihn schädigenden Misserfolg nicht besonders erkenntlich war, ist verständlich. Er sah es deshalb sicherlich auch ungern, dass der Sohn des Mannes, der ihm dies zugefügt hatte, zu geheimen militärischen Sitzungen über die Abwehr einer etwaigen revolutionären Bewegung zugezogen wurde, zumal er wusste, wo ich politisch stand. Indessen hatte er im Hinblick auf meine Dienststellung keinerlei Möglichkeit, mich von den Sitzungen auszuschließen. Auf diese Weise wusste ich Bescheid über die Aufstellung besonderer Formationen, die der Abwehr einer revolutionären Bewegung dienen sollten. Man hatte u.a. eine solche Formation aus Fahnenjunkern und Berufsunteroffizieren gebildet, um ihre Zuverlässigkeit zu gewährleisten. An die Spitze dieser antirevolutionären Truppe wurde ein Offizier K.[344] von einem in der Provinz garnisonierenden Jägerbataillon berufen. Darüber hinaus waren noch eine ganze Reihe militärischer Vorbereitungen für den gleichen Zweck getroffen. Auf der anderen Seite wusste ich, dass die hinter Eisner stehenden Kräfte waffenlos und in ihrer persönlichen Einstellung größtenteils pazifistisch waren. Ich sah also die mir von Jaffé mitgeteilte Absicht als einen höheren Wahnsinn an, als ein Sektiererunternehmen, das nur zum Zusammenbruch verurteilt sein konnte. Diese Meinung brachte ich Professor Jaffé gegenüber auch unumwunden zum Ausdruck. Als ich ihn warnend darauf verwies, dass er den Umfang der getroffenen militärischen Vorbereitungen nicht unterschätzen solle, lächelte er einigermaßen mitleidig, was mich erst recht zu der Auffassung bestimmte, dass die Ausführung der mir mitgeteilten Absicht nicht im Ernst stattfinden könne und nur weltfremder Fanatismus sei.

[343] OCHRANA, russischer Geheimdienst in der Zarenzeit. Vgl.: The Blackwell Encyclopedia of the Russian Revolution, ed. by HAROLD SHUHMAN, Oxford/New York 1988, P. 49ff.

[344] OFFIZIER K.: Der Name konnte nicht ermittelt werden.

Als sich Professor Jaffé von mir verabschiedete, sagt er, etwas ironisch, sie dürften doch wohl wenigstens nach gelungener Revolution auf meine Mitarbeit rechnen. Ich erwiderte ihm nochmals, dass ich an das Gelingen einer solchen Revolution nicht glauben und deswegen keine Pläne für die Zeit nach ihrem Gelingen machen könne.

Die Sache hatte für mich eine unangenehme juristische Seite. Das damalige Strafgesetzbuch bedrohte denjenigen mit Gefängnisstrafe, der von dem Vorhaben eines Hochverrats glaubhaft Kenntnis erhielt und es unterließ, der Behörde Anzeige zu machen[345]. Eine Beseitigung der Monarchie mit revolutionären Mitteln war juristisch Hochverrat. Gelang dieser Hochverrat den Tätern, dann hatte er staatsbildende Kraft und war nicht mehr strafbar. Misslang er, dann drohte mir Strafverfolgung, weil ich Kenntnis erhalten und keine Anzeige erstattet hätte. Dass ich öffentlicher Beamter und bereits zugelassener Rechtsanwalt war, konnte die Schwere der Situation für mich eintretendenfalls nur verschärfen. Es war für mich in demselben Moment, in dem Jaffé seine Aufforderung aussprach, völlig klar, dass ich ihn niemals der monarchistischen Militärregierung ans Messer liefen würde. Nicht klar dagegen war mir, wieviel Personen von der Tatsache der an mich ergangenen liebenswürdigen Einladung zur Teilnahme an einer Revolution Kenntnis hatten, und dieser letztere Umstand verursachte mir einiges Missbehagen. Ich sprach über diesen Punkt mit meinem Vater, vor dem ich niemals ein Geheimnis hatte. Dass man Jaffé nicht verraten dürfe, war für ihn so selbstverständlich wie für mich. Dagegen beurteilte er die Situation viel richtiger als ich im Vollbesitz meiner militärischen Würden. Er sagte, nach seiner Meinung sei das bisschen militärische Macht nur ein demnächst zusammenstürzendes Kartenhaus und nichts könne das Verschwinden der Monarchie aufhalten. Er fand selbst, wiewohl gesundheitlich bis zum Äußersten reduziert, einigermaßen revolutionäre Töne im Gespräch und sagte, die "Banditen", die Deutschland in diese jammervolle Situation gebracht hätten, gehörten mit Schimpf und Schande davongejagt. Im alten Rom hätten sich geschlagene Feldherren vom Tarpejischen Felsen stürzen müssen, bei uns dürften sie sich aber mausig machen und Gehalt beziehen. Er hielt einen Erfolg einer revolutionären Bewegung für sehr wohl möglich, und er glaubte nicht an einen ernsten Widerstand des Militärs.

[345] Gesetz, die Einführung des Strafgesetzbuches und des Polizeistrafgesetzbuches für das Königreich Bayern betreffend, in: Gesetzblatt für das Königreich Bayern Nr. 24 (09.01.1862), Spalte 321.

Zu der gleichen Zeit war unter den Münchener Juden erhebliche Aufregung entstanden, weil Gerüchte umliefen, es herrsche innerhalb der Münchener Arbeiterschaft Pogromstimmung[346]. Da mir von prominenter jüdischer Seite eine Kenntnis der Stimmung der Arbeiterschaft zugetraut wurde, wurde ich über meine Auffassung der Situation interpelliert. Ich erwiderte, dass ich durch meine militärische Stellung und Tätigkeit zu sehr außer Kontakt mit den in dieser Beziehung zu einem Urteil berufenen Persönlichkeiten sei, als dass ich über die tatsächlichen Verhältnisse eine eigene Meinung haben könne. Ich versprach jedoch den Interpellanten, zu Kurt Eisner zu gehen, um mich zu erkundigen, da er, wenn solche Strömungen bestünden, Kenntnis davon haben müsse. Da ich keine Zeit hatte, persönlich diesen Gang zu machen – Kurt Eisner wohnte in einem kleinen Haus ziemlich weit vor den Toren Münchens – schickte ich meine Frau zu ihm hinaus. Sie kam zurück und berichtete mir, sie habe Eisner nicht sprechen können, weil er grippekrank zu Bett gelegen sei. Indessen habe sie mit Frau Eisner gesprochen, die das Vorhandensein von Pogromströmungen in der Arbeiterschaft kategorisch bestritten und solche Gerüchte für lächerlich erklärt habe. Im Übrigen habe ihr Frau Eisner gesagt, am 7. November werde Revolution gemacht, Eisner habe bereits sein Testament gemacht, weil er mit der Möglichkeit rechne, bei diesem Anlass sein Leben einzubüßen. Auch sie erzählte, dass die Revolution von der Theresienwiese ihren Ausgang nehmen solle. Ich war nach wie vor der Auffassung, dass dieses Vorhaben nicht gelingen könne und fand es ganz "unhistorisch" gedacht, dass man eine Revolution überhaupt für einen bestimmten Tag ansetzen könne, wie eine Theatervorstellung oder ein Konzert, ja, dass man eine Revolution überhaupt "machen" könne. Wie grundverkehrt ich, sowohl gegenüber Jaffé wie gegenüber Eisner, trotz der gegenteiligen Auffassung meines Vaters, die Verhältnisse beurteilt hatte, sollte sich bald erweisen. Offenbar verspürte die bayrische Monarchie den auf ihr lastenden existenzgefährlichen Druck ziemlich deutlich, denn sie versuchte noch im letzten Moment, auch in Bayern das "parlamentarische System" einzuführen. Am 2. November 1918 erließ König Ludwig III. ein Handschreiben, das im Bayrischen Staatsanzeiger veröffentlicht wurde[347]. Es besagte, dass die Minister zugleich vom Vertrauen des Landtags getragen sein sollten. Dies war nach der bisherigen Konstitution nicht notwendig gewesen.

[346] Vgl.: Hans Lamm, Von Juden in München. Ein Gedenkbuch, München 1959.
[347] Handschreiben König Ludwigs III. (02.11.1918), Vgl.: Schulthess 1918, S. 408 ff.

9. *Sonderauftrag in Tirol*

Am Morgen des 3. November wurde ich ins bayrische Kriegsministerium zitiert. Dort wurde mir von einem abteilungsführenden General die Frage vorgelegt, ob ich zur Lösung einer Sonderaufgabe dienstlich nach Tirol wolle. Mir schien diese Frage gegen jedes militärische Herkommen zu verstoßen, da man in früherer Zeit im Kriege doch zu Dienstaufgaben einfach kommandiert wurde. Als ich zum Ausdruck brachte, dass ich, entsprechend meiner Dienstpflicht, dasjenige tue, was mir befohlen würde, wurde mir gesagt, es handle sich um eine delikate Aufgabe, die nur jemand übertragen werden solle, der freiwillig gehe. Ich solle mich mit dem Chef des Generalstabs des Alpen-Korps, Major von Seißer[348], in Verbindung setzen, der mir erklären werde, was der Inhalt des Auftrages sei. Der Generalstab des Alpen-Korps, das um diese Zeit noch auf den Tiroler Gebirgspässen gegen die Italiener im Felde stand, befand sich im Hotel Bayrischer Hof in München. In Herrn von Seißer, bei dem ich mich meldete, lernte ich einen jüngeren Generalstabsoffizier von offensichtlicher Intelligenz und auch von offensichtlicher allgemeiner Bildung kennen. Die letztere war nach den Erziehungsbegriffen des deutschen Generalstabs nur für Zivilisten erforderlich. Der spätere Reichspräsident von Hindenburg, ein echter Generalstabstypus, hat in seinen Memoiren mit einem gewissen Stolz betont, dass er niemals ein nichtmilitärisches Buch gelesen habe. Umsomehr gefiel es mir, dass Herr von Seißer zu Beginn unseres Gesprächs nicht sofort mit der Tür ins Haus fiel und mit seinem militärischen Auftrag herausrückte, sondern mich zunächst in ein allgemeines Gespräch verwickelte, offenbar um mir auf den Zahn zu fühlen, ob ich zur Ausführung der mir zugedachten Aufgabe die nötige Intelligenz besäße. Bei der geringen Meinung, die der Generalstab über die Militärbeamten im Allgemeinen und über die des Beurlaubtenstandes im Besonderen oft an den Tag legte, war mir diese Vorsicht durchaus verständlich und nicht unsympathisch. Nach einem Viertelstündchen Unterhaltung schien er sich überzeugt zu haben, dass man mich gebrauchen könne, denn er sagte, dass er zur Darlegung des mir zugedachten Auftrages noch einen anderen Generalstabsoffizier herbeiholen wolle. Dies war ein preußischer Major von

[348] HANS VON SEIßER (09.12.1874-14.04.1973), Chef des Generalstabs des Alpen-Korps (II. Bayerisches Armeekorps), an der Niederschlagung der Räterepublik beteiligt, ab 08.05.1919 Stadtkommandant von München, ab 01.10.1919 Chef der Landespolizei, Sympathisant der NSDAP und SA, zwielichtige Rolle beim Hitlerputsch 1923. Nach 1930 Tätigkeit in der Industrie. Von Mai bis August 1945 Polizeipräsident in München. Vgl.: FRANZ J. BAUER, Die Regierung Eisner 1918/19. Ministerratsprotokolle und Dokumente, Düsseldorf 1987, S. 5.

Willikens[349], der den Orden "Pour le mérite" trug und die richtige schneidige und etwas schnarrende Art des preußischen Generalstäblers hatte. Ich erfuhr nun, dass mein Auftrag nicht direkt militärischer Natur sei, wiewohl er mit der Militärlage eng zusammenhänge. Am 28. Oktober 1918 hatte nämlich die oesterreichisch-ungarische Monarchie, die sich am Ende ihres Lateins befand, zugleich mit der Türkei, die Ententestaaten um einen Sonderfrieden[350] gebeten. Am gleichen Tage war in Prag von Masaryk[351] und Benesch[352] der tschechische Staat proklamiert worden. Das am Boden liegende Oesterreich-Ungarn, das so mitten in der Periode des Auseinanderfallens stand, hatten einem Ententedruck nachgeben müssen, indem es gegen die Anwesenheit deutscher Truppen auf oesterreichischem Boden, gezwungenermaßen, völkerrechtlich protestierte. In Tirol lag, unter dem Befehl eines königlichen Prinzen, eine bayrische Grenzschutzdivision. Die sich auflösende oesterreichische Armee war in vollem Rückzug und es bestand die Gefahr, dass sich fliehende oesterreichische, ungarische, tschechische, slowakische, ruthenische Formationen, die alle noch zu dieser Armee gehört hatten, regellos über die bayrische Grenze ergießen würden. Auf der anderen Seite war, so wurde mir gesagt, an ein offensives Vorgehen gegen die Italiener auf den Gebirgshöhen nicht mehr zu denken. Die beiderseitigen Linien waren an vielen Punkten nicht mehr als 50 bis 100 Meter voneinander entfernt und es musste jede Stunde damit gerechnet werde, dass die Italiener selbst versuchen würden, nach Nordtirol und Bayern hereinzubrechen. In dieser mehr als heiklen Situation solle ich mit dem neuformierten Tiroler Vollzugsrat verhandeln und zusehen, ob man den völkerrechtlichen Protest wirklich nur als eine erzwungene Formalität dort

[349] MAJOR VON WILLIKENS: Hier irrt Loewenfeld, denn es handelt sich um den preußischen Offizier Major Freiherr von Willisen (12.02.1876 - 03.01.1933), erster Generalstabsoffizier der 14. Armee und Begründer des Deutschen Schutzbundes für das Grenz- und Auslandsdeutschtum. Vgl. HANNS MÖLLER (Hrsg.), Geschichte der Ritter des Ordens "pour le merite"´im Weltkrieg, Bd. II, Berlin 1935, S. 503 ff.

[350] Sonderfrieden Österreichs 28.10.1918. Vgl.: MANFRED RAUCHENSTEINER, Der Tod des Doppeladlers. Österreich-Ungarn und der Erste Weltkrieg, Graz/Wien/Köln 1993, S. 601-625.

[351] THOMAS G. MASARYK (07.03.1850-14.09.1937), tschechischer Staatsmann und Philosoph, der erste Präsident der Tschechoslowakischen Republik. Vgl.: ROBERT B. PYNSENT (ed), T.G. Masaryk, Vol. 2. Thinker and Critic, London 1989, Vgl.: HERRY HANAK (Ed.), T.G. Masaryk Vol. 3. Statesman and Cultural Force, London 1989, Vgl.: STANLEY B. WINTERS (ed), T.G. Masaryk, Vol. 1. Thinker and Politician, London 1990.

[352] EDWARD BENESCH (28.05.1884-03.09.1948), tschechischer Staatsmann. Proklamierung des tschechoslowaki-schen Staates am 28.10.1918. Vgl.: FRIEDRICH PRINZ, Benesch und die Sudetendeutschen, in: Beiträge zum deutsch-tschechischen Verhältnis im 19. und 20. Jahrhundert (Veröffentlichungen des Collegium Carolinum 19), München 1967, S. 93-109.

ansehe. Damit ich nicht mit leeren Händen käme, sollten sich diese Verhandlungen auch auf die Behebung der dringendsten dortigen Notstände erstrecken. Trotz der schlechten deutschen Ernährungs- und Ausrüstungslage sollte ich ermächtigt sein, gegebenenfalls die Lieferung von Getreide, Futtermitteln und Verkehrsmitteln, insbesondere Lokomotiven, in Aussicht zu stellen. Über letzten Punkt solle ich noch mit dem Verkehrsministerium konferieren, wo ich die nötigen Auskünfte von dem Ministerialrat Dr. Schätzel[353] erhalten solle. Die an mich gerichtete Frage, ob ich diesen Auftrag annehme, war nur rhetorischer Natur, sie bedeutete, militärisch gesprochen, einen Befehl, da die beiden Offiziere im Einvernehmen mit dem mir vorgesetzten bayrischen Kriegsministerium arbeiteten. Ich hätte höchstens erklären können, dass ich mich der Ausführung des Auftrages mangels Erfahrung nicht gewachsen fühle. Ob dies die Wirkung meiner Dispensierung von dem Auftrag gehabt hätte, stand keineswegs fest. Der Auftrag war mir alles andere als sympathisch. Ich wäre an sich schon, im Hinblick auf die gespannte politische Situation, lieber in München geblieben. Sodann sah ich die von mir anzuwendenden Mittel materieller Art zur Erreichung politischer Ziele nicht eben als den Gipfel der Vornehmheit an. Trotzdem hatte ich nach der Gesamtlage keine andere Möglichkeit als die der Annahmeerklärung. Am nächsten Morgen war ich noch zur Entgegennahme von Informationen bei dem Ministerialrat Schätzel. Er war, gleich den beiden Offizieren, in sehr gedrückter Stimmung und sah für die nächste Zeit das Schlimmste für Deutschland voraus. Schätzel war ein in der bayrischen Politik nicht einflussloser Mann, der später in der Weimarer Republik Reichspostminister wurde. Ich kannte ihn bereits von früher her und sprach deshalb sehr offen mit ihm darüber, wie unsympathisch mir der Auftrag sei. Er stimmte mir zu und sagte, es hätte ihn nicht für mich eingenommen, wenn mir der Auftrag sympathisch wäre, ihm gehe es ebenso und er müsse trotzdem mitwirken.

Am nächsten Morgen trat ich mit einem Zug des allgemeinen Verkehrs die Reise nach Oesterreich an. Der Zug ging nur bis zur bayrischen Grenzstation Kufstein. Ich ging in Kufstein zu dem bayrischen Bahnhofskommandanten, einem Leutnant. Er sagte mir, es sei ratsam, den oesterreichischen Teil des Weges mit einem Militärzug, nicht mit einem Zug des allgemeinen Verkehrs, zu machen. In den Zügen des allgemeinen Verkehrs kämen jetzt ständig Raubüberfälle und Gewalttätigkeiten gegen Leute vor, denen man nach ihrem Äußeren den Besitz von etwas Geld oder Lebens-

[353] Dr. Georg Schätzel (13.05.1874-1934), BVP, Ministerialrat im Verkehrsministerium, Reichspostminister 1927-1932, in: Reichshandbuch der deutschen Gesellschaft Bd. 2, S. 1614.

mitteln zutrauen könne. Aus diesem Grund seien die Träger von Offiziers- und Beamtenuniformen besonders gefährdet.

Der nächste Militärzug nach Innsbruck ging etwa eineinhalb Stunden später ab. Normalerweise durchfährt ein Eisenbahnzug die Strecke von Kufstein bis Innsbruck in knapp eineinhalb Stunden. Der Militärzug brauchte reichlich zwölf Stunden. Auf großen Strecken wurde vorauspatrouilliert und stundenlang stand der Zug auf freier Strecke still. Was ich zu sehen bekam, war ein abscheuliches Bild von Auflösung und Zerfall. Überall an den Strassen entlang der Bahn waren ruinierte Autos und Fuhrwerke. Die sich auflösende oesterreichische Armee zog in langen Kolonnen durchs Land. Ein jeder machte sich selbstständig, keiner nahm Rücksicht auf den anderen. Vielfach sah man Fuhrwerke, die mit Pferden bespannt waren und an denen hinten Vieh angebunden war und auf denen Leute in Uniformen, oft zusammen mit mehr oder weniger fragwürdigen Frauenzimmern, saßen und nur das eine Streben hatten, möglichst rasch nach rückwärts zu kommen. Einen langen Aufenthalt gab es dadurch, dass auf einem Nebengleise ein Zug stand, der ausgeraubt worden war. Die vor Erschöpfung und Hunger wütenden Leute, die den Zug gestürmt hatten, hatten, wie man uns sagte, nicht nur versucht, Lebensmittel und Kleider zu erlangen, sie hatten auch den Postwagen erbrochen, um nach Geld zu fahnden. Von der Richtigkeit der Erzählung legte die Tatsache Zeugnis ab, dass mindestens hundert Meter den Bahndamm entlang Postsachen zerstreut herumlagen. Tief in der Nacht kamen wir schließlich in Innsbruck, der Hauptstadt Tirols an. Ich hatte in früheren Zeiten viele schöne Tage in dieser herrlichen Gebirgsstadt verbracht. Nun war sie kaum wiederzuerkennen. Der Platz vor dem Bahnhof sah aus wie Wallensteins Lager. Es brannten offene Lagerfeuer und um jede Straßenecke herum gab es Schießereien. Es trafen ständig Züge aus der Brennergegend ein, in denen nicht nur die Waggons bis zum Bersten voll waren, sondern die Leute auch noch in der kalten Winternacht auf den Dächern der Waggons, eingehüllt in Zeltbahnen und andere unzureichende Schutzmittel, lagen. Schon in München hatte mir Major von Willikens gesagt, was für ein wilder Handel mit Gegenständen aller Art in Innsbruck vor sich gehe. Meine diesbezüglichen Vorstellungen wurden noch übertroffen. Man konnte sich an jeder Straßenecke Pferde für 5 Mark und Autos für ähnliche Preise "kaufen". Ich suchte zunächst für den Rest der Nacht ein Unterkommen zu finden, was mir nach einiger Mühe auch gelang. Morgens ging ich dann in das Gebäude an der Maria-Theresiastraße, das den Tiroler "Volksrat"[354] beherbergte. Dies war eine

[354] Vgl.: JOSEF RIEDMANN, Geschichte des Landes Tirol Bd. 4/II., Bozen/Innsbruck/Wien 1988, S. 777-798.

ad hoc zusammengestellte und noch nicht legalisierte Körperschaft von Personen des öffentlichen Lebens, die die Regierungsgeschäfte beziehungsweise deren Überwachung nach dem Zusammenbruch der oesterreichischen Dynastie übernommen hatte. Es herrschte an diesem Vormittag erhebliche Aufregung in der Stadt und bei dem Volksrat, weil angeblich Prinz Sixtus von Parma[355], ein Verwandter des oesterreichischen Kaiserhauses, in der Stadt sein sollte und weil nach ihm gefahndet wurde. Auf Grund der von mir mitgebrachten Akkreditierungen wurde ich ein wenig misstrauisch, jedoch höflich empfangen. Man räumte mir einen Büroraum ein, um mir die Führung von Verhandlungen und den Empfang von Besuchen zu ermöglichen. Einer der ersten Besucher war der Kommandant der eben gebildeten Tiroler Volkswehr, ein Oberst der alten oesterreichischen Armee. Er schilderte mir vor allem die Futternot in beweglichen Worten und sagte mir, wenn nicht in achtundvierzig Stunden Abhilfe geschaffen werden könne, müssten sie die ganzen Pferde einfach in die Gegend laufen lassen, weil sie nicht mehr mit ihnen fertig werden könnten. Als ich ihm mitteilte, ich hätte den Auftrag, gegebenenfalls mit Lieferung von Futtermitteln einzugreifen, war er so gerührt, als ob ich ihm die Futtermittel persönlich schenken würde. Mit Rücksprachen solcher Art verging dieser und der nächste Tag und über das Ergebnis der Rücksprache sandte ich beschleunigte Rapporte nach München ein, in denen ich die in Aussicht gestellte Hilfe als äußerst dringlich bezeichnete.

10. *Revolution und Regierung Eisner*

Als ich am 8. November gegen Abend nach zahlreichen Konferenzen über die Strasse ging, um wieder in das mir zur Verfügung gestellte Büro zu gehen, sah ich einen Menschenauflauf. Als ich näher kam, bemerkte ich, dass gedruckte Handzettel verteilt wurden, um die sich die Leute rissen. Eine alte Frau, die einen solchen Zettel eben las, schüttelte immer nur entgeistert den Kopf, als ob das Ende der Welt gekommen sei. Ich bat sie, ob sie mir den Zettel überlassen wolle, weil es aussichtslos schien, in dem Gedränge noch einen zu bekommen. Sie gab ihn mir wortlos und ging ihrer Wege. Auf dem Zettel las ich, dass in München Revolution ausgebrochen sei, dass am 7. November, dem Tag zuvor eine große Demonstration auf

[355] Prinz SIXTUS VON BOURBON-PARMA (1886-1934), Bruder der österreichischen Kaiserin ZITA. Er führte 1917 geheime Friedensverhandlungen mit Frankreich, die zu einer starken Belastung des deutsch-österreichischen Verhältnisses führten. Vgl.: ARTHUR J. MAY, The Passing of the Hapsburg Monarchy. 1914-1918, Philadelphia 1966.

der Theresienwiese stattgefunden habe, dass darauf ein Arbeiter- und Soldatenrat nach russischem Muster gebildet worden sei und dass an der Spitze der revolutionären Bewegung Kurt Eisner stehe, der zum Ministerpräsidenten ausgerufen worden sei. Das, was mir unmöglich erschienen war, war danach also prompt eingetreten und ich bin mir wohl selten so dumm vorgekommen, wie in diesem Augenblick. Ich fühlte schmerzhaft, wie sehr meine Einstellungen und Ansichten, trotz alles dessen, was ich erlebt hatte, theoretische Bücherweisheiten gewesen waren und wie wenig Fingerspitzengefühl ich für die heraufziehende Situation entwickelt hatte. Von Rechtswegen hätte ich mich nun eigentlich freuen müssen, dass eine solche Bewegung angebrochen war, wenigstens wenn ich ihr die Chance des Erfolges zuerkannte. In dieser Beziehung war ich aber vom ersten Augenblick an äußerst pessimistisch. Ich las die Liste der Männer, die von Kurt Eisner zur Mitleitung des Staates berufen waren. Unter ihnen fand ich zunächst als bayrischen Finanzminister Professor Dr. Jaffé, der mir den Besuch auf dem Büro abgestattet hatte. Ich kannte diesen untadeligen feinsinnigen jüdischen Gelehrten durch Jahre zur Genüge, um seinen Entschluss, sich als Revolutionsminister im klerikal-katholischen Bayern zur Verfügung zu stellen, auf's Innigste zu bedauern. Es war mir klar, dass er an der ihm gestellten Aufgabe scheitern müsse. Er war seiner Natur nach alles andere als ein Revolutionär. Seine glänzende Sachkunde auf dem Gebiet des staatlichen Finanzwesens stand für mich nicht in Zweifel. Allein, ich kannte auch die hartgesottene bayrische Finanzbürokratie, deren oberster Vorgesetzter er durch seinen Entschluss werden sollte, die Herren Staatsräte und Ministerialdirektoren und Vollzugsbeamten, herunter bis zum Rentamtsvorsteher. Ich wusste, dass Jaffé sich in seiner unendlichen Bescheidenheit und Güte gegenüber diesen Sprösslingen der alten Studentenkorps und Burschenschaften, die in ihm nichts anderes als einen frechen jüdischen Eindringling sehen würden, niemals würde durchsetzen können. Zum Minister des Innern war der Landtagsabgeordnete Erhard Auer[356] berufen. Er war ein aus niederbayrischem, bäuerlichem Milieu stammender, im Armenhaus geborener und in Not aufgewachsener, durch eigene Kraft und Tüchtigkeit zu seiner Führerstellung gelangter volksgewachsener

[356] Erhard Auer (22.12.1874-20.03.1945), 1907 MdL der SPD, 1908 Landessekretär der SPD in Bayern, November 1918-Februar 1919 bayerischer Staatsminister des Innern, 1919 durch ein Attentat schwer verwundet, Rücktritt als Minister, 1920 Vizepräsident des Bayerischen Landtags, Mitglied der Nationalversammlung und Führer der bayerischen Mehrheitssozialisten, 1920-1933 Vizepräsident des Landtages, Vgl.: NDB 1, S. 429 f. Vgl.: Michael Lotterschmid/Hartmut Mehringer, Erhard Auer, ein bayerischer Sozialdemokrat, in: Von der Klassenbewegung zur Volkspartei. Wegmarken der bayerischen Sozialdemokratie 1892-1992, hrsg. von Hartmut Mehringer, München u.a. 1992, S. 138-150.

Mann. Eisner und er stellten die denkbar größten Gegensätze dar und hassten sich gründlich. Auer, ein schwerer Mann, von massivem Innern und Äußern, war ein Gegner jeder revolutionären Bewegung und hätte es lieber gesehen, wenn die Sozialisten nicht im Augenblick des Niederbruchs Deutschlands die Erbschaft der bankrotten Monarchie übernommen und damit den Kriegsverlierern das billige Stichwort gegeben hätten, die deutsche Kriegsfront sei durch sozialistischen Verrat von hinten erdolcht worden. Insoweit war Auer Realpolitiker und sah die Verhältnisse klarer als Eisner. Andererseits war Auer von einem ungezügelten Drang zum Herrschen beseelt und hielt Eisner für einen weltfremden Literaten. Ich konnte der Zusammenarbeit der beiden Männer deshalb keine gute Prognose geben. Immerhin war Auer ein Mann, der die innere Politik des Landes und die in ihr zu überwindenden Widerstände gründlich kannte und von dessen zäher Energie erwartet werden konnte, dass er mit bürokratischen Widerständen in seinem Ressort fertig werden könne. Als Justizminister war der Vorsitzende der sozialdemokratischen Landtagsfraktion, Johannes Timm[357], ursprünglich Schneider, später Gewerkschaftssekretär, berufen. Er war ein wackerer, älterer sozialdemokratischer Kämpfer, der von den Erinnerungen an die klassische Zeit der Sozialdemokraten zehrte und das kleinbürgerliche Leben eines in gemäßigter Opposition stehenden bayrischen Berufsparlamentariers und Berufsversammlungsredners führte. Ich erinnerte mich lebhaft, dass er mir neun Jahre zuvor in einer Diskussion im sozialwissenschaftlichen Verein gegenüber gesessen war. Es wurde damals über "Individualismus und Kollektivismus" diskutiert. Bei dieser Gelegenheit hatte Timm zu mir die klassische Äußerung getan: "Ach was, geben sie mir 20 000 Mark, dann werde ich auch ein Individualist". Dieser Kleinstjakobiner sollte nun die bayrische Justiz "revolutionieren". Seine Legitimation hiezu bestand wohl ausschließlich darin, dass er im Landtag zeitweise mit der Behandlung des Justizetats betraut gewesen war. Da dies offenbar doch dem revolutionären Ministerium keine genügende, fachliche Qualifikation zu sein schien, hatte man ihm in der Person von Alwin Sänger[358], der mit mir den "Bund freiheitlicher Akademiker" gegründet hatte, eine Art

[357] Johannes Timm (13.04.1866-03.12.1945), SPD, 1898 Arbeitersekretär in München, 1905 Mitglied des Landtags, 1918-1919 bayerischer Justizminister, 1919 Leiter der Reichszentrale für Heimatdienst, Länderabteilung Bayern, 1905-1933 Mitglied des Landtags. Vgl.: Wilhelm Heinz Schröder, Sozialdemokratische Parlamentarier in den Deutschen Reichs- und Landtagen 1867-1933, Düsseldorf 1986, S. 772. Vgl.: Bernhard Grau, Johannes Timm - ein sozialdemokratischer Parteifunktionär, in: Von der Klassenbewegung zur Volkspartei. Wegmarken der bayerischen Sozialdemokratie 1892-1992, hrsg. von Hartmut Mehringer, München u.a. 1992, S. 163-167.

[358] Vgl.: Anmerkung 231.

Staatssekretär ohne Portefeuille gegeben, das heißt, Sänger war ohne ein eigentliches Amt als der "Berater" des Ministers in dessen Vorzimmer berufen worden. Als Kriegsminister war der sozialdemokratische Landtagsabgeordnete Albert Roßhaupter[359] vorgesehen, der im Zivilberuf Vorsitzender der Gewerkschaft der Militärarbeiter war. Er hatte sich im bayrischen Parlament als ein Kenner des Militäretats ein gewisses Ansehen geschaffen und war als ein sachlicher und tüchtiger Mann bekannt. Auf dem Gebiet des eigentlichen Militärischen war er kaum als Sachkenner anzusehen. Der neue Kultusminister, Johannes Hoffmann[360], ebenfalls sozialdemokratisches Parlamentsmitglied, war von Beruf Volksschullehrer. Auch ihm ging der Ruf eines charaktervollen, gemäßigten und auf seinem Gebiet tüchtigen Mannes voraus. Irgendwelche Proben von Fähigkeit für die Lösung komplizierter Staatsleitungsaufgaben in schwerster Zeit hatte er naturgemäß noch nicht ablegen können. An die Spitze des Verkehrsministeriums hatte Eisner den Staatsrat Dr. Heinrich von Frauendorfer[361] berufen, einen weithin anerkannten und äußerst tüchtigen Fachmann des Verkehrswesens, der in der Vorkriegszeit jahrelang bayrischer Verkehrsminister gewesen war und den die Monarchie, auf Grund parteipolitischer Treibereien und Machtgelüsten der Klerikalen, unter üblen Begleitumständen hatte gehen lassen, um für ihn einen der herrschenden klerikalen Partei mit Haut und Haaren verschriebenen Nachfolger einzutauschen. Unzweifelhaft war Heinrich von Frauendorfer der beste Mann, den Eisner überhaupt berufen konnte. Schließlich war ein Ministerium für soziale Angelegenheiten neu gebildet worden, in dem der Kreis der sozialen Geschäfte vom Ministerium des Innern abgetrennt wurde. An die Spitze des Ministeriums wurde ein junger Arbeiter aus einem Münchener Großbetrieb von der Maschine weg

[359] ALBERT ROßHAUPTER (08.04.1874-14.12.1949), seit 1897 Mitglied der SPD, 1907-1933 Mitglied des Bayerischen Landtags, 1918 bayerischer Minister für militärische Angelegenheiten, 1945-1947 Staatsminister für Arbeit und soziale Fürsorge, 1948 Mitglied des Parlamentarischen Rats. Vgl.: WILHELM HEINZ SCHRÖDER, Sozialdemokratische Parlamentarier in den Deutschen Reichs- und Landtagen 1867-1933, Düsseldorf 1986, S. 685.

[360] JOHANNES HOFFMANN (03.07.1867-15.12.1930), 1908 SPD-Abgeordneter des Bayerischen Landtags, 1912 Mitglied des Reichstags, 1918 bayerischer Kultusminister und Stellvertreter Eisners, 1919 Mitglied der Nationalversammlung, 1919-1920 bayerischer Ministerpräsident und Minister des Äußeren sowie Kultusminister. Vgl.: NDB 9, S. 427 f, Vgl.: DIETHARD HENNIG, Johannes Hoffmann. Sozialdemokrat und Bayerischer Ministerpräsident. Biographie, München 1990.

[361] DR. HEINRICH RITTER VON FRAUENDORFER (27.09.1855-23.07.1921), (Parteilos), 1899 Leiter der bayerischen Ministerialverkehrsabteilung, 1904-1912 und 1918-1920 bayerischer Verkehrsminister, 1920 Staatssekretär und Vorstand der Abt. Bayern des Reichsverkehrsministeriums. Vgl.: DIETMAR GÖRGNER, Ein Verkehrsminister aus der Oberpfalz. Heinrich von Frauendorfer..., in: Die Oberpfalz 64. Jg. (1976), S. 257-265. Vgl.: DERS., in: Archiv für Postgeschichte II/1972.

geholt. Er war ein politischer Schüler von Eisner und hatte dessen Sprechabende für seine Jünger mit Begeisterung mitgemacht. Es war der Schlosser Hans Unterleitner[362], den ich damals noch nicht kannte und mit dem mich später freundschaftliche Beziehungen verbinden sollten.

Von den acht Männern, die im Falle des endgültigen Gelingens der politischen Revolution Bayerns Geschicke leiten sollten, gehörten also vier, nämlich Auer, Hoffmann, Roßhaupter und Timm, der sozialdemokratischen Partei, drei, nämlich Eisner, Jaffé und Unterleitner, der unabhängigen sozialdemokratischen Partei an, während Frauendorfer ein parteiloser Fachminister war. Eisners eigene Parteirichtung war also in dem von ihm geschaffenen Kabinett von vornherein in einer Minorität.

Nachrichten darüber, ob sich die Regierung Eisner werde durchsetzen können, lagen in jenem Moment noch nicht vor, doch wurde gemeldet, dass König Ludwig III. nach Oesterreich geflohen sei. Die Frage, was in Bayern geschehen werde, war, davon war ich überzeugt, in erster Linie davon abhängig, was für Folgen die revolutionäre Bewegung im Reich nach sich ziehen werde. Hierüber war in diesem Augenblick in Innsbruck noch nichts zu erfahren.

11. *Rückkehr nach München*

Ich war von dem königlich-bayrischen Kriegsministerium zu meiner Dienstaufgabe abgeordnet worden. Deshalb hatte ich zunächst zu prüfen, ob meine bisherigen militärischen Vorgesetzten überhaupt noch in der Lage waren, mir Aufträge zu erteilen. Ich begab mich deshalb zu dem in Innsbruck liegenden bayrischen Militärkommando, an dessen Spitze ein königlicher Prinz stand. Sie hatten dort auch bereits einen solchen Flugzettel erhalten, waren aber, bezüglich der Richtigkeit seines Inhalts noch skeptisch. Der Generalstabsoffizier des Kommandos, ein Graf S.[363], erklärte sogar, er halte die Nachrichten für Unsinn. Schließlich nahm man aber zwecks Orientierung eine Telefonverbindung mit München auf und fragte nach einem Offizier der Linienkommandantur. Als sich auf der anderen Seite "Arbeiter- und Soldatenrat" meldete und dem Anrufer versicherte, einen Offizier gäbe es dort nicht mehr, verblassten sich die Herren und

[362] Hans Unterleitner (27.01.1890-30.08.1971), 1917-1922 USPD, ab 1922 SPD, Staatsminister für soziale Fürsorge 1918/19, MdR 1920-1933, 1933-1935 KZ Dachau, 1935 Emigration in die Schweiz, November 1939 in die USA, Schwiegersohn von Kurt Eisner. Vgl.: BHE I, S. 777. Vgl.: Wilhelm Heinz Schröder, Sozialdemokratische Parlamentarier (wie Anm. 357), S. 779.

[363] Graf S. ist möglicherweise Friedrich Graf von Spreti, Generalstabsoffizier in Innsbruck.

waren bereit, die Richtigkeit der Nachrichten zu glauben. Das bayrische Militärkommando beschloss, binnen weniger als einer Stunde, sich auf den "Boden der Tatsachen" zu stellen und der revolutionären Bewegung Eisners keinerlei Widerstand zu leisten, wiewohl der prinzliche Kommandeur über frisch zusammengestellte und vollequipierte Truppen aller Waffengattungen verfügte. Im Zusammenhang mit der Meldung, dass der König Bayern fluchtartig verlassen habe, war also auch bereits das wahr geworden, was mir Eisner über den "Milchhändler von Leutstetten" kurze Zeit zuvor gesagt hatte. Es schien tatsächlich so, als werde wenigstens hinsichtlich der monarchischen Spitze "ganze Arbeit", gemäß der Prophezeiung Eisners, gemacht werden.

Da ich bei dieser Lage nicht mehr annehmen konnte, im Dienste meiner bisherigen Auftraggeber zu stehen, da ich andererseits nicht erwarten konnte, ohne persönliche Fühlungnahme von deren Nachfolgern neue Aufträge zu erhalten, beschloss ich, meine Tätigkeit in Innsbruck abzubrechen und nach München zurückzukehren. Ich teilte dies dem Tiroler Vollzugsrat mit und erhielt von dort für die Rückfahrt ein Automobil vermittelt, das von einem oesterreichischen Oberleutnant gefahren wurde. Es war ein offener Wagen, in dem ich mit nahezu 40 Grad Fieber fuhr, da ich mir in Innsbruck die Grippe geholt hatte. Wir durchfuhren in großem Tempo Tirol und Südbayern und kamen unbehelligt in München an, das keinerlei Zeichen einer vorangegangenen revolutionären Bewegung zeigte.

12. *München nach der Revolution*

Ich fuhr zunächst beim Generalkommando vor, um mich in meinen bisherigen Dienstraum zu begeben. Dort allerdings waren die Folgen der politischen Revolution spürbar. Die Offiziere und Beamten waren im Gebäude in Zivil erschienen, nachdem verschiedenen von ihnen von revolutionären Soldaten die Achselstücke heruntergerissen worden waren. Auch der Chef der Polizeiabteilung, Hauptmann Roth, befand sich unter ihnen, in schwarzem Anzug und steifem Hut, sehr blass und sichtlich besorgt für seine nächste Zukunft. Seine großartigen Antirevolutionsvorbereitungen, von denen er soviel gesprochen hatte, waren kläglich zusammengebrochen. Den Jägerhauptmann, der sie anführen sollte, hatten revolutionierende Mannschaften in die Finger bekommen und nach Verabreichung einer Tracht Prügel im Keller einer Münchener Kaserne eingesperrt. Er wurde auf Grund einer Verpflichtungserklärung, München sogleich wieder zu verlassen, aus dem Keller herausgelassen und trabte auf seinem Ross in die bayrische Provinz ab. Ich erfuhr im Hause auch, was sich mittlerweile politisch abgespielt hatte. In der klerikalen Zentrumspartei[364] hatten sich in den ersten Novembertagen separatistische Strömungen gezeigt, die auf nicht mehr und nicht weniger als auf einen bayrischen Sonderfrieden mit den Ententestaaten und auf eine Loslösung Bayerns vom Deutschen Reich hinausliefen. Da die klerikale Partei dem Königshaus besonders nahe stand, hatte Eisner in die Sozialdemokraten gedrungen, sich an der geplanten Kundgebung vom 7. November zu beteiligen, um die Reichseinheit gegen den Separatismus durchzusetzen. Die Sozialdemokraten entschlossen sich zur Teilnahme unter dem Stichwort der Parlamentarisierung und der Demokratisierung. Eisner gelang es jedoch, darüber hinaus die Soldaten und Arbeiter zu einer Demonstration zu vereinigen,in deren Höhepunkt er den König für abgesetzt und die Dynastie der Wittelsbacher für staatsrechtlich erledigt erklärte. Am Morgen des 8. November erfuhr die Münchener Bevölkerung aus der Zeitung, dass Bayern eine demokratische und soziale Republik sei, die Deutschland zum Frieden führen und für den Völkerbund rüsten wolle.

Die ganze Revolution hatte, worüber sich Eisner in einem Rausche von Stolz befand, ohne jedes Blutvergießen stattgefunden. Lediglich vor dem Hotel Bayrischer Hof, in dem der Generalstab des Alpenkorps noch immer lag, hatte es einen Auflauf gegeben. Es hieß, dass die Offiziere des Korpsstabs, unter ihnen der Major von Seißer[365], von dem ich meine Tiroler Aufträge erhalten hatte, aus dem Hotel heraus auf Revolutionäre geschossen hätten. Als die revolutionären Mannschaften darauf im Begriffe waren, das Hotel im Sturm zu nehmen, gelang es Eisners Sekretär Felix Fechenbach[366], die Offiziere auf die neue Regierung zu vereidigen und damit den Zwischenfall zu erledigen. Keiner von diesen Offizieren oder von allen anderen der Münchener großen Garnison hatte den Versuch gemacht, sich in Konsequenz des geleisteten Fahneneides schützend vor den König zu stellen, dem sie Treue geschworen hatten. Die einzige Ausnahme bildete der General der Artillerie, Krafft von Dellmensingen[367],

[364] Vgl.: RUDOLF MORSEY, Die deutsche Zentrumspartei 1917-1923, Düsseldorf 1966. Vgl.: WILFRIED LOTH, Katholiken im Kaiserreich. Der politische Katholizismus in der Krise des wilhelminischen Deutschlands, Düsseldorf 1984, S. 325-381.

[365] Vgl.: Anmerkung 348.

[366] FELIX FECHENBACH (29.01.1894-07.02.1933), USPD, Sekretär Eisners, bekannt wurde er in den 20er Jahren durch den sogenannten Fechenbachprozess um die Kriegsschuld am 1. Weltkrieg, Vgl.: HANS SCHUELER, Auf der Flucht erschossen. Felix Fechenbach 1894-1933, Köln 1981. Vgl.: MAX HIRSCHBERG, Jude und Demokrat, hrsg. v. R. Weber (= Biographische Quellen zur Zeitgeschichte Bd. 20), München 1998, S. 157-187.

[367] KONRAD CHRISTOPH HEINRICH KRAFFT VON DELLMENSINGEN (20.11.1862-22.02.1953), General der Artillerie. Vgl.: GÜNTHER HERBERT. Das Alpenkorps, Aufbau, Organisation und Einsatz einer Gebirgstruppe im Ersten Weltkrieg, Boppard 1988, S. 151.

ein älterer Herr, der das Offizierskorps zum Widerstand gegen die revolutionäre Bewegung aufrief und deshalb verhaftet wurde. Sein Aufruf fand keinerlei Widerhall.

Das erste, was mir im Hause empfohlen wurde, war, mich nicht mehr in Uniform und Achselstücken zu zeigen, weil mir dies gefährlich werden könnte. Die Herren meinten sogar, es wäre das Beste, wenn ich gleich nach Hause führe, um mich umzuziehen, bevor ich irgend etwas Anderes täte. Ich erwiderte ihnen, dass ich mir hierfür momentan nicht die Zeit nehmen könne und dass ich mich in keinem Anzug vor den Münchener Arbeitern oder Soldaten fürchte. Die Erwiderung rief nur Kopfschütteln hervor, als habe man es mit einem Verrückten zu tun.

Um festzustellen, ob ich wieder im Generalkommando zu arbeiten hätte oder ob ich entlassen werde, oder ob die mir vor der Revolution zugedachte Dienstaufgabe noch irgend einen Sinn habe, musste ich die Meinung des Kriegsministeriums erkunden. Da ich damit rechnete, dass man im Kriegsministerium über die Verhältnisse in Tirol wenig unterrichtet sein werde und da ich überhaupt wünschte, mit der neuen Regierung Verbindung aufzunehmen, beschloss ich sogleich, in das nahegelegene Gebäude hinüberzugehen, in dem sich die Büros des Ministerpräsidenten befanden.

Als ich vor dem Gebäude ankam, fand ich vor der Tür als Wache einen mit einem Gewehr bewaffneten Soldaten. Zu meiner Überraschung gab er mir, trotz Revolution, durch Strammstehen Ehrenbezeugung. Als ich an ihm vorbeiging, sagte er jedoch dann halblaut zu mir, er gebe mir den "Rat", meine Achselstücke abzunehmen, damit mir nichts passieren könne. Es war also eine Art Gemisch von Revolution und Disziplin. Im Vorzimmer des Ministerpräsidenten traf ich verschiedene politische Bekannte und auch Frau Eisner. Sie war, wie man mir das schon von ihrem Mann erzählt hatte, vor Begeisterung über die erfolgreich verlaufene Bewegung außer sich. Neben verschiedenen Einzelheiten über den Verlauf erzählte sie auch, dass Eisner und sie im Ministerium auf Feldbetten schliefen, jedoch weder eine Dienstwohnung noch ein Ministergehalt beanspruchen würden. Zu meinem Missbehagen traf ich in dem Vorzimmer aber auch den Führer der Münchener Spartakusgruppe, Dr. Levien[368], einen Russen, den ich von der Vorkriegszeit noch her kannte und dessen persönliche Eigenschaften als die eines bedenkenlosen, politischen Agitators und Hetzers, der in Fragen der Politik keine Loyalität kannte, mir in hohem Grade unsympathisch waren. Ich erfuhr auf Frage, dass sich Herr Levien neben Leuten sozialistischer

[368] DR. MAX LEVIEN (1885-1937), Spartakus, Naturwissenschaftler und Politiker. Vgl.: FRANZ J. BAUER, Die Regierung Eisner 1918/19. Ministerratsprotokolle und Dokumente, Düsseldorf 1987, S. 10 f.

Parteirichtung in irgend einer angeblichen Sekretärsfunktion in dem Vorzimmer eingenistet hatte.

Als ich fragte, ob ich den Ministerpräsidenten sprechen könnte, wurde mir gesagt, ich müsse ein wenig warten, weil soeben der Ministerrat tage. In diesem Moment öffnete sich die Tür des Arbeitsraumes des Ministerpräsidenten und Professor Jaffé kam heraus. Er begrüßte mich sehr freundlich und sagte nichts darüber, dass ich meine Mitwirkung auf der Theresienwiese verweigert hätte, vielmehr schien er erfreut, dass ich mich im Ministerium eingestellt hatte. Ich erzählte ihm, dass ich mittlerweile nach Tirol kommandiert gewesen sei, und wie ich von den ganzen Dingen Kenntnis erhalten hätte, was ihn zu erheitern schien. Auf meine Frage, wie lange ich wohl auf Eisner warten müsse, sagte er mir, er wolle mich gleich in die Sitzung mit hinein nehmen. In diesem Augenblick erschien im Vorzimmer im blauen Zivilanzug ein gutaussehender Herr, den ich sogleich als Major von Seißer, den Generalstabschef des Alpenkorps, wiedererkannte. Sein Erscheinen an dieser Stelle belegte mir, dass die Nachricht, er habe sich auf die neue Regierung vereidigen lassen, den Tatsachen entsprach. Er war vom Ministerium um sein Erscheinen ersucht worden, um über die militärische Lage der Südfront Aufschluss zu geben und kam eben, um diesem Ersuchen zu entsprechen, hatte es aber auch vorgezogen, in Zivil zu erscheinen. Ich stellte ihn dem Finanzminister Jaffé vor, der darauf sagte, er möchte doch auch gleich in die Sitzung mitkommen. Als wir eintraten, fanden wir das neue Gesamtministerium vor, dessen sämtliche Mitglieder, ausgenommen den neuen Sozialminister Unterleitner, ich persönlich kannte. Außerdem war der neue Polizeipräsident von München anwesend, ein Gewerkschaftsbeamter namens Staimer[369], den ich auch nicht kannte und dessen Wahl sich als ein schwerer Missgriff bald herausstellte, sodass er nur ganz kurze Zeit das Amt versah. In dem großen Armsessel des bayrischen Ministerpräsidenten vor dem Konferenztisch saß Kurt Eisner mit offenem Schillerkragen, in jenem äußerlich wenig gepflegten Zustand, der für den von Gedanken und Aufgaben stets berstenden Mann charakteristisch war. Er erhob sich und gab mir wortlos die Hand, es war ihm anzusehen, dass er in diesen Stunden glücklich war. Ich sagte ihm, dass der mithereingekommene Mann der bisherige Generalstabschef des Alpenkorps sei, und er bat mich, ihn den Mitgliedern des Ministeriums vorzustellen.

[369] JOSEF STAIMER (1879- das Todesdatum konnte nicht ermittelt werden), Lagerarbeiter, bis November 1918 Vorsitzender des Fabrikarbeiterverbands Nürnberg, Polizeipräsident von München vom 08.11.1918-13.04.1919; nach der Revolution wieder als Angestellter tätig. Vgl.: FRANZ J. BAUER, Die Regierung Eisner 1918/19. Ministerratsprotokolle und Dokumente, Düsseldorf 1987, S. 17.

Diese etwas förmliche Art war mir sonst an Eisner unbekannt gewesen und zeigte mir, dass er bemüht war, auch in rein äußerlichen Dingen die etwas burschikose Art seines Auftretens abzuschwächen und staatsmännischere Allüren anzunehmen. Es entbehrte für mich trotzdem nicht einer leichten Komik, dass ich einen Vertreter der alten Militärgewalt und eine Revolutionsregierung einander gesellschaftlich vorzustellen hatte. Eisner schlug dann den Anwesenden vor, die bisherige Tagesordnung zu unterbrechen und "die Herren vom Militär" über die Situation anzuhören. Ich hatte ihm mit ein paar Worten gesagt, dass ich soeben aus Tirol käme und was ich dort getan hätte.

Major von Seißer erklärte dem Kabinett darauf die Dringlichkeit zweier Maßnahmen. Es müssten einmal die Truppen an der Brennerfront zurückgenommen werden und es müsse zweitens ein Sichergiessen fremder Truppen nach Bayern über dessen Südgrenze verhütet werden. Er schilderte die äußerste Gefährlichkeit der Lage an der Brennerfront, wo die Italiener jeden Moment durchbrechen könnten und wo an einen wirksamen Widerstand nicht mehr zu denken sei. Ferner schilderte er eingehend und ohne Übertreibung die völlige Desorganisation des Tiroler Hinterlandes, deren Zeuge ich selbst geworden war. Zu dem letzteren Punkt wurde mir dann das Wort erteilt und ich bestätigte und ergänzte, durch kurze Darlegung meiner Tiroler Eindrücke, Seissers Ausführungen. Zu meiner nicht geringen Überraschung war Eisner von der Notwendigkeit der Truppenzurücknahme nicht sofort überzeugt. Als er als Erster die Berichte diskutierte, warf er zunächst die Frage auf, ob es vom Standpunkt der militärischen Ehre angängig sei, die Truppen bedingungslos zurückzunehmen. Der Vertreter des Berufsmilitärs erwiderte, dass keine Wahl mehr bestehe und dass eine anderweitige Entscheidung eine nutzlose Aufopferung der Truppen bedeute. Die Meinungen waren zunächst ein wenig geteilt. Der Kultusminister Hoffmann und der Verkehrsminister von Frauendorfer gaben mit ihren Ausführungen den Ausschlag in der Richtung, dass den Vorschlägen Seissers zugestimmt werden müsse[370].

Es war mittlerweile Nacht geworden und mein Fieber war auf einen spürbaren Höhepunkt gestiegen. Ich fragte deshalb, ob noch irgend welche Auskünfte gewünscht würden. Da dies nicht der Fall war, bat ich, mich verabschieden zu dürfen. Eisner sagte mir, es sei vielleicht etwas kritisch, wenn ich mich in Uniform und mit Achselstücken zur Nachtzeit auf einer Münchener Strasse ohne Passierschein sehen lassen würde. Er stellte mir

[370] Es handelt sich um die Sitzung vom 09.11.1918. Major Seißer wird erwähnt, nicht aber Philipp Loewenfeld. Vgl.: Franz J. Bauer, Die Regierung Eisner 1918/19. Ministerratsprotokolle und Dokumente, Düsseldorf 1987, S. 3-6.

persönlich einen Passierschein aus, der lautete: "Arbeiter- und Soldatenrat. Der Inhaber dieses kann zur Nachtzeit passieren und steht unter dem Schutz des Arbeiter- und Soldatenrats. Der Präsident. Gez. Kurt Eisner". Ich kam nicht in die Situation, diesen Ausweis benutzen zu müssen, da ich alsbald eine Autodroschke fand, die mich zu meiner Wohnung brachte.

Die darauffolgenden Tage lag ich, ziemlich heftig grippekrank, zu Hause. Ich erfuhr daher die nächste Entwicklung nur aus der Zeitung. Die von der bayrischen Revolution unmittelbar ausgelöste Revolution im Reich, das Fraternisieren von Truppen mit der Sozialdemokratie, die Abdankung des Kaisers und sein feiges, treuloses Ausreissen ins Ausland, die Berufung des sozialdemokratischen Führers Friedrich Ebert zum ersten republikanischen Reichskanzler, die Unterschrift des Waffenstillstands durch den Vorsitzenden der Waffenstillstandskommission, Matthias Erzberger[371], im Wald von Compiègne, die Tatsache, dass sich Feldmarschall Hindenburg der Revolutionsgewalt zur Verfügung stellte, erlebte ich nur vom Krankenbett. Die Entwicklung bewies, dass der Krieg unwiderruflich zu Ende war und dass mit ihm das Ende der monarchischen Verfassung im Reich und in den Einzelstaaten gekommen war. Die Schwere der Waffenstillstandsbedingungen erregte in der gesamten Öffentlichkeit und Presse Entsetzen. Zusammen mit den späteren Friedensbedingungen von Versailles hat sie die Hauptgrundlage des späteren übersteigerten deutschen Nationalismus und seiner agitatorischen Auswertung durch die Nazis gebildet. Alle diese Dinge sind, historisch und politisch, zu oft erörtert, als dass in diesen Erinnerungen über sie zu handeln wäre. Auch die bayrische Monarchie dankte ab. Während aber der deutsche Kaiser wenigstens klar erklärte, dem Throne zu entsagen, und ein ausdrücklicher Thronverzicht auch seitens des deutschen Kronprinzen ausgesprochen wurde, ließ König Ludwig im Bayrischen Staatsanzeiger nur erklären, er stelle allen Beamten, Offizieren und Soldaten die Weiterarbeit unter den gegebenen Verhältnissen frei und entbinde sie des ihm geleisteten Treueides, nachdem er infolge der Ereignisse der letzten Tage zur Weiterführung der Regierung nicht mehr in der Lage sei. Da diese rabulistische Erklärung die Worte "Abdankung" und Thronverzicht" peinlich vermied, legte der Ministerrat den Sinn der Erklärung, in Ahnung kommender Dinge, dahin fest, dass er einen Beschluss im Bayrischen Staatsanzeiger publizierte, der besagte: "Der

[371] Matthias Erzberger (20.09.1875-28.08.1921), 1903 Mitglied der Reichstagsfraktion des Zentrums, 1918 Staatssekretär ohne Geschäftsbereich, unterzeichnete am 11.11.1918 den Waffenstillstandsvertrag in Compiegne, Vizekanzler (21.06.1919) und Reichsfinanzminister, am 28.08.1921 von zwei ehemaligen Marineoffizieren ermordet. Vgl.: NDB 4, S. 638 ff.

Ministerrat des Volksstaates Bayern nimmt den Thronverzicht Ludwig III. zur Kenntnis". Tatsächlich wurde später, nach Ludwig III. Tod, von seinem Sohne Rupprecht[372], einem der zahlreichen geschlagenen deutschen Feldherren, die sich mit dem Verlust ihrer Machtposition nicht abfinden konnten, der Versuch zu der Behauptung gemacht, das Haus Wittelsbach sei noch verfassungsmäßig zur Herrschaft in Bayern berufen. Dieser Versuch wurde auch von sogenannten Staatsrechtslehrern, unter denen sich ein getaufter Jude besonders wichtig machte, unterstützt[373].

Meine Tage auf dem Krankenlager verliefen sehr unruhig. Nachdem ich am Abend nach der Konferenz im Ministerpräsidium den Referenten des Kriegs- und Verkehrsministeriums, die die Tiroler Sache behandelt hatten, meine Rückkunft hatte mitteilen lassen, wurde ich von dort andauernd angerufen, um die Frage zu erörtern, ob es einen Sinn habe, meine Mission noch fortzusetzen. Man einigte sich schließlich, dass dies nicht der Fall sei, und dass ich in München verbleibe. An dem Tage, an dem ich wieder ausgehen konnte, meldete ich mich bei dem neuen Kriegsminister Albert Roßhaupter, in dessen Vorzimmer einer meiner nahen Freunde, der als Frontoffizier mit Auszeichnung gedient hatte und mehrfach verwundet worden war, nunmehr als Adjutant saß. Ich konnte mit Roßhaupter, den ich solange politisch kannte, sehr offen sprechen und bat ihn direkt, meine sofortige Entlassung zu veranlassen, da ich von meinem Verbleiben im Heer keinen Nutzen mehr sehen könne und deshalb den Wunsch hätte, ins zivile Leben zurückzukehren. Roßhaupter war ganz gegenteiliger Meinung und hielt es für äußerst dringlich, dass in allen Kommandostellen Leute unserer Richtung vertreten seien. Er sagte mir schließlich zu, meiner Entlassung auf das Ende des Jahres zuzustimmen, sodass ich noch rund eineinhalb Monate in meiner Funktion am Generalkommando weiter zu dienen hatte. Ich kehrte also am nächsten Tage ins Generalkommando zurück und übernahm wieder die Leitung meiner Abteilung. Dort hatte sich äußerlich nichts geändert, der einzige größere Unterschied war, dass wir vor wichtigeren Entscheidungen mit dem Soldatenrat des Generalkommandos verhandeln sollten.

[372] Kronprinz Rupprecht von Bayern (18.05.1869-02.08.1955), ältester Sohn König Ludwigs III., General, während der NS-Zeit Repressalien ausgesetzt. Vgl.: Kurt Sendtner, Rupprecht von Wittelsbach, München 1954.

[373] Vgl.: Konrad Beyerle, Das Haus Wittelsbach und der Freistaat Bayern. Rechtsgrundlagen für die Auseinandersetzung zwischen Staat und Dynastie Teil I, München 1921.

Ich machte mich deswegen mit den Mitgliedern des Soldatenrats bekannt und lernte seine Zusammensetzung kennen. Ich musste leider schon in den ersten Tagen ersehen, dass man weder die fähigsten noch die loyalsten Elemente in den Soldatenrat entsandt hatte. Die große Masse der Soldatenräte unseres Kommandos bestand vielmehr aus braven und leicht begeisterungsfähigen Schwächlingen, die in erster Linie darauf bedacht waren, sich in ihrer neuen Würde zu befestigen, "Zuständigkeiten" zu bekommen und nicht zu viel zu arbeiten. Eine Reihe der Räte verstanden von den ihnen anvertrauten Problemen nicht das Allergeringste und waren damit hilflos der ordinären Agitation einiger weniger Berufsredner und Berufshetzer ausgesetzt, die ohne Unterlass von der Notwendigkeit einer neuen Zeit und eines neuen Lebens daherredeten, ohne dass von ihnen die geringste Andeutung darüber zu erhalten gewesen sei, wie sie sich die Verwirklichung derartiger Forderungen in dem eben im militärischen und politischen Zusammenbrechen befindlichen Reich vorstellten. Eine der peinlichsten Gestalten dieser Art war der bereits einmal erwähnte Dr. Levien, der die Leute mit allgemeinen Redensarten ohne jeden konkreten Gehalt in einen Rausch von Gehässigkeit und Wut gegen das Gewesene zu versetzen vermochte, ohne für konstruktive Lösungen eine Fähigkeit oder auch nur ein Interesse an den Tag zu legen. Trotzdem spielten sich die Dinge, alles in allem genommen, recht geordnet ab. Ein einziges Mal ließ mir der Soldatenrat mitteilen, er habe in einer meine Abteilung betreffende Angelegenheit eine "Entscheidung" getroffen, ohne dass hierüber mit mir gesprochen worden war. Da dem Soldatenrat hiezu nach den von dem revolutionären Ministerium herausgegebenen Anweisungen keinerlei Befugnis zustand, begab ich mich sofort zum Chef des Stabes, Major von Reichert[374], und erklärte: Wenn die "Entscheidung" nicht binnen einer Stunde zurückgenommen sei, würde ich den Dienst niederlegen, da mir nicht zugemutet werden könne, auf der Basis von Willkür und Rechtlosigkeit mitzuarbeiten. Ich sei entschlossen, dies dem Kriegsminister mit dieser Begründung bekanntzugeben. Es müsse ihm, dem Chef des Stabes, überlassen bleiben, wie er die Zurücknahme der "Entscheidung" seitens des Soldatenrates bewirken könne. Die Wirkung dieser meiner Stellungnahme war durchschlagend. Nach höchstens zwanzig Minuten erschien in meinem Arbeitszimmer eine Deputation des Soldatenrates, um diesen in formeller Weise wegen des erfolgten "Übergriffes" zu entschuldigen und mich zu ersuchen,

[374] Julius Ritter von Reichert (14.07.1873-26.07.1958), Major im Generalstab. Vgl.: Münchner Merkur 28.07.1958, S. 8.

von dem beabsichtigten Rücktritt Abstand zu nehmen. Es wurde ausdrücklich erklärt, dass die getroffene "Entscheidung" damit hinfällig sei und dass der Soldatenrat lediglich wünsche, gehört zu werden, bevor die Abteilung die Angelegenheit entscheide. Zu dem letzteren Punkt erwiderte ich, da der Soldatenrat auf diese Anhörung ein Recht habe, erscheine mir der Ausdruck des Wunsches unnötig. Ich fügte hinzu, dass mir "Kraftproben" völlig fern lägen, in einem Heereskörper müsse es aber auch in Zeiten des Umschwunges feststehen, wie die Befugnisse verteilt seien. Auf Grund der ausdrücklichen Einräumung der Deputation, dass dies auch die Meinung des Soldatenrats sei, erklärte ich, für die vorgesehene Zeit im Amte bleiben zu wollen. Der Wortführer der Deputation drückte mir hierüber deren Erleichterung aus, mit dem bezeichnenden Hinzufügen, sie hätten in dem Bau des Generalkommandos noch nicht so viele Männer gefunden, von denen es feststehe, dass sie der neuen Zeit positiv gegenüberstehen und die zugleich von ihren Dienstaufgaben etwas verstünden.

So notwendig mir eine derartige Stellungnahme für die Fortführung konkreter und unpolitischer militärischer Einzelaufgaben erschien und so anständig ich die Gesinnung fand, aus der heraus die Deputation handelte, so wenig innere Befriedigung konnte ich über den Zwischenfall als solchen und die Art seiner Lösung empfinden. Denn es war mir schmerzlich klar, dass die Leute in den Räten, nicht nur im Generalkommando und nicht nur gegenüber Leuten, die ihnen vorurteilslos gegenüberstanden, bei Bekundung eines einigermaßen festen Willens, auch in Fragen von mehr politischer Art, zurückweichen würden. Die Programme im Reich und in Bayern, die von den neuen sozialistischen Regierungen erlassen waren, sprachen zwar von vielen notwendigen Maßnahmen, wie von der Aufhebung des Belagerungszustandes, der Wiederherstellung des Vereins- und Versammlungsrechtes und der freien Meinungsäußerung, der Beseitigung der Zensur, von sozialen Maßnahmen auf dem Gebiet des Arbeiterschutzes, der Normalarbeitszeit, der Erwerbslosenunterstützung und Sozialversicherung, von Taten zur Bekämpfung der Wohnungsnot, zur Verbesserung der Volksernährung, zur Hebung der Produktion. Politische Maßnahmen wie das allgemeine, gleiche, direkte und geheime Wahlrecht auf proportionaler Grundlage für alle Männer und Frauen wurden in Aussicht gestellt. Aber alle die Pronunciamentos und Programme zeigten, dass außer der Beseitigung der monarchischen Spitze sich im Prinzip nichts ändern solle. Die angekündigten Maßnahmen bedeuteten eine maßvolle Demokratisierung, die in ruhigen Zeiten einen begrüßenswerten Fortschritt dargestellt hätte. Dass die Demokratisierung aber nur auf Grund weitgehendster personeller Änderungen hätte erreicht werden können, war mir vom ersten Augenblick an klar. Ich fühlte, dass eine soziale und demokratische Republik nicht in einem Moment der Begeisterung geboren werden und dann von selbst, getragen von den Funktionären des alten Regimes, einen neuen Geist repräsentieren könne. Das Deutsche Reich und der Staat Bayern waren nie Republik und nie demokratisch gewesen. Die herrschenden gesellschaftlichen Mächte des deutschen Kaiserreiches und des bayrischen Königreiches konnten an Demokratisierung und Republikanisierung kein eigenes Interesse haben, da sich diese nur auf Kosten einer Einschränkung ihrer herkömmlichen Machtstellung abspielen konnte. Dass die alten Kreise der Bürokratie und der Armeeführung demokratisch oder republikanisch eingestellt sein würden, war nicht zu erwarten. Aus der Geschichte war mir das Beispiel Frankreichs gegenwärtig, das sich im Jahre 1883, zwölf Jahre nach dem Entstehen der französischen Republik, genötigt gesehen hatte, wegen Gefährdung der republikanischen Staatsordnung die zwangsweise Entlassungsmöglichkeit der bis dahin unabsetzbaren und unversetzbaren Richterbeamten vorübergehend einzuführen und damit etwa sechshundert Richter zu beseitigen, die ihre Unabsetzbarkeit zu schweren Exzessen und zu fortdauernder Feindlichkeit gegenüber dem republikanischen Staat missbraucht hatten. Keinerlei Anzeichen solcher Art waren in den vorangegangenen Tagen der Umwälzung sichtbar geworden. Die Gesamtmasse der Beamten und Offiziere des alten Systems war widerspruchslos in das neue übernommen worden und hatte sofort herausgefunden, dass ihr bei halbwegs äußerlicher Anpassung keinerlei Gefahr drohte, auch wenn sie ihre innere Stellung in keiner Weise änderte. Die eingeführte Räteorganisation machte keine wirklichen Anstalten, die Formel "alle Macht den Arbeiter- und Soldatenräten", die von vielen Podien aus deklamiert wurde, in irgend einer Weise in die staatliche Praxis umzusetzen. In den Ämtern der Volksbeauftragten, die die Reichsleitung ausüben sollten, saßen sozialistische Parteifunktionäre und zwei sozialistische Rechtsanwälte[375]. Keiner von ihnen hatte, bei aller parlamentarischen Routine, je Erfahrung im Regieren gesammelt. Es zeigte sich ihnen und den Angehörigen des Staates schreckhaft, dass parlamentarische Opposition einfacher war, als konstruktive Führung in Zeiten des allgemeinen Zusammenbruchs. Auf der anderen Seite waren sie von radikaler Seite schwer bedrängt. Während die Masse der Sozialdemokraten und unabhängigen Sozialdemokraten, die die neue Regierung stützten, die Verwandlung Deutschland in eine soziale und

[375] Rat der Volksbeauftragten: Friedrich Ebert (MSPD), Philipp Scheidemann (MSPD), Otto Landsberg (MSPD), Hugo Haase (USPD), Wilhelm Dittmann (USPD), Emil Barth (USPD), Vgl.: Ernst Rudolf Huber, Deutsche Verfassungsgeschichte seit 1789, Bd. 5, Stuttgart u.a. 1992, S. 713. Vgl.: Helmut Schmersal, Philipp Scheidemann 1865-1939. Ein vergessener Sozialdemokrat, Frankfurt/M 1999.

demokratische Republik wünschten, standen auf dem linken Flügel der unabhängigen sozialdemokratischen Partei eine Reihe revolutionärer Stürmer und Dränger, unter ihnen Karl Liebknecht, Rosa Luxemburg, Richard Müller und Emil Barth[376], in deren politischem Konzept die Worte Demokratie und Republik gestrichen waren, die vielmehr offen bolschevistische Politik trieben.

14. *Spartakusgruppe*

Sie waren innerhalb der unabhängigen sozialdemokratischen Partei als sogenannte "Spartakusgruppe" organisiert gewesen und gründeten Ende des Jahres 1918, unter Austritt aus der unabhängigen sozialdemokratischen Partei, die "revolutionäre kommunistische Arbeiterpartei". In dem auf- und abwogenden Kampf zwischen diesen radikalen Kräften und den Sozialdemokraten gab es im Lauf der letzten zwei Monate des Jahres 1918 nicht nur Redeschlachten, sondern auch wiederholtes Blutvergießen. Die Radikalen verlangten nicht nur einen umgekehrten Klassenstaat, das heißt, einen Staat, in dem sozusagen der Mensch erst beim Arbeiter angehen sollte, wie er, sinnbildlich gesprochen, im militaristischen Staat erst beim Leutnant angegangen war. Sie verlangten Diktatur des Proletariats, sofortigen Übergang des Privateigentums an den Produktionsmitteln in gesellschaftliches Eigentum, vollständig durchgegliedertes Rätesystem, Kampf gegen die Einrichtung einer demokratischen Nationalversammlung, also Ziele, die teils dem kommunistischen Manifest, teils den russisch-bolschevistischen Verhältnissen angepasst sein sollten[377].

[376] KARL LIEBKNECHT (13.08.1871-15.01.1919), SPD/KPD, Rechtsanwalt und Politiker, im Januar 1919 ermordet. Vgl.: WILHELM HEINZ SCHRÖDER, Sozialdemokratische Parlamentarier in den Deutschen Reichs- und Landtagen 1867-1933, Düsseldorf 1986, S. 587f. ROSA LUXEMBURG (05.03.1870-15.01.1919), SPD/KPD, sozialistische Theoretikerin, im Januar 1919 ermordet. Vgl.: PETER NETTL, Rosa Luxemburg, Köln/Berlin 1967. RICHARD MÜLLER (11.11.1890-1943), radikaler Gewerkschafter, 1918 Vorsitzender des Vollzugsausschusses der Arbeiter- und Soldatenräte. Vgl.: WILHELM KOSCH, Biographisches Staatshandbuch. Lexikon der Politik, Presse und Publizistik, Bern/München 1963, S. 889. EMIL BARTH (1885-1941), Metallarbeiter, danach Gewerkschaftsbeamter, Mitglied des Spartakus, 1917 Gründer der Organi-sation der revolutionären Obleute, Volksbeauftragter in Berlin. Vgl.: DERS., Aus der Werkstatt der deutschen Revolution, Berlin 1920. Vgl.: WILHELM KOSCH, Biographisches Staatshandbuch, S. 63.

[377] Vgl.: PETER LÖSCHE, Der Bolschewismus im Urteil der deutschen Sozialdemokratie, Berlin 1967.

Eisner und mit ihm das gesamte bayrische Ministerium vertraten dem gegenüber den Standpunkt, dass in einer Zeit der Erschöpfung der Produktionskräfte eines Landes der Moment für eine Überführung der Produktionsmittel in den Besitz der Gesellschaft nicht gekommen sei. Eisner formulierte dies so, man könne nicht sozialisieren, wenn kaum etwas da sei, was zu sozialisieren sei[378]. Er versuchte als bayrischen Handelsminister meinen Lehrer Lujo Brentano zu gewinnen, dem er dieses Ersuchen durch den Finanzminister Professor Jaffé überbringen ließ. Schon dieses Ersuchen zeigte, dass Eisner die Zeit für eine soziale und demokratische, nicht für eine sozialistische oder kommunistische Ordnung für gekommen hielt. Denn Lujo Brentano war der prominenteste Verfechter einer sozialen und demokratischen Ordnung auf nationaler Grundlage. Doch Brentano, der Eisner misstraute und ihn zu Unrecht für einen Gegner von Demokratie und Parlament ansah, lehnte ab, mit der Begründung, er habe keine Erfahrung in Regierungsgeschäften und würde so leicht das Opfer seiner Berater werden und vielleicht manche Maßnahme unterschreiben, mit der er bei näherer Kenntnis nicht einverstanden sein könnte. Wie Brentano selbst in seinen Erinnerungen erzählt, beruhigte sich Eisner bei dieser Ablehnung nicht[379]. Brentano verlangte von Eisner eine möglichst starke Vertretung der geistigen Arbeiter im Arbeiter- und Soldatenrat. Eisner war hiemit einverstanden, wünschte aber seinerseits, dass Brentano, wenn er schon nicht Handelsminister werde, wenigstens der Mittler zwischen der Regierung und der Geschäftswelt als "Volkskommissar für Handel und Industrie" sein solle. Brentano nahm diese Funktion auch zunächst an, behielt sie aber nicht lange bei, weil er bei seinen Unterhaltungen mit dem Staatsrat von Meinel[380], den man aus dem alten System in das Handelsministerium übernommen hatte, und bei seinen Aktenstudien keine Annäherungsmöglichkeit der amtlichen deutschen und bayrischen Politik an seine freihändlerischen Überzeugungen sah. Er begründete diese Stellungnahme ausführlich

[378] Vgl.: KURT EISNER, Die Aufgabe des Bayerischen Sozialisierungs-Ausschusses. Eröffnung der ersten Sitzung am 22. Januar 1919, in: DERS., Zwischen Kapitalismus und Kommunismus, hrsg. von FREYA EISNER, Frankfurt/M 1966, S. 261-268.

[379] Vgl.: LUJO BRENTANO, Mein Leben, im Kampf für die soziale Entwicklung Deutschlands, Jena 1931, S. 355. Vgl.: z.B. Münchner Neueste Nachrichten 27.09.1918.

[380] WILHELM VON MEINEL (24.11.1865-23.03.1927), 1911 Ministerialdirektor, Vorstand der Ministerialabteilung für Industrie, Gewerbe und Handel, 1916 Staatsrat, 1919 Vertreter des Reichswirtschaftsministeriums bei den Friedensverhandlungen in Versailles, 1922-1927 bayrischer Staatsminister für Handel, Industrie und Gewerbe. Vgl.: FRANZ J. BAUER, Die Regierung Eisner 1918/19. Ministerratsprotokolle und Dokumente, Düsseldorf 1987, S. 14.

in einem an Eisner gerichteten Brief, doch blieb er auf Eisners Wunsch als "Zentralrat geistiger Arbeiter Bayerns" an der Spitze des "Rates geistiger Arbeiter", dessen Versammlungen er präsidierte. Auch übernahm er den Vorsitz der auf Betreiben Eisners eingerichteten bayrischen Sozialisierungskommission, einer Kommission von Fachleuten, die prüfen sollten, ob und in wieweit einzelne Industrien und Gewerbe für eine Sozialisierung "reif" seien[381]. Brentano fasste die von ihm aus diesen Untersuchungen und aus den Berichten der in Berlin tätigen Sozialisierungskommission gewonnenen Erfahrungen dahin zusammen, dass er nach wie vor von einer absoluten Überlegenheit der privaten Wirtschaftsbetriebe über die von staatlichen Beamten geleiteten überzeugt sei und an eine Sozialisierung nur bei solchen Betrieben glauben könne, die routinemäßiger Natur waren, wie etwa die Gas- und Elektrizitätswerke.

Während der gesamten Dauer des Ministeriums Eisner wurde kein ernstlicher Versuch gemacht, dieser Meinung zu opponieren. Die Sozialisierungskommission hörte in erster Linie Vorträge des weltberühmten Ingenieurs Oskar von Miller[382], des Schöpfers der Walchenseekraftwerke und Begründers des Deutschen Museums zu München, sowie von anderen anerkannten industriellen Fachleuten über die Möglichkeiten der Organisation und der etwaigen staatlichen Leitung auf dem Gebiete der elektrischen Kraft. In den Verhandlungen der bayrischen Sozialisierungskommission zeigte sich viel Tüchtigkeit, doch nichts Utopisches.

Eisner suchte auch auf andere Weise die Entwicklung in der Richtung einer demokratischen Evolution und der Vermeidung hastiger oder dilettantischer Experimente zu fördern. Doch war er keine so gewaltige Führernatur, dass es hierbei ohne Abweichungen nach rechts und links abgegangen wäre. Von der politischen Rechten war allerdings damals in Bayern kaum etwas zu bemerken. Sie übte äußerste Zurückhaltung und hatte sich, wie es einmal ausgedrückt ist, "in ihre Mauslöcher verkrochen". Dass die Armee und die Beamtenschaft sich rasch auf dem "Boden der Tatsachen" fanden und einrichteten, habe ich bereits erwähnt. Mit besonderer Geschwindigkeit und Dienstfertigkeit akzeptierte die Rechtsprechung zunächst die neue Ordnung. Der Strafsenat des bayrischen obersten Landesgerichts prägte zum Zwecke dieser Anerkennung bereits am 19. Dezember 1918, knapp sechs Wochen nach gelungener Revolution, den lapidaren Satz, dass die Staatsgewalt dem zusteht, der sie tatsächlich inne hat, was

[381] Die Gutachten Brentanos sind im BHStA in den Akten nicht auffindbar.

[382] OSKAR VON MILLER (07.05.1855-09.04.1934), Ingenieur und Schöpfer des Deutschen Museums. Vgl.: NDB 17, S. 517 ff.

eine Abweisung der sogenannten Legitimitätstheorie bedeutete[383]. Das Reichsgericht nahm alsbald den selben Standpunkt ein. Höchste Richterbeamte und die bekanntesten Professoren der Rechtsphilosophie wetteiferten in der theoretischen Fundierung dieser Lehre von der "gelungenen Revolution"[384]. Man berief sich auf Bismarck, der in seinen "Gedanken und Erinnerungen" ausgesprochen hatte, das wir "in unserm staatlichen Leben der Benutzung revolutionärer Unterlagen nicht entgehen können"[385], auf Friedrich von Schillers Wort, "sei im Besitze und Du wohnst im Recht"[386], um der Tatsache, dass die Volksbeauftragten im Reich und das Ministerium in Bayern die Machtmittel in ihre Hand gebracht und sich mit deren Hilfe durchgesetzt hatten, die juristische Anerkennung zu sichern. Auch das nichtbeamtete Bürgertum hatte äußerlich rasch seinen Frieden mit der Revolution gemacht. Zuerst lebte es in lähmender Angst, beherrscht von der Vorstellung, es könne nicht nur seine Fürsten, sondern auch seinen Besitz verlieren. In den ersten Tagen nach meiner Rückkunft nach München wurde ich bei Tag und Nacht von Anrufen ängstlicher Leute überschwemmt. Bankdirektoren wollten von mir wissen, ob Enteignungen bevorstünden, Bankkunden, ob ihnen vielleicht ihre Safes gesperrt würden. Jedermann ventilierte die Frage, wie man sich für solche Fälle am besten einen Notpfennig sichern könne. Wenn ich erwiderte, die Leute sollten sich beruhigen, die Regierung habe im Reich und in Bayern den Schutz des Eigentums garantiert, waren die Menschen überglücklich und meinten ausnahmslos, gegen eine solche Revolution könne man ja eigentlich nichts einwenden. Aus den Kreisen der Universität, der hohen Beamtenschaft, der Rechtsanwaltschaft, ja sogar der Generalität häuften sich die Anmeldungen zur sozialdemokratischen Partei, da die Leute sich auf den Standpunkt stellten,

[383] Vgl.: Justizministerialblatt 1918, Beiblatt A 79. Vgl.: FRANZ J. BAUER, Die Regierung Eisner 1918/19. Ministerratsprotokolle und Dokumente, Düsseldorf 1987, S. 61.

[384] Vgl.: ALEXANDER GRAF ZU DOHNA, Die Revolution als Rechtsbruch und Rechtsschöpfung, Heidelberg 1923.

[385] Das Zitat ist einem Brief an Leopold von Gerlach vom 30.05.1857 entnommen. Es geht um die Prinzipien der Politik und das Prinzip der Revolution: . . ."Wie viele Existenzen gibt es noch in der heutigen politischen Welt, die nicht in revolutionärem Boden wurzeln? Nehmen Sie Spanien, Portugal, Brasilien, alle amerikanischen Republiken, Belgien, Holland, die Schweiz, Griechenland, Schweden, das noch heut mit Bewußtsein in der glorious revolution von 1688 fußende England; selbst für das Terrain, welches die heutigen deutschen Fürsten teils Kaiser und Reich, teils ihren Mitständen, den Standesherrn, teils ihren eigenen Landständen abgewonnen haben, läßt sich kein vollständig legitimer Besitztitel nachweisen, und in unserem eigenen staatlichen Leben können wir der Benutzung revolutionärer Unterlagen nicht entgehen. ...". Vgl.: OTTO V. BISMARCK, Die gesammelten Werke Bd. 14/1, BRIEFE, HRSG. V. WOLFGANG WINDELBAND/WERNER FRAUENDIENST, Berlin 1933, S. 470.

[386] Das Zitat stammt aus Schillers Drama "Wallensteins Tod" 1. Aufzug, 4. Auftritt. Vgl.: SCHILLERS WERKE - Nationalausgabe Bd. 8, Weimar 1949, S. 185.

nachdem es einmal soweit war, sollte man auch mitschwimmen. Ich habe sogar manche Richter und Rechtsanwälte gekannt, die gleich bei der unabhängigen Sozialdemokratie, als der "schärferen" Richtung, eintraten und später, als es zu einer Koalition der Sozialisten mit bürgerlichen Parteien in Bayern kam, prompt wieder austraten. Viele dieser traurigen Gesellen sind heute besonders laute Hitlerschreier, aus der offenbaren Vorstellung heraus, man könne ihre seinerzeitige Zuneigung zu einer "roten" Partei nur verzeihend übersehen, wenn sie besonders laute Reklame für das Naziregime entfalten. Es könnte naheliegen, eine Anzahl Namen solcher Kerle hier zu erwähnen. Indessen möchte ich diese Erinnerungen nicht damit beschmutzen, sie zu nennen. Sie sind durch die ewige Angst, dass jemand auf ihre Vergangenheit hinweisen könnte, genügend gestraft.

War also auf bürgerlicher Seite zunächst nicht von einem Widerstand gegen die neue Ordnung die Rede, so hatten doch die nichtsozialistischen Kräfte des Landes sehr schnell verstanden, dass zunächst nur in der raschen Herbeiführung einer auf allgemeinem Wahlrecht ruhenden Volksvertretung und in der Übertragung möglichst weitgehender Souveränitätsrechte auf sie ein Schutz vor einem Weitertreiben der Revolution lag. Denn ihre Befürchtung war es, dass sich aus der politischen Revolution eine soziale entwickeln könne. Der Schrei nach der Nationalversammlung vereinigte daher alsbald die gesamte politische Rechte und Mitte, darüber hinaus aber auch die Sozialdemokraten, die sich programmatisch und praktisch in ihrer überwiegendsten Mehrheit von jeher als Gegner einer Klassendiktatur erwiesen hatten. Eine weit unklarere Haltung nahmen in dieser Frage bis zum Ausscheiden der Spartakusgruppe und zur Gründung der kommunistischen Partei die unabhängigen Sozialdemokraten ein, unter denen sowohl entschlossene Anhänger der Demokratie wie Eduard Bernstein, Karl Kautsky und Rudolf Breitscheid[387], wie auch viele wilde Revolutionäre waren, die die Sozialdemokraten so hassten, dass sie nicht einmal bereit waren, sich zwecks Verhandlungen mit ihnen an einen Tisch zu setzen und die lieber heute als morgen alles Bestehende in Trümmer geschlagen hätten, ohne klar zu wissen, was dann folgen würde. Diese Zerrissenheit der unabhängigen sozialdemokratischen Partei spiegelte sich in der Haltung Kurt Eisners getreulich wider. Wiewohl er persönlich ein Anhänger von Demokratie und Nationalversammlung war, wollte er in dieser Richtung nicht zu rasch

[387] Dr. Rudolf Breitscheid (02.11.1874-24.08.1944), USPD/SPD, 1918-1919 preußischer Innenminister, 1920-1933 Mitglied des Reichstags, Nationalökonom, Publizist und Politiker, 1933 Konzentrationslager, Emigration in die Schweiz, August 1933 nach Frankreich, 1941 Auslieferung an Deutschland, im KZ Buchenwald ermordet. Vgl.: Wilhelm Heinz Schröder, Sozialdemokratische Parlamentarier in den Deutschen Reichs- und Landtagen 1867-1933, Düsseldorf 1986, S. 388.

vorgehen, weil er nicht glaubte, in der gegebenen Situation mit der äußersten Linken seiner Partei anbinden zu könnten. Von dieser wurde er schon im Dezember 1918 als ein "Bremser" erklärt und es verging kaum eine Woche, in der er sich nicht politischer Angriffe aus dieser Richtung zu erwehren hatte. Ja es kam sogar soweit, dass bewaffnete Spartakusleute ihm von der Straße her durch die Fenster seines Amtszimmers im Ministerium stiegen, um bestimmte Erklärungen politischer Art von ihm zu erzwingen. Da Eisner als ein fanatischer Anhänger sozialistischer Einigkeit es möglichst lange auf einen offenen Bruch mit den radikalsten Kräften seiner Partei nicht ankommen lassen wollte, kam er selbst in den Geruch, ein Gegner von Demokratie und Parlament zu sein. Wir wissen bereits, dass ein so vorurteilsloser Mann wie Lujo Brentano ihm hiewegen mit scharfem Misstrauen begegnete. Eifrig geschürt wurde die Auffassung, dass Eisner ein Anhänger einer ganzen oder halben Klassendiktatur sei, von seinem Ministerkollegen und alten Feind Erhard Auer. Auer hatte den Ehrgeiz, zu beweisen, dass er der Erretter der wahren Demokratie sei und arbeitete deshalb mit schärfster Betonung auf die rasche Einberufung der parlamentarischen Volksvertretung auf der Grundlage des allgemeinen Wahlrechts hin. So ergab sich die Situation, dass er die Hoffnung des gesamten Bürgertums und der gesamten Rechten wurde, die in ihm den starken Mann der Ordnung und in Eisner den vermeintlichen Bolschevisten sahen, zu dessen Verhasstheit in weiten Kreisen des Bürgertums die Tatsache, dass der revolutionäre Ministerpräsident – Gott sei Dank – Jude war, nicht wenig beitrug. Nicht zuletzt war Eisner deshalb den jüdischen Kapitalisten ein Dorn im Auge. Ein gewisser Kreis von Juden, der stets die Vorsicht als den besten Teil der Tapferkeit ansieht und der es deshalb niemals gewagt hätte, Eisner öffentlich zu bekämpfen, machte intern umsomehr Stimmung gegen ihn mit dem auch in Amerika bekannten schurkischen Rezept, als Jude hätte Eisner die erste Pflicht gehabt, nicht aufzufallen und sich nicht in den Vordergrund zu stellen. Es waren dieselben Leute, die in Amerika gegen jüdische Gouverneure und jüdische höchste Richter heimlich agitieren, weil sie Farblosigkeit in ihrem Ghettoverstand als eine wesentlichere öffentliche Pflicht jüdischer Bürger ansehen, wie Idealismus, Opfersinn und Überzeugungstreue. Sie haben noch nicht gelernt, dass ihnen die Antisemiten für keinerlei Bekundung angeblicher Zurückhaltung – die ja doch in Wirklichkeit nur geringe Anpassung im Dienste des Erwerbstriebs ist – dankbar sein würden. Sie sollten wissen, dass Antisemitismus keine Anschauung, sondern eine niedrige Charaktereigenschaft ist, indem, wie Thomas Mann[388]

[388] THOMAS MANN (06.06.1875-12.08.1955), Schriftsteller und Nobelpreisträger. Vgl.: NDB 16, S. 43-50.

es einmal ausgedrückt hat, nur der Lump auf etwas stolz ist, was er nicht ist, der Antisemit also darauf, das er kein Jude ist. Sie sollten bemerkt haben, dass die Judenfrage dieserhalb in Wirklichkeit eine Antisemitenfrage ist, indem sich die Antisemiten nicht ihre Judenhasser näher ansehen, nicht ihr Wesen, ihren Geist, ihr Blut, ihr Auftreten in der Öffentlichkeit, ihre Bildung, ihr Können und Wissen zum Gegenstand der Kritik machen, dass dem Judenhasser ein jeder recht ist, wenn er nur überzeugt ist, das alle Juden krumme Nasen und keinen arischen Ehrbegriff haben, dass sie durch Egoismus, Geldgier und hetzerische Gesinnung charakterisiert sind, dass sie zugleich demokratisch und plutokratisch, schwächlich pazifistisch und gewalttätig revolutionär sind. Sie sollten dieserhalb wissen, dass es der Jude dem Antisemiten niemals recht machen kann, indem der Antisemit keine Gründe gegen den Juden braucht, da ihm die niedrigsten Vorwände stets die Gründe ersetzt haben, dass es dieserhalb sinn- und zwecklos ist, ein jüdisches Verhalten zeigen zu wollen, das keinen Antisemitismus erzeuge[389]. Das alles haben gewisse jüdische Kreise, damals und später, nicht einsehen wollen und haben geglaubt, Selbstschutz üben zu können, indem sie sich möglichst eng an die Feinde der Demokratie und des Judentums heranzumachen suchten. Der Lauf der Geschichte hat ihnen blutig eingeprügelt, um wieviel besser es gewesen wäre, wenn sie sich hinter die Kräfte gestellt hätten, die damals ernstlich bemüht waren, einer demokratischen Entwicklung zum Durchbruch zu verhelfen.

Schlimmer allerdings als der Druck von der Rechten, einschließlich ihrer jüdischen Bestandteile, wirkte sich auf die damalige Entwicklung in Bayern der rücksichtslose und gewissenlose Druck der Kommunisten aus, die, wie wir gesehen haben, in den ersten Monaten der bayrischen Republik noch als "Gruppe Spartakus" der unabhängigen sozialdemokratischen Partei angehörten und sich alsdann organisatorisch selbständig machten. Sie verfügten in Bayern nicht über eine einzige Persönlichkeit von Ansehen. Dagegen war es ihr Ehrgeiz, in der Ausbreitung von Gehässigkeit gegen die Begründer und Führer der jungen deutschen Republik das Äußerste zu leisten. Auf Schritt und Tritt verbreiteten sie, dass die neuen Führer nichts als Volksbetrüger, Schieber und Gauner seien, deren Ziel und Zweck die Verhinderung jeder Besserung und die unveränderte Aufrechterhaltung einer Klassendiktatur von oben sei[390]. In dem von Hause aus sehr katholischen

[389] Vgl.: HERBERT A. STRAUSS/NORBERT KAMPE (Hrsg.), Antisemitismus. Von der Judenfeindschaft zum Holocaust, Frankfurt/M. 1984.

[390] Vgl.: HANS BEYER, Die Revolution in Bayern 1918-1919, 2. Aufl. Berlin 1988. Diese in der DDR erschienene Arbeit stellt wiederholt die Kommunisten als treibende Kraft der Revolution dar.

und konservativen Bayern, dessen Bevölkerung zu einem bedeutenden Prozentsatz dem Bauernstand angehörte, erzeugten ihre blutrünstigen Tiraden Angst und Abwehrwillen, die sich mit gegen Eisner richteten, weil man ihn auf Grund aller vorerwähnten Umstände in weiten Kreisen als im Schlepptau der Spartakisten befindlich ansah.

16. *Eisners Charakter*

Nur durch die Kenntnis dieser Zusammenhänge ist das Auf und Ab der bayrischen Politik in den knapp dreieinhalb Monaten des Kabinetts Eisner überhaupt zu verstehen. Kurt Eisner war persönlich eine von Grund aus saubere Natur. Er hatte den festen Glauben, dass der Mensch an sich gut sei und dass durch richtige Gestaltung der äußeren Umstände das Gute in ihm geweckt und erhalten werden könne. Trotz seiner zahlreichen und tiefschmerzlichen Lebenserfahrungen hielt er mit unweigerlicher Inbrunst an diesem Glauben fest. Aus dieser Glaubenssphäre heraus stammte seine tiefe Überzeugung, dass durch völlige Verleugnung der bisherigen deutschen politischen Vergangenheit, durch öffentliche Distanzierung des deutschen Volkes von seinen bisherigen Führern, durch das Gelöbnis zu Friedenswillen und Aufbau, für Deutschland bei den Ententestaaten gerechtere und erträglichere Friedensbedingungen geschaffen werden könnten, als sie die Bedingungen des Waffenstillstands von Compiègne ahnen ließen. Aus diesem Gefühl der Notwendigkeit völliger Umkehr heraus machte sich Eisner alsbald mit Feuereifer an das Studium der diplomatischen Akten im Ministerium des Äußern und publizierte zum Entsetzen der Bürokraten und der mit weit besseren Routiniers besetzten Reichsleitung eine Reihe von diplomatischen Urkunden der Vergangenheit[391], die nach seiner Meinung bewiesen, dass die kaiserliche und die alte bayrische Diplomatie in ihren Berichten mit vorsätzlichen Unwahrheiten und "doppelter Buchführung" arbeiteten, indem sie im Innenverhältnis die Wahrheit gewisser historischer, für die deutsche Kriegsschuldfrage erheblicher Tatbestände zugaben, die sie nach außen strikte verleugneten. Eisner wurde in diesen seinen Überzeugungen durch einige Persönlichkeiten ermuntert, die von dem reinsten Willen beseelt waren, ohne dass sie bisher Gelegenheit gehabt hätten, sich in praktischer politischer Gestaltung zu bewähren.

[391] Vgl.: Bayerische Dokumente zum Kriegsausbruch und zum Versailler Schuldspruch, hrsg. von PIUS DIRR, München und Berlin 1925, und KURT EISNER, Unterdrücktes aus dem Weltkrieg, München-Wien-Zürich 1919.

17. *Friedrich Wilhelm Foerster*

Die bedeutendste Persönlichkeit von ihnen war Professor Friedrich Foerster[392], der weltbekannte christliche Pazifist und Verfasser eines in ungezählten Auflagen verbreiteten ausgezeichneten Handbuches der politischen Ethik. Er hatte im Protest gegen die Militarisierung des deutschen Geistes die Professur der Philosophie an der Münchener Universität aufgegeben und war in die Schweiz gegangen. Ihn ernannte Eisner zum bayrischen Gesandten in Bern, mit dem offensichtlichen Zwecke, durch ihn und seine gleichgesinnten Freunde mäßigenden Einfluss auf Clemenceau und Lloyd George[393] auszuüben und dadurch zu versuchen, den Wilson'schen Friedensgedanken zu einem stärkeren Durchbruch zu verhelfen. Foerster war als der bedeutendste Vertreter der Anschauung anzusehen, dass das deutsche Volk eine Kollektivschuld am Weltkrieg trage, indem es sich nicht von dem militaristisch-, nationalistisch-, monarchistischen Preussengeist von Potsdam loszusagen gewusst habe. Er war der Auffassung, dass Distanzierung nicht genüge, dass es vielmehr notwendig sei, Buße zu tun, indem man einem neuen Geiste nachlebe. Er feuerte Eisner zu höchster Aktivität in dieser Richtung an und war glücklich, dass es Eisner hieran nicht fehlen ließ. Ganz in die gleiche Richtung arbeitete Dr. Friedrich Muckle[394], ein wesentlich kleinerer Geist, den Eisner zum bayrischen Gesandten in Berlin machte. Er war ebenfalls radikaler Pazifist und ein persönlich und charakterlich einwandfreier Gelehrter, jedoch weltfremd bis zum äußersten und kaum fähig, sich in die Stimmungen und Meinungen anderer Leute, von einem anderen als seinem eigenen Standpunkt aus zu versetzen. Er konnte in dem Milieu der sozialistischen Parteifunktionäre und Beamten, die er in Berlin an der Spitze der neuen Reichsleitung fand, keinerlei Widerhall erzeugen, weil ihm die agitatorische Kraft zum Eintreten für seine Ideen fehlte und weil er äußerlich und in der Diskussion als ein hoffnungsloser Sektierer wirkte. Er schrieb dauernd beleidigte Berichte

[392] FRIEDRICH WILHELM FOERSTER (02.06.1869-09.01.1966), Professor für Philosophie und Pädagogik (1914-1920 in München), 1918 bayerischer Gesandter in Bern; Pazifist, Verfasser einer katholischen Morallehre und eines Handbuchs der politischen Ethik. Vgl.: BBB, S. 210.

[393] DAVID LLOYD GEORGE (17.01.1863-26.03.1945), liberaler englischer Politiker, 1916-1922 Premierminister. Vgl.: THOMAS JONES, Lloyd George, Cambridge (Mass.) 1951.

[394] DR. FRIEDRICH MUCKLE (1883 - das Todesdatum konnte nicht ermittelt werden), November 1918-Januar 1919 bayerischer Gesandter in Berlin, daran anschließend Referent im bayerischen Sozialministerium, Berater Eisners, 1920 nach Baden übergesiedelt, 1931 Mitglied des Präsidiums der badischen Akademie. Vgl.: FRANZ J. BAUER, Die Regierung Eisner 1918/19. Ministerratsprotokolle und Dokumente, Düsseldorf 1987, S. 37.

an Eisner, dass man in Berlin die neue Zeit und die Eisner'schen Ideale einfach nicht verstanden habe, ja nicht einmal verstehen wolle, dass dort zwar aufrichtige und pflichteifrige, fleißige Menschen am Werk seien, die jedoch verdrossene Kleinbürger seien, denen das Ideal des Eisner'schen Gedankenfluges nicht aufgegangen sei. Durch Einflüsse dieser Art wurde Eisner schließlich zu dem ebenso törichten wie gefährlichen Schritt gedrängt, als Minister des Äußeren des Volksstaates Bayern in öffentlicher Erklärung "jeden Verkehr mit den gegenwärtigen Vertretern des Auswärtigen Amtes abzulehnen"[395]. Er begründete diese amtliche Erklärung des Außenministers eines deutschen Einzelstaates damit, dass das Auswärtige Amt des Reiches fortgesetzt Methoden anwende, "um das deutsche Volk erneut um die Erkenntnis der Wahrheit zu betrügen". Die Funktionäre des Berliner Auswärtigen Amtes, die zu 95 % aus den Geheimräten des alten Regimes bestanden, an ihrer Spitze der Staatssekretär Solf[396], ein Mann, den man auch aus dem alten diplomatischen Dienst übernommen hatte, fingen an, angesichts solcher Kundgebungen an Eisners Verstand zu zweifeln und hielten ihn nun, gleich dem rechtsstehenden Bürgertum, auch für das enfant terrible der deutschen Politik. Denn bekanntlich darf ein Diplomat alles, nur nicht ungeschminkt seine Meinung sagen, und dass Eisner dies nicht wusste, oder, besser gesagt, nicht wissen wollte, brachte ihn angesichts des Inhalts seiner Erklärung automatisch in den Verdacht, dass er die Losreissung Bayerns vom Reiche betreibe. Tatsache ist, dass Eisner in Gesprächen mit seinen Freunden mit dem Gedanken einer "vorübergehenden Unabhängigkeit" der bayrischen Politik von der Berliner Politik gespielt hat. Seine Idee war dabei aber keineswegs, die Reichseinheit zu zerreißen. Vielmehr gedachte er auf solche Weise die "Berliner Machthaber" – wie er die Regierung der Volksbeauftragten in Gesprächen nicht selten nannte – zu einer Umkehr der ganzen Reichspolitik in seinem Sinne zu bringen. Dass sich in der Regierung der Volksbeauftragten neben den Sozialdemokraten zwei alterprobte Führer der unabhängigen Sozialdemokraten, Hugo Haase und Wilhelm Dittman befanden, dass die eigene Parteirichtung Eisners in fast allen Reichs- und preußischen Behörden durch Vertrauensmänner vertreten war, dass es daher für Eisner weit wirksamere Methoden zur Propa-

[395] Vgl.: Bayerische Dokumente a.a.O., S. 72. Vgl.: HANS BEYER, Die Revolution in Bayern 1918-1919, 2. Aufl. Berlin 1988.

[396] DR. WILHELM SOLF (05.10.1862-06.02.1936), DDP, zunächst in der Kolonialabteilung des Auswärtigen Amtes, 1898 Richter in Daressalam, 1900 Gouverneur von Samoa, 1911 Staatssekretär im Reichskolonialamt, leitete 1918 die Waffenstillstandsverhandlungen, 1918 Staatsekretär im Auswärtigen Amt, 1920-1928 Botschafter in Tokio, nach 1933 Begründer einer Widerstandsgruppe. Vgl.: EBERHARD VON VIETSCH, Wilhelm Solf. Botschafter zwischen den Zeiten, Tübingen 1961.

gierung seines geistigen Einflusses gegeben hätte als die öffentliche Drohung mit folgenschweren politischen accomplis, übersah Eisner nicht aus bösem Willen. Er war von seiner Mission, auf seine Weise ein Retter des wirklichen Deutschtums zu sein, so berauscht, dass er, obschon sonst ein guter und sorgfältiger Diskutierer, auf diesem Gebiete für Gegengründe kaum zugänglich war. Andererseits hatte er, eben infolge dieser Rauschstimmung, seinen sonst oft an ihm bemerkten psychologischen Spürsinn in starkem Umfang eingebüßt und führte seine zunehmende Verhasstheit auf der Rechten und Linken ausschließlich auf conterrevolutionäre Borniertheit der Feinde eines neuen Geistes zurück. Der Knoten für den tragischen Ausgang seines Regimes war geschürzt.

18. *Volksgerichte*

Die bayrische Innenpolitik Eisners war im höchsten Maße durch seine schwankende Stellung im Gefüge der deutschen Gesamtpolitik der letzten Monate des Jahres 1918 bestimmt. Als Konzession nach rechts stimmte er bereits zwölf Tage nach gelungener Revolution einer Verordnung über die Einführung sogenannter "Volksgerichte"[397] in Bayern zu. Die Verordnung hatte den an sich löblichen Zweck, besonders schwere Verstöße gegen die öffentliche Ordnung und einige besonders gefährliche Verbrechensarten der Verfolgung in einem beschleunigten Verfahren zu unterstellen und in diesen Fällen, in denen vorher ausschließlich Berufsrichter zur Entscheidung berufen waren, auch das Laienelement in die Rechtsprechung einzuführen. Die Kammern der "Volksgerichte" waren zu diesem Zweck mit zwei Berufsrichtern und drei Laienrichtern besetzt. Sie sollten u.a. über die Fälle des Widerstands gegen die Staatsgewalt, des Landfriedensbruches und anderer schwerer Gewalttätigkeiten, über Notzucht, Mord, Totschlag, Raub, Erpressung, schweren Diebstahl, Brandstiftung, Gefährdung des Eisenbahn-, Telegraphen-, Telephon- und Postbetriebs, ferner über Sprengstoffverbrechen entscheiden. Die Erlassung der Verordnung verstieß gegen zahlreiche Reichsgesetze, nach deren Inhalt sie zweifellos null und nichtig war. Schlimmer war, dass nicht nur das formale Recht, sondern auch der Gerechtigkeitsgedanke durch die Verordnung in schwerster Weise verletzt wurde. Nach dem Rechte der deutschen Gerichtsverfassung mussten Laienrichter, soweit sie zur Rechtsprechung

[397] Vgl. hierzu: FRANZ J. BAUER/EDUARD SCHMIDT, Die bayerischen Volksgerichte 1918-1924. Das Problem ihrer Vereinbarkeit mit der Weimarer Reichsverfassung, in: Zeitschrift für bayerische Landesgeschichte Bd. 48, 1985, S. 449-478.

zugelassen waren, ausgelost werden, um ihre Unabhängigkeit von der Staatsverwaltung einigermaßen sicher zu stellen. Nach der Verordnung über die Volksgerichte waren aber die Laienrichter nicht auszulosen, sondern vom Justizminister im Einvernehmen mit dem Militärminister zu ernennen, weshalb sie der bayrische Volksmund, der sehr häufig das Richtige traf, bald spöttisch "Volksgerichtsräte" nannte. Dass damit die Unabhängigkeit der Laienrichter in Frage gestellt war, war umso gefährlicher, als in schärfster Verletzung der Bestimmungen des Gerichtsverfassungsgesetzes gegen die Urteile der Volksgerichte keinerlei Rechtsmittel zulässig sein sollte. Selbst wenn es nachgewiesen war, dass ein Urteil durch Urkundenfälschung oder durch Meineid von Zeugen oder Sachverständigen erschlichen war, gab es nach der Verordnung keinerlei Möglichkeit der Aufhebung des Urteils, sondern höchstens die der Begnadigung. Die Idee zu solchen juristischen Ungeheuerlichkeiten, durch die große Verheerungen im Rechtsgefühl des bayrischen Volkes angerichtet wurden, kam nicht von Eisner. Auch der Justizminister Johannes Timm, aus dessen Ressort diese erste angebliche "Revolutionierung" der bayrischen Justiz stammte, war nicht ihr geistiger Vater. Die Idee stammte vielmehr aus dem Bürokratenhirn des aus der monarchischen Zeit noch das Justizministerium zierenden Staatsrates Dr. Karl Meyer[398], eines aalglatten und schleimig-höflichen Karrieremachers, der für die Differenz zwischen einem Gehalt und einer Pension selbst dem Teufel "in Treue" zu dienen bereit gewesen wäre. Indem er Justizminister Timm einblies, dass die Ordnung nur mit "starken Maßnahmen" aufrecht erhalten werden könne und dass es deshalb Pflicht der revolutionären Regierung sei, solche "starken Maßnahmen" zu erlassen, wollte er sich den neuen Männern gegenüber als ein angeblicher Freund der neuen Zeit in Empfehlung bringen, indem er ihnen sachlich, ohne dass sie es merkten, ein Bein stellte. Dr. Karl Meyer hatte lange genug im bayrischen Justizstaatsdienst gestanden, um das alte Konzept der Bürokratie zu beherrschen, unter dem Stichwort des "Notstandes", der "emergency", die Beseitigung von Freiheitsrechten in die Scheuer bringen zu wollen und diese Totengräbertätigkeit am staatlichen Gefüge als die Haltung des "starken Mannes" auszugeben. Dass Timm und Eisner dies nicht durchschauten, mochte bei ihrem Mangel an staatlicher Praxis und an Vorstellungsvermögen für zweideutige Gesinnung hingehen. Der Einzige, der

[398] Dr. Karl Meyer (09.08.1862-28.01.1937), seit 1909 im Staatsministerium der Justiz, 1912 Ministerialrat, 1919 Ministerialdirektor, 1923-1930 Präsident des Oberlandesgerichts München. Meyer zeigte seine Meinung offen erst nach 1933. Er stellte aber nach 1918 in Bayern bereits die Weichen für einen diktatorischen Staat. Vgl.: BBB, S. 525.

es hätte erkennen müssen, war Alwin Sänger, der von der Revolution eingesetzte "Berater" des Justizministers. Doch mit ihm war, seitdem er im Vorzimmer des Ministers saß, eine allen seinen Freunden peinlich auffallende Veränderung vor sich gegangen. War sein Wesen schon vorher etwas pastoral gewesen, so zeigte er nun das Auftreten eines richtiggehenden Geheimrats. Er verkehrte mit der Beamtenschaft und der Richterschaft mit jener vorsichtigen und lächelnden Unverbindlichkeit, die ahnen ließ, dass er es auf "Höheres" abgesehen hatte und aus diesem Grunde nirgends anstoßen wollte. Als ich ihn, selbst noch Militärbeamter, wenige Tage nach der Erlassung der Verordnung, in einer Rechtsfrage in seinem Amtszimmer aufsuchte, war dies unsere erste Begegnung seit der politischen Revolution. Nachdem er mich lange hatte warten lassen, empfing er mich mit demonstrierter Leutseligkeit und verwies mich in der Sache selbst an einen der Ministerialräte. Ich brachte die Sprache auf die neue Verordnung und fragte ihn, ob er nicht fürchte, dass diese zur Auflösung des ohnehin schon ramponierten Rechtsgedankens beitragen werde. Er erwiderte ein wenig herablassend: "Herr College! Wenn wir die Leute im Zaum halten wollen, dürfen wir mit ihnen nicht zu zimperlich umgehen". Ich erwiderte, dass dies auch schon die Meinung der russischen Zaren in Bezug auf die Zähmung ihrer Untertanen gewesen sei. Mir scheine es jedoch zweckmäßiger, die Energie der Männer der Revolution auf die Bekämpfung der Feinde der neuen Demokratie von der Art eines Karl Meyer zu konzentrieren, als auf die Beseitigung der liberalen Rechtsgarantien des früheren Systems, die mir eines der wenigen aufrechterhaltungswürdigen Dinge erschienen. So hätten wir es wenigstens immer im "Bunde freiheitlicher Akademiker" verstanden, in dem wir so gut zusammen gewirkt hätten. Sänger verfärbte sich angesichts dieser etwas schmerzlichen moralischen Ohrfeige und sagte, er habe keinerlei Grund, die Loyalität des Staatsrats Meyer gegenüber dem neuen System zu bezweifeln. Ich replizierte nochmals, ich hätte nicht von Herrn Meyer, sondern von der Auflösung des Rechtsgedankens gesprochen. Es sei mir gleich, ob der Rechtsgedanke von Meyer oder Müller oder Sänger aufgelöst werde, in jedem Fall könne die junge Demokratie durch Schwäche gegenüber dem Recht nicht gefördert werden. Als Sänger hierauf, sehr nervös geworden, erwiderte, es scheine ihm, dass ich ihn nicht verstehen wolle, trennte ich mich von ihm mit dem Bemerken, dass die Entwicklung darüber entscheiden werde, ob die neue Staatsgewalt mit solchen Methoden gestärkt werden könne. Es schien mir Pflicht zu sein, in der Angelegenheit der "Volksgerichte" auch Eisner selbst aufzusuchen. Es war in jenen Tagen nicht eben leicht, bei ihm vorzukommen, weil in seinem Vorzimmer ein ganzer Kordon seiner Jünger saß, die den offenbaren Auftrag hatten, jede nicht unbedingt notwendige Besprechung von Eisner abzuwenden. Unter ihnen befanden sich auch eine Reihe zigarettenrauchender Damen, die im Bewusstsein einer vermeintlich neuen Machtstellung die Besucher ein wenig von oben herunter behandelten. Nur dem Umstand, dass mich Eisners wesentlichster Sekretär, der Schriftsteller Felix Fechenbach, kannte, verdankte ich es, dass ich den Kordon rasch passieren konnte. Ich teilte Eisner den Grund meines Kommens mit und sagte, es mache mir lebhafte Sorge, dass die neue Regierung ihre Tätigkeit auf dem Gebiete der Justiz mit einer äußerst reaktionären Maßnahme begonnen habe, nämlich mit einer grundsätzlichen Verschlechterung der Rechte von Angeklagten im Strafprozess und mit einer Beseitigung von liberalen Verfahrensgarantien, die das Minimum für jede ordentliche Rechtsfindung und gegen das Risiko von Justizirrtümern darstellten. Eisner schien über diese meine Bemerkung richtig erschrocken zu sein, und es ergab sich, dass er über den reaktionären Charakter der Verordnung in gar keiner Weise nachgedacht, ja ihn nicht einmal bemerkt hatte. Meine Vermutung, dass man ihm das Ganze dadurch schmackhaft gemacht habe, dass er nach der Erlassung der Verordnung mehr als bisher als ein Mann der Ordnung dastehen werde, fand ich völlig bestätigt. Er zeigte Einsicht dafür, dass man durch Verschlechterung des Rechts nicht wirkliche Ordnung schaffen könne und gab der Hoffnung Ausdruck, dass die Maßnahme nur "vorübergehenden" Charakters sein brauche. Ich erwiderte auch ihm, Zarismus und Bolschevismus hätten in der Geschichte die große Ähnlichkeit erwiesen, alle Beseitigung von Freiheitsrechten, wie Ausnahmegerichte, als etwas "Vorübergehendes" anzusehen. Wer sich aber auf einen solchen Weg begebe, könne nach meiner Meinung nicht mehr zurück. Die einzige Form von Sozialismus, die vielleicht auf absehbare Zeit in Deutschland erreicht werden könne, sei eine allmähliche Stärkung des Kollektivismus in der Wirtschaft, verbunden mit einer grundsätzlichen Liberalisierung des Geistes. Eisner bestritt nicht, dass dies richtig sei, und versprach, sein Möglichstes zu tun, um die Rechtsentwicklung nicht in der begonnenen Weise weiter abgleiten zu lassen. Er hatte nicht die Kraft, dieses Versprechen zu halten, wiewohl ich überzeugt bin, dass er es gerne gehalten hätte. Im Gegenteil, noch während der Dauer seines Kabinetts wurde durch Verordnungen vom 9. Januar 1919 und 24. Januar 1919 das System der Volksgerichte weiter ausgebaut[399]. Einem großen Teil der Richter gefiel es ausgezeichnet, dass man in den Sachen, die zur Zuständigkeit der Volksgerichte gehörten, keine

[399] Vgl.: Verordnung vom 24.01.1919 über die Volksgerichte (GVBl. 1919, S. 23). Vgl.: FRANZ J. BAUER/EDUARD SCHMIDT, Die bayerischen Volksgerichte 1918-1924. Das Problem ihrer Vereinbarkeit mit der Weimarer Reichsverfassung, in: Zeitschrift für bayerische Landesgeschichte Bd. 48, 1985, S. 452-457.

Rechtsmittel mehr zu fürchten hatte, dass sie also als eine Art Richterkönige durch die Verordnung anerkannt waren. Die Qualität der Urteile wurde aber, wie man es nicht anders erwarten konnte, durch so gefährliche Vollmachten nicht besser. Die Urteile wurden zwar kürzer, dafür aber schematischer, in vielen Fällen brutaler, keineswegs dagegen gerechter. Besonders stark richtete sich die öffentliche Meinung gegen den Oberlandesgerichtsrat Dr. Kühlewein[400], den sehr wohlhabenden Schwiegersohn des Präsidenten des bayrischen Industriellenverbandes, der in vollem Bewusstsein der Unanfechtbarkeit seiner Urteile mehrmals Erkenntnisse von erheblicher Grausamkeit erließ. Als er wiederum einen Angeklagten wegen eines unbedeutenden Diebstahls zu langjähriger Zuchthausstrafe verurteilte, stürmte das empörte Publikum den Richtertisch und verprügelte ihn nach allen Regeln der Kunst. Er begab sich mit noch blutigem Kopf sogleich ins Justizministerium, um über das Vorgekommene zu berichten. Wenige Stunden später war er vom Volksgericht abberufen und zum Ministerialrat im Justizministerium befördert, ohne dass diese neue Aktion des Staatsrates Meyer von Justizminister Timm oder seinem Berater Sänger verhindert worden wäre.

19. *Nationalgerichtshof*

Sollte die Erlassung der Verordnung über die Volksgerichte das Kabinett Eisner in den Augen des Bürgertums erhöhen, so schuf Eisner selbst ein Gegengewicht durch die Erlassung einer Verordnung vom 31. Dezember 1918 über die Einsetzung eines "Nationalgerichtshofs"[401]. Dieser Nationalgerichtshof sollte ein wenig wie ein kleines Revolutionstribunal aussehen und damit Konterrevolutionäre abschrecken. Die Verordnung bestimmte, dass bei Unternehmungen gegen den Bestand der Republik "und der gegenwärtigen Ordnung" die Aufgaben des Untersuchungsrichters durch den Nationalgerichtshof ausgeübt werden sollten. Dieser Nationalgerichtshof sollte aus zwölf Mitgliedern "des provisorischen Nationalrats" bestehen. Von den zwölf Richtern sollten nur drei die Befähigung zum Richteramt haben müssen, die anderen sollten Laien sein können. Dem Nationalgerichtshof wurde insbesondere die Aufgabe zugeschrieben, über Verhaftung und Freilassung verdächtiger Personen zu entscheiden. Der National-

[400] Dr. Heinrich Kühlewein, Oberlandesgerichtsrat, Richter am Volksgericht, Ministerialrat im Staatsministerium der Justiz. Die Akten im BHStA sind nicht auffindbar.

[401] Vgl.: Franz J. Bauer, Die Regierung Eisner 1918/19. Ministerratsprotokolle und Dokumente, Düsseldorf 1987, S. 237.

gerichtshof sollte die Beschuldigten den "ordentlichen Schwurgerichten" spätestens innerhalb vier Wochen übergeben.

Die Verordnung wurde damit begründet, dass man bei politischen Delikten die Untersuchung nicht einem "Staatsanwalt des alten Regimes" überlassen könne. Nach diesem lächerlichen Argument hätte man glauben können, dass es unter den gesamten juristischen Fachleuten des Landes keine Freunde der neuen Ordnung gegeben hätte, dass man also die Fachaufgabe einer Strafuntersuchung entweder einem Organ des alten Regimes oder aber einem Revolutionstribunal überlassen müsse, indem Personen ohne kriminalistische Vorbildung die Erforschung schwieriger krimineller Tatbestände übertragen werden sollte. Dass man dabei der Untersuchungsbehörde eine Höchstfrist von vier Wochen für die Erforschung des Tatbestandes setzte, zeigte, dass die Urheber dieser Verordnung von den möglichen Schwierigkeiten einer objektiven Wahrheitsfeststellung nur höchst unzureichende Vorstellungen hatten. In Wirklichkeit hat der "Nationalgerichtshof" seine Tätigkeit niemals aufgenommen. Die Verordnung über seine Einsetzung war eine stimmungsmäßige Konzession an die radikalsten Straßenpolitiker. Die Verordnung sollte beweisen, dass die Regierung der Konterrevolution mit neuen Waffen zu Leibe gehe. In Wirklichkeit bewies sie nichts, weil nichts geschah.

20. *Wahlordnung*

Wiederum eine Geste zur Beruhigung des Bürgertums war dagegen die Wahlproklamation vom 5. Dezember 1918[402], durch die die Regierung das aktive Wahlrecht zu dem künftigen bayrischen Landtag allen Männern und Frauen bayrischer Staatsangehörigkeit im Alter von über zwanzig Jahren einräumte, während die passive Wahlberechtigung die Erreichung des fünfundzwanzigsten Lebensjahres voraussetzte. Durch die Wahlproklamation versuchte die Regierung den Beweis zu führen, dass sie tatsächlich beabsichtige, ein gesetzliches Parlament auf der Basis des allgemeinen Wahlrechtes herbeizuführen und damit rein demokratische Prinzipien in Bezug auf die Volksvertretung zu verwirklichen. Zu dieser Wahlproklamation erließ der Minister des Innern Erhard Auer eine Wahlordnung[403], die als Grundsätze für die Wahl das allgemeine, gleiche, gehei-

[402] Vgl.: FRANZ J. BAUER, Die Regierung Eisner 1918/19. Ministerratsprotokolle und Dokumente, Düsseldorf 1987, S. 118 ff.

[403] Vgl.: GVBl 1918, S. 1257. Vgl.: FRANZ J. BAUER, Die Regierung Eisner 1918/19. a.a.O., S. 120.

me, direkte Wahlrecht auf der Basis der Verhältniswahl und der Gleichstellung der Frauen mit den Männern festlegte, womit jede Entwicklung in der Richtung einer Klassendiktatur unterbunden war. Die Wahlproklamation war Eisner von den Sozialdemokraten abgerungen worden, denn in Wirklichkeit eilte es Eisner nicht mit der Einberufung des Parlaments, sodass er sich ungerne zur Bestimmung des 12. Januar 1919 als Wahltag hatte bringen lassen. Eisner fürchtete nämlich nichts so sehr als eine Wiederkehr des klerikalen Einflusses über Bayern, denn er wusste aus der Vergangenheit zur Genüge, welche ungeheure und zeitweise gefährliche Macht der Klerikalismus in diesem Lande in der Vergangenheit ausgeübt hatte. Er wusste auch, dass die Macht der Arbeiter- und Soldatenräte mit der Wahl des Parlaments als gesetzliche Volksvertretung nach menschlichem Ermessen erledigt war. Er hätte es aber vorgezogen, wenn diese Räte ihre Tätigkeit noch eine längere Zeit ausgeübt hätten, nicht etwa weil er eine Entwicklung zum Bolschevismus in Bayern wünschte, sondern weil er überzeugt war, dass das Fortbestehen der Räte für eine gewisse Zeit das beste Gegengewicht gegen das Wiederüberwuchern des Klerikalismus dargestellt hätte. Eisner versprach sich auch von einer Schulung der Räte in staatspolitischen Aufgaben ein Herauswachsen dieser Institution aus der Herrschaft der radikalen Phrasen, an denen sie sich in den ersten Revolutionstagen berauscht hatten. Auer arbeitete schärfstens gegen diese Gedankenrichtung Eisners und erließ von sich aus bereits am 29. November eine Anordnung des Innenministeriums, die den Räten politische Kontrollbefugnisse absprach und sie zu konsultativen Einrichtungen stempelte[404].

21. *Provisorischer Nationalrat*

Der Kampf zwischen diesen Tendenzen beherrschte den ganzen letzten Monat des Jahres 1918. Ein wesentliches Stück dieses Kampfes war die Berufung eines provisorischen Nationalrates, der aus Vertretern der Arbeiter-, Soldaten- und Bauernräten, ferner aus ernannten Vertretern der Wirtschaft, der freien Berufe, der Hochschul-, Mittelschul- und Volksschullehrer, der Künstler und anderer Berufsgruppen bestehen sollte, der also eine Art Mittelding zwischen einem Räteorganismus und einer ständischen Vertretungsorganisation war, wie sie späterhin vielerorts der Faschismus anstelle der gewählten Parlamente gesetzt hat. Dieser provisorische Nationalrat war ein totgeborenes Kind oder, besser gesagt, eines, das im zarte-

[404] Diese Anordnung ist nicht nachweisbar. Vgl.: Franz J. Bauer, Die Regierung Eisner 1918/19. a.a.O., S. 453 f.

sten Säuglingsalter sein Leben aushauchte. Seine erste Sitzung war am 13. Dezember 1918, seine letzte am 4. Januar 1919[405]. Von da ab hat nie wieder jemand von ihm gehört. Die politische Rechte denunzierte den provisorischen Nationalrat in der Öffentlichkeit als eine Imitation der russischen Räterepublik, den linken Radikalen war er nicht revolutionär genug, weil die ernannten Berufstandsvertreter gegen die geheiligte Zauberformel, "alle Macht den Arbeiter-, Soldaten- und Bauernräten", verstieß. Als ein unklares Kompromissergebnis konnte dieser provisorische Nationalrat niemand befriedigen und wurde nur die Quelle weiterer Agitation von allen Seiten gegen Kurt Eisner.

22. *Provisorisches Staatsgrundgesetz*

Als ich in der dritten Dezemberwoche aus dem Generalkommando in das gegenüberliegende Büro meines Vaters kam, erfuhr ich, dass ein Telefonanruf des Ministerpräsidenten Eisner vorlag, inhaltlich dessen mein Vater gebeten wurde, ihn zu besuchen. Mein Vater lag aber damals bereits auf Leben und Tod in der Klinik von Dr. Krecke[406], die er nicht mehr verlassen sollte. Um zu hören, was Eisner von ihm gewünscht hätte, begab ich mich zu ihm. Eisner sagte mir, er habe daran gedacht, meinen Vater um die Abfassung eines Entwurfes eines provisorischen Staatsgrundgesetzes zu bitten, den das Ministerium dann einstweilen bis zur Schaffung einer definitiven Verfassung seitens des Landtages im Verordnungswege einführen solle. Dieser Entwurf solle die republikanische Staatsform und die Grundsätze einer lebendigen Demokratie endgültig festlegen und damit die künftige Entwicklungslinie der bayrischen Republik gegenüber allen Angriffen fixieren. Es solle durch den Entwurf der Nachweis geführt werden, dass es verleumderisch sei, wenn die radikalste Linke das Kabinett Eisner als einen im Dienst der politischen Reaktion stehenden Klüngel bezeichne und wenn das rechtsstehende Bürgertum erzähle, Bayern sei eine Kopie des kommunistischen Russland. Eisner nannte mir vertraulich die Namen von zwei weiteren Personen, an die er sich mit der gleichen Bitte gewendet habe, in der Hoffnung, aus den drei Entwürfen eine möglichst gute Synthese herstellen zu können. Die zwei von Eisner erwählten anderen Personen waren hochangesehene Gelehrte von bewährt liberaler und demokratischer Einstellung, die sicherlich ebenso wie mein Vater jede Mitarbeit an extremen Experimenten abgelehnt hätten. Ich erwiderte Eisner, dass mein Vater diese

[405] Vgl.: FRANZ J. BAUER, Die Regierung Eisner 1918/19. a.a.O., S. 170 f.

[406] DR. ALBERT KRECKE, (28.02.1863-29.07.1932), Chirurg mit sozialem Engagement, seit 1912 "Krecke-Klinik" in der Hubertusstraße, München. Vgl. E.K. FREY, Erinnerungen an Albert Krecke, in: Münchner Medizinische Wochenschrift 105 (1963).

schöne Aufgabe sicherlich sehr gereizt haben würde, dass er aber leider lebensgefährlich krank sei und dass eine Aussicht auf seine Wiedergenesung nicht mehr bestehe. Eisner fragte mich, nachdem er seine Betrübnis hierüber geäußert hatte, ganz unvermittelt, ob ich die meinem Vater zugedachte Aufgabe übernehmen würde. Ich gab ihm zu bedenken, dass ich kein Experte des Staatsrechtes sei und dass mein Name keinerlei genügendes Gewicht für ein Staatsgrundgesetz bilden könne. Eisner gab mir hierauf eine Antwort, deren Richtigkeit ich mich nicht ohne Weiteres verschließen konnte. Er sagte, mein Vater sei auch kein Staatsrechtslehrer oder Staatsrechtsexperte, sondern habe immer römisches und bürgerliches Recht gelehrt. Er habe sich an ihn nicht in seiner Eigenschaft als Fachgelehrter, sondern wegen seiner allgemeinen Schätzung und Hochachtung seiner Persönlichkeit gewandt, er habe das Vertrauen zu mir, dass es der Sache nütze, wenn ich mit den beiden anderen Herren zusammenarbeiten würde. Namen sollten dem Entwurf überhaupt nicht beigefügt werden, weil es sich um ein offizielles Werk des Ministeriums handeln solle. Die beiden anderen Herren hätten sogar zur Bedingung gemacht, dass ihre Arbeit für den Entwurf nur inoffizieller Art sei und nach außen nicht hervortreten solle.

Unter diesen Umständen konnte ich keinen Anlass sehen, Eisners Anregung abzulehnen und erklärte ihm mein Einverständnis mit dieser. Ich hatte so die Freude und Ehre, mit den beiden Männern, die Eisner außer meinem Vater gebeten hatte, an dem Entwurf des Staatsgrundgesetzes zu arbeiten. Die beiden nicht mehr lebenden Gelehrten haben ihr Verlangen, ihre Namen vertraulich zu halten, niemals zurückgenommen. Er kann infolgedessen hier nicht genannt werden. Das Ergebnis der Zusammenarbeit wurde Eisner vorgelegt und gelangte in die Ministerien, wo es kleineren Änderungen unterlag. Es wurde als "Staatsgrundgesetz der Republik Bayern" am 4. Januar 1919 im bayrischen Gesetz- und Verordnungsblatt veröffentlicht und erhielt damit Gesetzeskraft[407].

[407] Vgl.: Staatsgrundgesetz der Republik Bayern von 04.01.1919, in: GVBl. 1919, S. 1 ff. Die beiden Herren waren wohl Dr. Josef von Graßmann und der Würzburger Staatsrechtler Prof. Dr. Robert Piloty. Beide Herren werden in der zeitgenössischen Literatur gennant bzw. nennen sich selbst. Vgl.: Robert Piloty, Die bayerische Verfassung vom 14. August 1919, in: Jahrbuch des öffentlichen Rechts der Gegenwart IX (1920), S. 133f.
Ein Beleg für die Mitarbeit Loewenfelds konnte im BHStA nicht gefunden werden (Brief von Dr. Gau an den Bearbeiter 24.11.2003).
Vgl.: Hans Nawiasky, Bayerisches Verfassungsrecht, München/Berlin/Leipzig 1923, S. 11 und 15. „An diese Ausführungen (Eisners) schließen sich 18 Punkte als Gesetzestext an... Offenbar stammen sie aus einer anderen Feder; denn von sozialistischem Geist ist darin wenig zu spüren, vielmehr werden die bekannten demokratischen Grundsätze wiedergegeben.“ (S. 11)
Vgl.: Jakob Kratzer, Die Verfassungsurkunde des Freistaates Bayern, München 1925, S. 7f.

Das Staatsgrundgesetz widerlegt endgültig die ordinäre Geschichtslüge, dass Eisner oder sein Kabinett Bolschevisten oder Kommunisten gewesen seien. Es beweist die ernsthafte Bemühung Eisners und seines Kabinetts, das bayrische Volk aus der Zerrüttung der alten Verhältnisse im Wege einer demokratischen und sozialen Neuordnung herauszuführen. Der Text des Staatsgrundgesetzes für sich allein sollte Eisners geschichtliches Bild von den hässlichen Flecken reinigen, mit denen es in der Folgezeit gleichermaßen durch kommunistische und nazistische Hetze und vor allem durch plumpe antisemitische Propaganda beschmutzt worden ist. Damit jedermann sich ein eigenes Bild darüber machen kann, wie verlogen diese geschichtsfälschende Hetze vorgegangen ist, setze ich den vollständigen Text der achtzehn Ziffern des Gesetzes hierher, die dem Einführungssatze: "Bayern ist eine Republik" folgen. Sie lauten:

1. Bayern ist Mitglied der Vereinigten Staaten Deutschlands (Deutsches Reich).
2. Die höchste Gewalt des Bayrischen Staates liegt beim Volk.
3. Das Volk äußert seinen Willen durch Abstimmungen und Wahlen der Staatsbürger und die durch die Verfassung eingesetzten Organe.
   Staatsbürger ist ohne Unterschied der Geburt, des Geschlechtes, des Glaubens und des Berufes jeder Angehörige des Bayrischen Staates, der das 20. Lebensjahr vollendet hat.
4. Durch Wahlen der Staatsbürger wird der Landtag gebildet, der aus einer Kammer besteht. Die Wahl ist allgemein, gleich, unmittelbar, geheim, nach dem Verhältnisse der Stimmen.
5. Wahlberechtigt sind alle bayrischen Staatsbürger, wählbar sind alle bayrischen Staatsbürger über fünfundzwanzig Jahre.
6. Die oberste vollziehende Gewalt wird vom Gesamtministerium ausgeübt.
7. Das Gesamtministerium hat das Recht, Beschlüsse des Landtags spätestens innerhalb vier Wochen der Volksabstimmung (Referendum) zu unterbreiten. In solchen Fällen werden die Beschlüsse des Landtags erst wirksam, wenn sie in der Volksabstimmung mit einfacher Mehrheit der abstimmenden Staatsbürger bestätigt sind.
   Entscheidet die Volksabstimmung gegen den Landtag, so ist er aufzulösen.
   Entscheidet sie gegen das Gesamtministerium, so hat es zurückzutreten.
8. Der Staat sichert die Unverletzlichkeit der Person, Freiheit des Glaubens und der Meinung in Rede und Schrift, Freiheit der Lehre, Wissenschaft und Kunst.
9. Das Eigentum ist unverletzlich. Die Enteignung von Vermögen kann nur zum Zwecke des Gemeinwohls auf Grund von Gesetzen erfolgen.
10. Vor dem Gesetze sind alle Einwohner gleich. Niemand darf seinem gesetzlichen Richter entzogen werden. Die Rechtsprechung wird durch unabhängige Gerichte ausgeübt.
11. Alle Vorrechte der Geburt und des Adels, sowie Titel, die keine Berufsbezeichnung sind, werden aufgehoben. Neue Fideikommisse dürfen nicht errichtet werden, die bestehenden sind durch besonderes Gesetz aufzuheben.
12. Die öffentlichen Lasten sind ansteigend nach der Leistungsfähigkeit zu verteilen.
13. Die Gemeinden und Gemeindeverbände haben das Recht weitgehender Selbstverwaltung. Die Wahlen zu den gemeindlichen Vertretungskörpern erfolgen nach den Grundsätzen des Landtagswahlrechtes.
14. Die Glaubensgesellschaften sind unabhängig vom Staate und unterstehen dessen Schutz. Alle Glaubensgesellschaften sind gleichberechtigt und frei in ihrer

Betätigung. Niemand kann zum Eintritt in eine Glaubensgesellschaft, zur Teilnahme an ihrem Kultus oder zum Verbleiben in einer Glaubensgesellschaft gezwungen werden.

Bestehende Rechte der Glaubensgesellschaften können nur auf dem Wege der Gesetzgebung abgelöst werden.

15. Das Unterrichtswesen ist eine staatliche Angelegenheit. Die Erteilung des Religionsunterrichts obliegt den Glaubensgesellschaften. Staatliche Lehrpersonen können zur Erteilung des Religionsunterrichtes nicht gezwungen werden; die Erziehungsberechtigten können von Staatswegen nicht gezwungen werden, die ihnen anvertraute Jugend zur Teilnahme am Religionsunterricht oder an religiösen Übungen anzuhalten.

16 Die Beamten haben das unbeschränkte Recht ihrer staatsbürgerlichen Betätigung. Die Rechte der Beamten bleiben unangetastet.

17. Bis zur endgültigen Erledigung des Verfassungsentwurfes, der dem Landtag sofort nach seinem Zusammentritt vorgelegt werden muss, übt die revolutionäre Regierung die gesetzgebende und vollziehende Gewalt aus.

18. Dieses Staatsgrundgesetz tritt, insoweit es nicht bloße Programmsätze (Ziff. 11, 12, 13, 14, 15) enthält, mit seiner Verkündigung in Kraft".

23. *Landtagswahlen*

Acht Tage nach der Veröffentlichung des Staatsgrundgesetzes fanden die Landtagswahlen in Bayern statt. Ihr Ausfall bewies, dass bei einer Wahl, in der die bayrische Bevölkerung die ihr vom Kabinett Eisner eingeräumte freie politische Willensbestimmung ohne jeden Terror und ohne jedes Risiko ausüben konnte, die Kräfte des alten Regimes übermächtig waren. Nach dem Wahlausfall konnte nicht ernstlich davon die Rede sein, dass die Revolution in Bayern irgendwie Fuß gefasst habe. Von den 180 Landtagsmandaten erhielten 115 die nichtsozialistischen Parteien, darunter 66 die Klerikalen, die mit diesem Besitzstand die größte Landtagspartei waren. Von den 65 Sitzen, die auf die sozialistischen Parteien entfielen, kamen 62 auf die von Auer geführten Sozialdemokraten, Eisners eigene Partei, die unabhängigen Sozialdemokraten, brachten es im Ganzen auf 3 Mandate, sodass die politische Einflusslosigkeit dieser Gruppe trotz des sehr lauten Wesens ihres linkesten Flügels, für jedermann sichtbar wurde[408]. Eisners Befürchtung, dass eine sehr frühe Landtagswahl ein solches seiner Revolution sehr ungünstiges Ergebnis haben könne, hatte sich als richtig erwiesen. Das nichtsozialistische Bürgertum triumphierte. Das Volk der Wahlberechtigten hatte die rein demokratischen Vollmachten, die ihm das

[408] Ergebnisse der Landtagswahl vom 12.01.1919: BVP 35,0%, SPD 33,0%, DDP 14,0%, BBB 9,1%, DVP 5,8%, USPD 2,5%, Sonstige 0,6%. nach Heiner Haan, in: Max Spindler, Bayerische Geschichte im 19. und 20. Jahrhundert 1800-1970, Bd. 2, München 1978, S. 1298.

revolutionäre Kabinett verliehen hatte, dazu benutzt, die Revolution zu beenden. Die gegenrevolutionären Strömungen zeigten sich bei Zulassung demokratischer Willensfreiheit stärker als die revolutionären.

Viele haben in der Folgezeit Eisner und seinem Kabinett Schwäche, ja Verrat an sozialistischen Prinzipien wegen dieses Ergebnisses vorgeworfen. Sie haben, angesteckt von der verheerenden Kraft bolschevistischer und faschistischer Gedankengänge, die Auffassung vertreten, dass sich der Sozialismus in Bayern siegreicher durchgesetzt hätte, wenn man terroristisch vorgegangen wäre, wenn man insbesondere die maßgebendsten Kräfte des alten Regimes in Massen füsiliert oder aufgehängt oder sonst mit jakobinischen Maßnahmen verfolgt hätte. Diese Kritiker übersehen, dass man nicht zugleich demokratischer Sozialist und Terrorist sein kann. Totaler Terror und totale Propaganda sind vielmehr das Wesen der Diktaturen und Tyranneien von unten und oben. Wenn man glaubt, eine politische Doktrin nur vermittels Terrors durchsetzen und aufrecht erhalten zu können, mag dieses System gut oder schlecht, richtig oder falsch sein, nur ist es nicht demokratischer Sozialismus. Eisner und seine Ministerkollegen waren keine Gangster[409]. Wenn sie Demokratie propagierten, dann meinten sie Demokratie und nicht die Herrschaft der Henkersknechte, der Kameradenmörder, der Meinungsknebler, der Bücherverbrenner, der Rassehetzer, der Diebe fremden wirtschaftlichen und geistigen Eigentums, der Konzentrationslagerschinder, der Schänder jeder ehrlichen spirituellen, religiösen und politischen Autonomie, der Vernichter des Familienlebens und der persönlichen Ehre und Freiheit, mit welchen Mitteln die Großgangster vergeblich versuchen, ihren traurigen Mangel an geistigem, ethischem und wirtschaftlichem Konzept in eine angeblich "geläuterte Demokratie" umzulügen und umzufälschen. Sie meinten wirkliche Demokratie und waren deshalb auf die Gefahr eines politischen Misserfolges nicht in der Lage, Mittel zu benutzen, die dem Formate des totalitären Gesindels, nicht aber ihren demokratisch-sozialistischen Grundüberzeugungen entsprochen hätten. Man mag sie deshalb für kleine Leute halten, jedenfalls sind sie aber reinliche Leute geblieben, was von ihren politischen Nachfolgern gewiss nicht behauptet werden kann.

[409] Gestrichene Stelle: "wie sie heute unter dem Stichwort Kommunismus, Faschismus, Nationalsozialismus einen Teil der Welt beherrschen und durch Umkehrung des Inhalts politischer Parolen die Lügenpropaganda im Namen ihrer geknechteten Völker ausüben".

[410] Wahl der Nationalversammlung 19.01.1919: SPD 165, USPD 22, DDP 75, Zentrum 90, DNVP 43, DVP 22, Bay. Bauern-Bund 4, Dtsch.Hann.Partei 2. Vgl.: Ernst Rudolf Huber, Deutsche Verfassungsgeschichte seit 1789, Bd. 5, Stuttgart u.a. 1992, S. 1069.

24. *Wahl zur Nationalversammlung*

Das bayrische Wahlergebnis war kein Zufallsergebnis. Am darauffolgenden Sonntag wurde auf Grund ebenso freien Wahlrechtes im ganzen Deutschen Reich gewählt[410]. Bei dieser Wahl brachten es die sozialistischen Parteien auf 185 von 421 Mandaten, von denen 163 auf die Sozialdemokraten und nur 22 auf die unabhängigen Sozialdemokraten entfielen, während die neue kommunistische Partei, die sich an den Wahlen nicht beteiligte, zur Wahlenthaltung aufgerufen hatte. Den Wahlen im Deutschen Reich waren schwere Kämpfe in Berlin vorausgegangen, in deren Verlauf die Regierung der Volksbeauftragten gegen die äußerste Linke, die mit Generalstreiksaufrufen, Demonstrationszügen, Stürmung von Amts- und Zeitungsgebäuden vorging, Militär einsetzen musste. Erstmals in der Geschichte der deutschen Revolution mussten zur Aufrechterhaltung der Regierungsautorität rasch Detachements zusammengestellt werden, die unter dem Befehl von früheren Offizieren standen. Diese machten sich die Situation sofort zunutze, indem sie unter Missbrauch der ihnen eingeräumten Vollmachten eine Summe von Morden begingen. Professor E.J. Gumbel[411] hat zur geschichtlichen Dokumentierung dieser Morde in einem Buch, "Zwei Jahre politischer Mord", Ausgezeichnetes geleistet. Das Buch erschien in vielen Auflagen und musste später, da die politischen Morde in Deutschland nicht aufhören wollten, in "Vier Jahre politischer Mord" umgetauft werden. Vier Tage vor der Reichstagswahl vom 19. Januar 1919 bemächtigten sich die Offiziersmörder der kommunistischen Führer Karl Liebknecht und Rosa Luxemburg und ermordeten sie in feiger und niederträchtiger Weise. Die deutsche Gegenrevolution von rechts war in vollem Gange. Die Regierung der Volksbeauftragten hatte nach dem Wahlergebnis keine Aussicht, als solche weiterzubestehen. Bei der gegebenen politischen Lage konnten sozialistische Parteien, die Anerkennung des allgemeinen Wahlrechts versprochen hatten, im Reich und in Bayern nur Koalitionen suchen.

25. *Tod Theodor Loewenfelds*

In der Stunde dieser großen Wirrnisse ist mein Vater dahingegangen. Am Abend vor der Reichstagswahl war er bereits in hoffnungslosem Todeskampf, sodass ich alles darum gegeben hätte, wenn ich nicht in öffent-

[411] Dr. Emil Julius Gumbel (18.07.1891-10.09.1966), USPD/SPD, Professor für Statistik. Ders., Zwei Jahre politischer Mord, Berlin 1921. Ders., Vier Jahre politischer Mord, Berlin 1922. Vgl.: Christian Jansen, Emil Julius Gumbel. Portrait eines Zivilisten, Heidelberg 1991.

licher Versammlung vor Tausenden von Menschen letztmals zum Wahlthema hätte sprechen müssen. Kurz nachdem ich von der Versammlung in die Klinik zurückgekehrt war, hatte er ausgelitten. Als wir ihn zwei Tage später zu Grabe trugen, hielt sein Freund Karl von Amira, der einst getroffenen Abrede gemäß, die Gedächnisrede[412]. Ich hatte den riesigen Mann nie weinen gesehen. Nun hielt es ihn nicht.

[412] KARL VON AMIRA, Gedächtnisrede auf Theodor Loewenfeld † 18.01.1919. Vgl.: Anmerkung 100.

FÜNFTES KAPITEL

BERUFSJAHRE

1. *Beginn der Anwaltstätigkeit*

Der Militärminister Roßhaupter hatte sein Wort gehalten und dafür gesorgt, dass ich durch Erlass des Militärministeriums am 1. Januar 1919 aus dem Militärbeamtendienst entlassen wurde. Am nächsten Tage nahm ich den Anwaltsberuf in der väterlichen Kanzlei auf. Da es damals bereits sicher war, dass mein Vater nicht zurückkommen werde, zog ich in sein von mir geliebtes Arbeitszimmer ein. Nun sollte dieser Raum, in dem so viel gedacht, geschaffen, gelitten und geholfen worden war, die Werkstatt meines eigenen Tuns werden. Die Sätze, die der Glasmaler Boos[413] in die bunten Fensterscheiben gemalt hatte und die den Kern der Lebensauffassung meines Vaters darstellten, waren nun auf einmal mein Bezirk. Da stand das indische "tat twam asi", das "Ich bin Du", das die kürzeste Formel seiner Auffassung vom Menschen war, da stand das römische Wort "summum ius summa injuria", "das höchste Recht ist das höchste Unrecht". Da stand aber auch "magis praesumitur pro divite", "es gibt mehr Rechtsvermutungen für den Reichen", in welchen vier anklagenden lateinischen Worten die soziale Einstellung und die Gewissensverpflichtung des Schutzes des Schwächeren in der einfachsten Weise zum Ausdruck kam. Ich empfand die Bürde der Aufgabe, in diesem Raume nicht nur ein Erbe zu sein, in ihrer vollen Schwere. Am zweiten Tage meines Berufsbeginns kam der erste erheblichere Klient, der mir sagte, er habe auf meine Niederlassung gewartet. Als ich in die Klinik kam, sagte ich dies meinem Vater. Er klatschte in die Hände und schien sich zu freuen, doch war es mir gleichwohl nicht ganz klar, ob er die Mitteilung noch hatte erfassen können. Von der raschen Entwicklung der Praxis in den ersten Wochen der Berufsausübung konnte er nichts mehr erfahren.

Mein Start als Anwalt war sehr gehemmt durch die politische Lage. Ich hatte keineswegs im Sinn, irgendwie aktiv in die Politik einzutreten. Der Gang der Dinge machte es aber unvermeidlich, gegenüber gewissen Entwicklungen nicht untätig zu sein. Der Wahlausfall zeigte im Reich und

[413] GEORG BOOS, Glasmaler, Kunstanstalt für kirchliche Glasmalerei, München, Theresienstraße 650.

in Bayern eine ungeheure politische Spannung, die sich in linksradikalen und rechtsradikalen Wellenschlägen manifestierte. Die Linksradikalen, die zur "zweiten Revolution" drängten, wollten, wenn möglich mit Gewalt, verhindern, dass die gewählten Parlamente im Reich und in Bayern zusammentraten. Die Rechtsradikalen wollten die Regierungen im Reich und in Bayern so sehr als möglich in die Gewalt des alten Militärs bringen. Ihre Pläne auf längere Sicht ließen sie noch nicht hervortreten, ebensowenig ihre Feindschaft gegenüber Demokratie und Parlament. Die Parteiprogramme der neuen Rechtsparteien trieften geradezu von demokratischen Lippenerklärungen. Es galt der einen Entwicklung ebenso sehr entgegen zu arbeiten wie der anderen. Beides war gleich schwer. Der Ministerpräsident Eisner nahm in dieser Situation keine genügend klare Haltung ein. Es war zu verstehen, dass er angesichts des Wahlausfalles von der Perspektive einer baldigen Parlamentseinberufung nicht begeistert sein konnte und deshalb mit der Einberufung zögerte. Dieses Zögern war die Ursache wilder Gerüchte. Es wurde behauptet, Eisner wolle den Landtag überhaupt nicht einberufen oder er werde wenigstens versuchen, das Parlament um die Stellung zu bringen, die ihm durch das Staatsgrundgesetz bereits in bindender Weise eingeräumt war. Waren auch diese Gerüchte keineswegs wahr, so benutzten sie bestimmte kommunistische Hetzer, an ihrer Spitze Dr. Levien, in sehr raffinierter Weise, um sie als Tatsachen hinzustellen und Eisner als einen künftigen Mann des Kommunismus zu verleumden, was neue Verwirrung hervorrief. Die Nationalversammlung im Reich war bereits auf den 6. Februar 1919 nach Weimar einberufen, ohne dass eine Klarheit zu gewinnen war, wie es mit der Einberufung des bayrischen Landtags stehen werde. Schließlich erfolgte die Einberufung auf den 21. Februar, jedoch nicht seitens Eisners, sondern seitens Auers, während einer kurzen Abwesenheit Eisners von München. In den Wochen vor dem Zusammentritt des Landtages war die Situation in Bayern bis aufs Äußerste gespannt. Erschreckt und angeekelt von den blutigen Methoden, mit denen der vom Reichskabinett zur Bekämpfung der radikalsten Linken aufgerufene frühere sozialdemokratische Redakteur und Reichstagsabgeordnete Gustav Noske[414] in Berlin hauste, suchte das bayerische Ministerium seinerseits blutige Zusammenstöße in den Reihen der sozialistischen Gruppen zu vermeiden, verfiel aber dabei in das andere Extrem, gegen Störungen der öffentlichen Ordnung und offene Sabotage seiner politischen Ziele nicht mit

[414] GUSTAV NOSKE (09.07.1868-30.11.1946), 1906-1918 sozialdemokratisches Mitglied des Reichstags, 1918 Volksbeauftragter, 1919-1920 Reichswehrminister, 1920-1933 Oberpräsident von Hannover. Vgl.: WOLFRAM WETTE, Gustav Noske. Eine politische Biographie, Düsseldorf 1987.

irgend einer Entschiedenheit vorzugehen. Der Beamtenschaft und des Militärs, soweit sie sich der neuen Macht loyal zur Verfügung gestellt hatten, bemächtigte sich eine große innere Unsicherheit, weil sie nicht mehr übersahen, ob sie dienstlich gedeckt würden, wenn sie sich der mit teilweise sehr üblen Mitteln arbeitenden Hetze irgendwie entgegenstellen würden. Ich habe dafür in jenen Wochen viele Beispiele erlebt, von denen ich nur eins erzählen will: Eines Tages bat mich der Vorsteher der Staatsanwaltschaft beim Landgericht I, erster Staatsanwalt Dr. Sturm[415], zu sich. Er war ein ruhiger, älterer Beamter, den ich seit Jahren kannte.

2. *Haftbefehl gegen Max Levien*

Er sagte mir, es liege ihm eine Anregung des Innenministers Auer vor, den Kommunistenführer Levien zu verhaften. Die Anregung sei auf gewisse Aufreizungen zu Gewalttätigkeiten gestützt, die Levien nach vorliegenden Polizeiberichten öffentlich von sich gegeben hätte. Die Anregung sei auf dem Wege über das Justizministerium an ihn gekommen, und er sei von Alwin Sänger darauf aufmerksam gemacht worden, dass ich Levien ziemlich genau kenne und mir deshalb ein Urteil über die Notwendigkeit und Zweckmäßigkeit der Maßnahme erlauben könne. Wie wohl das Material, in das er mir Einsicht gewährte, für die Erlassung eines Haftbefehls nach den gesetzlichen Bestimmungen mehr als ausreichte, war er unschlüssig und wollte auf Grund der ihm gewordenen Mitteilungen von mir wissen, wie ich den Mann und den Sachverhalt beurteile. Offensichtlich war es ihm äußerst lästig, eventuell mit einem Haftbefehl vorgehen zu müssen und er hätte gerne von mir gehört, dass ich nach meiner Kenntnis der Person die Äußerungen Leviens nur als belanglose Unbesonnenheit ansehe. Es war fühlbar, dass Sturm Sorge für seine persönliche Sicherheit hatte, weil er nach seiner Auffassung fürchten musste, bei etwaigen an die Verhaftung Leviens anschließenden Exzessen keinen genügenden Schutz von oben zu finden. Wiewohl ich Sturm menschlich gerne mochte, musste ich ihm mit meiner Antwort eine schwere Enttäuschung bereiten. Ich sagte, ich könne nicht annehmen, dass er von mir eine juristische Auskunft wolle. Es würde auch meinerseits eine Anmaßung sein, einem alterfahrenen Justizbeamten

[415] Dr. Adalbert Sturm (24.03.1887- das Todesdatum konnte nicht ermittelt werden) Erster Staatsanwalt Landgericht München I, seit 01.05.1933 Dienstaufsichtsführender Oberamtsrichter in Tölz, von 1939 bis 1945 Mitglied der NSADP, seit 01.04.1943 Vorsitzender des Sondergerichts I; Landgerichtsdirektor a.D.. Er wurde am 01.03.1947 von der Spruchkammer III (München) in die Gruppe der Mitläufer (IV) eingestuft und mit einer Sühne von 2000 RM belegt. Vgl.: Spruchkammerakten Sturm beim Amtsgericht München.

mit irgend einer juristischen Anregung zu kommen. Kraft des in Bayern herrschenden Legalitätsprinzips werde er sicherlich ohne jeden Einfluss von außen prüfen, ob der Tatbestand eines Verbrechens oder Vergehens genügend glaubhaft gemacht sei und ohne jede Rücksicht auf persönliche Folgen, Annehmlichkeit oder Unannehmlichkeit, Haftbefehl erlassen, wenn eine der gesetzlichen Voraussetzungen, nämlich Fluchtverdacht oder Verdunklungsverdacht, vorlägen. Ich könne seine Frage deshalb nur dahin auffassen, dass er von mir ein Urteil menschlicher Art über Levien erwarte. Dieses könne ich nur dahin zusammenfassen, dass Levien die Begriffe der Wahrheitsliebe und der Loyalität nach meinen Eindrücken unbekannt seien, dass er nach meiner langen Beobachtung stets im Dunkeln wühle, mit äußerstem Raffinement vorgehe, niemals zu seinen Taten stehe, vielmehr alles mit eiserner Stirn bestreite, was man ihm nicht haarklein nachweisen könne. Ich könne deshalb niemals annehmen, dass Levien eine der ihm zugeschriebenen Handlungen, soweit ihm eine solche nachgewiesen werde könne, aus Unbedachtsamkeit oder aus bloßer Erregung begangen habe, sei vielmehr völlig davon überzeugt, dass Levien in jeder Situation dazu im Stande sei, vorsätzlich und kaltblütig seine Worte und Handlungen so zu dosieren, wie sie die sicherste Verhetzungswirkung üben könnten. Herr Sturm seufzte bei dieser meiner Mitteilung auf, als wolle er zum Ausdruck bringen, "da kann man eben leider nichts mehr machen, nun müssen wir heran an die Sache"[416]. Kaum war dies geschehen, als mehrere kommunistische Straßendemonstrationen, verbunden mit wilden Drohungen, erfolgten. Nach zwei Tagen war Levien auf freiem Fuß. Herr Sturm hatte Angst vor seinem Mut bekommen und seine Entlassung verfügt, indem er dem Druck der Strasse nachgab. Unmittelbar darauf ließ das Militärministerium Levien verhaften, da er, kaum auf freiem Fuß, eine Zusammenrottung vor dem Gebäude des Militärministeriums organisierte und die aufgeregten Leute durch seine blutrünstigen Tiraden wiederum zu Gewalttätigkeiten aufzustacheln suchte. Das Militärministerium sandte eine Patrouille aus, die ihn festnahm und den Behörden zuführen wollte. Nach fünf Minuten hatte er aber die Patrouille so aufgehetzt, dass sie ihn "kraft revolutionären Rechts" wieder freiließ. Um die Schreckenstaten der Bourgeoisie und ihres Handlangers Kurt Eisner gebührend zu beleuchten und zum "proletarischen" Kampf gegen den Zusammentritt des Landtags aufzufordern, beriefen die Kommunisten, auf Leviens Betreiben, eine große Versammlung unter freiem Himmel auf die Theresienwiese ein, von der ein viertel Jahr zuvor Eisners Revolution ausgegangen war. Um diese Kundge-

[416] Die Verhaftung Max Leviens erfolgte am 10.01.1919. Vgl.: Anmerkung 368.

bung zu "paralysieren", stellte sich der Ministerpräsident Kurt Eisner selbst an die Spitze des Protestzuges und hielt eine Rede an die Kommunisten, die wiederum die größte Verwirrung in der Bevölkerung hervorrief[417]. Er machte Andeutungen, dass die zweite Revolution auch ihn auf dem Posten finden werde und wusste die Kommunisten so gründlich zu "beruhigen", dass die Erregung in der nichtkommunistischen Bevölkerung auf einen Siedepunkt kam, indem allgemein mit dem Ausbruch mehr oder weniger russischer Zustände gerechnet wurde. Das Tragische bei der Sache war, dass Eisner durchaus entschlossen war, seine politischen Zusagen hinsichtlich der demokratischen Richtlinien seiner Politik, insbesondere hinsichtlich des Verhältnisses zwischen Ministerium und Parlament einzuhalten, und dass er lediglich aus einer gewissen Entschlusslosigkeit heraus glaubte, die Kommunisten "appeasen" zu können. Er wusste nicht, dass es unmöglich ist, politische Richtungen zu "appeasen", denen kraft ihrer Maßlosigkeit der Respekt vor Recht und Rechtlichkeit fehlt.

3. *Eisners Ermordung*

In dieser Situation trat am 21. Februar 1919 der bayrische Landtag zusammen. Kurt Eisner beschloss, diesem seine Demission als Ministerpräsident zu unterbreiten. Das Landtagsgebäude war vom Ministerpräsidium nur wenige Minuten entfernt. Als Eisner in Begleitung Fechenbachs das Ministerium verließ, um in das Landtagsgebäude hinüberzugehen, wurde er von einem Mann, der sich von hinten an ihn anschlich, zweimal in den Kopf geschossen und verschied auf der Stelle auf der Strasse. Der Mörder war der ehemalige Leutnant Graf Arco-Valley[418], ein Abkomme eines alten bayrischen Adelsgeschlechts auf väterlicher und einer Jüdin auf mütterlicher Seite. Fechenbach warf sich auf den Mörder und brachte ihn zu Boden. Arco selbst wurde durch Schüsse aufgeregter Passanten lebensgefährlich verletzt und nur durch Fechenbachs Intervention vor dem Tode gerettet. Er wurde zuerst in das Ministerium und von dort in eine Klinik gebracht. Fechenbach rannte in das Landtagsgebäude und verkündete dort in

[417] Vgl.: Die fixe Idee, in: Die Rote Fahne (München) 12.01.1919. Vgl.: MNN 12.01.1919.

[418] Anton Graf von Arco-Valley (05.02.1897-29.06.1945), ehemaliger bayerischer Offizier, erschoss Eisner am 21.02.1919. Am 16.01.1920 zum Tode verurteilt, wandelte der Ministerrat am 17.01.1920 die Strafe in lebenslängliche Festungshaft um. Am 13.04.1924 beschloss der bayerische Ministerrat, den Strafvollzug gegen Graf Arco-Valley auszusetzen. Vgl.: BBB, S. 24. Vgl.: Otto Gritschneder, Der Eisner-Mörder Anton Graf Arco-Valley und die bayerische Justiz, München 1983.

höchster Aufregung, was sich ereignet hatte. Unmittelbar darauf drang der dem linken Flügel der U.S.P. angehörende Metzger Alois Lindner[419] in den Sitzungssaal des bayrischen Landtags ein. Er war in höchster Aufregung und glaubte, das Mordattentat auf Eisner sei von Auer organisiert gewesen. Dieser Glaube kam nicht von ungefähr, da die Rivalität der beiden Männer nicht nur engeren Kreisen, sondern in den breitesten Massen bekannt war. Lindner hätte bei ruhiger Überlegung Auer sicherlich nicht die Benutzung des Mordes als eines politischen Mittels zugetraut, denn so unsympathisch Auer der äußersten Linken war, so wusste sie doch, dass nichts von seiner Vergangenheit und von seinem Charakter bekannt war, was ihn nach solcher Richtung verdächtig hätte machen können. Lindner stellte aber in seiner Erregung solche Erwägungen nicht an, sondern schrieb instinktiv die Schuld für die Ermordung Eisners der Agitation Auers gegen ihn zu und wollte in sinnloser Wut Eisner rächen. Ehe es verhindert werden konnte, trat er auf Auer zu und verwundete ihn durch mehrere Schüsse lebensgefährlich. Als der Major von Jahreis[420] Lindner fassen wollte, schoss dieser weiter und verletzte Jahreis tödlich. Fast gleichzeitig wurde durch einen planlos von der Zuschauertribüne herab gefeuerten Revolverschuss der klerikale Landtagsabgeordnete Osel[421] getötet.

4. *Verfahren gegen Graf Arco*

Die juristischen Auswirkungen dieser Ereignisse waren ein signifikantes Stück der bayrischen und deutschen Gegenrevolution. Es dauerte nahezu ein Jahr, bis die bayrische Justiz sich entschloss, den Grafen Arco vor Gericht zu stellen. Am 20. Januar 1920 verurteilte ihn das Volksgericht München wegen Mordes zum Tode. Das Gericht hatte keine andere Wahl, da die Todesstrafe die einzige Strafe für vorsätzlichen Mord war und da im Falle der Annahme vorsätzlichen Mordes mildernde Umstände gesetzlich

[419] ALOIS LINDNER (1887 -das Todesdatum konnte nicht ermittelt werden), USPD, Vgl.: Die Attentate im bayerischen Landtag. Der Prozess gegen Alois Lindner und Genossen vor dem Volksgericht München, München 1919.

[420] PAUL RITTER VON JAHREIS (1878-21.02.1919), Major im Generalstab, im Landtag nach dem Eisnermord erschossen Vgl.: FRIEDRICH HITZER, Anton Graf Arco. Das Attentat auf Kurt Eisner und die Schüsse im Landtag, München 1988.

[421] HEINRICH OSEL (10.05.1863-21.02.1919), BVP, 1905-1907 Mitglied des Reichstages, 1918 Mitbegründer der BVP, 1905-1919 Mitglied des Landtages, im Landtag am 21.02.1919 erschossen. Vgl.: GERHARD SCHMOLZE, Viel Dunkel um die Wasserkraft. Vor 75 Jahren wurde Heinrich Osel ermordet, in: Unser Bayern. Bayerische Staatszeitung (Beilage) Februar 1994, S. 11-13. Vgl. auch: FRIEDRICH HITZER, Anton Graf Arco. Das Attentat auf Kurt Eisner und die Schüsse im Landtag, München 1988.

ausgeschlossen waren. Dass ein vorsätzlicher Mord vorlag, konnte nun schlechterdings nicht bestritten werden, nachdem es festgestellt war, dass der Täter dem Ministerpräsidenten Eisner aufgelauert und ihm auf Gummisohlen nachgeschlichen und ihn hinterrücks durch wohlgezielte Schüsse getötet hatte. Bei jeder sonstigen Mordtat pflegte jedoch dem Täter die Nebenstrafe des Verlustes der bürgerlichen Ehrenrechte auf Lebensdauer zuerkannt zu werden. Diese Nebenstrafe auszusprechen, lehnte das Volksgericht ausdrücklich ab. Das Stichwort hiezu gab ihm der Ankläger, der erste Staatsanwalt Hahn[422], der Nachfolger des inzwischen beförderten Dr. Sturm. Er hielt eine Rede, die man eher als eine freche Verherrlichungsrede für den Mörder, denn als eine Anklagerede bezeichnen kann. Um den Antrag auf Zuerkennung der Todesstrafe kam er allerdings unter den obwaltenden Umständen nicht herum. Sodann aber pries er in "zündenden" Worten die "hohe Vaterlandsliebe", die "Reinheit der Motive" und den "Geist heldischer Selbstaufopferung" des Mörders, dies alles nur deshalb, weil dieser den amtierenden Ministerpräsidenten auf offener Strasse von hinten niedergeknallt hatte. Herr Hahn verstand die Zeichen seiner Zeit. Er hat es durch Biegsamkeit gegenüber jedermann bis zum Oberlandesgerichtspräsidenten gebracht. Leute seines Schlages waren die wesentlichsten Totengräber Deutschlands, indem sie den Respekt des Volkes vor Recht und Gerechtigkeit vorsätzlich untergruben. Das Volksgericht München verstand seinen Hahn und wiederholte im Urteil einen großen Teil seiner Lobrede über den Mörder. So hatte das kurze Zeit darauf bereits amtierende stockreaktionäre Ministerium des später von Hitler ermordeten Dr. Gustav von Kahr[423] leichtes Spiel, indem es Arco zu lebenslänglicher Festungshaft begnadigte. Dies war wohl in Bayern der erste Fall, dass ein rechtskräftig verurteilter Mörder zu Festungshaft begnadigt wurde. Bis dahin hatte man nur Begnadigung zu lebenslänglicher oder zeitiger Zuchthausstrafe gekannt. Der Vollzug der Festungshaft gegenüber Arco auf der Festung Landsberg, auf der später auch der Diktator Hitler seine "Strafe" wegen

[422] Fritz Hahn, Erster Staatsanwalt, Präsident des Oberlandesgerichts. Nähere Angaben konnten nicht festgestellt werden. Hahn plädierte zunächst auch im Prozess gegen Eugen Leviné. Die Rede Hahns ist gekürzt abgedruckt in der tendenziösen Veröffentlichung "Der Prozeß gegen Graf Arco-Valley, hrsg. von Hans von Pranckh, München 1920, S. 34 ff. Vgl. auch: Friedrich Hitzer, Anton Graf Arco. Das Attentat auf Kurt Eisner und die Schüsse im Landtag, München 1988.

[423] Dr. Gustav von Kahr (29.11.1862-30.06.1934), 1917 Regierungspräsident von Oberbayern, während des Kapp-Putsches bayrischer Ministerpräsident, 1921 Rücktritt, umstrittene Teilnahme am Hitlerputsch am 08.11.1923, Niederschlagung des Putsches am 09.11.1923, 1924-1930 Präsident des Bayrischen Verwaltungsgerichtshofes, von den Nazis beim sog. Röhmputsch ermordet. Vgl.: NDB 11, S. 29 ff. Vgl.: BBB, S. 401

vollendeten Hochverrats verbüßen sollte, war ein offener Rechtsskandal. Man ließ ihn ganztägig in der Nähe der Festung auf einem Gut als "Praktikant" arbeiten, er konnte Besuch nach Belieben empfangen, und wenn der Herr Festungsgefangene ausgehen wollte, musste er lediglich beim Direktor der Festung sein Ehrenwort geben, dass er so gut sein werde, wiederzukommen. Es war ihm wirklich leicht dieses Ehrenwort in einer so komfortablen Pension zu halten. Seine "lebenslängliche" Haft dauerte vier Jahre und drei Monate[424]. Sodann wurde er endgültig aus der Haft entlassen. Wenige Jahre nach seiner Haftentlassung beschäftigte ihn die damals in Bayern herrschende klerikale Partei bereits mit der Abhaltung staatsbürgerlicher Kurse[425], ein widerwärtiges Zeugnis schmutziger politischer Gehässigkeit und Dummheit. Später brachte er es zum Direktor der vom Deutschen Reich subventionierten "Süddeutschen Lufthansa", eines Unternehmens, das angeblich nur Zivilaviatik trieb, von dem aber jedes Kind, mit Ausnahme der Minister Frankreichs und Englands, wusste, dass es eine Hauptpflanzstätte der geheimen Luftaufrüstung Deutschlands war, die von den hierfür Verantwortlichen stets mit eiserner Stirne abgestritten wurde, bis die schreckliche Wirklichkeit zu Tage trat[426].

5. *Urteil gegen Lindner*

Für die Tat des Metzgers Lindner erwies die Justiz und die Justizverwaltung nicht so viel liebevolles Verständnis, wie für den vollendeten Mord des feudalen Grafen[427]. Es war offenkundig, dass Lindners Tat kein überlegter Mord war, da Auer mit dem Leben davonkam, und dass die Tat nicht mit Überlegung, sondern in höchster Erregung begangen war. Sie war also versuchter Totschlag. Die mildeste Strafe hierfür war nach den Bestimmungen des Strafgesetzbuches eine Zuchthausstrafe von einem Jahr drei Monaten. Der tödliche Schuss auf Major Jahreis war, da gleichfalls in höchster Erregung abgegeben, vollendeter Totschlag, die geringste Strafe hierfür waren fünf Jahre Zuchthaus. Hätte das Gericht Lindner einigermaßen mit den gleichen Maßstäben gemessen wie Arco, dann hätte es ihn zu höchstens sechs ein Viertel Jahren Zuchthaus verurteilen müssen und die Justizverwaltung hätte ihm durch Begnadigung zu Festungsstrafe minde-

[424] Vgl.: GRAF ARCO-VALLEY, Aus Fünf Jahren Festungshaft, Regensburg 1925

[425] Bayerische Volkspartei.

[426] Vgl.: KARL-HEINZ VÖLKER, Die Entwicklung der militärischen Luftfahrt in Deutschland 1920-1933, Stuttgart 1962.

[427] Die Urteilsverkündung erfolgte am 05.12.1919: Alois Lindner wurde zu 14 Jahre Zuchthaus verurteilt. Vgl.: Die Attentate im bayerischen Landtag, München 1919.

stens die gleiche Behandlung zuteil werden lassen müssen, wie dem Grafen Arco als Täter eines vorsätzlichen, vollendeten Mordes. Hievon waren aber Gericht und Justizverwaltung weit entfernt. Schon die Tatsache, dass Lindner überhaupt vor Gericht gestellt werden konnte, war ein kleiner Justizskandal. Es war ihm nämlich gelungen, nach Oesterreich zu flüchten. Als die bayrische Regierung an die oesterreichische ein Auslieferungsbegehren stellte, lieferte ihn die oesterreichische Regierung nur unter der Bedingung aus, dass er nicht zum Tode verurteilt werde und unter der weiteren Bedingung, dass er vor das ordentliche Gericht gestellt werde. Hinsichtlich der zweiten Bedingung behauptete die bayrische Regierung in einer an die oesterreichische Regierung gerichteten Note, die Volksgerichte seien "ordentliche" Gerichte. In der Verhandlung selbst übertrumpften der Staatsanwalt und das Gericht die Regierung noch mit der Behauptung, wenn Lindner nicht vor dem bayrischen Volksgericht abgeurteilt würde, gäbe es für sein Delikt überhaupt keine andere Zuständigkeit. Dies waren Lügen von einer Kühnheit, die eines Hitler würdig gewesen wäre. In Wirklichkeit war das Volksgericht ein ungesetzliches Ausnahmegericht und war nach der deutschen Justizverfassung zur Aburteilung der Tat das Schwurgericht berufen. Die Auslieferung Lindners wurde also durch vorsätzliche Unwahrheit erschlichen. Das Volksgericht verurteilte Lindner zu vierzehn Jahren Zuchthaus und zehnjährigem Verlust der bürgerlichen Ehrenrechte. Der Mörder aus Absicht blieb also für die bayrische Regierung ein Kavalier, der Mann, der aus Aufregung über den Mord schoss, war für das gleiche Gericht ehrlos. Die Justizverwaltung ließ Lindner von seiner Strafe nahezu acht Jahre abbüßen, bevor sie ihn begnadigte, also mehr als doppelt so lange wie den gräflichen Mörder. Von den Erleichterungen der Haft, die dem Letzteren in so reichlichem Maße gewährt wurden, erhielt Lindner nichts, ihm gegenüber wurde die volle Strenge des Gesetzes angewendet. Auch nach acht Jahren wäre Lindner wohl kaum aus dem Zuchthaus heraus gekommen, wenn sich nicht sein Opfer, der frühere Minister des Innern Auer, der im Jahre 1927 erster Vizepräsident des bayrischen Landtags war, auf mein Betreiben bereit erklärt hätte, das Gnadengesuch für Lindner an erster Stelle zu unterschreiben. Nachdem der Verletzte selbst anerkannte, dass Lindner in sinnloser Erregung gehandelt habe und in deutlichen und mahnenden Worten auf den großen und für das Rechtsbewusstsein schädlichen Unterschied der Rechtshandhabung in den Fällen Arco und Lindner hinwies, hatte die Justizverwaltung keinen Grund oder Vorwand mehr, die Begnadigung Lindners noch länger hinauszuschieben.

In diesem Zusammenhang ist es für mich Pflicht, auf einen Vorfall einzugehen, der seiner Zeit in Bayern viel Staub aufgewirbelt hat und der die Quelle zu der Behauptung wurde, Auer sei glücklich über die Ermordung

Eisners gewesen und habe dies demonstrativ zu erkennen gegeben. Auer und Arco wurden nämlich nach den blutigen Vorgängen in dieselbe Klinik gebracht und schwebten dort beide monatelang zwischen Leben und Tod. Eines Tages ließ sich der rechtsstehende Mörder bei Auer, als dem Opfer einer von einem Linksradikalen geschossenen Kugel, höflich nach dessen Befinden erkundigen und ließ ihm seine Wünsche für baldige Wiedergenesung ausdrücken. Hätte Auer genügend Fingerspitzengefühl gehabt, dann hätte er äußersten Falls die Wünsche auf Wiedergenesung formell erwidert. Allein mit dem menschlichen Takt Auers war es nicht zum Besten bestellt. Im Gegensatz zu vielen trefflichen aus dem Arbeiterstand zu Rang und Würde gekommenen Männern, die in solchen Fragen feinste Instinktsicherheit erwiesen, ließ sich Auer von den Kreisen des Besitzes und des Adels gern ein wenig auf die Schulter klopfen und bildete sich nicht wenig darauf ein, wenn man ihn auch auf dieser Seite für einen "anständigen Menschen" erklärte. So kam er dazu anzuordnen, dass man dem Grafen Arco auf seine Erkundigung und seine Wünsche nicht nur mit Gegenwünschen antworte, sondern dass man ihm als Antwort für seine "Aufmerksamkeit" auch "ein paar Blumen" sende. Diese Anordnung wurde dadurch ausgeführt, dass Arco einen mächtigen Strauss roter Rosen zugestellt erhielt.

Dieser Rosenstrauss hat in der Innenpolitik Bayerns lange eine üble Rolle gespielt. Die kommunistische Propaganda hat unter Berufung auf ihn nicht nur die Behauptung aufgestellt, Auer habe den Mord an Eisner gebilligt und verherrlicht. Sie hat darüber hinaus diese Behauptung auch auf die gesamte Sozialdemokratie bezogen, weil diese über die "Blumenstraußaffaire"[428] nicht genügend aufgebracht gewesen sei. Kommunisten können bekanntlich kein Blut sehen. So schäumten denn auch die bayrischen Anhänger des Kommunismus, die sich an den blutigen Gemetzeln der russischen Bolschewistenregierung begeisterten und garnicht genug Terror sehen konnten, vor Humanität in der Blumenstraussaffaire. In der sozialdemokratischen Partei selbst haben manche Hasser und Neider Auers die Affaire im Stillen immer wieder benutzt, um an der Untergrabung seines Einflusses zu arbeiten. Ich habe persönlich nie zum Freundeskreis Auers gehört und erstrebte niemals Vorteile von seiner Parteiführung, da ich eben keinerlei Absichten der Teilnahme an professioneller Politik hatte. Allein ich kannte Auer sehr genau aus vielfacher Cooperation im politischen Kampf und aus vielen Gesprächen, die sich hieraus notwendig ergaben. Ich

[428] Vgl.: ALBERT WINTER, Der Fall Auer. Kritische Flugschriften der USPD-Opposition, München ohne Jahresangabe.

weiss deshalb, dass er den Mord an Eisner beklagte und verdammte und dass er ihn niemals billigen oder verherrlichen wollte. Er hat mir privatim zugegeben, dass die Widmung von Blumen formatlos war. Er hatte nicht geahnt, dass diese Handlung jemals zur Kenntnis der Öffentlichkeit gelangen werde und war über die Tatsache, dass dies geschah, ebenso bestürzt, wie ihn die gehässigen Kommentare der Handlung schmerzten und ihn in seinem durch seine schwere Verwundung ohnehin sehr reduzierten Gesundheitszustand noch weiterhin beeinträchtigten. Die eben erwähnte Tatsache, dass Auer nicht nur Verständnis für den Mörder Eisners aufbrachte, sondern auch für den Mann, der ihn selbst durch seine Kugeln ruinierte, dass er sich an die Spitze der Begnadigungsbewegung für diese aus fanatischer Erregung begangene Tat stellte, zeigt, dass er nicht einseitig urteilte, sondern auch in dem politischen Attentäter den Menschen gelten ließ. Dies kann bei einer nicht von Parteileidenschaft und Hass getrübten Beurteilung ihm nicht zur Schande gereichen.

Nicht weniger aufschlussreich als die strafrechtlichen Folgen der Schüsse vom 21. Februar 1919 waren die zivilrechtlichen Auswirkungen dieser Ereignisse. In erster Linie war zivilrechtlich verantwortlich der Mörder Eisners, Graf Arco. Die in der Literatur ausgesprochene Annahme, er sei ein reicher Mann gewesen, ist nicht zutreffend. Er war persönlich vermögenslos, hatte allerdings besitzende Verwandte. Nur deshalb konnte überhaupt der Versuch gemacht werden, ihn finanziell heranzuziehen. Im Jahre 1920 schloss die Witwe Eisners mit ihm einen Vergleich, wonach er 60000 Papiermark bezahlte. Es war dies bereits die inflationistische Periode der deutschen Währung, der Goldmarkwert des Betrages war rund 4000 Reichsmark, was etwa 1600 Dollar entspricht. Der Vergleich wurde in der Überzeugung geschlossen, dass mehr aus dem Grafen Arco nicht herauszuholen sei. Daneben bewilligte der bayrische Landtag durch einen Beschluss den Hinterbliebenen Kurt Eisners, ohne Erörterung der gesetzlichen Grundlage, eine laufende Rente[429]. Den Anlass dazu bildete die Erwägung, dass Eisner nach gelungener Revolution als Ministerpräsident Beamter war, jedoch im Interesse des Staats auf die gesetzlichen Bezüge des Ministerpräsidenten, einschließlich der Versorgungsbezüge, ausdrücklich verzichtete und nur minimalste "Tagegelder" angenommen hatte, die nur eine allerbescheidenste Existenz ermöglichten. Eisner wollte damit seine Auffassung unterstreichen, dass der Minister eines demokratischen Gemeinwesens von dieser seiner Stellung keinerlei materiellen Vorteil haben

[429] Die Rente für Hinterbliebene Eisners, durch den Bayerischen Landtag am 09.08.1919 bewilligt, wurde nur bis "Hochsommer 1923" gezahlt. Vgl.: StAM, Landgerichte 1237.

dürfe und dass insbesondere die Eigenschaft als Minister nicht zu einer Profession werden dürfe, die zu Pensionsansprüchen führe.

6. *Rente für Eisners Hinterbliebene*

Vermöge dieser vornehmen und selbstlosen Einstellung Eisners war es aber nun nach seiner Ermordung zweifelhaft, ob seinen Hinterbliebenen ein Rechtsanspruch auf die Hinterbliebenen-Pension des bayrischen Beamtengesetzes zustehe. Um diesen Zweifel ein für alle mal zu Gunsten der Hinterbliebenen Eisners aus der Welt zu schaffen, fasste der bayrische Landtag den eben erwähnten Beschluss. Die Rente wurde bis in den Hochsommer 1923 bezahlt, sodann stellte der bayrische Staat die Zahlung ein, weil die Entwertung der Mark bis zu jenem mathematischen Punkt vorgeschritten war, in dem eine Reichsmark eine Milliarde und später eine Billion Papiermark waren. Aber auch nach der Ende 1923 erfolgten Stabilisierung der deutschen Reichsmark nahm der bayrische Staat, entgegen dem Landtagsbeschluss, die Zahlungen nicht neuerdings auf, sondern suchte sich mit verschiedenen Einwendungen von der Zahlungspflicht zu drücken. Es war dies bereits die Zeit nach dem ersten Hitlerputsch, in der in Bayern ein aus Klerikalen und Deutschnationalen zusammengesetztes Koalitionsministerium[430] regierte. Diese alten politischen Routiniers glaubten es ihrer "nationalen" Einstellung schuldig zu sein, den Hinterbliebenen Eisners gegenüber sich möglichst schändlich zu benehmen. Einer ihrer geistigen Führer, der bayrische Kardinal Michael Faulhaber[431], hatte damals das Wort geprägt, dass die Revolution von 1918 auf "Meineid und Hochverrat" beruhe. Die meineidigen Offiziere, die ihren verschiedenen Kriegsherren die geschworene Treue gebrochen hatten, waren aber dadurch in dem durch und durch reaktionären Bayern nicht salonunfähig geworden, sondern nur die sozialistischen Demokraten, die aus der alten nationalistischen Monarchie eine soziale Republik hatten machen wollen. So glaubte das von dem ehe-

[430] Bayerische Regierung 1924: Heinrich Held (BVP): Ministerpräsident; Karl Stützel (BVP), Innenminister, Franz Matt (BVP), Kultusminister; Franz Gürtner (DNVP), Justizminister. Vgl.: HEINER HAAN, Verzeichnis der Minister von 1799-1970, in: MAX SPINDLER (Hrsg.), Bayerische Geschichte im 19. und 20. Jahrhundert Bd. 2, München 1978, S. 1299.

[431] MICHAEL FAULHABER (05.03.1869-12.06.1952), 1892 zum Priester geweiht, 1899 Privatdozent an der Universität Würzburg, 1903 Professor der alttestamentlichen Exegese in Straßburg, 1910 Bischof von Speyer, 1917-1952 Erzbischof von München und Freising, ab 1921 Kardinal. Vgl.: NDB 5, S. 31 f. Vgl.: BBB, S. 194. Vgl.: LUDWIG VOLK, Akten Kardinal von Faulhabers 1917-1945, Mainz 1975 und PETER PFISTER/SUSANNE KORNACKER, Michael Kardinal von Faulhaber. Beiträge zum 50. Todestag und zur Öffnung des Kardinal-Faulhaber-Archivs (Schriften des Archivs des Erzbistums München und Freising 5) Regensburg 2002.

maligen klerikalen Chefredakteur Dr. Held[432] geleitete bayrische Ministerium sich von der Revolution des toten Kurt Eisner am besten zu distanzieren, indem es seinen lebenden Hinterbliebenen gegenüber schoflen Rechtsbruch beging. Die Hinterbliebenen Eisners versuchten es eine Zeitlang mit Verhandlungen. Als diese nicht klappten, beauftragten sie mich, Klage gegen den bayrischen Staat auf Zahlung der Rückstände und auf künftige Zahlungen der Rente zu erheben. Wiewohl der bayrische Staat die erdenklichsten Anstrengungen machte, um diese Klage zu Fall zu bringen, glückte ihm dies nicht. Das Gericht, das mit intakten Richtern besetzt war, gab den Vertretern des bayrischen Staates ausdrücklich zu erkennen, dass die Verurteilung des Staates unvermeidlich sei, wenn er sich nicht zu einem Vergleich bequeme. Der Oberlandesgerichtsrat Dr. Simmerding[433] sagte bei den von ihm geleiteten Vergleichsverhandlungen, das Ministerium möge sich darüber klar sein, dass seine Weigerung eine politische sei, die mit Recht nichts zu tun habe. Das Gericht sei aber dazu da, das Recht durchzusetzen. Schließlich konnte das Ministerium nicht umhin, in einem gerichtlichen Vergleich auf die Lebensdauer der Witwe und auf die Dauer der Minderjährigkeit der Kinder Eisners sich zur Zahlung einer festen Jahresrente zu verpflichten, wobei ausdrücklich ausgesprochen wurde, dass die Zahlung ohne Rücksicht darauf zu erfolgen habe, ob sie nach den Bestimmungen der Verfassung und des Beamtengesetzes geschuldet sei oder nicht. Auch wurde in diesem Vergleich der Witwe Eisners für die rückliegenden Jahre der Rechtsverweigerung Nachzahlung und damit materielle und moralische Genugtuung geleistet. Die Bekanntgabe dieses Sachverhaltes in der bayrischen Presse erregte Entrüstung bei der Reaktion, die nicht rechtlich, sondern nur politisch zu denken vermochte. Der Redakteur eines kleinen klerikalen Blattes in München schrieb einen wütenden persönlichen Beschimpfungsartikel gegen die Witwe Eisners, indem er es als "jüdi-

[432] Dr. Heinrich Held (06.06.1868-04.08.1938), BVP, Geheimer Hofrat, 1899-1914 Chefredakteur des "Regensburger Anzeigenblattes", seit 1907 Zentrumsmitglied des Bayerischen Landtags bis 1933, 1918 von Ludwig III. zum stellvertretenden Ministerpräsidenten und Staatsminister ohne Portefeuille ernannt, 1919-1924 Fraktionsvorsitzender der BVP im Bayerischen Landtag, 1924-1933 bayerischer Ministerpräsident. Vgl.: NDB 8, S. 463 f.

[433] Dr. Josef Simmerding (28.10.1869-19.11.1959), Oberlandesgerichtsrat, Beisitzer im Hitler-Prozess, seit 01.06.1933 Direktor am Landgericht München I. Nach 1945 war er Senatspräsident. Simmerding gab am 11.03.1949 eine Aussage zum Hitler-Prozeß im Entnazifizierungsverfahren Georg Neithardts zu Protokoll. Über ihn selbst liegen keine Akten vor. Vgl.: Spruchkammerakte Neithardt beim Amtsgericht München. Vgl.: Otto Gritschneder, Bewährungsfrist für den Terroristen Adolf Hitler. Der Hitler-Putsch und die bayerische Justiz, München 1990, S. 185.

sche Frechheit"[434] geißelte, dass sie ihr Recht vor dem ordentlichen Gericht gesucht habe. Im Auftrag der Witwe Eisner stellte ich Strafantrag und Klage gegen diesen Redakteur. Als die Sache zur Verhandlung kam, stellte sich heraus, dass der vorsitzende Richter ein prominentes Mitglied der völkisch-antisemitischen Partei war, die während der Festungshaft Adolf Hitlers und seiner Unterorgane unter der Führung Ludendorffs den Versuch gemacht hatte, die Hitlerorganisationen an sich zu reißen. Der vorsitzende Richter war Landtagsabgeordneter jener Partei gewesen[435]. Ich hatte demgemäß rasch zu überlegen, ob ich von dem gesetzlichen Recht, ihn wegen Besorgnis der Befangenheit abzulehnen, Gebrauch machen solle. Diese Ablehnung hätte zweifellos Erfolg gehabt. Denn die Landtagspartei, der der Richter führend angehörte, war nicht nur programmatisch antisemitisch, sondern auch programmatisch der schärfste Feind der von Kurt Eisner geführten Revolution von 1918. Da gegen ein ungerechtes Urteil dieses Richters die Berufung an eine höhere Instanz möglich war, beschloss ich, es ohne Ablehnung zu versuchen. Hätte ich eine solche aussprechen wollen, so hätte dies vor dem eigentlichen Eintritt in die Verhandlung geschehen müssen. Der Richter, der eine Ablehnung offenbar erwartet hatte, war sichtlich sehr angenehm berührt, dass sie nicht erfolgte. Als ich bei erster Gelegenheit in der Verhandlung sagte, ich hätte von naheliegenden gesetzlichen Rechten keinen Gebrauch gemacht, in der Überzeugung, dass in diesem Saale jede politische Erwägung auf Seiten jedermanns ausscheiden werde, nickte er mir sichtlich befriedigt zu. Er redete dem Angeklagten scharf ins Gewissen und legte ihm dar, dass das Gericht die Methode der persönlichen Beschimpfung des politischen Gegners niemals gutheißen könne, dass Anstand gegenüber dem politischen Gegner von jedem im öffentlichen Leben stehenden Menschen verlangt werden müsse und dass deshalb mit einer hohen Strafe zu rechnen sei, wenn der Angeklagte nicht gegenüber Frau Eisner eine bedingungslose Ehrenerklärung abgebe und ihr alle Kosten und Auslagen des Prozesses vergüte. Da der Angeklagte dies renitent verweigerte, verurteilte er ihn zur Strafe von achthundert Mark = 320$ und zur Tragung der Gerichtskosten und Auslagen der Witwe Eisners mit einer ebenso scharfen wie würdigen Verurteilung des unanständigen

[434] Es handelt sich um die Klage der Witwe Eisner gegen den Redakteur AUGUST BÜHL, der in der Zeitschrift Bayerisches Vaterland vom 19.01.1928 diese Formulierungen gebraucht hatte und der zu 800 Mark Geldstrafe verurteilt wurde. Vgl.: StAM, Pol.Dir. 10041. Vgl.: ANONYM, Die Witwe Eisner als Klägerin, in: MNN 111 (23.04.1928).

[435] Der Name des Richters konnte nicht ermittelt werden.

Verhaltens des Angeklagten. Der völkisch-antisemitische Richter hatte sich also selbst bezwungen und ich war sehr zufrieden, ihn nicht abgelehnt zu haben. Die Berufung des Angeklagten gegen dieses Urteil wurde von der höheren Instanz verworfen. Nachdem das Urteil rechtskräftig war, machte der Verurteilte Eingaben an das Gericht, in denen er um Genehmigung von Ratenzahlungen, einschließlich der Strafe und der Kosten bat, die ihm auch erteilt wurde. Als er auch die Raten nicht bezahlte, drohte ihm Einsperrung, da in jedem deutschen Strafurteil, durch das auf Geldstrafe erkannt wurde, eine Freiheitsstrafe für den Fall der Nichteinbringung der Geldstrafe festgesetzt wurde. In dieser Situation kam der Verurteilte zu mir. Er erzählte mir, der Artikel über die Witwe Eisner, wegen dessen er gestraft worden sei, habe keineswegs seiner Überzeugung entsprochen. Der Zeitungsverleger habe ihn schon öfters durch Androhung von Entlassung gezwungen, solche Rohheiten zu schreiben, damit das Blatt besser gehe. Er habe den Standpunkt eingenommen, dass ein vornehm geschriebenes Blatt keinen Absatz haben könne, dass man vielmehr an die "Instinkte der Masse", selbstverständlich an die miserabelsten, appellieren müsse. Während es aber bei anderen Zeitungsverlagen üblich sei, dem Redakteur, der für das Blatt den Kopf hingehalten habe, die von ihm zu zahlende Strafe zu vergüten, wolle ihm dieser Zeitungsverleger keinen Pfennig ersetzen, lasse ihn vielmehr die Strafe aus seinem ohnedies übermäßig schmalen Gehalt abzahlen. Er sei einfach am Ende seiner Kräfte, die durch vielfache Kriegsverwundungen und schweres Nervenleiden ohnehin schon aufs Äußerste geschwächt seien. Er brach in Tränen aus und erklärte, er könne nicht mehr weiterleben, denn es sei eine Schande, dass man, um seinen Lebensunterhalt bestreiten zu können, wider besseres Wissen handeln müsse. Er fragte mich, ob ich die Witwe Eisners veranlassen könne, ein Gnadengesuch zu befürworten, falls er ein solches machen würde. Ich erwiderte ihm, dass ich sein jetziges Verhalten höchst unmännlich und sein früheres Verhalten schäbig fände. Ein anständiger Mensch, so setzte ich ihm auseinander, lasse sich nach meiner Auffassung auch nicht durch Entlassungsdrohung zu einem so gemeinen Verhalten zwingen, wie er es jetzt selbst zugebe. Lediglich im Hinblick auf seine zahlreiche Familie und seinen leidenden Zustand sei ich bereit, die Witwe Eisner zu fragen, ob sie seiner Begnadigung zustimmen wolle. Sie wollte, und unter ausdrücklicher Bezugnahme hierauf wurde die Begnadigung ausgesprochen.

Die Rentenzahlung an Eisners Hinterbliebene dauerte bis zur Entstehung des Dritten Reiches. Eine Zeitlang zahlten die Nazibehörden aus Versehen die Renten weiter. Als sie auf die Sache kamen, stellten sie die Rentenbezüge ein. Von der Schweiz aus, wo ich mich damals bereits befand, machte ich für Eisners Witwe eine Eingabe an das Münchener

Gericht[436], ihr für einen neuen Prozess gegen den bayrischen Staat, im Hinblick auf ihre Mittellosigkeit, die Pflicht zum Vorschießen von Gerichtskosten zu erlassen und ihr einen Anwalt zur unentgeltlichen Wahrnehmung ihrer Rechte beizuordnen. Das Landgericht München I, das sich in der gleichen Angelegenheit im "Zweiten Reich" noch so unabhängig gegenüber dem bayrischen Staat benommen hatte, knackte nunmehr zusammen und wies den Antrag in einem Beschluss zurück, der ein seltenes Gemisch frecher Rechtsbeugung und verlegener fauler Ausreden war. Denn da der gerichtliche Vergleich mit dem bayrischen Staat der Witwe Eisner ihre Bezüge bedingungslos bis an ihr Lebensende zugesagt hatte, war es wirklich ein nicht geringes Kunststück, diese schnöde Rechtsverdrehung zu begründen. Von den drei Unterschriften, die dieser Beschluss trägt, ist eine die eines jüdischen Richters[437], der damals offenbar glaubte, sich durch Mitwirkung an solchen Akten noch im Amt halten zu können. Seine Tat wurde nicht belohnt. Er wurde unter Rechtsbruch genau so aus dem Richterdienst herausgeworfen wie die übrigen jüdischen Richter auch. Das Oberlandesgericht München, an das die Witwe Eisners noch eine von mir entworfene Beschwerde einreichte, zeigte gegenüber dem neuen totalitären Terror nicht mehr Mut wie die untere Instanz. Es verwarf die Beschwerde mit Ausführungen, die weder mehr Geist noch mehr Anstand zeigten, als diejenigen der Vorinstanz.

Mit dem Wegfall Eisners war die unabhängige Sozialdemokratie in Bayern ihrer einzigen Führerpersönlichkeit von Format beraubt. Die übrigen Funktionäre der Partei waren meist jüngere Leute, die politische Schüler Kurt Eisners waren. Vielfach waren es persönlich treffliche Menschen von brennendem politischen Interesse, großer Aktivität und unbedingter Sauberkeit. Neben den von mir bereits erwähnten Hans Unterleitner und Felix Fechenbach war einer der besten von ihnen der junge Student Ernst Toller[438], der es später zu Dichterruhm in beiden Hemisphären gebracht hat. Er war ein Volksredner von Rang und Überzeugungskraft. Keiner von all den jungen Leuten hatte jedoch eine halbwegs abgeschlossene politische Erfahrung oder eine Anhängerschaft, die seiner Aktivität ein erhebliches Gewicht gegeben hätte. Von Kurt Eisner selbst sagte Heinrich Mann in sei-

[436] Eingabe LOEWENFELDS an Landgericht München I 1933 betreff Rentenzahlung an Witwe Eisner. Vgl.: StAM, Landgerichte 1237.

[437] Die Zurückweisung der Eingabe durch drei Richter konnte nicht ermittelt werden.

[438] ERNST TOLLER (01.12.1893-22.05.1939), Schriftsteller, USPD, 1919 Verurteilung zu fünf Jahren Festungshaft, 1924-1933 Schriftsteller in Berlin, 1933 Emigration Schweiz, Frankreich, USA; 1939 Selbstmord. Vgl.: ERNST TOLLER, Eine Jugend in Deutschland, Amsterdam 1933. Vgl.: Der Fall Toller. Kommentar und Materialien, München 1979.

ner Gedächtnisrede[439], er sei der erste wahrhaft geistige Mensch an der Spitze eines deutschen Staats gewesen. Das war sicher eine Übertreibung. Dass aber Eisner einer der wenigen wahrhaft geistigen Menschen war, die je einen deutschen Staat gelenkt hatten, ist wahr. Wahr ist auch der weitere Satz Heinrich Manns, dass der Hass der Reaktion gegen Eisner vor allem daher kam, dass sie Eisner als einen Mann der Wahrheit kannte und dass sie selbst die Wahrheit fürchtete. Eisner ist aber nicht nur hieran gescheitert, sondern vor allem daran, dass er sich alles zu einfach vorgestellt hatte. Heinrich Mann berichtet, Eisner habe am Tage nach vollbrachter Revolution gesagt: "So einfach ist es, Geschichte zu machen". Mein erster drückend pessimistischer Eindruck bei Empfang der Nachricht von seiner Revolution war leider wahr geworden. Die Revolution war unvorbereitet und unkundig. Sie hatte Ideale und Ideen, aber nicht die praktischen Idealisten, sie durchzusetzen. Sie unterschätzte die Macht und die Ungeistigkeit der Gegenkräfte und ihrer gesellschaftlichen, wirtschaftlichen und politischen Interessen. Eisners Güte, die ihm die Meidung jedweden Blutvergießens nach jeder Richtung als die erste Forderung der Revolution erscheinen ließ, war so groß, dass sie in lavierende Unsicherheit ausartete. So war die Trauer breiter Massen um ihn echt und ehrlich. Für eine Fortsetzung seiner Politik, die Führer von überragender Qualität und gewaltiger Energie nötig gemacht hätte, fehlte es aber an den Persönlichkeiten.

7. *Zweite Revolution und Rätekongress*

Zunächst brachte der Mord an Eisner die "Zweite Revolution" in Bayern zu hellem Aufflammen. Der auf Grund freiesten Wahlrechts gewählte bayrische Landtag, eben zur Entgegennahme der Erklärungen der Regierung zusammengetreten, war binnen einer Stunde spurlos verschwunden, ohne dass ihn jemand am Weitertagen gehindert hätte. Noch am gleichen Tage trat an seiner Stelle der "revolutionäre Rätekongress"[440] im Landtagsgebäude zusammen, eine Körperschaft, die zwar vorher schon existiert, jedoch niemals in Bayern in eigentliche politische Aktion getreten war. Seine Fraktionen setzten sich aus Delegierten der verschiedenen Arbeiterparteien und des bayrischen Bauernbundes zusammen, wobei die Kommunisten und Anarchisten die äußerste Linke, die Sozialdemokraten

[439] HEINRICH MANN (27.03.1871-12.03.1950), Kurt Eisner Gedenkrede, gehalten am 16.03.1919, in: DERS., Essays. Bd. 2, Berlin 1956, S. 26-30. Vgl. zu Heinrich Mann: NDB 16, S. 39-43.

[440] Vgl.: Stenographischer Bericht über die Verhandlungen des Kongresses der Arbeiter-, Bauern- und Soldatenräte vom 25.02. bis 08.03.1919, Neudruck Glashütten/Taunus 1974.

die äußerste Rechte bildeten. Während in der Stadt wilder Tumult herrschte, während hunderte von Lastkraftwagen herumfuhren, auf denen die Leute saßen und Racherufe ausstießen, während einige besonders aufgeregte Gruppen versuchten, das Zeughaus zu stürmen, um sich in den Besitz von Waffen zu setzen, wurde der Rätekongress, der sich für die nächsten Wochen die Souveränität über das bayrische Volk zusprach, bereits formiert. Sobald ich von den ganzen Vorgängen erfuhr – das war binnen einer Viertelstunde – begab ich mich ins Parteibüro der sozialdemokratischen Partei, um zu hören, wie die Lage sei. Ich erfuhr, dass man von verschiedenen, am Leben gebliebenen Ministern nicht wisse, wo sich diese befänden, sodass eine Kabinettsaktion praktisch unmöglich sei, und dass das Parlament in wilder Flucht auseinander gestoben sei, nachdem die Schüsse auf Eisner, Auer, Osel und Jahreis gefallen seien. Im Parteibüro wurde ich gedrängt, mich als Delegierter der Partei für den Rätekongress zur Verfügung zu stellen. Als ich darauf hinwies, dass mir derartige Aufgaben nicht lägen, wurde ganz klar gesagt, dass der größere Teil der alten Führerschaft vor Entsetzen und Furcht fast versteinert und zu irgend welchem Widerstand gegen offene Auflösungstendenzen im Moment nicht zu gebrauchen sei. Es sei deshalb dringend, dass jüngere Kräfte, die nicht ängstlich seien, in die Bresche sprängen und versuchten, auch in dieser Stunde höchster Verwirrung den demokratischen Parteigrundsätzen zum Durchbruch zu verhelfen. Nach einigem Hin und Her sagte ich zu, mich wenigstens für die erste Zeit des Kongresses von der sozialdemokratischen Partei delegieren zu lassen, erhielt die Delegiertenkarte und begab mich sofort in den Kongress. Als ich im Landtagsgebäude ankam, wurde ich sofort Zeuge einer zeitgemäßen Szene. Mitglieder des revolutionären Soldatenrates hatten sich im Vorraum des Plenarsitzungssaales festgesetzt, um die eintretenden Delegierten und Galeriebesucher auf Waffen zu untersuchen. Nach dem Vorhergegangenen sah ich hierin eine äußerst zweckmäßige Maßnahme und ließ mich willig untersuchen.

8. *Gustav Landauer*

Unmittelbar hinter mir wollte als Delegierter der Dichter und Schriftsteller Gustav Landauer[441] den Sitzungssaal betreten. Landauer war einer der nächsten Freunde des ermordeten Kurt Eisner, ein Mann von

[441] Gustav Landauer (07.04.1870-01.05.1919), Anarchist, Schriftsteller, April 1919 Volksbeauftragter für Volksaufklärung der 1. Münchner Räteregierung, nach der Niederschlagung der Räterepublik in München-Stadelheim ermordet. Vgl.: NDB 13, S. 491 ff. Vgl.: Ulrich Linse (Hrsg.), Gustav Landauer und die Revolutionszeit 1918/19, Berlin 1974.

bedeutendem und berechtigtem geistigem, literarischem und ethischem Ruf. Seine Arbeiten über Shakespeare haben Weltruhm erlangt. Seine hohe Bildung und reine Gesinnung kontrastierten in merkwürdiger Weise zu seinen reichlich verworrenen politischen Auffassungen. Er nannte sich Anarchosozialist, womit er andeuten wollte, dass Anarchismus und Sozialismus keine Gegensätze darstellten, welcher aussichtslosen politischen Doktrin er eine Lebensarbeit gewidmet hatte. In dem gegebenen Augenblick aber wollte er alles Theoretische zurückstellen und nur so oder so die Revolution vorwärtstreiben. Als die Soldaten ihn aufforderten, sich ebenfalls durchsuchen zu lassen, fing er zu toben an, weil das seiner persönlichen und revolutionären Würde widerspreche. Ich suchte ihn vergeblich zu beruhigen und ihm klarzumachen, dass es doch wünschenswert sei, wenn der Rätekongress in einiger Sicherheit und Ruhe und ohne blutige Szenen tagen könne, wie sie soeben zuvor den Landtag geschändet hätten. Landauer erwiderte, er pfeife auf Ruhe und Sicherheit und mit Bürokraten, wie mit mir, die sich alles gefallen ließen, sei nichts anzufangen. Schließlich ließ er sich aber doch unter lebhaftem Protest untersuchen, um in den Saal zu gelangen. Nach wenigen Stunden hatte er offensichtlich seine Grobheiten gegen mich bereits bereut, denn er und seine Gruppe schickten noch an demselben Nachmittag zwei Abgesandte zu mir, um mir die Frage vorzulegen, ob ich unter der Souveränität des bayrischen Rätekongresses die Leitung des Justizministeriums übernehmen würde, das man dem "verkalkten Timm" nicht lassen könne. Sie fügten schalkhaft hinzu, Voraussetzung dieses Antrages sei allerdings, dass ich mich "ein wenig weiter nach links" orientieren würde. Ich erwiderte den Abgesandten, dass ich keinerlei politischen Ehrgeiz hätte und schon aus diesem Grunde Ministerfunktionen in jedem Fall ablehnen müsse. Zudem sei ich aber auch keinesfalls tüchtig genug, um meine politische Gesinnung weiter nach rechts oder links zu schrauben, um dadurch ein Amt zu erlangen oder irgend welchen politischen Gruppen angenehmer zu werden. Die Abgesandten zogen ab, sehr unbefriedigt über diese Auskunft.

Bei meinem Eintritt in den Sitzungssaal war der Kongress bereits konstituiert und hatte auch bereits einen Präsidenten, den Volksschullehrer Ernst Niekisch[442] aus Augsburg. Niekisch kam von der Sozialdemokratie,

[442] ERNST NIEKISCH (23.05.1889-23.05.1967), SPD, seit Juni 1920 USPD, Volksschullehrer, Januar 1919 Präsident des Münchner Zentralrats der Arbeiter-, Bauern- und Soldatenräte, Mai 1919 Verurteilung wegen Beihilfe zum Hochverrat. Vgl.: U. SAUERMANN, Ernst Niekisch und der revolutionäre Nationalismus, München 1985. Vgl.: ERNST NIEKISCH, Gewagtes Leben (1989-1945), Köln 1974. Vgl.: WILHELM HEINZ SCHRÖDER, Sozialdemokratische Parlamentarier in den Deutschen Reichs- und Landtagen 1867-1933, Düsseldorf 1986, S. 633.

deren Haltung ihn nicht befriedigt hatte, und gehörte damals meines Wissens der unabhängigen Sozialdemokratie an. Dem ruhigen, äußerlich keineswegs temperamentvollen und bescheiden und nicht unsympathisch auftretenden Mann, der durch seine ausgeglichene Art vielfach dazu beitrug, die hochgehenden Wogen in dem Kongress zu glätten, sah niemand an, welche Wege über Linksradikalismus und Rechtsradikalismus er später gehen werde, bis sich die Nazis seiner bemächtigten und ihn zu Einsperrung auf Lebenszeit verurteilten, um ihn zu vernichten. In der sozialdemokratischen Gruppe fehlten die alten Führer. Über den Verbleib der sozialdemokratischen Minister Hoffmann, Roßhaupter und Timm war nichts zu erfahren. Von den der unabhängigen Sozialdemokratie angehörenden Ministern ließ sich der Finanzminister Professor Dr. Jaffé zwar zeitweise im Kongress sehen, hielt sich aber vollständig zurück und ergriff nicht ein einziges Mal das Wort. Lediglich der Minister für soziale Fürsorge, Hans Unterleitner, griff einige Male in maßgeblicher Weise in die Verhandlungen des Kongresses ein. In der sozialdemokratischen Fraktion fand ich viele neue Gesichter, naturgemäß aber auch viele Bekannte. Von denen, die einen befestigten politischen Namen in Bayern hatten, gehörte der Fraktion Rechtsanwalt Dr. Süßheim[443] von Nürnberg an, der viele Jahre lang Mitglied des bayrischen Parlaments war und dort durch seine große Sachkunde, ruhige Würde und sachliche Entschiedenheit eine sehr gute Rolle gespielt hatte. Unter den "Neuen" der Fraktion ragte an geistigem Format der Gymnasiallehrer Karl Gareis[444] hervor, der späterhin zur unabhängigen Sozialdemokratie übertrat und schließlich das Opfer eines nazistischen Mordattentates wurde. Die Gruppe des bayrischen Bauernbundes wurde von Gandorfer, Steiner und Kübler[445] geführt. Gandorfer und Steiner waren

[443] Dr. Max Süßheim (20.07.1876-01.03.1933), SPD, Rechtsanwalt aus Nürnberg, 1907 Mitglied des Landtags, November 1918 Mitglied des provisorischen Nationalrats Bayerns, 1919 Mitglied des Staatsgerichtshofes, Anwalt im H. Luppe-Streicher-Prozeß 1923/1925 Vgl.: Wilhelm Heinz Schröder, a.a.O., S. 712.

[444] Karl Gareis (14.11.1889-10.06.1921), SPD, ab 1917 USPD, Gymnasiallehrer, Mitglied des Landtages 1920-1921; 1921 von den Nationalsozialisten ermordet. Vgl.: Wilhelm Heinz Schröder, a.a.O., S. 456. Vgl.: Werner Abel, Der Mord an Karl Gareis, in: Die Weltbühne Jg. 1929, S. 543-547.

[445] Karl Gandorfer, Bauernbund, MdL 1919-1924, MdR 1928-1932. Vgl.: Hansjörg Bergmann, Der Bayerische Bauernbund und der Bayerische Christliche Bauernverein 1919-1928, München 1986, S. 372. Martin Steiner (10.11.1864-31.08.1950), Landwirt aus Egglhamm, 17.03.-31.05.1919 bayrrischer Landwirtschaftsminister, MdL 1919-1928. Vgl.: Hansjörg Bergmann, a.a.O., S. 377. Konrad Kübler (1884-1974), Redakteur der Zeitung des Bauernbundes, Mitglied des Rats der Volksbeauftragten, im Juli 1919 des Hochverrats angeklagt, aber freigesprochen, Oktober 1923 Rede auf dem Weltkongress der Bauern in Moskau, 1926 Aktivität für das Reichsbanner, 1933-1945 KZ Dachau und Flossenbürg, nach

Besitzer mittlerer Bauernhöfe in der bayrischen Provinz, Kübler war der Redakteur der Bauernbundszeitung. Auch der Führer des Bauernbundes im bayrischen Landtag, der Abgeordnete Eisenberger[446], gehörte dem Kongress an. Er war ein Parlamentarier, der seine Bauernwürde etwas theatralisch durch Lederhosen, grüne Brustriemen und zahlreiche um ihn herumhängende Silbertaler betonte, politisch ein äußerst schlauer Fuchs, der nirgends fehlen wollte, wo an einer Suppe etwas gekocht wurde. Im Rätekongress machte er sich sehr wenig bemerkbar, weil er noch nicht übersah, wohin der Hase lief. Von den übrigen Bauernbundführern waren Steiner und Kübler im Kongress auf der Seite der Besonnenen und auf Ausgleich Bedachten, während Gandorfer sich nach außen hin als ausgewachsener Demagoge zeigte, der gewaltige Brandreden hielt, der aber in Wirklichkeit von einer Entwicklung nach links nichts wissen wollte. Auf dem anarchistisch-kommunistischen Flügel hatte Max Levien die fast unbestrittene Führung. Aus seiner Gruppe wäre noch etwa Karl Weigel[447] zu erwähnen, der bei manchen Gelegenheiten etwas sänftigend wirkte, wiewohl er als linientreuer Kommunist auftrat.

9. *Erich Mühsam*

Auf dem äußersten linken Flügel stand die Gruppe von Erich Mühsam[448]. Mühsam war in der Stadt München eine wohlbekannte Erscheinung von ausgeprägter Originalität. Er hatte schon vor dem Weltkrieg

1945 CSU, 1946 Vizepräsident des bayerischen Landtags. Vgl.: PAUL HOSER, Die politischen, wirtschaftlichen und sozialen Hintergründe der Münchner Tagespresse zwischen 1914 und 1934, Frankfurt/M u.a. 1990, S. 478. Zum Bauernbund vgl.: HANNSJÖRG BERGMANN, a.a.O., GERHARD SCHMOLZE, "Bauern, eure Stunde ist gekommen!" Carl Gandorfer und der Bayerische Bauernbund, in: Unser Bayern 8/1982, S. 59 ff.

[446] GEORG EISENBERGER (28.03.1863 - das Todesdatum konnte nicht ermittelt werden), Bauernbund, Bauer und Parteivorsitzender (1900-1930), MdL 1905-1920, MdR 1920-1932. Vgl.: HANNSJÖRG, BERGMANN, a.a.O., S. 372 f.

[447] KARL WEIGEL, KPD, Stadtrat in München. Er wurde in die Affäre um die Verteilung von Hilfsgeldern aus den USA für politische Gefangene in Niederschönenfeld verwickelt. Vgl.: Der Kommunismus der Kommunisten oder Erich Mühsam als praktischer Kommunist, in: Münchener Post 23.12.1921, S.5. Vgl.: Der Kommunismus der Kommunisten, in: Münchener Post 27.12.1921, S. 4. Philipp Loewenfeld schickte als Anwalt Mühsams eine Richtigstellung der Vorwürfe, Mühsam habe sich unrechtmäßig an Unterstützungsgeldern für politische Gefangene bereichert. Vgl.: Der Kommunismus der Kommunisten, in: Münchener Post 07.01.1922, S. 6.

[448] ERICH MÜHSAM (06.04.1878-10./11.07.1934), Anarchist, Schriftsteller, 1919 Mitglied des Zentralrates der Bayrischen Räterepublik; zu 15 Jahren Festungshaft verurteilt; 1919-1924 Gefängnis; 1933-1934 KZ Oranienburg, dort ermordet. Vgl.: NDB 18, S. 296 ff. Vgl.: HEINZ HUG, Erich Mühsam. Untersuchungen zu Leben und Werk, Glashütten 1974.

die Aufmerksamkeit der Öffentlichkeit durch seine dichterische Gaben erregt. Er schrieb sehr witzige und in der Regel auch formvollendete Gedichte über politische und unpolitische Themen für Münchener Zeitungen und Zeitschriften, wie den "Simplizissimus" und "die Jugend". Daneben gab er eine Zeitschrift "Kain"[449] heraus, deren einziger Redakteur und Mitarbeiter er war. Der "Kain" war ein merkwürdiges Gemisch zwischen teilweise ganz ausgezeichneten poetischen Leistungen und äußerst verworrenen politischen Doktrinen und Explanationen, deren gemeinschaftlicher Leitfaden ein geistig militanter, strategisch aber pazifistischer, nur mit dem Mittel der Überzeugungskraft arbeitender Anarchismus war. Die Methode, sein Blatt allein zu schreiben, die aus der Geschichte der Journalistik auch durch die Beispiele des Berliners Max Harden[450] ("die Zukunft") und des Wieners Karl Kraus[451] ("die Fackel") bekannt ist, konnte naturgemäß nur von einem Manne unternommen werden, der einen unbändigen Selbstständigkeitsdrang und Unabhängigkeitsdrang in sich fühlte und dem es völlig gleichgültig war, was andere über ihn und seine Ideen dachten. Mühsam war schon vor dem Weltkrieg von der Idee besessen, dass er die Verkörperung der Revolution darstellte. Seine Freunde sagten im Scherz von ihm, er stehe links von sich selbst. Die tatsächlichen Auswirkungen dieser revolutionären Gesten im monarchistisch-klerikalen Bayern waren naturgemäß bescheiden. Mühsam kannte sein Pressegesetz, seine Polizei und seine sonstigen Obrigkeiten genau genug, um sich trotz allen revolutionären Dranges und trotz äußerlich manchmal etwas wilden Auftretens im Allgemeinen in den Schranken der Gesetze zu halten. Nur einmal zog er sich eine Anklage vor dem Schwurgericht dadurch zu, dass er eine anarchistische Gruppe "Tat" gründete, die in dem Hinterzimmer einer Gastwirtschaft im Stadtinnern einige von ein paar Dutzend Leuten besuchter Versammlungen abhielt. Als hiewegen die Anklage gegen ihn erhoben

[449] "Kain, Zeitschrift für Menschlichkeit". Erich Mühsam hat diese Zeitschrift nahezu allein beliefert. Sie enthält politisch-literarische Artikel, Gedichte und Essays.

[450] MAXIMILIAN HARDEN (20.10.1861-30.10.1927), Essayist und Publizist, sein Eintreten für Demokratie und Sozialismus verschaffte ihm die Feindschaft von Nationalisten und Antisemiten. Vgl.: NDB 7, S. 647-651, Vgl.: "Die Zukunft" Wochenschrift für Politik und öffentliches Leben, gegründet von Maximilian Harden am 01.10.1892, stellte ihr Erscheinen 1922 ein. Vgl.: KARSTEN HECHT, Die Harden-Prozesse.Strafverfahren,Öffentlichkeit und Politik im Kaiserreich, jur. Diss., München 1997.

[451] KARL KRAUS (28.04.1874-12.06.1936), Journalist und Publizist Vgl.: KURT KROLOP, KARL KRAUS , in: WALTHER KILLY, Deutsche Autoren. Vom Mittelalter bis zur Gegenwart, Bd. 3, Gütersloh/München 1994, S. 309-312. "Die Fackel"(Wien 1899-1936), begründet und herausgegeben von Karl Kraus, der auch fast alle Artikel des kritisch-satirischen Blattes selbst geschrieben hat. Vgl.: REINHARD MERKEL, Strafrecht und Satire im Werk von Karl Kraus, Baden-Baden 1994 (Diss. jur. München 1992).

wurde, verteidigte ihn Max Bernstein[452], der Sozius meines Vaters. Bei dieser Gelegenheit lernte ich als Mitarbeiter Bernsteins Mühsam zum ersten Mal persönlich kennen. Er wollte damals absolut, dass die Verteidigung einen berühmten Sachverständigen für Anarchismus vor das Gericht lade, damit dieser dem Gericht sein Gedankensystem explizieren könne. Er schlug den Rechtsphilosophen Rudolf Stammler[453] vor, der einer der berühmtesten Universitäts-Professoren der allgemeinen Rechtslehre war und der einiges Bemerkenswerte über die Theorie des Anarchismus geschrieben hatte. Bernstein aber insistierte, dass niemand so gut Mühsams politische Theorie darlegen könne, als dieser selbst. Diese Spekulation Bernsteins hatte durchschlagenden Erfolg. Mühsam wurde freigesprochen, da die Harmlosigkeit seiner Doktrin und seiner konkreten Pläne sich aus seinen eigenen Darlegungen und aus der Beweisaufnahme zur Genüge ergab. Er schimpfte ein wenig über den Freispruch, da er fand, er sei nicht ernst genug genommen worden. Im Grunde aber hatte er nichts dagegen, dass er seinen Fensterplatz im Café Stephanie behalten konnte, wo er einen wesentlichen Teil des Tages mit Schach- und Redeschlachten beschäftigt war und wo auch manche seiner Gedichte entstanden. Nicht wenig trugen neben seiner Theorie zu seinem Freispruch auch die vorgeladenen Zeugen, bei, als welche die Staatsanwaltschaft vorwiegend Besucher seiner Versammlungen aufgepickt hatte. Die Leute gaben auf die Frage, warum sie in die Versammlungen gegangen seien, fast ausnahmslos an, dass sie durch die Verabreichung von Freibier angezogen worden seien. Befragt, was Mühsam denn sachlich erklärt hätte, antworteten sie fast ebenso ausnahmslos, den Schmarren hätten sie nicht verstanden und er habe sie auch nicht interessiert. Mühsam hatte sich, wie sich hieraus ergibt, mit seinen Ideen und Idealen an ein durchaus falsches Publikum gewendet, an zufällig zusammengewürfelte Leute, die ihm schon deshalb nicht zu folgen vermochten, weil er seinen Berliner Dialekt nicht verlernt hatte. An dergleichen hatte er jedoch in seinem grenzenlosen Glauben an die Durchschlagskraft seiner Ideen nicht gedacht. War Mühsam bei dieser Gelegenheit als ungefährlich betrachtet worden, so geschah nicht das Gleiche

[452] MAX BERNSTEIN (18.05.1854-08.03.1925), Rechtsanwalt, verteidigte u.a. Maximilian Harden gegen Fürst Eulenburg. Vgl.: Anmerkung 14.

[453] RUDOLF STAMMLER (19.02.1856-28.04.1938), Professor für Rechtsphilosophie. Vgl.: DERS., Die Theorie des Anarchismus, Berlin 1894. Vgl.: KARL LARENZ, Das rechtsphilosophische Lebenswerk Rudolf Stammlers, in: Deutsches Recht, Heft 13/14 (15.07.1938), S. 263-269. Vgl.: GERD KLEINHEYER/JAN SCHRÖDER (Hrsg.), Deutsche und europäische Juristen aus neun Jahrhunderten, 4. Aufl. Heidelberg 1996, S. 386-390 und MATTHIAS WENN, Juristische Erkenntniskritik, Zur Rechts- und Sozialphilosophie Rudolf Stammlers (Studien zur Rechtsphilosophie und Rechtstheorie 32) Baden-Baden 2003.

während des Weltkrieges seitens der Militärbehörden. Die Militärzensur stellte den "Kain" ein und der Hauptmann Roth, den wir im Zusammenhang mit seinen Denunziationsaffairen bereits kennengelernt hatten, sorgte dafür, dass Mühsam Zwangsaufenthalt in der kleinen oberbayrischen Stadt Traunstein angewiesen wurde, wo er sich ständig bei der Polizei melden musste. Während dieses erzwungenen Schweigens suchte sich Mühsam mit allen Kräften politisch weiterzubilden und steigerte sich mehr und mehr in die Vorstellung hinein, dass er die Verkörperung des revolutionären Prinzips sei. Durch die politische Umwälzung Kurt Eisners kam Mühsam von seinem Zwangsaufenthalt frei, eilte nach München und schloss sich der Revolution mit größter Begeisterung an. Wiewohl er Eisners demokratische Überzeugungen weder teilte noch billigte, hielt er sich als ein alter persönlicher Freund Eisners von jedem schmutzigen Kampf gegen seine politischen Methoden fern und machte die Hetzereien und Winkelzüge Leviens nicht mit. Mit der Ermordung Kurt Eisners sah er jedoch endgültig seine Zeit gekommen. Eine Rücksicht auf den alten Freund und Kameraden war nach dessen Tod seinerseits nicht mehr zu nehmen. Politisch war er in diesem Zeitpunkt bei der Theorie angelangt, dass der von ihm vertretene Anarchismus nur durch ein Hindurchgehen durch einen Kommunismus russischen Musters zu erreichen sei. Aus diesen Tagen stammt das Wort, durch das er es mit dem französischen Sonnenkönig Ludwig XIV.[454] aufnahm. Hatte dieser gesagt, "l'état c'est moi", so sagte Mühsam im Rätekongress "die Revolution bin ich". Dass Mühsam der Gruppe der Sozialdemokraten, die er als das Verderben an sich ansah, in schärfster Gegnerschaft gegenüber stand, war mir selbstverständlich. Dass er dagegen Gefühle persönlicher Feindschaft gegen Leute äußern werde, von denen er wusste, dass sie ihm wohlwollten, gewärtigte ich nicht. Als ich ihm in der Wandelhalle begegnete, ging ich auf ihn zu, um ihm "Guten Tag" zu sagen. Er drehte sich jedoch demonstrativ um und übersah mich. Eine Viertelstunde später griff er mich im Plenum persönlich in der schärfsten Weise an und verlieh mir den Titel eines "Arbeiterverräters"[455]. Dieses Stichwort wurde, nicht nur gegen mich persönlich, sondern auch gegen

[454] LUDWIG XIV. , (1638-1715), französischer König (1643-1715), genannt der "Sonnenkönig". Vgl.: PETER BURKE, Ludwig XIV. Die Inszenierung des Sonnenkönigs, Berlin 1993.

[455] MÜHSAMS Beschuldigung "Arbeiterverräter" für Philipp Loewenfeld wird von Mühsam in den "Stenographischen Berichten über die Verhandlungen des Kongresses der Arbeiter-, Bauern- und Soldatenräte vom 25.02. bis 08.03.1919" nicht wörtlich, aber sinngemäß gebraucht, als Mühsam sich für einen Rätekongress, Philipp Loewenfeld sich aber für den Landtag ausspricht.

meine Gruppe in vielen Seiten des Kongresses aufgenommen. Ich sah mich zum ersten Mal in meinem Leben Wellen wütenden persönlichen Hasses ausgesetzt, von Leuten, denen ich nie etwas getan hatte und die mich großen Teils garnicht kannten, die mich vielmehr nur wegen meiner Anschauungen hassten. Gleich in den ersten zwei Tagen der Kongressverhandlungen[456] führte diese Methode zu allerhand größeren und kleineren Zwischenfällen. Zunächst gab es Krach bei einer Geschäftsordnungsdebatte über die bereits erwähnte Frage, ob die Delegierten sich auf Waffen untersuchen lassen sollten. Ich sprach bei dieser Debatte für unsere Fraktion und bejahte die Frage mit Entschiedenheit. Ein Hagel von Zwischenrufen, von denen ungefähr der mildeste noch war, ich sei ein elender Feigling, begleitete diese Ausführungen. Trotzdem entschied die Mehrheit des Kongresses, bestehend aus den Sozialdemokraten, den unabhängigen Sozialdemokraten und dem Bauernbund in meinem Sinne, was Pfuirufe auf der äußersten Linken auslöste. Wenige Stunden später ging von der Zuhörertribüne auf meinen Platz im Plenarsaal ein faustgroßer Stein nieder, ging ein paar Centimeter an meinem Kopf vorbei und durchschlug das Pult. Ich stand auf und ersuchte das Präsidium des Kongresses, die nötigen Maßnahmen gegen solche handfesten Zeichen persönlicher Zuneigung zu ergreifen, worauf Niekisch mit starker Stimme drohte, die gesamten Zuhörertribünen räumen zu lassen, wenn sich die geringste Ordnungsstörung noch ereignen sollte. Dies hatte wenigstens die Wirkung, dass für einen halben Tag sich keine äußeren Gewalttätigkeiten mehr ereigneten. Umso lauter war der Lärm, der seitens der radikalen Linken wegen aller möglicher Scheingründe vollführt wurde und in den die Galerie nicht selten einstimmte. Dabei machte sich auf der Tribüne ganz besonders bemerkbar ein Schriftsteller[457], der vor dem Krieg in München eine angesehene linksdemokratische Zeitschrift herausgegeben hatte, der zu Beginn des Krieges zu den wildesten Kriegshetzern übergegangen war und der sich nun bis zum Salonkommunisten durchgemausert hatte, zusammen mit seiner Freundin, einer Filmschauspielerin, die ihren politischen Radikalismus in einem wunderbaren Pelz und weißen Glacéhandschuhen mit viel Geschrei und Gekreisch abreagierte. Zunächst ging es hoch her, als seitens unserer Fraktion verlangt wurde, dass die Geiselfestnahmen, die im angeblichen Auf-

[456] Vgl.: Stenographischer Bericht über die Verhandlungen des Kongresses der Arbeiter-, Bauern- und Soldatenräte vom 25.02. bis 08.03.1919 in München, eingeleitet von Gisela Kissel und Holtrud Witt, Neudruck Glashütten im Taunus 1974, S. 24, 30 ff, 61 ff.

[457] Es handelt sich dabei sehr wahrscheinlich um den Kunsthändler und Verleger Paul Cassirer und die Schauspielerin Tilla Durieux. Vgl.: Tilla Durieux, Meine ersten neunzig Jahre, München/Berlin 1971, S. 279-295.

trag des Kongresses von herumziehenden Patrouillen in der Stadt durchgeführt worden waren, aufgehoben würden. Dr. Süßheim, unterstützt von mehreren anderen Rednern, legte in ruhigen und ausgezeichneten Ausführungen dar, dass das Prinzip, unschuldige und wahllos zusammengefangene Bürger zu politischen Terrorzwecken mit dem Tode zu bedrohen, des Rätekongresses unwürdig sei, wo immer auch dieses Prinzip vorher in der Geschichte angewendet worden sein möge[458].

10. *Max Levien*

Während Max Levien und die Seinen unsere Stellungnahme als eine verräterische Parteinahme für die "zitternde Bourgeoisie" erklärten, ging in diesem Fall zu meiner Überraschung Mühsam mit uns und sagte, Geiseln könne man entweder leben lassen oder ermorden. Wenn man sie leben lasse, hätten sie keinen Zweck und für ihre Ermordung sei er nicht zu haben, da die wahllose Tötung von Menschen keinem Gemeinwesen ein Heil bringen könne. Hätten wir das Gleiche gesagt, so wäre es als Verrat an der Sache des Proletariats ausgelegt worden. Gegenüber Mühsam wollten sich auch die wildesten Kongressdelegierten nicht mit einer solchen Behauptung blamieren. Der Antrag auf Aufhebung der Geiselverhaftungen wurde mit sehr großer Mehrheit angenommen und alsbald durchgeführt. Als ein bezeichnender Zug mag dabei registriert sein, dass die angeblichen Funktionäre des Rätekongresses die Geiseln nicht etwa in einem Untersuchungsgefängnis oder sonst an einem unwirtlichen Platz, sondern im "Bayrischen Hof", eines der vornehmsten Hotels der Stadt, gefangen hielten.

Als die Levien-Gruppe merkte, dass sie gegenüber den Delegierten des Kongresses, die in ihrer übergroßen Mehrheit autochthone Arbeiter- und Bauernvertreter waren, mit einer blutigen Terrorpolitik nicht leicht durchkommen werde, versuchte sie zunächst mit schärferen Mitteln persönlicher Hetze die Gemüter der Delegierten zu erhitzen. Levien betrat mit Gepolter die Rednertribüne, um zu beantragen, dass der Stadtkommandant von München, Oskar Dürr[459], ein Sozialdemokrat, wegen seiner "bestiali-

[458] Stenographischer Bericht über die Verhandlungen des Kongresses der Arbeiter-, Bauern- und Soldatenräte vom 25.02. bis 08.03.1919 in München, eingeleitet von GISELA KISSEL und HOLTRUD WITT, Neudruck Glashütten im Taunus 1974, S. 127.

[459] OSKAR DÜRR (1877-1959), SPD, Stadtkommandant von München 24.11.1918-13.04.1919, Vorsteher der Gewerkschaft der graphischen Arbeiter, 1945-1948 Stadtrat in München. Vgl.: FRANZ J. BAUER, Die Regierung Eisner 1918/19. Ministerratsprotokolle und Dokumente, Düsseldorf 1987, S. 132.

schen Rohheit gegen unschuldige Proletarier" sogleich abgesetzt, verhaftet und bestraft werde. Dürr habe persönlich zwei Proletarier so misshandelt, dass diese schwer verletzt seien. Die beiden Verletzten seien in ihren Verbänden in der Vorhalle, und er werde beantragen, sie zu vernehmen.

Wir Sozialdemokraten kannten Dürr, der der Vorsteher der Gewerkschaft der graphischen Arbeiter war, sehr genau als einen ruhigen Mann, dem wir unter keinen Umständen die Begehung oder Deckung von Gewalttätigkeiten zutrauten. Wir stimmten demgemäß dem Antrag Leviens ausdrücklich zu und verlangten, als die beiden "Opfer" Dürrs hierauf in den Saal geführt wurden, dass ihre dicken Verbände aufgewickelt würden, damit wir uns von ihren behaupteten Verletzungen auch überzeugen könnten. Der zartbesaitete Levien bezeichnete dieses Verlangen als eine "Gemeinheit, wie sie deren nur vertierte Arbeiterverräter fähig seien". Er stellte den Gegenantrag, dass die "Verwundeten" lediglich von einem Arzt untersucht würden, als welchen er ein Mitglied der Kommunistenfraktion in Vorschlag brachte. Der Rätekongress jedoch, durch den übergroßen Lärm Leviens etwas misstrauisch geworden, entschied durch Abstimmung im Sinne des Antrags, dass er selbst die Wunden zu sehen wünsche. Die "Opfer" wurden von ihren Verbänden befreit. Sie waren völlig unverletzt. Als Levien sich eben wieder zum Worte melden wollte, war er im nächsten Moment unter den Fäusten mehrerer Mitglieder der Bauernbundsfraktion, die ihn zum Lohn für diesen übergroßen Zynismus, unter lebhaftem Beifall eines großen Teiles, im öffentlichen Plenarsitzungssaal gehörig verprügelten. Einen Augenblick später war er wieder auf dem Podium und rief in den Saal hinein, in revolutionären Zeiten müsse gegenüber ehrlosen Sozialverrätern auch die Kriegslist erlaubt sein. Wegen dieser neuen Beschimpfung gab es neue Erregung – worauf es Levien allein angekommen war – es wurde im sofort seitens des Präsidiums für die Dauer dieses und des nächsten Tages das Wort entzogen. Da er so im Saale nicht mehr hetzen konnte, organisierte er eine Demonstration von außen her, um die Aufregung im Kongress immer auf einem gewissen Siedepunkt zu erhalten. Ein Mitglied der sozialdemokratischen Fraktion war der Münchener Rechtsanwalt Adolf Kaufmann[460], mit dem ich in späterer Zeit vorübergehend beruflich gearbeitet habe. Er war ein sehr gebildeter und in allen Fragen der Demokratie ein durchaus prinzipientreuer Mann, der sich gleich mir trotz großer

[460] ADOLF KAUFMANN (25.12.1883-1933), SPD, Rechtsanwalt, später Kompagnon von Loewenfeld im Verfahren um die Rentenzahlung an die Witwe Eisner. Am 01.05.1933 ist Kaufmann nach Elmau in Tirol ausgewandert. Danach verlieren sich die Spuren. Vgl.: FRANZ J. BAUER, Die Regierung Eisner 1918/19. Ministerratsprotokolle und Dokumente, Düsseldorf 1987, S. 310. Vgl.: Stadtarchiv München, Anwaltskammer Personalakte 1242.

Abneigung gegen jedwede öffentliche Betätigung, von der Parteileitung hatte bestimmen lassen, als Delegierter in den Kongress einzutreten. Am nächsten Tag wurde im Kongress von kommunistischer Seite die "Mitteilung" gemacht, dass im Saale des Mathäserbräu, einem der größten Versammlungssäle von München, sich ein "permanentes Proletarier-Parlament" konstituiert habe, das Tag und Nacht tagen und die "Stimme des Volkes" gegenüber dem souveränen Rätekongress darstellen solle. Ein Demonstrationszug von mehreren hundert Mitgliedern dieses "Parlaments" stehe unten auf der Strasse vor dem Landtagsgebäude und "verlange die Entfernung der Arbeiterverräter Kaufmann und Loewenfeld aus dem Rätekongress". Auf einen Antrag eines Nürnberger Delegierten wurde beschlossen, sich keinerlei Druck der Strasse zu fügen und diese Demonstration unbeachtet zu lassen. Auf meinen eigenen Antrag wurde beschlossen, die Sitzung für kürzere Zeit aufzuheben, um mir Gelegenheit zu geben, selbst zu diesem Demonstrationszug zu sprechen. Als ich auf die Strasse hinunterkam, sah ich an der Spitze des Demonstrationszuges einen Mann[461], der alles andere als ein "Proletarier" war. Der Mann war mit mir mehrere Jahre in derselben Klasse des Wilhelm-Gymnasiums gewesen und war der Sohn einer nicht unvermögenden Münchener Kaufmannsfamilie. Er hatte es nicht bis zum Abiturium gebracht, weil er in der vorletzten Klasse wegen Verfehlungen aus dem Gymnasium entfernt wurde. Eines Tages war er plötzlich auf irgend eine Weise Mönch und war jahrelang in München in der braunen Kutte eines Mönchsordens zu sehen. Dann sprang er dort aus und war plötzlich linksradikaler Schriftsteller. Als ich ihn erblickte, stieg die Wut in mir hoch und ich schrie mit einer Stimme, die man bis zum Ende des Zuges hören musste: "Du elender Saukerl, was hast Du an der Spitze eines Proletarierzuges zu suchen? Geh' lieber in ein Zuchthaus, wo Du hingehörst!" Der Mann brachte vor Überraschung nicht ein einziges Wort heraus und ich wendete mich hierauf an die hinter ihm stehende Masse und rief den Leuten zu, sie sollten sich nicht von Hetzern, Lügnern und Lumpen täuschen lassen. Wer glaube, mir einen Verrat an der Arbeitersache nachweisen zu können, solle vortreten und ich würde ihm hier auf offener Strasse Rede und Antwort stehen. Wer das aber nicht könne, solle sich nicht zu politischen Erpressungshandlungen gegen den Rätekongress missbrauchen lassen, sondern solle zurückkehren, woher er gekommen sei. Ich hätte Zeit meines Lebens für die Sache der Arbeiter gewirkt. Der Schwindler aber, der an ihrer Spitze stehe, wisse nur vom Hörensagen, was ein Arbeiter und was Arbeit sei. Es dauerte keine fünf Minuten, bis sich der Herr

[461] Die Mitschüler Philipp Loewenfelds am Wilhelm-Gymnasium, Leo Heilbronner, Carl Landauer und Georg Schwarz entstammten Kaufmannsfamilien.

Anführer wortlos vom Schauplatz entfernt hatte. Nachdem er gegangen war, trat ein älterer Arbeiter vor und sagte, sie hätten wirklich nicht gewusst, warum sie hierher gekommen seien, er fordere die Genossen auf, wieder in den Mathäserbräu zurückzukehren. Dies geschah und der ganze Zug marschierte in voller Ordnung wieder ab.

Die Levien-Gruppe sagte sich offenbar nach diesem Ausgang ihres coups, dass sie mit bloß verbalen Gemeinheiten keine maßgeblichen Wirkungen erzielen könne. Sie ging deshalb einen Schritt weiter, indem sie zu physischem Terror griff. Mitten während der fortgesetzten Verhandlungen des Kongresses drang eine Horde von etwa 15-20 Bewaffneten in den Plenarsitzungssaal ein, pflanzte sich vor dem Kongress auf und forderte mit Revolvern, die sie in die Richtung der Kongressteilnehmer hielten, die Delegierten auf, sich von ihren Sitzen zu erheben und die Hände hoch zu halten. Auch auf meine Bank waren mehrere Revolver gerichtet, um der Aufforderung das notwendige Gewicht zu geben. In dem Augenblick, in dem diese Terrorhandlung begann, sprang Levien, der mit den Leuten hereingekommen war, auf das Podium, um "alle Sozialverräter des Kongresses" aufzufordern, "sich zu ergeben". Die Burschen hatten jedoch die Rechnung ohne den Wirt gemacht. Von den Kongressteilnehmern waren sicherlich die Mehrzahl auch Kriegsteilnehmer. Ohne dass in dem Augenblick, der der verbrecherischen Drohung folgte, die Fraktionen des Kongresses sich irgendwie hätten verständigen können, blieben mindestens vier Fünftel der Kongressteilnehmer sitzen und nahmen die Hände nicht hoch. Die wenigen Angstmeier, die sie angesichts der Revolvermündungen hochnahmen, taten sie im nächsten Augenblick herunter, als sie die Reaktion des Kongresses sahen. Wilde Rufe "schießt nur her, Ihr Lumpen, Ihr Verbrecher" durchhallten den Saal, zugleich laute Entrüstungsrufe gegen die Kommunistenfraktion, deren Sprecher auch diese Niedrigkeit inszeniert hatte. Diese Wirkungslosigkeit des Terrorversuches war im Konzept der Eindringlinge nicht vorgesehen. Sie hatten geglaubt, der Kongress werde vor ihren Revolvern kuschen. Diese abzudrücken, hatten sie offenbar keine Instruktionen. Dies war ihr Verderben, denn in wenigen Augenblicken waren sie von einer Anzahl von handfesten Kongressteilnehmern entwaffnet, wobei es wiederum nicht ohne gründliche Prügel abging. Keiner der traurigen Helden leistete seiner Entwaffnung ernstlichen Widerstand. Leviens Spiel war aber mit diesem Manöver erledigt. Er wurde zunächst aus der Sitzung ausgeschlossen, und als er in einem späteren Zeitpunkt wieder zugelassen wurde, konnte er keine Wirkung mehr ausüben. Er hatte den Bogen überspannt.

11. *Scheitern des Rätekongresses*

Die Aktivität der äußersten Linken im Kongress ging mit seiner praktischen Ausschaltung auf die Mühsam-Gruppe über, mit der die Kommunisten in der nächsten Zeit und bis zum Ende des Kongresses im Wesentlichen zusammenarbeiteten. Politisch spitzten sich die Dinge dahin zu, dass es dem revolutionären Rätekongress nicht gelang, eine Regierung aufzustellen, von der der Kongress hoffen konnte, dass sie sich im Lande durchsetzen werde. Jede von dem Kongress etwa berufene sozialistische oder sozialistisch-kommunistische Regierung wäre, auch wenn es ihr gelungen wäre, den Bauernbund beizuziehen, nach dem Ergebnis der Landtagswahlen eine klare Minderheitsregierung gewesen. Die Sozialdemokraten waren nicht von vorneherein gegen eine solche Minderheitsregierung, lehnten es aber ab, sie zu bilden oder mitzubilden, wenn sie ihre Gewalt allein vom Rätekongress herleite. Für den Fall, dass der Rätekongress selbst eine solche Regierung in München aufstellen würde, waren sie entschlossen, die bisherige Regierung in Nordbayern zusammenzurufen und dorthin auch den Landtag neuerdings einzuberufen. Sie verweigerten kategorisch eine Regierungsbildung, deren Methoden den Prinzipien des Staatsgrundgesetzes zuwiderlief. Es bestand alle Wahrscheinlichkeit anzunehmen, dass die in der Demobilisierung begriffene Armee sich in einem etwaigen Kampf von zwei Regierungen derjenigen zur Verfügung gestellt hätte, die ihre Befugnisse aus der November-Revolution, dem Staatsgrundgesetz, dem Wahlergebnis herleitete, desgleichen die Beamtenschaft. Die unabhängigen Sozialdemokraten teilten, mit ganz wenigen Ausnahmen, die Auffassungen der Sozialdemokraten. Sie drängten allerdings auf den Versuch, dass der Rätekongress ein Ministerium selbst wähle. Dieser Versuch scheiterte daran, dass die zu Ministern gewählten Sozialdemokraten, wie auch der zum Fachminister gewählte Herr von Frauendorfer, erkennen ließen, dass sie auf Grund einer Wahl des Rätekongresses nicht amtieren würden. Die unabhängigen Sozialdemokraten sahen ein, dass ihre eigene Richtung, die es bei der Landtagswahl auf drei Mann gebracht hatte, keine tragfähige Basis für ein Minderheitsministerium darstellte. So drängte die Situation dahin, dass die sozialdemokratischen und unabhängigen sozialdemokratischen Delegierten des Rätekongresses, die Bayern vor Bürgerkrieg und Chaos bewahren wollten, Verbindung mit den sozialistischen Gruppen des Landtags aufnahmen. In improvisierten Verhandlungen zu Nürnberg kam es zu einer vorläufigen Einigung des Inhalts, dass Sozialdemokraten und Unabhängige die Bildung eines neuen sozialistischen Ministeriums nicht ablehnen würden, wenn diesem der Rätekongress lediglich zustimme, während es gemäß dem

Staatsgrundgesetz Sache des Landtags sei, das Ministerium staatsrechtlich zu bestätigen. Der offensichtliche Sinn dieser vorläufigen Vereinbarung war, den Landtag in seine konstitutionellen Rechte wieder einzusetzen, ohne den Rätekongress in demselben Augenblick zu beseitigen. Praktisch war es natürlich nicht denkbar, dass ein auf Grund gesetzlichen Wahlrechts gewähltes, konstitutionelles Parlament und eine ganz willkürlich zusammengesetzte, revolutionäre Körperschaft auf die Dauer nebeneinander her regierten. Der Sinn der vorläufigen Einigung konnte nur der sein, den Rätekongress sukzessive in dem Maße abzubauen, in dem sich der Landtag als funktionsfähig erwies. Damit sollte schwereren Zusammenstößen und der Gefahr eines Bürgerkriegs vorgebeugt werden. In der Sitzung des Rätekongresses vom 5. März 1919 begründeten die Parteidelegierten, die in Nürnberg gewesen waren, diesen Kompromiss. Er rief wütenden Protest der radikalen Linken hervor, die nochmals durch Lärm, beleidigende Zwischenrufe und alle Mittel einer aufpeitschenden Agitation die Stimme der Mäßigung zu überschreien suchte. Die Mühsam-Gruppe stellte den formellen Gegenantrag, die Räterepublik, organisiert nach russischem Muster, sofort auszurufen. Allein gerade infolge ihrer allzulärmenden Politik konnte sich die äußerste Linke nicht mehr durchsetzen. Der Antrag Mühsam wurde mit großer Mehrheit abgelehnt. Die Funktion des bayrischen revolutionären Rätekongresses war damit politisch ausgespielt. Über die Nürnberger provisorischen Beschlüsse hinaus wurden formelle Verhandlungen mit den Vertretern des Landtags vereinbart, durch die der Rätekongress einer Wiedereinsetzung des Parlaments in seine Rechte und der Bildung eines neuen bayrischen, vom Landtag zu wählenden Kabinetts zustimmte. Am 7. März 1919 traten die vom Landtag und vom Rätekongress zu diesem Zweck delegierten Kommissionen im Gewerkschaftshaus zu München zum Abschluss einer staatsrechtlichen Vereinbarung[462] dieses Inhalts zusammen. Durch diese Vereinbarung, die auch meine Unterschrift trägt, wurde der Existenz des revolutionären Rätekongresses ein Ende gesetzt. Ich hielt meine Mitwirkung an diesem Akt für geboten, weil ich durch die Teilnahme an den zweiwöchigen Verhandlungen des Kongresses die Überzeugung gewonnen hatte, dass sachliche Arbeit und demokratischer Aufbau mit ihm nicht zu leisten waren und dass ein Weiterfunktionieren reaktionäre Gegenrevolutionstendenzen noch rascher in den Sattel gehoben hätte, als dies nach der gewalttätigen Beseitigung des Regimes Eisner und den offenen im ganzen Reich zutage tretenden gegenre-

[462] Vereinbarung zwischen Landtag und Rätekongress am 07.03.1919. Vgl.: Ernst Rudolf Huber, Deutsche Verfassungsgeschichte, Dokumente Bd. 3, Stuttgart u.a. 1966, S. 92

volutionären Strömungen schon ohnehin zu befürchten war. Dass dabei auf der äußersten Linken des Kongresses verschiedene Juden standen, so Toller, Landauer, Mühsam – Levien wurde zu Unrecht für einen Juden gehalten – verschärfte die antisemitischen Tendenzen, während der Umstand, dass auch auf der Linie des Widerstandes gegenüber einem zügellosen Radikalismus Juden führend beteiligt waren, keine Beachtung fand, da die Methode des Antisemitismus ja nicht in Gerechtigkeit, sondern in Aufhetzung besteht. Als ich bei dem Akt im Gewerkschaftshaus als Sprecher der sozialdemokratischen Gruppe des Rätekongresses meiner Genugtuung darüber Ausdruck gab, dass wir hier zusammenkommen könnten und meiner Hoffnung, dass dieses Ergebnis eine Periode zielbewussten demokratischen Aufbaus einleiten werde, antwortete zu meinem maßlosen Erstaunen als Vertreter der sozialdemokratischen Landtagsgruppe der Abgeordnete Eduard Schmid[463], nachmals erster Bürgermeister von München, mit schlecht verhüllten Angriffen auf uns, indem er es so hinstellte, als wären wir eine Art Halbbolschewisten gewesen, dass wir uns hätten in den Kongress überhaupt delegieren lassen, und sie die Prinzipientreuen, weil sie von der Bildfläche verschwanden. Ich war genötigt, namens unserer Gruppe gegen diese Entstellung der Tatsachen Verwahrung einzulegen, indem ich darauf verwies, dass das Ersuchen, uns delegieren zu lassen, von der Parteileitung gekommen sei. Ich fügte hinzu, es sei besser, wenn die Herren, deren Aufenthalt wir in den letzten Wochen nicht einmal gekannt hätten und die uns vornehm den Widerstand für die demokratische Sache überlassen hätten, nach dem Abklingen der Gefahr ihre Mundstücke nicht zu weit aufmachen würden, denn wenn wir auf Dank auch keinerlei Wert legten, so sollten doch wenigstens Anstand und Wahrheit erhalten bleiben. Diese meine Erwiderung wurde von der ganzen Gruppe des Rätekongresses, zu der außer den Sozialdemokraten auch die Unabhängigen und der Bauernbund gehörten, mit Beifall bedacht. Eduard Schmid sah ein, dass er mit seinen unangebrachten Schulmeisterallüren einen Fehler gemacht hatte, und sagte, es liege ihm fern, die Art unserer Tätigkeit im Kongress irgendwie zu kritisieren. Sie anzuerkennen konnte er sich nicht aufschwingen, denn er gehörte zu der Gruppe von Berufsparlamentariern, für die anerkennungsfähige Arbeit erst mit abgelegtem fünfundfünzigsten Lebensjahr beginnen kann.

[463] EDUARD SCHMID (15.10.1861-08.06.1933), SPD, Redakteur, Erster Bürgermeister von München 1919-1924, 1925-1933 Stadtrat in München; 1931 Ehrenbürger von München, Vgl.: WILHELM HEINZ SCHRÖDER, Sozialdemokratische Parlamentarier in den Deutschen Reichs- und Landtagen 1867-1933, Düsseldorf 1986, S. 724.

In den Tagen vom 7. bis 15. März 1919 war in München ein wildes Ringen um die Besetzung des neuen Ministeriums. In meiner Wohnung und in meinem Büro erschienen die verschiedensten Leute, die wünschten, ich solle meinen Einfluss für diesen oder jenen ausüben. Ich musste alle damit abfertigen, dass mein Talent zum Ministermacher und zu jeder Art von Personal- und Fraktionspolitik in keiner Weise ausreiche. Besonders übel genommen wurde mir dies von einzelnen sozialdemokratischen Seiten, die im Rätekongress stärker hervorgetreten waren und die nun wünschten, dass ich ihnen sozusagen ihre demokratische Einwandfreiheit zum Zwecke der Ministerfähigkeit ausdrücklich attestiere. In dieser Zeit, wie auch schon während des Rätekongresses selbst, lernte ich zum erstenmal, öfters in erheiternder Weise, die Wirkung kennen, die der Ruf "an der Macht" zu sein, auf subalterne Seelen ausübte. Ich will auch dafür ein einziges Beispiel erzählen. Kurz nachdem ich zum erstenmal für die sozialdemokratische Fraktion im Rätekongress gesprochen hatte, funktionierte das Telefon in meiner Wohnung nicht. Als ich auch die Störungsstelle nicht sofort erreichen konnte, schrieb ich eine Postkarte an die Telefonbehörde, in der ich um seine Reparatur bat. Am nächsten Morgen erschien in meiner Wohnung mit vielen Bücklingen ein Mann, um es zu reparieren. Es stellte sich heraus, dass es der leitende Ingenieur der Behörde war. Als ich ihm sagte, ich könne doch unmöglich seine persönlichen Dienste annehmen, erwiderte er mir, ich sei doch wohl derjenige Dr. Loewenfeld, der jetzt im Kongress sei. Als ich dies bejahte, sagte er ganz naiv: "Sie sind jetzt ein so mächtiger Mann, da mache ich das persönlich".

12. *Ministerium Hoffmann*

Schließlich kam Mitte März ein Ministerium unter Beteiligung der Sozialdemokraten, der Unabhängigen und des Bauernbundes[464] zustande. Hatte das Hunderttagekabinett Eisners einen Unabhängigen als Spitze, so trat an die Spitze des neuen Kabinetts der Sozialdemokrat Hoffmann, der im Kabinett Eisner Kultus-Minister gewesen war. Von den übrigen Mitgliedern des Kabinetts Eisner kehrten in dem neuen Ministerium nur der Unabhängige Unterleitner und der Fachminister von Frauendorfer wieder.

[464] März-Ministerium 1919; Hoffmann (MSPD), Unterleitner (USPD), von Frauendorfer (-), Endres (MSPD), Segitz (MSPD), Schneppenhorst (MSPD), Simon (USPD), Karl Neumayer (-). Vgl.: Stenographischer Bericht über die Verhandlungen des Kongresses der Arbeiter-, Bauern- und Soldatenräte vom 25.05. bis 08.03.1919 in München, eingeleitet von GISELA KISSEL und HOLTRUD WITT, Neudruck Glashütten im Taunus 1974, S. 97 f.

Justiz-Minister in dem Ministerium wurde, anstelle des geräuschlos in der Versenkung verschwindenden Johannes Timm, der sozialdemokratische Parteisekretär und Landtagsabgeordnete Endres[465], einer der farblosesten Parlamentarier, die je in Bayern sozialdemokratische Politik getrieben haben. Er hatte weder irgend welche Erfahrung auf dem Gebiete der Justiz, noch eine Persönlichkeit aufzuweisen, von der man hätte annehmen können, dass sie das große Format besitze, als völliger Neuling auf diesem Gebiet in schwierigster Zeit Produktives zu leisten. Seine Ernennung war eine jener parlamentarischen Handels- und Machenschaften, die dem demokratischen Parlamentarismus vielerorts so viel von dem Ansehen genommen haben, das er haben könnte. Denn für seine Wahl sprach buchstäblich nichts als seine Parteianciennität und der Ruf der Zuverlässigkeit, den er sich als ein durch und durch mittelmäßiger Politiker in sozialdemokratischen Parteiangelegenheiten erworben hatte. Eine Demokratisierung der Justiz war von ihm so wenig zu erwarten, wie entschlossener Widerstand gegen demokratiefeindliche Strömungen. Der an die Stelle des schwer verwundeten Erhard Auer als Minister des Innern in das neue Kabinett eintretende sozialdemokratische Landtagsabgeordnete Martin Segitz[466] war einer der ältesten sozialdemokratischen Parteiveteranen. Persönlich ehrenhaft und sauber, politisch auf eine langjährige parlamentarische und agitatorische Erfahrung zurückblickend, war er doch kaum der rechte Mann für die oberste Leitung der inneren Angelegenheiten Bayerns in einer derart schweren Krisenzeit. Dem in den sechziger Jahren stehenden und körperlich leidenden Mann fehlte die robuste Energie und das Temperament seines Vorgängers Auer. Segitz war ein vorzüglicher Parteibeamter, dessen sachkundige Etatsreden immer Hand und Fuß hatten. Für die Bezwingung der gewaltigen Aufgaben, die eines sozialistischen Innenministers in solcher Zeit harrten, fehlte ihm Kraft und Format. Stellte die sozialdemokratische Partei mit Endres und Segitz aber immerhin persönlich intakte Männer in das neue Ministerium Hoffmann, ab, so gelangte mit dem neuen sozialdemokratischen Militärminister, der auf den ominösen

[465] Fritz Endres (15.10.1877-02.05.1963), SPD, Justizminister März-Juni 1919; Innenminister 1919-1920, 1920-1933 Sekretär der Landtagsfraktion der SPD, 1912-1918/1920-1933 Mitglied des Landtags, 1919/20 der Weimarer Nationalversammlung, 1933 und 1944/45 KZ Dachau. Vgl.: Wilhelm Heinz Schröder, Sozialdemokratische Parlamentarier in den Deutschen Reichs- und Landtagen 1867-1933, Düsseldorf 1986, S. 427.

[466] Martin Segitz (26.07.1853-31.07.1927), 1897-1927 Mitglied des Landtags, 1898-1903 Mitglied des Reichstags, Innenminister 1919, Minister für soziale Fürsorge 1919/20. Vgl.: Wilhelm Heinz Schröder, (wie Anm. 465), S. 697.

Namen Schneppenhorst[467] hörte, eine sehr fragwürdige politische Erscheinung in das Kabinett. Schneppenhorst war ein Nürnberger Parteifunktionär und suchte in den kritischen Tagen des 2. Rätekongresses als Soldatenrat des in Nürnberg stationierenden Generalkommandos des 3. bayrischen Armeekorps in die Politik einzugreifen. Die Ankündigung, dass das Militär in Nordbayern gegen den Rätekongress marschieren werde, wenn nicht eine Einigung mit dem Landtag zustande komme, hatte in erster Linie er dem Offizierskorps des Korpsstabes suggeriert. Der Hauptmacher dieses Korpsstabes war ein Hauptmann Kesselring[468], heute Generalfeldmarschall in Görings Luftwaffe, damals angeblich eine Stütze demokratischen Aufbaus. Schneppenhorst war es auch, der die Aufmerksamkeit der Partei und des Landes auf die gegenrevolutionären Machenschaften des Obersten Franz Epp[469] lenkte, der heute als General Ritter von Epp, bayrischer Reichsstatthalter von Hitlers Gnaden und nazistischer Armeekommandeur, das Gelächter der Welt erregt hat, indem der in den siebziger Jahren stehende Mann, den man als den Leiter der Eroberung ganz Afrikas nannte, mitten im Kriege keine andere Sorge hatte, als in Paris eine kleine Tänzerin zu heiraten. Franz Epp, an der Spitze des bayrischen Infanterie-Leibregiments von der Front zurückgekehrt, – wir haben ihn in diesen Memoiren schon als jungen überschneidigen Kompagniechef dieses Regiments kennengelernt – gehörte damals zu jenen missvergnügten Offizieren, die vor einer demokratisch-republikanischen Entwicklung für ihre Existenz bangten. Naturgemäß hatte Franz Epp noch keine Ahnung, dass es in Bayern einmal so etwas wie den sogenannten Nationalsozialismus geben werde. Er gab sich ganz als der bodenständige Soldatenvater, der eine solche katholische Frömmigkeit an den Tag legte, dass man ihn in der Bevölkerung den "Mutter Gottes General" nannte. Nach seiner Demobilisierung begann Epp, ohne irgend eine Regierungsautorisierung, Mannschaften und Offiziere zu

[467] Ernst Schneppenhorst (19.04.1881-24.04.1945), SPD, Schreiner, bayerischer Minister für militärische Angelegenheiten. 1906-1918 Geschäftsführer des Deutschen Holzarbeiterverbandes in Nürnberg, 1912-1920 Mitglied des Bayerischen Landtags, 1918-1919 Regierungsvertreter und Leiter des Generalkommandos des III. Bayerischen Armeekorps in Nürnberg, 1919 bis zur Übergabe der bayerischen Armee an das Reich bayerischer Staatsminister für militärische Angelegenheiten, 1932/33 Mitglied des Reichstags, nach dem 20.07.1944 verhaftet, 1945 von der Gestapo erschossen. Vgl.: Wilhelm Heinz Schröder, (wie Anm. 465), S. 730.

[468] Albert Kesselring (30.11.1885-16.07.1960), ab 1917 Hauptmann; 1918 mit der Demobilisierung des III. Armeekorps in Nürnberg betraut, 1940 Generalfeldmarschall und Oberbefehlshaber Süd in Italien; 1947 zum Tode verurteilt; zu lebenslänglicher Haft begnadigt; 1952 aus der Haft entlassen. Vgl.: NDB 11, S. 542 f.

[469] Franz Xaver Ritter von Epp, Vgl.: Anmerkung 80.

sammeln und zu drillen. Dieser seiner selbstgeschaffenen Formation legte er den Namen "Freikorps Epp" bei, womit an die zur Zeit der Befreiungskriege von 1813 eingesetzten "Freikorps", wie das "Freikorps Lützow", erinnert werden sollte. Kein Mensch wusste aber, wen Epp von wem "befreien " wollte. Dass er nicht in der Lage sein würde, einen Krieg nach außen zu führen, war selbstverständlich. So entstanden zwangsläufig Gerüchte, dass er Bayern von dem sozialdemokratischen Ministerium und von der Möglichkeit einer demokratischen Entwicklung "befreien" wolle. Schneppenhorst war diesen Zusammenhängen nachgegangen und war der erste, der die Verhaftung von Franz Epp und die Auflösung seines Freikorps verlangte. Mit dieser sehr populären Forderung schuf er sich politische Resonanz und den Ruf eines "starken Mannes". Franz Epp ließ es auf eine Machtprobe nicht ankommen, sondern zog sich mit seinen Mannen heroisch hinter die thüringische Grenze zurück, wo er sie in Ohrdruf weiterhin "schulte". Musste man angesichts dieser Aktivität Schneppenhorsts annehmen, dass er sich sowohl gegen Linksradikalismus wie gegen gegenrevolutionäre Strömungen mit Entschiedenheit einsetzen werde, so zeigte sich bereits in den ersten Tagen seiner Ministerschaft seine Zweideutigkeit ziemlich klar, indem er die Soldaten und Arbeiter vom ersten Moment an gegen den eben wieder funktionsfähig werdenden Landtag einzunehmen suchte und indem man immer wieder Äußerungen von ihm zu vernehmen bekam, er werde mit "seinem" Militär auch gegen den Landtag marschieren, wenn dies "nötig" sei. Mein persönlicher Eindruck ging dahin, dass Schneppenhorst infolge der Erreichung der Ministerwürde vollständig die Balance verloren hatte und glaubte, die Weltgeschichte drehe sich nunmehr um ihn und seine Entschließungen. Zu welch äußerst bedenklichen Handlungen ihn kurz darauf die Übersteigerung seines Selbstgefühls und seines Ehrgeizes verleiten sollte, werden wir bald erfahren.

Der Posten des Finanzministers wurde im Kabinett Hoffmann nicht besetzt. Mit der vertretungsweisen Leitung des Finanzministeriums wurde der Staatsrat Dr. Neumayer[470], ein tüchtiger Beamter aus der Zeit der Monarchie, der auch unter dem Finanzminister Professor Dr. Jaffé sein Amt beibehalten hatte, betraut. Er war ein Sachkenner und ein loyaler Mann, jedoch keinerlei Stütze einer demokratischen Entwicklung. Professor Dr. Jaffé war, rascher noch als ich gefürchtet hatte, durch die Entwicklung der Verhältnisse ausgeschaltet worden. Seine Trauer über den Gang der bayri-

[470] Dr. Karl Neumayer (25.08.1873-04.01.1947), Jurist im bayrischen Finanzministerium, 1915 Ministerialrat, 25.03.1919-31.05.1919 bayrischer Finanzminister, 1920 Ministerialdirektor im bayrischen Finanzministerium, 1933-1939 Staatsrat. Vgl.: BBB, 549.

schen Revolution unter dem Kabinett Eisner, über die unqualifizierbaren Verdächtigungen von links und rechts, deren Gegenstand dieses Kabinett fast täglich war, sein tiefer Schmerz über die Ermordung Eisners, sein Abscheu vor den hetzerischen Machenschaften und Treibereien der Kommunisten während des revolutionären Rätekongresses, seine berechtigte Sorge, dass diese Überspannung des Radikalismus die Feinde der Demokratie zum Erstarken bringen müsse, hatten zusammen gewirkt, um ihn zum Opfer eines unheilbaren Gemütsleidens zu machen. Bereits kurze Zeit darauf ging er dahin, tief betrauert von allen, die seinen liebenswerten Charakter und seine unbedingte persönliche und politische Sauberkeit achteten. Die Zartheit seiner seelischen Konstitution hat es ihm erspart, die seitherige Entwicklung zu erleben, die ihn, den wahren Humanisten, zum Unglücklichsten aller Unglücklichen gemacht haben würde.

Innerhalb des Ministeriums Hoffmann wurde ein selbständiges Handelsministerium geschaffen, an dessen Spitze der Unabhängige Josef Simon[471] berufen wurde, der durch Jahrzehnte Sozialdemokrat gewesen war und zu der unabhängigen Partei aus ähnlichen Gründen wie Eisner selbst übergetreten war. Simon, der lange Jahre die Gewerkschaft der Schuharbeiter geführt hatte, war ebenfalls nicht Fachmann in seinem Ressort, jedoch war er eine sehr originale und kraftvolle politische Persönlichkeit, weit ausgeprägter als Endres und Segitz, abhold allem radikalen Phrasentum, jedoch ein zuverlässiger Pionier im Widerstand gegenüber gegenrevolutionären Tendenzen. Angesichts seiner großen politischen Erfahrung durfte man ihn als einen wünschenswerten Zuwachs in der Regierung ansehen. Im Rätekongress hatte ich mehrfach mit ihm cooperiert und dabei zu meiner Freude wahrgenommen, dass er kein beschränkter Parteimann war, der glaubte, andere Meinungen nur haben zu müssen, um sie in der Partei- und Fraktionsagitation herauskehren zu können. Ausschlaggebend war für ihn an einer Sache, ob sie vernünftig und fortschrittlich war, nicht ob der Genosse soundso laut Nummer soundsoviel einer Parteizeitung von zehn oder zwanzig Jahren zuvor diese oder jene Meinung "festgelegt" hatte.

Endlich wurde in dem Kabinett Hoffmann ein Landwirtschaftsministerium geschaffen, an dessen Spitze der Bauernbundsführer Steiner[472] berufen

[471] Josef Simon (23.05.1865-01.04.1949), SPD, ab 1917 USP, Gewerkschaft der Schuharbeiter, 1919/1920 Handelsminister, 1907-1918 Mitglied des Landtages, 1912-1933 Mitglied des Reichstages; 1933/34 KZ Dachau, 1945 Konsumgenossenschaft Nürnberg-Fürth. Vgl.: Wilhelm Heinz Schröder, Sozialdemokratische Parlamentarier in den Deutschen Reichs- und Landtagen 1867-1933, Düsseldorf 1986, S. 705. Vgl.: Adolf Mirkes, Josef Simon, Schuhmacher, Gewerkschafter, Sozialist mit Ecken und Kanten, Köln 1985.

[472] Martin Steiner (1864-1950), Vgl.: Anmerkung 445.

wurde, dessen Rolle im Rätekongress wir bereits kennengelernt haben. Er war der beste Mann, der hierfür berufen werden konnte.

Albert Roßhaupter, Militärminister im Kabinett Eisner, kehrte nicht mehr in das Ministerium Hoffmann zurück. Er gehörte zwar auch späterhin noch dem bayrischen Landtag an, zog sich aber mehr und mehr aus der Öffentlichkeit zurück und war einer jener anständigen Männer, die unter der Entwicklung der Dinge entsetzlich litten, ohne die unbändige Kraft zu großangelegter Gegenaktion aufzubringen. Auch er ist früh, zu früh gestorben.

13. *Revision des Staatsgrundgesetzes*

Zunächst trat das Ministerium Hoffmann sein Amt an, und vereinbarungsgemäß trat der Landtag zusammen. Er unterzog das von Kurt Eisner erlassene Staatsgrundgesetz der Republik Bayern einer Revision[473], die die politische Macht des Landtags etwas erhöhte und die des Ministeriums etwas abschwächte. Zu diesem Zwecke wurde in dem neuen Paragraph 6 festgelegt, dass dem Landtag allein die gesetzgebende Gewalt zustehe. Dies war zwar auch vorher nicht bezweifelt worden, indem die Ziffer 6 des Eisnerschen Staatsgrundgesetzes dem Ministerium die oberste vollziehende Gewalt, jedoch keinerlei Gesetzgebungsgewalt beilegte, während lediglich als Übergangsregelung, bis zur Erlassung des Verfassungsentwurfes, nach Ziffer 17 das Ministerium auch gesetzgeberische Funktionen haben sollte. Immerhin war der Grundsatz der alleinigen gesetzgeberischen Gewalt des Landtags und damit die alte Gewaltentrennung im Sinne Montesquieus[474] nunmehr in ausdrückliche Worte gebracht. Während nach Ziffer 7 des Eisnerschen Staatsgrundgesetzes das Gesamtministerium jeden Landtagsbeschluss der Volksabstimmung unterbreiten und damit seinen Vollzug aufschieben konnte, wurde dieses Recht des Gesamtministeriums in dem neuen Gesetz auf diejenigen Beschlüsse des Landtags beschränkt, die nach Auffassung des Gesamtministeriums mit dem Staatsgrundgesetz in Widerspruch stehen. Im Eisnerschen Staatsgrundgesetz war nicht ausdrücklich festgelegt, dass der Landtag die Regierung zu bilden habe und

[473] Vgl.: Vorläufiges Staatsgrundgesetz des Freistaats Bayern vom 17.03.1919, (GVBl. 1919, S. 109).

[474] CHARLES DE MONTESQUIEU (18.01.1689-10.02.1755), politischer Theoretiker Vgl.: ALEXANDER SCHWAN, Politische Theorien des Rationalismus und der Aufklärung, in: HANS-JOACHIM LIEBER (Hrsg.), Politische Theorien von der Antike bis zur Gegenwart, 2. Aufl., München 1993, S. 157-257, besonders S. 206-219. Vgl.: JOHN ROBERT LOY, Montesquieu, New York 1968.

dass die Mitglieder der Regierung zu ihrer Amtsführung des Vertrauens des Landtags bedürften. Auch das war bisher angesichts des Umstandes, dass das Eisnersche Staatsgrundgesetz das parlamentarische System zur Staatsgrundlage machte und einen demokratischen Verfassungsentwurf ankündigte, als der Sinn des Staatsgrundgesetzes angesehen worden. Nunmehr besagte der § 8 des neuen Staatsgrundgesetzes ausdrücklich, dass dem Landtag die Wahl des Ministerpräsidenten obliege, während der Ministerpräsident das Ministerium berufe. Auch sagte er ausdrücklich, dass die Minister zu ihrer Amtsführung des Vertrauens des Landtags bedürften und dem Landtag für die Führung ihrer Geschäfte verantwortlich seien.

Der übrige Inhalt des Eisner'schen Staatsgrundgesetzes blieb, abgesehen von nebensächlichen redaktionellen Änderungen, gänzlich unberührt, woraus sich der klare historische Nachweis ergibt,dass auch ein auf Grund freiesten Wahlrechtes gewähltes, gesetzliches Parlament, in dem alle Parteirichtungen vertreten waren, das Eisner'sche Staatsgrundgesetz als eine geeignete Grundlage demokratischen Aufbaus ansah.

Die an dem Eisner'schen Staatsgrundgesetz vorgenommene Änderung, wonach schon in diesem Zeitpunkt dem Landtag die alleinige Gesetzgebungsgewalt zustehen sollte, während, nach dem Prinzip der Gewaltenteilung, dem Ministerium allein die vollziehende Gewalt zustehen solle, war nur formeller Art. Man war sich klar, dass bis zur Verabschiedung der Verfassung, im Hinblick auf den Umfang der krisenhaften Umstände, gewisse gesetzgeberische Vollmachten für das Ministerium kaum entbehrt werden könnten, indem damit gerechnet wurde, dass zur Behebung momentaner Not- und Missstände das Funktionieren des gesamten parlamentarischen Apparats zu langwierig und zu schwierig sein könne. Während also das neue Staatsgrundgesetz vom 17. März 1919 dem Ministerium für die Übergangszeit bis zur Verabschiedung der Verfassung die gesetzgebende Gewalt nahm, gab der Landtag selbst dem Ministerium durch ein Ermächtigungsgesetz vom 28. März 1919[475] einen Teil dieser Gewalt wieder. Hierbei blieb es auch in der späteren endgültigen Verfassung des Freistaats Bayern vom 14. August 1919[476]. Im Paragraph 64 dieser Verfassung wurde, analog der Regelung im Reich, ein "Diktatur-Paragraph" geschaffen, durch den das Gesamtministerium "bei drohender Gefahr" für die Sicherheit des Landes ermächtigt war, "die Maßnahmen zu ergreifen, welche die Ruhe und Ordnung im Innern sichern oder gegenüber der Gefahr eines Angriffes von außen unmittelbar erforderlich sind". Zu die-

[475] Vgl.: Gesetz über die Ermächtigung der Regierung zu gesetzgeberischen Maßnahmen vom 28.03.1919, in: GVBl. 1919, S. 112.

[476] Vgl.: Verfassungsurkunde des Freistaates Bayern vom 14.08.1919, a.a.O., § 64 I.

sem Zwecke war dem Ministerium die Befugnis eingeräumt, "die verfassungsmäßigen Grundrechte ganz oder teilweise außer Kraft zu setzen". Der auf Grund demokratischen Wahlrechtes gewählte bayrische Landtag ging also in der Schaffung von Diktaturmöglichkeiten für die Regierung und von Vollmachten zu seiner eigenen Ausschaltung wesentlich weiter, als Eisner im Staatsgrundgesetz gegangen war. Denn Eisner hatte eine Abweichung vom Grundsatz der Gewaltenteilung nur für die Übergangszeit bis zur Erlassung einer endgültigen Konstitution für notwendig gehalten. Der Landtag aber schuf sie in der endgültigen Konstitution selbst mit Dauerwirkung. Der einzige Unterschied zwischen den Wünschen Eisners und der späteren Praxis des Landtags, war, dass Eisner die zeitweilige Gesetzgebungsgewalt des Ministeriums zum Schutze des demokratischen Aufbaus für nötig hielt, während der Landtag und die von ihm in der Folgezeit gewählten Regierungen die Diktaturparagraphen der Reichsverfassung[477] und der bayrischen Verfassung zu einem konsequenten Abbau jeder demokratischen Entwicklung benutzten. Kurz gesagt: Eisner wollte die Gesetzgebungsgewalt des Ministeriums für die Demokratie gebrauchen, der spätere Landtag und die späteren Regierungen haben sie gegen die Demokratie missbraucht. Bedurfte nach der bayrischen Verfassung die Regierung des Vertrauens des Landtags, so kam es später, vermittels dieser Taktik, soweit, dass, nach dem Scherzwort eines Staatsrechtlers, der Landtag des Vertrauens der Regierung bedurfte.

Trotzdem durch die Vereinbarungen vom 7. März, durch die Bildung des Ministeriums Hoffmann, den ungehinderten Wiederzusammentritt des Landtages, die Revision des Staatsgrundgesetzes eine Anzahl von Erfolgen in Richtung auf die demokratische Weiterentwicklung erzielt waren, war keineswegs bereits eine wirkliche demokratische Konsolidierung erfolgt. Die linksradikalen Gruppen, denen nunmehr kein Rätekongress mehr als Plattform für ihre Agitation zur Verfügung stand, benutzten und missbrauchten mit verdoppelter Wucht die durch das Staatsgrundgesetz garantierte Versammlungsfreiheit und machten den "Zentralrat der Arbeiterräte Bayerns", eine ad hoc geschaffene Eintagsorganisation ohne gesetzliche Grundlage, zum Schauplatz der wütenden Proteste, unklaren Drohungen und massiven Beschimpfungen, wie wir sie aus der Zeit des Rätekongresses bereits zur Genüge kennengelernt haben.

[477] Diktaturparagraph Art. 48 WRV.

14. *SPD-Versammlung am 21.03.1919*

Als erste größere Gelegenheit für eine "Aktion" suchten sich die linksradikalen Gruppen die auf den 21. März 1919 angekündigte öffentliche Versammlung[478] der sozialdemokratischen Partei aus, in der der neue Ministerpräsident Hoffmann erstmals außerhalb des Parlaments mit seinem und seines Ministeriums Arbeitsprogramm vor die Öffentlichkeit treten wollte. Die Parteileitung hatte mich ersucht, den Vorsitz dieser Versammlung zu übernehmen. Trotzdem wir von ihrem Verlauf nichts Gutes ahnen durften, hatten Ministerpräsident Hoffmann und die Parteileitung jeden besonderen Versammlungsschutz abgelehnt. Wir wollten erproben, ob man tatsächlich in Bayern noch nicht einmal weit genug sei, um ohne Saalschutz oder Militärbewachung den obersten Leiter der vollziehenden Gewalt des Landes sprechen zu lassen. Die Versammlung war überfüllt, und ich sah, noch bevor ich sie eröffnete, in den vorderen Reihen einige Mitglieder des Ministeriums, eine Anzahl höchster Beamter, mehrere hohe Richter und sonstige prominente Persönlichkeiten des öffentlichen Lebens. Nachdem ich die Versammlung eröffnet und dem Ministerpräsidenten nach kurzer Begrüßung das Wort erteilt hatte, ging im rückwärtigen Teil des Saales bereits bei Hoffmanns ersten Worten ein Höllenlärm los, der durch das Läuten mit der Glocke, mit dem ich ihn abzustoppen suchte, nicht mehr zu übertönen war. Es war mir sofort klar, dass es sich um den Versuch einer organisierten Versammlungssprengung handelte, da der Ministerpräsident sicherlich noch nicht ein einziges Wort gesagt hatte, das bei irgend einer politischen Richtung von der äußersten Rechten bis zur äußersten Linken hätte Anstoß erregen können. Im nächsten Moment sprang ein mir bereits aus dem Rätekongress bekannter kommunistischer Funktionär auf das Podium und verlangte das Wort "zur Geschäftsordnung". Obwohl dies an sich während eines angesagten Vortrags des Ministerpräsidenten unzulässig war, verständigte ich mich mit Hoffmann mit wenigen Worten darüber, dass er sich mit der Unterbrechung einverstanden erklärte und erteilte dem Kommunisten die Erlaubnis, seine Wünsche zum Ausdruck zu bringen, mit der Aufforderung, sich kurz zu fassen. Ich hoffte, mit diesem Entgegenkommen den Versammlungssprengern, die offenbar nur auf ein Stichwort zur Gewaltausübung warteten, das Konzept soweit zu verderben, dass sie sich auch bei extensivster Auslegung ihrer Versammlungsrechte nicht über deren Beschränkung beschweren konnten. Tatsächlich legte sich auch der

[478] Vgl.: Augsburger Postzeitung 127 (21.03.1919), S. 1 und Augsburger Postzeitung 128 (22.03.1919), S. 2

Krach, sobald ich dem Kommunisten das Wort zur Geschäftsordnung erteilt hatte. Er erklärte nun, er habe an den Ministerpräsidenten drei Fragen:

1) ob es richtig sei, dass aus dem Ausland für die Republik Bayern mehrere Waggons Lebensmittel eingetroffen seien, mit der Bestimmung, dem "arbeitenden Volk" zur Verfügung gestellt zu werden;
2) ob es richtig sei, dass die Waggons statt dessen Schiebern und Wucherern zugeführt worden seien;
3) welche Maßnahmen der Ministerpräsident angeordnet habe oder anordnen werde, um die Waggons ihrer Bestimmung zuzuführen und die Schuldigen zu bestrafen.

Es war für jeden einigermaßen Unterrichteten ohne Weiteres klar, dass es sich bei den "Fragen" lediglich um unverschämte Provokationsversuche handelte, denen keine Spur eines wahren Sachverhaltes zu Grunde lag, die vielmehr nach denselben "Prinzipien" angezettelt wurden, wie die seinerzeitige "Kriegslist" Max Leviens mit den angeblich schwer verwundeten Proletariern, mittels deren er den Rätekongress zu provozieren suchte. Ministerpräsident Hoffmann, der die Zeiten des Rätekongresses nicht persönlich mitgemacht hatte und der daher solche schmutzigen Niederträchtigkeiten noch nicht aus eigenem Erleben kennengelernt hatte, flüsterte mir zu, es sei doch unter seiner Würde, diesem Bengel eine Antwort zu geben. Ich meinerseits sagte leise zu ihm, er solle sich trotzdem zwingen und eine Antwort geben, da wir sonst sichtlich die Versammlung kaum durchführen könnten, was im Interesse der Sache bedauert werden müsste. Nachdem er einen Moment gezögert hatte, nickte er mir zum Zeichen seiner Zustimmung zu. Ich sagte darauf als Vorsitzender der Versammlung, nachdem sich das der frechen Fragestellung folgende Beifallsgeklatsch der radikalen Gruppen gelegt hatte, die von dem Redner gestellten Fragen seien in Wirklichkeit keine Fragen, sondern Behauptungen, auf die jeder vernünftige Mensch die Antwort des Ministerpräsidenten im Voraus wisse. Es liege deshalb in Wirklichkeit auch keine Meldung des Redners "zur Geschäftsordnung" vor, sondern nur ein Versuch, die Versammlung durch Missbrauch des Rechtes, zur Geschäftsordnung zu sprechen, zu provozieren. Diesen meinen Worten folgte langanhaltender stürmischer Beifall in der vorderen Hälfte des Saales und wüster Lärm im rückwärtigen Teile, jedoch noch keine Gewalttätigkeit. Nachdem sich der Lärm wiederum gelegt hatte, fuhr ich fort: Um nicht den Anschein zu erwecken, als habe der amtierende Ministerpräsident zu den insultierenden Fragen sachlich nichts zu erklären, hätte ich ihn gebeten, eine Antwort zu erteilen, wenn es auch hätte verstanden werden können, dass er das abgelehnt hätte. Ich bäte ihn daher, nunmehr zu sagen, was seine Antwort zu den drei Fragen sei.

Johannes Hoffmann erhob sich darauf, totenblass und sichtlich in äußerster Erregung. Offenbar musste er schwer an sich halten, um dem Menschen, der mit solchen politischen Mitteln arbeitete, nicht ins Gesicht zu sagen, was von seiner Person, seinem Anstand und seiner Ehre zu halten sei. In dieser Situation tat er ungefähr das Ungeschickteste, was in diesem Moment der Erregung und Spannung überhaupt möglich war, offenbar nur um ohne Verletzung parlamentarischer Gepflogenheiten dem Angreifer seine Verachtung bezeugen zu können. Er sagte nämlich, so laut, wie ihm dies bei seinen beschränkten Stimm-Mitteln möglich war: "Meine Antwort zu den drei Fragen ist:

Auf die erste Frage, "nein";
auf die zweite Frage, "nein";
auf die dritte Frage, "Keinerlei Maßnahmen".

Kaum waren diese Worte gesprochen, als von dem rückwärtigen Teil des Saales her die Gruppen, die sich bisher auf Lärmen und Schreien beschränkt hatten, nach vorne drückten. Es mögen dies hundert bis zweihundert Leute gewesen sein, meistens handfeste Burschen, die sichtlich nur zum Zwecke der Versammlungssprengung dorthin kommandiert waren und von denen man noch nicht beurteilen konnte, ob und inwieweit sie bewaffnet waren. An einzelnen Stellen des Saales wurde ihnen Widerstand geleistet, und es entstanden Prügeleien, an anderen Stellen wichen die Leute zurück, um nicht in Krach und Gewalttätigkeiten verwickelt zu werden. Etwa zwei Dutzend konnten bis zum Podium vorstoßen, und bevor ich den Ministerpräsidenten in Sicherheit bringen konnte, waren sowohl er wie ich vom Podium heruntergeworfen. Während ich bisher die Situation noch mit einigem Humor beurteilt hatte, wurde mir und den Umstehenden nun die Sache zu bunt und wir waren nun auch so frei, unsere Körperkräfte zu gebrauchen, wobei ich meinerseits, gleich verschiedenen der jüngeren Parteigenossen, an die andrängenden Gegner mit Fäusten und Absätzen Prügel austeilte, die mich an die besten Zeiten unserer Hahnenkämpfe in den Schülerjahren erinnerten. Wenige Augenblicke später stand Erich Mühsam auf dem Podium und erklärte, dass die revolutionären Volksgenossen anstelle der abgehalfterten Reaktionäre die Versammlung übernehmen. Damit hatte er aber kein Glück, denn unser Widerstand war nun soweit gediehen, dass die Reihe des Heruntergeworfenwerdens an ihn kam. Schuss-, Schlag- und Hiebwaffen wurden glücklicherweise von keiner Seite gebraucht. Als es soweit war, dass wir wieder Herr der Versammlung waren, sagte Ministerpräsident Hoffmann zu mir, er wolle sich der Wiederkehr solcher Vorfälle nicht aussetzen und deshalb sein Referat nicht fortsetzen. Wiewohl ihn die anwesenden Mitglieder der Parteileitung zum Weitersprechen zu bestimmen suchten, blieb er bei seiner Ablehnung.

Indem ich dies der Versammlung mitteilte, schloss ich sie. Praktisch hatten die Kommunisten damit im Ergebnis die Beendigung der Versammlung doch erreicht, allerdings nur, weil Johannes Hoffmann eine zu weiche Natur war, als dass er sich zugemutet hätte, sich unter so tumultuösen Umständen persönlich durchzusetzen. Dieser Grundfehler seines Naturells, den er für Vornehmheit und Zurückhaltung hielt, sollte noch die Ursache mancher schädlichen Entwicklungen in Bayern werden.

Die Zeitungsnachrichten über die nichtgehaltene Rede des Ministerpräsidenten und deren Begleitumstände schwellten die Hoffnungen der äußersten Linken und es kam in den darauffolgenden Tagen zu wiederholten Vorstößen des von Niekisch präsidierten "Zentralrates", die es immer fraglicher erscheinen ließen, ob der Landtag noch lange werde tagen können und ob der nach Eisners Tode begonnenen und mit den Vereinbarungen vom 7. März beendigten "Zweiten Revolution" nicht sehr bald eine dritte folgen werde. Auf diese dritte Revolution drängten nicht so sehr die Kommunisten, die die Zeit für ihre endgültige Machtausübung in Bayern noch nicht gekommen sahen und die sie nach den gemachten Erfahrungen erst viel gründlicher vorbereiten wollten. Die Hauptrufer waren vielmehr die dem linkesten Flügel der Unabhängigen angehörenden Kräfte, unter der Führung Tollers und Niekischs. Diese Kreise fühlten sich durch die Vereinbarungen vom 7. März übergangen und wollten den revolutionären Rätekongress wiederherstellen, ohne auf eine russische Räterepublik eingeschworen zu sein. Sie behaupteten, nur durch die Macht der Räte sei eine "wahre Demokratie" herbeizuführen, während mit dem gewählten Parlament nur eine reaktionäre "Stimmzetteldemokratie" zu erreichen sei. Hieran war soviel richtig, dass der Ausgang der Wahlen parlamentarisch gegen die äußerste Linke klar entschieden hatte. Unrichtig war dagegen, dass Chancen bestanden, dieses Ergebnis durch Bruch des Staatsgrundgesetzes und gesetzlose Druckmethoden korrigieren zu können. Die Versuche bewirkten vielmehr das klare Gegenteil, indem sie die organisatorische Abwehrfront des Bürgertums beschleunigten.

15. *Übergangsgesetz*

Bei dieser politischen Situation war die Tätigkeit des Landtages bald auf einem toten Punkt angelangt. In derselben Sitzung, in der der Landtag dem bereits erwähnten Ermächtigungsgesetz zustimmte, erließ er noch ein "Übergangsgesetz"[479], dessen Sinn die formelle Legalisierung der von dem

[479] Vgl.: Anmerkung 475.

Gesamtministerium seit der November-Revolution geschaffenen Gesetze und Verordnungen war, wodurch diese Gesetze und Verordnungen auch vom Standpunkt der "Legitimitätstheorie" spätestens im Zeitpunkt der Erlassung des Übergangsgesetzes geltendes Recht wurden und nicht nur "gelungene Revolution" darstellten. Der politische Sinn dieses Übergangsgesetzes war keineswegs bloß platonischer Art, es sollte damit nicht nur, wie von gewissen Seiten behauptet wurde, die "Rechtskontinuität" hergestellt werden. Vielmehr sollte vor allem nach links und rechts demonstriert werden, dass der Versuch, dieses neue Recht, soweit es Verfassungsgrundsätze konstituierte, mit Gewalt zu beseitigen oder zu ändern, Hochverrat im Sinne der strafgesetzlichen Bestimmungen war und die entsprechenden Folgen nach sich ziehen müsse. Die kommunistische Agitation behauptete prompt, das Übergangsgesetz sei ein Erfolg der Gegenrevolution. Dies war nicht wahr, denn das Übergangsgesetz stabilisierte rechtlich nur die Ergebnisse der November-Revolution. Wohl aber sollte das Gesetz eine juristische Schranke gegen weitere Revolutionen bilden, deren Veranstaltung die äußerste Linke als ihr verbrieftes Recht ansah, eine Anschauung, mit der sie gegenüber der Gesamtheit des Volkes, einschließlich des größten Teiles der bodenständigen Arbeiterschaft, allein stand.

16. *Fideikommisse*

Über diese Regelung von Konstitutionsfragen hinaus erließ der Landtag schließlich auch noch am 28. März 1919 ein Gesetz, wonach der Adel als eine Rechtsinstitution beseitigt wurde und wonach die Familienfideikommisse[480] aufzuheben waren. Während die Gesetzgebung über die Aufhebung des Adels beispielsweise in Österreich streng gehandhabt wurde, sodass sich etwa der Erzherzog Leopold von Habsburg bei Meidung von Strafe nur "Leopold Habsburg" nennen konnte, hat die bayrische Gesetzgebung, soweit es den Gebrauch von Adelstiteln anging, nie zu einer Konsequenz geführt. Die adeligen Familien stellten sich auf den Standpunkt, dass sie berechtigt seien, ihre alten Adelsprädikate als Bestandteile ihrer bürgerlichen Namen zu führen, ja dass sogar der richtige bürgerliche Name eines Adligen garnicht anders lauten könne, als er bisher gelautet habe. Dieser Standpunkt fand durchwegs die Deckung der Gerichte. Die sogenannten Fideikommisse waren die Güter adeliger Familien, die kraft adeli-

[480] Vgl.: Staatslexikon Bd. 2, Freiburg/Br. 1926, Sp. 1857-1864. Vgl.: JÖRN ECKERT, Der Kampf um die Familienfideikommisse in Deutschland (Rechtshistorische Reihe Bd. 104) Frankfurt/M. 1992.

ger Hausgesetze nicht nach den Regeln des allgemeinen Erbrechts vererbt wurden, sondern, um den Glanz der adligen Familie zu erhöhen, jeweils ungeteilt in den Besitz des ältesten oder des jüngsten Nachkommen des Fideicommissinhabers übergingen, weshalb sie auch Majorate oder Minorate hießen. Das Bewusstsein der volkswirtschaftlichen Schädlichkeit dieser meist sehr extensiv bewirtschafteten Latifundien war längst Gemeingut der öffentlichen Volksmeinung. Bereits im bürgerlichen Revolutionsjahr 1848 war es in die damalige preußische Verfassung übergegangen[481]. Es war eine der ältesten Forderungen der Bodenreform, indem die übergroße Ansammlung von Grundbesitz bei einzelnen Personen die Gefahr gewinnsüchtiger Monopole in Bezug auf die Bodenprodukte und Preissteigerung dieser Produkte in sich barg. Die Revolutionsgesetzgebung von 1848 hatte sich gegenüber der Macht des preußischen Adels als wirkungslos erwiesen. In der Zeit vor dem Weltkrieg war die Forderung nach Aufhebung der Familienfideikommisse, sowohl von den bürgerlichen Bodenreformern, wie Professor Adolf Damaschke[482], wie auch von den Sozialdemokraten, erhoben worden. Die nationalökonomische Wissenschaft hatte neuerdings Beiträge zu dem Thema der volkswirtschaftlichen Schädlichkeit dieser Einrichtungen geliefert. Lujo Brentano im Besonderen hatte in ausgezeichneten Forschungen diese Schädlichkeit näher begründet[483]. Mein Freund Fritjof Noack[484] hatte in einer glänzenden historischen Studie über die Familienfideikommisse in Italien den Nachweis geführt, dass diese Latifundienwirtschaft in allerstärkstem Maße zur Degeneration und zum Aussterben der Adelsfamilien beitrug. Die Erlassung der Auflösungsverordnung vom 28. März 1919 war daher eine zeitgemäße soziale Tat, nicht aber gerade revolutionären Charakters. Die Verordnung war nicht die erste ihrer Art im neuen Reich, wenige Wochen zuvor hatte Preußen eine gleichartige Verordnung bereits erlassen[485]. Das Prinzip der Fideikommissauflö-

[481] Vgl.: Bestimmung der preußischen Verfassung von 05.12.1848, Artikel 38, Artikel 39. Vgl.: ERNST RUDOLF HUBER, Dokumente zur deutschen Verfassungsgeschichte Bd. 1, 2. Aufl. Stuttgart u.a. 1961, S. 388.

[482] ADOLF DAMASCHKE (24.11.1865-30.07.1935), Professor für Nationalökonomie, Publizist für die Bodenreform, 1896-1903 im Nationalsozialen Verein führend neben Friedrich Naumann. Vgl.: NDB 2, S. 497 f.

[483] Vgl.: LUJO BRENTANO, Familienfideikommisse und ihre Wirkungen, Berlin 1911. DERS., Die Fideikommisse, Antwort an Herrn Justizrat v. Köller, in: Berliner Tageblatt Nr. 190 (13.04) und 207 (24.04.) 1911.

[484] FRITJOF NOACK, Zur Entstehung des Adelsfideikommisses in Unteritalien, Stuttgart/Berlin 1911

[485] Vgl.: Verordnung über Familiengüter vom 10.03.1919 (Preußische Gesetzsammlung 1919, S. 39-44). Vgl.: Staatslexikon Bd. 2, Freiburg/Br. 1926, Sp. 1857-1864.

sung ging auch in die Weimarer Verfassung[486] über. Allein die ganze Gesetzgebung hatte ungenügende Wirkung, indem es einem wesentlichen Teil des Adels gelang, sie zu sabotieren. Bei Ausbruch des Dritten Reiches, also vierzehn Jahre später, war die Auflösungsgesetzgebung keineswegs voll durchgeführt und blühte die adelige Latifundienwirtschaft mancherorts noch fröhlich weiter. Die Nazis machten 1935 einen Ansatz zur Vereinheitlichung der Auflösungsgesetze, der aber offenbar auch keine durchschlagende Wirkung hatte, sodass sie Mitte 1938 ein neues Gesetz erließen, wonach die noch bestehenden Fideikommisse am 1. Januar 1939 erlöschen sollten[487]. Das Gedankengut dieser nazistischen Gesetzgebung ist, wie sich aus Vorstehendem ergibt, durchwegs aus demokratischen Arsenalen gestohlen, wie dies bei so vielen nazistischen Gesetzgebungsarbeiten der Fall ist. Immerhin hat leider weder die bayrische Regierung Hoffmann noch eine spätere Regierung im Reich oder in Bayern bis zum Ausbruch des Dritten Reiches die Energie besessen, die Fideikommissgesetzgebung einigermaßen vollständig durchzuführen. Nur infolge dieser Schwäche vor dem Recht konnten sich die Nazis dann als die Befreier des deutschen Volkes von adeliger Latifundienwirtschaft hinstellen.

17. *Propaganda für die Räterepublik*

Das Gesetz über die Auflösung der Fideikommisse war bis auf Weiteres die letzte gesetzgeberische Handlung des Landtages. Am 28. März vertagte sich der Landtag auf den 8. April. Vom Zeitpunkt der Vertagung an begannen die schwersten Treibereien der radikalen Linken in Richtung auf die "Dritte Revolution" und die Verhinderung des Wiederzusammentritts des Landtages. Der "Zentralrat" legte gegen das weitere Tagen des Landtags "Veto" ein und drohte offen mit Ausrufung der Räterepublik, falls der Landtag gegen seinen Willen doch zusammentrete. Die Hetze in den industriellen Betrieben und innerhalb der Gewerkschaften überstieg jedes dagewesene Maß. Alle Folgen des verlorenen Krieges, wie die Schwierigkeiten der Demobilmachung, die Lebensmittelnot, das Elend der Militärentlassenen, der ungenügende Umfang der Produktion, der Mangel an Rohstoffen und Kohlen, wurden der Unfähigkeit, der Unan-

[486] Artikel 155, Absatz 2, WRV.

[487] Vgl.: Gesetz über das Erlöschen von Familienfideikommissen und sonstiger gebundener Vermögen vom 06.07.1938, in: RGBl. I,1938, S. 825. Vgl.: FRIEDRICH GRUNDMANN, Agrarpolitik im Dritten Reich. Anspruch und Wirklichkeit des Reichserbhofgesetzes, Hamburg 1979.

ständigkeit und niedrigen Gesinnung, der reaktionären Einstellung der demokratischen Regierung in unverschämt-demagogischer Weise zur Last gelegt. Die Regierung konnte zu keiner geregelten Arbeit kommen und versuchte alles Mögliche, um den Radikalen zu beweisen, dass sie sozialistisch-demokratischen Aufbau wolle. In diesem Streben wurden vielfach Maßnahmen getroffen, die sachlich wenig Erfolgsaussicht zeigten und die einzige Wirkung hatten, Angst und Wut der bürgerlichen Bevölkerung auf eine neue Höhe zu treiben. So berief man von auswärts in das Handelsministerium den Privatdozenten Dr. Neurath[488], um ihn an die Spitze einer neugebildeten "Sozialisierungskommission" zu stellen. Die Kommission lieferte keine praktischen Ergebnisse, aber radikale Reden, deren spätere Rückwirkung nicht ausblieb. Sodann ernannte man einen selbstständigen "Wohnungskommissar"[489], dem es obliegen sollte, in den bürgerlichen Wohnungen, soweit darin genügend Platz war, Zwangseinquartierung von Proletariern vorzunehmen. Eine derartig unsinnige Lösung der Wohnungsfrage konnte nur Hass auf allen Seiten erzeugen, jedoch nicht als Tat einer positiven Sozialpolitik angesehen werden. Lujo Brentano beschreibt in seinen Lebenserinnerungen, wie er, von solcher Zwangseinquartierung bedroht, ein früheres Mitglied seines Seminars und dessen Gattin als Gäste in sein Haus aufnahm und welche lächerlichen und unwürdigen Untersuchungen er sich dadurch zuzog[490]. Ich selbst wurde damals von zahllosen Seiten angerufen und um Intervention bei dem Wohnungskommissar gebeten, konnte aber in einem einzigen Fall, wo die betreffenden Wohnungsbesitzer eine lebensgefährliche Krankheit des Mannes anführen konnten, mit Erfolg intervenieren. Der Wohnungskommissar, Rechtsanwalt Dr. W. in München, war ein anständiger Mann, der damals infolge seiner leichtentzündbaren Begeisterungsfähigkeit in überreichlichem Maße im Sinne der äußersten Linken radikalisiert war und glaubte, dass das Heil Bayerns und des Deutschen Reiches in dem Ausbruch einer Räterepublik liege. Dass er Jude war, aus dem Osten stammte und nicht sehr lange vor Aus-

[488] Dr. Otto Neurath (10.12.1882-22.12.1945) Vorsitzender der Sozialisierungskommission im Handelsministerium (Zentralwirtschaftsamt). Vgl.: Ted Hondrich (ed.), The Oxford Companion to Philosophy, Oxford University Press 1995, p. 616. Vgl.: Peter Kritzer, Die bayerische Sozialdemokratie und die bayerische Politik in den Jahren 1918 bis 1923, München 1969, S. 103-106.

[489] Dr. Arnold Wadler (1882-1951), Wohnungskommissar, Rechtsanwalt, verurteilt am 12.07.1919 zu 8 Jahren Zuchthaus, 1924 begnadigt, danach Rechtsanwalt in Berlin, 1933 Emigration. Vgl.: Ernst Rudolf Huber, Deutsche Verfassungsgeschichte seit 1789, Bd. 5, Stuttgart u.a. 1992, S. 1119. Vgl.: Max Hirschberg, Jude und Demokrat. Erinnerungen eines Münchener Rechtsanwalts 1883-1939, hrsg. v. Reinhard Weber München 1998, S. 243.

[490] Vgl.: Lujo Brentano, Mein Leben im Kampf um die soziale Entwicklung Deutschlands, Juni 1931, S. 205.

bruch des Weltkrieges erst die deutsche Staatsbürgerschaft erworben hatte, steigerte den Hass und den Zorn des Bürgertums gegen ihn, der bald drastische Folgen zeigen sollte.

Das Betrüblichste in dieser Situation war, dass innerhalb der sozialdemokratischen Partei in diesen Tagen eine Anzahl von Leuten sich an die Spitze zu drängen suchten, deren Weisheit letzter Schluss es war, man solle dem enormen Geschrei der Radikalen nachgeben und solle als das berühmte "kleinere Übel", das in der Parteipolitik schon so oft eine verhängnisvolle Rolle gespielt hatte, den Sprung in die Räterepublik wagen. Sie gingen mit warnendem Finger herum und erzählten den sozialdemokratischen Arbeitern, es sei jetzt an der Zeit, nicht gegen den "Strom der Entwicklung" zu schwimmen, wenn man anders handle, könne man leicht "zu spät" kommen und den "Anschluss" versäumen. Abgesehen von einer Anzahl nebensächlicher Schwächlinge, die das Ausweichen und das Nachgeben, das Verraten jedes Prinzips und den rechtzeitigen Anschluss an den Feind jederzeit mit Demokratie verwechselt haben, war unter diesen verderblichen Propagandisten auch eine Anzahl von Männern, die sich gewisse Verdienste im Leben der Partei und der Gewerkschaften erworben hatten. Zu ihnen gehörte beispielsweise der bereits erwähnte Stadtkommandant von München. Mein Kollege Kaufmann und ich hatten ihn am 3. April 1919 zwei Stunden auf meinem Büro, um ihm klarzumachen, dass der von ihm für notwendig gehaltene Weg nur ins Verderben führen könne. Wir redeten ihm zu wie einem kranken Pferd, aber es war vergeblich, der Mann hatte eine panische Angst, den Anschluss zu versäumen. Ein anderer Propagandist in diesem Sinne war ein Münchener Arbeitersekretär, der von jeher zu den unklarsten Köpfen der Sozialdemokratie gezählt hatte, dessen unbändiger Ehrgeiz aber in dem umgekehrten Verhältnis zu seinen Fähigkeiten stand. Er arbeitete in der Partei mit dem ärmlichen Argument, der Widerstand gegen die Räterepublik sei "nur" von Intellektuellen organisiert, die "Massen" seien für die Räterepublik. Dies war nun, selbst wenn man von der ethischen Qualität des Argumentes absieht, eine besonders erbärmliche Unwahrheit in rein tatsächlicher Hinsicht. Denn auf der Seite der Rufer für eine Räterepublik standen fast nur "Intellektuelle", von denen zudem mehr als neunzig Prozent nicht bodenständig waren. Ganz besonders zu bedauern war es, dass auch ein altverdienter örtlicher Führer der sozialdemokratischen Bewegung, der verstorbene Stadtrat Hans Nimmerfall[491], sich von diesem Propagandarummel hatte einfangen lassen und sich bereit erwies,

[491] Hans Nimmerfall (25.10.1872-20.08.1934), SPD, Mitglied des Landtages 1912-1920 und 1924-1928. Vgl.: Wilhelm Heinz Schröder, Sozialdemokratische Parlamentarier in den Deutschen Reichs- und Landtagen 1867-1933, Düsseldorf 1986, S. 633 f.

seine demokratischen Überzeugungen abzulegen, wie ein gebrauchtes Hemd. Er hatte den grotesken Gedanken, die Räterepublik sozusagen im Wege der Scheindemokratie einzuführen. Er beantragte nämlich eine "Urabstimmung" über die Frage "Räterepublik oder nicht". Das wäre vom demokratischen Standpunkt vielleicht noch zu verstehen gewesen, wenn der Antrag auf eine Urabstimmung des bayrischen Volkes gegangen wäre. Sein Antrag aber lautete auf eine Urabstimmung im sozialdemokratischen Verein München, der damals beiläufig zwanzigtausend Mitglieder haben mochte. Für den Fall, dass die Mehrheit dieses örtlichen Vereins die Räterepublik billigen sollte, sollte der Verein für die zwei Tage später nach Nürnberg anberaumte sozialdemokratische Landesparteikonferenz Münchener Delegierte ernennen, die dort für die Ausrufung der Räterepublik einzutreten hätten. Nach der Auffassung dieses Demokraten also sollte ein Vereinsbeschluss der Sozialdemokraten genügen, um Staatsgrundgesetz, Landtag, Wahlergebnis und alle anderen Resultate des versuchten demokratischen Aufbaus zu beseitigen, die Demokratie abzuschaffen und mit fliegenden Fahnen als neubekehrte Massenführer zu den politischen Prinzipien des Leninismus abzuschwenken. Tatsächlich war die sozialdemokratische Organisation bereits derartig windelweich, dass sie eine außerordentliche Generalversammlung auf den 4. April 1919 einberief, um auf ihr die Frage zu diskutieren, ob man auf die Landesparteikonferenz Delegierte entsenden solle, die für die Beibehaltung oder die Abschaffung der Demokratie stimmen sollten. Auf dieser von Tausenden von Mitgliedern besuchten Versammlung, auf der heiße Redekämpfe stattfanden, missglückte die Abschaffung der Demokratie durch Vereinsbeschluss vollständig. Ich wurde, zusammen mit wenigen anderen absolut zuverlässigen Anhängern einer gesetzlichen demokratischen Entwicklung, unter stürmischen Gegenkundgebungen der Geschlagenen mit übergroßer Mehrheit zum Delegierten für München-Stadt gewählt, nachdem ich vorher bekannt gegeben hatte, dass ich auf der Landesparteikonferenz einen einzigen Antrag stellen und verfechten würde, dessen Wortlaut sein solle: "Die Regierung Hoffmann bleibt im Amt und weicht keinerlei Gewalt".

18. *Landesparteikonferenz in Nürnberg*

Am Morgen des 6. April fuhren wir zur Landesparteikonferenz nach Nürnberg. Ich wusste damals noch nicht, was in der vorhergehenden Nacht von Seiten des Militärministers Schneppenhorst gespielt worden war. Schneppenhorst war sich offenbar nicht mehr schlüssig, ob er für oder gegen Demokratie sei. Er bezeugte der sozialdemokratischen Organisation gegenüber äußerlich Loyalität, hatte aber auch schon seit Ende März begonnen, sich heimlich den radikalen Gruppen anzunähern und in inoffizielle Verhandlungen mit ihnen einzutreten. Unmittelbar nachdem in der ausserordentlichen Generalversammlung des sozialdemokratischen Vereins München die Anhänger der demokratischen Lösung restlos gesiegt hatten, berief er noch in derselben Nacht die Führer des bayrischen Bauernbundes, sowie die Führer der äußersten Linken, die auch unter allen Umständen "mitschwimmen" wollten, zu einer geheimen Nachtsitzung ins Militärministerium. Unter anderen wohnten dieser Sitzung Erich Mühsam, Gustav Landauer, Ernst Toller, Sauber[492], Hagemeister[493] und der Bauernbundsführer Gandorfer an. Die Versammlungsteilnehmer waren nicht wenig erstaunt, von Schneppenhorst nunmehr zu hören, dass er die Zeit für die Räterepublik für gekommen erachte und dass er seine Ehre dafür verpfände, bis zum Montag, dem 8. April 1919, mittags 12 Uhr, für die Ausrufung der Räterepublik zu wirken, mit dem Hinweis, er brauche ein Militär, das bereit sei, nötigenfalls gegen den Landtag zu marschieren. Es ist klar, dass sich die Freunde der Räterepublik durch die Erklärungen des sozialdemokratischen Militärministers aufs Äußerste ermutigt fühlten und dass sie nicht ahnten, dass die Verpfändung des Manneswortes eines amtierenden Ministers ein politischer Trick sei, der sie dazu bringen sollte, rasch vorzuprellen, damit man sie leichter schlagen könne. Es handelte sich also um eine regelrechte Agent provocateur-Leistung, von der weder die Regierung, noch die sozialdemokratische Partei etwas wussten, wiewohl einige der sozialdemokratischen Anhänger der Räterepublik der Sitzung insgeheim anwohnten, ohne vorher oder nachher die Regierung oder die Parteileitung zu verständigen Die Freunde der Räterepublik beschlossen, bei dieser Lage lediglich noch den Ausgang der sozialdemokratischen Landesparteikonferenz abzuwarten und mit der Ausrufung der Räterepublik selbstständig loszuschlagen, falls sich die Landesparteikonferenz gegen sie entscheiden solle.

Auf der Landesparteikonferenz[494] waren die sozialdemokratischen Minister Hoffmann, Endres und Segitz neben den Delegierten zugegen.

[492] Fritz Sauber (20.08.1884-April 1949), SPD, Mitglied des Landtages 1920-1924, Gewerkschafter, 1918 Mitglied des Landessoldatenrates und des provisorischen Nationalrats Bayern, 1917 USPD, 1920 VKPD, 1933 Emigration in das Saarland, 1935 nach Frankreich, 1941 Verhaftung, zu lebenslänglichen Zuchthaus verurteilt, bis 1945 in Haft, 1949 an den Haftfolgen verstorben. Vgl.: Wilhelm Heinz Schröder, Sozialdemokratische Parlamentarier in den Deutschen Reichs- und Landtagen 1867-1933, Düsseldorf 1986, S. 694.

[493] August Hagemeister (05.04.1879-16.01.1923), 1917 USPD/1920 KPD, Mitglied des Landtages 1920-1923, in der Festung Niederschönfeld gestorben. Vgl.: Wilhelm Heinz Schröder (wie Anm. 492), S. 482.

[494] Landesparteikonferenz der SPD in Nürnberg vom 06.04.1919. Vgl.: Peter Kritzer,

Schneppenhorst fehlte wegen angeblich dringendster Amtsgeschäfte und erschien erst, als die Abstimmung vorüber war. Einziger Verhandlungsgegenstand war der Antrag Loewenfeld: "Die Regierung bleibt im Amt und weicht keinerlei Gewalt". Zu dem Antrag erhielt ich zunächst als Antragsteller das Wort. Ich konnte mich überaus kurz fassen und betonte im Wesentlichen nur, dass sich in dieser Stunde erweisen werde, ob die Partei sich weder durch Drohungen noch durch Gewalt von ihren programmatischen Prinzipien abdrängen lasse, oder ob irgend jemand bereit sei, diese Prinzipien aus Schwäche oder Angst zu verraten oder zu verkaufen. Einen dritten Ausweg gebe es nicht, jedes Kompromiss in der gestellten Frage sei bereits Verrat und zwar nicht nur Verrat an einer jungen, von der Partei selbst mitgeschaffenen Verfassung. Verfassungen seien etwas Temporäres, was von Zeit zu Zeit reformbedürftig werden möge. Nichts Temporäres aber seien die einer Verfassung zu Grunde liegenden politischen und weltanschaulichen Prinzipien. Wir alle hätten uns auf das Prinzip der Demokratie eingeschworen, weil sie uns die Dauerlösung zu sein scheine. Wenn demokratische Regierungen zugegebenermaßen soziale und politische Probleme sehr oft schlecht gelöst hätten, so liege dies nicht am Wesen der Demokratie, sondern an der ungenügend demokratischen Einstellung ihrer Vertreter. Die Demokratie sei nur etwas wert, wenn sie stark genug und willens sei, ihre Weltanschauung gegenüber ihrem Gegner zu verteidigen und durchzusetzen. Kompromisse mit demokratiefeindlichen Strömungen bedeuteten Selbstaufgabe der Demokratie. Der schlimmste Feind des demokratischen Gedankens sei der Bolschewismus. Es sei nicht wahr, dass dieser eine Freiheitsbewegung sei. Wer den Kindern bereits die Limitierung des Denkens bis zu einer "Generallinie" angewöhne und wer das Hinausdenken über diese Generallinie kriminalisiere, der schaffe Knechte und keine Freien, wenn er auch diesen Sachverhalt hinter vieler scheinsozialer Aktivität verberge. Ob dabei die Sklavenhalter ehemalige Arbeiter oder ehemalige Kapitalisten seien, könne prinzipiell keinen Unterschied machen. Die Behauptung, dass die Beseitigung der persönlichen Freiheit nur etwas "Vorübergehendes" sei, sei ein nichtswürdiger Trick des Bolschewismus. Durch Abschaffung der Denkmöglichkeit, durch Gewöhnung der Menschen an limitiertes Denken, durch Verfolgung selbstständigen Denkens mit Bluturteilen, Geheimpolizei, persönlicher und wirtschaftlicher Vernichtung, erbärmlichen Denunziations- und Erpressungsmethoden, Verbannung und ähnlichen "Erziehungsmitteln" des zaristischen Systems könne nicht am Ende eine freie, selbstständige und kritische

Die bayerische Sozialdemokratie und die bayerische Politik in den Jahren 1918 bis 1923, München 1969, S. 108.

Generation geschaffen werden. Partei und Ministerium stünden deshalb an einem Scheideweg. Nur wenn sie furchtlos und energisch die Ideale hochhielten, für die sie mehr als ein Menschalter gekämpft hätten, seien sie wert, nicht unterzugehen. Zögen sie sich vor irgend welchen Terrorankündigungen zurück, dann machten sie nicht den Weg zu Demokratie oder gar zu Sozialismus, sondern nur den zu einer langen blutigen Gegenentwicklung frei, von der es vielleicht nie mehr ein Zurück auf den heute erreichten Punkt der demokratischen Entwicklung gäbe. Die erdrückende Mehrheit des Landes sei, wie nicht nur die Wahlen, sondern die täglich massenhaft eingehenden Berichte erwiesen, absolut gegen halb- oder ganzbolschewistische Experimente. Die Kräfte, deren sich diese Mehrheit bedienen würde, wenn sie sich endgültig durch einige wenige, noch dazu zu neunzig Prozent landfremde, bolschewistische Agenten terrorisiert fühlen sollte, würde nach allem menschlichen Ermessen nicht prodemokratisch, sondern antidemokratisch sein, und ich sei überzeugt, dass der Spuk eines bolschewistischen Theaters in Bayern von ihnen in einer Weise liquidiert werden würde, von der sich die Leute, die heute versuchten, die ortsansässige Arbeiter- und Bauernschaft und die in der Demobilisierung begriffene Armee in leninistische Experimente hineinzuhetzen, keinerlei Vorstellung machten[495].

Als die nächsten Redner sprachen dann der Ministerpräsident Hoffmann und der Minister des Innern Segitz. Hoffmann war sehr müde und durch den Gang der Ereignisse aufs äußerste degoutiert. Er sagte in einem resignierenden Ton, es sei sehr schön, so prinzipienstarke Worte zu hören, wie sie eben gesprochen worden seien, und er wolle nur hoffen, dass die in der Partei existierende Kompromissbewegung, die auf einen Vergleich mit dem Kommunismus hinauslaufe, keine weiteren Fortschritte mache, denn auch er sei sich darüber klar, dass dann, wenn man diesen Leuten den kleinen Finger gebe, sie unverzüglich die ganze Hand verlangen und auch wohl erhalten würden[496]. Brachte er dadurch schon in sehr deutlicher Form seine Zweifel zum Ausdruck, ob in der Stunde der Gefahr die sozialdemokratische Organisation für ihre Ideale geradestehen oder, wieder einmal, verderbliche Kompromisspolitik machen würde, so zeigte er immerhin, dass er für seine Person zum Widerstand entschlossen sei, wenn dieser mit einem Stimmenverhältnis beschlossen werde, das auf keinen Fall ein Zufallsergebnis sei. Weit defaitistischer als Hoffmann sprach der Minister des Innern Segitz. Er malte ein überaus düsteres Bild der politischen und

[495] Vgl.: Münchener Post 05/06.04.1919, S. 1; Münchener Post 08.04.1919, S. 1 f; Münchener Post 09.04.1919, S. 2;

[496] Vgl.: Bayerische Staatszeitung -92- 07.04.1919, S. 11 f.

wirtschaftlichen Lage. Die Kohlenvorräte des Landes seien für Tage, aber nicht mehr für Wochen ausreichend. Die Lage eines großen Teiles der Demobilisierten sei trotz aller Bemühungen ganz erbärmlich. Die Schwierigkeiten im Verkehr und in der Verteilung seien außerordentlich, und wenn nun noch irgendwelche mehr oder weniger bürgerkriegsähnliche Kämpfe um politische Prinzipien hinzukommen, werde alles stocken und Bayern sei erledigt[497]. Ohne dass er eine bestimmte Schlussfolgerung gezogen hatte, war aus seinem Vortrag die gleiche Doktrin zu hören, die so oft schon das Ende von politischen Systemen und Völkern herbeigeführt hat: wenn man sich nämlich tot stelle, werde einem der Feind schon nichts anhaben. Es war dieselbe Politik, mit der später gewisse "Neutrale" vermeinten, Faschismus und Hitlerei in Schach halten zu können. Segitz' Rede vermochte nur wenige Delegierte zu überzeugen. Sie fand in der anschließenden Diskussion von vielen Seiten die schärfste Kritik. Insbesondere wurde mit jeder wünschenswerten Deutlichkeit ausgesprochen, dass eine aktionsfähige Regierung nicht dem Druck mit Bürgerkrieg nachgeben könne, um das Land vor Not und Elend zu bewahren, dass sie vielmehr durch äußerste Aktivität Not und Elend zu bekämpfen habe, um dadurch den Bürgerkriegstreibern jeden Vorwand für ihr verbrecherisches Handeln zu nehmen. Am Schluss der Debatte wurde der Antrag, wonach die Regierung dem Terror nicht weichen solle, mit 47 gegen 6 Stimmen angenommen, was eine völlig klare Entscheidung im Sinne des Widerstandes und der Aufrechterhaltung der Regierungsautorität war. Als kurz nach beendigter Abstimmung Militärminister Schneppenhorst im Verhandlungsraum erschien und von dem Abstimmungsergebnis Kenntnis erhielt, war ihm nicht an einer Bewegung seines Gesichtes anzusehen, was er inzwischen getrieben hatte. Er sagte zu mir selbst, er finde das Abstimmungsergebnis klar und ausgezeichnet. Trotzdem dies sicher der Fall war, und die Landesparteikonferenz als solche für kein Kompromiss zu haben war, bereitete sich auf Seite der Regierung ein solches sichtlich vor. Die Minister ließen nämlich durchblicken, dass man entschlossen sei, den Sitz der Regierung, falls in München eine Räterepublik ausgerufen werde, nach Nordbayern zu verlegen, wo der Gedanke der Räterepublik kaum in irgend einem Umfang Fuß gefasst hatte. Sie waren nicht zu überzeugen, dass ein solcher Beschluss eine denkbar üble moralische Wirkung ausübe und von den Feinden der Demokratie als Flucht und Teilkapitulation aufgefasst wer-

[497] MARTIN SEGITZ (26.07.1853-31.07.1927), 1897-1927 Mitglied des Landtags, 1898-1903 Mitglied des Reichstags, Innenminister 1919, Minister für soziale Fürsorge 1919/20. Vgl.: WILHELM HEINZ SCHRÖDER, Sozialdemokratische Parlamentarier in den Deutschen Reichs- und Landtagen 1867-1933, Düsseldorf 1986, S. 697.

den müsse. Sie begründeten ihre Stellungnahme damit, das sie in keiner Weise der endgültigen Stellungnahme der Armee sicher seien und dass sie ihre "Aktionsfreiheit" nicht dadurch verlieren wollten, dass sie sich zur zufälligen Beute revoltierender Soldaten oder sonstiger Aufständiger machen wollten. An dieser Begründung war nur soviel richtig, dass seitens einer Anzahl von Agenten auch unter den Soldaten eine wilde Agitation gegen den demokratischen Staat getrieben wurde. Ich hatte dies selbst wenige Tage zuvor mir mitangesehen, als die "kommunistischen Soldatenräte Münchens" eine öffentliche Soldatenversammlung in den Löwenbräu[498] einberiefen, um die Notwendigkeit einer radikalen Abschaffung der Demokratie zu begründen. Ich war in diese Versammlung auf telefonisches Ersuchen des Ministerpräsidenten Hoffmann als "Beobachter" hingegangen, und man hatte mir einen als loyal bekannten Offizier in Zivilkleidung als Begleitung mitgegeben. Die Leute, von denen sichtlich nicht ein bescheidener Bruchteil politisch irgendwie orientiert war, klatschten und schrieen den kommunistischen Rednern Beifall. Als ich mich zum Wort meldete, mit dem inneren Vorsatz, den Einberufern dieser Versammlung das Konzept zu verderben, ging es wild her. Der Vorsitzende der Versammlung kündigte meine Wortmeldung mit der Erklärung an, der "bekannte Sozialverräter" Dr. Philipp Loewenfeld habe das Wort gewünscht und die Versammlung möge "souverän" entscheiden, ob sie ihn hören wolle. Nun schrieen die Leute wie toll: "Haut ihn herunter, schießt ihn herunter den Lumpen, den Verbrecher, den Bremser!" Ich kannte München und die Münchener zu gut, um diesen Lärm gleich tragisch zu nehmen. Er erinnerte mich daran, dass der alte August Bebel einmal gesprächsweise zu meinem Vater die Bemerkung gemacht hatte. "Der Münchener schwenkt stets die Fahne des Ideals und weiss nie wofür", was mein Vater damals lebhaft zu bestreiten sich verpflichtet gefühlt hatte. Ich blieb also zunächst ruhig vor dem Podium stehen und harrte der Dinge, die da kommen werden. Nachdem der Lärm eine Weile gedauert hatte, rief ein ganz besonders Schlauer laut in den Saal: "Genossen, lasst doch den Mann seinen Schmarren reden, wir glauben ihm ja doch nichts". Diese "liberalistische" Bemerkung fand herzlichen Beifall der Versammelten, denn im Grunde genommen war ja dem Münchener alles Extreme, einschließlich besonders radikalen Getues, nie gerade sympathisch. Ich konnte mich also nach dieser liebenswürdigen Einführung auf das Podium begeben und wurde mit verhältnismäßiger Ruhe angehört und von nur ganz wenigen Zwischenrufen unterbrochen. Ich begann mit der Bemerkung, es sei eben gesagt wor-

[498] Vgl.: Bayerische Staatszeitung -91- 06.04.1919, S. 2 . Bayerische Staatszeitung -92- 07.04.1919, S. 2.

den, dass man mir "doch nichts glaube". Ich wolle aber in keiner Weise an den Glauben der Versammelten appellieren, sondern nur an ihren Verstand. Was sie nicht mit dem Verstande einsähen, sollten sie mir auch ja nicht glauben, denn ich sei kein Apostel, der ihnen irgendwelche unausgegorenen Heilslehren andrehen wolle, sondern ein ganz gewöhnlicher Mensch, der versuche, die Dinge so zu sehen, wie sie sind. Schon bei diesen gewiss simplen Worten erhielt ich von einzelnen Leuten Beifall. Als ich fünfzehn Minuten gesprochen hatte, war so ziemlich die ganze Versammlung exakt von dem Gegenteil dessen überzeugt, das sie zu Beginn für richtig gehalten hatte. Es war so eine Art kleine demokratische Orgie und die Versammlungsleitung brach die Versammlung nach verhältnismäßig kurzer Zeit ab, weil sie sah, dass an diesem Abend kaum mehr etwas in ihrem Sinne mit ihr auszurichten war. Dabei war es nicht irgend ein Kunststück, was ich mit den Leuten versuchte. Der enorme Erfolg meiner Ausführungen bei den schwer verhetzten Leuten beruhte einfach darauf, dass ich sie mit den Argumenten aus ihrem persönlichen Gesichtskreis ansprach. Sie fühlten, dass ich ihre Sorgen und Schmerzen kenne und dass es eine freche Mache war, mich als einen Verräter ihrer wirklichen Interessen hinzustellen. Leider konnte ich mir aber in gar keiner Weise einbilden, dass dieser Augenblickserfolg irgend eine tiefere Bedeutung habe, denn eben vermöge ihrer Einfachheit und Unerfahrenheit waren die Leute meistenteils bereit, immer demjenigen zu glauben, der es ihnen "am schönsten" sagte. Würde ich am Schlusse meiner Ausführungen das genaue Gegenteil von dem behauptet haben, was ich am Anfang erklärte, so hätten es sicher die Allerwenigsten gemerkt, wenn ich es nur mit einigem Geschick machte. Mit sozialdemokratisch und gewerkschaftlich geschulten Arbeitern ein Gleiches zu versuchen,, wäre so gut wie undenkbar gewesen, da diese immerhin ein ganz wesentlich kritischeres Publikum dargestellt hätten. In einem derartigen Zustand schien mir in solchen Übergangszeiten eine sehr große Gefahr zu liegen, und es war mir deshalb verständlich, dass die Minister sich der Soldaten nicht sicher fühlten. Für meine Vorstellungswelt bildete dies keineswegs einen Grund, von vorneherein die Verlegung des Regierungssitzes zu beschließen. Weder die Minister noch die Delegierten der Landesparteikonferenz dachten irgendwie im Ernste daran, dass in einem bevorstehenden politischen Konflikt der Einsatz von Militär notwendig werden könnte. Die Regierung hatte schon einige Zeit die sogenannte "republikanische Schutztruppe" aufgestellt, die aus einigen schmalen Detachments von Leuten bestand, die man als der Regierung ergeben ansehen durfte. Die Konflikte mit dem Rätekongress waren trotz der tiefen politischen Gegensätze im Verhandlungswege erledigt worden. Jedermann auf der Landesparteikonferenz war überzeugt, dass man auch im Falle der

Ausrufung einer Räterepublik in München ohne den Einsatz von Militär zu einem gütlichen Ende kommen werde. Kein Mitglied des Ministeriums und kein Delegierter der Landesparteikonferenz war ein Freund der Lösung politischer Aufgaben durch Gewalt. Alle zogen demokratische Lösungen vor. Die sozialdemokratischen Freunde der Räterepublik neigten sich dieser nicht zu, weil sie die Vorstellung hatten, dass deren Gegner Militaristen oder Reaktionäre seien, sondern infolge einer falschen Auffassung des Verhältnisses von Führung und Masse, kraft deren sie glaubten, die Führung habe die "Stimmung der Masse" zu erkunden und ihr zu folgen, statt dass sie es als die Aufgabe der Führung ansahen, für die Überzeugungsbildung der Masse verantwortlich zu sein, selbst um den Preis von Unpopularität. Von den Treibereien Schneppenhorsts und davon, dass er erklärt hatte, das Militär eventuell gegen den Landtag zu verwenden, wusste auf der Landesparteikonferenz offenbar niemand.

19. *Ausrufung der Räterepublik*

Die Abendzeitungen des 6. April und die Morgenzeitungen des 7. brachten das Abstimmungsergebnis der Landesparteikonferenz in großer Aufmachung. Zugleich aber sickerten bereits die Nachrichten durch, dass die Regierung sich im Konfliktsfalle nach Bamberg oder an einen andern nordbayrischen Platz zurückziehen werde. Diese Neuigkeit steigerte den Elan und die Siegeszuversicht der Räterepublikaner aufs Äußerste und bereits wenige Stunden später rief der "Zentralrat" die Räterepublik Bayern aus. Die Proklamation über die Einführung der Räterepublik war von Niekisch unterzeichnet, der den Vorsitz im revolutionären Zentralrat übernahm[499]. Zweiter Vorsitzender des revolutionären Zentralrats und Innenminister der Räterepublik wurde der Arbeitersekretär Soldmann[500] von Schweinfurt, einer nordbayrischen Stadt. Soldmann gehörte den unabhängigen Sozialdemokraten an und war ein verhältnismäßig ruhiger Mann, dem niemand die Torheit der Übernahme dieser Aufgabe zugetraut hatte. Ebenso erregte es Erstaunen in der Bevölkerung, dass der im Zusammenhang mit dem Rätekongress erwähnte Bauernbundsredakteur Kübler sich

[499] Vgl.: Neue Zeitung 07.04.1919. Vgl.: ERNST RUDOLF HUBER, Dokumente zur deutschen Verfassungsgeschichte Bd. 3, Stuttgart u.a. 1966, S. 94 f.

[500] FRITZ SOLDMANN (08.03.1878-31.05.1945), USPD, Arbeitersekretär, Zweiter Vorsitzender des Revolutionären Zentralrats und Innenminister der Räterepublik, Mitglied des Reichstages 1920-1924 und 1932-1933, während der NS-Zeit mehrfach verhaftet, starb kurz nach der Befreiung aus dem KZ Buchenwald an den Haftfolgen. Vgl.: WILHELM HEINZ SCHRÖDER, Sozialdemokratische Parlamentarier in den Deutschen Reichs- und Landtagen 1867-1933, Düsseldorf 1986, S. 707.

zum Justizminister der Räterepublik hergab. Als Außenminister der Räterepublik wurde ein Dr. Franz Lipp[501] berufen, der ein notorischer Geisteskranker war. Seine erste Amtshandlung war eine "Note" an den Ministerpräsidenten Hoffmann des Inhalts, Hoffmann habe den Abortschlüssel des Ministeriums zu Unrecht behalten und werde aufgefordert, diesen bei ihm einzuliefern. Als Finanzminister wurde Silvio Gesell[502] ernannt, ein Schweizer, der zwar von Deutschland und Bayern keine Ahnung hatte, der aber ein Bekannter irgend eines Mitgliedes des Zentralrats war, das ihn hiefür in Empfehlung brachte. Seine sachliche Eignung wurde daraus geschlossen, dass er der geistige Vater der sogenannten "Freigeldlehre" war, die in vielen Ländern eine gewisse Anziehungskraft auf geistige und politische Wirrköpfe ausgeübt hat. Dass er der Auffassung huldigte, kein Staat benötige Steuern, hätte ihn bei Kapitalisten beliebter machen müssen als bei Bolschewisten. Das Kultusreferat übernahm allen Warnungen seiner besten Freunde zum Trotz Gustav Landauer. Das Sozialministerium blieb unbesetzt. Man hoffte, den Unabhängigen Unterleitner zu dessen Beibehaltung zu gewinnen. Gemäß seiner schon auf dem Rätekongress gezeigten demokratischen Grundeinstellung trat er jedoch zurück. Das Gleiche tat der den Unabhängigen zugehörende Handelsminister Josef Simon. Beide Männer wollten offenbar die Räterepublik nicht mitmachen, glaubten aber im Ministerium Hoffmann nicht mehr auf dem richtigen Platz zu sein, angesichts des Umstandes, dass die führenden Leute der "Dritten Revolution" fast durchwegs den unabhängigen Sozialdemokraten angehörten. Zu diesen zählten, außerhalb des neuen Ministeriums, Ernst Toller und Gustav Klingelhöfer[503], die die Organisation einer "roten Armee" übernahmen. Kein Parteikommunist gehörte der Leitung an, insbesondere hielt sich Levien völlig zurück und war, wie man hörte, gegen die "dritte Revolution",

[501] Dr. Franz Lipp (09.02.1855-Das Todesdatum konnte nicht ermittelt werden) Außenminister der Räterepublik. Vgl.: StAM, Staatsanwaltschaft 2131/IV. Vgl.: Bayerische Staatszeitung -212- 30.08.1919, S. 5: "Der Lipp ist auf Grund gerichtsärztlichen Gutachtens außer Verfolgung gesetzt worden".

[502] Silvio Gesell (17.03.1862-11.03.1930), Finanzminister der Räterepublik 1919, Begründer der Freigeldtheorie. Vgl.: ders., Die natürliche Wirtschaftsordnung durch Freiland und Freigeld, Lüdjenburg 1919 (1. Aufl. 1916). Vgl.: Werner Schmid, Silvio Gesell. Die Lebensgeschichte eines Pioniers, Bern 1954.

[503] Gustav Klingelhöfer (16.10.1888-16.01.1961), Nationalökonom, Schriftsteller, seit 1918 Herausgeber der Wochenzeitung "Süddeutsche Freiheit", Mitglied des Zentralrats, Stellvertreter Tollers als Oberkommandierender der bayrischen Roten Armee, 1946 Stadtrat in Berlin, 1947 Vertreter Berlins im Verwaltungsrat der Bizone, 1953-1957 MdB SPD. Vgl.: Paul Hoser, Die politischen, wirtschaftlichen und sozialen Hintergründe der Münchner Tagespresse zwischen 1914 und 1934, Frankfurt/M u.a. 1990, S. 218.

mit der sicherlich sehr wahren Begründung, es sei "nichts vorbereitet". Mühsam allerdings, der den Kommunisten nicht parteimäßig zugehörte und ein politischer Einzelgänger war, war propagandistisch für die "dritte Revolution" tätig. Denn da es nun einmal eine Revolution war, wollte er nicht zurückstehen. Der 7. April war ein herrlicher Frühlingstag und in dem äußeren Straßenbild Münchens war zunächst wenig davon zu bemerken, dass wiederum eine Revolution ausgebrochen war. Da Generalstreik verkündigt war, strömten die Arbeiter aus den Betrieben und viele ergingen sich in den Strassen der inneren Stadt, um der Dinge zu harren, die da kommen würden. Die Strassen waren überfüllt, aber es kam zu keinerlei Störungen der äußeren Ruhe. Die Regierungsgebäude und die Zeitungsgebäude wurden von den Aufständischen ohne wesentlichen Widerstand besetzt. Den Beamten, einschließlich denjenigen, die aus dem alten Regime übernommen waren, wurde die Weiterarbeit freigestellt. Aus der südbayrischen Provinz liefen sogar Meldungen ein, dass bestimmte eifrige Bezirksamtmänner zur "Feier" des Beginns der Räterepublik das Läuten der Glocken veranlasst hätten. Die Garnison wurde von keiner Seite in Bewegung gesetzt, gewisse Soldatenräte erließen Zustimmungserklärungen, andere verhielten sich abwartend. Es wurde bekannt gegeben, dass der Rechtsanwalt Dr. W., den das Ministerium Hoffmann zum Wohnungskommissar ernannt hatte, dieses Amt auch in der Räterepublik beibehalten werde. Gleiche Bekanntgaben erfolgten hinsichtlich des vom Ministerium Hoffmann zum Sozialisierungskommissar ernannten Dr. Neurath und seines Stabes. Der "rote Vollzugsrat", der sich im ehemaligen Königspalais eingerichtet hatte, tagte in Permanenz, ebenso fanden am laufenden Bande größere und kleinere Versammlungen der Betriebsräte statt.

Wie angekündigt zog sich das Ministerium Hoffmann nach Bamberg zurück und beorderte dorthin einen großen Teil der leitenden Beamten des Landes. Auch der Ältestenausschuss des Landtags trat dort zusammen und verschiedene Landtagsfraktionen hielten Sitzungen. Der für den 8. April in Aussicht genommene Zusammentritt des Landtags in München unterblieb.

20. *Gautag der SPD am 7/8.04.1919*

Trotzdem, wie bereits erwähnt, eine Anzahl Sozialdemokraten für den Anschluss an die Räterepublik waren, riskierte keiner, in deren Leitung einzutreten. Die Befürworter des Anschlusses an die Räterepublik hatten vielmehr nach ihrem schweren Misserfolg in der ausserordentlichen Generalversammlung vom 4. April sich darauf verlegt, ihre Aktivität auf dem ausserordentlichen Gautag der sozialdemokratischen Partei zu entfalten, der auf den 7. und 8. April nach München einberufen war[504]. Während am 4. April nur die Mitglieder des Münchener Ortsvereins abgestimmt hatten, waren auf dem Gautag die gesamten Vertreter der ländlichen Bezirke und der kleineren Städte neben den Münchener Delegierten zugelassen. Der Zentralrat der Räterepublik tat nichts, um den öffentlich angekündigten Gautag zu verhindern. Es bestand ja doch noch die Hoffnung, dass die sozialdemokratische Partei als Ganzes sich anschließen werde. Auf Grund der Tatsache, dass die Räterepublik nun einmal ausgerufen worden war und dass in ihrer Leitung eine Reihe von Leuten saßen, die lange Sozialdemokraten gewesen waren, war es auf dem Gautag wesentlich schwieriger geworden, die Sache der Demokratie zu vertreten, da eine ganze Reihe von Delegierten umgefallen und bereit war, sich "auf den Boden der Tatsachen zu stellen, um Schlimmeres zu verhüten". Tatsächlich drückten diese Kräfte eine Entschließung Nimmerfall durch, wonach sich der Gautag der sozialdemokratischen Partei bereit erklärte, die Räterepublik mitzumachen, wenn dadurch die "Einheitsfront des Proletariats" hergestellt werden könne, was ausdrücklich dahin definiert war, dass dies nur angenommen werden solle, wenn außer den Sozialdemokraten und den Unabhängigen auch die Kommunisten die Räterepublik mitmachten. Die Einbringung dieser Entschließung war in mehrfacher Beziehung eine überaus perfide Angelegenheit. Zunächst wussten ihre Verfasser sehr genau, dass die Entschließung, auch wenn sie angenommen werden würde, keine praktische Auswirkung haben würde, da die größte Organisation des Gaues, diejenige der Hauptstadt München, sich bereits mit erdrückender Mehrheit gegen die Teilnahme an der Räterepublik ausgesprochen hatte. Auch war inzwischen die "Urabstimmung" über die Frage "Räterepublik oder nicht" im sozialdemokratischen Verein München veranstaltet worden. Von den etwa zwanzigtausend Mitgliedern hatten sich nicht mehr als dreitausendfünfhundert für die Räterepublik ausgesprochen und bei vielen von diesen war, genau wie bei gewissen kleinen Führern, nicht die Überzeugung von ihrer Richtigkeit und Nützlichkeit, sondern nur die Angst, den Anschluss zu versäumen und dadurch Schaden zu nehmen, maßgebend. Diese Angst wurde vor allem dadurch genährt, dass der Zentralrat bekannt geben ließ, wer sich nicht bei der "Roten Armee" einschreiben lasse, bekomme keine Arbeitslosenunterstützung. Von den etwa dreitausendfünfhundert Sozialdemokraten, die bei der Urabstimmung für die Räterepublik stimmten, waren mindestens neun Zehntel Arbeitslose. Wie sollten diese Leute, wenn sie sich schon bei der Roten Armee einschrieben, um ihre Unterstützung zu erhal-

504 Vgl.: PETER KRITZER, Die bayerische Sozialdemokratie und die bayerische Politik in den Jahren 1918 bis 1923, München 1969, S. 107.

ten, zugleich den moralischen Mut haben, sich gegen die Räterepublik zu erklären, deren Vollzugsorgan die Rote Armee sein sollte? Auch unter diesem Gesichtspunkt war sowohl der Antrag Nimmerfall wie die Veranstaltung der Urabstimmung eine Perfidie. Denn die Arbeitslosen stimmten unter der stillschweigenden Erpressung ab, in persönliche Not zu geraten, wenn sie nicht ja sagten. Nicht einmal die unbedeutende Minorität, die die Ja-Sager aufbrachten, konnte daher ein Bild der wahren Stimmung geben. Aber hiemit war der perfide Charakter der ganzen Aktion noch nicht erschöpft. Die treibenden Kräfte der Aktion wussten ganz genau, dass die Kommunisten den Eintritt in die Leitung dieser Räterepublik abgelehnt hatten und sie öffentlich von der ersten Stunde an als eine "Scheinräterepublik" bezeichneten. Sie wussten ferner genau, dass die damalige kommunistische Leitung garnicht in der Lage war, zusammen mit sozialdemokratischen Funktionären gemeinsame Politik zu machen, nachdem sie monatelang eben diese Funktionäre als vorsätzliche Verräter der Arbeitersache und von der Bourgeoisie gekaufte Subjekte öffentlich angeprangert hatte. Wenn also die Antragsteller ihre Mitwirkung in der Räterepublik davon abhängig machten, dass auch die Kommunisten mitwirkten, dann stellten sie eine Bedingung, deren Nichterfüllbarkeit ihnen im Voraus klar war. Indem sie mit dem Munde erklärten, sie wollten mitmachen, erklärten sie für jeden, der sich einigermaßen auskannte, sie wollten in Wirklichkeit nicht mitmachen, um nachträglich den Kommunisten die "Schuld" geben zu können, dass die "Einheitsfront des Proletariats" misslungen sei. In diesem Sinne sagte ich als Delegierter für München-Stadt auf dem Gautag, es sei uns völlig gleichgültig, wieviele Gautagsdelegierte dieses politische Manöver mitmachen. Der ganze Antrag Nimmerfall sei ein Scheinmanöver, das eine Bereitschaft der sozialdemokratischen Partei für die Räterepublik vortäuschen solle, die in Wirklichkeit garnicht bestehe. Niemand könne mir vorwerfen, dass ich nicht dem Ziel und der Taktik des bayrischen Bolschewismus restlos abgeneigt sei. Zur Schande der Partei müsse ich aber öffentlich gestehen, dass das Verhalten der bayrischen Kommunisten in dieser Angelegenheit immer noch anständiger sei, als das der Befürworter des Antrages Nimmerfall, die nichts anderes wollten, als sich mit einer platonischen und scheinpopulären Zustimmungserklärung von dem zu drücken, was sie zu fördern behaupteten. Wie auch das Schicksal des Antrages Nimmerfall sein werde, ich sei jedenfalls sicher, dass die sozialdemokratische Partei als Ganzes oder in irgend einem wesentlichen Teil sich niemals werde in die Räterepublik hineinhetzen lassen. Die Zustimmung zu dem Antrag werde also lediglich die Wirkung haben, die politische Unzuverlässigkeit und die persönliche Doppelzüngigkeit seiner Befürworter in das hellste Licht zu stellen. Der Ruf der Sozialdemokraten als solcher könne und dürfe durch solche Scheinstrategie nicht leiden, wohl aber sei er abhängig davon, in welchem Maße ihre Mehrheit solche politischen Tricks vereiteln und jede antidemokratische Geste durch klares demokratisches Handeln unmöglich machen würde. Trotz dieser Warnung, der mehrere gleichartige in der Diskussion folgten, nahm der Gautag die Entschließung Nimmerfall an. Wie vorauszusehen, erklärten die Kommunisten sofort, dass sie jede Mitarbeit an einer Kombination verweigerten, bei der die Sozialdemokraten mitmachten. Dies wiederum war das Stichwort für die Anhänger der Entschließung Nimmerfall zu der Erklärung, dass damit die Voraussetzungen dieser Entschließung weggefallen, respektive nicht eingetreten seien. So verlief die Aktion Nimmerfall im Sande, ihr einziges Ergebnis war die Schädigung des sozialdemokratischen Namens, denn es war naturgemäß in der bayrischen und deutschen Öffentlichkeit nicht ohne Eindruck geblieben, dass ein Teil der Angehörigen einer Partei, die die Demokratie auf ihr Banner geschrieben hatte, sich mit wenn und aber bereit erklärt hatte, mit dem Leninismus zu paktieren. Diese Bereitschaft zum Paktieren war nicht nur prinzipienlos und treulos, sondern auch dumm. Denn nicht einmal vom Standpunkt eines grundsatzlosen Erfolgsopportunismus aus konnte erwartet werden, dass diejenigen Leute, die bereit waren, alles mitzumachen, in einer etwaigen Koalition so ungleicher Brüder dann den Ton angeben würden.

21. *Reaktion der Regierung Hoffmann*

So wenig solche Versuche zum Paktieren mit dem Bolschewismus gebilligt werden konnten, so sehr zu begrüßen war die Einstellung des Ministeriums Hoffmann, gegen den Münchener Spuk nicht sofort mit Feuer und Schwert loszuziehen, sondern zunächst den Versuch zu machen, die Räterepublikaner im Verhandlungswege zur Selbstaufgabe ihres Unternehmens zu veranlassen und damit die gesetzliche Ordnung wieder herzustellen. Denn die Führer des Unternehmens waren großenteils missleitete, jedoch nicht unehrenhafte Leute, die vielfach in einer Verbindung von weltfremdem Idealismus und persönlichem Geltungsbedürfnis sich in einen revolutionären Rausch hineingesteigert hatten, die jedenfalls samt und sonders, von vielleicht ganz wenigen Ausnahmen abgesehen, ehrlich glaubten, mit dem Anschluss an die "Dritte Revolution" einer Gewissenspflicht gegenüber der arbeitenden Klasse zu genügen. Die Geführten aber waren fast ohne Ausnahme ehrliche Arbeiter, Soldaten und Bauern, von denen sich zum mindesten die Arbeiter schon deshalb in einer Zwangslage befanden, weil sie, wie bereits erwähnt, sich durch den Nichtanschluss an das Unternehmen in ihrer physischen und wirtschaftlichen Existenz bedroht sahen. Als ein vom Auftrag und Vertrauen der Sozialdemokratie getragenes Ministerium hatte die Regierung Hoffmann deshalb die unabweisbare Pflicht der Menschlichkeit und des Anstandes, eine Gütelösung zu versuchen, indem sie noch einmal trachtete, die Stimme der Vernunft und der Mäßigung als einzige politische Waffe zu gebrauchen und von allen Zwangsmitteln Abstand zu nehmen, solange auf diese Weise eine Erfolgsaussicht gegeben erschien. Diese Verpflichtung war umsomehr zu bejahen, als der revolutionäre Zentralrat in seiner neuen Staatslenkungsaufgabe offenbar reichlich hilflos war und in den wenigen Tagen seiner Existenz nicht eine einzige produktive Leistung zu verzeichnen hatte. Das "Zentralwirtschaftsamt", wie die Sozialisierungskommission Dr. Neuraths jetzt hieß, veröffentlichte eine Verordnung über das Bankwesen[505], die alles andere als eine Sozialisierung bedeutete. Sie änderte an den Eigentums- und Besitzverhältnissen nichts, begründete aber angeblich Kontrollbefugnisse der "revolutionären Bankräte", die in Wirklichkeit effektiv so wenig Kontrollbefugnisse waren, wie auch nur ein verschwindendster Bruchteil der zu "revolutionären Bankräten" berufenen unteren und mittleren Bankbeamten aus wirklichen Revolutionären bestanden hätte. Es wurde ferner im Münchener Justizpalast ein "Revolutionstribunal"[506] eingerichtet, das, nach dem Inhalt der Bekanntgabe, die Gegenrevolution im Zaume halten und die Selbstdisziplin des revolutionären Volkes erzwingen sollte. Es sollte nicht nach dem "Buchstaben des Gesetzes", sondern nach "wirklichem Gerechtigkeitsgefühl" entscheiden und Strenge mit Gerechtigkeit verbinden. Ich habe mir einige Sitzungen dieses "Revolutionstribunals" angehört. Sie waren wirklich mehr als harmlos. Meistens handelte es sich um Unmutsäußerungen, die Bürger auf der Strasse getan hatten. Sie kamen alle mit mehr oder minder scharfen Verwarnungen weg. Es ist nicht ein einziger Fall bekannt, in dem das Revolutionstribunal jemand irgendwie in seiner Freiheit beschränkt hätte.

21. *Einwirken Loewenfelds*

So war es bereits nach wenigen Tagen Gemeingut der Bevölkerung, dass das Revolutionstribunal, je nach Einstellung und Stimmung des Einzelnen, eine lustige Theatervorstellung oder ein schlechter Witz sei, je-

[505] Vgl.: HANS BEYER, Die Revolution in Bayern 1918-1919, 2. Aufl., Berlin 1988, S. 95 und 172.

[506] Vgl.: HANS BEYER, a.a.O., S. 96 und 173.

denfalls eine Einrichtung, von der kein Gegenrevolutionär etwas Ernstliches zu fürchten gehabt hätte. Dem Wunsche der Regierung Hoffmann, ich solle mich an dem Versuche einer Gütelösung beteiligen, entsprach ich deshalb aus vollster Überzeugung und versuchte meinerseits alles, um in den folgenden Tagen die Leitung der Münchener Räterepublik zu einem Einlenken zu bewegen. Ich war zweimal in Bamberg, um in Rücksprachen mit dem Innenminister Segitz die Gesichtspunkte der Regierung für solche Verhandlungen kennenzulernen. Die inoffizielle Stellungnahme der Regierung Hoffmann lief darauf hinaus, dass man bei einer raschen Selbstaufgabe des Unternehmens für eine Amnestie für Führer und Geführte zu haben sein werde, dass gegen die Zusicherung der Unterlassung weiterer Störungsversuche keinerlei sonstige politische oder persönliche Rückwirkungen gegenüber den Räterepublikanern eintreten sollten. Auf der anderen Seite ließ das Ministerium keinerlei Zweifel, dass es bei einer weiteren Versteifung des Widerstandes und bei einem Versuch, die lokal südbayrische Entwicklung weiter auszudehnen, zu militärischer Niederschlagung des ganzen Unternehmens genötigt sein könne. In diesem Sinne wirkte ich zwischen dem 8. und 12. April wiederholt auf den Zentralrat, den roten Vollzugsrat und zahlreiche in diesen Körperschaften prominente Einzelpersonen, vor allem auf Niekisch, Gustav Landauer, Toller ein. Niemand in diesen Körperschaften hätte zu dieser Zeit daran gedacht, mich an einer solchen Einwirkung zu verhindern, alles war noch auf Diskussion, nicht auf Gewalttätigkeit eingestellt. Die Führer der "Dritten Revolution" zeigten tatsächlich ein gewisses Einsehen dafür, dass sie kaum irgend welche Massen hinter sich hatten, dass ihre lokale Bewegung voreilig und isoliert war, und vor allem dass sie mit jedem größeren Ausdehnungsversuch Südbayern in eine Situation bringen würden, in der Gewalt und möglicherweise Blutvergießen nicht mehr zu vermeiden war. Ich benutzte diese Tage und Abende auch, um in der Umgebung von München an kleineren Orten durch Aufklärung und Beruhigung die Leute von dem Anschluss an die Räterepublik abzuhalten, oder wo er schon erfolgt war, sie zu einer Einstellung dieses Unternehmens zu bringen. So war zum Beispiel in dem Orte Gauting bei München, wo sich eine größere Papierfabrik befand, deren Arbeiter und Angestellte einen bedeutenden Teil der Bewohner des Ortes repräsentierten, der Anschluss an die Räterepublik erklärt worden. Zwei oder drei etwas radikalere Betriebsräte der Papierfabrik hatten die Belegschaft des Unternehmens dazu überreden können, dass sie sich dem Unternehmen anschlossen und die Bürger des Ortes wagten keinen Widerstand. Ich vereinbarte mit den regierungstreu gebliebenen Betriebsräten die Einberufung einer Versammlung, in der das Für und Wider der Räterepublik öffentlich besprochen werden sollte und bei der jeder Einwohner von

Gauting freies Rederecht haben sollte. In der überfüllten Versammlung referierte ich über die Lage dreißig Minuten und wurde dabei nicht ein einziges Mal unterbrochen. Als der Versammlungsleiter die zugesagte Diskussion eröffnete, traten nacheinander die Leute, die die Ausrufung der Räterepublik betrieben hatten, aufs Podium und erklärten, sie könnten nicht bestreiten, dass unter den gegebenen Verhältnissen das Unternehmen sinnlos und für die Arbeiterinteressen gefährlich sei. Sie hätten bisher auf Grund der überhitzten Münchener Atmosphäre das Gegenteil angenommen, stellten sich aber jetzt auf den Standpunkt, die Gesamtbevölkerung von Gauting zu bitten, das Unternehmen einzustellen und auf den Boden der gesetzlichen Ordnung zurückzukehren. Dies wurde mit allen gegen zwei Stimmen beschlossen. Von den beiden Unentwegten hatte es, wie ich nachträglich hörte, der eine auf den Bürgermeisterposten des Ortes, der andere auf die Durchführung einer kleinen privaten Racheaktion gegen einen Gautinger Bürger abgesehen.

Am Vorabend des Palmsonntag 1919 war ich nochmals beim roten Vollzugsrat und sprach mit verschiedenen Leitern der räterepublikanischen Bewegung. Ich sagte ihnen, sie möchten unter keinen Umständen jetzt noch Zeit verlieren und zu einer klaren Entscheidung kommen, ob ihr Unternehmen abgeblasen werde. Ich unterrichtete sie darüber, dass es Strömungen in Bamberg gebe, die für eine rasche, zwangsweise Liquidation der "Dritten Revolution" seien. Nur wenn mit einer sofortigen Entscheidung gerechnet werden könne, hielte ich es für möglich, dass noch alles gütlich ausgehe. Ich nahm wahr, dass meine eingehenden Darlegungen der anderen Seite einen tiefen Eindruck machten. Ich wurde gebeten, diese Darlegung am nächsten Tage, dem Palmsonntag, vor dem Plenum der roten Vollzugsräte zu wiederholen und sagte dies zu. Schon aus dieser Bitte konnte ich die Hoffnung schöpfen, dass sich alles werde im Verhandlungswege regeln lassen. Ich ging deshalb von dieser Besprechung in sehr optimistischer und hochbefriedigter Stimmung nach Hause.

23. *Militäraktion am Palmsonntag*

Am Palmsonntagmorgen um 1/2 7 Uhr wurde ich von dem Läuten meines auf dem Nachttisch stehenden Telefonapparates geweckt. Am Telefon meldete sich mein Bruder[507]. Von ihm erfuhr ich zu meinem gren-

[507] WALTER LOEWENFELD (1889-30.09.1925), SPD, Bruder von Philipp Loewenfeld und Rechtspraktikant. Er verfaßte eine Reihe von politischen Artikeln, war maßgeblich am sogenannten "Palmsonntagsputsch" 1919 in München beteiligt und wurde in dieser Sache z.B. im

zenlosen Erstaunen und nicht geringem Entsetzen, dass wiederum Herr Schneppenhorst ein neues Husarenstück auf eigene Faust geliefert hatte. Mitten während der der Regierung bekannten und von ihr gebilligten Güteverhandlungen und ohne jede Verständigung mit der Regierung, hatte er einige Detachements der republikanischen Schutztruppe nach München vorprellen lassen, um die Stadt "zu befreien". Ich wusste damals immer noch nicht, dass er es gewesen war, der, wie kein anderer, die Räterepublikaner in ihr Unternehmen hineingehetzt hatte. Mein eigener Bruder, der einige Tage in Bamberg gewesen war und keine Ahnung hatte, dass es sich bei diesem Streich Schneppenhorsts um eine eigenmächtige, von der Regierung weder befohlene noch gebilligte Aktion handle, hatte sich diesem Unternehmen angeschlossen[508]. Das Unternehmen war von vorneherein aussichtslos, weil es mit viel zu schwachen Kräften ins Werk gesetzt worden war. Die paar Kompagnien waren in die Stadt einmarschiert und hatten einige Verhaftungen vorgenommen, unter anderem hatten sie Mühsam und den Wohnungskommissar Dr. W. festgenommen und deren Abtransport nach Nordbayern veranlasst. In kürzester Zeit waren aber die Leute am Ende ihres Lateins, und die Führer des Unternehmens saßen nun ratlos in der Stadtkommandantur, da sie sahen, dass durch ihre Handlung zwar kein Erfolg erreicht, aber eine gewaltige Gegenbewegung unter den Münchener Revolutionären, einschließlich der kommunistischen Soldatenräte der verschiedenen Truppenteile der Garnison, entfacht würde. Nun baten sie dringend, ich möchte doch in die Stadtkommandatur kommen und auf die örtlichen Führer der Sozialdemokratie einwirken, das Gleiche zu tun, um in dieser fatalen Situation noch eine Rettung ohne Blutvergießen zu versuchen. Ich sagte zu und veranlasste verschiedene andere, sich ebenfalls dorthin zu begeben.

Es war mir klar, dass sich die volle Wut und Empörung der Revolutionäre in erster Linie gegen mich richten werde. Noch am Nachmittag zuvor hatte ich mit ihnen auf Veranlassung der Regierung verhandelt. In ihrem Vertrauen auf meine Worte hatten sie sich an demselben Morgen versammeln wollen, um mich anzuhören. Und nun waren sie, ohne jede vorherige Ankündigung, mit Waffengewalt überfallen und ein Teil ihrer Führer arrestiert und verschleppt worden. Es sprach sich sofort wie ein Lauffeuer

Prozess gegen Schneppenhorst vor Gericht gehört. Rechtsanwalt beim LG München I und II und OLG München seit 26.06.1920. Er starb am 30.09.1925 in München. Vgl.: Bayerisches Hauptstaatsarchiv MJu 21329.

[508] Zum Palmsonntagsputsch vom 12.-13.04.1919. Vgl.: Hans Beyer, Die Revolution in Bayern 1918-1919, 2. Aufl. Berlin 1988, S. 102-105. Ferner: Oskar Maria Graf, Wir sind Gefangene. Ein Bekenntnis aus diesem Jahrzehnt, München 1927, S. 485 f. Vgl.: Walter Loewenfeld, Der "Ordnungsputsch in München", in: Münchener Post 120 (23.05.1919), S. 4.

herum, dass "Loewenfeld" führend bei diesem Überfall dabei gewesen sei. Niemand wusste, dass es sich um meinen Bruder handle, und wie sollten die Leute, die dies vereinzelt erfuhren, schon glauben, dass ich von seinem Vorhaben weder unterrichtet gewesen sei, noch es gebilligt hätte. Auf der anderen Seite verbot es sich für mich von selbst, diesen Sachverhalt an die große Glocke zu hängen, um ihn nicht zu sehr zu gefährden. Es war wohl die abscheulichste Situation, in der ich mich in meinem ganzen Leben befunden hatte. Es war kein Zweifel, dass ich der vorsätzlichen Hinterhältigkeit, Zweideutigkeit und Doppelzüngigkeit würde beschuldigt werden, ohne vorläufig die Möglichkeit zu haben, mich von dem völlig unbegründeten Verdacht zu reinigen. Zugleich bildete mein behaupteter Verrat das Stichwort, dass nunmehr die Kommunisten in Aktion traten und sich bei der durch die Nachrichten hervorgerufenen Massenstimmung rasch eine breite Front der Zustimmung, gegründet auf vermeintlich wohlberechtigte Empörung über sozialdemokratische Niedertracht, verschaffen konnten. Als ich in der Stadtkommandantur eintraf, fand ich die führenden Leute jenes als "Palmsonntagputsch" in die lokale Geschichte eingegangenen Unternehmens völlig hilflos herumsitzend. Aber auch die in größerer Zahl eingetroffenen örtlichen Führer der Münchener Sozialdemokratie, unter ihnen der Vorsitzende des Ortsvereins[509], waren ratlos. Angesichts der ehrlichen Absicht der Regierung und der Sozialdemokraten, die "Dritte Revolution" gewaltlos zu liquidieren, hätte nichts Schlimmeres passieren können, als dieses kopflose Unternehmen, das die Flamme des Münchener Radikalismus zu einem mächtigen Brand schürte. Wir waren uns klar, dass in diesem Moment mit Aufklärung durch die Presse nichts zu erreichen war, dies schon deshalb, weil die nächsten Zeitungen erst 24 Stunden später erscheinen sollten. Wir versuchten, die Parteidruckerei anzurufen, um eventuell Flugblätter gedruckt zu bekommen, die den wahren Sachverhalt darlegen und zur Besonnenheit und Ruhe auffordern sollten. Allein auch dies misslang, weil sich bei dem Telefongespräch herausstellte, dass die für eine sonntägliche Inbetriebsetzung erforderlichen Leute nicht erreichbar waren. Wir versuchten es bei zwei anderen Druckereien. Diese lehnten ab, weil ihre Betriebsräte der radikalen Richtung angehörten und sie in diesem Augenblick nicht wagten, ein sozialdemokratisches Flugblatt drucken zu lassen. Mittlerweile waren Maueranschläge erschienen, in denen der "sozialdemokratische Verrat" gegeißelt wurde und auf denen, wie ich erwartet

[509] Vorsitzender des Ortsvereins München war der spätere Bürgermeister THOMAS WIMMER, der am 31.07.1919 zum ersten Vorsitzenden des Sozialdemokratischen Vereins gewählt wurde. Vgl.: HELMUT H. HANKO, Thomas Wimmer (1887-1964). Entwicklung und Weg eines sozialdemokratischen Kommunalpolitikers, München 1977, S. 28 f.

hatte, mein Name prangte. Es liefen Nachrichten ein, dass auf vormittags 10 Uhr eine Vollversammlung der Räte in den großen Hofbräuhaussaal einberufen sei, um mit den "Verrätern" Abrechnung zu halten und eine Verschärfung des politischen Kurses durchzusetzen. Als Redner waren, wie uns mitgeteilt wurde, maßgebende Kommunisten bestimmt. Das Bedenklichste war aber die Nachricht, dass der größte Teil der Garnison im Begriffe sei, der Regierung die Gefolgschaft aufzusagen und mit fliegenden Fahnen ins Lager der Kommunisten überzugehen. Nach kurzer Beratung stimmten wir dahin überein, dass es notwendig sei, die Beschwichtigung der Garnison zu versuchen und die Truppenteile auf Seiten der Regierung zu halten. Wir wählten aus dem Kreise der Anwesenden je einen Mann zur Verhandlung mit je einem Truppenteil aus. Wir einigten uns auf die Meinung, es sei das Beste, wenn zu jedem Truppenteil jemand gehe, der dort gedient habe. So entfiel auf mich die nicht eben erfreuliche Aufgabe, die Beschwichtigung des bayrischen Infanterie-Leib-Regimentes zu übernehmen. Ich hatte keineswegs das unbedingte Gefühl, dass mir diese Aufgabe glücken werde und dass ich von dem Versuch ihrer Erledigung wieder lebendig heimkehren werde. Wie aber die Dinge nun einmal lagen, konnte ich es nicht ablehnen, mich in die Höhle der kommunistischen Soldatenräte des Infanterie-Leib-Regiments zu begeben. Ich telefonierte also dorthin, dass ich kommen würde, um mit den Soldatenräten des Regiments über die Lage zu verhandeln, ihre Meinung zu hören und die meinige mitzuteilen. Der Mann, der mir das Telefongespräch abnahm, ersuchte mich einen Augenblick zu warten und kam dann mit der Mitteilung zurück, der Soldatenrat sei bereit, mich zu empfangen. Ich fuhr mit einer Autodroschke zur Türkenkaserne. Kaum hatte ich mich bei der Kasernenwache gemeldet und mitgeteilt, dass ich zum Soldatenrat wolle, als ich von einer Anzahl von kommunistischen Soldatenräten, die mich auf Grund des Telefongespräches bereits im Gang der Kaserne erwartet hatten, gepackt, auf den Steinboden geworfen und dort von mindestens sechs Leuten geprügelt und getreten wurde.

24. *Inhaftierung in der Türkenkaserne*

Sie schleiften mich sodann in das Soldatenratszimmer, warfen mich auf einen Tisch und setzten die Verprügelungsprozedur mittels eines Lederriemens fort. Trotzdem es gewiss alles andere als schön war, so verhauen zu werden, – ein Widerstand war angesichts ihrer Übermacht und des Umstands, dass sie Waffen trugen, undenkbar – konnte ich eigentlich doch die Wut und die Erregung der Leute, in der sie auf mich einschlugen, verstehen. Wiederum war es auch an diesem Orte unmöglich, die Mitteilung des wahren Sachverhalts auch nur zu versuchen. Denn einmal sah ich, dass sie mich nicht würden zu Wort kommen lassen und dass sie mir auch bestimmt nichts glauben würden. Sodann hätte ich dadurch meinen Bruder gefährdet, was ich ablehnte. Es blieb mir also nichts übrig, als mich widerstandslos verprügeln zu lassen und abzuwarten, ob sich die Wut der Leute nicht doch schließlich lege. Als ich an der Kaserne vorgefahren war, hatte ich die Autodroschke warten lassen, um möglichst rasch in die Stadtkommandantur zurück zu gelangen. Nun sagten die Leute zu mir, nachdem sie sich mit dem Prügeln genug getan hatten, sie würden mit der Autodroschke an den Hauptbahnhof fahren, bis sie zurückkämen, bliebe ich in der Kaserne eingesperrt. Wenn am Bahnhof ein einziger Soldat von auswärts sei, sei mein Leben verspielt. Wir hatten schon in der Stadtkommandantur die Nachricht empfangen, dass die republikanische Schutztruppe, als sie das Misslingen ihres Unternehmens fühlte, sich an einen in nächster Nähe Münchens garnisonierenden Truppenteil um Hilfe gewandt hatte und dass dieser Truppenteil auf dem Bahnwege nach München sei. Hierauf spielten die Leute mit ihrer Drohung, mich umzubringen, ersichtlich an, denn sie hielten mich in ihrem Zorn natürlich auch für schuldig oder mitschuldig, diesen Truppenteil gerufen zu haben. Ich erwiderte den Leuten garnichts, weil ich mir sagte, jede Erwiderung könne ihre Wut von neuem reizen und weil ich keine Neigung verspürte, mir weitere Prügel zuzuziehen. Wiewohl ich die Morddrohung nicht eben wörtlich nahm, fand ich meine Situation doch sehr ungemütlich, nachdem die Leute verschwunden waren und die Türe abgesperrt hatten. Es war ein überaus kurioses Gefühl für mich, in derselben Kaserne der Gefangene von Kommunisten zu sein, in der ich dreizehn Jahre zuvor unter der konstitutionellen Monarchie als Soldat gedient hatte. Da die Leute bei ihrem Weggehen nur die nach dem Gang gehende Türe versperrt hatten, probierte ich zunächst, ob auch die Innentüren, die, wie ich von früher her wusste, zu den nebenan liegenden Büros führten, nicht etwa offen seien. Aber auch sie waren versperrt. An ein Heruntersteigen oder Herunterspringen vom Fenster war wegen der Höhe nicht zu denken. So richtete ich mich bereits innerlich darauf ein, die Rückkunft der Leute und möglicherweise allerhand lästige und vielleicht gefährliche Entwicklungen abwarten zu müssen, als das Schloss der einen Innentür geöffnet wurde und ein Sergeant des Infanterie-Leib-Regiments in meinen Raum hineinschaute. Er hatte vom übernächsten Raum aus gehört, dass an der Türe gerüttelt worden war und wollte nachsehen, was los war. Ich erkannte den Mann nicht, wohl aber erkannte er mich sofort, redete mich per "Herr Doktor" an. Es ergab sich, dass es derjenige Mann war, der mir in der kommunistischen Soldatenversammlung im Löwenbräu durch den

Zuruf, man solle mich meinen "Schmarren" reden lassen, man glaube mir ja doch nichts, Gehör verschafft hatte. Der Mann fragte mich, wieso ich denn hier eingesperrt sei, und ich sagte ihm, dass seine Kollegen vom kommunistischen Soldatenrat mich verhauen, eingesperrt und mit dem Tode bedroht hätten, wiewohl ich zu dem Regiment nur in der besten Absicht gefahren sei, jeder gewalttätigen oder gar blutigen Entwicklung vorzubeugen. Der Mann sagte mir darauf, er sei selbst Mitglied des Soldatenrats, finde aber nicht, daß diese Behandlung angängig sei. Er habe bis zu der kommunistischen Soldatenversammlung auch gemeint, dass ich ein reaktionärer Verräter sei, meine Worte in dieser Versammlung hätten ihn aber davon überzeugt, dass dies nicht wahr sei. Der Mann bot mir kurz entschlossen an, mich aus dem abgesperrten Raum herauszulassen und mich auf der anderen Seite der Kaserne, wo keine Kasernenwache war, ins Freie zu bringen. Ich ließ mir dieses Angebot nicht zweimal machen und kam auf diese Weise ohne weitere Umstände wieder aus der Kaserne heraus, freilich mit dem betrübenden Bewusstsein, dass weder ich noch ein anderer dort etwas im Sinne der Vernunft ausrichten könne. Der Mann, der mich herausgelassen hatte, wurde später wegen seiner Zugehörigkeit zu dem kommunistischen Soldatenrat vor dem Volksgericht München angeklagt[510]. Er ersuchte mich, ihn zu verteidigen. Ich übernahm diese Verteidigung unentgeltlich. Er wurde nicht nur wegen Mangels an Beweisen, sondern sogar wegen "erwiesener Unschuld" freigesprochen. Die Anklage hatte ihm seine Zugehörigkeit zum Soldatenrat nicht nachweisen können. Der einzige, der sie ihm hätte nachweisen können, war ich selbst, weil er sie mir gegenüber zugegeben hatte. Niemand aber dachte daran, dass ich aus eigenem Wissen eine Kenntnis von dem wirklichen Sachverhalt haben könne. Es war im Allgemeinen ein ungeschriebener Gebrauch im deutschen Strafprozess, dass ein Verteidiger, dessen Klient seine Unschuld behauptet, die Verteidigung nicht fortführte, wenn er von der Schuld des Klienten Kenntnis erhielt. Verbot ihm auch sein Berufsgeheimnis, sein Wissen über die Schuld in irgend einer Form preiszugeben, so war es doch üblich, mit irgend einer Begründung die Verteidigung abzugeben, wenn der Schuldbeweis für den Verteidiger klar war, der Angeklagte aber leugnete. Im Hinblick auf den besonders hohen Grad von Anständigkeit, den der Mann mir gegenüber bewährt hatte, hielt ich es für meine Gewissenspflicht, ihm meine Vertretung keinesfalls zu entziehen, fand aber den übergroßen Erfolg meiner Verteidigung doch beinahe störend. Wäre der Freispruch mit der Begründung

[510] Es handelt sich hierbei wahrscheinlich um den Sergeanten des Infanterie Leib-Regiments SCHACHLBAUER, der freigesprochen wurde. Vgl.: BHStA, Abt. Kriegsarchiv, RWGrKdo 4, Bd. 188.

erfolgt, dass eine Schuld nicht nachzuweisen war, dann wäre er mir sympathischer gewesen. Ich konnte eben aus der Haut meines Vaters nicht heraus.

Als ich von meinem unfreiwilligen Aufenthalt in der Türkenkaserne in die Stadtkommandantur zurückkam, waren dort schon alle auseinander gegangen, weil die Situation offenbar als hoffnungslos angesehen wurde. Ich wollte mich nur im Büro der sozialdemokratischen Partei über die Entwicklung informieren. Bevor ich zu diesem Zwecke eine Autodroschke bestieg, wurde ich Zeuge einer größeren öffentlichen Ansammlung, vor der ein Mann eine Rede hielt. Er gestikulierte höchst aufgeregt und redete sich in eine solche Wut hinein, dass er vor den Leuten den Rock auszog und in Hemdsärmeln weitersprach, obwohl es nicht eben warm war. Als ich etwas näher hinging um zu hören, was er sagte, erkannte ich, dass es ein Anarchist namens Sontheimer[511] war, der in vielen öffentlichen Versammlungen in der Diskussion anarchistische Agitation trieb. Als ich hinhörte, sprach er, wie ich nicht eben mit Behagen vernahm, gerade über mich selbst und erklärte den Leuten, dass man meiner "tot oder lebendig" habhaft werden müsse, um mich für meinen Verrat zu strafen. Hätte ihn seine sinnlose Wut nicht an der Wahrnehmung gehindert, dass ich mitten unter den Leuten vor ihm stand, dann hätte ich vielleicht wiederum eine sehr unsanfte Behandlung riskiert. Die Leute spendeten ihm frenetischen Beifall und mir blieb nichts übrig, als in diesen Beifall miteinzustimmen, um mich nicht auffällig zu machen. Aus dem Munde Sontheimers aber erfuhr ich bei dieser Gelegenheit zu meinem tiefen Schmerz, dass es bereits zu schweren Zusammenstößen mit tödlichem Ausgang gekommen war. Eine Gruppe von Kommunisten hatte nämlich, Sontheimers Worten zufolge, versucht, sich des Hauptbahnhofs zu bemächtigen. Die aus Leuten der republikanischen Schutztruppe zusammengesetzte Bahnhofswache hatte die Entwaffnung der Leute versucht und, als diese Widerstand leisteten, scharf geschossen, wobei eine größere Anzahl der Eindringlinge ihr Leben einbüßte. In der Stadt wurden Gerüchte verbreitet, diese Schießerei sei auf meine Anordnung erfolgt. Auch dieser Irrtum war durch nichts anderes als durch den Umstand verursacht, dass mein Familienname durch den Zusammenhang meines Bruders mit der Aktion der republikanischen Schutztruppe in der Öffentlichkeit erwähnt worden war.

[511] Josef Sontheimer (16.03.1867-03.05.1919), Anarchist. Vgl.: StAM, Staatsanwaltschaft München I, 3122.

Es schien mir, als ich von dem Platz wegging, mehr als zweifelhaft, ob ich bei einer so hochgradigen Aufreizung der Öffentlichkeit gegen mich und bei dem Grade der daraus entstehenden Erregung noch irgend etwas Nutzbringendes für eine ruhige Lösung der Situation tun könne. Von einer in unmittelbarer Nähe befindlichen, öffentlichen Telefonzelle aus rief ich meine Frau an und sagte ihr, wie die Dinge stünden, mit dem Hinzufügen, sie solle mir für alle Fälle einen Handkoffer mit dem Inhalt für einige Tage bereit stellen, weil ich daran dächte, eventuell mit der Regierung Hoffmann erneut persönlichen Kontakt zu nehmen und mich über die dortigen Absichten zu informieren. Zunächst aber fuhr ich zum Gewerkschaftshaus. Ich fand das Parteibüro geschlossen. Darauf fuhr ich zu dem Münchener Ortsvorsitzenden. Bei ihm war eine Anzahl von maßgeblichen Münchener Funktionären versammelt. Sie berichteten, dass in der Versammlung im Hofbräuhaus die kommunistische Richtung schärfster Observanz die Überhand gewonnen hätte und dass an ein gütliches Verhandeln vorerst nicht zu denken sei. Es war dort, wie mir gesagt wurde, die "allgemeine Bewaffnung des Proletariats" beschlossen worden und die Parole ausgegeben worden, dass die "Scheinräterepublik" beendigt sei und die "wirkliche Räterepublik" begonnen habe. Ich hörte in diesem Zusammenhang außer dem Namen Max Leviens zum erstenmal die Namen zweier russischer Bolschewisten, Eugen Leviné-Niessen[512] und Axelrod[513], als künftiger südbayrischer Machthaber. Von Axelrod hieß es, er solle "Finanzminister" der Räterepublik werden, während Leviné ohne eine direkte Funktion der oberste Berater der neuen Räterepulik sein sollte. Für die Geschichte Südbayerns sollten also nicht weniger als drei Russen maßgebend sein, von denen einer, nämlich Leviné, Jude war. Toller und Klingelhöfer waren, wie man hörte, von der neuen Leitung als würdig zur Führung der "roten Armee" befunden worden, obwohl sie nicht Kommunisten waren. Toller war Jude, Klingelhöfer galt zu Unrecht als Jude. Neben dem politischen Wahnsinn, den die Herstellung einer solchen Kombination bedeutete, konnte man sich leicht ausmalen, welche antisemitische Mas-

[512] EUGEN LEVINÉ-NIESSEN (10.05.1883-05.06.1919). Vgl.: ROSA MEYER-LEVINÉ. Leviné. Leben und Tod eines Revolutionärs, München 1972.

[513] TOWIA AXELROD (15.10.1887-1938), bolschewistischer Politiker, 1920/21 verantwortlich für die Presse der Komintern, 1922 im Außenministerium tätig, schließlich Verlagsleiter. Während der stalinistischen Verfolgungen 1938 getötet. Vgl.:Biographical Dictionary of the Comintern, Stanford 1973, p.11. Im Verfahren gegen Axelrod wegen Hochverrats wurde Loewenfeld als Zeuge der Verteidigung benannt (Vgl.:StAM, Staatsanwaltschaft München I, 1939).

senwirkung in einem überwiegend katholischen Agrarland durch die Bekanntgabe dieser Fakten eintreten musste. Es bestand Einigkeit unter uns, dass Verhandlungen mit dieser Kombination nicht gesucht werden könnten. Ebenso bestand Einigkeit, dass ich versuchen sollte, auf schnellstem Wege nach Nordbayern zu gehen, um mich über die dortige Lage zu unterrichten. Eine derartige Unterrichtung war aus den revolutionären Mitteilungsblättern, die an die Stelle der Münchener Tagespresse getreten waren, nicht möglich. Die Telefonleitungen nach Nordbayern waren unterbrochen, der Zugsverkehr vom Münchener Hauptbahnhof seit den blutigen Vorfällen eingestellt. Durch einen sozialdemokratischen Betriebsrat der Münchener Eisenbahnbehörde konnten wir jedoch feststellen, dass im Laufe des frühen Nachmittags von dem einige Meilen von München entfernten Vorort Allach noch ein Zug nach Nordbayern voraussichtlich abgefertigt werde.

26. *Fahrt nach Allach*

Wenn ich ihn erreichen wollte, war Eile geboten. Ich fuhr rasch nach Hause, um meinen Handkoffer zu holen, und sagte meiner Frau, sie müsse sich auf eine mehrtägige Abwesenheit meinerseits gefasst machen. Wir erörterten die Frage, ob ich meine Frau und das eineinhalbjährige Kind mitnehmen solle, weil mit einer unmittelbaren Gefährdung der Milchversorgung Münchens zu rechnen war. Bereits hatten wir Nachricht, dass in ländlichen Bezirken Flugblätter verteilt wurden, die die Bauernbevölkerung aufforderten, keine Milch nach München zu liefern, um eine "rasche Kapitulation der Bourgeoisie" herbeizuführen. Meine Frau erklärte jedoch mit Entschiedenheit, sie wolle München nicht mit dem Kind verlassen und auf ihrem Posten ausharren, wie es auch gehen möge. Um den Zug noch zu erreichen, fuhr ich mit einer Autodroschke nach Allach. Am Bahnhof der Ortschaft erfuhr ich, dass noch eine Stunde Zeit bis zum Abgang des Zuges sei. Ich ging deshalb mit meinem Handkoffer in der fast leeren Halle des Bahnhofs auf und ab. Nach einer Weile trat ein Mann auf mich zu, der mich offenbar eine Zeitlang beobachtet hatte und sagte, er glaube mich zu kennen. Ich nannte meinen Namen und er sagte mir auch einen Namen, tat sehr erfreut und titulierte mich "Genosse". Er sagte, dass auch er mit dem Zuge fahren wolle und schlug vor, dass wir den Abgang des Zuges in der dem Bahnhof gegenüberliegenden Wirtschaft abwarten sollten. Er ließ es sich nicht nehmen, mir meinen Koffer zu tragen und war in der Wirtschaft sehr gesprächig, während ich meinen eigenen Gedanken nachhing und nicht eben sehr aufmerksam seinen Erzählungen zuhörte. Kurz vor Zugsabgang sagte er, er müsse eben noch einen Moment telefonieren. Bis der Zug dann wegfuhr, konnte ich ihn nicht mehr sichten und nahm an, er sei in einen anderen Wagen eingestiegen. Die zweitnächste Station nach Allach war Dachau, das durch das Nazi-Konzentrationslager zu trauriger Weltberühmtheit gelangt ist. Als der Zug im Bahnhof Dachau einfuhr, stiegen in mein Coupé vier bewaffnete Leute ein und fragten mich, als den einzigen Insassen des Coupés, ob ich Dr. Loewenfeld sei.

27. *Verhaftung in Dachau*

Als ich bejahte, erklärten sie, ich müsse aussteigen und dableiben. In Dachau befand sich auf dem Areal des heutigen Konzentrationslagers eine große staatliche Pulverfabrik, die ein militärisches Unternehmen war. Sie bestand aus Fabrikations-, Lager- und Verwaltungsgebäuden, sowie zahlreichen Wohnhäusern, darunter eine stattliche Villa für den Kommandeur, mehreren mittleren Häusern für Offiziere und einer großen Reihe von Arbeiterwohnhäusern. Mir war in München nur bekannt gewesen, dass in der Pulverfabrik ein kommunistischer Betriebsrat bestand. Ich nahm deshalb ohne weiteres an, dass ich in eine kommunistische Falle gegangen war – es war ja nun einmal Bürgerkrieg von den Kommunisten proklamiert – und dass man beabsichtige, mich in die Pulverfabrik mitzunehmen, eine Situation, die mir nicht eben sympathisch war. Ich fragte die Bewaffneten deshalb, warum ich heraus müsse, und erhielt darauf die ominöse Antwort: "Das werden Sie schon sehen". Ich wurde zunächst in den Wartesaal des Bahnhofs geführt, dort wurde sowohl ich selbst wie mein Handkoffer einer eingehenden Durchsuchung unterzogen. Sodann erklärten mir die Leute, ich hätte mit ihnen zu gehen. Als ich fragte, wohin sie mich brächten, lautete die Antwort wieder: "Das werden Sie schon sehen". Die Gegend war mir genau bekannt und ich wusste deshalb sofort, dass wir auf dem Wege in die Pulverfabrik waren. Da die Leute im Zug nach meinem Namen gefragt hatten, war es für mich auch völlig klar, dass der Mann, der sich mir in Allach angeschlossen hatte, nach Dachau telefoniert hatte, um meine Gefangennahme zu veranlassen. Ich wusste wenigstens niemand anderen, den ich mit dem Verdienste für diesen Streich hätte kreditieren können. Während wir dahin marschierten, überlegte ich mir, welche Taktik ich wohl am besten einschlagen solle, wenn ich in der Pulverfabrik eingebracht würde. Ich kam zu dem Ergebnis, dass es wohl das Beste sei, wenn ich es einmal mit der Frechheit versuchte. Richtig ging unser Weg im Fabriksareal zum Verwaltungsgebäude und dort in den ersten Stock, wo der Betriebsrat versammelt war. Als ich hereingeführt wurde, fragte mich ein Wortführer des Betriebsrats, was ich in Allach und Dachau wollte. Statt darauf eine sachliche Antwort zu geben, erwiderte ich, bei anständigen Leuten sei es üblich, einen zum Sitzen aufzufordern, wenn man selbst sitze. Vor Überraschung bot mir der Mann einen Stuhl an. Ich sah mir darauf die Gesichter der Anwesenden an und kam zu dem Schluss, dass ich mehrere kennen müsse. Auch sah ich auf mehreren dieser Gesichter große Überraschung. Ich sagte dann, in Allach hätte ich lediglich den Zug bestiegen, weil in München keiner gegangen sei, in Dachau hätte ich garnichts gewollt, wie meine Fahrkarte nach Nürnberg beweise. Ich sei auf dem Wege zur Regierung Hoffmann und möchte niemand raten, mir auf diesem Wege weitere Schwierigkeiten zu machen, da dies Freiheitsberaubung sei, die jedem, der sie fortsetze, teuer zu stehen kommen könne. Die Gesichter wurden noch überraschter, dann sah ich einige lachen und es ergab sich Folgendes: Der kommunistische Betriebsrat der Pulverfabrik war in der Nacht zuvor gestürzt und durch einen sozialdemokratischen ersetzt worden. Der tüchtige Mann in Allach hatte dies gewusst und hatte mich für Max Levien gehalten (mit dem ich allerdings keine Spur von Ähnlichkeit hatte), er hatte angenommen, dass Max Levien unter meinem Namen reise. Er telefonierte nach Dachau, um zu erreichen, dass seine sozialdemokratischen Genossen am ersten Tage eines bürgerkriegsähnlichen Zustandes den großartigen Fang eines richtigen kommunistischen Führers machten. Nun sahen die Leute, dass ich keineswegs Levien, sondern ich selbst war und waren über ihren Schildbürgerstreich erheitert, aber auch ein wenig beschämt. Sie entschuldigten sich lebhaftest und einige sagten mir, sie hätten mich schon beim Hereintreten erkannt, weil sie mich in München einige Male hatten sprechen hören. Sie schlugen vor, weil es mittlerweile ziemlich spät abends geworden war, dass ich für die Nacht in der Pulverfabrik bleiben solle und dass sie mich dann am nächsten Morgen mit dem Fabrikauto nach Nordbayern brächten, damit ich möglichst viel von meiner verlorenen Zeit wieder einhole. Sie wollten mir in der leerstehenden Villa des Kommandeurs ein Nachtquartier richten, ich akzeptierte ihre Gastfreundschaft dankend. Nachdem ich in die Villa herübergegangen war, kamen einige von ihnen mit ihren Frauen an, um mir kleine Präsente als "Buße" für die mir zugeführte Störung zu bringen. Eine Frau wollte mir ein Pfund Butter bringen (was damals ein sehr kostbares Geschenk war), eine andere brachte eine Dauerwurst. Sie waren einigermaßen betrübt, als ich ihnen sagte, ich könne es nicht verantworten, dass sie ihren Angehörigen diese Lebensmittel entziehen, ich sei ihnen aber dankbar für die Gesinnung, die sie zur Anbietung dieser Geschenke veranlasst habe. Kurz nachdem ich mich zur Ruhe niedergelegt hatte und eingeschlafen war, wurde ich wieder geweckt und gebeten, nochmals ins Verwaltungsgebäude hinüberzukommen. Dort fand ich den ganzen Betriebsrat in großer Aufregung.

Die Leute sagten mir, die "Rote Armee" sei mittlerweile bis Allach vorgerückt und verfüge über schwere Geschütze, Minenwerfer und Flammenwerfer. Der Betriebsrat sei aufgefordert worden, die Pulverfabrik zu räumen. Für den Fall der Weigerung sei angedroht worden, dass mit Artillerie in die Fabrik hineingeschossen werde. Da in der Fabrik, wie mir die Leute sagten, sehr große Vorräte von Schwarzpulver lagerten, war diese Androhung eine sehr ernste und gefährliche Angelegenheit. Es sollte nun besprochen werden, ob diesem Druck nachgegeben werden solle, oder ob die unabsehbaren Folgen seiner Ausführung riskiert werden sollten. Hierüber wollten die Leute meine Meinung hören. Ich sagte ihnen, ich sei für strikte Ablehnung dieses Druckes, freilich nur unter der Bedingung, dass wir alle die Nacht über in der Pulverfabrik ausharrten und es darauf ankommen ließen, ob wir in die Luft gesprengt würden. Erfreulicherweise erzielte diese Meinung Einstimmigkeit. Wir blieben deshalb alle die Nacht über beisammen. Tatsächlich geschah nichts. Die Ankündigung war von dem neuen kommunistischen "Kriegsminister"[514] der Räterepublik ausgegangen, der im Zivilberuf Kellner und später Funktionär einer Gewerkschaft von Gastwirtsangestellten war. Er landete schon vor dem Ausbruch des Dritten Reiches im Braunen Haus zu München, wo er sich durch besondere Schäbigkeit seiner Nazi-Agitation hervortat. Ich wusste, dass er ein Mann des erpresserischen Druckes, aber kein Mann der Tat war. Die feste Haltung des Betriebsrats genügte, um ihn von der Ausführung seiner verbrecherischen Drohung zurückzuhalten.

28. *Verhaftung in Ingolstadt*

Am frühen Morgen des nächsten Tages verabschiedete ich mich bei dem Betriebsrat und es wurde mir tatsächlich ein Lieferauto der Fabrik zur Verfügung gestellt, auf dem neben dem Führersitz ein Platz für mich war. Wir kamen jedoch nicht sehr weit. Schon nach einigen Meilen blieben wir stecken, weil an dem Wagen ein Schaden war, der nicht sofort repariert werden konnte. Ich telefonierte an den Betriebsrat, um dies mitzuteilen und die Leute waren so hilfreich, mir einen zweiten Wagen zu schicken, einen uralten Ratterkasten, der aber tatsächlich ging. Mit diesem Auto kamen wir

[514] Es handelt sich hier um WILHELM REICHART (1878-das Todesdatum konnte nicht ermittelt werden), KPD, 1920 zu vier Jahren Festungshaft verurteilt. Es gab keinen Kriegsminister, sondern eine Militärkommission, der neben Reichart auch R. Eglhofer, Johann Wiedemann und Leo Reichert angehörten. Vgl.: HANS BEYER, Die Revolution in Bayern 1918-1919, 2. Aufl. Berlin 1988, S. 106. Diese in der DDR erschienene Arbeit stellt wiederholt die Kommunisten als treibende Kraft der Revolution dar.

bis zu der an der Donau gelegenen Stadt und Festung Ingolstadt. Ich hoffte, von Ingolstadt aus wiederum per Bahn weiterfahren zu können, denn nördlich der Donau war der Zugsverkehr nicht aufgehoben. Aber der Überraschungen war noch kein Ende. Kaum waren wir in Ingolstadt eingefahren, als ich schon von der Kriminalpolizei angehalten, verhaftet und ins Arrestlokal eingeliefert wurde. Es stellte sich sofort heraus, dass ich auch in Ingolstadt als "Max Levien" avisiert war. Der tüchtige Mann in Allach hatte also in aller Vorsorge nicht nur nach Dachau, sondern auch noch an mindestens eine weitere auf dem Wege nach Nürnberg gelegene Station telefoniert und seine Denunziation angebracht. Ich sollte nun beweisen, dass ich nicht Max Levien sei. Dies fiel mir glücklicherweise sehr leicht. Der rechtskundige Stadtrat der Stadt Ingolstadt[515], der der Leiter des dortigen Polizeiwesens war, hatte seine juristische Ausbildung im Anwaltsberuf auf dem Büro meines Vaters erhalten. Ich kannte ihn aus dieser Zeit sehr gut. Ich sagte also dem Polizeibeamten, er möge den Leiter des Ingolstädter Polizeiwesens anrufen und mich einige Worte mit ihm sprechen lassen. Er werde dann sicherlich sogleich die Bestätigung erhalten, wen er vor sich habe, denn sein Chef werde mich bestimmt an der Stimme erkennen, wenn er ihm auch nicht sage, wer ihn sprechen wolle. Diese Anregung war dem Polizeibeamten nicht sehr angenehm, denn nun konnte er schon ahnen, dass er einen Missgriff getan hatte. Er war aber doch korrekt genug, um ihr sofort stattzugeben. Er rief also den Vorsteher des Polizeiwesens an und sagte zu ihm, ein Herr möchte einige Worte mit ihm am Telefon sprechen. Er hörte sodann an dem zweiten Telefonrohr mit, was nun gesprochen werde. Ich meldete mich am Telefon nur mit den Worten: "Guten Tag, wie geht es Dir"? Darauf kam von der anderen Seite die Antwort: "Ja, Loewenfeld, seit wann bist Du denn hier, das ist ja sehr nett!" Aber wie kommst Du denn zu der Polizei?" Ich sagte, ich sei nicht zur Polizei gekommen, sondern die Polizei zu mir, ich sei hier in der Polizeistation festgesetzt, weil ich für Max Levien gehalten würde. Seine Antwort, die dem Polizeibeamten sicher nicht angenehm in den Ohren klang, war: "Welcher Schafskopf hat denn das gemacht?" Ich fühlte mich darauf verpflichtet, den Beamten, der einen hochroten Kopf bekam, ein wenig zu verteidigen und sagte, ich könnte ganz gut verstehen, dass er mich festgehalten habe, wenn ihm schon eine

[515] DR. MAX HIERL (19.06.1887-10.12.1946), seit 01.09.1917 als II. Rechtsrat im Dienst der Stadt Ingolstadt, 1919 zuständiger Polizeireferent. am 10.08.1930 wegen Unregelmäßigkeiten bei der Kassenführung der Verkehrsgesellschaft verhaftet. Am 22.11.1932 durch das Reichsgericht bestätigt, verlor Hierl seine Ämter. Die Juristische Fakultät Erlangen entzog ihm am 11.08.1934 den Titel "Dr. Jur." Für die Auskünfte danke ich Edmund Hausfelder, stellvertretender Leiter des Stadtarchivs Ingolstadt.

Anzeige vorgelegen sei, auf Grund deren er sich für verpflichtet gehalten habe. Der Zweck meines Anrufes sei nur, von ihm meine Identität bestätigt zu bekommen, damit mein unfreiwilliger Aufenthalt bei der Polizei rasch beendigt werden könne. Er sagte nur, ich solle den Beamten wieder ans Telefon rufen. Was er mit ihm sprach, hörte ich nicht, aber jedenfalls muss es, trotz meines Verteidigungsversuchs, nicht sehr schmeichelhaft gewesen sein, denn der Beamte wurde äußerst aufgeregt und suchte ihm mehrmals etwas zu erwidern, dies gelang ihm aber nicht. Als das Telefongespräch zu Ende war, sagte er nur zu mir, es tue ihm außerordentlich leid, dass ich unnütz aufgehalten worden sei, aber er könne wirklich nichts dafür. Ich erwiderte, dass ich hievon auch überzeugt sei und dass es mir leid tue, wenn sein Chef ihn grob angelassen habe. Ich ging dann noch rasch zu dem Stadtrat H.[516] hin, der mir geholfen hatte. Er telefonierte für mich mit der Eisenbahnstation, um zu hören, ob noch ein Zug nach Nürnberg gehe, denn die Einhaltung des Fahrplanes war auch von Ingolstadt nicht gewährleistet. Es ergab sich, dass ich bei Benutzung eines Zuges erst am nächsten Morgen hätte in Nürnberg ankommen können. Da ich aber auf Grund der in Dachau versäumten Zeit ohnehin schon in großer Eile war, wenn ich etwas sollte ausrichten können, telefonierte ich mit dem Generalkommando des Dritten Armeekorps in Nürnberg, dessen Soldatenrat mir durch einen Anruf bei der Eisenbahnbehörde in Ingolstadt die Möglichkeit verschaffte, nach einer halben Stunde auf einer hiezu bereitgestellten Schnellzugslokomotive nach Nürnberg zu fahren. Dort angekommen, begab ich mich sogleich zum Generalkommando, um zu hören, welche Nachrichten von der Regierung aus Bamberg vorlägen.

29. *Waffenstillstandsverhandlungen*

Sie lauteten dahin, dass die "Rote Armee" immer noch bei Allach stehe und dass es in der Intention der Regierung liege, nochmals Verhandlungen zu versuchen und, wenn möglich, vorerst einmal einen Waffenstillstand zu erreichen, der ein weiteres Vorrücken der "Roten Armee" ausschließen sollte. Für diese ihre Intention hatte die Regierung militärische und politische Gründe. Sie verfügte mit einiger Sicherheit in Südbayern über ein einziges Bataillon, das in Artillerieschussweite von der "Roten Armee" entfernt, sich in der Umgebung von Dachau befand. Diese Truppenformation war viel zu schwach, um der "Roten Armee" bei deren Vorrücken Widerstand zu leisten. Den eingetroffenen Nachrichten zufolge hat-

[516] HIERL, Vgl.: Anmerkung 515.

ten die Kommunisten mehr als zwanzigtausend Leute bewaffnet, teils mit leichten, teils mit schweren Waffen. Wir hörten, dass lange Aufzüge von Bewaffneten in der Münchener Ludwigstraße stattgefunden hätten, wo sie unter abwechselnden Rufen "Hoch" und "Nieder" paradierten. Wenn es sich auch keineswegs um geschlossene und zusammengespielte Truppenteile handelte, so mussten doch bei militärischen Zusammenstößen unabsehbare Folgen entstehen, die die Regierung, wenn nur immer möglich, nach wie vor zu vermeiden wünschte. Beim Generalkommando lag ein Regierungsersuchen vor, geeignete Personen für eine eventuelle Waffenstillstandsverhandlung nach Südbayern zu entsenden. Wir besprachen diese Angelegenheit, wobei unter anderen wiederum der jetzige Hitler-Feldmarschall Kesselring zugegen war, der sich vor Loyalität gegenüber der sozialdemokratischen Regierung sozusagen überschlug. Am Ende der Unterredung wurde ich selbst gebeten, wieder hinunterzufahren und den Abschluss eines Waffenstillstandes zu versuchen. Mit mir sollten zwei Offiziere fahren und ferner einer der Leiter der republikanischen Schutztruppe, namens Aschenbrenner[517]. Ich hätte es lieber gesehen, wenn ich nicht sogleich genötigt gewesen wäre, die Nacht über wieder nach Dachau zurückzufahren. So wie die Dinge lagen, war für die Verhandlungen eine gewisse Münchener Personalkenntnis nicht zu entbehren. Da im Nürnberger Generalkommando momentan niemand war, der sich eine solche zutrauen konnte, sagte ich zu. Wir erhielten ein Auto vom Generalkommando gestellt und fuhren noch am Abend in sausender Fahrt in der Richtung Südbayern ab. Nach wenigen Stunden hatten wir die Donau wieder in südlicher Richtung überschritten. Etwa eine Viertelstunde später konnte der Wagen eben noch in schärfster Fahrt gebremst werden, bevor er in eine Straßenbarrikade hineinfuhr. Wir waren in eine kommunistische Straßenfalle geraten, die der Betriebsrat der nächst Ingolstadt gelegenen staatlichen Pulverfabrik Reichertshofen mittlerweile an dieser Landstraße errichtet hatte. Wie auf einen Schlag tauchten aus dem Dunkeln so viele Bewaffnete auf, dass wir an Widerstand nicht denken konnten. Unser Auto samt uns selbst wurde zur Pulverfabrik gefahren, wo wir in einen Raum geführt und die Türen hinter uns geschlossen wurden, mit dem Bemerken, wir sollten bald erfahren, in welcher Weise über uns werde verfügt werden. Fehlerhafterweise ließen die Leute bei uns keinen Wächter zurück. Der

[517] Emil Aschenbrenner, SPD, Vizefeldwebel, Kommandant der Wache im Hauptbahnhof, führend am Putsch der Republikanischen Schutztruppe, dem sog. Palmsonntags-Putsch, beteiligt. Vgl.: Hans Beyer, Die Revolution in Bayern 1918/1919, 2. Aufl., Berlin 1988, S. 102-105 f. Vgl.: Ludwig Morenz, Revolution und Räteherrschaft in München. Aus der Stadtchronik 1918/1919, München/Wien 1968, S. 123.

Raum war im Hochparterre, sodass es uns ohne Schwierigkeit gelang, ein Fenster zu öffnen und herunterzuspringen und zu unserem Auto zu kommen. Als wir dies ankurbelten und im schärfsten Tempo zu dem offenen Tor hinaus auf die Landstraße fuhren – wobei wir schon jenseits der Straßenfalle waren – wurde dies sowohl in der Pulverfabrik wie bei der Straßenfalle bemerkt. Nun wurde hinter dem Auto hergeschossen wie in Wild-West. Kein Schuss aber erreichte sein Ziel, da wir schon zu weit weg waren, als unsere geglückte Flucht bemerkt wurde. Der Vorsitzende des Betriebsrats der Pulverfabrik und sein Stellvertreter wurden nach der Niederwerfung der Räterepublik wegen Beihilfe zum Hochverrat vor dem Volksgericht Ingolstadt angeklagt. Beide waren langjährige tüchtige Arbeiter der Pulverfabrik, die nach meiner Überzeugung zu ihrer Handlungsweise nur durch die Hetzwirkung einer bestimmten Propaganda getrieben worden waren. Es gelang mir, sie beide mit einer verhältnismäßig milden Festungsstrafe, also der Strafe für Überzeugungstäter, durchzubringen.[518]

Kurz vor Morgengrauen, noch in der Dunkelheit, kamen wir schließlich in Dachau an. Wir nahmen mit dem Major H.[519], dem Kommandeur der Regierungsformationen, Fühlung. Er bestätigte uns, dass bei einem Angriff der "Roten Armee" diese seine Formationen nicht würden standhalten können und dass im Falle eines solchen Angriffes seine Leute die Weisung hätten, sich gruppenweise entlang der Eisenbahngleise nach Norden in Richtung Pfaffenhofen-Ingolstadt zurückzuziehen. Er begrüßte es aufrichtigst, dass ein Waffenstillstand versucht werden solle. Es wurde durch Winkerzeichen eine Verständigung an die Vorposten der "Roten Armee" hinübergegeben, dass solche Verhandlungen angebahnt werden sollten. Von der anderen Seite kam die Verständigung, dass Unterhändler herüber kämen. Tatsächlich erschien der "Kriegsminister" R.[520] mit einem zweiten Mann. Er trat sehr provozierend auf, und es war eine Verständigung mit ihm nicht zu erreichen. Er stimmte jedoch zu, mich in Begleitung der beiden mit mir gekommenen Offiziere in das rote Hauptquartier mithinüberzunehmen, um den Versuch mit dem ganzen Stab der "Roten Armee" fortzusetzen. Wir wurden also mit verbundenen Augen durch die rote Vorpostenlinie geführt und verhandelten mit dem Stab der "Roten Armee". Auf deren Seite führte

[518] Anklage gegen zwei Arbeiter der Pulverfabrik Reichertshofen vor dem Volksgericht Ingolstadt wegen Hochverrat. Die Akten des Volksgerichts Ingolstadt sind nicht mehr vorhanden.

[519] Major Heinzmann, 10. Infanterieregiment, Kommandeur der Regierungstruppen, die 1919 vor Dachau eingesetzt wurden. Vgl.: Die Niederwerfung der Räteherrschaft in Bayern 1919, hrsg. vom Kriegsgeschichtlichen Forschungsamt des Heeres, Berlin 1939, S. 32.

[520] Wilhelm Reichart, ab 09.04.1919 Volksbeauftragter für das Militärwesen. Vgl: Anmerkung 514.

das Wort hauptsächlich Ernst Toller. Er sparte mir gegenüber nicht mit Vorwürfen wegen meiner angeblich reaktionären Haltung, ließ sich aber durch konsequente Ruhe dahin bringen, streng bei der Sache zu bleiben, nämlich die Frage der Möglichkeit eines Waffenstillstandes zu diskutieren. Tatsächlich gelang es uns in einstündiger Verhandlung, einen solchen abzuschließen. Nach seinem Inhalt verpflichtete sich die Leitung der "Roten Armee", bis zur Durchführung weiterer Verhandlungen eine bestimmte, unmittelbar nördlich von Allach laufende Demarkationslinie nicht zu überschreiten, gegen die Zusicherung, dass die bei Dachau stehenden Regierungs-Detachments keine Verstärkung erfahren sollten, wenn und solange auf Seite der "Roten Armee" ihre Verpflichtung zum Nichtvorrücken respektiert werde. Wir kamen mit diesem Resultat gegen Mittag nach Dachau zurück, von wo der hocherfreute Kommandeur des Regierungs-Detachments den Inhalt der erreichten Einigung auf der inzwischen wieder hergestellten Telegraphenleitung nach Nürnberg und Bamberg durchgab und von dort sofort Zustimmung erhielt. Der erreichte Waffenstillstand tat jedoch nur für wenige Stunden gut. Gegen Abend nämlich erschütterte eine Detonation, die wie der Schuss eines schweren Geschützes klang, den Raum zwischen Allach und Dachau. Es ist in den späteren Strafprozessen gegen Toller und Klingelhöfer sehr viel von dieser Detonation die Rede gewesen, indem auf der Seite der "Roten Armee" angenommen wurde, dass es sich um einen von den Regierungstruppen abgefeuerten Kanonenschuss gehandelt habe. Dies war aber ganz unmöglich, weil die Regierungstruppen aus einem einzigen Infanteriebataillon bestanden, das naturgemäß keine Kanone bei sich hatte. Andererseits ist der von der Staatsanwaltschaft in diesem Prozess gemachte Versuch, zu beweisen, dass es sich um einen Kanonenschuss der "Roten Armee" gehandelt habe, auch nicht gelungen, denn es wurde nirgends im Gebiet der Regierungstruppen ein Geschützeinschlag gefunden. Wie dem aber auch gewesen sein mag, auf der Seite der "Roten Armee" wurde mit Blitzesschnelle die Parole durchgegeben, der Waffenstillstand sei auf der Regierungsseite gebrochen worden. Innerhalb weniger Minuten setzten sich die roten Linien in Bewegung in Richtung auf Dachau. Das Regierungsbataillon wartete ihre Annäherung ab und zog sich sodann, weisungsgemäß, in das Gelände nördlich von Dachau zurück. Die "Rote Armee" zog in Dachau ein und besetzte den Ort, ohne dass ein einziger Schuss gefallen wäre, oder dass sonst irgend eine Gegenwehr stattgefunden hätte. Toller nahm in der Dienstwohnung des Vorstandes des Amtsgerichts[521] Dachau Stabsquartier. Ich sehe den alten, cholerischen und

[521] Vorstand des Amtsgerichts Dachau war Amtsgerichtsrat Böhngen. Vgl.: MNN 275 (15.07.1919), S. 3.

ewig missvergnügten Mann noch vor mir, wie er es im Prozess gegen Toller als eine besondere Schandtat schilderte, dass Toller auf seinem Nachttisch einige Flecken einer Salbe gemacht hatte. Sicherlich haben diese Flecken mehr als die ganzen politischen Ereignisse die streng gegenrevolutionäre Gesinnung des Herrn Amtsgerichtsvorstands begründet. Wie könnte man auch jemand anderem als einem Roten eine derartige Tat zutrauen! Die Räteregierung in München und das Kommando der "Roten Armee" scheuten ihrerseits nicht den Ruf der Lächerlichkeit, indem in München Plakate über den "glorreichen Sieg von Dachau" und den "Heroismus der Genossen der Roten Armee" angeschlagen und Flugzettel gleichen Inhalts verteilt wurden, deren bombastische Lügen des späteren Goebbels-Propagandaapparates würdig gewesen wären. Ich kehrte nach dem faktischen Misslingen meiner Mission erneut nach Nürnberg zurück. Es konnte nach diesem Zeitpunkt mit der Räteregierung und der "Roten Armee" ein weiterer Waffenstillstand oder ein sonstiges Arrangement nicht mehr getroffen werden. Die Räterepublik gewann in Südbayern, südlich von München bis zur Landesgrenze, Terrain, fasste in Augsburg und in einem Teil von Schwaben Fuß. Nördlich von München reichte ihr Einflussgebiet, von einzelnen "Nestern", wie Reichertshofen, abgesehen, nicht über Dachau hinaus. In Verhandlungen der Regierung Hoffmann mit der Württembergischen Regierung wurde nunmehr beschlossen, Militärformationen aufzustellen und das Gebiet der Südbayrischen Räterepublik militärisch zu umstellen. Es wurde als Sitz des neuen Armeekommandos Ulm an der Donau vereinbart, zum Kommandeur des Württembergischen Detachements wurde der Generalmajor Haas[522], zum Kommandeur des bayrischen der Major von Seißer[523] bestimmt, den wir in diesen Erinnerungen bereits als früheren Generalstabschef des Alpenkorps kennengelernt haben.

30. *Armeekommando in Ulm*

Ich ließ mich bei dem gemeinschaftlichen Oberkommando als "politischer Berater" einteilen. Auf Regierungsseite wurde hiermit bezweckt, dass die militärische Aktion in Fühlung mit der Zivilregierung bleiben und dass Art und Maß der Aktion nicht über das von der Zivilregierung für notwen-

[522] OTTO HAAS (14.08.1864-31.12.1930), Generalmajor, Führer der Freiwilligenabteilung Haas bei der Niederschlagung der Münchner Räterepublik. Vgl.: Bibliographie der Württembergischen Geschichte Bd. 8, Stuttgart 1972.

[523] HANS VON SEIßER (1874-1973), Major, später Polizeipräsident. Vgl.: Anmerkung 348. Vgl.: FRANZ J. BAUER, Die Regierung Eisner 1918/19. Ministerratsprotokolle und Dokumente, Düsseldorf 1987, S. 5.

dig gehaltene hinausgehen sollte. Ich fuhr von Nürnberg direkt nach Ulm und traf Herrn von Seißer im Eisenbahnzug, wo wir die ersten Besprechungen über die Zusammenarbeit hatten. Er schien erfreut zu sein, dass ihm als politischer Exponent der Zivilregierung jemand begegnete, mit dem er bereits militärisch zusammengearbeitet hatte, von dem er also vermuten durfte, dass er für die Behandlung militärischer Dinge ein gewisses Augenmaß haben werde. Tatsächlich entwickelte sich die Zusammenarbeit insofern einwandfrei, als dass Armeekommando keinerlei Versuch machte, die Weisungen der Regierung zu überschreiten. Die von dem Kommando eingeleitete Propaganda, die vor allem durch Abwerfen von Flugblättern über München betrieben wurde, war in einer ruhigen und nicht provozierenden Tonart gehalten, appellierte in keiner Weise an Racheinstinkte, sondern nur an die Überzeugungskraft der Bevölkerung und hielt sich von allem frei, was als Verletzung demokratischer Grundsätze hätte angesehen werden können. In den mir vorgelegten Entwürfen für öffentliche Kundgebungen war selten etwas zu beanstanden und wenn ich etwas beanstandete, wurde dies ohne Widerspruch ausgemerzt. Das Kommando veranstaltete in der Stadthalle zu Ulm auch eine große öffentliche Versammlung, um seine Absichten der Bevölkerung darlegen zu lassen. In dieser von dem ganzen Stabe und von Tausenden von Menschen besuchten Versammlung war ich der einzige Redner[524]. Ich drückte unter stürmischem Beifall nicht

[524] Vgl.: MAX ERNST, Die Ulmer Garnison in der Revolution 1918/19, in: Ulm und Oberschwaben. Zeitschrift für Geschichte und Kunst 39 (1970), S. 150-190. Vgl.: HANS EUGEN SPECHER, Ulm Stadtgeschichte, Ulm 1977, S. 285 f. Sozialdemokratische Versammlung, in: Ulmer Tagblatt 26.04.1919, S. 14:
"st. In stark besuchter Versammlung im "Saalbau" sprach gestern abend H. Dr. Löwenfeld aus München, Mehrheitssozialdemokrat, über das Thema: "Die Räterepublik München und das Gebot der Stunde!" Zunächst warf Redner einen Rückblick auf den Gang der Revolution in München zu Anfang des November 1918, dabei die Verdienste Kurt Eisners hervorhebend, der aber fußte auf der festgefügten Organisation der alten Sozialdemokratie. Vom Geiste Eisners sei bei den dermaligen Machthabern in München auch nicht eine Spur mehr zu finden; "Demokratie" sei ihnen das größte Schimpfwort. Noch auf dem Rätekongreß in München nach dem Fall Eisners war die Ueberzeugung durchgedrungen, daß eine Räterepublik aus außenpolitischen und innenpolitischen Gründen unhaltbar sei. Etwas anderes sei das Rätesystem: Arbeiter- und Bauernräte, deren Berechtigung im öffentlichen und wirtschaftlichen Leben nicht zu bestreiten sei. Wie in Rußland der Rätegedanke zu Unsinn verkehrt wurde, zeigt Redner an drastischen Beispielen. Auf der gleichen Bahn bewegte sich die Politik der Kommunisten in München, die gegen das vom ganzen Landtag und vom Räte-Aktionsausschuss gebilligte Ministerium Hoffmann gleich im ersten Augenblick mit einer wüsten Hetze einsetzten. Mit dem Zuwarten der sozialdemokratischen Regierung sei das Uebel verschlimmert worden; und wie die Zustände nun in München seien, konnte Redner aus eigner Anschauung mitteilen, Zwischenrufe der bekannten Kommunistenecke der Saalbau-Versammlung schlagfertig erledigend. Davon, daß die Diktatur eine proletarische sei, könne keine Rede sein, denn die Diktatoren seien nichts weniger als Proletarier; nicht

nur der Zivilisten, sondern auch des Militärs, die Hoffnung aus, dass es uns ein gütiges Schicksal ersparen möge, den bitteren Weg der Eroberung der eigenen Heimat zu gehen. Ich schlug öffentlich vor, dass vor jeder militärischen Einkreisung des Gebiets der Räterepublik nochmals und letztmals der Versuch gemacht werden müsse, die Selbstaufgabe dieses Unternehmens durch Verhandlung zu erreichen. Diese Anregung fiel auf äußerst fruchtbaren Boden. Zunächst wurde beschlossen, dass in einer Reihe von Provinzorten, wo die Räterepublik proklamiert worden war, öffentliche Versammlungen seitens der Regierung einberufen und mit den örtlichen Räten verhandelt werden solle. Ich habe in den darauffolgenden Tagen selbst eine Reihe solcher Städte besucht, um dort teils in Volksversammlungen, teils vor den Räten als Vertreter der Regierung Hoffmann zu sprechen. Die Räte waren überall genügend eingefleischte "Liberalisten", um mir das Wort zu gewähren. Ich fand teilweise bei den Räten eine der Regierung Hoffmann sehr feindselige Stimmung. So zum Beispiel in der

einmal Bayern und Münchner sind sie. Dagegen würden sie Bayern und Deutschland ruinieren, wenn man sie machen ließe. Eine Anarchie würde die andere ablösen. Sozialismus sei nicht Zügellosigkeit, sondern Selbstzucht, Verantwortungsgefühl, Pflichtgefühl, Allgemeinsinn im Geiste der Denker Kant und Fichte. Die in diesem Sinn gehaltenen geistvollen Ausführungen des Redners fanden bei dem größten Teil der Versammlung stürmischen Beifall.
An den Vortrag knüpfte sich eine ausgiebige Aussprache, die sich wieder sehr tumulthaft gestaltete. Die meisten Sprecher gehörten der äußersten Linken an, die über den Referenten und die Mehrheitssozialdemokraten herfielen. Von der Mehrheitssozialdemokratie sprach sehr wirkungsvoll Herr Denker, und zum Schluß der Referent, der mit der äußersten Linken gründlich abrechnete. Seine Rede war auch formell sehr fein und sein Nachweis, daß heute - angesichts der Lebensmittelnot – jede Streikerei Mord am Vaterland und Selbstmordpolitik des Arbeiterstandes sei, blieb nicht ohne Eindruck – wenigstens auf alle, die für Vernunftgründe überhaupt noch zugänglich sind.
Ein Versammlungsteilnehmer schreibt uns noch: Herr Dr. Löwenfeld bekannte sich als Anhänger des Rätesystems, wonach zwar ein vom ganzen Volke gewählter Landtag bestehen soll, dem von proletarischen Volksteilen und Gruppen gewählten Rätekongreß aber ein größerer Einfluß, insbesondere ein Vetorecht gegen die Beschlüsse des Landtags werden soll. Auch in die Beamtungen sollen die Räte eingegliedert werden, und, wenn wir recht verstanden haben, sollen die Beamten, z.B die Bezirksamtleute, lediglich technische Gehilfen dieser Räte werden. Der Bruch mit den Kommunisten sei erfolgt, weil diese die Herrschaft allein wollten. Mit diesen, insbesondere auch mit Landauer, ging der Redner streng ins Gericht. Die Diskussionsredner stellten fast ausschließlich die Kommunisten. Ihr Vorsitzender, Herr Titel, hält jeden Unternehmer für einen Ausbeuter, den Proletarier aber für einen opfernden Bruder. Er glaubt infolgedessen an die Notwendigkeit und die Durchführbarkeit des Kommunismus, und das was der wirkliche Kommunismus in München an Schandtaten leistet, glaubt er einfach nicht. Aus seiner Rede konnte man schließen, daß es hier 300 eingeschriebene Spartakisten gibt, welche die Arbeiterschaft für noch nicht "reif" für den Kommunismus halten und deshalb (?) zunächst hier keinen Putsch versuchen wollen. Die sehr lauten Kommunisten waren in großer Minderheit. Eine große Zahl der Anwesenden enthielt sich jeder Äußerung".

schwäbischen Stadt Kempten, wo der linke Flügel der unabhängigen Sozialdemokraten die Räterepublik beherrschte[525]. Gleichwohl gaben mir auch dort die Räte Gelegenheit, auf einer Plenarsitzung im Rathaus mehr als zwei Stunden vor ihnen zu sprechen. Als ich in das Rathaus ging, waren, wie mir der Besitzer des Hotels, in dem ich abgestiegen war, sagte, in der Stadt Gerüchte verbreitet, dass die Räte mich verhaften wollten. Da ich nun aber an irreguläre Verhaftungen schon so halbwegs gewöhnt war, ging ich doch hin. Unter den Personen, die meine Ausführungen anhörten, waren, wie sich aus der nachfolgenden, teilweise sehr erregten Diskussion ergab, einige Wenige, denen es nicht übel gefallen hätte, mich dazubehalten. Die Mehrzahl hielt aber nicht nur äußerlich auf Anstand, sondern hätte es auch sachlich verworfen, jemand wegen seiner abweichenden Meinung der Freiheit zu berauben. Im Ergebnis führte die Besprechung dazu, dass die Räterepublik in Kempten abgeblasen wurde. Die Personen, die für ihre Ausrufung und für ihren wenige Tage dauernden Bestand maßgebend gewesen waren, wurden später vor dem Volksgericht Kempten wegen Beihilfe zum Volksverrat angeklagt. Sie erbaten meine Verteidigung und ich konnte sie alle mit den Strafen für Überzeugungstäter durchbringen. Sie bezeugten mir in der Folgezeit in vielfach rührender Weise ihre Dankbarkeit[526]. Keiner von ihnen war ein Revolutionär. Es waren durchwegs tüchtige Arbeiter aus der Industrie von Kempten und Umgebung. Das "intellektuelle" Element unter ihnen war lediglich durch den Oberamtsrichter[527] von Kempten vertreten, der sich dazu hatte bestimmen lassen, den Vorsitz im "Revolutionstribunal" zu übernehmen, "um Schlimmeres zu verhüten". Er wurde freigesprochen, nicht nur weil er ein Kollege der über ihn zu Gericht sitzenden Berufsrichter war, sondern weil sich das Gericht durch mich sowohl von seiner vollendeten Harmlosigkeit, wie auch von seiner nicht zu übertreffenden politischen Talentlosigkeit überzeugen ließ. Für die Attestierung und den Nachweis dieser Eigenschaften in öffentlicher Verhandlung zeigte er herzlichste Dankbarkeit, er hatte keinerlei Gefühl dafür, in welchem Maß er dadurch sachlich erledigt wurde. Nach dem Freispruch

[525] Vgl.: HERBERT MÜLLER, Kempten während der Weimarer Republik, in:Geschichte der Stadt Kempten, hrsg. von V. DOTTERWEICH u.a.,Kempten 1989, S. 407-415. Vgl.:Allgäuer Volkswacht 04.05.1919.

[526] Die Verhandlungen vor dem Volksgericht Kempten fanden im Juli 1919 statt. Darüber berichtete fast täglich die Allgäuer Zeitung unter den Überschriften "Vom Standgericht Kempten" bzw. "Die Kempter Räteherrschaft vor dem Standgericht", Vgl.: Allgäuer Zeitung Nr. 149-175 (01.07.-31.07.1919). Für den Hinweis danke ich R.J. Riedel vom Stadtarchiv Kempten.

[527] Es handelt sich hierbei um den Oberamtsrichter JOHANN HOFFMANN (1873 - das Todesdatum konnte nicht ermittelt werden), SPD, nach eigener Aussage Angehöriger der MSPD, Vgl.: Allgäuer Zeitung Nr. 170 (25.07.1919) und 171 (26.07.1919).

ließ er sich nach Nordbayern versetzen, wo er bis an sein Lebensende Leiter eines Amtsgerichts blieb.

31. *Bildung von Freikorps*

In ähnlicher Weise wie in Kempten gelang es mir in mehreren schwäbischen Städten, die Proklamation der Räterepublik und die Wiederunterstellung der Bevölkerung unter die gesetzliche Regierung im Wege der Verhandlung zu erreichen. Die Dinge waren auf dem besten Wege abzuklingen, als die Regierung Hoffmann eine Anzahl verhängnisvoller Fehler machte, die eine unblutige Lösung des Konfliktes aufs Äußerste erschwerten. Der erste dieser Fehler war, dass sie, aus der vielleicht berechtigten Vorstellung heraus, es stünden ihr nicht genug reguläre Truppen zur Verfügung, zur Bildung von "Freikorps" aufrief[528]. Zur Teilnahme an diesen "Freikorps" wurde jeder Mann eingeladen, der sich der Regierung loyal unterstellte und bereit war, die Münchener Sovietregierung zu bekämpfen. Dies gab einer Anzahl von gegenrevolutionären Offizieren, darunter dem Obersten Epp[529], das Stichwort, sich als Führer solcher "Freikorps" der sozialdemokratischen Regierung "zur Verfügung zu stellen". Den Ausschlag dafür, dass ihre Dienste angenommen wurden, gab Schneppenhorst, derselbe Schneppenhorst, der vorher seine Ehre zu Gunsten der Räterepublik verpfändet hatte. Obwohl mittlerweile im Regierungskreis die Rolle bekannt geworden war, die Schneppenhorst in der Nacht vom 4. auf den 5. April 1919 gespielt hatte, wagte es die Regierung nicht, den Mann, der diese Intrige gesponnen hatte, auszuschiffen, sah vielmehr seine nun gezeigte "Schärfe" als eine Art politischer Reue an, die sie aus falsch verstandener Parteisolidarität gelten lassen wollte. Die Einsicht, dass es für das Gefüge der Partei nicht nützlich sein könne, wenn Unrecht zugedeckt und verschleiert wurde, hätte bei den führenden Leuten als selbstverständlich vorausgesetzt werden müssen. In der politischen Praxis der Partei ergab sich aber damals, wie oft zuvor und nachher, dass man lieber einen Schädling deckte, als ihn ausmerzte. Die Angst, den Gegnern durch die Aufdeckung Agitationsmaterial in die Hand zu geben, war größer, als die Sorge für die Reinhaltung der Partei. Dies war keineswegs nur so bei den Sozialdemokraten, sondern genau so rechts und links von ihnen, am schlimmsten bei der späterhin aufkommenden Nazi-Bewegung, der niemand und nichts zu

[528] Vgl.: RUDOLF KANZLER, Bayerns Kampf gegen den Bolschewismus, München 1931, S. 205.

[529] Vgl.: Anmerkung 80.

schmutzig war. Dass es aber auch bei den Sozialdemokraten so war, hatte die schlimme politische Folge, dass durch diese Entscheidung die Gesamtregierung sich im Sinne politischer Zweideutigkeit nach allen Seiten diskreditierte, sobald der wahre Sachverhalt einmal der Öffentlichkeit bekannt wurde.

32. *Standgerichte*

Der zweite schwere politische Fehler der Regierung Hoffmann war, dass sie, um nach außen den Eindruck größerer Stärke zu gewinnen, sich dazu bestimmen ließ, das Recht zu verschlechtern, von der verhängnisvollen Vorstellung ausgehend, dass Rechtsverschlechterung Stärke beweise. Wir erinnern uns in diesem Zusammenhang, dass diese unsinnige und gefährliche Vorstellung auch Eisner durch den Staatsrat Dr. Meyer[530] eingeblasen worden war und dass er aus dieser falschen Vorstellung heraus der Einsetzung der "Volksgerichte" zugestimmt hatte. Nun ließ sich die Regierung Hoffmann durch niemand anderen als den berüchtigten "Hauptmann Roth"[531], der sich ihr auch "zur Verfügung gestellt" hatte, einblasen, dass sie das Standrecht verhängen und standrechtliche Gerichte einsetzen solle. Bevor Herr Roth nach Bamberg fuhr, um der Regierung seine Dienste anzubieten, war er beim Armeekommando in Ulm, um das Gleiche zu tun. Er sagte damals zu mir, ich möge überzeugt sein, dass er jeder Regierung diene, die die Ordnung halte. Ich erwiderte ihm, ich sei überzeugt, dass er jeder Regierung diene, die ihn bezahle, soweit es aber auf mich ankomme, werde er dieser Regierung nicht "dienen". Beim Armeekommando drang ich mit der Forderung, diesen kompromittierten Mann nicht zu akzeptieren, ohne Weiteres durch. Die Zivilregierung in Bamberg akzeptierte dann seine Dienste, ohne das Militär zu fragen, wie es dazu eingestellt sei. Dies war juristisch ihr Recht, politisch nach dem "Fall Epp" der zweite folgenschwere Präzedenzfall. Das Ministerium stellte sich auf den Standpunkt, es könne sich nicht den Luxus erlauben, die Dienste von Offizieren und Beamten, die sich ihm im Kampf gegen die Räterepublik zur Verfügung stellten, zurückzuweisen, solange es nicht erwiesen sei, dass die betreffenden Personen unlautere Absichten verfolgten. In der Partei war man immer davon ausgegangen, dass einer seine Zuverlässigkeit hatte unter Beweis stellen müssen, wenn man ihm eine verantwortungsvolle Funktion geben solle. Hier wurde nun von Leuten, die diesem Prinzip oft nur allzu sehr nachge-

[530] Vgl.: Anmerkung 398.
[531] Vgl.: Anmerkung 338.

lebt hatten, das entgegengesetzte Verfahren gewählt, es wurde nämlich die Zuverlässigkeit eines Jeden, der daherkam, zunächst einmal unterstellt, solange seine Unzuverlässigkeit nicht bewiesen war. Die schweren Folgen einer solchen Politik sollten sich bald zeigen. Die Regierung Hoffmann hatte noch nicht das Wort gelernt: "Der Herr beschütze mich vor meinen Freunden, vor meinen Feinden werde ich mich selbst beschützen". Dass sich die Regierung in diese außerordentlich bedenkliche Situation drängen ließ, war in erster Linie wiederum der Schwäche des Ministerpräsidenten Johannes Hoffmann zuzuschreiben, der, kaum zur Leitung der Geschäfte gelangt, sich von den ihn umgebenden Beamten des alten Regimes in der stärksten Weise einwickeln ließ. So erschien also am 25. April 1919 eine Verordnung des Gesamtministeriums, durch die das Standrecht über das rechtsrheinische Bayern verhängt und standrechtliche Gerichte eingesetzt wurden[532]. Die Möglichkeit zur Verhängung des Standrechts beruhte auf einem bayrischen Gesetz aus dem Jahre 1912 "Über den Kriegszustand"[533]. Dieses Gesetz war nur zur Sicherung einer eventuellen Mobilmachung, aber keineswegs zur Bekämpfung innerer Unruhen erlassen worden. Dies war sowohl die herrschende Meinung der Juristen, als auch diejenige der bayrischen Regierung, die bei den Landtagsverhandlungen die Unterstellung der Absicht, man könne das Gesetz zur Bekämpfung innerer Unruhen verwenden, entschieden zurückwies. Gleichwohl hatten im Jahre 1912 die Sozialdemokraten das Gesetz über den Kriegszustand einstimmig abgelehnt, mit der Begründung, dass es überflüssig sei und dass es außerdem nicht klar genug sei, ob man nicht doch versuchen werde, es zur Bekämpfung innerer Unruhen zu verwenden. Und nun machte gerade eine sozialdemokratische Regierung von diesem Gesetz Gebrauch, um innere Unruhen niederzuschlagen. Die Regierung konnte sich nicht darauf berufen, nicht daran gedacht zu haben, dass die Sozialdemokraten sieben Jahre zuvor das Gesetz einstimmig abgelehnt hatten, um seine missbräuchliche Verwendung für innenpolitische Zwecke zu verhüten. Denn der für diesen Skandal in erster Linie verantwortliche Innenminister Martin Segitz[534] hatte 1912 längst der Landtagsfraktion der Sozialdemokraten angehört, die jene Ablehnung aussprach. Die Benutzung des Kriegszustandsgesetzes war vielmehr eine vorsätzliche Verleugnung des früher für selbstverständlich

[532] Vgl.: Verordnung über die Einführung des Standrechts 25.04.1919 (GVBl.1919, S. 211). Vgl.: HANS BEYER, Die Revolution in Bayern 1918-1919, 2. Aufl. Berlin 1988, S. 142.

[533] Vgl.: Gesetz vom 05.11.1912 über den Kriegszustand (GVBl. 1912, S. 1161-1165)

[534] Vgl.: Anmerkung 497.

gehaltenen politischen Grundsatzes, dass man die Bekämpfung etwaiger innerer Unruhen nicht auf einem Schleichwege aus den Händen der Zivilregierung in diejenigen des Militärs bringen solle. Dass diese besonders schwerwiegende Verleugnung politischer Grundsätze auf das Betreiben eines der gehässigsten Feinde jedes demokratischen Aufbaus geschah, verschärfte die Situation dahin, dass man bereits von einer Teilkapitulation der Regierung Hoffmann vor den Kräften der Gegenrevolution sprechen konnte.

Während die "Volksgerichte" mit zwei Berufsrichtern und drei Laienrichtern besetzt waren, galt für die Standgerichte ein total veraltetes Verfahrensrecht, das aus dem bayrischen Strafgesetzbuch von 1813 entnommen war, das also zur Zeit seiner Wiederbelebung durch eine sozialdemokratische Regierung das ehrwürdige Alter von einhundertsechs Jahren erreicht hatte. Das Gericht war nach den Regeln dieses Verfahrens mit 3 Berufsrichtern und zwei Offizieren besetzt, die zünftigen Juristen bekamen also, was der Hauptzweck der Übung war, die absolute Übermacht, das Laienelement wurde nur durch Militär repräsentiert. Die Rechte der Angeklagten waren in diesen antiquierten Verfahren bis aufs Äußerste beschränkt. Die Anklagebehörden waren in dem gesamten Verfahren bis zur Verhandlung völlig allmächtig, insbesondere in der Frage von Beschlagnahmen, Durchsuchungen und Verhaftungen. Nicht das Gericht, sondern nur der Staatsanwalt hatte über die Einstellung eines Verfahrens zu entscheiden. Beantragte der Staatsanwalt eine Verhandlung, so war ihre Durchführung durch das Gericht obligatorisch. Es waren keinerlei Rechtsmittel gegen die Urteile zugelassen. Jede Wiederaufnahme des Verfahrens war ausgeschlossen. Begnadigungsgesuche hatten keine aufschiebende Wirkung. Todesurteile waren binnen vierundzwanzig Stunden nach der Verkündung zu vollstrecken. Aber nicht nur die Verfahrensregeln des Gesetzes waren antiquiert und in höchstem Maße brutal. Auch die Strafdrohungen selbst waren nach dem Gesetz über den Kriegszustand gegenüber dem Reichsrecht wesentlich verschärft. Während nach dem Reichsrecht das Unternehmen des Hochverrats[535] mit lebenslänglichem Zuchthaus oder lebenslänglicher Festungshaft, bei mildernden Umständen mit Festungshaft nicht unter fünf Jahren, zu bestrafen war, war es nach dem Gesetz über den Kriegszustand generell mit der Todesstrafe bedroht. Die Anwendung eines derartigen Verfahrens und Strafensystems durch eine sozialdemokratische Regierung widersprach aufs strikteste den Partei-

[535] Vgl: REINHARD FRANK (Hrsg.), Das Strafgesetzbuch für das Deutsche Reich, 11.-14. Aufl., Tübingen 1919, S. 192-194.

grundsätzen. Schon nach dem Erfurter Programm von 1891 war das allgemeine Recht der Berufung in Strafsachen der wesentlichste Teil des Justizprogramms[536]. Eine sozialdemokratische Regierung aber schaffte die aus der Zeit der Monarchie herrührenden liberalen Rechtsmittelgarantien ab. Der Kampf gegen die Todesstrafe war bei jeder Beratung des Justizetats im Reich und in den Einzelstaaten eine der wesentlichsten, regelmäßig wiederkehrenden, Justizforderungen der Sozialdemokratie, wobei neben einer Fülle anderer Gesichtspunkte als ausschlaggebend immer ihre Irreparabilität gegenüber Justizirrtümern hervorgehoben wurde. Einer rein sozialdemokratischen Regierung blieb es vorbehalten, die Todesstrafe in größerem Umfang einzuführen, als dies durch die Reichsgesetzgebung geboten war. Diese in der bisherigen Geschichte der bayrischen Sozialdemokratie beispiellose Verleugnung immer hochgehaltener politischer Grundsätze ließ das Schlimmste in Bezug auf die zu erwartende Nachgiebigkeit der Regierung gegenüber der nun selbstbewusster auftretenden politischen Reaktion befürchten. Die Wirkung dieses ebenso brutalen wie dummen Aktes sollte die Abschreckung der Revolutionäre sein. Allein die vor Herrn Hauptmann Roth kapitulierenden Bamberger Minister bewiesen mit ihrer Handlung, dass sie schlechte politische Psychologen waren. Die Maßnahme goss Öl ins Feuer und brachte in München die radikalsten Vertreter kommunistischen Terrors ans Ruder. Der tonangebende Mann in der kommunistischen Räterepublik wurde nun ein paralytischer Matrose namens Eglhofer[537], der, mehr Tier als Mensch, sich selbst und seine Umgebung in einen blutigen Widerstandsrausch hineinsteigerte.

33. *Gustav Noske*

Die folgenschwerste Handlung des Ministeriums Hoffmann aber war, dass es, nach einigem Zögern und Sträuben, einem Eingreifen des Reichskabinetts oder, besser gesagt, des Reichswehrministers Noske zustimmte. Noske, nach der November-Revolution zunächst sozialdemokra-

[536] Rechtsgrundsätze des Erfurter Programms 1891 (gültig bis 1921). Vgl.: WILHELM MOMMSEN (Hrsg.), Deutsche Parteiprogramme, 2. Aufl. 1964, München, S. 349-353, hier S. 352.

[537] RUDOLF EGLHOFER (13.04.1893-03.05.1919), Matrose, vom 13.-17.04.1919 Stadtkommandant von München, seit 16.04.1919 Oberkommandierender der Roten Armee. Er ist für die "Geiselerschießung" im Luitpold-Gymnasium verantwortlich. Nach seiner Festnahme wurde er während seines Verhörs in der Residenz erschossen. Vgl.: LUDWIG MORENZ, Revolution und Räteherrschaft in München. Aus der Stadtchronik 1918/1919, München/Wien 1968, S. 125.

tischer Beigeordneter im Reichsmarineamt, seit Ende Dezember 1918 Volksbeauftragter für Heer und Marine, hatte im Januar 1919 den Kommunisten-Aufstand in Berlin blutig niedergeschlagen. In dem ersten parlamentarischen Reichskabinett wurde er Reichswehrminister. In den in Norddeutschland wütenden kommunistischen Kämpfen hatte er sich durch seinen "Schießerlass"[538] bekannt und berüchtigt gemacht, der eines Göring oder eines Antonescu[539] würdig gewesen wäre. Er besagte, dass jeder, der mit der Waffe in der Hand an irgendwelchen Kämpfen teilnehme, ohne Verfahren zu erschießen sei. Auf Grund dieses Erlasses hatten im März 1919 in Berlin und Lichtenberg wahre Mordorgien des Militärs stattgefunden. Noskes Ordnungsrezepte waren die eines wütenden Feldwebels: alles niederzuknallen, was sich der "Ordnung", seiner Ordnung, in den Weg stelle. Mit dieser "Energie" wurde er rasch der Protektor und Freund des reaktionärsten Teil des Offizierskorps. Ein großer Teil der schlimmsten gegenrevolutionären Skandale der jungen Republik hatte Ursprung und Zentrum im Reichswehrministerium. Die unter Noskes Patronisierung aufgestellten preußischen Freikorps bestanden zu einem großen Teil aus gewerbsmäßigen Befreiern Deutschlands. Ich habe selbst in amtlichen Akten einmal die Papiere eines solchen Befreiers, des Vizewachtmeisters Prüfert[540] vom Freikorps Lützow, eingesehen. Sein bei den Akten befindlicher Stammrollenauszug enthielt unter der Rubrik "mitgemachte Gefechte", "bemerkenswerte Leistungen" die Eintragungen: "Unterdrückung der Berliner Spartakusunruhen", "Besetzung und Sicherung der Stadt Braunschweig", "Besetzung und Sicherung der Stadt München". Laut Strafliste war er zweimal wegen schweren Diebstahls mit erheblichen Gefängnisstrafen und dreijährigem Verlust der bürgerlichen Ehrenrechte und einmal wegen Urkundenfälschung mit längerer Gefängnisstrafe bestraft. Zur Zeit meiner Akteneinsicht wurde er von fünf deutschen Staatsanwaltschaften wegen einer ganzen Reihe von Verbrechen und Vergehen steckbrieflich verfolgt. Über

[538] Schießerlass Noskes vom 09.03.1919. Vgl.: WOLFRAM WETTE, Gustav Noske. Eine politische Biographie, Düsseldorf 1987, S. 439 f.

[539] JON ANTONESCU (15.06.1882-01.06.1946), Marschall, Ministerpräsident von Rumänien 1940-1944, Militärdiktator, der mit dem faschistischen Deutschland kollaborierte, Vgl.: Geschichte in Gestalten. Ein biographisches Lexikon Bd. 1, hrsg. von HANS HERZFELD, Frankfurt/M. 1963, S. 79 f.

[540] ERICH PRÜFERT (1893-mindestens 1959), Vizewachtmeister im Freikorps Lützow, später Kaufmann in Berlin, Prüfert änderte 1938 auf Anordnung des Amtsgerichts Berlin-Mitte seinen Namen in Robrahn. Vgl.: PHILIPP LOEWENFELD, Die Perlacher Erschießungen, in: EMIL JULIUS GUMBEL, Verräter verfallen der Feme. Opfer/Mörder/Richter 1919-1929, Berlin 1929, S. 88 ff. Vgl.: FRIEDRICH HITZER, Der Mord im Hofbräuhaus. Unbekanntes und Vergessenes aus der Baierischen Räterepublik, Frankfurt/M. 1981, S. 196-245.

die Persönlichkeit des Prüfert bekundete ein dem Freikorps Lützow angehöriger Zeuge eidlich: "Prüfert ist ein äußerst roher Mensch mit geringen Gewissensbedenken. Einem Gefreiten des Freikorps hat er gesagt: "Wenn bloß mal wieder eine Unruhe kommt und ich kriege einen reichen Juden zu fassen, dem geht's gut!" Meiner Ansicht nach hat Prüfert nur Militärdienst angenommen, um sich "gesund zu stoßen". Der Leutnant, in dessen Schwadron Prüfert Dienst machte, sagte als Zeuge: "Ich halte ihn für einen gefühlsrohen Menschen, der meiner Ansicht nach nicht Soldat geworden ist aus Interesse am militärischen Dienst oder aus vaterländischer Gesinnung, sondern weil er seinem Hang nach Abenteuern frönen wollte und der Ansicht war, dass es beim Militär etwas zu verdienen gab. Überall entdeckte er Lebensmittel, Butter, Wurst, und so weiter und er hat wohl während der Zeit, wo er beim Freikorps Lützow war, nicht schlecht gelebt". Die Angelegenheit, in der ich die Papiere des Prüfert einsah, betraf die Ermordung von zwölf Einwohnern eines Münchener Vororts durch das Freikorps Lützow[541]. Nach den übereinstimmenden Aussagen der militärischen und Zivilzeugen hat Prüfert nach der Tötung dieser Leute die Leichen ausgeraubt. Er zog ihnen die Ringe vom Finger, während ein anderer Freikorpsangehöriger ihnen die Uhren und Geldbörsen raubte. Naturgemäß bestanden nicht die ganzen preußischen Freikorps aus solchen Kriminellen. Ich weiss aber aus persönlicher Berufserfahrung, dass ihr Prozentsatz nicht unerheblich war und dass Noske nichts Durchgreifendes tat, um seine Truppen von solchen Elementen zu reinigen. Er hat auch den eben erwähnten Verbrecher Prüfert in dessen Strafprozess wegen Mordes als "Sachverständiger" gedeckt und so zu dessen Freispruch mitgewirkt[542]. Zur fraglichen Zeit kannte ich Noske noch nicht persönlich. Ich sollte ihn sehr kurze Zeit darauf kennenlernen, als nämlich nach der Niederwerfung der bayrischen Räterepublik in München, auf Grund einer Denunziation, ein Sozialdemokrat festgenommen wurde, der lange mit Noske in derselben Zeitungsredaktion gearbeitet und in demselben Reichstagswahlkreis politisch zusammengearbeitet hatte[543]. Um diese Verhaftung, die ein offensichtlicher politischer Missgriff war, rasch zu beseitigen, fuhr ich damals zu

[541] Vgl.: BHStA, MA 102017. Vgl.: EMIL J. GUMBEL, Vier Jahre politischer Mord, a.a.O., S. 40 f. Vgl.: Anonym (PHILIPP LOEWENFELD), Die Perlacher Ermordungen in: Münchener Post 07.07.1924, S. 3.

[542] Vgl.: FRIEDRICH HITZER, Anton Graf Arco. Das Attentat auf Kurt Eisner und die Schüsse im Landtag, München 1988, S. 239 f. Vgl.: Anklage wegen zwölffachen Mordes, in: Münchner Neueste Nachrichten 16 (16.01.1926), S. 5.

[543] Es handelt sich hierbei möglicherweise um JULIAN BORCHARDT (30.12.1868-16.02.1932), der mit Noske von 1901-1906 bei der Königsberger Volks-Zeitung war. Vgl.: WOLFRAM WETTE, Gustav Noske. Eine politische Biographie, Düsseldorf 1987, S. 42.

Noske nach Berlin und suchte ihn im Reichswehrministerium auf. Als ich ihm mitteilte, dass sein langjähriger Mitarbeiter festgenommen sei, und ihn bat, mir für ihn ein politisches Leumundszeugnis sogleich mitzugeben, brach er in ein lautes Gelächter aus, als hätte ich ihm einen sehr guten Witz erzählt. Er war in seiner Heiterkeit kaum zu beruhigen und sagte nur immer wieder, ein solcher Schildbürgerstreich sei ja ganz ausgezeichnet. Dafür, dass die Verhaftung eines ihm Nahestehenden in solchen Zeiten ein lästiges und möglicherweise ein gefährliches Übel sei, zeigte er kaum ein Organ. Im Gegenteil, er erzählte mir von einigen anderen, ebenso ungerechtfertigten Verhaftungen, die ihn nicht minder amüsierten. Schließlich gab er mir, ohne alles Zögern, das politische Leumundszeugnis für meinen Klienten. Der Gesamteindruck seines Auftretens war peinlich. Es war nichts von Bildung oder Gefühl zu verspüren. Er zeigte die abstoßende Geste eines jovialen Diktators, dem es auf ein bisschen mehr oder weniger Menschenunglück nicht sehr ankommt. Ich war in der Folgezeit noch oft genötigt, ihn zu sehen. Der persönliche Eindruck hat sich niemals verbessert. Nach seiner späteren Entfernung aus dem Reichswehrministerium wurde Noske Oberpräsident einer preußischen Provinz[544]. Er ging mit den alten kaiserlichen Generalen auf die Jagd und war der einzige frühere sozialdemokratische Beamte, dem die Hitlerregierung ohne Zögern seine volle Pension bis zu seinem Ableben ausbezahlte.

Die Regierung Hoffmann kannte Noske, sie wusste, dass durch ihre Entscheidung, mit ihm zusammenzuarbeiten, der Weg zu unblutigen Lösungen definitiv beseitigt war. Noske stellte an die Spitze der preußischen Formationen, die von Norden her in Bayern einrückten, den General von Oven[545]. Er erteilte diesem die Anweisung, die Räterepublik in München unverzüglich zu beendigen, wobei es nur auf den Effekt, nicht auf die Methode ankomme und wobei keinerlei Rücksicht auf "innerbayrische politische Erwägungen" genommen werden solle. Mit diesen innerbayrischen politischen Erwägungen konnte lediglich das Streben der Regierung Hoffmann, den Konflikt ohne Blutvergießen zu lösen, gemeint sein. Man wäre versucht, anzunehmen, dass es nur üble Nachrede gegenüber dem Andenken eines deutschen sozialdemokratischen Ministers sei, dass er solche Anweisungen zur Liquidierung innenpolitischer Unruhen gegeben habe. Noske hat sich gegen eine solche Annahme aber selbst geschützt,

[544] Die Entfernung Noskes aus dem Reichswehrministerium erfolgte im März 1920.Er war dann von Juli 1920 bis März 1933 Oberpräsident der Provinz Hannover. Vgl.: WOLFRAM WETTE, Gustav Noske. (wie Anm. 543), S. 655 ff.

[545] General ERNST VON OVEN (1859-1945). Vgl.: ERNST RUDOLF HUBER, Deutsche Verfassungsgeschichte seit 1789, Bd. 5, Stuttgart u.a. 1992, S. 1123.

indem er, in dem eben erwähnten Strafprozess gegen Prüfert, beschworen hat, dass seine Weisungen so gelautet haben. Der General von Oven hat dies als beeidigter Zeuge in dem gleichen Strafprozess bestätigt. Ich war bei der Vernehmung Noskes selbst zugegen und keiner der Teilnehmer dieser Sitzung wird je die Brutalität vergessen, mit der er darlegte, dass eine solche Haltung eine "Selbstverständlichkeit" gewesen sei.

Als ich erfuhr, dass die Regierung Hoffmann die Kooperation mit Noske beschlossen habe, ging ich zu Herrn von Seißer und sagte ihm, ich wünschte mich von meiner Beratertätigkeit beim Oberkommando der Westarmee zurückzuziehen, da es ja nunmehr klar sei, dass eine große Schlächterei mehr oder weniger unvermeidlich sei. Meinen Namen mit einer solchen zu verbinden, könne mir nicht zugemutet werden. Die politische Verantwortung hierfür müssten diejenigen tragen, die mit Leuten wie Noske und "Hauptmann Roth" kooperierten. Herr von Seißer sagte sehr offen zu mir, dass auch er über die Mitwirkung Noskes und die damit zu befürchtende Anwendung der Noske-Methoden in Bayern alles andere als begeistert sei. Er sei, gleich mir, noch heute davon überzeugt, dass der Versuch einer ruhigen Lösung des Konfliktes das Richtige wäre, und er habe gewiss nicht den Ehrgeiz, in seiner eigenen Heimat in den Ruf eines Kommune-Schlächters zu kommen. Er wisse, dass der Württembergische Kommandeur, Generalmajor Haas[546], ganz genau so denke. Sowohl General Haas wie er seien aber schließlich nur Untergebene ihrer Vorgesetzten und hätten deren Befehle auszuführen, ohne eine Kritik an diesen Befehlen vorbringen zu können. Sie könnten sich also nur bemühen, in ihrem eigenen Befehlsbereich die Truppen von Handlungen freizuhalten, wie man sie von den norddeutschen Truppen und Freikorps immer wieder vernommen habe. Dies sei sowohl eine Frage der Befehlsgebung wie eine Frage des täglichen Einflusses auf die Truppen. Ich könne, so sagte Herr von Seißer, sicherlich nicht in Abrede stellen, dass sich das Oberkommando loyalst bemüht habe, jeder meiner auf eine unblutige Lösung des Konfliktes hinauslaufenden Anregungen nachzukommen. Hieran werde sich auch in Zukunft nichts ändern. Er würde es deshalb sehr bedauern, wenn ich mich von meiner Beratungstätigkeit zurückziehen würde und bitte mich ausdrücklich, dies nicht zu tun. Wenn wir auch keinen Einfluss darauf hätten, was bei der Armee Oven geschehe, so könnte wenigstens bei der Westarmee diese Zusammenarbeit weiterhin Früchte tragen.

Ich hatte den Eindruck, dass die Äußerungen Seißers durchaus ernst gemeint waren. Beim deutschen Berufsmilitär im Allgemeinen und bei den

[546] Vgl.: Anmerkung 522.

Generalstabsoffizieren im Besonderen waren zivile Berater nicht sehr beliebt und man suchte sich von ihnen zu emanzipieren, wenn man konnte. Wenn Herr von Seißer im Einverständnis mit dem General Haas das Gegenteil tat, so musste er hiefür Gründe haben. Man konnte daran denken, dass das Berufsmilitär sich zivile Sündenböcke für den Fall des Misslingens der Aktion suche. Allein dieses Misslingen war so gänzlich unwahrscheinlich, dass hierfür kein psychologischer Grund bestand. Man konnte auch meinen, die Militärbefehlshaber seien geneigt, die politische Verantwortung für eventuelle Exzesse ihrer Truppen den Exponenten der sozialdemokratischen Zivilregierung zuzuschieben. Allein hiergegen sprach, dass das Oberkommando der Westarmee tatsächlich bereits ernsthafte und loyale Anstrengungen zur unblutigen Lösung des Konfliktes gebilligt und mitgemacht hatte. Die beiden dieses Oberkommando repräsentierenden Offiziere waren nicht von der Art der kaltschnäuzigen Monokelträger, wie sie in sehr großer Zahl den preußischen Generalstab bevölkerten. Eine gewisse Summe von Bildung und persönlicher Kultur konnte an ihnen nicht übersehen werden. Ich war deshalb damals und bin auch heute davon überzeugt, dass es ihnen mit ihrem Bemühen um eine anständige Liquidierung des Räteputsches Ernst war. Ich antwortete deshalb Herrn von Seißer, dass ich mich der Begründetheit seiner Darlegungen nicht völlig verschließen könne und dass ich deshalb zunächst einmal weiter mitarbeiten würde, um zu prüfen, ob dies irgend einen Wert habe. Wie wir bald sehen werden, konnte ich diese Entschließung nicht allzulange aufrecht erhalten, hatte es aber nicht zu bereuen, dass ich in den nun folgenden kritischen Tagen auf dem Posten geblieben war. Es ist nie von irgend einer Seite der Versuch gemacht worden, zu behaupten, dass die von Herrn von Seisser geführten Truppen irgend welche unzulässigen Gewalttätigkeiten, insbesondere solche gegen Wehrlose, begangen hätten. So ziemlich alles was an Morden, Räubereien, Plünderungen und Diebstählen bei der Einnahme von München sich ereignete, ging auf Rechnung der Freikorps. Zwischen dem bayrischen Freikorps Epp und den norddeutschen Freikorps bestand in dieser Beziehung kein Unterschied. Die regulären württembergischen Truppen hielten sich mit wenigen, noch zu erwähnenden Ausnahmen von gesetzwidrigen Gewalttaten und Brutalitäten frei. Die Zügellosigkeit der Noske-Truppen dagegen war kaum zu überbieten.

34. *Eroberung Münchens*

Die militärische Umstellung Münchens wurde in den Tagen zwischen dem 27. und 30. April 1919 beendigt. Augsburg fiel kampflos in die Hand der Regierungstruppen. In München riefen die Kommunisten zu bewaffnetem Widerstand auf. Sie verhafteten eine Anzahl von rechtsstehenden Leuten, darunter einen Prinzen von Thurn und Taxis und eine Gräfin Westarp[547]. Als in München Nachrichten darüber einliefen, dass bei dem Vormarsch der Regierungstruppen in Starnberg, Planegg und anderen Vororten Münchens Soldaten der roten Armee und entlassene russische Kriegsgefangene in großer Zahl erschossen worden seien, ließ Eglhofer als Repressalie zehn der gefangenen, rechtsstehenden Leute im Hofe des Luitpold-Gymnasiums mit Gewehrsalven erschießen. Außer dieser Tat, die als der sogenannte "Geiselmord" in die Geschichte eingegangen ist, wurden in den vielen der Liquidierung der Räterepublik folgenden Strafprozessen noch zwei rechtswidrige Tötungen von kommunistischer Seite festgestellt[548]. Nachdem am Morgen des 1. Mai die Stadt München von allen Seiten umstellt war, begann der Vormarsch der Regierungstruppen in die Stadt. Ich schloss mich dem Stab der Westarmee in Starnberg wieder an, nachdem ich die zwei vorausgehenden Tage in schwäbischen Städten[549] für die Regierung Hoffmann gesprochen hatte. Um mir die Fahrt nach Starnberg zu ermöglichen, stellten mir die sozialdemokratischen Arbeiter in Kaufbeuren einen offenen Lastwagen zur Verfügung, da ein anderes Vehikel nicht aufzutreiben war. Wir fuhren mit diesem Lastwagen bei strömendem Regen über Land und es gelang mir gerade noch, den Stabszug in Starnberg zu erreichen. Dieser Zug sollte nach dem Münchener Hauptbahnhof geleitet werden, kam aber nur bis nach Pasing und musste dort nach dem Münchener Südbahnhof umgeleitet werden, da die Strecke zwischen dem Münchener Hauptbahnhof und Pasing von rotem Maschinengewehrfeuer bestrichen war.

Das Gefühl, der militärischen Eroberung meiner eigenen Heimat anzuwohnen, war für mich widerwärtig und niederdrückend. Mein Zorn richtete sich in erster Linie gegen die kommunistischen Aufwiegler, die es fertig gebracht hatten, eine Stadt, die in Deutschland immer als der Hort eines fortschrittlichen Liberalismus gegolten hatte und deren Einwohner in ihrer großen Masse allem Künstlichen und Übertriebenen abhold waren, so unter Druck und Terror zu setzen, dass sich eine militärische Aktion schließlich nicht mehr vermeiden ließ. Denn, wenn auch zugegebenermaßen bis zum

[547] Vgl.: EMIL JULIUS GUMBEL, Vier Jahre politischer Mord, Berlin 1922, S. 28 f.

[548] Es handelt sich hierbei um den Mord an Max Weinberger, der beschuldigt wurde, Waffen und Passierscheine ausgegeben zu haben, und um den Mord an Ernst Lacher, der versucht hatte, sich in Miesbach zum Stadtkommandanten zu machen. Vgl.: EMIL JULIUS GUMBEL, (wie Anm. 547), S. 30 f.

[549] Vgl.: Kaufbeurener Volkszeitung Nr. 103 (04.05.1919), S. 5. Vgl.: Allgäuer Volkswacht Nr. 6 (06.05.1919), S. 5.

Ende der kommunistischen Räterepublik nur einige wenige Mordtaten und ebenso nur einige wenige ausgesprochene Plünderungen sich ereignet hatten, so war doch der Zustand, in den die Stadt und der Bezirk Südbayern durch die kurzfristige kommunistische Herrschaft geraten waren, vom Standpunkt jedweder staatlichen Ordnung völlig unhaltbar. Schon die Tatsache, dass man Zehntausende wahllos bewaffnet hatte, darunter eine Unmenge von Leuten, die noch nie mit Waffen umgegangen waren, dass niemand für die Aufrechterhaltung der Disziplin dieser Zehntausende von Bewaffneten verantwortlich war, dass Unterweltsgestalten schlimmsten Kalibers aus der Versenkung emportauchten und das große Wort führten, dass jeder Hysteriker und jeder Idiot, ohne jede effektive staatliche oder gerichtliche Kontrolle, Entscheidungen über Leben und Tod und Maßnahmen von großer wirtschaftlicher Tragweite anordnen und durchführen konnte, schloss es aus, dass dem Walten eines solchen Regimes hätte länger zugesehen werden können. Das Wirtschaftsleben Münchens war in der kurzen Zeit der Kommunistenherrschaft völlig zum Erliegen gebracht worden und es kann buchstäblich nicht über eine einzige produktive Maßnahme der kommunistischen Machthaber in der kurzen Zeit ihrer Machtausübung berichtet werden. Die gesetz- und rechtlose Willkürherrschaft kleinerer und größerer Zufallsmachthaber erregte nicht nur den maßlosen Zorn und den Widerstandswillen des Bürgertums, sondern auch die Abneigung des größten Teils der Münchener Arbeiterschaft. Es ist eine freche Geschichtslüge zu behaupten, dass der Münchener Räteputsch in irgend einem Punkte einer "Diktatur des Proletariats" ähnlich gesehen habe. Es war der verantwortungslose Versuch einer minimalsten Minderheit zu einer Diktatur über das Proletariat Münchens und Südbayerns. Ich muss aber auch der Ansicht meines Freundes Professor E.J. Gumbel widersprechen, dass die südbayrische Räterepublik ein Akt verzweifelter Arbeiter zum Schutze ihrer neugewonnenen Freiheit gewesen sei[550]. Unter den Propagandisten und Führern der kommunistischen Räterepublik war kaum ein Arbeiter. Es waren teils politische Funktionäre der 3. Internationale, wie Leviné, Levien und Axelrod, teils verkrachte Akademiker und Intellektuelle, teils, wie Eglhofer und die Leiter des Geiselmords, nervenkranke und geisteskranke Fanatiker. Hätte die kommunistische Räterepublik eine wirkliche Resonanz in der Arbeiterschaft gehabt, hätte sie irgend ein praktisches Programm oder Spuren von Ansätzen seiner Verwirklichung gezeigt, dann wäre sie nicht in 2 - 3 Tagen zu liquidieren gewesen, auch nicht mit militärischer Gewalt.

[550] Emil Julius Gumbel, Vgl.: Anmerkung 411.

Ich fluchte innerlich aber auch der Regierung Hoffmann, als ich mich im Militärzug der eigenen Vaterstadt näherte. Insbesondere empfand ich es als Schmach und Schande, dass Herr Schneppenhorst, der Hauptverantwortliche an der ganzen Entwicklung zur Räterepublik, in dem sicheren Bamberg saß und von dort aus die Verbindung mit Noske und die Zulassung der reaktionärsten Freikorps betrieb, nachdem ihm doch drei Wochen zuvor nichts hatte rot genug sein können. Es war nach wie vor meine tiefe Überzeugung, dass es mit nur einiger ruhiger Festigkeit der Regierung Hoffmann hätte gelingen können und müssen, die Abwendung der Münchener und südbayrischen Bevölkerung von den kommunistischen Aufwieglern ohne Blutvergießen zu erreichen. Dazu wäre es freilich notwendig gewesen, dass die sozialdemokratische Partei in ihrer Gesamtheit vom ersten Augenblick des Räteexperimentes an eine völlig einheitlich ablehnende Haltung eingenommen und nicht zu einem großen Teil durch die Angst, den Anschluss zu versäumen, die Entstehung der Räterepublik begünstigt hätte. Das Wort "zu spät", dass das Stichwort so vieler sozialdemokratischer Entscheidungen schon gewesen war, wurde mir gerade in diesen Stunden des Vormarsches zur schauerlichen Gewissheit. Da Regierung und Partei zu spät verstanden hatten, was gespielt wurde, sahen sie sich nun vermeintlich zur Kooperation mit "starken Männern" genötigt und waren blind genug, solche Persönlichkeiten zu akzeptieren, von denen alles, nur kein Aufbau einer demokratischen Republik erwartet werden konnte.

Am Münchener Südbahnhof wurde der Stab der Westarmee ausgeladen, und in wenigen Augenblicken war ich bereits Augenzeuge der Scheußlichkeit eines beginnenden Bürgerkrieges. Bevor wir nämlich noch den Bahnsteig verlassen hatten, war es zwei Männern in Zivilkleidung gelungen, in unseren Stab je eine Handgranate zu werfen, die jedoch nicht nahe genug krepierten, um große Schäden hervorzurufen, die aber immerhin einige Verletzungen verursachten. Im nächsten Moment waren die Handgranatenwerfer von den dem Stabe zugeteilten Mannschaften umringt und getötet. Einer wurde so mit dem Kopfe auf das Pflaster geschlagen, dass das Hirn davonspritzte. Unsere Leute bedurften keines Noske'schen Schießerlasses, um sich zu wehren. Ich konnte es ihnen nicht verübeln, dass sie über die Guerilla-Methoden der Handgranatenwerfer in Wut gerieten und im Kampfe mit ihnen kurzen Prozess machten. Unser Stab trat sodann den Marsch in Richtung auf das Stadtinnere an, wobei die kommandierenden Offiziere vorausgingen. Als Stabsquartier war die Thomasbrauerei am Kapuzinerplatz in Aussicht genommen, der vom Südbahnhof etwa zwei bis drei Meilen entfernt war. Als wir den Straßenzügen entlang gingen, erhielten wir keinerlei Widerstand auf der Strasse selbst, wohl aber bekamen wir Feuer aus einigen Dachluken. Dieser neue Beweis der Anwendung hinterlistiger Guerilla-Methoden veranlasste die Führung des Stabes zu der Auflösung des Zuges und zu der Anordnung, dass die Stabsangehörigen sich einzeln und in kleinen Gruppen zum Thomasbräu zu begeben hätten. Wir hatten auf diesem Wege keine Todesopfer, aber wiederum einige Verwundungen zu beklagen.

Die Regierung Hoffmann hatte mittlerweile ein ziviles Staatskommissariat für Südbayern eingerichtet und an dessen Spitze den Nürnberger Rechtsanwalt Dr. Ewinger[551] gestellt. Dieses Staatskommissariat sollte für die nächste Zeit die vollziehende Gewalt in Südbayern ausüben, soweit es sich nicht um militärische Entscheidungen handelte. Formaljuristisch wurde auch das Militär dem Staatskommissariat unterstellt. Es wurde an mich von Bamberg die Mitteilung durchgegeben, ich möchte mich mit dem Staatskommissariat in Verbindung setzen und als Vertreter des Staatskommissars zur Verfügung stehen, wenn dieser, zum Beispiel durch Abwesenheit, an der Ausübung seiner Funktion verhindert sei. In der sehr kurzen Zeit, in der ich mit dem Staatskommissariat zusammen arbeitete, ist es nur in wenigen Fällen zur Ausübung dieser meiner Vertreterfunktion gekommen. Den von mir zu vertretenden Staatskommissar habe ich nicht öfters als vielleicht ein halbes Dutzend Mal gesehen. Er war in seinem Auftreten etwas betont überschneidig und es schien mir nicht, als sei von ihm ein nachhaltiger Widerstand gegen etwaige militärische Übergriffe zu erwarten. Unmittelbar nachdem wir uns in dem Stabsquartier eingerichtet hatten, erfuhr ich auch, dass bereits vor dem Einrücken der Regierungstruppen in München eine Anzahl von demokratisch eingestellten Männern, unter ihnen Karl Landauer[552], den wir in diesen Erinnerungen schon als freistudentischen Führer kennengelernt haben, mehrere öffentliche Gebäude, darunter die Residenz, entsetzt und deren kommunistische Besatzung in Gewahrsam gebracht hatten.

Was ich bei der Nachricht von der Zusammenarbeit der Regierung Hoffmann mit den Freikorps und mit Noske sofort befürchtet hatte, wurde am 1. Mai und in den folgenden Tagen wahr. Die Art, in der die Freikorps und gewisse preußische Truppen, in erster Linie das "Alexandra-Regiment", in München wüteten, war ein Schandfleck in der Geschichte der

[551] Dr. Hermann Ewinger (1887-das Todesdatum konnte nicht ermittelt werden), Staatskommissar für Südbayern, Rechtsanwalt aus Nürnberg, 1919 Regierungsvertreter beim Generalkommando des bayrischen III. Armeekorps, dann Oberkommando Möhl, 1927 nach Frankreich ausgewandert, in Rumänien verschollen. Vgl.: Ernst Rudolf Huber, Deutsche Verfassungsgeschichte seit 1789, Bd. 5, Stuttgart u.a. 1992, S. 1124.

[552] Vgl.: Anmerkung 461.

Stadt München und wird es immer bleiben. Die Regierung Hoffmann hat in einem amtlichen Kommuniqué[553] später behauptet, die Gesamtzahl der Todesopfer der Kämpfe um München sei 557 gewesen. Davon seien 38 im Kampfe gefallene Regierungs-Soldaten und 93 im Kampfe gefallene Soldaten der "Roten Armee" gewesen. Standrechtlich erschossen seien 42 Angehörige der roten Armee und 144 Zivilpersonen worden. Tödlich verunglückt seien bei den Kämpfen 184 Zivilpersonen.

35. *Morde der Freikorps*

Dieses Kommuniqué war eine verantwortungslose Fälschung des wahren Sachverhalts. Die Zahlen der im Kampfe gefallenen Soldaten der beiden Parteien mögen ungefähr stimmen. Auch kann man keinesfalls behaupten, dass es eine Mordtat sei, wenn Regierungs-Truppen auf bewaffnete Revolutionäre, die ihnen im Kampfe entgegentreten, schießen. Die sogenannten standrechtlichen Erschießungen waren hingegen gewöhnliche Mordtaten, indem diese Tötungen nicht etwa auf Grund von Urteilen der eingesetzten standrechtlichen Gerichte, sondern von völlig unbefugten Personen, ohne jede urteilsmäßige Unterlage, vorgenommen wurden. Wir haben uns mit dem völlig veralteten Verfahren der von der Regierung eingerichteten standrechtlichen Gerichte bereits befasst. Immerhin waren dies aber Gerichte, die mit Berufsrichtern und Offizieren besetzt waren, in denen formelle Anklage von der Staatsanwaltschaft erhoben werden musste und von denen Strafurteile jeder Art, einschließlich der Todesurteile, erst nach durchgeführter, öffentlicher Hauptverhandlung und Beweisaufnahme ergehen konnten. Nicht eine einzige der in dem Kommuniqué der Regierung erwähnten Tötungen fand in einem solchen immerhin vom Gesetz gedeckten Strafverfahren statt. Zu irgend einer anderen Art von Tötung eines bereits in Gefangenschaft geratenen Revolutionärs gab die Verordnung des Gesamtministeriums über die Verhängung des Standrechts (keineswegs) irgend eine Handhabe. Die sogenannten standrechtlichen Erschießungen bestanden vielmehr darin, dass irgend ein Leutnant oder ein Major oder auch irgend ein blutgieriger Zivilist auf eigene Faust "Gericht" hielten und die ihnen als Gefangene vorgeführten Leute kurzerhand niederknallen ließen. Ich habe in meiner Berufsausübung eine große Anzahl von Akten über derartige als standrechtliche Erschießungen frisierte Mordtaten selbst behandelt und will mich auf die Darstellung nur weniger Fälle beschränken.

[553] Vgl.: Emil Julius Gumbel, (wie Anm. 547), S. 31. Vgl.: MNN 10.06.1919.

So habe ich die Witwe des Redakteurs Josef Anton Leib[554] und seine zahlreichen Kinder vertreten, deren Ehemann und Vater angeblich standrechtlich erschossen worden war. Die Akten des Tumultschadenausschusses und des Reichswirtschaftsgerichtes[555] ergaben: Leib war der Herausgeber eines kleinen Blättchens, das den Namen "Der Republikaner. Volksblatt für Süddeutsche Freiheit" führte. Leib, der ein politischer Wirrkopf und ein gefühlsmäßiger Antimilitarist war, hatte sich in einer Nummer seines Blattes ablehnend darüber geäußert, dass deutsche Offiziere nach Kriegsschluss als Militärinstruktoren nach Japan gegangen waren. Er gebrauchte über diese Offiziere im Artikel den beschimpfenden Ausdruck "Berufsmörder". Dieser Artikel kam durch irgend einen Zufall in die Hand eines Rittmeisters, Freiherr von Lindenfels[556]. Lindenfels begab sich darauf, zusammen mit einem Unteroffizier und einem Gefreiten in die Wohnung des Leib. Als er an der Türe läutete, erschien Leib selbst in Hemdsärmeln. Lindenfels fragte: "Bist Du der Leib?" Leib bejahte. Darauf zog Lindenfels den Artikel aus der Tasche und fragte: "Hast Du diesen Artikel geschrieben?" Wiederum bejahte Leib. Hierauf erklärte Lindenfels: "Du bist hiermit zum Tode verurteilt. Das Urteil wird sofort vollstreckt. "Er zog hierauf seinen Revolver aus der Tasche und knallte Leib in seiner eigenen Wohnung nieder. Sodann forderte er den Unteroffizier auf, über die "standrechtliche Erschießung" Leibs ein "Protokoll" aufzunehmen, das der freche zynische Mörder noch mit seinem eigenen Namen zeichnete.

36. *Perlacher Morde*

Für ein Buch meines Freundes E.J. Gumbel habe ich das Kapitel über die "Perlacher Erschießungen"[557] geschrieben. Diese ebenfalls als standrechtliche Erschießungen aufgezogenen Morde waren dadurch zu meiner Kenntnis gekommen, dass ich die zwölf Witwen und fünfunddreißig minderjährigen Kinder der Ermordeten im Rentenverfahren in allen Instanzen vertrat und der bayrischen Justiz das Material für die Anklage gegen die

[554] JOSEF ANTON LEIB (1867-02.05.1919), Redakteur der Zeitschrift "Der Republikaner. Volksblatt für süddeutsche Freiheit". Loewenfelds Darstellung weicht in einigen Punkten von dem Bericht Gumbels ab. Vgl.: EMIL JULIUS GUMBEL, (wie Anm. 547), S. 36 f. Vgl.: Einige Fälle willkürlicher Hinmordung, in: Neue Zeitung (München)113(22.05.1919), S. 3.

[555] Akten des Tumultschadenausschusses: Diese Akten enthalten leider nichts zum Thema. Vgl.: Stadtarchiv München, Wohlfahrtsamt.

[556] LUDWIG FREIHERR VON LINDENFELS, Rittmeister beim 1. Ulanen-Regiment Kaiser Wilhelm II., König von Preußen, in Bamberg. Vgl.: BHStA, Abt. IV, Personalakte.

[557] Vgl.: EMIL J. GUMBEL, Verräter verfallen der Feme. Opfer/Mörder/Richter 1919-1929, Berlin 1929, S. 86-96. Vgl.: Münchener Post 07.07.1924, S. 3 f.

Mörder lieferte. Hiezu war ich nur in der Lage, weil mir durch ein reines Versehen der Behörden neben den Akten der Gerichte, der Polizei und der Verwaltung auch diejenigen des Militärs vorgelegt wurden. Diese militärischen Akten waren wiederholt gestohlen und dann wieder rekonstruiert worden. Das mit der Sache befasste Gericht der Reichswehrbrigade 3 betraute mit der Untersuchung der Sache gegen das Freikorps Lützow dieses Freikorps selbst. Man ließ die Akten auf eine höchst einfache Weise verschwinden, indem man sie unter Briefbuch Nummer 5039 an das "Bezirkskommando Charlottenburg" versandte. Auf eine Reihe von Mahnungen erwiderte das Freikorps, die Akten seien von dort "noch nicht zurück gekommen". Das Gericht der Reichswehrbrigade 3 legte diesen Bericht ohne jeden Kommentar seinen vorgesetzten Behörden vor, obwohl sich der diensttuende Untersuchungsführer selbst eine Aktennotiz machte, dass es ein "Bezirkskommando Charlottenburg" überhaupt nicht gebe. Als bayrische und preußische Dienststellen auf eine Beschleunigung des Verfahrens drängten und darauf hinwiesen, wie misslich das Verschwinden der Akten sei, wurden sie schließlich "rekonstruiert". Aber bald darauf wurden sie von Neuem gestohlen. Ein Erlass des Oberbefehlshabers des Reichswehrgruppenkommandos I., Generalleutnant von Bergmann[558], dessen Original ich in den Militärakten fand, sagte hierüber wörtlich: "In der aus den beiliegenden Abschriften ersichtlich auch politisch besonders wichtigen Sache, sind erst die Akten und nach Rekonstruktion des Verfahrens auch die neuen Akten verloren gegangen. Die Erscheinung dürfte auch dort aufgefallen sein, dass gerade in derartigen Sachen die Zahl der Fälle sich mehrt, in denen die Akten in Verlust geraten. Aus den beigefügten Abschriften bedarf es nunmehr der erneuten Herbeiführung der Rekonstruktion des Verfahrens. Es wird gebeten, diese zu veranlassen und die Angelegenheit, zumal auch im Hinblick auf die den preußischen wie den bayrischen Stellen bereits erwachsenen Unannehmlichkeiten, derart überwachen lassen zu wollen, dass ein drittes Mal die Vorgänge nicht an unkontrollierter Stelle verloren gehen können und dass das Verfahren mit möglichster Beschleunigung durchzuführen gesucht werde". Bevor die zum zweiten Mal rekonstruierten Akten ein drittes Mal gestohlen werden konnten, bekam ich sie in die Hand und ließ sofort eine Reihe von Abschriften anfertigen, die ich an verschiedenen Orten außerhalb meines Büros niederlegte. Mit einer dieser Abschriften ging ich dann zum dienstführenden Staatsanwalt Dr.

[558] Generalleutnant WALTER VON BERGMANN (16.04.1864-07.03.1950) Oberbefehlshaber des Reichswehr-Gruppenkommandos 1 Berlin. Vgl.: DERMOT BRADLEY/KARL-FRIEDRICH HILDEBRAND/MARKUS RÖVEKAMP, Die Generale des Heeres 1921-1945, Bd. 1, Osnabrück 1993, S. 336 f.

Korell[559]. Ich übergab sie ihm, mit der Bitte, sie zu lesen und mit der Ankündigung, dass ich mich am nächsten Tage wieder einfinden werde. Ich sagte ihm, in der Abschrift stehe alles, was er und seine Collegen von der Staatsanwaltschaft und vom Militär in beinahe vier Jahren seit der Begehung der Mordtaten trotz enormer Anstrengungen nicht hätten entdecken können. Als ich am nächsten Tage wiederkam, empfing mich Dr. Korell mit den Worten, der Inhalt der Akten habe ihn erschüttert, und er gebe mir sein persönliches Ehrenwort, dass er von den darin verzeichneten Tatsachen keinerlei Kenntnis gehabt habe. Ich erwiderte, dies sei nicht verwunderlich, wenn die Militärakten zweimal gestohlen worden seien und zweimal hätten wiederhergestellt werden müssen. Es müsse ihm jedoch empfohlen werden, auf diese Aktenabschriften mit roter Tinte zu vermerken, dass ihr Diebstahl durch militärische Ehrenmänner zwecklos sei, weil noch sechs weitere Abschriften existierten, die an verschiedenen Punkten in sicherem Gewahrsam seien. Auch gab ich ihm die Namen dreier Angestellten meines Büros als Zeugen dafür, dass sie die Abschrift Wort für Wort mit dem Original der Militärakten verglichen und in völliger Übereinstimmung gefunden hätten, sodass auch die etwaige faule Ausrede militärischer Ehrenmänner, die Abschrift sei möglicherweise nicht korrekt, gegenstandslos sei. Dr. Korell war durch den kaum glaublichen Inhalt der Akten und meiner Feststellungen über deren wiederholten Diebstahl so niedergedrückt, dass er tatsächlich mit großen, roten Buchstaben die Namen der Zeugen für die Korrektheit der Abschrift und die Bemerkung, dass Diebstahl dieser Akten zwecklos sei, in meiner Gegenwart auf den Aktenstücken anbrachte. Er sicherte mir zu, er werde unverzüglich Anklage gegen die Täter wegen zwölffachen Mordes erheben. Wenige Tage später waren die Täter dann verhaftet. Annähernd zwei Jahre später waren sie in einem schandbaren Verfahren, entgegen dem Antrag von Dr. Korell, der Todesstrafe beantragte, freigesprochen.

Der Inhalt der wiederholt gestohlenen Militärakten war durchaus danach angetan, die Scham und die Erregung des Staatsanwalts Korell zu rechtfertigen. Auf Grund der Denunziation eines Pfarrers[560] und seiner Frau erhielt ein Leutnant des Freikorps Lützow den Befehl, mit vierzig Mann nach Perlach zu fahren und Leute zu verhaften, die auf einer ihm überge-

[559] Dr. Richard Korell (16.05.1884- das Todesdatum konnte nicht ermittelt werden), 01.07.1933-01.11.1937 Staatsanwalt beim Oberlandesgericht München, ab 01.11.1937 Landgerichtsdirektor beim Landgericht München I, ab 01.01.1946 Landgerichtspräsident bei dem Landgericht München I, ab 01.08.1952 im Ruhestand. Vgl.: Amtsgericht München, Personalakte.

[560] Der Pfarrer war Pastor Hell. Vgl.: Emil Julius Gumbel, Vier Jahre politischer Mord, Berlin 1922, S. 40 f. Vgl.: Münchener Post 07.07.1924, S. 3.

benen Proskriptionsliste standen. Es ist nie festgestellt worden, wer diese Liste hergestellt hat. Der Pfarrer leugnete ihre Herstellung. Wohl aber erklärte er dem Leutnant, dass die Leute zur Gefolgschaft eines Hafnermeisters gehörten, der Kommunist sei. Hieran hielt er auch fest, als der Leutnant erwiderte, dass die Leute dann kaum mit dem Leben davon kommen dürften. Die Behauptung, dass der Hafnermeister Kommunist war, war genau so erlogen, wie diejenige, dass die übrigen Leute zu seiner Gefolgschaft gehörten. Tatsächlich war der Hafnermeister ein Mitglied der unabhängigen sozialdemokratischen Partei, während die Ermordeten fast durchwegs der sozialdemokratischen Partei angehörten. Aus dem vorliegenden Polizeibericht ergab sich, dass keiner der Ermordeten im Besitz von Waffen war und dass bezüglich keines einzigen der Leute eine Tätigkeit im Sinne der Räteregierung in Wort, Schrift oder Tat feststellbar gewesen war. Um die Ermordung einigermaßen als rechtmäßig hinzustellen, hatte ein Bericht des Freikorps Lützow behauptet, die Getöteten seien aktiv an den Kämpfen beteiligt gewesen, im Besitz von Waffen betroffen worden und hätten noch nach ihrer Festnahme "gemeutert". Dieser militärische Bericht war eine einzige freche Erfindung. Nach den Aktenfeststellungen hatte der Major Schulz[561] vom Freikorps Lützow, als ein richtiger Vorfahre des Hermann Göring, die allgemeine Weisung gegeben, man solle "lieber ein paar Unschuldige mehr an die Wand stellen, als einen einzigen Schuldigen gehen lassen". Er hatte hinzugefügt: "Sie wissen ja selbst, wie Sie es machen müssen. Sie nehmen den Betreffenden bei Seite, erschießen ihn und geben Fluchtverdacht oder tätlichen Angriff an". Genau nach diesem Rezept wurde dann der militärische Bericht gemacht. Dabei stand fest, dass die Frage irgend einer Schuld der einzelnen Leute vor ihrer Ermordung überhaupt nicht untersucht worden war. Die Leute wurden an die Wand gestellt, worauf ein Feldwebel das Kommando zum Entsichern gab. Als einer der Gefangenen sich umdrehte und fragte, was die Soldaten denn wollten, wurde ihm gesagt, wenn er sich noch einmal umdrehe, werde er sogleich erschossen. Sodann führte man die Leute zu einer Wirtschaft und stellte sie dort wiederum an die Wand. Als der Wirt den Leuten Kaffee geben wollte, sagten die Soldaten: "Die brauchen keinen Kaffee mehr". Schließlich wurden die Gefangenen auf einem Lastauto nach München gefahren und dort im Hofe des Hofbräuhauses erschossen. Gleich als das Lastauto ankam, wurde der Hafnermeister heruntergeholt und als Erster niedergeknallt. Die anderen Elf wurden sodann "vernommen". Auch die

[561] Major Schulz, Freikorps Lützow. Vgl.: Anklage wegen zwölffachen Mordes, in: Münchner Neueste Nachrichten 17 (17.01.1926), S. 14.

Art der "Vernehmung" ergab sich aus den Militärakten. So wurde einer der Ermordeten gefragt, ob er bei der roten Armee gewesen sei und ob er schon Versammlungen beigewohnt habe. Als er verneinte und seine Unschuld beteuerte, wurde er gleichwohl im nächsten Moment erschossen. Den Ermordungen sahen eine Anzahl von Arbeitern des Münchener Hofbräuhauses zu. Keiner von ihnen hat eine Meuterei oder einen Widerstand bemerkt. Als einer der Arbeiter einen anwesenden Offizier darauf aufmerksam machte, dass durch diese Vorkommnisse die ganze Arbeiterschaft des Unternehmens in Aufregung sei, erwiderte der Offizier: "Für Leute, die arbeiten wollen, ist das ein guter Eindruck, auf die Leute, die nicht arbeiten wollen, soll es aber einen schlechten Eindruck machen". Nach der Ermordung wurden die Leichen ausgeraubt. Den Toten wurden die Ringe vom Finger gezogen und die Uhren und Geldbörsen gestohlen. Das Ganze aber war dann in der Statistik der Regierung Hoffmann eine "standrechtliche Erschießung".

37. *Mord an Karl Horn*

Schließlich will ich als einen weiteren Fall sogenannter standrechtlicher Erschießungen noch den des Dr. Karl Horn[562], Professor für Mathematik und Physik, erwähnen. Das ganze "Verschulden" des Professor Horn hat darin bestanden, dass er Mitglied der unabhängigen sozialdemokratischen Partei war. Er wurde auf Grund einer Denunziation zunächst von Soldaten des Freikorps Epp verhaftet, nach einem Verhör durch einen Offizier des Freikorps wurde er entlassen und bekam eine schriftliche Bescheinigung, dass seine Verhaftung auf Irrtum beruht habe. Am nächsten Tag wurde er durch zwei Soldaten des gleichen Freikorps aus seiner Wohnung herausgeholt und einem anderen Offizier vorgeführt. Dieser nahm sich nicht die Mühe, ihn anzuhören, sondern übergab ihn als "erledigt" drei Soldaten zum "Transport". Von einem dieser Soldaten wurde er sodann umgebracht, während die beiden anderen sodann die Leiche total ausraubten, wobei sie sich nicht einmal auf Wertsachen beschränkten, sondern sogar die Schuhe stahlen.

[562] Dr. Karl Horn (1876-03.05.1919), USPD, Professor für Mathematik und Physik an der Maria-Theresia-Kreisrealschule München. Das Verfahren wurde am 25.02.1920 eingestellt. Vgl.: Emil Julius Gumbel, Vier Jahre politischer Mord, Berlin 1922, S. 38. Vgl.: Heinrich und Elisabeth Hannover, Politische Justiz 1918-1933, Frankfurt/M 1966, S. 57. Vgl.: Ludwig Morenz, Revolution und Räteherrschaft in München. Aus der Stadtchronik 1918/19, München/Wien 1968, S. 127.

Nicht minder unwahr und unwahrhaftig war das Kommuniqué der Regierung Hoffmann hinsichtlich der einhundertvierundachtzig sogenannten "tödlichen Unglücksfälle". Auch diese Todesfälle beruhten durchwegs auf klaren Kriminaltaten. Eine der scheußlichsten war die Ermordung des uns aus diesen Erinnerungen bereits bekannten Schriftstellers Gustav Landauer. Landauer hatte sich bereits seit den Vorgängen am Palmsonntag von der Beteiligung an der Räterepublik zurückgezogen. Er war zwar in München verblieben, hatte aber die kommunistische Räterepublik nicht mitgemacht. Gleichwohl war von einem Freikorps Jagd auf ihn gemacht worden, und man hatte ihn auch ausfindig gemacht. Ein aus der Gegend von Bayreuth stammender Major und Rittergutsbesitzer, Freiherr von Gagern[563], schlug Landauer vor den Soldaten persönlich mit einem Dreschflegel so auf den Kopf, dass er halbtot zu Boden stürzte. Sodann wurde Landauer von einem Vizewachtmeister in den Kopf und so in den Rücken geschossen, dass es ihm das Herz herausriss. Als er noch zuckte, wurde mit Militärstiefeln solange auf ihm herumgetreten, bis er sich nicht mehr rührte. Auch die Leiche Landauers wurde ausgeraubt. Der Mörder von Gagern war mir bereits vorher dadurch bekannt geworden, dass er über meinen Freund Albert K[564]. in einem Provinzblatt seines Bezirkes einen niederträchtigen und beleidigenden Artikel veröffentlicht hatte, in dem er K. die persönliche Ehre absprach, weil dieser sich als Offizier dem sozialdemokratischen Militärminister Albert Roßhaupter als Adjutant zur Verfügung gestellt hatte. Dass sich auch der Generalfeldmarschall von Hindenburg[565] der sozialdemokratischen Regierung des Reiches zur Verfügung gestellt hatte, ließ der zynische Reaktionär nicht gelten. Denn von Hindenburg nahm er offenbar an, dass er gegen die Leute arbeiten werde, in deren Sold er sich stellte. Das war, nach seiner Ehrauffassung, nicht unehrenhaft. Für ehrlos dagegen hielt er es, wenn ein deutscher Offizier sich der jungen Re-

[563] Franz Freiherr von Gagern (12.06.1876-10.02.1932), Major und Rittergutsbesitzer aus der Nähe von Bayreuth. Vgl.: Emil Julius Gumbel, (wie Anm. 562), S. 33 ff. Vgl.: Emil Julius Gumbel, Gustav Landauers Ende, in: Die Weltbühne 20. Jahrgang (1924), S. 191 f. Vgl.: Horst G.W. Nußer, Konservative Wehrverbände in Bayern, Preußen und Österreich 1918-1933, mit einer Biographie von Forstrat Georg Escherich 1870-1941, München 1973, S. 252 und 258. Vgl.:BHStA,Abt.IV,OP 24677.

[564] Albert Kranold (22.04.1889 - das Todesdatum konnte nicht ermittelt werden), Adjudant von Roßhaupter. Leutnant der Reserve, später Sozialwissenschaftler. Vgl.: Münchener Beobachter 33. Jahrgang, Nr. 53 (15.10.1919), S. 6. Vgl.: Kürschners Deutscher Gelehrtenkalender Jahrgang 1931, S. 1549. Vgl.: BHAStA, Kriegsarchiv, OP 11318. Vgl.: Franz Bauer, (wie Anm. 523), S. 214.

[565] Paul von Hindenburg. Vgl.: Anmerkung 313.

publik im Ernste zur Verfügung stellte. Wegen dieses Artikels hatte ich von Gagern im Auftrag meines Freundes verklagt und er war hiewegen vom Münchener Gericht auch verurteilt worden[566]. Nun erwies er durch seine eigne Mordtat, was er unter "deutscher Ehre" verstand, und die rein sozialdemokratische Regierung Hoffmann fand sich bereit, seine Handlung und deren Folgen in ihrer Statistik als einen "tödlichen Unfall" aufzuzäumen.

39. *Die Justiz und die Morde*

Niederträchtig wie die Taten selbst, war ihre Behandlung durch die deutsche Justiz. Der Mörder Leib's Freiherr von Lindenfels, wurde von dem Militärgericht angeklagt und mit der Begründung freigesprochen, das Bewusstsein der Rechtswidrigkeit seiner Handlung sei ihm nicht nachzuweisen. Der Witwe des Leib und seinen fünf minderjährigen Kindern billigte der Tumultschadenausschuss München die gesetzlichen Renten zu. Das Reichswirtschaftsgericht wies jedoch in zweiter Instanz sämtliche Ansprüche der Hinterbliebenen ab, mit der Erklärung, dass die Tat des Freiherrn von Lindenfels zwar ein Missbrauch seiner Amtsbefugnisse sei, dass aber ein solcher Missbrauch nicht als "offene Gewalt" angesehen werden könne, die die gesetzliche Voraussetzung der Zubilligung von Renten sei. Die schamlose Behandlung der Perlacher Morde durch die Militärjustiz ist bereits erwähnt. Im September 1920 wurde in Deutschland, auf Grund der Bestimmungen des Versailler Vertrages, die Militärgerichtsbarkeit aufgehoben und gingen die Militärstrafverfahren an die zivile Staatsanwaltschaft über[567]. Bis zu diesem Zeitpunkt, also in sechzehn Monaten, war es dem militärischen Untersuchungsführer lediglich "gelungen", einen einzigen "Zeugen" ausfindig zu machen. Dieser Zeuge war niemand anders, als einer der beiden Mörder selbst. Als dieser frech bestritt, von der Tat etwas zu wissen, legte der militärische Untersuchungsführer die Akten seiner vorgesetzten Dienststelle vor, mit dem Bemerken, dass "weitere Ermittlungen" nicht möglich seien. Aber auch nach dem Übergang an die Staatsanwaltschaft wurden die Dinge nicht besser. Der zunächst mit der Sache befasste Münchener Staatsanwalt brauchte 7 1/2 Monate, um eine einzige nichtssagende Zeugenaussage herbeizuführen, im Übrigen vernahm auch er lediglich die Mörder selbst als "Zeugen" und stellte dann das Strafverfahren "gegen Unbekannt" ein, weil "weitere Beweismittel nicht vorhanden seien".

[566] Vgl.: Münchener Beobachter 17(24.05.1919) und 53 (15.10.1919).

[567] Vgl.: Gesetz, betreffend Aufhebung der Militärgerichtsbarkeit. Vom 17.08.1920, in: RGBl. 1920, S. 1579-1587.

Er sah selbst davon ab, die weitgehenden Widersprüche zwischen den Angaben der einzelnen Mörder zu klären. Als ich in meiner Eigenschaft als Vertreter der Witwen und Waisen durch das bereits erwähnte Versehen die geheimen Militärakten in die Hand bekam, ging ich in die Öffentlichkeit. Ich schrieb damals in einer Münchener Zeitung[568] nach Darstellung des Gesamtsachverhalts: "Was die Militärbehörden in dieser Sache geleistet haben, ergibt das Gesamtbild einer geradezu stinkenden Korruption; was die Staatsanwaltschaft geleistet hat, ergibt die gänzliche Abwesenheit jedes Willens, dieser Korruption Herr zu werden und das sichtliche Bedürfnis, aus Gründen der "Staatsraison" die Sache in einer möglichst geräuschlosen Weise von der Bildfläche verschwinden zu lassen". Erst hierauf kam bei der Staatsanwaltschaft Leben in die Sache und der Staatsanwalt Korell, der der Nachfolger des früheren mit der Sache befassten Referenten war, lud mich ein, ihn aufzusuchen und erhob nach unserem bereits erwähnten Gespräch Anklage wegen zwölffachen Mordes gegen die Täter. Schandbarerweise fand sich ein jüdischer Verteidiger von erheblichem Renommée[569] bereit, diese Angeklagten zu vertreten. Er war es, der Noske und die verantwortlichen Generale als "Sachverständige" vor Gericht brachte. Der Staatsanwalt Korell sagt in seinem ausgezeichneten Plädoyer, ein Staat, der solche Leute ungestraft herumlaufen lasse, gebe sich selbst auf. Das Gericht hatte nichts dagegen, dass der republikanische deutsche Staat sich aufgebe. Es sprach die Angeklagten frei, mit der Begründung, die Erschießungen seien "objektiv rechtswidrig" gewesen, die Angeklagten seien jedoch durch den Dienstbefehl ihrer Vorgesetzten gedeckt gewesen. Dieser Dienstbefehl des Major Schulz hatte gelautet: "Legen Sie die Schweine um". Den Witwen und Waisen der Ermordeten billigte wiederum der Tumultschadensausschuss München die gesetzlichen Renten zu. Auch diese Entscheidung wurde von dem Reichswirtschaftsgericht aufgehoben, und es wurden alle Ansprüche der Hinterbliebenen abgelehnt. Das Gericht erklärte, dass auch ein Missbrauch oder eine Überschreitung der Amtsbefugnisse durch Angehörige der bewaffneten Macht niemals "offene Gewalt" sei, da die Täter amtliche Befugnisse wahrnehmen wollten. Dieselbe rein anarchistische Theorie, die jedes Verbrechen von Militärpersonen von jeder gesetzlichen Verantwortung freistellte, hat das Reichswirtschaftsgericht in Dutzenden von gleichartigen Fällen bestätigt. Als ich in der Perlacher Sache zu Beginn meines Plädoyers vor dem Reichswirt-

[568] Die Perlacher Ermordungen, in: Münchener Post 07.07.1924, S. 3.

[569] Verteidiger im Prozess gegen die Mörder von Perlach war Max Alsberg. Vgl.: Emil Julius Gumbel, Verräter verfallen der Feme. Opfer/Mörder/Richter 1919-1929, Berlin 1929, S. 93.

schaftsgericht sagte, wir hätten es heute mit einem folgenschweren Fall zu tun, in dem durch die den Gegenstand des Verfahrens bildenden Taten zwölf Witwen und fünfunddreißig Kinder die Ehemänner und Väter verloren hätten, unterbrach mich der Senatspräsident Schreiner[570] mit schnarrender Stimme und sagte, ich möchte mich auf reine Rechtsausführungen beschränken, Politik habe in diesem Saale nichts zu suchen. Ich erwiderte ihm, ich hielte es meinerseits für Politik, wenn man die Erwähnung der Ermordung von zwölf Unschuldigen und ihre schweren Folgen als ein "politisches Faktum" ansehe. Ich sei der unmaßgeblichen Meinung, dass das Leben jedes der Ermordeten für diese selbst, für ihre Angehörigen und wahrscheinlich auch für die Nation den selben Wert gehabt hätte, wie das Leben jedes hier Anwesenden, das der amtierenden Richter eingeschlossen. Ich empfände es daher als eine Beleidigung meines Rechtsempfindens, dass man mich ermahne, nicht "politisch" zu sprechen. Ich müsse diese Ermahnung auch zurückweisen, weil ich nach dem Gesetz keinerlei Disziplin des Gerichts unterstünde, es sei denn, dass ich durch meine Ausführungen die Würde des Gerichts selbst verletzte. Gute Ratschläge über den möglichen Inhalt meines Plädoyers ständen jedoch nicht in der Kompetenz des Vorsitzenden. Wenn gegen diese meine Meinung seitens des Vorsitzenden etwas einzuwenden sei, hätte ich einen Beschluss des gesamten Gerichts zu beantragen. Der Senatspräsident Schreiner erwiderte höhnisch: "Herr Rechtsanwalt, ein Beschluss des Gesamtgerichts ist nicht nötig, ich werde Sie nicht mehr unterbrechen". Das bedeutete, dass die "Rache" für meine Ausführungen das Urteil sein werde. Um dies aber noch recht deutlich zu machen, lehnte er sich zu dem Beisitzer hin und sagt mit vernehmlicher Stimme: "Tant de bruit pour une omelette". Die Rechtsfolgen von zwölf Morden waren für diesen Edlen "une omelette". Wie sollte er sich über solche Rechtsfolgen erregen, wenn doch die demokratische Republik töricht genug war, ihm und ähnlichen vorsätzlichen Totengräbern des Rechtsempfindens hohe Gehälter und Pensionen zu bezahlen? Der reine Hohn aber war die gerichtliche Behandlung des Mordes an Gustav Landauer[571]. Der Rittergutsbesitzer Freiherr von Gagern wurde wegen "gefährlicher Körperverletzung" mit einer Geldstrafe von dreihundert Papiermark belegt. Der Unteroffizier Diegele wurde wegen der Mordtat freigesprochen. Wegen der Beraubung der Leiche erhielt er eine Gefängnisstrafe von fünf Wochen, die durch die Untersuchungshaft als verbüßt galt, sodass er

[570] SCHREINER, Senatspräsident am Reichswirtschaftsgericht. Nähere Angaben waren nicht zu ermitteln.

[571] Vgl.: EMIL JULIUS GUMBEL, Gustav Landauers Ende (wie Anm. 563), besonders S. 193.

sofort nach dem Urteil auf freien Fuß gesetzt wurde. Diese "Strafen" bedeuteten offene Sympathieerklärungen des Gerichts mit den Mördern und demonstrative Prämien auf ihr Verhalten. In dem Falle des Professor Dr. Horn endlich wurde das Srafverfahren gegen den einen Mörder eingestellt, gegen den zweiten garnicht begonnen. Die Versorgungsansprüche der Witwe wurden ebenfalls in allen Instanzen abgewiesen.

Wenige Stunden nach dem Einmarsch des Stabes der Westarmee in München war es für mich vom rein militärischen Standpunkt klar, dass keinerlei organisierter Widerstand der Roten Armee vorliege, dass die vollständige militärische Niederlage der kommunistischen Räterepublik nicht mehr als einen bis zwei Tage in Anspruch nehmen könne und dass die Rote Armee völlig führerlos war. Der politische Führer der kommunistischen Räterepublik, Eugen Leviné-Niessen, wurde nach kurzer Zeit gefangen gesetzt. Der verantwortungslose Hetzer Max Levien entfloh nach Russland[572]. Von seiner Wirksamkeit blieben, abgesehen von der schweren Lage, in die er eine Reihe von anständigen und gutgläubigen Leuten gebracht hatte, nur eine Anzahl von Bräuten zurück, von denen jede gemeint hatte, dass sie die einzige gewesen sei. Von den militärischen Führern der Roten Armee wurde Toller in der Wohnung eines Münchener Malers verhaftet, in der er sich einige Tage verborgen gehalten hatte[573].

40. *Gustav Klingelhöfer*

Klingelhöfer stellte sich auf meinem Büro der Regierung zur Verhaftung zur Verfügung. Es wurde mir dort ein "Herr Klett" gemeldet. Als er eintrat, erkannte ich ihn nicht im ersten Augenblick, da er sich seinen langen Vollbart hatte abrasieren lassen. Als er dann selbst sagte, ob ich ihn denn ohne Bart nicht erkenne, wurde mir erst klar, dass es Klingelhöfer sei. Als ich ihn fragte, was er von mir wünsche, erklärte er mir, es sei nach den Vorgängen der letzten drei Tage sein Wunsch, von der Bamberger Regierung verhaftet zu werden, damit er nicht anlässlich seiner Verhaftung sein Leben einbüße, wie Landauer und andere. Ich erwiderte ihm, wenn er sich der Regierung zur Verhaftung stellen wolle, müsse er dies bei einer zuständigen Stelle, nämlich bei der Polizei oder der Staatsanwaltschaft,

[572] Levien floh nach Österreich, wo er zwar am 07.10.1919 festgenommen, aber nicht ausgeliefert wurde. Vgl.: LUDWIG MORENZ, Revolution und Räteherrschaft in München. Aus der Stadtchronik 1918/19, München/Wien 1968, S. 128.

[573] Der Münchner Maler, der Toller Unterschlupf gewährt hat, war JOHANN REICHEL (1892 - das Todesdatum konnte nicht ermittelt werden). Vgl.: StAM, Staatsanwaltschaft 2144. Vgl.: Bayerische Staatszeitung Nr. 207 vom 24.08.1919, S. 6.

tun. Ich selbst sei zu Verhaftungen weder berufen, noch wünschte ich, mit einer solchen Materie befasst zu werden. Er bat mich darauf himmelhoch, dafür zu sorgen, dass er lebend in die Hände der Regierung komme, denn die Freikorps hätten eine Kopfprämie auf ihn gesetzt und er könne nicht riskieren, zu irgend einer Behörde zu gehen, ohne das Risiko zu laufen, erschlagen oder sonst ermordet zu werden. Ihm selbst sei alles gleich, aber er habe eine schwerkranke Frau, für die weiter zu existieren er sich verpflichtet fühle. Ich kannte Klingelhöfer von seiner Studienzeit her und wusste, dass das, was er mir sagte, wahr war. Auch verriet seine an mich gerichtete Bitte, ich möchte ihm doch zu einer legalen Verhaftung verhelfen, seine große seelische Not. Denn wenn schon ein Mensch soweit war, das Untersuchungsgefängnis als den einzigen sicheren Platz für sich anzusehen, und zwar nicht dasjenige der Hauptstadt München, sondern nur ein nordbayrisches, dann war das für sich allein für die von den Freikorps angewendeten Methoden der "Befreiung" Münchens charakteristisch genug. Ich sagte deshalb zu Klingelhöfer, wenn ich auch selbst in dieser Angelegenheit nichts machen könne, so sei ich doch gewillt, mit dem Direktor der Kriminalpolizei München, Herrn Rahmer[574], zu sprechen und zu hören, ob er bereit sei, Klingelhöfer entweder in meinem Büro festnehmen zu lassen, oder aber eine andere Art seiner Festnahme mir vorzuschlagen. Polizeidirektor Rahmer war ein altangesehener und erfahrener Kriminalist, einer jener aus der Zeit der Monarchie übernommenen Beamten, die ausgezeichnete Fachkunde mit vornehmer Gesinnung verbanden. Klingelhöfer war über meinen Vorschlag, mit Polizeidirektor Rahmer in Verbindung zu treten, begeistert. Er fühlte, dass dieser Beamte alles vorkehren werde, um jede gesetzwidrige Gewalttat zu verhindern. Darauf rief ich also Polizeidirektor Rahmer an und sagte ihm, dass sich Klingelhöfer auf meinem Büro befinde und sich dort mit dem dringenden Verlangen eingefunden habe, gesetzlich verhaftet und in ein nordbayrisches Untersuchungsgefängnis verbracht zu werden. Er sehe sein Leben als gefährdet an, wenn ich ihn nötigen würde, mein Büro unverhaftet zu verlassen. Polizeidirektor Rahmer sagte darauf mit größter Offenheit zu mir, er könne angesichts des irregulären und blutgierigen Wütens der Freikorps in München diesen Wunsch vollkommen verstehen und stelle sich gerne zur Verfügung, ihn zu erfüllen. Es gehe am nächsten Morgen ein Kurierzug nach Bamberg. Er schlage mir vor, dass ich Herrn "Klett" über Nacht in meine Wohnung nehme und dass er dort am Morgen von zwei Polizeibeamten abgeholt und

[574] RAHMER, Direktor der Kriminalpolizei München. Es handelt sich wohl um den Polizeidirektor Ramer, der am 08.02.1923 verstarb. Vgl.: JOSEF FALTER, Chronik des Polizeipräsidiums München, 2.Aufl. München 1995, S. 43 und 47 f.

nach Bamberg verbracht werde. Ich erwiderte Herrn Rahmer, ich sei ihm für seine humane Haltung dankbar, hätte aber als ein Organ der Regierung Bedenken, Klingelhöfer über Nacht in meine Wohnung zu nehmen. Wenn irgend eine Denunziation dieses Sachverhaltes vorkomme und wenn auf Grund einer solchen Denunziation irgend eine Freikorpspatrouille in meine Wohnung eindringe, könnten sowohl er wie ich erledigt sein. Polizeidirektor Rahmer sagte darauf, er sei bereit, mir eine schriftliche Bescheinigung mit seiner Unterschrift und seinem Dienststempel zur Verfügung zu stellen, aus der sich ergebe, dass er mich um die Beherbergung des zu verhaftenden Klingelhöfer in meiner Wohnung für die Dauer einer Nacht als Chef der Münchener Kriminalpolizei gebeten habe. Diese Bescheinigung könne ich jedermann zeigen, der bei mir eindringe. Er glaube, dass Klingelhöfer für diese Nacht in meiner Wohnung wesentlich sicherer sei, als wenn er in das Polizeigebäude eingeliefert würde, weil dort ständig "irreguläre Kräfte" ein- und ausgingen. Das offene Zugeständnis des obersten Leiters der Münchener Kriminalpolizei, dass in seinem eigenen Untersuchungsgefängnis Gefangene vor Mord und Totschlag nicht eben gesichert seien, wirkte erschütternd auf mich, obwohl ich ja nun schon Einiges gewöhnt war. Umsomehr empfand ich den besonders hohen Grad von Anständigkeit, der aus dem Vorschlag Dr. Rahmers sprach. Demgemäß erwiderte ich ihm, dass ich diesen Vorschlag mit aufrichtigem Dank annehme. Nach Einbruch der Dunkelheit brachte ich Klingelhöfer in einer Autodroschke in meine Wohnung, wo am nächsten Morgen zwei sehr höfliche Beamte der Kriminalpolizei München antraten und Klingelhöfer zu dem Kurierzug brachten, der ihn in Bamberg ablieferte.

In meine Wohnung war ich am Tag zuvor erstmals zurückgekehrt und hatte Frau und Kind dort wohlbehalten vorgefunden. Meine Frau hatte Wochen der Angst ausgestanden, ob wir uns noch einmal sehen würden. Wir hatten in diesen Wochen nur durch gelegentliche Botengrüße voneinander gehört. Meine Frau berichtete mir, dass noch am Abend des unseeligen Palmsonntag Angehörige der unabhängigen sozialdemokratischen Partei in meiner Wohnung erschienen seien und von ihr die Angabe meines Aufenthaltes verlangt hätten, mit der Erklärung, sie müssten mich unbedingt sprechen. Sie hätten gesagt: "Am Hauptbahnhof liegen ein Dutzend Leichen, und das ist das Werk Ihres Mannes". Meine Frau trat dieser Unwahrheit mit vollster Entschiedenheit entgegen und erklärte den Leuten, sie wüsste, welche weitgehenden Bemühungen ich entfaltet hätte, um jede blutige Zuspitzung des Konfliktes zu verhüten. Sie verweigerte dagegen jede Andeutung über meinen Aufenthalt und brachte es, ohne Schwierigkeiten zu haben, dahin, dass die Leute in dieser Beziehung nicht weiter insistierten.

Der Fall Klingelhöfer war keineswegs der einzige, in dem ich auf Grund meiner Funktion Ausschreitungen, Gewalttaten und Morde in den Tagen nach der Einnahme Münchens verhindern konnte. Einige wenige solcher Fälle will ich erzählen, einmal, weil sie zeigen, von welchen oft lächerlichen Zufälligkeiten die Fortdauer eines Menschenlebens in jenen Tagen abhing, sodann aber auch, weil sie mir einen Beleg zu bilden scheinen, wieviel durch persönliche Initiative in der über München hereinbrechenden Gewalt- und Mordwelle verhindert werden konnte.

41. *Eingreifen gegen Erschießungen*

Gleich am Tage nach der Einnahme Münchens erließ das Oberkommando des Generals von Oven eine Aufforderung an die Zivilbevölkerung, in ihrem Besitz befindliche Waffen bis zu einem bestimmten Endtermin abzuliefern. Mit der Aufforderung war die Warnung verbunden, dass jeder, der nach Ablauf dieser Frist im Besitz von Waffen getroffen werde, ohne sich durch einen Waffenschein der Militärbehörde über die Erlaubtheit dieses Besitzes ausweisen zu können, als im Kampfe gegen die Regierung befindlich anzusehen sei, das heißt, praktisch gesprochen, sein Leben verwirkt habe. Als ich einen Tag später durch die Einfahrt des Stabsquartiers der Westarmee ging, begegnete mir ein Zug Soldaten eines preußischen Regiments, unter dem Befehl eines Leutnants, in dessen Mitte ein Zivilist mit offenem Hemdkragen und verbundenen Augen geführt wurde. Ich hielt den Zug an und legitimierte mich gegenüber dem Führer über meine Dienststellung durch Vorzeigen meines Ausweises. Ich forderte ihn auf, mir zu sagen, was mit dem Zivilisten beabsichtigt sei. Der Offizier erklärte mir darauf, der Mann solle zur Erschießung auf den gegenüberliegenden Schlacht- und Viehhof gebracht werden, weil bei ihm ein Infanteriegewehr gefunden worden sei. Als ich weiter fragte, wer die Erschießungsorder gegeben habe, sagte der Offizier nach einigem Zögern, er habe dies selbst getan. Ich schrie ihn darauf mit Stentorstimme an, ob er nicht wisse, dass die Waffenablieferungsfrist noch nicht abgelaufen sei und dass deswegen die Ausführung seines Vorhabens nicht erlaubte Dienstausübung, sondern Mord sei. Er verblasste sich und erwiderte, daran, dass die Frist noch nicht abgelaufen sei, habe er nicht gedacht. Das scheine ihm auch nicht so wesentlich, denn der Mann sei doch offenbar ein Feind der Regierung. Ich replizierte, dass diese Auffassung ganz unhaltbar sei und dass er keinerlei Recht habe, Menschen auf Grund seiner Privatmeinungen umbringen zu lassen. Auf meine Aufforderung wurde der Gefangene in das Wachlokal unseres Stabes verbracht, mit der Anordnung, dass nichts geschehen dürfe, ehe nicht die Verfügung einer zuständigen Stelle vorliege. Den Offizier nahm ich in das Stabsquartier des Oberkommandos Oven mit. Nach dreißig Minuten war die Freilassung des Gefangenen verfügt und die Entlassung des Offiziers aus dem Dienst in München angeordnet.

Einen ganz ähnlichen Fall, nur eigentlich noch krasser, erlebte ich am nächsten Tage in den Diensträumen der Polizeidirektion München. Nach der Einnahme Münchens war, auf Grund der Anordnung des Ministeriums Hoffmann, der sozialdemokratische Gewerkschaftssekretär Vollnhals[575] zum Polizeipräsidenten ernannt worden. Er war ein braver Mann und ein tüchtiger Gewerkschafter, hatte jedoch keine persönliche Erfahrung in Polizei- und Kriminaldingen und war infolgedessen den ungeheuerlichen Aufgaben einer großstädtischen Polizeidirektion an sich nicht gewachsen, gewiss aber nicht in einer solchen Krisenzeit. Angesichts des Umstandes, dass die einzelnen Abteilungen der Polizeidirektion großenteils von sehr tüchtigen Fachleuten geführt waren, so zum Beispiel die Kriminalpolizei von dem eben erwähnten Dr. Rahmer[576], konnte durch seine Ernennung in den Einzelheiten des Dienstbetriebes nicht zuviel Schaden erwachsen. Es fehlte aber der Behörde eine einheitliche, sachlich und persönlich überlegene Führung. Vollnhals leistete, vermöge dieser seiner Eigenschaften, auch wenig Widerstand dagegen, dass sich in einem Stockwerk der Polizeidirektion eine von niemand ernannte "geheime Militärpolizei" einnistete, die die geradezu wütende Denunziationssucht eines Teiles der über die Räterepublik verärgerten Münchener Bevölkerung zu einer wilden Verhaftungstätigkeit benutzte und missbrauchte. Den Schergen dieser anonymen Einrichtung genügte es, dass man mit einer linksstehenden Person verwandt oder verschwägert war, ja dass man mit einem Verdächtigen in demselben Mietshaus wohnte, um zahllose Menschen ihrer Freiheit zu berauben. Sie waren die illegitimen Vorläufer der heutigen Gestapo. Sie waren bereit, jedweden Schmutz und jedwede Gemeinheit zu glauben, wenn sie in die in jenen Tagen in Bayern erstmals populär werdende antibolschewistische Aufmachung gekleidet war. An jenem Tage sollte ich auf Grund eines Telefonanrufes aus Bamberg mit Vollnhals darüber verhandeln, wie man die Bevölkerung gegen das illegale Treiben dieser sogenannten Militärpolizei besser schützen könne. Das Resultat der Verhandlungen war die Bildung einer Haftprüfungskommission, der von den Voll-

[575] Karl Vollnhals, Polizeidirektor von München vom 30.04.-03.05.1919, ehemaliger Gewerkschaftssekretär. Vgl.: Johannes Schwarze, Die bayerische Polizei und ihre historische Funktion bei der Aufrechterhaltung der öffentlichen Sicherheit in Bayern von 1919-1933, München 1977, S. 35.

[576] Vgl.: Anmerkung 574.

zugsbeamten jeder Fall der Einlieferung eines Häftlings sofort gemeldet werden sollte. Mit der Leitung dieser Haftprüfungskommission wurde mein Kollege Rechtsanwalt Adolf Kaufmann[577] beauftragt, dessen Wirksamkeit im Interesse der Aufrechterhaltung geordneter staatlicher Zustände ich schon im Zusammenhang mit den Verhandlungen des bayrischen Rätekongresses erwähnt habe. Die Haftprüfungskommission hat in wenigen Tagen Hunderte von eingelieferten Leuten entlassen, nachdem sie festgestellt hatte, dass gegen die Betreffenden auch nicht der geringste stichhaltige Verdacht einer strafbaren Handlung vorgebracht werden konnte. Bevor ich meinen Besuch bei dem Polizeipräsidenten Vollnhals machte, ging ich zu dem Vorsteher der politischen Abteilung, einem Polizeifachbeamten, um seine Ansicht zu erfahren, was in der Richtung des Schutzes der Bevölkerung gegen unbegründete Denunziationen und Festnahmen geschehen könne. Bei meinem Eintritt in das Vorzimmer sah ich die mir seit Jahren bekannte Witwe eines bayrischen Offiziers stehen und zusammen mit ihr ein exotisch aussehendes junges Mädchen mit rabenschwarzem Haar. Vor beiden stand ein Soldat, offensichtlich um die Frauen zu bewachen. Ich sagte zu der Offizierswitwe: "Gnädige Frau, was machen denn Sie hier?" Sie brach darauf in Tränen aus und sagte, das junge Mädchen sei ihre Mieterin. Es sei eine Georgierin, die vor den dortigen Bolschevisten geflohen sei und in München Landwirtschaft an der Technischen Hochschule studiere. Es sei ihr ein Trupp Soldaten begegnet, die sie wegen ihres exotischen Aussehens angehalten hätten. Die Soldaten hätten sie gefragt, ob sie die Schwester von Rosa Luxemburg sei. Da das junge Mädchen nur mangelhaft Deutsch könne, habe sie die Frage bejaht. Darauf habe man sie mitgenommen, um sie zu erschießen. Zufälligerweise sei sie selbst dazugekommen und habe es mit Mühe erreicht, dass sie in die Polizei mitgenommen werde. Die anderen Soldaten stünden aber immer noch unten, um sie zur Erschießung mitzunehmen. Ich fragte dann den Soldaten, von wem er seine Befehle habe. In demselben Moment fasste mich der Mann an und legte mir seine Hand auf die Schulter und erklärte: "Sie sind verhaftet, Sie bleiben auch hier". Ich schüttelte seine Hand ab und zog meinen Regierungsausweis heraus. Auf dem Ausweis war ausdrücklich vermerkt, dass mir sämtliche Zivil- und Militärstellen Schutz und Unterstützung zu gewähren hätten. Der junge Bursche erwiderte darauf frech: "So einen Ausweis kann jedermann haben. Sie bleiben trotzdem hier, Sie haben mir Widerstand geleistet". Nunmehr riss ich mit der Hand die Türe zu dem Dienstraum des Vorstehers der politischen Abteilung auf und rief

[577] Vgl.: Anmerkung 460.

hinein: "Herr Regierungsrat, würden Sie einmal herauskommen? Hier ist ein verfolgungswahnsinniger Verbrecher". Im nächsten Moment erschien Regierungsrat B.[578] in der Türe und fragte den Soldaten mit Kommandostimme: "Was wollen Sie denn von dem Herrn?" Nunmehr ging dem Mann der Mut aus, und er begann irgend eine Entschuldigung zu stammeln. Zusammen mit Regierungsrat B. nahm ich ihn nun ins Verhör. Nach fünf Minuten hatten wir die Namen seines Leutnants und seines Hauptmanns. Nach zehn Minuten hatte er zugegeben, dass die Befehlsgebung dahin gelautet hatte, sie sollten mit Verdächtigen keine langen Flausen machen und keinen Pardon geben. Nach einer halben Stunde hatten der Soldat, der Leutnant und der Hauptmann die Order, München und Bayern unverzüglich zu verlassen. Die Ausführung dieser Order wurde behördlich überwacht.

In einem dritten Fall kam ein hochgeschätzter Münchener Anwaltskollege auf mein Büro, um meine Hilfe in Anspruch zu nehmen. Es handelte sich um einen mir bekannten sehr begabten Münchener Mediziner, der ein persönlicher Freund von Toller und anderen Revolutionären war und politisch den unabhängigen Sozialdemokraten zugehörte[579]. Er war jedoch nach außen politisch in keiner Weise hervorgetreten, das einzige, was man ihm allenfalls nachsagen konnte, war, dass sich linksstehende Leute gelegentlich bei ihm zu privaten Zusammenkünften getroffen hatten. Der Kollege berichtete mir, er sei soeben davon verständigt worden, dass im Treppenhause des Gebäudes, in dem der Mediziner seine Wohnung hatte, drei Soldaten eines Freikorps säßen, die auf die Frage nach dem Zweck ihres Erscheinens gesagt hätten, sie hätten Auftrag, auf den Mediziner zu warten und ihn totzuschlagen. Der Kollege wünschte von mir eine Intervention, um das zu verhindern. Ich begab mich sofort zum Chef des Stabes, Oberstleutnant B.[580], teilte ihm das Gehörte mit und ersuchte ihn,

[578] Dr. Heinrich Balß, Regierungsrat, Referent bei der Politischen Abteilung der Polizeidirektion München (Abteilung VI). Er sagte auch im Hitler-Prozess 1923 aus. Vgl.: Der Hitler-Prozess vor dem Volksgericht München, München 1924, S. 109 ff.

[579] Julian Marcuse, Münchner Mediziner, USPD, Freund von Toller, Leiter eines Sanatoriums in Ebenhausen. Bei dem Rechtsanwalt dürfte es sich um Adolf Kaufmann gehandelt haben.

[580] Otto Freiherr von Berchem (21.01.1877 - das Todesdatum ließ sich nicht ermitteln), war vom 27.10.1918 bis 23.04.1919 Erster Generalstabsoffizier beim General-Kommando des I. bayerischen Armee-Korps und vom 23.04.1919 bis zum 16.05.1920 Generalstabsoffizier beim bayerischen Reichswehrgruppenkommando 4. Er hinterließ auch ungedruckte Memoiren, die aber ein völlig falsches Bild der Räterepublik und deren Niederschlagung zeichnen. Dennoch sind diese Aufzeichnungen als Dokument der damals herrschenden Mentalität in weiten Kreisen des Offizierskorps lesenswert. Vgl.:BHStA, Abt.IV,HS 2677, S. 237-246. Vgl.:BHStA, Abt.IV,OP 57653.

mir zur Weitergabe an den Kollegen eine schriftliche Bescheinigung mit dem militärischen Dienststempel auszustellen, des Inhalts, dass eine militärische Festnahme des Mediziners nicht statthaft sei. Oberstleutnant von B. fragte mich zunächst, warum ich diese Bescheinigung nicht selbst ausstelle, und ich antwortete, dass ich dies unterlasse, weil mir keinerlei direkte militärische Befehlsgewalt zukomme. Sodann äußerte er das Bedenken, der Mediziner könne vielleicht doch "schuldig" sein und dann hätte er die Verantwortung dafür, ihm "geholfen" zu haben. Ich erwiderte ihm sehr scharf, dass das, was ich von ihm verlange, keinerlei "Hilfe", sondern nur die Feststellung des rein legalen Zustandes sein solle. Die alleinige Befugnis, Menschen zu verhaften, stehe der Staatsanwaltschaft und den Polizeibehörden zu. Die militärischen Verhaftungen der letzten Tage seien, auch unter dem Standrecht, nichts als eine Kette illegaler Aktionen. Wenn eine solche illegale Aktion aber gar in der Weise angekündigt werde, dass die Soldaten den Auftrag zu Mordtaten hätten, dann sei er, nach meiner Auffassung, unbedingt zum Eingreifen verpflichtet. Denn ob ein Mensch sein Leben einbüßen solle, habe in Bayern nur das Gericht und nicht irgend ein hergelaufener Verbrecher zu entscheiden, auch dann nicht, wenn er in einen Soldatenrock eingekleidet sei. Herr von B. machte zuerst Anstalten, ein wenig zu protestieren, dass ich Soldaten als "hergelaufene Verbrecher" bezeichne. Ich sagte ihm, er müsse genau verstanden haben, dass es sich hierbei keineswegs um eine Kollektivbezeichnung handle, sondern dass ich mit dieser Kennzeichnung nur Leute versehe, die Verbrechen bereits ausgeführt hätten oder solche nachweislich im Sinne hätten. Ich suchte ihm klar zu machen, dass es auch ein Gebot militärischer Ehre sei, sich nicht mit dem zweifelhaften Ruhm irregulärer Mördereien zu beflecken. Schließlich sagte Herr von B., er könne trotz meiner Ausführungen, deren Berechtigung er an sich zugeben wolle, die alleinige Verantwortung der Ausstellung einer solchen Bescheinigung nicht übernehmen. Wenn er jedoch ein Ersuchen des Staatskommissars erhalte, sei er bereit, die Bescheinigung auszustellen. Ich machte ihn darauf aufmerksam, dass der Staatskommissar an dem betreffenden Morgen abwesend sei, und dass ich ihn vertrete. Wenn er auf den Staatskommissar selbst warten wolle, so könne dies nur bedeuten, dass er die eventuelle Gewalttätigkeit gegen den Bedrohten sanktioniere. Diese Verantwortung sei nach meiner Auffassung wesentlich schwerer, als diejenige, die ich ihm zugemutet hätte. Denn eine legale Verfolgung einer etwaigen strafbaren Handlung durch die zuständigen Behörden werde durch den Inhalt der Bescheinigung weder unmöglich gemacht noch gehindert. Nunmehr entschloss sich Herr von B., die Bescheinigung auszustellen, wenn ich ihn namens des Staatskommissars hierum schriftlich ersuchen würde. Ich schrieb dieses Ersuchen sofort in seinem Amtsraum und händigte es ihm aus. Er verbeugte sich, ging an seinen Schreibtisch, schrieb die Bescheinigung und ließ sie in einem anderen im Hause befindlichen Büro mit dem Dienststempel versehen. Diese Bescheinigung erhielt mein Berufskollege. Auf Grund ihres Inhalts konnte der Mediziner ohne jeden Zwischenfall München verlassen.

In der der Einnahme Münchens folgenden Woche war es mir auf solche und ähnliche Weise in mehr als zwei Dutzend Fällen möglich, schützend einzugreifen, um Gewalttaten und Verbrechen hintanzuhalten. Dieserhalb sah ich es vor mir selbst als gerechtfertigt an, dass ich wenigstens für die ersten Tage nach der Eroberung Münchens mich nicht zurückgezogen hatte. Denn es stand für mich fest, dass ich, ohne in Ausübung amtlicher Funktionen zu sein, Gleiches nicht hätte erreichen können. Unsere Versuche dagegen, eine durchgreifende Verbesserung der Befehlsgebung zu erreichen, scheiterten an dem Widerstand der preußischen Kommandeure. Das einzige, was erzielt werden konnte, war ein Tagesbefehl des Oberkommandos von Oven, in dem darauf hingewiesen wurde, dass politische Gesinnung "an und für sich" kein Verhaftungsgrund sei[581]. Das Oberkommando wäre für diesen Erlass, der in öffentlichen Maueranschlägen erschien, nicht zu haben gewesen, wäre ihm nicht eingehend nachgewiesen worden, wie oft gegen diesen damals in Deutschland und in der kultivierten Welt noch selbstverständlichen Grundsatz verstoßen wurde. Die bayrischen Militär- und Zivilbehörden, die nach der Einnahme Münchens zu funktionieren begannen, insbesondere das Militärministerium und das Innenministerium - deren Chefs noch in Bamberg saßen - stellten sich auf den Standpunkt, dass allen irregulären Handlungen und Amtsanmaßungen besser vorgebeugt werden könne, wenn eine fachlich geleitete Polizeidirektion in München existiere. Es war nicht zu verkennen, dass die Leitung durch den Gewerkschaftssekretär Vollnhals als eine solche nicht angesehen werden konnte. Zur Besprechung dieser Frage wurde eine Sitzung der leitenden Referenten des Militärministeriums und des Innenministeriums, unter Beiziehung des Landgerichtspräsidenten, einberufen. Da man in diesen Tagen bei Sitzungen in den Ministerialgebäuden noch mit Störungen rechnen musste, wurde die Sitzung in meine Wohnung einberufen. Landgerichtspräsident war damals derselbe Richter Mayer, den wir als Vorsitzenden in meinem Prozess gegen Max von Gruber kennengelernt haben. Präsident Mayer sagte nach Durchbesprechung der Personal-

[581] Tagesbefehl General von Oven: Der Tagesbefehl selbst konnte nicht gefunden werden, doch existieren ähnliche Befehle des Generals von Oven. Vgl.: BHStA, Kriegsarchiv, Reichswehrgruppenkommando 4, Bd. 192.

frage, dass er den Oberlandesgerichtsrat Pöhner[582], der zur Zeit Direktor des Strafvollstreckungsgefängnisses Stadelheim sei, aufs wärmste für die Leitung der Polizeidirektion empfehlen könne.

42. *Ernst Pöhner*

Pöhner sei nicht nur ein unabhängiger Richter und ein selbständiger Denker, sondern auch ein äußerst energischer Beamter, der im Gefängnis Stadelheim in den kritischen Revolutionszeiten mit eiserner Hand Ordnung gehalten habe. Bei der Erörterung der Geeignetheit Pöhners hielten sich die Vertreter des Militärs zurück, weil sie ihn nicht kannten. Die Vertreter des Innenministeriums stimmten dem Präsidenten Mayer zu. Nach meiner Meinung gefragt, sagte ich, Pöhner sei mir als ein Vertreter der "scharfen" Richtung des bayrischen Richtertums bekannt, ich hätte aber den Eindruck, dass er sich bemühe, gerecht zu sein. So habe er in den Prozessen Lujo Brentanos gegen die gelben Gewerkschaften Brentano zu seinem vollen Recht kommen lassen, obwohl ihm seine Ideen sehr unsympathisch, diejenigen der gelben Gewerkschaften sicherlich aber sympathisch gewesen seien. Dass Pöhner ein Mann von größter Energie sei, sei ebenfalls richtig. Ich könne also meinerseits nichts Grundsätzliches gegen seine Ernennung sagen, wenn wir keinen Geeigneteren hätten. Ich muss offen zugeben, dass diese meine Auffassung einer der größten Fehler war, die ich in meinem Leben gemacht habe. Kaum war Pöhner nach Abschluss unserer Sitzung ins Amt berufen, als er bereits Zeichen einer gefährlichen Selbstüberschätzung an den Tag legte, die bei allen wahren Freunden der Ordnung große Bedenken hervorriefen. Diese Selbstüberschätzung war offenbar erst durch seine Ernennung ausgelöst, vorher hatte er mir und anderen immer einen durchaus normalen Eindruck gemacht. Nun erließ er Maueranschläge im Ton eines kleinen Diktators, die deutlich zeigten, dass er das Weltgeschehen um seine Person kreisen sah. Besuchern und Beschwerdeführern hörte er kaum zu und schrie sie plötzlich in deklamatorischem Ton an, meistens mit Ausführungen, die mit der betreffenden Sache garnichts zu tun hatten. Innerhalb einer Zeit von weniger als einem halben

[582] ERNST PÖHNER (11.01.1870-11.04.1925), Oberlandesgerichtsrat, Polizeidirektor, Direktor von Stadelheim, Teilnahme am Kapp-Putsch 1920, Hitler-Anhänger, Hitlerputsch 1923, Verurteilung zu 5 Jahre Festungshaft, 1924-1925 MdL (Völkischer Block). Vgl.: ERNST RUDOLF HUBER, Deutsche Verfassungsgeschichte seit 1789, Bd. 5, Stuttgart u.a. 1992, S. 1125. Vgl.: Anonym, Die konfessionelle Verhetzung in München. Herr Polizeipräsident Pöhner, in: HANS LAMM, Von Juden in München. Ein Gedenkbuch, München 1959, S. 306-309.

Jahr hatte er sich bereits zu einem der gefährlichsten Faktoren gegen jede demokratische Entwicklung ausgewachsen. Den kaum ein Jahr später folgenden Kapp-Putsch benutzte er, um mittels eines Handstreiches das Ministerium Hoffmann zu beseitigen. Da er sich in der Folgezeit nicht genügend beachtet glaubte und da sein Traum dahin ging, Reichspolizeiminister zu werden, schloss er sich der aufkommenden Hitlerbewegung an. Er war einer ihrer wirksamsten und gehässigsten Exponenten. Anlässlich des ersten Hitlerputsches, am 9. November 1923, schien sein Traum wenigstens teilweise in Erfüllung zu gehen, indem er, für Stunden, sich bayrischer Ministerpräsident von Hitlers Gnaden nennen durfte. Am nächsten Morgen saß er in Untersuchungshaft. Einige Monate später war er wegen vollendeten Hochverrats zu fünf Jahren Festungshaft verurteilt. Gleich Hitler verbüßte er nur sechs Monate von dieser Strafe und wurde dann mit Bewährungsfrist auf freien Fuß gesetzt. Sein Amt als Polizeipräsident hatte er schon vor dem Hitlerputsch eingebüßt. Er war in den Justizdienst als Richter am bayrischen Obersten Landesgericht zurückgekehrt. Nun verlor er auch dieses Amt. Das von dem Staatsrat Mayer präsidierte Disziplinargericht der schwächlichen Republik gewährte jedoch dem Hochverräter eine Pension in Höhe von Dreiviertel seines Gehalts. So konnte er nunmehr als Privatmann sorgenfrei gegen den demokratischen Staat hetzen, der ihn hierfür bezahlte. Ein Automobilunfall setzte dem Leben des noch rüstigen Hetzers ein vorzeitiges Ende. Wäre er am Leben geblieben, so wäre er heute einer der höchsten Würdenträger des Dritten Reiches. Sein Gehilfe, Dr. Frick[583], der in seinem "Geist" die politische Abteilung der Münchener Polizeidirektion leitete, ist seit 1933 ununterbrochen Reichsinnenminister des Dritten Reiches. Mein häufiger dienstlicher Verkehr mit Pöhner gehört zu meinen kuriosesten Erlebnissen. Als ich einmal in sein Amtszimmer kam, sah er mich durchdringend an und hielt mir, bevor ich mein Anliegen vorbringen konnte, einen längeren Vortrag über die "Schandtaten" der Franzosen im besetzten Rheinland. Er schloss diesen Vortrag, indem er mich anschrie: "Aber die Rache wird furchtbar sein". Erst als ich bescheiden einwendete, ich sei kein Franzose, sondern, wie er wisse, der Rechtsanwalt Loewenfeld aus München und käme in einer Haftsache, in der ich

[583] WILHELM FRICK (12.03.1877-16.10.1946), 1917-1925 Regierungsassessor und Oberamtmann bei der Politischen Abteilung der Polizeidirektion München , seit 1924 Mitglied des Reichstags für die NSDAP, 1930-1931 Innen- und Volksbildungsminister in Thüringen, 1933-1943 Reichsminister des Innern, 1943-1945 Reichsprotektor für Böhmen und Mähren, 1946 vom Internationalen Militärgerichtshof in Nürnberg zum Tode verurteilt und hingerichtet. Vgl.: ROBERT WISTRICH, Wer war wer im Dritten Reich, München 1983, S. 76 f. Vgl.: GÜNTER NELIBA, Wilhelm Frick. Der Legalist des Unrechtsstaates. Eine politische Biographie, Paderborn 1992.

um eine bestimmte Anweisung an seinen Referenten bitten müsse, wachte er aus seinem Trancezustand auf, war dann höflich und sachlich und erledigte mein Anliegen nach Wunsch. Ein anderes Mal ging ich zu ihm, weil mir aufgefallen war, dass mich die Polizeidirektion München, unbeschadet des Umstandes, dass ihr Präsident und ihr politischer Referent erklärte Nazis waren, am laufenden Bande als Pflichtverteidiger in Schutzhaftsachen aufstellte. Ich sah in dieser zahlenmäßig übertriebenen Zuweisung derartiger Sachen seitens der Polizeibehörde irgendeine mir unbekannte Tendenz und wollte den Zusammenhang feststellen. Demgemäß fragte ich Pöhner, wie es komme, dass mir, mit seiner persönlichen Unterschrift, so viele Schutzhaftsachen zur Vertretung zugewiesen würden, während viele mir bekannte, tüchtige Kollegen nicht eine einzige bekämen. Seine Antwort war für die zynische Offenheit und für die burschikose Art seines Auftretens geradezu klassisch. Er sagte: "Herr Rechtsanwalt, leiden kann ich Sie ja absolut nicht, aber Sie sparen mir Arbeit, weil Sie etwas von der Arbeit verstehen"! Auf diese entwaffnende Antwort sagte ich nur, er solle sich nicht einbilden, dass meine Schriftsätze durch Zuweisung von noch weiteren Sachen solcher Art zahmer würden, außerdem tue er mir wirklich einen Gefallen, wenn er andere Kollegen in stärkerem Maße als bisher für die Vertretung solcher Sachen heranziehe. Er sagte dies zu und hielt seine Zusage auch. Wieder ein anderes Mal traf ich ihn im Treppenhaus der Polizeidirektion an. Ich sagte ihm, dass ich mich wegen einer Beschwerde eben zu ihm begeben wollte. Er lachte hierauf geräuschvoll und rief: "Beschwerdenummer 5768! Abgewiesen"! Als ich darauf sagte, die Sache sei durchaus ernst und es bestehe kein Grund zu irgend einer Heiterkeit seinerseits, lachte er noch mehr und rief wiederum laut: "Aber Herr Rechtsanwalt, verstehen Sie denn nicht, Sie sind abgewiesen"! Er meinte dies keineswegs beleidigend, denn er verwickelte mich sogleich in ein persönliches Gespräch von mindestens einer Viertelstunde und verabschiedete sich mit Händedruck. Tatsächlich wies er aber meine Beschwerde ohne Angabe von Gründen ab, sodass ich an das Innenministerium gehen musste, wo sie durchdrang. Einer der tollsten von mir wahrgenommenen Leistungen Pöhners war aber sein Auftreten in Sachen von Theaterverboten. Wenn ein Stück irgend welchen reaktionären Cliquen nicht in den Kram passte, verbot er seine Aufführung, entgegen der klaren Bestimmung der Reichsverfassung, durch die die Theaterzensur aufgehoben war. Wenn er dann auf den verfassungsbrecherischen Charakter seiner Maßnahme hingewiesen wurde, pflegte er sie mit der frechen Ausrede zu begründen, dass die Aufführung des Stückes Unruhen im Theater erzeugen könnte und dass er unter Berücksichtigung seiner sonstigen polizeilichen Aufgaben nicht genug Beamte habe, um das Theater hiervor zu schützen. Eines Tages verbot er mit dieser Begründung die Aufführung von "Schloss Wetterstein" von Frank Wedekind in den Münchener Kammerspielen[584]. Ich ging damals mit den Direktoren des Theaters zu Pöhner. Die Direktoren machten darauf aufmerksam, dass das Verbot nicht nur verfassungswidrig sei, sondern dass sich die Münchener Polizei hierdurch auch dem Fluche der Lächerlichkeit aussetze. Die Anerkennung der Kunst Frank Wedekinds könne durch keinerlei Polizeiverbote verhindert werden. Es stellte sich zunächst heraus, dass Pöhner weder das Stück gesehen hatte, bevor er es verbot, noch dass er überhaupt wusste, wer Frank Wedekind war. Um seine krasse literarische Unkenntnis zu "rechtfertigen", sagte Pöhner, er gehe niemals ins Theater. Dort seien ja doch nur die Leute zu finden, die man sonst auf den Zuhörerplätzen in gerichtlichen Skandalprozessen finde. Wir konnten naturgemäß nichts anderes tun, als auf eine Auseinandersetzung mit derartig sublimen Auffassungen zu verzichten. Alles in allem genommen war Pöhner eine tragische Figur, ein kleiner Don Quichote, der ein anständiges Leben als ein durchschnittlicher Beamter geführt hätte, wenn er nicht aus Versehen, leider nicht ohne meine Mitwirkung, zur Macht emporgespült worden wäre. Um Macht zu ertragen, fehlte ihm das Format. Die Ausübung der Macht machte ihn zu einem zeitweise gutmütigen, meistenteils aber bösartigen und gefährlichen Narren.

43. *Ermordung von Mitgliedern des Kolpingvereins*

Am 6. Mai 1919 liefen in München Gerüchte um, dass von Seiten von Freikorpsangehörigen ein außerordentlich schweres Verbrechen begangen worden sei, indem auf Grund eines Befehls des preußischen Hauptmanns von Alt-Stutterheim einundzwanzig Mitglieder eines katholischen Gesellenvereins, wegen angeblicher Übertretung eines Versammlungsverbots, verhaftet und in bestialischer Weise umgebracht worden seien[585]. Tatsächlich ergab sich, dass die Leute sich wegen der Veranstaltung einer Theatervorstellung getroffen hatten und dass sie samt und sonders ermordet worden waren. Die Soldaten, die sie ermordeten, waren nach amtlichen Feststellungen großenteils betrunken. Sie schlugen und stachen die Leute wahl-

[584] FRANK WEDEKIND (24.07.1864-09.03.1918), Schriftsteller. Vgl.: GÜNTER SEEHAUS, Frank Wedekind und das Theater, München 1964, S. 633-653. Vgl.: MICHAEL MEYER, Theaterzensur in München 1900-1918. Geschichte und Entwicklung der polizeilichen Zensur und des Theaterzensurbeirates unter besonderer Berücksichtigung Frank Wedekinds, München 1982, besonders S. 224-250.

[585] Vgl.: EMIL JULIUS GUMBEL, Vier Jahre politischer Mord, Berlin 1922, S. 41 f. Vgl.: MNN 427 (21.10.1919) und 437 (27.10.1919).

los tot, trampelten auf den Toten und Sterbenden herum und ließen die Leichen in einem schauderhaften Zustand am Tatort. Ein Strafverfahren wurde nur gegen drei Soldaten eingeleitet. Die Mutter eines dieser Soldaten, eines Jakob Müller, ersuchte mich, dessen Verteidigung zu übernehmen. Bevor ich dies ablehnte, habe ich die Akten eingesehen. Es ergab sich aus diesen, dass der Soldat ein schwerer Gehirnsyphilitiker war, der von seinen Vorgesetzten absichtlich betrunken gemacht wurde, damit sein Wüten in trunkenem Zustand von ihnen beobachtet werden konnte. Er war vielleicht der einzige von den sämtlichen Mördern, der auf Grund seines Geisteszustandes strafrechtlich nicht verantwortlich war. Ihn aber suchte sich die Staatsanwaltschaft als Hauptangeklagten aus. Die feudalen Offiziere der preußischen Gardedivision dagegen, die die wirklichen Anstifter und Verantwortlichen dieses widerlichen Verbrechens waren, belästigte der Staatsanwalt nicht mit einer Anklage. Sie wurden als "Zeugen" verhört und leugneten, abgesehen von der Tatsache ihrer Existenz, alles. Ich hätte vom strafrechtlichen Standpunkt aus keine Bedenken gehabt, diese Verteidigung zu übernehmen. Es schien mir nicht nur politisch unmöglich, dies zu tun, auch mein Widerwille gegen das ganze Milieu hätte mich verhindert, den rechten Ton zu finden, wiewohl ich Jakob Müller nur als einen missbrauchten Geisteskranken ansah. Immerhin versprach ich der Mutter des Jakob Müller, für eine sachgemäße und gute Verteidigung zu sorgen. Der Verteidiger, der sie auf mein Ersuchen übernahm, plädierte nach dem Goethe-Wort "Ihr lasst den Armen schuldig werden und überlasst ihn dann der Pein"[586]. Nichts konnte die Situation besser treffen, als dieses Motto. In dieser Sache ging die Staatsanwaltschaft mit aller Schärfe vor. Die Getöteten waren Mitglieder eines katholisch-konfessionellen Vereines und nicht nur gewöhnliche sozialdemokratische Arbeiter, wie im Falle der Perlacher Ermordungen. So erhielt Jakob Müller, trotz seiner zweifellosen Unzurechnungsfähigkeit, vierzehn Jahre Zuchthaus, verbunden mit zehnjährigem Verlust der bürgerlichen Ehrenrechte. Herr von Alt-Stutterheim dagegen blieb Offizier der deutschen Republik. Der Staatsanwalt Dr. Mugler[587], der dieses Verfahren betrieb, ein Korpsstudent mit einem Schmiss von einem Ende des Gesichts bis zum anderen, entwickelte sich zum diensteifrigen Richter des Hitlerreiches, zu dessen Grundsätzen er ohne jede Schwierigkeit hinüberwechselte.

[586] Das Zitat Goethes ist in dem Roman "Wilhelm Meisters Lehrjahre", 2. Buch, 13. Kapitel enthalten. Vgl.: GOETHES WERKE Bd. 7, Hamburger Ausgabe, 11. Aufl., München 1982, S. 136.

[587] DR. KARL MUGLER. Es haben sich nach Auskunft des Bayerischen Staatsministeriums der Justiz nur die Akten seines Sohnes erhalten. Seit 01.06.1933 war er Landgerichtsdirektor in Landau/Pfalz. Vgl.:Kalender für Reichsjustizbeamte 1941,Berlin 1940.

Am Morgen des 8. Mai 1919 brachte das lokale sozialdemokratische Blatt, die "Münchener Post"[588], einen Artikel über das Verbrechen an den katholischen Gesellen, mit Schilderungen aller Einzelheiten der Mordtat und mit einer höchst energischen Aufforderung an die zivilen und militärischen Behörden, dieser Mörderwirtschaft nunmehr mit eiserner Hand ein Ende zu setzen und Bayern und München vor dem Rufe zu bewahren, dass die sogenannten Befreier des Landes von bolschewistischer Bedrohung gefährlichere und niederträchtigere Feinde der Ordnung seien, als diejenigen, gegen die sie vorgingen. Außer dem Verbrechen an den katholischen Gesellen waren in dem Artikel mit Orts-, Zeit- und Namensangabe eine Reihe von Mordtaten, Diebereien, Plünderungen und sonstigen Verbrechen angeführt, die in den Tagen zuvor von Freikorps und preußischen Regimentern verübt worden waren. Der Artikel stammte aus der Feder von Paul Kampfmeyer[589], der einer der fähigsten, gebildetsten und mutigsten Redakteure des Blattes war. Kampfmeyer hatte mich mit seinem Material vor der Niederschrift des Artikels aufgesucht, und ich hatte ihm leider nicht nur dessen Richtigkeit bestätigen müssen, sondern hatte ihn zu diesem offensiven Schritt ermuntert, um das Möglichste zu Wiederherstellung einigermaßen geordneter Zustände getan zu haben. Als ich am Vormittag dieses Tages mich eben in den Diensträumen des Staatskommissariats befand, trat der dem Oberkommando von Oven unterstellte General von Moehl[590] ins Zimmer. Er schwenkte in der Hand in großer Erregung die Nummer der "Münchener Post" mit dem Leitartikel Kampfmeyers und fragte mich: "Haben Sie diesen Artikel gelesen?" Ich bejahte. Hierauf fragte er mich weiter: "Sind diese Leute für uns oder gegen uns?" Ich erwiderte: "Herr General, die Beantwortung dieser Frage hängt davon ab, wer "wir" sind. Wenn "wir" die Organe eines fortschrittlichen Rechtsstaates sind, dann sind "diese Leute" für uns. Wenn "wir" aber die Häupter und Schutzherren einer Gesellschaft von Banditen und Verbrechern sind, dann sind "diese Leute" gegen uns. In keinem Fall aber bitte ich zu vergessen, dass "diese Leute" die Ansicht der Regierung wiedergeben, die Sie bezahlt." Herr von Moehl brauste darauf auf und sagte, dergleichen habe ihm noch niemand gesagt. Ich erwiderte, umso notwendiger scheine es zu sein, dass ich es ihm sage. Denn sein Ton sei so arrogant wie seine Fragestellung, und ich glaubte

[588] Vgl.: Die Bluttat im Gefängnis am Karolinenplatz, in: Münchener Post 08.05.1919, S. 5 f.

[589] Paul Kampfmeyer (29.11.1864-Februar 1945), Redakteur der Münchener Post. Vgl.: Franz Osterroth, Biographisches Lexikon des Sozialismus Bd. I, Hannover 1960, S. 151 f.

[590] Arnold Ritter von Moehl (26.03.1867-27.12.1944), 1915 Chef des Generalstabs. Zusammen mit von Oven an der Niederschlagung der bayerischen Räterepublik beteiligt. Vgl.: NDB 17, S. 614f.

nicht, dass irgend ein Stand im Staate ein Vorrecht auf Arroganz habe. Wenn er mir nachweisen könne, dass an diesem Artikel etwas unwahr sei, würde ich sofort auf seine Seite treten. Wenn er sich aber darüber echauffiere, dass die wahren Angaben des Artikels die Schandtaten gewisser Herren seines Standes aus den letzten Tagen mit dem rechten Namen nennen, dann sei ihm vom Standpunkt der Gerechtigkeit und des Anstandes mit Schärfe entgegen zu treten, auch wenn er eine ungerechte Sache noch so schneidig führe. Fortan müsse ich jedenfalls meine weitere Tätigkeit davon abhängig machen, ob im Laufe der nächsten 24 Stunden eine militärische Befehlsgebung herauskomme, die dasselbe besage, was der Artikel besage, nämlich, dass Mord, Totschlag, Diebstahl und Plünderung als schwere Verbrechen schärfstens zu verfolgen seien, auch wenn sie von militärischer Seite begangen oder angestiftet würden, dass es eine Vertuschung in dieser Beziehung nicht geben dürfe und dass ganz allgemein keinerlei gesetzlose Gewalt mit dem Mäntelchen der "Wiederherstellung der Ordnung" drapiert werden dürfe. Herr von Moehl, der angesichts der Deutlichkeit der ihm zuteil werdenden Abfuhr leichenblass vor Erregung wurde, stammelte noch ein wenig von "Staatsraison" und zog sich dann mit dem Bemerken zurück, sie würden trachten, die Befehlsgebung zu verbessern. Angesichts des Vorhererlebten blieb ich hierin äußerst skeptisch und behielt damit leider Recht. Es geschah in den nächsten vierundzwanzig Stunden nichts. Unmittelbar nach dem Gespräch hatte ich seinen Inhalt telefonisch an die Regierung nach Bamberg weitergegeben, mit dem Bemerken, dass ich am nächsten Tage ausscheiden würde, wenn die Regierung das Militär bis dahin nicht dazu gebracht habe, mit Deutlichkeit von den begangenen Verbrechen abzurücken und Maßnahmen zur Verhütung neuer Verbrechen durchzuführen. Es wurde mir versprochen, dass das "Möglichste" in dieser Richtung geschehen werde. Faktisch geschah nichts. Ich teilte deshalb der Regierung Hoffmann am übernächsten Tage das Ausscheiden aus meiner Tätigkeit mit und nahm meinen Anwaltsberuf wieder auf. Mein Büro befand sich bei dieser Wiederaufnahme der Anwaltstätigkeit wieder in dem früheren Zustand. Während meiner Abwesenheit von München aber war es, wie ich nach meiner Rückkunft erfuhr, durch Funktionäre der Räterepublik besetzt worden. Ich hörte, dass die Bücher aus den Büchergestellen herausgeräumt und dass Handgranaten in diesen Regalen aufgestellt worden seien. Auch ein Maschinengewehr sei in meinen Arbeitsraum verbracht und mit Front gegen den Maximiliansplatz aufgestellt worden. Die Leute, die es gebracht hätten, hätten auch einen gestohlenen Teppich mitgebracht, um den Parkettboden in meinem Büro nicht zu sehr zu verkratzen. Ein gewisses Element der Gemütlichkeit war also an diesen Revolutionsakten trotz ihrer allgemeinen Ungemütlichkeit nicht zu übersehen. Derartige anständige Züge bildeten, wie ich von vielen Seiten hörte, durchaus keine Ausnahme. Trotz der Blutrünstigkeit der Reden mancher Führer und trotz des hetzerischen Charakters ihres Auftretens hatte sich die große Masse der mehr oder weniger gezwungen revolutionierenden Arbeiter korrekt verhalten, jedenfalls mit Abstand korrekter, als Freikorps und Noske-Formationen nach der Einnahme Münchens. Plünderungen waren so gut wie nicht vorgekommen. Bestehlungen und Ausraubungen von Leichen, wie sie bei den "Befreiern" an der Tagesordnung waren, hatten sich überhaupt nicht ereignet.

44. *Verteidigung von Räterepublikanern*

Die Tatsache meiner Rückkehr zum Anwaltsberuf und meines Protestes gegen die schändlichen Ereignisse der ersten Maitage muss sich sehr rasch herumgespochen haben, wiewohl ich meinerseits nicht das Geringste getan hatte, um mir irgendwelche Publizität zu geben. Das Letztere wäre mir wenig passend erschienen, weil es den Anschein hätte erwecken können, als wolle ich meine private Meinung irgendwie in den Mittelpunkt der Ereignisse stellen. Dass trotzdem viele Leute von dieser Änderung erfuhren, schloss ich aus dem Sturm von Gesuchen für Verteidigung, der nunmehr auf mich herniederging. Ich konnte bei Weitem nicht allen diesen Anforderungen genügen und übernahm eine relativ kleine Anzahl, unter ihnen Niekisch, der in der "Scheinräterepublik" den Vorsitz des Zentralrates geführt hatte, und Klingelhöfer, dessen Rolle in der "Roten Armee" und dessen Selbstgestellung bei mir wir bereits kennenlernten. Diese Sachen wurden vor dem Standgericht angeklagt, wobei die Sache Niekisch als erster größerer Fall dieser Art ein gefährlicher Präzedenzfall war. Das Urteil des Standgerichts war jedoch mild. Anstelle der vom Staatsanwalt beantragten 10 Jahre Festungshaft erhielt Niekisch wegen Beihilfe zum Hochverrat 2 Jahre zudiktiert[591], während bei Kingelhöfer auf die gesetzliche Mindeststrafe für das Verbrechen des vollendeten Hochverrats, nämlich 5 Jahre Festungshaft, erkannt wurde[592]. Die mir zugedachte Verteidigung von Leviné-Niessen[593] lehnte ich ab. Ich fühlte nach Einblick in die Akten, dass in diesem Fall ein Todesurteil wahrscheinlich sei. Wäre es auf Grund einer von mir geführten Verteidigung ergangen, so wäre ohne jeden Zweifel von vielen Leuten gesagt worden, dieses Urteil wäre zu vermeiden

[591] Vgl.: ERNST NIEKISCH, Gewagtes Leben. Erinnerungen eines deutschen Revolutionärs 1889-1945, Köln 1974, S. 86 ff.

[592] Vgl.: Münchener Post 11.06.1919, S. 4. Vgl.: Münchener Post 14.06.1919, S. 7.

[593] Die Witwe von E. Leviné erwähnt dies nicht. Vgl.: ROSA MEYER-LEVINÉ, Leviné. Leben und Tod eines Revolutionärs, München 1972.

gewesen, wenn Leviné nicht von einem Juden verteidigt worden wäre. Die Zugehörigkeit Levinés zum Judentum hatte schon so viel Schaden in der öffentlichen Meinung hervorgerufen und Raum für soviel antisemitische Hetzwirkung geboten, dass mir diese Zurückhaltung unbedingt nötig erschien. Ich teilte Leviné diesen Beschluss im Polizeigefängnis München mit. Die Polizei konnte nicht einmal veranlasst werden, ihn mir im Besuchszimmer vorzuführen. Es wurde nur gestattet, dass in seiner Zelle eine Luftklappe geöffnet werde, durch die er seinen Kopf herausstrecken konnte. Ich habe diesen durch die schwere Eisentür herausgestreckten, leichenblassen Kopf noch oft in Gedanken vor mir gesehen. Auf meine Veranlassung übernahm der mit mir befreundete Rechtsanwalt Graf Anton von Pestalozza[594], ein führender Mann in der katholischen Bewegung, die Verteidigung Levinés. Er hat sie in einer sehr vornehmen und entschiedenen Weise geführt und hierdurch Anstoß bei vielen verhetzten und verärgerten Bürgern erregt. Indessen konnte er ihm nicht helfen. Leviné verteidigte sich sehr mutig und entschlossen und machte keinerlei Versuch, um Gnade zu bitten. Er sagte, er habe sich immer als Toter auf Urlaub[595] gefühlt und werde ohne Zittern dorthin zurückkehren, wohin die Konsequenz der Erfüllung seiner Überzeugung ihn bringen werde. Das Standgericht hatte es in der Hand, ihm lebenslängliche Festungshaft zu geben, wenn es die Gutgläubigkeit seiner Gesinnung bejahte, und lebenslängliche Zuchthausstrafe, wenn es seine Taten als ehrlos erklärte. Die Begründung, mit der das Standgericht darüber hinaus die Todesstrafe für notwendig erklärte, war schmählich. Das Gericht sagte, die besondere Ehrlosigkeit Levinés sei es gewesen, seine Leute zur Fortsetzung des Kampfes bis in den Tod aufzufordern, wiewohl er die Aussichtslosigkeit dieses Kampfes erkannt habe. Das also, was in vielen Heldengesängen von jeher als der letzte Grad von Aufopferung gegolten hat, wurde in dem von einem ausgekochten bayrischen Justiz-Praktiker begründeten Strafurteil als ehrlos erklärt. Der strebsame Richter, der diese geistige" Leistung vollbrachte, der Landgerichtsdirektor Dr. Stadelmeyer[596], sah sich binnen kürzester Frist hierfür von der Republik Bayern durch die Beförderung zum Landgerichtspräsidenten von Würzburg belohnt. Das Todesurteil wäre aber vielleicht doch nicht ergangen,

[594] Graf Josef Anton von Pestalozza (17.06.1868-26.08.1935), Rechtsanwalt, 1923 Geheimer Justizrat, 1906-1928 Mitglied des Landtages, Führer der katholischen Bewegung in Bayern, maßgebend beteiligt am Ermächtigungsgesetz 1923/24. Vgl.: BBB, S. 580.

[595] gl.: Levinés Rede vor Gericht, in: Rosa Meyer-Leviné, (wie 593), S. 173-179.

[596] Dr. Stadelmeyer, Landgerichtsdirektor, Landgerichtspräsident in Würzburg. Er war auch Vorsitzender im Prozeß gegen Ernst Toller. Eine Karikatur Stadelmeyers findet sich in: Die Münchener Tragödie. Entstehung, Verlauf und Zusammenbruch der Räte-Republik München, Berlin 1919, S. 51.

wenn nicht vorher eine politische Erpressung des Hauptmanns Roth stattgefunden hätte. Nach der Einnahme Münchens hatte sich dieser gefährliche Feind staatlichen Fortschrittes der Regierung Hoffmann als Polizeireferent der militärischen Stadtkommandantur "zur Verfügung gestellt" und seine Dienste waren mit denen vieler anderer, amtsbekannter Reaktionäre, die in diesen Tagen diensteifrig ihre Visitenkarte präsentierten, von der Regierung Hoffmann angenommen worden. Roth erschien, wie mir vom Grafen Pestalozza und einem Mitarbeiter des die Anklage führenden Staatsanwaltes übereinstimmend gesagt wurde, vor der Urteilsberatung bei Dr. Stadelmeyer und erklärte, wenn gegen Leviné nicht ein Todesurteil erlassen und vollstreckt werde, könne die Stadtkommandantur, der die Sorge für Münchens Sicherheit obliege, "keine Garantie mehr für diese Sicherheit übernehmen". Auf diese direkte Drohung mit einem reaktionären Putsch knickte das angeblich unabhängige Gericht zusammen und erließ das Todesurteil. Die Niedrigkeit seiner Begründung zeigte die geistige Not, in der sich sein Verfasser befand. Ich weiss von vielen Seiten, dass Stadelmeyer, trotz seines äußeren Avancements, wegen dieser seiner "Tat" bis zu seinem Tode niemals mehr innere Ruhe gefunden hat. Die Vollstreckung des Urteils an Leviné durch Enthauptung erfolgte im Hofe des Gefängnisses Stadelheim. Schändlicherweise wurde Levinés Frau, die in Stadelheim eingekerkert war, von den dort wachhabenden Soldaten genötigt, vom Fenster aus dieser Enthauptung zuzusehen. Eine rechtzeitige Ohnmacht verhinderte die vollständige Ausführung des teuflischen Planes dieser Kulturträger, nachdem die Frau immerhin schon mitangesehen hatte, wie ihr Mann auf das Schafott geschnallt worden war[597].

Auch der zweite in Untersuchungshaft befindliche russische Führer der bayrischen Räterepublik, Axelrod, ließ mich um seine Verteidigung bitten. Ich lehnte es ebenfalls ab, für ihn vor Gericht aufzutreten. Dagegen zeigte sich in seinem Falle, nachdem ihn das Standgericht München zu einer Zuchthausstrafe von fünfzehn Jahren verurteilt hatte, eine gewisse Chance, ihn auf diplomatischem Wege gegen in Russland gefangen gehaltene Deutsche auszutauschen. Für diese Verhandlungen stellte ich meinen Beistand zur Verfügung, denn ich fand es ungerecht und skandalös, dass Schneppenhorst auf freiem Fuß und als amtierender Minister herumlief, während man Axelrod, der an der Räterepublik weniger Schuld hatte als er, zu langjähriger, entehrender Strafe ohne Zuerkennung des Privilegs der Überzeugungstäterschaft verurteilte. Tatsächlich gelang der Austausch

[597] LOEWENFELD gibt hier eine völlig andere Darstellung als Rosa Leviné. So wurde Leviné nicht enthauptet, sondern erschossen, und Rosa Leviné hat auch die Hinrichtung nicht mitansehen müssen. Vgl.: ROSA MEYER-LEVINÉ, a.a.O., S. 155.

Axelrods und seine Rücklieferung nach Russland, ohne dass er seine Strafe angetreten hätte. Kurze Zeit nach deren Durchführung erhielt ich einen Brief von Axelrod's Frau, in dem sie sich bitter darüber beschwerte, dass die Rücklieferung nicht 1. Klasse stattgefunden habe, wie es Axelrod's "Rang" entsprochen hätte. Ich lernte bei dieser Gelegenheit in sinnenfälliger Weise, dass auch wilde Revolutionäre ihre persönlichen Sorgen haben.

Einer, der mich am meisten überraschenden Briefe in dieser Zeit traf aus einem nordbayerischen Untersuchungsgefängnis ein. Als Absender war Erich Mühsam verzeichnet. Der Brief[598] begann mit den Worten: "Herr Rechtsanwalt! An Sie, als den unbedingten Gegner meiner politischen Auffassung, wende ich mich in der Überzeugung, dass Sie Demokrat geblieben sind und mir persönliche Gerechtigkeit angedeihen lassen." Es freute mich, dass Mühsam wenigstens in jenen Tagen zu wissen schien, dass demokratische Gesinnung und Gerechtigkeitsgefühl etwas miteinander zu tun haben. Der Brief enthielt sodann die Schilderung der vandalischen Zerstörung und Plünderung von Mühsams Münchener Wohnung durch gewisse Noske-Horden. Mühsams Frau, Kreszentia, war die Tochter eines altbayrischen Bauern. Sie hatte in der Wohnung viele und gute Stücke aus altbäuerlichem Besitz. Alles, was nicht weggetragen werden konnte, war von den uniformierten Banditen zerstört worden. Alles Stehlbare war mitgenommen worden, sodass die Heldentat als eine Art verfrühtes Vorspiel der späteren, ausgewachsenen, deutschen Hitlerehre angesehen werden kann. Mühsam bat mich, hiewegen Ansprüche gegen den Militärfiskus zu erheben. Nach meiner Auffassung war ein solcher Vandalismus gegenüber einem revolutionären Politiker genau so schnöder Rechtsbruch, wie gegenüber irgend jemand anderem. Ich verweigerte daher Mühsam, trotz alles Trennenden, was zwischen ihm und mir stand, diesen Dienst nicht und ging gegen den Militärfiskus wegen dieser Sache mit allergrößter Schärfe vor. Den schmutzigen Versuch der Räuber und Diebe, die Tat zu leugnen, konnte ich vereiteln. Nach ihrer Feststellung in jeder Einzelheit erreichte ich es, dass Mühsam, der um jene Zeit bereits vom Standgericht München zu fünfzehn Jahren Festungshaft verurteilt war, volle Entschädigung für die angerichteten materiellen Schäden, ohne Führung eines Prozesses, zugebilligt und ausbezahlt wurde. Mühsam hat dafür, dass ich trotz seiner strafrechtlichen Verurteilung seine zivilen Rechte durchsetzte, mir immer rührende

[598] Brief Erich Mühsams an Philipp Loewenfeld Mai/Juni 1919. Der Brief befindet sich nicht in der Ausgabe ERICH MÜHSAM, Briefe 1900-1934, hrsg. v. G.W. JUNGBLUT, Vaduz 1984. Es lassen sich jedoch andere Briefe finden (Ebenda, S. 447), die Loewenfelds Angabe bestätigen. Vgl.: MNN Nr. 154 (12.04.1921), S. 3.

Dankbarkeit bewahrt. Er sandte mir Abdrucke von jeder seiner Publikationen, gelegentlich mit dem Zusatz, er wisse ja, dass ich gewiss mit deren Inhalt alles andere als einverstanden sein würde, er wolle mir aber doch beweisen, dass er an mich denke.

Der Leser mag bereits aus dem bisher Dargelegten ersehen, wie verschiedenartig die Reaktion der bayrischen Justiz auf die Beteiligung verschiedener Personen an der Räterepublik war. Nach amtlicher Auskunft der bayrischen Regierung wurden wegen dieser Beteiligung 2209 Personen gerichtlich verurteilt, davon 65 zu Zuchthaus, 1737 zu Gefängnis und 407 zu Festung[599]. Mein Freund Gumbel hat auf Grund dieser Auskunft und anderer kriminalistischer Fakten errechnet, dass rund 5000 Jahre Freiheitsstrafen verhängt wurden[600]. Die Sühne für genau dieselben Handlungen schwankte, abgesehen von dem einzig erlassenen Todesurteil gegen Leviné, zwischen verhältnismäßig kurzzeitigen Festungsstrafen und Zuchthausstrafen bis zum gesetzlichen Höchstbetrag, je nachdem die Angeklagten das Glück oder das Unglück hatten, vor die eine oder die andere Kammer des Standgerichts zu kommen. Eine Anzahl von Ministern der Räterepublik wurde vom Standgericht freigesprochen, so der Innenminister Soldmann[601], der Finanzminister Silvio Gesell[602] und der Justizminister Kübler[603]. Neben den Standgerichten arbeiteten aber auch die Volksgerichte weiter und verfolgten jeden Mann, der während der Räterepublik ein Gewehr besessen hatte, jeden Richter eines Revolutionstribunals, jeden Schreiber einer Rätebehörde, jeden roten Wachposten vor einem öffentlichen Gebäude, ebenso alle Soldaten von Truppenteilen, die zur Räterepublik übergegangen waren. Dabei war es reiner Zufall, ob gegen solche Leute zuerst der Staatsanwalt beim Standgericht oder der Staatsanwalt beim Volksgericht das Verfahren durchführte. Beim Volksgericht bekamen die Leute in der Regel nur wegen unerlaubter Bildung eines "bewaffneten Haufens" 2-4 Wochen Gefängnis, häufig unter Anrechnung der Untersuchungshaft. Beim Standgericht dagegen zog man diese nebensächlichen Dinge als "Hochverrat" auf und gab als Mindeststrafe 1 Jahr 3 Monate Festungshaft. Diese Strafe erhielt beispielsweise ein von mir verteidigter

[599] Vgl.: Bayerische Denkschrift vom 04.12.1923 an den Reichstag. Die Denkschrift wurde nicht gedruckt.

[600] Emil Julius Gumbel, Verschwörer. Zur Geschichte und Soziologie der deutschen nationalistischen Geheimbünde 1918-1924, Heidelberg 1979, S. 160 (1. Aufl. Berlin 1924).

[601] Zum Prozess gegen F. Soldmann: Vgl.: MNN Nr. 273 (14.04.1919).

[602] Zum Prozess gegen Silvio Gesell: Vgl.: MNN Nr. 265 (10.04.1919).

[603] Zum Prozess gegen Kübler: Vgl.: Gerhard Schmolze, Zwischen "Schwarzen" und "Roten". Der Bauernbündler Konrad Kübler-Zu seinem 100.Geburtstag, in: Unser Bayern, Mai 1984, S. 38 ff.

Arbeiter, weil er während der Rätezeit in einer Münchener Zeitungsdruckerei als Setzer arbeitete[604]. Ein biederer Schneidermeister aus einer kleinen bayrischen Provinzstadt, dem man erzählt hatte, mit der Räterepublik breche eine neue Zeit an, und der glaubte, er werde mehr Kunden bekommen, wenn er sich der neuartigen Bewegung anschließe, wurde von dem Volksgericht dieser Kleinstadt sogar als "Führer" erklärt. Nach seiner Verurteilung machte er ein Gnadengesuch an den König Ludwig. Er hatte noch nicht erfahren, dass das monarchische Regime sieben Monate vorher geendigt hatte. Ihn verurteilte das Volksgericht zu drei Jahren sechs Monaten Festungshaft.

45. *Todesurteile für Geiselmordtäter*

Das hauptsächlichste schwere Kapitalverbrechen während der kommunistischen Räterepublik war der bereits erwähnte "Geiselmord"[605]. Die nach dem Gesetz gebotene Sühne dieses Verbrechens wurde in einer wahrhaft kategorischen Weise durchgeführt. Die beiden Hauptverantwortlichen allerdings wurden nicht gerichtlich abgeurteilt. Eglhofer, der den Befehl zu der Mordtat erteilt hatte, wurde von irgend einer Militärtruppe ohne Strafverfahren niedergeknallt. Ein weiterer Täter, der die zu Erschießenden herausgesucht hatte, beging unmittelbar nach der Tat Selbstmord. Von den übrigen Beteiligten wurden acht zum Tode verurteilt, während gegen weitere 11 Mittäter insgesamt auf 157 Jahre Zuchthaus erkannt wurde. Die sämtlichen Todesurteile wurden vollstreckt. Das bayrische Gesamtministerium, dem zur Zeit der Erlassung dieser Todesurteile vier sozialdemokratische Minister angehörten, hat von seinem Gnadenrecht in keinem Falle Gebrauch gemacht. Es hat ein Todesurteil auch gegen einen Siebzehnjährigen bestätigt und vollstrecken lassen. Der Umstand, dass die sozialdemokratische Partei programmatisch seit Jahrzehnten für die Abschaffung der Todesstrafe eintrat, gab den Ministern Hoffmann, Endres, Segitz und Schneppenhorst keinerlei Veranlassung, ihre Mitarbeit in einem Ministerium einzustellen, in dem dergestalt mit ihren Programmsätzen verfahren

[604] Prozess gegen einen Setzer einer Münchener Zeitungsdruckerei (Verteidiger Philipp Loewenfeld). Der Name ließ sich nicht ermitteln. Ein Überblick über die Verurteilungen bei Gumbel zeigt allerdings die Richtigkeit der Loewenfeldschen Behauptung über das Strafmaß. Vgl.: EMIL JULIUS GUMBEL, Vier Jahre politischer Mord, Berlin 1922, S. 99-107.

[605] Prozess wegen des "Geiselmords" im Luitpold-Gymnasium. Loewenfeld verteidigte den Angeklagten Fritz Seidel (KPD), der zweimal zum Tode verurteilt wurde. Vgl.: Die Prozesse des Geiselmords im Luitpold-Gymnasium in München vor dem Volksgericht, München 1920.

wurde. Sie glaubten, es der "Staatsraison" schuldig zu sein, auch in diesem Punkt strikt gegen ihre eigene politische Doktrin zu handeln. Sie zerstörten auf solche und ähnliche Weise den früher selbstverständlich gewesenen Glauben, dass für sozialdemokratische Führer, wie für jeden ernst zu nehmenden Politiker, Gesinnung und Handlung eine Einheit zu sein hätten und dass ein ständiges grundsatzloses Zuwiderhandeln gegen die nach außen vertretene Theorie nicht ohne Schädigung und Zerstörung des persönlichen und politischen Ansehens stattfinden könne. Das Ministerium wäre zu Gnadenakten, wenigstens gegen die Mitläufer, umsomehr veranlasst gewesen, als es genau darüber im Bilde war, dass das schwere Verbrechen in einer Atmosphäre äußester Erregung begangen worden war und dass eine Unsumme von Mordtaten gegen Unschuldige, die in den gleichen Tagen seitens der Freikorps und der Noske-Formationen begangen worden waren, in der übergroßen Zahl nicht einmal zu einer Anklage, geschweige denn zu einer, der Schwere der Taten halbwegs angemessenen Verurteilung, geführt hatte. Die bayrische Justiz und die bayrische Regierung begnügten sich jedoch in der Geiselmordsache nicht damit, schwere und gerechte Verurteilungen herbeizuführen. Die Prozesse wurden vielmehr als eine Art gegenrevolutionäre Parade aufgemacht, durch die man sozusagen den Beweis dafür liefern wollte, dass die bayrische Justiz nach rechts blind, nach links dagegen von einer geradezu wütenden Überenergie war. Der Vorsitzende in diesen Prozessen war der damalige Oberlandesgerichtsrat und spätere Generalstaatsanwalt Hans Aull[606], eine der brutalsten Figuren in der bayrischen Richterhierarchie der damaligen Zeit. Wiewohl zur Zeit der Geiselmordprozesse die deutsche Reichsverfassung mit ausdrücklichen Worten vorschrieb, dass niemand zur Benutzung einer religiösen Eidesform gezwungen werde könne, erpresste Aull die Zeugen in der Strafverhandlung durch Strafandrohungen, den Zeugeneid in religiöser Form zu leisten, auch soweit die Zeugen sich für ihr Recht, den Eid ohne religiöse Formeln zu leisten, ausdrücklich auf die Verfassung beriefen. Die unverschämte Demonstration gegen das Gesetz hatte offensichtlich keinen anderen Zweck, als zu zeigen, dass ein bayrischer Richter nunmehr unter Deckung seiner Regierung öffentlich auf die demokratische Reichsverfassung pfeifen konnte. Der Erfolg dieses richterlichen Anarchismus trat in Gestalt von Beförderung Aull's nach sehr kurzer Zeit ein.

[606] Hans Aull (05.06.1869-21.06.1948), Generalstaatsanwalt seit dem 01.02.1922 beim Oberlandesgericht München, seit 01.10.1929 Präsident des Oberlandesgerichts Augsburg, seit 16.02.1932 Präsident des Oberlandesgerichts Bamberg. Aus politischen Gründen am 01.10.1933 seines Amtes enthoben. Vgl.: Spruchkammerakte Neithardt beim Amtsgericht München.

46. *Begnadigung eines Verurteilten 1926*

Einer der Mitläufer des Geiselmordes, ein gewisser Hesselmann[607], suchte um meine Verteidigung nach. Ich habe sie ebenso abgelehnt, wie ich dem Mörder der katholischen Gesellen die Verteidigung verweigerte[608]. Dagegen habe ich sieben Jahre später einem anderen Mitläufer dieses Verbrechens die Begnadigung verschafft[609]. Der Mann war zu fünfzehn Jahren Zuchthaus verurteilt worden. Im Jahre 1926 wandte sich seine Braut, die Chorsängerin am Staatstheater in Hannover war, an mich und informierte mich, dass das Urteil gegen den Mann ein offenbares Fehlurteil sei. Ich habe damals die Akten eingesehen und aus ihnen Folgendes festgestellt. Der Mann hatte sich in keiner Weise an der Mordtat als Täter, Anstifter oder Gehilfe beteiligt. Er war gegen eine minimale Bezahlung als Schreiber bei einer Rätebehörde tätig, die ihren Sitz im Luitpold-Gymnasium hatte, in dessen Hof die Erschießung der Geiseln erfolgte. Zur Zeit der Erschießung der Geiseln stand der Mann, wie Hunderte von anderen Leuten, als Zuschauer im Hofe des Gymnasiums. Als die Gräfin Westarp zur Erschießung vorgeführt wurde, blieb sie vor ihm stehen und flehte ihn an, sie möchte noch etwas aufschreiben. Sein "Verbrechen" bestand darin, dass er ihr aus Mitleid ein Stück Papier und einen Bleistift reichte und dass er, um ihr das Schreiben zu ermöglichen, sie auf seinem Rücken schreiben ließ. Um einen Scheingrund für die fünfzehnjährige Zuchthausstrafe gegen den wahllos aus der Zuschauermasse herausgegriffenen Mann zu haben, konstruierten Herr Aull und seine Mitrichter, nach ihrer "Überzeugung" sei es der Vorsatz des Mannes gewesen, durch seine körperliche Anwesenheit im Hofe den Entschluss der Täter zur Ausführung ihrer Tat anzufeuern. Dies wurde als "Beihilfe zum Mord" erklärt. Als ich diesen Akt in die Hand bekam, ging ich zu dem bayrischen Justizminister Franz Gürtner[610]. Gürt-

[607] BERND HESSELMANN, hatte sich an der Auswahl der zu Erschießenden im Luitpold-Gymnasium beteiligt und wurde deshalb wegen Beihilfe zum Mord zu 15 Jahren Zuchthaus verurteilt. Vgl.: GERHARD SCHMOZE (Hrsg.), Revolution und Räterepublik in München 1918/19 in Augenzeugenberichten, Düsseldorf 1969, S. 359.

[608] Mörder der katholischen Gesellen: Es handelt sich hierbei entweder um die Verurteilten Jakob Müller, Konstantin Grabowski oder Grabusch oder um den freigesprochenen von Alt-Stutterheim. Vgl.: FR. PURLITZ, Die deutsche Revolution Bd. 2, S. 302.

[609] Der im Text erwähnte „Schreiber“ war ein gewisser Gesell, über den sich Näheres nicht ermitteln ließ.

[610] DR. FRANZ GÜRTNER (02.08.1881-29.01.1941), DNVP, später NSDAP, 1920 Landgerichtsrat in München, 1922 bayerischer Justizminister, 1932-1941 Reichsjustizminister. Vgl.: NDB 7, S. 288 f. Vgl.: EKKEHARD REITTER, Franz Gürtner. Politische Biographie eines deutschen Juristen (1881-1941), Berlin 1976. Ferner LOTHAR GRUCHMANN, Justiz im Dritten Reich 1933-1940. Anpassung und Unterwerfung in der Ära Gürtner, 3. Aufl. München 2001, besonders S. 9-83.

ner, der im Kabinett des Adolf Hitler sieben Jahre lang den Posten des Reichsjustizministers ausgefüllt hat, war alles andere als ein Mann des Fortschrittes. Ich fragte Gürtner, ob er dieses Urteil kenne. Als er mich in der im bayrischen Justizministerium üblichen Weise an seinen Gnadenreferenten verweisen wollte, sagte ich, hieran sei mir in diesem Falle nichts gelegen. Es handle sich um ein so schmachvolles Fehlurteil, dass sein persönliches Eingreifen eine Frage seines Prestiges sei, und dass ich die persönliche Behandlung dieses Falles durch ihn verlangen müsse. Ich war, als ich bei Gürtner eintrat, nicht überzeugt, dass ich mit diesem Verlangen durchdringen würde. Als ich es stellte, fragte er mich zunächst, warum ich "so aufgeregt" sei. Ich erwiderte ihm, er beurteile meine Stimmung falsch. Er kenne mich jedoch lange genug, um zu wissen, dass ich meinen Zorn über offensichtlichen Rechtsbruch nicht durch langweilige Höflichkeitsformeln zu verkleiden suchte. Gürtner warf ein, das Urteil sei doch von "bewährten" Richtern gefällt worden. Hierauf sagte ich, er möge die Frage, ob man einen Mitschuldigen an diesem Urteil als "bewährt" bezeichnen dürfe, nicht entscheiden, bevor er es gelesen habe. Durch mein Insistieren war Gürtner sozusagen neugierig geworden und sagte mir, er wolle das Urteil bis zum nächsten Tage lesen und mich dann seine Ansicht wissen lassen. Überraschenderweise rief er mich am nächsten Tage selbst an und bat mich zu sich ins Ministerium. Er sagte dort mit hochrotem Kopf, er habe mir zuzugeben, dass dies mehr ein Racheakt als ein Urteil sei. Ich könne mich, wenn ich ein Gnadengesuch machte, darauf verlassen, dass es Berücksichtigung finden werde. Gürtner hat tatsächlich sein Versprechen gehalten. Er hat in seiner Ministerlaufbahn, wie wir noch sehen werden, soviel Unheil gestiftet, dass es eine Pflicht der Objektivität ist, festzustellen, dass ihm angesichts besonders schwerer Justizexzesse manchmal das Gewissen schlug. Nachdem der Mann begnadigt war, handelte es sich für mich noch darum, ihn in das bürgerliche Leben zurückzuführen. Ich habe mich an mehr als hundert Arbeitgeber gewendet, um ihn in eine ordnungsmäßige Beschäftigung zu bringen, hatte aber überall Misserfolg. Sobald die Leute – was man ihnen nicht verschweigen konnte – hörten, dass er irgend etwas mit der Geiselmordsache zu tun hatte, erklärten sie, sie könnten ihren Arbeitern nicht zumuten, mit dem Mann zusammen zu arbeiten. Nach monatelangen, vergeblichen Bemühungen war schließlich ein Großunternehmen in Hannover vorurteilslos und anständig genug, mir die Beschäftigung des Mannes zuzusagen. Der Direktor, mit dem ich verhandelte, war ein sehr gütiger und gebildeter Mann, der meine Darlegung über das grässliche Schicksal dieses zu Unrecht Verurteilten mit tiefem Mitgefühl aufnahm und sofort seine Pflicht zur Hilfeleistung anerkannte. Er zog den Werkmeister der Abteilung, die den Mann beschäftigen sollte, ins Vertrauen und auch dieser war Feuer und Flamme dafür, dem Mann zu helfen. Immerhin hielten es sowohl der Direktor wie der Werkmeister für eine Pflicht der Vorsicht, die Belegschaft in keiner Weise wissen zu lassen, um wen es sich bei der Person des neuen Mitarbeiters handelte. Die Direktion des Unternehmens hat mir auf wiederholte Rückfragen in den folgenden Jahren immer wieder ihre höchste Zufriedenheit über Leistung und Charakter des Mannes zum Ausdruck gebracht. Der Mann konnte seine Braut bald heiraten und hat mit ihr ein in jeder Hinsicht geordnetes Leben geführt. Nur einmal gab es noch große Aufregung, als nämlich plötzlich der bayrische Staat dem Mann eine sehr hohe Rechnung für die Kosten der über siebenjährigen Zuchthaushaft überreichte und zu deren alsbaldigen Bezahlung aufforderte. Wäre es in dieser Sache zu einer Zwangsvollstreckung wegen dieser Kosten gekommen, dann wäre Lohnpfändung unvermeidlich gewesen. Dadurch wäre es in weiten Kreisen des Unternehmens bekannt geworden, um wen es sich handelte, und die mühsam errungene bürgerliche Existenz wäre wieder gefährdet gewesen. Glücklicherweise war jedoch das Verlangen des bayrischen Staates gesetzwidrig. Auf Grund einer mittlerweile ergangenen Amnestie waren die noch nicht bezahlten Kosten der Vollstreckung solcher Strafen niedergeschlagen worden. Die bayrische Justizverwaltung war bei der Anforderung der Kosten durch irgend welche Bedenken wegen deren Ungesetzlichkeit nicht gequält gewesen. Auf meinen schriftlichen Hinweis jedoch, dass die Kostenanforderung ungesetzlich sei und dass sich die Verwaltung einer schweren Verantwortung aussetze, wenn sie durch die Aufrechterhaltung dieses Verlangens den Mann möglicherweise um Lohn und Brot bringe, wurde die Kostenanforderung zurückgezogen, wodurch die Rettung des Mannes endgültig war. Der Fall war typisch für die Lage der Leute, die aus den Strafanstalten entlassen wurden. Der Staat tat nichts, um ihnen eine neue Existenz zu verschaffen und sie damit wiederum in die Gesellschaft einzugliedern. Die Hilfe einiger privater Vereine war, infolge Mangels genügender Mittel, unzureichend. Wer nicht auf diesem oder jenem Wege eine barmherzige Seele fand, die sich seiner annahm, blieb bei Entlassung aus dem Zuchthaus in einer fürchterlichen sozialen Lage, die nicht selten wiederum in Kriminalität endigte.

Neben den Tausenden von Verurteilungen durch die bayrischen Volksgerichte wurden Tausende von Anklagen erhoben, die nicht zur Verurteilung der Angeklagten führten. Der ehemalige bayrische Justizminister Dr. Müller-Meiningen[611], der in der in Frage kommenden Zeit das bayrische

[611] Dr. Ernst Müller-Meiningen (11.08.1866-01.06.1944), Freisinnige Volkspartei, 1919-1920 bayerischer Justizminister, 1920 stellvertretender Ministerpräsident, 1898-1919 Mitglied des Reichstags, 1906-1919 Fraktionsvorsitzender der Fortschrittspartei, 1905-1924

Justizportefeuille innehatte, hat die Zahl der aus Anlass der Räterepublik durchgeführten Strafverfahren mit 5600 angegeben. Daneben arbeitete die bayrische Verwaltung aber auch mit der administrativen Haft gegen Leute, die man weder anklagen noch verurteilen konnte. Dieser administrativen Haft gab man den verlogenen Namen "Schutzhaft"[612], wiewohl sie gewiss keinen Schutz für die Betroffenen darstellte. Das Bestreben, jedes Ding mit dem verkehrten Namen zu benennen, wie es im Deutschland Hitlers zu wahrer Virtuosität ausgebildet wurde, machte sich schon damals geltend. Ein Teil der Münchener Bevölkerung war nach Beseitigung der Räteherrschaft von einer wilden Denunziationssucht erfasst, und jeder kleine Mann suchte die unbeglichenen Rechnungen mit seinen Feinden dadurch in Ordnung zu bringen, dass er sie wegen eines angeblichen Zusammenhangs mit der Räterepublik denunzierte, auch wenn dieser nicht ausreichte, um eine strafbare Handlung zu behaupten. Für die Einführung dieser administrativen Haft in Bayern gab es keine wirkliche Rechtsgrundlage. Die Anwendung dieser Art von Freiheitsberaubung gegen politische Gegner war eine besondere Spezialität der Münchener Polizeidirektion unter Pöhner und der Münchener Stadtkommandantur unter Hauptmann Roth. Die unglaublichsten Sachverhalte mussten herhalten, um Menschen auf Grund von Denunziationen ihrer Freiheit und ihrer bürgerlichen Rechte zu berauben.

47. *Walter von Hollander und Marie Deutsch*

Ich will auch hierfür ein einziges Beispiel erzählen, dass den staatlichen Anarchismus und die schmutzige Parteilichkeit, wie sie in jener Zeit eingerissen waren, charakterisiert. Eines Tages wurde auf Befehl des Hauptmanns Roth in dem Vorort Dachau der Schriftsteller Dr. Walter von H.[613] verhaftet und auf Grund eines "Schutzhaftbefehls" in die Münchener

Mitglied des Bayerischen Landtags. Vgl.: J. REIMANN, Ernst Müller-Meiningen Senior und der Linksliberalismus in seiner Zeit, München 1968. Insgesamt wurden nach Aussage des Bayerischen Justizministers Gürtner über 31000 Urteile gefällt. Vgl.: Verhandlungen des Bayerischen Landtags 1925/26, 17. Sitzung, Stenographische Berichte, S. 36.

[612] Vgl.: ERNST TOLLER, Justizerlebnisse, Berlin 1927, S. 61 f.

[613] DR. WALTER VON HOLLANDER (29.01.1892-30.09.1973), USPD, Schriftsteller. Die Frau ist Marie Deutsch. Es hat sich zwar ein Akt "Ausweisung" erhalten, aus dem hervorgeht, dass Philipp Loewenfeld Frau Deutsch vertreten hat. Die Sorgerechtsangelegenheit für die Tochter Irma Deutsch, geboren am 15.12.1915 in München, beim Oberlandesgericht München war nicht zu finden. Vgl.: Staatsarchiv München, LRA 128429. Vgl.: Gesetzlosigkeit und Willkür. Der Fall Hollander-Deutsch und die neue bairische Rechtsordnung, in: Der Kampf (München) 28./29.02.1920, Beilage. Vgl.: WALTHER VON HOLLANDER, Der Fall Hollander oder die Justiz in Bayern, in: Der Zwiebelfisch 13.Jg. (1921/22), S. 16-23. Vgl. zu Hollander: WALTHER KILLY (Hrsg.), Literaturlexikon Bd. 5, S. 452.

Polizeidirektion gebracht. Zu derselben Zeit wurde die in dem gleichen Hause wohnende Frau M.D. mit ihrem fünfjährigen Kind verhaftet. Walter von H. und Frau M.D. waren verlobt und sollten in den nächsten Tagen heiraten. Nun wurde Walter von H. auf Grund einer Ausweisungsverfügung nach Norddeutschland abgeschoben, wiewohl die Ausweisung deutscher Staatsbürger aus einem deutschen Staat unzulässig und ein schwerer Verfassungsbruch war. Frau M.D., Oesterreicherin, Tochter eines hohen Wiener Polizeibeamten, wurde nach Oesterreich ausgewiesen und zwangsweise abgeschoben. Ihr Kind wurde ihr gewaltsam genommen und in die Pflege einer katholischen Kinderschwester in einem Münchener Vorort gegeben. Zur Begründung der Maßnahme gegen Walter von H. wurde lediglich angeführt: Er habe "zugegeben", der unabhängigen sozialdemokratischen Partei anzugehören. In der von ihm bewohnten Villa sei in den Nachtstunden öfters ein rotes Licht gesehen worden (diese Behauptung war richtig, in dem von Dr. von H. bewohnten Maleratelier befand sich in der Tat furchtbarerweise eine Lampe mit rotem Schirm).Dieses Licht, so erklärte Herr Roth, sei "offenbar" ein Geheimzeichen gewesen. Auch sei beobachtet worden, dass sich zur Nachtzeit öfters "verdächtige Gestalten" in das von Dr. von H. bewohnte Haus begeben hätten (diese "verdächtigen Gestalten" waren in Wirklichkeit einige Dachauer Einwohner, mit denen Herr von H. befreundet war und die ihn ab und zu am Abend besuchten).Gegen Frau M.D. wurde vorgebracht, sie sei "offenbar Kommunistin". Dies wurde lediglich damit begründet, sie habe "zugegeben, Bücher über Kommunismus nicht nur besessen, sondern auch gelesen zu haben". Diese schäbige Begründung reichte aus, um eine Frau zu deportieren, ohne sie zuvor angehört zu haben, und ihr zudem noch ihr Kind wegzunehmen. Die Wegnahme des Kindes war schmählicherweise durch das Münchener Gericht verfügt worden, das die Behauptung, die Mutter sei Kommunistin, ungeprüft aus dem Beschluss des Herrn Roth abschrieb, und erklärte, die kommunistische Gesinnung der Mutter lasse befürchten, dass sie das geistige und leibliche Wohl des Kindes gefährde und ihr Erziehungsrecht missbrauche. In der Beschwerde gegen die Abschiebung des Dr. von H. und der Frau M.D. sagte ich, wenn man durch das Besitzen und Lesen von Büchern über Kommunismus überführt sei, Kommunist zu sein, dann sei ich, wie jeder amtsbekannte Gegner des Kommunismus in Bayern, auch ein Kommunist, denn vernünftige Menschen hätten das Bedürfnis, sich über das, was sie ablehnten, vorher zu orientieren und nur Idioten, hätten sie nun ein Amt oder nicht, wüssten, was sie zu bekämpfen hätten, bevor sie den Inhalt des zu Bekämpfenden kennen gelernt hätten. Wenn diese Methode der Verfolgung von Menschen aber irgend eine Berechtigung habe, dann sei ich nicht nur Kommunist, sondern auch Chinese, denn ich könne nicht leugnen, Bücher über China zu besitzen und gelesen zu haben. Die Unterscheidung des Beschlusses zwischen dem Besitz und der Lektüre von Büchern sei ganz und gar unverständlich. Für vernünftige Menschen sei die Lektüre von Büchern der einzige Zweck ihrer Anschaffung, nur besonders Geistesarme legten sich Bücher zu, um ihre Wände damit zu dekorieren. Allein das Beschwerdegericht trat den sublimen Anschauungen der ersten Instanz bei und sagte bei Zurückweisung der Beschwerde, meine Darlegung über den Besitz und das Lesen von Büchern seien ein "nicht veranlasster Hohn" gewesen. Auch das Beschwerdegericht habe aus dem Eingeständnis, dass Frau M.D. den Besitz und die Lektüre von Druckschriften über den Kommunismus nicht bestreite, ihre Zugehörigkeit zum Kommunismus gefolgert. Auch das Beschwerdegericht billige den Standpunkt, dass einer Kommunistin die Erziehung ihres Kindes nicht überlassen werden dürfe, da ein Missbrauch des Erziehungsrechtes zu befürchten sei. Gegen die Abweisung der Beschwerden wegen der Deportierung der beiden Personen gab es kein weiteres Rechtsmittel. Dagegen stand wegen der Wegnahme des Kindes die weitere Beschwerde zum bayrischen Obersten Landesgericht offen. In diesem Gericht waren nicht weniger als drei amtierende Richter, die Mitverfasser des von meinem Vater mitherausgegebenen Kommentars zum Bürgerlichen Gesetzbuch[614] waren. Ich konnte in keiner Weise glauben, dass dieses mit altangesehenen Richtern besetzte Gericht das geschehene, schwere Unrecht decken werde. Das Oberste Landesgericht zog sich aber leider in einer kaum glaublichen Weise aus der Affaire. Es wies nämlich die weitere Beschwerde ab, sagte aber zur Begründung: es könne "dahingestellt bleiben", ob kommunistische Überzeugung einer Mutter für sich allein ausreiche, um ihr die elterliche Gewalt abzusprechen. Es könne ebenso dahingestellt bleiben, ob eine Gefährdung des geistigen und leiblichen Wohls des Kindes zu besorgen sei, weil die Mutter dem Kommunismus anhänge. Es könne endlich dahingestellt bleiben, ob die zugegebene Lektüre von Büchern über Kommunismus für sich allein kommunistische Gesinnung beweise. Das Gericht aber habe Veranlassung gesehen, nochmals "Erhebungen" in dieser Angelegenheit zu veranlassen. Diese hätten ergeben, dass das fünfjährige Kind Bettnässerin sei. Bettnässen eines fünfjährigen Kindes könne nur durch Vernachlässigung seitens der Mutter erklärt werden. So sei die Wegnahme des Kindes von der Mutter zwar nicht mit der von den Vorinstanzen gegebenen Begründung, wohl aber im Ergebnis aufrechtzuerhalten. Um die Größe des von dem Obersten Landesgericht begangenen Rechtsbruches zu ermessen, muss

[614] Die drei Richter des Bayrischen Oberlandesgerichts und Mitverfasser des von Theodor Loewenfeld mitherausgegebenen Kommentars zum BGB waren Dr. Theodor Engel-

man wissen, dass dem Obersten Landesgericht nach der deutschen Gerichtsverfassung keinerlei Recht zu eigenen Erhebungen über den tatsächlichen Sachverhalt zustand. Vielmehr war das Oberste Landesgericht nach dem Gesetz bedingungslos verpflichtet, in tatsächlicher Beziehung die Feststellungen der Vorinstanz als bindend anzusehen. Es hatte lediglich zu prüfen, ob das Gesetz auf den von der Vorinstanz festgestellten tatsächlichen Sachverhalt richtig angewendet war oder nicht. Glaubte das Oberste Landesgericht, dass in einer mangelhaften Feststellung des Sachverhaltes selbst eine Gesetzesverletzung durch die Vorinstanz begangen worden sei, waren zum Beispiel nach seiner Auffassung die tatsächlichen Feststellungen der Vorinstanz widerspruchsvoll, dann hatte das Oberste Landesgericht nur die Möglichkeit, die Entscheidung aufzuheben und die Vorinstanz anzuweisen, den Sachverhalt nochmals festzustellen. Dies konnte die Vorinstanz nach dem Gesetz nicht tun, ohne die Beteiligten nochmals in einem geordneten Verfahren zu hören. Die Methode aber, selbst polizeiliche Erhebungen über den Sachverhalt anzuordnen und diese seiner Entscheidung zugrunde zu legen, ohne dass die Beteiligten über den Inhalt der Polizeiakten vor der Entscheidung das Allergeringste erfuhren, geschweige denn sich gegen die polizeilichen Behauptungen verteidigen konnten, war ein selten zynisches, vorsätzliches Zuwiderhandeln gegen das Gesetz. Dass solcher Gesetzesbruch durch die höchste richterliche Instanz geübt wurde, machte die Sache noch schlimmer, weil es gegen die Entscheidung dieser Instanz keinerlei Rechtsmittel gab. Das Peinlichste war der verlogene Scheinliberalismus der Entscheidung. Man suchte den Anschein zu erwecken, dass man gegen jeden offensichtlich parteiischen Missbrauch des Zivilrechts Schutz gewähre und die lächerlichen, tatsächlichen Schlussfolgerungen der Vorinstanzen nicht mitmache, dass man einer Mutter ihr Kind nicht aus politischen Gründen, sondern nur aus anerkannten Erziehungsgründen wegnehme. Dieses Resultat aber schmuggelte man auf einem gesetzwidrigen Schleichwege ein, um nicht das Risiko zu laufen, dass bei einem geordneten Verfahren die Mutter die Unwahrheit der neuen Beschuldigung dartun könne. So wurde das Unrecht nur nach außen mit einer liberalistischen Etikette beklebt, der Rechtsbruch aber noch verschärft. Die grundlose Wegnahme des Kindes von seiner leiblichen Mutter blieb über vier Jahre bestehen. Als nach dieser Zeit der reaktionäre Amtsrichter, der die Entscheidung in erster Instanz erlassen hatte, in Pension ging und durch einen jüngeren und unparteiischen Richter[615] ersetzt wurde, ging ich zu die-

MANN, DR. KARL KOBER und DR. FELIX HERZFELDER. Vgl.: STAUDINGER, Kommentar zum BGB, 7./8. Aufl. (1912).

[615] Vgl.: Anmerkung 613.

sem und lenkte seine Aufmerksamkeit auf diese Akten. Er hob die Entscheidung in allerkürzester Zeit auf und ordnete die Zurückverbringung des Kindes zu seiner Mutter an. Nach außen begründete er seinen Beschluss milde, nur mit der Bemerkung, dass das Kind wohl nun nicht mehr bettnässen werde und dass damit der Anlass zu der Maßnahme weggefallen sei. Im inoffiziellen Gespräch sagte er zu mir, dass man vor solcher Parteilichkeit am liebsten ausspucken möchte.

Mitte Mai 1919 verlangten die Sozialdemokraten von der klerikalen bayrischen Volkspartei und der deutschen demokratischen Partei die Bildung eines Koalitionsministeriums[616]. Sie erklärten, die Verantwortung für die Geschicke Bayerns nicht mehr länger allein tragen zu können. Nach einigen Verhandlungen kam es zur Bildung eines Koalitionsministeriums, in dem Johannes Hoffmann Ministerpräsident blieb, während Endres das Innenministerium, Segitz das Ministerium für soziale Fürsorge und Schneppenhorst wiederum das Militärministerium übernahm. Dass Schneppenhorst nicht wenigstens bei dieser Gelegenheit ausgeschifft wurde, war reine Parteimache.

48. *Fall Schneppenhorst*

Denn nunmehr war seine Rolle als Agent provocateur allgemein bekannt geworden. Aus missverstandener Parteisolidarität glaubte jedoch die sozialdemokratische Partei, diese Rolle beschönigen und verteidigen zu sollen. Die Methode, einen Schädling nicht auszustoßen, sondern seine Übeltaten zu vertuschen und abzuleugnen, muss auf die Dauer jeden demokratischen Parteiorganismus ruinieren. Die Sozialdemokraten sahen dies nicht ein und glaubten auf Schneppenhorst "Rücksichten" nehmen zu sollen. Schneppenhorst selbst suchte sich von seiner Rolle wegzulügen, wiewohl seine Erklärungen in der Nacht vom 4. zum 5. April 1919 von einer sehr großen Zahl von Zeugen mitangehört worden waren. Noch während über die Bildung des Koalitionsministeriums verhandelt wurde, veröffentlichte der Redakteur Nutt[617] des Parteiorgans der unabhängigen Sozialdemokraten einen Artikel, in dem er mit unverhüllten Worten zum Aus-

[616] Am 31.05.1919 kam es zu einer Koalitionsregierung, bei der Speck (BVP) das Amt des Finanzministers und Müller-Meiningen (DDP) das Amt des Justizministers übertragen wurde.

[617] RUDOLF NUTT, Redakteur des Parteiorgans der USPD "Neue Zeitung". Vgl.: "Schneppenhorst und die Räterepublik. Der Beleidigungsprozeß gegen die "Neue Zeitung" in München", in: Der Freistaat 08.-11.07.1919. Vgl.: Bayerische Staatszeitung 08.-10.07.1919.

druck brachte, dass Schneppenhorst seinerseits die Arbeiter in die Räterepublik hineingehetzt habe. Schneppenhorst ließ am nächsten Tage öffentlich erklären, er habe gegen Nutt Strafantrag gestellt und werde dies gegen jedermann tun, der behaupte, er sei für die Ausrufung der Räterepublik eingetreten. Tatsächlich konnte sich Schneppenhorst den Luxus des Strafantrags gegen Nutt leisten, weil Nutt die Ungeschicklichkeit begangen hatte, neben den Aufstellungen von sachlichen Behauptungen auch ein Schimpfwort zu gebrauchen. Dadurch hatte Schneppenhorst die Aussicht, eine Verurteilung Nutts wegen formaler Beleidigung zu erzielen, und mittels dieser Verurteilung glaubte er die Öffentlichkeit über seine niedrige Rolle weiterhin täuschen zu können. Nutt bat mich, seine Verteidigung in dieser Sache zu übernehmen, womit ich zum ersten Mal mich mit dem Problem auseinander zu setzen hatte, einen Angehörigen einer anderen politischen Partei gegen einen sehr einflussreichen Mann der eigenen Partei anwaltschaftlich zu vertreten. Ich zögerte keinen Moment mit der Entscheidung, dass die Rücksicht auf Wahrheit und Recht der Rücksicht gegenüber irgendwelchen Führercliquen vorzugehen habe, und sagte dieserhalb die Verteidigung zu. Als Nutt dies am nächsten Tage in seinem Blatt meldete, wurde von den verschiedensten Parteiseiten auf mich eingewirkt, um mich zu der Zurücknahme des Beschlusses zu veranlassen. Ich erwiderte, dies komme nur unter der Voraussetzung in Frage, dass Schneppenhorst sofort von seinem Ministerposten zurücktrete und dass die Partei ihn restlos abschüttle. Hierauf wurde mir gesagt, die Erfüllung dieser Voraussetzung sei "unmöglich". Ich kündigte darauf an, dass ich mir die Behauptungen Nutts öffentlich zu eigen machen würde und verlangte von dem Münchener sozialdemokratischen Parteiorgan, dass es diese meine Erklärung abdrucke. Ich wurde darauf zu einer Besprechung in die Redaktion gebeten, wo man es mir als aus „parteipolitischen Gründen“ ganz undenkbar bezeichnete, dass eine sozialdemokratische Tageszeitung eine solche Anklage gegen einen im Amt befindlichen, sozialdemokratischen Minister bringe. Es wurden mir aber auch dunkle Andeutungen gemacht, dass man es als ein "parteiwidriges Verhalten" ansehen könne, wenn ich solche Anklagen in die Öffentlichkeit brächte und dass dies zu "Konsequenzen" führen könne. Ich erwiderte hierauf, dass ich den Kampf, ob Anstand und Wahrheit "parteiwidrig" seien, vollständig durchzuführen beabsichtige und mich hievon durch plumpe Drohungen nicht abhalten lassen würde. Wenn das Parteiorgan meine Ausführungen nicht am nächsten Tage abdrucke, sei ich entschlossen, sie im Parteiorgan der unabhängigen Sozialdemokraten abdrucken zu lassen, mit einer ausdrücklichen Fußnote, dass der Abdruck nur dort erfolge, weil ihn das Organ meiner eigenen Partei verweigert habe. Es wurde mir darauf repliziert, niemand wolle mich "bedrohen", vielmehr handle es sich nur um "wohlgemeinte Warnungen". Wenn ich aber die "unglaubliche Handlung" begehen würde, gegen einen Minister unserer Parteizugehörigkeit öffentlich zu schreiben, dann könne man mir "für nichts garantieren". Mit der Bemerkung, dass ich keinerlei Garantien von dem Parteiorgan verlange, vielmehr auf solche pfeife, und lediglich 24 Stunden warte, ob dort Zensur zu Gunsten eines einflussreichen Schädlings getrieben werde, brach ich die Unterredung ab. Am anderen Morgen waren meine Ausführungen nicht in dem Parteiorgan abgedruckt. Sie erschienen daher am nächsten Tag, dem 21. Mai 1919, im Parteiorgan der unabhängigen Sozialdemokraten, mit der Fußnote: "Der Verfasser stellt uns die obigen Ausführungen zur Verfügung, weil die "Münchener Post" deren Abdruck verweigerte"[618]. In diesen Ausführungen war dagegen Stellung genommen, dass Leute in Bayern, die selbst die schwerste Schuld an der Entstehung der Räterepublik hätten, heute die lautesten Schreier im Kampfe gegen die "Umstürzler" seien und so tun dürften, als seien sie ihrerseits immer stramme Stützen der im Staatsgrundgesetz festgelegten, demokratischen Grundsätze gewesen. Ich sagte dann wörtlich: "Ein besonders markanter Fall dieser Art ist der Fall Schneppenhorst. Militärminister Schneppenhorst geht zwar jetzt mit Strafanträgen vor, wenn man behauptet, er sei für die Räterepublik eingetreten. Ich nehme dieses Risiko auf mich und erkläre, dass gerade das Eintreten Schneppenhorsts für die Räterepublik zu deren Ausrufung in ganz besonderem Maße beigetragen hat, indem dadurch eine ganze Reihe noch schwankender Mitglieder der sozialdemokratischen Partei und der unabhängigen sozialdemokratischen Partei bestimmt wurden, mitzutun. In den Zeitungen ist kürzlich die Erklärung Schneppenhorsts in der Nacht vom 4. zum 5. April mitgeteilt worden. Die Mitteilung war unvollständig. Es fehlte der Hinweis darauf, dass Schneppenhorst seine Ehre dafür verpfändete, dass er für seine Person bis zum Montag, dem 8. April 1919, mittags 12 Uhr für die Ausrufung der Räterepublik wirken werde. Alle Teilnehmer dieser denkwürdigen Nachtsitzung, ohne Unterschied der Richtung und Partei, haben übereinstimmend die Richtigkeit der vorstehenden Darstellung bestätigt. Und will der Militärminister wirklich seine Äußerung bestreiten, er brauche ein Militär, das bereit sei, unter Umständen auch gegen den Landtag zu marschieren?" Das Erscheinen dieser Erklärung hatte eine Reihe von überaus lehrreichen Folgen. Die Münchener Presse aller Richtungen und Parteien druckte die Erklärung nach[619], zum Teil mit spöttischen Bemerkungen, etwa des Inhalts, dass ein Sozialdemokrat, wenn er die Wahrheit sagen wolle, offenbar seine

[618] Vgl.: PHILIPP LOEWENFELD, Zweierlei Maß, in: Neue Zeitung (München) 21.05.1919.
[619] Die Erklärung wurde nachgedruckt in: Der Kampf, Bayerischer Kurier u.a.

Zuflucht zu der anständig denkenden Presse anderer Parteien nehmen müsse. Die einzige größere Zeitung, die den Inhalt meiner Erklärung ihren Lesern nicht zur Kenntnis brachte, war das Organ meiner eigenen Partei. Dieses beschränkte sich darauf, auf einer Titelseite mitzuteilen, ich hätte "in der gegnerischen Presse" eine Erklärung abgegeben, die "die Rücksicht vermissen lasse, die ein Genosse dem anderen schuldet"[620]. Von einer Kommentierung dieses betrüblichen Vorgangs wolle das Blatt aber Abstand nehmen, um seine bedauerliche Wirkung nicht zu vertiefen. Zu irgend einer Andeutung über den Inhalt meiner Erklärung konnte sich das Blatt aber auch jetzt nicht aufschwingen, trotzdem der Inhalt größte Publizität gefunden hatte. Die Notiz war ein schwächliches Verlegenheitsprodukt, zugleich aber in ihrer leidlich respektvollen Fassung eine Art stiller Aufforderung, die Angelegenheit nunmehr zu begraben. Hiezu wäre ich auch, nachdem ich den wahren Sachverhalt öffentlich festgestellt hatte, im Prinzip bereit gewesen, wenn nicht Schneppenhorst selbst dies verhindert hätte. In seiner offenbar hilflosen Wut darüber, dass ich mich von der Darstellung der Wahrheit nicht hatte abhalten lassen, wusste ein amtierender sozialdemokratischer Minister kein geeigneteres Mittel, als das der ordinären, antisemitischen Beschimpfung. Er wollte seinerseits sein journalistisches Ei in der "Münchener Post" legen, aber diese versagte sich auch ihm, in der offenbar begründeten Meinung, dass sie durch den Abdruck seiner Erklärung weder für ihn noch für sich selbst Lorbeeren ernten könne. Schneppenhorst nahm deshalb seine Zuflucht in ein in Bamberg erscheinendes, sozialdemokratisches Blättchen "Der Freistaat"[621], das immerhin während des Aufenthaltes des Ministeriums in Bamberg eine Art offiziösen Charakter hatte. Die Erklärung Schneppenhorsts trug die liebliche Überschrift "Es rast der Jordan" und sagte in der Einleitung, die Öffentlichkeit werde sich über seine wirkliche Rolle durch das Gedibber und Geseires eines gewissen Herrn Loewenfeld" nicht irreführen lassen. Es war dann die Rede davon, dass "Judenbuben und verkrachte Akademiker" zu allen Zeiten in der Politik den größten Schaden dargestellt hätten und was dergleichen Liebenswürdigkeiten mehr waren. Nicht mit einem Wort ging die Erklärung dagegen auf die Sache selbst, nämlich die wirkliche Rolle Schneppenhorsts bei der Ausrufung der Räterepublik, ein. Ich replizierte sehr kurz und wiederum brachte die gesamte Presse, mit Ausnahme derjenigen meiner eigenen Partei, die Erwiderung[622]. In dieser war gesagt, der Artikel im

[620] Vgl.: Anonym, Zweierlei Maß, in: Münchener Post, 22.05.1919, S. 1.

[621] Vgl.: "Es rast der - Jordan", in: "Der Freistaat" (Bamberg) Nr. 57 (18.06.1919), S. 2.

[622] Loewenfeld schreibt:"...Ich lehne es ab, dem Herrn Militärminister in die Niederungen seiner Methoden zu folgen... Im übrigen würde der Militärminister vielleicht gut tun,

"Freistaat" sei der erste mir bekannte Fall in der sozialdemokratischen Parteipresse, in dem versucht werde, wahre Feststellungen tatsächlicher Art über die Rolle eines Politikers mit dem Mittel der Entfachung antisemitischer Instinkte zu bekämpfen. Die Benutzung dieses Mittels seitens des Verfassers, seine Zulassung durch die Redaktion und die Duldung eines Mannes von solchen persönlichen und politischen Sitten in einer Ministerstellung eines demokratischen Staates werfe Probleme grundsätzlicher Art in der sozialdemokratischen Partei auf, die auf meiner Seite ohne Kompromiss ausgefochten würden. Dass solche Kampfesmethoden von dem Funktionär einer Partei angewendet würden, deren Doktrin von dem "Judenbuben" Karl Marx und von dem "verkrachten Akademiker" Friedrich Engels herrühre, beleuchte für sich allein eine Situation, die in jeder Hinsicht zur Entscheidung reif sei. Demjenigen, der diese Kampfesmethoden angewendet habe, könne nicht die Ehre einer persönlichen Erwiderung angetan werden. Die einzige Antwort an ihn sei die Fortsetzung der öffentlichen Aufklärung über seine Persönlichkeit und seine Handlungsweise. Damit war aber der Fall immer noch nicht erledigt. Die "Münchener Post", das offizielle Parteiorgan des sozialdemokratischen Vereins München, brachte einige Tage später an versteckter Stelle die perfide Notiz, es erfahre "soeben aus zuverlässiger Quelle", dass ich zur Kommunistischen Partei übergetreten sei[623]. Nach dem deutschen Pressegesetz konnte jeder, über den in einer Zeitung eine unwahre Behauptung aufgestellt war, unter Berufung auf dieses Gesetz, die Zeitung zwingen, die Behauptung zu berichtigen, wenn sich die Berichtigung auf Tatsachen beschränkte und räumlich den Umfang der Behauptung nicht wesentlich überschritt. Wenn eine Redaktion die Aufnahme einer solchen Berichtigung in der nächsten Nummer verweigerte, so war dies eine kriminelle Handlung. Um die Sache kurz und bündig zu machen und keinerlei unangebrachte Rücksicht gegenüber der gegen mich angewendeten Niedertracht zu üben, sandte ich daher der Redaktion des Blattes eine solche Berichtigung unter Berufung auf das Pressegesetz. Sie lautete; "Die Behauptung der "Münchener Post", sie erfahre soeben aus zuverlässiger Quelle, ich sei zur kommunistischen Partei übergetreten, ist unwahr. Wahr ist, dass ich nicht zur kommunistischen Partei oder irgend einer anderen Partei übergetreten bin. Wahr ist ferner, dass ich keiner anderen Partei als der sozialdemokratischen Partei angehöre und

an den Ausspruch Bebels zu denken, daß der Antisemitismus der "Sozialismus der dummen Kerls" ist. Auch der "Judenbube" Karl Marx und der "verkrachte Akademiker" Friedrich Engels haben so gedacht." Vgl.: PHILIPP LOEWENFELD, In eigener Sache, in: Neue Zeitung (München) 129 (13.06.1919), S. 2.

[623] Die sog. Übertrittsmeldung konnte nicht gefunden werden.

dass ich nicht beabsichtige, aus dieser Partei auszutreten". Wohl oder übel musste sich die "Münchener Post" dazu bequemen, diese Erklärung abzudrucken. Der einzige Kommentar, den sie hinzufügte, war der, dass sie meine Erklärung "loyalerweise" auch dann abgedruckt hätte, wenn ich nicht die Waffe der Berufung auf das Pressegesetz angewendet hätte. Nach dem bisherigen Verhalten der Redaktion in der ganzen Angelegenheit hatte ich zu der Richtigkeit dieses Kommentars keinerlei Zutrauen. Mit der Anpöbelung von Seite Schneppenhorsts und mit der Verleumdung von Seite meiner eigenen Partei war es aber noch nicht getan. Meine Berichtigung, dass ich nicht zur kommunistischen Partei übergetreten sei, rief einen zu dieser Partei tatsächlich übergetretenen früheren sozialdemokratischen Arbeitersekretär auf den Plan[624]. Der Mann meinte sinnig, wenn Schneppenhorst ein Verräter sei, so sei ich immer noch der schlimmere Arbeiterverräter und angesichts meiner Rolle im Rätekongress und während der Räterepublik sei "anständigen Menschen" garnichts übrig geblieben, als aus der sozialdemokratischen Partei auszutreten. Er verlieh mir den Ehrentitel, ich sei "der gemeinste Mensch von Südbayern". Die räumliche Beschränkung dieses Titels aus solchem Munde war gewiss betrübend, ich sagte mir aber, es werde doch verstanden werden, wenn ich diesem Menschen weder eine Antwort gebe, noch etwas gegen ihn unternehme.

Entgegen seiner Ankündigung, gegen jedermann Strafantrag zu stellen, der behaupte, er sei für die Räterepublik eingetreten, wagte es Schneppenhorst nicht, wegen meiner Erklärung die Staatsanwaltschaft anzurufen. Dagegen fand in der Sache des von mir verteidigten Nutt eine zweitägige Hauptverhandlung vor dem Schwurgericht München[625] statt. Diese Hauptverhandlung wuchs sich nach der sachlichen und persönlichen Seite zu einer wahren Vernichtung Schneppenhorsts aus. Die Geschworenen bejahten zwar die Schuldfrage wegen formeller Beleidigung, nicht dagegen jene wegen übler Nachrede, womit die Wahrheit der Behauptung Nutts als erwiesen zu gelten hatte und sich die gegen ihn verhängte Geldstrafe nur auf den Gebrauch des Schimpfwortes erstreckte. Mehr als 20 Zeugen sagten in dieser Hauptverhandlung aus, mit eigenen Ohren gehört zu haben, wie Schneppenhorst seine Zuhörer aufforderte, für die Räterepublik einzutreten und wie er dies für seine eigene Person versprach. Kein Zeuge konnte behaupten, dass Schneppenhorst gegen die Räterepublik gesprochen habe.

[624] Bei dem Arbeitersekretär, der von der SPD zur KPD gewechselt ist, dürfte es sich wohl um Franz Aenderl (25.11.1883-20.10.1951) gehandelt haben.Vgl.: BHE I, S. 9.

[625] Vgl.: Der Reinigungsprozeß des Militärministers Schneppenhorst. Die Klage gegen die "Neue Zeitung", in: Münchner Neueste Nachrichten Nr. 261 (05.07.1919) - Nr. 268 (10.07.1919).

Schneppenhorst selbst machte in der Verhandlung noch einen sehr niederträchtigen Versuch, mich politisch zu diskreditieren und dadurch die Aufmerksamkeit von sich und seiner Handlungsweise abzulenken. In meiner oben erwähnten Erklärung gegen Schneppenhorst hatte ich nämlich noch einige Sozialdemokraten namentlich genannt, die in der Frage der Räterepublik eine sehr zweideutige Rolle gespielt hatten. Zwei dieser Männer hatte Schneppenhorst als Zeugen laden lassen. Sie bekundeten, sie seien in der Nachtsitzung vom 4. auf 5. April gewesen, hätten aber "nicht gehört", wie Schneppenhorst für die Räterepublik eingetreten sei. Bewiesen diese Zeugen auf solche Weise ein miserables Gehör - denn alle anderen Zeugen hatten es positiv gehört, - so behaupteten sie andererseits, etwas gehört zu haben, was niemand gehört haben konnte, nämlich, dass ich selbst für die Räterepublik eingetreten sei. Naturgemäß erregte diese Behauptung im Gerichtssaal Sensation. Ich erklärte sofort, die Behauptung sei klarer Meineid, dessen Verfolgung in einem gesonderten Verfahren stattzufinden habe. Gleichwohl hätte ich die Zeugen aufzufordern, sich sofort festzulegen, wann, wo und mit welchen Worten ich für die Räterepublik eingetreten sei. Der Staatsanwalt, der bei den gegen mich gerichteten Aussagen der beiden etwas spöttisch gegrinst hatte, beantragte nun, meine Fragen an die Zeugen nicht zuzulassen, da sie nicht zu dieser Sache gehörten. Der Vorsitzende aber, Oberlandesgerichtsrat Dr. Osthelder[626], einer der vornehmsten und objektivsten Strafrichter Bayerns, erwiderte dem Staatsanwalt mit großer Schärfe, er verstehe seine Stellungnahme nicht und lasse meine Fragen ohne Weiteres zu. Denn dies liege nicht nur in meinem persönlichen Interesse, sondern im Interesse der Rechtsanwaltschaft als Organ der Rechtspflege. Wenn ein Vertreter der Rechtsanwaltschaft durch einen Zeugen mit einem nicht zur Sache gehörenden Angriff bedacht werde, dann sei es Recht und Pflicht des Rechtsanwaltes, den Sachverhalt sofort aufklären zu lassen. Die beiden Zeugen, die bereits merkten, dass es nicht so einfach sein werde, mich zu verleumden, erwiderten nun auf direkte Frage des Vorsitzenden nach Ort, Zeit und genauem Inhalt meines angeblichen Eintretens für die Räterepublik in großer Verlegenheit. Der eine sagte, er habe kein direktes Wissen, sondern nur das wiedergegeben, was ihm der andere mitgeteilt habe. Der andere erklärte, ich sei ihm am Tag der Ausrufung der Räterepublik begegnet und hätte ihm gesagt, ich wolle mich dieser als Minister zur Verfügung stellen. Angesichts meiner amtsbekannten Rolle

[626] Dr. Karl Osthelder, Staatsanwalt, seit 16.11.1924 Rat am Obersten Landesgericht. Vgl.: Kalender für Reichsjustizbeamte 1941, Berlin 1940. Vgl.: Der Reinigungsprozeß des Militärministers Schneppenhorst in: Münchner Neueste Nachrichten Nr. 265 (09.07.1919), S. 3 f.

erregte diese freche Unwahrheit Heiterkeit im Zuhörerraum und bei dem Gericht. Ich erwiderte sofort, die erbärmlichste Art zu lügen sei, zu einem wahren Sachverhalt eine Kleinigkeit hinzuzumachen, die ihn in sein Gegenteil verkehre. Wahr sei, dass ich dem Manne am Tage der Ausrufung der Räterepublik begegnet sei, wahr sei weiter, dass ich mit ihm gesprochen hätte. Unwahr sei dagegen selbstverständlich, dass ich ihm irgend eine Beteiligung meinerseits an der Räterepublik angekündigt hätte. In Wirklichkeit hätten wir nicht über mich, sondern über die der unabhängigen sozialdemokratischen Partei angehörenden Minister des Kabinetts Hoffmann gesprochen. Ich hätte gesagt, dass mir deren Stellungnahme unverständlich sei. Ich hätte es verstanden, wenn sie als Demokraten im Kabinett Hoffmann verblieben wären, ich hätte es schließlich auch verstanden, wenn sie sich aus missverstandener Parteisolidarität der Räterepublik zur Verfügung gestellt hätten. Keineswegs könne ich aber verstehen, warum sie sich wortlos zurückzogen. Wenn ich ein Minister gewesen wäre, der der unabhängigen sozialdemokratischen Partei angehört hätte, würde ich jedenfalls nicht so gehandelt haben. Der Vorsitzende fragte nun mit sehr scharfer Betonung den Zeugen, ob meine Äußerung nicht so gelautet habe. Allein nun hatte er wieder dasselbe schlechte Gehör, wie er es, in Abweichung von allen anderen Zeugen, hinsichtlich der Äußerung Schneppenhorsts bewiesen hatte. Er erwiderte nur, die von mir mitgeteilten Worte habe er "nicht gehört". Darauf sagte der Vorsitzende in der höflichsten Form zu mir, er hätte nun wohl alles getan, was "in diesem Saale" zu meinem Schutze geschehen könne. Die "Weiterbehandlung" der Angelegenheit müsse er mir selbst überlassen. Ich erwiderte, dass sei ganz meine Auffassung und ich würde, unbeschadet des Umstandes, dass der Zeuge seine unwahren Behauptungen über mich unter Eid gemacht hätte, ihn wegen Verleumdung beim zuständigen Gericht verklagen. Dies tat ich auch unverzüglich nach Beendigung des Prozesses gegen Nutt, und es wurde gegen den Zeugen tatsächlich das Gerichtsverfahren[627] eröffnet. In der mündlichen Hauptverhandlung wurde ein außerordentlich eingehender Zeugenbeweis über meine politische Tätigkeit seit der November-Revolution geführt. Es wurden Richter, sonstige Beamte, Offiziere, Rechtsanwälte, politische Funktionäre der verschiedensten Parteien vernommen, die mich in öffentlichen Versammlungen, im Rätekongress, bei politischen Zusammenkünften der verschiedensten Art sprechen gehört oder mit mir verhandelt hatten. Sie alle bezeugten ausnahmslos, es sei offenbar völlig undenkbar,

[627] Das Verfahren, das Loewenfeld anstrengte, richtete sich gegen den Gewerkschaftssekretär Schiefer. Die Unterlagen müssen als verloren gelten.

dass ich die mir von dem Angeklagten zugeschriebene Äußerung getan hätte, denn mein gesamtes Reden und Handeln sei zu keiner Zeit von der demokratischen Linie auch nur im allergeringsten abgewichen. Nach Beendigung der Beweisaufnahme ließ mich der Vorsitzende des Gerichts, der damalige Amtsgerichtsrat und spätere Amtsgerichtspräsident Frank[628], in sein Büro bitten, nachdem er vorher die Sitzung unterbrochen hatte. Er sagte mir, wenn ich auf Verurteilung der Angeklagten bestünde, so müsse sie erfolgen, da der Beweis vollständig zu meinen Gunsten ausgegangen sei. In diesem Falle könne sich nur der eine der Angeklagten, der die Äußerung des anderen weiterverbreitet hätte, eventuell auf guten Glauben berufen. Gegen den anderen dagegen müsse in diesem Fall ohne jeden Zweifel ein Meineidsverfahren durchgeführt werden, das für den Mann nur mit persönlicher und politischer Vernichtung ausgehen könne. Der Mann tue ihm leid, denn er habe sich nach seiner Meinung in seine Behauptung nur aus Wut darüber verrannt, dass ich ihn in meinem gegen Schneppenhorst gerichteten Artikel erwähnt hätte[629]. Er wolle mich daher fragen, ob es mir genügen würde, wenn der Mann in einer öffentlichen Erklärung zu Protokoll gebe, dass ich mich nach seiner eigenen Auffassung ohne jede Schwankung immer auf demokratischem Boden befunden hätte, dass die von ihm mir zugeschriebene Äußerung nur auf einem "bedauerlichen Hörfehler" beruht habe, dass er mir wegen dieser Äußerung öffentliche Abbitte leisten und dass er sämtliche Gerichts- und Anwaltskosten beider Parteien übernehme. Der andere Mann solle sich dieser Erklärung anschließen, er solle betonen, dass er nie seinerseits von mir eine zweifelhafte Äußerung gehört habe, dass er vielmehr nur wiedergegeben habe, was der andere ihm erzählt habe, dass er ebenfalls Abbitte leiste und die Kosten mittrage. Amtsgerichtsrat Frank sagte zu mir, wenn die beiden auf diesen Vergleich eingehen würden, seien sie nach seiner Auffassung "genügend geschlachtet" und es bestehe keine Veranlassung, ihnen noch mit einem Meineidsverfahren "den Gnadenstoß zu geben". Er fügte hinzu, dass es mir wohl nicht angenehm sein könne, wenn mir nachgesagt würde, ich sei gegen die Angehörigen meiner eigenen Richtung mit mehr Schärfe vorgegangen, als es zu meinem Schutze erforderlich sei. Dieser Meinung des Vorsitzenden pflichtete ich vollständig bei, und es gelang ihm in einer

[628] ALBERT FRANK (1874-1947), seit 1924 Amtsgerichtsdirektor, seit Januar 1933 Präsident des Landgerichts München II, ab 1939 im Ruhestand. Vgl.: MANFRED KROHN, Die deutsche Justiz im Urteil der Nationalsozialisten 1920-1933, Frankfurt/M. u.a. 1991, S. 138.

[629] Loewenfeld zeigte wegen Beleidigung Karl Schmitt an. Dieser habe behauptet, Loewenfeld habe sich für einen Posten bei der Räterepublik beworben. Vgl.: Bayerische Staatszeitung -167- 08.07.1919, S. 7.

Besprechung von wenigen Minuten, die Angeklagten dahin zu bringen, auf diesen Vergleich einzugehen, der für sie ein persönliches und politisches Harakiri bedeutete. Die beiden haben in der Folge ihr Verhalten gegen mich bitter bereut und alles getan, um mir dies zu beweisen. Wenn immer sie für sich selbst oder ihnen Nahestehende Rechtsschutz benötigten, haben sie mich gebeten, diesen zu übernehmen.

Schneppenhorst selbst war durch diese Strafprozesse politisch unmöglich geworden. Kurze Zeit nach ihrer Beendigung trat er zurück und machte einem bayrischen General als Militärminister[630] Platz. Meine Absicht, ihn auf Grund seines unsauberen Handelns aus dem bayrischen Ministerium auszuschalten, war damit gelungen. Die in dem Koalitionsministerium vertretenen 3 politischen Parteien[631] hätten von sich aus keine Veranlassung genommen, diesen schwer belasteten Mann auszuschalten. Man hielt es vielmehr auch bei den beiden im Kabinett Hoffmann vertretenen "bürgerlichen Parteien" für weltklug und demokratisch, die Auswahl der Minister derjenigen Partei zu überlassen, der bei Koalitionsverhandlungen das entsprechende Ministerium zugesprochen war. Nur weil ich dies für einen besonders schweren und gefährlichen Fehler der demokratischen, politischen Praxis ansah, hielt ich mich für verpflichtet, ohne Hilfe von irgend einer Seite den Kampf um die Beseitigung dieses Mannes so durchzuführen, dass er für alle in dem Kabinett vertretenen Parteien, einschließlich seiner eigenen, untragbar wurde. Die von mir geschilderten persönlichen Erlebnisse in diesem Kampfe ließen mich für die Zukunft der demokratischen Entwicklung in Bayern nichts Gutes ahnen. Vor allem der Umstand, dass ein sozialdemokratischer Politiker es sich herausnehmen konnte, in einem sozialdemokratischen Blatt öffentlich antisemitische Ausfälle zu machen, ohne von irgend einer Parteiseite gerügt zu werden, erschien mir als ein äußerst bedenkliches Symptom.

49. *Koalitionsregierung*

In das erste bayrische Koalitionsministerium traten außer den vier vorerwähnten Sozialdemokraten 2 Vertreter der klerikalen, bayrischen Volkspartei und 2 Vertreter der deutschen demokratischen Partei ein. Die bayrische Volkspartei besetzte das Finanzministerium und das Landwirtschafts-

[630] Ein Nachfolger Schneppenhorsts konnte nicht festgestellt werden. Nach HAAN wurde das Staatsministerium für militärische Angelegenheiten am 22.08.1919 aufgehoben. Vgl.: MAX SPINDLER, Bayerische Geschichte im 19. und 20. Jahrhundert Bd. 2, München 1978, S. 1294.

[631] BVP/SPD/DDP.

ministerium. Der Finanzminister, Landtagsabgeordneter Dr. Speck[632], war ein altangesehener Fachmann auf dem Gebiete der staatlichen Finanzwirtschaft. Er genoss nicht unerhebliches parlamentarisches Ansehen und hohe menschliche Reputation. Der Landwirtschaftsminister, Freiherr von Freyberg[633], war ebenfalls auf seinem Gebiete erfahren und persönlich angesehen. Der von der deutschen demokratischen Partei als Handelsminister gestellte Dr. Hamm[634] kam aus der Beamtenlaufbahn und war ein jüngerer energischer Mann bester Prägung.

50. *Müller-Meiningen*

Peinlich war dagegen die Auswahl des früheren Reichstagsabgeordneten und damaligen Landtagsabgeordneten Dr. Ernst Müller-Meiningen[635] als Justizminister. Müller-Meiningen, der auch von der deutschen demokratischen Partei gestellt wurde, war ein Typ des in allen Ländern existierenden "Demokraten", durch dessen Beobachtung man sich die Demokratie abgewöhnen kann. Das Verkehrte und das Niederträchtige übte auf ihn eine fast beispiellose Anziehungskraft aus, während er jede einigermaßen fortschrittliche oder gar freiheitliche Regung mit giftiger Verbissenheit und nicht enden wollender Geschwätzigkeit bekämpfte. Er hat über die bayrische Revolutionszeit von 1919 bis 1921 ein Buch mit dem Titel "Aus Bayerns schwersten Tagen"[636] geschrieben, das in seiner wütenden Verleumdungssucht des subalternsten Nazis würdig gewesen wäre und das einen wahren Rekord an persönlichen Gehässigkeiten darstellt. Die Zeit seiner Justizministerschaft war eine Periode ständiger Rechtsverschlechterung in Bayern. Müller-Meiningen war selbstverständlich ein glühender Anhänger der Standgerichte und der Volksgerichte und tat alles, um die Lebensdauer

[632] Dr. Karl Speck (09.02.1862-1942), BVP, Finanzminister, 1898-1914 Mitglied des Reichstages (Zentrum), ab 1905 Mitglied des Landtages (Zentrum/BVP), 1918-1929 Vorsitzender der BVP, 1919-1920 Finanzminister, 1920-1927 Präsident des Landesfinanzamtes, 1929 Oberfinanzpräsident in Würzburg. Vgl.: BBB, S. 736.

[633] Karl Leopold Freiherr von Freyberg (15.11.1866-10.01.1940), BVP, Landwirtschaftsminister Mai 1919-März 1920, Mitglied des Landtages (Kammer der Abgeordneten) 1905, Mitglied des Reichstages 1907. Vgl.: NDB 5, S. 420 f.

[634] Dr. Eduard Hamm (16.10.1879-23.09.1944), DDP, Handelsminister, 1919-1922 Bayerischer Staatsminister für Handel, Industrie und Gewerbe, 1922-1923 Staatssekretär in der Reichskanzlei, 1923-1925 Reichswirtschaftsminister, 1925 Geschäftsführer und Präsidialmitglied des Deutschen Industrie- und Handelstages, 1944 beging er nach der Festnahme im Zusammenhang mit dem Attentat auf Hitler Selbstmord. Vgl.: NDB 7, S. 586.

[635] Dr. Ernst Müller-Meiningen (1866-1944), DDP, Justizminister. Vgl.: Anmerkung 611.

[636] Ernst Müller-Meiningen, Aus Bayerns schwersten Tagen, Berlin und Leipzig 1924.

dieser gesetzwidrigen Ausnahmegerichte zu verlängern. Den vollständigen Mangel an Rechtsmitteln und die Unmöglichkeit der Wiederaufnahme des Verfahrens dieser Gerichte war für ihn nur "Verhetzung" von "verbrecherischen Massen". Als mein späterer Sozius Dr. Max Hirschberg[637] im Sommer 1919 in öffentlicher Rede das Verfahren der bayrischen Standgerichte kritisierte und dabei sagte, "die bayrischen Standgerichte, fast hätte ich gesagt, die bayrischen Schandgerichte . . .", denunzierte ihn Müller-Meiningen persönlich bei der Anwaltskammer und zwang die Staatsanwaltschaft zur Einleitung eines ehrengerichtlichen Verfahrens gegen ihn[638]. Die Sache endete jedoch mit einer schweren Blamage für den Denunzianten. Das Ehrengericht der Anwaltskammer sprach Dr. Hirschberg einstimmig frei, mit der Begründung, der gebrauchte Ausdruck sei zwar sehr scharf, angesichts des von Dr. Hirschberg dem Ehrengericht vorgelegten Materials über die Rechtsprechung dieser Gerichte jedoch verständlich. Müller-Meiningen beruhigte sich nicht mit dieser Blamage. Er zwang die Staatsanwaltschaft, auch noch Berufung gegen das freisprechende Urteil an die höchste Instanz des Reiches, den beim Reichsgericht gebildeten "Ehrengerichtshof für deutsche Rechtsanwälte" einzulegen. Allein diese von Richtern des Reichsgerichts und Rechtsanwälten besetzte höchste Instanz wies die Berufung zurück und schloss sich der Meinung der Anwaltskammer an. Mit besonderem Eifer widmete sich Müller-Meiningen der Aufgabe der Verschlechterung des Strafvollzuges gegen linksstehende, politische Gefangene. Das Standgericht und das Volksgericht hatten viele von ihnen zu Festungsstrafe verurteilt, um die Ehrenhaftigkeit ihrer Gesinnung anzuerkennen. Die Festungshaft wurde vor der Revolution im wesentlichen nur gegen Offiziere und farbentragende Studenten angewendet, wenn sich diese den Gesetzen zuwider duellierten. Die Festungsstrafe war nach dem Strafgesetzbuch eine mildere Strafe als Gefängnis und Zuchthaus[639]. Unter anderem konnte der Festungsgefangene, wenn er sich beim Kommandanten der Festung gemeldet hatte, für den größeren Teil des Tages ins Freie beurlaubt werden. Dem Festungsgefangenen war das Recht der Selbstverpflegung gegeben. Es war unzulässig, ihn gegen seinen Willen

[637] MAX HIRSCHBERG (13.11.1883-21.06.1964), Rede Hirschbergs Sommer 1919. Vgl.: HEINRICH HANNOVER, Max Hirschberg, Der Kritiker des Fehlurteils, in: Streitbare Juristen. Eine andere Tradition, hrsg. v. Kritische Justiz, Baden-Baden 1988, S. 165-179. Vgl.: MAX HIRSCHBERG, Jude und Demokrat. Erinnerungen eines Münchener Rechtsanwalts 1883-1939, hrsg. von REINHARD WEBER, München 1998.

[638] Vgl.: BHStA, MJu 21015.

[639] § 17 des Reichsstrafgesetzbuchs lautet: Die Strafe der Festungshaft besteht in Freiheitsentziehung mit Beaufsichtigung der Lebensweise der Gefangenen; sie wird in Festungen oder anderen dazu bestimmten Räumen vollzogen.

zur Arbeit anzuhalten, er hatte die Möglichkeit, in weitgehendem Umfang Besuch zu empfangen, sein Briefverkehr war im Wesentlichen unüberwacht. Der angebliche Demokrat Müller-Meiningen ließ es sich angelegen sein, diese Milde der Festungshaft vollständig zu beseitigen und die Festungsstrafe der Gefängnisstrafe anzugleichen, jedoch nur, soweit es sich um linksstehende Gefangene handelte. Diese Gefangenen wurden in einem alten Kloster, Niederschönenfeld[640], untergebracht, dessen trauriger Ruf mit dem von Dachau zeitweise ebenbürtig war, mit der einzigen Ausnahme, dass die Gefangenen nicht, wie in Dachau, geprügelt werden durften. Statt, wie vorgeschrieben, in Stuben, wurden die politischen Gefangenen in Zellen untergebracht, die nachts abgeschlossen wurden. Die Selbstverpflegung wurde aufgehoben, die Brief- und Zeitungszensur aufs Äußerste verschärft. Ich bin im Jahre 1919 und in den folgenden Jahren sehr häufig in Niederschönenfeld gewesen, um Klienten aufzusuchen. Die Festungsverwaltung konnte mir als Anwalt den Besuch meiner Klienten nicht verwehren. Ich kenne daher die schofle und niederträchtige Art des von Müller-Meiningen eingeführten Strafvollzuges aus eigenem Erleben. Während der Ministerschaft Müller-Meiningens allerdings wirkte sich diese noch nicht voll aus, da der damalige Vorstand der Festung, der Amtsgerichtsrat Dr. Vollmann[641], wenigstens von sich aus nichts tat, um das scharfmacherische Treiben Müller-Meiningens und seines in allen Angelegenheiten der Rechtsverschlechterung überaus eifrigen Gehilfen, des Ministerialrats Dr. Kühlewein[642], etwas zu tun. Immerhin war es schon während der Vorstandschaft von Dr. Vollmann die Regel, dass man mir bei den Rücksprachen mit den Klienten einen Gefängnisbeamten zur Überwachung mitgab. Es war

[640] Vgl.: Ernst Toller, Justizerlebnisse, Berlin 1927. Vgl.: Erich Mühsam, Niederschönenfeld: Eine Chronik in Eingaben, in: ders., Ausgewählte Werke Bd. 2, Berlin 1978, S. 128-137. Vgl.: Emil Julius Gumbel, Verschwörer. Zur Geschichte und Soziologie der deutschen nationalistischen Geheimbünde 1918-1924, Heidelberg 1979, S. 160-165 (1. Aufl. Berlin 1924).

[641] Dr. Hans Vollmann (05.09.1887-das Todesdatum konnte nicht ermittelt werden), Mitglied der Bayerischen Volkspartei bis 1933, Mitglied der NSDAP vom 01.05.1937 bis 01.05.1945 und seit dem 05.11.1933 Mitglied der SA-Reserve. Eine Beurteilung der NSDAP vom 02.12.1935 bezeichnet ihn als "Hochkonjunkturisten". Die Berufungskammer stufte ihn am 07.04.1948 in die Gruppe der Entlasteten ein. Staatsanwalt bei der Staatsanwaltschaft Hof, 01.04.1920 Amtsgerichtsrat, 01.03.1926 Staatsanwalt in München, 01.12.1930 Landgerichtsrat in München, 01.12.1935 Oberlandesgerichtsrat in München, 1940-1943 Militärdienst, 16.09.1948 Oberlandesgerichtsrat in München, 01.04.1954 in den Ruhestand versetzt. Vgl.: Spruchkammerakte H. Vollmann beim Amtsgericht München.

[642] Dr. Heinrich Kühlewein (1871-1953), Ministerialrat im Justizministerium; Dr. Kühlewein war aber an der Begnadigung von Graf Arco-Valley beteiligt, von 1931-1938 Präsident des Landgerichts München I. Vgl.: Bayerische Staatszeitung 16. und 17.01.1920. Vgl.: Max Hirschberg (wie Anm. 637), S. 184.

sonst in Bayern gute Tradition, Gespräche zwischen dem Verteidiger und den Klienten nicht zu überwachen, wenn die Person des Verteidigers bei der Justizverwaltung in dem Sinne anerkannt war, dass keinerlei Verdacht einer Kollusion gegenüber dem Verteidiger bestand. Diese gute Tradition wurde mir gegenüber in langjähriger Berufsausübung auf Seite der bayrischen Gerichte und Staatsanwaltschaften ausnahmslos eingehalten. Lediglich in der "Festung" Niederschönenfeld wurde sie durchbrochen. Ich kann aber auch auf Grund meiner in Niederschönenfeld gesammelten Eindrücke persönlich bestätigen, dass es sich nicht um eine Festung im Sinne des Gesetzes, sondern um ein recht schlechtes Gefängnis handelte. Ich kannte die meisten Zellen von Niederschönenfeld, auch beispielsweise die, in der Ernst Toller sein "Schwalbenbuch"[643] gedichtet hat. Es hat selbstverständlich in dieser Anstalt, wie in jeder Strafanstalt, Haftpsychotiker gegeben, die der Verwaltung mit unbegründeten Beschwerden das Leben sauer machten. Aber auch begründete Beschwerden wurden von Müller-Meiningen und Kühlewein mit eiserner Stirn bestritten und dem Landtag und der Öffentlichkeit gegenüber als das Produkt von bösem Willen und Aufsässigkeit hingestellt. Ja, Müller-Meiningen denunzierte die Häftlinge in Niederschönenfeld sogar beim Landtag, dass sie in der Strafanstalt ein hochverräterisches Komplott geschmiedet hätten, um die bayrische Regierung zu überwältigen und ein revolutionäres Regime an ihre Stelle zu setzen[644]. Die lächerliche lediglich zu Zwecken der Stimmungsmache ausgesprochene Beschuldigung wurde niemals auch nur zu einem bescheidensten Bruchteil bewiesen.

Die von den Standgerichten verübten, krassen Ungerechtigkeiten und die durch irreguläre Morde, willkürliche Verhaftungen, schmutzige Denunziationen, Missbrauch der sogenannten Schutzhaft ständig sich steigernde persönliche Unsicherheit erregten in der bayrischen Öffentlichkeit die größte Unzufriedenheit. Im Januar des gleichen Jahres hatten es die unabhängigen Sozialdemokraten in ganz Bayern nur auf 3 von 180 Parlamentsmandaten gebracht. Bei den bayrischen Gemeindewahlen im Juni 1919 errangen sie dagegen einen sehr bedeutenden Wahlsieg. In München, dem Hauptsitz der bayrischen Standrechtspflege, zogen sie als weitaus größte Partei ins Rathaus ein[645]. Die aus diesem Ereignis sprechende Stim-

[643] Ernst Toller, Schwalbenbuch, Potsdam 1924.

[644] Vgl.: Stenographische Berichte der Verhandlungen des Bayerischen Landtages, 191. Sitzung (30.05.1923), S. 298.

[645] Ergebnisse der Gemeinderatswahlen vom 15.06.1919: USPD 32,0%, SPD 18,8%, BVP 27,9%, DDP 14,3%, Bauernbund 0,01%, Sonstige 7,0%. Vgl.: Zeitschrift des Bayerischen Statistischen Landesamtes 52. Jahrgang (1920), S. 230.

mung der Bevölkerung nötigte die Regierung Hoffmann zu der Ankündigung der baldigen Aufhebung des Standrechts. Mit einer Verordnung vom 19. Juli 1919 wurde bestimmt, dass die Standgerichte mit Wirkung vom 1. August 1919 ihre Tätigkeit einzustellen hätten[646]. Die Ankündigung und ihre Ausführung waren jedoch eine denkbar üble Täuschung der Öffentlichkeit. Bereits vor dem Aufhören der Standgerichte legte nämlich die Regierung Hoffmann dem Landtag ein Gesetz über "Volksgerichte neuerer Ordnung" vor, das der Landtag annahm und das am 12. Juli 1919 im bayrischen Gesetz- und Verordungsblatt erschien[647].

51. *Volksgerichte neuerer Ordnung*

Diese "Volksgerichte neuerer Ordnung" waren im Wesentlichen ganz genau dasselbe, wie die Standgerichte, mit dem einen Unterschied, dass sie mit 2 Berufsrichtern und 3 Laienrichtern besetzt waren. Der Öffentlichkeit wurde erzählt, dass die Laienrichter "gewählt" würden, damit der Anschein entstand, als ob es sich bei der Auswahl der Laienrichter um ein demokratisches Verfahren handle.

In Wirklichkeit wurden die Laienrichter nicht wie Schöffen und Geschworene bei den ordentlichen Strafgerichten ausgelost, sondern vom Oberlandesgerichtspräsidenten und 4 Mitgliedern des Kreistags "gewählt". Die sogenannte Wahl war also nichts als eine Ernennung. Die "Volksgerichte neuerer Ordnung" waren kein Haar weniger verfassungs- und gesetzwidrig, als die Standgerichte. Vor allem war das Fehlen jedweder Rechtsmittel gegen die Urteile dieser Gerichte der denkbar schwerste Bruch der deutschen Justizgesetze, ganz abgesehen von der verfassungsrechtlichen Regel, dass Strafrecht und Strafverfahren Sache des Reichs waren und dass Landesgesetze, die zwingendes Reichsrecht außer Kraft setzten oder abänderten, nichtig waren. Nach zaristischer Methode bezeichnete man diese rechts- und verfassungswidrigen Gerichte jedoch als eine "vorübergehende Einrichtung", die zudem nur funktionieren solle, wenn die öffentliche Sicherheit, Ruhe und Ordnung gestört waren. Obwohl dies im Juli 1919 in Bayern in keiner Weise der Fall war, wurden in sämtlichen Gerichts-

[646] Vgl.: Aufhebung des Standrechts und die Einsetzung von Volksgerichten vom 19.07.1919, GVBl. 1919, S. 370.

[647] Vgl.: Gesetz über die Einsetzung von Volksgerichten bei inneren Unruhen vom 12.07.1919 (GVBl 1919, S. 365). Vgl: Philipp Loewenfeld, Laienrichter, in: Sozialistische Monatshefte, Jahrgang 1920, S. 813-816. Vgl: Philipp Loewenfeld, Revolutionäres und konterrevolutionäres Strafrecht in Bayern, in: Sozialistische Monatshefte, Jahrgang 1920, S. 138-147.

bezirken diese "Volksgerichte neuerer Ordnung" gleichzeitig eingesetzt, darunter auch in vielen, in denen es nie zu einer Störung von Ruhe und Ordnung gekommen war. Zu meinem größten Bedauern machten auch die sozialdemokratischen Mitglieder des Ministeriums Hoffmann diese Müller-Meiningen-Schiebung vollständig mit und deckten so den fortdauernden Rechtsbruch in Bayern mit ihrer politischen Verantwortung. Im bayrischen Landtag hat der Sozialdemokrat Alwin Sänger zu den heftigsten Befürwortern dieser verfassungswidrigen und reaktionären Justizgesetzgebung gezählt[648]. Die Zusage, dass es sich nur um eine vorübergehende Maßnahme handle, wurde mit der Selbstverständlichkeit einer Hitlerzusage gebrochen. Nach fünfjährigem Bestand der "Volksgerichte neuerer Ordnung" war die "vorübergehende Periode" immer noch nicht abgelaufen. Dass die bayrische Regierung dann schließlich genötigt wurde, die Volksgerichte aufzuheben und das Reichsrecht in Bayern wieder zuzulassen, war nicht das Verdienst der Urheber dieser Gesetzgebung, sondern ausschließlich dasjenige ihrer Gegner. Dabei hatten in den fünf Jahren die Volksgerichte eine derartige Menge verantwortungsloser Fehlurteile erlassen, dass sich das Bedürfnis nach einer nachträglichen Einführung der gesetzlichen Möglichkeit einer Wiederaufnahme gegen die Urteile dieser Gerichte als geradezu zwingend erwies. Wiewohl dies die Meinung aller ernsthaften Justizpraktiker im Reich und in Bayern war, wehrte sich die bayrische Regierung mit größter Verbissenheit gegen die Einführung des Wiederaufnahmeverfahrens gegen Volksgerichtsurteile. Sie ließ es schließlich darauf ankommen, dass der Reichstag die Wiederaufnahmemöglichkeit gegen die Volksgerichtsurteile durch Reichsgesetz einführte[649]. Das vom Reichstag beschlossene Gesetz suchte sie noch durch Einspruch an den Reichsrat zu sabotieren, unterlag aber hiermit auch bei dieser gesetzgebenden Körperschaft. Zu den lautesten Schreiern gegen die gesetzliche Einführung der Wiederaufnahme gegen Volksgerichtsurteile zählte der "Demokrat" Müller-Meiningen, wie er überhaupt jede reformatorische Anwandlung im Strafrecht und Strafprozess giftig und bombastisch bekämpfte, von der Einstellung vieler reaktionärer Menschen ausgehend, dass Brutalität und

[648] Vgl.: Stenographische Berichte der Verhandlungen des Bayerischen Landtags 17.Sitzung (05.07.1919), S. 309 f. Vgl: "Aus dem Volksgerichts-Ausschuß", Bayerische Staatszeitung -183- 26.07.1919, S. 7.

[649] Vgl.: Gesetz über die Wiederaufnahme des Verfahrens gegenüber Urteilen der bayerischen Volksgerichte vom 04.07.1925 (RGBl. I, 1925, S. 95). Vgl.: Verordnung über die Aufhebung der Volksgerichte vom 27.03.1924 (GVBl. 1924, S. 128). Vgl.: FRANZ J. BAUER/ EDUARD SCHMIDT, Die bayerischen Volksgerichte 1918-1924. Das Problem ihrer Vereinbarkeit mit der Weimarer Reichsverfassung, in: Zeitschrift für bayerische Landesgeschichte 1985, S. 339-478.

Willkür Stärke, Mäßigung, Anstand und Gerechtigkeit aber Schwäche anzeigten.

52. *Ordnungszelle Bayern*

So hatte sich also innerhalb weniger Monate das Gesicht Bayerns vollständig verwandelt. War es bis zur Beseitigung der Räterepublik ein revolutionärer Unruheherd gewesen, so war doch bis zu jenem Zeitpunkt die Hoffnung nicht erloschen, durch positive demokratische Leistung die Wiederkehr einer nicht bloß äußeren Ruhe und Ordnung herbeizuführen. Durch die Art der Niederschlagung der Räterepublik und durch die ihr folgende Art der gerichtlichen Liquidation des Räteputsches wurde aus Bayern jene stockreaktionäre "Ordnungszelle", deren Ordnungsprinzipien auf der Anwendung des Faustrechtes, der Rechtsverschlechterung, der Willkür, der Furcht und der Denunziation beruhten, kurzum auf jener "Ordnung", die in der Folgezeit mit den Mitteln fortdauernder Verfassungsbrüche, Fememorde, Justizskandale, Geheimorganisationen den traurigen Ruf Bayerns in der Kulturwelt als des wesentlichsten Vorläufers der Hitler-Barbarei begründete. In dieser Periode war, als Ausdruck äußerster menschlicher Verlumpung, der Beginn der Hitleragitation historisch fällig. Ihr Beginn wurde von den angeblich nationalen Ordnungshütern, die sich insbesondere in der klerikalen bayrischen Volkspartei rekrutierten, zunächst mit einigem Unbehagen aufgenommen. Sodann aber fand man rasch, dass man sich doch des "Guten", das in dieser Bewegung liege, bedienen solle. Wie die Nazibewegung später von gierigen Geldleuten wie Thyssen, Krupp, Voegeler aufgepäppelt wurde, ist auch in diesem Land hinlänglich bekannt[650]. Wie sie aber in ihrem Beginn von den bayrischen Klerikalen systematisch gezüchtet wurde, wissen nur verhältnismäßig wenige. Bis zum Beginn des Jahres 1924 waren die Dinge dann soweit gediehen, dass am 18. Januar 1924 der klerikale Ministerpräsident Dr. Held[651]

[650] FRITZ THYSSEN (09.11.1873-08.02.1951), Industrieller, Vgl.: ROBERT WISTRICH, Wer war wer im Dritten Reich, München 1983, S. 273f. GUSTAV KRUPP VON BOHLEN UND HALBACH (07.08.1870-16.01.1950), Industrieller, ALFRIED KRUPP VON BOHLEN UND HALBACH (13.08.1907-30.07.1967), Industrieller. der für seinen Vater Gustav in den Prozessen nach 1945 zur Rechenschaft gezogen wurde, da die Familie Krupp die NSDAP großzügig finanziell unterstützte. Vgl.: ROBERT WISTRICH, a.a.O. S. 163f. ALBERT VOEGELER (08.02.1877-13.04.1945), Industrieller, Vgl.: ROBERT WISTRICH, a.a.O. S. 283 f. Zur Finanzierung der Nazibewegung: Vgl.: HENRY A. TURNER, Die Großunternehmer und der Aufstieg Hitlers, Berlin 1985.

[651] Das Zitat lautet vollständig: "Bayern ist eine Unordnungszelle ersten Ranges geworden, in der kein anständiger Mensch seines Lebens mehr sicher ist." Zitiert nach: KLAUS

vor versammeltem Landtag aussprach, in Bayern sei "kein anständiger Mensch seines Lebens sicher". Wir werden dieser Entwicklung an vielen Stellen dieser Erinnerungen begegnen. Hier sei nur zunächst ein Wort über die freche nazistische Geschichtslüge gesagt, als ob die Niederwerfung des Kommunismus in Bayern das Werk Hitlers und seiner "Paladine" gewesen sei, eine Geschichtsfälschung, die heute in den nazistischen Geschichtsbüchern, oder besser gesagt Geschichtsfälschungsbüchern, zu finden ist. Der Gefreite Adolf Hitler war zur Zeit des Ausbruchs und der Niederwerfung der Räterepublik in Bayern noch vollständig unbekannt[652]. Erst lange nach dieser Niederwerfung wurde er in der "Informationsabteilung" der Reichswehr zum Spitzel ausgebildet. Ich habe den Offizier[653], dem dieses traurige Geschäft oblag, gut gekannt. Er hat mir später, als Hitlers Name bereits einen politischen Klang hatte, wiederholt erzählt, wie begriffsstutzig und ungebildet der zukünftige Spitzel war. Von den Existenzen, die durch seine Bewegung zur Herrschaft emporgespült wurden, wusste damals in Bayern noch niemand etwas. Die Nazilegende erzählt, dass einzelne dieser Burschen, wie der heutige Weltanschauungsdiktator Alfred Rosenberg[654], – ein aus Russland zugereister, antisemitischer Hetzer, der damals und lange späterhin die deutsche Sprache noch mangelhaft beherrschte, – auf öffentlichen Strassen und Plätzen die Münchener Bevölkerung zum Widerstand gegen den Kommunismus aufgerufen hätten. Es mag sein, dass das eine oder andere von diesen damals völlig obskuren sujets sich an irgend einer Straßenecke Münchens mausig gemacht hat.

Schönhoven/Hans-Jochen Vogel (Hrsg.), Frühe Warnungen vor dem Nationalsozialismus, Bonn 1998, S. 79.

[652] Vgl.: Hans-Günter Richardi, Hitler und seine Hintermänner. Neue Fakten zur Frühgeschichte der NSDAP, München 1991. Vgl.: Hellmuth Auerbach, Hitlers politische Lehrjahre und die Münchener Gesellschaft 1919-1923, in: Vierteljahreshefte für Zeitgeschichte 25. Jahrgang (1977), S. 1-45.

[653] Offizier der "Informationsabteilung", der Hitler als Spitzel ausgebildet hat, war Hauptmann Karl Mayr. Vgl.: "München-Hauptstadt der Bewegung", München 1993, S. 29 f. Die Aussage, Mayr sei "ein Antisemit und Republikgegner", muss aber relativiert werden. Mayr war später führendes Mitglied des Reichsbanners und spielte eine wichtige Rolle in der Röhm-Affäre 1932. Loewenfeld war auch der Anwalt Mayrs vor Gericht. Vgl.: Benjamin Ziemann, Wanderer zwischen den Welten, der Militärkritiker und Gegner des entschiedenen Pazifismus. Major a.D. Karl Mayr (1883-1945), in: Wolfram Wette (Hrsg.), Pazifistische Offiziere in Deutschland 1871-1933, Bremen 1999, S. 273-285.

[654] Alfred Rosenberg (12.01.1893-16.10.1946), NSDAP, Theoretiker des Nationalsozialismus, 1921 Hauptschriftleiter des "Völkischen Beobachters", 1933 Leiter des außenpolitischen Amtes der NSDAP, 1941-1945 Reichskommissar für die besetzten Ostgebiete. Vgl.: Robert Wistrich, Wer war wer im Dritten Reich, München 1983, S. 229 ff. Vgl.: Reinhard Bollmus, Alfred Rosenberg - 'Chefideologe' des Nationalsozialismus, in: Ronald Smelser/Rainer Zitelmann, Die braune Elite, Darmstadt 1989, S.223-235.

Historisch und politisch sicher aber ist, dass das Nazi-Element bei der Niederwerfung des bayrischen Kommunismus keinerlei auch noch so nebensächliche Rolle gespielt hat. Der General Epp, den die Nazis als den "Befreier" München geschichtsfälscherisch akklamieren, verdient dieses Prädikat in keiner Weise. Er war einer von vielen Freikorpsführern, jedoch einer, der willig Gehalt und Pension von demjenigen Staat nahm, den die Nazis als "Judenrepublik" beschimpften. Er lief zur Hitlerei erst über, als er ihres Erfolges und damit fortdauernder wohltätiger Folgen für seinen Geldbeutel sicher zu sein glaubte. In dieser seiner Spekulation hat er sich nicht getäuscht. Es ist ihm tatsächlich durch sämtliche Perioden der deutschen Nachkriegsgeschichte gelungen, von den Regierungen sämtlicher Richtungen und Parteien Gehalt und Pension zu beziehen, sodass auf ihn viel eher das alte Scherzwort "Treu, deutsch und pensionsberechtigt", als die Qualifikation eines nationalen Befreiers passt. Die historische Wahrheit ist, dass die Niederwerfung des bayrischen Kommunismus der sozialdemokratischen Regierung Hoffmann durch die wirklichen demokratischen Exponenten des Landes abgetrotzt werden musste, dass die Regierung sich im Verlaufe ihrer Aktion, statt sich auf die demokratischen Kräfte zu stützen, den ebenso raschen wie billigen Ausweg der Verbindung mit den übelsten, konterrevolutionären Kräften wählte und aus der notwendigen Niederwerfung ein unnötiges Blutbad und aus dem demokratischen Aufbaustaat einen reaktionären Friedhof machte. Dass unter den Kräften wirklicher demokratischer Gesinnung, die für Liquidierung des Räteunternehmens, aber gegen Noske-Horden waren, der Prozentsatz von Juden recht erheblich war, sei nebenbei angemerkt, weil die nazistische Geschichtsfälschung den Anteil der Juden an den revolutionären Strömungen gewaltig übertrieben, denjenigen an der Herstellung geordneter staatlicher Zustände jedoch lügnerisch verschwiegen und abgeleugnet hat[655].

Die Benutzung der Justiz als politische Waffe, mit dem Ziele, das Steuer von der demokratischen Entwicklung zu einer reaktionären herumzuwerfen, war in jener Zeit in Bayern erst in ihren Anfängen. Es war für sich allein auch keineswegs ein halbwegs ausreichendes und sicheres Mittel. Denn neben den Berufsrichtern, die sich für solche Zwecke willig, ja begeistert einspannen ließen, neben den Aull, Hahn und Konsorten gab es im bayrischen Richtertum eine Menge wahrhaft gesetzestreuer und geistig liberaler Männer, denen Gerechtigkeit wichtiger war als Karriere, und mit denen als Organ der Rechtspflege zusammen zu arbeiten eine tiefe

[655] Vgl.: WERNER T. ANGRESS, Juden im politischen Leben der Revolutionszeit, in: Deutsches Judentum im Krieg und Revolution 1916-1923, hrsg. v. WERNER E. MOSSE, Tübingen 1971, S. 137-316.

Befriedigung gewährte. Die Welt weiss mehr von den begangenen Justizskandalen als von den Fällen, in denen solche durch den aufrechten Charakter und die berufliche Gewissenhaftigkeit von Richtern verhindert werden konnten. Wir haben im Lauf dieser Erinnerungen bereits einige solche Männer kennengelernt und diese Ehrentafel wird sich noch vergrößern, ohne Anspruch auf Vollständigkeit zu erheben. Manche der Besten kann man nicht nennen, weil sie heute das bittere Brot der Pension von Adolfs Gnaden essen müssen, um nicht zu verhungern. Würde die heutige Nazi-Justizverwaltung bei dem einen oder anderen darauf aufmerksam werden, dass er sich über die Grenzen Deutschlands hinaus den Ruf der Unabhängigkeit bewahren konnte, so würde ihn das für sich allein unter Umständen schon die wirtschaftliche Vernichtung durch Pensionsentzug "wegen politischer Unzuverlässigkeit" kosten können. Denn auch der pensionierte Richter im heutigen Deutschland hat ein Hitlerknecht zu sein. Nur wenn er schweigt und wenn über ihn geschwiegen wird, wird er für einen solchen gehalten.

53. *Einwohnerwehr*

Eines der wesentlichsten Mittel im Dienste der bayrischen politischen Rückwärtsrevidierung war die mit der Einnahme Münchens beginnende Organisation der sogenannten Einwohnerwehr[656]. Nach dem Einrücken der Regierungstruppen wurde von vielen Seiten angeregt, dass man eine Art Selbstschutz[657] der Bevölkerung schaffen solle, der die Wiederkehr anarchischer Verhältnisse hindern solle. Der Hauptorganisator dieses Selbstschutzes, der den Namen "Einwohnerwehr" erhielt, war der Forstrat Dr. Escherich[658] aus Isen, einem Marktflecken im Osten Münchens. Escherich, zu jener Zeit noch ein prominenter Mann in der klerikalen, bayrischen Volkspartei, zog diese Organisationen zunächst als völlig parteilos auf. Die Aufforderung zum Beitritt als Mitglied richtete sich keineswegs nur an die Bürger, sondern mit starkem Nachdruck an die Arbeiterschaft. Auf direkte Fragen der sozialdemokratischen Partei, die an den Gründungsverhand-

[656] Vgl.: RUDOLF KANZLER, Bayerns Kampf gegen den Bolschewismus. Geschichte der bayerischen Einwohnerwehren, München 1931. Diese Darstellung ist strikt apologetisch.

[657] Vgl.: HORST G.W. NUßER, Konservative Wehrverbände in Bayern, Preußen und Österreich 1918-1933, 2 Bd. München 1973.

[658] DR. GEORG ESCHERICH (04.01.1870- 26.08.1941), BVP, ab 1909 Forstrat, Aufbau von Einwohnerwehren in Haag, 1920: 300000 Mitglieder, Teilnahme am Kapp-Putsch, Reichshauptmann der Organisation Orgesch, 1921-1931 bayrische Staatsforstverwaltung; 1929-1933 Führer des Bayrischen Heimatschutzbundes, Vgl.: NDB 4, S. 648 f.

lungen stark beteiligt war, wurde ausdrücklich betont, dass Sozialdemokraten durchaus willkommen seien. Auch wurde von Seiten der Leitung das Gleiche mit Bezug auf Juden betont. Die Verpflichtung, die man als Mitglied der Einwohnerwehr zu übernehmen hatte, bestand darin, dass man sich zum Schutze von Haus und Hof, insbesondere auch von öffentlichen Gebäuden, in Unruhe- und Krisenzeiten zur Verfügung stellen sollte, um die öffentliche Ordnung gegen jede Störung zu verteidigen. Zu diesem Zwecke erhielt das Mitglied der Einwohnerwehr Gewehr und Munition ausgehändigt, die es in seiner Wohnung zu verwahren hatte, wie etwa die Mitglieder der Schweizer Volksmiliz ihre Waffen zur Verwahrung im eigenen Hause anvertraut bekommen. Nach den Erklärungen ihrer Gründer sollte aber die Einwohnerwehr weder eine Militärformation noch etwas Ähnliches sein. Eingerichtet auf der Basis reiner Freiwilligkeit und selbstgewählter Disziplin, sollte sie den Bewohnern des Landes Schutz und Vorbild in der Aufrechterhaltung der Ordnung gegenüber jedweder Störung sein, von welcher politischen Seite eine solche Störung auch kommen würde. Diese Gedanken schienen mir einwandfrei, richtig und unterstützungswürdig zu sein, und ich entschied mich deshalb dahin, der Einwohnerwehr München als Mitglied beizutreten und auch in den Kreisen meiner Gesinnungsgenossen für den Beitritt zu werben. Ich bekam ein modernes Infanteriegewehr nebst Munition ausgehändigt und suchte das Meinige zu tun, um aus der jungen Organisation etwas demokratisch Brauchbares zu machen. Ich machte die Übungen der Einwohnerwehr längere Zeit mit und habe in meiner Gruppe eine Reihe trefflicher Männer kennengelernt, mit denen mich langjährige, freundliche Beziehungen verbunden haben. Da stand zur Nachtzeit der Amtsrichter Posten neben dem jüdischen Geschäftsmann, der pensionierte Offizier neben dem gewerkschaftlich organisierten Arbeiter. Die ersten Anfänge der Organisation schienen ein Ansatz zu dem später so viel missbrauchten Begriff der "Volksgemeinschaft" zu sein. Allein die Verhältnisse wendeten sich sehr rasch zum Schlechteren. Der Ruf an die Arbeiterschaft, sich der neuen Organisation zur Verfügung zu stellen, fand keine genügende Resonanz. Die große Masse der Arbeiterschaft war nach den Verheerungen des langen Krieges alles dessen müde, was mit Wehrgedanken, Waffenbesitz, Dienst zusammenhing. Sie wollten Ruhe haben, jedoch nichts für das Gut ihrer Ruhe opfern. Die Arbeitermassen waren zudem durch die Art der Liquidierung der Räterepublik tief angeekelt und in ihrem Empfinden beleidigt, sodass es in jenen Tagen besonders schwierig war, ihnen den Gedanken irgendwelcher Cooperation mit dem Bürgertum nahe zu bringen. Auf diese Weise überwog zahlenmäßig in den Einwohnerwehren sehr bald das mittlere und kleinere Bürgertum. Es gab damit politisch den Ausschlag, obwohl nach der Verfassung der Einwohnerwehren völlige Gleichberechtigung der Mitglieder und damit auch der gesamten Arbeiterschaft bestand. Die sozialdemokratische Partei und die Gewerkschaften fühlten sich zwar verpflichtet, der neuen Gründung eine gewisse Mitwirkung zu widmen, spürten aber, dass sie sich mit der Propaganda für die Sache in ihren Kreisen nicht besonders populär machen könnten und zogen es, wie späterhin im Fall der Reichswehr, vor, die Einrichtung ihren Feinden zu überlassen, statt ihre kärglichen Führerposten durch unpopuläre Parolen irgendwie zu gefährden. Das mittlere und kleinere Bürgertum aber war aus der ihm immer noch in den Gliedern steckenden Furcht vor dem eben niedergeschlagenen Kommunismus absolut gegenrevolutionär gestimmt. Sobald es, infolge der Zurückhaltung der Arbeiterschaft gegenüber der Einwohnerwehr, die Übermacht in dieser bekam, änderte sich der Charakter der Gesamtorganisation vollständig. Das aktive und pensionierte Offizierskorps bekam die absolute Oberhand in der Leitung. Die Organisation wurde, ohne nach außen militärisch zu sein, nach innen völlig systematisch militärisch durchgeführt. Anstelle des schönen Gedankens des Schutzes der Ordnung durch den Volksgenossen für den Volksgenossen trat eine nach Kreisen, Gauen und Bezirken eingeteilte, mit Waffen aller Art ausgerüstete Freiwilligenorganisation. Am 28. Juni 1919 unterzeichnete auf Grund Ermächtigung des Reichstags die deutsche Regierung den Friedensvertrag von Versailles[659], nachdem nach vergeblichen Protesten gegen seinen Inhalt eine Kabinettskrise im Reich ausgebrochen und eine neue Koalitionsregierung, bestehend aus Sozialdemokraten, Mitgliedern des Zentrums und der bayrischen Volkspartei hatte gebildet werden müssen. Einer der wesentlichsten Teile des Versailler Friedensvertrages waren die Bestimmungen über die Entwaffnung der deutschen Armee zu Lande, zur See und in der Luft und über die Entwaffnung der deutschen Zivilbevölkerung. Auf Grund dieser Bestimmungen musste ein besonderes Gesetz über die Entwaffnung der Bevölkerung erlassen werden. Ein Reichskommissar für die Entwaffnung der Zivilbevölkerung und ein vom Reichstag zu wählender Beirat von 15 Personen hatten für Ablieferung aller Militärwaffen an bestimmte Staatsstellen zu sorgen, wobei lediglich die Reichswehr und die in Ausübung ihres Berufs befindliche Beamtenschaft von der Ablieferungspflicht befreit waren. Jeder, der von Waffen- und Munitionslagern Kenntnis erhielt, war zu deren Anzeige verpflichtet. Nichtablieferung von Waffen oder Nichterfüllung der Anzeigepflicht wurden mit Gefängnis- und Geldstrafe, in schweren Fällen mit Zuchthausstrafe bedroht. Reichstag und Reichsregierung zögerten lange mit der Erlassung

[659] Vgl.: Gesetz über den Friedensschluß zwischen Deutschland und den alliierten und assoziierten Mächten, Teil V, Art. 160 ff (RGBl. 1919, S. 919 ff).

dieses Gesetzes, obwohl es klar war, dass seine Nichterlassung eine schwere Verletzung des Friedensvertrages dargestellt hätte. Seitdem es offenkundig wurde, dass die Entwaffnungsgesetzgebung und ihre Durchführung nicht vermieden werden konnten, entwickelte sich die bayrische Einwohnerwehr zu einer zentralistisch geleiteten Waffenverschiebungsorganisation. Aus dem Kreise der Landesleitung der Einwohnerwehr heraus wurde mit Terror und Fememord gegen Personen gearbeitet, die im Verdacht standen, den gesetzlichen Bestimmungen über die Entwaffnung zu genügen und Verletzungen des Entwaffnungsgesetzes zur Kenntnis der zuständigen Stellen zu bringen. Zugleich aber wurde die Einwohnerwehr eine Pflanzstätte geheimer militärischer Aufrüstung, mittels deren schon damals die Umgehung des Versailler Vertrages begonnen wurde. Mein Freund Professor Gumbel hat urkundliche Unterlagen veröffentlicht, aus denen sich die Umgestaltung der Einwohnerwehr zu einer schwarzen Militärorganisation klar ergibt[660]. Nach dem Versailler Vertrag war der Umfang der Reichswehr genau bestimmt. Um die diesbezüglichen Bestimmungen zu umgehen, organisierte man Mannschaften in sogenannten Zeitfreiwilligenverbänden. Als deren Auflösung erzwungen wurde, traten diese Zeitfreiwilligenverbände geschlossen in die Einwohnerwehr über. Die Reichswehrdepots, die nach dem Versailler Vertrag nur für die Reichswehr selbst da waren, sorgten für die vollständige militärische Ausrüstung und überließen der Einwohnerwehr in großem Umfang Waffen und Kriegsmaterial.

Von dieser ganzen Entwicklung war für die einzelnen Mitglieder der Einwohnerwehr zunächst nur wenig fühlbar. Alles spielte sich im Halbdunkel von Sitzungen ab, die nur für die leitenden Personen zugänglich waren. Für die jüdischen Mitglieder war allerdings die Zunahme von antisemitischen Strömungen spürbar, doch weigerte sich im ersten Viertel des Jahres 1920 noch keine Einwohnerwehr-Formation, Juden als Mitglieder aufzunehmen, und nirgends wurde nach außen hin der kameradschaftliche Ton gegenüber Juden verletzt. Gerüchte, dass die Einwohnerwehren mehr und mehr zu einem politischen Instrument der nationalistischen Rechten würden, wurden von der Landesleitung nachdrücklich bestritten. Niemand wusste klar, dass sowohl der "Landeshauptmann" Escherich, wie seine "Kreishauptleute" diesen ihren eigenen Erklärungen ständig auf das Schärfste zuwiderhandelten.

[660] Vgl.: Emil Julius Gumbel, Verschwörer. Zur Geschichte und Soziologie der deutschen nationalistischen Geheimbünde 1918-1924, Heidelberg 1979, S. 181-189.

54. *Kapp-Putsch*

Am 12. März 1920 meuterte die von dem Kapitän Ehrhardt geführte Marinebrigade[661], deren Auflösung nach den Bestimmungen des Versailler Vertrages von der Reichsregierung verlangt werden musste. Die Reichswehrgeneralität erwies eine verräterische Haltung, indem sie den Einsatz von Regierungstruppen zu vermeiden suchte, weil dies ein "zweckloses Blutvergießen" bedeute. Derselbe General von Oven, der die politische Verantwortung für die schändlichen Metzeleien in München hatte, zeigte diese Ängstlichkeit in Bezug auf Blutvergießen gegenüber rechtsradikalen Verschwörern. Die Reichsregierung verließ Berlin, Reichspräsident Ebert und die sozialdemokratischen Regierungsmitglieder riefen die Arbeiterschaft zum Generalstreik auf. Am Morgen des 13. März zogen die Meuterer ohne Widerstand in Berlin ein. Infolge eines bloßen Zufalles ging an diesem Morgen der General Ludendorff[662] um 6 Uhr am Brandenburger Tor "spazieren", als die Meuterer, damals bereits hakenkreuzdekoriert, durch dieses Tor hereinzogen. Deutsche Richter, die in ihrem Privatleben den Anspruch darauf erhoben, als Ehrenmänner angesehen zu werden, haben dem geschlagenen Feldherrn des Weltkrieges, der wahrhaftig schon genug Elend über das deutsche Volk gebracht hatte, die unverschämte Lüge "geglaubt". Es wurde zwar auch festgestellt, dass er die Meuterer nach ihrem Einzug beraten hat, aber auch zur Wegleugnung dieser Tatsache wurden die nötigen Formeln seitens dieses "nationalen" Mannes für jene Richter zusammengebraut, die im Voraus entschlossen waren, diesen hochverräterischen Schädling laufen zu lassen. Die Rebellen bestimmten in der Person des Deutschnationalen Wolfgang Kapp[663] einen sogenannten Reichskanzler. Von ihm hat der Putsch seinen Namen in der Geschichte als Kapp-Putsch behalten. Der Reichswehrgeneral von Lüttwitz[664] stellte sich dem Hochverräter als "Reichswehrminister zur Verfügung. Eine Anzahl deutschnationaler Politiker bildeten eine "Reichsregierung"[665]. Der Putsch

[661] Vgl.: GABRIELE KRÜGER, Die Brigade Ehrhardt, Hamburg 1971.

[662] Vgl.: BRUNO THOß, Der Ludendorff-Kreis 1919-1923. München als Zentrum der mitteleuropäischen Gegenrevolution zwischen Revolution und Hitlerputsch, München 1978.

[663] WOLFGANG KAPP (24.07.1858-12.06.1922), 1906 Generallandschaftsdirektor in Ostpreußen, 1917 zusammen mit v. TIRPITZ Gründer der "Deutschen Vaterlandspartei". Vgl.: NDB 11, S. 135 f. Vgl.: HEINZ HAGENLÜCKE, Deutsche Vaterlandspartei. Die nationale Rechte am Ende des Kaiserreiches, Düsseldorf 1997. Vgl.: JOHANNES ERGER, Der Kapp-Lüttwitz-Putsch. Ein Beitrag zur deutschen Innenpolitik 1919/20, Düsseldorf 1967.

[664] WALTHER FREIHERR VON LÜTTWITZ (02.02.1859-20.09.1942), General der Infanterie, zeitweise Oberkommandierender des gesamten deutschen Heeres, März 1920 Beteiligung am Kapp-Putsch. Ein Verfahren gegen ihn wurde nie eröffnet. Vgl.: NDB 15, S. 486 f.

[665] Kapp ernannte sich zum Reichskanzler, Lüttwitz zum Reichswehrminister, Jagow

brach innerhalb weniger Tage völlig zusammen. Die Hauptursache war, dass die gesamte organisierte Arbeiterschaft Deutschlands die Generalstreikparole der Regierung restlos befolgte, sodass die gesamte Wirtschaft, der Verkehr und jedwedes öffentliche Leben vollständig zum Stillstand kam. Die Kommunisten übten bereits damals Landesverrat, indem sie sich "neutral" erklärten. Ihr Hass gegen Demokratie und Republik war so groß, dass sie es schon damals lieber auf die Beseitigung der Demokratie ankommen ließen, als dass sie sie unterstützt hätten. Die Reichsregierung kehrte nach Berlin zurück, lediglich Noske schied aus ihr aus, nachdem es nunmehr klar erwiesen war, dass das von ihm organisierte Militär zwar gegen linksradikale, nicht aber gegen rechtsradikale Hochverräter zu gebrauchen war. Sein Nachfolger, der Demokrat Gessler[666], ein früherer bayrischer Bürgermeister, erwies sich allerdings in der Frage des Schutzes des demokratischen Aufbaues durch die Armee als keinerlei Verbesserung. Der General von Seeckt[667], der nunmehr den militärischen Oberbefehl über die Reichswehr übernahm, war der Vater jener geheimen Aufrüstung, die dann nach dem politischen Siege der Nazis offen fortgesetzt wurde. Immerhin siegte im Reich zunächst die republikanische Zentralgewalt über rechtsradikalen Hochverrat. Das neue Reichsministerium, das im Anschluss an den Kapp-Putsch gebildet wurde, bestand aus Sozialdemokraten, Demokraten und Mitgliedern der klerikalen Zentrumspartei[668]. Auch in Preußen kam es zu einer Koalition gleicher politischer Zusammensetzung. Anders gingen die Dinge in Bayern. Nach der Darstellung Müller-Meiningens erfuhr die bayrische Regierung von dem Kapp-Putsch am 13. März 1920[669]. An diesem Tag versicherte ihr der General von Moehl, dass die Reichswehrtruppen sicher in der Hand der Kommandeure seien und dass die Komman-

zum preußischen Innenminister, Wangenheim zum Landwirtschaftsminister und Schiele zum Reichswirtschaftsminister. Vgl.: JOHANNES ERGER, Der Kapp-Lüttwitz-Putsch. Ein Beitrag zur deutschen Innenpolitik 1919/20, Düsseldorf 1967.

[666] OTTO GESSLER (06.02.1875-24.03.1955), deutscher Reichswehrminister (1920-1928), KZ-Haft 1944-1945. Vgl. DERS., Reichswehrpolitik in der Weimarer Zeit, Stuttgart 1958. Vgl: HEINER MÖLLERS, Reichswehrminister Otto Geßler. Eine Studie zu "unpolitischer" Militärpolitik in der Weimarer Republik, Frankfurt/M 1998.

[667] HANS VON SEECKT (22.04.1866-27.12.1936), DVP, Generaloberst, 1920 Chef der Heeresleitung, Schöpfer der Reichswehr. Er verhinderte die Integration der Reichswehr in die Republik, indem er sie unpolitisch zu halten versuchte. Vgl.: HANS MEIER-WELCKER, Seeckt, Frankfurt/M. 1967.

[668] Die Regierung im Reich wurde gebildet aus SPD (Hermann Müller), DDP (Koch), Zentrum (Wirth), SPD (Braun), DDP (Fischbeck), Zentrum (Stegerwald). Sie war vom 26.03.1920-20.06.1920 im Amt. Vgl.: BRACHER/FUNKE/JACOBSEN (Hrsg.), Die Weimarer Republik 1918-1933, 2. Aufl., Bonn 1988, S. 632.

[669] ERNST MÜLLER-MEININGEN, Aus Bayerns schwersten Tagen. Erinnerungen und Betrachtungen aus der Revolutionszeit, Berlin/Leipzig 1924, S. 230-243.

deure auf Seite der Regierung und des Landtags stehen. Am nächsten Tage allerdings wurden die Minister morgens 5 Uhr zu einer Sitzung alarmiert. Nunmehr erschien Herr von Moehl in Begleitung des Polizeipräsidenten Pöhner und des Regierungspräsidenten Dr. von Kahr[670]. Moehl erklärte, Pöhner und Kahr verlangten, die vollziehende Gewalt auf das Militär zu übertragen. Nur dann könnten die "Zeitfreiwilligen" dahin "beruhigt" werden, dass sie nicht gegen die Regierung marschieren würden. Falls dies nicht geschehe, könnten sie den Schutz der Regierung nicht garantieren. Pöhner sprach auch bezeichnenderweise damals schon von "drohenden antisemitischen Unruhen". Um seinen Ausführungen Nachdruck zu geben, war vor dem Beratungszimmer der Leutnant Hemmeter[671] mit einer Anzahl von Handgranaten tragenden Mannschaften erschienen. Hemmeter war im Zivilberuf Rechtsanwalt. Er hatte gleichzeitig mit mir die Kurse für die Vorbereitung zum Anwaltsberuf besucht. Von allen Kursteilnehmern hatte er die geringsten Kenntnisse und den bescheidensten Verstand. Diese Mängel wurden in den Augen von Pöhner dadurch ausgeglichen, dass er rechtsradikal und antisemitisch war. So war dieser Leutnant ein wahrhaft würdiges Instrument für die politische Erpressung, die die Feinde der Demokratie zur Beseitigung der Regierung Hoffmann zu benützen trachteten. Mit Moehl, Kahr und Pöhner war aber auch der "Landeshauptmann" Escherich der Einwohnerwehren vor dem Ministerrat erschienen. Er machte die politische Erpressung der anderen mit und erklärte, es gebe ein Unglück, wenn dem General von Moehl nicht die vollziehende Gewalt übertragen würde. Die Legende, dass die Einwohnerwehren eine unpolitische Organisation zum Schutz von Haus und Hof gegen Gewalt von links und rechts seien, war damit erledigt. In der Abstimmung war der Ministerpräsident Hoffmann der Einzige, der den Anstand hatte, der Erpressung nicht zu weichen. Er stimmte gegen die Übertragung der vollziehenden Gewalt auf das Militär. Die übrigen Sozialdemokraten, mit Ausnahme des abwesenden Segitz, ließen sich erpressen und stimmten für Übertragung der vollziehenden Gewalt an General von Moehl, wieder einmal "um Schlimmeres zu verhüten", jedoch nicht für das ganze Land, sondern nur für "München und

[670] Vgl.: Anmerkung 423.

[671] Walter Hemmeter (29.05.1887-23.10.1958), Leutnant und Rechtsanwalt in München, Verteidiger von Oberlandesgerichtsrat Pöhner im Hitler-Prozeß. Hemmeter nahm selbst an Sitzungen der Arbeitsgemeinschaft der Kampfverbände teil, die den Hitler-Putsch mitvorbereiteten. Vgl.: Eberhard Jäckel, Hitler. Sämtliche Aufzeichnungen, Stuttgart 1980, S. 868, 881, 917. Nach dem 2. Weltkrieg war er wieder als Anwalt tätig und vertrat die Witwe Neithardts in dessen Entnazifizierungsverfahren. Vgl.: Spruchkammerakte Neithardt beim Amtsgericht München. Vgl.: Otto Gritschneder, Bewährungsfrist für den Terroristen Adolf Hitler. Der Hitler-Putsch und die bayerische Justiz, München 1990, S. 178.

Umgebung". Der "Demokrat" Müller-Meiningen sagt von diesem schoflen Kompromiss, er habe ihm "aus Überzeugung" zugestimmt. Hoffmann trat nach dieser Abstimmung sofort zurück. Darauf mussten wohl oder übel die anderen sozialdemokratischen Minister ihren Rücktritt erklären. Die sämtlichen Arbeiterparteien riefen am gleichen Tage zur Unterstützung des im Norden bereits proklamierten Generalstreiks auf, und die Parole wurde von der Arbeiterschaft mit absoluter Vollständigkeit befolgt. Zwei Tage später wählte der Landtag ein aus Mitgliedern der klerikalen, bayrischen Volkspartei und des bayrischen Bauernbundes bestehendes Koalitionsministerium[672], dem sich der "Demokrat" Müller-Meiningen anschloss. An die Spitze dieser Regierung wurde jener Dr. von Kahr berufen, der zusammen mit Moehl, Pöhner und Escherich die politische Erpressung an dem Ministerium Hoffmann verübt hatte. Dieser Erpressungsakt war durch die Wahl des Landtages sanktioniert, der zivile Erpresser anstelle des nur 2 Tage amtierenden militärischen Erpressers zum "legalen" Ministerpräsidenten avanciert. Der "Ruck nach rechts" in Form der Ausschaltung der Sozialdemokratie aus der Regierung war geglückt. Dass eine solche Entwicklung der "demokratischen Überzeugung" Müller-Meiningens entsprach, lag auf der Hand. Er wurde für diese "Elastizität" durch Wiederhereinnahme in die Regierung belohnt. Müller-Meiningen verteidigte die militärischen Erpresser damit, sie hätten damals geglaubt, in der "Defensive" gegenüber einem beginnenden "kommunistischen Umsturz" zu sein. Als "Material" für diese ebenso lächerliche wie verlogene Begründung musste herhalten, dass auf den Sonntagvormittag, den 14. März, eine kommunistische Versammlung in einem Münchener Versammlungslokal einberufen war. Er sagt im Übrigen sehr deutlich, zwischen dem Kapp-Putsch und der "Bewegung in den Kasernen Münchens" habe kein "unmittelbarer" Zusammenhang bestanden. Einen Zusammenhang überhaupt zu leugnen, war auch sein Zynismus nicht genügend.

55. *Austritt aus der Einwohnerwehr*

Das Volk erfuhr von den ganzen Hochverrätereien und insbesondere von der Rolle Moehls, Pöhners, Kahrs und Escherichs nur sehr tropfen-

[672] Regierung in Bayern nach dem Kapp-Putsch (am 16.03.1920): BVP: Gustav von Kahr, Minister für Äußeres und Inneres; BVP: Kofler (Finanzen); BVP: Matt (Kultus); BVP: Oswald (Soziales); BBB: Johannes Wutzlhofer (Landwirtschaft); DDP: Ernst Müller-Meiningen (Justiz); DDP: Hamm (Handel). Vgl.: Heiner Haan, Verzeichnis der Minister von 1799-1970, in: Max Spindler (Hrsg.), Bayerische Geschichte im 19. und 20. Jahrhundert Bd. 2, München 1978, S. 1287-1294.

weise. Die Einwohnerwehr hatte Alarm, sodass ich selbst auch alarmiert war und in der Nacht vom 13. auf 14. März mit meinem Gewehr vor einem öffentlichen Münchener Gebäude Posten stand, ohne die Dinge zu ahnen, die sich Stunden später entwickeln würden. Als ich nach meiner letzten Patrouille am Sonntagmorgen 9 Uhr in unser Dienstlokal zurückkehrte, erfuhr ich dort, dass die vollziehende Gewalt auf Moehl übergegangen sei und dass "unser" Landeshauptmann Escherich dies mitgefordert habe. Auch wurde mir ein Beschluss der Landesleitung der Einwohnerwehren bekannt gemacht, inhaltlich dessen wir Einwohnerwehrmänner aufgefordert wurden, Arbeiter, die in Unterstützung des von Berlin ausgerufenen Generalstreikes Streikpostendienst machten, zu verhaften und der Pöhner-Polizei einzuliefern. Mit diesem Beschluss hatte sich die Landesleitung der Einwohnerwehr offiziell mit den Hochverrätern solidarisiert und ebenso offiziell Rebellion gegen die legale Reichsgewalt geübt. Mein Entschluss hierauf war demgemäß in wenigen Sekunden gefasst. Ich lieferte sofort mein Gewehr ab und erklärte, dass ich aus der Einwohnerwehr austrete, nachdem sie sich als eine offene Schutztruppe des Hochverrats und der Konterrevolution decouvriert habe. Über diese meine Erklärung herrschte im Dienstlokal einige Aufregung, und nicht zuletzt die anwesenden jüdischen Mitglieder fanden, man solle sich doch nicht gleich so scharf ausdrücken und dadurch antisemitische Gefühle heraufbeschwören. Ich erwiderte ihnen, sie könnten sicher sein, dass sie bei der Einwohnerwehr keine philosemitische Welle hervorrufen würden, wenn sie jetzt keinen Bürgerstolz und keinen Anstand gegenüber der gesetzlichen Reichsregierung zeigen würden. Vielmehr werde dies nach meiner Auffassung nur bewirken, dass man sich jetzt ihrer Dienste bedienen und sie später zur gegebenen Zeit herauswerfen werde. Sie ließen sich aber nicht überzeugen und fanden, man müsse zunächst einmal "abwarten". Mich überzeugte diese ihre panische Furcht erst recht, dass ich an meinem Entschluss festzuhalten hätte, und ich verließ unter hörbarem Entrüstungsgemurmel der anwesenden Wehrmänner das Dienstlokal, mit dem Hinzufügen, ich würde den gefassten Entschluss noch schriftlich bestätigen. Den besagten Brief an den Generalmajor Von der Tann[673] als Leiter unserer Gruppe schrieb ich noch an demselben Sonntagmorgen und wiederholte darin, dass ich einer

[673] Luitpold Freiherr von und zu der Tann-Rathsamhausen (19.04.1847-05.08.1919), Generalmajor bei den Einwohnerwehren. Hier scheint ein Irrtum vorzuliegen, da zu diesem Zeitpunkt der Generalmajor bereits verstorben war. Vgl.:BHSTA, Abt.IV, OP 14413. Vgl.: Horst G.W. Nußer, Konservative Wehrverbände in Bayern, Preußen und Österreich 1918-1933, mit einer Biographie von Forstrat Georg Escherich 1870-1941, München 1973, S. 105 und 110.

Organisation, die sich als eine verräterische Schutztruppe politischen Verbrechens soeben erwiesen habe, nicht länger angehören könne. Als ich am Sonntagnachmittag von einem kurzen Gang in mein Büro in meine Wohnung zurückkehrte, berichtete mir meine Frau, der Generalmajor Von der Tann sei gekommen und habe mich sprechen wollen. Er habe gebeten, mich trotz des Sonntags noch später in meiner Wohnung aufsuchen zu können, weil es "dringend" sei. Sie habe dies für mich zugesagt. Tatsächlich kam er gegen Abend in großer Aufregung, um mich zu bitten, meinen Austrittsbeschluss und dessen Begründung zu revidieren. Er sprach von "Missverständnissen" und behauptete, es sei kein "Befehl" ergangen, die im Sinne der Reichsregierung tätigen Streikposten zu verhaften, man habe sich vielmehr nur darüber "unterhalten", ob dies "notwendig" sei, ein Beschluss sei aber nicht zustande gekommen. Die Einwohnerwehr wolle "nur Ordnung" und mein Austritt und die scharfpointierten Vorwürfe bezüglich ihrer Zuverlässigkeit, die sie nicht als berechtigt anerkennen könne, hätten Bedauern, Entrüstung und Verwirrung hervorgerufen. Er bitte mich deshalb von Mann zu Mann, in der Einwohnerwehr zu bleiben und habe es sich nicht nehmen lassen wollen, mir diese Bitte persönlich zu überbringen. Ich antwortete ihm, dass ich an der Aufrichtigkeit seiner Einstellung nicht zweifeln wolle, jedoch meinen Beschluss und seine Begründung nicht revidieren könne. Nach seiner Angabe habe man sich über die Verfolgung von Leuten, die der Reichsregierung gegen verbrecherischen Hochverrat beistehen wollten, in der Landesleitung nur "unterhalten". Worüber sich aber einer in großer Zeit unterhalte, das gebe mir genügenden Aufschluss darüber, wer er sei. Offenbar habe das Konversationsbedürfnis der Herren der Landesleitung nicht ausgereicht, um sich über eine tatkräftige Unterstützung der Reichsregierung gegen die rechtsradikalen Verschwörer, die heute in den Regierungsgebäuden Berlins säßen, zu "unterhalten". Mit Leuten, die sich mit solchen Gesprächen die Zeit vertrieben, könne ich unter keinen Umständen meinen ehrlichen Namen verbinden. Zudem sei mittlerweile durchgesickert, dass es gerade der "Landeshauptmann" Escherich gewesen sei, dessen Druck am frühen Morgen des Tages, als ich noch Wachtposten gestanden sei, die demokratische Regierung Hoffmann gewichen sei. Ich hätte den versteckten und zweideutigen Hochverrat, der sich erst hervorwage, wenn andere die Schwierigkeiten aus dem Wege geräumt hätten, von jeher für feiger und hinterhältiger angesehen, als den entschlossenen Einsatz der eigenen Person für ein politisches Ziel, auch wenn dieses falsch sei. Ein Erich Mühsam sei mir deswegen immer noch am kleinen Finger lieber als ein Landeshauptmann Escherich an der ganzen Hand, obwohl ich den politischen Zielen des einen nicht minder feindlich sei, als denen des anderen. Der General Von der Tann war über meine rücksichtslose Abweisung sichtlich unglücklich. In seiner Ratlosigkeit machte er mir einen ebenso lächerlichen wie charakteristischen Vorschlag. Er meinte nämlich, ich könnte mich doch vielleicht über die "kritischen Tage" beurlauben lassen und dann, wenn sich alles "beruhigt" habe, meine Mitwirkung bei der Einwohnerwehr fortsetzen. Er war bestürzt, als ich ihm erwiderte, es könne mir nicht zugemutet werden, durch mein Verhalten antisemitischen Lumpen begründetes Agitationsmaterial zu liefern. Er verstand zunächst garnicht, was ich meinte, und ich sagte ihm deshalb deutlicher, bei Annahme seines Vorschlages meinerseits könnten antisemitische Hetzer mit einem gewissen Schein von Recht behaupten, der feige Jude habe sich gedrückt, solange er in Gefahr stand, beschossen zu werden, nachdem sich aber die Wolken verzogen hätten und er halbwegs sicher sein könne, dass die Gewehre nicht losgehen würden, sei er wieder zur Stelle. Nachdem Herr Von der Tann eingesehen hatte, dass sein Kompromissvorschlag nicht eben begabt war und dass ich in der Sache selbst nicht umzustimmen sei, zog er tiefbetrübt ab. Wenige Tage später erhielt ich von einem Rechtsanwalt einen Brief, mit der Aufforderung, meine Behauptungen über die verräterische Rolle der Einwohnerwehr zurückzunehmen und mit der Androhung, dass ich verklagt würde, wenn ich dies nicht täte. In meinem Antwortbrief sagte ich, ich sei erfreut von der Absicht der Klagestellung zu hören, denn diese werde mir Gelegenheit geben, für die hochverräterische Rolle der Einwohnerwehren, über die ich heute viel mehr Einzelheiten wisse als einige Tage zuvor, öffentlich den Beweis anzutreten. Um der Landesleitung ihren Entschluss, mich zu verklagen, nach Möglichkeit zu erleichtern, wolle ich hiermit meine früheren Erklärungen ausdrücklich nochmals wiederholen. Die tapferen Mannen zogen es jedoch vor, die angedrohte Klagestellung zu unterlassen. Nach dem kläglichen Zusammenbruch des Kapp-Putsches sagten sie sich offenbar, dass sie sich in diesem Prozess keine Lorbeeren würden holen können.

56. *Justiz und Kapp-Putsch*

Nach der Niederwerfung des Kapp-Putsches war es nun die Aufgabe der Justiz, die Führer und Mitläufer dieser hochverräterischen Bewegung strafrechtlich zu verfolgen. Angesichts des Feuereifers, den die Justiz in der restlosen Verfolgung aller Führer und Mitläufer der Räterepublik erwiesen hatte, hätte sie den Ruf unparteiischer Verbrechensbekämpfung durch eine nachdrückliche Verfolgung rechtsradikalen Hochverrates erhalten und wiederherstellen können. Allein die deutsche, insbesondere die bayrische Justiz, hatte ganz andere Sorgen. Ihre Reaktion auf die Ereignisse war eine einzige Ermunterung der rechtsradikalen Hochverräter. Dass sich die Justiz eine solche gestatten konnte, war allerdings nicht zuletzt durch das Verhalten der Regierung bedingt. Diese gab zwar, insbesondere durch den Mund des neuen sozialdemokratischen Reichskanzlers Bauer[674] und des neuen Reichswehrministers Gessler, großartige Erklärungen ab. Bauer kündigte in einer Nationalversammlungsrede vom 18. März 1920 ein neues, hartes Gesetz gegen die Hochverräter an, das neben schweren Strafen auch Vermögenseinziehung vorsehe. Gessler versprach 2 Wochen später in der Nationalversammlung eine völlige Säuberung der Armee von unzuverlässigen Elementen[675]. Allein den Worten folgten keine Taten. Statt der angekündigten harten Strafen wurde am 4. August 1920 ein Amnestiegesetz[676] erlassen, in dem ohne Erwähnung des Kapp-Putsches Straffreiheit den Personen gewährt wurde, die an einem hochverräterischen Unternehmen gegen das Reich mitgewirkt haben, sofern sie nicht Führer oder Urheber des Unternehmens gewesen sind. Mit dieser Formulierung wurde erreicht, dass die überwiegende Mehrzahl aller Kapp-Putschisten amnestiert war, da ihr Hochverrat gegen die Reichsgewalt gerichtet war, während kein einziger Räterepublikaner amnestiert war, da sich ihr Hochverrat "nur" gegen das Land Bayern, nicht dagegen gegen die Reichsgewalt gerichtet habe. Damit war der rechtsradikale Hochverrat in Deutschland auch von gesetzeswegen anders gestellt als der linksradikale. Das Gesetz fand, nachdem mittlerweile an die Stelle der Reichsregierung Bauer nach einer katastrophalen Wahlniederlage der Sozialdemokraten im Juni 1920 ein "rein bür-

[674] GUSTAV BAUER (06.01.1870-16.09.1944), SPD, 1912 Reichstagsabgeordneter, Reichskanzler Juni 1919-März 1920, nach dem Kapp-Putsch zurückgetreten. Vgl.: ERNST DEUERLEIN, Deutsche Kanzler von Bismarck bis Hitler, München 1968, S. 258-269. Vgl.: NDB 1, S. 638.

[675] Rede BAUERS in der Nationalversammlung 18.03.1920: "Die Reichsregierung wird den gesetzlichen Bestimmungen gemäß die Vermögen dieser Leute beschlagnahmen und der Nationalversammlung ein Gesetz vorlegen, das harte Strafen vorsieht, darunter völlige Vermögensentziehung. Die Reichswehr wird gesäubert werden". Vgl.: BAUER, 156. Sitzung (18.03.1920), in: Die Deutsche Nationalversammlung im Jahre 1920, hrsg. v. E. HEILFRON, Bd. 9, Berlin o.J., S. 235-24. Rede GESSLERS in der Nationalversammlung 29.03.1920: "Führer, die nicht restlos auf dem Boden der Verfassung stehen, sind unmöglich. Ihre Entfernung ist die erste Voraussetzung für die Gewinnung des Vertrauens". Zitiert nach: EMIL JULIUS GUMBEL, Verschwörer, Zur Geschichte und Soziologie der deutschen nationalistischen Geheimbünde 1918-1924, Heidelberg 1979, S. 60 f (1. Aufl. Berlin 1924). Vgl.: GESSLER, 157. Sitzung (29.03.1920), in: Die Deutsche Nationalversammlung im Jahre 1920, hrsg. v. E. HEILFRON, Bd. 9, Berlin o.J., S. 267 f.

[676] Gesetz über die Gewährung von Straffreiheit, vom 04.08.1920, (RGBl. 1920, S. 1487). Vgl.: JÜRGEN CHRISTOPH, Die politischen Reichsamnestien 1918-1933, Frankfurt/M. u.a. 1988.

gerliches" von dem klerikalen Zentrumsmann Fehrenbach[677] geleitetes Reichskabinett getreten war, immerhin ohne Weiteres die Unterschrift des sozialdemokratischen Reichspräsidenten Ebert. Nach Artikel 73 der deutschen Reichsverfassung hatte der Reichspräsident das Recht, jedes vom Reichstag beschlossene Gesetz durch Einlegen seines Vetos binnen einem Monat dem Volksentscheid aller Stimmberechtigten zu unterstellen. Reichspräsident Ebert fand angesichts der offenbar schandbaren Parteilichkeit des Amnestiegesetzes keine Veranlassung, von diesem seinem verfassungsmäßigen Recht Gebrauch zu machen. An dem Vertrauensverhältnis zwischen ihm und der sozialdemokratischen Partei hat sich auf Grund dieser seiner Schwäche gegenüber dem Gerechtigkeitsgedanken nichts geändert. Die Ergebnisse der strafrechtlichen Liquidierung des Kapp-Putsches durch die deutsche Justiz waren entsprechend. Die statistischen Mitteilungen hierüber wurden vom Reichsjustizminister an den Reichstag am 21. Mai 1921 gemacht[678], also 1 1/4 Jahre nach dem Putsch. Hienach waren der Regierung und der Justiz aus Anlass des Kapp-Putsches 705 Verbrechensfälle bekannt geworden. Hievon waren am Tag der Auskunft durch das Amnestiegesetz erledigt 412 Fälle, durch Einstellung des Strafverfahrens 174 Fälle, noch nicht erledigt 11 Fälle und bestraft Null Fälle. Von den noch nicht erledigten 11 Fällen endigte ein einziger mit Verurteilung des Angeklagten, des früheren Berliner Polizeipräsidenten von Jagow[679], zur gesetzlichen Mindeststrafe von 5 Jahren Festungshaft wegen vollendeten Hochverrats. Die Mitangeklagten Dr. Schiele[680] und Freiherr von Wangenheim[681], die Ministerposten in der Kapp-Regierung angenommen hatten,

[677] KONSTANTIN FEHRENBACH (11.01.1852-26.03.1926), Zentrum, Rechtsanwalt, 1885-1887 und 1901-1913 Mitglied der Badischen II. Kammer (1907-1909 Präsident), 1903 Zentrumsabgeordneter des Reichstags, 1918 Präsident des Reichstags, 1919 bis 1920 Präsident der Nationalversammlung, 1920-1921 Reichskanzler, 1924 Vorsitzender der Zentrumsfraktion des Reichstags, Mitglied des Staatsgerichtshofes zum Schutze der Republik. Vgl.: ERNST DEUERLEIN, Deutsche Kanzler von Bismarck bis Hitler, München 1968, S. 289-305. Vgl.: NDB 5, S. 51.

[678] Vgl.: Mitteilung des Reichsjustizministers an den Reichstag vom 21.05.1921, in: EMIL JULIUS GUMBEL, Vier Jahre politischer Mord, Berlin 1922, S. 100.

[679] TRAUGOTT ACHATZ VON JAGOW (1865-1941), Polizeipräsident von Berlin, Teilnehmer am Kapp-Putsch. Vgl.: Autorenkollektiv, Arbeiterklasse siegt über Kapp und Lüttwitz, Bd. 1, Berlin 1971, S. 292 f. Jagow wurde wegen Beihilfe zum Hochverrat zu 5 Jahren Festungshaft verurteilt.

[680] DR. GEORG-WILHELM SCHIELE (1868-1932), Minister beim Kapp-Putsch, Arzt und Politiker, seit 1917 Hauptgeschäftsführer der Deutschen Vaterlandspartei, seit 1918 Mitglied der DNVP. Vgl.: ERNST RUDOLF HUBER, Deutsche Verfassungsgeschichte seit 1789 Bd. 5, Stuttgart u.a. 1992, S. 85.

[681] FREIHERR KONRAD VON WANGENHEIM (1849-1926) Minister beim Kapp-Putsch, Jurist, Rittergutsbesitzer, Mitbegründer des Bundes der Landwirte, von 1898-1921 dessen

wurden nicht verurteilt. Das Reichsgericht glaubte ihnen, dass sie nur "Ruhe und Ordnung", aber keineswegs einen Hochverrat im Sinne gehabt hätten, als sie sich von den in Berlin einrückenden Kapp-Rebellen zu Ministern ernennen ließen. Der "Reichskanzler" Kapp entfloh zunächst ins Ausland, kehrte sodann nach Deutschland zurück, um sich der Justiz zu stellen und starb in der Untersuchungshaft, bevor der Strafprozess gegen ihn begann. Die militärischen Herren des Kapp-Putsches, der General von Lüttwitz, der Oberst Bauer[682], der Kapitän Ehrhardt[683], der Major Pabst[684] und der Major Bischoff[685] rissen ebenfalls ins Ausland aus. Der Oberst Bauer ging nach China, um dort deutsches Wesen zu verbreiten. Es gelang ihm, sich als Militärinstruktor in die chinesische Armee einzuschleichen. Der Major Pabst wurde in Oesterreich der Hauptmacher aller gegenrevolutionären Bestrebungen. Der Kapitän Ehrhardt erhielt von dem Münchener Polizeipräsidenten Pöhner in der Zeit, in der er wegen Hochverrats steckbrieflich verfolgt war, 2 falsche Pässe ausgestellt, den einen auf den Namen Hugo Eisele, den zweiten auf den Namen Hermann Eichmann lautend. Vermittels dieser Pässe konnte der steckbrieflich Verfolgte dauernd zwischen München, Wien und Ungarn hin- und herreisen und zu weiterem Hochverrat schüren. Einen dritten falschen Pass, lautend auf den Namen Hugo von Eschwege, stellte ihm der deutsche Generalkonsul in Budapest aus. Schließlich wurde Ehrhardt in Bayern verhaftet. In dem gegen ihn schwebenden Verfahren wegen Hochverrats wurde nämlich Ehrhardts Freundin,

Vorsitzender. Vgl.: ERNST RUDOLF HUBER, Deutsche Verfassungsgeschichte seit 1789 Bd. 4, 2. Aufl, Stuttgart u.a. 1994, S. 1007.

[682] MAX BAUER (31.01.1869-06.05.1929), Oberst a.D., beteiligte sich an Unternehmungen zur Unterstützung des Hitler-Putsches 1923 in Wien. Vgl.: ERNST DEUERLEIN, Der Hitlerputsch. Bayerische Dokumente zum 9. November 1923, Stuttgart 1962, 613.

[683] HERMANN EHRHARDT (29.11.1881-09.10.1971), Kapitän zur See, Kommandeur der Brigade Ehrhardt, militärische Stütze des Kapp-Putsches 1920, nach Differenzen mit Hitler im Zusammenhang mit dem "Röhm-Putsch" geht er 1934 nach Österreich, 1944 Festnahme und Lagerhaft. Nach 1945 Landwirt in Österreich. Vgl.: CORDT GEBHARDT, Der Fall des Erzberger-Mörders Heinrich Tillessen, Tübingen 1995, S. 350f. Vgl.: GABRIEL KRÜGER, Die Brigade Ehrhardt, Hamburg 1971.

[684] WALDEMAR PABST (24.12.1880-29.05.1970), Major a.D. Vgl.: EMIL JULIUS GUMBEL, Verschwörer Zur Geschichte und Soziologie der deutschen nationalistischen Geheimbünde 1918-1924, Heidelberg 1979, S. 60 f. (1. Aufl. Berlin 1924) und NDB 19(1999) S. 740f.

[685] JOSEF BISCHOFF (14.07.1872-02.07.1942), Major a.D., Fememörder, Beteiligung am Kapp-Putsch, Flucht ins Ausland, angeblich 1935 Rückkehr nach Deutschland. Diese Angabe nach dem Munzinger-Archiv ist nicht richtig. Bischoff klagte 1926, nach einer Hindenburgamnestie wieder nach Deutschland zurückgekehrt, auf die Nachzahlung der Pension und erhielt vor dem Reichsversorgungsgericht 1926 Recht. Vgl.: "Gehalt für die Kapptage", in: Vossische Zeitung 04.01.1927 (Abendausgabe). und "Gehalt für die Kapptage", in: Vossische Zeitung 15.01.1927 (Morgenausgabe).

die Prinzessin Stephanie von Hohenlohe[686], als Zeugin vernommen. Sie erklärte unter Eid, den Kapitän Ehrhardt nicht zu kennen. In ihrer Wohnung wohnte allerdings in Untermiete Herr Hugo von Eschwege. Auch er wurde als Zeuge eidlich vernommen und schwor ebenfalls, den Kapitän Ehrhardt nicht zu kennen. Er hatte das Pech, beim Verlassen des Vernehmungsraumes einem Polizeibeamten zu begegnen, der ihn als Herrn Eichmann kannte. Auf Grund dieser Zusammenhänge musste dann die Strafuntersuchungsbehörde ihn wohl oder übel nicht nur wegen Hochverrats, sondern auch wegen Meineids verfolgen. Es gelang ihm mühelos, aus dem Untersuchungsgefängnis zu entfliehen. Nur die Hauptverhandlung gegen seine Freundin wegen Meineids wurde durchgeführt und endigte mit ihrer Verurteilung. Er selbst ist wegen seiner Beteiligung am Kapp-Putsch und wegen seines Meineids nie verurteilt worden. Das reaktionäre Ministerium Kahr gab ihm in Bayern ganz offiziellen Unterschlupf. Das Reichswehrministerium des Herrn Gessler bewilligte ihm bereits im Jahre 1921 die Weiterbezahlung seiner Offizierspension. Den 3000 Soldaten, mit denen er in Berlin einmarschiert war, hatte die Regierung des Hochverräters Kapp eine "Treuezulage" versprochen. Die Regierung des sozialdemokratischen Reichskanzlers Bauer zahlte diese nach dem Misslingen des Putsches aus. Die von Ehrhardt gegründete hochverräterische Geheimorganisation trug den Namen "Organisation C". C. bedeutete "Consul"[687]. Dies war die Bezeichnung, die Ehrhardt von seinen Mitverschwörern verliehen worden war. Die Organisation C. hat zuerst in Deutschland den Fememord gegen "Verräter" als eine satzungsmäßige Einrichtung eingeführt. Wir werden diese ihre Tätigkeit noch in vielen Einzelheiten kennenlernen. Kurz vor dem Hitlerputsch vom November 1923 sammelte Ehrhardt in Nordbayern Mannschaften, um einen neuen "Marsch auf Berlin" anzutreten. Selbstverständlich war dieser neue Hochverrat als Selbstschutz gegen die kommunistische Gefahr aufgezogen. Die bayrische Regierung ließ den Hochverräter nicht nur gewähren, sondern stellte seinen Mannschaften sogar die staatlichen Kasernen zur Verfügung. Nach dem Hitlerputsch konnte Ehrhardt

[686] Prinzessin Stephanie von Hohenlohe erhielt wegen Begünstigung in Tateinheit mit Meineid unter Zubilligung mildernder Umstände vier Monate Zuchthaus, die in sechs Monate Gefängnis umgewandelt wurden. Die Namen Hugo v. Eschwege, Eichmann oder auch Hugo Eisele benutzte Hermann Ehrhardt wegen seines Monogramms auf seiner Wäsche. Auf diese Namen erhielt er übrigens von Pöhner ausgestellte Pässe. Vgl.: Emil Julius Gumbel, Verschwörer. Zur Geschichte und Soziologie der deutschen nationalistischen Geheimbünde 1918-1924, Heidelberg 1979, S. 111 bzw. 118 (1. Aufl. Berlin 1924).

[687] Vgl.: Martin Sabrow, Der Rathenaumord. Rekonstruktion einer Verschwörung gegen die Republik von Weimar, München 1994, S. 27-44. Vgl.: Emil Julius Gumbel, a.a.O., S. 110-123

wiederum in München im großen Hörsaal der Universität offizielle Reden halten, ohne dass irgend jemand Miene machte, den vom Oberreichsanwalt ausgestellten Haftbefehl und Steckbrief zu vollziehen. Aber nicht nur dem Kapitän Ehrhardt wurde Offizierspension bezahlt. Das Gleiche geschah bei dem General von Lüttwitz, der als Reichswehrminister des Hochverräters Kapp funktioniert hatte. Dem wegen Hochverrats verurteilten Polizeipräsidenten von Jagow entzog der preußische Staat nach seiner Verurteilung seine Beamtenbezüge. Er konnte sich ohne Weiteres die Frechheit erlauben, den preußischen Staat beim Berliner Gericht zu verklagen. Dieses wies seine Klage ab, seine Berufung wurde vom preußischen Kammergericht zurückgewiesen. Das Reichsgericht aber hob dieses Urteil auf und verpflichtete den preußischen Staat, dem Hochverräter nicht nur seine Pension weiterzubezahlen, sondern sie ihm auch für die gesamte Zwischenzeit nachzubezahlen. Ein gleiches Urteil erließ das Reichsgericht hinsichtlich der Weiterzahlung der Pension des Generals von Lüttwitz. Die Handhabe zu dem letzteren Urteil gab das gleich nach dem Kapp-Putsch erlassene Reichsgesetz vom 12. Mai 1920 über die Versorgung der Militärpersonen und ihrer Hinterbliebenen[688]. Dieses bestimmte, dass Pensionsverlust im Falle des Hochverrates nur eintrete, wenn eine Verurteilung zu Zuchthausstrafe erfolge. Von Lüttwitz war aber niemals zu Strafe verurteilt worden. Das Urteil des Reichsgerichtes war also vom Standpunkt des positiven Rechtes "legal", was an der Schändlichkeit des Sachverhaltes vom Gerechtigkeitsstandpunkt und vom Standpunkt einfacher staatlicher Selbsterhaltung nichts ändern konnte. Für die Zuerkennung der Pension an den Hochverräter von Jagow hatte das Reichsgericht keinerlei solchen formalen Rechtfertigungsgrund. Hier handelte es sich vielmehr um klaren Rechtsbruch durch das höchste deutsche Gericht. Das eben erwähnte Gesetz, durch das die deutsche Republik verpflichtet werden konnte, militärischen Verrätern nach ihrer gerichtlichen Verurteilung die staatlichen Bezüge weiterzugewähren, trägt neben der Unterschrift des sozialdemokratischen Reichspräsidenten Ebert die Gegenzeichnung des zuständigen Fachministers, des sozialdemokratischen Reichsarbeitsministers Schlicke[689]. Dass ein derartiger "Parlamentarismus", der in Wirklichkeit bereits Dul-

[688] Vgl.: Gesetz über die Versorgung der Militärpersonen und ihrer Hinterbliebenen bei Dienstschädigung in: RGBl. 1920. Nr. 122, S. 989-1019, besonders § 59. Vgl.: HEINRICH und ELISABETH HANNOVER, Politische Justiz 1918-1933, Frankfurt/M. 1966, S. 83

[689] ALEXANDER SCHLICKE (26.03.1863-06.02.1940), SPD, Reichsarbeitsminister. Vgl.: WILHELM HEINZ SCHRÖDER, Sozialdemokratische Parlamentarier in den Deutschen Reichs- und Landtagen 1867-1933, Düsseldorf 1986, S. 722.

dung, Schutz und Ermunterung hochverräterischen Terrors durch die Gesetzgebung, Rechtsprechung und Verwaltung bedeutete, zur Selbstaufhebung der demokratischen Republik führen musste, war mir bereits damals klar. Denn ich war überzeugt, dass kein demokratischer Staat auf die Dauer existieren kann, der der Unterminierung seiner Verfassungsgrundlagen durch verräterische Elemente tatenlos, ja wohlwollend zusieht und dass erst recht keine demokratisch organisierte Massenpartei Aussicht auf Bestand haben kann, deren maßgeblichste Funktionäre teils bei dessen skandalösen Vorgängen positiv mitwirkten, teils sich äußersten(falls) zu einer sehr milden und staatsmännisch vorsichtigen Opposition verstehen konnten, statt dass sie dem Anarchismus germanischer Prägung einen wirklichen Kampf bis aufs Messer angesagt und geliefert hätten. So sahen in Wirklichkeit die "harten" Maßnahmen aus, die nach Niederwerfung des Kapp-Putsches gegen die Hochverräter von der Justiz und Verwaltung durchgeführt wurden. Nicht minder bezeichnend war das Ergebnis der Untersuchung gegen die 540 am Kapp-Putsch beteiligten Offiziere. In 447 von diesen Fällen wurde dahin entschieden, dass nichts gegen die Täter zu veranlassen sei. In 23 Fällen begnügte man sich mit der Versetzung des Täters zu einem anderen Truppenteil, in 45 Fällen mit zeitweiser Beurlaubung. In nur 23 Fallen wurde auf Dienstenthebung erkannt, in 2 Fällen auf Verabschiedung. Nicht in einem einzigen Fall hat auch nur einer der Täter die allergeringste Kriminalstrafe erhalten. Von den sonstigen Maßnahmen mag höchstens die Dienstenthebung als eine Disziplinierung angesehen werden[690]. So sah die von Herrn Gessler verkündigte gründliche Säuberung der Armee von unzuverlässigen Elementen im Lichte der Wirklichkeit aus. Nur in einer einzigen Angelegenheit ging nach Niederwerfung des Kapp-Putsches die deutsche und insbesondere die bayrische Justiz mit schärfster Energie vor. Sie verfolgte nämlich alle Arbeiter, die in den verschiedensten Orten die Anhänger des Kapp-Putsches entwaffnet hatten, um ihrer gesetzlichen Treuepflicht gegen die legale Reichsregierung zu genügen, mit äußerstem Nachdruck wegen der verschiedensten Delikte. Wo sich eine Reihe von Arbeitern zusammen getan hatte, um die Entwaffnung durchzuführen, klagte man sie wegen Zusammenrottung und Landfriedensbruch an. Wo dergleichen aber unmöglich war, nahm die Anklage Amtsanmaßung an, weil die Täter ohne formelle Regierungsvollmacht Amtsbefugnisse ausgeübt hätten, die nur der Polizei zustünden. Die diesbezüglichen Strafpro-

[690] Vgl. dazu: EMIL JULIUS GUMBEL, Vier Jahre politischer Mord, Berlin 1922, S. 101. Loewenfeld hat hier nur die Zahlen für die Offiziere des Landheeres berücksichtigt. Nimmt man die Offiziere der Marine hinzu, fällt das Ergebnis nur wenig anders aus. Bei insgesamt 775 Offizieren wurde eine Gesamtstrafe von zusammen fünf Jahren ausgesprochen.

zesse wurden in Bayern mit der größten Geschwindigkeit aufgezogen, sodass eine große Anzahl dieser Arbeiter die ihnen zudiktierten Gefängnisstrafen bereits abgesessen hatte, als das Amnestiegesetz vom 4. August 1920 erschien, das neben den Hochverrätern Straffreiheit auch Personen zubilligte, die strafbare Handlungen zur Abwehr des Hochverrats begangen hatten. Ich war in der Zeit nach dem Kapp-Putsch mit solchen Massenprozessen in den verschiedensten Teilen der bayrischen Provinz beruflich schwerstens überlastet. Allein in dem hochindustriellen nordbayrischen Winkel um Hof und Bayreuth herum hatte ich in 4 aufeinanderfolgenden Wochen jeweils 3 Tage der Woche derartige Verteidigungen zu führen[691]. Die Staatsanwälte schämten sich vielfach selbst über die ihnen aufgenötigte Rolle als Ankläger in solchen Prozessen, die auf einer einheitlichen Weisung des "Demokraten" Müller-Meiningen beruhte, in jedem derartigen Fall Anklage zu erheben und raschest möglich durchzuführen. Verschiedene von ihnen, die ich gut kannte, gaben mir dies privatim offen zu. Auch die in den "Volksgerichten" in diesen Fällen amtierenden Berufsrichter waren in einiger Verlegenheit. Wussten sie doch sehr wohl, dass es nichts als berechtigte Staatsnotwehr war, die die Arbeiter zu den einzelnen Entwaffnungsaktionen veranlasst hatte. Allein keiner von ihnen zeigte gegenüber dem nunmehr in Bayern von rechts wehenden Wind irgend einen Versuch einer unabhängigen Haltung. Überall wurde zugestanden, dass die Arbeiter der gesetzlichen Reichsregierung gegen gesetzwidrigen Umsturz hatten helfen wollen, nirgends wurde zugegeben, dass dies rechtmäßig sei. Die formaljuristische Konstruktion, dass die Arbeiter keinen amtlichen Auftrag zu ihrem Vorgehen hatten, genügte vielmehr, in sämtlichen Fällen sie für schuldig zu erklären. So standen also im Ergebnis die Hochverräter als die patriotischen Schützer von "Ruhe und Ordnung", die Helfer der Regierung dagegen als Kriminelle da. Das schlechte Gewissen der Staatsanwälte und Richter kam nur dadurch zum Ausdruck, dass die Strafanträge und die ausgesprochenen Strafen im allgemeinen nicht sehr hoch waren. Immerhin wurde nicht in einem einzigen Fall auf Festungshaft, sondern in sämtlichen Fällen auf Gefängnisstrafe erkannt. Der einzige wegen des Kapp-Putsches

[691] An anderer Stelle schreibt Loewenfeld dazu: "Bis zum Erlaß des Amnestiegesetzes vom 4. August 1920, also nach 4 1/2 Monaten, war noch nicht ein einziger Lüttwitzputschist verurteilt, und nach dem Erscheinen des Gesetzes, das in besonderem Maße auf die Bedürfnisse der Reichshochverräter zugeschnitten war, wurden diese mit einer Weitherzigkeit amnestiert, wie sie noch nie dagewesen war. Dagegen habe ich allein für meine Person in der Zeit vom Lüttwitzputsch bis zum Amnestiegesetz mindestens 100 bis 150 Arbeiter wegen in Abwehr des Putsches begangener Straftaten verteidigt . . .". Vgl.: PHILIPP LOEWENFELD, in: Sozialistische Monatshefte 1921, S. 673. Vgl.: MAX HIRSCHBERG, Die Bayreuther Volksjustiz, in: Der Kampf (19./20.06.1920 und 22.06.1920).

verurteilte Hochverräter dagegen hatte, wie wir gesehen haben, die Festungsstrafe als Strafe für Überzeugungstäter erhalten. Ich habe unter den verurteilten Arbeitern eine Anzahl ausgezeichneter Menschen kennengelernt, wahre Patrioten, die ohne jedes Zögern bereit gewesen waren, sich der gesetzlichen Regierung mit größter Begeisterung zur Abwehr des Hochverrates zur Verfügung zu stellen, in dem Glauben, damit den Fortbestand einer demokratischen Ordnung zu schützen. Keiner von ihnen hatte das Bedürfnis nach äußerer Anerkennung seines Handelns gezeigt. Die abgefeimte Niedertracht einer strafrechtlichen Verurteilung aber empfanden sie als eine bis dahin unvorstellbar gewesene Schmach, und mit ihnen alle, denen politischer Anstand und demokratischer Aufbau am Herzen lagen. Bereits aber war es soweit, dass diese Kräfte in der Defensive gegen die andrängende Wucht der gesetzlosen, zügellosen und sittenlosen deutschen Reaktion waren, die schließlich im Siege der Hitlerbewegung ihren ersten und letzten Triumph gefeiert hat.

Der "Demokrat" Müller-Meiningen fand für seine Haltung anlässlich des Kapp-Putsches und für seinen dienstfertigen Eintritt in die Regierung des Reaktionärs Kahr keine Belohnung. Während die bayrischen Sozialdemokraten unter dem Druck Hoffmanns immerhin sofort aus der Regierung austraten und den "staatsmännischen" Einflüsterungen von Endres und Alwin Sänger, die das Gegenteil wollten, nicht folgten, musste er sich wenige Monate später aus dem Ministerium Kahr richtig herauswerfen lassen. Bei den Reichstags- und Landtagswahlen vom Juni 1920[692] war nämlich die Wahlniederlage der deutschen demokratischen Partei auf Grund deren gesinnungsloser Schaukelpolitik noch viel schwerer, als diejenige der Sozialdemokraten. In manchen deutschen Einzelstaaten verloren die Demokraten mehr als die Hälfte ihrer Mandate. Im Wahlkampf tauchte unter der Überschrift "Ein Demokrat" das Bild eines in trotziger Haltung dastehenden Mannes auf. Anstelle des Lutherwortes, "Hier stehe ich, ich kann nicht anders, Gott helfe mir, Amen", sagte der trotzige Mann: "Hier stehe ich, ich kann auch anderes, Gott helfe mir, Amen". Etwa 15 Jahre zuvor hatte der "Simplizissimus" diesen Witz mit Blickwendung auf die Schaukelpolitik der deutschen National-Liberalen gemacht. Nun mußten ihn Demokraten von der Art eines Müller-Meiningen auf sich beziehen lassen.

[692] Die DDP verlor gegenüber 1919 10,2% und rutschte auf 8,4% der Stimmen bei den Reichstagswahlen ab. In Bayern war der Rückgang etwas weniger dramatisch. Hier verlor die DDP 5,8% und errang 1920 noch 8,2% der Stimmen. Vgl.: BRACHER/FUNKE/JACOBSEN (Hrsg.), Die Weimarer Republik 1918-1933, 2. Aufl., Bonn 1988, S. 630. Das unten erwähnte Bild erschien in Simplicissimus 13. Jg. (22.03.1909).

57. *Justizminister Roth*

Mit der Wahl des Nachfolgers Müller-Meiningens als Justizminister ließen das Ministerium Kahr und die gesamte bayrische Reaktion das schamhafte Hokuspokus-Spiel einer "überparteilichen" Regierung fallen. Zum bayrischen Justizminister wurde Dr. Christian Roth, Bezirksamtmann von Dachau, den Lesern dieser Erinnerungen bereits als "Hauptmann Roth" bekannt, ernannt. Der Bock war zum Gärtner gemacht, der gewohnheitsmäßige Rechtsbrecher zum Hüter der Justiz avanciert, ein frühes Vorspiel der illustren Zeiten, in denen sich die siegreiche Hitlerei die Staatschefs aus dem Verbrecheralbum aussuchte. Die Bahn für das Abgleiten Bayerns in die Periode einer Mord- und Totschlagszelle war freigemacht. Von dem heutigen Diktator Adolf Schückelgruber, alias Hitler, wusste man damals in Deutschland, Bayern und München noch wenig. Er war Mitglied Nummer Sieben eines kleinen Krachvereins, der durch ordinäre Versammlungsplakate, Proteste gegen die Zuweisung von Mehl für das Backen von Matzos und antisemitische Agitation ähnlichen Niveaus in den lokalen Münchener Zirkeln von sich reden machte und dessen wenige Kumpane sich mit Versammlungssprengung und Revolverjournalismus allerniedrigster Art beschäftigten[693]. Da sich aber dieser Krachverein "national" gab, gegen die Reichsregierung und gegen das Parlament hetzte, fand er Wohlwollen bei der reaktionären Regierung Kahr und bei der klerikalen bayrischen Volkspartei. Diese erklärten sich zwar keineswegs für den Krachverein oder seine Ziele, meinten jedoch, man müsse das "Gute", das in dieser Bewegung stecke, benützen. Dass der neue Justizminister Roth dieser Richtung mit ausgesprochenem Wohlwollen gegenüberstand, war selbstverständlich. Indessen konnte sie es zu nennenswertem politischen Einfluss in Bayern noch nicht bringen.

Umso größer war nach dem offenen Einschwenken der bayrischen Regierung und der Einwohnerwehren in das Lager der politischen Reaktion der Einfluss Escherichs. In einer Zeit, in der die Reichsregierung unter dem Entwaffnungsdiktat des Versailler Friedensvertrages stand, wurden die bayrischen Einwohnerwehren nicht nur die offiziellen Verschiebungsgleise für schwarze Waffen und Waffenlager aller Art, sondern auch Ansammlungen geräuschvoller Provokateure, die mit Aufmärschen, Landesschießen und fortdauernden sogenannten Festlichkeiten die unverschämteste

[693] Krachverein Hitlers ist die Deutsche Arbeiter-Partei des Münchner Schlossers ANTON DREXLER. Mitgliedsnummer Hitlers: 555. Hitler selbst hat aber die Nr. 7 in "Mein Kampf", S. 244 genannt. Er war in Wirklichkeit "Ausschußmitglied Nr. 7, zuständig für Werbung und Propaganda". Vgl.: JOACHIM C. FEST, Hitler. Eine Biographie, Frankfurt/M 1973, S. 170 ff.

Propaganda nicht nur etwa gegen die Siegerstaaten betrieben, sondern vor allem auch gegen die deutsche Reichsregierung, die sie der Ohnmacht, der Schwäche, ja des offenen Verrates in allen Ausdrucksformen beschuldigten, weil die Reichsregierung sich wohl oder übel bemühen musste, die Bestimmungen des Friedensvertrages wenigstens einigermaßen durchzuführen, um die in diesem Vertrag vorgesehenen, sehr schweren Folgen seiner Nichterfüllung zu vermeiden. Von dieser Propaganda bis zur Verübung offener Verbrechen war nur ein Schritt. Die Einwohnerwehr unterhielt unter dem Kommando eines Oberleutnants Braun eine eigene Waffenverschiebungsabteilung, die in Aktion trat, sobald die Gefahr bestand, dass ein Waffenlager zur Kenntnis der Behörden komme. Von den in ihren Händen befindlichen etwa 400000 Gewehren hat die Einwohnerwehr faktisch nicht die Hälfte abgeliefert.

58. *Fememord an Marie Sandmayr*

Ende September 1920 begab sich das Dienstmädchen Marie Sandmayr[694] nach München, um sich zu erkundigen, wo man versteckte Waffen anzeigen müsse. Bei ihrer gräflichen Gutsherrschaft im Schwäbischen befand sich ein verstecktes Waffenlager. Sie hatte die amtliche Aufforderung zur Waffenablieferung und Waffenbekanntgabe gelesen und wollte ihr nachkommen. Statt zu der zuständigen Behörde, kam sie durch eine Verkettung von zufälligen Umständen zur Einwohnerwehr. Der Kaufmann Zeller, der in der Leitung der Einwohnerwehr war, nahm ihre Mitteilung entgegen. Am 6. Oktober 1920 wurde Marie Sandmayr in einem Park in der Nähe Münchens erdrosselt aufgefunden. Sie war offenbar mit einem Auto an die Verbrechensstätte gebracht worden. An der Leiche war ein Zettel angebracht, der wörtlich sagte: "Du Schandweib hast verraten Dein Vaterland, Dich hat gemordet die schwarze Hand". Durch die Untersuchung wurde einwandfrei festgestellt, dass die Täter der in der Landesleitung der Einwohnerwehren beschäftigte frühere Leutnant Schweighart und der bereits erwähnte Oberleutnant Braun von derselben Landesleitung waren[695]. Das

[694] Vgl.: Irmela Nagel, Fememorde und Fememordprozesse in der Weimarer Republik, Köln/Wien 1991, S. 53f. Vgl.: Emil Julius Gumbel, Verräter verfallen der Feme, Berlin 1929, S. 162 ff. Vgl.: Ulrike Claudia Hofmann, Verräter verfallen der Feme!: Fememorde in Bayern in den zwanziger Jahren Köln/Weimar /Wien 2000.

[695] Leutnant Hans Schweighart (17.07.1894-01.07.1934), Freikorps Oberland, Einwohnerwehr, Fememörder, später SA-Standartenführer. Im Zusammenhang mit dem "Röhm-Putsch" in Dachau ermordet. Vgl.: Otto Gritschneder, "Der Führer hat Sie zum Tode ver-

Automobil, mit dem die Sandmayr an den Tatort verbracht wurde, wurde als der Landesleitung der Einwohnerwehren gehörig identifiziert. Eine Reihe anderer Einwohnerwehr-Organe nahmen teils als Mittäter an dem Verbrechen teil, teils unterstützten sie die Flucht der Täter. Es steht fest, dass dem Schweighart 3 Tage nach der Tat die Pöhner-Polizei einen Auslandspass ausstellte, mittels dessen er entfloh. Ich habe seiner Zeit, zusammen mit meinem Freund Karl Gareis, durch verschiedene Kanäle und Beziehungen ein erdrückendes Beweismaterial in dieser Mordsache gesammelt. Diese Materialsammlung war nur unter Lebensgefahr und gegen die stärkste Sabotage seitens der Münchener Polizei möglich. Als sich später die Fememorde in Bayern häuften und der Reichstag einen Femeausschuss einsetzte, gehörte diesem mein Freund, der Rechtsanwalt und Reichstagsabgeordnete Paul Levi[696], als ein wichtiges und kenntnisreiches Mitglied an. Von dieser Zeit an habe ich auch in dieser Sache dauernd mit Paul Levi cooperiert. Bei einem stundenlangen Besuch, den wir zusammen dem amtierenden Staatsanwalt Dr. Appelmann[697] abstatteten, gab dieser zu, dass die Sache vollständig klar sei. Trotzdem kam das Strafverfahren gegen Schweighart nicht zur Durchführung. Die Sache hatte insofern noch ein Nachspiel, als ich im Zusammenhang mit einer Pressepolemik den Kaufmann Zeller von der Landesleitung der Einwohnerwehren Bayerns öffentlich als "Mörder" bezeichnete[698]. Zeller ließ mich zur Zurücknahme dieser Äußerung auffordern, und als ich dies ablehnte, stellte er gegen mich Strafantrag beim Amtsgericht München. Diese Klage gab mir den erwünschten Anlass, in einem ganz eingehenden Schriftsatz in jeder Einzelheit den Beweis für die Schuld sämtlicher in die Mordtat verwickelter Täter und Gehilfen anzutreten. Allein das Amtsgericht München ließ mir eine äußerst

urteilt . . .". Hitlers "Röhm-Putsch" - Morde vor Gericht, München 1993, S. 62. Oberleutnant Otto Braun mutmaßlicher Organisator der Fememorde an Sandmayr, Dobner, Hartung. Vgl.: Emil Julius Gumbel, Verräter verfallen der Feme, Berlin 1929, S. 98-129. Ferner: Ulrike Claudia Hofmann, Verräter verfallen der Feme! (wie Anm. 694).

696 Paul Levi (11.03.1883-09.02.1930), USPD/KPD/SPD, Rechtsanwalt, Mitglied des Femeausschusses des Reichstages. Vgl.: Wilhelm Heinz Schröder, Sozialdemokratische Parlamentarier in den Deutschen Reichs- und Landtagen 1867-1933, Düsseldorf 1986, S. 586. Vgl.: Otto Landsberg, Paul Levi, in: Die Gesellschaft 1930/31, S. 193 ff. und Charlotte Beradt, Paul Levi. Ein demokratischer Sozialist in der Weimarer Republik, Frankfurt/M. 1969.

697 Dr. Appelmann, Staatsanwalt und Landgerichtsdirektor. Vgl.: MNN 13.-20.01.1926.

698 Philipp Loewenfeld hat eine Reihe von Artikeln geschrieben, die er nicht namentlich gekennzeichnet hat. Eine direkte Polemik gegen Zeller hat sich nicht finden lassen. Der Artikel "Hemmungen der Justiz und der Polizei. Nachlese zur Tagung des Femeausschusses" (in: Münchener Post 15.10.1926, S. 1) enthält aber eine Reihe von Äußerungen, die sich mit den Aussagen der Memoiren decken.

zärtliche Fürsorge angedeihen. Es wies die Klage des Zeller ohne Eröffnung eines Verfahrens gegen mich ab, mit der Begründung, es bedürfe keiner Untersuchung, ob die von mir behaupteten Tatsachen und Beweise zuträfen. Denn es sei offensichtlich, dass ich mit meiner Äußerung nur der Aufdeckung einer Straftat und damit Interessen der Rechtspflege hätte dienen wollen, eine derartige Wahrung öffentlicher Interessen meinerseits sei aber in jedem Falle straffrei. Diese große Zärtlichkeit des Amtsgerichts bezog sich nach meinem Gefühl weniger auf meine Person, als auf die wohltätige Konsequenz, dass damit eine Aufklärung des Sachverhaltes auch in diesem Falle verhindert wurde. Ich hoffte daher stark, dass Zeller von seinem gesetzlichen Beschwerderecht gegen diesen Gerichtsbeschluss Gebrauch machen werde. Allein er tat dies nicht und zeigte damit, dass ihm der Schutz seiner Ehre keineswegs so wichtig war, wie die Verhinderung der Aufklärung. Der Anwalt, der für Zeller die Klage gegen mich gestellt hatte, war ein früherer Sozialdemokrat, der inzwischen auf Grund der modischen Zeitströmungen seinen Weg zu den Deutsch-Nationalen gefunden hatte[699].

59. *Polizei und politische Morde*

Vierzehn Tage nach der Ermordung des Dienstmädchens Sandmayr kam der Landtagsabgeordnete Karl Gareis in größter Aufregung auf mein Büro und brachte zwei Männer mit, die, wie er sagte, beweisen könnten, dass die Pöhner-Polizei selbst politische Morde organisiere. Er ließ die Leute in meinem Vorzimmer warten und informierte mich, es seien Leute, die sich damit abgegeben hätten, geheime Waffenlager auszukundschaften und der in München residierenden Entente-Kommission mitzuteilen. Wenn man auch die Angaben dieser Männer mit Vorsicht aufnehmen müsse, so sei es unbedingt nötig, sie nachzuprüfen, denn wenn auch nur ein Bruchteil davon wahr sei, dann sei es erwiesen, dass die Polizeidirektion München selbst eine Mörderzentrale sei. Ich ließ die beiden Männer hereinkommen und hörte sie an. Der eine davon hatte am Hals sichtbare, schwere Strangulierungsmarken und am Kopf und im Gesicht verschiedene Verletzungen. Der andere war unverletzt. Der Unverletzte bezeichnete sich mir gegenüber als Franzose und sagte, er heiße Prachère[700]. Es wurde später festge-

[699] Der Rechtsanwalt, der die Einwohnerwehr vertrat, war Otto Gademann (23.05.1892-20.03.1971), Vgl.: Albert Winter, Skandalchronik der bayrischen Justiz, in: Die Weltbühne Jahrgang 1926, S. 134 f.

[700] Georg Pracher/Bracher (geb.11.10.1894-1943), Polizeispitzel. Ihm wurde später eine Falle gestellt, und er wurde daraufhin wegen Landesverrats zu 14 Jahren Zuchthaus ver-

stellt, dass er aus einem Münchener Vorort stammte und Pracher hieß. Pracher erzählte, er habe der Entente-Kommission wiederholt geheime Waffenlager angezeigt, daneben aber auch der Münchener Polizei Spionendienste gegen die Entente-Kommission geleistet. Der andere Mann, der den Namen Hans Dobner[701] angab, erklärte, er sei Reichswehrsoldat gewesen. Dobner erklärte, Pracher habe ihn mit dem Polizeiinspektor Glaser[702] der politischen Abteilung der Polizeidirektion München bekannt gemacht, an deren Spitze der Oberamtmann Dr. Frick, heute Hitlers Reichsinnenminister, stand. Der Grund zu der Vorstellung sei gewesen, dass Dobner ein geheimes Waffenlager bei einem Schlossgutsbesitzer Baron Fürstenberg[703] kannte und diese Kenntnis gewinnbringend für sich verwerten wollte. Glaser habe ihn an einen Garagenbesitzer Pollinger – der in Wirklichkeit German Boehm[704] hieß – verwiesen und es sei abgemacht worden, dass Dobner dem Boehm das Waffenlager zeige, wobei ihm eine ziemlich hohe Geldbelohnung für den Fall des "Erfolges" in Aussicht gestellt wurde. In dem Auto "Pollingers", in dem außer dem Wagenlenker zwei weitere Männer als Passagiere gewesen seien, sei er wenige Meilen vor der Stadt Freising von den beiden Mitpassagieren angefallen und zunächst mit einem schweren Instrument verprügelt worden, sodass er auf Augenblicke das Be-

urteilt. Vgl.: Emil Julius Gumbel, Vier Jahre politischer Mord, Berlin 1922, S. 138 und Emil Julius Gumbel, Verräter verfallen der Feme. Opfer/Mörder/Richter 1919-1929, Berlin 1929, S. 107-111. Ferner Ulrike Claudia Hofmann, Verräter verfallen der Feme!: Fememorde in Bayern in den zwanziger Jahren, Köln/Weimar /Wien 2000.

[701] Hans Dobner (geb. 11.10.1894-1969), Reichswehrsoldat, Kaufmann. Vgl.: Irmela Nagel, Fememorde und Fememordprozesse in der Weimarer Republik, Köln/Wien 1991, S. 54. Vgl.: Emil Julius Gumbel, Vier Jahre a.a.O. S. 138. und ders., Verräter, a.a.O., S. 107-110. Vgl.: StAM, Staatsanwaltschaft München I, 3123. Vgl.: StAM, AG 69109. Vgl.: Ulrike Claudia Hofmann, (wie Anm. 700).

[702] Friedrich Glaser (1889-1957), (alias Seyfried), Kriminalkommissar der Polizeidirektion München, Abt. VI-Nachrichtendienst, Leiter Dr. Frick. Vgl.: Der Reichstags-Femeausschuß in München, in: Münchener Post 14.10.1926, S. 3. Vgl.: Die bairische Spitzelorganisation, in: Der Kampf (München) 19./20.06.1920. Vgl.: Ulrike Claudia Hofmann, „Verräter verfallen der Feme!“: Fememorde in Bayern in den zwanziger Jahren, Köln/Weimar/Wien 2000.

[703] Freiherr Friedrich von Fürstenberg (04.03.1876- das Todesdatum konnte nicht ermittelt werden), Schlossgutsbesitzer und Rittmeister a.D. in Mirskofen bei Landshut. Vgl.: Der Reichstags-Femeausschuß in München, in: Münchener Post 14.10.1926, S. 3. Vgl.:BHStA,Abt.IV,OP 799. Vgl.: Ulrike Claudia Hofmann, „Verräter verfallen der Feme!“: Fememorde in Bayern in den zwanziger Jahren, Köln/Weimar/Wien 2000.

[704] German Boehm (16.04.1896-1942), Oberleutnant und Tattersallbesitzer. Nach dem Eintrag in seiner Personalakte schwebte gegen ihn am 17.11.1934 ein Verfahren, über dessen Inhalt aber nichts ausgesagt ist. Vgl.: BHStA;Abt.IV, OP 5010. Vgl.: Ulrike Claudia Hofmann, (wie Anm. 700).

wusstsein verloren habe. Sodann sei ihm ein von diesen nationalen Helden mitgebrachter Strick um den Hals gelegt worden und scharf angezogen worden, in der Absicht, ihn zu erdrosseln. Von diesem Strick rührten nach seiner Angabe die sichtbaren Strangulationsmarken her. Er habe sich nur dadurch vor völliger Ermordung retten können, dass er den Atem anhielt und keinerlei Zeichen mehr von sich gab, worauf sich die beiden Mordbuben in dem Auto darüber einig gewesen seien, dass er "schon hin" sei. Nachdem er in dieser Stellung eine kurze Weile verharrt hatte, sei es ihm gelungen, plötzlich vom Boden des Wagens aus dessen Türe zu öffnen und sich aus dem in scharfer Fahrt befindlichen Wagen auf die Landstraße hinauszuwerfen, ehe seine Schinder seiner noch einmal habhaft werden konnten. Offenbar hätten sich die Kerle dann nicht mehr getraut, zu dem Punkt, an dem er blutüberströmt liegen geblieben sei, zurückzukehren, sondern seien weitergefahren. Es sei ihm sodann gelungen, sich die kurze Strecke bis zu einem vor Freising gelegenen Dorf zu schleppen, wo ihn tatsächlich die Polizei in schwer verletztem Zustand in einer Gastwirtschaft vorgefunden habe. Von dort sei er nach München zurückgekommen. Durch "Prachère" habe er erfahren, dass es sich um einen von der Polizei selbst arrangierten Mordversuch gehandelt habe und dass Pollinger-Boehm die Mordbuben im Einverständnis mit Polizeiinspektor Glaser gedungen habe. Gareis und ich waren uns darüber einig, dass man den Angaben der beiden Männer unter keinen Umständen unbesehen glauben dürfe. Der Eindruck der beiden war nicht besser, als es die Erscheinung offensichtlicher Angeber und Spitzel sein konnte. Nach ihren eigenen Angaben hatten die beiden ihre Angeberei nicht aus irgend einer sachlichen Überzeugung, sondern aus gewinnsüchtigen Motiven betrieben. Wie immer also der Sachverhalt gelagert war, mahnte er zu vorsichtiger Beurteilung. Den ausschlaggebenden Punkt in dieser Richtung bildete aber nicht so sehr die Fragwürdigkeit der Erscheinung der beiden, wie die besondere Ungeheuerlichkeit ihrer Beschuldigung. Instinktiv weigerten sich Gareis und ich, leichthin zu glauben oder gar zu behaupten, dass die zum Schutz der öffentlichen Ordnung berufene Polizeibehörde einer deutschen Großstadt selbst eine Mörderzentrale sein könne. Auf der anderen Seite konnte nicht ernstlich bezweifelt werden, dass auf Dobner ein schwerer Überfall verübt worden war. Das schienen uns schon die sichtbaren Verletzungen und Würgemerkmale zu beweisen. Die Erzählung über den Hergang selbst war schlüssig und der Verdacht konnte nicht von der Hand gewiesen werden, dass der Besitzer des Autos, in dem der Überfall erfolgte, ein Bekannter des Polizeiinspektors Glaser war. Von Glaser selbst hatte ich bis dahin nichts Nachteiliges gehört. Ich kannte ihn flüchtig und wusste nur, dass er ein älterer, sichtlich nicht unerfahrener Polizeiberufsbeamter war. Seinen obersten Chef, Herrn Pöhner, kannte ich, wie wir in diesen Erinnerungen gesehen haben, weit besser. Allein trotz seiner Entwicklung zu seinem wilden Rechtsradikalismus sträubte ich mich, innerlich anzunehmen, dass er Morde organisiere oder decke.

60. *Wilhelm Frick*

Den unmittelbaren Vorgesetzten Glasers, Dr. Frick, kannte ich ebenfalls persönlich, und zwar als einen frechen Hetzer gegen die Reichsgewalt und als einen Mann, dem ich allerhand persönlichen Zynismus zutraute. Ich habe Frick seine erste Kriminalstrafe verschafft[705]. Eines Tages verbot er als Leiter der politischen Abteilung der Polizei das Parteiblatt der unabhängigen Sozialdemokraten. Als die Betriebsräte der Buchdruckerei, in der dieses Blatt gedruckt wurde, bei ihm vorstellig wurden, um ihn auf den durch sein Verbot entstehenden Arbeitsausfall aufmerksam zu machen, erwiderte er ihnen: "Da müssen Sie sich nicht an mich, sondern an die Schweinehunde von Redakteuren wenden, die das Blatt leiten". Die "Schweinehunde" beauftragten mich, wegen dieser Äußerung Frick zu verklagen, und es wurde tatsächlich gegen ihn das Strafverfahren vom Amtsgericht München eröffnet. In der Hauptverhandlung hielt Frick eine Brandrede gegen die Reichsregierung, die Juden, und sprach über alles, außer über den Verhandlungsgegenstand. Der amtierende Amtsrichter getraute sich nicht, ihn zu unterbrechen oder zu rügen. Aufgefordert, meinerseits zu plädieren, sagte ich nur: "Ich bitte diesen Hetzer im Beamtenrock zu strafen, aber möglichst so, dass die Strafe nicht als eine Prämie auf sein Verhalten wirkt". Nun hatte der Amtsrichter sofort Mut, unterbrach mich und sagte, eine derartige Äußerung könne und wolle er sich nicht bieten lassen. Ich erwiderte, mein Plädoyer sei bereits zuende und er möge tun, was er für richtig halte. Tatsächlich war die vom Gericht gegen Frick ausgesprochene Geldstrafe so niedrig, dass sie als eine Prämie auf sein Verhalten wirkte. Die zweite Instanz setzte sie ein wenig hinauf, indessen war der Wert der Mark mittlerweile so weit gesunken, dass Frick praktisch noch etwas billiger wegkam. Der Amtsrichter hat später sein Verhalten mir gegenüber bereut und eingesehen, dass es unrichtig von ihm war, sich auf die Seite der zynischen Macht zu stellen. Er hat mir dies durch wiederholte Empfehlung von Klienten, die schwierige Fälle zu erledigen hatten, zu beweisen gesucht. Was immer ich aber auch über Frick wusste, so war ich zwar keineswegs bereit, ihm etwas Gutes zuzutrauen, Beförderung oder

[705] Das Verfahren gegen Frick konnte nicht ermittelt werden.

Deckung von Morden traute ich aber auch ihm bis zum Beweis des Gegenteils nicht zu. Gareis unterhielt sich mit mir über diese personellen Dinge und sagte, er beurteile die in Betracht kommenden Beamten ebenso wie ich. Er hätte die Leute einfach abgewiesen, wenn Pracher ihm nicht einen Vorschlag gemacht hätte, dessen Bedeutung er nicht habe von der Hand weisen können. Er habe ihm nämlich angeboten, mit dem Polizeiinspektor Glaser in seiner Gegenwart ein Telefongespräch zu führen, aus dem der Nachweis sich ergeben werde, dass Glaser die Ermordung Dobners wünsche, billige und decke. Diesen Vorschlag habe er angenommen. Pracher habe darauf telefonisch mit Glaser gesprochen, und er habe bei dieser Gelegenheit mit eigenen Ohren mitgehört, wie Glaser dem Pracher seinen Schutz wegen der Beseitigung Dobners zugesagt habe. Diese Mitteilung gab bei mir absolut den Ausschlag dafür, dass ich an der Klarstellung des Sachverhaltes mitwirken müsse. Sie gab mir aber auch die Überzeugung, dass mit den normalen Mitteln der Strafanzeige bei Polizei und Staatsanwaltschaft nichts zu erreichen sein werde, denn, so folgerte ich bei mir selbst, wenn es möglich sein sollte, dass zum Schutz der Bevölkerung eingesetzte Polizeibeamte selbst politische Morde organisieren, dann würden sie die Anzeigen wegen dieses Sachverhaltes auch zu unterdrücken wissen. Gareis und ich waren uns aber auch darüber einig, dass es eine Aufgabe von grundlegender politischer Bedeutung sei, genaue Aufklärung über den ganzen Sachverhalt zu schaffen. Dass für den Fall eines positiven Beweises weitgehende Schlussfolgerungen hinsichtlich des Münchener Polizeisystems und der ganzen bayrischen Innenpolitik unerlässlich waren, war unsere Überzeugung. Für unmöglich hielten wir es, dass irgend eine bayrische Richtung oder Partei, die neue, sehr geräuschvoll auftretende nationalsozialistische vielleicht ausgenommen, erwiesene Polizeiverbrechen zu vertuschen oder zu decken versucht hätte. Wir kamen in Übereinstimmung mit meinem Sozius Dr. Hirschberg zu dem Beschluss, dass wir zur Besprechung der ganzen Angelegenheit einen erfahrenen sozialdemokratischen Politiker beiziehen sollten, um, je nach dem Ergebnis der Aufklärung, eine sofortige politische Aktion einleiten zu können. Ich telefonierte den Vorsitzenden der sozialdemokratischen Landtagsfraktion Johannes Timm[706] an und fragte, ob ich ihn, zusammen mit Gareis, noch am gleichen Tag sprechen könne. Er bat uns in seine Wohnung und wir teilten ihm dort das Gesehene und Gehörte mit. Timm teilte vollinhaltlich unsere innere Reserve gegenüber den Angebern, hielt aber eine vollständige Aufklärung ebenfalls für unbedingt geboten, in erster Linie auf Grund des von

[706] Vgl.: Anmerkung 357.

Gareis mitangehörten Telefongespräches. Wir beschlossen zunächst, dass auch Timm die beiden Leute anhören solle. Nach ihrer Anhörung bot Pracher an, nochmals in unser aller Gegenwart ein zweites Gespräch mit Glaser zu führen, um auch Timm zu beweisen, dass der Mordversuch an Dobner mit Vorwissen und Billigung Glasers ausgeführt worden sei. Wir einigten uns darüber, dass es notwendig sei, den Inhalt dieses Telefongespräches durch einen in juristischen Dingen absolut erfahrenen, besonders guten Stenographen festhalten zu lassen. Ich selbst konnte mich hierfür nicht anbieten, weil mir das Tempo meiner Stenographie nicht ausreichend erschien, um ein Gespräch völlig wörtlich mitzuschreiben. Ich schlug den Rechtsanwalt Dr. Alfred Werner[707] als Stenographen vor, der im Jahr zuvor auf meinem Büro als Mitarbeiter tätig gewesen war. Seine persönlichen Fähigkeiten, seine erprobt rasche Auffassung und seine vorzügliche Routine in der Stenographie waren für die Auswahl bestimmend. Dr. Werner nahm mein Ersuchen an, wiewohl er und ich uns darüber klar waren, dass die Tätigkeit angesichts der Behauptungen über die Zustände in der Münchener Polizei nicht eben ungefährlich war. Wir legten fest, dass das Telefongespräch vom Münchener Gewerkschaftshaus aus geführt werden solle, weil dort in einem Raum mehrere Apparate waren, von denen aus das Gespräch gehört werden konnte, sodass Dr. Werner mitschreiben konnte, was er mit eigenen Ohren hörte und dass Timm und Gareis, unabhängig voneinander, das Gespräch anhören konnten. Tatsächlich rief Pracher den Polizeiinspektor Glaser an und sagte ihm am Telefon unumwunden und mehrmals hintereinander, er habe Dobner beiseite geschafft und er wolle wissen, ob er Sicherheit von Glaser habe. Glaser erwiderte, das sei ganz selbstverständlich. Pracher wisse das ganz genau, er habe ihm doch schon so viele Beweise geliefert.

Das Gespräch wurde hierauf abgebrochen, und es war nun erwiesen, dass ein leitender Beamter der politischen Polizei der Stadt München einem Mann, der behauptete, er habe einen Mord begangen, ausdrücklich Sicherheit und Nichtverfolgung zusagte. Wir alle waren darüber, wie weit der gesetzlose Terror in München bereits ging, sehr gedrückt, sofortige Aktion war aber nicht zu vermeiden. Die sozialdemokratische Fraktion brachte binnen Stunden im bayrischen Landtag den Antrag auf Einsetzung

[707] Dr. Alfred Werner (27.03.1891-26.08.1965), Rechtsanwalt in München 1919-1933, 1933 Emigration nach Frankreich, 1935 nach Palästina, 1953 Rückkehr nach Deutschland. Vgl.: Horst Göppinger, Juristen jüdischer Abstammung im "Dritten Reich", 2. Aufl., München 1990, S. 367. Ferner: Peter Landau, Juristen jüdischer Herkunft im Kaiserreich und in der Weimarer Republik, in: Heinrichs/Franzki/ Schmalz/ Stolleis (Hrsg.), Deutsche Juristen jüdischer Herkunft, München 1993, S. 195.

eines Untersuchungsausschusses über die Zustände in der Münchener Polizei ein[708], mit der Erklärung, es sei erwiesen, dass politischer Mord von dort gefördert werde. In den Zeitungen erschien dieser sensationerregende Antrag mit dicken Balkenüberschriften, wobei das Telefongespräch im Wortlaut wiedergegeben wurde[709]. Die Pöhner-Polizei veröffentlichte nach wenigen Stunden ein von Unverschämtheiten strotzendes Dementi, in dem es so dargestellt wurde, als sei sie zur Kenntnis des Sachverhaltes erst durch den Antrag auf Einsetzung eines Untersuchungsausschusses gelangt und als ob es sich um ein parteipolitisches Manöver der Sozialdemokraten gehandelt habe. Sie erklärte, auf Grund "sofort angestellter Erhebungen" seien die angeblichen Täter von ihr bereits verhaftet. Diese hätten erklärt, nicht die Ermordung Dobners, sondern lediglich seine "wohlverdiente" Verprügelung wegen seiner erwiesenen "unnationalen Gesinnung" sei ihr Ziel gewesen. Aus dem Polizeidementi erfuhr man, dass die Mordgesellen die Studenten Karl Schuster und Hermann Berchtold, Söhne angesehener Münchener Akademikerfamilien, waren, der Chauffeur des Mordautos ein Student Max Neunzert, der in den "feinsten" monarchistischen Kreisen verkehrte[710]. Alle standen im Dienst der Landesleitung der Einwohnerwehren Bayerns. Da, so sagte das Dementi, kein Mord beabsichtigt gewesen sei, so habe auch keiner gedeckt und gefördert werden können. Auch antwortete die Pöhner-Polizei unverzüglich mit dem Gegenschlag, dass Dobner und Pracher wegen versuchten Verrats militärischer Geheimnisse in Haft genommen worden seien und ihrer Aburteilung entgegensähen. Trotz aller herausfordernden Keckheit bestritt das polizeiliche Dementi aber nicht das nun einmal nicht zu bestreitende Faktum, dass der Polizeiinspektor Glaser demselben Mann, der wegen angeblichen Verrats militärischer Geheimnisse nunmehr in Haft genommen wurde, Sicherheit zugesagt hatte, nach-

[708] Vgl.: Bayerischer Landtag 17. Sitzung (28.10.1920) Stenographische Berichte, S. 550.

[709] Das Telephongespräch ist abgedruckt bei Emil Julius Gumbel, Verräter (wie Anm. 700), S. 109 f. Vgl.: "Eine Mord-Organisation. Enthüllungen der sozialdemokratischen und unabhängigen Fraktion", in: Münchener Post 253 (29.10.1920), S. 1 f.

[710] Karl Schuster, geb. 1896, cand. ing., der Vater war Stabsarzt a.D. Hermann Berchtold, geb. 1899, Student, der Vater war Karl Berchtold, der aus einer berühmten Münchener Juristenfamilie stammte. Karl Schuster und Hermann Berchtold wurden am 26.01.1921 von einem Schöffengericht in Freising zu je 250 Mark Geldstrafe verurteilt. Max Neunzert, Freund von Röhm, 1928 Kandidatur für die NSDAP. Max Neunzert, der Chauffeur des Wagens, in dem der Mordversuch begangen wurde, war ein Freund von Röhm. Beim Hitlerputsch hielt er Kontakt zwischen der NSDAP und Kronprinz Rupprecht. 1928 kandidierte er als NSDAP-Mann für den Reichstag (Vossische Zeitung 08.04.1928), wurde aber nicht gewählt. Vgl.: Emil Julius Gumbel, Vier Jahre politischer Mord, Berlin 1922, S 138. und Ulrike Claudia Hofmann, (wie Anm. 700).

dem dieser Mann ihm mitgeteilt hatte, er habe Dobner umbringen lassen. Die reaktionäre Mehrheit des bayrischen Landtags verstand sich nur widerwillig zu der verlangten Einsetzung eines Untersuchungsausschusses. Allein sie hatte keine Möglichkeit, diese abzulehnen, da nach der Verfassung die Einsetzung obligatorisch war, wenn der Antrag von mindestens einem Fünftel der Landtagsmitglieder gestellt war. Der Untersuchungsausschuss tat alles, um die These der Pöhner-Polizei, dass nur eine harmlose Verprügelung von Verrätern vorgekommen sei, zu stützen. Es war erschütternd zu sehen, wie die politischen Routiniers der klerikalen, bayrischen Volkspartei, zusammen mit dem wieder diensteifrig tätigen "Demokraten" Müller-Meiningen, jede unbequeme Tatsachenfeststellung an sich abprallen ließen und wie das nicht zu bestreitende Faktum, mit welchen verbrecherischen Mitteln die Münchener Polizei arbeitete und welchen Gesindels sie sich als Helfer bediente, ohne jeden Eindruck auf die ausgekochten "Praktiker" des bayrischen Parlaments blieb. Die Rechtspresse begleitete die Verhandlungen des Untersuchungsausschusses mit einem wahren Trommelfeuer von Beschimpfungen und Drohungen gegen die "vaterlandslosen" Sozialdemokraten, die taktlos genug gewesen waren, in dieses Wespennest zu stechen. Nur einige große ausserbayrische Zeitungen wie die Frankfurter Zeitung und das Berliner Tageblatt brachten objektive Berichte[711].

61. *Verrat militärischer Geheimnisse*

Das Anklageverfahren gegen Dobner und Pracher wegen Verrats militärischer Geheimnisse machte rasche Fortschritte. Das Gesetz über die Bestrafung des Verrats militärischer Geheimnisse stammte aus der Zeit unmittelbar vor dem Weltkrieg. Im Versailler Vertrag hatte Deutschland die Verpflichtung übernommen, sein Landheer auf 100 000 Mann, einschließlich der Offiziere und des Depotpersonals, seine Seestreitkräfte auf 6 Linienschiffe, 6 kleine Kreuzer, 12 Zerstörer, 12 Torpedoboote zu vermindern, seine befestigten Werke, Festungen und Landbefestigungen abzurüsten und zu schleifen, keine Unterseeboote und keine Luftstreitkräfte mehr zu halten, seine Waffenbestände auf eine im Vertrag bezeichnete Höchstzahl zu vermindern, alle darüber hinaus vorhandenen Bestände zur Zerstörung und Unbrauchbarmachung auszuliefern, die allgemeine militärische Dienstpflicht abzuschaffen, in der Heeresergänzung und Heeres-

[711] Vgl.: Die Beschuldigungen gegen die Münchener Polizei, in: Berliner Tageblatt 497 (29.10.1920).

ausbildung bestimmt festgelegten Grundsätzen zu folgen, insbesondere das ganze Vereinswesen zu entmilitarisieren und jede Vorkehrung zu einer Mobilmachung oder zu deren Vorbereitung zu unterlassen. Die Ausführung dieser Verpflichtungen war vertragsgemäß unter die Kontrolle der alliierten und assoziierten Hauptmächte gestellt. Deutschland hatte die Verpflichtung übernommen, den Kommissionen dieser Mächte bei der Durchführung ihrer Aufgabe alle erforderlichen Erleichterungen zu gewähren, insbesondere alle verlangten Auskünfte oder Dokumente vorzulegen oder zu beschaffen. Die alliierten und assoziierten Mächte hatten sich nicht darauf beschränkt, diese Bestimmungen zum Gegenstand von völkerrechtlich verbindlichen Verträgen zu machen, vielmehr auch verlangt und erzwungen, dass die nach diesen Verträgen vereinbarten Maßnahmen durch deutsche Reichsgesetze mit Verbindlichkeit für jeden deutschen Untertanen eingeführt werden. Nach der damaligen Rechtslage war also die einzige gesetzmäßige deutsche Militärorganisation die kleine Reichswehr. Die Reichsregierung war durch den Friedensvertrag verpflichtet, keinerlei andere Militärorganisation zu dulden, sie hatte diese Verpflichtung im Weg der Reichsgesetzgebung nach innen sanktioniert. Die zulässige Höchststärke der Reichswehr, die Art und der Umfang ihrer Bewaffnung waren den alliierten und assoziierten Mächten nicht nur bekannt, diese hatten vielmehr auch nach den Bestimmungen des Friedensvertrages jederzeit das Recht, die Bekanntgabe jeder sie interessierenden Einzelheit zu verlangen und zu erzwingen. Die Reichsregierung behauptete nicht nur, ihren durch den Friedensvertrag geschaffenen Abrüstungsverpflichtungen vollständig nachgekommen zu sein, sie behauptete darüber hinaus unausgesetzt, es gebe in Deutschland bei dieser Sachlage keinerlei militärische Geheimnisse mehr. Eine Ausnahme von diesen Grundsätzen war nur zeitweilig für Selbstschutzorganisationen gestattet gewesen, nachdem die Reichsregierung mit größtem Nachdruck geflissentlich versichert hatte, dass es sich um rein zivile Organisationen zum Schutz von Haus und Hof ohne jeden militärischen Einschlag handle. Angesichts der Politisierung dieser Selbstschutzverbände im Sinne der Reaktionsparteien und ihrer Verquickung mit allerhand Einrichtungen, denen die Phrase zum Schutz von Haus und Hof nur allzu schlecht auf den Leib passte, hatten die alliierten und assoziierten Mächte die Beseitigung auch dieser Ausnahmen binnen bestimmter Frist verlangt und die Erfüllung dieses Verlangens war von der Reichsregierung feierlich zugesagt worden. Wie es angesichts dieser Rechts- und Sachlage möglich sein sollte, das unter ganz anderen Verhältnissen geschaffene Gesetz über den Verrat militärischer Geheimnisse zu verletzen, war offenbar ein Geheimnis der zünftigen Juristen. Denn wenn die allein zuständige Reichsregierung erklärte, es gebe ein militärisches Geheimnis in Deutschland nicht mehr, so hätte jeder Zurechnungsfähige meinen sollen, dass es auch nicht hätte verletzt werden können, da man ja schliesslich nur existierende, nicht aber nicht existierende Geheimnisse verletzen kann. Der Versuch der Justiz, Angeber von Waffen wegen Verrats militärischer Geheimnisse anzuklagen, war deshalb ebenso zynisch wie dumm. Dumm, weil er die Versicherungen der verantwortlichen Regierung, sie halte ihre Verpflichtungen, offensichtlich Lügen strafte und weil kein ernster Patriot annehmen konnte, es könne dem Lande nützen, wenn man seine Regierung in den Augen der Sieger als vertragsunfähig hinstelle. Zynisch, weil es sich um eine schmutzige, provokatorische Geste handelte, deren Drahtzieher sozusagen experimentell ausprobieren wollten, was sich die Reichsregierung und was darüber hinaus sich die Entente-Kommissionen gefallen lassen würden. Die Reichsregierung erwies sich gegenüber diesen Treibereien als schwach und verletzte damit wiederum den Rechtsgedanken und die Vorstellung, dass es in Deutschland eine Gleichheit vor dem Gesetz gebe. Die Entente-Kommissionen taten aber im Ernste ebenfalls nichts, um die Provokateure in die Schranken zu weisen. Es zeigte sich auch damals wieder, dass in allen Ländern ein unausgesprochenes Sichverstehen derjenigen reaktionären Kräfte besteht, die für ihre antidemokratischen Bemühungen zu Unrecht sich auf das Motiv der Vaterlandsliebe berufen. Die schrecklichen Auswirkungen dieses Verstehens sollten sich später mit einer Gründlichkeit erweisen, vor der die Welt heute schaudert. Trotzdem ist es in vielen Ländern der Welt auch heute immer noch so, dass jeder unpatriotisch handelnde Lump glaubt, seine Stellung verbessern zu können, wenn er sich das Mäntelchen eines Wortpatriotismus zur Beschönigung von Hochverrat, Mord, Raub und jedweder Verwerflichkeit umhängt.

Angesichts der Lage liess ich mich von Freunden davon überzeugen, dass ich das Gesuch von Dobner und Pracher, die Verteidigung in dem Strafprozess wegen Verrats militärischer Geheimnisse zu übernehmen, nicht ablehnen könne. Ich war mir klar, dass diese Verteidigung, so unsympathisch persönlich die Waffenverräter sein mochten, nur mittels eines Frontalangriffes auf das Gesetzwidrige, das in der Erhebung solcher Anklagen lag, geführt werden konnte. Es war andererseits aus strafprozessualen Gründen unmöglich, die beiden Täter zu verteidigen, da ihre Angaben miteinander kollidierten. Ich übernahm deshalb die Verteidigung des Dobner und ersuchte um die Übernahme der Verteidigung des Pracher den Justizrat Dr. Gänssler[712], den Schwiegersohn des weltberühmten Hygie-

[712] Dr. Anton Gänssler, Justizrat und Rechtsanwalt. Es existieren keine Akten der Anwaltskammer mehr.

nikers Professor Dr. von Pettenkofer, einen Berufskollegen, der in den weitesten Kreisen der Anwaltschaft persönliches und sachliches Ansehen besaß und der sich nie in seinem Leben einer bestimmten Parteirichtung verschrieben hatte, sondern nur im Dienste des Rechtes lebte. Dr. Gänssler erklärte sich nach Einblick in die Akten bereit, meinem Wunsche zu entsprechen und teilte meine Überzeugung, dass das Verhalten der Staatsanwaltschaft gesetzwidriger und für das Land schädlicher sei, als das der Waffenverräter[713].

In der Hauptverhandlung gegen Dobner war im Zuhörerraum ungefähr alles erschienen, was mit Fememord, Geheimaufrüstung und ähnlichem Einwohnerwehrgeschäft zu tun hatte. Die Atmosphäre war bis zum Äußersten gespannt und ich sagte an dem Morgen, als ich zur Hauptverhandlung ging, zu meiner Frau, sie solle mir ein gutes Andenken bewahren, wenn ich zufällig abends nicht zurückkommen sollte. Hitlers späterer Stabschef und Busenfreund Ernst Röhm[714] war als "militärischer Beobachter", damals noch namens der gesetzlichen Reichswehr, erschienen, zusammen mit einem anderen Offizier aus dem Reichswehrministerium. Eine Reihe der Gesellen, die in die Mordsache Sandmayr verwickelt waren, saßen ebenfalls frech im Zuhörerraum, sodass man sozusagen die Revolver stillschweigend knacken hörte. Es war unter diesen Umständen für die Verteidigung kein reines Vergnügen, diesen Vertretern verkommenen vaterländischen Banditentums mit jedem Wort ins Gesicht zu schlagen und gleichzeitig nachzuweisen, dass die Staatsanwaltschaft derartigem Banditentum und allen reichsfeindlichen Kräften durch die Erhebung solcher gesetzwidriger Anklagen Vorschub leiste. Nach den Regeln der Anciennität hatte Dr. Gänssler zuerst zu plädieren. Er unterzog sich seiner Aufgabe mit solchem Ernst und solcher Feurigkeit, wie ich sie an dem sonst stillen und mehr zu Ironie geneigten Mann weder vorher noch nachher jemals wahrgenommen habe. Meinerseits hatte ich daher zur Abwehr des hohen Strafantrages, den der Staatsanwalt gegen Dobner stellte, manches vorher Gesagte zu wiederholen und zu unterstreichen. Während aber die im Zuhörerraum vereinigten Banditen bei den Ausführungen des "Ariers" Dr. Gänssler schwiegen,

[713] Vgl.: Der Prozess gegen Pracher, Dobner und Genossen, in: Münchner Neueste Nachrichten Nr. 14 (12.01.1921) - Nr. 19 (15.01.1921). Vgl.: Ulrike Claudia Hofmann, (wie Anm. 700).

[714] Ernst Röhm (27.11.1887-01.07.1934), NSDAP, Stabschef der SA, 1923 als Hauptmann aus der 7. (bayer.) Reichswehrdivision ausgeschieden, 1923 Teilnehmer am Hitler-Putsch, 1931 Stabschef der SA, 1933 Staatskommissar z.b.V. in Bayern, Staatssekretär bei Reichsstatthalter von Epp, 1933 Reichsminister ohne Geschäftsbereich, 1934 erschossen. Vgl.: Robert Wistrich, Wer war wer im Dritten Reich, München 1983, S. 223 f.

versuchten sie während meiner Ausführungen einige Störungen, indem sie auf leises Kommando in Gelächter ausbrachen und in vereinzelten Fällen Zwischenrufe zu machen suchten, sodass nach wenigen Minuten der Vorsitzende drohte, den Zuhörerraum räumen und etwaige Störer verhaften zu lassen, wenn sich noch das Allergeringste ereigne. Umso frecher benahmen sich dafür die Burschen während der Pausen auf dem Gerichtsgang, indem sie sich vor dem Verhandlungsraum so aufstellten, dass man beim Verlassen des Raumes durch ihre Reihen spiessrutenlaufen musste, indem sie mit Fingern auf mich deuteten, wenn ich hinausging, und unverschämte Bemerkungen machten, laut genug, dass ich sie hören, leise genug, dass ich sie nicht beweisen konnte. Als Staatsanwalt amtierte der Vorsteher der Anklagebehörde beim Amtsgericht München persönlich[715]. Dies war schweres politisches Geschütz und absolut unüblich. Der Landtag hatte der Anklagebehörde die Protokolle des Untersuchungsausschusses[716] zur Verfügung gestellt, der Verteidigung dagegen die gleichen Protokolle verweigert. Ein preliminärer Kampf zwischen Anklagebehörde und Verteidigung drehte sich zunächst darum, ob auf Grund dieses offensichtlich parteilichen Akts des Parlaments die Protokolle von der Staatsanwaltschaft irgendwie benutzt werden könnten. Die Strafprozessordnung verbot dies strikt, indem sie als schlechthin unzulässig erklärte, dass Urkunden oder sonstige Beweismittel benützt würden, deren Kenntnis nicht jedem Prozessbeteiligten zugänglich war. Trotz dieser klaren gesetzlichen Lage versuchte die Staatsanwaltschaft, mit "patriotischen" Gründen eine Ausnahme für sich zu erreichen. Die Verhandlung begann mit einem guten Omen, indem das Gericht diesen Versuch zunichte machte und sich damit auf den Boden des Gesetzes stellte. Der Vorsitzende war ein damals noch junger Richter[717] und die Sache Dobner war sein erster Strafprozess von größerer öffentlicher Bedeutung. Es lag deshalb für ihn die Versuchung nahe, sich bei dem Justizministerium des Herrn Hauptmann Roth durch stramme Haltung eine gute Avancementsnote zu holen. Es muss zur Ehre des Vorsitzenden festgestellt werden, dass er noch nicht abgebrüht genug war, um dieser Versuchung zu erliegen. Er trotzte dem enormen reaktionären Druck, unter dem die Verhandlung stattfand, er trotzte den offensichtlichen Intentionen der Ministerien und der Pöhner-Polizei und sprach, meinem Antrag entsprechend, Dobner von Schuld und Strafe, unter Überbürdung der Kos-

[715] Staatsanwalt war DR. APPELMANN, der spätere Landgerichtsdirektor.

[716] Die Protokolle der geheimen Sitzungen des Landtagsausschusses haben sich erhalten. Vgl.: StAM, Staatsanwaltschaft München I, 3123.

[717] Richter im Prozess Dobner war Amtsgerichtsrat KÜFFNER, ab 1933 im nationalsozialistischen Richterbund.

ten des Verfahrens auf die Staatskasse, frei. Er erklärte in der mündlichen Urteilsbegründung in feierlichen und sorgfältig gewählten Worten das Gleiche, was Dr. Gänssler und ich schon vorher als Verteidiger erklärt hatten, dass dieser Freispruch nämlich keinerlei Sympathieerklärung menschlicher Art an den Freigesprochenen und an sein Gewerbe bedeute, dass es vielmehr lediglich eine gesetzliche Notwendigkeit sei und dass Recht Recht bleiben müsse. Nachdem er älter und "erfahrener" geworden war, hat der gleiche Vorsitzende den gleichen Grundsatz nicht mehr durchzuhalten für notwendig befunden. Nach dem nazistischen "Umbruch" wurde er ein maßgebender Funktionär des nationalsozialistischen Richterbundes, der bekanntlich die These vertritt, dass der "Wille des Führers" der höchste Rechtssatz sei, dem jede andere Rechtsnorm zu weichen habe. Dass eine solche Knechtstheorie in Wirklichkeit mit Recht und Gerechtigkeit nicht das Geringste zu tun hat, wissen die tristen Vertreter dieses opportunistischen Anarchismus trotz der rapide fortgeschrittenen Verdummung des deutschen Volkes ganz genau. Die Theorie ist der intellektuelle und moralische Preis dafür, dass deren Vertretern nicht der Brotkorb wegen "Unzuverlässigkeit" höher gehängt wird. Denjenigen, die, wie der Vorsitzende des Dobner-Prozesses, einmal das Streben nach Unabhängigkeit erwiesen haben, mag die Zahlung dieses intellektuellen und moralischen Preises ein Opfer bedeutet haben. Allein für die Differenz zwischen einem Gehalt und einer Pension waren neunundneunzig Hundertstel der deutschen Richterschaft zu solchem Opfer bereit[718].

Die Staatsanwaltschaft und die Pöhner-Polizei hatten ersichtlich mit dem Unfall eines Freispruches Dobners gerechnet und darauf ihre weitere Sabotage des Gesetzes eingerichtet. Kaum hatte der Vorsitzende den Beschluss verlesen, dass der Haftbefehl über Dobner aufgehoben und Dobner zu entlassen sei, als zwei Beamte der Pöhner-Polizei vor den Richtertisch traten und erklärten, sie hätten den Auftrag des Polizeipräsidenten auszuführen, Dobner in "Schutzhaft" zu nehmen. Der Vorsitzende und die Schöffen waren sprachlos, konnten aber absolut nichts erwidern, da die Verhängung einer rein administrativen Haft mit dem eben in erster Instanz beendigten Strafprozess absolut nichts zu tun hatte. Vor den Augen der Öffentlichkeit wurde deshalb der soeben Freigesprochene, trotz der Aufhebung des richterlichen Haftbefehls, durch die Schergen Pöhners in eine neue, nicht der Souveränität des Gerichts unterliegende Haft abgeführt. Am nächsten Morgen legte die Staatsanwaltschaft gegen das freiprechende Ur-

[718] Zur Anpassung der Juristen an den Nationalsozialismus. Vgl.: Im Namen des deutschen Volkes. Justiz und Nationalsozialismus, hrsg. vom BUNDESMINISTER DER JUSTIZ, Köln 1989, S. 272.

teil Berufung ein. Kurze Zeit darauf gab die Pöhner-Polizei bekannt, es sei festgestellt worden, dass Dobner tschechoslovakischer Staatsangehöriger sei und deswegen sei er in die Tschechoslovakei ausgewiesen und zwangsweise abgeschoben worden. Die Begründung dieser Maßnahme war eine offensichtliche Lüge, da Dobner ja vorher bei der Reichswehr gedient hatte, die keine Ausländer annahm. Die Maßnahme selbst war schon rein juristisch eine Ungeheuerlichkeit, da es bei dieser Sachlage unmöglich war, die Berufung der Staatsanwaltschaft gegen das freisprechende Urteil erster Instanz durchzuführen. Die Pöhner-Polizei ließ aber den Angeklagten nicht zum Lande herein und verhinderte damit die Verurteilung des Angeklagten, die die Staatsanwaltschaft angeblich mit ihrer Berufung gegen das freisprechende Urteil erreichen wollte. Der offensichtliche Zweck dieses ruchlosen Zusammenspiels war, zu verhindern, dass das freisprechende Urteil der ersten Instanz jemals rechtskräftig werde. Es kam damit zum Ausdruck, dass sowohl die Staatsanwaltschaft wie die Pöhner-Polizei auch dem Gericht zweiter Instanz nicht trauten und den schrecklichen Verdacht hegten, auch die zweite Instanz könne womöglich ein gesetzliches und nicht ein parteiliches Urteil erlassen. Diese Sabotage ist der Zusammenarbeit der Staatsanwaltschaft und der Pöhner-Polizei voll geglückt. Das freisprechende Urteil gegen Dobner wurde niemals rechtskräftig. Die Studenten Schuster und Berchtold, die den Mordanschlag auf Dobner verübt hatten, wurden von der Staatsanwaltschaft lediglich wegen Körperverletzung angeklagt. Das Gericht diktierte ihnen ausschließlich Geldstrafen zu, die nach heutiger Umrechnung zwischen Mark und Dollar ungefähr 3-5 Dollar betragen würden. In der Urteilsbegründung verherrlichte das Gericht den Patriotismus der Mordgesellen und sagte, die Motive ihrer Tat würden jedem rechtlich denkenden und vaterländisch gesinnten Mann zur Ehre gereichen. Um den Schein eines Rechtsstaates zu wahren, legte die Anklagebehörde gegen dieses schamlose Urteil Berufung ein und der Erfolg war tatsächlich enorm. Die Berufungsinstanz erkannte ebenfalls nur auf Geldstrafe. Der Betrag dieser Geldstrafe würde nach heutiger Umrechnung in Dollar ungefähr 23 Dollar für jeden der beiden Täter ausmachen. Wiederum war es offensichtlich, dass die staatliche Justiz Prämien auf Fememord für Waffenverrat austeilte[719].

Noch bevor das Urteil der Berufungsinstanz gegen Schuster und Berchtold erlassen war, ereignete sich bereits wiederum ein Fememord, hinsichtlich dessen wieder Anklage gegen eine ganze Anzahl Funktionäre der Landesleitung der Einwohnerwehren Bayerns erhoben werden musste.

[719] Vgl.: "Staatssicherheit" (Manuskript, 6 S., undatiert), im Leo Baeck-Institute New York, Nachlass Loewenfeld, Box 2, III.

Das zuständige bayrische Gericht hat auch diese Banditen freigesprochen, ja sogar einen, der seine Beteiligung an der Mordtat gestanden hatte. Es erklärte sein Geständnis für ein "nicht genügend zuverlässiges" Beweismittel. Sowohl in dieser Sache, wie in der bereits erwähnten Mordsache Sandmayr, intervenierte der bei der Landesleitung der Einwohnerwehren Bayerns angestellte Münchener Rechtsanwalt Gademann[720] bei der Staatsanwaltschaft und drohte, dass durch eine Fortführung der Untersuchung in der bisherigen Weise Ministerpräsident Kahr, Polizeipräsident Poehner, Justizminister Roth und andere maßgebende Mitglieder der amtierenden Regierung in die Sache hineingezogen werden müssten und unter Umständen als Täter, Mittäter und Anstifter kompromittiert werden würden. Der amtierende Staatsanwalt verhaftete den Erpresser nicht, wies ihm auch nicht die Türe, sondern begnügte sich damit, eine Aktennotiz über den Vorgang aufzunehmen.

62. *Fememord an Karl Gareis*

Ermuntert durch diese "Erfolge" hetzte ein Teil der rechtsradikalen Presse gegen meinen Freund Karl Gareis ganz offen, gegen mich etwas versteckter, mit Morddrohungen[721]. Als mich in jenen Tagen das neugegründete "Reichsbanner Schwarz-Rot-Gold", eine aus Sozialdemokraten, Demokraten und katholischen Organisationen bestehende überparteiliche Vereinigung zum Schutze der deutschen Republik, zu einer öffentlichen Rede über den Schutz der Republik aufforderte, hielt sie es bezeichnenderweise für notwendig, mir nahezulegen, unter keinen Umständen mich allein in diese Versammlung oder von ihr nach Hause zu begeben. Sie verlangte, dass ich mich von einer größeren Gruppe von Mitgliedern in meinem Büro abholen und nach beendigter Versammlung nach Hause bringen

[720] Otto Gademann (23.05.1892-20.03.1971), Rechtsanwalt der Einwohnerwehren und Verteidiger im Hitler-Prozeß. Vgl.: Otto Gritschneder, Bewährungsfrist für den Terroristen Adolf Hitler. Der Hitler-Putsch und die bayerische Justiz, München 1990, S. 176. Ferner: Emil Julius Gumbel, Verräter verfallen der Feme. Opfer/Mörder/Richter 1919-1929, Berlin 1929, S. 98ff, 113ff, 130.

[721] Vgl.: "Die Generalblamage", in: Völkischer Beobachter 47/48, 19.06.1921, S. 1. Dort heißt es unter anderem: "Nicht ausgeschlossen, daß es Erregung und Empörung war in den Kreisen, die Gareis bis aufs Blut reizte. Man erinnere sich nur, was der Volksbeauftragte über die Einwohnerwehr und besonders über die Oberschlesienkämpfer gesprochen hat . . .". Der Mörder von Karl Gareis konnte nie gefunden werden. Vgl.:StAM, Staatsanwaltschaft München I, 3088. Vgl.: Rede von Hans Unterleitner, in: Verhandlungen des Reichstags. Stenographische Berichte, I. Wahlperiode 1920, 116. Sitzung (17.06.1921), Bd. 350, S. 3940-3950, sowie die anschließende Debatte in der 117. Sitzung (18.06.1921) und 118. Sitzung (20.06.1921), in: Ebenda, S. 3951-4011.

lasse. Einige Wochen später sollte in einer Versammlung der gleichen Vereinigung mein Freund Karl Gareis sprechen, dem vor allem die Aufdeckung der Rolle der Pöhner-Polizei als Mitwisser und Förderer der Fememorde zu danken war. Seine Rede war auf den Abend des 9. Juni 1921 angesetzt. Auch ihn ersuchte die Leitung der Organisation in gleicher Weise, sich auf dem Hinweg in die Versammlung und auf dem Heimweg von der Versammlung schützen zu lassen. Leichtsinnigerweise lehnte er dies ab. Meiner Frau und mir waren am 2. Juni 1921 Zwillinge geboren[722] worden, und bevor Gareis in die Versammlung ging, kam er noch in meine Wohnung, um die beiden Neugeborenen zu bewundern. Ich drang bei dieser Gelegenheit nochmals in ihn, sich schützen zu lassen. Er lehnte jedoch lachend ab, mit der Begründung, die Kerle seien zwar nicht zu schlecht, wohl aber zu feige, ihm etwas zu tun. Als ich am nächsten Morgen das Morgenblatt der "Münchener Neuesten Nachrichten" in die Hand bekam, fand ich auf der Titelseite mit Balkenüberschrift die Nachricht der Ermordung von Karl Gareis[723]. Der Zeitung zufolge war er nach dem Ende der Versammlung zusammen mit einem ihm bekannten Mitglied seiner Partei, mit der Straßenbahn bis zu der Ecke der Strasse gefahren, in der seine Wohnung lag. Sein Begleiter war mit ihm bis zur Wohnung gegangen. In dem Augenblick, als sich die beiden voneinander trennten, wurde er im Dunkeln vor dem Eingang zu seinem Hause durch 2 Schüsse tödlich getroffen. Sein Begleiter konnte nur angeben, dass er unmittelbar darauf habe einen Mann an sich vorbeirennen sehen, ohne dass es ihm gelungen wäre, diesen Mann festzuhalten oder zu identifizieren. Der Begleiter Gareis' selbst war als ein sehr ordentlicher und anständiger Arbeiter bekannt, auf den keinerlei Verdacht fallen konnte.

Trotz meiner schweren Erschütterung über das neue, ruchlose Verbrechen, dessen Täter für mich ohne Zweifel nur bei den Einwohnerwehren zu suchen waren, konnte ich infolge verschiedener Berufspflichten nicht davon Abstand nehmen, in mein Büro zu gehen. Kaum war ich dort angelangt, als ich einen Telefonanruf der politischen Polizei München erhielt. Es meldete sich ein Kriminalkommissar am Telefon und fragte mich "im Auftrag des Herrn Dr. Frick", ob er sofort zu mir herüber kommen könne, es handle sich um den Mord an Landtagabgeordneten Gareis. Ich erwiderte, dass ich sofort zur Verfügung stünde, und tatsächlich fand sich der Beamte nach wenigen Minuten ein. Auf meine Frage, womit ich ihm dienen könne, sagte er, es sei Herrn Oberamtmann Dr. Frick, dem Vorsteher der politischen Polizei, bekannt, dass ich ein Freund des ermor-

[722] Irene Loewenfeld geb. 02.06.1921. Eva Goldschmidt geb. 02.06.1921.
[723] Vgl.: Münchner Neueste Nachrichten (Morgenblatt) 03.06.1921.

deten Gareis sei. Herr Dr. Frick erhoffe deshalb von meiner Mitwirkung bei der Untersuchung möglicherweise einen wertvollen Hinweis, wer dieses Verbrechen verübt haben könne, und wolle insbesondere von mir wissen, ob ich "auch" der Meinung sei, dass diese Tat nur von Kommunisten verübt worden sein könne. Mein Zorn über diesen unverschämten Versuch, meinen Namen zu einer lächerlichen Verschleierung des Sachverhaltes zu missbrauchen, war maßlos. Ich war von meinen fast täglich notwendigen Polemiken im Gerichtssaal und von meinen zahllosen Verhandlungen mit Behörden jedweder Art an die Notwendigkeit gewöhnt, mein Temperament zu bezwingen und im Ausdruck Mäßigkeit zu bewahren, auch wenn der Gegenstand der Polemik oder die Haltung der Behörde erregend war. In diesem Augenblick aber konnte ich mich nicht mehr halten und sagte: "Bestellen Sie Herrn Frick, dass ich, wenn er mir noch einmal einen Beamten mit einem so frechen Ansinnen schicken sollte, diesen die Stiege herunterwerfen werde, und wenn eine Anklage wegen Widerstands gegen die Staatsgewalt dabei herauskommen sollte." Als der Beamte darauf, einigermaßen schüchtern, erwiderte, er verstehe meine Erregung garnicht, schrie ich ihn an: "Wenn Sie dies nicht verstehen, dann verstehen Sie überhaupt nichts. Herr Frick kennt den oder die Täter und Anstifter viel genauer als ich, wenn er nicht selbst einer davon ist. Sie sitzen in der Einwohnerwehr oder in der Polizei oder in beiden". Der Beamte versuchte immer noch, mich zu begütigen und sagte, so etwas könne er doch seinem Chef unmöglich ausrichten. Ich schrie ihn darauf wieder an, er solle das machen, wie er wolle, jedenfalls aber mich in Ruhe lassen und mir keinerlei so unerhörte Fragen mehr stellen. Wenn in dieser Sache irgend jemand etwas von mir wissen wolle, müsse mich ein Richter vernehmen. Herren von der moralischen Qualität seines Chefs würde ich keine Antwort geben. Der Beamte sah mich ein wenig von der Seite an und sagte dann sehr einfach und anständig: „Nehmen Sie es mir nicht übel, Herr Rechtsanwalt, dass ich meinen Auftrag ausgeführt habe, Sie wissen ja, dass mir nichts anderes übrig blieb. Ich verstehe Sie schon, aber Sie wissen doch auch, es weht jetzt halt ein 'rechter' Wind." Soweit der Mann also konnte, deutete er mir an, dass er innerlich auf meiner Seite stehe und gleich mir das Verhalten seines Chefs als einen politischen Missbrauch seines Amtes ansah. Ich wurde deswegen freundlicher mit ihm, und wir sprachen noch einen Moment miteinander. Als er sich verabschiedete, sagte er mit einem Augenzwinkern, er werde nur ausrichten, dass ich mich lediglich einem Richter zur Verfügung stelle. Er setzte mit schlauer Miene hinzu: "Herr Dr. Frick versteht schon, wie Sie das meinen". Trotz meiner Trauer und Erschütterung hatte dieser Anstand des untergeordneten Polizeiorgans irgend etwas Versöhnendes für mich.

63. *Kabinett Lerchenfeld*

Durch die Serie der bayrischen Fememorde und Justizskandale erreichten deren Veranstalter zwar, dass die Rechtsradikalen einen Teil der verschobenen Waffen behielten. Sie bewirkten andererseits eine solche Diskreditierung der Kahr-Regierung im Reich und im Ausland, dass die Kahr-Regierung nicht mehr im Amte zu halten war. Im September 1921, knapp einviertel Jahr nach dem Mord an Gareis, erzwang die klerikale, bayrische Volkspartei selbst, nicht ohne Einwirkung der klerikalen Zentrumspartei im Reich, den Rücktritt Kahrs, dessen Politik in der Einwohnerwehr und in der Waffenfrage das deutsche Reich so schwer geschädigt und diskreditiert hatte. An seine Stelle trat als Ministerpräsident der Graf von Lerchenfeld[724], ein politisch ziemlich farbloser Mann, dem persönliche Kultur nicht mangelte, der aber viel zu schwach war, um in dem Hexenkessel der bayrischen Geheimbündepolitik und der aufkommenden nationalsozialistischen Agitation etwas Durchgreifendes zu bessern. Die klerikale, bayrische Volkspartei hielt an der These fest, dass man die "wertvollen Bestandteile" der Rechtsradikalen und der Nationalsozialisten für die "vaterländische bayrische Bewegung" gewinnen solle. Dies war vor allem die Politik des Landtagsabgeordneten Schäffer[725] der bayrischen Volkspartei, des Schwiegersohnes meines Universitätslehrers Dyroff. Im Gegensatz zu der gelehrten Gründlichkeit und Sachlichkeit und zu der großen persönlichen Bescheidenheit seines Schwiegervaters, war Schäffer, den ich seit meiner Studienzeit persönlich kannte, ein äußerst eitler, aufgeblasener und beifallssüchtiger Mensch, der die Dürftigkeit seiner Persönlichkeit durch ungeheure Betriebsamkeit und gemimte Schneidigkeit auszugleichen suchte, ein politischer Karrieremacher unsympathischer Art. Er hat es später bis zum bayrischen Finanzminister gebracht. Damals glaubte er es der Zeitmode zu schulden, alles Demokratische und erst recht alles Sozialdemokratische geräuschvoll anzupöbeln, um sich bei den Rechts-

[724] Hugo Graf von Lerchenfeld-Köfering (21.08.1871-13.04.1944), BVP, 1900-1918 im bayerischen Staatsdienst, 1918 in Reichsdienste übergetreten, 1920 bis 1921 Gesandter der Reichsregierung in Darmstadt, ab 21.09.1921 bayerischer Ministerpräsident, 1926-1931 deutscher Gesandter in Wien, später in Brüssel. Vgl.: BBB, S. 476. Vgl.: NDB 14, S. 314 f.

[725] Vgl.: Otto Altendorfer, Fritz Schäffer als Politiker der Bayerischen Volkspartei 1888-1945, Diss., Passau 1990. Fritz Schäffer war Mitglied der Studentenverbindung Apollo, in der auch Loewenfelds Vater korporiert war. Philipp Loewenfeld und Fritz Schäffer hatten nahezu dieselben akademischen Lehrer. 1914 absolvierte Schäffer in der Anwaltspraxis Theodor Loewenfelds ein Praktikum, für das Theodor Loewenfeld auch ein Zeugnis ausstellte (BHStA, NL Schäffer 12/1.) Schäffers Haltung zum Nationalsozialismus war weniger ideologisch als vielmehr taktisch geprägt.

radikalen, die er für kommende Männer hielt, entsprechend anzubiedern. So brachte es dieser Vertreter des bayrischen Klerikalismus fertig, im bayrischen Parlament die Nationalsozialisten als die "Sehnsucht der Jugend" zu bezeichnen und die Sozialdemokraten zu verdächtigen, sie seien nur Gegner der Nazis, weil diese unangenehme, politische Konkurrenten seien[726].

64. *Ermordung Erzbergers*

Immerhin trat in Bayern seit dem Sturze der Kahr-Regierung eine leichte Beruhigung ein. Die Fememörder und Geheimorganisationen verlegten ihre Tätigkeit in andere Reichsteile. Bereits am 26. August 1921, noch nicht einviertel Jahr nach dem Gareismord, fiel ihnen der frühere Reichsfinanzminister und Reichstagsabgeordnete Matthias Erzberger[727] zum Opfer. Gegen Erzberger hatten die Rechtsradikalen seit langer Zeit eine giftige persönliche Mordpropaganda geführt. Sie sahen in ihm den Vertreter der jüngeren Kräfte der klerikalen Zentrumspartei, die sich nach einigem Zaudern aufrichtig dem republikanischen und demokratischen Gedanken angeschlossen hatten. Sie betrachteten Erzberger als den "Schuldigen" an der sogenannten Friedensresolution des Reichstags[728], in der die Mehrheit des Parlaments, mitten im Weltkriege, für einen Frieden ohne Eroberungen und ohne Entschädigungen zur maßlosen Wut der alldeutschen Nationalisten sich erklärte. Erzberger hatte aber auch das schreckliche persönliche Opfer gebracht, für Deutschland im November 1918 den Waffenstillstandsvertrag im Wald von Compiègne zu unterzeichnen, in jenem Eisenbahnwagen, den die Nazis jetzt theatralisch als Schaustück nach Berlin verbracht haben. Handelte Erzberger auch in voller Übereinstimmung mit Hindenburg, so wurde er hiewegen doch von der Agitation der Rechtsradikalen als ein Verbrecher ausgeschrien. Der in der deutsch-nationalen Partei und deren Führer Karl Helfferich[729] repräsentierte industrielle

[726] Vgl.: Stenographischer Bericht über die Verhandlungen des Bayerischen Landtags 150.Sitzung (21.11.1922), S. 180 ff.

[727] MATTHIAS ERZBERGER (20.09.1875-26.08.1921), Zentrum, Vizekanzler und Finanzminister. Er unterzeichnete den Waffenstillstandsvertrag am 11.11.1919 in Compiègne und befürwortete die unvermeidliche Unterzeichnung des Versailler Vertrags. Vgl.: NDB 4, S. 639f. Vgl.: KLAUS EPSTEIN, Erzberger and the Dilemma of German Democracy, Princeton 1959. Vgl.: Anmerkung 371.

[728] Vgl.: ERNST RUDOLF HUBER, Dokumente zur Deutschen Verfassungsgeschichte seit 1789, Bd. 2, 3 Aufl., Stuttgart u.a. 1988, S. 471.

[729] KARL HELFFERICH (22.07.1872-23.04.1924), DNVP, Staatssekretär und Parteivorsitzender, Politiker und Nationalökonom, Vorstandsmitglied der Deutschen Bank, Staatssekretär des Reichsschatzamtes. Vgl.: NDB 8, S. 470 ff.

Hochkapitalismus förderte die Hetze gegen Erzberger mit den niedrigsten Mitteln. Denn auch er hatte mit Erzberger sein Hühnchen zu rupfen. Für ihn war Erzberger nicht der Verfasser der Friedensresolution und nicht der Unterzeichner des Waffenstillstandsvertrages, sondern der Mann, der in der deutschen Reichsabgabenordnung das zersplitterte deutsche Steuerrecht vereinheitlicht und dadurch den steuerlichen Zugriff auf die Mächtigen im ganzen Reiche wesentlich erleichtert hatte. Schon in den Jahren 1919 und 1920 führte der Deutschnationale Karl Helfferich eine giftige, persönliche Kampagne gegen Erzberger, durch die Erzberger zur Erhebung einer Beleidigungsklage gezwungen wurde. Helfferich, schandbarerweise vertreten von einem jüdischen Verteidiger[730], den Ehrgeiz und Sucht nach großen Einnahmen nicht erkennen ließ, wessen Geschäfte er mit der Vertretung dieses Superreaktionärs besorgte, ließ in dem Strafprozess wahre Wellen persönlichen Schmutzes auf Erzberger niedergehen. Von allen großaufgemachten Beschuldigungen blieben ein paar bescheidene Unkorrektheiten Erzbergers übrig, wie sie die deutsche Reaktion nie beanstandete, wenn sie von einem der Ihren begangen worden waren. Immerhin trat Erzberger nach beendigtem Prozess sogleich zurück, womit das politische Ziel der Hetze gegen ihn erreicht schien. Nicht gekühlt waren dagegen die fanatisierten Rachegefühle der Rechtsradikalen. Schon während des Prozesses hatte ein durch die Hetze Helfferichs aufgeputschter, junger Mann auf Erzberger geschossen[731], als dieser das Gerichtsgebäude verließ. Erzberger wurde durch die Schüsse nicht lebensgefährlich verletzt, der Täter einen Monat später vom Berliner Gericht zu der mehr als milden Strafe von eineinhalb Jahren Gefängnis verurteilt. Im August 1921 weilte Erzberger zu seiner Erholung im badischen Schwarzwald. Am 26. August machte er mit einem ihm befreundeten Reichstagsabgeordneten der klerikalen Zentrumspartei einen Spaziergang. Er wurde von zwei Mördern, die sich von hinten anschlichen, erschossen. Beide Mörder kamen aus Bayern, waren Mitglieder bayrischer Geheimorganisationen und insbesondere der Organisation C., die wir im Zusammenhang mit dem Hochverräter Kapitän Ehrhardt bereits kennengelernt haben[732]. Beiden hat die Münchener Pöhner - Polizei mit falschen Pässen zur Flucht ins Ausland verholfen. Wenige Tage nach dem Erzberger-Mord besuchten mich die beiden mit der Führung der Sache

[730] Jüdischer Verteidiger Helfferichs im Beleidigungsprozess gegen Erzberger 19.01.-12.03.1920 vor dem Landgericht Berlin-Moabit war MAX ALSBERG. Vgl.: S. LÖWENSTEIN, Der Prozeß Erzberger-Helfferich, Berlin 1921.

[731] Am 26.01.1920 feuerte der Schüler und Fähnrich a.D. Oltwig von Hirschfeld zwei Schüsse auf Erzberger ab. Vgl.: EMIL JULIUS GUMBEL, Vier Jahre politischer Mord, Berlin 1922, S. 69 f.

[732] Vgl.: EMIL JULIUS GUMBEL, Vier Jahre politischer Mord, Berlin 1922, S. 70f.

betrauten Beamten auf meinem Büro in München. Es waren dies der badische Generalstaatsanwalt Dr. Schlimm und der Untersuchungsrichter des Landgerichts Offenburg, Landgerichtsrat Dr. Burger[733]. Ich kannte Herrn Schlimm aus der Kriegszeit. Er war bei der bayrischen Landwehrdivision, bei der ich im Felde diente, als Oberkriegsgerichtsrat tätig gewesen, und ich war von ihm gelegentlich zu Verteidigungen vor dem Feldkriegsgericht herangezogen worden. Infolge dieses Umstandes hatte er sich meines Namens erinnert, als er diesem in der Presse oft im Zusammenhang mit meinen Kämpfen gegen die bayrischen Fememörder begegnete. Dies ließ in ihm den Gedanken reifen, zusammen mit dem Untersuchungsrichter mich zu besuchen, um zu hören, ob ich vielleicht Anhaltspunkte hinsichtlich der Täter geben könne. Die Anklagebehörde hatte bereits die richtigen Leute im Verdacht, die von Frick geleitete politische Abteilung der Pöhner-Polizei tat aber alles, um die beiden Leute ihrem Zugriff zu entziehen. Die beiden Beamten wurden mir nicht unter ihrem richtigen Namen angemeldet, sondern als Herr Gut und Herr Buchholz. Es machte auf mich einen tiefen Eindruck, als die beiden Vertreter der legalen deutschen Untersuchungsbehörde sich bei mir wegen der Anmeldung mit einem falschen Namen entschuldigten und sagten, sie seien leider in München generell genötigt, diesen falschen Namen zu führen, weil sie sonst nicht nur außerstande seien, irgendwelche Erhebungen zu pflegen, sondern sichtlich seitens der politischen Abteilung Pöhners in ihrem Leben bedroht seien. Der Landgerichtsrat Burger sagte klagend zu mir. "Ich habe eine ganz unpolitische Aufgabe. Am 26. August 1921 ist an einer Strasse bei Griesbach ein Mann namens Matthias Erzberger ermordet worden. Meine Aufgabe ist es, die Täter zu eruieren und der gesetzlichen Bestrafung zuzuführen. Ich kann nicht verstehen, wie es Menschen geben kann, die dies verhindern wollen und dazu noch, wie diese Polizeibeamte sein können". Ich erwiderte ihm, wenn er länger in der bayrischen Ordnungszelle wäre und nicht in Baden, – das damals noch eine Art demokratisches Musterland war – dann würde er alles besser verstehen. Dr. Burger sagte mir auch, dass ihm die Spitzel Fricks bis zu meinem Büro auf dem Fuße gefolgt seien, und erbat mein Einverständnis, dass er mit der Mordabteilung der Polizeidirektion München von meinem Büro aus telefonieren könne. Er sagte, diese Abteilung – die von einem sehr bekannten Fachkriminalisten geführt wur-

[733] Dr. Franz Schlimm (20.02.1864-1957), Generalstaatsanwalt in Baden. Am 15.05.1935 verlangte die Polizeidirektion Heidelberg beim bayerischen Kriegsarchiv Auskunft über ihn. Vgl.:BHStA,Abt.IV, Kriegsstammrollen 214. Dr. Burger (1879- das Todesdatum konnte nicht ermittelt werden), Landgerichtsrat in Offenburg, Staatsanwalt. Er ermittelte im Mordfall Erzberger. Weiteres konnte nicht in Erfahrung gebracht werden.

de – sei die einzige, die ihm in der durch das Gesetz vorgeschriebenen Weise Unterstützung gewährt habe und bei der er unter seinen richtigen Namen bekannt sei. Ich empfahl ihm, bei der Mordabteilung anzuregen, dass diese einige Beamte vor mein Büro schicken und nachsehen lasse, ob die Spitzel Fricks noch unten auf ihn lauerten. Ich wusste, dass die Beamten der Mordabteilung über die ewigen politischen Eingriffe in ihre Pflichterfüllung so wütend waren, dass ich dies empfehlen konnte. Tatsächlich befolgte Dr. Burger den Rat und sprach von meinem Schreibtisch aus mit dem Leiter der Mordabteilung. Dieser sicherte ihm zu, sofort Beamte zu schicken und dafür zu sorgen, dass er von keinerlei Spitzeln des politischen Referats mehr belästigt werde. So kam es zu einer Art Verhaftung der Polizei durch die Polizei vor dem Gebäude, in dem sich mein Büro befand. Die Beamten der Mordabteilung nötigten die vor dem Hause lauernden Frick-Spitzel, ihren Posten zu verlassen und mit ihnen in die Polizeidirektion zurückzugehen. Tatsächlich konnte ich Dr. Schlimm und Dr. Burger mit einigen Leuten in Verbindung bringen, die in der Lage waren, ihnen sehr wichtige Hinweise in der Mordsache zu liefern. Insbesondere konnten meine Gewährsleute der Untersuchungsbehörde eine Photographie sämtlicher Mitglieder des "Roll-Kommandos" – so nannten die Burschen in der Verbrechersprache ihr Mordkommando – verschaffen, auf der auch die tatsächlichen Mörder mit abgebildet waren. Nicht verhindern konnten dagegen meine Gewährsleute, dass diese Mörder mit den falschen Pöhner-Pässen sozusagen vor den Augen der legalen Untersuchungsbehörde nach Ungarn entschlüpften. Die geflüchteten Mörder Heinrich Schulz und Heinrich Tillessen[734] fanden in Ungarn in der Person des späteren ungarischen Ministerpräsidenten Gömbös[735] einen kongenialen Gastgeber. Wegen Begünstigung des Mordes an Erzberger wurde der Kapitän-Leutnant außer Dienst Manfred von Killinger[736] angeklagt. Das Schwurgericht Offenburg

[734] HEINRICH TILLESSEN (27.11.1894-12.11.1984), 1914-1918 Marineoffizier, nach 1918 bei der Brigade Ehrhardt und Organisation Consul, ermordete zusammen mit Heinrich Schulz Reichsfinanzminister Erzberger, floh anschließend nach Ungarn, 1933 amnestiert, Mitglied der NSDAP und der SA, 1946 in Freiburg vor Gericht gestellt und freigesprochen, 1947 zu 15 Jahren Zuchthaus verurteilt. Vgl.: CORD GEBHARDT, Der Fall des Erzberger-Mörders Heinrich Tillessen, Tübingen 1995.

[735] GYULA GÖMBÖS (26.12.1886-06.10.1936), Ministerpräsident Ungarns, ab 1932 Vertreter der 'Idee von Szeged', die eine Mischung aus Antibolschewismus, Antisemitismus, Nationalismus und faschistischem Regierungssystem darstellte. Vgl.: Geschichte in Gestalten. Ein biographisches Lexikon Bd. 2, hrsg. von HANS HERZFELD, Frankfurt/M. 1963, S. 112.

[736] MANFRED VON KILLINGER (14.07.1886-1944), Kapitän-Leutnant, als Mörder Erzbergers freigesprochen, ab 1929 Mitglied des sächsischen Landtags für die NSDAP, von 1933 bis 1934 Ministerpräsident Sachsens, 1937-1940 Generalkonsul in San Francisco, ab 1941 Gesandter in Bukarest, wo er sich 1944 vor der anrückenden sowjetischen Armee das Leben

sprach ihn jedoch frei. Vor dem Ausbruch des Dritten Reiches wurde er in Sachsen in eine neue Mordsache verwickelt, jedoch konnte man ihm wiederum trotz dringenden Verdachtes nichts beweisen. Durch diesen Zusammenhang mit mehreren Mordtaten erwarb er sich die Qualifikation zum höheren nationalsozialistischen Funktionär. Im Jahre 1929 wurde er nationalsozialistischer Landtagsabgeordneter in Sachsen, später sächsischer Ministerpräsident. Seitdem die deutschen Konsulate sich in mehr oder weniger offizielle Spionage- und Spitzelzentralen verwandelt haben, erlangte er auch die Qualifikation zum deutschen "Diplomaten". Bekanntlich hat er einige Zeit als deutscher Generalkonsul in San Francisco funktioniert. Nunmehr ist er deutscher Generalkonsul im naziunterworfenen Rumänien, das heißt praktisch der Herr des Landes. Dort kommt es auf einige Morde oder Verbrechen hin oder her weniger an und alle diesbezüglichen Wünsche werden von einer ebenfalls kongenialen Regierung prompt honoriert. So ist auch hier der richtige Mann schließlich an dem richtigen Platz gelandet. Nach Ausbruch des Dritten Reiches zogen die beiden Erzberger-Mörder Schulz und Tillessen feierlich, unter Teilnahme der gesamten Behörden, in der badischen Stadt Offenburg ein. Der Präsident desselben deutschen Landgerichts, dessen Staatsanwaltschaft und dessen Untersuchungsrichter seiner Zeit die für ein Hitlerhirn kaum ausdenkbare Frechheit begangen hatten, die beiden Mörder zu verfolgen, hielt an sie eine "ehrende" Ansprache, in der ihnen für die Untat dieser Strafverfolgung sozusagen Abbitte geleistet wurde. Die Herren Mörder nahmen die Fest- und Entschuldigungsrede mit dem gebührenden Wohlwollen entgegen. Als Vertreter Hitlers bei dieser wahrhaft erhebenden germanischen Feier war Herr Ernst Röhm erschienen. Er wurde inzwischen von Hitler ermordet, während es den Erzberger-Mördern dem Vernehmen nach noch gut geht. Der Gesamtablauf der Mordsache Erzberger zeigt, wie kaum ein anderer Fall, die Unwahrheit der Behauptung, dass die totale Verlumpung Deutschlands erst mit Hitler begonnen habe. Er hat vollendet und sozusagen übertrumpft, was in der angeblich demokratischen Republik schon vorher blühte. Ein Massenerfolg wäre undenkbar, wenn nicht das öffentliche Gewissen des Landes gegen fortdauernden Mord und Totschlag, Willkür und Rechtsbeugung, Regierungs- und Justizverbrechen jedweder Art längst abgestumpft gewesen wäre und wenn nicht auf der anderen Seite die zügellose Mordgier und Grausamkeit nationaler Banditen zustimmenden Widerhall in einem großen Teil der deutschen Bevölkerung gefunden hätte. Es gilt auch in die-

nahm. Vgl.: CORD GEBHARDT, Der Fall des Erzberger-Mörders Heinrich Tillessen, Tübingen 1995. S. 352.

sem Lande[737] bei vielen Leuten als eine gute Mode, zu sagen, dass Deutschland nicht mit Hitler verwechselt werden dürfe. Tatsache ist aber, dass ein großer Teil von Deutschland ihm wesensgleich ist und dass diese Wesensgleichheit sich keineswegs nur auf eine kleine, aber gewalttätige Minorität erstreckt, wie es manche Vertreter jener modischen Verteidigungsströmung gerne wahr haben möchten. Derart schauerliche Wesenszüge innerhalb einer großen Volksgemeinschaft kommen nicht von ungefähr. Jahrhundertelange Autokratie größerer und kleinerer Fürsten haben einen Sinn für Bürgerrechte und für den Wert der Gerechtigkeit als solcher in breiten Massen kaum aufkommen lassen. Auch in den sogenannten konstitutionellen Zeiten des neunzehnten und des beginnenden zwanzigsten Jahrhunderts war der deutsche Durchschnittsbürger vermöge der Übermacht des Militärs und der großen Wirtschaftsinteressen noch nicht über jenes Niveau hinausgediehen, das Heinrich Mann in seinem "Untertan"[738] gezeichnet hat. Humanität und Gerechtigkeitsliebe galt diesem Milieu als entartete Gefühlsduselei. Blut und Eisen sollten nach ihrer Überzeugung das Geschehen der Staaten und der Völkergemeinschaften formen. Die Verherrlichung der Erzberger-Mörder durch die Vertreter des deutschen Staates und der deutschen Justiz war also nur der Schlussstein einer ganz konsequenten Entwicklung, die mit dem kriminellen Mord als einer wesentlichen Staatseinrichtung und mit dem kriminellen Mörder als hohem Staatsfunktionär endigte.

65. *Ermordung Rathenaus*

Das Jahr 1922 brachte neben zahlreichen weiteren Fememorden und Mordversuchen wie den Mordattentaten auf den ehemaligen Ministerpräsidenten Philipp Scheidemann[739] und den Herausgeber der "Zukunft" Maximilian Harden[740], das Mordattentat auf Dr. Walter Rathenau[741], der dem deutschen Reich im Weltkriege wichtige Dienste geleistet und der deutschen Republik als Reichsaußenminister gedient hatte. Seitdem er zu Rapallo den ersten deutschen Freundschaftsvertrag mit Russland geschlossen

[737] In den USA.

[738] Heinrich Mann, Der Untertan, München 1918.

[739] Attentat auf Philipp Scheidemann: 04.06.1922. Vgl.: Philipp Scheidemann, Memoiren eines Sozialdemokraten, Dresden 1928, S. 415-418. Vgl.: Heinrich und Elisabeth Hannover, Politische Justiz 1918-1933, Frankfurt/M. 1966, S. 124-128.

[740] Attentat auf Maximilian Harden: 03.07.1922. Vgl.: Heinrich und Elisabeth Hannover, a.a.O. S. 129-132.

[741] Attentat auf Walter Rathenau 22.06.1922. Vgl.: Anmerkung 333.

hatte – dergleichen ist straflos nur für Adolf Schückelgruber zulässig[742] – stand es in "nationalen" Kreisen fest, dass er zu ermorden sei. Der Mord, der wiederum von Mitgliedern der Organisation C. und anderen Geheimorganisationen ausgeführt wurde, löste zum ersten Mal eine politische Gegenbewegung der breitesten Massen gegen die Mörder und ihre Hintermänner aus. Im Reichstag musste sich Helfferich wegen seiner blutrünstigen Hetze gegen Rathenau den Zuruf "Mörder" gefallen lassen[743]. Der Reichskanzler Dr. Wirth, ein Vertreter der klerikalen Zentrumspartei, sprach zum ersten Mal unter stürmischer Zustimmung eines sehr großen Teiles des Hauses das Wort aus: "Der Feind steht rechts"[744]. Seine Partei hatte dies recht bald wieder vergessen.

66. *Verordnung und Gesetz zum Schutz der Republik*

Im Deutschen Reich war zu jener Zeit eine aus Zentrumsleuten und Sozialdemokraten zusammengesetzte Koalitionsregierung am Ruder, in der lediglich das Reichwehrministerium und das Reichsverkehrsministerium mit sogenannten parteilosen Fachministern besetzt waren[745]. Diese Koalitionsregierung zog zum ersten Mal in aller Schnelligkeit aus dem rechtsradikalen Terror gesetzgeberische Konsequenzen. Die deutsche Reichsverfassung enthielt einen sogenannten Diktaturartikel, demzufolge der Reichspräsident bei erheblicher Störung und Gefährdung der öffentlichen Sicherheit und Ordnung ermächtigt war, die zur Wiederherstellung der öffentlichen Sicherheit und Ordnung nötigen Maßnahmen von sich aus zu treffen. Bereits 4 Tage nach dem Mord an Rathenau, am 26. Juni 1922, erließ der Reichspräsident Ebert, mit Gegenzeichnung des Zentrumsmannes Dr.

[742] Vertrag zwischen dem Deutschen Reich und der UdSSR 23.08.1939, (Deutsch-sowjetischer Nichtangriffspakt). Vgl.: Geschichte in Quellen Bd. V, hrsg. von WOLFGANG LAUTEMANN und MANFRED SCHLENKE, bearbeitet von GÜNTER SCHÖNBRUNN, München 1975, S. 437 ff.

[743] Vgl.: Verhandlungen des Reichstags. Stenographische Berichte, I. Wahlperiode 1920, 234. Sitzung (24.06.1922), in: Bd. 355, S. 8033-8036.

[744] DR. JOSEPH WIRTH (06.09.1879-04.01.1956), Zentrum, 1913 Mitglied der Badischen Zweiten Kammer, 1914 Mitglied des Reichstags, 1919 Mitglied der Nationalversammlung, 1918-1920 badischer Finanzminister, 1920-1921 Reichsfinanzminister, 1921-1922 Reichskanzler und Reichsaußenminister, 1929 Minister für die besetzten Gebiete, 1930 Reichsinnenminister, 1933-1948 Exil in der Schweiz. Vgl.: HEINRICH KÜPPERS, Joseph Wirth. Parlamentarier, Minister und Kanzler der Weimarer Republik, Stuttgart 1997. "Der Feind steht rechts" in der Rede vor dem Reichstag am 25.06.1922. Vgl.: JOSEPH WIRTH, Reden während der Kanzlerschaft, Berlin 1925, S. 395-406; hier 406.

[745] Regierung vom 26.10.1921-21.11.1922: Reichskanzler Joseph Wirth (Zentrum), Vizekanzler Gustav Bauer (SPD), Reichswehrminister Otto Geßler (DDP), Reichsverkehrsminister Wilhelm Groener (Parteilos). Vgl.: BRACHER/FUNKE/JACOBSEN (Hrsg.). Die Weimarer Republik 1918-1933, 2. Aufl., Bonn 1988, S. 632.

Wirth als Reichskanzler, des Sozialdemokraten Dr. Köster als Reichsinnenminister und des Sozialdemokraten Professor Dr. Radbruch als Reichsjustizminister, eine in vier Teile zerfallende Verordnung zum Schutze der Republik[746]. Der erste Teil ermöglichte das Verbot von Versammlungen, Aufzügen und Kundgebungen, wenn die Besorgnis begründet war, dass in ihnen die Beseitigung der republikanischen Staatsform oder die Begehung von Gewalttaten gegen Mitglieder der damaligen oder einer früheren republikanischen Regierung des Reichs oder eines Einzelstaates propagiert, gebilligt oder verherrlicht werde oder die republikanischen Einrichtungen des Staates in einer den inneren Frieden gefährdenden Weise verächtlich gemacht würden. Dieser Teil der Verordnung erlaubte auch das Verbot und die Auflösung von Organisationen, die Bestrebungen dieser Art verfolgten. Im zweiten Teil der Verordnung wurde mit Gefängnisstrafen von 3 Monaten bis 5 Jahren und hohen Geldstrafen die Verherrlichung, Billigung, Belohnung oder Begünstigung von öffentlichen Gewalttaten gegen die republikanische Staatsform oder gegen Mitglieder der republikanischen Regierung bedroht, ebenso die Aufforderung zu Gewalttaten gegen den gleichen Personenkreis oder die Verabredung solcher Gewalttaten mit einer anderen Person. Auch die Verleumdung oder öffentliche Beschimpfung der republikanischen Regierungspersonen, die Beschimpfung der republikanischen Staatsform, der Reichs- und Landesfarben und die Teilnahme an Geheimorganisationen zur Untergrabung der republikanischen Staatsform wurde mit diesen Strafen bedroht. Der dritte Teil der Verordnung bestimmte die Errichtung eines Staatsgerichtshofes zum Schutze der Republik, der anstelle der ordentlichen Gerichte zur Aburteilung von Gewalttaten gegen die republikanische Staatsform oder gegen republikanische Regierungspersonen und zur Aburteilung der durch die Verordnung selbst mit Strafe bedrohten Handlungen zuständig sein sollte. Der vierte Teil der Verordnung endlich betraf Presseverbote und Beschlagnahme von Druckschriften. Durch eine Ausführungsverordnung[747] vom gleichen Tage ermächtigte die Reichsregierung die Länder, Veranstaltungen zur Erörterung des Versailler Vertrages und aller damit zusammenhängenden Fragen, Regimentsfeiern und andere Versammlungen von Angehörigen ehemaliger Truppenteile generell bei hoher Gefängnis- und Geldstrafe zu verbieten. Damit war zugleich anerkannt, dass von denjenigen Kreisen, die solche Versammlungen veranstalteten, – und dies waren in erster Linie die Rechtsparteien – die hauptsächlichste Hetze ausgegangen war, die schließlich zu Mordtaten

[746] Verordnung zum Schutze der Republik 26.06.1922/Gesetz vom 21.07.1922. Vgl.: RGBl. I, 1922, S. 586.

[747] Ausführungsverordnung vom 26.06.1922. Vgl.: RGBl. I, 1922 S. 586.

führte. Drei Tage später, am 29. Juni 1922, verschärfte die Reichsregierung die Verordnung durch einen Nachtrag, der mit Todesstrafe oder lebenslangem Zuchthaus Personen bedrohte, die wissentlich an einer Vereinigung zur Ermordung amtierender oder früherer Mitglieder einer republikanischen Regierung des Reichs oder eines Landes teilnahmen oder solche Vereinigungen wissentlich finanzierten, während Zuchthausstrafen für diejenigen angedroht wurden, die von dem Bestehen einer solchen Vereinigung Kenntnis hatten und es unterließen, die Behörde oder die bedrohte Person zu informieren. Auch wurde durch diese Nachtragsverordnung das Recht zu Zeitungsverboten näher festgelegt[748].

Diese Bestimmungen und Strafdrohungen waren wahrlich das Mindeste, was notwendig war, um weiteren rechtsradikalen Terror im Schach zu halten. Viele besorgte Patrioten hielten sie für eher zu zahm als zu scharf. Die Reichsregierung und die Länderregierungen stimmten in dem Wunsche überein, die auf Grund des Diktaturartikels erlassene Verordnung bald im Wege der ordentlichen Gesetzgebung zu bestätigen. Die Reichsregierung brachte eine entsprechende Gesetzesvorlage ein[749]. Alle Länderregierungen erklärten sich für diese, die einzige Ausnahme bildete die bayrische Regierung. Sie hatte ganz andere Sorgen als die Bekämpfung des rechtsradikalen Terrors und des Fememordes. Für sie war es selbstverständlich, in einer Front mit den Mördern und Hetzern gegen ganz Deutschland zu stehen. Im Reichstag veranstalteten die reaktionären Parteien eine heftige Agitation, weil der Gesetzentwurf ihrem angeblichen Rechtsempfinden zuwiderlaufe. Sie, die begeistert für jede Ausnahmegesetzgebung gegen links zu haben waren, fanden, der Entwurf sei eine Ausnahmegesetzgebung gegen rechts und deshalb nicht konstitutionell. Trotzdem erreichte der Gesetzentwurf die Zweidrittel-Mehrheit, die zu Verfassungsänderungen erforderlich war, allerdings nicht ohne dass vorher erhebliche Abschwächungen und Verbesserungen seines Inhaltes erfolgt waren. Er wurde mit 303 gegen 202 Stimmen angenommen. Die ablehnende Minderheit war außerordentlich charakteristisch. Sie bestand aus den Deutschnationalen, den reaktionärsten Mitgliedern der hochindustriellen

[748] Vgl.: RGBl. I (1922), S. 532.

[749] Die Gesetzesvorlage der Reichsregierung zum Schutz der Republik vom 21.07.1922 wurde mit 303 gegen 202 Stimmen (DNVP, DVP, KPD, BVP) angenommen. Vgl.: Ursachen und Folgen. Vom deutschen Zusammenbruch 1918 und 1945 bis zur staatlichen Neuordnung Deutschlands in der Gegenwart. Eine Urkunden- und Dokumentensammlung, Bd. 4, hrsg. von Herbert Michaelis und Ernst Schraepler, Berlin 1960, S. 234-239. Aus der Stimmenzahl ergibt sich, dass eine Zweidrittelmehrheit nicht erreicht wurde; es handelte sich jedoch nicht um eine formelle Verfassungsänderung, sondern um ein verfassungsdurchbrechendes Reichsgesetz, das in der Weimarer Republik zulässig war.

deutschen Volkspartei – deren Mehrheit jedoch dem Gesetze zustimmte – den bayrischen Klerikalen und den Kommunisten. Die in allen Ländern immer wieder sichtbar gewordene Koalition der Kommunisten mit der extremsten, staatsfeindlichen Reaktion und mit den Vertretern eines staatsauflösenden Partikularismus, kurz mit jeder fortschrittsfeindlichen politischen Richtung, bewährte sich also auch hier. Selbstverständlich lehnte auch der organisierte Kommunismus die gegen politischen Mord und Terror gerichtete Gesetzgebung nur aus Liebe zur "Freiheit" und zu konstitutionellen Zuständen ab. Wir werden für die Tatsache, dass sich der organisierte Kommunismus in Deutschland fortdauernd als der niederträchtigste Zuhälter der politischen Reaktion erwiesen hat, noch manche Belege in diesen Erinnerungen finden. Sein öffentliches Schmierestehen für den Hitlerismus ist daher eine ebenso folgerichtige Entwicklung, wie die Zuhilfenahme des Hitlerismus seitens der deutschen Reaktion folgerichtig war.

67. *Verfassungsbruch*

Kaum war das Gesetz zum Schutze der Republik vom 22. Juli 1922 erlassen, als die bayrische Regierung mit einem Verfassungsbruch von seltener Frechheit gegen die Reichsregierung zum offenen Kampfe überging. Der Diktaturartikel der Reichsverfassung, der den Reichspräsidenten zur Wiederherstellung der öffentlichen Sicherheit und Ordnung zu "einstweiligen Maßnahmen" ermächtigte, sagte nämlich, dass bei "Gefahr im Verzug" jede Landesregierung für ihr Gebiet solche provisorische Maßnahmen treffen könne, die auf Verlangen des Reichspräsidenten oder des Reichstags außer Kraft zu setzen seien. Der Sinn dieser Ermächtigung der Landesregierung war natürlich nur der, dass der Landesregierung ein Eingreifen erlaubt sein sollte, wenn so große Eile geboten war, dass eine Aktion des Reichspräsidenten möglicherweise zu spät kommen würde. Keinesfalls dagegen war es der Sinn der Ermächtigung, einer Landesregierung zu erlauben, ein soeben erlassenes Reichsgesetz oder sonstige Regierungsakte des Reichspräsidenten oder des Parlaments außer Kraft zu setzen. Die bayrische Regierung aber erklärte, das vom Reichstag beschlossene und von der Reichsregierung veröffentlichte Gesetz sei verfassungswidrig und habe in Bayern eine solche "Erregung" ausgelöst, dass die öffentliche Sicherheit und Ordnung in Bayern gefährdet sei[750]. Deshalb sei die bayrische Regierung, auf Grund der verfassungsmäßigen Ermächtigung des Diktaturartikels berechtigt und veranlasst, das gültige Reichsgesetz für Bayern

[750] Vgl.: ALBERT SCHWARZ, Die Zeit vom 1918 bis 1933, in: MAX SPINDLER, Bayerische Geschichte im 19. und 20. Jahrhundert Bd. 1, 1. Aufl. München 1978, S. 466 ff.

außer Kraft zu setzen und an seiner Stelle eine eigene, bayrische Verordnung über den "Schutz der Republik"[751] zu erlassen. Ausgerechnet diejenige Landesregierung, in deren Bereich sich jeder Fememörder, keinesfalls aber jeder Ehrenmann sicher fühlen konnte, die Regierung, deren Polizeiorgane jeden Lumpen mit falschen Pässen ausstatteten, wenn er nur ein Feind der Reichsgewalt war, nahm es sich heraus, sich als selbsternannter Hüter der Reichsverfassung auszugeben und mit diesem zynischen Argument zum direkten Ungehorsam gegen die Reichsgewalt aufzurufen. Man stelle sich etwa vor, der Governor von Californien würde erklären, die amerikanische Wehrgesetzgebung verstoße gegen die Konstitution, dies habe im Staate Californien eine solche Erregung ausgelöst, dass der Governor von Californien sich veranlasst sehe, sie außer Kraft zu setzen und an ihre Stelle eine eigene Californische Wehrgesetzgebung zu setzen. Die Vorstellung, dass ein amerikanischer Governor ein solcher unverschämter Verbrecher sein könnte, würde auch dann ganz bestimmt von keinem amerikanischen Hirn aufgenommen werden, wenn es dem Governor durch eine amerikanische Verfassungsbestimmung erlaubt wäre, bei Bedrohung der öffentlichen Sicherheit und Ordnung einstweilen anstelle der Zentralgewalt zu handeln. Es würde sicherlich nur Stunden dauern, bis ein derartiger Verbrecher aus dem Amt geworfen würde. Die deutsche Reichsregierung dagegen vermied es, in dieser "delikaten" Situation irgend etwas zu tun, was von den bayrischen Rechtsbrechern als zu große Schärfe aufgefasst werden könne. Nach dem Diktaturartikel war es das klare Recht des Reichspräsidenten und des Reichstags, die unverzügliche Außerkraftsetzung der Verordnung zu verlangen und die Reichsexekution gegen Bayern einzuleiten, wenn diesem Verlangen nicht sofort entsprochen wurde. Statt das Verlangen nach Aufhebung zu stellen und damit das Bild eines halbwegs auf Wahrung ihrer Würde und legaler Zustände bedachten Reichsgewalt zu zeigen, bot der Reichspräsident in einem Briefe an den bayrischen Ministerpräsidenten Graf von Lerchenfeld selber "Verhandlungen" an[752]. Die bayrische Regierung, die hierin das Anerkenntnis einer schwäch-

[751] Verordnung des bayerischen Gesamtministeriums zum Schutze der Verfassung der Republik vom 24.07.1922 (GVBl 1922, S. 374). Vgl.: ERNST RUDOLF HUBER, Dokumente zur Deutschen Verfassungsgeschichte, Bd. 3, Stuttgart u.a. 1966, S. 257 f.

[752] Brief des Reichspräsidenten Ebert an Graf von Lerchenfeld über Verhandlungen. Die Ergebnisse der Verhandlungen wurden im "Berliner Protokoll" vom 11.08.1922 niedergelegt. Formal hob die bayerische Regierung am 24.08.1922 ihre Notverordnung auf und es galt das Republikschutzgesetz des Reiches. Vgl.: ALBERT SCHWARZ, Die Zeit vom 1918 bis 1933, in: MAX SPINDLER, Bayerische Geschichte im 19. und 20. Jahrhundert, Bd. 1, 1. Aufl. München 1978, S. 467 Vgl.: ERNST RUDOLF HUBER, Dokumente zur Deutschen Verfassungsgeschichte, Bd. 3, Stuttgart u.a. 1966, S. 260.

lichen und traurigen Reichsgewalt sah, dass man sie nicht als Rechtsbrecher behandle, sondern mit ihr feilschen wolle, ließ sich gnädigst auf die Verhandlungen ein. Mit allerhand Konzessionen an den bayrischen Partikularismus, die alles andere als eine Verbesserung des Gesetzes zum Schutze der Republik darstellten, wurde schließlich von der rechtsbrecherischen bayrischen Regierung die Aufhebung ihrer Verordnung erkauft. Trotzdem ging dieses "Entgegenkommen" des Grafen von Lerchenfeld den regierenden bayrischen Klerikalen viel zu weit.

68. *Regierung von Knilling*

Sie traten nicht nur in eine offizielle Regierungskoalition mit den Deutschnationalen, der offiziellen Schutztruppe der Fememörder, ein, sondern stürzten auch den Grafen von Lerchenfeld und ersetzten ihn durch einen anderen "Berufsbeamten", Dr. Eugen von Knilling[753], einen Mann, von dem keinerlei Widerstand gegen die reaktionärsten Tendenzen zu erwarten war. Knilling war formell Mitglied der klerikalen, bayrischen Volkspartei, jedoch ein Anhänger der Richtung, die die Nazis als "von flammender Vaterlandsliebe geleitete Idealisten" ansah und demgemäß mit ihnen zu paktieren bereit war. Binnen weniger Monate mussten jedoch die bayrischen Klerikalen, sehr wider ihren Willen, erkennen, dass die Nazis nicht nur auf Zerstörung des "Marxismus", sondern auch auf diejenige ihrer eigenen Parteiherrschaft ausgingen. Bereits Ende Januar 1923 war es soweit, dass die Regierung Knilling, als sie aus besonderem Anlass nazistische Versammlungen unter freiem Himmel verbot[754], sich von den Nazis antworten lassen musste, dass ihre Verbote nicht beachtet würden, und dass die Nazis der staatlichen Gewalt ihrerseits Gewalt entgegensetzen würden. Die Regierung von Knilling verhängte hierauf am 26. Januar 1923 den Ausnahmezustand über Bayern, zehn Tage später hatte sie sich mit den Nazis bereits wieder geeinigt und hob ihn auf. Für die Einigung dieser Edlen hatte der frühere Ministerpräsident von Kahr seine guten Dienste zur Verfügung gestellt[755]. Die Parole Hitlers: "Nicht nieder mit Frankreich, sondern nieder mit den November-Verbrechern" wurde von der Regierung Knilling als "vaterländisch" anerkannt. Mit den November-Verbrechern

[753] Dr. Eugen von Knilling (01.08.1865-20.10.1927), BVP, Jurist, Mitglied des Landtags 1920-1922, 1912-1918 bayrischer Kultusminister, 08.11.1922 bis 1924 Ministerpräsident, ab 1924 Präsident der Staatsschuldenverwaltung. Vgl.: BBB, S. 427.

[754] Am 28.01.1923 fand der erste Reichsparteitag der NSDAP in München statt. Dabei marschierte die SA auf dem Marsfeld auf.

[755] Vgl.: Münchener Post, 27./28.01.1923, S. 1 f.

waren die Sozialdemokraten und die unabhängigen Sozialdemokraten gemeint, denen, weil sie die ersten republikanischen Regierungen des Reiches und der Länder anstelle der ausgerissenen Monarchen stellten, nicht nur die Verantwortung für die politische Revolution vom November 1918, sondern lügenhafterweise zugleich für den Verlust des Weltkrieges aufgebürdet wurde.

69. *Paul Nikolaus Cossmann*

Es war ein Treppenwitz der Weltgeschichte, dass die beiden wesentlichsten Stichworte der Nazis und der übrigen nationalistischen Bekämpfer der deutschen Republik von einem waschechten Juden herrührten. Diese beiden agitatorischen Hauptargumente waren: Erstens beruhe der Artikel des Versailler Vertrages, wonach Deutschland die Verantwortung für den Weltkrieg aufgebürdet wurde, auf einer "Lüge". Deutschland sei am Weltkrieg weder alleinschuldig noch auch nur mitschuldig. Die alleinige Schuld am Weltkrieg treffe vielmehr die Entente-Mächte. Der ganze Versailler Vertrag beruhe auf der "Schuldlüge" und sei deshalb ein durch und durch unmoralischer Vertrag. Zweitens sei der Weltkrieg nicht von Deutschland verloren worden, weil das deutsche Heer und die deutsche Flotte eine militärische Niederlage erlitten hätten, sondern weil die deutsche Front "durch den Verrat marxistischer Führer von hinten erdolcht worden sei". Der Autor beider Argumente, desjenigen der "Schuldlüge" und desjenigen vom "Dolchstoß von hinten", war der Jude Professor Paul Nikolaus Cossmann[756], ein aus Frankfurt am Main stammender Schriftsteller, der schon in der Vorkriegszeit in München wohnte und dort die "Süddeutschen Monatshefte" herausgab. Cossmann war in den Vorkriegsjahren ein entschiedener Vorkämpfer demokratischen Liberalismus, politischen Anstandes und sozialen Fortschrittes. In seinen "Süddeutschen Monatsheften" schrieben damals die besten Geister der Nation. In den Kämpfen Lujo Brentanos gegen mächtige Interessenten und gegen die gelben Gewerkschaften war ihm Cossmann ein getreulicher Helfer. Eine Reihe der wich-

[756] Paul Nikolaus Cossmann (06.04.1869-19.10.1942), Herausgeber der "Süddeutschen Monatshefte" (1904-1933), 1933 von der Gestapo verhaftet, 1938 Haft im Lager Berg am Laim, 1942 in das KZ Theresienstadt verbracht und ermordet. Cossmann war Jude, der zum Katholizismus konvertiert war. Vgl.: NDB 3, S. 374. Vgl.: Karl Alexander von Müller, Paul Nikolaus Cossmanns Ende, in: Hochland 42. Jg. (1949/50),S. 368-369. Ferner: Hermann Sinsheimer, Paul Nikolaus Coßmann, in: Hans Lamm, Von Juden in München. Ein Gedenkbuch, München 1959, S. 295 ff. und Wolfram Selig, Paul Nikolaus Coßmann und die Süddeutschen Monatshefte von 1914-1918, Osnabrück 1967.

tigsten Arbeiten Brentanos, wie zum Beispiel diejenigen über Lohnminimum und über Syndikalismus, erschienen in den "Süddeutschen Monatsheften"[757]. Mein Vater war damals ein häufiger Berater Cossmanns und durch diesen Umstand und durch die Berührung Cossmanns mit Brentano wurde ich schon in der Vorkriegszeit mit ihm bekannt und hielt ihn damals in jeder Beziehung für einen höchst achtungswürdigen Mann. Ich erinnere mich noch eines Gespräches mit ihm, bei dem er der Meinung Ausdruck gab, es sei für ihn "moralisch nicht zulässig", einen Nationalliberalen in den "Süddeutschen Monatsheften" schreiben zu lassen, weil die Partei der Nationalliberalen "zu weit rechts" stehe. Ich sagte ihm, nach meiner Auffassung komme es weniger darauf an, bei welcher Partei der Verfasser eines Aufsatzes organisiert sei, als darauf, ob das, was er zu sagen habe, nach Cossmanns Auffassung richtig und wissenswert sei. Sei dies der Fall, dann solle er es bringen, auch wenn der Verfasser in allgemeinen politischen Fragen nicht dieser Meinung sei, sei dagegen ein Aufsatz nach seiner Ansicht weder richtig noch wissenswert, dann würde er nach meinem Dafürhalten die Wiedergabe auch dann abzulehnen haben, wenn das betreffende Werk von einem seiner Parteifreunde herrühre. Cossmann ließ diese meine Anschauung nicht gelten und hielt daran fest, dass es politisch anstößig sei, etwas zu drucken, wenn der Verfasser "zu weit rechts" stehe. In den ersten Jahren des Weltkrieges machte Cossmann eine politischen Schwenkung von 180 Grad und ging zur extremsten alldeutschen Agitation über. Er wurde das politische Sprachrohr des Marinechefs Großadmiral von Tirpitz[758], dessen Verhältnis zur Wahrheit derartig gespannt war, dass er in weiten Kreisen der Bevölkerung als der "Vater der Lüge" bezeichnet wurde. Er beteiligte sich an allen subversiven Strömungen gegen die damalige Reichsgewalt, machte an führender Stelle die Hetze gegen den Reichskanzler von Bethmann-Hollweg mit, den er der "Schwäche", der "Knochenerweichung" bezichtigte und an dessen Stelle er einen stärkeren Militär-Diktator zu sehen wünschte. In den Kämpfen Ludendorffs gegen die Zivilgewalt sekundierte er mit den schärfsten Mitteln dem ehrgeizigen General. Er wurde einer der Mitgründer der "Vaterlandspartei", die schon damals das Kriegsziel verfolgte, in einem "deutschen Frieden" die halbe Welt schlucken zu wollen. Alles, was nicht hochimperialistisch und anne-

[757] LUJO BRENTANO, Über Syndikalismus und Lohnminimum, München 1913, zuerst in: Süddeutsche Monatshefte 10. Jahrgang (1912/13), S. 320-342 und 537-559.

[758] ALFRED VON TIRPITZ (19.03.1849-06.03.1930), Admiral. 1897-1916 Staatssekretär des Reichsmarineamtes, 1917 Mitbegründer der "Vaterlandspartei", 1924-1928 deutschnationales Mitglied des Reichstags. Vgl.: ALFRED SCHULZE-HINRICHS, Großadmiral Alfred v. Tirpitz, Göttingen 1958.

xionistisch war, verfolgte er mit giftigem Hass und Spott. Der Reichskanzler von Bethmann-Hollweg belegte in einer öffentlichen Reichstagsrede diesen Kreis, der mit Pamphleten, Eingaben, Geheimversammlungen, Flugblättern in Briefform das öffentliche Gewissen Deutschlands im Sinne eines räuberischen Siegesrausches, einer maßlosen Orgie von Neid, Hass und Gier zu vergiften suchte, mit dem Namen "Piraten der öffentlichen Meinung"[759]. Bethmann-Hollweg blieb auf der Strecke, die Piraten brachten es zu zeitweiligem politischen Einfluss, bis der Kriegsstern Deutschlands mehr und mehr zu sinken begann. Von da an gingen sie daran, die volksvergiftenden Schlagworte zu erfinden, die die Verantwortung für den Krieg und für seinen Verlust Kreisen zuschieben sollte, die in Wirklichkeit weder den Krieg noch seinen Verlust verursacht hatten. Schon im Jahre 1917 war es mit Cossmann so weit, dass er sich persönlich denunziatorische Haltung vorwerfen lassen musste. Er verklagte den Historiker Professor Veit Valentin[760], der ihm zum Vorwurf machte, Cossmann habe ihn wegen seiner politischen Einstellung in den Schützengraben denunziert – was eine beliebte Methode schneidiger Heimkrieger war, sich der Vertreter politisch abweichender Auffassungen zu entledigen. Valentin konnte keinen vollen Beweis für seine Behauptung führen. Seine Zeugen standen unter "vaterländischem" Druck. Er musste wohl oder übel, um eine Verurteilung wegen Beleidigung zu vermeiden, auf einen Vergleich eingehen. Durch die Rücksichtslosigkeit und die Leidenschaftlichkeit seiner Hetze wurde Cossmann bald ein geschätzter Vorkämpfer jener schwerindustriell-alldeutschen Kreise, die die ganze Propaganda für einen annexionistischen "Siegfrieden" finanzierten. Diese Kreise waren es dann auch, die nach verlorenem Kriege seine "Gegenpropaganda" in den Fragen der "Schuldlüge" und des "Dolchstoßes" finanzierten[761]. Schon 1919/20 ging Cossmann, wiewohl selbst Jude von Rasse, zur offenen antisemitischen

[759] Vgl.: Wolfgang J. Mommsen, Die Regierung Bethmann-Hollweg und die öffentliche Meinung 1914-1917, in: Vierteljahreshefte für Zeitgeschichte, Jg. 17, 1969, S. 117-159.

[760] Veit Valentin (25.03.1885-12.01.1947), Professor, Historiker mit liberaler, pazifistischer Einstellung. Er musste nach 1933 emigrieren. Vgl.: BHE II,1187f. Vgl.: Felix Rachfahl, Der Fall Valentin. Die amtlichen Urkunden, München/Leipzig 1920. Die Formulierung „in den Schützengraben denunziert“ spielt darauf an, dass Georg von Below, Cossmann und alldeutsche Publikationen dazu aufforderten, Valentin, der im Auswärtigen Amt arbeitete, an die Front einzuziehen. Nach dem Prozess gegen Cossmann und einem Kesseltreiben der Universitätsbehörden zog Valentin im Frühjahr 1917 als einfacher Telegraphist ins Feld. Vgl.: Hans Schleier, Veit Valentin, in: Joachim Streisand (Hrsg.), Studien über die deutsche Geschichtswissenschaft Bd. 2, Berlin (DDR) 1965, S. 338 f.

[761] Gestrichene Stelle: "Die "Süddeutschen Monatshefte" waren auf die Dauer hierfür kein genügendes Forum. Es erschienen dort nur die scheinwissenschaftlichen Grundlegungen."

Führung der Zeitschrift über. Sein Antisemitismus war derjenige des seine Visitenkarte verleugnenden Juden, der nicht etwa die Juden in ihrer Gesamtheit angreift, sondern sie in "gute Juden" und "schlechte Juden" einteilt. Gut war der Jude nach seinem Konzept, wenn er alles unterstützte, was reaktionär war; schlecht, wurzellos, jüdischer Kaffeehausintellektueller dagegen, wenn er ein Anhänger von Demokratie, Republik, sozialem Frieden, erst recht natürlich, wenn er gar ein Sozialdemokrat oder sonst irgendwie ein "Linker" war. Die "Süddeutschen Monatshefte" waren der Tummelplatz aller Renegaten, die ihre ehemalige Linksüberzeugung für bares Geld und für Posten verleugneten, aber auch derjenigen, die dies aus Enttäuschung, Ressentiments, unbefriedigtem Ehrgeiz oder wegen persönlicher politischer Gehässigkeiten taten. Einer der übelsten dieser Art war ein ehemaliger deutscher Gewerkschafter[762], der es in der späteren Periode der deutschen Reaktion zum Oberpräsidenten von Ostpreußen gebracht hat und der ewige Kandidat für alle möglichen politischen Ämter war. Da aber Aufgaben solchen Umfanges mit einer nur einmal monatlich erscheinenden Zeitschrift nicht zu befriedigen waren, kauften Cossmanns politische Hintermänner die größte Tageszeitung Süddeutschlands, die in einer Riesenauflage erscheinenden "Münchener Neuesten Nachrichten"[763], die zugleich die größte Inseratenplantage Süddeutschlands waren, für Cossmann mit totem und lebendem Inventar an. Er wurde dort der Kontrolleur des gesamten politischen Betriebes, ohne eine offizielle Stellung in dem Unternehmen zu bekleiden. Von den Redakteuren des einstmals liberalen Blattes machten nur einige wenige die Schwenkung zu hundertprozentiger Reaktion nicht mit, die übrigen ließen sich und ihre Gesinnung mitkaufen. Cossmann war nun kein kleiner Zeitschriftenherausgeber mehr wie vor dem Kriege. Er fuhr in einem der schönsten Automobile von München und lebte das äußere Leben eines Strohmannes großer Interessen. Die Hauptgeldgeber waren der deutsch-nationale Bankdirektor Kommerzienrat Seitz[764], der als Treuhänder anonymer Interessenten zahlte, und der schwer-

[762] August Winnig (31.03.1878-03.11.1956), ehemaliger Gewerkschafter, Oberpräsident von Ostpreussen. Vgl.: Wilhelm Heinz Schröder, Sozialdemokratische Parlamentarier in den Deutschen Reichs- und Landtagen 1867-1933, Düsseldorf 1986, S. 803 f. Vgl.: Wilhelm Ribhegge, August Winnig. Eine historische Persönlichkeitsanalyse, Bonn-Bad Godesberg 1973.

[763] Vgl.: Paul Hoser, Die politischen, wirtschaftlichen und sozialen Hintergründe der Münchner Tagespresse zwischen 1914 und 1934, Frankfurt/M u.a. 1990, S. 79-87.

[764] Wilhelm Seitz (09.11.1856-09.05.1934), DNVP, Kommerzienrat und Direktor der Dresdner Bank in München. Vgl.: Paul Hoser, Die politischen, wirtschaftlichen und sozialen Hintergründe der Münchner Tagespresse zwischen 1914 und 1934, Frankfurt/M u.a. 1990, S. 46.

reiche Gutsbesitzer und Consul Scharrer[765], der durch sein hyperprotziges Auftreten – er fuhr nicht selten vierspännig mit galoniertem Diener durch die Stadt – Gegenstand des Gespräches und des Gespöttes des arbeitenden Teiles der Bevölkerung war.

70. *Fritz Gerlich*

Als Chefredakteur engagierte sich Cossmann für die "Münchener Neuesten Nachrichten" Dr. Fritz Gerlich[766], der gleichfalls ein ehemaliger Liberaler war und der dieselbe Drehung von 180 Grad zu extremstem Nationalismus und zur Besorgung der politischen Geschäfte eines annexionslüsternen Großkapitals gemacht hatte. Ich kannte Gerlich aus meinen jungen Jahren. Wir hatten im freistudentischen Bund zeitweise zusammengearbeitet. Alle meine Freunde hatten sich jedoch von ihm zurückgezogen und ich habe mich diesem Rückzug angeschlossen, weil uns allen Gerlich nicht als persönlich zuverlässig erschienen war. Er verteidigte mit dem äußersten Aufwand von Dialektik und nicht selten auch von Gehässigkeiten Thesen, deren Verteidigung ihm nach unserer Überzeugung seine zweifellos große Intelligenz hätte verbieten müssen, wenn Intelligenz und persönliche Moral in seiner maßlosen Natur zu einem richtigen Ausgleich hätten kommen können. Unmittelbar nach Kriegsende schrieb er ein sogenanntes nationalökonomisches Werk, das der Widerlegung der Lehren von Karl Marx gewidmet sein sollte. Er verzapfte in diesem Buch einen derartig haarsträubenden Unsinn, dass Max Weber in seiner Besprechung des Buches sagte, wenn das sehr angesehene Verlagsunternehmen, das dieses Buch auf den Markt gebracht hatte, noch einmal etwas von derartigem Niveau publiziere, müsse es wohl oder übel von der anständigen Wissenschaft boykottiert werden[767]. Diese Vernichtung bedeutete für Gerlich die

[765] EDUARD AUGUST SCHARRER (25.04.1880-10.09.1932), Generalkonsul von Bulgarien, Brauerei- und Gutsbesitzer, Mitglied mehrerer Aufsichtsräte, Finanzierer der NSDAP in der Frühphase. Vgl.: PAUL HOSER, Die politischen, wirtschaftlichen und sozialen Hintergründe der Münchner Tagespresse zwischen 1914 und 1934, Frankfurt/M u.a. 1990, S. 81.

[766] DR. FRITZ GERLICH (15.02.1883-30.06.1934), Chefredakteur der MNN ab 1920-1928, ab 1927 Konversion unter dem Eindruck der Therese von Konnersreuth zum Katholizismus; am 09.03.1933 verhaftet, im Zusammenhang mit dem sogenannten Röhm-Putsch im KZ Dachau ermordet. Vgl.: NDB 6, S. 307 f. Vgl.: OSKAR BENDER, Der gerade Weg und der Nationalsozialismus. Ein Beitrag zur katholischen Widerstandspresse vor 1933, phil Diss. München 1954 und ERWIN V. ARETIN, Fritz Michael Gerlich, München 1949 (2. Aufl. 1983).

[767] DR. FRITZ GERLICH, Der Kommunismus als Lehre vom 1000jährigen Reich, München 1919. Die Rezension von Max Weber ist bis heute unbekannt (Brief von Edith Hanke von der Max-Weber-Kommission an Rolf Rieß)

Empfehlungskarte zur Mitarbeit an den "Süddeutschen Monatsheften" Cossmanns. Er legte dort eine Anzahl von literarischen Eiern auf dem Gebiete der Bekämpfung des Bolschewismus. So wenig diese Arbeiten, gleich dem vorher publizierten Buche, wissenschaftlich irgendwie Ernst zu nehmen waren, so erwarb sich Gerlich doch durch sie ein "historisches" Verdienst. Er schuf nämlich in diesen Arbeiten das Schlagwort vom "Marxismus" und "Marxisten", ja sogar das Adjektiv "marxistisch". Die Popularisierung und Massenbenutzung dieses patentfähigen Ausdruckes besorgten dann die Nazis in ihrer Agitation, indem sie den Marxismus, da Karl Marx, Gott sei Dank, ein Jude war, noch zusätzlich mit dem Adjektiv "jüdisch" ausstatteten. Die wenigsten Leute wissen heute noch, dass der Schöpfer dieser blöden Phraseologie ein ehemaliger Liberaler und ihr erster Verbreiter ein Jude war. Da es den Nazis von jeher gleichgültig war, wo und von wem sie ihre Agitationsformeln stahlen, waren sie an deren Gebrauch durch ihre grässliche Herkunft nicht verhindert. Als Direktor setzte Cossmann im Verlag der "Münchener Neuesten Nachrichten" ebenfalls einen Juden ein, den Rechtsanwalt Dr. Otto Pflaum[768]. Pflaum gehörte in der Vorkriegszeit und noch in den ersten Kriegsjahren dem Büro meines Vaters als juristischer Hilfsarbeiter an. Er erledigte dort auch den untergeordneten Teil der Cossmann-Sachen. Als Cossmann seine politische Schwenkung von 180 Grad ausführte, schwenkte Pflaum mit. Mein Vater legte ihm sodann in höflicher Weise nahe, dass sein Ausscheiden wünschenswert sei. Cossmann und seine Geldgeber belohnten die Gesinnungsänderung durch die Berufung in die hochbezahlte Stellung des Verlagsdirektors des in kapitalistischer Beziehung sehr bedeutenden Unternehmens. Im Lauf der Jahre wurden der Verlagsdirektor Pflaum und der Chefredakteur Gerlich intime Feinde. Schließlich musste Gerlich weichen. Pflaum prügelte ihn buchstäblich aus seinem Büro hinaus. Gerlich ging sodann in den staatlichen Bibliotheksdienst zurück, aus dem er ursprünglich gekommen war. Nicht befriedigt von Stellung und Gehalt, die ihm der Staat bieten konnte, fühlte er neuerdings politischen Ehrgeiz in sich. Er wechselte vom Protestantismus zum Katholizismus hinüber und machte zunächst durch seine schriftstellerische Propaganda für die Therese von Konnersreuth von sich reden, ein Mädchen in der bayrischen Oberpfalz, dem die raffinierte Vorbereitungspropaganda für eine spätere Heiligsprechung die Fähigkeit zuschrieb, ohne

[768] Dr. Otto Pflaum (20.09.1873-03.06.1930), Direktor des Verlages der MNN Knorr und Hirth, Rechtsanwalt, spanischer Honorarkonsul. Pflaum hatte Loewenfeld und Kranold bereits in dem Prozeß gegen die Münchner-Augsburger-Abendzeitung vertreten. Vgl.: Paul Hoser, Die politischen, wirtschaftlichen und sozialen Hintergründe der Münchner Tagespresse zwischen 1914 und 1934, Frankfurt/M u.a. 1990, S. 158.

jedwede feste oder flüssige Nahrung zu existieren. Auch für diesen Nonsens sammelte Gerlich in fanatischer Weise bändeweise "wissenschaftliches" Material[769].

71. *Erwein von Aretin*

Sein Mitstreiter auf diesem Gebiet war Dr. Erwein Freiherr von Aretin[770], der Nachkomme eines alten bayrischen Adelsgeschlechtes, der als Zögling der "königlichen Pagerie" neun Jahre lang zusammen mit mir das Wilhelm-Gymnasium besucht hatte. Aretin war gleich Gerlich von Cossmann in die "Münchener Neuesten Nachrichten" aufgenommen worden, als ein Teil des schwerindustriellen Kapitals dieses Unternehmens in die Hände des monarchistischen Flügels der bayrischen Klerikalen überging. Als deren Vertrauensmann blieb Herr von Aretin bis zum Hitlerumsturz in den "Münchener Neuesten Nachrichten". Die Schicksale des Quartetts Cossmann, Pflaum, Gerlich, Aretin waren durchwegs unglücklich. Pflaum starb Ende der zweiten Hälfte der zwanziger Jahre an den Folgen einer akuten Krankheit. Gerlich gründete nach seinem Übergang zum Katholizismus ein antinazistisches Kampfblatt mit dem Namen "Der gerade Weg". Er verwarf dort alles, was er jahrelang gelehrt hatte und machte eine an sich löbliche Aufklärungstätigkeit über den wahren Charakter der Nazibewegung mit einem so wütenden Temperament und mit einer bis ins Geschmacklose gehenden Formlosigkeit, dass er dadurch den politischen Erfolg seines Wirkens schmälerte, sich jedoch den unauslöschlichen Hass der Nazis zuzog. Als diese am 30. Juni 1934 auf Kommando Hitlers zu allgemeinem Massenmord übergingen, wurde auch Gerlich totgeschlagen. Schon 1933 hatten ihn die Nazis gefangen genommen und ihm in der Haft ein Auge ausgeschlagen. Sie dementierten entrüstet, dass sie ihm beide ausgeschlagen hätten. Ein wahrer Nazi tut nicht dergleichen. Aretin wurde von den Nazis sofort nach deren Machtübernahme in Bayern gleichfalls gefangen gesetzt, mit der Beschuldigung, er habe einen "Königsputsch" veranstalten, das heißt in Bayern eine katholische Monarchie einführen wollen,

[769] Dr. Fritz Gerlich, Die stigmatisierte Therese Neumann, 2 Bände, München 1929.

[770] Dr. Erwein Freiherr von Aretin (19.09.1887-25.02.1952),Schriftsteller, ab 1922-1933 Redakteur bei den Münchner Neuesten Nachrichten, 1924-1928 Landesleiter des Bayerischen Heimat- und Königsbundes, 1946 Mitglied des Bayerischen beratenden Landesauschusses; 1927 Artikel über Therese von Konnersreuth, ab 1932-/33 Sammlung der konservativen Kräfte zur Wiedererrichtung der bayerischen Monarchie, von 1933-1945 Verfolgung und Verbannung; nach 1945 Vizepräsident des Deutschen Caritasverbandes. Vgl.: NDB 1, S. 346 f.

um einer Nazi-Herrschaft zuvorzukommen. Tatsächlich hatten die "Süddeutschen Monatshefte", kurz vor der endgültigen Machtübernahme der Nazis in Bayern, ein Heft herausgebracht, das den Titel "König Rupprecht"[771] trug und Propaganda dafür machte, dass Rupprecht der legitime Inhaber der bayrischen Königskrone sei, weil Ludwig III. im Jahre 1918 nicht abgedankt, sondern nur die Offiziere und Beamten des ihm geleisteten Treueeides entbunden habe. Wir haben schon in diesen Erinnerungen erfahren, dass der bayrische Ministerrat diese zweideutige Erklärung Ludwigs III. nicht akzeptiert, sondern ohne Widerspruch zu finden, als Thronverzicht ausgelegt hatte. Ludwigs Sohn Rupprecht schwieg zu der damaligen Feststellung des Ministerrates ebenfalls. Als Ludwig III. einige Jahre später starb, gab Rupprecht jedoch eine öffentliche Erklärung ab, er sei "in die Rechte seines Herrn Vaters eingetreten". Diese Erklärung fand scharfe Zurückweisung in der verfassungstreuen Presse und demgemäß selbstverständlich Beifall bei den bayrischen Klerikalen, deren Hauptprinzip es war, immer das Gegenteil von dem zu wollen, was alle verfassungstreuen Kreise wollten. Ohne dass die Frage irgend eine praktische Bedeutung gewonnen hatte, schleppte sie sich jahrelang in überflüssigen Diskussionen von Staatsrechtslehrern und in den paar Winkelblättern, die die monarchistische Sache in Bayern vertraten, hin. Die einzige nichtklerikale große Tageszeitung von Rang und ehemals liberaler Tradition, die den monarchistischen Restaurationstendenzen diente, waren die von Cossmann geleiteten "Münchener Neuesten Nachrichten", die zu diesem ausgesprochenen Zwecke Herrn von Aretin engagierten. Einen ernsten Versuch einer monarchistischen Revolution machten die bayrischen Klerikalen bis Ende 1932 nicht. Erst um diese Zeit begannen sie mit Rupprechts Exponenten zu verhandeln und waren, um ein Hitlersystem abzuwenden, nun grundsätzlich bereit, Bayern in eine Monarchie zurückzuverwandeln[772]. Dass sie hiezu nicht mehr kamen, hatte seinen Grund in der Geldgier des Kronprätendenten. Die Unterhändler der Klerikalen konnten sich mit den Abgesandten von Rupprecht nicht über die Höhe der "Zivilliste" einigen. Unter "Zivilliste" verstand man die Beträge, die die Staatsverwaltung dem jeweiligen Inhaber der Königskrone pro Jahr zu dessen persönlicher Verfügung zu stellen hatte. Zu Lebzeiten Ludwigs III. waren dies jährlich eine Anzahl von Millionen Mark. Der Inhaber der Königskrone bestritt aus diesen Beträgen seinen Unterhalt und seine Repräsentation, sowie die Verwaltung

[771] Vgl.: Süddeutsche Monatshefte (Januar 1933) "König Rupprecht".

[772] Vgl.: Karl Otmar von Aretin, Die bayerische Regierung und die Politik der bayerischen Monarchisten in der Krise der Weimarer Republik 1930-1933, in: Festschrift für Hermann Heimpel, Bd. 1, Göttingen 1971, S. 205-237.

gewisser Krongüter und diejenige der königlichen Theater. Von einer Seite, die damals selbst an den Verhandlungen zwischen den Klerikalen und den Abgesandten Rupprechts beteiligt war, wurde mir gesagt, man sei bei der endgültigen Machtübernahme Hitlers in Bayern in den Verhandlungen noch um jährlich eine Million Mark auseinander gewesen. Wäre Rupprecht nicht durch diese kleine Differenz zu seinem Bedauern an der Darbringung des patriotischen Opfers der Übernahme der bayrischen Krone verhindert gewesen, dann hätte es vielleicht wirklich einen Königsputsch in Bayern gegeben. Dass Aretin bei seiner Vorbereitung oder Ausführung eine Rolle zu spielen designiert gewesen wäre, ist wenig glaubhaft. Er war journalistischer Handlanger der Monarchisten, aber auch nicht mehr. Ob die Nazi sich hievon überzeugt und ihn aus der Haft wieder losgelassen haben, ist mir unbekannt geblieben[773]. In jedem Fall war er vom Beginn des Nazi-Regimes an ein erledigter Mann. Cossmann selbst endlich wurde von den Nazis in ein Irrenhaus gesteckt, aus dem er späterhin wieder entlassen sein soll. Er lebte als ein gleichfalls durch die Ereignisse völlig in den Schatten gestellter Mann in einem Haus bei Freunden an einem oberbayrischen See weiter[774].

Der tragische Ausgang der Aktivitäten dieses vierblätterigen Kleeblattes, der Mitgefühl bei Anständigen erzeugen muss, kann freilich nichts an dem Urteil über ihre außerordentliche Schädlichkeit und darüber hinaus über die Schändlichkeit der politischen Methoden ändern, die sie in Bayern zur Einführung brachten. Es ist bereits erwähnt, dass die wesentlichsten Schlagworte ihrer Propaganda diejenigen von der "Schuldlüge" und vom "Dolchstoß" waren. Mit dieser Ihrer Propaganda hatte ich beruflich in bedeutenden Prozessen zu tun, die die öffentliche Meinung tief erregten. Der erste dieser Prozesse war der sogenannte "Kriegsschuldprozess", der sich vor dem Münchener Gericht Ende April und Anfang Mai 1922 abspielte[775].

[773] Erwein von Aretin wurde zusammen mit Cossmann und anderen am 13.03.1933 wegen "hoch- und landesverräterischen Umtrieben im Zusammenhang mit dem Versuch der Wiedererrichtung der Monarchie in Bayern" verhaftet. Er wurde am 17.05.1934 durch die Nazis entlassen, mit der Auflage, München zu verlassen. Vgl.: Karl Otmar von Aretin, Der bayerische Adel, in: Bayern in der NS-Zeit Bd. III. Herrschaft und Gesellschaft im Konflikt Teil B, hrsg. v. Martin Broszat u. a. , München/Wien 1981, S. 556-560.

[774] Vgl.: Karl Alexander von Müller, Paul Nikolaus Cossmanns Ende, in: Hochland 42. Jg. (1949/50), S. 368-369.

[775] Vgl.: MNN 28.04.1922-12.05.1922. Vgl.: Herman Schueler, Auf der Flucht erschossen. Felix Fechenbach 1894-1933, Köln 1981, S. 154-170.

72. *Fechenbach gegen Cossmann*

Der Schriftsteller Felix Fechenbach, den wir als Sekretär Kurt Eisners in diesen Erinnerungen bereits kennengelernt haben, ersuchte mich, in seinem Namen Cossmann wegen Beleidigung zu verklagen, weil die von Cossmann herausgegebenen "Süddeutschen Monatshefte" ihn einer Fälschung bezichtigt hätten. Im Juliheft 1921 der "Süddeutschen Monatshefte", das den Titel "Der große Betrug" und den Untertitel "Neue Urkunden zur Schuldfrage" und "Was jeder Deutsche wissen muss" trug, war gesagt, dass Kurt Eisner bei Publikation amtlicher Urkunden eine "Fälschung" begangen habe. Die angeblich gefälschte Urkunde war ein interner diplomatischer Bericht des Geheimen Legationsrates von Schoen[776], den dieser in seiner Eigenschaft als bayrischer Geschäftsträger in Berlin an den bayrischen Ministerpräsidenten Grafen von Hertling am 18. Juli 1914, also unmittelbar vor Kriegsausbruch, richtete. In diesem Bericht kündigt Herr von Schoen dem bayrischen Ministerpräsidenten die Aushändigung jener oesterreichischen diplomatischen Note an Serbien an, die, wie wir in diesen Erinnerungen bereits erfahren haben, ganz kurze Zeit später ausgehändigt wurde und deren nicht vollständige Annahme durch Serbien zum Angriff Oesterreichs auf Serbien und in der Folge zum Weltkrieg führte. Er sagte, dass Serbien derartige mit seiner Würde als unabhängiger Staat unvereinbaren Forderungen nicht annehmen könne, liege auf der Hand. Er fuhr wörtlich fort: "Die Folge wäre also der Krieg. Hier ist man durchaus damit einverstanden, dass Oesterreich die günstige Stunde nutzt, selbst auf die Gefahr weiterer Verwicklungen hin". Berlin habe, so sagt der Bericht weiter, ohne Zögern erklärt, dass man dort mit jedem Vorgehen Oesterreichs einverstanden sei, selbst auf die Gefahr eines Krieges mit Russland. In Wien scheine man ein so unbedingtes Eintreten Deutschlands nicht erwartet zu haben, und man habe in Berlin den Eindruck, als ob es den ängstlichen und entschlusslosen Wiener Behörden "fast unangenehm" wäre, dass von deutscher Seite nicht zur Vorsicht und zu Zurückhaltung gemahnt worden sei. Man hätte es deshalb in Berlin auch nicht gerne gesehen, dass Oesterreich der serbischen Regierung soviel Zeit gelassen habe, dass diese womöglich noch unter russisch-französischem Druck eine Genugtuung anbieten könne. Der Bericht erörterte weiter die Frage, ob sich der Konflikt zwischen Oesterreich und Serbien werde lokalisieren lassen. Herr von Schoen meinte, dies werde nicht der Fall sein, wenn Oesterreich außer

[776] Bericht des Geheimen Legationsrates von Schoen vom 18.07.1914. Vgl.: Bayerische Staatszeitung Nr. 275 (25.11.1918). Vgl.: Bayerische Dokumente zum Kriegsausbruch und zum Versailler Schuldspruch, hrsg. von Pius Dirr, 3. Aufl. München/Berlin 1925, S. 4-13.

einer "Züchtigung Serbiens" auch territoriale Ansprüche stellen werde. Er kündigte an, die Reichsleitung werde im Interesse der Lokalisierung des Konfliktes sofort nach Überreichung der oesterreichischen Note in Belgrad eine diplomatische Aktion bei den Großmächten einleiten. Sie werde behaupten, durch die Aktion Oesterreichs genau so überrascht worden zu sein wie die anderen Mächte. Von einer Mobilmachung deutscher Truppen wolle sie absehen. Der Bericht erging sich dann in optimistischen Erwartungen hinsichtlich der Haltung der Großmächte in diesem Konflikt. Nur bezüglich Italiens war er wenig optimistisch.

73. *Gesandtschaftsberichte zum Kriegsausbruch Publikation Eisners*

Der wesentliche Inhalt des Berichts ergab also, dass Deutschland die Oesterreicher zum Kriege gegen Serbien anhetzte, selbst aber entschlossen war, in lügenhafter Weise den Unschuldigen und Überraschten zu spielen und sich als eine friedensgesinnte Großmacht auszugeben, die nur das Interesse habe, einer Ausweitung des Konfliktes entgegenzuarbeiten. Dieser Bericht befand sich in den Akten des bayrischen Ministeriums des Äußern, als Eisner sein Amt als bayrischer Minister des Äußern antrat. Er wurde jedoch, zusammen mit anderen Aktenstücken, durch den Staatsrat Sigmund von Lössl[777] vernichtet, weil dieser die Urkunden nicht in die Hände der Revolutionäre fallen lassen wollte. Nach seiner Auffassung durften nur eingeweihte Reaktionäre die Wahrheit wissen, denn von ihnen glaubte er, dass sie "dicht halten" würden. Für Revolutionäre dagegen war nach seiner Meinung die Wahrheit nichts Geeignetes. Als Eisner bei seinen Studien der Akten fand, dass verschiedene Stücke unbedingt fehlen mussten, stellte er Lössl zur Rede. Dieser gab ihm die rechtswidrige Vernichtung der Akten zu. Auf Anordnung Eisners wurden dann Kopien von der bayrischen Gesandtschaft in Berlin beschafft. Unter diesen Kopien war der Bericht des Herr von Schoen. Eisner betrachtete ihn als eine schwere moralische und politische Belastung der kaiserlichen Regierung von 1914. Er nahm sich die Kopien des Berichtes, nebst einigen anderen Aktenstücken, vorübergehend in seine Privatwohnung mit. Nach dem Geschehenen traute er dem Beamtenstab des Ministeriums nicht mehr. Im Kriegsschuldpro-

[777] SIGMUND VON LÖSSL (1856-1938), von 1906-1918 Staatsrat im bayerischen Ministerium des Äußeren. Nach der Revolution nahm er seinen Abschied. Vgl.: Politik in Bayern 1919-1933. Berichte des württembergischen Gesandten Carl Moser von Filseck, hrsg. von WOLFGANG BENZ, Stuttgart 1971, S. 28.

zess wurde dieses Misstrauen Eisners nachträglich völlig gerechtfertigt. Der Staatsrat Dr. Sigmund von Lössl wurde auf meinen Antrag als Zeuge zu der Verhandlung geladen. Unter dem Druck des Eides gab er auf meine Frage öffentlich zu, die betreffenden Ministerialakten ohne irgend eine Ermächtigung von vorgesetzter Seite zerstört zu haben. Die vorsätzliche Vernichtung von amtlichen Urkunden war durch § 133 des Reichsstrafgesetzbuches mit Gefängnisstrafe bis zu 5 Jahren bedroht. Wenn ein Beamter die Vernichtung vornahm, war die gesetzliche Mindeststrafe nach § 348 des Reichsstrafgesetzbuches ein Monat Gefängnis. Die Urkundenvernichtung durch einen Beamten war selbstverständlich auch ein schweres Disziplinardelikt. Ein Beamter, der Gefängnisstrafe verwirkt hatte, konnte nach allgemeinen Begriffen nicht länger im Dienst belassen werden. Gegen Herrn von Lössl ist weder vor seinem öffentlich abgelegten Geständnis seiner kriminellen Tätigkeit, noch nach diesem Geständnis jemals ein Strafverfahren oder ein Disziplinarverfahren eingeleitet worden. Die Unterlassung der Einleitung eines Strafverfahrens war wiederum ein Amtsverbrechen der zur Strafverfolgung berufenen Beamten, da im deutschen Strafprozess das sogenannte Legalitätsprinzip herrschte, kraft dessen die Staatsanwaltschaft gezwungen war, die ihr zu Kenntnis kommenden strafbaren Handlungen zu verfolgen, wenn es sich nicht ausnahmsweise um solche handelte, die nur auf Antrag eines Geschädigten zu verfolgen waren. Alle Amtsverbrechen waren obligatorisch ohne Strafantrag zu verfolgen. Die deutsche Justiz hat jedoch in zahllosen Fällen aus diesem Legalitätsprinzip ein Illegalitätsprinzip gemacht. Sie benutzte das Legalitätsprinzip erbarmungslos gegen jedermann, der der deutschen Reaktion unbequem war, sie wusste jedoch nichts von einem Legalitätsprinzip, wenn es sich um jemand handelte, mit dem sie sich versippt und geistesverwandt fühlte. Im Falle des Herrn von Lössl war die Urkundenvernichtung im Sinne der deutschen Reaktion und deshalb "patriotisch". Demgemäß wurde sie, entgegen dem Wortlaut und Sinn des Gesetzes, nicht verfolgt. Eisner kannte seine Reaktionäre und seine Richter. Er wusste, dass sie ein Herz und eine Seele waren. Dass er die Urkunden mit nach Hause nahm, war lediglich ein Akt der Vorsicht. Er wollte sie nicht nur in Ruhe studieren, sondern auch weitere Kopien herstellen lassen, um sie vor ferneren verbrecherischen Akten beamteter oder nichtbeamteter Diebe zu schützen und damit weiterer Geschichtsfälschung vorzubeugen. Als Eisner einige Tage später in heftigem Konflikt mit der Berliner Regierung stand, veröffentlichte er einige der Urkunden[778], darunter auch den Bericht des Herrn von Schoen. Da dieser

[778] Vgl.: FREYA EISNER, Kurt Eisner: Die Politik des libertären Sozialismus, Frankfurt/M. 1979, S. 113-119.

Bericht in seiner sehr ausführlichen Form sich kaum für eine Presseveröffentlichung eignete, kürzte er ihn wesentlich, indem er das wiedergab, was nach seiner Auffassung von politischer Bedeutung war. Er sah den Bericht nämlich als einen Beweis der "doppelten Buchführung" der deutschen Diplomatie im Jahre 1914 an, die nach außen das unbeteiligte Unschuldslamm spielte, während sie intern Oesterreich zum Kriege gegen Serbien anhetzte. Herr von Schoen behauptete später, die gekürzte Wiedergabe seines Berichtes sei eine tendenziöse Veränderung gewesen. Dass der Bericht bei den Friedensverhandlungen von Versailles irgend eine auch nur unbedeutende Rolle gespielt habe, ist niemals erwiesen worden. Cossmanns "Süddeutsche Monatshefte" behaupteten jedoch, dass diese Urkunde in den Versailler Vertragsverhandlungen den allergrößten Schaden angerichtet habe und dass ihr in erster Linie die Feststellung der Verantwortlichkeit am Weltkrieg 1914 in diesem Vertrage zuzuschreiben sei. Die Schlussfolgerung war klar: Nicht die militärische Niederlage Deutschlands, nicht seine geschlagenen Feldherren, nicht sein größenwahnsinniger Generalstab, nicht die Wirkung der englischen Blockade, nicht der Rohstoffmangel und der Hunger, nicht die Erschöpfung von Mann und Tier waren am Versailler Vertrag schuld, sondern der Jude Eisner. Dieses wahrhaft teuflische Konzept des Juden Cossmann, das zur Verbreitung und zur Vergröberung des Antisemitismus in Deutschland und zum Erfolg der Hitleragitation einen ungeheuren Beitrag leistete, war in Wirklichkeit nur eine Leichenschändung an Eisner. Sein Leben hatte ein reaktionärer Mordbube durch eine Kugel beendigt. Nun sollte nachträglich noch, mit scheinbarer Gelehrsamkeit und Federfuchserei, die Ehrlichkeit seiner Gesinnung und damit sein guter Name bei allen anständigen Menschen extra ermordet werden. Indessen wollte sich Cossmann nicht darauf beschränken, den Ruf eines Toten zu schänden. Sein Sekretär Felix Fechenbach, der die Eisner'sche Veröffentlichung des Schoen'schen Berichtes auf der Schreibmaschine geschrieben hatte, war noch am Leben. Auch er war Jude. Warum sollte der Jude Cossmann die Gelegenheit nicht benützen, um gegen ihn ein wenig Mordpropaganda mitzuentfalten? So wurde unter den Aufsatz, der die angebliche Fälschung Eisners darlegte, eine Fußnote der von Cossmann geleiteten Redaktion gesetzt, die erklärte, "Frau Eisner sage, ihr Mann habe die Fälschung garnicht gemacht, sondern sein Sekretär Fechenbach, ihr Mann habe nur seinen Namen darunter gesetzt". Damit sollte der lebende Schüler Eisners eines angeblichen moralischen und nationalen Verbrechens beschuldigt werden, damit das deutsche Volk endgültig wisse, dass nicht nur ein Jude, sondern 2 Juden am Versailler Vertrag schuld seien. Der Vorwurf der antinationalen Fälschungstätigkeit wurde von einem Juden gegen einen anderen zu einer Zeit erhoben, zu der schon zahllose Fememorde wegen angeblicher nationaler Unzuverlässigkeit der Ermordeten stattgefunden hatten. Er löste offene Mordhetze in Bayern aus. Ein verbreitetes Blatt der klerikalen bayrischen Volkspartei[779] schrieb wörtlich: "Eisner ist tot, aber der Jude Fechenbach läuft noch irgendwo auf seinen Plattfüßen in der Welt herum. Warum fasst der Staatsanwalt diesen Schuft nicht am Kragen wegen Hochverrat, wegen dieses infamsten Verbrechens am ganzen deutschen Volk? Es wird keinen vernünftigen deutschen Arbeiter geben, der nicht in tiefster Seele einen solchen Verbrecher verflucht und verdammt. Denn die Arbeiterschaft hat der Jude Fechenbach genau so in das tiefste Elend hineingeritten, wie die andern Volksteile. Und Eisner hat zum Mindesten in fahrlässiger Weise dazu mitgeholfen. Es gibt kein Wort, das scharf genug wäre, um dieses schandbare Verbrechen der zwei Rätejuden entsprechend zu brandmarken. Wir sprechen es offen aus, was wir und Tausende von uns denken: Die ganze Mache Eisners und Fechenbachs war bezahlte Arbeit im Interesse des Feindbundes und für den Juden Fechenbach ist in ganz Deutschland kein Galgen hoch genug, um diese Schurkentat zu sühnen. Staatsanwalt, walte Deines Amtes!" Das war die Sprache, die nach Cossmanns Absicht seine Veröffentlichung auslösen sollte. Der Appell an die Staatsanwaltschaft war nur eine wirklich schlechte Verhüllung der Mordaufforderung und die blutgierige Wendung, dass der Galgen für einen solchen "Schuft" keine genügende Strafe sei, zeigte deutlich genug, was mit diesem scheinheiligen Appell in Wirklichkeit gemeint war. Cossmann selbst war viel zu schlau, um eine derartige Sprache zu führen. Er kannte die Verhetzungswirkung angeblicher Fakten gut genug, um in seiner Mordpropaganda den gebildeten Mann spielen zu können. Tatsächlich hat aber die Hetze Cossmanns, wie wir späterhin sehen werden, auch Fechenbach das Leben gekostet. Die von Cossmann in die Welt gesetzte Behauptung über Fechenbach war völlig frei erfunden. Die Witwe Eisner bekundete eidlich, dass sie die ihr in den Mund gelegte Äußerung über Fechenbach niemals getan habe. Irgend ein Beweis, dass Fechenbach an einer etwaigen Fälschung Eisners als Täter oder Teilnehmer beteiligt gewesen wäre, wurde von Cossmann nicht geführt. Cossmann berief sich darauf, dass der angesehene Schriftsteller Hans von Weber[780] ihm gegenüber Fechenbach als den Verantwortlichen in der Angelegenheit des

[779] Cossmann verwendete die Phrase vom "Galgen" auch im Prozess. Vgl.: MNN 183 (01.05.1922), S. 5. Vgl.: "Wie die Juden Eisner und Fechenbach ein ungeheures Verbrechen am deutschen Volk begingen", in: Bayerisches Vaterland 172 (28.07.1921).

[780] Hans von Weber (1872-1924), Herausgeber der literarisch-essayistischen Zeitschrift "Der Zwiebelfisch". Vgl.: MNN Nr. 187 (03.05.1922), S. 6. Vgl.: Der Zwiebelfisch XIV. Jahrgang (1922), S. 69.

Schoen'schen Berichtes bezeichnet habe. Hans von Weber bestritt energisch, jemals eine Äußerung solchen Inhaltes getan zu haben. Die von Cossmann geleiteten "Münchener Neuesten Nachrichten" suchten die völlig klare Erklärung Hans von Webers in ihr Gegenteil zu verdrehen, worauf Herr von Weber nochmals schriftlich erklärte, er bestreite auf das Entschiedenste, jemals gedacht oder behauptet zu haben, dass Fechenbach irgend welche Verantwortung an der Fassung des Schoen'schen Berichtes treffe. Da der tote Eisner naturgemäß nicht Kläger sein konnte, sondern nur der lebende Fechenbach, wäre mit dieser Feststellung und mit der Verurteilung der Leute, die Fechenbach Fälschung vorgeworfen hatten, der Prozess in einer Stunde zu beendigen gewesen. Tatsächlich stellte das Gericht auch fest, dass der Vorwurf gegen Fechenbach in keiner Weise bewiesen sei. Es sprach Cossmann und die Leute, die seine Verleumdung nachgedruckt hatten, gleichwohl frei, auch hier mit der Begründung, sie seien nicht strafbar, weil sie "öffentliche Interessen" hätten wahrnehmen wollen. Um für dieses Argument einen Vorwand zu haben, zog das Gericht im vollen Einverständnis mit dem angeklagten Cossmann die Sache zu einem Riesenprozess gegen den toten Eisner auf. Die Frage, ob Eisner zu seinen Lebzeiten den Schoen'schen Bericht gefälscht habe, war für die Entscheidung der Klage Fechenbachs gegen Cossmann ganz belanglos, wenn der Nachweis einer Beteiligung Fechenbachs an einer etwaigen Fälschung nicht zu führen war. Das Gericht zeigte gleichwohl schon während der Vorbereitung des Prozesses, dass es einen umfänglichen Beweis der Angeklagten darüber zulassen wolle, dass die Wiedergabe des Schoen'schen Berichtes durch Eisner eine Fälschung gewesen sei und als solche Deutschland in Versailles geschädigt habe. Der Vorsitzende des Prozesses war der Amtsgerichtsdirektor und spätere Amtsgerichtspräsident Frank. Frank, der sich nach außen parteilos und unpolitisch gab, war ein äußerst erfahrener Richter in Pressesachen, dem äußeren Anschein nach vollständig unparteilich und nur auf Feststellung der Wahrheit erpicht. Er suchte sich mit der Anwaltschaft aller Richtungen und Parteien auf den besten Fuß zu stellen, und ich kann sagen, dass ich im Verlaufe einer mehr als zwölfjährigen Zusammenarbeit mit ihm ihn nie vergebens um eine persönliche Gefälligkeit ersucht habe. Er war bei der Ansetzung von Terminen und bei der technisch-juristischen Behandlung der Sachen jedem einigermaßen berechtigten Wunsche zugänglich. Tatsächlich war er nach meiner inneren Überzeugung keineswegs der Typus eines wahrhaft unabhängigen Richters. Weit entfernt von dem kulturlosen und niederträchtigen Justizbetrieb, wie er heute im Dritten Reich stattfindet, formell immer gesetzestreu und niemals persönlich voreingenommen, hatte er doch einen raffiniert feinen Spürsinn für den jeweils in Deutschland herrschenden Ungeist. Für denjenigen, der längere Jahre Gelegenheit zu seiner Beobachtung hatte, konnte er seine Sucht, es den jeweils Mächtigen und den "kommenden Leuten" recht zu machen, nur schwer hinter der Maske einer äußerst geschickt gespielten Jovialität verbergen. Ich war mir bereits klar, was er beabsichtigte, als er mir telefonisch mitteilte, er gedenke in dieser Sache mindestens eine Woche für die Hauptverhandlung zu reservieren. Ich antwortete ganz erstaunt, dass sei mir völlig unverständlich, denn außer der Witwe Eisner, auf die sich Cossmann bezogen habe, kämen doch im Höchstfall nur ein oder zwei Zeugen in Betracht. Ich könne mir vorstellen, so fügte ich hinzu, dass die Parteianträge und deren Begründung auf jeder Seite 1/4 Stunde nicht überschreiten würden. Frank erwiderte in einiger Verlegenheit, er habe "gehört", dass die Anwälte des Herrn Cossmann eine Reihe bekannter und teilweise berühmter "Sachverständiger" vor Gericht bringen wollten, die beurteilen sollten, ob vom Standpunkt des Historikers die Wiedergabe des Schoen'schen Berichts durch Eisner eine Fälschung sei und ob ferner eine etwaige Fälschung einen für Deutschland nachteiligen Einfluss bei den Versailler Friedensverhandlungen gehabt habe. Ich erwiderte, ich würde es nicht verstehen, wenn er eine solche Beweisführung zulassen würde. Es handle sich doch lediglich um eine Klage des Herrn Fechenbach. Wenn nicht bewiesen werden könne, dass Fechenbach mit der Sache zu tun habe, dann sei doch offensichtlich alles Weitere gegenstandslos. Die Verlegenheit von Frank wuchs. Er sagte, "an sich" müsse er mir vollständig zustimmen. Er werde es deshalb auch ablehnen, von seiner Seite diese Sachverständigen vor Gericht zu laden. Die Anwälte des Herrn Cossmann hätten aber bereits erkennen lassen, dass sie in diesem Falle von ihrem gesetzlichen Recht Gebrauch machen würden, die betreffenden Sachverständigen selbst zu laden. "Und Sie wissen doch, dass ich niemand einen Beweis abschneide", fügte er schalkhaft hinzu.

Auf Grund dieser Mitteilung war ich mir über das äußerst geschickt abgekartete Spiel, das sich in der Folge anlassen sollte, bereits klar. Richter Frank würde aus "Gesetzestreue" die Sachverständigen des Herrn Cossmann nicht laden, jedoch bereitwillig dulden, dass sie zu einem Thema, das mit der Klage nichts zu tun hatte, tagelang zum Fenster hinausreden könnten. Er würde dies dulden, obwohl er ohne Weiteres nach dem Gesetz berechtigt gewesen wäre, einen Beweis nur in einer Richtung zuzulassen, die mit dem Prozessthema zu tun hatte. Wenn ein Richter die Ladung von Zeugen oder Sachverständigen ablehnte und die Anwälte einer Partei sie selbst luden, dann mussten sie die Gebühren und Auslagen der betreffenden Zeugen und Sachverständigen selbst zahlen. Für die schwerreichen Leute, die hinter Herrn Cossmann, den "Süddeutschen Monatsheften" und den "Münchener Neuesten Nachrichten" standen, war die Aufbringung der

Tausende von Mark für die Honorierung einer Reihe von Sachverständigen und für weite Reisen und Hotelaufenthalte dieser Personen ein Pappenstiel. Nicht so dagegen für den völlig vermögenslosen Kläger Fechenbach, hinter dem niemand stand. Es zeichnete sich damit auch bereits das üble plutokratische Spiel ab, das in diesem Prozess anheben sollte. Richter Frank war natürlich nach allen Seiten "gesetzestreu". Wenn er dem Angeklagten Cossmann die Ladung seiner Sachverständigen ablehnte, so hatte er auch dem Kläger Fechenbach die Ladung von Sachverständigen zum gleichen Thema abzulehnen. Cossmann wurde infolge seiner Geldressourcen hierdurch an der Führung seiner Beweise nicht verhindert. Fechenbach wurde infolge seines Mangels an Geldressourcen an der Führung seiner Beweise verhindert. Die "Gesetzestreue" des Richters Frank musste also zu einer völlig einseitigen Beweisaufnahme führen. Frank war viel zu intelligent, um dies nicht zu wissen. Allein er war fest entschlossen, durch scheinbares Festhalten am Recht mit dem Stärkeren zu paktieren. So kam es dann, dass für Cossmann in der Hauptverhandlung 10 Sachverständige aufmarschierten, während für Fechenbach nur ein Einziger vor Gericht gebracht werden konnte, der in München wohnte und für seine Tätigkeit nichts verlangte. Es war dies Professor Dr. Ludwig Quidde[781], der Nobelpreisträger für den Friedenspreis. Namens Fechenbachs hatte ich beantragt, fünf weitere Sachverständige zu der Verhandlung zu laden, darunter den früheren Reichskanzler Dr. Josef Wirth, den früheren Reichsaußenminister Grafen von Brockdorff-Rantzau und den früheren deutschen Botschafter in London, Fürsten Lichnowsky[782]. Brockdorff-Rantzau und Lichnowsky verweigerten ihr Erscheinen mit der Begründung, dass sie vom Reichsaußenministerium nicht von der Pflicht zur Berufsverschwiegenheit befreit seien. Die gleichfalls dem Reichsaußenministerium unterstehenden Diplomaten, die die Anwälte des Herrn Cossmann vorluden, sagten aus, ohne dass sie von der Verpflichtung zur Dienstverschwiegenheit entbunden worden wären. Richter Frank kümmerte sich bei ihnen um die Befreiung vom Dienstgeheimnis garnicht, während er bei den für Fechenbach in Betracht kommenden diplomatischen Sachverständigen sagte, er könne sie ohne diese Befreiung nicht einmal vorladen. So ergab sich für Fechenbach und für mich

[781] Dr. Ludwig Quidde, Professor. Vgl.: Anmerkung 236. Vgl.: MNN 183 (01.05.1922), S. 6 und MNN 184 (02.05.1922), S. 4.

[782] Dr. Josef Wirth (1879-1956), Zentrum, Reichskanzler 1921-1922. Vgl.: Anmerkung 744. Ulrich Graf von Brockdorff-Rantzau (29.05.1869-08.09.1928), 1918-1919 Reichsaussenminister und Diplomat (1912-1928), Vgl.: NDB 2, S. 620 f. Karl Max Fürst Lichnowsky (08.03.1860-27.02.1928), Freikonservativ, Botschafter in London, Wien, St. Petersburg und Rom. Er warnte vor der Kriegspolitik des Kaiserreichs gegenüber England. Vgl.: NDB 14, S. 443 ff.

als seinen Vertreter die Notwendigkeit, etwa eine Woche lang allein mit den Sachverständigen des Herrn Cossmann zu fechten, die von Beginn der Verhandlung alle zugegen waren, während Professor Quidde erst ganz zum Schluss der Beweisaufnahme erschien. Unter den für Cossmann erschienenen Sachverständigen waren mehrere, trotz ihrer hohen Stellung im Beamtentum und im Staatsleben, wissenschaftlich nebensächlich. Sechs von ihnen jedoch waren Männer von anerkanntem nationalen und internationalen Ansehen. Der Bedeutendste von ihnen war zweifellos Professor Dr. Hans Delbrück[783], der Historiker der Berliner Universität und Herausgeber der Preußischen Jahrbücher, dessen Ruf als Forscher und Publizist ganz erheblich war. Die Herausgeber der vierzigbändigen amtlichen Aktensammlung zur Vorkriegsgeschichte, Dr. Friedrich Thimme[784] und Dr. Johannes Lepsius[785], hatten ebenfalls als Historiker und Männer von untadeligem Charakter einen klangvollen Namen in der Welt. Dr. Eugen Fischer[786], ein sehr begabter jüngerer Demokrat, war Sekretär des Untersuchungsausschusses des deutschen Reichstags und ein zweifellos erheblicher Kenner der Materie. Professor Dr. Georg Karo[787] war Archäologe an der Universität Halle, hatte sich jedoch der Erforschung der Kriegsursachen in eingehenden Arbeiten gewidmet, die trotz ihres teilweise propagandistischen Inhaltes nicht wertlos waren. Ebenso hatte sich der General außer Dienst Graf

[783] DR. HANS DELBRÜCK (11.11.1848-14.07.1929), Professor für Geschichte, Herausgeber der Preussischen Jahrbücher. Vgl.: NDB 3, S. 577 f. Vgl.: MNN 183 (01.05.1922), S. 6.

[784] DR. FRIEDRICH THIMME (1868-Juni 1938), Historiker. Vgl.: ANNELISE THIMME, Friedrich Thimme 1868-1938. Ein politischer Historiker, Publizist und Schriftsteller in seinen Briefen, Boppard 1994. Vgl.: MNN 187 (03.05.1922), S. 6.

[785] DR. JOHANNES LEPSIUS (15.12.1858-03.02.1926), Missionar und Theologe, nach 1919 Mitherausgeber der Aktenpublikation des Auswärtigen Amtes "Die Große Politik der Europäischen Kabinette von 1871 bis 1914" (zusammen mit ALBRECHT MENDELSSOHN-BARTHOLDY und FRIEDRICH THIMME). Vgl.: M. RAINER LEPSIUS, Johannes Lepsius - Biographische Skizze, in: Deutschland und Armenien 1914-1918, Bremen 1986, S. 543-549. Vgl.: MNN 188 (04.05.1922), S. 4.

[786] DR. EUGEN FISCHER (09.05.1881-18.01.1964), Bibliothekar der Reichstagsbibliothek in Berlin, Sekretär der Untersuchungsausschusses des Reichstags, Direktor der Reichstagsbibliothek seit 1928. Vgl.: MNN 185 (02.05.1922), S. 3 f und MNN 186 (03.05.1922), S. 4 f. Vgl.: EUGEN FISCHER, Der Untersuchungsausschuß für die Schuldfrage im 1. Weltkrieg, in: Aus Politik und Geschichte, Festschrift für Ludwig Bergstraesser, Düsseldorf 1954, S. 117-137. Vgl.: Brief Fischers an Hermann Göring vom 03.05.1933, in: HERMANN KANTOROWICZ, Gutachten zur Kriegsschuldfrage 1914, hrsg. v. J. GEISS, Frankfurt/M. 1967, S. 443-446. Vgl.: GERHARD HAHN, Die Reichstagsbibliothek zu Berlin - ein Spiegel deutscher Geschichte, Düsseldorf 1997, S. 227-231, 295-301, 536 ff.

[787] DR. GEORG KARO (11.01.1872-12.11.1963), Professor für Archäologie, besonders für die mykenische Kultur. Vgl.: NDB 11, S. 280 f. Vgl.: MNN 187 (03.05.1922) S. 3 f.

Max von Montgelas[788], den wir als meinen ehemaligen Kommandeur beim bayrischen Infanterie-Leibregiment in diesen Erinnerungen bereits kennen gelernt haben, zu einem Spezialforscher auf dem Gebiete der Kriegsursachen in seiner Ruhestandszeit gebildet. Alle diese Sachverständigen wurden nur über die Frage einer Fälschung Eisners, keineswegs über die allein maßgebliche einer Beteiligung Fechenbachs, vernommen, ferner über die Frage der sogenannten "Kriegsschuld" Deutschlands. Sie waren sich alle darüber einig, dass eine Veränderung des Textes des Schoen'schen Berichtes seitens Eisners stattgefunden habe. Denn es war nicht zu bestreiten, dass eine wesentliche Kürzung vorlag. Über den Charakter der Kürzung und vor allem darüber, ob er vorsätzlich tendenziös zum Schaden Deutschlands gewesen sei, herrschten weitgehende Meinungsverschiedenheiten. Die Sachverständigen Karo und Graf Montgelas waren in dieser Beziehung die Aggressivsten. Die Sachverständigen Thimme und Dr. Fischer drückten sich äußerst reserviert aus und ließen erkennen, dass ihnen das Wühlen in Motiven eines Politikers, den sie nicht persönlich gekannt hatten, nicht als wissenschaftliche Aufgabe erscheine. Professor Dr. Delbrück, der sich zunächst für bösen Glauben Eisners aussprach, änderte seine Meinung, nachdem er von einem Zeugen gehört hatte, Eisner habe geglaubt, durch ein Bekenntnis deutscher Kriegsschuld bei Clémenceau und Lloyd George mildere Friedensbedingungen für Deutschland erreichen zu können. Delbrück sagte nach dieser Zeugenaussage, er müsse nunmehr zur "Entschuldigung" Eisners annehmen, dieser sei ein "bedauernswerter Narr" gewesen. In den tagelangen Gutachten und in meinen tagelangen Diskussionen mit diesen Sachverständigen über eine große Reihe historischer Einzelfragen schälte sich jedenfalls ein Ergebnis klar heraus, keiner der Sachverständigen hielt Deutschland für unschuldig am Weltkrieg. Sie alle suchten nur die These zu beweisen, dass es nicht alleinschuldig an diesem Kriege gewesen sei, wobei sie vor allem die Bemühungen der kaiserlichen Regierung, in letzter Stunde den Konflikt auf Oesterreich und Serbien zu lokalisieren, hervorhoben. Nach dem Gesamtstand der historischen Forschung war es keineswegs zu verkennen, dass die deutsche Regierung, nachdem sie Oesterreich in den Konflikt mit Serbien hineingehetzt hatte, Angst vor ihrem Mut bekam und eine Reihe von Versuchen machte, den Frieden zu erhalten. Den ausschlaggebenden Versuch, nämlich eine offene Desavouierung eines oesterreichischen kriegerischen Vorgehens gegen Serbien, machte sie freilich nicht[789]. Immerhin war

[788] GRAF MAX VON MONTGELAS (1860-1938), General und Schriftsteller, Vgl.: NDB 18, S. 55.

[789] Vgl.: ULRICH HEINEMANN, Die verdrängte Niederlage. Politische Öffentlichkeit und

auch auf Seite Fechenbachs und auf derjenigen seiner Vertretung nicht in Abrede zu stellen, dass von einer Alleinschuld Deutschlands am Weltkrieg nicht gesprochen werden könne. Insofern waren also die Meinungen der Sachverständigen und diejenigen Fechenbachs und seiner Vertretung nicht allzu verschieden. Professor Karo prägte sogar unter Beifall des Sachverständigentisches die etwas starke Wendung, dass meine Darlegungen in dieser Frage die "Grundlage einer nationalen Einheitsfront" sein könnten. Mit diesem höflichen und zivilisierten Auftreten der Sachverständigen kontrastierte umso stärker die propagandistische und hetzerische Art, die Cossmann selbst an den Tag legte. Er versuchte um jeden Preis die These durchzudrücken, dass auf seiner Seite die Wahrheit und die Vaterlandsliebe, auf der Seite Fechenbachs die Lüge und der Verrat stehe. Hiezu war ihm in der Tat kein Mittel schäbig genug. Ich will einen einzigen Vorgang dieser Art erzählen, der belegt, welch niedrige Kampfmittel nationalistische Hetzer damals bereits gegen ehrliche Leute als erlaubt ansahen.

Unter den Urkunden, die der Staatsrat Sigmund von Lössl seiner Zeit vernichtet und deren Abschriften Eisner wieder beibringen ließ, befand sich auch ein Brief des bayrischen Gesandten in Berlin, Grafen von Lerchenfeld, an den bayrischen Ministerpräsidenten von Hertling[790]. Graf Lerchenfeld sagt in diesem Brief, von Hertling habe zu dem französischen Geschäftsträger gesagt, er kenne den Inhalt des osterreichischen Ultimatums an Serbien und halte die Lage für ernst. Graf Lerchenfeld macht von Hertling darauf aufmerksam, dass die Reichsregierung immer bestritten habe, den Inhalt des oesterreichischen Ultimatums an Serbien vor seiner Überreichung gekannt zu haben. Er macht von Hertling darauf aufmerksam, dass er mit seinem Zugeständnis, das Ultimatum gekannt zu haben, die Reichsregierung Lügen strafe. Er sagt, es sei ihm zwar aus den Akten bekannt, dass Hertling das Ultimatum vor seiner Überreichung aus dem Bericht des Herrn von Schoen gekannt habe. Er fährt dann wörtlich fort: "Herr von Schoen hat aber in seinem Bericht darauf hingewiesen, dass Deutschland behaupten werde, es sei von der oestereichischen Aktion ebenso überrascht worden, wie alle anderen Mächte. Dabei muss es selbstredend bleiben, und es muss daher auf alle Fälle bestritten werden, dass Euer Exzellenz den Inhalt des Ultimatums gekannt haben. Denn wie der "Matin" sagt, kann nicht angenommen werden, dass das, was man in

Kriegsschuldfrage in der Weimarer Republik, Göttingen 1983. Vgl.: MICHAEL DREYER/ OLIVER LEMBCKE, Die deutsche Diskussion um die Kriegsschuldfrage 1918/19, Berlin 1993.

[790] Brief von Graf von Lerchenfeld an Hertling vom 04.08.1914. Vgl.: MNN 180 (28.04.1922), S. 3. Vgl.: Bayerische Dokumente zum Kriegsausbruch und zum Versailler Schuldspruch, hrsg. von PIUS DIRR, 3. Aufl. München/Berlin 1925, S. 15 f.

München wusste, nicht auch in Berlin bekannt gewesen wäre". Nach einer weiteren Ausführung wiederholt er nochmals: "Dem Ausland gegenüber muss, wie schon gesagt, auf alle Fälle alles bestritten werden".

Eisner sah diese zynische Anleitung eines amtierenden Diplomaten an einen amtierenden Ministerpräsidenten, wie man einen gegebenen Sachverhalt durch freches Lügen am besten aus der Welt schaffe, indem man "auf alle Fälle alles bestreite" – eine Formulierung, die ebenso gut von Goebbels herrühren könnte – mit Recht als ein Beweisstück "doppelter Buchführung" der deutschen Diplomatie an. Das Charakteristikum dieser "doppelten Buchführung" war nach seiner Meinung, dass man sich intern garnicht genierte, die Lügenhaftigkeit der Erklärungen, die man nach außen abgab, aktenkundig zu machen. Eisner nahm deshalb auch diese Urkunde mit nach Hause und ließ sie durch Fechenbach kopieren. Infolge seiner Ermordung ist es zu der beabsichtigten Rückgabe zu den amtlichen Akten nicht gekommen. Der Unterschied zwischen der Handlungsweise Eisners und von Lössl's ist sichtbar. Eisner wollte durch sein Vorgehen den historischen Inhalt dieser Urkunde erhalten. Von Lössl wollte durch Verbrennen von Urkunden verhindern, dass die Wahrheit über Deutschlands Treiben im Jahre 1914 bekannt werde. Während der Prozessvorbereitung übergab mir Fechenbach eine Abschrift der Urkunde. Obwohl ich von dem moralischen Stand der deutschen Diplomatie nie eine eben hohe Meinung gehabt hatte, war ich durch den Zynismus des Inhaltes nicht weniger berührt, als durch die Erwägung der namenlosen Dummheit von höchsten Regierungsfunktionären, die ihre eigne Schande in solcher Weise aktenkundig machen. Sobald mir klar wurde, dass Cossmann die Verhandlung zu einem Frontalangriff auf Eisner missbrauchen werde, fasste ich den Entschluss, auch dieses wichtige Dokument deutscher Kriegsschuld in der Verhandlung zu publizieren, um einer Verfälschung der öffentlichen Meinung entgegenzutreten. Denn es schien mir ein grotesker Sachverhalt zu sein, dass die Leute, deren amtliche Berichte nichts anderes waren als eine Geschichtsfälschung, denjenigen sollten einer "Fälschung" bezichtigen können, der allein auf die Feststellung der Wahrheit hinarbeitete. Da die Folgen dieses Entschlusses von politischer Bedeutung sein konnten, hatte ich mit aller Sorgfalt vorzugehen. Ich war ja nur im Besitz einer Abschrift der Urkunde, sodass für mich nicht einmal deren Authentizität feststand. Auch schien es mir wenig opportun und nicht einmal gesetzlich möglich zu sein, das Gericht und die Gegenseite erst in der Verhandlung durch Bekanntgabe der Urkunde zu überraschen. Nach der Strafprozessordnung hätte die Gegenpartei einen Vorwand für eine zeitweilige Sprengung des Prozesses gehabt, mit der Begründung, sie sei auf den Inhalt der Urkunde nicht vorbereitet und müsse sich erst informieren. Eine Überraschungsstrategie meinerseits hätte zwar sicherlich angesichts des Inhalts der Urkunde größte Sensation in der Presse erregt. Es galt aber als gutes anwaltschaftliches Herkommen, jedwede sensationelle Aufmachung von Prozessen zu vermeiden. Das Gericht hätte die Loyalität meiner Prozessführung im Falle einer Überraschungsstrategie bezweifeln können. Cossmann hätte sie zu einer Riesenhetze gegen Fechenbach und mich ausgebeutet. Ich trat deshalb zunächst mit dem Anwalt Cossmanns, Grafen Anton von Pestalozza, in Verbindung. Mit ihm verbanden mich, trotz der Verschiedenheit politischer Stellungnahme, sehr freundliche, persönliche Beziehungen. Graf Pestalozza, der in der Münchener Anwaltschaft erhebliches Ansehen genoss, hatte, wie ich wusste, die Vertretung Cossmanns in dieser Sache nur sehr ungern übernommen, da er innerlich meiner Auffassung wesentlich näher stand, als derjenigen seines Klienten. Ich zeigte ihm die Kopie des Lerchenfeld-Briefes und sagte, er möge seinen Klienten davon in Kenntnis setzen, was der Inhalt sei, und er möge verstehen, dass es im Interesse der geschichtlichen Wahrheit nicht vermieden werden könne, diese diplomatische Anleitung zur Lüge im Prozess zu verwerten. Graf Pestalozza las die Urkunde durch, verblasste sich vor Erregung und sagte nur: "So ein Kerl gehört erschossen". Ich erwiderte ihm, mit dieser Erwägung sei uns leider nicht gedient, es bliebe uns vielmehr nur die Wahl, zunächst einmal zu dem Grafen Lerchenfeld hinzugehen, um von ihm selbst zu hören, ob die Urkunde authentisch sei. Graf Pestalozza sah diese Notwendigkeit ein, und ich lud ihn ein, zu diesem Besuch bei dem diplomatischen Lügenlehrer Herrn Cossmann selbst mitzubringen. Auf meinen telefonischen Anruf bei dem Grafen Lerchenfeld erklärte sich dieser nach Bekanntgabe des Zweckes unseres Besuches bereit, uns sofort zu empfangen. Wir gingen am nächsten Tage zusammen hin und ich zeigte dem Grafen Lerchenfeld die Kopie seines Briefes, mit der Aufforderung, uns mitzuteilen, ob er einen Brief dieses Inhalts an den Ministerpräsidenten Grafen Hertling geschrieben habe. Graf Lerchenfeld, der damals bereits ein hochbetagter Mann war, bejahte diese Frage ohne alle Umschweife. Als er uns darlegen wollte, welche "patriotischen" Motive ihn zu dieser seiner Handlungsweise veranlasst hätten, erwiderte ich, wir seien nur an der Feststellung der Authentizität der Urkunde interessiert. Schlüsse aus ihrem Inhalt zu ziehen, sei Sache der Gerichtsverhandlung. Privatunterhaltungen hierüber hielt ich für unangebracht. Ich fügte als einzige Frage hinzu, ob Graf Lerchenfeld für die Verhandlung seine Befreiung vom Dienstgeheimnis selbst beim bayrischen Ministerium des Äußern beantragen wolle oder ob wir dies tun sollten. Graf Lerchenfeld erklärte, er werde diesen Antrag selbst stellen und nachdrücklich befürworten. Als wir darauf aufbrachen, war Cossmann völlig kleinlaut. Er zeigte einen Moment lang einen Anstand, den ich seit langem und später nie wieder an ihm gesehen habe. Er reichte mir die Hand und sagte! "Ich teile Ihre Trauer darüber, dass in Deutschland derartige Dinge möglich sind". Es schien also, als habe er gegen die Politik der Leute, die er durch dick und dünn verteidigt hatte, doch selbst ein moralisches Bedenken bekommen. Allein es zeigte sich in kürzester Zeit, dass seine einen Moment lang geübte Haltung sozusagen nur ein Versehen war. Nachdem wir so gemeinsam festgestellt hatten, dass die Urkunde authentisch war, begab ich mich zu Richter Frank und übergab ihm eine Kopie. Er sicherte mir zu, dass er auf meinen Antrag die Urkunde verlesen werde und dass er weiterhin den Grafen Lerchenfeld als Zeuge über ihre Echtheit vernehmen werde. Mit dieser Vorbereitung war zunächst Cossmann jede Möglichkeit genommen, im Falle der Publizierung der Urkunde in der Verhandlung mich öffentlich wegen "Verrates" zu denunzieren. Denn wenn er selbst und wenn zudem der vorsitzende Richter der öffentlichen Verlesung der Urkunde zustimmten, wäre eine derartige Version Cossmanns von vorneherein aussichtslos und lächerlich gewesen. Offenbar fühlte Cossmann sehr bald, dass er sich durch seine Zustimmung zu meiner Sachbehandlung eine Gelegenheit zu meiner und Fechenbachs denunziatorischer Anschwärzung bei der nationalistischen Reaktion hatte entgehen lassen. Er bereitete deshalb für die Verhandlung selbst einen äußerst heimtückischen Vorstoß gegen Fechenbach und mich vor, um die nun einmal unvermeidliche Publikation des Lerchenfeld-Briefes durch ein nationalistisches Hetzmanöver zu überdecken und dadurch die Aufmerksamkeit der Öffentlichkeit von dem Inhalt des Lerchenfeld-Briefes selbst abzulenken. Der Lerchenfeld-Brief wurde von dem Gerichtsvorsitzenden am Abend des ersten Verhandlungstages, einem Donnerstag, verlesen. Am nächsten Morgen war er in einem Teil der Münchener Zeitungen, am nächsten Nachmittag in allen irgendwie wesentlichen deutschen Zeitungen abgedruckt. Am zweiten Tage nach der Verlesung des Briefes berichteten die von Cossmann geleiteten "Neuesten Nachrichten" an auffallender Stelle, der Brief sei schon am ersten Verhandlungstag, also zwei Tage zuvor, im Pariser "Temps" abgedruckt gewesen[791]. Ich sagte mir sofort, dass dies offenbar unmöglich sei, bestellte aber doch, bevor ich zum Gericht ging, bei einem Bekannten die letzten Nummern des "Temps". Der "Temps" war das Organ des Herrn Poincaré[792] und von allen französischen Blättern zweifellos das gegen Deutschland am feindlichsten eingestellte. Gleich nach Beginn der Verhandlung fragte Cossmann Fechenbach und mich, "Wie es möglich war, dass der Brief des Grafen

[791] Vgl.: MNN 182 (29/30.04.1922), S. 1 f.
[792] Vgl.: Anmerkung 274.

Lerchenfeld an den Grafen Hertling, der "vorgestern" hier überreicht wurde, schon "gestern" im Wortlaut im "Temps" stehen konnte. Fechenbach und ich erklärten, dass wir hievon nichts wüssten und dass von unserer Seite nichts Derartiges direkt oder indirekt veranlasst worden sei. Mittlerweile waren mir die Nummern des "Temps" überbracht worden und es ergab sich daraus, das weder in der Donnerstagnummer noch in der Freitagnummer der Bericht enthalten war. Der Vorsitzende stellte später amtlich fest, dass der Brief in der Samstagnummer des "Temps", also zwei Tage nach seiner Verlesung im Gerichtssaal, veröffentlicht worden sei. Cossmann behauptete hiezu als Rückzugsmanöver, dass diese Nummer Freitagnachmittag erscheine. Auch wenn man das als richtig unterstellte, lagen zwischen der öffentlichen Verlesung im Gerichtssaal und der Veröffentlichung in Paris volle 24 Stunden, sodass an der um diese Zeit in Paris erschienenen Veröffentlichung so wenig etwas Auffallendes war, wie zum Beispiel an der wortgetreuen Veröffentlichung in Berlin, die natürlich ebenfalls nur auf Grund telefonischer oder telegraphischer Übermittlung des Wortlautes erfolgen konnte. Cossmann merkte alsbald, dass er mit der infamen Verdächtigung, mein Mandant oder ich bedienten die dem eigenen Lande feindlich eingestellte Auslandspresse bevorzugt vor derjenigen des Landes, nicht würde durchkommen können. Er fügte daher aus dem Handgelenk dieser Verdächtigung eine zweite hinzu, indem er mich fragte, ob ich die dem Gericht vorgelegten Nummern des "Temps" von dem im Gerichtssaal anwesenden Vertreter des "Temps" erhalten hätte. Ich erwiderte, dass ich durch seine Frage erst Kenntnis davon erhalten hätte, dass ein Vertreter des "Temps" hier anwesend sei und dass seiner Fragestellung keinerlei Tatsachengehalt zu Grunde liege. Trotz dieser völlig klaren Antwort hatte der Vorstoß Cossmanns genau die von ihm gewünschte und gewollte Verhetzungs- und Verleumdungswirkung. Die ganzen nächsten Tage rieb sich die gesamte rechtsradikale und klerikale Presse Bayerns an Fechenbach und mir mit spöttischen zweideutigen "Fragen", die immer wieder darauf hinausliefen, ob wir in dieser Sache nicht doch ein "Geheimnis" hätten. Dieses schmutzige Getuschel konnte ich nur dadurch abstoppen, dass ich den Hauptmacher dieser Hetze in einer öffentlichen Presseerklärung[793] als einen niederträchtigen Verleumder bezeichnete, der nicht den Mut habe, seine frivolen Verdächtigungen in die Form eindeutiger Behauptungen zu bringen. Mit der Abstoppung der Pressehetze war aber die Verleumdungswirkung des Cossmann'schen Vorstoßes immer noch nicht erledigt. In München war zu jener Zeit der Antisemitismus

[793] Vgl.: MNN 185, (02.05.1922), S. 3. Vgl.: MNN 188, (04.05.1922), S. 5.

innerhalb der Rechtsanwaltschaft bereits so weit gediehen, dass eine Anzahl von Anwälten aus dem "Anwaltsverein München", der offiziellen Standesorganisation der Münchener Anwaltschaft, ausgetreten waren und einen "rassereinen" Anwaltsverein gegründet hatten[794]. Dieser antisemitische Anwaltsverein beschäftigte sich in Geheimsitzungen mit meinem "undeutschen" Verhalten im Kriegsschuldprozess, das darin bestanden haben sollte, dass durch mein "Verschulden" die Veröffentlichung des Lerchenfeld-Briefes "zuerst" im "Temps" erfolgt sei, was "jeden Deutschen, ohne Unterschied seiner sonstigen politischen Stellungnahme besonders unlieb aufgefallen" sei. Ohne mir von dieser Beschuldigung

[794] Am 09.06.1922 richten Hans Rudelsberger, Popp, Bauer, Dr. L. Weis, Kuhn, Gustav Kühlmann, Aichinger, Kussius, Diepold, Grottenmüller, L. Gröber, Karl Jacoby, Lersch und W. von Zezschwitz folgende Beschwerde an den Vorstand der Anwaltskammer: "Im Prozeß Fechenbach gegen Professor Coßmann und Genossen ist es jedem Deutschen ohne Unterschied seiner sonstigen politischen Stellungnahme besonders unlieb aufgefallen, daß ein Brief des Herrn Grafen Lerchenfeld zuerst in einer der deutschfeindlichsten Zeitungen, dem Pariser Temps, veröffentlicht werden konnte . . ."
Man beschuldigt Loewenfeld, Kopien an den "Temps" bzw. die Presse gegeben zu haben. Konkret lautete der Vorwurf aber nur "Fahrlässigkeit". In seiner Stellungnahme schreibt Loewenfeld von einer "Stimmungsfinte der Gegenpartei" und bestreitet die Richtigkeit der Aussagen Cossmanns im Prozeß. Er geißelt zudem die Art und Weise der Anzeige: "Wenn man die Unterschriften unter der Anzeige liest, könnte man zu dem Schlusse kommen, dass die Anzeiger es persönlich sind, die in einer Aufwallung nationaler Gesinnung oder nationalistischer Hysterie sich persönlich zu ihrem Vorgehen vereinigt haben". Loewenfeld spricht von einem Mitunterzeichner, "der es in seinem blinden Fanatismus gegen einen bestimmten Bevölkerungsteil, wie allgemein bekannt, mit seiner Anwaltswürde hat vereinigen können, vom Wittelsbacher Brunnen herab einer erregten Menschenmenge auseinanderzusetzen, dass die Bevölkerung Münchens durch die Ausgabe von Mazzen-Mehl an diesen Bevölkerungsteil schweren Schaden erleide, dass weiter neben anderen durchaus eindeutigen politischen Namen auch der Name eines Anwalts unter der Kundgebung zu lesen ist, der erst kürzlich in öffentlicher Schwurgerichtsverhandlung erklärt hat, die Münchner Bevölkerung wisse die "Verdienste der Organisation C sehr wohl zu schätzen". . ."
Er spricht weiter von "rechtsradikalen Politikern im Anwaltsrock" und von der "Vereinigung Münchner Rechtsanwälte", die unter dem Vorsitz von Lersch eine Kampagne gegen ihn leite, „wegen seines Doppelgebrechens der jüdischen Stammeszugehörigkeit und der sozialistischen Überzeugung". Diesem Kreise habe auch der Prozessbeteiligte Dr. Warmuth zugearbeitet. Zu seiner Verteidigung führt er Professor Dr. Karo in der Deutschen Allgemeinen Zeitung sowie Ausführungen von Fr. Thimme und des Richters im Fechenbach-Prozess, Amtsgerichtsrat Frank, an, der sagte: "Der Krebsschaden ist in Deutschland, dass man eine *Meinungs*verschiedenheit immer gleich zu einer *Gesinnungs*verschiedenheit machen will und allzuleicht geneigt ist, in dem *politisch Andersdenkenden* auch einen *schlechten Kerl* sehen zu wollen".
Loewenfeld plädiert daher "im Interesse der Gesamtanwaltschaft" für "ein entschiedenes" principiis obsta.
Am 22.12.1922 weist der Vorstand der Anwaltskammer München, Dr. Eisenberger, alle Vorwürfe gegen Loewenfeld als gegenstandslos zurück. Vgl.: Stadtarchiv München, Anwaltskammer, Akte Loewenfeld.

Kenntnis zu geben oder mich zu einer Stellungnahme zu veranlassen, wurde in diesen Geheimversammlungen in der ordinärsten Weise gegen mich gehetzt und schließlich beschlossen, mich beim Ehrengericht der Anwaltskammer anzuzeigen. Auf das Betreiben einer Minorität wurde diese Anzeige nicht von dem antisemitischen Anwaltsverein als solchem, sondern von einer großen Anzahl seiner Mitglieder individuell unterzeichnet. Der Schuss ging nach hinten los. Das Ehrengericht der Anwaltskammer, dass von einem weit rechtsstehenden Collegen präsidiert war, stellte nach eingehender Untersuchung einstimmig fest, dass mein "Verhalten" völlig einwandfrei und durchaus sorgfältig gewesen sei, sprach aber den Denunzianten darüber, dass die sich in Geheimsitzungen mit meiner Person beschäftigt und Beschuldigungen über mich aufgestellt, ohne mir Gelegenheit zur Äußerung gegeben zu haben, seine "schärfste Missbilligung" aus, mit der Bemerkung, dass auch in politisch erregten Zeiten derartige unerhörte Vorgänge als standesunwürdig angesehen werden müssten. Auch in anderer Beziehung lief der Kriegsschuldprozess keineswegs nach Cossmanns Wunsch. Richter Frank allerdings erfüllte seine Wünsche, so gut er nur konnte. Dass Fechenbach ein Fälscher sei, das festzustellen war ihm aber unmöglich. Dagegen bezeichnete er Eisners Kürzung des Schoen'schen Briefes als eine "Fälschung", wiewohl Eisner selbst bei der Veröffentlichung der Urkunde sagte, er beschränke sich auf "einige Einzelheiten" aus dem Bericht und auch sonst mit absoluter Deutlichkeit darauf hinwies, dass er nicht den ganzen Bericht, sondern nur das ihm Wesentlichste zum Abdruck bringe. Die Begründung, die Richter Frank seinem Verdikt gab, war dürftig. Einmal soll Eisner eine Reihe von Stellen bei der Veröffentlichung weggelassen haben, die für das Bestreben Deutschlands nach Lokalisierung des Krieges sprachen. Dass diese Weglassungen erfolgt waren, war richtig. Der Grund war offenbar, dass Eisner an die Ernstlichkeit der Lokalisierungsbemühung der deutschen Regierung nicht glaubte. Dass er dies nicht tat, war schon durch den Bericht des Herrn von Schoen selbst gerechtfertigt. Denn in ihm war, wie bereits erwähnt, gesagt, die Folge einer ablehnenden Haltung Serbiens auf die oesterreichischen Forderungen sei "der Krieg" und hinzugefügt, in Berlin sei man durchaus damit einverstanden, dass Oesterreich die "günstige Stunde" nutze, "selbst auf die Gefahr weiterer Verwicklungen hin". Auch die Vorauszustimmung zu "jedem Vorgehen Oesterreichs", war, "auf die Gefahr eines Krieges mit Russland hin" gegeben. Die Lokalisierungs-Bemühungen der deutschen Regierung sollten ausweislich des Berichtes mit der erlogenen Behauptung begonnen werden, Deutschland sei durch die Ereignisse "überrascht". Eisner nahm offenbar nicht an, dass die Alliierten sich durch die Lügen der deutschen Regierung würden einwickeln lassen und hielt infolgedessen den

Teil des Berichtes, der sich mit den Lokalisierungs-Bemühungen Deutschlands zu befassen hatte, für faulen Zauber und deshalb für unwesentlich. Richter Frank, der in sich, gleich Cossmann, die Aufgabe fühlte, die Kriegstreiber rein zu waschen, erklärte den toten Eisner für einen Fälscher, weil dieser durch die Weglassungen und durch einige Sperrungen im Druck den Eindruck erweckt hätte, dass Deutschland den Weltkrieg und nicht einen lokalisierten Konflikt zwischen Oesterreich und Serbien gewünscht habe. Das war ein schofles Spiel mit Worten gegen einen Toten. Denn Richter Frank war klug genug zu wissen, dass man im Jahre 1914 nicht einen Krieg, "auf die Gefahr eines Krieges mit Russland" beginnen konnte, ohne mit der Konsequenz zu rechnen, dass die Verbündeten des kaiserlichen Russland in ihn eintreten würden. Das Urteil von Richter Frank war also viel eher eine Geschichtsfälschung, als die Wiedergabe des Schoen'schen Berichtes durch Eisner. Immerhin wurde der nationalistische Kreis um Cossmann und dieser selbst ihres "Erfolges" nicht eben froh, weil es bei allen halbwegs objektiv Gesinnten zu offenkundig war, dass es sich um eine tendenziöse Mache handelte und dass die tatsächliche Wahrheit auf der Seite von Eisner-Fechenbach war. Dies darzutun, gaben die einwöchigen historischen und aussenpolitischen Diskussionen, die ich mit dem Sachverständigen-Tisch für Eisner zu führen hatte, gute Gelegenheit und bei der enormen Publizität, die die nationalistische Rechte dem Prozesse gab, drang ein wesentlicher Teil des wahren Sachverhalts ins Publikum. Auch die Art, wie die Sachverständigen selbst sich einstellten, zeigte, dass trotz des Urteils von Richter Frank die Wahrheit in der Verhandlung Boden gewonnen hatte. Als typisch hiefür darf die persönliche Haltung von Professor Dr. Delbrück gelten. Ich habe erzählt, dass er es zunächst in patriotischer Wallung für passend gehalten hatte, den toten Eisner als einen "bedauernswerten Narren" hinzustellen. Als er den Vortrag seines Gutachtens beendigt hatte und das Gericht den Parteivertretern das Wort zur Fragestellung erteilte, fragte ich Professor Delbrück zunächst, ob es richtig sei, dass er unmittelbar nach der Übergabe der oesterreichischen Ultimatumsnote an Serbien in den "Preussischen Jahrbüchern" geschrieben habe, die Note stelle der Leitung der oesterreichischen Politik ein ausgezeichnetes Zeugnis von staatsmännischer Klugheit aus, ihr Fehler sei nur, dass sie nicht weit genug gehe[795]. Professor Delbrück räumte dies in einiger Verlegenheit ein und sagte, er sei dafür gewesen, dass eine sehr energische Politik gemacht werde, um schliesslich zu einem Kompromiss zu kommen.

[795] Vgl.: MNN 183 (01.05.1922), S. 6. Einige der folgenden Passagen über die Irrtümer Delbrücks fehlen im Prozeßbericht der Münchner Neuesten Nachrichten. Vgl.: HANS DELBRÜCK, Krieg und Politik 1914-1916, Berlin 1918, S. 19-28.

Er sagte wörtlich, nach seiner Meinung habe es hergehen sollen wie beim Pferdehandel. Darauf fragte ich Professor Delbrück weiter, ob es richtig sei, dass er diesen Aufsatz auch noch im Jahre 1918 in einem Buche abgedruckt habe, mit den Bemerkungen, dass Oesterreich weit unter den natürlichen und gegebenen Forderungen geblieben sei. Professor Delbrück erwiderte, noch verlegener, er habe an dem Aufsatz nichts ändern wollen, trotz aller Irrtümer, in die, wie andere Menschen, so auch er verfallen sei. Schliesslich fragte ich Professor Delbrück, ob er erklärt habe, durch die Ermordung des Thronfolgers Erzherzog Franz Ferdinand sei Oesterreich-Ungarn nicht aufgelöst, nicht einmal geschwächt, sondern nur gestärkt worden, weil sich gezeigt habe, dass auch die slavischen Völker zur oesterreich-ungarischen Monarchie halten. Professor Delbrück, in immer peinlicherer Verlegenheit, sagte, sicher sei diese seine Ansicht ein schweres historisches Fehlurteil gewesen und ich könne bestimmt noch mehr solche aus seinen Werken herausfinden. Er wolle jedoch von mir wissen, warum ich ihm solche Fragen stelle, die auf seine schweren Irrtümer Bezug hätten. Bei meiner Antwort herrschte regungslose Stille im Saal und es dauerte eine Weile, bis die Verhandlung wieder ihren Fortgang nahm. Ich sagte: "Sie haben hier über einen Toten als beeidigter Sachverständiger das Wort "bedauernswerter Narr" geprägt, weil er nach ihrer Auffassung grimmigen politischen Irrtümern unterlegen ist. Ich wollte Ihnen durch meine Fragestellung zum Bewusstsein bringen, dass man sehr wohl grimmigen politischen Irrtümern unterliegen kann, ohne deshalb ein "bedauernswerter Narr" zu sein. Ich bedaure, dass dies gegenüber einem ehrwürdigen Manne, wie Ihnen, überhaupt nötig war". Professor Delbrück zuckte unter dieser Züchtigung wie unter einem Peitschenhieb zusammen, bekam einen hochroten Kopf und fand kein Wort der Erwiderung. Als ich meine Fragestellung an ihn zu Nebenpunkten fortsetzte, konnte er vor sichtbarer innerer Erregung fast nicht antworten. Nachdem die Verhandlung dieses Tages beendigt war, trat Professor Delbrück im Vorraum des Verhandlungssaales auf mich zu, gab mir die Hand und sagte: "Herr Rechtsanwalt, ich habe mir die Sache nun genau überlegt. Die Züchtigung, die Sie als ein viel Jüngerer mir altem Mann haben zuteil werden lassen, war wohl verdient. Wenn ich je eine verantwortliche Beratung benötigen werde, darf ich mir wohl erlauben, über Ihren Rat zu verfügen, denn Sie haben mir gezeigt, was es heisst, in einer schweren Sache zum Klienten und zur Idee zu stehen". Dies war nicht eine Rührungsphrase für den Moment. Delbrück ist mir vielmehr ein aufrichtiger Freund geworden. Im nächsten grossen politischen Cossmann-Prozess, von dem wir in diesen Erinnerungen noch hören werden, saß er wieder am Sachverständigen-Tisch, jedoch nicht für, sondern gegen Cossmann und die nationalistische Lüge. Kurz nach Abschluss der

Verhandlung sprach mir Professor Karo in einem rechtsstehenden Blatt Dank und Anerkennung der Sachverständigen aus und schrieb mir der Sachverständige Dr. Thimme, er sei den Prozessmethoden Cossmanns mit steigendem Unbehagen und der Prozessführung auf der Seite Fechenbachs mit steigender Sympathie und innerer Zustimmung begegnet und würde sich ehrlich freuen, mit mir in geistiger Verbindung bleiben zu dürfen. Ähnlich lauteten mündliche Äußerungen des Sachverständigen Dr. Eugen Fischer. Treue Freunde Cossmanns, die in seinen "Süddeutschen Monatsheften" jahrelang publiziert hatten, sagten sich auf Grund ihrer Verhandlungseindrücke vollständig von ihm los und baten mich, ihnen künftig mit Rat und Kritik zur Seite zu stehen. So war trotz der Dienstfertigkeit des Richters Frank durch den Prozess viel Boden für die Wahrheit gewonnen, so viel, dass Cossmann selbst glaubte, gute Miene zum bösen Spiel machen zu müssen. Er, der während des Prozesses sich an gehässigen Verdächtigungen nicht hatte genug tun können, schrieb mir zu meinem Staunen am Ende des Prozesses auf einmal einen persönlichen Brief, in dem er sagte, er würde es als ein "unabsehbares Verdienst" ansehen, wenn ich mich entschließen könnte, vor Münchener Arbeitern über die Kriegsschuldfrage zu sprechen[796]. Ich nahm ihn insofern beim Wort, als ich bei der nächsten Aufforderung zu einer öffentlichen Rede, die von Arbeiterseite an mich kam, die Frage der Schuld am Kriege als das Thema wählte und dafür sorgte, dass Cossmann eine Einladung erhielt. Die Reaktion war durchaus typisch: die von Cossmann kontrollierten "Münchener Neuesten Nachrichten", die während des Kriegsschuldprozesses jede Verdächtigung meiner Person gewissenhaft nachgedruckt hatten, schwiegen die Versammlung tot. Cossmanns an mich gerichteter Brief war also nur eine leere Geste gewesen. Seine faktische Haltung bewies, dass er auch für die Folge nicht gesonnen war, zur Verbreitung der Wahrheit seinerseits beizutragen.

74. *Landesverratsverfahren gegen Fechenbach*

Trotz seines Freispruches unbefriedigt von dem Ergebnis des Prozesses, sann Cossmann darüber nach, wie er die nationalistische Zeitstimmung dazu benützen könne, um Fechenbach politisch und persönlich zu vernichten. Er verschmähte es nicht, sich zu diesem Zweck mit der geschiedenen Frau Fechenbachs, die diesen mit wütendem Hass verfolgte, zusammen zu tun. Die Ehe Fechenbachs war 2 Monate vor dem "Kriegsschuldprozess"

[796] Cossmann verfolgte die Strategie, für seine Auffassung der Schuldfrage auch die Sozialdemokratie zu gewinnen. Vgl.: HERMANN SCHUELER, Auf der Flucht erschossen. Felix Fechenbach 1894-1933, Köln 1981, S. 168. Dort ist auch der Brief vom 05.05.1922 erwähnt.

geschieden worden. Ich hatte Fechenbach bei dieser Gelegenheit und bei den vorangegangenen Verhandlungen vertreten. Fechenbach sagte nach durchgeführtem Scheidungsprozess seiner geschiedenen Frau zwei Drittel seines Einkommens als Unterhalt zu. Kurz nach dem "Kriegsschuldprozess" hatte Fechenbach genug von Deutschland. Er wollte nichts mehr von Cossmann, von Richter Frank, von Sachverständigen, vom Weltkrieg wissen, sondern nur noch weit weg von dem stinkenden Milieu der nationalistischen deutschen Reaktion ein neues Leben aufbauen. Bereits hatte er die Passage nach Argentinien bezahlt und träumte davon, sein ferneres Leben als ein freier Mann auf einem freien Grunde verbringen zu können. Er hatte diese Rechnung ohne seine geschiedene Frau und den Denunzianten Cossmann gemacht. Am 10. August 1922, also knapp ein Viertel Jahr nach beendigtem Kriegsschuldprozess, während noch die Denunziationsmanöver des antisemitischen Anwaltsverbandes gegen mich liefen, telefonierte mir die Verwaltung des Untersuchungsgefängnisses in München, Fechenbach wünsche mich zu sprechen. Hierdurch erfuhr ich, dass er an diesem Tage verhaftet worden war. Auf meine Frage, zur Verfügung welcher Behörde er verhaftet worden sei, erhielt ich die Mitteilung, die Verhaftung sei auf Betreiben der Staatsanwaltschaft beim Volksgericht München ausgeführt worden. Auf meine weitere Frage, unter welcher Beschuldigung er verhaftet worden sei, konnte mir die Verwaltung des Untersuchungsgefängnisses keinen Aufschluss geben. Wenn eine Verhaftung auf Betreiben des Staatsanwaltes beim Volksgericht betätigt wurde, hatte die Verfügung über die Akten der Vorsitzende dieses Gerichtes selbst. Es war dies der Landgerichtsdirektor Neithardt[797], den wir in diesen Erinnerungen späterhin als den Vorsitzenden im Hochverratsprozess gegen Adolf Hitler und Genossen kennenlernen werden. Er war ein schleimiger, weichlicher Mensch, das klare Gegenteil eines unabhängigen Richters, ein Mann, für den es geradezu selbstverständlich war, den Mantel nach dem Wind zu hängen. Er wollte es aber keineswegs nur mit den herrschenden und kommenden Mächten, sondern auch mit der jeweiligen Opposition nicht verderben, denn man konnte ja nie wissen, ob diese nicht eines Tages noch zur Macht gelangen

[797] Georg Neithardt (31.01.1871-01.11.1941), seit 1899 im bayerischen Justizdienst, 1924 Vorsitzender im Hitler-Prozess, 01.06.1922 Landgerichtsdirektor, 01.01.1933 Landgerichtspräsident beim Landgericht Hof, 01.09.1933 Präsident des Oberlandesgerichts München, 18.03.1937 in den Ruhestand versetzt, seit Herbst 1933 Mitglied der NSDAP. Im Entnazifizierungsverfahren in die Gruppe der Mitläufer eingruppiert (IV). Vgl.: Spruchkammerakte Georg Neithardt beim Amtsgericht München. Vgl.: Oberlandesgerichtspräsident Neidthardt zur letzten Ruhe bestattet. Kreisleiter Lederer legt den Kranz des Führers nieder, in: Völkischer Beobachter 309 (05.11.1941). Vgl. Otto Gritschneder, Der Hitler-Prozeß und sein Richter Georg Neithardt, München 2001.

werde. Er war deshalb auch mir gegenüber, trotz meiner ihm stets demonstrativ gezeigten, großen Kühle und Reserviertheit in unserem langjährigen dienstlichen Verkehr, von einer geradezu klebrigen Freundlichkeit und suchte mir durch kleine Gefälligkeiten in etwas aufdringlicher Weise seine Zuneigung und Hochachtung zu zeigen, ohne mich überzeugen zu können, dass dies mehr als Zweckmäßigkeitsmanöver waren. Auf die Nachricht der Verhaftung Fechenbachs meldete ich mich bei ihm und verlangte von ihm Einblick in das Protokoll über die Vernehmung des Angeschuldigten, dessen sofortige Einsicht er mir nach dem Gesetz nicht verweigern konnte. Es stellte sich heraus, dass diese Vernehmung noch nicht erfolgt sei. Neithardt sicherte mir jedoch die sofortige Einsicht des Protokolls nach Ausführung der Vernehmung zu. Er sagte mir, er könne mir "einstweilen im Vertrauen" mitteilen, dass es sich um die Beschuldigung des Landesverrates nach § 92 des Reichsstrafgesetzbuches handle und dass die Sache von der geschiedenen Frau Fechenbach ausgehe. Die einschlägige Bestimmung des § 92 bedrohte mit Zuchthaus von 2-15 Jahren und mit Verlust der bürgerlichen Ehrenrechte, bei mildernden Umständen mit Festungshaft nicht unter 6 Monaten, Personen, die Staatsgeheimnisse, Festungspläne, geheime Urkunden, Aktenstücke oder Nachrichten einer fremden Regierung mitteilten oder öffentlich bekannt machten[798]. Das Verbrechen des Landesverrates galt als ein schimpfliches. Ich war auf die Mitteilung Neithardts sofort der Auffassung, dass die geschiedene Frau Fechenbach kaum die Kenntnisse und Fähigkeiten haben könne, eine ihrer Natur nach politische Anklage gegen Fechenbach zu formulieren. Ich brachte dies Neithardt gegenüber auch sofort unumwunden zum Ausdruck, worauf er mit einem Augenzwinkern sagte, ich könne mir doch denken, dass Fechenbach noch andere Feinde habe als seine Frau. Ich erwiderte darauf: "Sein intimster Feind ist Professor Cossmann". Neithardt machte wiederum eine ziemlich vergnügte Miene und bestritt nicht, dass Cossmann mit der Sache zu tun habe. Er gab es allerdings auch nicht zu, sondern sagte nur: „Sie werden ja die Akten sehen“.

Wenige Tage später übergab mir Neithardt die Akten. Diese begannen nicht, wie üblich, mit einer Anzeige, sondern mit einer "Besprechung" der Polizeidirektion München mit der geschiedenen Frau Fechenbach, als deren Ergebnis diese der Behörde ein von ihr unterzeichnetes, schreibmaschiniertes und von persönlichen Gehässigkeiten strotzendes Elaborat zu

[798] Vgl.: HERMANN SCHUELER, Auf der Flucht erschossen. Felix Fechenbach 1894-1933. Eine Biographie, Frankfurt/M./Berlin/Wien 1984, S. 171-174. Vgl.: LUDWIG EBERMAYER, ADOLF LOBE, WERNER ROSENBERG, Das Reichs-Strafgesetzbuch mit besonderer Berücksichtigung der Rechtsprechung des Reichsgerichts, 2. Aufl. Berlin/Leipzig 1922, S. 310 ff.

den Akten gab. Es steht auf Grund des Inhalts der Akten einwandfrei fest, dass die geschiedene Frau Fechenbach dieses denunziatorische Elaborat zusammen mit Herrn Cossmann verfasst hat. Kein geringerer als Dr. Friedrich Thimme, der im Kriegsschuldprozess noch als von Cossmann geladener Sachverständiger aufgetreten war, schrieb über diese Angelegenheit öffentlich über den Landesverratsprozess: "Dem Verfahren lag zugrunde eine Denunziation der eigenen Frau Fechenbachs, die in diesem Punkt von niemand anders als von Professor Cossmann beraten worden war"[799]. Der Zusammenhang zwischen Frau Fechenbach und Cossmann ergab sich auch daraus, dass der amtierende Polizeibeamte sich auf dem von der geschiedenen Frau Fechenbach übergebenen Denunziationsschreiben Notizen machte, die den Zusammenhang der Frau mit Cossmann erwiesen.

Inhaltlich der Denunziation sollte der angebliche Landesverrat dadurch begangen sein, dass Fechenbach einem Schweizer Journalisten im Jahre 1919 ein Memorandum Erzbergers aus dem Jahre 1914 und eine Abschrift eines Telegramms des bayrischen Gesandten am Vatikan an das bayrische Außenministerium vom 24. Juli 1914 übergab. In dem Memorandum des damals noch annexionistisch eingestellten Erzberger war auseinandergesetzt, welche Gebietserwerbungen er zu jener Zeit für Deutschland noch für notwendig hielt. In dem Telegramm des Gesandten war im Wesentlichen gesagt, dass der Papst ein entschiedenes Vorgehen Oesterreichs gegen Serbien billige und im Kriegsfalle mit Russland die russische und französische Armee nicht hoch einschätze. Hinsichtlich dieses Telegramms hatte Cossmann schon im Kriegsschuldprozess denunziatorische Fragen an Fechenbach gestellt, denen dieser ausgewichen war. Endlich wurde Fechenbach zur Last gelegt, zusammen mit einem anderen Journalisten, über einen Zwischenmann eine Londoner Zeitungsagentur mit Berichten über deutsche Außenpolitik und Innenpolitik bedient zu haben, zum Beispiel mit solchen über die Wirkung des Versailler Vertrages, über die Beziehungen Deutschlands zu verschiedenen Ländern, über den Umfang der demokratischen, der monarchistischen, der bolschewistischen Bewegung in Deutschland, über die Aktivitäten von Parteikadern, über die Rolle der Kirche. Nach der Behauptung der Anklage war ein Teil der Berichte den deutschen Interessen schädlich. Die Staatsanwaltschaft war vor Eintritt in die mündlichen Verhandlungen nicht dazu zu bewegen, anzugeben, welche der vorliegenden zirka 1800 Berichte schädlich seien. Erst am fünften Verhandlungstage ließ sich der Staatsanwalt dazu bestimmen, 45 Berichte als schädlich anzuklagen. Unter diesen angeblichen Geheimnach-

[799] Vgl.: Hermann Schueler, (wie Anm. 798), S. 151 ff. und 172 ff.

richten waren eine Menge Dinge, deren Weitergabe ins Ausland als schädlich zu bezeichnen geradezu lächerlich war. Nicht nur, dass die Staatsanwaltschaft Berichterstattung über bayrischen Separatismus, über gegenrevolutionäre Umtriebe und Waffenschiebungen und ähnliche Dinge als schädlich erklärte, selbst Nachrichten über monarchistische Bestrebungen, über Studentenorganisationen, über den deutsch-oesterreichischen Alpenverein wurden als geheim und ihre Veröffentlichung als schädlich erklärt.

Sobald sich durch meine Akteneinsicht, durch erste Rücksprachen mit Fechenbach im Untersuchungsgefängnis und durch einige weitere Besuche bei dem Landgerichtsdirektor Neithardt einigermaßen zeigte, was der Gegenstand der Anklage sein werde, bat ich Fechenbach, damit einverstanden zu sein, dass in der öffentlichen Hauptverhandlung mein Sozius Dr. Max Hirschberg an meine Stelle als Verteidiger trete. Ich rechnete nämlich damit, dass in der Verhandlung möglicherweise ein neuer Versuch gemacht werde, Fechenbach oder mich wegen der Angelegenheit des "Lerchenfeld-Briefes" zu verdächtigen. Dies konnte bedeuten, dass ich mich Fechenbach als Zeuge zur Verfügung stellen musste. Das Zusammentreffen der Verteidiger- und Zeugenrolle war aber immer misslich. Insbesondere hatte der Verteidiger das gesetzliche Recht und die gesetzliche Pflicht, der ganzen Verhandlung anzuwohnen, während ein Zeuge vor seiner Vernehmung kein Recht auf Anwesenheit in der Verhandlung hatte und auch nach seiner Vernehmung aus ihr wieder ausgeschlossen werden konnte. Dr. Hirschberg teilte meine Meinung, dass ich es auf solche Komplikationen nicht ankommen lassen könne, er erklärte sich zur Übernahme der Verteidigung bereit. Seiner unermüdlichen Hingabe an die Sache und an die Rechtsidee war es zu danken, dass, wie wir noch sehen werden, sich das ungerechte Urteil gegen Fechenbach zu einer Art deutschem Dreyfus-Fall entwickelte.

Dr. Hirschberg und ich wurden uns aber auch darüber schlüssig, dass es notwendig sei, in dieser Angelegenheit einen politischen Sachverständigen zuzuziehen. Ich erklärte mich bereit, Dr. Friedrich Thimme um die Übernahme dieser Rolle zu bitten und fuhr zu ihm nach Berlin, um ihn von der Notwendigkeit seines Eintrittes in diese Sache zu überzeugen. Erfreulicherweise konnte ich wahrnehmen, dass Dr. Thimme die ganze Situation völlig zutreffend beurteilte. Er sah in der Anklage ein Werk des hasserfüllten Cossmann, dem es auch nach seiner Meinung nur darauf ankam, mit der Verfolgung Fechenbachs die "November-Verbrecher von 1918" zu diskreditieren, das heißt, wie Thimme es ausdrückte, nicht die Sozialdemokratie zur Fortsetzung positiver Mitarbeit am Staate zu gewinnen, sondern sie durch Denunziation und Bloßtellung jedes politischen und moralischen Haltes zu berauben. Thimme selbst war als ein konservativer Mann ein Gegner der Revolution von 1918 und nicht minder ein Gegner der

Sozialdemokratie. Er gehörte jedoch zu den sittlich hochstehenden Männern, die die Auseinandersetzung unter den politischen Parteien auf den Gebrauch geistiger Waffen beschränken wollten und die demgemäß den Missbrauch politischer Prozesse zur Erzeugung von Vorurteil, Hass und Leidenschaft als etwas Verderbliches und Verächtliches ansahen.

Als der Vorsitzende der öffentlichen Verhandlung amtierte nicht Neithardt selbst, sondern sein Stellvertreter, Oberlandesgerichtsrat Dr. Hass[800]. Dr. Hass, der lange Jahre Staatsanwalt gewesen war, war in nichtpolitischen Prozessen ein verhältnismäßig objektiver Richter. In politischen Prozessen, vor allem in solchen, die irgendwie mit Landesverrat oder Spionage zu tun hatten, konnte man ihn nur als einen komplett Verrückten ansehen. Er war während des Weltkrieges in der Spionageabwehr tätig gewesen und hatte sich hierbei spezialistisch zu einer Art Spürhund ausgebildet. Infolge seines blindwütigen Chauvinismus witterte er überall Verrat. Er war in jeder Landesverratssache bereit, dem Angeklagten im voraus die niedrigsten Motive zuzutrauen. Die Revolution von 1918 im Allgemeinen und Eisner im Besonderen sah er, ein gutgläubiges Opfer der teuflischen außenpolitischen Hetze Cossmanns und seiner Hintermänner, als die "Schuldigen" an Deutschlands Unglück an. Sein Hang zu theatralischen Deklamationen, seine maßlose Überschätzung seiner eigenen Befähigung, seine bis ins Lächerliche gehende Sucht, die eigene Bedeutung und die eigene Allwissenheit zu demonstrieren, machten ihn zu einer tragischen Figur innerhalb der Münchener Richterschaft. Er war tief überzeugt, ein Gott gefälliges Werk zu tun, wenn er Fechenbach ins Zuchthaus sandte.

Dr. Hass dehnte die Gerichtsverhandlung auf volle 10 Tage aus. Nach dem Abschluss der Verhandlung schrieb Dr. Friedrich Thimme in einem zusammen mit Dr. Hirschberg herausgegebenen Buch über den Fall Fechenbach, er habe leider sehen müssen, dass das "System Professor Cossmann" bereits Eingang in die Rechtsprechung der bayrischen Volksgerichte gefunden habe. Er fuhr wörtlich fort:

> "Schon am ersten Verhandlungstage wurde ich - und das erleuchtete blitzartig die Situation - von dem Prozessleiter, Oberlandesgerichtsrat Dr. Hass, gefragt, ob nicht der ganze Schuldlügenprozess von dem höchsten und reinsten Streben nach Wahrheit getragen gewesen sei? Ich habe diese suggestive Fragestellung, der ich auswich, schon um deswillen als ungehörig empfunden, weil ich unter meinem Eide doch nur über meine eigene Einstellung zur Wahrheitsfrage aussagen konnte. Allenfalls über

[800] Dr. Karl Hass (1871-1930), Oberlandesgerichtsrat, zuletzt Oberstaatsanwalt beim Bayerischen Obersten Landesgericht. Vgl.: C. G. Müller-Heintz, Die Presse und das bayrische Volksgericht, in: Die Weltbühne Jg. 1922, S. 433-439, besonders S. 435 und Max Hirschberg, Jude und Demokrat, Erinnerungen eines Münchener Rechtsanwalts 1883-1939, München 1998, S. 121.

> die der mir näher stehenden anderen Sachverständigen, sicherlich aber nicht über die Triebfedern Professor Cossmanns. Auch im weiteren Verlaufe der Prozessverhandlungen trat noch wiederholt hervor, dass der Verhandlungsleiter innerlich auf dem Boden des Systems Professor Cossmann stand, und dass er gleich diesem seine Aufgabe darin sah, den "Novemberverbrecher" Fechenbach als Exponenten der Revolution und des Marxismus an den Pranger und in den Kerker zu bringen. Mich hat es während der zehntägigen Gerichtsverhandlungen förmlich erschüttert, wieder und wieder feststellen zu müssen, wie Oberlandesgerichtsrat Hass von einer politischen Voreingenommenheit und einer Animosität gegen den Angeklagten Fechenbach erfüllt war, die ihn gleichsam blind und taub gegen alle Stimmen der Vernunft, der Logik und sogar der elementarsten Menschlichkeit machte. Zwar proklamierte er selbst die Notwendigkeit, die Handlungen Fechenbachs nicht vom Standpunkt einer anderen politischen Weltanschauung, sondern "im Rahmen der Gesamtpolitik der Parteigenossen des Angeklagten" zu würdigen. Aber er zeigte eine solche Unfähigkeit, sich in die Vorstellungswelt Fechenbachs hineinzuversetzen und deren innere Logik zu begreifen, dass in der Urteilsbegründung ein geradezu monströses Zerrbild der Fechenbachschen Ausführungen herausgekommen ist. Ja, nicht einmal so viel Fähigkeit und guten Willen besaß der Vorsitzende, um meine eigenen Ausführungen vor Gericht, die von dem höchsten Willen zur Objektivität getragen waren, und keineswegs überall zugunsten Fechenbachs lauteten, richtig aufzufassen und sinngemäß zu verwerten. Vor aller Welt muss ich nochmals die Anklage erheben, dass das Münchener Volksgericht meinen Bekundungen vielfach Gewalt angetan, sie förmlich verzerrt und gelegentlich geradezu in ihr Gegenteil verkehrt hat"[801].

Das Urteil des Volksgerichts war in Wirklichkeit nur ein Urteil von Hass. Der beisitzende Berufsrichter war eine völlige talentlose und in jeder Beziehung nebensächliche Marionette und als Laienrichter waren Leute herausgesucht, die weit davon entfernt waren, sich eine selbstständige Meinung bilden zu wollen. Das Urteil lautete auf elf Jahre Zuchthaus und zehnjährigen Verlust der bürgerlichen Ehrenrechte. Zehn von diesen elf Jahren wurden Fechenbach zuerkannt, weil er die Abschrift des Telegramms des bayrischen Gesandten am päpstlichen Hof an den Schweizer Journalisten gegeben hatte[802]. Herr Hass verkündete dieses Urteil in der Weise, dass er zuerst eine vielstündige Begründung gab, die noch nicht erkennen ließ, wie die Strafe lauten würde und dass er erst am Schluss der vielen Stunden die vernichtende Urteilsformel verlas. Diese sadistische Niedrigkeit, die nur den einen Zweck haben konnte, den Angeklagten in stundenlanger quälender Ungewissheit zu halten und sich an seiner Qual zu weiden, war durch keinerlei sachliche Gründe zu rechtfertigen und war überdies noch gegen jede richterliche Übung. Nach festem Herkommen hatte der Richter zuerst den Inhalt des Urteils und dann seine Gründe be-

[801] Max Hirschberg/Friedrich Thimme (Hrsg.), Der Fall Fechenbach. Juristische Gutachten, Tübingen 1924, S. 19f.

[802] Vgl.: Bayerische Dokumente zum Kriegsausbruch und zum Versailler Schuldspruch, hrsg. von Pius Dirr, 3. Aufl. München/Berlin 1925, S. 206-213.

kannt zu geben, wie es ja auch den Gesetzen der Logik entspricht. Denn um etwas zu begründen, muss man ja zuerst sagen, was man begründen will. Hass hatte sich in seine Rolle als Drachentöter der Revolution und als Vollstrecker eines vermeintlichen Volkswillens so verrannt, dass er sicherlich auch die Benutzung einer solch niederträchtigen Methode als Pflicht ansah. Ich habe nie angenommen, dass er in der ganzen Sache und in deren Einzelheiten gegen seine rechtliche Überzeugung gehandelt habe.

Dagegen habe ich in diesem Fall wieder das Wort meines Vaters begründet gefunden, dass eine innerlich faule Sache auch in aller Regel nur mit faulen juristischen Gründen ausgestattet werden könne. Es war zunächst offensichtlich, dass sowohl die Fakten selbst, wie die von Hass konstruierte, angeblich ehrlose Gesinnung Fechenbachs nur das war, was Dr. Friedrich Thimme in seiner öffentlichen Kritik des Urteils in die folgenden Worte gefasst hat. "Ich gestehe, dass ich derartige, verzweifelte Interpretationskünste in einem Gerichtsurteil, das immerhin in der Hauptsache von einem befähigten und die großen Materien des Prozesses mit einer gewissen Meisterschaft beherrschenden Vorsitzenden abgefasst war, nicht für möglich gehalten hätte. Sie wäre auch nicht möglich gewesen, wenn nicht absolute Voreingenommenheit des Urteils und der Vorsatz, unter allen Umständen ein Exempel an einem der verhassten Novemberverbrecher zu statuieren, den Sinn für das logisch, historisch und juristisch Mögliche vollkommen verrückt hätte. Als ich das Urteil des Münchener Volksgerichtes zum ersten Mal nach dem Bericht der "Münchener Neuesten Nachrichten" las, bin ich geradezu entsetzt gewesen. Wie ich es unmittelbar nachher formuliert habe, bäumte sich alles in mir, meine Objektivität als Historiker, meine Einsicht als Politiker und mein elementares Menschlichkeitsgefühl gegen die Härte des Urteils auf"[803].

Das Urteil war juristisch selbst dann falsch, wenn man Fechenbach für schuldig gehalten hätte. Denn in diesem Fall hätte das Gericht annehmen müssen, dass Fechenbach sein etwaiges Delikt durch die Presse begangen hätte. Jedwedes Pressedelikt aber verjährte in sechs Monaten. Diese Verjährungsfrist war hinsichtlich der Urkunden, die Fechenbach dem Schweizer Journalisten im Jahre 1919 übergeben hatte, seit Jahren abgelaufen. Das Gericht hätte also, auch wenn es Fechenbach für schuldig hielt, kraft zwingender, gesetzlicher Vorschrift das Verfahren gegen ihn einstellen müssen.

Es stand danach fest, dass ein Unschuldiger zu einer entsetzlichen Strafe verurteilt worden war, wegen eines Deliktes, das verjährt gewesen wäre, wenn er es begangen hätte.

[803] Der Fall Fechenbach (wie Anm. 801), S. 22.

Dies war nicht nur etwa die Auffassung des Verteidigers Dr. Hirschberg und meine eigene. Eine große Reihe prominenter Juristen schloss sich vielmehr öffentlich dieser Meinung an. Der Kammergerichtsrat und spätere Senatspräsident am preußischen Kammergericht Dr. A. Freymuth[804] veröffentlichte in seiner Eigenschaft als Vorstandsmitglied des republikanischen deutschen Richterbundes eine Broschüre, in der er in eingehendster Würdigung aller Einzelheiten des Urteils dieses als ein "Fehlurteil schlimmster Art" öffentlich brandmarkte und sagte, ein solches Urteil sei überhaupt nur vor dem gesetz- und verfassungswidrigen, bayrischen Volksgericht, niemals vor dem Reichsgericht möglich gewesen, vor das die Sache von rechtswegen gehört habe. Er schloss die Broschüre mit den Worten:

> "Alle Richter, alle Menschen, die Wahrheit und Gerechtigkeit suchen, müssen sich vereinigen in dem Rufe: Fort mit den bayrischen Volksgerichten"! Fort mit dem Fechenbach-Urteil! Heraus mit Fechenbach aus dem Zuchthaus!"[805]

Senatspräsident Dr. Freymuth war keineswegs der einzige hohe deutsche Berufsrichter, der gegen andere Berufsrichter in einer Rechtssache eine Sprache von so bedingungsloser Schärfe führte. Auch der Senatspräsident Niedner[806] des deutschen Reichsgerichtes, ein ganz weit rechtsstehender Mann, der einer der schärfsten Gegner der radikalen Linken war, veröffentlichte unter voller Namensnennung in der "Frankfurter Zeitung" einen Aufsatz, in dem er unter eingehender Begründung das Urteil als ein offensichtliches Fehlurteil geißelte. Sieben der bedeutendsten

[804] Dr. Arnold Freymuth (28.11.1872-18.07.1933), SPD, Vorstand des republikanischen deutschen Richterbundes, 1919 Staatssekretär im Preußischen Justizministerium, Senatspräsident am preussischen Kammergericht 1923, auf eigenen Antrag 1926 in den Ruhestand versetzt, 1933 Emigration nach Paris, dort ging er zusammen mit seiner Frau in den Freitod. Vgl: Birger Schulz, Der Republikanische Richterbund (1921-1933), Frankfurt/M/Bern 1982, S. 208.

[805] Dr. Arnold Freymuth, Das Fechenbach-Urteil. Eine Untersuchung im Auftrag des Republikanischen Richterbundes. Mit einem Vorwort von Dr. Friedrich Thimme, Berlin 1923, S. 30.

[806] Reichsgerichtsrat Alexander Niedner, Weihnachtsbotschaft und Fechenbach-Prozeß in: Frankfurter Zeitung (Morgenblatt) 07.01.1923. Niedner war seit 1924 Vorsitzender am Staatsgerichtshof zum Schutze der Republik und galt als äußerst harter Richter, dessen Rücktritt vom Amt von der Linken als Erfolg gefeiert wurde. Vgl.: Berthold Jacob, Niedner, in: Die Weltbühne 1927, S. 136ff. Vgl.: Berthold Jacob, Die Verurteilung Niedners, in: Das Tagebuch 1928, S. 305ff. Vgl.: Ludwig Ebermayer, Zum Rücktritt des Senatspräsidenten beim Reichsgerichte Dr. Niedner, in: Deutsche Juristen-Zeitung 1928, Spalte 155. Vgl.: Anonym, Dr. Niedner, Senatspräsident beim Reichsgericht i.R., in: Deutsche Juristen-Zeitung 1930, Sp.753.

wissenschaftlichen Vertreter des deutschen Strafrechts an deutschen Universitäten, die Professoren Dr. Graf zu Dohna[807] der Universität Heidelberg, Dr. Kitzinger[808] der Universität München, Dr. Liepmann[809] der Universität Hamburg, Dr. Mendelssohn-Bartholdy[810] der Universität Hamburg, Dr. Mittermaier[811] der Universität Gießen, Dr. Radbruch[812] der Universität Heidelberg, Dr. Wach[813] der Universität Leipzig, letzterer auch Ehrenvorsitzender der deutsch-nationalen Partei, veröffentlichten auf Ersuchen der Verteidigung juristische Gutachten[814], die samt und sonders zu dem Schlusse kamen, dass das Urteil ein Fehlurteil sei. Auch der Professor des Strafrechts Dr. Oetker[815] der Universität Würzburg hatte ein solches

[807] Dr. Alexander Graf zu Dohna (29.06.1876-25.12.1944), Professor für Strafrecht an der Universität Heidelberg, später in Bonn. Vgl.: NDB 4, S. 53f. Vgl.: Alfred Escher, Neukantianische Rechtsphilosophie, teleologische Verbrechensdogmatik und modernes Präventionsstrafrecht. Eine biographische und wissenschaftsgeschichtliche Untersuchung über Alexander Graf zu Dohna (1876-1044), Berlin 1993.

[808] Dr. Friedrich Kitzinger (08.11.1872-15.07.1943), Professor für Strafrecht an der Universität München 1921-1926, Professor in Halle 1926-1933, 1933 Entlassung, 1933-1938 lebte er in München und Pöcking, 1938 bis März 1939 Konzentrationslager Dachau, danach Emigration nach Tel Aviv. Vgl.: BHE II, p. 623. Vgl.: Peter Landau, Juristen jüdischer Herkunft im Kaiserreich und in der Weimarer Republik, in: Heinrichs/Franzki/Schmalz/Stolleis (Hrsg.), Deutsche Juristen jüdischer Herkunft, München 1993, S. 189.

[809] Dr. Moritz Liepmann (08.09.1869-26.08.1928), Professor für Strafrecht an der Universität Hamburg. Vgl.: NDB 14, S. 534 f. Vgl.: Peter Landau, Juristen jüdischer Herkunft im Kaiserreich und in der Weimarer Republik, in: Heinrichs/Franzki/Schmalz/Stolleis (Hrsg.), Deutsche Juristen jüdischer Herkunft, München 1993, S. 189.

[810] Dr. Albrecht Mendelssohn-Bartholdy (25.10.1874-29.11.1936), Professor für Strafrecht an der Universität Hamburg. Vgl.: NDB 17, S. 62 f. Vgl.: Peter Landau, Juristen jüdischer Herkunft im Kaiserreich und in der Weimarer Republik, in: Heinrichs/Franzki/Schmalz/Stolleis (Hrsg.), Deutsche Juristen jüdischer Herkunft, München 1993, S. 183.

[811] Dr. Wolfgang Mittermaier (29.05.1867-28.07.1956). Professor für Strafrecht an der Universität Giessen. Vgl.: NDB 17, S. 585 f.

[812] Dr. Gustav Radbruch (21.11.1878-23.11.1949), Professor der Rechte an der Universität Kiel, später in Heidelberg, 1920-1924 Mitglied des Reichstags (SPD), 1921-1922 und 1923 Reichsjustizminister. Vgl.: Hans de With, Gustav Radbruch, Köln 1978. Ferner: Arthur Kaufmann, Gustav Radbruch. Rechtsdenker, Philosoph, Sozialdemokrat, München/Zürich 1987.

[813] Dr. Adolf Wach (11.09.1843-04.04.1926) Professor für Strafrecht an der Universität Leipzig, Ehrenvorsitzender der DNVP. Vgl.: Erwin Jacobi, Adolf Wach †, in: Deutsche Juristen-Zeitung 1926, Sp. 613-616. Vgl.: Oliver Vossius. Zu den dogmengeschichtlichen Grundlagen der Rechtsschutzlehre, Ebelsbach 1985 (Münchner Universitätsschriften /Juristische Fakultät. Abhandlungen zur rechtswissenschaftlichen Grundlagenforschung 62).

[814] Vgl.: Der Fall Fechenbach. Juristische Gutachten, hrsg. von Max Hirschberg und Friedrich Thimme, Tübingen 1924.

[815] Dr. Friedrich Oetker (06.05.1854-10.05.1937), Professor für Strafrecht an der Universität Würzburg, nach 1933 Mitglied der Akademie für Deutsches Recht. Vgl.: Graf Gleispach, Nachruf für Friedrich Oetker, in: Deutsche Justiz 1937, S. 903 f. Vgl.: Günther Spendel, Der Würzburger Strafrechtler Friedrich Oetker und das Shylock-Problem, in:

Gutachten gefertigt. Er hatte jedoch nicht den Mut, der Veröffentlichung seiner eigenen Argumente zuzustimmen. Dagegen reichte sein Mut aus, um ein Rechtsgutachten zu veröffentlichen, das eine juristische Hilfsstellung für Fememörder bedeutete, indem er die später vom Reichsgericht adoptierte Theorie erfand, diese hätten ihre Mordtaten in wirklicher oder vermeintlicher "Staatsnotwehr" begangen. Noch einen Professor des deutschen Strafrechts hatten wir um sein Gutachten ersucht, und er hatte es nach einigem Zögern auch zugesagt. Dies war Professor Dr. Kohlrausch[816] der Universität Berlin, der Nachfolger des weltberühmten Franz von Liszt[817], unter dessen Rektorat die Universität Berlin einen Anschlag anbringen konnte, dass es dem Juden nicht gestattet sein solle, die deutsche Sprache zu benutzen, sondern nur die hebräische, da er nur in dieser Sprache denken könne. Als nach einiger Zeit ein von Herrn Kohlrausch gesandtes Paket in unserem Büro eintraf, meinten mein Kollege Hirschberg und ich, in diesem Paket sei Kohlrausch's zugesagtes Gutachten über das Fechenbach-Urteil enthalten. Statt dessen entnahmen wir dem Paket zunächst einen Brief, in dem Kohlrausch mitteilte, er sei zu seinem Bedauern doch außerstande, sich derzeit mit der Abgabe von Gutachten zu beschäftigen, weil er dringend eine Neuauflage eines Lehrbuches abschließen müsse. Er sende deshalb die ihm übergebenen Unterlagen als Anlage zurück. In dieser Beziehung war nun aber Kohlrausch ein kleines Missgeschick passiert. Statt der ihm übergebenen Unterlagen über die Fechenbach-Sache lag dem Brief auf Grund einer Verwechslung ein juristisches Gutachten bei, zu dessen Abfassung Herr Kohlrausch Zeit gefunden hatte, obwohl er uns dreist vorlog, dass er sich derzeit mit der Abfassung juristischer Gutachten aus Zeitmangel nicht befassen könne. Dieses Gutachten betraf allerdings nicht Fechenbach, sondern den wegen Mittäterschaft am Hitlerputsch in Strafuntersuchung gezogenen General Ludendorff[818]. Es war für den Vorsitzenden des Volksgerichtes, Herrn Neithardt, bestimmt und formulierte diesem juristische Antworten auf juristische Fragen, die nach amtlicher Feststellung in den Strafakten gegen Adolf Hitler und Erich Ludendorff nir-

BRIESKORN/MIKAT/MÜLLER/WILLOWEIT (Hrsg.), Vom mittelalterlichen Recht zur neuzeitlichen Rechtswissenschaft (FS. WINFRIED TRUSEN), Paderborn 1994, S. 365-380.

[816] DR. EDUARD KOHLRAUSCH (04.02.1874-22.01.1948), Professor für Strafrecht an der Universität Berlin. Vgl.: NDB 12, S. 429 f. Vgl.: ANNA-MARIA GRÄFIN VON LÖSCH, Der nackte Geist, Tübingen 1999.

[817] Vgl.: Anmerkung 112.

[818] Ein Gutachten Kohlrauschs für Ludendorff im Hitler-Prozeß ist nicht bekannt geworden. Es wurde ein Gutachten für die Verteidigung angefertigt. Vgl.: MAX HIRSCHBERG, Jude und Demokrat. Erinnerungen eines Münchener Rechtsanwalts 1883-1939, hrsg. von REINHARD WEBER, München 1998, S 179.

gends zu finden waren. Die Verteidigung des Generals Ludendorff hatte offenbar diese juristischen Antworten auf nicht auffindbare Fragen bestellt, weil sie Herrn Neithardt nicht das "Talent" zutraute, die "Unschuld" Ludendorffs zu begründen. Kohlrausch hatte dieses schmutzige Geschäft, einem Gerichtsvorsitzenden seine künftige Urteilsbegründung einzublasen, gegen bares Geld übernommen, während er dem unschuldig verurteilten Fechenbach ein Gutachten zuerst zusagte, dann wegen "Zeitmangels" ablehnte. Dass ein Mann von solcher Überzeugungstreue, Wahrhaftigkeit und Ehrenhaftigkeit es unter den Strafrechtprofessoren des Dritten Reiches zu bedeutender Prominenz brachte[819], kann nicht Wunder nehmen. Er gehört ins Dritte Reich. Damals allerdings war er über sein peinliches Versehen noch recht entsetzt und bat himmelhoch, ihm das irrtümlich geschickte Schriftstück sogleich zurückzuschicken und über den Vorgang zu schweigen. Wenn ich ihn heute erwähne, so wird ihm das ja im "Reich der Ehre" eine Auszeichnung für "deutsche Gesinnung" verschaffen können.

Abgesehen von diesen zwei vereinzelten Fällen schofler Hilfsstellung für das Unrecht, ist mir kein Fall bekannt, in dem jemand, der ein wissenschaftliches Ansehen zu verlieren hatte, sich für die Richtigkeit des Fechenbach-Urteils ausgesprochen hat.

Der öffentliche Widerstand gegen das skandalöse Urteil, der seitens der Verteidigung und der Wissenschaft geleistet wurde, rief zunächst schamlose Gegenkundgebungen im bayrischen Parlament hervor. Der bayrische Justizminister Franz Gürtner und seine zwei Vorgänger, "Hauptmann Roth" und "Demokrat" Müller-Meiningen, führten zur Verteidigung des Urteils dumm-dreiste juristische Seiltänzerkunststücke auf. Roth, der Schutzherr des Fememords, gefiel sich darin, Cicero zu zitieren:

> "Wenn helle Verzweiflung dem Untergang geweihte Staaten ergriffen hat, so pflegt sich ihre letzte Stunde in folgender Weise abzuspielen: Verurteilte werden wieder zu Ehren gebracht, Häftlinge freigelassen, des Landes Verwiesene zurückgeholt, rechtskräftige Urteile umgestoßen. Wenn diese Anzeichen auftreten, dann wird jedermann klar, dass das Staatswesen zusammenbricht und niemand hat auch nur die geringste Hoffnung auf Rettung" .[820]

[819] Kohlrausch legte im Mai 1933 sein Amt als Rektor der Universität Berlin nieder. Er gehörte aber den Kommissionen zur Reform des Strafrechts und des Strafprozeßrechts (1936) an und kommentierte das Strafgesetzbuch (38. Aufl., 1944 mit R. LANGE). 1946 war er auf der Juristentagung in Wiesbaden als Kommentator über den Mordprozeß gegen den Erzbergermörder Tillessen tätig. Vgl.: Internationale Juristentagung 03.-06.12.1946 in Wiesbaden, in: Süddeutsche Juristen-Zeitung 2. Jg. (1947), S. 38 f.

[820] Dr. Roth äußerte das Cicero-Zitat aus Anlass des Bamberger Juristentages. In der Debatte um die "Unabhängigkeit der Rechtspflege und Fehlsprüche" wurde daran durch den Justizminister Gürtner erinnert, das Zitat aber von Dr. Roth, der sich an der Debatte betei-

Der bis ins Mark verlogene Roth wollte also den Eindruck erwecken, als sei der Staat verloren, wenn gegenüber Tendenzurteilen der bayrischen Volksgerichte dieselben Rechtsgarantien geschaffen würden, deren Gewährung im ganzen Deutschen Reich eine Selbstverständlichkeit war und die nur das reaktionäre Bayern in seinen verfassungswidrigen Ausnahmegerichten verweigerte. Müller-Meiningen und Gürtner waren beide von dem Urteil entzückt[821]. Es war Geist von ihrem Geiste und sie fanden es auch juristisch "durchaus hieb- und stichfest" und die Kritik an dem Urteil nur "Hetze". In die gleiche Kerbe hieb der Parlamentsredner der klerikalen bayrischen Volkspartei[822].

Die bayrische Parlamentsdebatte konnte indessen weder die Verteidigung noch die Öffentlichkeit beruhigen. Die Kampffront, die sich gegen dieses Urteil bildete, ging von der Sozialdemokratie bis tief in die Rechtsparteien hinein. Besondere Verdienste in der Bekämpfung des Urteils erwarb sich die "deutsche Liga für Menschenrechte". Sie veranstaltete an vielen Orten öffentliche Protestversammlungen gegen das Urteil, die überall einen gewaltigen Widerhall fanden. Ich habe unter anderem in einer von mehr als 6000 Menschen besuchten Versammlung solcher Art in Berlin zusammen mit Dr. Friedrich Thimme und dem weithin bekannten demokratischen Führer und Schriftsteller Hellmuth von Gerlach[823] gesprochen.

76. Cossmann gegen Hellmut von Gerlach

Als ich in dieser Rede erwähnte, es sei aktenkundig, dass Fechenbach unter Mitwirkung Cossmanns denunziert worden sei, gab es stürmische Kundgebungen gegen Cossmann. Dieser hatte zur fraglichen Zeit bereits eine Reihe von Zeitungsredakteuren verklagt, weil sie ihn als "Denunzianten" bezeichnet hatten. Unter den Verklagten war auch Hellmuth von Gerlach. Ich hatte die Verteidigung Gerlachs und der übrigen Redakteure übernommen und in einem eingehenden Schriftsatz Wahrheitsbeweis dafür angeboten, dass sich Cossmann im Laufe der vorhergehenden Jahre wie-

ligte, nicht gebraucht. Vgl.: Stenographischer Bericht über die Verhandlungen des Bayerischen Landtags, 149. Sitzung (17.11.1922), S. 120, sowie S. 138-146.

[821] Vgl.: Ebenda, S. 120-124, S. 146-154 und 158 f.

[822] Für die BVP ergriff der Rechtsanwalt Graf von Pestalozza das Wort. Vgl.: Ebenda, S. 126-133. Vgl.: Max Hirschberg, Jude und Demokrat, Erinnerungen eines Münchener Rechtsanwalts 1883-1939, München 1998, S. 179 f.

[823] Hellmuth von Gerlach (02.02.1866-01.08.1935), Publizist. Die Veranstaltung der "Deutschen Liga für Menschenrechte" in Berlin fand am 22.01.1923 statt. Vgl.: Berliner Tageblatt, 38, 23.01.1923. Vossische Zeitung, 38, 23.01.1923. Vorwärts, 36, 23.01.1923. Welt am Montag, 29.01.1923.

derholt denunziatorisch betätigt und dabei den Vertrauensbruch als eine Art von "Recht" für sich in Anspruch genommen habe. Cossmann führte seine Klage gegen Hellmuth von Gerlach und gegen die übrigen Redakteure angesichts der angebotenen Wahrheitsbeweise nicht durch, sondern ließ die Sache verjähren. Er suchte sich an Hellmuth von Gerlach und an mir auf indirekte Weise zu rächen, die wiederum sowohl für seinen Charakter wie für die damaligen Verhältnisse typisch war. Gerlach hatte in der von ihm geleiteten Zeitung, der demokratischen "Welt am Montag", die deutsche Regierung kritisiert, weil diese ihren Zusagen, den Versailler Vertrag in korrekter Weise zu erfüllen, auch auf solchen Gebieten nicht nachgekommen war, auf denen die Regierung nicht den Vorwand einer Notlage des deutschen Volkes hatte. Er hatte unter anderem erwähnt, dass auch die Zusagen in Bezug auf Holzlieferungen nicht erfüllt worden seien. Unter der Überschrift "Hellmuth von Gerlach ladet die Franzosen zum Raube ein"[824], warfen die von Cossmann kontrollierten "Münchener Neuesten Nachrichten" Gerlach vor, er habe Landesverrat zugunsten der "geliebten Franzosen" begangen. Wiewohl ich sicherlich mit diesem angeblichen Landesverrat nicht das Geringste zu tun hatte, fuhr das Cossmann-Blatt sodann fort: "Und mit einem solchen Menschen setzt sich der Münchener Rechtsanwalt Dr. Philipp Loewenfeld an einen Tisch und lässt sich mit ihm photographieren". Mit dem "Setzen an einen Tisch" war das gemeinschaftliche Auftreten in der Berliner Protestversammlung gemeint, deren sachlichen Inhalt die "Münchener Neuesten Nachrichten" natürlich totgeschwiegen hatten. Dass ich mich mit Hellmuth von Gerlach zusammen hätte photographieren lassen, war eine typische Cossmann-Hetzlüge. Wahr war lediglich, dass irgend ein Berliner Photograph von der Riesenversammlung eine Blitzlichtaufnahme ohne das Vorwissen der Veranstalter oder der Redner gemacht hatte. Ich schwieg zunächst auf diese Gemeinheit einige Tage, um zu sehen, was folgen werde. Cossmann muss dadurch zu der Meinung verführt worden sein, dass ich vor seiner Hetze resigniere, denn er holte nun zu einem zweiten Schlage aus. Die "Münchener Neuesten Nachrichten" hatten in ihrer Vorhalle einen Schaukasten, in dem sie Bilder von Tagesereignissen und von Personen, die in der Zeitgeschichte Erwähnung gefunden hatten, ausstellten. Einmal waren regierende oder abgehalfterte Monarchen ausgestellt, ein anderes Mal wieder Verbrecher, die irgend welche

[824] Wie infam diese Unterstellung war, zeigen die Berichte Gerlachs an die Carnegie-Friedensstiftung in New York. Vgl.: KARL HOLL/ADOLF WILD, Ein Demokrat kommentiert Weimar. Die Berichte Hellmut von Gerlachs an die Carnegie-Friedensstiftung in New York 1922-1930, Bremen 1953, S. 67-78. Vgl.: HELLMUTH VON GERLACH, Von rechts nach links, Zürich 1937.

Aufsehen erregenden Taten begangen hatten, oder Sportsmänner, die bei Wettbewerben gewonnen hatten. Im redaktionellen Teil der "Münchener Neuesten Nachrichten" war unter der Rubrik "Ausgestellt in unserer Vorhalle" jeden Tag ein Verzeichnis der neuausgestellten Bilder enthalten. Einige Tage nach der Attacke gegen mich lautete diese Rubrik; "Ausgestellt in unserer Vorhalle. Ein Bild des Münchener Rechtsanwalts Dr. Philipp Loewenfeld, der sich mit dem Landesverräter Hellmuth von Gerlach an einen Tisch setzt"[825]. Woher die "Münchener Neuesten Nachrichten" das Bild gestohlen hatten, ist mir nicht bekannt geworden. Klar war, dass sie es nicht von mir hatten. Klar war weiter, dass eine solche öffentliche Anprangerung in der Zeit des blühenden Fememordes als klare Mordpropaganda anzusehen war. Um dies noch zu unterstreichen, denunzierten mich die "Münchener Neuesten Nachrichten", die sich bis dahin trotz aller Reibereien wenigstens immer einer persönlich achtungsvollen Sprache gegen mich befleißigt hatten, in ihrem redaktionellen Teil innerhalb zwei Wochen dreimal als "vaterlandslos". In dem einen Fall gebrauchten sie als Vorwand, dass der französische Minister Viviani eine Äußerung von mir aus dem "Kriegsschuldprozess" in einem Aufsatz zitiert habe, als ob es von vorneherein der Beweis gegen die Richtigkeit einer Auffassung gewesen wäre, dass sie von einem französischen Minister zitiert werde. Dass das Zitat überdies falsch war, wussten die "Münchener Neuesten Nachrichten" aus dem in ihrem Besitz befindlichen wörtlichen Stenogramm des Prozesses, verschwiegen es aber ihren Lesern. Das zweite und dritte Mal wurde es mir als Mangel an nationalem Empfinden und als Parteinahme für Landesverrat ausgelegt, dass ich das Volksgerichtsurteil öffentlich als Fehlurteil bekämpfte. Angesichts solcher Niederträchtigkeiten beschloss ich, zum persönlichen Frontalangriff gegen Cossmann vorzugehen, der unanständigerweise seine persönliche Hetze gegen mich nicht mit seinem persönlichen Namen gedeckt, sondern sich hinter der redaktionellen Verantwortung eines nebensächlichen Redakteurs der "Münchener Neuesten Nachrichten" versteckt hatte. Ich veröffentlichte am 31. Januar 1923 in der Presse einen "offenen Brief"[826] an Cossmann, in dem ich darauf verwies, dass er mir noch nach erledigtem "Kriegsschuldprozess" brieflich nahegelegt hatte, vor Münchener Arbeitern über die Kriegsschuldfrage zu sprechen. Seitdem ich in einem Schriftsatz als Anwalt Hellmuth von Gerlachs und anderer Publizisten Beweis dafür angetreten hätte, dass er ein Denunziant sei und seitdem ich in öffentlicher Versammlung in Berlin

[825] Vgl.: Münchener Post 25 (31.01.1923), S. 2.

[826] Offener Brief an Herrn Professor Paul Nikolaus Cossmann in: Münchener Post 25 (31.01.1923), S. 2.

gesagt hätte, dass er Fechenbach denunziert habe, würde ich nun in dem von ihm kontrollierten Blatt am laufenden Bande wegen meines Eintretens für Fechenbach als "vaterlandslos" denunziert, wiewohl ihm und diesem Blatt genau bekannt sei, dass angesehene Berufsrichter, Parlamentarier, Publizisten und Wissenschaftler meine Meinungen öffentlich geteilt und unterstrichen hätten. Ich fuhr dann wörtlich fort:

> "Wenn also das von Ihnen kontrollierte Blatt in diesem Zusammenhang gerade mir Mangel an nationalem Empfinden innerhalb zwei Wochen dreimal öffentlich vorwirft, so muss bei diesem Verfahren eine ganz bestimmte Absicht vorliegen. Es liegt nahe, Sie als Autor oder Inspirator dieser Artikel zu vermuten und anzunehmen, dass Sie mit einem solchen Verfahren einen Anwalt unschädlich machen wollen, weil Sie glauben, dass er als Vertreter von Prozessparteien in Ausübung seiner Berufspflicht in einem kommenden Verfahren Dinge wird sagen und unter Beweis stellen müssen, die für Sie persönlich äußerst unbequem sind. Ich fordere Sie deshalb auf, sich alsbald öffentlich zu erklären, dass Sie den Veröffentlichungen in den "Münchener Neuesten Nachrichten" fernestehen, sie weder geschrieben noch unmittelbar oder mittelbar veranlasst oder vorher gebilligt haben. Geben Sie diese Erklärung nicht binnen drei Tagen öffentlich ab, dann muss ich mir vorbehalten, Sie als einen Mann zu charakterisieren, der unter dem Schutze der Anonymität heimtückische Mordpropaganda gegen einen sachlichen Gegner betreibt, der als Jude die antisemitischen Mordinstinkte noch anfeuert, wenn er damit seine eigene Stellung im öffentlichen Leben verbessern zu können glaubt".

Diese Ladung wirkte als Volltreffer. Die Hetze der "Münchener Neuesten Nachrichten" gegen mich wurde sofort gestoppt und begann nie wieder[827]. Cossmann wagte nicht, seine Urheberschaft an der Hetze öffentlich zu bestreiten. Die ihm durch mich gewordene Charakterisierung steckte er ohne ein Wort öffentlicher Erwiderung ein. Eine Woche später suchte mich in seinem Namen Graf Anton Pestalozza auf und erklärte mir, er habe den Auftrag, mich wegen des "offenen Briefes" zu verklagen, wenn ich dessen ehrenrührige Ausführungen nicht alsbald öffentlich zurücknehme. Cossmann werde in einem solchen Prozesse beweisen, dass er mit den Angriffen auf mich persönlich nichts zu tun habe. Der Kollege fügte hinzu, er überbringe mir diese Mitteilung "sehr ungerne" und wisse noch nicht, ob er Cossmann vertreten könne, wenn es zum Prozesse komme. Ich erwiderte, dass ich nichts zurückzunehmen habe und jederzeit bereit sei, meine Ausführungen öffentlich zu wiederholen, um deren pressgesetzliche Verjährung zu verhindern. Ich glaubte niemals an die Wahrheit der Behauptung, dass Cossmann nicht persönlich hinter der Hetze gegen mich stehe. Graf Pestalozza sagte ganz frei von der Leber, er habe diese meine Stellungnahme erwartet und sich nur seiner "Pflicht" entledigen wollen. Tatsächlich hat Cossmann die angekündigte Klage gegen mich nicht gestellt,

[827] Dies ist nicht ganz richtig. Am folgenden Tag erscheint in den MNN Nr. 30 (01.02.1923) unter der Überschrift "Eine Fälschung" eine wüste Polemik gegen Loewenfeld.

ihre Androhung war purer Bluff. Er hat die ihm gewordene Charakterisierung, dass er als Jude aus persönlichen Nützlichkeitsgründen gegen einen anderen Juden öffentliche Mordpropaganda betreibe, definitiv ohne jede öffentliche Erwiderung hingenommen. In der Propaganda gegen die Kritik des Fechenbach-Urteils haben die "Münchener Neuesten Nachrichten" von da an den Boden der Sachlichkeit nicht mehr verlassen.

Diese Kritik des Urteils musste in der breitesten Öffentlichkeit geführt werden, wenn sie wirksam sein sollte. Außer mit dem Mittel der Presse- und Versammlungsaufklärung wurde auch mit Unterschriftensammlung gearbeitet, die einen durchschlagenden Erfolg in allen Kreisen der Bevölkerung hatte. Zum Teil erlebten wir bei dieser Sammlung aber auch jenes Deutschland, das sich jede Schurkerei gegen andere bieten lässt und staatsmännische Vorsicht übt, wenn anderen Unrecht geschieht. Wir bekamen eine sehr große Zahl von Unterschriften aus den Kreisen der Beamten, insbesondere aus denen der Hochschullehrer und Mittelschullehrer. Unter anderem zirkulierte auch ein Unterschriftsbogen an der staatlichen Mittelschule einer sächsischen Stadt. Er war nur von einem Lehrer unterschrieben. Er fügte wörtlich hinzu: "36 Lehrer haben wir an unserer Schule. Alle haben erklärt, von der Unschuld Fechenbachs und von der Falschheit des Urteils überzeugt zu sein. Keiner hat unterschrieben. Deutschland, Deutschland über alles, hurra"!

Im deutschen Reichstag brachten die Sozialdemokraten eine Interpellation[828] ein, für die der ehemalige Volksbeauftragte von 1918 Wilhelm Dittmann und Professor Dr. Gustav Radbruch, einer der feinsten Köpfe in der deutschen Rechtsphilosophie, sprachen. Radbruch, der als Exponent der Sozialdemokraten Reichsjustizminister in einem früheren Reichskabinett gewesen war und kurz darauf neuerdings in dieses Amt berufen wurde, fällte vom Standpunkt des Juristen, des Politikers und des Menschen ein wahrhaft vernichtendes Urteil über den Fechenbach-Prozess und sein Ergebnis. Er sagte, an diesem Prozess scheide sich Unsauberkeit und Sauberkeit des Rechtsgefühls und des Gewissens. Es gereichte mir zur tiefsten inneren Befriedigung, dass die Meinung Radbruchs nicht nur von dem Vertreter der bürgerlichen Demokratie, einem Berufsrichter, und dem Vertreter der klerikalen Zentrumspartei, dem hochangesehenen Rechtsanwalt Dr. Bell[829] geteilt wurde, dessen Namen als der eines der beiden Mitunter-

[828] Vgl.: Verhandlungen des Reichstags. Stenographische Berichte, I. Wahlperiode 1920, 372. Sitzung (02.07.1923), Bd. 360, S. 11525-11544 und Verhandlungen des Reichstags. Stenographische Berichte, I. Wahlperiode 1920 373. Sitzung (03.07.1923), ebenda, S. 11548-11574, besonders 11574.

[829] Dr. Johannes Bell (23.09.1868-21.10.1949), Zentrum, Rechtsanwalt und Politiker,

zeichner des Versailler Vertrages in die Geschichte eingegangen ist, sondern auch von dem weithin bekannten und berühmten Vertreter der deutschen Strafrechtswissenschaft an der Berliner Universität Professor Dr. Wilhelm Kahl[830], der für die rechtsstehende deutsche Volkspartei sprach, sowie schließlich von dem derselben Rechtspartei angehörenden amtierenden deutschen Reichsjustizminister Dr. Heinze[831]. Dass das Urteil bei den links von der Sozialdemokratie stehenden Parteien verdammt wurde, schien mir weniger symptomatisch zu sein, angesichts des Umstandes, dass diese Redner vorgeschickt hatten, die gewohnheitsmäßig alles verdammten, was von der Staatsseite herkam. Immerhin ergab so die Reichstagsdebatte eine Front von der äußersten Linken bis weit in die Rechte des Parlaments hinein. Die einzigen, die auch im Reichstag das Urteil zu verteidigen suchten, waren wiederum die Deutschnationalen und die bayrischen Klerikalen, also die Koalition, die in Bayern gegen das Deutsche Reich, das deutsche Recht und das deutsche Ansehen nach wie vor wütete. Die bayrischen Klerikalen sandten als Sprecher den Staatsanwalt Dr. Emminger[832] vor, einen unbegabten und eitlen Schwätzer, der jedes Unrecht zu decken bereit war, wenn es nur den Interessen der partikularistischen Hetze bayrischer Reaktionäre gegen die Reichseinheit zu dienen schien. Emminger war noch nicht einmal fähig, sich für seine schwungvolle Verteidigung des Fechenbach-Urteils ein eignes Zitat zu suchen. Er setzte an die Spitze seiner Rede dasselbe Cicero-Zitat, das "Hauptmann Roth" kurz zuvor im bayrischen Parlament gebraucht hatte, um nachzuweisen, dass der Staat untergehe, wenn in Sachen Fechenbach Gerechtigkeit geübt

Mitglied des Reichstages 1911-1933, 1926/27 Reichsjustizminister. Vgl.: NDB 2, S. 29. Vgl.: Reichstag - 373. Sitzung, S. 11549-11554.

[830] Dr. Wilhelm Kahl (17.06.1849-14.05.1932), DVP, Professor der Rechte in Berlin, 1919 Mitglied der Nationalversammlung, 1920 Mitglied des Reichstags, Präsident des Juristentages, Mitglied des General-Synodalvorstandes der Evangelischen Landeskirche Preußens und des Deutschen Evangelischen Kirchenausschusses. Vgl.: NDB, 11, S. 21f. Vgl.: Reichstag - 373. Sitzung, S. 11560-11563. Vgl.: Klaus Achenbach, Recht, Staat und Kirche bei Wilhelm Kahl. Eine Darstellung seines kirchenrechtlichen und staatsrechtlichen Werks samt eines Überblicks über seine Tätigkeit im Dienste der Staatsrechtsreform und sein politisches Wirken. (jur. Dissertation Regensburg 1972).

[831] Dr. Karl Rudolf Heinze (22.07.1865-26.05.1928), DVP, Reichsjustizminister von Juni 1920-Mai 1921 und November 1922-August 1923. Vgl.: NDB 8, S. 448f. Vgl.: Reichstag 372. Sitzung, S. 11536ff. Vgl.: Reichstag 373. Sitzung, S. 11565f.

[832] Dr. Erich Emminger (25.06.1880-30.08.1951), Staatsanwalt in Augsburg, 1913-1918 Reichstagsmitglied (Zentrum), 1920 Reichstagsmitglied (Bayerische Volkspartei), 1923-1924 Reichsjustizminister, 1928 Oberlandesgerichtsrat in München, Vorsitzender des Zentralvorstandes der "Deutsch-Österreichischen Arbeitsgemeinschaft". Vgl.: BBB, S. 175. Vgl.: NDB 4, S. 484. Vgl.: Reichstag - 372. Sitzung, S. 11538-11545. Vgl.: Thomas Vormbaum, Die Lex Emminger vom 4. Januar 1924, Berlin 1988.

werde. Mein College Dr. Hirschberg nannte dieses Abschreiben von klassischen Zitaten in einer Besprechung des Verfahrens und des Urteils zutreffend die "haushälterische Sparsamkeit, die die Reaktion in geistigen Dingen auszuzeichnen pflegt".

77. *Gutachten des Bayerischen Obersten Landesgerichts*

Gegenüber dem großen Erfolg der Reichstagsdebatte, vor allem auch gegenüber der Tatsache, dass die außerbayrischen Klerikalen sich ausnahmslos in die Front der Gegner des Fechenbach-Urteils einreihten, konnte die bayrische Regierung es nicht mehr wagen, die abgedroschenen Sprüche, wonach das Volksgerichtsurteil gegen Fechenbach "hieb- und stichfest" sei, neuerdings vorzutragen. Sie suchte Zeit zu gewinnen, indem sie dem Reichstag erklären ließ, wenn Fechenbach ein Gnadengesuch einreiche, werde sie das bayrische Oberste Landesgericht um Erstattung eines Rechtsgutachtens ersuchen und die Rechtsmeinung dieses Gerichts ihrer Entscheidung zugrunde legen. Der Reichstag glaubte, das Ergebnis dieser Besprechung abwarten zu sollen. Das bayrische Oberste Landesgericht erstattete dieses Gutachten[833], nachdem mein Sozius Dr. Hirschberg das Gnadengesuch für Fechenbach eingereicht hatte. Das Gutachten war ein so ärmlicher, um nicht zu sagen schmutziger Versuch der Hilfsstellung für das Münchener Volksgericht, dass es in den oben erwähnten Rechtsgutachten der sieben deutschen Strafrechtsprofessoren durchwegs als völlig gegenstandslos bezeichnet werden musste. Es prüfte nämlich hinsichtlich des Verfahrens nur nach, ob dieses nach dem bayrischen Gesetz über die Volksgerichte zulässig gewesen sei, nicht ob es den mindesten Rechtsgarantien des Reichsrechts entspreche. Es stellte sich weiter auf den Standpunkt, dass es die tatsächlichen Feststellungen des Volksgerichts nicht nachzuprüfen habe, ohne Rücksicht darauf, ob diese richtig oder falsch seien. Vielmehr untersuchte es nur, ob die rechtlichen Schlussfolgerungen aus den tatsächlichen Feststellungen in Ordnung gehen. Selbst auf solche Weise aber konnte es nicht leicht zu dem Resultat kommen, dass das Urteil in Ordnung gehe. Denn, wie wir gesehen haben, war das Urteil selbst dann falsch, wenn man Fechenbach für schuldig hielt. In diesem Falle war er nämlich als straflos auszusehen, weil diese angeblichen Verbrechen durch die Presse verübt und demgemäß verjährt waren. Das Oberste Landesgericht brachte nun selbst das Kunststück fertig, die pressgesetzliche Verjährung zu ver-

[833] Das Gutachten des Bayerischen Obersten Landesgerichts ist veröffentlicht in: MAX HIRSCHBERG/FRIEDRICH THIMME, (wie Anm. 814),S. 29-55.

neinen, mit der Begründung, dass die Publikation der Urkunden im Ausland erfolgt sei und dass das Ausland der deutschen Pressgesetzgebung nicht unterliege. Dabei hatte Fechenbach, wenn man ihn schon für schuldig hielt, seine einzige Handlung, nämlich die Übergabe der Texte an den Schweizer Redakteur, im deutschen Inland vorgenommen. Der Zweck des Gutachtens des Obersten Landesgerichtes war also offensichtlich nicht die Wiederherstellung der Gerechtigkeit, sondern ein verzweifelter Versuch, den Sieg des Unrechts durchzusetzen. Das Oberste Landesgericht schämte sich nicht, in Ausführung dieses Versuchs zu dem Mittel der Lüge zu greifen. Wiewohl das Gutachten nachweislich Ende Oktober 1923 fertiggestellt war, wurde unserem Büro bis März 1924 vorgespiegelt, es sei nicht vollendet. Inzwischen hatte nämlich der erste Hitlerputsch stattgefunden und mit einem Misserfolg geendigt. Nach dem Hitlerputsch aber war ein Richter am Obersten Landesgericht (Pöhner)[834] als Mittäter in Haft genommen worden und ein weiterer Richter am Obersten Landesgericht, Herr von der Pfordten[835], als Putschteilnehmer von Reichswehrkugeln erschossen worden. Mit Rechtsmeinungen eines so illustren Gerichts war also um jene Zeit auch rein politisch kein Staat zu machen, sodass unter diesem Gesichtspunkt die lügenhafte Verzögerung der Herausgabe des Gutachtens mehr einen defensiven als einen offensiven Sinn hatte. Ein Vierteljahr nach der Aushändigung des Gutachtens des Obersten Landesgerichts erschienen die Rechtsgutachten der 7 Professoren, die nicht nur die Unhaltbarkeit des Volksgerichtsurteils, sondern auch diejenige des Gutachtens des Obersten Landesgerichts in jeder juristischen Einzelheit nachwiesen. Dagegen konnte die bayrische Regierung kein einziges Gutachten eines Wissenschaftlers für die Richtigkeit des Volksgerichtsurteils oder des Gutachtens produzieren. Dem tiefen Eindruck des geschlossenen Eintritts der deutschen Strafrechtswissenschaft für die Sache des Rechts und der Gerechtigkeit konnte sich die bayrische Regierung trotz des Geschwätzes der "Hauptmann Roth", "Demokrat" Müller-Meiningen und Emminger nicht entziehen. Sie fühlte die gewaltige Blamage, die durch die ebenso würdi-

[834] Ernst Pöhner (11.01.1870-11.04.1925), Richter am Obersten Landesgericht, Teilnehmer am Hitlerputsch 09.11.1923. Vgl.: Anmerkung 582. Vgl.: Paul Hoser, Die politischen, wirtschaftlichen und sozialen Hintergründe der Münchner Tagespresse zwischen 1914 und 1934, Frankfurt/M u.a. 1990, S. 215.

[835] Theo von der Pfordten (14.05.1873-09.11.1923) Richter am Obersen Landesgericht, Teilnehmer am Hitlerputsch 09.11.1923. Vgl.: Reinhart Weber, Ein tüchtiger Beamter von makelloser Vergangenheit. Das Disziplinarverfahren gegen den Hochverräter Wilhelm Frick 1924, in: Vierteljahreshefte für Zeitgeschichte 42, 1994, S. 129-150. Vgl.: Deutsche Juristen-Zeitung 1924, S. 46, MNN 310 (15.11.1923) und Zeitschrift für Rechtspflege in Bayern 30.11.1923, S. 1.

gen wie unwiderleglichen Rechtsgutachten den Gesellen zugefügt wurde, die mit juristischen Scheingründen und ärmlichen Tricks den Sieg der Lüge und des Unrechts zu verlängern suchten. Wir erfuhren wenige Monate nach dem Erscheinen der Rechtsgutachten, dass die Freilassung Fechenbachs bevorstehe. Um nicht zu sehr zu zeigen, dass Recht über Unrecht siege, machte die bayrische Regierung den Freilassungsakt selbst zu einem unwürdigen politischen Kuhhandelsgeschäft. Sie entließ nämlich gleichzeitig mit Fechenbach einige andere Linksleute, die ihre Hochverratsstrafen aus der Zeit der Räterepublik abbüßten, darunter Erich Mühsam, aus der Haft. Auf der anderen Seite verfügte sie auf den gleichen Tag die Freilassung der 3 nationalsozialistischen Hochverräter, die durch das Volksgericht mittlerweile zu je 5 Jahren Festungshaft verurteilt worden waren, nämlich diejenige Hitlers selbst, ferner diejenige des Oberstleutnants Kriebel[836] und des Richters Pöhner. So wurde der Öffentlichkeit vorgespiegelt, dass es sich um einen freiwilligen und überparteilichen Gnadenakt nach rechts und links handle, während das Gegenteil davon wahr war.

Immerhin war nun zunächst einmal eine Etappe im Kampfe gegen den Rechtsbruch gewonnen. Fechenbach hatte insgesamt 11 Jahre Zuchthaus erhalten, seine Befreiung war nach 2 Jahren 2 Monaten geglückt. Wir waren jedoch keineswegs gesonnen, auf das durch dieses Kuhhandelsgeschäft von der bayrischen Regierung stillschweigend angebotene Kompromiss einzugehen. Fechenbach war nur auf Grund eines Gnadenaktes freigelassen worden, er hatte jedoch noch nicht sein Recht erstritten. Das unwahre und unmenschliche Urteil des Volksgerichts war durch den Gnadenakt weder aufgehoben noch sonst in seinem Bestande irgendwie berührt worden. Eine Revision gegen dieses Urteil oder eine Wiederaufnahme des Verfahrens war nach dem bayrischen Gesetz über die Volksgerichte ausgeschlossen. Offenbar hatte die bayrische Regierung gehofft, mit der Freilassung Fechenbachs auf Grund des Gnadenaktes jede weitere Agitation gegen die Institution der bayrischen Volksgerichte selbst zu unterbinden. Diesen Gefallen taten wir jedoch der bayrischen Regierung nicht.

[836] Hermann Kriebel (20.01.1876-16.02.1941), Infanterieoffizier, Mitglied der Waffenstillstandskommission in Spa, Stabsleiter der bayerischen Einwohnerwehr und der "Orgesch", 1923 militärischer Führer des "Deutschen Kampfbundes", 1923 Teilnehmer am Hitlerputsch, 1924 begnadigt, 1924 Mitglied des Reichstags der nationalsozialistischen Freiheitspartei, 1929-1933 militärischer Berater der Nationalregierung in Nanking, 1934-1938 Generalkonsul in Shanghai, 1938 Leiter der Personalabteilung des Auswärtigen Amtes. Vgl.: Paul Hoser, Die politischen, wirtschaftlichen und sozialen Hintergründe der Münchner Tagespresse zwischen 1914 und 1934, Frankfurt/M u.a. 1990, S. 177.

78. *Reichsgericht zur Wiederaufnahme gegen Urteile bayerischer Volksgerichte*

Dr. Hirschberg und ich selbst trugen nicht nur die Propaganda gegen das Gesetz über die Volksgerichte und für die Wiedereinführung des Reichsrechts in Bayern in die breitesten Massen, wir verhandelten vielmehr auch wiederholt über diese Notwendigkeit mit dem Reichsjustizministerium und mit den juristischen Exponenten verschiedener Reichstagsfraktionen. Der Erfolg dieser Bemühungen war nicht nur das Verschwinden der Volksgerichte in Bayern[837], sondern darüber hinaus die Einbringung eines Gesetzentwurfes im deutschen Reichstag[838], wonach kraft zwingenden Reichsrechts die Wiederaufnahme des Verfahrens gegen die Urteile der bayrischen Volksgerichte zugelassen werden sollte. Dieser Antrag wurde von der sozialdemokratischen Partei gestellt und von den Demokraten und größeren Teilen der klerikalen Zentrumspartei und der rechtsstehenden deutschen Volkspartei unterstützt. In diesem Fall trieben die Kommunisten ausnahmsweise keine Sabotage, da die Wirkung des Gesetzes auch ihren eigenen Leuten zugute kommen sollte. Nachdem das Gesetz vom Reichstag mit Stimmenmehrheit angenommen war, suchte die bayrische Regierung noch sein Inkrafttreten durch Einspruch beim Reichsrat zu verhindern. Der Reichsrat war die verfassungsmäßige Vertretung der Regierungen der deutschen Länder, die gebildet war, um die Mitwirkung dieser Regierungen bei der Gesetzgebung und Verwaltung des Reiches sicher zu stellen. Der Artikel 74 der Reichsverfassung lautete:

> "Gegen die vom Reichstag beschlossenen Gesetze steht dem Reichsrat der Einspruch zu.
> Der Einspruch muss innerhalb 2 Wochen nach der Schlussabstimmung im Reichstag bei der Reichsregierung eingebracht und spätestens binnen 2 weiteren Wochen mit Gründen versehen werden.
> Im Falle des Einspruches wird das Gesetz dem Reichstag zur nochmaligen Beschlussfassung vorgelegt. Kommt hiebei keine Übereinstimmung zwischen Reichstag und Reichsrat zustande, so kann der Reichspräsident binnen 3 Monaten über den Gegenstand der Meinungsverschiedenheit einen Volksentscheid anordnen. Macht der Präsident von diesem Recht keinen Gebrauch, so gilt das Gesetz als nicht zustande gekommen. Hat der Reichstag mit zwei Drittel Mehrheit entgegen dem Einspruch des Reichsrats beschlossen, so hat der Präsident das Gesetz binnen 3 Monaten in der vom Reichstag beschlossenen Fassung zu verkünden oder einen Volksentscheid anzuordnen".

[837] Am 01.04./15.05.1924. Vgl.: FRANZ J. BAUER/EDUARD SCHMIDT, Die bayerischen Volksgerichte 1918-1924. Das Problem ihrer Vereinbarkeit mit der Weimarer Reichsverfassung, in: Zeitschrift für bayerische Landesgeschichte Bd. 48 1985, S. 463.

[838] Verhandlungen des Reichstags. Stenographische Berichte, III. Wahlperiode, 65. Sitzung (25.05.1925), Bd. 385, S. 1998-2011. Vgl.: HERMANN SCHUELER, Auf der Flucht erschossen. Felix Fechenbach 1894-1933, Köln 1981, S. 216.

Von den 66 verfassungsmäßigen Reichsratsstimmen standen Preußen 26, Bayern 11 zu. Die Mehrheit im Reichsrat hatte, wer mehr als 33 Stimmen aufbrachte. Die Hälfte der 26 preußischen Stimmen wurde im Reichsrat nicht von der preußischen Regierung, sondern von den preußischen Provinzialverwaltungen instruiert. In Preußen regierte um jene Zeit eine Koalition, bestehend aus Sozialdemokraten, klerikaler Zentrumspartei und Demokraten. Die preußischen Provinzialverwaltungen waren dagegen vielfach rein reaktionär geleitet, es war der Preußenregierung in den Jahren ihres Bestehens noch nicht gelungen, in dieser Beziehung Abhilfe zu schaffen[839].

So war es ein sehr geschickter Schachzug der bayrischen Regierung im Kampfe gegen Recht und Anstand, so viele Vertreter deutscher Einzelstaaten und reaktionärer Provinzialverwaltungen hinter sich zu bringen, dass eine Stimmenmehrheit für den Einspruch sich ergab. Die diesbezügliche Wühlarbeit der bayrischen Regierung erfolgte in völliger Stille, sodass die Öffentlichkeit und auch die Verteidigung Fechenbachs von der Einlegung des Einspruchs vollkommen überrascht wurde. Die bayrische Regierung machte zur Begründung dieses Einspruches geltend, das Gesetz greife in ihre "Justizhoheit" ein, wiewohl es nach der Reichsverfassung offensichtlich war, dass eine solche garnicht bestand, dass vielmehr in Justizangelegenheiten das Reichsrecht dem Landesrecht schlechterdings vorging. Die bayrische Regierung nahm diese "hoheitsvolle" Stellung ein, wiewohl es schon damals, ganz abgesehen von der Fechenbach-Sache, feststand, dass die Volksgerichte zahlreiche sachlich völlig unhaltbare Urteile gefällt hatten, darunter auch mehrere Todesurteile. Dr. Hirschberg und ich versahen sowohl die Juristen mehrerer Reichstagsfraktionen, wie das Reichsjustizministerium und die Justizbehörden von Landesregierungen mit ausgiebigstem Beweismaterial in der Form offensichtlich falscher Urteile und Beschlüsse. Wir nahmen aber auch sofort nach dem Bekanntwerden des Einspruches des Reichsrats den Kampf gegen diesen Einspruch auf und regten durch eine Reihe parlamentarischer Mittelspersonen bei der preußischen Regierung als der Inhaberin der stärksten Stimmenzahl im Reichsrat die Zurückziehung des Einspruches an. Während des Schwebens der Angelegenheit fand in Berlin eine außeramtliche Konferenz einer Reihe von Ländervertretern im Reichsrat statt[840]. Vor dieser fast ausschließlich aus hohen Beamten bestehenden Konferenz referierte ich über die Rechtsprechung der bayrischen Volksgerichte, unter Anführung zahlreicher urkundlicher Einzelheiten. Ich war erschüttert, aus zahlreichen an

[839] Vgl.: HORST MÖLLER, Parlamentarismus in Preußen 1919-1932, Düsseldorf 1985.
[840] Tagung des Reichsrats in Berlin Juni 1925: Referat Philipp Loewenfeld.

mich in der Diskussion gestellten Fragen zu ersehen, wie ununterrichtet wohlmeinende und rechtlich denkende, in hohen Amtswürden befindliche Männer, hinsichtlich solcher Vorgänge waren, die sich vor den Augen der Öffentlichkeit in Deutschland abgespielt hatten und deren Richtigkeit deshalb von jedermann kontrolliert werden konnte. Andererseits war ich tief befriedigt zu erleben, welche durchgreifende Wirkung die nun erteilte Information auf die Anwesenden hatte. Ich verließ die Konferenz in der optimistischen Überzeugung, es werde gelingen, den Reichsrat-Einspruch dadurch zu Fall zu bringen, dass die Reichsratsvertreter genügende Information über die Wahrheit in Bayern erhielten. Diese Überzeugung hat mich nicht getrogen. Der preußische Staat instruierte seine Vertreter im Reichsrat, für die Zurückziehung des Einspruches zu stimmen. Neben den 13 preußischen Stimmen stimmten für diese Zurückziehung die Vertreter von 6 preußischen Provinzialverwaltungen, die 7 Stimmen von Sachsen, die 3 Stimmen von Baden, je 2 Stimmen von Hessen und Hamburg, je eine Stimme von 5 deutschen Kleinstaaten. Die bayrische Regierung hatte neben ihren eigenen 11 Stimmen 4 Stimmen reaktionärster, preußischer Provinzialverwaltungen, 4 Stimmen von Württemberg, 2 Stimmen von Thüringen, je eine Stimme von 5 Kleinstaaten, zusammen 26 Stimmen mobilisiert. 2 Stimmberechtigte, nämlich der Vertreter von Bremen und derjenige der preußischen Provinz Hannover, enthielten sich der Stimme, sodass das Recht über das Unrecht mit dem nicht eben hochimponierenden, jedoch immerhin genügenden Stimmverhältnis von 38 zu 26 siegte.

Mit der Mehrheitsentscheidung des Reichsrats mussten die Hoffnungen der bayrischen Regierung auf eine weitere Verschleppung des Kampfes um das Recht zu Grabe getragen werden. Wäre der Einspruch gegen das Gesetz durchgeführt und nicht zurückgezogen worden, dann hätte, wie der oben erwähnte Wortlaut des Artikels 74 der Weimarer Verfassung zeigt, eine Verzögerung der Entscheidung auf Jahr und Tag stattfinden können. Die bayrische Regierung wagte es auch nicht, dem mit der Zurückziehung des Einspruchs gültig gewordenen Reichsgesetz noch irgendwelche Opposition zu machen. Für die Wiederaufnahme des Verfahrens gegen das Fechenbach-Urteil und gegen sonstiges von den Volksgerichten verübtes, richterliches Unrecht war damit endgültig die Bahn frei. Der Text der einschlägigen Bestimmungen der Weimarer Verfassung und die Abstimmungsverhältnisse im Reichsrat zeigten zugleich, welche enormen juristischen und politischen Schwierigkeiten in diesem Kampf ums Recht zu überwinden waren. Die Entscheidung hing bei der politischen Machtverteilung an einem Haar und es war deshalb absolut wesentlich, an möglichst viele Ländervertreter im Reichsrat persönlich heranzukommen, um zu erreichen, dass diese wirklich wussten, worüber sie abstimmten.

79. *Fechenbachverfahren vor dem Reichsgericht*

Mit der gesetzlichen Zulassung der Wiederaufnahme gegen Volksgerichtsurteile hatte der konkrete Kampf gegen die einzelnen Urteile, so auch gegen das Fechenbach-Urteil, erst zu beginnen. Für die Aburteilung von Landesverratsanklagen war nach der damaligen Rechtslage kein bayrisches Gericht, sondern in erster und letzter Instanz das höchste deutsche Gericht, das Reichsgericht zu Leipzig, zuständig. Bei diesem Gericht wurde demgemäß das Wiederaufnahmegesuch für Fechenbach unverzüglich eingereicht. Dem Reichsgericht standen zwei Möglichkeiten zur Verfügung. Teilte es die Auffassung der Verteidigung, dass Fechenbach auch nicht verurteilt werden könne, wenn er schuldig war, weil seine angebliche Straftat in jedem Fall verjährt gewesen wäre, dann konnte es durch richterlichen Beschluss das Strafverfahren gegen Fechenbach einstellen, ohne eine mündliche Verhandlung abzuhalten und ohne einen Urteilsspruch über Schuld oder Unschuld Fechenbachs zu erlassen. Teilte es dagegen die Meinung des Bayrischen Obersten Landesgerichtes, dass Verjährung nicht eingetreten sei, dann hätte es eine mündliche Verhandlung abhalten und ein Urteil über Schuld oder Unschuld Fechenbachs erlassen müssen. Dem Reichsgericht war offensichtlich die von der Verteidigung und von den Strafrechtsprofessoren vorgetragene These von der Verjährung sehr willkommen. Es trat in dieser Beziehung den Gründen der Verteidigung restlos bei und beendigte das Strafverfahren gegen Fechenbach unter Aufhebung des Volksgerichtsurteils und ohne mündliche Verhandlung durch einen Beschluss, wonach das Verfahren gegen Fechenbach wegen pressegesetzlicher Verjährung eingestellt wurde. Irgend eine Andeutung über Schuld oder Unschuld Fechenbachs enthielt der Beschluss nicht[841]. Das Reichsgericht hätte sich angesichts des langen Kampfes ums Recht, der in dieser Sache stattgefunden hatte, eine solche ruhig gestatten können. Allein es war sichtlich froh, auf Grund der gesetzlichen Lage "taktvoll" genug sein zu können, die Angelegenheit nicht vom Standpunkt des Rechtsbewusstseins, sondern nur von dem der Jurisprudenz aus erledigen zu können. Die Verteidigung Fechenbachs hatte diese diplomatische Stellungnahme des höchsten deutschen Gerichtes vorausgeahnt. Wusste sie doch, dass die Richter zu diesem Gericht vom Reichspräsidenten auf Grund der Vorschläge der in ihrer großen Mehrheit reaktionären Justizverwaltungen der deutschen Einzelstaaten ernannt wurden und kannte sie aus persönlich gesammelten Eindrücken

[841] Vgl.: "Das Fechenbach-Urteil vom Reichsgericht aufgehoben", in: Berliner Volkszeitung 25.12.1926 (zitiert nach: Acht Jahre politische Justiz. Eine Denkschrift der Deutschen Liga für Menschenrechte e.V. Berlin 1927, S. 193.)

den "konservativen" Geist, der in diesem Gericht herrschte, lange genug, um hinsichtlich der ethischen Qualität seiner Entscheidung keinen übertriebenen Hoffnungen zu huldigen. Es gab nach der Rechtslage nur einen Weg, um eventuell dem Reichsgericht doch eine Stellungnahme in der Frage der Schuld oder Unschuld Fechenbachs zu entlocken. Nach einem seit 1898 geltenden Reichsgesetz konnten nämlich im Wiederaufnahmeverfahren freigesprochene Personen Entschädigung für unschuldig erlittene Einsperrung aus der Staatskasse verlangen. Ein derartiges Verlangen setzte nach dem Gesetz voraus, dass das Wiederaufnahmeverfahren die Unschuld des Verurteilten ergeben oder mindestens dargetan habe, dass ein begründeter Verdacht gegen den Verurteilten nicht mehr vorliege. Nach diesem Gesetz beantragte die Verteidigung Fechenbachs Gewährung einer Entschädigung aus der Staatskasse. Das Reichsgericht erwies sich wiederum als hartgesotten und ging nicht auf den Leim einer Feststellung von Schuld oder Unschuld. Es wies den Entschädigungsantrag mit der rein formalen Begründung ab, das Wiederaufnahmeverfahren habe weder die Unschuld des Verurteilten erwiesen, noch dargetan, dass gegen ihn ein begründeter Verdacht nicht bestehe[842]. Dies war formell natürlich richtig, aber eben nur deshalb, weil die Frage der Schuld oder Unschuld vom Reichsgericht garnicht untersucht worden war. Das Reichsgericht hütete sich wohlweislich, irgend eine Andeutung zu machen, dass im Wiederaufnahmeverfahren eine Schuld Fechenbachs oder ein begründeter Verdacht gegen ihn festgestellt worden sei. Es konnte auf Grund der technischen Gesetzeslage tatsächlich ohne ausgesprochenen Rechtsbruch jeder Schuld- oder Unschuldfeststellung entschlüpfen und auf Grund dieser technischen Lage dem unschuldig Verurteilten die gesetzliche Entschädigung absprechen, ohne ihm direkt etwas zu stehlen. Die deutsche Justiz gab also Fechenbach sein Recht in einer Art wieder, bei der sich die Richtigkeit des Wortes Lujo Brentanos von der "unliebenswürdigen Miene des durch die Tatsachen überwundenen, innerlich aber nicht bekehrten Doktrinärs" wieder zeigte. Sie hob das falsche Urteil über Fechenbach auf, sie stellte durch ihren Beschluss praktisch fest, dass ein Strafverfahren gegen ihn nie hätte eingeleitet werden dürfen. Sie fand jedoch für diese notwendigen Rechtsakte nicht die versöhnende Kraft menschlicher Wärme und ritterlichen Anstandes, sondern unterzog sich der Aufgabe der Wiederherstellung des Rechtes in einer äußeren Haltung, in der man etwa ein lästiges Insekt von sich abschüttelt. Sie bewies Legalität, jedoch keine Spur von Größe, sie suchte demonstra-

[842] Vgl.: "Wie Fechenbach durchschlüpfte", in: Völkischer Beobachter 302 (30.12.1926), S. 1. (Nationalsozialistische Propaganda).

tiv darzutun, dass für den richtigen "Praktiker" der Gerechtigkeitsgedanke etwas Nebensächliches, völlig Uninteressantes und irgendwie Lächerliches sei. Sie demonstrierte so, ohne direktes Unrecht zu tun, dass im höchsten Gericht des "demokratischen" Deutschland Rechtsgedanke und Justiz nichts miteinander zu tun hatten. Das Ergebnis des Wiederaufnahmeverfahrens war also ein Sieg der Verteidigung über den offenen Rechtsbruch und die Wiederherstellung einer halbwegs korrekten Lage, nicht dagegen das erhebende Gefühl, dass die deutsche Justiz die durch das neue Gesetz geschaffene Gelegenheit zur Wiederherstellung geschändeten Rechtes mit Liebe und ethischem Schwung wahrnehmen werde.

Durch das erstrittene Gesetz über die Wiederaufnahme gegen Volksgerichtsurteile ist, auch abgesehen von dem Fall Fechenbach, viel Segen gestiftet worden. Allein von Seite unseres Büros konnte eine Reihe grässlicher Fehlurteile von Volksgerichten beseitigt werden, darunter ein Todesurteil des Volksgerichtes Augsburg wegen angeblichem Giftmorde, nach dessen Erlassung der zu lebenslänglichem Zuchthaus begnadigte angebliche Mörder 9 Jahre Zuchthaus zu Unrecht abgesessen hatte[843], und ein weiteres Todesurteil eines niederbayrischen Volksgerichts, ebenfalls wegen angeblichen Mordes, gegen dessen Aufhebung die bayrische Justiz vieljährigen verbissenen Widerstand leistete und zu dessen Aufhebung sich dann doch nach langen Kämpfen unabhängige Richter bereit fanden[844]. In diesen beiden Fällen haben die bayrischen Gerichte den unschuldig Verurteilten nicht unerhebliche Entschädigungen aus der Staatskasse zuerkannt. Mein Sozius Dr. Hirschberg hat nicht nur in diesen beiden Fällen, sondern auch in einer Reihe von anderen ebenfalls äußerst folgenschweren Fehlurteilen mit unermüdlicher Kraft an der Wiederherstellung des Rechtes gearbeitet[845]. Der Erfolg bewies, dass der Kampf um die gesetzliche Einführung der Wiederaufnahme gegen Volksgerichtsurteile nicht überflüssig gewesen war und dass ohne diese gesetzliche Maßregel schweres Unrecht weiter triumphiert hätte.

Die Darstellung des Kampfes für das Recht Fechenbachs und gegen das von den Volksgerichten verübte Unrecht kann nicht abgeschlossen werden, ohne der weiteren Haltung des Richters Hass zu gedenken. Als der Verfasser des Fechenbach-Urteils musste Hass nach feststehendem Ge-

[843] Es handelt sich dabei um das Verfahren gegen Otto Götz vom 05.12.1919, das am 27.02.1929 als Fehlurteil aufgehoben wurde. Vgl.: PHILIPP LOEWENFELD, Das Strafrecht als politische Waffe, Berlin 1933, S. 16f. Vgl.: MAX HIRSCHBERG, Jude und Demokrat, Erinnerungen eines Münchener Rechtsanwalts 1883-1939, München 1998, S. 220-223.

[844] Es handelt sich um den "Mordfall Rettenbeck" Vgl.: MAX HIRSCHBERG, a.a.O. S. 223-229.

[845] Vgl.: MAX HIRSCHBERG, a.a.O. S. 204-231.

brauch zu den Angriffen auf das Urteil schweigen und seine Verteidigung den bayrischen Klerikalen und Deutschnationalen überlassen. Ich bin auf Grund meiner persönlichen Eindrücke überzeugt, dass Hass erst durch die öffentliche Diskussion ein Gefühl für die Schwere des von ihm begangenen Rechtsbruchs erhalten hat. Zur Zeit der Urteilsfällung hatte er sich noch in einer Art "patriotischen" Pflichtrausches befunden. Als er aber die wuchtigen Angriffe so anerkannt national gesinnter Männer wie Friedrich Thimme, Professor Dr. Wilhelm Kahl, Dr. Bell, Dr. Freymuth zu fühlen bekam, war er zuerst vom lähmenden Entsetzen über die Angreifer und dann sichtlich von tiefster Niedergeschlagenheit über sich selbst erfüllt. Er wurde einige Zeit nach dem Urteil als Richter an das Oberlandesgericht München versetzt und starb ein paar Jahre später. Bis zu seinem Tode war ich öfters beruflich genötigt, vor ihm zu plädieren und er suchte mir in allen diesen Sachen durch besonders genaues Eingehen auf meine Gründe und Anschauungen und durch deren Berücksichtigung, wo immer er nur konnte, zu zeigen, dass er als Richter sich aufs Äußerste um Gerechtigkeit bemühe und jede Unsachlichkeit verwerfe. Eine derartige Haltung war umso bemerkenswerter, als ihm naturgemäß aus der Presse auch meine eigenen schweren Angriffe auf sein Urteil und auf sein Verfahren genau bekannt waren. Er ging schließlich mit seiner Aufmerksamkeit gegen mich vielleicht sogar einen Schritt zu weit, indem er nicht nur als Zuhörer bei forensischen Plädoyers erschien und mir nach juristischen Publikationen Briefe schrieb, in denen er seine "Bewunderung" vor den betreffenden Leistungen Ausdruck gab. Im Ganzen konnte ich mich des Eindruckes nicht erwehren, dass er auf solche Weise seiner Reue über seine frühere Haltung, seiner Einsicht in deren Unmöglichkeit und in die Notwendigkeit der scharfen Kritik durch konkludente Handlungen Ausdruck geben wollte.

Richter Hass hatte zu dieser Einstellung vom Standpunkt des Gewissens auch wirklich jede Ursache. Denn wiewohl Fechenbach durch seine Begnadigung und durch die darauf folgende Einstellung des Strafverfahrens juristisch rehabilitiert war, konnte der Makel des Landesverrats, der ihm durch die riesenhafte publizistische Auswertung des Urteils auf Seite der reaktionären Presse und der Nazis angeheftet worden war, nicht mehr verwischt werden. Bis zum Ausbruch des Dritten Reiches wirkte Fechenbach als Redakteur eines sozialdemokratischen Provinzblattes[846]. Unmittelbar nach dem Sieg der Nazis wurde er von der Gestapo geholt und war

[846] Das "Sozialdemokratische Provinzblatt" ist das "Volksblatt" in Detmold.

einer der Ersten, die "auf der Flucht" in bestialischer Weise umgebracht wurden[847].

In der Darstellung der Kämpfe ums Recht, die ich in Bayern im Zusammenhang mit den Fememorden und mit den Fehlurteilen der Volksgerichte zu führen hatte, sind wir der historischen Entwicklung der Dinge in Bayern ein wenig vorangeeilt. Wir haben zuletzt vermerkt, dass anfangs 1923 die Frechheit der Nazis in Bayern und ihres Bandenführers Adolf Schückelgruber bereits weit genug gediehen war, dass sie der Staatsgewalt formell den Kampf mit Gewalt ansagten und dadurch die klerikalreaktionäre Regierung des Dr. Eugen von Knilling nötigten, den Ausnahmezustand über Bayern zu verhängen. Wir haben aber bereits erfahren, dass diese Energieanwandlung ganze zehn Tage vorhielt und dass dann der Ausnahmezustand wieder aufgehoben wurde. Unmittelbar darauf schlossen sich die Nazis mit einer Reihe von "vaterländischen" Verbänden zu einer "Arbeitsgemeinschaft der Kampfverbände" zusammen, die politisch von "Hauptmann Roth" geleitet und militärisch in Form von sogenannten "Sturmtrupps" organisiert war, denen man nach außen hin, um die Öffentlichkeit in Deutschland und die nach dem Versailler Vertrag eingesetzten Überwachungsorgane in gewohnter Weise zu belügen und zu betrügen, unpolitische Namen anhängte, indem man sie beispielsweise als Sport- oder Wandervereine bezeichnete.

Was sich in den folgenden elf Monaten des Jahres 1923 bis zu dem ersten Hitlerputsch ereignete, ist in vielen und guten Publikationen erzählt, unter denen ich als wesentlich die "Geschichte des Nationalsozialismus" meines Freundes Konrad Heiden[848], die Hitlerbiographie des gleichen Autors und die ganz ausgezeichnete Darstellung der Ergebnisse der Feststellungen des Untersuchungsausschusses des bayrischen Landtags erwähnen möchte, die vom Landesausschuss der sozialdemokratischen Partei im Jahre 1928 in 2 Bänden veröffentlicht wurde[849]. In diesen Erinnerungen kann die politische Entwicklung dieser elf Monate nicht ausführlich dargelegt werden. Es würde damit mehrfach von anderen Autoren bereits Dargestelltes wiederholt und zugleich der Grundsatz durchbrochen werden,

[847] Nach Angaben des Leiters der Bayerischen Politischen Polizei Reinhard Heydrich wurde er am 07.08.1933 "bei einem Fluchtversuch erschossen". Vgl: HERMANN SCHUELER, Auf der Flucht erschossen. Felix Fechenbach 1894-1933, Köln 1981, S. 242-248.

[848] KONRAD HEIDEN (07.08.1901-18.07.1966), SPD, Journalist, und Autor mehrerer früher Standardwerke über Hitler und die NSDAP, die großen Einfluß auf die politische Opposition in der Emigration hatten. Vgl.: DERS., Geschichte des Nationalsozialismus, Berlin 1932/Zürich 1934, Vgl.: DERS., Hitler, Zürich 1936/37.

[849] Untersuchungsausschuss des Bayerischen Landtags, hrsg. vom LANDESAUSSCHUSS DER SPD, 2 Bände, 1928, (Hoegner: Hitler und Kahr).

dass im Wesentlichen nur Selbsterlebtes erzählt werden soll. Ich will daher nur einiger weniger Tatsachen aus diesem dunklen Kapitel bayrischer Geschichte Erwähnung tun, um damit dem Leser eine gewisse Übersicht über den Zusammenhang der Ereignisse zu ermöglichen.

80. *Arbeitsgemeinschaft der Kampfverbände*

Die "Arbeitsgemeinschaft der Kampfverbände", deren Ziel und Zweck die Übernahme der politischen Macht unter Ausschaltung des Landtags und der politischen Parteien war, wurde trotz ihrer offensichtlich hochverräterischen Ziele von der Regierung Knilling als "Notpolizei" gegen den "inneren Feind" benutzt. Auf ihr Verlangen wurden schon im März 1923 Versammlungen verfassungstreuer Bürger polizeilich verboten, nachdem Hitler die Sprengung dieser Versammlungen mit Gewalt der Regierung angedroht hatte. Auch forderte die Arbeitsgemeinschaft damals schon, dass die Regierung den Vollzug von Haftbefehlen des Staatsgerichtshofs gegen ihre Leute verweigere und die Mitwirkung bei dem Vollzug des Gesetzes zum Schutze der Republik einstelle. In einer Sitzung vom 4. Februar 1923 proklamierte Hitler den Kampf der "unparlamentarischen Macht" gegen das Parlament und schlug eine Erklärung vor, wonach die "Arbeitsgemeinschaft" die Regierung nur solange unterstütze, als die Regierung "national" bleibe[850]. In einer Sitzung vom 11. April 1923 verlangte Hitler die "Reinigung des Innern" und dann "Mobilmachung". Eine Mitteilung aus Berlin, wonach Hitler "noch in dieser Woche einen Putsch veranstalte", wurde in dieser Sitzung "zur Kenntnis genommen"[851]. In einer Sitzung vom 19. April 1923 erörterte der Hauptmann Röhm[852] die Erfahrungen aus den letzten illegalen "Übungen". Er sagte, dass die Schlagkraft der Verbände noch nicht völlig erreicht sei, und stellte Antrag auf Berufung eines militärischen Führers der Verbände.

Als die Münchener Polizei mit ministerieller Genehmigung Ende April 1923 für den 1. Mai Umzüge der Münchener gewerkschaftlichen Organisationen genehmigte, fassten die Kampfverbände auf Antrag Hitlers und

[850] Vgl.: EBERHARD JÄCKEL (Hrsg.), Hitler. Sämtliche Aufzeichnungen 1905-1924, Stuttgart 1980, S. 830. Vgl.: Zum 26.09.1923, SCHULTHESS 'Europäischer Geschichtskalender 1923', München 1928, S. 178ff.

[851] Vgl.: EBERHARD JÄCKEL (Hrsg.), Hitler. Sämtliche Aufzeichnungen 1905-1924, Stuttgart 1980, S. 881. Vgl.: HAROLD J. GORDON, Hitlerputsch 1923, Frankfurt/M 1971, S. 123.

[852] Vgl.: ERNST RÖHM, Geschichte eines Hochverräters, München 1928, S. 170-175. Vgl.: HAROLD J. GORDON, Hitlerputsch 1923, Frankfurt/M 1971, S. 203.

Görings einen Beschluss, die Umzüge mit Waffengewalt zu verhindern. Sie hatten die Unverschämtheit, diesen Beschluss dem Reichswehrkommandeur General von Lossow[853] persönlich mitzuteilen und ihn aufzufordern, für dieses gesetzwidrige Unternehmen Waffen aus staatlichen Beständen zur Verfügung zu stellen. Der General lehnte das Ansinnen ab und erklärte, er werde seinerseits die Autorität des Staates, wenn nötig mit Waffengewalt, aufrecht erhalten. Da er den Kampfverbänden als "Notpolizei" einmal Waffen versprochen hatte, warfen ihm die frechen Meuterer sogleich Wortbruch vor. Immerhin machte von Lossow keinen Versuch, die Meuterer verhaften zu lassen. Diese versuchten es dann bei dem uns aus diesen Erinnerungen bereits bekannten Herrn von Seisser, der inzwischen zum Oberbefehlshaber der Landespolizei in Bayern avanciert war. Herr von Seißer erwiderte Hitler, dass jeder derartige Versuch zu einem Zusammenstoß mit der Landespolizei führen werde. Aber auch von Seißer ließ die Meuterer nicht verhaften, sondern verhandelte mit ihnen. Der "Hauptmann Roth" presste den bayrischen Innenminister auf das Stärkste, den Ausnahmezustand erklären zu lassen und die Meuterer als "Notpolizei" aktiv aufzurufen. Der Innenminister[854] erwiderte dem Erpresser, er wisse nicht, gegen wen er den Ausnahmezustand erklären sollte, höchstens könne er ihn gegen Dr. Roth selbst erklären. Aber auch der Innenminister ließ den Verbrecher nicht verhaften, sondern führte Verhandlungen mit ihm. Als die Hochverräter sahen, dass sie mit der Regierung nicht weiter kamen, drohte Göring, "es werde eben dann geschossen". Der bayrische Minister, dem er dies androhte, ließ den Verbrecher nicht verhaften, sondern verhandelte mit ihm. Dem Münchener Polizeipräsidenten Nortz[855] teilte der Oberstleutnant Kriebel mit, es sei beabsichtigt, die Züge der Arbeiter mit Waffengewalt zu stören, einerlei ob Blut fließe oder nicht. Der Polizeipräsident machte nach seiner eigenen Erklärung den Verbrecher "auf das Ungeheuerliche seines

[853] Otto Hermann von Lossow (15.01.1868-25.11.1938), 1886 in die bayerische Armee eingetreten, 1911-1914 in türkischen Militärdiensten, 1914 Generalstabschef des I. bayerischen Reservekorps, 1915 als Militärbevollmächtigter in der Türkei, 1916 Generalmajor, 1919 Chef des Ingenieurkorps, Kommandeur der Infanterieschule in München, 1920-1924 Kommandeur der Reichswehr im Wehrkreis VII und bayerischer Landeskommandant. Vgl.: NDB 15, S. 204f. Vgl.: Otto-Ernst Schüddekopf, Das Heer und die Republik. Quellen zur Politik der Reichswehrführung 1930-1933, Frankfurt/M. 1955, S. 265-378. Vgl.: Harold J. Gordon, Hitlerputsch 1923, Frankfurt/M 1971, S. 122 und 203.

[854] Dr. Franz Schweyer (26.08.1868-19.11.1935), BVP, bayerischer Innenminister von 1921 bis 1924. Vgl.: BBB, S. 712.

[855] Eduard Nortz (1868-1939), Staatlicher Landesentwaffnungskommissar, 1920 Mitglied der Deutschen Volkspartei, 1921 bis 1923 Polizeipräsident von München, 1923 Generalstaatsanwalt, später Senatspräsident am Verwaltungsgerichtshof in München, 1933 in den Ruhestand versetzt.

Beginnens aufmerksam", worauf dieser nur erklärte, er sei in der Sache "gebunden". Als der Polizeipräsident ihn darauf hinwies, dass es für ein derart ungesetzliches Beginnen keine Bindung gebe, erwiderte er, er könne nicht mehr zurück, es sei zu spät. Der Polizeipräsident ließ auch diesen Verbrecher nicht verhaften, sondern verhandelte mit ihm. Ebenso hielt er es mit dem Kaufmann Zeller, dessen Zusammenhang mit den Fememorden wir in diesen Erinnerungen bereits kennenlernten. Zeller erklärte, dass die Kampfverbände am nächsten Tage die Arbeiterumzüge mit leichten und schweren Waffen, Geschützen und Minenwerfern angreifen würden. Der Polizeipräsident ließ sich dies ebenso gefallen, wie die dreisten Bemerkungen eines Major Christenn[856], das Blut, das morgen fließe, komme auf das Haupt des Polizeipräsidenten. Immerhin blieb die Regierung als Ganzes fest, lehnte die Verwendung der Kampfverbände als "Notpolizei" für den 1. Mai 1923 ab und verstärkte das Truppenaufgebot für München. In der Nacht zum 1. Mai ließen die Kampfverbände trotz alledem von Hitler verfasste Flugblätter verteilen, wonach es am 1. Mai gegen die mit "jüdischen Börsengeldern" organisierte, bekleidete und bewaffnete "Rote Armee" gehen und wonach die "gesamte anständige Bevölkerung", insbesondere Frauen und Kinder, gewarnt wurden, die Straße zu betreten[857]. Auch auf diese freche Anmaßung amtlicher Befugnisse durch die Hochverräter geschah nichts. Nach den übereinstimmenden Feststellungen aller Behörden bestand nicht der geringste Anhaltspunkt dafür, dass auf gewerkschaftlicher oder sozialdemokratischer Seite irgend eine Gesetzwidrigkeit oder gar die Aufstellung einer "Roten Armee" für den 1. Mai geplant war. Schließlich erließen die Kampfverbände einen förmlichen militärischen Tagesbefehl[858] für den 1. Mai. In ihm sagte Kriebel, die Arbeitsgemeinschaft der Kampfverbände werde die Umzüge "zerstreuen", sie habe ihre Aufgabe ohne Schusswaffe zu lösen, jedoch zu schießen, wenn der "Gegner" von Schusswaffen Gebrauch mache. Es wurde in dem Befehl das Absperren der Isarbrücken, die Einteilung in Hauptquartiere, die Mitnahme von Gewehren und Maschinengewehren und scharfer Munition, die Fernsprechanschlüsse mit den "kämpfenden Verbänden", die Bereitstellung von Ärzten und Sanitätsmaterial befohlen und gesagt, Niederlagen müssten

[856] ARMIN CHRISTENN (29.07.1881-03.01.1952), Major, Mitglied der Kampfverbände Hitler. Vgl.: Hitler und Kahr. Die bayerischen Napoleonsgrößen von 1923. Ein im Untersuchungsausschuss des Bayerischen Landtags aufgedeckter Justizskandal I. Teil, München 1928, S. 25. Vgl.:BHStA,Abt.IV, OP 63099.

[857] Vgl.: GEORG FRANZ-WILLING, Krisenjahr der Hitlerbewegung 1923, Preußisch-Oldendorf 1975, S. 79.

[858] Vgl.: WILHELM HOEGNER, Die verratene Republik. Geschichte der deutschen Gegenrevolution, München 1958, S. 139.

vermieden werden, die jungen Leute seien in das zweite Treffen zu stellen. Die später von der Polizei aufgefundenen Alarmbefehle der verschiedenen Kampfverbände waren überaus charakteristisch. Für die Herbeiziehung von Meuterern von auswärts war der telegraphische Gebrauch verschiedener Stichworte vereinbart. Solche Stichworte lauteten beispielsweise: "Sämtliche Mützen sofort schicken"; "Tante gestorben, Beerdigung hier heute"; "Alles Verfügbare schnellstens nach München senden". In den Alarmbefehlen war angeordnet, dass die Leute mit Revolver, Gummiknüppel in der Tasche, Rucksack, Armbinde in der Tasche, Verpflegung, Sportanzug anzutreten, dass Radfahrer ihre Fahrräder mitzubringen hätten. In einem Alarmbefehl hieß es wörtlich: "Dienstag, 1. Mai 1923: Kompagnie steht 3 30 A.M. Jung-Bayernhaus. Anzug unauffällig. Sportanzug ohne jegliche Abzeichen, Waffen verdeckt, Stahlhelm im Rucksack, Seitengewehr, Verpflegung mitbringen, weiße Armbinde als Abzeichen ist mitzunehmen. Leute unter achtzehn Jahren bleiben weg". In der Nacht vom 30. April auf den 1. Mai 1923 beobachtete die Münchener Polizei eifrig die Ansammlungen der vielfach bewaffneten Hitlerleute, die nach Tausenden durch die Stadt, in der Richtung der Versammlungsplätze der gewerkschaftlich organisierten Arbeiter, zogen. Die große Masse der Nazis sammelte auf dem Militärübungsplatz "Oberwiesenfeld", wo im Ganzen zirka 3000 Bewaffnete zusammen gekommen sein mögen. Auf der Theresienwiese, einige Meilen von dem Sammelplatz der Nazis entfernt, versammelten sich etwa 20000 unbewaffnete Arbeiter zu ihrer Mai-Feier. Nunmehr gab endlich das Reichswehrkommando den Befehl, dass alle Abmarschstraßen von Oberwiesenfeld in Richtung des Versammlungsplatzes der Arbeiter zu sperren und der Marsch der Nazis zu dem Versammlungsplatz zu verhindern sei. Es wurde angeordnet, dass im Falle bewaffneten Widerstandes von der Schusswaffe Gebrauch zu machen sei. Die Nazis, einschließlich ihres Schückelgruber, erhielten von diesem Befehl - durch den Verrat eines Reichswehroffiziers - sofort Kenntnis. Sie erteilten darauf ihren Leuten den Befehl zur Niederlegung ihrer Waffen. Die zum Schutze der Reichsordnung aufgestellte Reichswehr und Polizei benahm sich keineswegs so, als ob die Meuterer irgend etwas Strafbares täten. Man begrüßte sich gegenseitig mit Heil-Rufen, und die Polizei und die Reichswehr verhinderten die Nazis nach der Waffenniederlegung ihrer Leute nicht, die Waffen auf Kraftwagen abzufahren, obwohl jedes Kind wusste, dass der Besitz von Waffen, außerhalb der Reichswehr und der Polizei, gesetzlich verboten und strafbar war.

Es war für jeden rechtlich Denkenden klar, dass solche provokatorischen und gefährlichen Aufmärsche die Einleitung eines bürgerkriegsähnlichen Zustandes bedeuteten und dass die Frage, ob Blut fließen werde, bereits in diesen Tagen nur noch vom reinen Zufall abhing. Ebenso bewiesen die Vorfälle, dass die Meuterer im Besitz umfangreicher Bestände verbotener Waffen und zu deren Gebrauch gegen den "inneren Feind" und, wenn erforderlich, gegen die Regierung selbst, entschlossen waren. Es war deshalb auch weiter klar, dass jede verantwortungsbewusste Regierung und Justiz gegen diese skandalösen, verbrecherischen Umtriebe mit größter Schärfe hätte einschreiten sollen. Allein die bayrische Regierung dachte nicht hieran. Der Innenminister Dr. Schweyer erstattete anfangs Mai 1923 gegen Hitler, Göring, Kriebel, Röhm, Strasser und fünf weitere Beschuldigte Strafanzeige wegen unerlaubter Bildung eines bewaffneten Haufens. Der Landtag verlangte rascheste Durchführung dieses Verfahrens[859]. Allein die Regierung sabotierte dieses Verlangen. Die Ermittlungen der Staatsanwaltschaft waren spätestens am 1. August 1923 abgeschlossen. Es fanden darauf immer neue behördliche Besprechungen statt, ob und wann man dieses Verfahren durchführen könne. Der Staatsanwalt am Volksgericht wendete sich gegen die Durchführung des Verfahrens mit der Begründung, dass die Kampfverbände und Hitler nicht davor zurückschrecken würden, eine Verteidigung zu führen, die "geradezu landesverräterisch" wirken müsse. Dass man einen Angeklagten an einer solchen Art der Verteidigungsführung hindern könne, davon wusste der amtsführende Staatsanwalt nichts, oder er wollte vielmehr nichts davon wissen.

81. *Justizminister Gürtner*

Weiter noch ging der Justizminister Gürtner, der erklärte, die Durchführung dieses Prozesses hätte eine "gewisse Belastung der öffentlichen Sicherheit" bedeutet, es wären vor Gericht eventuell die Konflikte im Kabinett Knilling erörtert worden, was nach seiner Auffassung eine "Katastrophe für die bayrische Regierung" gewesen wäre. Er habe deshalb geglaubt, seine Zustimmung zur Verschiebung des Prozesses geben zu können, umsomehr als – so fügte er vielsagend hinzu – es in jener Zeit die "allgemeine Auffassung" gewesen sei, dass "eine Wendung der Dinge so oder so in irgend einer Form erfolgen müsse"[860]. Der verantwortliche Leiter der bayrischen Justiz wollte also abwarten, ob es nicht zu einem gelungenen Hitler-Putsch komme, nach dem Hitler sich und seine Spießgesellen dann

[859] Vgl.: GEORG FRANZ-WILLING, a.a.O., S. 98. Vgl.: WILHELM HOEGNER, a.a.O., S. 149f.
[860] Vgl.: ERNST DEUERLEIN (Hrsg.), Der Hitlerputsch. Bayerische Dokumente zum 9. November 1923, Stuttgart 1962, S. 62. Vgl.: GEORG FRANZ-WILLING, a.a.O, S. 85-90. Vgl.: WILHELM HOEGNER, Der schwierige Außenseiter, München 1959, S. 25f.

hätte "amnestieren" können. Es ist daher nicht sonderbar, dass der später zur Macht gekommene Hitler sich denselben Gürtner als Reichsjustizminister aussuchte und dass derselbe Gürtner der Verfasser jener Erklärung vom 2. Juli 1934 war, in der die von "Reichskanzler" Schückelgruber und seinen Kumpanen verübten Massenmorde vom 30. Juni 1934 als "rechtens" erklärt wurden[861]. Man sieht, dass Gürtner jenen Grad von Verkommenheit nicht erst 1934 erreicht hat. Bereits 11 Jahre zuvor stand er für die Verbrechen des Schückelgruber Schmiere. Wiewohl es seine ureigenste Aufgabe gewesen wäre, diesen Kapitalverbrecher und Staatsschädling mit den Mitteln des Gesetzes unschädlich zu machen, tat er alles, um ihn an die Macht zu bringen und die bayrische und die deutsche Staatsgewalt weiterhin zu schwächen. Er fand hierbei die Deckung der regierenden deutschnational-klerikalen Koalition, die immer noch gegenüber den Nazis die schamlose Politik der "Wiedergewinnung der guten Kräfte" zu verfolgen suchte. Kein Geringerer als der bayrische Innenminister, ein Klerikaler, sagte über diese Zustände, Herr Gürtner habe mit seinen Befürchtungen der bayrischen Justiz ein schlechtes Vertrauenszeugnis ausgestellt und durch sein Gesamtverhalten sei die Staatskatastrophe nicht vermieden, sondern beschleunigt worden. Der Innenminister fügte wörtlich hinzu:

> "Was die sicherheitspolizeilichen Erwägungen und namentlich die Drohungen Hitlers mit Landesverrat anlangt, so halte ich eine Nachgiebigkeit staatspolitisch für recht bedenklich, ganz abgesehen davon, dass über die Sicherheit des Staates das Gesamtministerium zu wachen hat und jedenfalls Herr Kollege Gürtner gut daran getan hätte, schon zu seiner eigenen Entlastung von der Verantwortung, sich mit dem verantwortlichen Polizeiminister zu verständigen. Ich bin systematisch ausgeschaltet worden. Die Justizverwaltung hat sich jedenfalls dadurch, dass sie diesen Drohungen eine gewisse Bedeutung beigelegt hat, in eine gewisse Abhängigkeit von Hitler begeben. Ein Mann, der zu Drohungen fähig ist, ist auch fähig, sie bei der nächsten Gelegenheit zu verwirklichen. Dass das Rechtsgefühl in weiten Kreisen eine gewisse Verletzung erhalten hat, brauche ich nur nebenbei zu erwähnen. Es liegt auf der Hand, dass das ein großer staatspolitischer Nachteil ist"[862].

Das waren die höflichen Worte eines bayrischen Ministers über das Verhalten eines anderen bayrischen Ministers. Etwas deutlicher formuliert bedeuteten sie, dass Gürtner unter vorsätzlicher Ausschaltung des Innenministeriums und unter Bruch von Recht und Gesetz vorgeschriebene Strafuntersuchungen gegen Hitler und seine Kumpane verhinderte und mit Hitler ziemlich offen paktierte. In jedem geordneten Staatswesen hät-

[861] Vgl.: OTTO GRITSCHNEDER, "Der Führer hat Sie zum Tode verurteilt . . .". Hitlers "Röhm-Putsch" - Morde vor Gericht, München 1993, S. 46ff.

[862] Vgl.: EKKEHARD REITTER, Franz Gürtner. Politische Biographie eines deutschen Juristen 1881-1941, Berlin 1976, S. 98f. Der bayerische Innenminister war FRANZ SCHWEYER von der BVP. Vgl.: Anm. 854.

ten derartige, vernichtende Feststellungen über den obersten Leiter der Justiz zu dessen Beseitigung führen müssen. Anders in Bayern. Die stockreaktionäre Koalition der bayrischen Deutschnationalen und der bayrischen Klerikalen sah in einem solchen Verhalten Gürtners den Befähigungsnachweis zur Leitung der bayrischen Justiz. Sie behielt ihn noch volle 9 Jahre im Amt, bis im Jahre 1932 der greisenhafte Hindenburg im Deutschen Reich die verfassungsbrecherische, antidemokratische Reichsregierung des auch in Amerika hinlänglich bekannten Herrenreiters von Papen bildete[863]. In dieser Regierung war ein Reichsjustizminister benötigt, der als sicherer Spezialist für Verfassungsbruch und Gesetzesuntreue angesehen werden durfte. Keiner war hierfür mehr qualifiziert als Franz Gürtner. So wurde Gürtner damals als Reichsjustizminister nach Berlin geholt und behielt dieses Amt bis zu seinem im Jahre 1941 erfolgten Ableben, durch das er sich der Sühne für seine zahllosen Verbrechen durch einen irdischen Richter entzogen hat. Die Nichtverfolgung Hitlers und seiner Helfer nach dem 1. Mai 1923 war der erste der offen staatsauflösenden Akte Gürtners, die, wie kaum etwas anderes, dem Niederbruch des Weimarer Verfassungssystems in Deutschland und der Machtergreifung der Hitlerbanditen vorarbeiteten.

82. *Reichswehr und Hitlerbewegung*

So konnte es nicht Wunder nehmen, dass auch nach dem 1. Mai 1923 das Zusammenspiel aller bayrischen reaktionären Kräfte mit der Hitler-Bewegung sich fortsetzte. Bei der staatlichen Reichswehr wurden die Hitlerputschisten bereitwillig einer geheimen militärischen Ausbildung unterzogen[864]. Sie mussten hiezu eine Verpflichtungserklärung nach folgendem wörtlichen Muster unterzeichnen:

[863] Franz von Papen (29.10.1879-02.051969), deutscher Reichskanzler (01.06.1932-03.12.1932), ursprünglich Zentrum, unter seiner Kanzlerschaft: Aufhebung des SA-Verbots; Vizekanzler im Kabinett Hitler, später Botschafter in Wien und in der Türkei; 1946 im Nürnberger Prozess freigesprochen; im Spruchkammerverfahren zu 8 Jahren Arbeitslager verurteilt. Loewenfeld spielt mit der Bemerkung „in Amerika hinlänglich bekannten Herrenreiters" an auf Papens Tätigkeit als Militärattaché in Washington, als er versuchte, Mexiko in einen Krieg mit den USA zu verwickeln. Vgl.: Ernst Deuerlein, a.a.O., S. 425-444. Vgl.: Joachim Petzold, Franz von Papen. Ein deutsches Verhängnis, München/Berlin 1995.

[864] James M. Diehl, Paramilitary Politics in Weimar Germany, Bloomington/London 1977, S. 154-169. Vgl. hierzu auch die Stellungnahme vom 16.05.1923 zu den Vorgängen am 01.05.1923, in: Georg Franz-Willing, Putsch und Verbotszeit der Hitlerbewegung November 1923 - Februar 1925, Preußisch-Oldendorf 1977, S. 357 f.

"Dafür, dass die Reichswehr es übernimmt, mich im Waffenhandwerk auszubilden, verpflichte ich mich:

a. dem Aufruf des Landeskommandanten zum Dienst mit der Waffe ohne Vorbehalt zu folgen;
b. nichtaufgerufen, mich an keiner feindseligen oder gewalttätigen Handlung gegen die bayrische Reichswehr oder Landespolizei zu beteiligen;
c. davon, dass ich von der Reichswehr ausgebildet werde, nicht zu sprechen;
d. in Ausbildungszwecken und während der Übungszeiten den Befehlen oder Anordnungen des Übungsleiters und seiner Vorgesetzten zu gehorchen;
e. als aufgerufener Soldat den geltenden militärischen Pflichten und Strafgesetzen mich zu unterwerfen".

Die Reichswehr "glaubte" also den Putschisten, dass sie auf Grund gegebener Unterschrift loyal gegen die Regierung sein würden. Sie tat damit formell nur dasselbe, was Herr Chamberlain[865] in München tat. In Wirklichkeit war die Reichswehr innerlich ganz damit einverstanden, wenn es den Putschisten gelingen sollte, die Macht im Staate zu erlangen. Sie war dann entschlossen, ihnen gegenüber "loyal" zu sein. Sie wusste, dass niemand ihr eine Wiederaufrüstung Deutschlands in demselben Maße bewilligen würde als diese verantwortungslosen Putschisten, die die Macht nicht um irgend eines ethisch vertretbaren Zieles willen, sondern eben nur um ihres Besitzes willen anstrebten. Wie der Gang der Geschichte erwies, konnte die Reichswehr dieses ihr Vorhaben restlos ausführen. Es war daher nur ein organisches Stück in der Rückentwicklung Deutschlands zur hypernationalistischen, militaristischen, annexionistischen Gegenrevolution, dass die bayrische Reichswehr den Nazis auch nach den Vorgängen vom 1. Mai 1923 die staatlichen Kasernen, Schießplätze, Truppenübungsplätze, Waffen, Pferde zur Abhaltung von Exerzierübungen, Schießübungen, Geländeübungen und zur Ausbildung im Kraftfahren, Motorradfahren, Fliegen, Pionierdienst, Funkdienst, im militärischen Fernsprech- und Eisenbahnwesen, in der Benutzung von Sprengstoffen, ja sogar im Verhalten bei Straßenkämpfen zur Verfügung stellte. Während der Staatsanwalt das Strafverfahren gegen die Naziführer betreiben musste, bildete die Reichswehr deren Anhänger militärisch und im Straßenkampf aus.

[865] NEVILLE CHAMBERLAIN (18.03.1869-09.11.1940), englischer Premierminister 1937-1940, Appeasementpolitik München 1938. Mit der Appeasementpolitik glaubte Chamberlain die Nationalsozialisten an ein völkerrechtliches Abkommen gebunden und damit den Frieden gerettet zu haben. Münchner Abkommen 1938. Vgl.: DAVID DILKS, Neville Chamberlain, Cambridge 1984.

83. *Inflation*

Während des ganzen Sommers 1923 rissen die Besprechungen zwischen den Reaktionären aller Schattierungen um die Erringung der politischen Macht im Bayern nicht ab. Man suchte nach Formeln, um die sämtlichen reaktionären und gegenrevolutionären Verbände und Verbändchen unter einen Hut zu bringen. Hiezu wollte man vor allem auch agitatorisch die berechtigte Unzufriedenheit der weitesten Kreise über den Stand der wirtschaftlichen Dinge gebrauchen und missbrauchen. Die deutsche Wirtschaft, und mit ihr die bayrische, befanden sich zu jener Zeit in einem beinahe unvorstellbaren Zustand völliger Zerrüttung. Anfangs 1923 war der Wert des Dollars auf ungefähr 18000 Mark gestiegen. Anfangs August 1923 war der Dollar zirka eine Million, anfangs Oktober 1923 zirka 1000 Millionen Mark wert. Der Nominalwert von Stocks und Bonds stieg zwar auch in astronomischen Ziffern, konnte aber der rasenden Entwertung des Realwertes nicht folgen. Um die Bedürfnisse der Menschen zu decken, musste die Notenpresse unaufhörlich neue Geldscheine, mit ebenfalls astronomischen Ziffern, herausbringen, sodass von August 1923 an, auch der ärmste Deutsche ein vielfacher "Millionär" war[866]. Ich war im August 1923 mit meiner Familie zur Sommerfrische an einem bayrischen See. Meine Hauptbeschäftigung dort war einen großen Teil des Tages vor dem staatlichen Postamt, innerhalb einer Schlange von Menschen, auf die Auszahlung der vielen Millionen von Mark zu warten, die mir mein Büro täglich senden musste, damit ich die nötigsten Lebensmittel für meine Familie und mich kaufen konnte, da die Scheine vom Tag zuvor schon wieder mehr oder weniger wertlos geworden waren. Am 5. August kaufte ich meiner Frau ein Fahrrad für 5 Millionen Mark. Anfangs Oktober 1923 kostete ein Kleidungsstück meiner Frau 7000 Millionen Mark. Der Wert der sogenannten "Sachwerte" stieg ins Ungemessene. Wer fremde Devisen hatte, konnte damit praktisch für nichts solche Sachwerte, wie Häuser, Autos, Schmuck, echte Teppiche, wertvolle Gemälde, teure Musikinstrumente in beliebigen Mengen zusammenkaufen, sodass es in der Tat berechtigt war, von einem Ausverkauf der deutschen Wirtschaft zu sprechen. Wenn die industriellen Betriebe am Morgen Koffer voll Banknoten erhielten, um ihre Löhne zu bezahlen, konnten sich die Arbeiter, infolge der Entwertung dieser Scheine, nach wenigen Tagen kein Brot mehr kaufen. Nutznießer dieser schauerlichen Zustände waren in erster Linie die Großindustrie und die Großlandwirtschaft, die auf diese Weise ihre Schulden vollständig abzu-

[866] Vgl.: HAROLD JAMES, Deutschland in der Wirtschaftskrise 1924-1936, Stuttgart 1988.

streifen suchten und denen deshalb die Inflation garnicht lange genug dauern konnte. Irgend eine halbwegs ausreichende Anpassung der Löhne an den abstürzenden Geldwert war in keiner Weise zu erzielen, ebenso aber kosteten den großen Interessenten die Steuern, die Frachten, die staatlichen Gebühren und Abgaben praktisch nichts, indem zwischen dem Tag der Bekanntgabe der betreffenden Forderungen und deren Zahlung deren Realwert auf einen kaum mehr ausrechenbaren Bruchteil zurückgegangen war. Die großen Interessenten arbeiteten also praktisch ohne Unkosten, Grund genug, dass sie an diesem Zustand Gefallen fanden. Dagegen wusste der kleine Mann, der seine Löhne oder den Preis seiner Ware oder seine Leistungen in solchen Papierscheinen bezahlt erhielt, buchstäblich nicht, wie er das Nötigste für Miete und Nahrung für sich und die Seinen aufbringen sollte. Die bayrischen Putschisten waren genügend "volksverbunden", um nicht die Verzweiflung breitester Massen über diese grässlichen Zustände in entschlossener Weise auszubeuten.

84. *Generalstaatskommissar von Kahr*

Am 26. September 1923 erschien ein Aufruf des bayrischen Gesamtministeriums an das bayrische Volk, in dem die Regierung bekannt gab, dass sie "zur Aufrechterhaltung der öffentlichen Ruhe und Ordnung" einen Generalstaatskommissar in der Person des früheren Ministerpräsidenten Dr. von Kahr aufgestellt und ihm die gesamte vollziehende Gewalt übertragen habe[867]. Kahr war damit faktisch und rechtlich zum Diktator Bayerns gemacht, eine Einrichtung, die weder durch die Reichsverfassung noch durch die bayrische Verfassung vorgesehen war. Formell wurde dieser neue Verfassungsbruch damit gerechtfertigt, dass die Reichsregierung den am Rhein und an der Ruhr geführten Kampf gegen die französisch-englische Besatzungsmacht habe abbrechen müssen und dass die Rückwirkung dieses Ereignisses auf die öffentliche Stimmung es erfordere, dass die Regierung die Zügel fest in der Hand behalte.

Dass dies lächerliche und unwürdige Ausreden waren, war auch für den Dümmsten ohne Weiteres verständlich. Herr von Kahr hatte, zusammen mit Hauptmann Roth und Pöhner, schon einmal (durch) seine ehrgeizige Machtpolitik und durch seine ständigen Rechtsbrüche Bayern an den Rand des Verderbens gebracht und war als der Schutzherr aller Hochverräter und Fememörder allgemein bekannt. Ihn zum alleinigen Hüter der

[867] Aufruf der bayerischen Staatsregierung vom 26.09.1923 in: ERNST RUDOLF HUBER, Dokumente zur Deutschen Verfassungsgeschichte Bd. 3, Stuttgart u.a. 1966, S. 302 ff.

öffentlichen Ordnung zu machen, war deshalb der denkbar schwerste Verstoß gegen jedes geordnete Staatsprinzip. Es war für jeden halbwegs Unterrichteten klar, dass die öffentliche Unordnung unter der Diktatur eines Kahr nur ein Höchstmaß erreichen könne und dass mit seiner Einsetzung eine neue Welle von Verbrechen jedweder Art auf Bayern niedergehen werde. Tatsächlich bedeutete so seine Einsetzung als Diktator lediglich einen kurzzeitigen Sieg in dem Wettrennen um die politische Macht, das zwischen den verschiedenen Gruppen und Grüppchen bayrischer Reaktionäre und Hochverräter stattfand. Die Kampfverbände hatten Pöhner als "Generalstaatskommissar", Hauptmann Roth als Innenminister und Frick als Polizeidirektor favorisiert. Hitler hatte wieder einen Putsch seiner Leute für 28. September angesetzt[868]. In dieser Situation stellte die Diktatur Kahrs die vorläufige Verankerung der Macht bei den Deutschnationalen und Klerikalen und Monarchisten dar.

Die Erwartung, dass Kahr ein schändliches und gefährliches Willkürregiment führen werde, trog nicht. Die Reichsregierung beantwortete seine Einsetzung mit der Verhängung des Ausnahmezustandes über das gesamte Deutsche Reich und mit der Übertragung der vollziehenden Gewalt auf den Reichswehrminister[869]. Kahr holte sich sofort von Tirol den steckbrieflich verfolgten Ehrhardt[870] und verhandelte mit ihm und mit Pöhner über den "Marsch nach Berlin", das heißt über die Eroberung des Deutschen Reiches von Bayern aus. Zu diesem Zwecke wurde an der bayrisch-thüringischen Grenze, unter dem Befehl Ehrhardts, eine Truppenmacht von etwa 11000 Mann aufgestellt, die von der bayrischen Landespolizei mit militärischer Ausrüstung und sogar mit Batterien versehen war. Diesen Truppen wurde der lügnerische Name eines "bayrischen Grenzschutzes" verliehen, obwohl gewiss die bayrische Grenze von niemand bedroht war. Die putschistischen Söldner erhielten ihre Löhnung vom bayrischen Staat, außerdem aber zahlte in großem Umfang für dieses verbrecherische Treiben die Großindustrie, und zwar bezeichnenderweise in Dollars, deren Besitz ihr durch die Gesetzgebung verboten war. Allein in Nürnberg konnte Ehrhardt für dieses Unternehmen $ 20000 erhalten, die damals, in Mark umgerechnet, einen geradezu unermesslichen Wert hatten.

[868] Für den 27.09.1923 waren in München 14 Massenversammlungen geplant und es ging das Gerücht, dass diese den Auftakt zu einem Putsch bilden sollten. Vgl.: ERNST DEUERLEIN, Der Hitlerputsch. Bayerische Dokumente zum 9. November 1923, Stuttgart 1962, S. 74.

[896] Verordnung des Reichspräsidenten betreffend die zur Wiederherstellung der öffentlichen Sicherheit und Ordnung für das Reichsgebiet nötigen Maßnahmen vom 26.09.1923, in: RGBl. 1923, S. 905.

[870] HERMANN EHRHARDT, Freikorpsführer. Vgl.: Anmerkung 683.

Mit dieser unverschämten Provokation des Deutschen Reiches war aber erst ein Anfang der Kahr-Politik gemacht. Kahr gab sofort auch die Weisung, dass eingehende Steuergelder, den Gesetzen zuwider, nicht in die Reichskasse abgeliefert, sondern in Bayern behalten würden. Unter Bruch der Reichsverfassung setzte er das Gesetz zum Schutz der Republik für Bayern außer Kraft, wie dies schon einmal nach dem Rathenau-Mord geschehen war. Haftbefehlen des Oberreichsanwalts gegen verschiedene Hochverräter, darunter gegen Ehrhardt, wurde der Vollzug verweigert. Wie alle Reaktionäre war Kahr ein wütender Gegner der Arbeiterbewegung und der Koalitionsfreiheit. Unter Bruch der gesamten Verfassungsbestimmungen verbot er demgemäß sofort jeden Streik und stellte die Misshandlung, Beleidigung und Bedrohung von Streikbrechern unter entehrende Zuchthausstrafe. Ebenso prompt verbot er die sozialdemokratischen und demokratischen Zeitungen in Bayern und in der Folge auch eine große Reihe norddeutscher Blätter. Die Verbote hatten tatsächlich keinerlei Rechtsgrundlage. Auch löste Kahr sofort die Sicherheits- und Selbstschutzverbände der Sozialdemokraten und Gewerkschaften auf, während er diejenigen der putschistischen Nazis weiterhin duldete[871].

85. *Ausweisung der Ostjuden*

Ein besonderer Schandfleck der Kahr-Diktatur war ihr Verhalten gegen die Juden. Viele Leute haben heute wieder vergessen und noch viel mehr Menschen haben nie gewusst, dass die ersten, offen antisemitischen Kampfmaßnahmen in Deutschland nicht von der Hitler-Bewegung, sondern von dem "Staatsmann" Kahr ausgegangen sind, der damit nichts anderes bezweckte, als auch mit dieser Gemeinheit Hitler den Rang abzulaufen[872]. An die Gesamtmasse der in Bayern wohnenden Juden wagte sich Kahr allerdings nicht heran. Als ein schofler Feigling von Natur suchte er sich nach Hitler-Art die Wehrlosesten unter den Juden als Opfer seiner Willkür-Herrschaft heraus. Es waren dies die Juden, die nicht die deutsche

[871] Das System Kahr: Am 28.09.1923 wurde das Reichsgesetz zum Schutze der Republik außer Kraft gesetzt und wurden die sozialistischen Sicherheitsabteilungen verboten. Am 01.10.1923 wurde der Haftbefehl des Oberreichsanwalts gegen Hauptmann Heiß, "Führer der Reichsflagge", nicht ausgeführt. "Nürnberger Morgenpresse", "Fränkische Volkszeitung", "Münchener Post" und die gesamte kommunistische Presse wurden verboten. Vgl.: Emil Julius Gumbel, Verschwörer, Zur Geschichte und Soziologie der deutschen nationalistischen Geheimbünde 1918-1924, Heidelberg 1979, S. 249. (1. Aufl. Berlin 1924). Vgl.: Paul Hoser, Die politischen, wirtschaftlichen und sozialen Hintergründe der Münchner Tagespresse zwischen 1914 und 1934, Frankfurt/M u.a. 1990, S. 475 ff.

[872] Vgl.: "Ausweisung von Juden", in: Münchener Post 250 (27./28.10.1923) S. 2.

Staatsangehörigkeit erlangt hatten, vor allem diejenigen, die im Lauf der Jahrzehnte seit der Judenemanzipation aus dem Osten (Polen, Galizien, Rumänien u.s.w.) nach Bayern eingewandert waren. Von diesen Juden hatten es viele zu persönlichem und geschäftlichem Ansehen gebracht. Sie waren im "Verband der Ostjuden" unter geistig hervorragenden Führern ausgezeichnet organisiert. Ihre durchschnittlich hohen menschlichen und ethischen Qualitäten, vor allem ihre hohe Auffassung des Familienlebens, waren allgemein bekannt. Trotzdem war zwischen der großen Masse von ihnen und dem ansässigen Judenelement wenig innere Gemeinschaft vorhanden. Die Mehrzahl der Ostjuden war religiös orthodox und konnte sich mit dem "Liberalismus" der "Westjuden" schwer abfinden. Sie gingen in sogenannte "fromme Synagogen", in denen die jüdische Lehre in einem konservativeren Sinne gepflegt wurde als in den Gotteshäusern der "Westjuden". Viele der Ostjuden hatten, manche wiederholt, versucht, die deutsche Staatsangehörigkeit zu erlangen. Sie hingen an Deutschland, nicht nur weil sie dort ihre Existenz hatten. Ihre Kinder waren dort geboren und hatten deutsche Schulen besucht, sodass sie, zum mindesten in der zweiten Generation, immer "deutscher" in ihren Gewohnheiten und Gefühlen wurden. Man hatte ihnen jedoch, von ganz vereinzelten Ausnahmen abgesehen, die Staatsangehörigkeit weder für sich selbst, noch für ihre Kinder je gewährt. Die segensreiche Bestimmung des amerikanischen Rechtes, dass ein im Lande geborenes Kind unter allen Umständen als Bürger des Landes anerkannt ist, war in Deutschland unbekannt. Der Sohn und der Enkel des Ausländers blieben dort wieder Ausländer, wenn sie nicht eingebürgert wurden. Ihre Einbürgerungsgesuche aber wies die Staatsverwaltung ohne Grundangabe zurück. Es gab keinerlei gesetzliche Bestimmung, die dies angeordnet hätte. Die Verwaltung übte nur ihr "Ermessen" im negativen Sinne aus. Bereits 1907 schrieb der preußische Staatsrechtslehrer Professor Bornhak in seinem Lehrbuch des preußischen Staatsrechtes den Satz: "Juden werden nach feststehender Verwaltungspraxis nicht naturalisiert"[873]. Nach der Revolution von 1918 wurde diese Praxis im Reiche gemildert, Grund genug für Bayern, sie beizubehalten und zu verschärfen. So hatten zahlreiche Judenfamilien, oft mit ihren Nachkommen mehrerer Generationen, in Bayern ihren Wohnsitz, ihre Geschäfte und Berufe und ihre gesamten persönlichen, wirtschaftlichen und kulturellen Interessen, ohne je die Chance erlangt zu haben, die Staatsangehörigkeit und damit eine rechtliche

[873] Vgl.: CONRAD BORNHAK, Grundriß des deutschen Staatsrechts, Leipzig 1907, S. 48. "Die Verleihung (der Staatsangehörigkeit - Anmerkung Rolf Rieß) an Reichsausländer heißt Naturalisation... Ausländische Juden werden nach feststehender Verwaltungspraxis nicht naturalisiert".

Stabilisierung zu erreichen. Diesen Zustand machte sich Kahr zunutze. Da kein Ausländer einen Rechtsanspruch auf Wohnsitz oder Aufenthalt im Inland hatte, tat er formaljuristisch "kein Unrecht", wenn er diese Wehrlosen in Massen auswies. So ging zum ersten Mal seit der Judenemanzipation in Deutschland in München und anderen bayrischen Orten eine Welle von Ausweisungsverfügungen über altangesessene Familien hernieder, die kein anderes Verbrechen begangen hatten, als Juden zu sein. Ich habe viele dieser Ausweisungsverfügungen selbst gesehen, da ich beruflich mit deren Bekämpfung befasst war. Der Text war das Schofelste und Niederträchtigste, was in Bayern je an antisemitischen Schmutzereien geleistet worden ist. Er war, von der grundsätzlichen Seite her gesehen, sogar schofler und niederträchtiger als die später von den Nazis verübten Judenausweisungen. Denn diese sagten immerhin mit der den Nazis eigentümlichen schamlosen Offenheit, dass sie die Leute benachteiligen, weil sie Juden sind. Kahr aber suchte seinen Niederträchtigkeiten ein rechtsstaatliches Mäntelchen umzuhängen, indem er die Leute zu "Delinquenten" zu stempeln suchte. Als ein Beispiel mag der Wortlaut einer solchen Ausweisungsverfügung dienen, die einem über sechzigjährigen Zigarettenfabrikanten zugestellt wurde, der in München eine nicht unbedeutende Produktionsstätte unterhielt[874].

> "Sie sind im Jahre 1887 als armer Tabakarbeiter nach Bayern eingewandert. Sie besitzen, nach hier getroffener Feststellung, nunmehr eine gutgehende Fabrik und drei Häuser in München. Auch wurden bei einer Haussuchung bei Ihnen zwei goldene Uhren gefunden. Sie sind demgemäß ein Schädling des bayrischen Volkes und waren auszuweisen.
> Sie haben ihren Betrieb binnen einer Woche einem vom Generalstaatskommissar zu ernennenden Sequester zu übergeben, widrigenfalls er entschädigungslos zu Gunsten des bayrischen Volkes eingezogen wird".

Eigentliche Rechtsmittel gegen derartige Willkür-Akte waren nicht vorgesehen. Die Bekämpfung solcher Akte konnte daher nur in dem Versuch der Einwirkung auf das Generalstaatskommissariat oder auf die ihm unterstellte Polizei bestehen. Bei solchen Einwirkungen war selbst aus den Kreisen der jüdischen Kollegen und der offiziellen Kultusgemeinde nicht viel Unterstützung zu erlangen. Es herrschte dort bei Vielen die Besorgnis vor, dass sich die antisemitische Willkür erweitern könne, wenn man für die "Ostjuden" zu intensiv eintrete. Viele Spannungen und Hassgefühle in-

[874] Bei dem Zigarettenfabrikanten handelt es sich um den Tabakhändler Abeles. Vgl.: Reiner Pommerin, Die Ausweisung von "Ostjuden" aus Bayern 1923. Ein Beitrag zum Krisenjahr der Weimarer Republik in: Vierteljahreshefte für Zeitgeschichte 34, 1986, S. 311-340. Vgl.: Die Ausweisung von Juden aus München, in: Münchener Post 250 (27./28.10.1923), S. 2. Vgl.: Trude Maurer, Ostjuden in Deutschland 1918-1933, Hamburg 1986, S. 405-416.

nerhalb der bayrischen Judenschaft selbst haben daher von den Ereignissen dieser Tage ihren Ausgang genommen. Andererseits waren immerhin auch eine Reihe sehr rühmlicher Ausnahmen zu konstatieren, in denen sich eingesessene jüdische Anwälte und Gemeindefunktionäre mit bemerkenswertem Mut und größter Überzeugungstreue der bedrückten Ostjuden annahmen. Viele von ihnen, wie mir selbst auch, gelang es, manche Willkür-Akte dieser Art zur Aufhebung zu bringen. Hilfreich war in dieser Beziehung vor allem der damalige Leiter des Fremdenamtes der Münchener Polizei[875], den, wie er garnicht verhehlte, diese Abscheulichkeit anekelte und der sich daher, wo er nur konnte, zur Mithilfe zu ihrer Korrektur zur Verfügung stellte. Kahr kam es auch weniger darauf an, dass die Willkürakte tatsächlich vollzogen wurden, als dass er sich gegenüber seiner antisemitischen Konkurrenz über deren Anordnung ausweisen konnte. Er legte gegenüber den von den verschiedensten Seiten eingehenden Protestkundgebungen Wert darauf, zu behaupten, er sei "kein Antisemit", sondern gehorche nur "Staatsnotwendigkeiten". Diese verlogene Behauptung stellte er auch mir gegenüber auf, als ich ihn, zusammen mit dem verstorbenen Münchener Rabbiner Dr. Ehrentreu[876], in einer besonders krassen Sache aufsuchte. Ein hoher Beamter des bayrischen Innenministeriums, den die Schmutzigkeit dieser Sache ebenfalls sehr erregte, brachte es zu Wege, dass wir von Kahr persönlich empfangen wurden. Kahr war bei diesem Empfang mir gegenüber von einer unangenehmen klebrigen Freundlichkeit. Er sagte, ich als "Träger eines altangesehenen Juristennamens" müsse es doch schließlich verstehen, dass er sich nicht irgendwie gegen eine bestimmte Gruppe, sondern seiner "Pflicht gegen den Staat" gemäß, nur gegen "Schädlinge" wende. Dabei könne es naturgemäß einmal passieren, dass er die "Unrichtigen" erwische und in solchen Fällen werde er stets für Abhilfe zu haben sein. Ich ließ mir die Gelegenheit, ihm hierauf meine wahre Meinung zu sagen, nicht entgehen, wiewohl wir etwas von ihm wollten. Ich frage zunächst, wie es komme, dass er die "Schädlinge" nur unter den ausländischen Juden, keineswegs aber unter anderen Ausländern suche. Es sei kein einziger Fall einer Ausweisung nichtjüdischer Ausländer bekannt. Russische Monarchisten zum Beispiel könnten in Bayern treiben, was sie wollten. Ein Oesterreicher, namens Adolf Hitler, treibe tagtäglich gegen

[875] Leiter des Fremdenamtes der Münchner Polizei war im Oktober 1923 Bezirksoberamtmann BERNREUTHER. Vgl.: DIRK WALTER, Ungebetene Helfer - Denunziationen bei der Münchner Polizei anläßlich der Ostjuden-Ausweisungen 1919 bis 1923/24, in: Archiv für Polizeigeschichte 1996, S. 14-20.

[876] DR. HEINRICH EHRENTREU (1854-1927), Münchner Rabbiner der orthodoxen Gemeinde an der Ohel Jakob Synagoge. Vgl.: Encyclopedia Judaica Vol. 6, Jerusalem 1971, S. 571 f.

Deutschland und Bayern offenen Verrat, ohne dass mit Ausweisung gegen ihn eingeschritten werde, obwohl er, nach meiner Überzeugung, für sich allein für den bayrischen Staat viel gefährlicher sei, als alle Ostjuden zusammen es je werden könnten. Kahr, offensichtlich nicht eben angenehm berührt über diesen Schlag ins Gesicht, war doch zu feige, die Unterhaltung abzubrechen. Er sagte nur ungeduldig, er habe keine Zeit zu "politischen Auseinandersetzungen" und wir sollten uns deshalb darauf beschränken, ihm zu erklären, warum wir glaubten, dass in dem konkreten Fall die Ausweisungsverfügung ungerechtfertigt sei. Dies taten wir sodann, mit dem durchschlagenden Erfolg, dass er den Nichtvollzug der Ausweisungsverfügung sofort telefonisch anordnete. Als ein richtiger Diktator ließ er nicht einmal erst untersuchen, ob unsere Darlegungen in Ordnung gingen, sondern entschied rein aus dem momentanen Eindruck heraus, nicht zuletzt offenbar, um uns seine "Objektivität" zu beweisen. So nützlich diese Entscheidung für die betroffene Familie war, so konnte ich mich ihrer trotzdem nicht freuen. Denn ich verhehlte mir nicht, dass die Anordnung des Nichtvollzuges genau so ein rein zufälliger Willkür-Akt eines lächerlichen und unwürdigen Klein-Despoten war, wie der Ausweisungsbefehl selbst einer gewesen war. Als wir weggingen, sagte Dr. Ehrentreu zu mir, er sei ganz erschöpft und habe keinen trockenen Faden an sich. Er habe befürchtet, dass Kahr die Verhandlungen abbrechen werde, als ich ihm mit so großer Deutlichkeit erwiderte. Er brachte jedoch zum Ausdruck, dass sein Ekel über das Auftreten dieses kleinen Pascha ihn mindestens ebenso erregt habe, wie seine Furcht für das Schicksal der betroffenen Familie.

In kürzester Zeit nahmen die politischen Umtriebe Kahrs einen für die Existenz des Deutschen Reiches hochgefährlichen Charakter an. Hatten vorher die "Kampfverbände" den "Marsch auf Berlin" vorbereitet, so ging nunmehr Kahr Schritt für Schritt in dieselbe Richtung.

86. *Otto von Lossow*

Der Reichsausnahmezustand wurde in Bayern nicht anerkannt. Am Tage nach seiner Verhängung verlangte der Reichswehrminister von dem bayrischen Reichswehrgeneral von Lossow, dass dieser, auf Grund des Reichsausnahmezustandes, Hitlers Presseorgan, den "Völkischen Beobachter", verbiete, und zwar wegen seiner beleidigenden Angriffe auf den Chef der Heeresleitung, General von Seeckt, und den Reichsaußenminister Dr. Stresemann. Von Lossow suchte sich aus der Affaire zu ziehen, indem er den Befehl des Reichswehrministers an Kahr weiterleitete. Dieser lehnte das geforderte Zeitungsverbot ab. Darauf lehnte von Lossow die Befolgung des ihm von seinem Vorgesetzten gegebenen Befehls gleichfalls ab[877]. Der Chef der Heeresverwaltung stellte darauf von Lossow ein Schreiben zu, indem er zum Rücktritt aufgefordert wurde, da er gegen die Pflicht des militärischen Gehorsams verstoßen habe. Von Lossow gab dieses Schreiben gleichfalls an Kahr weiter, der ihn aufforderte, nicht zurückzutreten. Hierauf wurde von Lossow durch den Reichswehrminister des Dienstes enthoben und ein anderer bayrischer General zu seinem Nachfolger ernannt[878]. Die Regierung Knilling und Kahr reagierten hierauf mit 2 Aufrufen "an das bayrische Volk", nach denen sie, "bis zur Wiederherstellung des Einvernehmens zwischen Bayern und dem Reich, den bayrischen Teil der Reichswehr als Treuhänder des deutschen Volkes in Pflicht genommen, von Lossow als bayrischen Landeskommandanten eingesetzt und mit der Weiterführung der bayrischen Division beauftragt" hätten. Die Reichsregierung und der Chef der Heeresleitung bezeichneten in öffentlichen Aufrufen dieses Vorgehen als Verfassungsbruch und militärische Meuterei und sagten, jede Militärperson, die den Anordnungen der bayrischen Regierung entspreche, sei eidbrüchig und mache sich des militärischen Ungehorsams schuldig. Kahr verhinderte die Verbreitung des Aufrufes der gesetzlichen Reichsregierung durch die bayrische Polizei. In diesem offenen Konflikt traten die sämtlichen deutschen Länder ohne Ausnahme auf die Seite des Reiches, was in einer einstimmigen Erklärung des Reichsrates, als der gesetzlichen Ländervertretung, zum Ausdruck kam. Kahr ließ jedoch amtlich erklären, dass er jedes Verhandeln mit der Reichsregierung ablehnen müsse. Er trat in Fühlung mit allerhand reaktionären und alldeutschen Organisationen, um ein verfassungsbrecherisches und nur im Weg des gewalttätigen Hochverrats an die Spitze des Reiches zu bringendes "Direktorium" zu schaffen, dem er selbstverständlich angehören sollte. Zu diesen Plänen gehörte es auch, dass Kahr das Parlament auf keinen Fall mehr zusammentreten lassen wollte. Es ist in allen Einzelheiten bewiesen, dass die Regierung Knilling dieses hochverräterische Treiben genau kannte und deckte.

[877] Vgl.: Ernst Deuerlein, Der Hitlerputsch. Bayerische Dokumente zum 9. November 1923, Stuttgart 1962, S. 79, 185 und 194f. Der Fall Lossow wird des Weiteren bei Deuerlein behandelt, so dass auf Einzelnachweise verzichtet wurde.

[878] Die Entlassung Otto von Lossows durch den Reichswehrminister erfolgte am 19./20.10.1923. Mit der Wahrnehmung der Amtsgeschäfte wurde der Seeckt nahestehende Generalmajor Kreß von Kressenstein betraut. Vgl.: Reiner Wohlfeil, Heer und Politik, in: Handbuch zur deutschen Militärgeschichte Bd. VI, hrsg. vom Militärischem Forschungsamt, München 1970, S. 267-277.

87. *Vermittlungsversuche der Reichsregierung*

Die Reichsregierung zeigte sich wiederum schwächlich. Statt gegen die Meuterei mit der Androhung und Durchführung der gesetzlich vorgesehenen Reichsexekution vorzugehen, schickte der Reichskanzler Dr. Stresemann[879] den Admiral Scheer[880] als "Vermittler" zu Kahr und Lossow. Bezeichnenderweise hatte dieser Vermittler schon öffentlich in der Presse das Verhalten Lossows "gerechtfertigt". Durch ihn ließ Stresemann den Rebellen erweiterte staatsrechtliche Selbstständigkeit auf dem Gebiet der Eisenbahn, der Post, der Finanzverwaltung und der Wehrmacht anbieten. Die Rebellen wurden hierdurch in ihrem Widerstand nur ermuntert. Sie dachten nicht an Einigung. Zwischen dem 20. Oktober und dem 6. November 1923 fanden auf Betreiben Lossows umfangreiche militärische Vorbereitungen statt, um einen bewaffneten Widerstand gegen das Deutsche Reich zu ermöglichen. Nach außen hin handelte es sich um "Herbstübungen der bayrischen Reichswehr". Intern waren sich die Meuterer über den hochverräterischen Charakter ihrer Aktion völlig klar. Dies ergibt sich daraus, dass bei einer internen Besprechung der "vaterländischen Verbände" mit Lossow, die am 24. Oktober 1923 abgehalten wurde, dieser über die geplante "Herbstübung" wörtlich Folgendes sagte:

> "Meine Herren, Sie haben nun unseren Plan gehört. Ehe ich Sie nun frage, ob Sie denselben unterstützen werden, mache ich Sie noch auf Folgendes aufmerksam: Wenn Sie sich mit mir einverstanden erklären, dann gehen Sie mit mir auf ein Schiff. Geht dieses Schiff unter, dann gehen Sie mit mir unter"[881].

So hat gewiss noch kein General gesprochen, der mit einer legalen Truppe in ein legales Manöver zog. Dies war vielmehr die Sprache eines Meuterers und Hochverräters. Es war deshalb auch nur selbstverständlich, dass die Vorbereitung dieser "Herbstübung" gegenüber dem Chef der Heeresleitung zu Berlin, dem allein das Recht der Anordnung und Durchführung von Manövern des Reichsheeres zustand, streng geheim gehalten wurde. Als Stichwort für das Losschlagen war das poetische Wort "Sonnenaufgang" vereinbart. Dieser Sonnenaufgang fand niemals statt, weil Hitler, wie wir alsbald sehen werden, Kahr mit dem Putschen zuvorkam. Trotzdem also das "Schiff" Lossows und seiner Kumpane "unterging", blieben alle Insassen des gesunkenen Schiffes gesund. Gegen keinen von ihnen

[879] Dr. Gustav Stresemann (1878-1929), DVP, deutscher Reichskanzler 1923. Vgl.: Anmerkung 136.

[880] Admiral Reinhard von Scheer (30.09.1863-26.11.1928). Vgl.: Anmerkung 324.

[881] Vgl.: Ernst Deuerlein, Der Hitler-Putsch. Bayerische Dokumente zum 9. November 1923, Stuttgart 1962, S. 257.

wurde ernstlich etwas unternommen. Sie alle blieben Genießer ihrer Gehälter, Pensionen, Titel und Ehrenrechte. Für diesen "Erfolg" sorgte die bayrische Justiz des Herrn Franz Gürtner.

Aber auch das höchste deutsche Gericht, das Reichsgericht, brachte sein Scherflein dar, um das Vorgehen der bayrischen Rebellen zu "legalisieren"[882]. Ich habe die betreffende Entscheidung des Reichsgerichts selbst herbeigeführt und das Gefühl der Schande über ihren Inhalt ist noch heute lebendig in mir. Ein bayrisches Gericht hatte einen Arbeiter, auf Grund einer der zahlreichen Diktaturverordnungen Kahrs, zu Strafe verurteilt. In meiner Revisionsschrift an das Reichsgericht machte ich geltend, der Angeklagte könne nicht verurteilt werden, weil die gegen ihn angewendete Strafrechtsnorm selbst nichtig und rechtswidrig sei. Schon die Einsetzung des Generalstaatskommissars in Bayern sei im Wege des Verfassungsbruchs erfolgt. Die zahlreichen Diktaturverordnungen des Generalstaatskommissars, darunter auch die hier in Frage kommende, beträfen ausnahmslos Materien, die der Reichsgesetzgebung vorbehalten seien. Der Generalstaatskommissar habe den Eingriff in die Reichsgesetzgebung mit seinen eigenen Befugnissen zur "einstweiligen" diktatorischen Regelung auf Grund der Bestimmungen der Reichsverfassung und der bayrischen Verfassung zu rechtfertigen gesucht. Eine solche "einstweilige" Regelung seitens eines Landes sei aber rechtlich ausgeschlossen, wenn das Reich selbst die gleiche Materie auf Grund des Diktaturparagraphen der Reichsverfassung im gegenteiligen Sinne geregelt habe. Als ich zur Vertretung dieser Revision vor dem ersten Strafsenat des Reichsgerichts erschien, eröffnete der Senatspräsident Lobe[883] die Sitzung mit den ungewöhnlichen Worten, eine Berichterstattung durch einen Referenten über diese Sache sei nicht nötig, weil mit Rücksicht auf die Wichtigkeit der Tagesordnung die sämtlichen Mitglieder des Strafsenats die Akten vor Beginn der Sitzung studiert hätten. Er könne mir daher sofort das Wort zur Begründung meiner Revision erteilen. Nach Beendigung meiner Ausführungen dauerte die Urteilsberatung des Senates stundenlang. Sodann wurde die von mir eingelegte Revision mit folgenden überaus bezeichnenden Ausführungen verworfen: In grundsätzlicher Beziehung sei der Senat meinen Ausführungen vollständig beigetreten. Es könne "nicht bestritten" werden, dass Reichsausnahmezustand stets vor Landesausnahmezustand gehe und dass jede landesrechtliche Regelung von Rechtsmaterien im Wege des Ausnahmezu-

[882] Vgl.: Francis L. Carsten, Reichswehr und Politik 1918-1933, Köln/Berlin, 2. Aufl. 1965, S. 197 f. Vgl.: Ernst Deuerlein, Der Hitler-Putsch, a.a.O., S. 258.

[883] Adolf Lobe (18.08.1860-1933) Senatspräsident des Reichsgerichts, 1930 in den Ruhestand versetzt.Vgl.: Wer ist's, Berlin 1935, S. 984 f.

standes nichtig sei, wenn ein Reichsausnahmezustand eine anderweitige Regelung treffe. Der Senat müsse mir dann demgemäß darin beistimmen, dass die betreffende Verordnung des Generalstaatskommissars von Kahr im Augenblick ihrer Erlassung nichtig gewesen sei. Hieran habe sich nur dadurch etwas geändert, dass der Reichspräsident und die Reichsregierung des Kanzlers Dr. Stresemann nicht ausreichend zu erkennen gegeben hätten, dass sie die Bestimmungen des bayrischen Ausnahmezustandes als von vornherein rechtsungültig erachteten. Es sei bekannt, dass die Reichsregierung wegen dieser ganzen Materie in Verhandlungen und Besprechungen mit der bayrischen Regierung und dem bayrischen Generalstaatskommissar eingetreten sei. Im Laufe der gesamten Verhandlungen sei auf Seite der Reichsregierung nicht die Behauptung aufgestellt worden, dass das bayrische Vorgehen auf Rechtsbruch beruhe, mit der einzigen Ausnahme, dass das Vorgehen des Generals von Lossow und des Herrn von Kahr in der Frage der militärischen Unterordnung als Rechtsbruch bezeichnet worden sei. Die ursprünglich nichtigen Verordnungen seien durch diese "Duldung" seitens der Reichsregierung rechtlich gültig geworden. Der Verstoß gegen sie, seitens des von mir verteidigten Angeklagten, bleibe daher strafbar. Mit dieser vermeintlich sehr schlauen "Diplomatie" suchte das Reichsgericht mehrere Fliegen mit einem Schlag zu treffen. Zunächst machte es eine Verbeugung vor der von mir vorgetragenen Auffassung der Reichsregierung und der gesamten Staatsrechtswissenschaft, dass auch in Sachen des Reichsausnahmezustands Reichsrecht vor Landesrecht gehe und dass deshalb die Kahr-Verordnungen nichtig gewesen seien. Sodann machte es eine Verbeugung vor Kahr, indem es den Akten des meuternden Rechtsbrechers doch auf einem Umweg die Qualifikation legaler Staatsakte verlieh. Die nichtigen Verordnungen Kahrs sollten nämlich durch konkludentes Verhalten der Reichsregierung, als welches Mangel an Widerstand gegen die Kahr-Verordnungen bezeichnet wurde, rechtsgültig geworden sein. Diese Theorie war ein der gesamten Rechtslehre ins Gesicht schlagender Nonsens, denn es war allgemein anerkannt, dass die Nichtigkeit einer Rechtshandlung etwas Unheilbares sei und dass eben hierauf das Wesen der Nichtigkeit beruhe. Das nachträgliche Gültigwerden eines Rechtsaktes, der auf Grund seiner Nichtigkeit niemals Leben erlangt haben konnte, war deshalb eine überaus faule Rechtskonstruktion, deren tendenziöser Verlegenheitscharakter offensichtlich war. Andererseits enthielten die Ausführungen neben der Zustimmung zur Rechtsauffassung der Reichsregierung und der gleichzeitigen Zustimmung zur Rechtsauffassung der bayrischen Regierung den denkbar schwersten Vorwurf der richterlichen Instanz gegen die Handhabung des Reichsrechts seitens der hiezu berufenen Reichsregierung. Besagten sie doch im Grund genommen nichts anderes, als dass die

Reichsregierung ihren eigenen Standpunkt gegenüber den bayrischen Rebellen sehr wohl hätte durchsetzen können, wenn sie das Recht gegenüber diesen Hochverrätern mit einiger Entschiedenheit angewendet hätte. Allein die Reichsregierung war schneidig nur gegenüber den Schwachen. Gegenüber den vermeintlich Starken war sie von höflicher Sanftheit und vorsichtiger Liebenswürdigkeit. Schon dass sie als "Vermittler" keinen anderen Mann wusste, als einen außer Dienst gesetzten Admiral der ehemaligen kaiserlichen Marine, dessen erklärte Sympathien auf Seite der Rebellen standen, war bezeichnend genug. Dabei saßen in dem damaligen Reichskabinett Stresemann nicht weniger als drei Sozialdemokraten, denen die wichtigen Ressorts der Vizekanzlerschaft, des Innern und der Justiz anvertraut waren[884]. Ihr Einfluss gegenüber den übrigen neun Kabinettsmitgliedern war offenbar bei Weitem nicht groß genug, um eine halbwegs energische Politik gegen die Hochverräter durchzusetzen. Sie traten anfangs November 1923 zurück, mit Recht aufgebracht über die Schwäche der Reichspolitik gegenüber dem bayrischen Verrat. Sie war umso bemerkenswerter, als zur gleichen Zeit in dem sozialistisch regierten Sachsen und Thüringen, als die dortigen Linksregierungen sich bestimmten reaktionären Anforderungen nicht beugten, prompt die Reichswehr einmarschierte, die Minister absetzte und eine Regierung auf Grund militärischen Ausnahmezustandes einrichtete, nicht ohne dass es auch bei diesem Anlass ohne Massenverhaftungen und Massakrierungen abgegangen wäre[885]. Nach dem Rücktritt der drei sozialdemokratischen Minister wurde das Reichskabinett in einer höchst charakteristischen Weise ergänzt: das Reichskanzleramt ging an einen klerikalen Zentrumsmann über[886]. Anstelle der als Koalitionspartei ausgeschiedenen Sozialdemokratie trat als neue Koalitionspartei in die Reichsregierung die klerikale, bayrische Volkspartei ein, also diejenige Partei, die die politische Hauptverantwortung für die skandalöse Entwicklung der bayrischen Zustände trug. Wieder einmal wurde in Deutschland nach dem Rezept regiert, dass man die Urheber einer verderblichen und verbrecherischen Situation in eine Regierungskombination hineinnahm, um sie durch die Aufbürdung politischer Verantwortung zu "zähmen". Die letzte Konsequenz dieses geistreichen Systems war die Berufung des Adolf

[884] Drei Sozialdemokraten im Kabinett Stresemanns: Vizekanzler: Robert Schmidt, Innenminister: Wilhelm Sollmann, Justizminister: Gustav Radbruch. Zeitweise Finanzminister: Rudolf Hilferding. Rücktritt am 23. November 1923. Vgl.: ERNST RUDOLF HUBER, Deutsche Verfassungsgeschichte seit 1789, Bd. 7, Stuttgart u.a. 1984, S. 334.

[885] Vgl.: HEINZ HÜRTEN, Das Krisenjahr 1923, Düsseldorf 1923.

[886] Am 30. November 1923 wurde Wilhelm Marx (15.01.1863-04.08.1946) neuer Reichskanzler. Vgl.: ERNST DEUERLEIN, Deutsche Kanzler von Bismarck bis Hitler, München 1968, S. 306-324.

Schückelgruber zum deutschen Reichskanzler. Als ihren Vertreter in der Reichsregierung bestellten die bayrischen Klerikalen nicht etwa einen ihrer Führer, sondern einen Mann dritter Garnitur, den uns aus diesen Erinnerungen bereits bekannten Staatsanwalt Emminger.

88. *Abschaffung der Schwurgerichte („Lex Emminger")*

Dieser erzreaktionäre, politische Seiltänzer führte sich, um seine Regierungsfähigkeit zu beweisen, sofort mit einer äußerst charakteristischen politischen Handlung ein: er schaffte eine der wichtigsten Institutionen der deutschen Justizverfassung, das Schwurgericht, ab und ist mit dieser echt "Emminger'schen Reform" in unrühmlicher Weise in die deutsche Justizgeschichte eingegangen[887]. Der freche Trick, mittels dessen einer seit dem Revolutionsjahr 1848 bestehenden, liberalen Justizinstitution ein Ende bereitet wurde, soll hier erwähnt werden, weil er charakteristisch genug dafür ist, wie damals bereits die an die Macht gekommenen deutschen Rechtsparteien, im Zusammenspiel mit einer ehrgeizigen und rücksichtslosen Bürokratie, alte Freiheitsrechte abschafften. Nach der Konstituierung der neuen Regierung ging nämlich der Reichstag auseinander, beschloss jedoch zuvor ein sogenanntes "Ermächtigungsgesetz", durch das der Regierung die Vollmacht erteilt wurde, "die Maßnahmen zu treffen, die sie im Hinblick auf die Not von Volk und Reich für erforderlich und dringend erachte"[888]. Kein auch noch so geschickter Gedankenleser hätte vermuten können, dass "die Not des Volkes und Reichs" dafür herhalten müsse, den seit 40 Jahren mit Misserfolg von der berufsjuristischen Ministerialbürokratie betriebenen Plan der Abschaffung des Schwurgerichts als eine Dauerverschlechterung des Rechtes in die Scheuer zu bringen. Die Schwurgerichte waren der Bürokratie verhasst, weil in ihnen ausgeloste Laien auf Grund Gewissenspflicht über die Schuldfrage zu urteilen hatten. Damit hatte man diese Gerichte nicht so "in der Hand", als dies bei den mit ernannten Berufsrichtern besetzten Gerichten der Fall war, die eine Kaste für sich bildeten und den durchschnittlich reaktionären Justizverwaltungen der Einzelländer "zuverlässiger" erschienen. Seit 40 Jahren wurde deshalb auf Juristenkongressen, in den Richterzeitungen und bei vielen anderen Gelegenheiten von der Berufsbürokratie in allen Variationen die These ver-

[887] Vgl.: Verordnung vom 01.04.1924 in Ausführung des Ermächtigungsgesetzes vom 23.03.1924, in: RGBl I, 1924, S. 299. Vgl.: ADOLF LOBE, Zur Würdigung der VO über Gerichtsverfassung und Strafrechtspflege vom 01.04.1924, in: Deutsche Juristen-Zeitung 1924, Sp. 81-89. Vgl.: DR. BAUMBACH, Die Neuordnung des Strafverfahrens, in: Deutsche Juristen-Zeitung 1924, Sp. 89-94.

[888] "Reichsermächtigungsgesetz" vom 08.12.1923, in: RGBl. I, 1923, S. 1179.

fochten, die Schwurgerichte hätten sich "nicht bewährt"[889]. Dafür mussten die lächerlichsten Begründungen herhalten. So wurde zum Beispiel von einem der höchsten deutschen Justizfunktionäre gesagt, den Geschworenen sei ein Maß von "richterlicher Omnipotenz" gegeben, das ein Deutscher nicht ertragen könne. Eine solche Machtfülle müsse ihn zu Selbstüberhebung und Gottähnlichkeitsglauben verleiten – gegen die Machtfülle des Schückelgruber wurden solche Bedenken von der deutschen Berufsrichterschaft allerdings nicht geäußert – Emminger teilte dieses Bedenken offenbar auch nicht, indem er anlässlich seiner "Reform" die große Masse aller Strafsachen juristischen Einzelrichtern zur Aburteilung übertrug, als ob die Ablegung juristischer Examina und die Anstellung im Staatsdienst ein genügender Schutz vor Selbstüberhebung oder Gottähnlichkeitsglaube seien. Die Berufsbürokratie hatte, unter Benutzung solcher Argumente, ein wahres Sündenregister angeblicher Fehlurteile der Schwurgerichte, falscher Freisprechungen und falscher Verurteilungen gesammelt. Sie hatte es aber unterlassen, ein gleiches Sündenregister über die Urteile derjenigen Gerichte zu sammeln, bei denen Juristen entweder ausschließlich mitwirkten oder die Oberhand gegenüber den Laienrichtern hatten. Wie jedem wirklichen Kenner der deutschen Justizgeschichte bekannt war, wäre dieser Vergleich nicht zugunsten der Berufsrichter ausgefallen. Vor allem war eine große Zahl von Urteilen des höchsten deutschen Gerichts, des Reichsgerichts, der obersten richterlichen Instanz, bekannt, die sich als klare Fehlurteile erwiesen hatten. Nach dem Wortlaut des "Ermächtigungsgesetzes" hatte die Regierung jede auf Grund des Gesetzes erlassene Verordnung auf Verlangen des Reichstages sofort aufzuheben. Die Ausübung der Justiz durch Laienrichter war ein wesentliches Programmstück der Sozialdemokratie. Während die sozialdemokratische Fraktion aber dem "Ermächtigungsgesetz" zugestimmt hatte, auf Grund dessen ein solcher Abbau des demokratischen Rechtes erfolgen konnte, stellte sie nicht den Antrag, dass der Reichstag die Aufhebung der Verordnung über die Abschaffung der Schwurgerichte sofort verlange. Aus "taktischen" Gründen handelte sie in einer grundlegenden Frage des Rechtes und der Justizorganisation wieder einmal gegen ihre programmatischen Grundsätze. Dafür nahm sie das Verlangen der Wiederherstellung der Schwurgerichte in ihr "Heidelberger Programm" auf, also als eine schöne Zukunftsmusik und als Unterlage für Parteitagsreden, die niemand weh taten[890]. Mein Glaube, dass mit einer so

[889] Vgl.: Um das Schwurgericht, in: Deutsche Richterzeitung 1924, Sp. 73-80. Vgl.: EDUARD KOHLRAUSCH, Neuordnung der Strafgerichte, in: Deutsche Juristen-Zeitung 1923, Sp. 382-388.

[890] Vgl.: "Heidelberger Programm der SPD, 1925": "Im Strafprozeß Wiederherstellung

schwächlichen Einstellung in Grundfragen der Demokratie dem System von Weimar noch eine lange Lebensdauer beschieden sein werde, erhielt einen neuen Stoß. Ich beschäftigte mich ernstlich mit der Frage, ob cs nicht eine Pflicht der Reinlichkeit sei, aus einer Partei auszutreten, deren politische Praxis in einem so klaffenden Widerspruch zu ihrer politischen Doktrin stand. Es war klar, dass ein solcher Austritt nur einen positiven Wert haben konnte, wenn er öffentlich begründet wurde, mit der Tendenz und mit der Wirkung, den Austritt Gleichgesinnter nach sich zu ziehen. Ich kam zu dem Ergebnis, dass ein solcher Schritt eine Stärkung des kompromisslerischen, halbdemokratischen, pflaumenweichen Elements in der Partei bewirken müsse und dass er demgemäß zum Vorteil der Demokratie nur hätte ausschlagen können, wenn den Austretenden eine auf Massenbasis beruhende demokratische Organisation zur Verfügung gestanden wäre, die den entschiedenen Kampf um die Seele und die Stimme des demokratischen Arbeiters und Bürgers aufgenommen hätte. Eine solche Organisation war aber nach meiner Überzeugung weder vorhanden noch in absehbarer Zeit zu schaffen. Was zunächst die Partei der sogenannten bürgerlichen Demokraten, die "Deutsche demokratische Partei" betraf, so war sie infolge ihrer krassen Gesinnungslosigkeit und Unbeständigkeit nur noch dem Namen nach demokratisch, in Wirklichkeit ein hilfloses und willenloses Anhängsel der politischen Reaktion, um den Preis von Posten für Funktionäre[891]. Leute wie der Reichswehrminister Geßler und der in diesen Erinnerungen mehrfach erwähnte "Demokrat" Müller-Meiningen deckten wirklich jeden politischen Rückschritt und jeden antidemokratischen Kuhhandel. Rechts von der Sozialdemokratie war also keine politische Plattform für die Vertretung einer wirklich demokratischen Gesinnung. Links von der Sozialdemokratie standen, seitdem sich nach dem Rathenau-Mord Sozialdemokraten und unabhängige Sozialdemokraten wieder zu einem Parteiorganismus zusammen geschlossen hatten, lediglich die Kommunisten[892].

der Schwurgerichte und Ausdehnung ihrer Zuständigkeit insbesondere auf politische und Preßvergehen", in: WILHELM MOMMSEN (Hrsg.), Deutsche Parteiprogramme, 2. Aufl. München 1964, S. 46.

[891] Vgl.: JOACHIM STAN, Die Deutsche Demokratische Partei in Preussen 1918-1933, Düsseldorf 1994.

[892] Vgl.: OSSIP K. FLECHTHEIM, Die KPD in der Weimarer Republik, Frankfurt/M. 1969. Vgl.: HERMANN WEBER (Hrsg), Völker hört die Signale. Der deutsche Kommunismus 1916-1966, Köln/Berlin 1967. Vgl.: HERMANN WEBER (Hrsg), Die Wandlungen des deutschen Kommunismus. Die Stabilisierung der KPD in der Weimarer Republik, Frankfurt/M. 1969.

89. *Haltung der Kommunisten*

Sie waren zwar eine Massenpartei, aber keine demokratische, sondern eine antidemokratische. Unter ihren sogenannten Führern waren einige Gebildete, die aus Ressentiment, Enttäuschung und ähnlichen Gründen auf die äußerste Linke hinübergewechselt hatten, so zum Beispiel die Professoren Halle[893] und Korsch[894], beide Lehrer der Rechtswissenschaft. Diese gebildeten und zum Teil auch wohlmeinenden Kräfte waren völlig einflusslos gegenüber den routinierten Parteifunktionären, deren ethisches Niveau noch vielfach unter ihrem geistigen stand, was etwas heißen wollte. Ich will ein einziges, kleines Erlebnis erzählen, das signifikant genug ist, um diese meine Auffassung zu belegen: Eines Tages wurde ich in ein Untersuchungsgefängnis gebeten, um die Verteidigung eines der prominenten Führer der kommunistischen Partei in einer Strafsache wegen Hochverrats zu übernehmen[895]. Getreu meiner Gewohnheit, eine Sache niemals von vorneherein anzunehmen oder abzulehnen, sondern mir zuerst den Angeklagten anzuhören, verlangte ich zunächst von den Leuten, die bei mir erschienen, um mir das Mandat zu übertragen, alles in ihren Händen befindliche, zur Beurteilung des Sachverhaltes wesentliche Material. Sie brachten mir darauf ein Aktenfaszikel mit verschiedenen Unterlagen. Aus Versehen befand sich in diesem Aktenfaszikel auch eine Korrespondenz, die sich mit der Ratsamkeit meiner Aufstellung als Verteidiger befasste. In ihr war gesagt, dass ich zwar ein absoluter Gegner des Kommunismus, jedoch von den bayrischen Sozialdemokraten der "relativ Zurechnungsfähigste" sei. Ich konnte mir diese "Anerkennung" nicht eben zur Ehre anrechnen und war auf den mir von dem Münchener Kommunistenblatt verliehenen, bereits erwähnten Titel des "gemeinsten Menschen von Südbayern" eher stolz. Ich beschloss, den Angeschuldigten anzuhören und besuchte ihn zu

[893] Felix Halle (1884-1937), KPD, für kurze Zeit nach 1918 an der Berliner Universität Professor für Recht, Justiziar der KPD. Vgl.: Felix Halle, Deutsche Sondergerichtsbarkeit 1918-1921, Berlin 1922 und ders., Die völkerrechtliche Unverletzlichkeit der Gesandten. Ein Rechtsgutachten zum Hochverratsprozess gegen den Vertreter der russischen Sowjetrepublik Dr. Axelrod, Berlin 1920. Vgl.: Volkmar Schöneberg, KPD und proletarisches Erbe in der Rechtswissenschaft, in: KPD und Staatsfrage, Berlin (DDR) 1986, S. 83-118. Vgl.: Ulrich Stascheit, Felix Halle. Justiziar der Kommunistischen Partei, in: Streitbare Juristen, Eine andere Tradition, Baden-Baden 1988, S. 153-164.

[894] Karl Korsch (15.08.1886-21.10.1961), KPD, Professor für öffentliches Recht in Jena. Vgl.: NDB 12, S. 599f. Vgl.: Michael Buckmiller, Karl Korsch. Marxistische Theorie und juristische Aktion, in: Streitbare Juristen, Eine andere Tradition, Baden-Baden 1988, S. 254-267.

[895] Da Philipp Loewenfeld weder den Ort noch das Jahr nennt, den Namen des Angeklagten sowieso nicht, ist es nahezu unmöglich, den Fall zu entschlüsseln.

diesem Zweck im Untersuchungsgefängnis. Die mir von ihm erteilte Information und das in meinen Händen befindliche Material brachten mich zu der Überzeugung, dass zwar ein gewisser Verdacht hochverräterischen Handelns gegen ihn bestand, dass aber ein ausreichender Beweis zu seiner Überführung nicht vorlag. In dieser Situation sagte ich zu dem Angeschuldigten: "Herr X., Sie können Ihre Verteidigung nach zwei verschiedenen Methoden führen. Entweder Sie stehen in jeder Beziehung zu Ihren politischen Grundsätzen. Das reizt das Gericht und wird, angesichts des Inhalts Ihres Parteiprogramms, den Verdacht gegen Sie verstärken. Oder Sie machen vom Recht des Angeklagten Gebrauch, nichts zuzugeben und sich alles nachweisen zu lassen. Das ist zwar politisch nicht sehr würdig, strafrechtlich aber möglicherweise erfolgreicher für Sie". X. antwortete, ohne sich die Sache auch nur einen Augenblick zu überlegen, die erste Methode sei doch "zweifellos unpraktisch". Ich erwiderte hierauf: "Bitte, wie Sie wollen" und verteidigte ihn nach der zweiten Methode. Ich ließ ihn politisch und persönlich vollständig fallen und bezeichnete ihn als einen ärmlichen Dümmling und als einen rotangestrichenen Bürger, dessen angeblicher Kommunismus sich im lauten Schreien und im Bezug möglichst zahlreicher Diäten erschöpfe. Der Erfolg war durchschlagend. Der Mann wurde freigesprochen. Vor Dankbarkeit riss er mir beinahe die Hand ab und wiederholte immer, wie ausgezeichnet ich meine Sache gemacht hätte. Er meinte nämlich, meine Berufung auf seine Dummheit sei nur ein schlauer Verteidigungstrick gewesen. Dabei war sie nichts als meine wahre Meinung, für deren Kundgabe ich keinerlei sacrificium intellectus benötigte. Die gerichtliche Feststellung seiner großen politischen Unbegabtheit hat ihm bei den Führern und Anhängern seiner Partei nicht geschadet. Bei dem ständigen Wechsel der Moskauer Parteiparolen, die dann jeweils von den Funktionären mit dem jeweils gleichen Brustton der Überzeugung vertreten werden mussten, konnte man allzu intelligente und allzu skrupulöse Leute in der Führung der deutschen Parteikader nicht gebrauchen.

90. *Verbleiben in der SPD*

So fehlte es für einen demokratisch gesinnten Menschen, wenn er aus der sozialdemokratischen Partei austrat, an einer politischen Massenplattform. Sein Austritt und die etwaige Folge des Austrittes Gleichgesinnter konnte nur Schwächung und Spaltung, nicht positive Stärkung der Demokratie sein. Andererseits wollte ich bei dieser Lage die Hoffnung, dass man doch auch innerhalb der sozialdemokratischen Partei für die demokratischen Grundprinzipien von Recht und Freiheit fechten könne, nicht aufgeben. Allerdings war mir klar, dass ich mich jeder wie immer gearteten Funktionärstätigkeit, einschließlich jeder Aspiration auf eine Parlamentstätigkeit völlig zu enthalten hätte, um mir meine absolute Unabhängigkeit von dem "Apparat" der Partei zu bewahren. Als einige Zeit später, anlässlich einer Landtagswahl, durch einen Mittelsmann bei mir angefragt wurde, ob ich nicht "aus meiner Goldgrube – gemeint war meine Praxis – herausgehen", und mich dem "Wohle des Volkes zu Verfügung stellen", das heißt kandidieren wolle, lehnte ich ab, mit der Begründung, wer von mir etwas wolle, müsse an meinen Schreibtisch kommen. Ich fügte hinzu, es sei nach meinem Eindruck auch in unserer Partei so weit, dass etwas falsch sei, wenn drei Juden es für richtig hielten. Gegen diese meine Bemerkung wurde eine sanfte, aber doch verständnisvolle Opposition gemacht. Die aus Form und Inhalt meiner Ablehnung sich ergebende Gewissheit, dass ich keinerlei persönliche Aspirationen innerhalb des Parteiapparates hatte, verschaffte mir "Sympathien" bei allen "Richtungen" der Partei. Dies äußerte sich in einer sich ständig steigernden Übertragung von Rechtssachen seitens verschiedenster Persönlichkeiten der Parteiorganisation und fast sämtlicher Gewerkschaftsorganisationen. Durch diese Tätigkeit war es mir, ohne dass ich dem Parteiapparat in irgend einer Weise angehörte, doch möglich, auf seine Haltung im Sinne einer kompromisslosen, demokratischen Auffassung da und dort Einfluss zu gewinnen. Durch diese Tätigkeit lernte ich auch viele und zum Teil treffliche Männer erst richtig kennen, die in Stadt und Land für die Durchsetzung der Ideale und der praktischen Forderungen eines demokratischen Aufbaues einen aufopferungsvollen und vielfach persönlich gefährlichen Kampf führten, so als Redakteure von Provinzblättern, Geschäftsführer von lokalen Gewerkschaftsorganisationen, Vorstände von Bildungsvereinen. Meine berufliche Wirksamkeit für sie brachte mir viele Bitten um unterrichtende Tätigkeit, vor allem in Lehrkursen über Sozialpolitik, Arbeitsrecht und damit verwandte Materien[896]. Diese Tätigkeit nahm im Lauf der Jahre einen so großen Umfang an, dass es in München und Südbayern wohl kaum einen jüngeren Gewerkschaftsfunktionär gab, der nicht durch meine Schule gegangen wäre. So hatte ich doch reichlich praktische Gelegenheit zur Verbreitung und Vertiefung des demokratischen Gedankens im Parteikreis und zur Beeinflussung der jüngeren Kräfte in Sinne einer grundsatztreuen Haltung und einer Vermeidung ewig neuer Kompromisse mit den Feinden der Demokratie. Alle diese wesentliche Kleinarbeit wäre unmöglich gewesen, wenn ich mich aus der

[896] Vgl.: Arbeiter-Bildungskartell München, Lehr- und Vortragsplan Winter 1925/26. Philipp Loewenfeld, Einführung in die wichtigsten Rechtsfragen des täglichen Lebens. Weitere Lehrende waren Wilhelm Hoegner, Karl Landauer, Fritjof Noack, Alwin Saenger u.a.

Partei entfernt hätte. Unter den Leuten, die durch meine Schule gingen, waren eine Menge, die über die Haltung der zentralen Führung der Partei unglücklich, ja verzweifelt waren. Aber es ging ihnen wie mir. Sie fühlten sich zur Mitarbeit am Ganzen verpflichtet und hätten nicht gewusst, wie sie diese ohne Parteizugehörigkeit in wirklicher Fühlung mit dem urteilsfähigen Teil der Arbeiterschaft hätten ausüben können. Diese meine Auffassung fand später ihre Bestätigung, als sich einige Jahre nachher tatsächlich einige auf dem linken Flügel der Partei stehenden Politiker aus Unzufriedenheit mit der Haltung der Parteiorganisation abspalteten und eine neuen Parteigruppe unter dem Namen "Sozialistische Arbeitsgemeinschaft"[897] bildeten. Das Ganze wurde nur ein völlig einflussloser Verein, dessen Funktion es im höchsten Falle sein konnte, einige persönliche Mandatsaspirationen zu erfüllen. Die vielfach gehässigen Anrempelungen, die sich aus der Diskussion der Angehörigen dieses neuen Vereins mit der alten Partei ergaben, wurden von den Feinden der Demokratie mit herzlicher Schadenfreude ausgenutzt und konnten in der ewigen Kompromisspolitik der alten Partei keine Wendung zum Besseren bringen. Speziell Hitlers Hauptorgan, der Völkische Beobachter, druckte die gehässigen Polemiken von Angehörigen des neuen Parteigebildes oft spaltenweise ab, ja es brachte sogar einmal das Bild eines der Führer jenes neuen Parteigebildes mit einem Lorbeerkranz ums Haupt, um in ironischer Weise seinen "Dank" für die Bereicherung abzustatten, die die Hitleragitation aus den Behauptungen jenes Mannes folgern konnte[898].

91. *Hitlerputsch am 9. November*

Kehren wir von diesem Exkurs ins Allgemeine zu den konkreten Ereignissen in München und Bayern zurück. Ich wusste von den Einzelheiten des hochverräterischen Treibens Kahrs und Lossows auf der einen und Hitlers und des Kampfbundes auf der anderen Seite damals noch nicht mehr, als jeder unterrichtete Gegner der bayrischen Ganz- und Halbfaschisten. Die hier geschilderten militärischen Vorbereitungen eines reaktionären

[897] Loewenfeld hat hier zwei Gruppierungen anscheinend zusammengeworfen. Es gab ab 1921 eine "Kommunistische Arbeitsgemeinschaft" (KAG) um Paul Levi, der auch der Rechtsanwalt von Kurt Eisner, Dr. Kurt Rosenfeld, nahestand. Ab Oktober 1931 gab es die "Sozialistische Arbeiterpartei" (SAP) um Max Seydewitz. Vgl.: HANNO DRECHSLER, Die Sozialistische Arbeiterpartei Deutschlands (SAPD). Ein Beitrag zur Geschichte der deutschen Arbeiterbewegung am Ende der Weimarer Republik, Meisenheim 1965.

[898] Völkischer Beobachter zur "Sozialistischen Arbeitsgemeinschaft". Hierzu konnte Näheres nicht ermittelt werden.

"Marsches nach Berlin" blieben der Bevölkerung unbekannt. Zu spüren war nur die auf dem ganzen Lande lastende, ungeheure Spannung, die seit dem offenen und öffentlichen Verfassungsbruch Kahrs und Disziplinbruch Lossows weitesten Kreisen die Überzeugung gab, dass wieder einmal schwere und möglicherweise blutige innenpolitische Auseinandersetzungen in Deutschland und Bayern bevorstanden. Die Selbstschutzorganisationen der Arbeiterschaft bereiteten sich auf alle Eventualitäten vor und schützten ihre Partei- Zeitungs- und Gewerkschaftsbüros durch Postenstehen und möglichst gut funktionierenden Nachrichtendienst. Allein sie erfuhren nichts von den sich überkreuzenden Putschplänen der Kahrgruppe auf der einen und der Hitler-Ludendorffgruppe auf der anderen Seite. Sie wussten nicht, dass Lossow für den 7. November 1923 die "höchste Bereitschaft" der bayrischen Reichswehr anordnete und in einer Geheimsitzung mit den Reichswehrkommandeuren ganz offen sagte, dass dies zur Vorbereitung einer Reichsdiktatur Hitler-Ludendorff geschehe, die in Bayern aufgestellt werden solle, in der er selbst die Funktion des Reichswehrministers, Herr von Seißer die des Reichspolizeiministers übernehmen solle, während es noch fraglich sei, ob Kahr für die Sache zu gewinnen sei[899]. Sie wussten nicht, dass Seißer, der nun auch seine Stunde als ein politischer Machthaber gekommen glaubte, in Berlin nicht nur mit den rechtsstehenden Agrariern und industriellen Potentaten, sondern sogar mit dem Chef der Heeresleitung, General von Seeckt, "verhandelte", um diesen zum Eintritt in das "Direktorium" zu veranlassen, wofür als Kaufpreis Hitler fallen gelassen werden sollte[900].

Am Abend des 8. November 1923 war ich in meinem im Herzen der Münchener Altstadt gelegenen Büro mit der Fertigstellung eines eiligen und wichtigen Schriftsatzes in einer Rechtssache bis tief in die Nacht beschäftigt. Gegen 1/2 12 Uhr läutete es heftig in meinem Büro. Als ich öffnete, erblickte ich einen persönlichen Bekannten, den Mitinhaber eines Münchener Bankgeschäftes und, in brauner Uniform, einen Prokuristen dieser Firma, den ich ebenfalls persönlich kannte. Die beiden erklärten mir in sichtlicher Aufregung, ich sei in höchster Gefahr und sie seien gekommen, um mich zu schützen. Sie erzählten mir, dass – was ich schon wusste – auf den fraglichen Abend eine Versammlung "vaterländischer Organisationen" in einem Münchener Bierkeller einberufen gewesen sei, in der Kahr ein wirtschaftspolitisches Programm entwickelt habe. Mitten während dieses Vortrages sei Hitler in den Saal eingedrungen und habe erklärt, der

[899] Vgl.: Ernst Deuerlein, Der Hitlerputsch. Bayerische Dokumente zum 9. November 1923, Stuttgart 1962, S. 95 f.

[900] Vgl.: Ernst Deuerlein, a.a.O., S. 303.

Bierkeller sei von seinen Leuten besetzt und die "nationale Revolution sei ausgebrochen". Sie wussten über den weiteren Verlauf keine Einzelheiten, als die, dass es Hitler gelungen sei, Kahr, Lossow und Seißer zur Mitwirkung zu bestimmen. Sie erklärten mir weiter, es sei ihnen bekannt, dass die Verhaftung sämtlicher irgendwie wesentlicher Sozialdemokraten vorgesehen sei, auch seien bereits in größerem Umfang jüdische Geiseln verhaftet. Sie beschworen mich deshalb, nicht in meinem Büro zu bleiben und auch nicht nach Hause zu gehen, und boten mir an, dass ich in der Wohnung des einen oder anderen von ihnen übernachten könne. Trotz alles dessen, was ich wusste und erlebte hatte, hielt ich das Wettrennen der Hochverräter um die Macht und die Tatsache, dass Schückelgruber glaubte, an die Spitze des Deutschen Reiches treten zu können, mehr für einen faulen Witz, als für ein politisches Faktum. Ich hatte auch nicht gewusst, dass der Prokurist, der sich zu meinem Schutze zur Verfügung stellen wollte, ein Anhänger Schückelgrubers war. Der Ehrlichkeit seiner Schutzabsichten zu misstrauen, hatte ich keinerlei Anlass, denn ich kannte aus den politischen Tageskämpfen und aus der Gerichtspraxis viele Mitläufer der Bewegung, die nur aus missverstandenem Nationalismus mitmachten, ohne die schmutzige Gesinnung ihrer Führer zu teilen. Manche von ihnen, so auch dieser Prokurist, waren meine Klienten gewesen, ohne eine Veranlassung zu finden, mir politische Konfessionen abzugeben. Ich sagte also zunächst zu den beiden, die ganze Sache komme mir reichlich spaßhaft vor, bevor man Schückelgruber zum Diktator Deutschlands mache, müsse man ihm doch erst einmal Unterricht in der deutschen Sprache geben, damit er nicht dauernd den Dativ und den Akkusativ verwechsele, was sich auch für einen politischen Führer schlecht mache. Der Prokurist war über die geringschätzige Meinung, die ich über sein Idol zum Ausdruck brachte, etwas verletzt, sie redeten aber doch beide auf mich ein, ich solle mein Leben nicht unnütz riskieren. Wenn ich in dieser Nacht gefunden würde, sei es zweifellos mit mir aus. Sie boten mir an, mich etwas in der Stadt herumzufahren, damit ich mir selbst einen Eindruck bilde und mich von der Notwendigkeit ihrer Anregung überzeuge. Dies wollte ich nicht ablehnen und bestieg dieserhalb das hakenkreuzgeschmückte Auto der beiden. Es war jedoch in den nahegelegenen Straßen, abgesehen von der Ansammlung etwas aufgeregter Gruppen, nicht eben viel Auffälliges zu bemerken. Lediglich vor dem Gebäude unseres Parteiorgans, der "Münchener Post"[901], standen größere Menschenmassen, sodass sich das Auto seinen Weg nur im Schritt bahnen konnte. Ich bemerkte, wie direkt neben mir ein Mann in Hitleruniform sich

[901] Vgl.: Die vandalischen Zerstörungen im Hause der Münchener Post, in: Münchener Post 10./11.11.1923, S. 2f. Der Leiter dieser Aktion war Leutnant Berchthold.

einem anderen uniformierten Hitlermann zuwendete und wie er auf die Fenster des hellerleuchteten Zeitungsgebäudes hinaufdeutete und hörte ihn sagen: "Siehst Du, da droben stehen sie, die November-Verbrecher, die Hunde. Da gehörte hinauf geschossen". Der andere erwiderte von oben herab: "Da braucht es kein Schießen mehr, die sind sowieso schon erledigt". Die Leute wussten nicht, dass das Gebäude der "Münchener Post" um diese Zeit bereits von Hitler-Anhängern besetzt und unter Zerstörung von Maschinen und Büroeinrichtungen ausgeplündert war und dass sich an diesem verbrecherischen Werk Polizeibeamte beteiligten, die sich der Hitlerbewegung anschlossen und bedenkenlos die Redaktionsakten stahlen und auf Lastkraftwagen abfahren ließen. Die vermeintlichen "November-Verbrecher" an den Fenstern des Gebäudes waren also Hitlerleute. Ich stellte mir, als ich diese Gespräche hörte, recht lebhaft vor, was mir wohl blühen würde, wenn die Leute mich in dem Auto mit dem Hakenkreuz-Emblem erkennen würden. Meine Begleiter hatten offenbar die gleiche Vorstellung, denn sie schlängelten sich mit dem Kraftwagen, so rasch, als es die Umstände erlaubten, durch die Menschenmenge, die das Auto einige Male mit dem mir so überaus sympathischen Ruf "Heil Hitler" begrüßte. Meine beiden Begleiter fragten mich nun, ob ich genug gesehen hätte und erneuerten ihre Anregung, ich solle für diese Nacht bei einem von ihnen wohnen. Ich stimmte schließlich zu, ohne die Überzeugung der Notwendigkeit zu haben. Am nächsten Morgen zeigte sich, dass die Ansicht der beiden nicht unbegründet gewesen war. Die Hitlerbanditen hatten eine Reihe von Geiselverhaftungen vorgenommen. Auf Anordnung Görings waren unter anderem der sozialdemokratische Bürgermeister Münchens, Eduard Schmid, und eine Reihe sozialdemokratischer Münchener Stadträte verhaftet worden[902]. Göring hatte angeordnet, dass diese bei einem Angriff der Reichswehr oder der Landespolizei sofort zu erschießen seien. Die Stadträte wurden dann in einen Bierkeller geführt, in dem die Nazis ihre Anhänger sammelten. Als sie dort standen, ging "Hauptmann Roth" an ihnen vorbei, der bei diesem verbrecherischen Unternehmen natürlich nicht fehlen durfte. Der Vorsitzende der sozialdemokratischen Stadtratsfraktion, Rechtsanwalt Nussbaum[903], hat mir selbst das Benehmen Roths geschildert. Nussbaum rief Roth, als er diesen vorbeigehen sah, zu: "Herr Minister, fin-

[902] EDUARD SCHMID, SPD, Bürgermeister von München, Vgl.: Anmerkung 463. Vgl.: Die Vorgänge vor und im Rathaus, in: Münchener Post 10./11.11.1923, S. 3. Vgl.: Der Hitler-Prozeß vor dem Volksgericht in München Erster Teil, München 1924, S. 267f.

[903] ALBERT NUSSBAUM, SPD, Vorsitzender der Stadtratsfraktion der SPD in München, Rechtsanwalt in München. Vgl.: Der Hitler-Prozeß vor dem Volksgericht in München, 1. Teil, München 1924, S. 267ff. Vgl.: "Die Vorgänge vor und im Rathaus", in: Münchener Post 260/261 (10./11.11.1923), S. 3.

den Sie es richtig, dass man im öffentlichen Leben stehende Männer so behandelt?" Roth drehte sich darauf um und sah Nussbaum eine Zeitlang verachtungsvoll ins Gesicht. Schließlich machte er nur eine Kopfbewegung, die "ja" bedeutete und ging wortlos weiter. Dies war der Mann, den Schückelgruber, für den Fall des Gelingens seines Putsches, als "Generalstaatskommissar" vorgesehen hatte. Die Stadträte wurden dann in einen Wald im Osten Münchens verschleppt, und die Menschenräuber, die sie verschleppt hatten, waren bereits daran, sie zu erschießen, als sie durch einen Boten die Nachricht vom Misslingen des Hitler-Putsches erhielten. Dies veranlasste die Helden, selbst die Flucht zu ergreifen und sich um ihre Gefangenen nicht weiter zu kümmern. Die Wohnung eines Münchener sozialdemokratischen Landtagsabgeordneten (Auer) war total ausgeplündert worden. Ihn selbst, auf dessen Leben sie es abgesehen hatten, hatten die Verbrecher nicht gefunden. Eine Anzahl von Juden waren wahllos als Geiseln verhaftet worden. Bei diesen Verhaftungen hatte sich, nach dem Sprichwort, dass der Apfel nicht weit vom Stamme fällt, auch der Sohn von Hauptmann Roth "ausgezeichnet". Die Adressen der zu Verhaftenden wurden in der Weise aus dem Adressenbuch und von Hausschildern herausgesucht, dass man Namen wählte, die vermeintlich jüdisch klangen. Dabei passierte den Banditen das Pech, dass sie auch eine Reihe von "Ariern" als Geiseln erwischten, darunter auch ein Mitglied der klerikalen bayrischen Volkspartei. Einige der Geiseln wurden bewusstlos geschlagen, andere mit Erschießen bedroht, indem die Verbrecher ihre Gewehre anlegten. Den größten Teil dieser Neuigkeiten erfuhr ich noch im Laufe des folgenden Tages, sodass ich den guten Willen der Leute, die sich zu meinem Schutz eingefunden hatten, anzuerkennen hatte.

Was sich im Übrigen am vorangegangenen Abend abgespielt hatte, erfuhr ich größten Teiles aus den Münchener Morgenzeitungen[904]. Nach ihnen zu schließen war Hitlers "Nationale Revolution" noch im vollen Gange. Nicht nur die "Bayrische Staatszeitung", das Organ der bayrischen Regierung, sondern auch die von dem Juden Cossmann geleiteten "Münchener Neuesten Nachrichten" stellten sich sofort auf den "Boden der Tatsachen" und brachten rührende und begeisternde Berichte über den Verlauf der "Nationalen Revolution". Nach den Mitteilungen der Presse hatte Hitler sowohl die bayrische Regierung wie die "Regierung der November-Verbrecher in Berlin" – so nannte der freche Bursche die gesetzliche Reichsregierung – wie den Reichspräsidenten für abgesetzt erklärt. Er

[904] Vgl.: "Einsetzung eines nationalen Direktoriums", in: Münchner Neueste Nachrichten 304 (09.11.1923). Vgl.: "Der nationalistische Putsch", in: Münchener Post 10./11.11.1923, S. 1. Vgl.: Bayerische Staatszeitung 11. Jahrgang, Nr. 260 (09.11.1923), S. 1.

hatte für Bayern Kahr als "Landesverweser" und Pöhner als Ministerpräsidenten genannt, die Bildung einer "Deutschen nationalen Regierung" und einer "Deutschen Nationalen Armee" von Bayern aus angekündigt, wobei Ludendorff Leiter der Nationalarmee, Lossow Reichswehrminister und Seißer Reichspolizeiminister werden sollte. Kahr, Lossow und Seißer hätten die ihnen zugedachten Stellungen vor den Augen und Ohren der jubelnden Versammlung in feierlicher Weise angenommen. Die "Bayerische Staatszeitung" schilderte in besonders gerührter und glücklicher Weise diese widerliche Szene, wie die nun scheinbar geeinigten Hochverräter sich in ihre treuen deutschen Augen blickten und ihre treuen deutschen Hände schüttelten. Sie sagte wörtlich:

> "Neuer unendlicher Jubel brauste durch den Saal, als Hitler Herrn von Kahr die Hand schüttelte. Entblößten Hauptes und in sichtlicher Erregung, überwältigt von dem geschichtlichen Augenblick sangen die Tausende der Versammlung das Deutschlandlied".

Weiter enthielten die Morgenzeitungen Berichte über die ersten "Taten" der nationalen Regierung. Zu ihnen gehörte eine Bekanntmachung, die Pöhner und Frick ausgebrütet hatten, wonach "zur Aburteilung derjenigen Verbrecher, die den Bestand des Volkes und des Staates zu gefährden geeignet sind", ein "Nationaltribunal" gebildet werde. Dieses Nationaltribunal könne nur auf schuldig oder nichtschuldig erkennen. Nichtschuldig bedeute Freispruch, schuldig Tod. Die Urteile seien 3 Stunden nach ihrer Erlassung zu vollstrecken. Irgendwelche Rechtsmittel seien nicht gegeben[905]. Dies war bereits ein Vorgeschmack der quallenhaften Sprache, die später, nach dem Siege der Hitlerei über Deutschland, das Charakteristikum des ganzen "Rechts" in Deutschland werden sollte. Es wurde nicht etwa gesagt, welches die todeswürdigen Verbrechen seien, "die den Bestand des Volkes und des Staates zu gefährden geeignet sind" und worin ihre faktischen und rechtlichen Merkmale bestehen. Die in dieses Nationaltribunal zu berufenden "Richter" sollten dieses vielmehr nach ihrem Belieben im Einzelfall entscheiden können. Ob diese Richter etwas taugten oder nicht, war nicht das Ausschlaggebende. Entscheidend war, dass sie die nötige Brutalität und Gewissenlosigkeit besaßen, um die beabsichtigte Terrorwirkung dieses Tribunals zur vollen Geltung zu bringen. In einem anderen Erlass wurden die "führenden Schufte des Verrats vom 9. November 1918" als "vogelfrei" erklärt. Es wurde gesagt, dass jeder Deutsche, der sie oder ihre Helfer und Helfershelfer ausfindig machen könne, die Pflicht habe, sie "tot oder lebendig in die Hände der nationalen Regierung zu liefern". Unter

[905] Vgl.: Nach dem Muster der Räterepublik, in: Münchener Post 10./11.11.1923, S. 2.

den "führenden Schuften", zu deren strafloser Ermordung die Banditen damit öffentlich aufforderten, war der amtierende Reichspräsident an erster Stelle erwähnt.

Ich war mir nicht klar, ob ich unter diesen terroristischen Umständen an diesem Tage zu einer geordneten Berufsausübung in der Lage sein würde, und telefonierte zunächst in mein Büro, das Personal, das durchwegs erschienen war, solle auf mich warten. Ich begab mich dann in das Stadtinnere, um mich einmal umzusehen, wie es dort aussehe. Ich sah dort die Anschläge, über die die Presse berichtet hatte, mit eigenen Augen. Es gingen allerdings auch bereits Gerüchte um, dass irgend etwas mit dem Hitler-Putsch nicht stimme, ohne dass Endgültiges zu erfahren gewesen wäre. Vor dem Rathaus, auf dem die Hakenkreuzfahnen wehten, waren große Mengen von Nazis versammelt, die diese Flaggen mit immer erneuten Heil-Rufen begrüßten. Im Übrigen war das äußere Straßenbild kaum verändert. Ich ging deshalb in mein Büro und traf einige Anordnungen, um sodann wieder das Geschehen auf der Strasse weiter zu beobachten. Zwischen 11 und 12 Uhr vormittags wurden an den Plakatsäulen Aufrufe angeschlagen, die den folgenden Wortlaut hatten:

> "Trug und Wortbruch ehrgeiziger Gesellen haben aus einer Kundgebung für Deutschlands nationales Wiedererwachen eine Szene widerwärtiger Vergewaltigung gemacht. Die mir, dem General von Lossow und dem Obersten von Seißer mit vorgehaltener Pistole abgepressten Erklärungen sind null und nichtig. Ein Gelingen des sinn- und ziellosen Umsturzversuches hätte Deutschland samt Bayern in den Abgrund gestoßen. An der Treue und dem Pflichtbewusstsein der Reichswehr und der Landespolizei ist der Verrat gescheitert. Auf diese Getreuen gestützt, ruht die vollziehende Gewalt fest in meiner Hand. Die Schuldigen werden rücksichtslos der verdienten Strafe zugeführt. Die nationalsozialistische deutsche Arbeiterpartei, die Bünde Oberland und Reichskriegsflagge sind aufgelöst. Unbeirrt aber durch Unverstand und Tücke, werde ich mein deutsches Ziel verfolgen: unserem Vaterlande die innere Freiheit zu erringen"[906].

Der Aufruf zeigte jedenfalls, dass Kahr, Lossow und Seißer sich nunmehr gegen Hitler wandten. Die Richtigkeit der Behauptung Kahrs, dass ihm, Lossow und Seißer ihre Erklärungen mit vorgehaltenem Revolver abgepresst worden seien, ist mit guten Gründen bestritten worden. Dr. Karl Rothenbücher, ordentlicher Professor des Staatsrechts an der Universität München, einer der unabhängigsten und geistig vornehmsten Schüler Karl von Amiras, hatte den großen moralischen Mut, noch während der Diktatur Kahrs eine Schrift, unter dem Titel "Der Fall Kahr", zu veröffentlichen, mit deren Feststellungen er seine Existenz riskierte[907]. Auf Grund genauester

[906] Vgl.: Münchner Neueste Nachrichten 305 (10./11.11.1923) S. 2.

[907] Dr. Karl Rothenbücher, Der Fall Kahr, Tübingen 1924. Dr. Karl Rothenbücher (01.08.1880-14.10.1932), Professor für Staats- und Kirchenrecht an der Universität München. Vgl.: BBB, S. 646f.

Untersuchungen kam er zu dem Resultat, dass Kahr, Lossow und Seißer nicht minder des vorsätzlichen Hochverrates schuldig seien, als Hitler und seine Kumpane, dass sie außerdem als Beamte und Offiziere ihren geleisteten Eid gebrochen und sich eines standesunwürdigen Verhaltens schuldig gemacht hätten. Die Schrift weist in allen Einzelheiten nach, dass Kahr, Lossow und Seißer offensichtlich freiwillig sich zur Teilnahme an dem Putsch hatten bereden lassen und dass ihnen erst hinterher Bedenken gekommen waren. Diese Bedenken hatten drei Gründe: einmal trafen alsbald Nachrichten ein, dass von Norden die Reichsexekution gegen Bayern eingeleitet sei. Sodann erließen im Laufe der Nacht eine Reihe von Mitgliedern des bayrischen Ministeriums, unter Führung des Kultusministers Matt[908], einen Aufruf an die Bevölkerung, wonach diese zum Festhalten an der rechtsmäßigen Regierung aufgefordert wurde. Schließlich übernahmen noch in derselben Nacht Offiziere der Landespolizei und der bayrischen Reichswehr die Initiative gegen die Putschisten. Der General Danner[909] übernahm den Oberbefehl und erließ Weisungen, dass alle Befehle, die unter dem Namen des Generals von Lossow an Reichswehr und Landespolizei gelangten, nicht zu beachten seien. Pöhner und Frick konnten durch die bayrische Landespolizei, ebenfalls noch in der gleichen Nacht, verhaftet werden.

Bei solcher Sachlage hätten Kahr, Lossow und Seißer keine ernstliche Chance gehabt, mit einer Beteiligung am Hitler-Putsch durchzudringen. Dies war, nach den sorgfältigen Feststellungen von Professor Rothenbücher, der Grund, warum sich Kahr, Lossow und Seißer auf die Version einigten, sie hätten ihre Erklärungen über die Teilnahme am Hitler-Putsch nur zum Scheine abgegeben, um ihre Handlungsfreiheit wieder zu erlangen. Die Reaktion Kahrs auf die Feststellungen Professor Rothenbüchers war die Beschlagnahme und das Verbot der weiteren Verbreitung der Broschüre. Dagegen wagte der Held Kahr gegen den Inhalt der Broschüre nicht ein Wort der Erwiderung. Er wusste, dass ihm die bayrische Justiz nichts anhaben werde und hat sich in diesem Glauben nicht getäuscht. Die Justiz eröffnete formell ein Strafverfahren gegen ihn, Lossow und Seißer und stellte es auf Grund der Erzählung, dass die Erklärungen im Bürger-

[908] Dr. h.c. Franz Matt (09.09.1860-04.08.1929), BVP, seit 1908 Referent im bayerischen Kultusministerium als Regierungsrat, 1911 Ministerialrat, 1917 Titel und Rang eines Ministerialdirektors, 1920-1926 Titel und Rang eines Staatsrates. 1920 bis 1926 bayerischer Kultusminister. Vgl.: BBB, S. 510. Vgl.: Eine Bekanntmachung des stellvertretenden Ministerpräsidenten, in: Münchener Post 10./11.11.1923, S. 2.

[909] Jakob Ritter von Danner (07.08.1865-28.12.1942), Generalmajor der Landespolizei, Stadtkommandant von München, der auch in München verstorben ist. Vgl.: BHSTA, Abt.IV, OP 6127.

bräukeller unfreiwillig gewesen seien, wieder ein. Hitler und seine Kumpane aber sahen das Verhalten von Kahr, Lossow und Seißer, von ihrem Hochverräterstandpunkt aus mit Recht, als Verrat an. Hitler rächte sich an Kahr auf seine Weise. Bei den allgemeinen Massenmorden vom 30. Juni 1934 wurde Kahr, damals bereits ein hochbetagter, längst in den Ruhestand getretener und in der Öffentlichkeit nicht mehr beachteter Mann, aus seiner Wohnung herausgeholt und bestialisch ermordet. Franz Gürtner, inzwischen zum Reichsjustizminister von Schückelgrubers Gnaden avanciert, erklärte auch diesen Mord an seinem ehemaligen Chef als "rechtens"[910].

Als ich den Aufruf Kahrs, mittels dessen er sich von Hitler abwendete, zu Gesicht bekam, hatte ich ein widerwärtiges Gefühl, das von vielen Leuten geteilt wurde, nämlich, dass ein Verbrecher im Wettlauf mit dem anderen die Oberhand zu gewinnen suche. Indessen hielt ich es als schwer glaubhaft, dass Hitler ohne Weiteres nachgeben werde. Hatte er doch, wie die Morgenzeitungen berichteten, in der Versammlung vom vorigen Abend großmäulig erklärt:

> "Der morgige Tag findet entweder in Deutschland eine nationale Regierung oder uns tot, eines von Beiden!"[911]

Dass stattdessen der "morgige Tag" Schückelgruber weder als nationale Regierung, noch tot finden werde, dass vielmehr der Maulheld von der bayrischen Polizei aus einem Bett in der Villa der Frau Hanfstaengl[912] im bayrischen Oberland werde gezogen werden, wo er sich als ein echter deutscher Heros vor dem polizeilichen Zugriff versteckt hatte, konnten auch seine Feinde und Verächter nicht ohne Weiteres annehmen.

Tatsächlich hörte man gegen Mittag, dass die Nazis vom Osten der Stadt her, sich im geschlossenen Zuge dem Stadtinnern näherten. Es verbreitete sich mit Windeseile die Nachricht, dass sie an der Ludwigsbrücke die Landespolizei hätten entwaffnen können und dass die ihnen entgegentretende Landespolizei beschossen, geschlagen und bespuckt worden war. Der sogenannte Propagandazug ist von so vielen beschrieben worden, dass

[910] Zur Ermordung Kahrs am 30.06.1934, und die Reaktion Gürtners Vgl.: Anmerkung 610. Vgl.: MAX GALLO, Der schwarze Freitag der SA. Der Röhm-Putsch, München 1981, S. 237. Die Darstellung Gallos ist allerdings sehr journalistisch gehalten und in einzelnen Bewertungen, z.B. des Verhaltens von Kahr 1923, problematisch.

[911] Vgl.: EBERHARD JÄCKEL, Hitler. Sämtliche Aufzeichnungen,Stuttgart 1980, S. 1055.

[912] ERNST "PUTZI" HANFSTAENGL (11.02.1887-06.11.1975), Hitlers Freund, Leiter des Auslandspresseamtes der NSDAP, Teilnehmer am Hitlerputsch. Hitler floh 1923 in Hanfstaengls Haus in Uffing am Staffelsee, 1937 Flucht Hanfstängls nach England, danach Berater der amerikanischen Regierung. Vgl.: WISTRICH, Wer war wer im Dritten Reich, München 1983, S. 109f. Vgl.: ERNST HANFSTAENGL, Zwischen Weißem und Braunem Haus, München 1970.

ich mir seine Beschreibung versagen kann. Er kam bis zur Feldherrnhalle, wo es neuerdings zu einem Kampf mit Landespolizei und Reichswehr kam. Die Landespolizei und die Reichswehr schossen scharf, als aus dem mit Gewehren und Maschinengewehren bewaffneten Zug Schüsse fielen. Die Nazis bestritten natürlich hinterher, geschossen zu haben, doch ist das Gegenteil von vielen Zeugen einwandfrei erwiesen. Bei diesem Kampf wurden 4 Beamte der Landespolizei tödlich verletzt, 14 Hitlerleute erschossen und 16 verwundet[913]. Für die erschossenen und verwundeten Hochverräter veranstalten die Nazis jedes Jahr bombastische Gedenkfeiern. Sie haben diesen sogenannten "Blutzeugen der Bewegung" ein großes Mausoleum an einem der schönsten öffentlichen Plätze Münchens errichtet, während sie die Offiziere der Reichswehr, die den Befehl zum Schießen erteilt und die Mannschaften, die ihn ausgeführt haben, in ihrer niederträchtigen Methode der Verdrehung aller Tatsachen in ihr Gegenteil, noch heute als Schädlinge am öffentlichen Wohl und als Feinde am Deutschtum anschwärzen, obwohl diese Männer nichts anderes taten, als was ihnen ihre beschworene Pflicht vorschrieb.

Ludendorff und Hitler warfen sich, als die Schießerei an der Feldherrnhalle begann, zu Boden. Ein Arzt, Dr. Walter Schulz[914], brachte Hitler, der sich beim Hinwerfen das Schultergelenk luxiert hatte, vom Platze weg. Der Nationalheros kümmerte sich nicht mehr um das Schicksal seiner Leute, sobald die blauen Bohnen flogen. Um die Absperrungen der Landespolizei zu täuschen, drapierte sich der Naziarzt mit der Binde des Roten Kreuzes. Es gelang ihm, mit dem Auto der Stadt zu entfliehen und im Hause Hanfstaengl in Uffing Unterschlupf zu finden. Dort wurde der Heros von der bayrischen Polizei festgenommen. Außer ihm, Pöhner und Frick saßen am Ende dieses "historischen" Tages eine Reihe weiterer Unterführer in Haft, darunter Röhm und Kriebel. "Hauptmann Roth" wurde in "Schutzhaft" genommen. Ludendorff wurde auf dem Platze vor der Feldherrnhalle gefangen genommen und benahm sich gegenüber den ihn festnehmenden Offizieren der Landespolizei mit germanischer Frechheit. Er sagte zu einem Polizeiobersten, er kenne von heute an keinen deutschen Offizier mehr und werde nie wieder eine Offiziersuniform tragen. Einer Anzahl der Kumpane Schückelgrubers gelang das Ausreissen besser, als

[913] Vgl.: Otto Gritschneder, Bewährungsfrist für den Terroristen Adolf Hitler. Der Hitler-Putsch und die bayerische Justiz, München 1990, S. 24-31.

[914] Dr. Walter Schulz behandelte Hitlers ausgekugelte Schulter, die er sich beim Sturz zugezogen hatte. Ludendorff selbst hatte sich aufrecht seinem Schicksal ergeben und sich festnehmen lassen. Hitler wurde nicht am Ende dieses Tages, sondern erst zwei Tage später festgenommen. Vgl.: Ernst Deuerlein, Der Hitlerputsch. Bayerische Dokumente zum 9. November 1923, Stuttgart 1962, S. 356 f.

ihrem heroischen Chef. An erster Stelle ist hier Göring[915] zu erwähnen. Er, von dem zuerst die brutalen Befehle ausgegangen waren, auf die Landespolizei zu schießen, verschwand, gleich Adolf, sofort als es Ernst wurde, von der Bildfläche. In Garmisch, im bayrischen Oberland, direkt an der Landesgrenze, griff die bayrische Polizei diesen Nationalheros Nr. 2 auf und führte ihn dem Chef der Polizei, dem Bezirksoberamtmann von Merz,[916] vor. Herr von Merz, ein untadeliger Kriminalfachmann, der lange Jahre ausgezeichnete Dienste in der Münchener Polizeidirektion geleistet hatte, war im Begriff, ihn in das Garmischer Gefängnis einliefern zu lassen, als Göring ihn bat, mit Rücksicht auf seinen Gesundheitszustand in einem Hotel übernachten zu dürfen und sein Offiziers-Ehrenwort dafür verpfändete, dass er nicht entfliehen und sich zur Verfügung des Herrn von Merz halten würde. Herr von Merz war der naiven Ansicht, dass ein echter Nazi ein Versprechen und ein Offiziers-Ehrenwort halten werde. Wiewohl er über eine nicht geringe Lebenserfahrung verfügte, war er doch nicht gewärtig, aus welchem niedrigen Verbrechergesindel sich die Häupter der Hitler-Bewegung rekrutierten. Er erlaubte also Göring, im Hotel zu übernachten. Am nächsten Morgen war Göring spurlos verschwunden. Es stellte sich heraus, dass er die Grenze überschritten hatte. Er hielt sich jahrelang als Emigrant in Italien auf und kehrte erst nach vollständiger Amnestierung der Hochverrätereien von 1923 nach Deutschland zurück, um dort seine Verbrechertätigkeit neu aufzunehmen und sie mit der Brandstiftung im deutschen Reichstag vom Februar 1933 auf einen vorläufigen Höhepunkt zu bringen[917]. Dass er Unschuldige der Begehung des von ihm verübten Kapitalverbrechens bezichtigte und seine eigene, offenkundige Täterschaft an diesem Verbrechen als beeidigter Zeuge ableugnen konnte, war nur möglich, weil die deutsche Justiz in jenem Zeitpunkt auch den äußeren Schein der Unabhängigkeit bereits restlos eingebüßt hatte.

92. *Rechtsanwalt Frank*

Unter den übrigen Ausreißern war Frank II, damals noch ein junger Referendar, nach seiner Rückkehr von der Emigration Rechtsanwalt in

[915] Vgl.: STEFAN MARTENS, Hermann Göring. "Erster Paladin des Führers" und "Zweiter Mann im Reich", Paderborn 1985, S. 16 f.

[916] FREIHERR CARL VON MERZ, Bezirksoberamtmann, Chef der Polizei in Garmisch. Er war Chef des Erkennungsdienstes in München. Vgl.: JOSEF FALTER, Chronik des Polizeipräsidiums München, 2. Aufl. München 1995, S. 47.

[917] PHILIPP LOEWENFELD wiederholt hier die von den Kommunisten vertretene These vom Reichstagsbrand, Vgl.: Anmerkung 322.

München und als solcher Hitlers Vertreter in vielen Prozessen, nach der "Machtergreifung" zuerst bayrischer Justizminister, dann Präsident der "Akademie für deutsches Recht" und Reichsminister ohne Portefeuile, schließlich Generalgouverneur von Polen[918]. Sohn eines Münchener Rechtsanwaltes, der wegen Unterschlagung von Klientengeldern ehrengerichtlich aus dem Anwaltstande ausgeschlossen war, war und ist er eine der übelsten Blüten Hitler'scher "Kultur". Bar auch des geringsten Maßes von Sachlichkeit oder Anstand, ein Demagoge alleruntersten Niveaus, skrupellos bis zum Äußersten in seiner Gesinnung und Handlungsweise, schäbig, ordinär, lügenhaft und schamlos, wie wohl nur selten ein menschliches Wesen gewesen sein mag, war er einer der erklärten Schädlinge der deutschen Anwaltschaft und des Rechtsgedankens in der deutschen Republik. Er fasste Zivil- und Strafprozesse niemals als eine Rechtsangelegenheit, sondern stets nur als eine Agitationsangelegenheit auf. Wenn irgend etwas größer als seine Unanständigkeit war, so war es höchstens seine Unwissenheit. Ich habe es selbst miterlebt, wie er stundenlang gegen mich in einer Sache zum Fenster hinausplädierte, in der man alles Nötige in 2 Minuten hätte sagen können. Da er damals bereits dem deutschen Reichstag angehörte, hörte ihm das Gericht zunächst ruhig, dann ungeduldig und schließlich wütend zu. Endlich konnte sich der vorsitzende Richter nicht mehr halten und sagte: "Herr Rechtsanwalt, wenn Sie sich vor diesem Termin die Mühe genommen hätten, eine Minute in das Gesetz hineinzuschauen, dann hätten Sie sich und uns Ihre viel zu langen Ausführungen wirklich ersparen können". Erst darauf brach Frank, selbstverständlich "unter Protest", seine Ausführungen ab. Nach 10 Minuten war die von ihm vertretene Berufung zurückgewiesen. Ein anderer hoher bayrischer Richter äußerte zu mir nach Beendigung eines Strafprozesses, in dem Frank den Gegner des von mir vertretenen Klienten vertrat, es sei eine Schande, dass man diesem Menschen zuhören müsse, ohne die Macht zu haben, ihn aus dem Sitzungssaale hinauszuwerfen. Der gleiche Richter hat allerdings nach

[918] Dr. Hans Frank (23.05.1900-16.10.1946), NSDAP, bayrischer Justizminister (1933), 1919 Mitglied eines Freikorps und der DAP, 1919-1924 Jurastudium, 1923 SA, Teilnahme am Hitlerputsch, seit 1927 Rechtsanwalt in München, 1933 Präsident der Akademie für Deutsches Recht, seit 1939 Generalgouverneur für das Generalgouverment Polen, 1946 in Nürnberg hingerichtet. Vgl.: NDB 5, S. 341. Vgl.: Christoph Klessmann, Hans Frank - Parteijurist und Generalgouverneur in Polen, in: Ronald Smelser/Rainer Zitelmann (Hrsg.), Die braune Elite. 22 biographische Skizzen, Darmstadt 1989, S. 41-51. Vgl.: Dietmar Willomeit, Deutsche Rechtsgeschichte und "nationalsozialistische Weltanschauung: das Beispiel Hans Frank, in Rechtsgeschichte im Nationalsozialismus, hrsg. v. Michael Stolleis und Dieter Simon, Tübingen 1989, S. 25-42. Ferner: Christian Schudnagies, Hans Frank. Aufstieg und Fall des NS-Juristen und Generalgouverneurs, München 1989 (Rechtshistorische Reihe 67).

dem "Umbruch" "nationalsozialistische Schulungskurse" für Juristen organisiert und unter "seinem" Justizminister Frank wacker weiter gewirkt. Zu Franks Methoden gehörte es, im Sitzungssaale der Gerichte Terror durch die Ankündigung zu verbreiten, wie man die von ihm bekämpften Leute im Dritten Reich behandeln werde, und alle Organe der gesetzlichen Regierung in ordinärer Weise zu beschimpfen. Als im Jahre 1930 erstmals eine Reihe von Reichswehroffizieren wegen hochverräterischer nationalsozialistischer Umtriebe von dem Reichsgericht zu Leipzig zu Freiheitsstrafen verurteilt wurden, war es sozusagen selbstverständlich, dass diese Hochverräter von Frank II. verteidigt wurden[919]. In diesem Prozess wurde der amtierende Staatssekretär im Reichsministerium des Innern Dr. Zweigert[920] als Zeuge darüber vernommen, was der Obersten Reichspolizeibehörde von diesen Umtrieben bekannt geworden war. Frank beschimpfte diesen hohen Beamten in öffentlicher Verhandlung als "bezahlten Vertreter eines absterbenden Systems" und zog sich hierfür nur eine äußerst milde Zurückweisung des präsidierenden Richters zu. Mit Vorliebe sprach er in Plädoyers davon, wie seine Leute nach ihrer Machtergreifung "Köpfe rollen lassen", das heißt, scheinlegal morden würden. Eines Tages brachte ich in einer Sache, in der er Schückelgruber vertrat, einen Beweisantrag ein, der seinen Zorn erregte. Als er nach diesem Beweisantrag zu Wort kam, sagte er, auch ich gehörte zu den "Vertretern des absterbenden Systems" und er könne "für die Sicherheit meines Kopfes im Dritten Reich zu seinem Bedauern keinerlei Gewähr übernehmen". Ich wartete einen Moment, ob der vorsitzende Richter ihn zurechtweisen werde. Als dies nicht geschah, sagte ich: „Herr Präsident, hier hat schon wieder einer von Köpfen gesprochen. Sollte hier wieder einmal einer von Köpfen sprechen, dann wollen Sie ihm, bitte, sagen, dass ich meinen Kopf für Deutschland schon zu einer Zeit hingehalten habe, zu der gewisse Rotzbuben, die sich heute deutsche Anwälte schimpfen, noch in ihre kurzen Hosen gemacht haben"[921]. Bei diesen meinen Worten erhoben sich viele Leute im Zuhörerraum und klatschten mir, unter Verletzung der zulässigen Gebräuche im Gericht, stürmisch Beifall, sodass der Vorsitzende drohen musste, den Zuhörerraum zu räumen, wenn noch die geringste Beifalls- oder Missfallenskundgebung vorkomme. Der Vorsitzende entschuldigte zunächst sein

[919] Vgl.: PETER BUCHER, Der Reichswehrprozeß. Der Hochverrat der Ulmer Reichswehroffiziere 1929/30, Boppard 1967.

[920] DR. ERICH ZWEIGERT, Staatssekretär im Reichsministerium des Innern. Vgl.: PETER BUCHER, Der Reichswehrprozeß, Der Hochverrat der Ulmer Reichswehroffiziere 1929/30, Boppard 1967, S. 84 und 284 ff.

[921] Die legale Bartholomäusnacht. Prozeß Hitler gegen die Münchener Post, in: Münchener Post 02./03.04.1932 sowie 06.04.1932, S. 4.

Nichteingreifen, indem er sagte, er habe die Äußerung Franks "nicht gehört". Er fuhr dann fort: "Herr Rechtsanwalt Loewenfeld, ich nehme an, dass Sie mit dem Ausdruck "Rotzbube" keinen Anwesenden gemeint haben". Ich erwiderte: "Herr Präsident, Sie haben meinen Gedankengang haarscharf erraten". Darauf lachten die Leute im Zuhörerraum, trotz des richterlichen Verbotes, wieder laut, und der Vorsitzende musste schließlich selbst mitlachen. Der "Held" Frank saß aber während dieser verdienten Abfuhr wie ein geprügelter Schulbube auf seinem Platz und wagte kein Wort der Erwiderung mehr. Am nächsten Tag brachten die Münchener Zeitungen mit großen Schlagzeilen Berichte über diesen Vorfall, aber auch hierauf tat Frank nichts mehr und steckte die ihm erteilte Züchtigung ein.

93. *Röhms Flucht zum Reichsbanner*

Wie es mit der Wahrheitsliebe Franks bestellt war, kann ich durch ein kleines Erlebnis am besten schildern:

Im April 1932 flüchtete der S.A. Führer, Hauptmann Röhm, zu der Zentrale des republikanisch eingestellten Reichsbanners Schwarz-Rot-Gold und berichtete dort, der Stab Hitlers habe auf ihn und seinen außenpolitischen Mitarbeiter, einen gewissen Georg Bell[922], ein Mordattentat organisiert. Er nannte die Namen der Leute, die zur Ausführung der Mordtat bestimmt worden waren, die Belohnungen, die man diesen Leuten versprochen habe und eine erdrückende Fülle von sonstigen Einzelheiten, die man kaum erfinden konnte. Dass er diese Eröffnungen bei einer den Nazis völlig feindlich gesinnten Organisation machte, zeigte seine Todesangst und seinen offensichtlichen Wunsch, auf diese Weise die Verfolgung der designierten Mörder einzuleiten. Die an die Reichsbannerleitung gerichteten Mitteilungen Röhms wurden an einen im Dienste dieser Leitung arbeitenden ehemaligen Generalstabsoffizier gemacht, den Röhm aus seiner aktiven Militärzeit persönlich kannte. Röhms Zweck wurde durch die Mitteilungen voll erreicht. Die Reichsbannerleitung ließ gegen die gedungenen Meuchelmörder und ihre Hintermänner sofort Strafanzeige erstatten, von dem Gedanken ausgehend, dass politischer Meuchelmord in einem geordneten Staatswesen auch dann nicht geduldet werden könne, wenn er an Nazis verübt werden würde. Eine Reihe der Mordgesellen wurde tat-

[922] Georg Bell (27.07.1898-03.04.1933), Nachrichtenmann der SA, in Österreich von der SS ermordet. Vgl.: Heinz Höhne, Der Orden unter dem Totenkopf. Die Geschichte der SS, Gütersloh 1967, S. 71 ff. Vgl.: Hans-Günther Richardi/Klaus Schumann, Geheimakte Gerlich/Bell. Röhms Pläne für ein Reich ohne Hitler, München 1993.

sächlich verhaftet und kurze Zeit darauf vom Münchener Gericht, wegen Verabredung zum Mord, zu Gefängnisstrafen verurteilt. Kurz nach diesem Strafurteil ließ sich Schückelgruber persönlich mit einem der zu Gefängnisstrafe verurteilten Mordbuben, mit dessen Frau und dessen Hund im Hofe des Braunen Hauses photographieren und ließ dieses Bild in dem in einer Auflage von Hunderttausenden von Exemplaren verbreiteten "Illustrierten Beobachter", der Bildbeilage des "Völkischen Beobachters", wiedergeben[923]. Die "Münchener Post", die die Zeiten, zu der sie mich bekämpft hatte, längst vergessen hatte und die ich nun häufig zu vertreten hatte, brachte über diese offene Solidaritätskundgebung Schückelgrubers mit einem abgestraften Mordgesellen einen längeren Artikel[924], in dem sie auf Grund der von Röhm an die Reichsbannerleitung erteilten Information die Gründe des Mordattentates und die Art seiner Organisation im Einzelnen darstellte. Sie nannte dabei eine Anzahl von Mitgliedern des engsten Hitlerstabes als die Anstifter zum Mord und legte dar, dass außer Röhm eine Reihe seiner Mitarbeiter mitermordet werden sollten, darunter sein außenpolitischer Mitarbeiter Georg Bell, seine Adjutanten Graf von Spreti und du Moulin-Eckardt, sein Ordonnanzoffizier Oberleutnant Reiner[925]. Sie sagte, der offensichtliche Grund für dieses Mordattentat sei, dass dem Hitlerkreis die Machtaspirationen Röhms und seines Kreises innerhalb der Nazipartei lästig geworden seien und dass außerdem der ganze Röhm-Kreis aus Homosexuellen bestehe, was ein wesentlicher Teil der Umgebung Hitlers als einen Schaden für die Nazipartei ansehe. Bei diesen Ausführungen passierte der "Münchener Post" das Pech, dass sie als Teilnehmer der gegen Röhm und Genossen gerichteten Mordverschwörung auch ein Mitglied des Hitlerstabes nannte, das offenbar mit *diesem* Mordattentat nichts zu tun hatte. Es war dies der frühere Oberleutnant Schulz[926], der von

[923] VÖLKISCHER BEOBACHTER (Illustrierter Beobachter): Das Photo Hitlers konnte nicht gefunden werden.

[924] Vgl.: Anmerkung 921.

[925] GEORG BELL (27.07.1898-03.04.1933), Nachrichtenmann der SA, HANS ERWIN GRAF VON SPRETI-WEILBACH, SA-Führer, Adjutant von Röhm, während des sogenannten Röhmputsches auf Anordnung Hitlers ermordet. GRAF DU MOULIN-ECKART, SA-Führer, Vertrauter von Georg Bell, ROLF REINER, Kabinettschef Röhms, SS-Gruppenführer. Vgl.: HEINZ HÖHNE, Der Orden unter dem Totenkopf. Die Geschichte der SS, Gütersloh 1967, S. 71 ff. Vgl.: HANS-GÜNTHER RICHARDI/KLAUS SCHUMANN, Geheimakte Gerlich/Bell. Röhms Pläne für ein Reich ohne Hitler, München 1993.

[926] PAUL SCHULZ (05.02.1899-1967), Oberleutnant, Fememörder. Schulz kam innerhalb der NSDAP in Konflikt mit anderen Parteimitgliedern, da er der Strasser-Gruppe angehörte, und verließ Deutschland am 20.07.1934. Vgl.: "Feme-Schulz verklagt die Münchener Post",in: Münchener Post 25./26.06.1932, S. 7. Vgl.: Institut für Zeitgeschichte, ED 438/1, 438/2, 438/3. Vgl.: PAUL ALEXANDER SCHULZ, Rettungen und Hilfeleistungen an Verfolgte 1933-1945 durch Oberleutnant a.D. Paul Schulz, Laichingen 1967.

deutschen Gerichten wegen Fememordes vierfach rechtskräftig zum Tode verurteilt, sodann begnadigt und schließlich amnestiert worden war. Dass sich der Hitlerstab die Mitarbeit eines solchen Experten für Meuchelmord nicht entgehen lassen durfte, lag auf der Hand. Schulz war so, auf Grund seiner Karriere als Mörder, sofort nach seiner Freilassung zu einem einflussreichen Mitglied des engsten Hitlerstabes avanciert. Mit dem Mordattentat auf Röhm hatte er aber anscheinend wirklich nichts zu tun, dieses gehörte vielmehr zur "Zuständigkeit" anderer Größen des Hitlerstabes. Der von Frank beratene Hitlerstab reagierte nun auf den Artikel in der "Münchener Post" in höchst charakteristischer Weise. Keiner von den Mordgesellen, die als Täter genannt waren, wendete sich an das Gericht oder bestritt die Richtigkeit der Beschuldigung. Nur der versehentlich genannte Schulz erhob Anklage wegen "Beleidigung". Offenbar hoffte Frank, es mit diesem Gaunertrick zu erreichen, dass ein Strafurteil gegen die "Münchener Post" erlassen werde, in dem gesagt war, sie habe ihre Vorwürfe gegen Schulz zu Unrecht erhoben. Mit diesem Strafurteil sollte dann die öffentliche Meinung dahin getäuscht werden, dass an den ganzen Beschuldigungen der "Münchener Post" nichts gewesen sei. Als Vertreter der Münchener Post" in diesem Prozess hatte ich nun dafür zu sorgen, dass dieses Vorhaben misslinge. Ich musste also bestrebt sein, sowohl Röhm wie die Übrigen praesumtiven Opfer des Mordattentates als Zeugen vor Gericht zu bringen, um unter dem Druck des Eides zu erfahren, was sie selbst über das gegen sie angezettelte Mordattentat wussten. Alle diese Zeugen wurden rechtzeitig und gültig vom Gericht zu der Verhandlung geladen. Es erschien jedoch nur ein Einziger, nämlich Georg Bell, der inzwischen aus Ekel über das Mordattentat und auch weil ihm mittlerweile die ewigen homosexuellen Attacken seines Chefs Röhm lästig wurden, aus der Nazipartei ausgetreten war. Röhm, Spreti, du Moulin-Eckardt und Reiner fehlten jedoch, jeder mit einer anderen "Begründung". Die Entschuldigung Röhms brachte Frank vor. Er erklärte, Röhm befinde sich auf dem nazistischen Parteitag zu Wien und sei dort "nach dem Willen des Führers" unabkömmlich. Nach seiner Auffassung bilde diese "Anordnung des Führers" eine hinlängliche Entschuldigung Röhms. Ich erwiderte, das Gericht werde durch Bestrafung Röhms für sein Nichterscheinen und die Art ihrer Begründung die offene Verhöhnung der Staatsautorität zurückzuweisen haben, die ein Angehöriger des Anwaltsstandes soeben dadurch begangen habe, dass er den Willen des wegen Landfriedensbruchs und Hochverrats vorbestraften Schriftstellers Adolf Hitler als genügend erklärt habe, um eine gültige Vorladung eines Zeugen vor Gericht außer Kraft zu setzen. Ich sei jedoch außerdem in der Lage, den Beweis der vorsätzlichen Unwahrheit der soeben gehörten Entschuldigung zu führen. Dafür, dass Rechtsanwalt

Frank das Gericht belogen habe, träte ich Beweis an durch Rechtsanwalt Frank als Zeugen. Ich bäte um seine eidliche Vernehmung zu dem folgenden Beweisthema. Erstens: Rechtsanwalt Frank und Röhm hätten sich am vorhergehenden Tage beide als Redner auf dem Nazi-Parteitag in Wien befunden, zweitens: Frank sei von Wien abends 11.10 mit dem fahrplanmäßigen Schnellzug nach München gereist, um heute hier in dieser Sache plädieren zu können. Drittens: Röhm sei mit dem gleichen Zuge von Wien weggefahren. Er habe das neben dem Schlafwagenabteil Franks gelegene Schlafwagenabteil benutzt. Viertens: Röhm habe, gleich den übrigen nichterschienenen Zeugen den Befehl Hitlers erhalten, keinesfalls zu dem Termin zu erscheinen. Er sei von Hitler angewiesen gewesen, auf oesterreichischem Boden, in Salzburg auszusteigen und in der Wohnung seiner dort wohnhaften Schwester die weiteren Dispositionen Hitlers abzuwarten. Fünftens: in diese Wohnung habe Hitler dem Röhm während einer Verhandlungspause, die vor ungefähr einer Stunde stattgefunden habe, vom Braunen Haus aus telefoniert. Weil mehrere Zeugen aussagten, dass er tatsächlich zur Reichsbannerleitung geflohen sei – was Hitler offenbar vorher nicht glauben wollte – habe Hitler Röhm am Telefon auf das Allerschwerste beschimpft und ihn wiederholt angewiesen, keinesfalls in der Verhandlung zu erscheinen. Die Behauptung des Rechtsanwalts Frank, dass Röhm sich in Wien befinde und dort "unabkömmlich" sei, sei eine vorsätzliche Irreführung des Gerichtes durch einen Rechtsanwalt. In Wirklichkeit handle es sich um eine beabsichtigte Vereitelung der Beweisführung in diesem Prozess. Während ich diesen Beweisantrag stellte, sah ich mir den Lügner Frank fortwährend an und es konnte mir nicht entgehen, wie sich Entsetzen und Wut gleichermaßen in seinen Zügen spiegelten. Dass die von mir vorgetragenen Tatsachen wahr waren, darüber konnte keinerlei Zweifel sein. Die Frage war für ihn offenbar nur, wie ich zu jener Kenntnis der Wahrheit gelangt war. Um den Schlüssel des Rätsels zu finden, dafür reichte die Intelligenz des Lügners nicht aus. Der Zusammenhang war höchst einfach: in der Telefonzentrale des Braunen Hauses saß ein Mann, der mit der "Münchener Post" sympathisierte und der ihr aus diesem Grunde Mitteilungen über die jeweiligen größten Niederträchtigkeiten zukommen ließ, die sich in jenem Hause abspielten. So waren wir 30 Minuten nach dem Telefongespräch Schückelgrubers mit Röhm bereits über den ganzen Sachverhalt unterrichtet. Dass Röhm in dem gleichen Schlafwagen wie Frank gefahren war, wussten wir aus seinem Munde, denn er hatte am Telefon zu Adolf gesagt, es könne leicht sein, dass die Entschuldigung Franks nicht geglaubt werde, es könnten ihn doch Leute gesehen haben, wie er in das Abteil neben Frank gestiegen sei. Die Nutzanwendung, dass man eine Verständigung über die dümmsten Lügen nicht über eine große Telefonzentrale machen soll, hatten die beiden Heroen nicht gezogen. Am Ende meiner Ausführungen war Frank noch nicht so weit, dass er sich eine zugkräftige, neue Lüge erfunden hätte. Er erhob sich nur, sehr blass, und sagte in einem viel weniger lauten und provozierenden Ton, als man ihn sonst an ihm kannte, Herr Rechtsanwalt Loewenfeld werde wohl vergeblich versuchen, auf dem "Umweg" der Benennung seiner Person als Zeuge, irgendwelche Vorgänge zu erfahren, die, wenn sie wirklich stattgefunden hätten, unter sein Berufsgeheimnis fallen würden. Die gewundene Erklärung erregte Heiterkeit im Zuhörerraum, weil damit die Lügenhaftigkeit der vorgebrachten "Entschuldigung" nicht mehr ernstlich in Abrede gestellt wurde. Dies war offenbar auch die Meinung des Vorsitzenden, der mich mit vielsagendem Lächeln fragte, ob ich nach dieser Erklärung des Herrn Rechtsanwalt Frank meinen Antrag, ihn als Zeugen zu hören, noch aufrecht erhielte. Als ich verneinte, sagte der Vorsitzende nur: "Danke sehr, wir wissen ja nun auch so genug". Er verurteilte Röhm in der Sitzung wegen seines Ausbleibens zu 1000 Mark Strafe, mit der kurzen Begründung, dass er rechtzeitig und gültig geladen und ohne genügende Entschuldigung nicht erschienen sei. Eine der üblichen Prozesslügen Franks war also erkannt worden und erfolglos geblieben.

Den Leser mag in diesem Zusammenhang immerhin auch das sachliche Ergebnis dieses Prozesses interessieren. Er möge deshalb die mit dieser Erzählung begangene Abschweifung verzeihen. Der als Zeuge vernommene frühere Generalstabsoffizier schilderte die Flucht Röhms zum Reichsbanner in allen Einzelheiten. Durch die eidliche Vernehmung des Georg Bell wurde festgestellt, dass die Befürchtungen Röhms wegen des Mordattentates nicht unbegründet waren. Bell erzählte, dass ihm in München auf der Straße der bei dem Hitlerstab angestellte frühere Leutnant Schweighart[927] begegnete sei, der in der ganzen bayrischen Öffentlichkeit als der Mörder meines Freundes Karl Gareis bekannt war, ohne dass diese Kenntnis bis zu der bayrischen Untersuchungsbehörde hätte dringen können. Bell sagte, Schweighart habe ihn angesprochen und sich sehr freundlich nach seinem Befinden erkundigt. Er habe darauf unvermittelt erwidert: "Weißt Du schon, dass Röhm und ich umgebracht werden sollen"? Schweighart habe zuerst etwas überrascht geschaut und sodann gesagt: "Nun, wenn Du es schon weißt, es ist so. Ich bin gerade mit Deinem Mörder verabredet, wenn Du ihn kennen lernen willst, kann ich Dich mitneh-

[927] HANS SCHWEIGHART (17.07.1894-01.07.1934), Leutnant, Fememörder von Maria Sandmayr und Mörder von Karl Gareis. Vgl.: Anmerkung 695. Vgl.: Hitlers Stabschef Röhm sucht Zuflucht beim Reichsbannerführer Major Mayr, in: Münchener Post 04.10.1932, S. 1-6, hier S. 2.

men". Bell nahm diese Offerte an. Sie gingen in ein nahegelegenes Kaffeehaus, wo Schweighart dem zu Ermordenden "seinen" Mörder vorstellte. Die drei hielten dann ein freundliches Gespräch am Kaffeehaustisch, worauf sich Bell wieder verabschiedete. Als Bell dieses wahrhaft nationalsozialistische Kulturbild wiedergab, warf der Vorsitzende ein, ob er denn nicht für sein Leben gefürchtet habe, wenn er mitgehe. Bell erwiderte mit einem Achselzucken: "Ich weiß, dass ich umgebracht werde, ob das ein wenig früher oder später ist, ist schließlich egal. Ich war zu lange Feldsoldat, als dass ich mich vor dem Sterben fürchten würde". Nach der Vernehmung des Bell wurden die Leute als Zeugen gehört, die ihn umbringen sollten. Sie konnten sich "an nichts erinnern". Im Kreuzverhör war ihre stereotype Antwort lediglich, "ich weiß nichts mehr". Auch als der Vorsitzende mit Verhaftung im Sitzungssaal drohte, blieben sie bei dieser Methode. Immerhin konnte ich schließlich einem der Burschen das Geständnis herausholen, dass er bei dem Hitlerstab schriftlich angefragt habe, ob man sein Geld im Voraus bekomme oder erst, wenn die Todesanzeigen des Röhm und des Bell in der Zeitung stünden. Dieser Brief lag nämlich bei den Akten wegen Verabredung zum Mord, die der Gerichtsvorsitzende in dieser Sache beigezogen hatte, sodass das Original des Briefes meiner Einsicht zugänglich war. Der unverschämte Verbrecher versuchte zuerst zu sagen, er könne nicht angeben, ob dies seine Schrift sei. Als der Vorsitzende aber darauf seine Festnahme im Sitzungssaal ankündigte, wurde er weich und gab zu, dass dieser Brief von ihm geschrieben sei. So war also der Nachweis, dass sich die Hitlerleute schon damals Röhms und seiner Umgebung durch Meuchelmord entledigen wollten, klar geführt. Der angeklagte Redakteur der "Münchener Post" erhielt lediglich eine geringe Geldstrafe, weil er versehentlich den nichtbeteiligten Schulz genannt hatte. Am Tage nach dem Prozess aber gab Röhm in Hitlers "Völkischem Beobachter" eine öffentliche Erklärung ab, in der er die Behauptung, er sei zum Reichsbanner geflohen und es habe ein Mordattentat auf ihn bestanden, als "marxistisch-jüdische Erfindung" bezeichnete. Direkt unter dieser Erklärung gab Adolf Schückelgruber die Erklärung ab, das er "mit Röhm stehe und falle"[928]. Ich erwiderte am nächsten Tage in der "Münchener Post", unter der

[928] Völkischer Beobachter: Nr. 280 (06.10.1932), Reichsausgabe, S. 1, "Röhm gegen die Entstellung des Reichsbannerführers Karl Mayr. Eine eidesstattliche Erklärung". Erklärung Hitlers: Den Ausdruck "Er stehe und falle mit Röhm" soll Hitler gegenüber J.F. Lehmann gebraucht haben, der Hitler ein Gutachten des Psychiaters Prof. Oswald Bumke vorgelegt hat, worin sich dieser gegen die Homosexualität aussprach. Vgl.: OSWALD BUMKE, Erinnerungen und Betrachtungen. Der Weg eines deutschen Psychiaters, München 1952, S. 163-166.

Überschrift: "Adolf macht Steh- und Fallübungen"[929]. In diesem Artikel sagte ich: durch den Englischen Garten in München fließe ein Bach, der jährlich im Herbst gereinigt werde. Bei der Auskehr dieses Baches entstehe ein solcher Gestank, dass die Einwohner in der Nachbarschaft temporär wegzögen. Doch die Gerüche, die bei solchem Anlass hochgingen, seien noch Düfte aus den Gärten der Semiramis, verglichen mit dem Gestank, den die Beziehung des Adolf Hitler und des Ernst Röhm verbreite. Röhm habe nicht den Mut gehabt, als Zeuge zu erscheinen, weil er hätte beschwören müssen, dass Adolf ein Mordattentat auf ihn organisiert habe. Dagegen habe er den Mut, die Leute, die seine Ermordung verhindert hätten, in niederträchtiger und lügnerischer Weise zu beschimpfen, in der offenbaren Meinung, dass er sich damit ein längeres Leben sichern könne. So habe er nicht nur Tatsachen bestritten, die durch einwandfreie Zeugen schon erwiesen seien, sondern insbesondere auch feige abgeleugnet, dass er beim Reichsbanner um sein Leben gewinselt habe. Röhm habe aber wiederum Pech gehabt. Der ehemalige Generalstabsoffizier, mit dem er gesprochen habe, habe Röhms Worte von einer hinter einem Vorhang sitzenden Person stenographisch aufnehmen lassen. Diese Person sei ein lebendiger Zeuge der erbärmlichen Niedertracht und Verlogenheit von Röhms Ableugnungen. Ich forderte ihn auf, mich zu verklagen, damit er mich in die Lage setze, diesen Zeugenbeweis vor Gericht zu führen. Was aber, so fuhr ich fort, kann in aller Welt Hitler veranlassen, sich nunmehr wieder mit scheinheiligen Erklärungen mit dem Mann solidarisch zu erklären, der soeben nachweislich von seinen eigenen Leuten umgebracht werden sollte. Wie müssen die Geheimnisse stinken, die diese beiden Edlen auf solche Weise zusammenschweißen! Weder Röhm noch Hitler – die sonst mit Klagestellung gleich bei der Hand waren – erwiderten oder taten irgend etwas auf diesen Artikel. Dass Röhm schließlich am 30. Juni 1934 von Hitler ermordet wurde, ist allgemein bekannt. Aber auch Bell wurde von den Hitlerleuten umgebracht und zwar gleich nach Ausbruch des Dritten Reiches[930].

[929] Vgl.: Anonym, Die Lügen des Herrn Stabschefs. Röhm-Auskehr, in: Münchener Post 15./16.10.1932, S. 1. Vgl.: ALBRECHT SCHWARZ, Die Zeit von 1918-1933, in: MAX SPINDLER, Bayerische Geschichte im 19. und 20. Jahrhundert, Bd. 1, München 1978, S. 476.

[930] Ermordung Georg Bells am 03.04.1933 in Österreich. Vgl.: HEINZ HÖHNE, Der Orden unter dem Totenkopf. Die Geschichte der SS, Gütersloh 1967 S. 93 f. Vgl.: HANS-GÜNTHER RICHARDI/KLAUS SCHUMANN, Geheimakte Gerlich/Bell. Röhms Pläne für ein Reich ohne Hitler, München 1993, S. 129-146.

94. *Ermordung Bells 1933*

Schon viele Monate bevor Schückelgruber zur Macht kam, gab Bell vor einem Notar der bayrischen Stadt Rosenheim eine eidesstattliche Versicherung ab, in der er in allen Einzelheiten schilderte, was er über seine künftige Ermordung erfahren hatte. Es war in diesem Affidavit unter anderem gesagt, dass die Mörder versuchen würden, ihn in einem bestimmten Haus an der oesterreichischen Grenze zu überfallen, die Wachhunde dieses Hauses zu vergiften, die Telefondrähte abzuschneiden. Dieses Affidavit ließ Bell durch einen Mittelsmann auf meinem Büro deponieren. Nach der Machtergreifung Schückelgrubers, am 20. März 1933, fuhr ich in einer Rechtssache von der Schweiz über Wien nach Warschau. Als ich auf demselben Weg in die Schweiz zurückkehrte, stieg zufällig Bell in Innsbruck in mein Coupé ein. Er erzählte mir, er sei über die oesterreichische Grenze gegangen, weil sofort nach der Machtergreifung Adolfs die Nazis eine Kopfprämie von 10000 Mark auf seine Ergreifung gesetzt hatten. Er sei deshalb auch in Tirol nicht sicher und übernachte jeden Tag an einem anderen Platz. Ich war in diesem Augenblick der Auffassung, dass es sich auf Seite Bells vielleicht um Übertreibungen handle, mittels deren er sich bei mir interessant machen wolle. Nichtsdestoweniger warnte ich ihn dringend, in die Nähe der bayrischen Grenze zu gehen und insbesondere in jenes Haus, in dem er, wie sein Affidavit besagte, ermordet werden sollte. Bell erwiderte mir, er könne leider meinem Rat nicht folgen, weil in dieser Gegend auf der bayrischen Seite seine Braut wohne, die er ab und zu sehen müsse. Ich brachte zum Ausdruck, dass ich diesen seinen Gesichtspunkt höchst lächerlich finde und dass er besser daran täte, seine Braut zu sich nach Oesterreich zu nehmen, statt in die Nähe der bayrischen Grenze zu gehen. Bell sagte schließlich, er werde meinen Rat "soweit als möglich" befolgen. Er hat ihn offenbar nicht befolgt. Ungefähr eine Woche später meldete die oesterreichische Presse, – die deutsche Presse durfte selbstverständlich kein Wort darüber schreiben – dass Bell in jenem Haus an der oesterreichischen Grenze ermordet aufgefunden worden sei. Die Telefondrähte waren durchschnitten, die Hunde vergiftet, genau wie es in Bells Affidavit vorausgesagt war. Nach dem Bericht von Zeugen war ein Auto aus der Richtung München vor dem Haus vorgefahren, nachdem es die oesterreichische Grenze durchfahren hatte, ohne am Zollhaus zu halten. Auf demselben Weg sei das Auto kurze Zeit darauf in sausender Fahrt nach Bayern zurückgekehrt, ohne von den Grenzzollbeamten aufgehalten zu werden.

Als Hitler, Göring und Frank am 9. November 1923 vor der bayrischen Polizei die Flucht ergriffen, und als ihre Kumpane reihenweise in die Untersuchungsgefängnisse eingeliefert wurden, hatte es einen Moment lang den Anschein, als ob ihrer Verbrechertätigkeit in Deutschland auf lange Sicht ein Ende gesetzt sei. Der siegreiche Hochverratskonkurrent Kahr stand nun als der Retter des Vaterlandes da. Seine Einbildung wuchs ins Ungemessene und er begann die Sprache eines kleinen Julius Caesar für den bayrischen Hausgebrauch zu sprechen. Noch im Lauf des 9. November erschienen Maueranschläge in München, in denen Kahr sagte:

> "In meiner Hand ruht die gesamte vollziehende Macht des bayrischen Staates, in welchem wir den Kern eines neuen ehrenvollen und gerechten deutschen Staatswesens aufrichten wollen. Auf meinem Haupt und auf meinem Herzen liegt die Verantwortung, nicht nur für mein bayrisches Heimatland, sondern auch für die großen deutschen Aufgaben dieser Stunde, eine schier übermenschliche Last. Ich bin vor Gott und dem deutschen Volke verantwortlich für jeden Schritt auf diesem schweren, mühevollen Weg. Ich muss mein Ziel verfolgen, auch wenn mein Weg durch Tragödien führt, wie sie die letzten Tage über mich verhängt haben...."[931]

Als ich vor einem solchen Plakat stand, sah ich neben mir einen der angesehensten Professoren der Geschichte an der Münchener Universität, einen alten Freund meines Vaters, stehen. Er begrüßte mich und sagte mit einem traurigen Kopfschütteln nur: "Es scheint, dass der Kleine völlig übergeschnappt ist".

Im Laufe desselben Nachmittags erschienen Verordnungen, in denen Kahr Standgerichte einsetzte, Verbote und Strafbestimmungen erließ[932].

95. *Ziele des Hitlerputsches*

In den nächsten Tagen wurde allmählich ein Teil der Heldentaten bekannt, die die Hitlerbanditen in den kurzen Stunden ihres Putsches geleistet hatten. Die Verbrecher hatten eingehende Pläne zur Besetzung der wesentlichsten bayrischen Städte, der Bahnlinien, Bahnhöfe, Telegraphenämter, Fernsprechämter, Funkstationen, Wasser-, Gas- und Elektrizitätswerke, Rathäuser, Polizeiämter, Lebensmittelämter und Druckereien entworfen. Sie hatten die Verhaftung aller kommunistischen Führer und Presseleute, aller sozialistischen Führer und Presseleute, aller Gewerkschaftsführer, aller Betriebsräte geregelt. Besonders genau war die Besetzung aller Münchener Zeitungen vorbereitet. Das Personal dieser Zeitungen sollte gezwungen werden, für die Nazis weiterzuarbeiten und es war gesagt, wer dies verweigere, sei "unnachsichtlich an die Wand zu stellen". Die "schlagartige" Verhaftung der wesentlichsten Beamten zu Beginn der Dienststunden war in allen Einzelheiten geregelt. Die Auflösung aller par-

[931] Vgl.: Münchner Neueste Nachrichten 307 (12.11.1923), S. 1.
[932] Vgl.: Münchner Neueste Nachrichten 305 (10.11.1923), S. 2.

lamentarischen Körperschaften in Reich und Ländern, sowie aller auf Wahlen beruhenden Vertretungskörper in Provinzen, Kreisen und Gemeinden war vorbereitet und die Teilnahme an einer dieser Körperschaften, ja sogar die Aufforderung zur Teilnahme, mit Todesstrafe bedroht. Beamte sollten durch die Regierung der Verbrecher nach Willkür entlassen werden können, ohne einen Rechtsanspruch zu haben. Die Vornahme irgend einer Amtshandlung seitens eines Entlassenen war mit Todesstrafe bedroht, ebenso die Ausführung oder Befolgung der Amtshandlung eines Entlassenen. Die Nazibanditen sollten Geld, Nahrungsmittel, Betriebsstoffe und Verkehrsmittel nach ihrem Belieben bei der Bevölkerung requirieren und zwangsweise beitreiben können. Die Pressefreiheit sollte abgeschafft sein, die Zeitungen und Druckereien geschlossen und ihre Einrichtungen beschlagnahmt werden können. Jede der nazistischen Staatsgewalt ungünstige Äußerung in jedweder Zeitung oder Druckschrift sollte nicht nur mit Strafe, sondern auch mit Enteignung des Verlages geahndet werden. Alle Parteien, politischen Vereine, Gewerkschaften und Arbeitgeberverbände sollten aufgelöst und ihre Vermögen beschlagnahmt werden. Auf Streik, Aufforderung oder Verleitung zum Streik sollte Todesstrafe angedroht werden. Das gesamte bewegliche und unbewegliche Vermögen der Juden sollte ohne Grundangabe der Beschlagnahme unterliegen. Der Versuch, eigenes Vermögen oder Teile davon sich zu retten, und die Hilfeleistung zu einem solchen Versuch sollten mit dem Tode bestraft werden. Bis auf Weiteres sollte allgemeine Verkehrssperre (Eisenbahn-, Luft-, Kraft-, Post-, Telegraphen-, Telefonverkehr), allgemeine Bankensperre, Börsensperre stattfinden. Dutzende von weiteren Androhungen der Todesstrafe waren in den Plänen der Verbrecher vorgesehen; man kann diese Pläne als eine wahre Todesorgie bezeichnen. Ein besonders niederträchtiger Plan war der, Personen, nach dem Ermessen der Banditen, in sogenannte Reichsacht oder Landesacht zu erklären. Der Geächtete sollte vogelfrei sein, jede Handlung an ihm und gegen ihn sollte erlaubt sein. Er sollte demgemäß von jedermann straflos gemordet, beraubt, gequält und erniedrigt werden können. Die Hilfeleistung für einen Geächteten sollte mit Todesstrafe bedroht sein. Vieles von dem, was die schmutzige Phantasie der Banditen damals ausgeheckt hatte, haben sie später, nach ihrer tatsächlichen Machtergreifung, verwirklicht. Bei dem Putsch vom November 1923 konnte nur ein bescheidenster Bruchteil des bestialischen Programms in die Tat umgesetzt werden, weil der völlige Zusammenbruch des Putsches zu rasch kam. Abgesehen von den bereits erwähnten Geiselverhaftungen, Schießereien, Plünderungen von Geschäfts- und Wohnräumen, Aufrufen zu Mord und Totschlag, hatten es die Banditen vor allem auf Geld abgesehen. Schückelgruber selbst gab den Befehl, in zwei Druckereien, die im öffentlichen

Auftrag Banknoten druckten, alles fertige Geld abholen zu lassen. Tatsächlich konnte diese Dieberei durchgeführt werden. Einen großen Teil dieses Geldes verteilten die Hitlerbanditen an die Soldaten, die sich ihnen angeschlossen hatten. 28000 Billionen Papiermark von diesem Gelde konnten gerettet und den Banditen polizeilich wieder abgenommen werden. Schückelgrubers Finanzsachverständiger, der Ingenieur Gottfried Feder[933], der der Autor der nazistischen Programmforderung der "Brechung der Zinsknechtschaft" war, erließ eine öffentliche Bekanntmachung, wonach alle Banken und Geldinstitute ihres privatrechtlichen und privatwirtschaftlichen Charakters entkleidet und unter Staatsaufsicht gestellt wurden und wonach jede Veränderung oder Verschiebung von Vermögensbeständen unter Strafe gestellt wurde. Wenige Stunden vor dieser Bekanntmachung erschien Feder bei seiner eigenen Bankverbindung, um sein Vermögen abzuheben. Dieser typisch nazistische Widerspruch zwischen großen Gesten und schoflen Handlungen erregte allgemeines Gelächter. Schließlich wäre noch zu erwähnen, dass die Banditen 4 amtierende bayrische Minister verhafteten, nämlich den Ministerpräsidenten von Knilling, den Innenminister Dr. Schweyer, den Landwirtschaftsminister Wutzlhofer[934] und sogar ihren Gönner, den Justizminister Franz Gürtner. Die 4 Minister wurden dann, unter dem Befehl des Rudolf Heß[935], der es später zum "Stellvertreter des Führers" und noch später zum Kriegsgefangenen in England brachte, mit dem niederträchtigsten Sadismus gequält. Schon als sie aus dem Saale weggeführt wurden, fielen Äußerungen, dass Schweyer und Wutzlhofer "heute Abend keine Suppe mehr fressen". Man fuhr sodann die Minister zu der im Isartal außerhalb der Stadt gelegenen Villa des alldeutschen Verlegers Lehmann[936] und behandelte sie dort als Gefangene. Unterwegs und in der Villa selbst wurden Andeutungen über eine eventuell an den Ministern zu verübende Rache gemacht. Nachdem die Einsperrung in der Villa eine Weile gedauert hatte, fuhren die Banditen den Innenminister und den Landwirtschaftsminister allein in einem Auto fort. Es ging

[933] Gottfried Feder (27.01.1883-24.09.1941), NSDAP, Ingenieur, früher Theoretiker der Partei, aber ohne wirklichen Einfluss. Vgl.: Wistrich, Wer war wer im Dritten Reich, München 1983, S. 71 f. Vgl.: Albrecht Tyrell, Gottfried Feder - Der gescheiterte Programmatiker, in: Smelser/Zitelmann, Die braune Elite, Darmstadt 1989, S. 28-40.

[934] Johann Wutzlhofer (1871-1939), 1907 Genossenschaftsdirektor in Straubing, 1919-1923 bayerischer Landwirtschaftsminister. Vgl.: BBB, S. 865.

[935] Rudolf Heß (26.04.1894-17.08.1987), NSDAP, "Stellvertreter des Führers", nach einem ominösen Flug im Mai 1941 interniert. Vgl.: Wistrich, Wer war wer im Dritten Reich, München 1983, S. 119-122. Vgl.: Dietrich Orlow, Rudolf Heß - "Stellvertreter des Führers", in: Smelser/Zitelmann, Die braune Elite, Darmstadt 1989, S. 84-97.

[936] Dr. Julius Friedrich Lehmann (28.11.1864-24.03.1935), Verleger und Buchhändler, geschäftsführendes Mitglied des Alldeutschen Verbandes. Vgl.: NDB 14, S. 70 f.

in das bayrische Gebirge, wo man die Minister viele Stunden lang in abgelegenen Wäldern herumfuhr. Ab und zu stiegen die Banditen aus und suchten im Wald herum, als wollten sie Plätze ausfinden, wo sie die Minister niedermachen könnten. Endlich aber fuhren sie sie, ohne ihnen irgend etwas getan zu haben, nach München zurück. Der Innenminister Schweyer hat über diese Episode in seinem amtlichen Bericht Folgendes geschrieben:

> "Ich glaube, die Nationalsozialisten beabsichtigten, die zwei bestgehassten Minister als Geiseln zu entführen, um noch etwas in der Hand zu haben. Unter allen Umständen ist dieses Unternehmen, das meines Erachtens zu Lasten des Oberleutnants Heß fällt, insofern eine Gemeinheit, als es in geradezu sadistischer Weise darauf angelegt war, uns stundenlang in peinliche Todesangst zu versetzen. Diese Art des Vorgehens stimmt genau mit dem Verfahren überein, das den Stadtratsmitgliedern zuteil wurde. Eine Bewegung, die mit solchen Mitteln arbeitet, ist nicht nur staatsgefährlich, ihre Anhänger sind im Stande, die größten Verbrechen des Terrors zu verüben"[937].

96. *Prozesse gegen Hitler und die Putschisten*

Sehen wir nun wiederum zu, wie die Justiz auf diese schweren Verbrechen Hitlers und seiner Kumpane reagierte. Es war offenbar, dass nunmehr um eine Bestrafung der Banditen nicht mehr herum zu kommen war. Das Ministerium Knilling aber setzte sofort die äußersten Bemühungen in Gang, die Verbrecher ihrem gesetzlichen Richter, nämlich dem deutschen Reichsgericht, zu entziehen und die Lebensdauer der bayrischen Volksgerichte noch solange hinzuziehen, bis die Strafverfahren aus Anlass des Hitlerputsches erledigt waren. Das Volksgericht, diesmal unter dem Vorsitz von Neithardt, tat aber seinerseits das Äußerste, um den Verbrechern Milde und Verständnis zu zeigen. Wie seiner Zeit beim Kapp-Putsch den Ankündigungen einer scharfen gerichtlichen Liquidation keinerlei wirkliche Taten folgten, so ging es auch hier. Neithardt sorgte sogar dafür, dass als Ort der Gerichtsverhandlung ein militärisches Gebäude gewählt wurde, angeblich zwecks besserer Aufrechterhaltung der öffentlichen Ordnung, in Wirklichkeit, weil er offensichtlich glaubte, damit leichter Zuhörer von "seinen" Angeklagten fernhalten zu können. Ich verbreitete zu Beginn der Verhandlung gegen Hitler und Genossen im Münchener Justizpalast bei Richtern und Anwälten einen Scherz, den ein jeder für ernst nahm. Ich sagte nämlich zu den Leuten: "Haben Sie schon das Neueste gehört? Neithardt hat vor der Türe des Verhandlungssaales einen Anschlag anbringen

[937] Vgl.: Hitler und Kahr. Die bayerischen Napoleonsgrößen von 1923. Ein im Untersuchungsausschuss des Bayerischen Landtags aufgedeckter Justizskandal, II. Teil., München 1928, S. 176 ff.

lassen, laut dessen Inhalt, um die berechtigten Gefühle der Angeklagten und ihrer Verteidiger zu schonen, jüdischen Zuhörern und Anwälten das Betreten des Sitzungssaales verboten ist". Keiner antwortete: "so etwas ist garnicht möglich". Alle gaben ihrer Entrüstung Ausdruck mit Worten wie etwa: "das ist doch die größte Gemeinheit" oder "höher geht es nicht mehr". Es war dies für mich ein Symptom, was anständige und sachkundige Leute der bayrischen Justiz bereits damals zutrauten. Neithardt ließ es zu, dass die Angeklagten in brauner Hitleruniform zu den Verhandlungen erschienen, dass sie in öffentlicher Gerichtssitzung eine derart enorme Frechheit an den Tag legten, wie sie bei jedem anderen Angeklagten zu schwersten Ordnungsstrafen geführt haben würde. Er duldete bei jedem einzelnen Angeklagten stundenlange unverschämte und mit ordinären Drohungen gegen gesetzliche Reichsgewalt gespickte politische Hetzreden. Er nahm mit offensichtlicher Sympathie die Erklärung jedes Einzelnen der Angeklagten entgegen, dass sie nichts zu bereuen hätten und bei nächster gegebener Gelegenheit wieder genau so handeln würden. Beschimpfungen der Reichssymbole, so zum Beispiel des Reichsadlers als "Pleitegeier", quittierte er nur mit der Bemerkung, man solle diesen Ausdruck "doch nicht so oft" gebrauchen. Er legte gewissen Angeklagten, wie Ludendorff und seinem Schwiegersohn, Suggestivfragen vor, durch deren Beantwortung die Harmlosigkeit dieser Hochverräter unter Beweis gestellt werden sollte. Dass seine Fragen an Ludendorff von dem Berliner Professor Kohlrausch verfasst und meinem Büro versehentlich zugeschickt waren, wissen wir bereits aus diesen Erinnerungen. Das nach langer Verhandlung vom Volksgericht erlassene Urteil war ein offener Justizskandal. Zunächst wurde Ludendorff freigesprochen. Obwohl bewiesen war, dass er an dem hochverräterischen Unternehmen von Anfang bis Ende teilgenommen hatte, obwohl der Nachweis geführt war, dass er unter anderem den Befehl gegeben hatte, das Gebäude der Regierung von Oberbayern durch die Anhänger Hitlers zu besetzen und gegen jede Gewalt zu verteidigen, obwohl er an dem Zug durch die Stadt München teilgenommen hatte und bei der Schießerei vor der Feldherrnhalle zugegen war, wurde ihm "geglaubt", dass er wiederum, wie seiner Zeit morgens um 6 Uhr am Brandenburger Tor beim Kapp-Putsch, nur "zufällig" dazu gekommen sei, dass er von seiner bevorstehenden Ernennung zum diktatorischen Befehlshaber einer Nationalarmee von Hitlers Gnaden nichts wusste, dass er weder an einen Staatsstreich mit Gewalt noch an einen solchen ohne Gewalt gedacht habe, ja dass er sich über das "Anormale" der Angelegenheit keinerlei besondere Gedanken gemacht habe. Bei jedem anderen Angeklagten wären derartige schamlos freche Lügen und Ableugnungen als strafschärfend erklärt worden. Weil aber Herr Ludendorff das Talent besessen hatte, einen Krieg zu verlieren und die Verantwortung hierfür von sich in schnöder Weise wegzulügen, weil Ludendorff der Inbegriff der reaktionärsten Reichsfeindlichkeit und der Abgott aller Hetzer gegen das Weimarer demokratische System geworden war, "glaubten" ihm die ehrvergessenen Richter des Volksgerichts seine zynischen Unwahrheiten und ließen ihn laufen. Hitler, Pöhner und 2 weitere Kumpane wurden wegen vollendeten Hochverrats verurteilt und zwar zur geringst zulässigen Strafe von je 5 Jahren Festungshaft und je 200 Mark Geldstrafe. Röhm, Frick und 3 weitere Kumpane erhielten wegen Beihilfe zum Hochverrat die gesetzliche Mindeststrafe von je einem Jahr, 3 Monaten Festungshaft und je 100 Mark Geldstrafe. In einer Publikation über dieses Urteil habe ich diese Strafen als einen "Wahrhaft preiswerten Hochverrat" bezeichnet[938]. Jeder der Hochverräter erhielt die verbüßte Untersuchungshaft auf die Strafe angerechnet. Den wegen vollendeten Hochverrates Verurteilten, also auch Hitler selbst, wurde bedingte Begnadigung nach Verbüßung weiterer 6 Monate vom Gericht versprochen. Hitler hat also von den ihm zudiktierten 5 Jahren, die ohnehin das zulässige Strafminimum waren, nur ein Jahr und einen Monat verbüßt. Die wegen Beihilfe zum Hochverrat Verurteilten, also auch Röhm und Frick, erhielten für den gesamten Strafrest sofort bedingte Begnadigung. Sie wurden also bereits am Tage des Urteils auf freien Fuß gesetzt. Diese Milde wurde in der ganzen Bevölkerung als offene Sympathieerklärung des Gerichtes mit den Verbrechern verstanden. Immerhin erlaubte das Gesetz den Richtern, so zu urteilen, denn innerhalb des gesetzlichen Strafrahmens stand es im Ermessen des Gerichtes, wie weit es mit der Strafe und der bedingten Begnadigung gehen wollte. Das Volksgericht begnügte sich aber nicht mit dieser ungewöhnlichen Milde, die eine offensichtliche Prämie auf das Verhalten der Angeklagten bedeutete. Es ging auch zu offenem Rechtsbruch und Justizverbrechen über, indem es sich weigerte, die zwingenden Bestimmungen des Gesetzes zum Schutz der Republik auf den Fall Hitler anzuwenden. Diese Bestimmungen schrieben nämlich vor, dass neben jeder Verurteilung wegen Hochverrats gegen Ausländer auf Ausweisung aus dem Reichsgebiet zu erkennen war. Nun war der große Schückelgruber, alias Hitler, ein Ausländer. Er war Oesterreicher. Oesterreich war damals von Deutschland noch nicht geklaut. Die deutsche Staatsangehörigkeit hatte Hitler nicht erworben. Er hatte zwar im deutschen Heere während des Weltkrieges gedient, nachdem er von der oesterreichischen Armee deser-

[938] Das Zitat konnte nicht gefunden werden. In der Münchener Post vom 04.04.1924, S. 1 f, ist ein ungezeichneter Artikel "Am Grabe der bayerischen Gerechtigkeit" erschienen, der von Philipp Loewenfeld stammen könnte, detailliert auf die rechtlichen Fragen eingeht und im Urteil mit der Bewertung Loewenfelds in den Memoiren übereinstimmt.

tiert war. Das verlieh ihm aber nicht die deutsche Staatsangehörigkeit. Erst in späteren Jahren wurden Versuche gemacht, diese Staatsangehörigkeit für ihn zu erwerben. Zunächst versuchte Frick, als er, Jahre später, Innenminister des deutschen Landes Thüringen geworden war, Hitler auf eine sehr originelle Weise zum "Deutschen" zu machen. Die deutsche Staatsangehörigkeit wurde nämlich nach dem Gesetz unter Umständen durch Anstellung im Staatsdienst erlangt. Frick "ernannte" deshalb eines Tages Hitler zum Gendarmeriekommandanten der kleinen thüringischen Stadt Hildburghausen. Dies gab viel Gelächter in Deutschland und Adolf musste deshalb wohl oder übel die "Ernennung" ablehnen und Ausländer bleiben. Als er anfangs 1932 als Rivale Hindenburgs bei der Reichspräsidentenwahl kandidieren sollte, war Schückelgruber immer noch Ausländer. Ein Ausländer konnte aber nach den Bestimmungen der Reichsverfassung nicht Reichspräsident werden. So wurde die folgende verbrecherische Schiebung gemacht, um Adolf, auf dem Papier, zum "Deutschen" zu machen: in dem deutschen Lande Braunschweig stand um diese Zeit an der Spitze des Ministeriums ein Nazi namens Klagges[939]. Der Braunschweigische Staat unterhielt in Berlin eine höchst überflüssige "diplomatische Vertretung". Klagges ernannte nun Adolf zum "Regierungsrat" bei dieser diplomatischen Vertretung. Dass die Ernennung eine strafbare Schiebung war, ergab sich daraus, dass Adolf dieses Amt niemals ausgeübt hat. Er hätte also auf Grund dieser Schiebung keinesfalls als deutscher Staatsangehöriger anerkannt werden dürfen. Der damalige Reichskanzler Brüning[940] und seine reaktionäre Regierung waren aber schwächlich und kurzsichtig genug, um die Staatsangehörigkeit Adolfs anzuerkennen und ihn damit zu einer Kandidatur zum deutschen Reichspräsidenten zuzulassen. Adolf aber trieb den Zynismus auf die Spitze, indem er, um die "Legalität" seiner Ernennung darzutun, den Eid auf die demokratische Weimarer Verfassung leistete. Ein frecherer Meineid ist sicherlich in Deutsch-

[939] Dietrich Klagges (01.01.1891-12.11.1971), NSDAP, Innenminister in Braunschweig, 1933-1945 Ministerpräsident von Braunschweig, SS-Obergruppenführer. Vgl.: Stockhorst, Fünftausend Köpfe. Wer war was im Dritten Reich, Velbert 1967, S. 234. Zur Ernennung Hitlers zum "Regierungsrat" in Braunschweig: Vgl.: Arnold Brecht, Vorspiel zum Schweigen. Das Ende der deutschen Republik, Wien 1948, S. 180.

[940] Heinrich Brüning (26.11.1885-30.03.1970), 1919 Sekretär des katholischen Sozialpolitikers Sonnenschein, 1920 persönlicher Referent des preußischen Wohlfahrtsministers Stegerwald, 1920-1930 Gewerkschaftsführer der christlichen Gewerkschaften, 1924 Zentrumsabgeordneter des Reichstages, 1929 Fraktionsvorsitzender des Zentrums im Reichstag, 1930-1932 Reichskanzler und Außenminister, 1932 Vorsitzender der Zentrumspartei. Vgl.: Ernst Deuerlein, Deutsche Kanzler von Bismarck bis Hitler, München 1968, S. 295-424. Vgl.: William L. Patch, Heinrich Brüning and the dissolution of the Weimar Republic, Cambridge 1998.

land niemals geschworen worden. Man stelle sich einmal vor, dass in den Vereinigten Staaten von Amerika jemand, der soeben die Bürgerpapiere auf Grund einer offenbaren, strafbaren Schiebung erschlichen hätte, als Präsident der Vereinigten Staaten von Amerika kandidieren würde. Die Unverschämtheit eines solchen Verbrechers wäre sicherlich nur Gegenstand allgemeinen Gelächters und allgemeiner Verachtung, niemals aber könnte er auf eine solche Weise auf die Kandidatenliste für eine Präsidentenwahl kommen; der einzige Effekt eines solchen Versuches könnte nur sein, dass er berechtigtermaßen eingesperrt würde und dass ihm wegen seiner Schiebung die Staatsangehörigkeit wieder aberkannt und die Deportation zuerkannt würde. Zu der Zeit des Volksgerichtsurteiles von 1924 behauptete Schückelgruber aber selbst noch nicht einmal, dass er deutscher Staatsangehöriger sei. Er wiederholte nur immer, er "betrachte sich als Deutscher". Dass man durch eine solche "Betrachtung" die deutsche Staatsangehörigkeit nicht legal erwerben konnte, musste Schückelgruber bei seinem Intelligenzgrad immerhin klar sein. Erst recht aber musste dies den Berufsrichtern des bayrischen Volksgerichtes klar sein, die durchaus ausgekochte Praktiker des positiven Rechtes waren. Trotzdem verkündete Neithardt einen Beschluss, wonach das Volksgericht München Adolfs Ausweisung aus dem Reichsgebiet ablehnte. Die Begründung sagte:

> "Hitler ist Deutsch-Oesterreicher. Er betrachtet sich als Deutscher. Auf einen Mann, der so deutsch denkt und fühlt wie Hitler, der freiwillig 4 1/2 Jahre lang im deutschen Heere Kriegsdienst geleistet hat, der sich durch hervorragende Tapferkeit vor dem Feind hohe Kriegsauszeichnungen erworben hat, verwundet und sonst in der Gesundheit geschädigt und vom Militär in die Kontrolle des Bezirkskommandos München I entlassen worden ist, kann nach Auffassung des Gerichts die Vorschrift des § 9 – das war die Ausweisungsvorschrift – ihrem Sinn und ihrer Zweckbestimmung nach keine Anwendung finden"[941].

Bei diesen Ausführungen konnte von irgend welchem guten Glauben der Richter des Volksgerichtes keine Rede mehr sein. Wiederum stelle man sich vor, das amerikanische Gesetz würde für bestimmte von Ausländern begangene Verbrechen zwingend die Ausweisung und Deportation vorschreiben, ein amerikanischer Richter aber würde in einem Urteil einen Ausländer, der ein solches Verbrechen begangen hat, nicht ausweisen, mit der Begründung, der betreffende Nichtcitizen "betrachte sich als Amerikaner". Niemand würde diesem Richter glauben, dass er solche Rechtsausführungen in dem guten Glauben ihrer Richtigkeit gemacht hat. Jeder

[941] Das Urteil ist abgedruckt in: OTTO GRITSCHNEDER, Bewährungsfrist für den Terroristen Adolf Hitler. Der Hitler-Putsch und die bayerische Justiz, München 1990, S. 67-94. Die hier von Loewenfeld zitierte Stelle ist nicht ganz korrekt, da er den Hinweis auf § 9, Abschnitt II des Republikschutzgesetzes nicht ausdrücklich nennt.

würde sie für einen vorsätzlichen Rechtsbruch halten. Das deutsche Gesetz sah für den vorsätzlichen Bruch des Rechtes durch einen Richter hohe Zuchthausstrafen und Amtsverlust vor. Der Vorwurf des bewussten Rechtsbruches, also der Begehung eines schweren Verbrechens, wurde Neithardt von mehreren Seiten, auch von mir selbst, öffentlich gemacht[942]. Neithardt steckte diese öffentlichen Vorwürfe stillschweigend ein, ohne sich gegen sie zu verteidigen. Die bayrische Justizverwaltung machte keinerlei ernstliche Versuche, ihn gegen die erhobenen Vorwürfe zu verteidigen. Das Justizministerium des Verbrechers Franz Gürtner behielt jedoch den Verbrecher Neithardt im Amt, freilich ohne ihn noch auf einen höheren Posten zu befördern. Erst als Adolf neun Jahre später an die Macht kam, erwies er sich seinen Justizverbrechern dankbar. Dass er Gürtner zu seinem Reichsjustizminister machte, haben wir bereits gehört. Neithardt aber ließ er durch seinen Adlatus Frank II. auf einen der höchsten bayrischen Richterposten berufen, den Neithardt in einer regulären Karriere, angesichts seines offenkundigen Mangels an Befähigung und Charakter, niemals hätte erlangen können. Dass es andererseits Neithardt sein Charakter nicht verbot, diese Rangerhöhung seitens eines Mannes anzunehmen, den er selbst wegen Hochverrates hatte rechtskräftig verurteilen müssen, verstand sich bei diesem schleimigen Karrieremacher von selbst. Hätte Neithardt eine Spur von Anstand besessen, dann hätte er beim Ausbruch des Dritten Reiches mindestens in Pension gehen müssen. Für die Differenz zwischen einem Gehalt und einer Pension aber prostituierte er sich bedenkenlos zum Untergebenen des Mannes, den er wegen schweren Verbrechens verurteilt hatte. Adolf und sein Neithardt, Neithardt und sein Adolf waren also einander wert[943].

Man kann von diesem Rechtsbruch Neithardts behaupten, dass er die weitest gehenden und schwerwiegendsten politischen Folgen gehabt hat. Wäre Schückelgruber, wie es das Gesetz gebot, im Jahre 1924, nach seinem begangenen Hochverratsverbrechen, definitiv aus dem Reichsgebiet ausgewiesen worden, dann wäre vermutlich die ganze Hitlerbewegung, wie sie sich von 1926 bis 1933 in Deutschland neu entwickelte, unmöglich gewesen. Die Machtergreifung der Nazibanditen und der Zweite Weltkrieg wären vielleicht vermieden worden, wenn das staatliche Gericht das gel-

[942] Vgl.: Am Grabe der bayerischen Gerechtigkeit, in: Münchener Post 04.04.1924, S. 1 f Vgl.: ALEXANDER GRAF ZU DOHNA, Der Münchener Hochverratsprozeß, in: Deutsche Juristen-Zeitung 29. Jg. (1924), Sp. 330-335. Ferner: MAX HACHENBURG, Juristische Rundschau, in: Deutsche Juristen-Zeitung 29. Jg. (1924), Sp. 287.

[943] Er wurde 1933 zum Präsidenten des Oberlandesgerichts München befördert. Vgl.: Anmerkung 797.

tende Recht auf diesen kriminellen maniac[944] angewendet hätte. Es ist dies eines der tragischsten Beispiele für die Wahrheit, dass die Treue in kleinen Dingen die Voraussetzung des Großen und dass die Untreue im Kleinen die Grundlage aller Schlechtigkeit im Großen ist. Hätten Neithardt und seine Mitrichter bei Erlassung ihres liebedienerischen und schoflen Rechtsbruches die Vorstellungskraft besessen, welche schreckliche Konsequenzen ihrer verbrecherische Haltung haben werde, so wären sie vor der Ausführung ihres Verbrechens vielleicht doch zurückgeschreckt. Sie handelten aber nur aus dem elenden Knechtsgefühl heraus, dass man jemand, der es schon nahezu zur Macht gebracht hatte, nicht mit der ganzen Schärfe des Gesetzes anpacken solle, weil man ja nie wissen könne, ob sich die Dinge nicht eines Tages drehen würden und ob man nicht auch dann wieder als ein Fettauge auf der Suppe mitschwimmen könne. Dieses erbärmliche und charakterlose Lavieren der deutschen Justiz, das wir in manchen seiner Auswirkungen in diesen Erinnerungen kennengelernt haben, ist nach meiner tiefsten Überzeugung eine der wesentlichsten Ursachen für den Niederbruch des demokratischen Verfassungssystems in Deutschland. Glücklich der Staat und das Volk, deren Justiz entschlossen ist, mit eiserner Hand und ohne jedes faule Kompromiss die verfassungsmäßigen Grundlagen der Demokratie zu schützen! Vergessen wir aber nicht, – das eben erzählte, grausige Beispiel macht es deutlich – dass die fachliche und moralische Qualität der staatlichen Justiz nicht in sich selbst allein ruht, sondern nur aufrecht erhalten werden kann, wenn die gesamte öffentliche Meinung eifersüchtig über ihrer Erhaltung wacht und nicht aus Knechtsgeist und Kompromisssinn Verfallserscheinungen kritiklos hinnimmt oder sich gar falscher Gerichtsurteile freut, wenn sie den Vorurteilen des Einzelnen betreffend Politik, Rasse, Sozialorganisation entgegen zu kommen scheinen.

Trotzdem es gegen die Urteile der Volksgerichte in Bayern als solche keinerlei Rechtsmittel gab, gab es innerhalb der bayrischen Justiz gegen den Neithardt-Skandal einige Gegenwehr. Der Staatsanwaltschaft als Strafverfolgungsbehörde stand nämlich das Recht der Beschwerde wegen der dem Schückelgruber gewährten bedingten Begnadigung zu. Diese Beschwerde war an das Oberste Bayrische Gericht zu richten. Tatsächlich legte der Staatsanwalt Stenglein[945], der in dem Volksgerichtsprozess als Ankläger Adolfs funktioniert hatte, die Beschwerde gegen die Zubilligung

[944] Besessenen.

[945] Ludwig Stenglein (27.12.1869-12.11.1936), 1. Staatsanwalt im Hitler-Prozess beim Landgericht München, 1928 Präsident des Landgerichts München II, ab 01.05.1933 Senatspräsident am Obersten Landesgericht. Vgl.: Kalender für Reichsjustizbeamte 1941, Berlin 1940.

der bedingten Begnadigung ein und verlangte von dem Obersten Gericht die Anordnung, dass Adolf seine fünfjährige Strafe zu verbüßen habe. Nach den Vorschriften über die bedingte Begnadigung durfte diese nur gewährt werden, wenn "dem Ansporn zu guter Führung der Vorzug vor Vollstreckung der Strafe zu geben war". Die Staatsanwaltschaft sagte in ihrer Beschwerde, es könne offensichtlich gar keine Rede davon sein, dass diese Voraussetzung im Falle Hitler vorgelegen sei. Das Verbrechen des Angeklagten sei das schwerste, das gegen den Staat und die Staatsautorität begangen werden könne. Der Angeklagte habe den Staat und die Staatsautorität nicht nur bekämpfen, sondern vernichten wollen. Er bereue seine Tat nicht, ja er rühme sich ihrer. Es sei ihm völlig gleichgültig, ob und welcher Schaden durch seine Tat entstanden sei. Er habe nicht das mindeste getan, um die durch seine Tat verursachten schweren materiellen Schäden wieder gutzumachen. Künftiges Wohlverhalten sei von ihm nicht zu erwarten. Er habe durch sein Verhalten und durch ausdrückliche Worte unzweideutig zu erkennen gegeben, dass er jederzeit entschlossen sei, bei nächster Gelegenheit ähnliche Unternehmen vorzubereiten und durchzuführen. Wenn man einem derartigen Menschen bedingte Begnadigung gleich bei der Urteilsverkündung in Aussicht stelle, so sei dies geradezu ein Anreiz zu gewaltsamem Vorgehen gegen alles, was man in einem geordneten Gemeinwesen mit Staat und Staatsautorität zu bezeichnen pflege. Die Achtung vor dem Gesetz müsse dadurch untergraben, eine geordnete Strafrechtspflege unmöglich gemacht werden, der Staat und die Staatsautorität würden sich hierdurch selbst aufgeben.

Diese Beschwerde sagte kein Wort mehr als die nackte Wahrheit. Sie war aber immerhin mit einer solchen Schärfe und Klarheit abgefasst, dass Franz Gürtner die "Gefahr" witterte, es könne sich vielleicht doch noch das Gesetz durchsetzen, das heißt, das Oberste Gericht könne der Beschwerde stattgeben und die Einsperrung seines Schützlings Schückelgruber für die urteilsmäßige Strafzeit von 5 Jahren anordnen. Der Entschluss Gürtners war daher rasch gefasst: es musste verhindert werden, dass das Oberste Gericht überhaupt zu einer Entscheidung komme. Denn trotzdem es wahrlich schon viele Justizverbrechen gedeckt hatte, war es doch nicht von vorneherein sicher, ob es "weise" genug sein würde, auch diesen wirklich staatsgefährlichen Neithardt-Skandal zu decken. Die einzige Methode, dem Schückelgruber die Vorteile des von Neithardt begangenen Verbrechens zu sichern, war die direkte Anweisung an die Staatsanwaltschaft, ihre Beschwerde gegen die Zubilligung der bedingten Begnadigung zurückzunehmen. Es war seit Menschengedenken ein guter Brauch in der bayrischen Justizverwaltung gewesen, das pflichtmäßige Ermessen der Strafverfolgungsbehörden und ihre Überzeugung von der Notwendigkeit von

Strafverfolgungsakten nicht durch Diktate von oben beiseite zu schieben, der Strafverfolgungsbehörde nicht in den Arm zu fallen. Franz Gürtner schämte sich nicht, auch mit diesem guten Brauch aufzuräumen. Er gab der Staatsanwaltschaft die Weisung, ihre Beschwerde gegen die Zubilligung der bedingten Begnadigung an Schückelgruber und Genossen zurückzunehmen. Die Art, wie er dies arrangierte, war ein Zeichen seiner feigen Hinterhältigkeit. Er wagte nicht, die Weisung schriftlich zu geben, denn dann hätte man sie ihm eines Tages nachweisen können. Er wagte nicht einmal, sie mündlich zu geben. In seinem Justizministerium arbeitete als Referent sein Schwager, der Ministerialrat Dr. Dürr[946]. Dieser gab dem Staatsanwalt Stenglein mündlich die Anweisung zur Zurücknahme der Beschwerde. Es ist klar, dass er dies niemals hätte wagen können, wenn Franz Gürtner es nicht als Minister befohlen hätte. Nur weil der Staatsanwalt Stenglein in seinem berechtigten Ärger über diese schamlose Anordnung eine schriftliche Aktennotiz verfasste und den Akten hinzufügte, kam der wahre Sachverhalt später heraus[947]. Die Anwandlung von Charakter, die der Staatsanwalt Stenglein mit seiner Beschwerde bewiesen hatte, hielt nicht lange vor. Nach Ausbruch des Dritten Reiches ließ Schückelgruber auch ihn durch seinen Adlatus Frank auf einen der höchsten und bestbezahlten Richterposten Bayerns befördern[948]. Der Mann, der in seiner Beschwerde ausgesprochen hatte, dass Adolf nach seinem Charakter künftiges Wohlverhalten nicht zugetraut werden könne, nahm diese Beförderung an und beteiligte sich im Dritten Reich an einer Rechtssprechung, deren A und O der Satz ist, dass der Wille Schückelgrubers die höchste deutsche Rechtsquelle ist, die jeder anderen an Bedeutung vorgeht. Die Differenz zwischen

[946] Dr. Alfred Dürr (15.06.1879-19.09.1953), seit 01.05.1937 bis 15.05.1945 Mitglied der NSDAP, Ministerialrat im bayerischen Justizministerium, seit 01.05.1937 Präsident des Oberlandesgerichts München, seit 01.02.1943 im Ruhestand. Er war der Schwager des Reichsjustizministers Gürtner. Im Spruchkammerverfahren vom 21.04.1949 wurde er in die Gruppe der Belasteten (II) eingestuft. 1951 wurde das Verfahren auf Grund des § 1 des Gesetzes zum Abschluß der politischen Befreiung vom 27.07.1951 eingestellt und der Spruch vom 21.04.1949 für hinfällig erklärt. Vgl.: Spruchkammerakte Alfred Dürr beim Amtsgericht München. Vgl. auch: Dr. Gürtner bei den Justizbeamten. Ein Kameradschaftsabend, in: Münchner Neueste Nachrichten 136 (22.05.1937) Stadtanzeiger.

[947] Die Aktennotiz ist vermerkt in StAM, Staatsanwaltschaft 3099, bei Gordon und Deuerlein. Zu Stenglein schreibt H.J.Gordon: "Auch die Staatsanwaltschaft ließ zu wünschen übrig. Oberstaatsanwalt Stenglein war ein Mann, der es mit niemandem verderben wollte und der wahrscheinlich auch den Angeklagten gewisse Sympathien entgegenbrachte. Außerdem ist das Verfahren für ihn offenbar so anstrengend gewesen, daß er davon sprach, es nicht länger fortführen zu können." Vgl.: Harold J. Gordon, Hitlerputsch 1923. Machtkampf in Bayern 1923-1924, Frankfurt/M. 1971, S. 428.

[948] Vgl.: Anmerkung 945.

einem Gehalt und einer Pension war auch für ihn zu einer solchen klaren Selbstprostituierung genügender Grund.

Auf demselben moralischen und juristischen Niveau wie die Behandlung der nazistischen Führer stand die Gerichtsbarkeit gegen die Unterführer und Mitläufer. Der obenerwähnte Hochverräter Gottfried Feder zum Beispiel, der die Bankensperre im Namen Hitlers angeordnet hatte, erhielt lediglich eine Geldstrafe von 50 Reichsmark wegen Amtsanmaßung. Dass er mit der Handlung das hochverräterische Unternehmen Hitlers fördern wollte, wurde nicht angenommen. Auf eine Geldstrafe von Reichsmark 100,00 brachte es der Geschäftsführer der Nazipartei, ein gewisser Amann[949], der im Auftrag Hitlers unter Gewaltanwendung und Drohungen Räume für die Regierung der Hochverräter "beschlagnahmt" hatte. Es wurde ihm "geglaubt", dass er in die hochverräterischen Absichten seines Führers Hitler nicht eingeweiht gewesen sei. Die Leute, die in den Banknotendruckereien für Schückelgruber die großen Beträge von Papiergeld "beschlagnahmten", erhielten die mildest zulässigen Festungsstrafen, "mit Rücksicht auf ihre ehrenhafte Gesinnung". Sie brauchten keinen Tag ihrer Strafe abzusitzen, weil diesen vornehmen Dieben für ihre ganze Strafe bedingte Begnadigung gewährt wurde. Mit derselben Begründung erhielten die Leute, die sich an der vandalischen Zerstörung und Plünderung der "Münchener Post" beteiligt hatten, die mildest zulässigen Festungsstrafen und bedingte Begnadigung, ohne irgend einen Teil der Strafe zu verbüßen. Gegen sehr viele Teilnehmer des Hitler-Putsches wurde ein Strafverfahren überhaupt nicht eingeleitet. Darunter waren vor allem diejenigen, die um die Mitschuld von Kahr, Lossow und Seißer wussten. Das Vernehmungsprotokoll eines dieser Leute[950] begann mit den Worten: "Ich gebe zu, dass ich mich aktiv bei der Durchführung des Umsturzversuches am 8./9. November 1923 beteiligt habe". Trotzdem wurde erklärt, es sei nicht nachgewiesen, dass der Mann in den Putschplan eingeweiht gewesen sei. Man muss dazu freilich wissen, dass bei Durchführung des Strafverfahrens gegen den Mann es dem "Kronprinzen" Rupprecht von Bayern, dem Sohn des verstorbenen Königs Ludwig III., nicht hätte erspart werden können, als Zeuge vor Gericht zu erscheinen. Der Hochverräter, der auch in verschiedene Fememordsachen verwickelt war, war nämlich zu dem Kronprinzen gereist, um diesen um "Vermittlung" zwischen den Teilneh-

[949] MAX AMANN (24.11.1891-30.03.1957) Geschäftsführer der NSDAP und des Völkischen Beobachters, Direktor des NSDAP-Zentralverlags. Vgl.: WISTRICH, Wer war wer im Dritten Reich, München 1983, S. 12 f.

[950] Es handelt sich dabei um den Fememörder MAX NEUNZERT (1892-1982). Vgl. dazu: JOACHIM C. FEST, Hitler. Eine Biographie, Frankfurt/M/Berlin/Wien 1973, S. 268.

mern des Putsches und Kahr zu bitten. Statt dass der "Kronprinz" ihn hinausgeworfen oder der Polizei übergeben hätte, verhandelte er mit dem Mann und erteilte ihm Weisungen. Diese Weisungen waren so, dass es Rupprecht möglich war, sich hinter Kahr oder hinter Hitler zu stellen, je nachdem der eine oder der andere von ihnen Erfolg haben sollte. Nach Meinung Rupprechts sollte nicht nur jeder Zusammenstoß zwischen Reichswehr und Kampfbund vermieden werden, Rupprecht regte vielmehr, nach der Behauptung des Mannes, auch an, dass von jedem Verfahren gegen Hitler und Genossen abgesehen werden solle. Um den Beweis dieses Skandals zu verhindern, wurde von einer Anklage gegen den Hochverräter Abstand genommen, trotzdem er seine Beteiligung an dem Hochverrat gestanden hatte.

Die 6 Monate Strafhaft, die Schückelgruber verbüßen musste, waren eine wirkliche Festungshaft. Er war frei von all den Beschränkungen, die der "Demokrat" Müller-Meiningen für nichtnazistische Festungsgefangene in so reichlichem Masse eingeführt hatte. Er konnte Besuch nach Belieben empfangen, seine Verpflegung nach Belieben gestalten und seinen schriftstellerischen Talenten nach Gutdünken huldigen. In diesen Monaten entstand sein Buch "Mein Kampf", das bis zur Machtergreifung der Nazis mehr als ein Zeugnis der Geistesverfassung seines Autors, als ein objektives, bedeutungsvolles Werk galt. Erst durch die Machtergreifung hat es die traurige Bedeutung einer Bibel für deutsche Sklaven und eines Beweismittels für die wahren Absichten dieses Weltverbrechers gewonnen. Schückelgrubers Bildung, Sprach- und Geschichtskenntnis hätte auch damals bei Weitem nicht ausgereicht, um das Buch zu schreiben. Sowohl die wesentlichsten Gedanken, wie insbesondere die Formulierung, sind großenteils das Werk des Mitgefangenen Rudolf Heß. Wer Schückelgrubers schwülstiges Kauderwelsch aus eigenem Miterleben kennengelernt hat, kann ziemlich genau unterscheiden, was ihm selbst von dem Buche zugeschrieben werden kann. Es sei damit nicht gesagt, dass die von Hess herrührenden Teile nicht auch das Werk eines manisch-Depressiven oder, wie es ein witziger Psychiater ausgedrückt hat, eines germanisch-Depressiven sei. Die innere Verwandtschaft zwischen dem ungebildeten Versammlungsschreier Schückelgruber und dem formal geschliffenen und federgewandten Rudolf Hess war so groß, dass die von den beiden herstammenden Teile des Werkes sich zwanglos ineinanderfügten. Beide waren schwere Hysteriker, zynische Menschenverächter, sadistische Leuteschinder. Beide litten an der krankhaften und gewalttätigen Einbildung, die Exponenten einer "Rasse" zu sein, deren angebliche Merkmale in niemand weniger verwirklicht waren, als in ihnen selbst. Beide kannten die ungeheure Expansionskraft des Appelles an die niederträchtigsten Instinkte im

Menschen, der Erregung von Hass, Streit, Neid, Meinungsverschiedenheit, Vorurteil zu dem einzigen Zweck, die menschlichen Gruppen so zu spalten und gegeneinander aufzuhetzen, dass sie dann leichter unterdrückt werden konnten. Die Justizverwaltung des Franz Gürtner aber sorgte dafür, dass seine beiden Schützlinge bei der Durchführung des Werkes den nötigen Komfort und keinerlei Störungen von außen hatten.

Wer alle diese Vorgänge selbst miterlebt hat, der weiss, dass es keine größere Geschichtslüge gibt, als dass das arme deutsche Volk von den Nazis nur unterdrückt worden sei. Wo die Justiz eines Landes wagen kann, unter so vorsätzlicher und schamloser Verletzung aller geltenden Gesetze den Zerstörern des Staates und der öffentlichen Ordnung mit solcher Rücksicht, Hochachtung, ja man kann sagen Liebe, entgegen zu kommen, da muss sie sich von einer starken Welle öffentlicher Zustimmung getragen gefühlt haben. Ich glaube, es ist nötig, auf die Frage, wie eine solche Zustimmung breiter Kreise möglich war, kurz einzugehen.

97. *Die Hitler-Bewegung*

Die Hitler-Bewegung war nur in einem im Kriege besiegten Land möglich. Die Friedensbedingungen von 1919 waren so formuliert, dass das Bewusstsein eigenen Unterlegenseins, eigener Niederlage, eigener "Diskriminierung" die breitesten Massen des deutschen Volkes erfasste. Dieses Bewusstsein ist qualitativ ein Minderwertigkeitsbewusstsein. Die Psychologie und die Medizin lehren und der Verlauf der Weltgeschichte beweist es, dass jedes Minderwertigkeitsbewusstsein die Gefahr einer Überkompensierung in sich birgt. Die Siegerstaaten machten dabei noch den schweren psychologischen Fehler, sich in dem Friedensvertrag nicht auf Festlegung ihrer Bedingungen zu beschränken, sondern diese mit moralischen Deklamationen über die "Verantwortung" Deutschlands zu begründen. Cossmanns plumper "Kampf" gegen die im Friedensvertrag garnicht aufgestellte Behauptung einer "deutschen Alleinschuld", seine verleumderische Agitation über die angebliche Erdolchung der deutschen Front "von hinten" und über die angeblichen "Goldmillionen", die "die Marxistenführer" für ihren "Verrat" erhalten haben sollten, hätten niemals jene breite Massenwirkung haben können, wenn nicht große Teile des Volkes durch den schlimmen Ausgang des Krieges sich in ihrem eigenen Wertbewusstsein niedergedrückt gefühlt hätten. Nur eine solche Masse war reif für eine Agitation, die ihr geschickt einredete, dass nicht ihre militärische Führung versagt und ihre Armeen geschlagen worden seien, dass Deutschland vielmehr in Wirklichkeit heroisch gesiegt und nur durch den Verrat

Weniger in den Abgrund gestoßen worden sei. Nur eine solche Masse konnte glauben, das Auftauchen eines "Übermenschen" werde genügen, um alles ungeschehen zu machen, was angebliche Schwäche und verräterische Gesinnung an dem Lande angerichtet hätten. Diesem "Übermenschen" musste natürlich in erster Linie die Funktion zukommen, alles in Grund und Boden zu reiten, was mit dem Kriegsende, dem Friedensschluss und der Erfüllung des Friedensvertrages irgend etwas zu tun hatte.

Wie musste ein solcher "Übermensch", ein solcher "Held" und "Führer" beschaffen sein, um diese Funktion übernehmen zu können? Er brauchte im Grunde genommen weder viel Wissen noch viel Können. Er musste nur dem dumpfen Gefühl der Masse, dass die Rückkehr zur Macht und Größe nur durch eine ins riesenhafte getriebene Übersteigerung des Nationalismus möglich sei, geschickt Rechnung tragen.

Dem "Übermenschen" musste demgemäß die Stellung eines Heroen zugewiesen werden, und die von ihm geführte Bewegung musste ebenfalls "heroisch" sein. So erklärte sich die marktschreierische Benutzung der Heldenstellung des "unbekannten Gefreiten", Schückelgruber-Hitler, im Weltkrieg. Seine "Heldentaten" als Meldegänger und Patrouillenführer gingen ins Ungemessene, aber je unglaubhafter sie waren, desto mehr wurden sie geglaubt. Nahmen es doch schließlich die breitesten Massen als erwiesen an, dass es der riesenhaften Tapferkeit Schückelgrubers geglückt sei, allein 14 Mann zu "umzingeln". Warum sollte er nicht? Schließlich war er doch ein Übermensch.

Wenn der Führer einer Bewegung ein Heros war, so mussten natürlich die Geführten "stahlhart" sein. So waren die immer wiederkehrenden Reklamereden der Bewegung über die Notwendigkeit des "Frontgeistes" psychologisch zu erklären, wobei die größten Schreier Leute waren, die im Weltkrieg noch nicht hosenrein waren. Die äußerlich militärische Aufmachung der Bewegung, die Nachahmung der Befehlsverhältnisse und der militärischen Abzeichen der alten Armee, die von dem italienischen Faschismus gestohlene großartige Grußform durch Handausstrecken dienten keineswegs nur eigentlich militärischen Zwecken. Sie waren ein Stück geistiger Ausdrucksform dessen, was Primitive unter "Heroentum" verstehen.

Nur unter diesem Gesichtspunkt war auch von allem Anfang an die grenzenlose Humorlosigkeit der Nazi-Bewegung zu verstehen. Heroen sind in der Regel groß, ernst, schwer, gewaltig, tiefernst, urgewaltig. Sie scheuen aber einen guten Witz, weil er der Vorstellung der Masse von ihrer angeblichen Größe abträglich ist. Sie sind finster und rachsüchtig, merken sich alles und hoffen, für alles Vergeltung üben zu können.

Die spezifische deutsche Art von Heldenverehrung war geschichtlich stets untrennbar von dem deutschen Untertanensinn. Es gehörte zur Jahrhunderte alten Tradition des preußischen Militarismus, dass der "Übermensch" die alte Soldatenherrlichkeit wieder herzustellen hatte, die durch den Friedensvertrag ihr Ende gefunden hatte, dass vor ihm wieder exerziert, kommandiert, paradiert und pariert werden durfte. Nur auf der Grundlage der Kombination von Heldenverehrung und Untertanensinn ist das leidenschaftliche Masseninteresse für Erscheinungsform und Leben des Übermenschen erklärlich, das sich gleichermaßen auf sein Schnurrbärtchen und auf die Farbe der Haare unter seinem Arm, auf seine Stirnlocke und seinen Lieblingshund, auf seine Vorfahren und seine angeblichen Tugenden (raucht nicht, trinkt nicht, lebt wie ein stahlharter Mönch) erstreckt. Die von diesem Heroenwahn befallenen Massen brauchen geistig die Verfälschung des Bildes ihres Helden, sie können ihn als höchsten Ausdruck der Persönlichkeit nur empfinden, wenn sie ihn auf jedem äußeren und inneren Gebiet ins Riesenmaß vergrößern, wenn sie alles ausstreichen, was kritisch zu seiner äußeren und inneren Erscheinung zu sagen ist[951].

Die Komponenten Übermenschentum und Heldenverehrung sind zugleich auch die Ursache der Rassetheorien im Allgemeinen und des Antisemitismus im Besonderen, wie sie die Hitler-Bewegung in die Massen getragen und mit vielfach terroristischen Mitteln propagiert hat. Die sogenannte "Stimme des Blutes", zu der eine geist- und zuchtlose Halbwissenschaft die wirklichen Ergebnisse der biologischen Erkenntnis zurecht gefälscht hat, der biologische "Intuitionismus" germanischer Aufmachung macht aus der unbestreitbaren Tatsache, dass das Wesen der menschlichen Fortpflanzung und Geburt noch ein Geheimnis ist, ein Mysterium des Reckenhaften, des Blonden, Langköpfigen und was noch mehr der angeblichen Merkmale eines aufgenordeten Deutschtums sind. Diesem Germanentypus werden dann alle guten, insbesondere alle heroischen Eigenschaften zugeschrieben, ohne dass die biologische Grundtatsache beachtet würde, dass die Haltung für den Menschentypus vielleicht wichtiger ist als die Züchtung. Liest man die "Gesichtspunkte", die die Biologen der Hitler-Bewegung in ihren der Rasseveredlung gewidmeten "Erscheinungsberichten" geltend machten, so glaubt man sich geistig mehr in einen Pferdestall als zu den Menschenverbessern versetzt. Alle diese Rassezüchter schwärmen für Willensfreiheit und Heldentum. Sie merken nicht einmal, wie sehr dieser Schwärmerei ihre kleinliche Lehre von den äußeren Kennzeichen "guter" und "schlechter" Rasse widerspricht, wie sehr gerade der schrankenlose Determinismus dieser Auffassung jedwede geistige Veredlung als ein zweckloses Beginnen erscheinen lassen würde. Würde man tatsächlich

[951] Vgl.: Ian Kershaw, Der Hitler-Mythos. Volksmeinung und Propaganda im Dritten Reich, Stuttgart 1980.

die Zucht- und Kreuzungsvorschriften der Viehproduktion auf menschliche Zustände anwenden, so könnten damit vielleicht Produkte erreicht werden, die sich so ähnlich sind wie die Mitglieder einer Viehherde. Individualitäten menschlicher Art oder überhaupt etwas, was über das Körperliche wesentlich hinausgeht, könnten damit nicht erzeugt werden. Hierfür soll dann freilich die Hitler-Bewegung vom Embryo-Stadium bis zur Führerschule sorgen, eine grauenhafte geistige Perspektive für alle, die körperliche, geistige und seelische Uniform nicht als der Weisheit letzten Schluss ansehen, die vielmehr den "Rassewert" eines Menschen aus der Gesamtheit seiner durch Vererbung angeborenen Eigenschaften und der durch Tradition, Umwelt, Landschaft, Familie, Schule, Selbstzucht und Erlebnissumme entwickelten Persönlichkeit schließen[952].

Immerhin stellten diese geistigen Komponenten der Hitler-Bewegung eine Art Versuch dar, den deutschen Menschen aus dem Elend der Niederlage zu einem, wenn auch grundfalschen, neuen Wertbewusstsein zu erziehen. Im Hitler-Alltag, vor und nach Erringung der "Macht", blieben aber alle diese schönen Worte nur Theorie. Die Hitler-Bewegung war trotz der angeblichen Rassevorzüge ihrer Anhänger außerstande, irgend ein konkretes geistiges Programm aufzustellen oder gar zu verwirklichen. Sie strebte die Macht nur um der Macht willen an. Sie weiss aber von errungener Macht keinen positiven Gebrauch zu machen. Sie war in ihren Entwicklungsjahren eine typische Anti-Bewegung, gegen Parlament, gegen Demokratie, gegen Juden, gegen "Marxisten". Es war aber nicht zu erfahren, wofür sie war, weil sie es offenbar selbst nicht wusste. Nach Ergreifung der Macht hat sie sich als Meisterin der Vernichtung erwiesen. Sie hat die Rolle des politischen, wirtschaftlichen und ethischen Colorado-Käfers[953] übernommen. Wohin immer sie gelangt, da breitet sich Tod und Vernichtung, Galgen und Terror, Furcht und Verzweiflung, Hass und Abscheu, Hunger und Elend aus. In keinem der von ihr unterdrückten Länder hat sie moralische Eroberungen machen können, weil sie keinem etwas gegeben und allen nur genommen, weil sie keinem Respekt, nur jedem Angst einzuflößen verstand, eben weil niemand an ihr irgendwelche positiven Züge, jedermann aber die bedenkenlose Gier nach Macht um der Macht willen gefunden hat. In allen von ihr unterdrückten Ländern haben sich deshalb

[952] Vgl.: GEORGE L. MOSSE, Rassismus. Ein Krankheitssymptom in der europäischen Geschichte des 19. und 20. Jahrhunderts, Königstein 1978. Ferner HANS-WALTER SCHMUHL, Rassismus unter den Bedingungen charismatischer Herrschaft, in: KARL DIETRICH BRACHER/FUNKE/JACOBSEN (Hrsg.), Deutschland 1933-1945. Neue Studien zur nationalsozialistischen Herrschaft, Düsseldorf 1992, S. 182-191.

[953] Colorado-Käfer: = Kartoffelkäfer.

nur die elendesten, niederträchtigsten und schofelsten Verräter zur "Collaboration" mit den Machern dieser Bewegung bereit gefunden, während die unterdrückten Massen den Tag ersehnen, an dem ihre Schinder zur Hölle gehen werden. Wo immer der Nazi-Colorado-Käfer aufgetaucht ist, haben sich deshalb auch in einem nicht bekannten Masse Korruptionserscheinungen minderwertigster Art entwickelt. Leben, Freiheit, Überschreitung der Landesgrenze, Mitnahme der notwendigsten Güter, ja selbst vielfach die Möglichkeit irgendwo zu wohnen oder irgend etwas zu essen, mussten den Schindern gegen alle Formen persönlicher Bereicherung abgekauft werden, wie man sich früher die persönlichen Bedarfsartikel in einem Laden kaufte. Der "Heroismus" wirkte sich fast ausschließlich gegen die Wehrlosen aus, gegen die den Mitgliedern der sogenannten Herrenrasse wirklich kein Mittel zu feige und zu schäbig war. Während die Hitler-Biologen in der Theorie das Wunschbild des hochstirnigen, langschädeligen, heldischen, blauäugigen, blonden, treuen, nordischen Germanen schufen, hat die Praxis der Hitlerei zum bloß negativen Judenhass geführt. Ob der Judenhasser den Kopf eines Germanen oder den eines Foxterriers hat, ob seine Stirne hoch wie die eines Denkers oder niedrig wie die eines Affen ist, ob seine Züge edel oder grob, seine Hand fein ausgebildet oder eine Pranke, sein Haar hochblond oder tiefschwarz, seine Haut weiss oder braun, seine Beine gerade oder krumm sind, dass alles spielte für seine Bewertung in der Bewegung keine entscheidende Rolle, wenn er nur "überzeugt" war, dass alle Juden krumme Nasen und keinen germanischen Ehrbegriff haben, dafür aber durch umso größeren Egoismus, durch Geldgier und hetzerische Gesinnung charakterisiert sind, dass sie zugleich kommunistisch und plutokratisch, demokratisch und reaktionär, schwächlich pazifistisch und gewalttätig revolutionär sind.

Die völlige Programmlosigkeit der Nazi-Bewegung ist also kein Zufall, sie ist die geistige und sittliche Not von Leuten, die kraft ihrer Struktur nur niederreissen und zerstören, niemals aber aufbauen und schöpferisch wirken können. Da alles das, was sie unter Aufbau verstehen und verstanden haben, nur Kriegsvorbereitung war, ist auch ihre Moralauffassung, hinsichtlich der Nichteinhaltung gegebener Versprechungen, logisch. Ein Eid, eine feierliche Beteuerung, ein Vertrag, ein Bündnis, eine Freundschaftserklärung sind für sie lediglich technische Mittel im Völkerkampf, die man nach Bedarf wechselt, wie man die Technik von Uniformen oder Maschinengewehren wechselt. All dieser massenhaft verübte Betrug, Verrat, Zynismus marschierten unter der Parole der Vaterlandsliebe, konnte sich aber nur definitiv durchsetzen mit dem Mittel der Furchterregung nach innen und nach außen. Er basierte überall auf der taktischen Erwägung, dass das jeweils zu erledigende Volk und seine Führer "schwach" genug seien, an den ererbten Begriffen von Vertrauen, Wahrheit, Anstand, Fairness festzuhalten und deswegen Leute, die in der biederen Maske von Menschen auftraten, auch für Menschen zu halten. Man weiss, dass auf solche Weise nicht nur ein urteilsunfähig gewordener Greis mit einem Stück Papier nach Hause kam, durch das er "peace in our time" verwirklicht sah[954], weil es unterschrieben war, man weiss aber auch, wie schlau sich die gewiss gerissenen Leiter des heutigen Russland vorkamen, als ihnen ein früherer Weinreisender im Auftrag des Schückelgruber, unter Berufung auf Bismarck, einen solchen Fetzen Papier übergab[955]. Der Besitz eines solchen Blattes genügte ihnen, um ihre ganze antinazistische Vergangenheit zu leugnen und propagandistisch die Abwehr des Weltcoloradokäfers Schückelgruber zu einem imperialistischen Raubkrieg umzufälschen.

98. *Nazipropaganda*

Zu der Zeit, zu der Schückelgruber seine fünf Jahre Festungshaft wegen vollendeten Hochverrats erhielt und zu der er auf der Festung Landsberg mit Heß "Mein Kampf" zusammenbraute, ging es im Kleinen genau so, wie später im Großen. Trotz des Nachweises der verräterischen, eidbrüchigen, gewalttätigen, rücksichtslosen Gesinnung, die Schückelgruber und seine Helfer bei Vorbereitung und Durchführung ihres Putsches erwiesen hatten, wollten nämlich die reaktionären Kräfte Bayerns und Deutschlands an die Gefährlichkeit dieser Bewegung und dieses "Führers" nicht glauben. Er war zu sehr Fleisch von ihrem Fleische, seine Phraseologie und seine politischen Methoden waren den ihrigen zu ähnlich, als dass er ihnen im Grunde genommen nicht doch irgendwie bequem gewesen wäre. Unter dem Stichwort des Kampfes gegen den "Marxismus" führten seine Leute einen geräuschvollen und gewalttätigen Massenangriff gegen die verfassungsmäßigen Grundlagen der Sozialpolitik, gegen Gewerkschaften, Arbeitsrecht, Tarifvertrag, Gleichberechtigung im Betrieb. Unter der Parole des Kampfes gegen das Judentum schmeichelten sie den kritiklosen Elementen des Mittelstandes mit ihrer Propaganda gegen Warenhäuser, Konsumvereine und Banken. Sie dachten dabei nicht ernstlich an eine Beseitigung dieser Institutionen, vielmehr immer nur daran, ihren Diebstahl für die eigenen Zwecke und für die Unterbringung

[954] NEVILLE CHAMBERLAIN, (1869-1940), englischer Premierminister, nach dem Münchner Abkommen. Vgl.: Anmerkung 865.

[955] Anspielung auf den Ribbentrop/Molotow-Pakt von 23.08.1939. Joachim von Ribbentrop war "ein früherer Weinreisender". Vgl.: RGBl. 1939, II., S. 968.

der eigenen Leute vorzubereiten. Dem durchschnittlichen Unternehmer gefiel es großartig, dass er in einem Nazisystem der "Führer" seines Geschäftes, die Angestellten und Arbeiter aber nur die "Gefolgschaft" sein sollten. Der Radauantisemitismus der Bewegung konnte die mit gesellschaftlichem Antisemitismus längst durchsetzten höheren Klassen des Landes nicht allzu sehr stören. Man fand ihn zwar etwas exaltiert, jedoch nicht selten nützlich. Tatsächlich gab es keine Professur eines berühmten jüdischen Gelehrten, keine große jüdische Anwalts- oder Arztpraxis, keine große jüdische Produktions- oder Handelsfirma, für deren Gehalt, Einkommen, Fabrikgeheimnisse, Waren, Kapitalien nicht irgend welche Anwärter der "Herrenrasse" vorhanden gewesen wären, das heißt, Leute, die, unfähig, den Konkurrenten zu verdrängen, auf den Tag hofften, wo sie ihm die Früchte seines Werkes als "arische" Diebe wegnehmen könnten. Gerade auf diesem Gebiet kam die Nazipraxis den geschäftlichen Ambitionen aller Minderwertigen und Deklassierten in raffinierter Weise entgegen. Weit davon entfernt, an eine ideale Einstellung zu appellieren, schuf sie einen Generalmobilmachungsplan aller schmutzigen Raubinstinkte und setzte ihn nach "besten" Kräften in die Wirklichkeit um[956].

Den widerlichsten Teil dieses ganzen Kapitels bildete ohne Frage die dabei angewandte Dialektik. Solange die Nazis nicht an der Macht waren, schworen sie, trotz ihrer allseits bekannten Gesetzesverachtung, Legalitätseide über Legalitätseide[957]. Jeden Schurkenstreich gegen die bestehende Verfassung "begründeten" sie mit den Bestimmungen dieser Verfassung, jede wenn auch noch so sanfte Abwehr des Staates akklamierten sie als einen Verstoß gegen die – von ihnen gehassten und verachteten – demokratischen Grundrechte. Sie, denen jedermanns Ruhe, jedermanns Ehre, jedermanns Besitz, jedermanns Stellung, jedermanns politische Rechte vogelfrei waren, wenn sie nur in der Mehrzahl waren, waren angeblich immer die armen Angegriffenen, die ihre Räubereien und Niederträchtigkeiten in "berechtigter Notwehr" ausführten. Wenn sie den Juden Ehre und Besitz stahlen, so war dies nur Deutschenschutz, Wiederherstellung deutscher Ehre. Wenn sie Gesetze machten, durch die sie die Berufsbeamtenschaft zu einem großen Teil aus ihren Stellungen verjagten und durch ihre Parteileute ersetzten, so nannten sie dies "Wiederherstellung des Berufs-

[956] Vgl.: Avram Barkai, Vom Boykott zur "Entjudung". Der wirtschaftliche Existenzkampf der Juden im Dritten Reich 1933-1943, Frankfurt/M. 1988.

[957] Neben dem berühmten Legalitätseid Hitlers im sog. "Reichswehrprozeß" ist hier das Plädoyer Franks in einem Prozeß Hitlers gegen die Münchener Post anzuführen. Vgl.: Die "legale" Bartholomäusnacht. Prozeß Hitler gegen Münchener Post, in: Münchener Post 06.04.1932, S. 4 f.

beamtentums"[958]. Wenn sie bisher für heilig gehaltene Begriffe der Familie und Freundschaft aufhoben und jede menschliche Gemeinschaft mit ihrem schmutzigen Spitzelapparat verseuchten, wenn sie minderjährige Mädchen wahllos der geschlechtlichen Gier verantwortungsloser Burschen aussetzten, so nannten sie dies "Schutz der Familie", "Kameradschaft", "Sorge für erbgesunden Nachwuchs"[959]. Einer der besten deutschen Historiker hat diese niederträchtige Methode mit dem Ausdruck "Abwertung der Begriffe" bezeichnet. In der Tat, ein idealer Begriff, von einem Nazi benutzt, verwandelt sich sozusagen von selbst in Schmutz.

Die hauptsächlichsten Mittel zur Durchsetzung solcher Methoden nach innen und außen waren Propaganda und Terror. Schückelgruber hat die Methoden der Propaganda in "Mein Kampf" besser beschrieben als irgend jemand anders[960]. Kernpunkt ist, dass die Propaganda nicht auf das Niveau des Klügsten, sondern auf das des Dümmsten abzustellen hat. Aber auch der Dümmste könnte niemals sofort glauben, was Schückelgruber ihm erzählen lässt. Daher das zweite Mittel: man muss eine Behauptung solange wiederholen, bis sie geglaubt wird. Mit einem solchen verlumpten System konnte aber immerhin nur eine fanatisierte Minderheit angezogen werden, vor allem die aus irgend einem Grunde Enttäuschten und Verzweifelten, gewisse Teile der Arbeitslosen und der Deklassierten, ferner die Schichten, die den Verlust gesellschaftlicher oder wirtschaftlicher Machtstellung und Geltung nicht verwinden konnten. Um die Propagandalügnerei, nach innen gesehen, für ein ganzes Volk effektiv zu machen, musste der totale Terror hinzukommen: Vernichtung aller politischen, wirtschaftlichen, geistigen, ethischen, religiösen Gegenkräfte, blutige und unmenschliche Verfolgung jeder nicht "anerkannten" Meinung, Leistung, Gesinnung, auf dem Gebiete des öffentlichen Lebens, der Wissenschaft, der Kunst, der Organisation, Schaffung eines durch alle Zellen der Gesellschaft hindurchgehenden Spitzel- und Denunziationsapparates mit völliger Wehrlosigkeit des Denunzierten gegenüber den herrschenden Mächten, Abschaffung jeder konstitutionellen und sonstigen rechtlichen Garantie gegen Unrecht, Ausbeutung und völlige Vernichtung seitens der Machtträger. Nur auf diese Weise war jener Zustand völliger Lähmung zu schaffen, kraft dessen Eltern nicht mehr vor Kindern, Geschwister nicht mehr vor Geschwistern, Freunde nicht mehr vor vermeintlichen Freunden sicher waren, auf Grund

[958] Gesetz zur Wiederherstellung des Berufsbeamtentums vom 07.04.1933. Vgl.: RGBl. I, 1933, S. 175.

[959] Vgl.: Gesetz zum Schutze des deutschen Blutes und der deutschen Ehre vom 15.09.1935, in: RGBl. I, 1935, S. 1146.

[960] ADOLF HITLER, Mein Kampf, 263.-264. Aufl., München 1937, S. 194 ff.

dessen vielmehr Unterlassung jeder auch noch so vorsichtigen Kritik auf der einen und sichtbares Mitmachen auf der anderen Seite den einzigen, wenn auch häufig brüchigen, Schutz der Existenz darstellten. Wer immer den Schückelgruber von 1923 und seine Banditen-Collegen aus persönlicher Wahrnehmung kennenlernte, für den war es schon damals absolut klar, dass eine "Zähmung" dieser Bestien in Menschengestalt durch die Zuordnung von Verantwortung etwas völlig Aussichtloses sei, dass vielmehr nur ihre gewaltsame Niederhaltung und ihre politische Ausrottung durch eine lückenlose Gesetzgebung und deren kompromisslosen Vollzug Staat und Gesellschaft vor dem schauerlichsten geistigen und sittlichen Niederbruch aller Zeiten bewahren könne. Ich hatte mir diese Meinung nicht auf einer theoretischen Grundlage, sondern durch eine Summe praktischer Beobachtung gebildet. Mein und meines Collegen Hirschberg Büro war von den frühesten Zeiten der Nazi-Bewegung an eine juristische "Station" gegen diese. Bis etwa 1928 trat Schückelgruber vielfach in den von uns gegen ihn und seine Bewegung geführten Aktiv- und Passivprozessen als Kläger, Beklagter, Zeuge auf. Ich bin von unzähligen Menschen schon gefragt worden, wie seine Wirkung als Redner gewesen sei und was ich als die Quelle des Erfolges seines rednerischen Auftretens, vor allem bei Frauen, ansehe. Ich gab den Fragern immer zu bedenken, dass Schückelgrubers Auftreten in Volksversammlungen, wo er seine wesentlichsten Massenwirkungen ausübte, sicherlich ein anderes war, als das im Gerichtssaal. In der Versammlung hatte er völlige Rede-, Schrei- und Hetzfreiheit. Ich konnte aber die Wirkung dieser Komponenten nie persönlich studieren, weil ich als Jude die Hitlerversammlungen nur unter Hausfriedensbruch hätte aufsuchen können, den zu verüben die Selbstachtung verbot. Im Gerichtssaal dagegen musste Schückelgruber sich einigermaßen beherrschen und einen Anstand mimen, von dem man genau fühlte, dass er nicht zu seiner Natur passte. Er musste, so schwer dies hielt, versuchen, ein reguläres Deutsch zu sprechen. Er musste von den ordinärsten Beschimpfungen und von den frechsten Verdächtigungen seiner jeweiligen Gegenpartei Abstand nehmen, ja er musste gelegentlich versuchen, die Rolle eines feinen Mannes zu spielen, die zu ihm wirklich wie die Faust aufs Auge passte. So sehr er sich aber auch in diesem Sinne bemühte, so wenig regelmäßig hatte er damit Erfolg. Oft ging sein Naturell mit ihm durch und der flegelhafte Hetzer, der schmutzige Rüpel präsentierte sich in Reinkultur. Dies war vor allem häufig so, wenn er jüdischen Gegnern gegenüber stand. Aus seinen Versammlungen konnte er sie hinausprügeln lassen und war nie der Notwendigkeit einer Diskussion mit ihnen ausgesetzt. Im Gerichtssaal dagegen hatte er ihnen gegenüber jenen Mindestanstand zu wahren, der ihn vor schweren Ordnungsstrafen oder Kriminalstrafen schützte. Gleichwohl versuchte er, schon in einem frühen Stadium seiner Bewegung im Gerichtssaal eine Sondermethode gegen Juden durchzuführen. Wenn ihm zum Beispiel ein jüdischer Anwalt, in Ausübung der ihm anvertrauten Parteirechte, im Kreuzverhör Fragen vorlegte, so beantwortete er sie niemals sofort, sondern wendete sich zunächst, mit verächtlicher Miene, an den Präsidenten des Gerichts, mit der Gegenfrage: "muss ich diesem Judenanwalt antworten?" Wenn der Vorsitzende ihm dann in mehr oder weniger energischer Weise die Beleidigung des jüdischen Anwaltes verbot und ihn zu einer anständigen Antwort anwies, versuchte er es nicht selten noch mit einer zweiten Unverschämtheit, indem er sich mit schmieriger Höflichkeit an den Vorsitzenden wendete und sagte, der Präsident möge doch die "Erregung" verstehen, in der er sich befinde, wenn er die Luft dieses Raumes mit einem Juden teilen müsse. Diese Methode wurde jahrelang von den gesamten kleineren Banditen der Bewegung imitiert. Ein Meister der feigen Niedertracht war in dieser Beziehung zum Beispiel sein Adlatus Frank II. Wenn er am Richtertisch mit einem jüdischen Anwalt zusammensaß, murmelte er beispielsweise minutenlang leise vor sich hin: "Jud, Jud, Jud, Jud, Jud, Jud,...." Wenn der Anwalt dann etwas sagte: Herr Vorsitzender, hören Sie nicht, was dieser Herr da flüstert?" dann erhob er sich in seiner ganzen "Größe" und schrie mit Stentorstimme: "Jüdische Verleumdung!". Wenn Schückelgruber oder einer seiner "Paladine" dann vom Gericht Ordnungsstrafen zudiktiert erhielten, dann brachten sie seitenlange Berichte in ihren Blättern über die "Verjudung" der deutschen Justiz, die es "kerndeutschen" Männern unmöglich mache, dort noch ihr "Recht" zu erhalten. Ein Richter, über den öfters derartige Verleumdungen im "Völkischen Beobachter" oder anderen Hitler-Gazetten abgedruckt waren, musste dabei immer gewärtig sein, von der Justizverwaltung des Franz Gürtner angeschnauzt und im Avancement zurückgesetzt zuwerden. Die große Masse der Richter legte daher gegenüber Schückelgruber und seinen Unterführern eine begreifliche Vorsicht an den Tag. Dies war die gewollte Wirkung des ordinären Auftretens und der noch ordinäreren Berichterstattung der Nazis.

Immerhin waren diesem Treiben verhältnismäßig enge Grenzen gesetzt, und ich hatte deshalb reichlich Gelegenheit, Schückelgrubers und seiner Leute Auftreten im Gerichtssaal zu studieren und die Wirkung des Auftretens auf die Öffentlichkeit zu beobachten. Ich glaube mich deshalb in dem hier angegebenen, beschränkten Umfang zu einem Urteil über die öffentliche Wirkung Schückelgrubers als Redner befugt. So gut wie sicher scheint mir, dass er mit seinem Äußeren keine großen Effekte erzielt haben kann. Die Visage – Mittelding zwischen Heiratsschwindler und Damenfriseur – hat auch für wirklich Anspruchslose nichts Anziehendes. Nach dem Urteil Professor Max von Grubers, dessen zugespitzter Nationalismus dem Schückelgrubers sicherlich wesensverwandt war, zeigte Adolfs Körperlichkeit alle Kennzeichen "schlechter Rasse". Der Präsident der bayrischen Akademie der Wissenschaften und ordentliche Professor der Rassenhygiene an der Münchener Universität war zwar, wie wir in diesen Erinnerungen erfahren mussten, selbst ein Fanatiker, immerhin war er ein Mann der Wissenschaft und ein genügend objektiver Gelehrter, um erschreckt und bedrückt zu erkennen, dass Schückelgrubers Exterieur das Gegenteil eines Exponenten einer "Herrenrasse" sei. Auch das physische Instrument der Rede Adolfs, seine Stimme, war alles andere als attraktiv. Sie war nicht besonders kräftig, entbehrte des Wohlklanges und wurde krächzend und grunzend, wenn der Redner sich in "Erregung" hineinposierte. Gewisse "Kenner" haben seinen Augen eine "magische" Wirkung zugeschrieben. Sie wurden von vielen als "stahlhart", abgrundtief", und was dergleichen Gemeinplätze mehr sind, bezeichnet. Ich glaube nicht, dass eine derartige Wirkung bei halbwegs Normalen eingetreten ist. Das ganze Gesicht war zu gewöhnlich und dazu noch durch den ewig weitaufgerissenen Mund und die feindlich wirkende Bürste seines Schnurrbärtchens entstellt, als dass ich an eine größere Massenwirkung durch irgend einen Teil seiner Körperlichkeit glauben möchte. Im Versammlungssaal sollen es vor allem die hysterischen Züge seines Wesens gewesen sein, die die Massen aufregten, die ewige Ruhelosigkeit, die sich selbst übertrumpfenden Gesten, der enorme Lärm, zu dem er sein Organ steigern und das weinerliche Flüstern, zu dem er es nach Art eines Schmierenschauspielers abschwellen lassen konnte. Im Gerichtssaal blieben ihm alle diese Wirkungen versagt, da er dort eben "zivilisierter" auftreten musste. Als er sich einmal in einem verhältnismäßig kleinen Saal zu einer Schreiszene erhob, deren Getöse für eine große Massenversammlung ausgereicht hätte, bat ich den Vorsitzenden "den Herrn Redner zu veranlassen, seinen Lautsprecher auf Zimmerstärke zu stellen, um Störungen der Nachbarschaft zu vermeiden". Schückelgruber, tobend vor Zorn, fragte den Vorsitzenden, ob er sich diese "Verhöhnung" von "diesem Judenanwalt" gefallen lassen müsse. Der Vorsitzende nahm jedoch meine Partei und sagte, ich hätte gegenüber der Art, wie sich Herr Hitler in diesem Saale benehme, das zulässige Maß der Kritik nicht überschritten. Dies trug nicht nur mir, sondern auch diesem Vorsitzenden eine Flut von Beschimpfungen in der Nazipresse ein. Auch in privaten Zuschriften kam das Niveau der Anhänger Schückelgrubers bei diesem Anlass in charakteristischer Weise zum Ausdruck. Ein "Offizier", der freilich zu tapfer war seinen Namen zu nennen, schrieb mir den eleganten Satz: "Saujud, wenn mir mein Säbel nicht zu schade wäre, würde ich ihn Dir in Deine Hundejudenfresse schlagen". Eines der südbayrischen

Hitlerorgane sagte sinnig, Erhängen, Erschießen und Guillotinieren seien für mich zu feine Todesarten, die einzige adaequate Todesart sei, mich zu Hundsfressen machen. Schückelgruber selbst riskierte im Gerichtssaal eine solche Tonart nicht. Abgesehen von der ständigen Verwendung der Ausdrücke "Jude", "Judenanwalt", markierte er "parlamentarische" Formen. Das Hervorstechendste an seinem Auftreten war seine völlige Unfähigkeit zur Führung einer geordneten Diskussion. Es gab Leute, die meinten, dass ihm zu einer solchen die Intelligenz gefehlt habe. Ich glaube dies nicht. Vielmehr führe ich seine Diskutierunfähigkeit darauf zurück, dass in der eigenen Bewegung kaum jemand mit ihm zu diskutieren gewagt hätte und dass ihm deshalb jede Routine für eine Diskussion fehlte. Sein Lebenselement war die einseitige Rede, auf die niemand antworten konnte und durfte, die, so unsinnig und unwahr auch im Einzelfalle ihr Inhalt sein mochte, von den Versammlungsteilnehmern nur mit lautem Beifallsgeschrei aufgenommen werden durfte. Schückelgruber war deshalb an sich schon wütend, wenn er zu einer Diskussion genötigt war. Er empfand neben dem Kommandieren nur das einseitige Deklamieren als die ihm gebührende Ausdrucksform. Er war deshalb durch die kleinste Gegenbemerkung, insbesondere durch den bescheidensten Witz, sofort aus dem Konzept zu bringen und entbehrte in jeder improvisierten Erwiderung des Formates und der Geschliffenheit.

99. *Rechtsanwalt Luetgebrune*

Von etwa 1928 an überließ es Schückelgruber fast ausschließlich nazistischen Anwälten, seine Vertretung vor Gericht zu führen. Unter denen, die seine Vertretung und diejenige seiner Unterführer führten, ragte als einziges juristisches und forensisches Talent der Vertreter Röhms, Rechtsanwalt Luetgebrune,[961] hervor. Er war von Hause aus ein Kriminalist von Ansehen und hatte Jahre lang mit Juden in absolut kollegialer Weise kooperiert. So hatte er zum Beispiel für das Sammelwerk des jüdischen Rechtsanwalts Dr. Alsberg[962] über den "Justizirrtum" einen recht wertvollen Beitrag geliefert. In die Nazibewegung kam er aus Konjunkturgründen hin-

[961] Dr. Walter Luetgebrune (18.02.1879-21.08.1949), Rechtsanwalt der NSDAP. Vgl.: Rudolf Heydeloff, Staranwalt der Rechtsextremisten. Walter Luetgebrune in der Weimarer Republik, in: Vierteljahreshefte für Zeitgeschichte 32, 1984, S. 373-421.

[962] Vgl.: Walter Luetgebrune, Ein Wiederaufnahmeverfahren zur Nachholung der Verteidigung gegenüber einer für den Angeklagten nicht erkennbaren Klageänderung. Untreue, in: Dr. Max Alsberg, Justizirrtum und Wiederaufnahme, Berlin 1913, S. 317-326. Dr. Max Alsberg (17.10.1877-11.09.1933), Rechtsanwalt; er verteidigte sowohl Karl Helfferich als

ein. Die erfolgreiche Verteidigung eines Fememörders ließ in ihm den seiner völlig unwürdigen Gedanken reifen, ein eigenes Buch zugunsten der Fememörder zu schreiben, das im Jahre 1928 in München unter dem vornehmen Titel "Wahrheit und Recht für Feme, schwarze Reichswehr und Oberleutnant Schulz"[963] erschien und das an dem Falle des wegen Fememords zum Tode verurteilten Schulz den Nachweis zu führen suchte, dass ein echter deutscher, treuer Fememörder in Wirklichkeit in "Staatsnotwehr" handle, ja sozusagen ein designierter Retter des Staates sei. Diese Selbstprostituierung Luetgebrunes hatte den beabsichtigten Erfolg eines Massenzustromes von Nazis in seine Praxis und erheblich gesteigerter Einnahmen. Die dadurch bedeutend vermehrte Publizität seines Namens brachte ihm, auch außerhalb der Nazikreise, erhebliche Mandate ein, so die Verteidigung verkrachter früherer "Wirtschaftsführer". Schließlich setzte er jedoch auf das falsche Pferd, indem er sich zur Übernahme der Vertretung Röhms und seiner homosexuellen Freunde in deren zahlreichen Prozessen veranlassen ließ. Die wesentlichsten dieser Prozesse spielten im Jahre 1932, zu der Zeit, als Schückelgruber zum ersten Mal bei der Reichspräsidentenwahl gegen den alten Hindenburg kandidierte. Während dieses Wahlkampfes veröffentlichte ein ehemaliger nationalsozialistischer Journalist[964], der auf die demokratische Seite übergegangen war, eine Anzahl von Briefen des Röhm an seine homosexuellen Freunde. In diesen Briefen schwärmte dieser damalige engste Freund Schückelgrubers und oberste Führer der nazistischen S.A. von den Herrlichkeiten der Homosexualität. Die Männerabteilung des Berliner Dampfbades war für ihn das Paradies. Über den Reiz von Negerknaben mit stramm gezogenen Hosen wusste dieser Erneuerer Deutschlands Dithyrambisches zu sagen. Da Schückelgruber immer wieder seine enge persönliche Verbundenheit mit diesem Edelmann betont hatte, war die Veröffentlichung während des Wahlkampfes ein schwerer Schlag gegen ihn

auch Carl von Ossietzky. Vgl.: CURT RIESS, Der Mann in der schwarzen Robe. Das Leben des Strafverteidigers Max Alsberg, Hamburg 1965. Ferner: TILLMANN KRACH, Max Alsberg. Der Kritizismus des Verteidigers als schöpferisches Prinzip der Wahrheitsfindung, in: HEINRICHS/FRANZKI/SCHMALZ/STOLLEIS, Deutsche Juristen jüdischer Herkunft, München 1993, S. 655-665 und GERHARD JUNGFER, Max Alsberg, Verteidigung als ethische Mission, in: KRITISCHE JUSTIZ (Hrsg.), Streitbare Juristen. Eine andere Tradition, Baden-Baden 1988, S. 141-152.

[963] DR. WALTER LUETGEBRUNE, Wahrheit und Recht für Feme, schwarze Reichswehr und Oberleutnant Schulz, München 1928.

[964] DR. HELMUT KLOTZ, Oberleutnant zur See a.D., ehemaliger Spitzenkandidat der NSDAP in Baden, Veröffentlichung von Briefen Röhms über Homosexualität, Verteidiger im Prozess war Philipp Loewenfeld. Vgl.: BURKHARD JELLONNEK, Homosexuelle unter dem Hakenkreuz. Die Verfolgung von Homosexuellen im Dritten Reich, Paderborn 1990, S. 67. Vgl.: "Röhm ohrfeigt sich selbst",in: Münchener Post 21.07.1932, S. 2.

persönlich, zumal auf dem Titelblatt Röhm und Schückelgruber zusammen in S.A.-Uniform, in der ersten Reihe einer nazistischen Versammlung sitzend, photographisch gezeigt wurden. Die Broschüre erregte riesiges Aufsehen und wurde in zwei Wochen in mehr als einer halben Million Exemplaren verkauft. Die Echtheit der Briefe konnte von Röhm nicht in Abrede gestellt werden, da es dem Journalisten gelungen war, sich photographische Faksimiles zu besorgen, deren Vergleich mit der Schrift Röhms die Echtheit außer jeden Zweifel stellte. Die Briefe selbst waren im Besitz einer preußischen Behörde, die sie bei einer Haussuchung bei dem homosexuellen Freunde Röhms beschlagnahmt hatte. Auf diese Weise war es Röhm und dem Empfänger der Briefe auch unmöglich, die Originale zu beseitigen. Die Methoden, mittels deren Luetgebrune nun im Zusammenwirken mit der Hitlerpresse die Öffentlichkeit zu täuschen und zu belügen suchte, waren für den Stand der nazistischen Moral überaus charakteristisch. Mit der Behauptung, dass die Veröffentlichung der Briefe ein unzulässiges Eindringen in Röhms Privatsphäre sei, erwirkte er beim Amtsgericht München eine einstweilige Verfügung, durch die dem Journalisten die weitere Verbreitung der Broschüre verboten und durch die die Einziehung der noch vorhandenen Exemplare angeordnet wurde. Kaum war diese gerichtliche Entscheidung ergangen, so erklärte die ganze Nazipresse mit großen Schlagzeilen, dass auf Grund dieser "mannhaften" Entscheidung einer weiteren "Verleumdung" Röhms ein Riegel vorgeschoben sei, suchte also den Anschein zu erwecken, als ob die Broschüre über die Röhm-Briefe irgend eine Unwahrheit enthalte. Als Vertreter des Journalisten legte ich gegen die einstweilige Verfügung des Amtsgerichts Widerspruch ein. In ihm setzte ich auseinander, dass von einem unzulässigen Eindringen in eine Privatsphäre keine Rede sein könne. Es bestehe vielmehr ein erhebliches öffentliches Interesse daran, ob einer der mächtigsten politischen Zutreiber des Reichspräsidentenkandidaten, der zugleich Chef eines Privatheeres von mehr als einer halben Million junger Männer sei, der einwandfreie Idealist und bedeutende Parteiführer sei, als der er in einer riesenhaften Agitation ausgegeben werde, oder ob es sich um einen perversen Schädling handle, den illegale Geschlechtsbedürfnisse an jene große Organisation junger Männer ketteten. Das deutsche Volk habe ein Recht darauf, zu erfahren, wer die Leute seien, die das angeblich korrupte demokratische System durch eine angeblich sittenreine nordische Rasseherrschaft ersetzen wollten. Wer sich, wie der Reichspräsidentenkandidat Adolf Hitler und seine Umgebung, mit jedem erlaubten und unerlaubten Mittel in den Brennspiegel des öffentlichen Lebens zu stellen suche, der müsse es sich gefallen lassen, dass man feststelle, welcher gewaltige Zwiespalt zwischen seinen angeblichen Idealen und seiner wirklichen Betätigung bestehe. Nach den deutschen Prozessgesetzen war der Widerspruch gegen die einstweilige Verfügung bei demselben Gericht einzulegen, das die Verfügung erlassen hatte. Als das Gericht nun zur Verhandlung über meinen Widerspruch Termin ansetzen wollte, erklärte Luetgebrune auf einmal, das Gericht - das er selbst angerufen hatte - sei zur Entscheidung der Sache nicht zuständig und beantragte Verweisung an das nächsthöhere Gericht. Die Amtsgerichte waren damals nur in Rechtsstreitigkeiten zuständig, bei denen der Wert des Streitgegenstandes, nach der Schätzung des Gerichts, unter M 1000,-- war. Wurde der Wert des Streitgegenstandes höher geschätzt, dann waren die nächsthöheren Landgerichte zuständig. Luetgebrune behauptete nun, – um eine Verschleppung der Entscheidung über die Zeit der Reichspräsidentenwahl hinaus zu erreichen – der Wert des Streitgegenstandes sei über M 1000,--. Früher hatte er dergleichen nicht behauptet. Der Amtsrichter, der die einstweilige Verfügung erlassen hatte, war glücklich, durch die Behauptung einerseits der Entscheidung über die Gesetzmäßigkeit seiner einstweiligen Verfügung enthoben zu sein und andererseits - seine Sympathien lagen auf Naziseite - effektiv zu der Verschleppung der Entscheidung beizutragen. Unter der Überschrift: "Der Geldwert nationalsozialistischer Führerehre"[965] schrieb ich damals in einem Münchener Blatt, das Publikum werde bestimmt mit Interesse erfahren, dass die Geschlechtsehre des Obersten S.A.-Führers, den Schückelgruber zum Reichswehrminister des Dritten Reiches ausersehen habe, vor 14 Tagen, nach der Schätzung seines eigenen Anwalts, noch einen Wert von weniger als M 1000,-- gehabt habe, während sie jetzt, nach der Schätzung desselben Anwalts, schon über M 1000,-- wert sei. Auffallend sei, dass auch ein staatliches Gericht diesen verschiedenartigen Preiskurant der Geschlechtsehre Röhms anerkannt habe, indem es sich vor Einlegung meines Widerspruchs als zur Entscheidung zuständig, nach Einlegung meines Widerspruchs aber als zur Entscheidung unzuständig erklärt habe. Die höhere Einschätzung des Geldwertes nationalsozialistischer Führergeschlechtsehre müsse einen Zweck haben. Der Zweck sei offenbar. Es solle die endgültige gerichtliche Entscheidung darüber, dass diese Ehre in Wirklichkeit keinen Groschen wert sei, möglichst lange vereitelt werden. Derselbe Mann, der zuerst von dem staatlichen Gericht eine Entscheidung in dem beschleunigten summarischen Verfahren verlangt habe, mache nun rabulistische Kunststücke, um die Feststellung der Wahrheit hinauszuziehen. Luetgebrunes Kunstgriff hatte Erfolg. Der Tag des zweiten Wahlganges für die Reichspräsidentenwahl war auf 10. April 1932

[965] ANONYM, Der Geldwert nationalsozialistischer Führerehre. Tausend Mark oder mehr? in: Münchener Post, 24.06.1932, S. 5.

angesetzt. Es gelang Luetgebrune, den landgerichtlichen Termin auf die zweite Aprilhälfte 1932 hinauszuschieben. 4 Tage nach seiner Wahl verbot Hindenburg Röhms S.A. für das ganze Reichsgebiet. Die hieran anschließenden Treibereien der Reichswehr und des Herrenclubs stellten Röhm in den Mittelpunkt der deutschen Politik. Auf Grund der von Röhm und dem späteren Reichskanzler General Schleicher[966] bei dem alten Hindenburg gespielten Intrigen fiel nicht nur das S.A.Verbot, sondern auch das Kabinett Brüning, das es Hindenburg vorgeschlagen hatte. Die rein reaktionäre Regierung des in diesem Lande hinlänglich bekannten Herrenreiters und troublemakers Franz von Papen[967] war das Ergebnis der Intrigen. In dieser Zeit war Röhm die Durchführung seines Prozesses so unbequem wie möglich. Weitere Verschleppung der Sache war daher die Aufgabe von Luetgebrune. Er löste sie mit einer solchen Meisterschaft, dass die Entscheidung der Sache erst im Juli des gleichen Jahres fiel[968]. Sie bestand darin, dass Luetgebrune schließlich den Antrag auf Aufrechterhaltung der einstweiligen Verfügung zurückzog, sodass das Gericht die Verfügung unter Überbürdung aller Kosten auf Röhm aufzugeben, jedoch für diesen Beschluss keinerlei Begründung zu geben hatte. Luetgebrunes Lügentaktik war es also gelungen, in einer Sache, deren Wurmstichigkeit er genau erkannte, monatelang als Helfershelfer zu fungieren und auch noch bei Besiegelung seiner Niederlage, durch Zurückziehung seines Antrages, die Verbreitung der Wahrheit durch Verhinderung einer sachlichen Entscheidung des Gerichts zu sabotieren. Diese moralische Abwertung eines einst sehr angesehenen Mannes durch seinen Kontakt mit den Nazis drückte sich nicht nur in diesem Einzelfall aus. Ich erfuhr aus den Kreisen meiner Kollegen, dass Luetgebrune auch in andern Fällen Praktiken von ähnlichem Niveau ausgeführt hatte. Immerhin verließ Luetgebrune in den äußeren Formen niemals die Gepflogenheiten der anständigen Anwaltschaft. Beschimpfungen, pöbelhaftes Auftreten im Sitzungssaal, Agitationsreden vor Gericht waren und blieben für ihn etwas Unbekanntes. Nach Ausbruch des Dritten Reiches schaltete er sich auch als Konjunkturist in die Welle der Unrechtskonjunktur gegen die Juden ein, indem er die Interessen sehr reicher Juden bei Finanzbehörden und anderen Stellen vertrat. Er hatte offenbar durch den Gang der Röhm-Sachen bereits das Gefühl, aus den engeren

[966] KURT VON SCHLEICHER (07.04.1882-30.06.1934), seit 1926 in der politischen Abteilung im Reichwehrministerium, 1929 Generalleutnant und Chef des Ministeramtes, 1932 Reichswehrminister. Seit 04.12.1932 Reichskanzler, Reichskommissar für Preußen und das Reich, am 28.01.1933 zurückgetreten, am 30.06.1934 ermordet. Vgl.: ERNST DEUERLEIN, Deutsche Kanzler von Bismarck bis Hitler, München 1968, S. 445-462.

[967] FRANZ VON PAPEN (1879-1969), deutscher Reichskanzler, Vgl.: Anmerkung 863.

[968] Vgl.: Röhm ohrfeigt sich selbst..., in: Münchener Post 21.07.1932, S. 2.

Parteizirkeln der Nazis als "suspect" mehr oder weniger ausgeschaltet zu sein, sodass er sich das Odium der Vertretung von Juden sozusagen leisten konnte. Diese seine Einnahmequelle fiel erst fort, als den "arischen" Anwälten die Vertretung jüdischer Mandanten generell untersagt wurde. Mit der Ermordung Röhms und seines ganzen engeren Kreises durch Schückelgruber trat Luetgebrune definitiv in den Schatten und hatte in Deutschland als ein erledigter Mann zu gelten, von dem vertreten zu werden keine persönliche Chance mehr bedeutete[969].

100. *Hetze des Völkischen Beobachters gegen Loewenfeld*

Unter den übrigen von der Centrale der "Bewegung" beschäftigten Anwälten war niemand, der durch geistige Eigenschaften oder Rednergabe irgendwie auffiel. Einige wenige suchten, nach dem Vorbilde Franks, durch lauten unverschämten Ton, Herabwürdigung und Verleumdung jüdischer Anwälte aufzufallen und Praxis an sich zu reißen. Der Erfolg dieser Bemühungen blieb schmal, auf die Masse des Publikums wirkten die Nazianwälte nicht attraktiv. Einige wenige andere suchten in dem äußeren Ton ihres Auftretens und ihrer Schriftsätze die Traditionen der Rechtsanwaltschaft zu wahren. Vielleicht der meist Beschäftigte von ihnen, der auch Schückelgruber persönlich häufig vertrat, war der Rechtsanwalt Rienhardt[970], den die Nazis auch in den deutschen Reichstag wählen ließen. Er gehörte zu denen, die mit ihren jüdischen Kollegen eine Art äußeren modus vivendi suchten. Während zum Beispiel die Haupthetzer unter den Nazi-Anwälten die Parole ausgaben, dass man mit einer von einem jüdischen Anwalt vertretenen Partei niemals einen Vergleich schließen dürfe, imitierte er dergleichen Lausbubensitten nicht. Zu was für Dingen sich aber immerhin auch solch ein "besserer" Nazi-Anwalt hergab, will ich auch durch ein Einzelerlebnis illustrieren: Eines Tages erschien auf meinem Büro ein in der Buchdruckergewerkschaft organisierter Setzer, der in jener Zeitungsdruckerei arbeitete, in der Schückelgrubers Hauptorgan, der "Völkische Beobachter" und dessen illustrierte Bildbeilage, der "Illustrierte Beobachter" gedruckt wurden. Er brachte mir die bereits ausgedruckte, je-

[969] Vgl.: Rudolf Heydeloff, Staranwalt der Rechtsextremisten. Walter Luetgebrune in der Weimarer Republik, in: Vierteljahreshefte für Zeitgeschichte 32, 1984, S. 414-421.

[970] Rolf Rienhardt (02.07.1903-das Todesdatum konnte nicht ermittelt werden), NSDAP, Rechtsanwalt, Mitglied des Reichstages. Vgl.: Stockhorst, Fünftausend Köpfe. Wer war was im Dritten Reich, Velbert 1967. Vgl.: Deutsches Führerlexikon 1934/35, Berlin 1934, S. 386 f. Vgl.: Robert Wistrich, Wer war wer im Dritten Reich, München 1983, S. 221 f.

doch noch nicht geheftete Nummer des "Illustrierten Beobachters", die 2 Tage später erscheinen sollte, mit dem ausdrücklichen Bemerken, er wolle mich dadurch instand setzen, gegenüber der darin enthaltenen Gemeinheit meine Interessen zu wahren. Auf der vierten Seite dieser Nummer war eine den größten Teil der Seite bedeckende photographische Abbildung des Türschildes meiner Kanzlei mit meinem und meiner beiden Sozien Namen darauf[971]. Unter der Abbildung stand ein "geistreiches" Gedicht, ungefähr des Inhalts, dass jedem echten deutschen Mann vor der erlauchten Pracht solcher Namen die Spucke wegbleibe. Das Ganze war einer der üblichen ordinären Hetzboykotte, wie sie damals in der Nazipresse gegen alle irgendwie öffentlich anerkannten Juden an der Tagesordnung waren. Mein Besucher verließ mich um 2 1/2 Uhr nachmittags. Um 3 1/2 Uhr nachmittags hatte ich eine einstweilige Verfügung des Amtsgerichts München in Händen, in der dem Führer Adolf Schückelgruber, als Herausgeber des "Illustrierten Beobachters", ferner dem verantwortlichen Redakteur, dem Drucker und dem Verleger, bei hohen Freiheits- und Geldstrafen, die Veröffentlichung der betreffenden Nummer mit diesem Bild und Gedicht verboten wurde. Um 4 1/2 Uhr war die einstweilige Verfügung durch den Gerichtsvollzieher allen Genannten zugestellt. Die Beseitigung dieser Seite und der Neudruck kostete bei einer Auflage von vielen hundertausenden Exemplaren sehr viel Geld. Ich war demnach nicht restlos überzeugt, ob Schückelgruber und seine Leute sich der einstweiligen Verfügung unterwerfen würden. Sie taten dies jedoch; in der öffentlichen erscheinenden Nummer war jeder Hinweis auf meine Sozien und mich vollständig verschwunden. Offenbar wussten sie nicht, ob sie die im Falle des Ungehorsams drohenden Geldstrafen nicht noch mehr kosten würden, von den angedrohten Freiheitsstrafen abgesehen. Trotzdem sich Schückelgruber der einstweiligen Verfügung auf diese Weise unterwarf, ließ er nach dem Erscheinen der "gereinigten" Nummer gegen die einstweilige Verfügung Widerspruch einlegen. Herr Rienhardt verschmähte es nicht, in dieser Sache für Schückelgruber aufzutreten. In der Gerichtsverhandlung, die in dieser Sache stattfand, eröffnete der Vorsitzende, ein älterer Richter, den Termin mit der an Rienhardt gerichteten Frage, ob er den Widerspruch aufrecht zu erhalten beabsichtige. Als Rienhardt bejahte, sagte der Richter mit vernehmlicher Stimme: "Pfui Teufel". Rienhardt warf sich hierauf in Positur und erklärte, er müsse auf Grund dieser Äußerung den Vorsitzenden

[971] Das Bild mit dem Türschild der Anwälte Dr. Max Hirschberg, Dr. Philipp Loewenfeld, Dr. Ludwig Regensteiner und Dr. Elisabeth Kohn ist abgedruckt in: Illustrierter Beobachter 36 (03.09.1932), S. 844. Der Titel des Bildes lautet: "Zum Kapitel: Verjudung des Anwaltsstandes". Ein Gedicht konnte nicht ermittelt werden.

wegen Besorgnis der Befangenheit ablehnen. Der Vorsitzende schrie ihn darauf an: "das können Sie ruhig machen, Herr Rechtsanwalt, Sie werden aber in diesem ganzen Bau keinen Richter finden, der unanständig genug wäre, eine andere Meinung zu haben als ich". Auf diese energische Züchtigung wurde Rienhardt wieder klein und zog seinen Ablehnungsantrag zurück. Er holte zu einer Rede aus, um seinen Widerspruch zu begründen. Er sagte, Bild und Gedicht hätten "nicht die Kläger persönlich" treffen sollen, sondern nur den programmatischen Forderungen der nationalsozialistischen Partei nach einer judenreinen Rechtspflege und Anwaltschaft Ausdruck geben wollen. Es handle sich daher nicht um Beleidigung, nicht um Verhetzung und nicht um Boykott, sondern "um erlaubte und notwendige Ausübung staatsbürgerlicher Rechte". Als er ausführlicher werden wollte, unterbrach ihn der Vorsitzende mit der Bemerkung, er möge sich doch so kurz wie möglich fassen, da diese Sache wirklich für jedermann ohne jede Erläuterung klar sei. Rienhardt beendigte darauf seine Ausführungen "unter Protest". 10 Minuten später hatte das Gericht Urteil erlassen, demzufolge Schückelgrubers und der übrigen Mitbeklagten Widerspruch zurückgewiesen wurde. Dies alles spielte sich im Oktober 1932 ab. Es war dies die Zeit, in der die Nazis in ihren Entscheidungsringkämpfen gegen das Kabinett Papen und das ihm folgende Kabinett des Generals von Schleicher standen. Rienhardt war demgemäß überzeugt, dass man bei möglichster Hinausschiebung dieser Sache vielleicht noch in das Dritte Reich hineinkomme und dass sie sich dann von selbst erledigen werde. Am letzten Tag der einmonatlichen Berufungsfrist legte er Berufung ein. Am letzten Tag der weiteren einmonatlichen Frist zur Begründung dieser Berufung beantragte er die Verlängerung der Berufungsbegründungsfrist wegen einer behaupteten persönlichen Verhinderung. So wurde es Januar 1933 ehe die Berufungsbegründung, wiederum ein allgemeines antisemitisches Geschwätz über die Notwendigkeit judenreiner Rechtspflege, beim Berufungsgericht einging. Das Berufungsgericht verkündete seine Entscheidung am 29. Januar 1933, dem Tage vor Schückelgrubers Thronbesteigung als Reichskanzler. Es wies die Berufung als völlig unbegründet zurück und geißelte das Verfahren Schückelgrubers und seiner Mitbeklagten als einen sittenwidrigen Hetzboykott, für den es in einem Staatswesen, in dem Moral und Anstand Geltung haben, weder Grund noch Vorwand geben könne. Das Berufungsgericht fand es besonders empörend, dass man die persönliche und berufliche Ehre und Integrität eines Mitbürgers nur wegen seiner Abstammung anzugreifen unternehme, ohne dass man auch nur behaupten könne, dass sich jener Mitbürger irgend eines unzulässigen Verhaltens schuldig gemacht hätte. Nach dem deutschen Gesetz hatte der unterlegene Beklagte dem Kläger dessen Prozesskosten zu ersetzen. Da Schückelgruber diese nicht freiwillig bezahlte, mussten sie bei dem Herrn Reichskanzler zwangsweise beigetrieben werden. Diese Zwangsvollstreckung wurde auf meinen Antrag auch ausgeführt. Vielleicht war es die letzte eines jüdischen Gläubigers gegen den jetzigen Alleinbeherrscher aller Deutschen.

101. *Politischer Katholizismus in Bayern*

Wiederum sind wir bei der Darstellung nazistischer Methoden der zeitlichen Entwicklung in Bayern weit vorausgeeilt. Für die Zwecke des Zusammenhangs dieser Erinnerungen hat dies seinen guten Grund. Denn all die spezifisch nazistischen Wesenszüge,die hier teilweise mit Erlebnisbeispielen aus einer späteren Zeit belegt werden, standen zur Zeit der Verurteilung Schückelgrubers und seiner Kumpane wegen Hochverrats bereits für jeden Kenner der Verhältnisse fest. Jeder wusste, dass die Ziele dieser Bewegung dem Sittengesetz zuwiderliefen, jeder wusste, dass die Anhänger der Bewegung zur Erreichung dieser Ziele vor keinerlei Verbrechen zurückschrecken würden. Vor allem wusste dies der in Bayern nach wie vor regierende politische Katholizismus, der sich auf seine christlichen Grundsätze bei jeder passenden und unpassenden Gelegenheit berief. Während die katholische Zentrumspartei, die die Organisation des politischen Katholizismus im Norden, Osten und Westen Deutschlands darstellte, zu jener Zeit etwas demokratischer eingestellt war und insbesondere die demokratischen Grundsätze der Weimarer Verfassung anerkannte, war der politische Katholizismus bayrischer Spielart, wie er in der "Bayrischen Volkspartei" organisiert war, reaktionär bis zum Äußersten, von wütender Gegnerschaft gegen die Reichseinheit und gegen jeden demokratischen Aufbau erfüllt. Der Partikularismus der bayrischen Klerikalen hatte schon Ende 1918 Formen angenommen, die mehr separatistisch-landesverräterisch als föderalistisch-bundesstaatlich waren. In den Jahren von 1919 bis 1924 hatten die bayrischen Klerikalen zwar immer versucht, das Land zu beherrschen, jedoch gleichzeitig auch immer ihre wirklichen Führer von jedweder Verantwortung für diese Herrschaft freizuhalten. Daher hatte man an die Spitze Marionetten wie Knilling und Lerchenfeld gestellt oder sture reaktionäre Beamte wie Kahr. Was immer auch diese vorgeschobenen Figuren an Unheil anrichteten, so konnten die vermeintlich schlauen und gerissenen Macher des bayrischen Klerikalismus sich doch immer auf den Standpunkt stellen, dass dies alles wider den Willen ihrer Partei geschehen sei. Wir haben gesehen, in welchem Maße die bayrische Regierung durch diese niederträchtige Taktik der maßgeblichen politischen Partei ein Gefangener Hitlers geworden war. Nur dadurch, dass Schückelgruber eine Minute zu früh putschte, gab es nur einen Hitlerputsch und keinen richtigen Kahr-Hitler-Putsch. Dies war sogar aus dem Strafurteil gegen Schückelgruber und Genossen so ziemlich herauszulesen. Der Freispruch Ludendorffs seitens dieses Gerichtes wurde nämlich im Wesentlichen damit begründet, dass Ludendorff sich "keine besonderen Gedanken über einen abnormalen Weg" gemacht, vielmehr angenommen habe, dass nunmehr die Diktaturpläne des bayrischen Generalstaatskommissars von Kahr zur Durchführung gelangen sollten. Nach dem völligen moralischen und politischen Niederbruch des Kahr-Experimentes konnten es jedoch die bayrischen Klerikalen auf diesen gerichtlichen Ausspruch nicht mehr ankommen lassen, sondern erzwangen den Rücktritt Kahrs vor dem Beginn des Strafprozesses gegen Hitler und Genossen[972]. Endlich sahen sie, wenn auch ungerne, ein, dass zum Regieren die Übernahme von Verantwortung gehört, und stellten nunmehr einen ihrer wesentlichsten politischen Führer, Dr. Heinrich Held[973], an die Spitze des bayrischen Kabinetts. Ihr mächtigster politischer Führer allerdings, der "Bauern-Doktor" Dr. Georg Heim[974], konnte nicht zu einem Eintritt in das Kabinett veranlasst werden. In unversöhnlicher, verbissener und vielfach boshafter und kleinlicher Feindschaft gegen alles, was mit Reichseinheit und Fortschritt zu tun hatte, wirkte er weiterhin fast ausschließlich hinter den Kulissen. Seine erste Heldentat nach dem Hitlerputsch war, dass er nach dem im Jahre 1925 erfolgten Tode des Reichspräsidenten Ebert die Wahl des pensionierten Generalfeldmarschalls von Hindenburg zum Reichspräsidenten vorschlug und damit den Grundstein für den endgültigen Verderb Deutschlands und für den Zweiten Weltkrieg legte. Die meisten Menschen wissen heute noch, dass Paul von Hindenburg derjenige war, der Schückelgruber an die Macht brachte, um sich selbst ein steuerfreies Gut zu sichern und seiner Familie aus einem schmutzigen Subventionsskandal herauszuhelfen, der in Deutschland unter dem Namen Osthilfeskandal[975] bekannt war. Die wenigsten Menschen dagegen erinnern sich noch daran, dass dieser preußisch protestantische Generalfeldmarschall von dem bayrischen katholischen Klerikalenführer und Protestanten-

[972] Der Rücktritt Kahrs erfolgte am 17.02.1924. Vgl.: Albert Schwarz, Die Zeit von 1918 bis 1933, in: Max Spindler, Bayerische Geschichte im 19. und 20. Jahrhundert Bd. 1, 1. Aufl. München 1978, S. 481 f.

[973] Dr. Heinrich Held (06.06.1868-04.08.1938), BVP, Vgl.: NDB 8, S. 463 f. Vgl.: Barbara Pöhlmann, Heinrich Held als bayerischer Ministerpräsident, Diss. München 1995.

[974] Dr. Georg Heim (24.04.1865-17.08.1938), BVP, Politiker. Vgl.: Anmerkung 104.

[975] Vgl.: Wolfgang Weßling, Hindenburg, Neudeck und die deutsche Wirtschaft. Tatsachen und Zusammenhänge einer "Affäre", in: Vierteljahresschrift für Sozial- und Wirtschaftsgeschichte 64. Jg. (1977), S. 41-73.

hasser Dr. Georg Heim, dem Juden Paul Nikolaus Cossmann und dem Kommunistenführer Thälmann[976] zusammen zur Macht erhoben worden ist.

102. *Hetze gegen Ebert*

Reichspräsident Ebert ist an einer akuten Krankheit gestorben, deren Behandlung er verschleppt hatte, weil er sich wegen eines schwebenden Verfahrens[977] nicht die Zeit zur Behandlung gegönnt hatte. Ein rechtsradikaler Flegel hatte ihn auf der Strasse als "Landesverräter" angepöbelt und in einem "offenen Brief" des Landesverrats beschuldigt. Der Redakteur eines deutschnationalen Provinzblattes hatte diese Verleumdung nachgedruckt. Für die von dem ersten Täter verübte Verleumdung waren die Münchener Gerichte zuständig. Diese benahmen sich gegen den amtierenden Reichspräsidenten mit einer solchen provokatorischen und gesetzwidrigen Unverschämtheit, dass der Reichspräsident seinen Strafantrag zurückzog, um der deutschen Öffentlichkeit die Schande dieser Niederträchtigkeiten zu ersparen. Wiewohl beispielsweise die Strafprozessgesetze ausdrücklich vorschrieben, dass der Reichspräsident im Falle seiner Zeugenvernehmung in seiner Wohnung zu vernehmen sei und zur Hauptverhandlung nicht geladen werden dürfe, lud das Münchener Gericht den Reichspräsidenten, unter Strafandrohung für den Fall seines Nichterscheinens, zur Hauptverhandlung. Reichspräsident Ebert konnte seinen Strafantrag gegen den verleumderischen Flegel umso eher zurücknehmen, als die in diesem Strafverfahren vernommenen Zeugen bereits die völlige Unbegründetheit des Vorwurfs nachgewiesen hatten. Er stellte Strafantrag demgemäß nur gegen den norddeutschen Redakteur, der die Vorwürfe nachgedruckt und sich damit zu eigen gemacht hatte. Er tat dies, in der offenbaren Meinung, dass sich die norddeutschen Richter korrekter gegen ihn benehmen würden. Er kam aber vom Regen in die Traufe. Der Vorsitzende des Schöffengerichts Magdeburg war der deutschnationale Landgerichtsdirektor Dr. Bewersdorff[978].

[976] Ernst Thälmann (16.04.1886-12.08.1944), seit 1903 Mitglied der SPD, 1917 der USPD, 1919 Mitglied der Hamburger Bürgerschaft,1924 kommunistisches Mitglied des Reichstags, 1925 Gründer und Vorsitzender des "Roten Frontkämpferbundes", 1925 und 1932 Kandidat der KPD zu den Reichspräsidentenwahlen,1933 verhaftet, 1944 im KZ Buchenwald ermordet. Vgl.: Ernst Thälmann. Eine Biographie, hrsg. von G. Hortzschansky und W. Wimmer, Berlin (DDR), 2. Aufl. 1980. Philipp Loewenfeld spielt auf die Kandidatur Thälmanns zum Reichspräsidenten 1925 an.

[977] Vgl.: Karl Brammer, Der Prozeß des Reichspräsidenten, Berlin 1925.

[978] Dr. Gustav Bewersdorff (1879-1944), Landgerichtsdirektor in Magdeburg und Vorsitzender im Prozeß des Reichspräsidenten Ebert. Vgl.: Birger Schulz, Der Republikanische Richterbund 1921-1933, Frankfurt/M./Bern 1982, S. 66 ff.

Dieser hatte schon vor Beginn der Hauptverhandlung gegenüber politischen Freunden geäußert, die Hauptsache sei, dass "der Sattlergeselle da oben" (Reichspräsident Ebert hatte als Arbeiter den Sattlerberuf erlernt) bald verschwinde; es habe keinen Sinn, politisch in der Mitte zu bleiben, es müsse ganz scharf rechts regiert werden, der gegebene Reichspräsident sei Ludendorff. Als Bewersdorff vom Justizminister befragt wurde, ob er diese Äußerungen getan habe, erklärte er, mangels näherer Angaben über Zeit, Ort und Veranlassung, "keine Erinnerungen" zu haben. Auch wurde festgestellt, dass Bewersdorff im vertrauten Kreise geäußert habe, er habe dem Verteidiger des Verleumders "famose Tips" gegeben, dieser habe aber leider davon keinen richtigen Gebrauch gemacht. In der Verhandlung selbst hatten sich Bewersdorff und der zweite Berufsrichter mit offener Parteilichkeit gegen den Reichspräsidenten benommen. Schließlich verurteilte das Gericht den Redakteur, jedoch nur wegen formeller Beschimpfung, nicht dagegen wegen übler Nachrede, mit der Begründung, der Angeklagte habe den Beweis dafür erbracht, dass der Reichspräsident sich durch seine Teilnahme an dem Munitionsstreik vom Januar 1918 "im juristischen Sinne" des Landesverrats schuldig gemacht habe. Das Gericht erklärte zwar, kein politisches, historisches oder moralisches Urteil abgeben zu wollen und räumte ein, dass eine Handlung, die den Tatbestand eines strafrechtlichen Deliktes erfülle, politisch, historisch und moralisch zulässig, ja heilsam sein könne. Es stellte auch fest, dass Ebert durch seinen Eintritt in die Streikleitung von 1918 nur die Absicht gehabt habe, den Streik zum schnellsten Ende zu bringen und damit eine Schädigung des Landes zu verhüten. Wenn es dem amtierenden Reichspräsidenten trotzdem "juristischen Landesverrat" vorwarf, so war dies eine niederträchtige parteipolitische Mache, denn die Richter waren nicht blöde und unerfahren genug, um nicht zu wissen, dass man bei einer Handlung nicht den Vorsatz des Verrates haben kann, wenn es der Zweck und der Wunsch des Handelnden ist, mit der Handlung dem Lande zu nützen. Das freche Magdeburger Urteil verfehlte seinen Zweck nicht. Es führte zu einer Riesenagitation der gesamten Rechtsradikalen und Nazis gegen den Reichspräsidenten. In den Augen aller objektiv Gesinnten, insbesondere auch in denen der Strafrechtswissenschaft, wurde das Urteil mit seltener Einmütigkeit als eine haltlose Tendenzmache abgelehnt[979]. Eine scharfe mittelbare Missbilligung des Urteils lag auch in einer Kundgebung des Reichskabinetts[980], in dem zur fraglichen Zeit kein einziger Vertreter der Linken, sondern nur Vertreter der

[979] Vgl.: Deutsche Richterzeitung 1925, Sp. 193-196.

[980] OTTO LANDSBERG, Der Prozeß Rothardt, in: Die Justiz Bd. 1, (1925/26), S. 124-136; hier S. 124.

politischen Rechten von den Deutschnationalen bis zu den bayrischen Klerikalen als Minister fungierten. Die Kundgebung besagte wörtlich:

> "Das Reichskabinett hat in seiner gestrigen Sitzung einstimmig beschlossen, Ihnen, Herr Reichspräsident, die Empfindungen zum Ausdruck zu bringen, die uns angesichts des Schweren bewegen, das Sie in diesen Tagen zu tragen haben. Wer an der Spitze des Deutschen Reiches steht, hat des Vaterlandes Wohl zu fördern und zu wahren. Wir haben, zum Teil in jahrelanger Zusammenarbeit mit Ihnen, Ihr Wirken und Ihre Persönlichkeit politisch und menschlich kennengelernt. Auf Grund dieser Erkenntnis wünschen wir Ihnen zu sagen, dass wir einmütig, ohne Unterschied der Parteistellung, die Überzeugung haben, dass Ihre Tätigkeit stets dem Wohle des deutschen Vaterlandes gegolten hat. Lassen Sie uns Ihnen in diesem Sinne unsere besten Wünsche für Ihre weitere Tätigkeit in Ihrem hohen verwantwortungsvollen Amte aussprechen".

103. *Eberts Tod*

Die Kundgebung besagte also, ohne das Urteil oder die Richter zu nennen, dass ein anständiger Mensch, wie immer auch seine Parteistellung oder seine persönliche Meinung über die Politik Eberts sei, die Anwürfe des Urteils nicht ernst nehmen könne. Trotz dieser Solidaritätserklärung des gesamten Reichskabinetts, der sich noch eine große Zahl öffentlicher Entrüstungskundgebungen der verschiedensten politischen Kreise gegen das Magdeburger Urteil anschlossen, traf die Niedertracht der Insinuierung den Reichspräsidenten sehr schwer, so schwer, dass er es ablehnte, an eine ernstliche Behandlung seiner Krankheit heranzugehen, bevor die Berufungsinstanz gegen das Magdeburger Urteil gesprochen habe. Er hat das Urteil der Berufungsinstanz nicht mehr erlebt, indem er erst 53 jährig, seiner Krankheit erlag, ein Opfer der schmutzigen, nationalistischen, beamteten und nicht beamteten Verleumder, die ihre Gemeinheiten in der Maske des besorgten Patrioten begingen.

Nach Eberts vorzeitigem Tode musste ein neuer Reichspräsident gewählt werden. In dem ersten Wahlgang präsentierten die Rechtsparteien, einschließlich der von Stresemann geleiteten deutschen Volkspartei, als Sammelkandidaten einen westdeutschen Bürgermeister[981], der keine größere politische Figur war, die Sozialdemokraten den preußischen Minister-

[981] 1. Wahlgang (23.03.1925): Jarres (DVP/DNVP) 38,8%, Held (BVP/BBB) 3,7%, Ludendorff (NSDAP) 1,1%, Braun (SPD) 29,0%, Marx (Zentrum) 14,5%, Hellpach (DDP) 5,8%, Thälmann (KPD) 7,0%, Andere 0,1%, Vgl.: Statistisches Jahrbuch für das Deutsche Reich Bd. 44 (1924/25). Karl Jarres (1874-1951), DVP/DNVP, war der frühere Reichsinnenminister und damaliger Oberbürgermeister von Duisburg. Vgl.: Heinrich August Winkler, Deutsche Geschichte vom Ende des Alten Reiches bis zum Untergang der Weimarer Republik, München 2000, S. 458.

präsidenten Otto Braun[982], die katholische Zentrumspartei den früheren Reichskanzler Dr. Marx[983] als Kandidaten. Demokraten, bayrische Volkspartei, Kommunisten und Nazis stellten eigene Kandidaten auf, wissend, dass dies eine leere Demonstration und Stimmenzählung war. Da keiner der Kandidaten bei der Wahl die für einen ersten Wahlgang nötige Stimmenzahl erhielt, musste ein zweiter Wahlgang stattfinden. Der Kandidat der Rechten hatte nahezu 11 Millionen Stimmen, die Kandidaten der Sozialdemokraten und des Zentrums zusammen etwas über 12 1/2 Millionen Stimmen erhalten. Die großen Parteiformationen waren deshalb hinsichtlich des Wahlausganges sehr unsicher. In dieser Situation entschieden sich die Sozialdemokraten, von einer eigenen Kandidatur Abstand zu nehmen und den Kandidaten der katholischen Zentrumspartei, Dr. Marx, zu unterstützen, da dieser immerhin als ein loyaler Anhänger der Demokratie und als ein Mann mit vornehmen Charaktereigenschaften, wenn auch nicht eben als eine große Repräsentativfigur bekannt war. Allein die bayrischen, katholischen Klerikalen wandten sich gegen die Wahl des norddeutschen Katholikenführers. In den von Cossmann nach wie vor geleiteten "Münchener Neuesten Nachrichten", die nach wie vor der politische Sammelpunkt alles süddeutschen, reaktionären Schmutzes und aller reaktionären Intrige waren, machte der bayrische Landtagsabgeordnete Loibl[984], ein geistig völlig nebensächlicher Wichtigtuer, der im bayrischen Parlament einen ländlichen Wahlkreis vertrat, den "Patentvorschlag", die "nationale Kolos-

[982] OTTO BRAUN (28.01.1872-15.12.1955), SPD, 1912 Mitglied des Preußischen Abgeordnetenhauses, 1919 Mitglied der Nationalversammlung, 1920 Mitglied des Reichstags, 1918-1921 preußischer Landwirtschaftsminister, 1920-1933 preußischer Ministerpräsident, von Papen am 20.07.1932 des Amtes enthoben, 1933 Emigration in die Schweiz. Vgl. OTTO BRAUN, Von Weimar zu Hitler, Hamburg-Altona 1949. Vgl.: DBE 2, S. 85 f. Vgl.: HAGEN SCHULZE, Otto Braun oder Preußens demokratische Sendung. Eine Biographie, Frankfurt/Main u.a. 1977.

[983] DR. WILHELM MARX (15.01.1863-04.08.1946), Zentrum, 1910 Mitglied des Reichstags, 1919 Mitglied der Nationalversammlung und der preußischen Landesversammlung, 1920 Vorsitzender der Zentrumspartei und ihrer Reichstagsfraktion, 1920-1933 Mitglied des Volksvereins für das katholische Deutschland, 1923-1925 Reichskanzler, 1925 Kandidat für die Reichspräsidentenwahl, 1926 Reichsminister der Justiz und der besetzten Gebiete, 1926-1928 Reichskanzler. Vgl.: ERNST DEUERLEIN, Deutsche Kanzler von Bismarck bis Hitler, München 1968, S. 306-324. Vgl.: NDB 16, S. 348 ff.

[984] MARTIN LOIBL (28.08.1869-14.01.1933), BVP, Besitzer des "Neuburger Anzeigeblattes", 1905-1918 Mitglied des Bayerischen Landtags (Zentrum), 1924-1933 Mitglied des Reichstags (BVP), Vorstandsmitglied des Kyffhäuserbundes. Mitglied des Landtages. Der Duisburger Oberbürgermeister Jarres, Kandidat des Reichsblocks für den 1. Wahlgang, bat Hindenburg, die Kandidatur zu übernehmen. Eine Intervention von Martin Loibl, Reichstagsabgeordneter der BVP von 1924 bis zu seinem Tod am 14.01.1933, läßt sich nicht feststellen. Vgl.: "Hindenburg als Präsidentschafts-Kandidat", in: Münchner Neueste Nachrichten, 98, 09.04.1925, S. 1.

salfigur" Paul von Hindenburg als Sammelkandidaten der Rechten, einschließlich der bayrischen Klerikalen, zu gewinnen. Loibl war einer der am häufigsten verwendeten Strohmänner von Dr. Georg Heim. Der Vorschlag erregte Entsetzen bis weit in die Kreise der Rechten hinein, erst recht natürlich bei allen Anhängern der Demokratie, die ihn als einen unzeitgemäßen, ordinären Witz ansahen. Der geschlagene Feldmarschall des Weltkrieges, der nach dem Ausgang des Krieges sich prompt der neuen Republik "zur Verfügung gestellt" hatte, der nach Beendigung der Demobilmachung, als niemand mehr auf seine Dienste reflektierte, trotz seiner sichtlichen Greisenhaftigkeit eine teilweise recht boshafte und rührige Agitation konservativ-monarchistischer Art geführt hatte, der erklärte Feind der Reichsfarben Schwarz-Rot-Gold und Schirmherr des Schwarz-Weiss-Roten Deutschland, sollte nun, nach dem Konzept Heim-Cossmann, der "Retter" Deutschlands werden. Wie war eine derartige absurde Idee möglich? Heim-Cossmann fürchteten die Kandidatur des demokratischen Klerikalen Marx, weil sie von der Festigkeit seines Charakters eine Stärkung des republikanisch-demokratischen Elements in Deutschland erwarteten. Sie kannten ihren Hindenburg, sie wussten, dass er dem Kaiser treu gewesen war und dass er der durch die Revolution begründeten Republik treu gewesen war. Sie glaubten, er werde jedermann treu sein, der ihn in irgend welcher Weise an der Macht halte. Sie wussten aber auch, dass Hindenburg von Politik keine blasse Ahnung hatte und sich immer nur für Militärangelegenheiten interessiert hatte. Hinter dem Rücken einer solchen Nationalfigur aus Pappe und Margarine ließ sich das Geschäft der politischen Intrige und der reaktionären Mache ganz anders betreiben, als bei Leitung des höchsten politischen Amtes durch einen erfahrenen Mann ausgeprägter demokratischer Gesinnung. Hindenburg selbst zierte sich, wie sich dies für einen Nationalhelden gehört. Als die rechtsstehende deutsche Volkspartei einen Abgesandten zu ihm entsandte, um ihm die Unmöglichkeit seiner Kandidatur vom außen- und innenpolitischen Standpunkt klarzumachen, sagte er als ein "bescheidener" Nationalheld, er sei glücklich, nicht kandidieren zu brauchen. Der Klüngel um Cossmann-Heim hatte inzwischen den alten Admiral von Tirpitz[985], den wir als "Vater der Lüge" und als den Macher des unbeschränkten U-Bootskrieges im Ersten Weltkrieg in diesen Erinnerungen bereits kennenlernten, zu Hindenburg gesandt, um ihn zu überzeugen, dass er das "Opfer" einer Kandidatur bringen müsse. Nun griff das arme Opfer gierig zu. Winkten doch höchster Einfluss und höchstes Gehalt, und welcher bescheidene, nur für das Wohl seines deutschen Volkes besorgte Held könnte einem solchen "Rettungswerk" widerstehen?

[985] Vgl.: Anmerkung 758.

Die Wahl ergab eine Stimmenmehrheit von nur ca. 900000 Stimmen für Hindenburg gegen Marx[986]. Die bayrischen, katholischen Klerikalen hatten gegen den norddeutschen, katholischen Klerikalen und für den monarchistischen Protestanten gestimmt. Ihr Zählkandidat hatte schon im ersten Wahlgang rund 1 Million Stimmen auf sich vereinigt. Hätten sie für den norddeutschen, katholischen Führer gestimmt, dann wäre Hindenburg vermutlich schon dieserhalb durchgefallen. Dass Marx zu irgend einer Zeit seiner Reichspräsidentenschaft dem Schückelgruber die Macht in die Hand gespielt hätte, wäre undenkbar gewesen. Hindenburg hat sie ihm in die Hand gespielt. Dem bayrischen Klerikalismus gebührt deshalb der Ruhm des Totengräbers Nr. 1 des demokratischen Deutschland. Den Titel des Totengräbers Nr. 2 darf die kommunistische Partei Deutschlands für sich in Anspruch nehmen. Sie beharrte im zweiten Wahlgang auf einem eigenen Kandidaten. Diesem fielen fast 2 Millionen Stimmen zu. Hätte diese der katholische Demokrat bekommen, so wäre der monarchistische Reaktionär und künftige Hauptverderber Deutschlands geschlagen gewesen. Allein der Hass der Kommunisten gegen eine demokratische Entwicklung war auch damals noch größer als der gegen eine reaktionäre. In ihrer Irrsinnstaktik meinten sie, die letztere werde einer Entwicklung Deutschlands zum Kommunismus geringere Schwierigkeiten bieten. Diese Meinung war nicht in ihren eigenen verrosteten Hirnen entstanden. Sie war ihnen von denselben Leuten diktiert, die den demokratischen Mächten im Augenblick des Beginnes des Zweiten Weltkrieges mit einem Freundschaftsvertrag mit Schückelgruber in den Rücken fielen[987]. Schückelgruber hat sich in der ihm eigenen Weise bei diesen eigentlichen Begründern seiner Herrschaft revanchiert. Vom ersten Moment seiner Machtergreifung an suchte er den bayrischen Klerikalismus zu vernichten und man kann sagen, dass ihm dies gut gelungen ist und dass er dabei kein Mittel der Niedertracht gescheut hat[988]. Wie er mit Cossmann verfuhr, dessen hypernationalistische Schlagworte er für seine Bewegung gestohlen hatte, wissen wir bereits aus diesen Erinne-

[986] Der zweite Wahlgang (26.04.1925) endete mit folgendem Ergebnis: Hindenburg 48,3% (14.655.641), Marx 45,3% (13.751.605), Thälmann 6,4% (1.931.151), Vgl.: Statistisches Jahrbuch für das Deutsche Reich Bd. 44 (1924/25).

[987] Loewenfeld spielt hierbei auf die Abhängigkeit der KPD von der Sowjetunion an. Vgl.: Ossip K. Flechtheim, Die KPD in der Weimarer Republik, Frankfurt/M. 1969, S. 215-221.

[988] Vgl.: Ortwin Domröse, Der NS-Staat in Bayern von der Machtergreifung bis zum Röhm-Putsch, München 1974.

rungen. Den Kommunisten Thälmann aber, dessen Führertalent in entscheidender Weise das Übergewicht Hindenburgs bei der Präsidentenwahl von 1925 und damit seine eigene künftige Herrschaft in die Wege leitete, ließ er ohne Verfahren und Urteil einkerkern. Ein großer Strafprozess gegen Thälmann wurde immer wieder angekündigt, aber nie abgehalten. Niemand kann ernstlich sagen, ob er noch lebt oder nicht[989]. Nach heuchlerischen Freundschaftsbeteuerungen für Josef Stalin und sein Reich, deren Auswirkungen ihm immerhin seine gesamten West- und Balkanerfolge ermöglichten, führte er nun einen Ausrottungskrieg gegen die Leute, die, wie niemand anders, ihm innen- und außenpolitisch zur Macht verholfen haben. Noch hat es den Anschein, als ob er an diesem Bissen ersticken würde. Dies wäre, gemessen an dem Anteil der kommunistischen Partei an Schückelgrubers Machtergreifung und Kriegserfolg, ein wahrhaft unverdientes Glück für die Macher des Kommunismus, ein wahrhaft verdientes Unglück für Schückelgruber und seinen Anhang, einschließlich seines unersättlichen Generalstabes. Dass die entschiedensten Feinde des Kommunismus, zu denen der Verfasser dieser Erinnerungen sich immer gezählt und bekannt hat, heute in die Lage versetzt sind, dem von der Kommunistischen Internationale geführten russischen Reich den Sieg über Hitler'sches Banditentum wünschen zu müssen, ist eine wahrhaft paradoxe Situation. Trotzdem gibt es keinen anderen Weg und es ist mit Genugtuung zu verzeichnen, wie vorurteilslos schnell die Verwaltung dieses Landes dies erkannt und aus ihrer Erkenntnis die Konsequenz gezogen hat[990].

Die Wahl Hindenburgs und der entscheidende Anstoß, der für diese "Tat" von Bayern ausging, war nur eines, wenn auch sicherlich das folgenreichste Symptom dafür, dass die bayrischen, herrschenden Mächte durch den Hitler-Putsch und alle Begleiterscheinungen in Wirklichkeit so gut wie nichts gelernt hatten und immer noch in der Aushöhlung und Unterminierung des demokratischen Systemes und der schließlichen Sprengung der demokratischen Republik ihr wichtigstes politisches Ziel sahen. Dies zeigte sich ebenso sehr in der Tagespolitik der bayrischen Reaktionäre wie in den Machenschaften ihrer "geistigen" Einpeitscher, von denen immer noch der einflussreichste Professor Cossmann war. Zwei Ereignisse in den Jahren 1925/26 zeigten dies mit besonderer Deutlichkeit. Das eine war die

[989] Zum Zeitpunkt der Abfassung der Memoiren 1942/43 lebte Thälmann noch. Er wurde am 18.08.1944 im Konzentrationslager Buchenwald ermordet. Vgl.: Anmerkung 976.

[990] Zum Verhältnis USA-UdSSR 1940/41. Vgl.: Franz Knipping, Die amerikanische Rußlandpolitik in der Zeit des Hitler-Stalin-Pakts 1939-1941, Tübingen 1974.

Haltung der bayrischen Reaktion in Sachen der "Fürstenabfindung"[991], das andere der sogenannte "Dolchstoßprozess"[992].

105. *Fürstenvermögen*

Von den deutschen Fürsten, die durch die politische Revolution von 1918 ihre staatsrechtliche Herrschaft verloren hatten, war keinem persönlich ein Haar gekrümmt worden. Keiner war privatim ein armer Mann und keinem von ihnen war der Besitz des eigentlichen Privatvermögens, etwa dessen, was aus Ersparnissen, Mitgift, Erbschaft herstammte, angetastet worden. Keiner von ihnen war aber vornehm oder auch nur anständig genug, sich hiermit zu begnügen. Die deutschen Fürstenhäuser beanspruchten vielmehr auch als ihr Privateigentum alles das, was sie auf Grund der historischen Entwicklung der Monarchie in Deutschland, in Wirklichkeit nur als die Nutznießer von Staatseigentum besaßen und was ihre Rechtsvorgänger vielfach nur durch skrupellose Ausnützung ihrer politischen Macht als ihr "Eigentum" zu deklarieren im Stande gewesen waren, so umfangreiche Krongüter, Kunstsammlungen, Renten, Schlösser, städtischen und ländlichen Grundbesitz jedweder Art. Die rücksichtslosesten unter allen ehemaligen deutschen Fürstenhäusern waren die früheren Beherrscher Preußens, die Hohenzollern, und diejenigen Bayerns, die Wittelsbacher. Die Ansprüche der Hohenzollern[993] gingen in die Hunderte von Millionen Goldmark, diejenigen der Wittelsbacher gleichfalls in eine astronomische Zahl. Da die abgehalfterten Fürsten trotz der allgemeinen, reaktionären Entwicklung in Deutschland nicht sicher waren, ob sie derartige enorme Ansprüche in politischem Wege würden durchsetzen können, wählten sie den Weg, der in allen rückschrittlichen Angelegenheiten als der sicherste erschien: sie gingen vor die Gerichte. Wo immer dieser Weg gewählt wurde, war er für die Fürsten erfolgreich, für den Staat ungünstig.

[991] Vgl.: Ulrich Schüren, Der Volksentscheid zur Fürstenenteignung 1926, Düsseldorf 1978.

[992] Vgl.: Irmtraud Permooser, Der Dolchstoßprozeß in München 1925, in: Zeitschrift für Bayerische Landesgeschichte 59, 1996, S. 903-926.

[993] Ansprüche der a) Hohenzollern: über 100 Millionen Goldmark, hinzu kamen noch Sachwerte und Steuervergünstigungen; b) Wittelsbacher: 150 Millionen Goldmark, hinzu kamen jährlich ca. 7 Millionen Goldmark für die Zivilliste und die Apanagen.
Vgl.: Die Abfindung der Wittelsbacher, in: Münchener Post 26.02.1923, S. 1 f. Vgl.: Otmar Jung, Volksgesetzgebung. Die "Weimarer Erfahrungen" aus dem Fall der Vermögensauseinandersetzungen zwischen Freistaaten und ehemaligen Fürsten. Teil I, Hamburg 1990, S. 431-545. Vgl.: Fritz Schönbeck, Zur Vermögensauseinandersetzung zwischen dem preußischen Staat und dem Hause Hohenzollern, in: Die Justiz 1925/26, S. 149-165.

Die Gerichte stützten sich bei diesem organisierten Raub am republikanischen Staat durchwegs auf das Zivilrecht und auf die Gewährleistung des Eigentums durch die Reichsverfassung. In der Tat sprach die Rcichsverfassung den Schutz des Eigentums aus, jedoch mit dem Hinzufügen, dass sein Inhalt und seine Schranken sich aus den Gesetzen ergeben. Die Reichsverfassung sprach weiter aus, dass eine Enteignung nur zum Wohle der Allgemeinheit und auf gesetzlicher Grundlage vorgenommen werden könne und dass sie gegen angemessene Entschädigung erfolge, soweit nicht ein Reichsgesetz etwas anderes bestimme. Durch die Bestimmungen der Reichsverfassung konnten demnach die riesenhaften Forderungen der Fürstenfamilien keineswegs begründet werden. Einmal waren die Verfügungen des republikanischen Staates, wodurch den Fürstenhäusern die ehemaligen Krongüter abgesprochen wurden, längst erfolgt, bevor die Reichsverfassung in Kraft getreten war. Die Reichsverfassung selbst legte sich keine rückwirkende Kraft bei. Aber auch bei Anwendung der Grundsätze der Reichsverfassung auf den Fall der Fürstenfamilien war das Ergebnis kein anderes. Dass die "Enteignung" zum Wohle der Allgemeinheit erfolgt war, konnte so wenig in Zweifel gezogen werden, als dass dies auf gesetzlicher Grundlage geschehen war. Ein Entschädigung war jedenfalls nur dann zu gewähren, wenn nicht ein Reichsgesetz etwas anderes bestimmte. Da ein derartiges Reichsgesetz noch nicht bestand, bereitete die Sozialdemokratie eine Volksabstimmung über seine Einführung vor. Ihre Absicht war, das eigentliche Privatvermögen der Fürstenfamilien frei zu lassen und das im Wege der Politik gewonnene Vermögen der Fürsten, das den weitaus größten Teil der Fürstenvermögen bildete, in die Hand des Staates zu bringen[994]. Die Kommunisten suchten aus agitatorischen Gründen diesen Plan zu übertrumpfen, indem sie einen Antrag auf entschädigungslose Enteignung aller Fürstenvermögen, einschließlich der reinen Privatvermögen, einreichten[995]. Sie wussten sehr wohl, dass ein derartiger Antrag im damaligen Deutschland völlig aussichtslos war. Der Radikalismus ihres Antrages war deshalb ein klares Geschenk für die Fürstenfamilien, indem es offensichtlich war, dass die Kommunisten ihnen nichts nehmen, sondern nur die Sozialdemokraten als "Fürstenknechte" verleumden wollten. Statt

[994] Es wurden eine Reihe von Anträgen sowohl von der SPD als auch von der KPD gestellt. Vgl.: Verhandlungen des Reichstags. Stenographische Berichte, III. Wahlperiode, Bd. 388-390.

[995] Nachdem ein Gesetzentwurf im Herbst 1924 infolge der Reichstagsauflösung nicht verhandelt worden war, brachte die KPD einen Gesetzentwurf am 25.11.1925 im Reichstag erneut ein. Vgl.: Verhandlungen des Reichstags. Anlagen zu den Stenographischen Berichten, III. Wahlperiode, Entwurf eines Gesetzes über die entschädigungslose Enteignung der früheren Fürstenhäuser, Bd. 405, Nr. 1539.

dass die Sozialdemokraten es nun unternommen hätten, die Kommunisten als die eigentlichen Helfer der Fürsten an den Pranger zu stellen und für ihre begründeten Pläne nach politischen Bundesgenossen zu suchen, glaubten sie es ihrerseits dem Agitationsbedürfnis schuldig zu sein, sich die radikalen Formulierungen der Kommunisten zueigen zu machen und damit der Arbeiterschaft zu zeigen, dass sie sich von niemand an Fürstenfeindschaft übertreffen lassen[996]. Sie begaben sich damit ihrerseits auf das bedenkliche Gebiet einer unrealen Agitationspolitik, das sie den Kommunisten und Nazis hätten überlassen sollen. Der Misserfolg war entsprechend. An der notwendigen Mehrheit für einen solchen Volksentscheid fehlten rund 5 1/2 Millionen Stimmen. Immerhin hatten rund 14 1/2 Millionen Stimmberechtigte für die entschädigungslose Enteignung gestimmt[997]. Vom Standpunkt des Schutzes der Demokratie wäre selbst die Vollenteignung ein kleineres Übel gewesen, als die Zuerkennung von Milliarden Werten an einige wenige Familien. Es war zu erwarten, dass die ehemaligen Fürsten von dem Erwerb so gewaltiger Vermögenswerte alles andere als einen der Demokratie günstigen Gebrauch machen würden. Es war weiter klar, dass die Schaffung einer riesigen, wirtschaftlichen Vormachtsstellung für die früheren Fürsten seitens des republikanischen Staates die politischen Gewichte in diesem Staat automatisch zu Ungunsten der demokratischen Republik verschieben musste. Es lag endlich auf der Hand, dass es nicht schwer sein würde, etwaige Härten der Enteignung im Verwaltungswege zu mildern. Solche Härten waren aber an sich schon keineswegs zu befürchten, aus dem einfachen Grund, weil so ziemlich alle Fürstenfamilien sehr bedeutenden Auslandsbesitz hatten, der dem Zugriff des republikanisch-demokratischen Gesetzgebers entzogen war. Die früheren Beherrscher Bayerns zum Beispiel, die Wittelsbacher, hatten neben vielem anderen Auslandsbesitz riesenhafte Güter in Ungarn. Auch bei Durchführung der entschädigungslosen Enteignung hätte also kein Fürst an den öffentlichen Schaltern erscheinen müssen, an denen die Millionen der Wohlfahrtsunterstützten und der Arbeitslosen ihre kärglichen Unterstützungen entgegen zu nehmen hatten. Für gewisse Fürsten im arbeitsfähigen Alter hätte die Durchführung der entschädigungslosen Enteignung vielleicht einen Anreiz bilden können, irgendwelche nutzbringende Arbeit zu leisten, eine Vorstellung von gera-

[996] Loewenfeld spielt hier darauf an, daß die SPD und KPD zusammen am 19.01.1926 einen Gesetzentwurf eingebracht hatten, der das Fürstenvermögen "zum Wohle der Allgemeinheit ohne Entschädigung enteignet". Vgl.: Verhandlungen des Reichstags, Bd. 408, (Anhang), Nr. 2229, Anlage 1.

[997] Von 39.737.724 Stimmberechtigten stimmten für den Volksentscheid 14.455181 (36,4%), dagegen 585714 (1,5%) Vgl.: Statistisches Jahrbuch, a.a.O., S. 392 f.

dezu grauenhafter Schrecklichkeit für einen deutschen Reaktionär. Noch war eben die Zeit sehr nahe, in der die bayrische, monarchistische Verfassung vorgeschrieben hatte, dass ein Adeliger, der bezahlte Handarbeit leistete, seinen Adelstitel nicht gebrauchen durfte. Ich habe selbst die Akten eines Falles gesehen, in dem der Angehörige eines Barongeschlechtes, der mit seiner Familie zerfallen war, sich als Steinarbeiter durchs Leben helfen musste. In einem Steinbruch wurde ihm durch vorzeitiges Abbrennen eines Sprengschusses eine Hand abgerissen. In seinen Entschädigungsanträgen an die Versicherungsbehörde unterzeichnete er mit seinem vollen Adelsnamen, unter Angabe seines Berufes. Die Folge war, dass ihn ein bayrisches Gericht, wegen unbefugter Führung des Adelstitels, zu Freiheitsstrafe verurteilte. Wenn die Gesetzgebung eines Landes dem Sprichwort "Arbeit adelt" mehr als hundert Jahre lang in einer so lächerlichen Weise widersprochen hatte, dann war es kein Wunder, dass in der Vorstellung aller Reaktionäre ein richtiger Fürst entweder ein General oder aber ein Rentner zu sein hatte, dass nutzbringende Arbeit als seiner unwürdig angesehen wurde. Für die Verbreitetheit dieser Einstellung habe ich noch manchen Beweis in meiner persönlichen Erfahrung sammeln können. So berieten wir einmal in unserem Büro eine deutsche Prinzessin, eine jüngere Frau, die ihrem boshaften, impotenten Manne, dessen Fähigkeiten sich in der auswendigen Kenntnis aller deutschen Eisenbahnfahrpläne erschöpften, nach Jahren der Qual durchgegangen war und mit einem Mann bürgerlicher Herkunft eine Beziehung angeknüpft hatte, die nicht ohne Folgen geblieben war. Das Entsetzen der fürstlichen Familie über die Tatsache, dass die Prinzessin ihren Mann verlassen hatte und mit einem anderen lebte, war nicht halb so groß, als dasjenige über das fürchterliche Faktum, dass die junge Frau, um nicht von ihrem Freund finanziell abhängig zu werden, die Stellung einer Verkäuferin in einem Warenhaus angenommen hatte. In dieser Situation schien mir, trotz der schlechten Erfolgsaussichten, das Eintreten für die Enteignungsgesetzgebung Pflicht zu sein, und ich habe während der Kampagne über die Enteignungsgesetzgebung in vielen Teilen Bayerns für diese gesprochen, zuletzt am Vorabend der Abstimmung in einer überfüllten Versammlung des demokratischen Studentenclubs der Münchener Hochschulen. Ich hatte die Genugtuung, vielen wohlmeinenden und gerecht denkenden Bürgern verschiedener Parteischattierung die Überzeugung beizubringen, dass der verfassungsmäßige Schutz des Privateigentums nur ein dürftiger Vorwand für die Zuerkennung ungeheurer Mammutvermögen an die früheren Fürstenfamilien sei und dass die Verwendung der Erträge dieser Vermögen für die Arbeitslosen, die Sozial- und Kleinrentner und sonstige Opfer des Krieges, der Inflation und der Deflation, der Ethik, dem Volkswohl und der demokratischen Idee wesentlich besser entspräche, als die Schaffung eines parasitären Geldhochadels. Ich nahm den Standpunkt ein, dass die Innehabung von Krongütern, Schlössern, Parks und Millionenfonds in einem monarchistischen System durch die Repräsentationsbedürfnisse der Staatshäupter und ihrer Familien sehr wohl zu begründen sei, dass aber jede innere Berechtigung hierfür in einem republikanisch-demokratischen System, in dem den Fürsten nur noch die Rolle einfacher Bürger zustehe, weggefallen sei[998]. Auf Grund dieser meiner Tätigkeit erlangte ich nun aber auch einen tiefen Einblick in die politischen Praktiken, mit denen die Gegner der Fürstenenteignung ihren Kampf in Bayern landauf und landab führten. An der Spitze der ganzen Agitation für die Fürsten und gegen die Republik stand naturgemäß wiederum die klerikale bayrische Volkspartei. Sie begnügte sich keineswegs damit, den ausgeschalteten früheren Machthabern juristisch und politisch in ihrem Kampf um das Geld zu assistieren. Sie beging vielmehr auch die widerliche Gotteslästerung, diesen Kampf zu einer Angelegenheit der "Religion" zu machen, indem sie heuchlerischerweise die Prinzipien des Privateigentums durch die vorliegenden Enteignungsanträge als generell bedroht erklärte und diesen Prinzipien eine "geheiligte" Kraft zuschrieb. Von den Kanzeln der Münchener und der bayrischen Kirchen wurde Seitens des mit der bayrischen Volkspartei verfilzten Klerus in diesen Wochen ein geradezu ungeheuerlicher Missbrauch der Religion für höchst irdische Zwecke betrieben, verbunden mit einer Summe ordinärster Beschimpfungen der Millionen von Anhängern des beantragten Volksentscheides, von denen etwa die, dass diese Anhänger Räuber, Diebe und gottlose Schädlinge seien, noch zu den sozusagen "parlamentarischen" zählten. Die protestantische Kirche wollte sich offenbar aus Konkurrenzgründen von diesem Rummel nicht ausschließen und trat ebenfalls mit einer Summe von Kundgebungen hervor, von denen keine einzige für den Staat, alle für die Fürsten waren, selbstverständlich ebenfalls nur im Namen Gottes, der Gerechtigkeit und sonstiger heiliger Güter. Schließlich ereignete sich das erheiternde Faktum, dass auch verschiedene Rabbiner ihr Talent nicht mehr halten konnten und damit zu "beweisen" suchten, dass die Juden in einer so "heiligen" Angelegenheit auch nicht zurückstehen wollten. Die deutsche Reaktion hat weder den Rabbinern noch ihren Gläubigen diese fromme Geste gedankt. Sie blieb so antisemitisch, wie sie es vorher gewesen war und wie sich ihr eigener vornehmer Charakter nach Schückelgrubers Machtergreifung herrlich entfaltete.

[998] Die Münchener Post hat mehrere Anzeigen zu Veranstaltungen abgedruckt, doch ist Loewenfeld nirgendwo als Redner genannt. Vgl.: Münchener Post 19.06.1926. Vgl.: MNN 19.06.1926.

Was jeder Einsichtige im Voraus hätte wissen müssen, das trat dann ein, als den Fürsten die Riesenvermögen in die Hand gespielt waren. Sie machten von diesen einen der demokratischen Republik denkbar schädlichen Gebrauch. Vor allem die Hohenzollern leiteten viel Geld in Nazikanäle, wie sie sich auch nicht entblödeten, einen Teil der erlauchten Familie in Schückelgrubers braunen Parteitruppen paradieren zu lassen[999]. Andere Teile der Familie, unterstützt von deutschnationalen und konservativen Reaktionären, hätten freilich eine monarchistische Restauration der Diktatur des unbekannten und ungebildeten Gefreiten des Weltkrieges vorgezogen. Wegen sehr theoretischer Unterhaltungen hierüber hat das machtwütende Schückelgruber-Regime manche von ihnen, darunter einen der ältesten und anerkanntesten Führer der Konservativen und später deutschnationalen Reichstagsfraktion, zu langjährigen Zuchthausstrafen und Verlust der bürgerlichen Ehrenrechte verurteilt[1000].

Mitten in der Zeit, in der ich öffentlich die Zuerkennung von Milliardenwerten an die Fürstenhäuser bekämpfte, erhielt ich den Besuch des Exponenten eines deutschen Fürstenhauses. Er sagte nicht gleich, was er wollte, sondern führte sich zunächst mit einigen Schmeicheleien bei mir ein. Insbesondere betonte er, man wisse, dass ich in Fragen von Recht und Gerechtigkeit keinen Unterschied der Richtung und Partei kenne und dass

[999] Zur Finanzierung der NSDAP durch die Hohenzollern: Von den Hohenzollern war Prinz August Wilhelm seit Mai 1930 Mitglied der NSDAP, seit 1928 SA-Mitglied; Kronprinz Wilhelm unterhielt auch enge Kontakte zu Röhm. Vgl.: Friedrich Wilhelm, Prinz von Preußen, Die Hohenzollern und der Nationalsozialismus, Diss., München 1983. Eine große finanzielle Unterstützung durch die Hohenzollern ist aber nicht sehr wahrscheinlich, da diese ihre Unterstützung auf die monarchistischen Parteien konzentrierten.Dennoch sind Gelder geflossen, und vor allem hat die Unterstützung der kaiserlichen Familie eine Signalwirkung auf andere Adelige ausgeübt.Wie hoch die Summen aber waren, ist bislang meines Wissens noch nicht erforscht worden. Vgl.: James E. und Suzanne Pool, Hitlers Wegbereiter zur Macht. Die geheimen deutschen und internationalen Geldquellen, die Hitlers Aufstieg zur Macht ermöglichten, Bern/München 1979, S. 363 - 369. Loewenfeld hat hier die zeitgenössische Meinung, die in einigen Zeitungen vertreten wurde, übernommen. Vgl.: Wilhelm von Doorn finanziert die Hakenkreuzler, in: Münchener Post 204 (05.09.1930). Vgl.: Keine Gelder aus Doorn für Hitler, in: Münchener Post 210 (12.09.1930). Vgl.: Anonym, Nazis von den Hohenzollern gekauft, in: Rote Fahne 85 (21.04.1932), S. 1 und Stephan Malinowski, Vom König zum Führer. Sozialer Niedergang und politische Radikalisierung im deutschen Adel zwischen Kaisserreich und NS-Staat, Berlin 2003.

[1000] Es handelt sich hierbei wohl um Kuno von Westarp (12.08.1864-30.07.1945), der zunächst 1908-1918 für die Konservativen, ab 1920 bis 1930 für die DNVP im Reichstag saß. Von 1925 bis 1929 war er Vorsitzender der DNVP-Reichstagsfraktion. Die von Loewenfeld behaupteten Verfolgungen konnten allerdings nicht ermittelt werden. Vgl.: M.d.R. Die Reichstagsabgeordneten der Weimarer Republik in der Zeit des Nationalsozialismus. Politische Verfolgung, Emigration und Ausbürgerung 1933-1945, hrsg. von Martin Schumacher, Düsseldorf 2. Aufl. 1992, S. 620.

ich demgemäß die Interessen zahlreicher adeliger Klienten stets mit demselben Nachdruck gewahrt habe wie die von Mandanten aus anderen Gesellschaftsschichten. Ich merkte immer noch nicht, worauf er hinaus wollte. So fragte er mich schließlich direkt, ob ich das betreffende Fürstenhaus in seinem Abfindungsrechtsstreit gegen einen deutschen Einzelstaat zu vertreten bereit wäre. Er nannte mir die Höhe der Ansprüche, die gegen den betreffenden deutschen Einzelstaat verfochten werden sollten und es ergab sich daraus, dass mir bei Annahme des Mandats eine gesetzliche Mindestgebühr von über einer halben Million Mark winkte. Er tat sehr überrascht, als ich ohne Überlegung ablehnte und sagte, dass man meine Überzeugung für Geld weder kaufen noch beseitigen könne. Er meinte bescheiden, hier handle es sich doch nur um einen Zivilstreit, der mit Politik nichts zu tun habe. Ich erwiderte, es könne ihm nicht unbekannt geblieben sein, dass ich gegen diese Fürstenansprüche mich in zahlreichen, öffentlichen Erklärungen gewendet hätte. Mir nahezulegen, dass ich zivilrechtlich etwas vertrete, was ich politisch und ethisch als verwerflich erklärt hätte, scheine mir korruptiv zu sein. Nun erklärte er zur dürftigen Deckung seines Rückzuges, er habe von meiner öffentlichen Tätigkeit in Sachen der Fürstenvermögen bisher keine Kenntnis gehabt. Ich konnte hierauf nur replizieren, dass es dann eben ein wahrhaft neckischer Zufall sein müsse, der seine Auftraggeber habe auf die Idee kommen lassen, dass ich ein besonders geeigneter Vertreter ihrer behaupteten Rechtsansprüche sei. Der der "deutschen Volkspartei" angehörende College, dem an meiner Stelle dieses fette Mandat übertragen wurde, hatte keinerlei ethische oder politische Bedenken, es anzunehmen. Er ist mir für meine Ablehnung immer dankbar geblieben. Für mich war dieses Erlebnis ein weiterer Beweis, dass manche Fürstenhäuser bei Förderung ihrer Finanzinteressen vor der Wahl höchst unappetitlicher Mittel nicht zurückschreckten.

106. *Dolchstoßprozess*

Der "Dolchstoßprozess", den ich als das zweite politische Symptom für die damalige Haltung der bayrischen Reaktion bezeichnete, fand im Herbst 1925 fast einen Monat lang vor dem Amtsgericht München statt. Kläger war Professor Cossmann, Angeklagter ein Redakteur der "Münchener Post", der zwei Veröffentlichungen Cossmanns als Geschichtsfälschung bezeichnet hatte[1001]. Die eine davon war das Aprilheft 1925 der

[1001] Vgl.: Der Dolchstoßprozeß in München vom 19.11.1925. Verhandlungsberichte und Stimmungsbilder von Ewald Beckmann nach seinen Berichten in der Münchener Zeitung, München 1925, S. 231 (erschienen im Verlag Süddeutsche Monatshefte). Vgl.: "Der Dolch-

"Süddeutschen Monatshefte", das den Titel "Der Dolchstoß" trug. Dieses Heft suchte im Wesentlichen die These zu beweisen, dass Deutschland den Weltkrieg von 1914 nicht militärisch verloren habe, sondern dass es durch die Revolution vom November 1918 zu Boden gestreckt worden sei. Diese Revolution sei von den sozialdemokratischen Führern durch Verhetzung und Erregung von Unzufriedenheit planmäßig vorbereitet worden, der deutsche Sieg sei auf diese Weise sabotiert worden. Man habe die Arbeiterschaft dahin gebracht, den deutschen Sieg nicht zu wollen. Die deutsche Front sei so nicht besiegt, sondern "von hinten erdolcht" worden[1002].

In dem darauffolgenden Mai-Heft wurde für diese Geschichtslügen weiteres "Beweismaterial" veröffentlicht, dessen Bekrönung die unverschämte Behauptung bildete, der "Marxistenführer" Kurt Eisner habe zur Vorbereitung der Münchener Revolution "aus dem feindlichen Ausland" 164,7 Millionen Goldmark erhalten. Im bayrischen Ministerium des Äußeren war nämlich eine amtliche Übersicht gefunden worden, die überschrieben war "Stückzahl und Summe der vom 25. September bis 16. November 1918 ausgezahlten Schecks". Cossmann war auf irgend eine dunkle Weise in den Besitz dieser amtlichen Übersicht gekommen und behauptete frech, diese Gelder seien für Kurt Eisner persönlich gewesen und seien aus dem "feindlichen Ausland" bezahlt worden. Von einem guten Glauben bei Aufstellung dieser Behauptung konnte schon deshalb keine Rede sein, weil die Übersicht mit dem 25. September 1918, die Revolution aber mit dem 7. November 1918 begann. Wenn es sich um Gelder aus dem "feindlichen Ausland" gehandelt hätte, dann hätte sich also "das feindliche Ausland" in den 43 Tagen vom 25. September bis zum 7. November ausgerechnet der Vermittlung des damals noch königlich-bayrischen Ministeriums des Äußeren bedient, um einem politischen Revolutionär Hunderte von Millionen zum Zwecke des Sturzes des monarchistischen Systems zur Verfügung zu stellen. Selbst wenn die königlichen Beamten dieses Ministeriums zu einer so verruchten Handlungsweise bereit gewesen wären, hätten sie diese nicht vollziehen können, da der Revolutionär bis Ende Oktober 1918 in Untersuchungshaft saß. Anzunehmen, dass die königlichen Ministerialbeamten den königlichen Gefängnisbeamten Hunderte von Millionen zur Aushändigung an einen Häftling zur Verfügung gestellt hätten, war selbst für den frechsten nationalistischen Verleumder ein ungewöhnlich starkes Stück. Allein da Herr Cossmann vor großen Aufgaben nie zurückscheute,

stoß-Prozeß in München". Eine Ehrenrettung des deutschen Volkes, München 1925, S. 560. (Verlag G. Birk und Co.).

[1002] Vgl.: Joachim Petzold, Die Dolchstoßlegende. Eine Geschichtsfälschung im Dienst des deutschen Imperialismus und Militarismus, 2. Aufl., Berlin (DDR) 1963.

war ihm auch diese Gemeinheit nicht zu groß, wiewohl es allgemein bekannt war, dass Kurt Eisner ein völlig unbestechlicher Mann war, der vor und bei Ausbruch der Revolution mittellos war, als bayrischer Ministerpräsident auf Gehalt verzichtete und sich mit bescheidensten Tagegeldern begnügte.

Fast noch bezeichnender als der verleumderische Inhalt der "Dolchstoß-Hefte" war der Zeitpunkt ihrer Veröffentlichung. Der Strafprozess gegen Adolf Schückelgruber und Genossen wegen Hochverrats war soeben abgeschlossen. Der zu fünfjähriger Festungshaft verurteilte Putschist hatte noch sechs Monate seiner Strafe zu verbüßen. Der mitschuldige General Ludendorff aber hatte sich, wie wir gesehen haben unter Beihilfe des Professors Kohlrausch, durchgeschwindelt und war freigesprochen worden. Er war soeben daran, anstelle der in Bayern noch verbotenen nationalsozialistischen Partei einen "völkischen Block" aufzuziehen, der die politische Erbschaft des zunächst erledigten Schückelgruber antreten sollte. Es handelte sich also um nicht mehr und nicht weniger, als dass Ludendorff, in typisch germanischer Untreue, dem gefangenen Schückelgruber die Früchte seiner Arbeit entreißen und sich politisch an seine Stelle setzen wollte. Seine neue "Bewegung" stürzte sich auch in die Unkosten einer neuen völkisch-antisemitischen Münchener Tageszeitung, die es aber nie zu einem nennenswerten Leserkreis brachte[1003]. Ausgerechnet in diesem Augenblick leistete Cossmann dem antisemitischen Häuptling und General politische Assistenz, indem er Thesen vertrat, die einem großen Teil des deutschen Volkes die Verantwortung für den Verlust des Weltkrieges aufbürden und gleichzeitig die geschlagenen Generäle des Weltkrieges, an ihrer Spitze Ludendorff, reinwaschen sollten. Diese Thesen wussten nichts vom Verlust der Marne-Schlacht, nichts von den Wirkungen der englischen Blockade, von der Erschöpfung des Heeres und des Hinterlandes infolge Übermüdung, Hunger und Mangel, sie wussten nichts von der Fehlspekulation des sogannten unbeschränkten U-Bootskrieges, von der Unterschätzung des Eintritts Amerikas in den Krieg, von der Unterlegenheit des deutschen Heeres an Ersatztruppen und an Tanks, von den zusammengebrochenen Frühjahrsoffensiven 1918, von dem völligen Niederbruch der Verbündeten des deutschen Reiches, von der verheerenden äußeren und inneren Wirkung der alldeutschen Eroberungspropaganda.

Wie seiner Zeit im "Kriegsschuldprozess" so war auch im "Dolchstoßprozess" Richter Frank der Verhandlungsleiter. Wie seiner Zeit im "Kriegsschuldprozess" erklärte er wiederum, er wolle nur ein strafrecht-

[1003] Die Völkisch-antisemitische Tageszeitung von Ludendorff war die "Volkswarte".

liches Urteil fällen und sich kein Urteil über geschichtliche Vorgänge anmaßen. Wie seiner Zeit im "Kriegsschuldprozess" hielt er sich aber nicht an diese Zusage, sondern suchte durch Inhalt und Fassung seines Urteils der reaktionären Geschichtsfälschung Hilfestellung zu leisten. Infolge des ganzen Verlaufes des Prozesses blieb dieses Bemühen aber in der Öffentlichkeit unwirksam. Die große Änderung der Situation gegenüber dem "Kriegsschuldprozess" bestand darin, dass es Cossmann im "Dolchstoßprozess" nicht mehr gelang, einen einzigen wissenschaftlichen Sachverständigen von Ansehen für seine Sache an den Sachverständigentisch zu bringen. Sowohl als Sachverständige wie als Zeugen hatte Cossmann ausschließlich Generäle, Admiräle und Kriegsgerichtsräte der geschlagenen Armee aufgeboten[1004], also ausnahmslos Leute, die ein persönliches Interesse daran hatten, die Verantwortlichkeit der Führer der kaiserlichen Armee an dem deutschen Zusammenbruch vor dem Volke zu verdecken. Unter den von Cossmann vorgeführten Zeugen befand sich jener frühere Kriegsgerichtsrat Dobring, dessen verbrecherische Rolle bei der Niederschlagung der sogenannten Marinemeuterei von 1917 wir in diesen Erinnerungen bereits kennengelernt haben. Mehrere der Historiker von Ruf, die im "Kriegsschuldprozess" noch für die Sache von Cossmann erschienen waren, waren diesmal von Cossmanns Gegnern geladen und erschienen. Die Wichtigsten von ihnen waren Professor Dr. Delbrück, Dr. Eugen Fischer und Dr. Friedrich Thimme. Sie ließen sich durch ihre früheren Beziehungen zu Cossmann nicht davon abhalten, unter ihrem Eide das zu sagen, was der Wahrheit entsprach. Professor Hans Delbrück sagte in seiner zusammenfassenden Würdigung:

> "Da kann ich Herrn Professor Cossmann nicht helfen. Es ist eine Geschichtsfälschung umso schlimmerer Art, als sie gleichzeitig eine Volksvergiftung darstellt. Ich kann es den ungerecht Beschuldigten nicht verdenken, wenn sie sich in schärfsten Ausdrücken verwahren. Eine kühle, sachliche Widerlegung würde nicht durchgedrungen sein, die leidenschaftlichen Angriffe mussten leidenschaftlich beantwortet werden . . . . . Solche Beschuldigungen rufen bei den Angegriffenen Empörung hervor, die sich äußern muss."[1005].

Professor Delbrück fügte hinzu, dass das Bild der Verhandlung anders ausgefallen wäre, wenn die Cossmann-Partei nicht bloß Admiräle, Generäle und Stabsoffiziere, sondern auch Frontsoldaten hätte zu Wort kommen lassen.

[1004] Sachverständige Cossmanns waren: Kriegsgerichtsrat Dobring, Major a.D. Erich Volkmann, Mitglied des Reichsarchivs. Oberst a.D. Bernhard Schwertfeger. General a.D. von Kuhl. Sachverständige Loewenfelds: Prof. Dr. Delbrück (Vgl.: Anmerkung 783), Dr. Eugen Fischer (Vgl.: Anmerkung 786), Dr. Friedrich Thimme (Vgl.: Anmerkung 784).

[1005] Das Zitat Delbrücks findet sich wörtlich in dem Artikel von Ludwig Herz, Der Münchener Dolchstoß, in: Die Justiz 1925/26, S. 257-261.

Dr. Eugen Fischer fasste sein sehr ausführliches Gutachten dahin zusammen, von der Behauptung des "Dolchstoßes" sei absolut nichts übrig geblieben. Er gab der Überzeugung Ausdruck, dass die Idee des Dolchstoßes dem Bedürfnis der konservativen Parteien nach dem "Verräter" entsprungen sei, dass die Leute, die nur an den Wert des Alten glaubten und die das Alte wieder aufrichten wollten, zur Ehrenrettung der alten Autoritäten diese Legende geschaffen hätten. Dr. Fischer zählte eine Reihe von Einzelheiten aus den Dolchstoß-Heften auf, durch die der Verdacht begründet werde, dass die Unrichtigkeit und die Unwahrheit der Erklärung nicht eine versehentliche, sondern eine beabsichtigte war. Von einem bestimmten Zitat Cossmanns sagte er, dass zur Schädigung des politischen Gegners der Sinn des Satzes durch die Art der Zitierung in sein Gegenteil verkehrt worden sei. Er fügte hinzu: "Das war ein Beginnen, das man Fälschung nennt"[1006]. Dr. Friedrich Thimme endlich stellte das Denunziatorische der Behauptungen Cossmanns und seiner Wirksamkeit in den letzten Jahren in den Vordergrund seiner Ausführungen[1007].

Ein weiterer Sachverständiger, und zwar ein geistig und wissenschaftlich sehr hochstehender, war der Berliner Richter Dr. Ludwig Herz[1008], der sich durch seine langjährigen Forschungen über Verlauf und Abschluss des Weltkrieges 1914 einen Namen als Historiker gemacht hatte. Seine zusammenfassende Anschauung war: "Es liegt eine objektive Geschichtsfälschung vor und nach den angegebenen Beispielen muss auch eine subjektive Fälschung angenommen werden, weil Cossmann im politischen Leben gestanden hat und viele Dinge, die er behauptet hat, besser wissen musste". Die einmonatliche Verhandlung, in der eine große Anzahl bekannter deutscher Politiker als Zeugen vernommen wurde, führte zu einer moralischen und politischen Hinrichtung Cossmanns. Mein Sozius Dr. Hirschberg, der, unter vielfacher Mitwirkung meinerseits, zur Widerlegung der Cossmann'schen Geschichtslügen ein riesiges Material zusammengetragen hatte und dieses in der Verhandlung zu vernichtenden Schlägen gegen Cossmann benutzte, konnte sein Plädoyer mit der Feststellung abschließen, dass die "innenpolitische Kriegsschuldlüge", wie er die Coss-

[1006] Dr. Eugen Fischers Aussagen werden in dem Bericht von BECKMANN tendenziös wiedergegeben. Vgl.: Der Dolchstoß-Prozeß in München, a.a.O., S. 136.

[1007] Hier wird Inhaltliches von Beckmann nicht mitgeteilt, sondern Thimme als Zeuge verunglimpft. Vgl.: Der Dolchstoß-Prozeß in München, a.a.O., S. 116 f.

[1008] DR. LUDWIG HERZ (17.01.1863-03.09.1942), Amtsgerichtsrat, Richter in Berlin, Freitod. Auch Dr. Herz wird von Beckmann mehr als verunglimpft. Vgl.: Der Dolchstoßprozeß in München vom 19.11.1925. Verhandlungsberichte und Stimmungsbilder von Ewald Beckmann nach seinen Berichten in der Münchener Zeitung, München 1925, S. 231 (erschienen im Verlag Süddeutsche Monatshefte), S. 127.

mann'schen Dolchstoß-Hefte nannte, mit diesem Prozess ihre Existenz ausgespielt habe. Cossmann selbst hatte sich schon während des Prozesses auf die Rückzugslinie begeben, dass er einen "Dolchstoß" der Sozialdemokratie nicht behaupten wolle, sondern nur einen solchen der "Radikalen". Aus den Heften ergab sich, dass er auch die Sozialdemokratie in fälscherischer Weise bezichtigt hatte.

Richter Frank verurteilte gleichwohl den Redakteur, der Cossmann Geschichtsfälschung vorgeworfen hatte. Er drückte sich um jede wirkliche Würdigung des Beweisergebnisses herum, ja er untersuchte nicht einmal, ob eine objektive Fälschung vorliege, geschweige denn eine subjektive. Er sagte nur sehr vorsichtig, in den Dolchstoß-Heften fänden sich "verschiedentlich Verallgemeinerungen, die nicht gerechtfertigt sind", die Darstellung der Hefte sei "teilweise irrig und unrichtig". Er fügte aber verständnisvoll hinzu, Irrtümer und Unrichtigkeiten fänden sich auch in anderen geschichtlichen Darstellungen. Endlich sagte er, Cossmann habe in der Hauptverhandlung ausdrücklich erklärt, er habe Vorwürfe gegen Angehörige der sozialdemokratischen Partei nicht erheben wollen, in den Dolchstoß-Heften aber hätte "dies deutlicher zum Ausdruck kommen müssen".

Auf die von den einzelnen Sachverständigen angeführten Beispiele einzelner vorsätzlicher Fälschungen ging Richter Frank überhaupt nicht ein. Lediglich hinsichtlich der schoflen Beschuldigung Kurt Eisners, 164,7 Goldmillionen "aus dem feindlichen Ausland" empfangen zu haben, ließ er sich dazu herbei, zu bemerken, welche Bedeutung der im Ministerium des Äußeren aufgefundenen Übersicht von Schecks zukomme, sei zur Zeit nicht feststellbar, Anhaltspunkte dafür aber, dass diese Beträge "aus dem feindlichen Ausland" stammten, seien nicht vorhanden. Das war eine mehr als sanfte Kritik an einer Verleumdung von so offenbarer Niedertracht. Die Reichsfarben Schwarz-Rot-Gold aber bezeichnete Richter Frank, ein deutliches Symptom der Münchener Atmosphäre, in seinem Urteil als "Schwarz-Rot-Gelb". Als er hierauf öffentlich festgenagelt wurde, sagte er, es habe sich um ein "Zitat" gehandelt. Er musste sich entgegen halten lassen: "Sage mir, was Du kommentarlos zitierst, und ich sage Dir, wer Du bist".

Cossmann war als Angeklagter von Richter Frank im "Kriegsschuldprozess" freigesprochen worden, weil er in "Wahrung öffentlicher Interessen" gehandelt habe. Dem Redakteur, der Cossmann als einen Geschichtsfälscher mit Zustimmung bedeutender historischer Sachverständige entlarvte, versagte Richter Frank den gleichen Schutz und verurteilte ihn zu einer nach damaligen Verhältnissen bedeutenden Geldstrafe[1009].

[1009] Urteil des Prozesses: 3.000 RM Geldstrafe wegen eines fortgesetzten Vergehens teils der Beleidigung, teils der üblen Nachrede. Vgl.: LUDWIG HERZ, Der Münchener Dolchstoß,

Als das wirkliche Prozessergebnis war es anzusehen, dass Cossmann das politische Handwerk gelegt war. Die von ihm geleiteten "Süddeutschen Monatshefte" galten bei keinem Objektiven mehr als eine einwandfreie Erkenntnisquelle und sanken rasch zu einem mehr und mehr unbeachteten, ewig schimpfenden und kläffenden rein alldeutschen Parteiorgan herab. Die "Ergebnisse" Cossmann'scher "Forschung" wurden begierig nur von einer einzigen Gruppe benutzt, nämlich von den Nazis. Auch in den "Münchener Neuesten Nachrichten" ging Cossmanns Einfluss zurück, während sich der Einfluss der Klerikalen und Monarchisten dort verstärkte.

Trotzdem waren der "Dolchstoß-Prozess" und sein juristisches Ergebnis wahrhaft symptomatisch für die damalige bayrische und Münchner Atmosphäre. Recht, Anstand und Wahrheit konnten sich nur im Widerstand gegen diese Atmosphäre durchsetzen; in Bayern waren immer noch reaktionäre Verhetzung und Hasspolitik gegen jedes Element des Fortschrittes die große Mode.

107. *Locarno und Reichstagswahl 1928*

Die politische Bedeutung dieser Mode trat allerdings in der deutschen Außen- und Innenpolitik für die nächsten Jahre zurück. Die durchwegs rechtsstehenden Reichsregierungen, die für die Schicksale Deutschlands in den Jahren 1925 bis 1928 verantwortlich zeichneten, mussten sich wohl oder übel zu einem außen- und innenpolitischen Versöhnungskurs verstehen, um Deutschlands völligen Zusammenbruch hintanzuhalten. Der Vertrag von Locarno und der Eintritt Deutschlands in den Völkerbund kennzeichneten den außenpolitischen, die Erlassung einer Reihe wichtiger sozialpolitischer Gesetze, so die Vereinheitlichung der Gerichtsbarkeit in Arbeitsstreitigkeiten und die Schaffung einer großangelegten Arbeitslosenversicherung, den innenpolitischen Kurs[1010]. Alle diese Fortschritte fanden unter jeweils wütenden Protesten der Nazis statt, deren Bedeutung durch eine Periode ruhiger Entwicklung nur dezimiert werden konnte. Tatsächlich war es bei den Reichstagswahlen vom Mai 1928 soweit, dass die Nazis von 475 Mandaten ganze 12 und von mehr als 28 1/2 Millionen Stimmen noch nicht eine Million erhielten, während die Sozialdemokraten mit mehr als 9 Millionen Stimmen und 152 Abgeordneten als weitaus größte Partei

in: Die Justiz 1925/26, , S. 259 und 261. Vgl.: IRMTRAUD PERMOOSER, Der Dolchstoßprozeß in München 1925, in: Zeitschrift für Bayerische Landesgeschichte 59, 1996, S. 922 ff.

[1010] Vertrag von Locarno 16.10.1925. Eintritt in den Völkerbund 08.09.1926. Arbeitsgerichtsgesetz 23.12.1926. Arbeitslosenversicherung 01.10.1927.

in den Reichstag einzogen[1011] und der alte Hindenburg sich dadurch genötigt sah, zur Abwechslung einem im Wesentlichen aus demokratischen Kräften bestehenden und von einem Sozialdemokraten als Reichskanzler geführten Reichskabinett die deutsche Treue zu wahren.

Allein trotz dieser ruhigeren Entwicklung konnte keinem Tiefersehenden verborgen bleiben, dass in dem Deutschland und besonders in dem Bayern von 1926 bis 1929 von Demokratie nicht mehr viel übrig geblieben war. Die äußeren Formen der Parlamente, ihre Debatten und Abstimmungen mochten noch knapp demokratischen Ansprüchen genügen. In politischen Wahlen mochte es noch leidlich demokratisch hergehen. Wahlfälschung und Wahlbetrug spielten sicherlich eine minimale Rolle und die Verhetzung in Wahlzeiten, das moralische Niveau der Wahlagitation waren, wenn auch niedrig genug, so doch nicht schofler, als in vielen demokratischen Ländern. Der Inhalt der Politik selbst aber war auf Seite der zur Demokratie neigenden Parteien, also der Sozialdemokraten, der Demokraten, des demokratischen Flügels der Klerikalen ein ewiges Kompromiss mit der politischen und wirtschaftlichen Reaktion. Die Auswirkungen dieser Politik des ewigen Kuhhandelns, des "Tolerierens" feindlicher Prinzipien und Handlungen musste den Glauben breitester Massen an die Kraft der demokratischen Idee mehr und mehr untergraben. Die deutschnationale Reaktion, die sich bald offen mit Hitler verband, hatte, schon ehe die Auswirkungen der Weltkrise auf Deutschland begannen, ein agitatorisch leichtes Spiel, wenn sie den einzelnen Parteien der demokratischen Seite die großen Widersprüche zwischen ihren programmatischen Grundsätzen und ihren praktischen Handlungen immer wieder vorhielt. Nicht als ob etwa die Reaktion prinzipientreuer gewesen wäre, war sie in der taktisch weit besseren Situation, indem sie das Bestehende heruntersetzte und den breitesten Massen uferlose Versprechungen für den Fall ihres politischen Sieges machte. Die deutsche und außerdeutsche Geschichtsschreibung hat sich der Darstellung dieser Perioden der deutschen Entwicklung sehr eingehend hingegeben. Es gehört zur Anlage dieser Erinnerungen, das persönliche Erleben in den Rahmen der politischen Entwicklung zu stellen,

[1011] Ergebnis der Reichstagswahlen 20.05.1928: SPD: 29,8%, Zentrum: 15.2%, DNVP: 14,2%, KPD: 10,6%, DVP: 8,7%, DDP: 4,8%, NSDAP: 2,6%, Kleine Parteien: 14,1%. Vgl.: Jürgen W. Falter, Thomas Lindenberger, Siegfried Schumann, Wahlen und Abstimmungen in der Weimarer Republik, München 1986, S. 44. Reichskanzler Hermann Müller (18.05.1876-20.03.1931) , SPD, 1899 sozialdemokratischer Redakteur, 1906 Mitglied des Parteivorstands, 1916 Mitglied des Reichstags, 1919 Mitglied der Nationalversammlung, 1920 Außenminister, 1920 Reichskanzler, Fraktionsvorsitzender der SPD im Reichstag, 1928-1930 Reichskanzler. Vgl.: Ernst Deuerlein, Deutsche Kanzler von Bismarck bis Hitler, München 1968, S. 270-288.

nicht aber etwa eine irgendwie auf Vollständigkeit Anspruch machende historische Schilderung selbst zu geben. Mein persönliches Erleben in den fraglichen Jahren vermittelte mir das Bild des unaufhaltsamen Niedergangs der deutschen Demokratie vor allem von der Seite der Justiz her. Ich möchte mich dieserhalb auch für diese Periode deutscher Entwicklung im Wesentlichen auf meine Wahrnehmungen im Gebiete des deutschen Gerechtigkeits- und Ungerechtigkeitsbetriebes beschränken, da mir nur in dieser Beziehung der Vorteil unmittelbarer Wahrnehmung der Entwicklung zur Verfügung steht.

108. *Praxis des Reichsgerichts*

Wir haben in diesen Erinnerungen die unheilvolle Führerrolle, die die deutsche und vor allem die bayrische Justiz beim Abbau der deutschen Demokratie gespielt hat, schon in vielen Einzelauswirkungen kennengelernt. Das hemmungslose Wüten der politischen Justiz nach links ist uns in den Einzelbeispielen der Art der Liquidierung des Kapp-Putsches und des Hitler-Putsches in sinnenfälligen Beispielen entgegen getreten. Antidemokratische Aktionen, wie die Beseitigung der Schwurgerichte, gingen einher mit der sich immer verschärfenden Tendenz, das Strafverfahren, auch in nichtpolitischen Sachen, zu verschlechtern, die Möglichkeit des Beweises und der Einlegung von Rechtsmitteln abzuschneiden und die völlig unzulängliche Möglichkeit einer Wiederaufnahme des Verfahrens nicht zu verbessern. Innerhalb dieses gesetzgeberischen Rahmens war es neben den bayrischen Volksgerichten vor allem das höchste deutsche Gericht, das Reichsgericht zu Leipzig, dem hinsichtlich des Niederganges der deutschen Demokratie ein besonderes Maß von Schuld beizumessen ist. Das charakteristischste Kapitel in dem Schuldkonto des Reichsgerichts war seine Praxis in der strafrechtlichen Behandlung des sogenannten Landesverrats[1012] und in seiner Stellungnahme zu den Fememorden[1013]. In demokratischen Gemeinwesen bekämpft man mit der Waffe des Strafrechtes als Verräter nur Leute, deren Vorsatz es ist, dem eigenen Lande zu schaden. Das Reichsgericht dagegen hat mit dieser Waffe alle Politiker bekämpft, die vollständig wahrheitsgemäß die antirepublikanischen Treibereien von Geheimorganisationen und Femeverbänden geißelten und dabei das Verhalten der Regierung, insbesondere ihre Schwäche gegenüber dem Recht, kritisierten. Dabei war es ein niederträchtiger Trick, wahrheitsgemäße Bericht-

[1012] Vgl.: PHILIPP LOEWENFELD, Das Strafrecht als politische Waffe, Berlin 1933, S. 38 ff.

[1013] Vgl.: PHILIPP LOEWENFELD, a.a.O., S. 41 ff.

erstattung über solches verfassungswidriges Treiben auch dann als Verrat zu bezeichnen, wenn die Regierung garnicht erwähnt war, indem man den Begriff der "stillschweigenden" Kritik erfand und auf das Äußerste ausdehnte. Ganz besonders wurde in dieser Hinsicht die organisierte Friedensbewegung verfolgt, wenn sie über Kriegstreibereien, geheime Rüstungen, gesetzwidrige Waffenlager, Sabotage des Versailler Vertrages berichtete, wenn aus diesem Bericht irgendwie herausgelesen werden konnte, dass ein Vorwurf gegen die Regierung zu erheben war. Alle diese Verfahren gingen nach einem bestimmten Schema. Sie machten keinerlei Unterschied zwischen wahren und unwahren Nachrichten. Sie fanden unter vollständigem Ausschluss der Öffentlichkeit, vielfach auch unter Ausschluss der Presse statt. Die Geheimnistuerei ging soweit, dass in der Regel auch den Prozessbeteiligten, einschließlich der Verteidiger, volle Geheimhaltungspflicht über alle Vorgänge in der mündlichen Verhandlung auferlegt wurde, ja sogar dass den Angeklagten und ihren Verteidigern die Zustellung der Urteilsgründe verweigert wurde. Die "Sachverständigen" entnahm das Gericht bei diesen Prozessen in der Regel der Reichswehr. Für diese "Sachverständigen" war selbstverständlich jede Mitteilung ein "Verrat", durch die die Öffentlichkeit und das Ausland von der schon damals schwunghaft betriebenen deutschen Geheimaufrüstung Kenntnis erhalten konnte. Auf solche Weise wurden jahrelang ehrliche Politiker strafrechtlich vernichtet, die nichts anderes getan hatten, als dass sie die Existenz einer "schwarzen Reichswehr" wahrheitsgemäß behauptet hatten. Die Existenz der "schwarzen Reichswehr", deren Formationen vor allem auf den großen Gütern des nord- und ostdeutschen Großgrundbesitzes blühten und den Schutz und die stillschweigende Anerkennung der deutschen Regierungen aller Schattierungen fanden, war zwar so ziemlich allgemein bekannt, insbesondere auch bei den Signatarmächten des Versailler Vertrages. Die Tatsache ihrer bloßen Erwähnung genügte aber dem "patriotischen" Reichsgericht, um ehrenhafte Männer auf lange Jahre ins Zuchthaus zu schicken und sie der bürgerlichen Ehrenrechte zu berauben. Dabei wagte man sich nicht nur an irgendwelche unbekannten Leute, sondern auch an die angesehensten und besonnensten, weltbekannten, pazifistischen Führer, wie Hellmuth von Gerlach[1014] und den Träger des Friedensnobelpreises, Professor Dr. Ludwig Quidde, heran. Quidde hatte einen äußerst zurückhaltenden Artikel in einem Berliner Blatt geschrieben, in dem er als Patriot vor den außenpolitischen Gefahren einer "schwarzen Reichswehr" warnte, ohne irgendwelche Angaben über das Bestehen einer solchen oder ihre

1014 Vgl.: Anmerkung 823.

Ausdehnung zu machen[1015]. Schon der Gebrauch des Wortes "schwarze Reichswehr" erregte die Wut der "Vereinigten Vaterländischen Verbände" in München, unter welcher völlig irreführenden Firma eine Anzahl Demokratie- und Republikfeindlicher bayrischer Organisationen in einer Spitzenorganisation zusammengefasst waren. Die "Vereinigten Vaterländischen Verbände", die ihre Meisterschaft in schoflen Denunziationen wiederholt bewiesen hatten, wussten sehr genau, an wen sie sich zu wenden hatten, wenn sie den Versuch machen wollten, Professor Quidde wegen dieser durchaus erlaubten Äußerung zur Strecke zu bringen. Sie gingen an den Schöpfer der deutschen Geheimaufrüstung, den Chef der Heersleitung, Generalobersten von Seeckt, heran. Dieser höchstbegabte oberste deutsche Generalstäbler wahrte formell das Gesicht der außenpolitischen und innenpolitischen Loyalität, war aber im Stillen für jede Treiberei gegen die demokratische Republik zu haben. Eine ziemlich kecke, offen monarchistische Geste machte ihn schließlich an der Spitze der Reichswehr unmöglich und führte zu seiner Entlassung. Im Fall der Denunziation von Professor Quidde reagierte er prompt nach dem Wunsch der "Vereinigten Vaterländischen Verbände" und sandte die Denunziation der Staatsanwaltschaft München zu. Damit brachte er, ohne der Denunziation selbst etwas hinzuzufügen, zum Ausdruck, dass der Artikel Quiddes in seinen Augen eine strafbare Handlung darstelle, deren Verfolgung er wünsche. Für die zivile Staatsanwaltschaft München war dieser Wunsch des Generalissimus ein militärischer Befehl. Sie verhaftete den ehrwürdigen Gelehrten kurzerhand und lieferte ihn in das Untersuchungsgefängnis München ein. Als mir Professor Quidde, der mich dorthin rufen ließ, als Häftling mit offenem Hemdkragen im Sprechzimmer des Untersuchungsgefängnisses München vorgeführt wurde, erinnerte ich mich des Wortes von Karl Kraus, dass man das Recht zum Lachen hinter die Pflicht zum Weinen zu stellen habe, zum Weinen über den geistig-moralischen Zustand eines Deutschland, das mit solchen Mitteln die Lüge und die Gewalt deckte und die Wahrhaftigkeit und Ehrenhaftigkeit verfolgte. Als ich dann zu dem amtierenden Staatsanwalt kam, konnte mir dieser noch nicht einmal sagen, welches Delikt Professor Quidde nach seiner Auffassung begangen haben sollte, um hiewegen kurzerhand in Haft geworfen zu werden. Offenbar hatte der Staatsanwalt hiewegen vom deutschen Generalstab noch keine Instruktio-

[1015] LUDWIG QUIDDE, "Die Gefahr der Stunde" in: Welt am Montag 10.03.1923, (abgedruckt auch in: Die Friedenswarte 1924,) S. 92 f. Die Verhaftung Quiddes erfolgte in München. Sein Anwalt war Philipp Loewenfeld. Das Verfahren wurde durch das Reichsgericht eingestellt. Vgl.: BHStA MA 100445. Vgl.: RUDOLF GOLDSCHEID, Die Verfolgung Quiddes wegen Landesverrat, in: Friedenswarte 1924, S. 2 f.

nen. Ein Verhaftung durfte nach damaligem Gesetz nur auf Fluchtverdacht oder Verdunklungsverdacht begründet werden. Ich fragte den Staatsanwalt, ob er glaube, dass ein so hochangesehener Mann wie Professor Quidde, den die bayrische Akademie der Wissenschaften zu ihrem Mitglied gewählt hatte - die höchste wissenschaftliche Auszeichnung, die in Bayern errungen werden konnte - vor einer derartigen Verfolgung entfliehen werde. Er zuckte darauf nur die Achseln. Dann fragte ich weiter, was an dieser angeblichen Straftat zu "verdunkeln" sei, nachdem der Text des öffentlich erschienenen Artikels den Strafakten einverleibt worden sei. Wiederum zuckte der Vertreter der Strafverfolgungsbehörde nur in offensichtlicher Verlegenheit mit den Achseln. Irgendeine vernünftige und dem Gesetz entsprechende Antwort auf diese peinlichen Fragen war ja auch unmöglich. Dasselbe Schauspiel erlebte ich, als ich darauf zu dem Richter ging, der den Haftbefehl bestätigt hatte. Er machte keinen Versuch, irgendwie klarzulegen, wieso die vorsichtige Warnung Quiddes vor vertragswidrigen Wegen der deutschen Militärpolitik irgend ein Strafgesetz verletzen solle. Nach ungefähr einer Woche wurde dann Professor Quidde aus der Haft entlassen und das Verfahren gegen ihn an das Reichsgericht abgegeben, das es einstellte. Der Grund lag nicht in einer besseren Einsicht der Justiz, sondern wiederum in einem Wink von Seite des Herrn von Seeckt. Diesem war inzwischen klargemacht worden, dass die Durchführung dieser Sache zu einer heillosen Blamage der deutschen Heeresleitung und damit zu einer solchen seiner eigenen Person im Inland und im Ausland führen müsse. Dieserhalb erging der Wink, dass die Durchführung dieses Strafverfahrens, nach Auffassung der "Sachverständigen" der Reichswehr, im Ergebnis unsicher sei und deshalb besser unterbleibe. In die Akten gelangte dieser Wink nicht. Ich konnte von dem grotesken Vorgang nur durch eine politische Querverbindung Kenntnis erhalten. Wohl aber erklärten bedeutende Politiker des Auslandes, soweit man aus den Worten Quiddes überhaupt einen Schluss auf Tatsachen ziehen könne, dass diese Tatsachen aus vielen anderen Quellen längst bekannt gewesen seien.

Aber auch nach dem Fall Quidde setzte die deutsche Reichswehr ihre Technik fort, jede Publikation über Geheimaufrüstung und militärische Geheimorganisationen durch Denunziation bei der Strafverfolgungsbehörde zu bekämpfen und damit sich offiziell schützend vor diese Geheimorganisationen zu stellen. In einem solchen Fall erstattete der Reichswehroberst Gempp[1016] als Sachverständiger ein "Gutachten" an das Reichsge-

[1016] Vgl.: EMIL JULIUS GUMBEL, Landesverrat begangen durch die Presse, in: Die Justiz 1926/27, S. 75-92, hier S.82. GEMPP, Oberst der Reichswehr und Unterchef der Heeresstatistischen Abteilung T. 3 des Reichswehrministeriums erstattete das Gutachten im richt, warum nach Auffassung der Reichswehr alle Nachrichten über Geheimorganisationen, ihre militärische Ausbildung, ihre Verbindung mit den Reichwehrdienststellen, sowie ihre Duldung und Förderung seitens der Reichsregierung "für das Wohl des Reiches geheimzuhalten" seien. Die Anklage richtete sich in diesem Fall gegen den Ministerpräsidenten eines deutschen Einzelstaates, der in dem Parlament des betreffenden Staates über das Unwesen der Geheimorganisationen berichtet hatte. Das Gutachten des Obersten Gempp sagte wörtlich:

> "Die Frage der Geheimorganisationen sowie die Stellung der Regierung und der Reichswehr zu ihnen sind von größtem Interesse für die Staaten des Feindbundes, welche durch ihre Kontrollorgane in Deutschland und durch einen umfangreichen Nachrichtendienst sich hierüber Aufklärung zu schaffen suchen.
> Die Feindstaaten bedürfen dieser Nachrichten zur Durchführung ihrer gegen das Wohl des Deutschen Reiches gerichteten Politik. Sie fühlen den Erfolg ihres Sieges durch das Aufleben des Gedankens der Wehrhaftigkeit im deutschen Volke bedroht und suchen mit allen Mitteln Material darüber zu gewinnen, ob und inwiefern, sei es mit, sei es ohne Billigung und Förderung der deutschen Regierung, Verstöße gegen den Versailler Vertrag vorkommen. Dieses Material dient ihnen, insbesondere Frankreich, dann zur Begründung der Notwendigkeit des Weiterbestehens der dem Wohle des Reiches abträglichen Kontrollkommission und als Unterlage für weitere Maßnahmen zur Niederhaltung Deutschlands. Für diese Wirkung der bei dem Verband eingehenden Nachrichten ist gleichgültig, ob die Nachrichten zutreffen oder übertrieben oder gar völlig falsch sind. Die Forderung der Geheimhaltung muss sich daher auf alle solche Nachrichten beziehen. Es kann auch ganz dahingestellt bleiben, inwieweit gewisse Kreise in Deutschland von den behaupteten Tatsachen Kenntnis hatten und wie weit die Auslandsstaaten in der damaligen Zeit über diese Frage orientiert waren. Die Bestätigung ihrer Vermutungen und bei ihnen bisher eingegangener Einzelnachrichten durch den Ministerpräsidenten eines deutschen Staates musste den Verbandsmächten für ihre gegen Deutschlands Wohl gerichteten Bestrebungen größte Vorteile bringen und daher die Interessen Deutschlands schwer schädigen".

Für diesen Edelmann gab es also, Jahre nach Abschluss des Friedensvertrages, immer noch einen "Feindbund" und "Feindstaaten". Die militärischen Geheimorganisationen, deren Bestehen in gleicher Weise gegen die völkerrechtlichen Verpflichtungen Deutschlands wie gegen die deutsche Gesetzgebung verstießen, verherrlichte er als einen Beweis des "Auflebens des Gedankens der Wehrhaftigkeit im deutschen Volk". Das Gutachten war der direkte Beweis der amtlichen Duldung und Förderung der "schwarzen Reichswehr" und damit des fortdauernden Bruches des Versailler Vertrages seitens des Deutschen Reiches. Aber nicht die Vertragsbrecher wurden verfolgt, sondern die Ehrenmänner, die auf diesen Skandal hinwiesen. Ja selbst die Zeitungsredakteure, die das Gutachten aus dem Parlamentsbericht und

Fall Zeigner. Zeigner war Ministerpräsident Sachsens und hatte im sächsischen Landtag über die geheime Aufrüstung gesprochen.

den Parlamentsbericht selbst nachdruckten, wurden von den deutschen Gerichten bestraft, wiewohl nach der Verfassung des Deutschen Reiches wahrheitsgetreue Berichte über die Verhandlungen in den öffentlichen Sitzungen der Landesparlamente von jeder Verantwortung freiblieben[1017].

Auf den allerskandalösesten Punkt in dieser ganzen Angelegenheit aber hat mein Freund Professor Gumbel öffentlich hingewiesen. Er zitierte nämlich eine Auslandsmeldung, wonach Oberst Gempp selbst der amtliche Organisator der "schwarzen Reichswehr" war[1018]. Weder der Auslandsmeldung noch der Mitteilung Gumbels hat die deutsche Heeresleitung widersprochen, obwohl sie sonst alles und noch einiges dementierte, sodass man ein Reichswehrdementi schon mehr oder weniger als einen Beweis für das Vorliegen eines bestimmten Sachverhaltes ansehen durfte. Hier lag also der Fall vor, dass ein Mensch, der im amtlichen Auftrag täglich Handlungen beging, die nach den deutschen Gesetzen schwer strafbar waren, von seinen Vorgesetzten in voller Kenntnis und Billigung dieses kriminellen Treibens als angeblich unabhängiger und unbeteiligter Sachverständiger bei der Strafverfolgung von Leuten benutzt wurde, deren einziges "Verbrechen" in der wahrheitsgemäßen Feststellung der Kriminaltaten des "Sachverständigen" bestand.

Gumbel hat weiter auf einen Punkt hingewiesen, der äußerst charakteristisch war, nämlich dass Reichswehr und Polizei sehr häufig Strafanzeigen gegen Redakteure wegen "Landesverrats" in solchen Fällen erstatteten, in denen die Durchführung einer Verfolgung von vorneherein aussichtslos war. So hatte er beispielsweise selbst aus einem rechtsstehenden Blatt einen Artikel nachgedruckt, in dem anhand eines Gerichtsurteils bewiesen wurde, dass ein Gestellungsbefehl zur "schwarzen Reichswehr" einen genügenden Grund für den Urlaub eines sächsischen Beamten darstelle. Wegen des Abdruckes dieses Artikels wurde ein Verfahren wegen "Landsverrats" gegen ihn eingeleitet. Da es allzu töricht gewesen wäre, ein solches Verfahren durchzuführen, wurde es eingestellt. Gumbel sagte mit Recht, dass die systematische Einleitung solch lächerlicher Anklagen offenbar nur den Zweck der Terrorisierung der Presse und der Schriftsteller habe, dass durch Furchterregung ein Druck auf die anständigen Publizisten ausgeübt werden sollte, zu den fortgesetzten Reichswehrskandalen zu schweigen.

[1017] Vgl.: Emil Julius Gumbel, Landesverrat begangen durch die Presse, in: Die Justiz 1926/27S. 83 f.

[1018] Vgl.: Emil Julius Gumbel, a.a.O. S. 85. Die Auslandsmeldung erschien in der Zeitung "Züricher Volksrecht" am 03.01.1925.

Schließlich konnte die sozialdemokratische Partei nicht umhin, im deutschen Reichstag eine offizielle Interpellation[1019] einzubringen, in der sie sagte, sie habe schon in einer früheren Interpellation die Aufmerksamkeit der Reichsregierung auf die Tatsache zu lenken versucht, "dass in zunehmendem Masse die Oberreichsanwaltschaft Anklage erhebt und das Reichsgericht Verurteilungen eintreten lässt, in Fällen, in denen Angeklagte Mitteilungen gemacht haben über illegale Verbände, die in Deutschland bestehen, oder über illegale Ziele, die legal bestehende Organisationen verfolgen oder über Verbindungen solcher Organisationen mit Reichswehrstellen oder über bestehende, geheime Waffenlager".

Die Interpellation fährt dann fort:

> "Ist die Reichsregierung sich dessen bewusst, dass diese Rechtsprechung eine Gefahr für die Republik bedeutet, indem sie Organisationen, die staatsfeindlich und monarchistisch sind, die Möglichkeit der Waffenrüstung gewährt, ohne der republikanischen Bevölkerung die Möglichkeit zu geben, sich dagegen zu wehren oder auf Einhaltung von Recht und Gesetz zu bestehen.
> Bedenkt die Reichsregierung die außenpolitischen Folgen dieses Zustandes und die Rückwirkung, die diese Rechtsprechung insbesondere auf die Frage der Räumung des besetzten Rheinlands haben muss? Was gedenkt die Reichsregierung zu tun, um gegenüber dieser Rechtsprechung die inneren und äußeren Interessen der Republik zur Geltung zu bringen?"

Im Zusammenhang hiermit stellte die sozialdemokratische Fraktion den gesetzgeberischen Antrag, festzulegen, dass die wahrheitsgemäße Mitteilung gesetzwidriger Zustände kein Landesverrat sei. Dieser Antrag wurde niemals angenommen. Ebensowenig trat eine grundsätzliche Änderung in der Landesverratspraxis der Gerichte und der Reichswehr ein. Der Oberst Gempp wurde nach wie vor als "Sachverständiger" verwendet. Die einzige Folge der Interpellation war, dass die Praxis in dieser Art von Sachen etwas vorsichtiger wurde. Im Prinzip aber blieb der Ehrenmann, der über strafbare und staatsgefährliche Treibereien berichtete, in Deutschland ein Verbrecher, der Verbrecher, der die strafbaren und staatsgefährlichen Treibereien beging, ein patriotischer Ehrenmann.

Bei einer solchen Sachlage war es schließlich auch nicht zu verwundern, mit welchen juristischen Tricks die deutsche Jurisprudenz, unter Führung des deutschen Reichsgerichts, sich einer Bestrafung der zum Teil schauerlichen Mordtaten zu entziehen suchte, die seitens der "schwarzen Reichswehr" und anderer Geheimbünde in Deutschland massenhaft begangen wurden. Das reichhaltigste Material über diese Massenmorde und über das absolute Versagen der deutschen Justiz in der Aufrechterhaltung der

[1019] Interpellation der SPD im Reichstag vom 17.01.1925. Vgl.: Emil Julius Gumbel, a.a.O, S. 86 f.

öffentlichen Ordnung und des Schutzes des Lebens hat wiederum Professor Gumbel in seinen ausgezeichneten Büchern "Verräter verfallen der Feme"[1020] und "Verschwörer"[1021] zusammengetragen. In diesen Erinnerungen soll nicht über die einzelnen Mordtaten dieses nationalen Banditentums gesprochen werden, sondern nur über die prinzipielle Seite seiner staatlichen Duldung und Förderung, die vielleicht wie nichts anderes den Schlüssel zu der Erkenntnis bildet, warum das deutsche Beamtentum und in erster Linie die deutsche Justiz als Gesamtheit, von wenigen rühmlichen Ausnahmen abgesehen, keinerlei innere Schwierigkeiten bei der Einordnung in den die Weimarer Republik ablösenden Staat der Hitlerbanditen hatte.

109. *Frage des Tyrannenmords*

Durch lange historische Zeiträume war der sogenannte Tyrannenmord in der öffentlichen Moral vom gewöhnlichen Mord unterschieden[1022]. Es war einer der bedeutendsten geistes- und sittengeschichtlichen Fortschritte des 19. Jahrhunderts, dass der Liberalismus der zivilisierten Welt die Anerkennung des absoluten Wertes des Menschenlebens nahebrachte, womit die Aufhebung jedweden Unterschiedes zwischen jeder Art politischen Mordes und gewöhnlichen Mordes zwangsläufig verbunden war. Seit der zweiten Hälfte des 19. Jahrhunderts galt eine Übertragung der Verfügung über fremdes Leben an die Willkür und Zufallsauffassung von Einzelmenschen, die sich selbst eine solche Entscheidung anmaßten, als juristisch und ethisch unmöglich. Keine Ernst zu nehmende ethische oder politische Richtung behauptete, anerkannte oder forderte mehr ein "Recht" zum Mord aus irgendwelchen politischen Motiven. Der russische Nihilismus, der in Reaktionen auf die Grausamkeiten des russischen Zarismus den Gedanken der Freiheit in den der Gesetzlosigkeit umbog, konnte außerhalb seiner Heimat ebenso wenig mehr eine größere Verbreitung finden, wie die sich aus seiner Doktrin ergebende Praxis des individuellen Terrors als Mittel der politischen Opposition. Mit besonderem prinzipiellen Nachdruck hat sich die in Europa zuerst aufkommende sozialistische Arbeiterbewegung den Ideen des Nihilismus und des individuellen Terrors entgegengestellt. Die blutigen Taten der großen französischen Revolution haben sich bei den revolutionären Erhebungen des 19. Jahrhunderts nicht mehr in ähnlicher

[1020] EMIL JULIUS GUMBEL, Verräter verfallen der Feme, Berlin 1929.

[1021] EMIL JULIUS GUMBEL, Verschwörer. Zur Geschichte und Soziologie der deutschen nationalistischen Geheimbünde 1918-1924, Berlin 1924.

[1022] Vgl.: HANS KILIAN (i.e. Philipp Loewenfeld). Der politische Mord. Zu seiner Soziologie, Zürich 1936, besonders S. 5-23. Vgl. auch hierzu die Diskussion: MARTIN HART, Tyrannenmord, in: Sozialistische Warte 11. Jg. (1936), S. 441 f. Ferner: KILIAN/HART, Tyrannenmord, in: Sozialistische Warte 11. Jg. (1936), S. 507-511.

Weise wiederholt, die Führer dieser Erhebungen haben, wenn auch nicht immer im gesprochenen Wort, so doch in der Praxis nach immer größerer Humanität getrachtet. Der Rückschlag in die voraussetzungslose Bestialität, den die Welt zunächst in den politischen Kampfesformen des russischen Kommunismus, dann in jenen des italienischen Faschismus und schließlich in denjenigen des an Bestialität alle übertrumpfenden Nazismus erlebte, war zweifellos als unmittelbare Folge des Weltkrieges von 1914 anzusehen, den die germanischen Militaristen wahrhaft zu Unrecht zu einem "moralischen Stahlbad" umzulügen suchten. Durch die Verrohungswirkung des Krieges wurde die Milderung der Sitten, die sich durch demokratische und organisatorische Schulung breiter Volksmassen allmählich durchgesetzt hatte, weitgehend wieder beseitigt. Die neueinsetzende Verrohungswelle zeigte sich nicht nur im Gebiete des politischen Tageskampfes, sondern vor allem darin, dass von der vorher erreichten grundsätzlichen Respektierung fremden Lebens keine Rede mehr sein konnte. Ob es sich um die ausserordentlichen Kommissionen und Revolutionstribunale der Bolschewisten, um deren regellose Metzeleien, um die rechtsradikalen Ministermorde, die Fememorde der "schwarzen Reichswehr" und der Nazis in Deutschland handelte, immer war der Rückfall in den individuellen Terror als politisches Kampfmittel von einer Ideologie begleitet, die diese Verbrechen als Mittel zur Wiederherstellung einer angeblich unterdrückten oder gefährdeten "Freiheit" rechtfertigte oder verherrlichte. Die minderwertigsten Mörder und Mordapostel avancierten kraft dieser Ideologie zu "Freiheitskämpfern" und "Helden", und zur Ausführung dieses Freiheitsgeschäftes war den schurkischen Autoren jener Ideologie jedwedes Werkzeug, die Sprengbombe, der Revolver, das Messer, der Knüppel, die Zaunlatte, ja selbst der bayrische Bierkrug recht und ebenso jede Methode des Mordes, das Erschlagen so gut wie das Erschießen, das Ersäufen, das Erhängen, das Vergiften.

Die Systematisierung des angeblichen Rechtes zur Vernichtung fremden Lebens war aber erst deutscher Gründlichkeit des 20. Jahrhunderts vorbehalten und in den Ruhm ihrer "geistigen" Begründung dürfen sich Führer und Geführte der Nazi-Bewegung mit dem Reichsgericht teilen. Wir kennen bereits die Vorstufe dieser Systematisierung aus der Darstellung der bayrischen Fememorde in diesen Erinnerungen. Die Methoden waren plump und einfach. Man konnte entweder die Täter der Morde nicht finden, oder man sprach sie frei, weil sie "im guten Glauben" gemordet hätten. Die typischen Fälle solchen "guten Glaubens" waren das "Erschießen auf der Flucht" oder die angebliche Annahme des Mörders, einem dienstlichen Befehl zu entsprechen. So war es schon in einem frühen Stadium der Weimarer Republik soweit, dass der sogenannte "Schädlingsmord" praktisch straflos war, dass ein jeder, dem ein anderer als Schädling seiner Ideale oder Interessen erschien, seinen Mitmenschen kurzerhand aus dem Wege räumen konnte, dass ein jeder, wie einer der bekanntesten deutschen Rechtsphilosophen[1023] es gegenüber den juristischen Propagandisten der Zulässigkeit solcher Mordtaten bemerkte, seine eigene Polizei, seine eigene Staatsanwaltschaft, sein eigenes Reichsgericht und seinen eigenen Reichspräsidenten spielen konnte. Das Einreißen dieses Zustandes unterminierte in stärkster Weise das Rechtsbewusstsein breiter Massen. Es wäre garnicht möglich gewesen ohne das "verständnisvolle" Zusammenwirken von Justiz und Polizei.

110. *Versagen der Justiz bei Mordtaten*

Immerhin waren das nur Vorstufen zu einem amtlichen Rechts- und Sicherheitsabbau, bei dem man sich nicht mehr die Mühe gab, die Unverletzlichkeit des menschlichen Lebens auch nur zu behaupten. Den Anstoß dazu gab die Tatsache, dass die deutsche Justiz in einzelnen Mordfällen es tatsächlich garnicht vermeiden konnte, die Täter zu fassen und abzuurteilen. Zu den bekanntesten Fällen dieser Art gehörten die Mordtaten, an denen der Oberleutnant Paul Schulz[1024] und der Feldwebel Erich Klapproth[1025] beteiligt waren. Wegen Mordes an dem Arbeiter Groeschke wurde Klapproth zu fünfzehn Jahren Zuchthaus verurteilt, Schulz, gegen den Todesstrafe beantragt war, freigesprochen. Wegen Beteiligung an einem Mordversuch gegen den Feldwebel Gädicke erhielt Klapproth eine Gefängnisstrafe von nur einem Jahr. Schulz, der als Anstifter angeklagt war, wurde freigesprochen. Wegen Ermordung des Feldwebels Wilms wurden sowohl Schulz wie Klapproth zum Tode verurteilt. In einer Reihe von anderen Strafverfahren wegen Mordes waren sie beschuldigt, es konnte aber nach Auffassung der Justiz kein genügender Beweis gegen sie geführt werden. Von dem Augenblick an, in dem die ersten Strafurteile dieser Art ergingen,

[1023] Vgl.: GUSTAV RADBRUCH, Staatsnotstand, Staatsnotwehr und Fememord, in: Die Justiz Bd. 5 (1929), S. 127.

[1024] PAUL SCHULZ (05.02.1899-1967), Oberleutnant, Fememörder an Feldwebel Wilms. Vgl.: Anmerkung 926. Vgl.: GUSTAV RADBRUCH, Zum Fememordprozeß Schulz, in: Die Justiz 1928/29, S. 164 ff. Ferner: HANS VON HENTIG, Die tatsächlichen Feststellungen des Urteils gegen Paul Schulz wegen Anstiftung zum Morde, in: Die Justiz 1928/29, S. 160-171; EMIL JULIUS GUMBEL, Femeliteratur, in: Die Justiz 1928/29, S. 532-546, besonders 535 f. und FRIEDRICH GRIMM, Rechtsgutachten des Rechtsanwalts Professor Dr. Grimm in der Strafsache des Oberleutnants a.D. Schulz, München 1928.

[1025] ERICH KLAPPROTH, Feldwebel, Fememörder an dem Arbeiter Groeschke, Beteiligung am Mordversuch gegen Feldwebel Gädicke. Vgl.: EMIL JULIUS GUMBEL, Femeliteratur, in: Die Justiz 1928/29, S. 532-546, besonders 535 f.

setzte eine wüste Propaganda ein, die zwei Ziele ins Auge fasste und erreichte: einmal die Taten der Mörder, soweit nur irgendwie möglich, zu legalisieren, in zweiter Linie aber, soweit dies nicht erreichbar erschien, ihre Amnestierung durchzusetzen. Die Führung in dieser mit letzter Rücksichtslosigkeit arbeitenden Propaganda übernahmen die Nazis. Eine Reihe von Nutznießern dieser Propaganda gehörte dem Rechtsanwaltstande an, in dem es für gewisse Leute geradezu ein Gewerbe, und zwar ein sehr hoch bezahltes, wurde, die Verteidigung von Mördern, Bombenlegern und ähnlichen "Freiheitshelden" zu übernehmen. Die bekanntesten dieser Nutznießer waren Rechtsanwalt Luetgebrune[1026], der den Lesern dieser Erinnerungen bereits vorgestellt ist, und Professor Dr. Grimm[1027] in Essen. Sie begnügten sich nicht damit, in derartigen Strafprozessen sehr geräuschvolle Plädoyers zu halten, die in der gesamten Nazipresse in großem Umfang nachgedruckt wurden, sie veranstalteten vielmehr auch Sonderausgaben solcher Plädoyers und verfassten "wissenschaftliche" Werke zur Legalisierung des politischen Mordes. Besonders Grimm entfaltete in diesen Angelegenheiten eine enorme Propaganda- und Reklametätigkeit. Er veröffentlichte als eigene Broschüre ein "Rechtsgutachten" in der Fememordsache des Oberleutnants Schulz[1028]. In der Fememordsache eines der widerlichsten nazistischen Mordgesellen, des Leutnants Heines[1029], ließ er sein Plädoyer gleichfalls veröffentlichen und zwar in dem Hitler persönlich gehörenden Verlag Eher und Co. Eine weitere Schrift Grimms zur Rechtfertigung des Fememordes erschien unter dem Titel, "Grundsätzliches zu den Fememordprozessen"[1030] in dem nationalistischen Verlag J.F. Lehmann zu München. In dem gleichen Verlag veröffentlichte Grimm ein "Rechtsgutachten"[1031] über den Fall Wilms, in dem Schulz und Klapproth zum Tode verurteilt wurden. Schließlich veröffentlichte er sogar sein Begnadigungsgesuch für Schulz. In den verschiedensten Zeitschriften und Zeitungen wurde diese Propaganda- und Reklametätigkeit verbreitet und vergröbert[1032].

[1026] Zu Luetgebrune vgl. Anmerkung 961.

[1027] Dr. Friedrich Grimm (1888-1959), seit 1927 Professor in Münster, seit 1914 Rechtsanwalt, Verteidiger, "nationaler Angeklagter", 1933-1945 Mitglied des Reichstages (NSDAP). Vgl.: Friedrich Grimm, Mit offenem Visier, Leoni 1961.

[1028] Vgl.: Friedrich Grimm, Oberleutnant Schulz. Femeprozesse und Schwarze Reichswehr, München 1929.

[1029] Vgl.: Der Heines-Prozess. Ein Kapitel deutscher Notzeit, München 1928.

[1030] Friedrich Grimm, Grundsätzliches zu den Fememordprozessen, 1. und 2. Folge, München 1928.

[1031] Rechtsgutachten über den Fall Wilms. Vgl.: Anmerkung 1024, besonders Grimm und Radbruch.

[1032] Vgl.: Emil Julius Gumbel, Femeliteratur, in: Die Justiz 4 (1928/29), S. 541 f.

Als Hauptgründe dafür, dass die Mordtaten "legal" seien, wurde bezeichnenderweise geltend gemacht, die Täter hätten sich in einem Irrtum in Bezug auf die Rechtswidrigkeit ihres Tuns befunden, indem sie vermeintlich bei ihren Taten im Einverständnis mit der Staatsgewalt gewesen seien. Ferner seien die Handlungen der Täter deren Vaterlandsliebe entsprungen, die sie so vollständig beherrscht habe, dass die Vorstellung, die Tötungen im Interesse des Landes zu begehen, für sie zu einer Zwangsvorstellung geworden sei. Weil die Täter demgemäß nicht kraft freier Willensbestimmung gehandelt hätten, seien sie strafrechtlich nicht verantwortlich. Endlich hätten die Täter in "Notwehr", oder wenigstens in vermeintlicher Notwehr zur Abwehr eines vermeintlichen Angriffs auf den Staat gehandelt. Mit all diesen faulen Tricks konnten die "wissenschaftlichen" Helfershelfer des Fememordes nicht durchkommen. So gab ihnen schließlich das deutsche Reichsgericht selbst juristische Hilfen, indem es zur Legalisierung des politischen Mordes den Begriff des "übergesetzlichen Notstandes" konstituierte[1033]. Dem Sinne nach besagte diese Lehre nicht mehr und nicht weniger, als dass das Morden "aus Vaterlandsliebe" zwar keineswegs allgemein legal sei, jedoch wenigstens dann, wenn in "außerordentlich schwierigen Lagen" die Vernichtung fremden Lebens das "einzige" Mittel zum Schutz bedrohter Staatsinteressen sei. Mittels dieser Theorie des Reichsgerichts war es möglich, Hunderte von politischen Morden zu "legalisieren". Die Theorie bedeutete eine klare Selbstaufgabe des Staates, da es in jedem auch nur halbwegs geordneten Staatswesen eine Selbstverständlichkeit darstellte, dass der Staat selbst, als der Inhaber der öffentlichen Gewalt, diejenigen Maßnahmen zu planen und auszuführen hat, die zur Aufrechterhaltung der gesetzlichen Ordnung erforderlich erscheinen und dass er es niemals der Willkür von Einzelindividuen überlassen kann, sich in selbstangemaßter Amtsausübung an die Stelle einer angeblich "versagenden" staatlichen Obrigkeit zu setzen und in dieser usurpierten Rolle des Staatsschützers über Leben und Tod von Mitmenschen zu verfügen. Das Reichsgericht sah auf Grund der scharfen wissenschaftlichen Kritik, die seine praktische Unterstützung des nationalistischen Anarchismus hervorrief, bald ein, dass es sich auf einen überaus gefährlichen Boden begeben hatte. Statt dies einzugestehen, versuchte es die Gefahren seiner Rechtsprechung durch Ein-

[1033] Entscheidungen des Reichsgerichts in Strafsachen Bd. 61, S. 242 ff. Vgl.: Dr. Schorn, Gesetzlicher und übergesetzlicher Notstand, in: Deutsche Richterzeitung 1929, S. 329-332. Vgl.: Eberhard Schmidt, Das Reichsgericht und der "übergesetzliche Notstand", in: Zeitschrift für die gesamte Strafrechtswissenschaft 49 (1929), S. 350-411. Vgl.: Gustav Radbruch, Staatsnotstand, Staatsnotwehr und Fememord, in: Die Justiz 5 (1929), S. 125-129.

schränkungsversuche abzumildern, die in der Literatur mit Recht als prinzipienlos gegeißelt wurden, indem es im Falle öffentlicher Notstände das Recht zur Selbstanmaßung staatlicher Befugnisse auf einen "engeren Kreis urteilsfähiger Personen" beschränkt wissen wollte. Mit dieser Einschränkung war aber die Legalisierung des politischen Mordes durch das Reichsgericht nicht beseitigt. Das Reichsgericht sagte nicht, wer zu jenem Kreis urteilsfähiger Personen zuzurechnen sei, sodass ein jeder versuchen konnte, sich dazuzurechnen, um einen Entschuldigungsgrund bei begangenem Verbrechen gegen das Leben zu haben.

111. *Amnestiegesetz von 1928*

Sobald sich nun aber auf Grund der immerhin eingeschränkten Rechtsprechung des Reichsgerichts zeigte, dass mit ihr nicht jeder politische Mord gerechtfertigt werden konnte, vervielfachten die Feinde der Weimarer Verfassung, allen voran in Bezug auf Hemmungslosigkeit wieder die Nazis, ihre auf Begnadigung der politischen Mörder abzielende Agitation. Seit Bestehen der deutschen Republik waren eine Reihe von Amnestien für politische Straftaten erlassen worden[1034]. Sie alle hatten das gemeinschaftliche Merkmal, dass Verbrechen gegen das Leben von der Amnestierung ausgenommen wurden, ebenso Handlungen, die nicht aus politischen Beweggründen, sondern aus Rohheit oder Eigennutz begangen wurden. Mit diesen Grundsätzen brach die Gesetzgebung des Deutschen Reiches zum erstenmal durch das Amnestiegesetz vom 14. Juli 1928[1035], durch das Todesstrafen und lebenslängliche Zuchthausstrafen, die wegen Verbrechens gegen das Leben von deutschen Gerichten ausgesprochen waren, generell in Gefängnisstrafen von 7 1/2 Jahren verwandelt wurden. Es wurde damit durch die Gesetzgebungsgewalt in weithin sichtbarer Weise öffentlich demonstriert, dass das Risiko der verbrecherischen Vernichtung fremden Lebens wesentlich abgemildert war. Der Zeitpunkt, in dem dieses Amnestiegesetz vom deutschen Reichstag verabschiedet wurde, ist von besonderem Interesse: am 28. Juni 1928 hatte eine Reichsregierung ihr Amt angetreten, die von dem Sozialdemokraten Hermann Müller präsidiert war und in der drei weiteren Sozialdemokraten die Leitung wichtiger Reichsressorts übertragen war, während die übrigen Portefeuilles von Vertretern der deutschen demokratischen Partei, der klerikalen Zentrumspartei,

[1034] Vgl.: JÜRGEN CHRISTOPH, Die politischen Reichsamnestien 1918-1933, Frankfurt/M. 1988.

[1035] Amnestiegesetz vom 14.07.1928, Vgl.: RGBl. I, 1928, S. 195.

der klerikalen bayrischen Volkspartei und der deutschen Volkspartei Stresemanns besetzt waren. Dieses Reichskabinett, das "demokratischste", das Deutschland seit dem Kapp-Putsch von 1920 regierte, war nach politischen Wahlen zustande gekommen, in denen die Sozialdemokraten sehr bedeutende Gewinne erzielt hatten, während die Nazis zu ausgesprochener Bedeutungslosigkeit herabgedrückt waren[1036]. 16 Tage nach seinem Amtsantritt zeichnete der Reichskanzler Hermann Müller dieses Amnestiegesetz, das ein Ergebnis ausgesprochenen politischen Kuhhandels der Regierungskoalition mit den rechtsradikalen Parteien war, die sich zum Schutze der Fememörder berufen glaubten, und auf der anderen Seite mit den Kommunisten, von deren Anhängern auch noch eine Anzahl wegen Verbrechens gegen das Leben in den deutschen Zuchthäusern saß. Die neue demokratische Ära Deutschlands begann also wiederum damit, dass gegen die Grundlagen jeder demokratischen Überzeugung verstoßen wurde, um die Feinde der Demokratie zu "beruhigen". Immerhin wurde damals noch die vollständige Amnestierung von Verbrechen gegen das Leben, wie sie die Deutschnationalen, die Nazis und die Kommunisten stürmisch verlangten, vom Reichstag mit Mehrheit abgelehnt[1037]. Die schwächliche Kompromissentscheidung des Parlaments konnte naturgemäß die erhoffte Beruhigung der Feinde der Demokratie nicht herbeiführen. Sie steigerte nur, wie für jeden Vernünftigen vorauszusehen war, ihre Rücksichtslosigkeit. Denn auch für die staatsfeindliche Agitation jeder Art gilt das alte Sprichwort, dass der Appetit beim Essen kommt. Die Rechtsradikalen hatten schon seit einiger Zeit zur Organisation ihrer Amnestiepropaganda außerparlamentarische Ausschüsse gegründet, die sie in echt nationalistischer Unverschämtheit als "Ausschüsse für Recht und Wahrheit" bezeichneten. Kaum war die Kompromissregelung von 1928 erreicht, als diese Ausschüsse ihre skrupellose Agitation zu Gunsten der politischen Mörder vervielfachten und mit ihren Forderungen sämtliche "bürgerlichen" Parteien des Reichstags terrorisierten. Solange das Kabinett Hermann Müller regierte, konnten sie damit nicht weiterkommen. Nachdem es im März

[1036] Das Kabinett Hermann Müller (20.05.1928-27.03.1930): SPD: Severing (Inneres), Hilferding (Finanzen), Wissell (Arbeit), Müller (Reichskanzler), Schmidt (Wirtschaft); DDP: Koch (Justiz), Dietrich (Ernährung); Zentrum: v. Guérard (Justiz), Stegerwald (Verkehr), Wirth (Besetzte Gebiete); BVP: Schätzel (Post); DVP: Stresemann/Curtius (Äußeres), Moldenhauer (Finanzen), Curtius/Moldenhauer (Wirtschaft). Wahlergebnisse 1928: SPD: 29,8% = 153 Abgeordnete; NSDAP: 2,6% = 12 Abgeordnete. Vgl.: Ernst Rudolf Huber, Deutsche Verfassungsgeschichte Bd. 7, Stuttgart u.a. 1984, S. 631.

[1037] Vgl.: Jürgen Christoph, Die politischen Reichsamnestien 1918-1933, Frankfurt/M. 1988, S. 288-322.

1930 durch das Kabinett Brüning ersetzt war, nahm die Agitation der Rechtsradikalen in der Amnestierungsfrage eine solche Heftigkeit an, dass man nahezu hätte glauben können, es sei ein "unnationales Verhalten", gegen Amnestierung verurteilter Mörder zu sein. Die Regierung Brüning führte sich in der Öffentlichkeit zwar nicht mit der Ankündigung sofortigen Verfassungsbruches ein, immerhin war jedoch ihr politisches Stichwort der "Aufbruch zu anderen Ufern", wie es in einer Zeitschrift ausgedrückt war, deren politisches Schlagwort die mittlerweile auch durch zweifelhafte Propheten in Amerika bekannt gewordene Redensart von einer "konservativen Revolution" war[1038]. Mit dem Weg zu den "anderen Ufern" konnte nur der von der Demokratie zu einem prinzipiellen Konservativismus gemeint sein. Die Regierung Brüning wurde politisch nicht von dem am weitesten rechts stehenden Teil der Deutschnationalen, sondern nur von einer politischen Abspaltung dieser Partei unter Führung eines Herrn Treviranus[1039], eines pensionierten Marineoffiziers, unterstützt.

112. *Regierung Brüning*

Das Kabinett Brüning und Treviranus war von Anfang an entschlossen, "autoritär" zu regieren, wie jetzt die neue, dem greisenhaften Hindenburg äußerst sympathische Formel für einen angeblich grundsätzlich neuen, "konservativen" Aufbau der Staatsmacht lautete. In Wirklichkeit waren diese Formeln nichts anderes als eine Konzession an den sich in Deutschland immer mehr ausbreitenden Antiparlamentarismus und der Ausdruck einer gewissen wilden Entschlossenheit, gestützt auf das Militär und auf die großen Interessenten in Industrie und Landwirtschaft, also auf eine ausgesprochene Kasten- und Klassenherrschaft, notfalls auch ohne oder gegen das Parlament zu regieren. Für diese ziemlich offenen verfassungsbrecherischen Pläne sollte der Diktaturartikel der Reichsverfassung, der dem Reichspräsidenten bei "Gefahr im Verzug" das Recht zum "vorübergehenden" Regieren ohne das Parlament gab, als Kulisse herhalten[1040].

[1038] Die Zeitschrift hieß "Die Tat" Vgl.: ARMIN MOHLER, Die Konservative Revolution in Deutschland 1918-1932. Ein Handbuch, 3. Aufl. Darmstadt 1989. STEFAN BREUER, Anatomie der Konservativen Revolution, Darmstadt 1993.

[1039] GOTTFRIED REINOLD TREVIRANUS (20.03.1891-07.06.1971), DNVP, ab 1930 Volkskonservative Vereinigung, Marineoffizier und Politiker, 1924-1930 MdR, 1930-1932 Minister, 1933 Exil. Vgl.: GOTTFRIED REINOLD TREVIRANUS, Das Ende von Weimar, Düsseldorf 1968.

[1040] Artikel 48 WRV: Vgl.: RGBl. I, 1919, S. 1383.

113. *Carl Schmitt*

Die juristische Doktrin für dieses antikonstitutionelle und demokratiefeindliche System des Verfassungsbruches lieferte der Professor Dr. Carl Schmitt[1041], der Prototyp üblen und verlogenen Strebertums, eine wahre Schande für den früher ehrlichen Namen der deutschen Rechtswissenschaft. Im Jahre 1919 war er noch in den Diensten der bayerischen, sozialdemokratischen Regierung Hoffmann gestanden. In der Folge hielt er sich ungefähr auf der politischen Linie des demokratischen Flügels des Zentrums. Pünktlich vom Beginn der konservativen Konjunktur an lieferte er, unter Berufung auf Moeller van den Bruck[1042], die "juristische Begründung" der konservativen Revolution, in der er dem Reichspräsidenten die Möglichkeit des Regierens gegen das Parlament kraft seiner "autoritären" Stellung als "Hüter der Verfassung" zusprach[1043]. Nach der deutschen Reichsverfassung bedurften der Reichskanzler und die Reichsminister zu ihrer Amtsführung des Vertrauens des Reichstags und jeder von ihnen musste zurücktreten, wenn ihm der Reichstag durch ausdrücklichen Beschluss sein Vertrauen entzog. Im Hinblick auf Schmitts "Theorie" und die Praxis von Brüning-Treviranus machte ein Münchener Jurist schon damals eine Scherzverfassung, die besagte, dass der Reichstag zu seiner Amtsführung des Vertrauens der Regierung bedürfe und nicht mehr zu tagen in der Lage sei, wenn ihm die Regierung durch ausdrücklichen Beschluss ihr Vertrauen entziehe[1044]. Derselbe Schmitt machte dann 2 Jahre später die juristischen Rechtfertigungen dafür, dass das nächstreaktionäre Reichskabinett von Papen im unverhüllten Rechtsbruch die amtierende preußische, vom Preußenparlament rechtmäßig gewählte Landesregierung mit Waffengewalt aus ihren Ämtern verjagte und das Land Preußen ebenfalls mittels des Diktaturartikels der Reichsverfassung zu unterjochen suchte[1045]. Derselbe

[1041] CARL SCHMITT (11.07.1888-07.04.1985), Professor für Staatsrecht. Vgl.: PAUL NOACK, Carl Schmitt. Eine Biographie, Berlin 1993. Carl Schmitt hat sich wiederholt mit Art. 48 WRV und dem Ausnahmezustand befasst. Vgl.: HASSO HOFMANN, Legitimität gegen Legalität. Der Weg der politischen Philosophie Carl Schmitts, 2. Aufl., Berlin 1992. Vgl.: CARL SCHMITT, Verfassungslehre, Berlin 1928. und CARL SCHMITT, Legalität und Legitimität, Berlin 1932.

[1042] MOELLER VAN DEN BRUCK (23.04.1876-30.05.1925), Kulturhistoriker, Publizist, aus dem Kreis der sog. Jungkonservativen. Vgl.: NDB 17, S. 650 ff.

[1043] CARL SCHMITT, Der Hüter der Verfassung, München/Leipzig 1931 (3. Aufl., Berlin 1985).

[1044] Die Scherzverfassung eines Münchener Juristen konnte nicht nachgewiesen werden.

[1045] CARL SCHMITT, Schlußrede vor dem Staatsgerichtshof in Leipzig in dem Prozess Preußen contra Reich (1932), in: DERS., Positionen und Begriffe im Kampf mit Weimar -

Schmitt war schließlich der feurige, "wissenschaftliche" Begründer alles Hitler'schen Rechts- und Verfassungsbruches, bis er schließlich durch die überlaute Art, in der er sich als politisch-juristisches Chamäleon betätigte, selbst den Nazis lästig wurde, sodass sie ihn unter Hinweis auf seine politische Vergangenheit kalt stellten. Hatte er früher viele jüdische Freunde und jüdische "Lieblingsschüler" gehabt, so überschlug er sich vom Beginn der Hitlerkonjunktur an vor wildem Antisemitismus. Selbst die These, dass der Jude nur hebräisch schreiben dürfe, weil er lüge, wenn er eine andere Sprache benütze, war ihm nicht zu schofel, als dass er nicht eine "geistige" Begründung solchen Ungeistes gegeben hätte[1046].

Es war klar, dass angesichts einer solchen Entwicklung die Nazis nach dem kurzen Zwischenspiel des parlamentarischen Kabinetts Herrmann Müller Morgenluft wittern mussten. Denn wie jede wirkliche Revolution ihre eigenen Kinder frisst, so ist es erst recht mit den Scheinrevolutionen. Der rücksichtslosere Rechtsbrecher wird in ihnen demjenigen, der eine Verfassung durch fortgesetztes "Ritzen" abzuschaffen sucht, immer den Rang ablaufen. So sind Brüning und Treviranus längst zu Bestandteilen deutscher Emigration geworden, während Schückelgruber die Alleinherrschaft über die Deutschen ausübt. Brüning und Treviranus waren sich dieses notwendigen Ganges der Dinge sicherlich nicht bewusst, als sie zu regieren anfingen und es bald ohne jede sachlich notwendige Veranlassung zum offenen Konflikt mit dem deutschen Reichstag trieben. Dreieinhalb Monate nach seinem Amtsantritt erlitt Brüning im Reichstag die erste offene Niederlage und löste darauf den Reichstag auf[1047].

Genf - Versailles 1923-1939, Hamburg 1940 (3. Aufl. Berlin 1994), S. 204-210. Vgl.: HENNING GRUND, "Preußenschlag" und Staatsgerichtshof im Jahre 1932, Baden-Baden 1976.

1046 Schmitts Rechtfertigung der Hitlerschen Maßnahmen findet ihren Höhepunkt in der Apologie der Morde vom 30.06.1934, des sogenannten Röhmputsches: "Der Führer schützt das Recht" in: Deutsche Juristen-Zeitung 39, 1934, Sp. 945-950. 1936 wird Schmitt nach einem Angriff durch die SS-Zeitung "Das Schwarze Korps" zum Rückzug aus einigen seiner Ämter bewegt, ohne dass er aber Schreibverbot oder andere Verfolgungen zu gewärtigen hatte. Zu Schmitts Antisemitismus: Vgl.: GÜNTER MEUTER, Blut oder Boden? Anmerkung zu Carl Schmitts Antisemitismus, in: Deutsche Vierteljahresschrift 1996, S. 227-255. Ferner: BERND RÜTHERS, Carl Schmitt im Dritten Reich. Wissenschaft als Zeitgeistverstärkung?, 2. Aufl. München 1990. und RAPHAEL GROSS, Carl Schmitt und die Juden. Eine deutsche Rechtslehre, Frankfurt/M. 2000.

1047 Zur Niederlage Brünings im Reichstag am 18.07.1930, vgl.: GERHARD SCHULZ, Von Brüning zu Hitler. Der Wandel des politischen Systems in Deutschland 1930-1933, Berlin/New York 1992, S. 117 ff.

114. *Reichstagswahl 1930*

In den für Mitte September 1930 ausgeschriebenen Neuwahlen brachten es die Nazis, zu ihrer eigenen größten Überraschung, von 12 auf 107 Reichstagsmandate, also auf das rund 9fache ihres bisherigen Bestandes. Diese Entwicklung ging fast ausschließlich auf Kosten der "bürgerlichen" Parteien. Während die Sozialdemokraten nur rund 6% ihres Mandatsbestandes einbüßten, die Klerikalen und die Kommunisten Stimmen- und Mandatszuwachs erhielten, fielen die Deutschnationalen um beinahe 50%, die deutsche Volkspartei um 33% und die ohnehin schon schwerstens dezimierten Demokraten nochmals um 20%. Das Kleinbürgertum lief den radikalen Parolen nach rechts, ein Teil der durch die Politik der Sozialdemokraten verärgerten und enttäuschten Arbeiter den radikaleren Parolen nach links nach. Trotzdem war der öffentliche Schock, der von diesem Wahlergebnis ausging, enorm[1048]. Viele Bürger fühlten, dass der entmenschte deutsche Faschismus seinen ersten großen politischen Erfolg in Deutschland erreicht hatte und dass ein Ende dieser Entwicklung nicht abzusehen war. Am Tag der Eröffnung des Reichstags gab es ein Judenpogrom in Berlin[1049] und die erste Welle jüdischer Auswanderung aus Deutschland setzte ein, so heftig, dass bereits in dem darauffolgenden Jahr wegen des dem Reich aus Anlass dieser Auswanderungswelle drohenden Verlustes an Steuerkraft eine sogenannte "Reichsfluchtsteuer"[1050], das heißt eine Auswanderungsabgabe an den Staat in Höhe von 1/4 des Gesamtvermögens des Auswandernden, festgesetzt wurde, deren Nichtbezahlung schwere gesetzliche Folgen nach sich zog.

Aber auch nach einer anderen Richtung zeigten die Auflösung des Reichstags und das ihr folgende Wahlergebnis die Sturmzeichen einer

[1048] Vgl.: Bei den Wahlen am 14.09.1930 wurden folgende Ergebnisse erzielt:
KPD 13,1%,SPD 24,5%, DDP 3,8%, Zentrum 11,8%, BVP 3,0%, DVP 4,7%, DNVP 7,0%, NSDAP 18,3%, Sonstige 13,8%. Vgl.: Jürgen W. Falter, Thomas Lindenberger, Siegfried Schumann, Wahlen und Abstimmungen in der Weimarer Republik. Materialien zum Wahlverhalten 1919-1933, München 1986, S. 44.

[1049] Ob man angesichts der späteren schrecklichen Ereignisse in diesem Zusammenhang bereits das Wort Judenpogrom gebrauchen sollte, scheint zweifelhaft. Es handelt sich hier wohl um antisemitische Ausschreitungen an der Universität Berlin. Betty Scholem berichtet aus Berlin, dass die Zeitungsberichte übertrieben seien und dass "nicht eine Ausschreitung vorgekommen" sei. Vgl.: Betty Scholem - Gershom Scholem, Mutter und Sohn im Briefwechsel 1917 - 1946, hrsg. von Itta Shedletzky, München 1989, S. 221. Vgl.: Arnold Paucker, Der jüdische Abwehrkampf, in: Werner E. Mosse (Hrsg.), Entscheidungsjahr 1932. Zur Judenfrage in der Endphase der Weimarer Republik, 2.Aufl.,Tübingen 1966, S. 479.

[1050] Vgl.: Verordnung des Reichspräsidenten gegen die Kapital- und Steuerflucht vom 18.07.1931, in: RGBl. I, 1931, S. 373-376.

hochprozentigen Faschisierung Deutschlands an. Vor der Reichstagsauflösung noch hatten die gesamten "bürgerlichen" Parteien einen Amnestieantrag eingebracht, der auf eine Vollamnestierung aller politischen Mörder hinauslief[1051]. Mitten in der großen Wirtschaftskrise von 1930 hatten diese Parteien derartig dringliche Sorgen.

115. *Amnestiegesetz 1930*

Im Reichstag war eine solche Amnestierung als verfassungsändernd angesehen worden, weshalb eine Zweidrittelmehrheit des Parlaments für diese Aufgabe als notwendig erachtet wurde. Diese wurde erst erreicht, nachdem sich die politischen Reaktionäre mit Erfolg um die kommunistischen Stimmen bemüht hatten. Die kommunistische Reichstagsfraktion fand, dass sie auch diese Gelegenheit zur Niederreissung letzter demokratischer Reste in Deutschland nicht ungenutzt vorüber gehen lassen dürfe und stimmte mit der gesamten Reaktion für das Amnestiegesetz. Trotzdem fehlten bei der Schlussabstimmung für die verfassungsändernde Mehrheit 5 Stimmen. Das Gesetz war also durch die Haltung der Sozialdemokraten und die Stimmenthaltung weniger aus Gewissensgründen handelnder Abgeordneten zunächst gefallen. In dem neugewählten Reichstag wurde derselbe Gesetzentwurf alsbald wieder eingebracht. Unter dem Druck der 107 Naziabgeordneten, die sich im deutschen Parlament mit enormem Lärm und mit Verprügelung politischer Gegner einführten, wurde es am 24. Oktober 1930 angenommen[1052]. Damit war für den politischen Mord volle Straffreiheit erreicht, soweit er in der "klassischen" Zeit der Fememorde, nämlich vor dem 1. September 1924, begangen war und soweit er sich nicht gegen ein Mitglied oder ein früheres Mitglied der Reichsregierung richtete. Die Verbrechen der Erzberger- und Rathenaumörder waren damit also noch nicht amnestiert, wohl aber die Taten der "prominenten" Fememörder der Nazi-Partei, wie diejenigen des Oberleutnants Schulz und des Leutnants Heines.

[1051] Vgl.: JÜRGEN CHRISTOPH, a.a.O., S. 282-322. Vgl.: VERHANDLUNGEN DES REICHSTAGS. Stenographische Berichte, IV. Wahlperiode, 166. Sitzung (17.05.1930), Bd. 427, S. 5144 ff.

[1052] Vgl.: Gesetz über die Änderung des Gesetzes über Straffreiheit vom 14.07.1928, vom 24.10.1930 (RGBl. I, 1930, S. 559). Vgl.: Deutsche Juristen-Zeitung 1930, Sp. 947 f.

116. *Mord an Heinz von Orbis*

Welche äußerst unmoralischen Wirkungen diese Gesetzgebung hatte, will ich an einem einzigen Beispiel illustrieren: Im Jahre 1923 war in der bayrischen Pfalz, dem linksrheinischen Teile Bayerns, eine separatistische Bewegung entstanden, die auf Losreissung dieses Landesteiles von Deutschland, auf seine Einverleibung in den Staatsverband von Frankreich hinarbeitete[1053]. Der Führer dieser Bewegung war ein Gutsbesitzer Heinz aus Orbis[1054]. Unter dem Schutze der französischen Besatzungsbehörde gründete er eine "autonome Regierung der Pfalz" und fungierte als deren "Präsident". Vom Standpunkt Deutschlands aus gesehen war dies Landesverrat, dessen strafrechtliche Verfolgung eine Verpflichtung des Staates war. Am 9. Januar 1924 wurde Heinz, während er in einer Gastwirtschaft der pfälzischen Hauptstadt Speyer beim Essen saß, ermordet, ebenso die Separatisten, die zum Abendessen mit ihm zusammen waren. Wie in solchen Fällen üblich, konnten die Täter "nicht aufgefunden" werden. In der Öffentlichkeit wurden Behauptungen aufgestellt, dass eine von einem hohen, bayrischen Beamten geleitete Amtsstelle, ja möglicherweise die bayrische Regierung selbst, den Überfall organisiert und Geld zu diesem Zweck zur Verfügung gestellt habe. Jedenfalls wurde bis zur Erlassung des Amnestiegesetzes vom Oktober 1930 niemand wegen dieser Mordtat verfolgt oder bestraft.

117. *Edgar Jung*

Einer der lautesten Schreier in der Agitation der "Ausschüsse für Wahrheit und Recht", deren Geschäft es war, die politischen Parteien für die Vollamnestierung des politischen Mordes gefügig zu machen, war der Münchener Rechtsanwalt Dr. Edgar Jung[1055]. Er zählte sich der politischen

[1053] Vgl.: Gerhard Gräber/Matthias Spindler, Revolverrepublik am Rhein. Die Pfalz und ihre Separatisten, Landau 1992.

[1054] Heinz von Orbis, eigentlich Franz Josef Heinz, pfälzischer Separatistenführer, am 09.01.1924 in Speyer ermordet. Vgl.: Franz Menges, Vom Freistaat zur Reichsprovinz (1918-1933), in: Manfred Treml, Geschichte des modernen Bayern, München 1994, S. 210 f.

[1055] Edgar Julius Jung (06.03.1894-30.06.1934), Vorstandsmitglied der Deutschen Volkspartei in der Pfalz, 1923 ausgewiesen, organisierte er von Heidelberg aus den aktiven Widerstand gegen die pfälzischen Separatisten, seit 1932 Zusammenarbeit mit Papen, verfasste 1933 Papens Schrift "Appell an das Gewissen" und dessen Marburger Rede von 1934, während des Röhm-Putsches ermordet. Vgl.: Leopold Ziegler, Edgar Julius Jung - Denkmal und Vermächtnis, Salzburg 1955. Vgl.: Friedrich Grass, Edgar Julius Jung, in: Kurt Baumann (Hrsg.), Pfälzer Lebensbilder Bd. 1, Speyer 1964, S. 320-348.

Gruppe des Vizekanzlers Treviranus zu und verzapfte viele öffentliche Reden über die Notwendigkeit einer "konservativen Revolution". Nebenbei vertrat er auch nicht selten halbe und ganze Nazis vor Gericht in schmutzigen, antisemitischen Sachen. Er gab sich dabei als ein unabhängiger Mann der Wissenschaft, der aus purer Überzeugung handelte. Einige Jahre zuvor hatte er ein niederträchtiges Buch geschrieben, das die sozialistische Arbeiterbewegung als den "Aufstand der Minderwertigen"[1056] bezeichnete und die Notwendigkeit der Niederhaltung der Arbeiterschaft durch eine konservative Herrenschicht "geistig" begründete. Dieses Buch war seine Visitenkarte für das Avancement innerhalb der demokratie- und republikfeindlichen Schichten. Trotz seines fragwürdigen Ansehens innerhalb der Anwaltschaft und seines nicht selten boshaften und gehässigen Auftretens gegen Andersdenkende legte er Wert darauf, persönlich für einen Kavalier gehalten zu werden und die Amnestierung des politischen Mordes aus rein ideellen Gründen zu verfechten. Das Staunen der Öffentlichkeit war demnach nicht gering, als Jung, kurz nach der Erlassung des Amnestiegesetzes vom Oktober 1930, sich öffentlich als einer der Mörder des Heinz nicht nur bekannte, sondern sich der Teilnahme an diesem Meuchelmord in der widerlichsten Weise öffentlich berühmte. In den "Münchener Neuesten Nachrichten" des Herrn Cossmann erschien ein spaltenlanger Artikel aus seiner Feder, indem er im Tone höchster Genugtuung und Selbstbespiegelung alle Einzelheiten dieser Mordtat beschrieb[1057]. In einer Veröffentlichung, die den Titel "Ein neuer Wilhelm Tell"[1058] trug, geißelte ich die Schandbarkeit dieses Sachverhaltes. Ich warf die Frage auf, was man wohl von dem schweizerischen Nationalhelden gehalten hätte, wenn er, statt für seine Tat einzustehen, jahrelang deren Spuren sorgfältig verwischt hätte, wenn er unter der professoralen Maske eines unabhängigen Gelehrten Dr. Wilhelm Tell, jahrelang eine schrankenlose Agitation für die Amnestierung des politischen Mordes betrieben und wenn er erst nach erfolgter Amnestierung, als ihm nichts mehr geschehen konnte, seine Tat eingestanden und sich ihrer gerühmt hätte. Ich warf offiziell die Frage auf, ob man Dr. Wilhelm Tell in einem solchen Fall als Ehrenmann hätte ansehen können. Darüber hinaus erörterte ich die Frage, ob ein derartiges Verhalten eines Mitglieds des Rechtsanwaltsstandes als standesunwürdig anzusehen sei und kam zu einer klaren Bejahung dieser Frage. Herr Edgar Jung ließ

[1056] Dr. Edgar Julius Jung, Der Aufstand der Minderwertigen, Berlin 1927.

[1057] Dr. Edgar Julius Jung, Die Erschießung des Heinz Orbis in Speyer, in: MNN 319, (23.11.1930), S. 5 f.

[1058] Philipp Loewenfeld, Ein neudeutscher Wilhelm Tell, in: Münchener Post 283 (10.12.1930), S. 3.

damals, da er offenbar selbst eine Rechtfertigung für ein so schändliches Verhalten nicht erfinden konnte, erwidern, ich hätte ihn bei der Anwaltskammer, die die Standesgerichtsbarkeit über die Anwälte ausübte, denunziert. Ich erwiderte, dass die Anwaltskammer nicht meiner Meinungsäußerung bedürfe, wenn sie gegen Herrn Jung vorgehen wolle – was ich allerdings für höchst nötig hielte – da er sich selbst durch seinen Reklameartikel als unmöglich für einen sauberen Anwaltsstand denunziert habe. Dabei hob ich hervor, dass nach meiner Meinung nicht so sehr die nun amnestierte Mordtat die Standesunwürdigkeit begründe, wie die niedrige Gesinnung, die sich aus der Täuschung der Öffentlichkeit über seine Rolle und aus der reklamehaften Selbstbespiegelung nach erlangter Sicherheit erweise. Meine "Denunziation" blieb aber wirkungslos. Die Anwaltskammer wagte sich nicht, getreu dem Zeit-Ungeiste, an den reaktionären Mordgesellen heran und er blieb Mitglied des Anwaltsstandes[1059]. Man musste ihn, wenn man vor Gericht gegen ihn aufzutreten hatte, als "Kollegen" titulieren. In meinem Artikel "Ein neuer Wilhelm Tell" hatte ich Jung darauf verwiesen, dass sein Beispiel gefährlich sei, weil eine so risikolose Art zu morden und sich dann als Helden aufzuspielen, für unreife Naturen einen ebenso großen Anreiz bilde, wie für geübte politische Kriminelle. Ich habe mit dieser Warnung leider nur allzu recht behalten. Jung wurde selbst ein Opfer politischen Mordes. Bei der Massenschlächterei Schückelgrubers vom 30. Juni 1934 wurde auch er umgebracht. Sein "Verbrechen" hatte darin bestanden, dass er dem damaligen Vizekanzler von Papen bei der Abfassung einer Rede geholfen hatte, die Schückelgruber unbequem war[1060]. Der Fall war einer der tragischsten Witze der deutschen Nachkriegsgeschichte. Die demokratische Republik hatte aus Schwäche und Halbheit den Mann wegen eines wirklichen Kapitalverbrechens laufen lassen und sprach ihm, trotz seines schändlichen Verhaltens, den Rang eines Organs der Rechtspflege nicht ab. Das "autoritäre" System, dessen Notwendigkeit anstelle der demokratischen Republik er so wortreich begründet hatte, meuchelte ihn aber wegen einiger "liberalistischer" Bemerkungen kritischer Art, durch die er zeigte, dass das, was Schückelgruber unter "autoritär" verstand, in mancher Beziehung selbst ihm zu weit ging.

[1059] Vgl.: Personalakte Jung, Anwaltskammer München, Stadtarchiv München. Die Personalakte Jung enthält keinerlei Hinweis auf eine Missbilligung durch die Anwaltskammer. Vgl. des Weiteren: PHILIPP LOEWENFELD, Gipfel des Pharisäertums, in: Münchener Post 29 (03.02.1931), S. 3 f.

[1060] Es handelt sich dabei um die sogenannte Marburger Rede Papens vom Juni 1934 Jung hat Papen stark beeinflusst, wie man dem Geleitwort von "Papen's Appell an das deutsche Gewissen". Reden zur nationalen Revolution, Oldenburg 1933, S. 10 entnehmen kann.

118. *Gesetz zum Verbot des Schächtens*

In Bayern waren die Dinge im Jahre 1930 bereits vor dem Reichstagswahlsieg der Nazis soweit gediehen, dass die Nazifraktion des bayrischen Landesparlaments es wagen konnte, in diesem Parlament einen offen antisemitischen Gesetzgebungsantrag zu stellen, indem sie einen Gesetzentwurf einbrachte, der das rituelle Schächten von Schlachttieren verbieten sollte[1061]. Die geistigen Väter dieses Gesetzentwurfes waren die Hauptantisemiten im Tierschutzverein München, an ihrer Spitze Hitlers Adlatus Frank II. Die Begründung des Gesetzentwurfes war von äußerster Verlogenheit. Wenn man ihr glauben sollte, waren es nur Gründe der Humanität, die die Väter dieses Entwurfes zu ihrem Vorgehen veranlassten, indem die durch den jüdischen Ritus vorgeschriebene, betäubungslose Tötung des Schlachtviehs als Tierquälerei erklärt wurde. Beim Morden von Menschen hatten die Nazis die humane Tötungsart einer vorherigen Betäubung niemals für erforderlich gehalten. Wo sie sich an der Todesangst ihrer Opfer hatten weiden können, haben sie dies vorher und nachher immer mit besonderem Hochgenuss getan. Ihre "Humanität" betraf also nur den Umbringungs-Modus des bayrischen Viehs und auch hier wieder nur insoweit, als das bayrische Vieh von Juden umgebracht wurde. Die rohesten Schlachtsitten auf dem Lande, die in Bayern ganz besonders krass waren, interessierten diese "Humanisten" nicht im Geringsten. Schon diese doppelte Humanität für das bayrische Vieh bewies zur Genüge, dass in Wirklichkeit weder Tierliebe noch Menschlichkeit an der Wiege dieses Gesetzentwurfes standen, sondern nur der brennende Wunsch, im Wege der Gesetzgebung die Gewissensfreiheit und die Freiheit der Religionsausübung der Juden zu beschneiden, die den Juden verfassungsmäßig garantiert war, wie jedem anderen deutschen Staatsbürger. Dass die Nazis einen solchen Versuch machten, konnte so wenig Wunder nehmen, wie dass sie sofort die begeisterte Zustimmung der Deutschnationalen fanden, die zur selben Zeit die wildeste Propaganda für die Straffreiheit der Menschenmörder trieben und damit ebenfalls einen weithin sichtbaren Beweis ihrer sonderbaren Humanität – Bestialität gegen Menschen, Humanität gegen das Vieh – lieferten. Auch dass sich der bayrische Bauernbund diesem judenfeindlichen

[1061] Antrag der NSDAP zum Schächtverbot im Bayerischen Landtag Anfang 1930. Der Gesetzentwurf wurde nicht von der NSDAP, sondern von dem bayerischen Innenminister STÜTZEL eingebracht. Der Völkische Block betrieb seit 1925 Propaganda gegen das Schächten. Das Gesetz wurde in der 57. Sitzung des Bayerischen Landtags am 29.01.1930 mit 64 Stimmen gegen 42 Stimmen bei 2 Enthaltungen angenommen. Vgl.: Verhandlungen des Bayerischen Landtags. Stenographische Berichte, III. Tagung 1929/30, 57. Sitzung (29.01.1930), Bd. III, S. 105-119, besonders S. 116.

Akt sogleich anschloss, war angesichts der Qualitäten der Führer dieser Gruppe nicht zu verwundern. Wir haben in diesen Erinnerungen des Zynismus dieser vermeintlich schlauen politischen Kulissenschieber bereits in anderem Zusammenhang gedacht. Dieselben äußerlich treuherzigen und biederen, urwüchsigen und trachten-geschmückten Macher dieser Bewegung, die sich zur Zeit der kommunistischen Räterepublik an Linksradikalismus überschlugen und selbst für die Enteignung des bäuerlichen Bodens zu haben waren, soweit die Besitzgrößen so gezogen waren, dass sie selbst dabei verschont blieben, machten nunmehr die rechtsradikale Konjunktur bis in jede einzelne Schmutzigkeit mit, an ihrer Spitze der "Humanist" Eisenberger[1062], ein Mann, dem in Wirklichkeit jede milde Regung des Herzens als ein höherer Blödsinn erschienen wäre, wenn sie ihn einen Pfennig Geld oder einen Zentimeter Einfluss kosten konnte. Nazis, Deutschnationale und Bauernbund hätten aber im bayrischen Landtag niemals eine Mehrheit für diese offen juden- und religionsfeindliche Gesetzgebung aufgebracht. Die klerikale, bayrische Volkspartei, deren politisches Sündenregister in Bayern sicherlich nicht gering war, besaß immerhin den Anstand und die Grundsatztreue, sich diesem niedrigen Plane zu versagen. Sie verstand, dass eine Politik, die beim Juden mit dem Schächtgesetz anfängt und mit Ghetto und gelbem Fleck endigt, auch für den Katholizismus die allergrößte Gefahr darstellen würde. So wäre der Plan, diese Gesetzgebung im bayrischen Parlament durchzusetzen, aussichtslos gewesen, wenn sich nicht zum Entsetzen nicht nur der Juden, sondern aller anständigen Menschen, die sozialdemokratische Fraktion des bayrischen Landtags zu seiner Verwirklichung zur Verfügung gestellt hätte[1063]. Was sich die Macher der Zustimmung zu diesem Plan wohl in Wirklichkeit gedacht haben, ist weder damals noch später vollständig klar geworden. Man durfte nicht einen einzigen von ihnen für dumm genug halten, um zu glauben, dass er wirklich mit dieser Gesetzgebung die Humanität fördern wollte. Viele Mitglieder der Fraktion haben mir später gestanden, dass sie nur mit tiefster Beschämung ihrer damaligen Haltung gedenken könnten. Die Spitzenorgani-

[1062] GEORG EISENBERGER (28.03.1863-30.04.1945), Bayerischer Bauernbund. Hier liegt ein Irrtum Loewenfelds vor. Der Abgeordnete Eisenberger vom Bayerischen Bauernbund nahm an der Abstimmung nicht teil. Es handelt sich um den Abgeordneten des Bayerischen Bauernbundes Bernhard Engelsberger. Vgl.: Verhandlungen des Bayerischen Landtags. Stenographische Berichte, III. Tagung 1929/30, 57. Sitzung (29.01.1930), Bd. III, S. 118 f. Vgl.: J. WEICHSLGARTNER, Politik im Trachtengwand: der Hutzenauer. Eine Erinnerung an Georg Eisenberger zum 125. Geburtstag, in: Unser Bayern 4 (1988), S. 27 ff.

[1063] Zur Haltung der SPD in der Schächtfrage: Vgl.: Münchener Post 28.01.1930. Vgl.: Bayerische Sozialdemokratie und Schächtgesetz in: Das jüdische Echo Nr. 6 (07.02.1930), S. 73 ff.

sation der bayrischen jüdischen Gemeinden hatten ihnen, wie allen Mitgliedern des bayrischen Parlaments, ein äußerst umfangreiches, wissenschaftlich vorzüglich durchgearbeitetes Material ausgehändigt, durch das für jeden Einsichtigen und Objektiven der klare Nachweis geliefert war, dass die in Bayern übliche Methode des Schächtens dem Schlachttier keineswegs mehr Qualen zufüge oder Angst verursache, als irgend eine andere Schlachtmethode. Sie hatte insbesondere darauf verwiesen, dass die Bewegungen der Schlachttiere nach dem Schächtschnitt nach der Ansicht angesehenster Autoritäten der Physiologie nur empfindungsfreie Reflexbewegungen seien. Um aber den Anhängern des schändlichen Entwurfes jeden Vorwand humanitärer Art zu nehmen, erklärten sich die jüdischen Gemeinden ausdrücklich bereit, einen von einer englischen Firma erfundenen Apparat zur gewalt- und schmerzlosen Niederlegung des Viehs einzuführen, bei dem der ganze Vorgang, einschließlich des Schächtschnittes selbst, auf höchstens 25 Sekunden beschränkt war. Es war offensichtlich, dass keinerlei Tötungsmethode von Schlachtvieh humaner sein konnte. Das Angebot machte jedoch auf die sozialdemokratische Fraktion so wenig Eindruck wie auf die nazistische.

In dieser Situation traten Vertreter aller Richtungen des Verbandes bayrischer jüdischer Gemeinden an mich heran, um mich zu ersuchen, meinen Einfluss auf die sozialdemokratische Fraktion geltend zu machen, um sie, wenn möglich, noch von der Teilnahme an einem so kompromittierenden Geschäft zurückzuhalten. Dass man diese Einwirkung gerade durch mich wünschte, wurde begründet. Ich war zwar Jude und war immer mit Überzeugung für jüdische Interessen eingetreten. Indessen hatte ich mich seit meinen jungen Jahren nicht zum israelitischen Glauben bekannt, sondern war in religiöser Beziehung sogenannter Dissident, das heißt konfessionslos. Ich hatte es stets so formuliert, dass ich nicht ein deutscher Staatsbürger jüdischen Glaubens, sondern ein deutscher Jude nichtisraelitischer Konfession sei. Die Gemeindevertreter sagten deshalb zu mir, ich könne von mir wirklich sagen, dass ich in der Schächtangelegenheit nicht pro domo spreche und persönlich durch die Entscheidung des bayrischen Landtags deshalb in keiner Weise betroffen würde. Daher sei es mir möglich, die Angelegenheit von einem völlig unabhängigen Standpunkt zu betrachten. Aus weltanschaulichen Gründen wollte ich mich der Bitte der Gemeindevertreter nicht versagen und trat mit einigen prominenten Fraktionsvertretern in Verbindung. Ich hatte es nicht für möglich gehalten, mit welchem zum Teil haarsträubenden Unsinn diese ihre Stellungnahme begründeten. Derjenige, der noch ungefähr der Intelligenteste war, sagte mir dem Sinne nach folgendes: Auch ein Sozialdemokrat müsse objektiv denken. Er könne etwas nicht nur um deswillen verwerfen, weil es von einem Reaktionär oder von einen Nazi vorgeschlagen werde. Er halte tatsächlich die in dem Gesetzentwurf verlangte Tötungsart für humaner, wie die bisher von den jüdischen Metzgern praktizierte. Den vorgeschlagenen, englischen Apparat in seiner Wirkung zu probieren, sehe er "keine Veranlassung". Die Zulassung dieses Apparates würde eine besondere "Rücksichtnahme" für die Juden beweisen. Er sei "selbstverständlich" kein Antisemit, er sehe aber auch keinen Anlass, den Juden "Sonderrücksichten" zu erweisen und dadurch Naziangriffe auf sich und die Fraktion geradezu zu provozieren. Die Juden in Bayern hätten sich nicht so benommen, dass er zu solchen "Sonderrücksichten" eine Verpflichtung fühle. Vor der Abstimmung über die Fürstenenteignung hätten die bayrischen Rabbiner genau so die Motive der Sozialdemokraten verdächtigt, wie die bayrischen Kapuziner. Er habe deshalb keinen Grund "Judenpolitik" zu treiben, sondern wolle die Frage "rein sachlich", ohne Hass gegen die Juden oder Liebe zu ihnen entscheiden.

Ich sah nach wenigen Rücksprachen solcher Art ein, dass eine Einflussnahme nur von Erfolg sein könne, wenn sie öffentlich sei. Deshalb ging ich zu dem Chefredakteur der "Münchener Post", dem uns aus diesen Erinnerungen bereits bekannten Erhard Auer, der damals ein einflussreiches Mitglied der sozialdemokratischen Fraktion und Vizepräsident des bayrischen Landtags war. Ich verlangte von ihm, dass er mir die Spalten des offiziellen Parteiorganes für eine öffentliche Polemik gegen die Haltung der Landtagsfraktion unserer Partei in der Schächtfrage zur Verfügung stelle. Auer bekannte mir ohne Umschweife, dass er selbst die Haltung der Fraktion in dieser Angelegenheit nicht weniger verwerfe als ich. Er meinte aber, da sich die Mehrheit der Fraktion schon sehr weitgehend festgelegt habe, sei es wohl nicht mehr möglich, sie von ihrem Entschluss, mit den Nazis und Deutschnationalen gegen die bayrischen Klerikalen zu stimmen, noch abzubringen. Er äußerte Bedenken, ob unter solchen Umständen die Zulassung einer öffentlichen Polemik im Parteiorgan nicht das "Ansehen" der Fraktion irgendwie schädigen könne. Ich erwiderte ihm, nach meiner Meinung könne jedes einzelne Mitglied der Fraktion durch Bezeugung von "Disziplin" in dieser Angelegenheit nicht das Ansehen der Fraktion vermehren, sondern nur das seinige verlieren. Ich hielte es nicht für ausreichend, dass eine öffentliche Diskussion im Parteiorgan zugelassen werde, müsse vielmehr auch annehmen, dass jeder einzelne sozialdemokratische Abgeordnete, dem sein persönliches Ansehen lieb sei, einem derartigen Gesetzentwurf seine Zustimmung verweigern müsse. Auer erklärte sich durch meine Ausführungen als überzeugt und stellte das Parteiorgan für den Zweck der öffentlichen Diskussion zur Verfügung. In meinem am nächsten Tage in der "Münchener Post" veröffentlichten Artikel[1064] hielt ich der Fraktion vor, in wie schwerer Weise sie mit ihrer Haltung gegen immer hochgehaltene Parteigrundsätze verstoße. Nach außen kämpfe sie für die deutsche Reichs- und Rechtseinheit, hier aber helfe sie mit, die Reichsverfassung zu brechen. Es handle sich zweifellos um eine der Reichsgesetzgebung vorbehaltene Frage, was dem Landtag in einem ausgezeichneten Rechtsgutachten des bayrischen Staatsrechtslehrers Professor Dr. Dyroff[1065] eingehend nachgewiesen worden sei. Nach ihrem Programm habe die sozialdemokratische Partei für die Gewissensfreiheit längst gekämpft, bevor sie in der deutschen Reichsverfassung für das gesamte Volk feierlich festgelegt wurde. Die Anwendung dieses Prinzips könne naturgemäß stets nur da streitig sein, wo es sich um die Gewissensfreiheit von Minderheiten handle, denn die Mehrheit vermöge ihren Standpunkt ohnehin durchzusetzen. Je kleiner die Minderheit sei, desto größer sei das verfassungsmäßige Schutzbedürfnis ihrer Gewissensfreiheit, desto schwerer der Verstoß gegen Grundprinzipien der Partei, wenn einer kleinen Minderheit jener Schutz versagt werde. Die Fraktion habe sich für ihre Stellungnahme auf Gründe der "Humanität" berufen. Was es hiermit für eine Bewandtnis habe, ersehe man sofort, wenn man sich die Gesellschaft ansehe, in der sich die sozialdemokratischen Fraktionsvertreter bei dieser ihrer Stellungnahme befunden hätten. Die tierliebenden Menschenschinder, die die Väter dieses Entwurfes seien, hätten dem Landtag das Gutachten eines beamteten Tierarztes vorgelegt, der behaupte, der vorgeschlagene Gesetzentwurf sei mit dem jüdischen Ritus garnicht in Widerspruch. Ein von einem nichtjüdischen Tierarzt gemachter Versuch, eine Jahrtausende alte Religion darüber zu belehren, was nach ihren religiösen Grundsätzen zulässig sei, sei ein Widerspruch in sich selbst. Die Frage, was einer Religionsübung gemäß ist, könne nur von den berufenen Vertretern dieses religiösen Bekenntnisses selbst, nicht dagegen von jemand beurteilt werden, der keinerlei persönliche Einstellung zu dem religiösen Empfinden der betreffenden Gruppe habe. Mit dem Anschluss an solche Argumente eines Außenseiters befinde sich die Fraktion bereits mitten im Kampf gegen die Gewissensfreiheit. Die Fraktion behaupte, dass es in der bayrischen Sozialdemokratie einen Antisemitismus nicht gebe. Es sei aber die Frage, ob dies der Fraktion irgend jemand glauben werde, wenn sie ohne

[1064] Vgl.: PHILIPP LOEWENFELD, Zum Gesetz über die Betäubung der Schlachttiere, in: Münchener Post 28.01.1930, S. 3 f. Für diesen Artikel musste sich Loewenfeld am nächsten Tag die hämische Polemik des NSDAP-Abgeordneten Buttmann gefallen lassen, der sich offen zum Antisemitismus bekannte und Loewenfelds Dissidententum als Anknüpfungspunkt zu einer "völkischen" Betrachtung nutzte. Vgl.: Stenographische Berichte der Verhandlungen des Bayerischen Landtags 57. Sitzung (29.01.1930), S. 114.

[1065] Das Rechtsgutachten von Professor Dr. Dyroff konnte nicht aufgefunden werden.

jede zwingende Veranlassung und ohne Benutzung der gegebenen Vermittlungsmöglichkeiten sich den Anträgen grundsätzlich antisemitischer Parteien anschließe. In der Welt der Realität sei der Schein oft stärker als die Wirklichkeit und niemand sollte dies genauer als die Sozialdemokratie (wissen). In der Welt außerhalb Bayerns sehe man ein Gesetz, das in seiner praktischen Auswirkung dem frommen Juden die Fleischnahrung abtreibe, während der Bauernmetzger sein Vieh schinden könne, wie er wollte, als einen Hieb gegen das Judentum und seine Gewissensfreiheit an, wie "sachlich" ein solcher Hieb auch immer begründet werden möge. In der Diskussion sei darauf verwiesen worden, dass viele Juden sich durch die rituellen Vorschriften nicht gebunden fühlten. In der Frage der Achtung vor der Gewissensfreiheit komme es auf jene Religionsangehörigen an, die es mit ihrer Religion genau nehmen. Ihnen Gewissensqualen zu bereiten, heiße Menschen zu erniedrigen, ohne Tieren etwas zu geben.

Die Mehrheit der sozialdemokratischen Fraktion war durch diese Gesichtspunkte nicht in Verlegenheit zu bringen und verharrte "fest" auf ihrem inhumanen und verfassungswidrigen Standpunkt. Eine Minderheit aber, die nahezu der Hälfte gleichkam, stimmte zwar nicht gegen das Gesetz, entfernte sich aber vor der Abstimmung, unter Führung von Erhard Auer, aus dem Sitzungssaal, um wenigstens auf diese Weise ihre Nichtzustimmung zu der Haltung der Fraktion öffentlich zu bekunden. Die für das Gesetz stimmende Mehrheit der Fraktion war immerhin groß genug, um dessen Annahme zu sichern. Die später an die Macht gekommenen Nazis haben jenen Sozialdemokraten, die damals ihr Geschäft besorgten, keinen Dank gewusst. Sie haben sich gegenüber allen Sozialdemokraten gleich niederträchtig benommen.

So kann man sagen, dass in Bayern schon im Laufe des Jahres 1930 eine wahrhaft muffige Luft herrschte, die für einen demokratisch gesinnten Juden das Leben im eigenen Vaterlande zu einer Qual machte. Die gewalttätige und moralisch minderwertige Agitation der Nazis war für dieses Unbehagen noch der allergeringste Grund. Denn sie waren die offenen Feinde und es war selbstverständlich, dass man in der Kampffront gegen sie stand. Im Kampf gegen ihre Exzesse leistete vor allem das Reichsbanner Scharz-Rot-Gold Hervorragendes.

119. *Eiserne Front*

Es schloss sich später mit den Gewerkschaften und den Arbeiter-Turnorganisationen zu einem republikanisch-demokratischen Wehrverband zusammen, der sich den etwas pathetischen Namen "Eiserne Front" beilegte[1066]. Es stellte in den Versammlungen der demokratisch gerichteten Parteien den Saalschutz und wehrte die zahllosen Störungs- und Sprengungsversuche der Nazis ab. Wenn diese nicht gerade in zehnfacher Übermacht waren, erhielten sie bei derartigen Versuchen fast regelmäßig schwere Prügel. Wenn die Kräfte gar ziffernmäßig gleich stark waren, war angesichts der wilden Entschlossenheit unserer Leute die Situation für die Nazis aussichtslos. Sobald die nazistischen Störenfriede irgendwo erfolgreich abgewehrt waren, brachen sie in ein verlogenes Jammergeschrei aus und stellten sich als die hilflosen Opfer grausamer Gegner hin, obwohl es immer die Nazis waren, die in Versammlungen Andersdenkender eindrangen, um diese zu sprengen, während die demokratisch gerichteten Parteien und die Arbeiterorganisationen prinzipiell keine Naziversammlungen besuchten oder gar zu sprengen suchten. Als gar einmal einer der Rowdys, die das Versammlungssprengen als eine Art Beruf ansahen, bei diesem Geschäft sein Leben einbüßte, machten ihn die Nazis, wie sie es mit den Putschisten von 1923 getan hatten, zu einem "Blutzeugen der Bewegung" und benannten nach ihrer Machtergreifung sogar einen öffentlichen Platz in München nach dem Rohling[1067]. Mein Sozius und ich haben in jenen Jahren viele Mitglieder des Reichsbanners und der Eisernen Front wegen solcher "Saalschlachten" vor Gericht verteidigt[1068]. In den meisten Fällen glaubte die bayrische Justiz ihre "Objektivität" dadurch zu beweisen, dass sie sowohl die nazistischen Angreifer wie die angegriffenen Versammlungs-Teilnehmer wegen "Landfriedensbruch" anklagte. Doch muss ausgesprochen werden, dass manche Richter in diesen Prozessen tatsächlich ihre volle Objektivität erwiesen. Speziell ein in seiner privaten Gesinnung sehr nazistisch eingestellter Richter ist hier rühmlich zu erwähnen. Trotz seiner allerseits bekannten inneren Sympathie zu den Nazis verurteilte er sie in derartigen Fällen wiederholt zu schweren Strafen und sprach die mitangeklagten Reichsbannerleute frei, wenn es ihm bewiesen schien, dass die Nazis die Angreifer waren. Obwohl es an sich nur eine Selbstverständ-

[1066] Vgl.: KARL ROHE, Das Reichsbanner Schwarz-Rot-Gold. Ein Beitrag zur Geschichte und Struktur der politischen Kampfverbände zur Zeit der Weimarer Republik, Düsseldorf 1966, S. 392-425. Vgl. auch die Ausführungen: PHILIPP LOEWENFELD, Das SA-Verbot, in: Münchener Post, 15.04.1932, S. 1 f.

[1067] Es handelt sich hierbei wohl um die Umbenennung des Schyrenplatzes in Georg-Hirschmann-Platz. Der SA-Mann Hirschmann war 1927 "von Marxisten" niedergeschlagen worden und erlag später seinen Verletzungen. Vgl.: HELMUTH STAHLEDER, Haus und Straßennamen der Münchner Altstadt, München 1992, S. 25.

[1068] Die Verteidigungen Philipp Loewenfelds in Verfahren wegen Landfriedensbruchs sind nicht zu ermitteln, da die Namen der Angeklagten nicht genannt werden. Ein Schreiben des Oberstaatsanwalts beim Landgericht München I vom 09.05.1933 bestätigt allerdings Loewenfelds Angaben. Vgl.: BHStA, MJu 21015.

lichkeit hätte sein sollen, dass ein Richter demjenigen Recht gab, der Recht hatte, war dies zu jener Zeit in allen Sachen mit politischem Einschlag schon so sehr die Ausnahme, dass es rühmend erwähnt werden muss.

Schlimmer als die Naziattacken, die Nazi-Beschimpfungen, die Nazi-Bedrohungen war die "diplomatische" Art, wie sich die Justiz und die Staatsverwaltung hiezu einstellten. Die allgemeine, unausgesprochene Parole war, dass man den Nazis Wind aus den Segeln nehmen müsse. So wurde die "Verfolgung" offen hochverräterischer Pläne der Nazis in der Weise betrieben, dass man zwar Strafakten anlegte, jedoch die Sachen mit einer "Gründlichkeit" untersuchte, dass in Jahren nichts geschah.

120. *Boxheimer Dokumente*

Im November 1930 fand beispielsweise die Polizei bei einem gewissen Best[1069], der heute einer der höchsten Funktionäre der deutschen Gestapo ist, Dokumente offen hochverräterischer Art über einen geplanten Umsturz der Reichsverfassung. Da Best in Boxheim in Hessen wohnte, sind die Dokumente als "Boxheimer Dokumente"[1070] in die Geschichte der deutschen Gegenrevolution eingegangen. Ihrem Inhalt nach waren sie eine Blut- und Mordverschwörung gegen alle verfassungstreuen Elemente. Um sich für den Fall der Entdeckung eine Ausrede zu sichern, waren sie überschrieben: "Erste Bekanntmachung unserer Führung nach dem Wegfall der seitherigen, obersten Staatsbehörden und nach Überwindung der Kommune". Dies sollte den Hochverrätern die Ausrede ermöglichen, dass die Verschwörung nur als Gegenstoß gegen einen kommunistischen Hochverrat, also als "Staatsnotwehr" gedacht gewesen sei. Immerhin hatten die Hochverräter ihre Absicht selbst in dieser Überschrift nicht mit Erfolg verschleiern können. Denn die Bekämpfung eines kommunistischen Hochverrats wäre Sache der Justiz und der Polizei, eventuell Sache der Armee gewesen, keineswegs aber Sache von Mördern und Verschwörern, die auch gleich noch dafür sorgen wollten, dass bei diesem Aufwaschen "die ober-

[1069] WERNER BEST (10.07.1903-23.06.1989), SS-Führer beim SD, Chef des Amtes I beim Reichssicherheitshauptamt bis 1940, ab 1942 "Bevollmächtigter des Reiches in Dänemark". Vgl.: ULRICH HERBERT, Best. Biographische Studien über Radikalismus, Weltanschauung und Vernunft 1903-1989, Bonn 1996, S. 112-119.

[1070] Vgl.: SCHULTHESS 1932, S. 26. Vgl.: ULRICH HERBERT, Best, a.a.O., S. 112-119. Vgl.: DIETER KOLBE, Reichsgerichtspräsident Dr. Erwin Bumke. Studien zum Niedergang des Reichsgerichts und der deutschen Rechtspflege (Studien und Quellen zur Geschichte des deutschen Verfassungsrechts Reihe A: Studien, Bd. 4, hrsg. von HERMANN CONRAD †, GERD KLEINHEYER und ULRICH SCHEUNER), Karlsruhe 1975, S. 113-118.

sten Reichsbehörden wegfallen". Die deutsche Justiz ist mit der "Untersuchung" dieses Falles nie fertig geworden. Als das Dritte Reich ausbrach, war sie noch "beschäftigt", sodass sich dann die Sache von selbst erledigte. Man stellte sich einfach dumm und wollte nicht verstehen, dass es einer der ältesten hochverräterischen Tricks ist, die eigenen Umsturzpläne nur als Abwehr künftigen gegnerischen Hochverrats hinzustellen. 1930 war es auch soweit, dass eine Anzahl Reichswehroffiziere wegen Vorbereitung eines nazistischen hochverräterischen Unternehmens als Angeklagte vor dem Reichsgericht standen[1071]. Sie hatten sich die Instruktionen für ihre hochverräterische Propaganda innerhalb der Reichswehr bei der Nazi-Parteizentrale in München geholt. Das Gericht musste sie auf Grund der Beweisaufnahme wohl oder übel verurteilen und sagte in der Urteilsbegründung, dass sie als aktive Offiziere hinter dem Rücken ihrer Vorgesetzten entgegen der militärischen Disziplin und dem von ihnen geleisteten Treueid in staatsgefährlicher Weise auf den Sturz der Regierung hinarbeiteten, wiewohl sie von wohlmeinenden Vorgesetzten gewarnt waren und als intelligente Menschen den Charakter ihrer Handlungen klar erkannten. Trotz dieser schwerwiegenden Feststellungen erkannte das Reichsgericht auf äußerst milde Strafen und begründete diese mit den "edlen Motiven" der Angeklagten und ihrer "hohen und glühenden Vaterlandsliebe". Die Nazis haben nach ihrer Machtergreifung einen dieser Hochverräter zum Polizeipräsidenten einer deutschen Großstadt gemacht[1072].

121. *Geschaftsführende Regierung in Preußen und Bayern*

Im August 1930 konnte durch eine Verkettung zufälliger Umstände die klerikal-deutschnationale bayrische Regierung des Dr. Heinrich Held parlamentarisch gestürzt werden[1073]. Nach der bayrischen Verfassung hatte, falls alle Minister eines Ministeriums zurückgetreten waren, das zurückgetretene Ministerium "bis zur Bildung eines neuen Ministeriums" die Ge-

[1071] Vgl.: Dieter Kolbe, Reichsgerichtspräsident Dr. Erwin Bumke a.a.O., S. 88-98. Vgl.: Peter Bucher, Der Reichswehrprozeß. Der Hochverrat der Ulmer Reichswehroffiziere 1929/30, Boppard 1967.

[1072] Einer der Fememörder wurde nach 1933 Polizeipräsident in Breslau. Es handelt sich hierbei um den Fememörder und SA-Obergruppenführer Edmund Heines (21.07.1897-30.06.1934). Heines war aber nicht in Ulm angeklagt.

[1073] Im Streit um die "Verordnung zur Behebung des finanziellen Notstandes des Staates" vom 01.08.1930 verließ der Bayerische Bauernbund die Koalition mit der BVP. Trotz einer Rücktrittsdrohung für diesen Fall blieb die Regierung Held geschäftsführend im Amt. Vgl.: Franz Menges, (wie Anm. 1054), S. 233 f.

schäfte fortzuführen. Schon diese Wortfassung der bayrischen Konstitution zeigte ganz klar, dass es zu den verfassungsmäßigen Verpflichtungen des Landtags zählte, nach dem Sturz einer Regierung eine neue zu wählen. Die reaktionäre Mehrheit des bayrischen Landtags dachte aber nicht daran, dieser Verpflichtung nachzukommen. Wiewohl es klarer Missbrauch des Verfassungsrechts war, eine gestürzte Regierung jahrelang als "geschäftsführende Regierung" amtieren zu lassen, leitete die gestürzte Regierung des Dr. Heinrich Held, ohne dass jemals ein neues Ministerium gebildet worden wäre, die Geschicke Bayerns nahezu 3 Jahre, bis sie von Schückelgruber verjagt wurde. Dieser Zustand hatte für die verfassungsbrechenden Minister äußerst angenehme Folgen. Da sie nämlich schon "zurückgetreten" waren, konnten sie unabhängig von Vertrauen oder Misstrauen des Landtags regieren. Ein Misstrauensvotum gegen sie wäre zwecklos gewesen, weil es nach der Verfassung nur zu ihrem "Rücktritt" führen konnte, der schon erfolgt war. Auch gegen diesen offenen Rechtsbruch leistete die Sozialdemokratie in Bayern zwar allerhand Lippendienst in Versammlungen, faktisch aber unternahm sie gegen die Rechtsbrecher nicht nur nichts, sondern leistete ihnen sogar noch gelegentliche parlamentarische Hilfen.

Das schlechte Beispiel der bayrischen Regierung machte später in Preußen Schule, indem die von dem Sozialdemokraten Otto Braun geleitete Regierung nach ihrem parlamentarischen Sturz ebenfalls geraume Zeit als "geschäftsführende Regierung" weiter amtierte, ohne dass der preußische Landtag Miene machte, eine neue Regierung zu wählen. Die reaktionäre Reichsregierung des Herrenreiters von Papen verjagte allerdings die preußische geschäftsführende Regierung, unter Anwendung von Waffengewalt, aus ihren Ämtern und besetzte die preußischen Regierungsposten mit einer rechtswidrig von ihr ernannten, anstatt mit einer ordnungsmäßig vom preußischen Landtag gewählten Regierung. Sie begründete dieses ihr Vorgehen in erster Linie mit der Erklärung, dass das längere Regieren der preußischen geschäftsführenden Regierung eine "Pflichtverletzung" dieser Regierung sei, wiewohl sich offensichtlich der Vorwurf der Pflichtverletzung höchstens gegen den preußischen Landtag hätte richten können. Die Papen-Regierung wendete aber ihre angebliche Liebe zur Verfassung nur auf die demokratisch-preußische Landesregierung an. Gegen die reaktionäre bayrische Landesregierung, die schon um ein Vielfaches länger "geschäftsführend" regierte, fand sie keinerlei Anlass zu einer solchen Reichsexekution oder zu der Behauptung, die bayrische Regierung verletze ihre Pflicht. Dieses Messen mit zweierlei Maß gegenüber dem gleichen rechtlichen und politischen Tatbestand zeigte, dass es auf Seite der Papen-Regierung nicht Liebe zur Verfassung war, was sie zu ihrem gewalttätigen Vorgehen gegen die preußische Landesregierung Braun-Severing veranlasste.

122. *Papens Preußenschlag*

Aus der ganzen Situation ergaben sich die merkwürdigsten Konsequenzen. Die preußische Regierung Braun rief gegenüber den Gewalttaten von Papens den Staatsgerichtshof des Deutschen Reiches an und amtierte formell irgendwo weiter, wiewohl sie sachlich nichts mehr zu sagen hatte. Sie ließ eine Reihe wohlgesetzter Schriftsätze an den Staatsgerichtshof verfassen, der Staatsgerichtshof aber, unter dem Vorsitz des Reichsgerichtspräsidenten Bumke[1074] – der seine früher zur Schau getragene demokratische Überzeugung längst diplomatisch mit einer "unpolitischen" vertauscht hatte und nach Ausbruch des Dritten Reiches im Namen Schückelgrubers weiter amtierte – dachte nicht an ein Eingreifen gegen Papen und drückte sich praktisch von jeder Entscheidung. In diesem Schreibkrieg zwischen der Papen-Regierung und der Regierung Braun-Severing ergab sich nun die ebenso erheiternde wie betrübliche Situation, dass die bayrische "geschäftsführende" Regierung des Dr. Held zum unnatürlichen "Bundesgenossen" der Regierung Braun-Severing wurde. Sie gab vor, die Rechte der deutschen Einzelstaaten gegenüber der zentralen Reichsgewalt zu verteidigen, während sie in Wirklichkeit nur pro domo handelte, indem sie den Verfassungsbruch verteidigte, den der bayrische Landtag täglich von neuem durch die Nichtbestellung einer dem Parlament verantwortlichen neuen Regierung beging. Die zwei größten deutschen Länderregierungen wurden also trotz der offenen Feindschaft der von ihnen repräsentierten politischen Richtungen dadurch aneinander geschmiedet, dass sie den Verfassungsbruch der zwei größten deutschen Länderparlamente aus entgegengesetzten Motiven mitmachten, die bayrische Regierung, um keine Sozialdemokraten als Minister aufnehmen zu müssen, die preußische Regierung, um die demokratischen Elemente im Amt zu behalten und den Hinzutritt von reaktionären Ministern abzuwehren. Die Länderparlamente der zwei größten deutschen Einzelstaaten und die "geschäftsführenden" Regierungen dieser beiden Einzelstaaten bildeten also eine Art Gewerkschaft des Verfassungsbruchs zu entgegengesetzten politischen Zielen. Was sie einigte, war nur das Bestreben, den Eintritt der gesetzlichen Ordnung zu verhindern, das heißt, die Wählerschaft über die

[1074] Erwin Bumke (07.07.1874-20.04.1945), Reichsgerichtspräsident, Vgl.: Anm. 1071. Ferner: Friedrich Karl Kaul, Geschichte des Reichsgerichts, Berlin 1971.

Zusammensetzung der neuen Landesregierungen entscheiden zu lassen. Diese traurigen Winkelzüge haben der Ausbreitung der faschistischen Ideen in Deutschland sehr viel geholfen. Schienen sie doch den Nazis Recht zu geben, wenn diese täglich von den Tribünen der Parlamente und der Versammlungen in die Massen brüllten, dass der ganze Parlamentarismus der Weimarer Verfassung nur auf Schiebung und "Angst vor dem Volk" beruhe. Das war nun allerdings eine zynische Lüge der Leute, die vor keinem Mittel zurückscheuten, um die parlamentarische Demokratie aktionsunfähig zu machen. Immerhin zeigte der Umstand, dass reaktionäre und demokratische Länder-Parlamente und Regierungen des Deutschen Reiches zu Rechtsbruch und unwürdigen Tricks griffen, um sich im Amt zu halten und politische Veränderungen zu verhindern, dass die jahrelange Zersetzungsarbeit der Deutschnationalen und der Nazis am Gefüge der deutschen Demokratie höchst erfolgreich war, und dass die Staatslenker der deutschen Einzelstaaten jeden wirklichen Glauben an das Recht und an die Wirksamkeit legaler, demokratischer Grundsätze im zermürbenden Druck der Tageskämpfe eingebüßt hatten. Die unnatürliche Bundesgenossenschaft der preußischen und der bayrischen Regierung in der Zeit jenes Schreibkrieges zeigte manche kuriose Auswirkung. So kam öfters zum weekend mit dem Berlin-Münchener Nachtschnellzug im Skianzug und mit Rucksack jener preußische hohe Beamte, der die Regierung Braun-Severing vor dem Staatsgerichtshof vertrat[1075], nach München, offiziell, um von dort zum Skilaufen ins bayrische Gebirge zu fahren, zu welchem Zweck er sich gelegentlich auch meine Kinder mitnahm. In seinem Rucksack brachte er jedoch Copien der Schriftsätze mit, die die preußische Regierung an den Staatsgerichtshof schon abgegeben hatte oder abgeben wollte, um sich in der Münchener Luft "Anregungen" für etwaige "Ergänzungen" zu holen. Solche erbat er auch von mir. Ich konnte ihm indessen leider nicht verhehlen, dass ich für derlei Geschäfte kein Talent besäße. Dass die preußische Regierung Braun-Severing in dieser Situation aus ihrem Beamtenstab einen führenden Zionisten auswählte, um sie vor dem Staatsgerichtshof des Herrn Bumke und seiner aalglatten Mitrichter zu vertreten, sah ich als instinktlos an und brachte dies auch zum Ausdruck. Denn so sehr für mich die staatsbürgerliche Gleichberechtigung der Juden ein

[1075] HERMANN BADT (13.07.1887-?.09.1946), Ministerialdirektor im preußischen Innenministerium, Vertreter Preußens vor dem Staatsgerichtshof 1932, führender deutscher Zionist. Vgl.: ARNOLD BRECHT, Mit der Kraft des Geistes. Lebenserinnerungen 1927-1967, Stuttgart 1967, S. 181-240. Vgl.: BHE I, S. 31. Vgl.: PETER LANDAU, Juristen jüdischer Herkunft im Kaiserreich und in der Weimarer Republik, in: HEINRICHS/FRANZKI/SCHMALZ/STOLLEIS (Hrsg.), Deutsche Juristen jüdischer Herkunft, München 1993, S. 148.

selbstverständliches Axiom war, so billige und schmutzige Agitationsvorwände für die vereinigte deutsche Reaktion wurden damit geschaffen.

123. *Severing in München*

Die politische Entwicklung im Deutschen Reich in der Regierungsperiode des Herrenreiters von Papen und seines Nachfolgers, des Generals von Schleicher, ist von vielen Geschichtsschreibern geschildert worden, und ich sehe es nicht als meine Aufgabe an, diesen Schilderungen eine weitere hinzuzufügen[1076]. Als die Papen-Regierung die preußische Braun-Severing-Regierung unter Androhung von Waffengewalt aus ihren Amtsräumen herauswerfen ließ und als die Braun-Severing-Regierung keinen Versuch wagte, sich mit den ihr zur Verfügung stehenden Machtmitteln zu wehren und es auf einen Kampf der ihr unterstehenden Schutzpolizei gegen die Reichswehr sowie auf Generalstreik gegen die verfassungsbrechende Reichsregierung ankommen zu lassen, war bei mir der letzte Zweifel geschwunden, dass Deutschland dem Faschismus entgegentreibe. Wenige Tage nach seiner gewaltsamen Verdrängung aus dem Amte sprach Severing in öffentlicher Versammlung der "Eisernen Front" in München[1077]. Die Versammlung war überfüllt und die demokratisch-republikanischen Organisationen waren aufs Äußerste darauf gespannt, welche Parolen des Widerstandes gegen die Verfassungsbrecher Severing ausgeben werde. Die vielen Tausende Versammlungsteinehmer begrüßten Severing enthusiastisch. Als die Versammlung zu Ende war, war das Ergebnis allgemeine Ernüchterung, ja Verzweiflung. Ein müder und verbrauchter Mann hatte eine vorsichtig staatsmännische Rede gehalten, in der er alles vermied, was bei den gewalttätigen Rechtsbrechern einen zu großen Anstoß erregen könnte. Dass er und die anderen demokratischen Kräfte der preußischen Regierung widerstandslos der Gewalt wichen, begründete er mit seiner "Verantwortung" dafür, dass kein Bürgerkrieg entstehe. Dies war eine klare moralische und juristische Kapitulation. Es besagte nicht mehr und nicht weniger, als dass eine deutsche Landesregierung eher die Verfassung und die Rechtsordnung an deren gewalttätige Feinde zu opfern habe, als dass sie "Bruderblut" riskiere. Die Feinde der Verfassung dachten nicht so zartfühlend. Sie hätten das Blutvergießen riskiert, wenn sie nicht ihr Spiel ohne

[1076] Vgl.: Gerhard Schulz, Von Brüning zu Hitler. Der Wandel des politischen Systems in Deutschland 1930-1933, Berlin/New York 1992.

[1077] Vgl.: Das Volk steht auf! Gewaltige Severing-Kundgebungen in München, in: Münchener Post 29.07.1932, S. 1.

Einsatz hätten gewinnen können. Dabei waren die Chancen eines Sieges oder einer Niederlage im Falle eines entschlossenen Auftretens keineswegs von vorneherein auf Seite der Gegenrevolutionäre. Aber abgesehen von den Feinden der Demokratie gab es in Deutschland niemand mehr, der zu einem wirklichen Kampf bereit war.

124. *Potempamord*

Dieser schwelende Zustand von Rechtsunsicherheit, Mordatmosphäre, Gewalt und Drohung verschlimmerte sich noch, als die Nazis im August 1932 sich mit dem vorher von ihnen begünstigten Herrenreiter von Papen in die Haare gerieten. Wiewohl die Nazis selbst die Hauptschuldigen an dem immer größer werdenden Terror waren, verlangten sie ebenso stürmisch wie scheinheilig Notverordnungen und Todesstrafe gegen politische Gewalttaten, bei denen ein Mensch sein Leben einbüßte. Die Regierung von Papen erließ die verlangte Notverordnung, in der sie zu der Todesdrohung für politischen Mord auch die Todesstrafe für die nichtüberlegte Tötung eines Angreifers aus politischen Gründen einführte[1078]. Die Nazis frohlockten, in der Hoffnung, dass angesichts der Zeitumstände die Verordnung nur einseitig gegen links werde angewendet werden. Allein – man möchte fast sagen kurioserweise – gab es in Deutschland immer noch eine große Anzahl streng ehrenhafter Richter, die das Strafgesetz ohne Rücksicht auf die politische Stellung des Täters anwendeten. Auf diese Weise richtete sich die Verordnung sofort auch gegen die Nazis. Kaum war sie erlassen, als in dem oberschlesischen Dorf Potempa[1079] fünf Nazis zur Nachtzeit in die Wohnung eines von ihnen als politischer Gegner gehassten Arbeiters eindrangen und diesen in seinem Bett in einer unerhört tierischen Weise ermordeten. Als hierauf das zuständige Gericht die Täter unter Anwendung des neuen Gesetzes wegen politischen Totschlages als Angreifer zum Tode verurteilte, erhielt dieses besonders scheußliche Verbrechen eine gewisse historische Berühmtheit durch die Art des persönlichen öffentlichen Eintretens Schückelgrubers für die Verbrecher. In einer Depesche an die zum Tode verurteilten Mörder titulierte er sie als seine "Kameraden"

[1078] Vgl.: Verordnung des Reichspräsidenten gegen politischen Terror vom 09.08.1932, in: RGBl. I 1932, S. 403f.

[1079] Vgl.: Völkischer Beobachter 24.08.1932: "Meine Kameraden! Angesichts dieses ungeheuerlichen Bluturteils fühle ich mich mit euch in unbegrenzter Treue verbunden. Eure Freiheit ist von diesem Augenblick an eine Frage unserer Ehre. Der Kampf gegen eine Regierung, unter der dies möglich war, unsere Pflicht!" Vgl.: PAUL KLUKE, Der Fall Potempa, in: Vierteljahreshefte für Zeitgeschichte 5 (1957), S. 279-297, besonders S. 283.

und versicherte sie seiner Verbundenheit "in unbegrenzter Treue", mit dem Hinzufügen, dass ihre Freiheit von diesem Augenblick an "eine Frage unserer Ehre" sei. Der Herrenreiter von Papen erwiderte in einer Entrüstungsrede, in der er Schückelgruber vorhielt, dass der Verfasser eines derartigen Solidaritätstelegramms an schwer kriminelle Elemente in einem Kulturstaat unmöglich als regierungsfähig angesehen werden könne. 6 Monate später war derselbe Papen der Vizekanzler des "regierungsunfähigen" Schückelgruber und blieb auch in dessen Diensten, nachdem er am 30. Juni 1934 mit knapper Not seiner Ermordung durch Schückelgrubers Spießgesellen entgangen war. Auch im August 1932 aber zeigte er bereits, dass seine Entrüstung über den "Regierungsunfähigen" nicht Ernst zu nehmen war. Tatsächlich erreichte nämlich Schückelgruber mit seiner Depesche an die Verbrecher vollkommen seinen Zweck. Papen und seine Regierung wagten es nicht, die Todesurteile des von ihnen selbst eingesetzten Sondergerichts zu bestätigen und die von ihnen selbst verschärfte Strafdrohung gegen solche Bestien in Menschengestalt durchzuführen. Unter dem Druck der geradezu rasenden Hetze der Nazis gegen das Urteil verwandelte die Regierung Papen die gegen die Potempa-Mörder ausgesprochenen Todesstrafen in lebenslange Zuchthausstrafen. Als die der Papen-Regierung nachfolgende Reichsregierung von Schleicher Ende 1932 zur Festigung ihrer Stellung nochmals eine allgemeine Amnestie für politische Verbrechen und Vergehen erließ[1080], nahm sie von ihr die Verbrechen des politischen Mordes und des Totschlags aus. Die von der Papen-Regierung begnadigten Potempa-Mörder blieben also im Zuchthaus. 3 Monate später erließ "Reichskanzler" Schückelgruber ein Gesetz, durch das auch der politische Mord und der politische Totschlag amnestiert wurden, wenn sie im "Kampfe für die nationale Erhebung des deutschen Volkes" oder im "Kampfe für die deutsche Scholle" begangen waren[1081]. Auf Grund dieses Gesetzes erhielten die Potempa-Mörder volle Straffreiheit. Nach dem Wortlaut des Telegramms Schückelgrubers an die Banditen war ihre Befreiung zu einer Frage "unserer Ehre" gemacht und so war also glücklich

[1080] Vgl.: JÜRGEN CHRISTOPH, Die politischen Reichsamnestien 1918-1933, Frankfurt/M. u.a. 1988., S. 323-357. Vgl.: Gesetz über Straffreiheit vom 20.12.1932 (RGBl. I, 1932, S. 559).

[1081] Eine Amnestie wurde durch die am 21.03.1933 vollzogene Verordnung des Reichspräsidenten durchgeführt. Sie gewährte Strafbefreiung für alle "Straftaten, die im Kampfe für die nationale Erhebung des Deutschen Volkes, zu ihrer Vorbereitung oder im Kampfe für die deutsche Scholle begangen sind". Es folgte die Einstellung des Verfahrens gegen die Mörder von M. Erzberger, Tillessen und H. Schulz. Vgl.: Verordnung des Reichspräsidenten über die Gewährung von Straffreiheit vom 21.03.1933. (RGBl. I 1933, S. 134). Vgl.: JÜRGEN CHRISTOPH, Reichsamnestien, a.a.O., S. 358-366. Vgl.: Anmerkung 734.

"unsere Ehre" wieder hergestellt. Adolf hatte sein Versprechen "unbegrenzter Treue" gehalten. Es ist sicher eines der ganz wenigen Versprechen, die er gehalten hat. Sage mir, mit wem Du in "unbegrenzter Treue verbunden" bist, und ich sage Dir, wer Du bist.

125. *Reichstagswahl November 1932*

Trotz dieser schauerlichen Entwicklung Deutschlands dachte ich in jenem Zeitpunkt noch nicht entfernt an ein Verlassen des Landes. Noch war der Sieg des deutschen Faschismus nicht besiegelt und noch schien eine entfernte Chance der definitiven Abwehr und politischen Ausschaltung der Hitler-Bewegung in Deutschland zu bestehen. Bei den Reichstagswahlen vom November 1932 verloren die Nazis sogar über zwei Millionen Stimmen und 34 Reichstagsmandate gegenüber den letzten Wahlen[1082]. Ihre offene Solidarisierung mit verbrecherischen Elementen, ihre selbst für nazistische Begriffe übergroße Schmutzigkeit der Agitation, die auch vor der demonstrativen Unterstützung kommunistischer politischer Streiks nicht zurückschreckte, hatten viele Naziwähler aus dem bürgerlichen Lager erschreckt und zurückgestoßen. Der Nazipartei ging es um jene Zeit finanziell so schlecht, dass sie über zwölf Millionen Reichsmark Schulden[1083] hatte und dass viele ihrer Parteizeitungen in Konkurs gerieten. Selbst wegen verhältnismäßig kleiner Beträge, die die Nazipartei, Nazizeitungen und Naziführer auf Grund verlorener Prozesse verschiedenen Klienten meines Büros schuldeten, musste regelmäßig Zwangsvollstreckung vorgenommen werden, die öfters ergebnislos verlief. Verschiedenen Münchener und südbayrischen Funktionären der Nazipartei gehörte um diese Zeit allein auf Grund der auf meine Veranlassung vorgenommenen Pfändungen kein Stuhl in ihrer Wohnung mehr. In der Parteileitung herrschte erheblicher Katzen-

[1082] Bei den Reichstagswahlen vom 06. November 1932 wurden folgende Ergebnisse erzielt: KPD: 16,9%, SPD: 20,4%, DDP: 1,0%, Zentrum: 11,9%, DVP: 1,4%, DNVP: 8,9%, NSDAP: 33,1%, BVP: 3,4%, Sonstige: 2,6%. Vgl.: JÜRGEN FALTER, THOMAS LINDENBERG, SIEGFRIED SCHUMANN, Wahlen und Abstimmungen in der Weimarer Republik. Materialien zum Wahlverhalten 1919-1933, München 1986, S. 44.

[1083] Zwar gingen die Einnahmen der NSDAP seit Juli 1932 zurück, doch Pressemeldungen über eine Verschuldung von 12 Millionen Reichsmark scheinen übertrieben. Vgl.: HENRY ASHBY TURNER JR., Die Großunternehmer und der Aufstieg Hitlers, Berlin 1985, S. 353. Vgl.: THOMAS TRUMPP, Zur Finanzierung der NSDAP durch die deutsche Großindustrie. Versuch einer Bilanz, in: Geschichte in Wissenschaft und Unterricht 32. Jg. (1981), S. 223-241. Für die Stimmung innerhalb der NSDAP: Die Tagebücher von JOSEPH GOEBBELS. Sämtliche Fragmente, Bd. 2, hrsg. von ELKE FRÖHLICH, München u.a. 1987, S. 267-287.

jammer, nicht nur wegen der Stimmen- und Mandatsverluste, sondern vor allem, weil derjenige Teil der deutschen Grossindustrie, der bis dahin willig als Geldgeber der Partei funktioniert hatte, nun an die Nützlichkeit solcher investments nicht mehr glaubte und deswegen von weiteren Zahlungen absah. Dazu war die Nazipartei von inneren Streitigkeiten zerklüftet. Der von dem Apotheker Gregor Strasser[1084] geführte Flügel war dafür, seinen Frieden mit dem General Schleicher zu machen und in die Regierung einzutreten. Strasser fiel dadurch in Ungnade bei Schückelgruber und wurde späterhin von Schückelgruber wegen seiner abweichenden Meinung am 30. Juni 1934 ermordet. Schückelgruber selbst hielt an seiner "Alles oder nichts"-Politik fest und lehnte jede Cooperation mit der Schleicher-Regierung ab. Eine Revolution von unten erschien in jenem Zeitpunkt für die Nazis unmöglich. Dass es Schückelgruber gelingen werde, unter Ausnützung der Urteilsunfähigkeit und Habgier Hindenburgs, zusammen mit dem von ihm innigst gehassten Papen, kurze Zeit später eine Revolution von oben zu machen, durch die ihm und seinen Kumpanen alle staatlichen Machtmittel in die Hand gespielt wurden, war in jenem Augenblick noch nicht zu ahnen. Denn wenn auch kein anständiger Politiker von der Rechten bis zur Linken eine gute Meinung über Papen hatte, so traute ihm doch niemand ohne weiteres zu, dass er aus einem Gemisch heimtückischer Selbstsucht, rachsüchtiger Dummheit und charakterlicher Niederträchtigkeit sich gegen den General Schleicher mit dem Manne verbünden werde, dessen persönliche Regierungsunfähigkeit er nur wenige Monate zuvor in breitester Öffentlichkeit mit so starken Akzenten nachgewiesen hatte. Im Januar 1933 wurde der entscheidende Anstoß zur Gründung des Dritten Reiches von Papen eingefädelt, um seinen verhassten Rivalen Schleicher zu treffen. Papen traf sich mit Hitler im Hause des Kölner Großbankiers Baron Schroeder. Wenige Tage später war die Frage der Schuldentilgung der Nazipartei kein Problem mehr. Der deutsche Großkapitalismus hatte nochmals Millionen für Schückelgruber auf den Tisch gelegt[1085]. Dies geschah aus Sorge davor, dass Schleicher, der sich in seiner Antrittsrede selbst als "sozialen General" bezeichnet hatte, seinen Gedankengang ausführen könne, zusammen mit den deutschen Gewerkschaften und mit dem von Strasser geführten linken Flügel der Nazis zu regieren. Papen und Schückelgruber konnten die rheinische Grossindustrie deshalb leicht über-

[1084] Gregor Strasser (31.05.1892-30.06.1934), NSDAP, Apotheker und Politiker. Vgl.: Udo Kissenkoetter, Gregor Straßer - NS-Parteiorganisator oder Weimarer Politiker?, in: Ronald Smelser/Rainer Zitelmann, Die braune Elite, Darmstadt 1989, S. 273-285.

[1085] Vgl.: Henry Ashby Turner Jr., Die Großunternehmer und der Aufstieg Hitlers, Berlin 1985, S. 377 ff.

zeugen, dass General Schleicher ein "Bolschevist" sei. Aber auch die Großagrarier hassten Schleicher und hatten Angst vor ihm.

126. *Osthilfeskandal*

Um sich gegenüber der Mitte und der Linken des Reichstags eine politische Basis zu schaffen, hatte nämlich Schleicher Parlamentariern das Material über den sogenannten "Osthilfeskandal"[1086] zugänglich gemacht. Die "Osthilfe" war eine auf Gesetzen aus der Zeit Brünings beruhende staatliche Hilfsaktion zur Linderung der Not, in welche die Gebiete des deutschen Ostens durch die Grenzziehung auf Grund des Friedensvertrages geraten waren. Die Hilfsmaßnahmen auf Grund der Osthilfegesetze zerfielen in Förderung der landwirtschaftlichen Siedelung, in Senkung kommunaler und sonstiger Lasten, in Bereitstellung besonderer Mittel zur Linderung von Notlagen auf wirtschaftlichem, gewerblichem, gesundheitlichem, sozialem und kulturellem Gebiet, in Förderung des Baues von Eisenbahnen und sonstiger Verkehrslinien, schließlich in Erleichterung des landwirtschaftlichen Kredites, insbesondere in der Entschuldung von Betrieben. Diese letztere durfte nach den Osthilfegesetzen nur stattfinden, wenn es behördlich anerkannt war, dass die Betriebe in ihrem Bestand gefährdet waren, dass sie durch Erleichterung ihrer Kreditverhältnisse noch erhalten werden konnten und dass die Inhaber dieser Betriebe die persönliche und sachliche Gewähr für die erfolgreiche Fortführung der Betriebe boten. Nun war es seit längerer Zeit ein offenes Geheimnis, dass diese Gesetze von einem großen Teil des ostpreußischen Großgrundbesitzes in schamloser und betrügerischer Weise missbraucht worden waren und dass korrupte Beamte der Osthilfeverwaltung diesen Großdiebstahl an Staatsgeldern mitgemacht hatten. Da gab es schwerreiche Großgrundbesitzer, die "Entschuldungsdarlehen" erhielten, hievon jedoch keinen Pfennig zur Entschuldung ihres Besitzes verwendeten, sondern mit diesen Geldern weiteren Besitz zukauften. An der französischen Riviera wurden große Summen solcher "Hilfsgelder" von "notleidenden" ostpreußischen Adeligen bei Sektgelagen und mit Huren verprasst. General Schleicher duldete es, dass einzelne Parlamentarier Einblick in die Akten solcher "Armer" erhielten und dabei feststellten, dass sowohl der Nationalheros Hindenburg, wie sein Sohn und Adjutant, der Oberst von Hindenburg, den Bezug von Darlehen durch solche Betrüger vermittels persönlicher Empfehlungsbriefe an die

[1086] Vgl.: RUDOLF OLDEN, Hindenburg oder der Geist der preußischen Armee, Hof 1948 (zuerst Paris 1935). S. 266-269.

zur Gewährung von Darlehen berufenen Amtsstellen gefördert hatten[1087]. Die "Ehre" des Hauses Hindenburg war also in Gefahr, wenn dieser Osthilfeskandal weiter aufgedeckt wurde. In dieser Situation verwendete der ostpreußische Großgrundbesitz, unter der Führung des selbst in diesen Skandal verwickelten, erzreaktionären Herrn von Oldenburg-Januschau[1088], dasselbe bewährte Mittel, das Schleicher, zusammen mit Röhm und dem "Herrenclub", verwendet hatte, um Brüning zu stürzen und Papen in den Sattel zu heben, die Spekulation auf Hindenburgs Besitzinstinkt und Besitzgier. Im Jahre 1927 hatte der gleiche Kreis ostpreußischer Großagrarier schon mit der Familie Hindenburg eine ziemlich schmutzige Korruptionsaffaire veranstaltet, um sich Hindenburg dauernd zu verpflichten. Vorfahren des Reichspräsidenten Hindenburg waren nämlich einmal die Eigentümer des ostpreußischen Gutes Neudeck gewesen. Später war das Gut aus der Hand der Familie Hindenburg in andere Hände übergegangen. Nun sammelten, unter Führung Oldenburg-Januschaus, eine Reihe ostpreußischer Großgrundbesitzer soviel Geld bei anderen, dass sie Hindenburg das Gut Neudeck zu seinem achtzigsten Geburtstag wieder "schenken" konnten. Doch was bedeutet für einen echten deutschen Mann eine Schenkung, wenn sie nicht mit einer Schädigung des Staates vom Steuergesichtspunkt verbunden ist? Die treuherzigen Agrarier, die Hindenburg die Geburtstagsfreude bereiten wollten, ihn zum Großgrundbesitzer zu machen, wussten noch, ein wie zäher Steuerzahler der Nationalheros Bismarck gewesen war. Warum sollte der Nationalheros Hindenburg dem Staat gegenüber, zu dessen "Rettung" er berufen war, anständiger sein? So schenkten die kerndeutschen Männer das Gut auf dem Papier dem Sohne Hindenburg, um dem Vater eine Geburtstagsfreude zu bereiten[1089]. Wenn dann, was in einer nicht zu fernen Zeit zu erwarten war, der Vater Hindenburg von Ostpreußen nach Walhalla umziehen würde, brauchte der Sohn die staatliche Erbschaftssteuer nicht zu zahlen. Als in den Jahren nach 1927 diese Schiebung in Deutschland bekannt wurde, gab es Gelächter und Ent-

[1087] Vgl.: WOLFGANG WEßLING, Hindenburg, Neudeck und die deutsche Wirtschaft. Tatsachen und Zusammenhänge einer "Affäre", in: Vierteljahresschrift für Sozial- und Wirtschaftsgeschichte 64. Jg. (1977), S. 41-73. Dort ist die weitere Literatur angegeben.

[1088] ELARD VON OLDENBURG-JANUSCHAU (20.03.1855-16.08.1937), DNVP, Rittergutsbesitzer, Vorsitzender des Bundes der Landwirte, 1930-1932 deutschnationales Mitglied des Reichstags, Vgl.: DERS., Erinnerungen, Leipzig 1936. Vgl.: HELLMUTH/RÖSSLER/GÜNTHER FRANZ (Hrsg.), Biographisches Wörterbuch zur deutschen Geschichte Bd. 2, 2. Aufl. bearbeitet von KARL BOSL/GÜNTHER FRANZ/HANNS HUBERT HOFMANN, München 1974, Sp. 2067 f.

[1089] Vgl.: WOLFGANG WEßLING, Hindenburg, Neudeck und die deutsche Wirtschaft. Tatsachen und Zusammen-hänge einer "Affäre", in: Vierteljahresschrift für Sozial- und Wirtschaftsgeschichte 1977, S. 41-73.

rüstung. Keine politische Partei, einschließlich der sozialdemokratischen, fand jedoch im Jahre 1932 anlässlich der Neuwahl des Reichspräsidenten, dass ein so habgieriger Greis seine Qualifikation zum Reichsoberhaupt hierdurch eingebüßt habe. Nun begann im Januar 1933 eine Flüsterkampagne des gleichen ostpreußischen Grundbesitzes bei dem alten Hindenburg, dass eine Fortdauer der Kanzlerschaft des Generals von Schleicher seinen Besitz gefährde. Machte Papen die Industrie für Schückelgruber reif, so besorgte dies, im Einvernehmen mit Papen, Hindenburgs Sohn bei den in der deutschnationalen Partei organisierten Großagrariern. Schließlich liefen Ende Januar 1933 sogar Gerüchte um, dass General von Schleicher einen Staatsstreich plane, den Reichstag auflösen und eine Zeitlang parlamentslos regieren wolle. Schleicher war an der Entstehung dieser Gerüchte infolge ungeschickter Erklärungen und Andeutungen nicht unschuldig[1090]. Dem greisenhaften Hindenburg konnte so mit Leichtigkeit eingeredet werden, dass Schleicher auch sein Rivale sei und dass seine Machtstellung durch Schleicher gefährdet sei. So konnte das Drama beginnen, zu dem die Satire das Gesetz des "Kabinetts Hitler" vom 27. August 1933 bildet, dessen Paragraph 1 lautet:

> "Reichspräsident von Hindenburg und seine Abkömmlinge werden für das Rittergut Neudeck von der Zahlung von Steuern des Reiches und des Landes Preußen für die Zeit befreit, in der sich das Rittergut im Eigentum des Reichspräsidenten oder eines seiner Abkömmlinge im Mannesstamm befindet. Welche Grundstücke zum Rittergut Neudeck gehören, bestimmt das preußische Staatsministerium"[1091].

Für den ungefährdeten Besitz eines Landgutes und für seine vollständige Steuerfreiheit – die durch die frühere Schiebung erlangte Freiheit von der Erbschaftssteuer war nicht mehr genug – hat die Familie Hindenburg Deutschland an Schückelgruber verkauft.

127. *Loewenfelds Berliner Rede (28.01.1933)*

Auf den 28. Januar 1933 war in dem Sitzungssaal des preußischen Herrenhauses zu Berlin eine öffentliche Kundgebung der sozialdemokratischen Juristen Deutschlands einberufen. Die Vereinigung der sozialdemo-

[1090] Vgl.: AXEL SCHILDT, Militärdiktatur mit Massenbasis? Querfrontkonzeption der Reichswehrführung von General von Schleicher am Ende der Weimarer Republik, Frankfurt/M./New York 1981. Vgl.: GERHARD SCHULZ, Von Brüning zu Hitler. Der Wandel des politischen Systems in Deutschland 1930-1933, Berlin/New York 1992, S. 1034-1044.

[1091] Gesetz über die Befreiung des Reichspräsidenten von Hindenburg von Reichs- und Landessteuern für das Rittergut Neudeck vom 27.08.1933. Vgl.: RGBl. I, 1933, S. 595.

kratischen Juristen Deutschlands hatte mich aufgefordert, bei diesem Anlass das Hauptreferat zu halten und ich hatte hierfür das Thema "Das Strafrecht als politische Waffe"[1092] gewählt. Meine Darlegungen sollten eine dokumentarische Übersicht darüber bieten, welche verheerende Wirkung die Verschlechterung des Strafrechts durch die Gesetzgebung und seine Fehlanwendung durch die Rechtsprechung auf den ethischen und politischen Gesamtzustand Deutschlands gehabt hatten. Die Analyse des Zusammenbruchs des Rechtsstaats-Gedankens sollte zeigen, dass die drei Stützpfeiler des Rechtsstaats-Gedankens, die persönliche Freiheit, die politische Freiheit und die soziale Freiheit durch die Justizgesetzgebung und die Rechtsanwendung systematisch untergraben worden waren und dass daher kein Kampf für die Freiheit in Deutschland mehr möglich sei, ohne dem Grundübel der Ungerechtigkeit auf den Leib zu rücken. In dem damaligen Zustand Deutschlands war ein derartiges Vorhaben eines Angehörigen des Anwaltstandes ein Wagnis. Ich war um jene Zeit in Deutschland das, was man einen arrivierten Mann nennt. Der anwaltschaftliche Standesverein meiner Vaterstadt hatte mich schon Jahre zuvor in seinen Vorstand gewählt und mich zum stellvertretenden Vorsitzenden seines Strafrechtsausschusses gemacht. Die gleiche Standesorganisation ließ im Jahre 1932 von mir Lehrvorträge für Collegen über meine wissenschaftlichen Spezialgebiete halten, wozu der Staat die Räumlichkeiten zur Verfügung stellte[1093]. Meine Praxis erstreckte sich auf alle Schichten der Bevölkerung, Adel und kommerzielle Kreise, ebenso wohl wie freie Berufe und Arbeiterschaft. In meinen von Münchener sozialpolitischen Organisationen veranstalteten Lehrkursen[1094] waren Richter aller Rangstufen bis zum Landgerichtspräsidenten regelmäßige Besucher. Das Unternehmen, über den Zustand der deutschen Justiz in breitester Öffentlichkeit die volle Wahrheit zu sagen, bedeutete deshalb für mich die Gefahr, aus dem Anwaltstande ausgeschlossen zu werden, und damit eine sehr breite und wirksame Basis öffentlicher Tätigkeit einzubüßen. Mit der sich steigernden Macht der poli-

[1092] Philipp Loewenfeld, Das Strafrecht als politische Waffe, Berlin 1933.

[1093] 1928 wurde Loewenfeld als Beisitzer in den Vorstand des Anwaltvereins und in dessen Strafrechtsausschuss gewählt. Vorstand der Anwaltskammer München war Justizrat Dr. Christoph Schramm, Verteidiger Röhms im Hitler-Prozeß 1924, Vorsitzender des Strafrechtsausschusses der Anwaltskammer München war Graf von Pestalozza. Vgl.: Leo Baeck Institute, New York, Nachlass Loewenfeld, Box 1, Folder Persönliches. Die Vorträge haben sich ebenfalls im Nachlass Loewenfeld erhalten. Es handelt sich um fünf Vorträge zu dem Themen: 1. Arbeitnehmer - Schutzrecht (S. 1-19), 2. Tarif-Recht (S. 19-47) und 3. Arbeitsprozessrecht (S. 1-46). Die Vorträge fanden im Januar 1932 statt. Vgl.: Box 2, Folder III.

[1094] Für das Arbeiterbildungskartell München hielt Loewenfeld 1928/29 ein Seminar für Arbeitsrichter.

tischen Reaktion in Deutschland war auch das Recht des Rechtsanwalts zu öffentlicher Kritik der Rechtspflege immer mehr eingeengt worden. Man bediente sich dabei der Ehrengerichtsbarkeit gegen Anwälte als einer politischen Waffe. Die anwaltschaftlichen Ehrengerichte waren bezeichnenderweise nicht nur aus Angehörigen des Anwaltsstandes gebildet. Die Anklage gegen Anwälte wegen eines Verstoßes gegen die Standesdisziplin musste vielmehr nach der Gesetzgebung von der staatlichen Strafverfolgungsbehörde erhoben werden, und als höchste Instanz in dieser Art von Sachen wirkte der "Ehrengerichtshof für deutsche Rechtsanwälte", in dem Berufsrichter des Reichsgerichtes die Majorität, Rechtsanwälte die Minorität der Richter bildeten. Die ständig sich steigernde Sabotierung jeder freiheitlichen Regung in Deutschland, die die Rechtsprechung des Reichsgerichts auf politischem und sozialpolitischem Gebiet seit langem charakterisierte, übertrug sich auch in weithin sichtbarer Weise auf den Ehrengerichtshof für deutsche Rechtsanwälte, dessen diesbezügliche Rechtsprechung der letzten Jahre der Weimarer Republik man nur terroristisch nennen kann[1095]. Jeder Vernünftige stimmte selbstverständlich der Meinung zu, dass der Anwalt bei der politischen und rechtspolitischen Kritik die Würde seines Standes zu wahren hat, dass er nicht leichtfertig, nicht maßlos und nicht in unwürdiger Form vor der Öffentlichkeit Behauptungen aufstellen oder Urteile abgeben dürfe. Der Ehrengerichtshof für deutsche Rechtsanwälte beschränkte sich aber keineswegs auf dergleichen Selbstverständlichkeiten. Er trachtete vielmehr, die für jeden Staatsbürger garantierte Freiheit der Meinungsäußerung für den Rechtsanwaltstand generell abzuschaffen, soweit es sich um die Kritik der Justiz als einer Gesamtheit oder um diejenige einzelner Richter oder Staatsanwälte handelte. Ausgehend von der Konstruktion, dass der Rechtsanwalt ein "Organ der Rechtspflege" sei, besagte die Rechtsprechung des Ehrengerichtshofs nicht mehr und nicht weniger, als dass der Anwalt kraft seiner Standespflicht die deutsche Justiz stets zu verteidigen habe, dass er sie nicht angreifen dürfe, wenn er hiezu die Gewissenspflicht fühlte, dass er also, soweit Justizkritik in Frage kommt, nur die Möglichkeit habe, gegen sein Gewissen zu schweigen oder gegen sein Gewissen die Unwahrheit zu sagen. Jede Äußerung, die irgend einen Ausdruck des Misstrauens in die Unparteilichkeit der Justiz betraf, jeder Vorwurf mangelnder Objektivität

[1095] Auch Philipp Loewenfeld und Rechtsanwalt Justizrat Dr. Emil Fränkel mussten sich 1928 einem Ehrengerichtsverfahren unterziehen, da sie in einem Verfahren "eine antisemitische Einstellung" der ermittelnden Behörden, der Polizei und der Staatsanwaltschaft in München behaupteten. Loewenfeld wurde vom Ehrengerichtshof, II. Senat, mit einem Verweis und 150 RM Geldstrafe belegt. Vgl.: Bundesarchiv R 303/1960.

eines einzelnen Richters oder Staatsanwaltes, ja selbst die Behauptung, ein Gericht habe die ihm vorliegenden Unterlagen nicht genügend geprüft, wurde vom Ehrengerichtshof der deutschen Rechtsanwälte als ein Standesdelikt verfolgt. Der Vorwurf der Parteilichkeit oder der bewussten Voreingenommenheit oder der absichtlichen Beugung des Rechts seitens eines Gerichts konnte zum Ausschluss aus dem Anwaltsstande führen. Die Rechtsanwaltschaft war auf diese Weise längst aus einem staatlich geregelten Beruf ein staatlicher Beruf geworden, die Freiheit ihrer Kritik war unwiderruflich dahin. Während die deutsche Justiz die schamlosesten Verleumdungen gegen republikanisch-demokratische Minister des Reiches und der Länder mit den verständnisvoll mildesten Geldstrafen belegte, so milde, dass der Reichskanzler Dr. Marx, im Beruf selbst ein hoher deutscher Richter, sich im Jahre 1926 öffentlich im Reichstag erklärte, er werde in seiner Eigenschaft als Reichskanzler niemals mehr seinen Schutz bei einem deutschen Gericht suchen[1096], wurde gegen Rechtsanwälte, die über den Zustand der Justiz nichts als die nackte Wahrheit sagten, mit Existenzvernichtung vorgegangen. Führend in der Agitation für die Abschaffung jeder erlaubten Kritik an der Rechtspflege und am Richterstand waren die Organisationen der Richter, vor allem der preußische Richterverein und der bayrische Richterbund[1097]. Das Gesetz verlieh dem Richter das Privileg vollständiger Unabhängigkeit und besagte zur Sicherung dieser Unabhängigkeit, dass ein einmal ernannter Richter weder gegen seinen Willen abgesetzt, noch auf eine andere Stelle versetzt werden könne, es sei denn, dass er sich einer verbrecherischen oder disziplinären Handlung schuldig machen würde. Viele Richter glaubten deshalb, weil man sie wegen des Inhalts ihrer Entscheidung in ihrer Stellung nicht beeinträchtigen konnte, der Inhalt dieser Entscheidungen sei sozusagen unkritisierbar. Sie sahen es in Übereinstimmung mit dem Ehrengerichtshof für deutsche Rechtsanwälte als eine Standespflicht des Anwalts an, der Auffassung entgegen zu treten, dass es in Deutschland Richter gebe, die sich in ihrer Amtstätigkeit von Parteianschauungen nicht frei machen könnten. Die schwere öffentliche Vertrauenskrise, die in Deutschland durch die skandalösen Unterschiede der Rechtsanwendung nach rechts und links entstanden waren, führten die Richterorganisationen in ihrer Selbstgerechtig-

[1096] Vgl.: Verhandlungen des Reichstags. Stenographische Berichte, III. Wahlperiode, 162. Sitzung (16.02.1926), Bd. 389, S. 5609 ff.

[1097] Über den preußischen Richterverein vgl.: THEO RASEHORN, Justizkritik in der Weimarer Republik - Das Beispiel der Zeitschrift "Die Justiz", Frankfurt/M. 1985. Ferner: BIRGER SCHULZ, Der Republikanische Richterbund (1921-1933), Frankfurt/M. 1982. Soweit ich sehe, ist über den Bayerischen Richterbund noch keine wissenschaftliche Arbeit erschienen.

keit einfach auf hetzerische Autoritätsuntergrabung zurück, der man am besten durch schwere Strafbestimmungen zum Schutze der Richter begegnen könne. Glücklicherweise war nicht die Gesamtheit der deutschen Richter von einer so sturen Enge der Auffassung. Eine kleine Minorität, unter der Führung des mutigen und hochgebildeten Senatspräsidenten Wilhelm Kroner[1098] des preußischen Kammergerichtes, erkannte die Berechtigung einer Vertrauenskrise der Justiz an und gründete den "Republikanischen Richterbund", der es sich zum Ziele setzte, in offener Kritik gegen die dem deutschen Staat und dem deutschen Richterstand schädlichen, rückwärtsgerichteten Tendenzen der reaktionären Richter und ihrer Urteile und im Bunde mit den besten Forschern und Verkündern auf dem Gebiet der Justiz-Reform-Bewegung den demokratischen Verfassungsstaat von Weimar zu erhalten und auszubauen[1099]. Der preußische Richterverein reagierte auf die Gründung des republikanischen Richterbundes mit unverhüllten Wutkundgebungen und zeigte seinen Ärger über die Gründung einer fortschrittlichen Richterorganisation mit solcher plumpen Deutlichkeit, dass er die gleichzeitige Mitgliedschaft im republikanischen Richterbund und im preußischen Richterverein als "unvereinbar" erklärte. Dieser signifikante Beschluss wurde von der Leitung des preußischen Richtervereins mit der demagogischen Behauptung begründet, schon die bloße Existenz eines republikanischen Richterbundes sei ein unzulässiges Misstrauensvotum gegen die Verfassungstreue der Mitglieder des preußischen Richtervereins. Tatsächlich ging der preußische Richterverein schon 1926 mit Ausschluss gegen deutsche Richter vor, die sich in Kundgebungen des republikanischen Richterbundes in voller Offenheit für den demokratischen Staat und gegen die Reaktion im preußischen Richterverein erklärt hatten. So war es also seit Jahr und Tag für ehrenhafte Richter und Rechtsanwälte eine gefährliche Angelegenheit geworden, über die deutsche Justiz die Wahrheit zu sagen. Den Richter allerdings konnte man wegen eines solchen Tuns nur gesellschaftlich und allenfalls im Avancement schädigen. Man konnte ihn aus dem Richterverein ausschließen, nicht dagegen ihm seinen Richterposten selbst wegnehmen, auf dem er durch die deutsche Gerichtsverfassung geschützt war. Dem Anwalt dagegen stand ein solcher

[1098] Wilhelm Kroner (14.08.1870-15.10.1942), Oberlandesgerichtsrat bis Juni 1933, Vorsitzender des Republikanischen Richterbundes, Mitherausgeber der Zeitschrift "Die Justiz", Tod im Konzentrationslager Theresienstadt. Vgl.: Horst Göppinger, Juristen jüdischer Abstammung im 'Dritten Reich', 2. Aufl. München 1990, S. 251. Vgl.: Theo Rasehorn, Wilhelm Kroner. Der Richter, der "Die Justiz" prägte, in: Streitbare Juristen. Eine andere Tradition, Baden-Baden 1988, S. 219-229.

[1099] Vgl.: Theo Rasehorn, Justizkritik in der Weimarer Republik. Das Beispiel der Zeitschrift "Die Justiz", Frankfurt/New York 1985.

Schutz nicht zu. Ihn konnte der "Ehrengerichtshof" wegen "standeswidrigen Verhaltens" durch Ausschluss aus dem Stand bestrafen, wenn er auf Grund Gewissenspflicht nichts als die reine Wahrheit gesagt hatte[1100]. Ich konnte mir also, als mich die "Vereinigung sozialdemokratischer Juristen" ersuchte, das Thema "Das Strafrecht als politische Waffe" zu wählen, nicht verhehlen, dass bei Annahme dieses Ersuchens das Risiko des Berufstodes in Kauf genommen werden musste. Denn zu einer "diplomatischen" Behandlung des Themas, unter lügnerischer Verschweigung oder Abschwächung der tatsächlichen Zustände, war ich selbstverständlich keinen Moment bereit. Dazu kam, dass unmittelbar vor dem Vortragstag die ersten Gerüchte über eine mögliche Reichskanzlerschaft Schückelgrubers bereits umzulaufen begannen und dass die politische Situation bis zum Bersten gespannt war.

Nachdem mir nun aber einmal die Aufforderung zur öffentlichen Behandlung des bewussten Themas zugegangen war, hätte ich es als einen Akt der Feigheit angesehen, dieser Aufforderung nicht auf jede Gefahr zu folgen. Ich sagte also zu und bereitete eine öffentliche Rede vor, die nichts verschleierte und die deutsche Justiz als einen der Hauptschuldigen an Deutschlands politischem Niedergang schonungslos geißelte. Einen breiten Raum nahmen in dieser Darstellung die Darlegungen über die Verschiedenartigkeit der Maßstäbe der deutschen Justiz ein, über ihre unverhüllte Feindschaft gegen alles, was nach Freiheit und Demokratie, über ihr liebevolles Verständnis für alles, was nach Reaktion und Hitlerismus roch. Als ich mich von meiner Frau verabschiedete, um zu diesem Vortrag nach Berlin zu fahren, war ich wieder einmal genötigt, ihr zu sagen, wenn ich nicht gesund wiederkommen sollte, möchte sie mir ein gutes Andenken bewahren.

Im Sitzungssaal des preußischen Herrenhauses waren an dem Vortragsabend viele Hunderte von Richtern, Staatsanwälten, Verwaltungsbeamten und Rechtsanwälten versammelt. Der Parteivorstand der sozialdemokratischen Partei hatte den Reichstagsabgeordneten Friedrich Stampfer[1101] entsandt, der Worte der Begrüßung und der Einführung sprach. Er eröffnete seine Ausführungen mit den Worten, es gehe soeben halb offiziell die Nachricht um, dass mit dem Führer der nationalsozialistischen

[1100] Vgl.: Politische Justiz. Aussprache sozialdemokratischer Juristen, in: Vorwärts 01.04.1926.

[1101] FRIEDRICH STAMPFER (08.09.1874-01.12.1957), SPD, Redakteur und Politiker. Friedrich Stampfer berichtet darüber in seinen Memoiren "Erfahrungen und Erkenntnisse" (Köln 1957) nichts. Vgl.: WILHELM HEINZ SCHRÖDER, Sozialdemokratische Parlamentarier in den Deutschen Reichs- und Landtagen 1867-1933, Düsseldorf 1986, S. 749. Vgl.: Das Recht als politische Waffe. Mahnwort in ernster Stunde, in: Vorwärts 50 (30.01.1933).

Partei, Herrn Adolf Hitler, wegen Übernahme der Reichskanzlerschaft verhandelt werde. Es dürfe jedoch der "Hoffnung" Ausdruck gegeben werden, dass dieser Plan "an der bewährten Verfassungstreue des Reichspräsidenten von Hindenburg scheitern werde". Ich war auf diese Worte wie gelähmt. Das war also alles, was ein Mitglied des Vorstandes der sozialdemokratischen Partei Deutschlands öffentlich über den Ausverkauf Deutschlands an Schückelgruber zu sagen hatte! Kein Wort von Widerstand, kein Wort von irgendwelcher politischen Aktion der Partei, kein Wort von irgend einem öffentlichen Aufruf gegen die offene Faschisierung Deutschlands! Lediglich eine vage, um nicht zu sagen lächerliche "Hoffnung" auf die "Verfassungstreue" eines Greises, in dessen Namen und mit dessen offener Zustimmung in Deutschland seit dem Beginn der Brüning-Regierung, das heißt seit mehr als zwei Jahren, am laufenden Bande die Verfassung gebrochen wurde. Ich begann deshalb meine vorbereitete Rede mit einer unvorbereiteten Improvisation, indem ich sagte, ich sei von der Vereinigung demokratischer Juristen hierher berufen, um über den Zustand der deutschen Justiz nach meinem besten Wissen auszusagen, es sei daher nicht meines Amtes, zu den politischen Ereignissen des Tages Stellung zu nehmen. Nachdem dies aber von anderer Seite hier geschehen sei, möchte ich doch der Hoffnung Ausdruck geben, dass der Gesamtvorstand der sozialdemokratischen Partei zu dem angekündigten Ereignis einer Reichskanzlerschaft Hitler eine andere Stellung einnehmen werde, als das Mitglied des Vorstandes, das ihn heute hier vertreten habe, dass er weniger Vertrauen zu anderen und mehr zu sich selbst haben werde und dies nicht so sehr durch Worte als durch entschlossene Handlungen beweisen werde, bei denen ihm jeder verfassungstreue Mann zu folgen haben werde. Spontaner stürmischer Beifall der ganzen Versammlung zeigte, dass wenigstens die sozialdemokratischen Juristen für Abwehr eines faschistischen Putsches von oben und nicht für Kapitulation waren. Aber auf die sozialdemokratischen Juristen kam es in dieser Situation ja nur noch wenig an. Ihr Wort wurde in diesen Tagen der Verwirrung in Deutschland nirgends mehr vernommen, auch nicht vom Vorstand der Partei. Zwei Tage später war Schückelgruber Kanzler des Deutschen Reiches und hatte der Vorstand der sozialdemokratischen Partei genau so vor jenem Ereignis kapituliert, wie es die Vorstände und Organisationen aller anderen Parteien getan hatten[1102].

[1102] Vgl.: Hitlers Machtergreifung, hrsg. von JOSEF und RUTH BECKER, 2. Aufl. München 1992.

128. *Hitler Reichskanzler*

In der Nacht vor der Ernennung Schückelgrubers zum Reichskanzler fuhr ich von Berlin nach München zurück. Der Schlafwagen, für den ich einen Platz reserviert hatte, war überfüllt mit bayrischen Naziführern, die in ihren braunen Uniformen nach München zurückfuhren, sichtlich frohlockend, dass ihr Spiel gewonnen sei. Unter anderem standen auf dem Gang des Schlafwagens, als ich eintrat, Ernst Röhm und Frank II und musterten mich mit feindseligen Blicken. Selbst in meinem Schlafwagenabteil war das zweite Bett von einem braunen Uniformträger besetzt. Die Rückfahrt war also nicht genussreich, indessen ereignete sich kein Zwischenfall. Zwei Monate später hätte ich dem Schlafwagen nicht mehr auf freiem Fuß entrinnen können.

Am nächsten Tage war die erste Reichsregierung Hitler gebildet. Sie war vom Standpunkt der Nazis eine Minderheitsregierung[1103]. Von Naziführern gehörten ihr nur Schückelgruber selbst, Frick und Göring an. Als Vizekanzler trat ihr der Verräter von Papen bei, der damit den ersten Scheinlohn für sein schändliches Verhalten einheimste. Als Außenminister fungierte der Freiherr von Neurath, der als zünftiger Diplomat die ganzen 14 Jahre Jahre der Weimarer Republik hindurch für bares Geld in deren Diensten gestanden war. Nun unterschrieb dieser Edelmann, gleich allen anderen Mitgliedern der neuen Naziregierung, einen öffentlichen Aufruf[1104], wonach diese 14 Jahre Jahre der Schande gewesen seien, in denen von Ehre, Treue, Volk und Vaterland, Moral und Glauben nichts übrig geblieben sei, wonach die Regierung ein "furchtbares Erbe" – sein Erbe – übernehme. Das Gleiche tat der in die Regierung des Schückelgruber als Reichsjustizminister berufene Franz Gürtner. Auch er hatte ununterbrochen seit 1919 als Beamter, seit 1922 als Minister, teils in der bayrischen, teils in der Reichsregierung gedient. Dies hinderte die ehrlosen Gesellen nicht, mit der Fälschung des Gesichtes des Weimarer Staates zugleich ihre eigene Vergangenheit in gewissenloser Weise zu beschmutzen. Es war damit

[1103] Das erste Kabinett Hitlers:
Reichskanzler: Adolf Hitler (NSDAP), Vizekanzler: Franz von Papen (Parteilos), Außenminister: Konstantin von Neurath (Parteilos), Minister ohne Geschäftsbereich: Hermann Göring (NSDAP), Reichsinnenminister: Wilhelm Frick (NSDAP), Reichsjustizminister: Franz Gürtner (DNVP), Reichswirtschaftsminister: Alfred Hugenberg (DNVP), Reichsarbeitsminister: Franz Seldte (Stahlhelm), Reichsfinanzminister: Graf Schwerin von Krosigk (DNVP), Reichswehrminister: von Blomberg (Parteilos), Reichsverkehrsminister: von Eltz-Rübenach (Parteilos). Vgl.: Martin Broszat, Der Staat Hitlers. Grundlegung und Entwicklung seiner inneren Verfassung, 9. Aufl. München 1981, S. 83 f.

[1104] Vgl.: Hitlers Machtergreifung, hrsg. von Josef und Ruth Becker, 2. Aufl. München 1992, S. 36 ff.

schon deutlich, dass die Parole: "Alles für Bargeld!" an der Wiege des Kabinetts Schückelgruber stand und dass die großen Sprüche über Einigkeit, Treue, Verantwortung, die den ersten Aufruf dieses Kabinetts an das deutsche Volk charakterisierten, nichts als Schwindel waren. Gürtner war parteipolitisch deutschnational. Von anderen Deutschnationalen waren in dem ersten Kabinett Schückelgrubers der Parteiführer Dr. Hugenberg und der Stahlhelmführer Seldte, ferner der zum Reichsfinanzminister berufene Graf Schwerin von Krosigk zu finden. Papen und Neurath waren offiziell parteilos, ebenso der aus der republikanischen Reichswehr hervorgegangene erste Reichswehrminister des Schückelgruber, der General von Blomberg. Endlich galt auch offiziell der den Nazis zuneigende neue Reichsverkehrsminister, ein weiten Kreisen unbekannter Streber, der auf den Namen von Eltz-Rübenach hörte, als "parteiloser" Fachminister. Den drei Nazis im Kabinett standen also vier Deutschnationale und vier "Parteilose" gegenüber. Nach außen wurde also der Schein einer deutschnationalen-nazistischen Koalitionsregierung, unter Beteiligung von Fachministern, gewahrt. Als Programm verkündete diese Regierung 2 Vier-Jahrespläne[1105], bestehend in der "Rettung des deutschen Bauern" zur Erhaltung der Ernährungsgrundlage der Nation und in der "Rettung des deutschen Arbeiters" durch Beseitigung der Arbeitslosigkeit. Sonst war die Rede von Verwaltungs- und Steuersanierung, Siedlungspolitik, Erfüllung sozialer Pflichten, Sparsamkeit, Überwindung des Klassenkampfes. Von irgendwelchen agressiven Absichten des Schückelgruber nach innen und außen enthielt der Aufruf nicht ein Wort. Er triefte von Friedensliebe. Von geheimer oder offener Aufrüstung war keine Rede. Alles, was über Militär in dem Aufruf stand, erschöpfte sich in dem durch und durch verlogenen Satz:

> "So groß unsere Liebe zu unserem Heere als Träger unserer Waffen und Symbol unserer großen Vergangenheit ist, so wären wir doch beglückt, wenn die Welt durch eine Beschränkung ihrer Rüstung eine Vermehrung unserer eigenen Waffen niemals mehr erforderlich machen würde"[1106].

129. *Situation in München*

In München änderte formell der Amtsantritt der ersten Schückelgruber-Regierung an dem bestehenden Zustand nichts. Es folgte ihr kein Regierungswechsel in der bayrischen Regierung. Vielmehr blieb die "geschäftsführende" Regierung des Dr. Held unverändert im Amt. Die weisen

[1105] Vgl.: Max Domarus, Hitler. Reden und Proklamationen 1932-1945, Bd. 1, 1. Halbband, München 1965, S. 193.

[1106] Vgl.: Max Domarus, a.a.O., S. 193.

Männer der klerikalen, bayrischen Volkspartei, die immer noch den Ton in Bayern angaben, stellten sich sofort auf den Standpunkt, die Regierung sei infolge ihrer Berufung durch den Reichspräsidenten "legal" zustande gekommen, man müsse ihre "Taten" abwarten, es sei "kein Anhaltspunkt" dafür da, dass sie die Verfassung und das Recht brechen werde[1107]. Gleich den preußischen Klerikalen zeigte sie ihre Entschlossenheit, die Schückelgruber-Regierung politisch zu "tolerieren", wenn sich diese in einem gewissen Mindestrahmen hielte. Der einmal zur Macht gelangte Schückelgruber war aber, wie dies trotz solcher Schwätzereien jeder Vernünftige wusste, so wenig zu bändigen, wie der zur Macht gelangte Göring, oder wie es ein Mitglied der New Yorker Unterwelt wäre, wenn es in diesem Lande denkbar wäre, dass jemand auf die Idee käme, einem solchen die oberste Verfügung über alle staatlichen Machtmittel einzuräumen. Zwei Tage nach dem Amtsantritt der Schückelgruber-Regierung wurden unter Auflösung des Reichstags und Änderung des Reichswahlgesetzes "Neuwahlen" auf den 5. März 1933 ausgeschrieben. Damit war einmal erreicht, dass das Kabinett Schückelgruber für fünf Wochen parlamentslos "regieren" konnte. Diese fünf Wochen sollten nach dem Willen des "Führers" ausreichen, Deutschland endgültig für die Alleinherrschaft des Nazismus, unter Beiseiteschiebung aller Hindernisse, reif zu machen. Sie haben dazu ausgereicht.

130. *Wahlkampf 1933*

Der sogenannte Wahlkampf des Jahres 1933 war nur das Zerrbild eines freien Wahlkampfes. Die sozialdemokratische Agitation wurde durch den Naziterror, der nunmehr ein Staatsterror war, teils durch Versammlungssprengung, Überfälle, zahlreiche Morde erschwert, teils durch Rede- und Zeitungsverbote unmöglich gemacht. Gegen die Zeitungsverbote war die Beschwerde zum fünften Strafsenat des Reichsgerichts gegeben. Ich habe in jener Zeit Beschwerde um Beschwerde gegen die Verbote unserer bayrischen sozialdemokratischen Blätter an den fünften Strafsenat gerichtet. Nunmehr schien das Reichsgericht auf einmal zu merken, um was es ging, und gab uns am laufenden Band durch Aufhebung der Zeitungsverbote Recht[1108]. Aber es war zu spät. Statt die Beschlüsse des Reichs-

[1107] Vgl.: KLAUS SCHÖNHOVEN, Zwischen Anpassung und Ausschaltung. Die Bayerische Volkspartei in der Endphase der Weimarer Republik 1932/33, in: Historische Zeitschrift 224 (1977), S. 340-378. Vgl.: ORTWIN DOMRÖSE, Der NS-Staat in Bayern von der Machtergreifung bis zum Röhm-Putsch, München 1974, S. 46 ff.

[1108] Die Beschwerden Philipp Loewenfelds gegen Zeitungsverbote beim 5. Senat des gerichts zu beachten, nahm die Reichsregierung dem fünften Strafsenat kurzerhand die Zuständigkeit zur Entscheidung über die Berechtigung von Zeitungsverboten weg und übertrug sie dem Reichsinnenminister[1109], das heißt dem Nazi Frick, Schückelgrubers verbrecherischem Spießgesellen bei dem hochverräterischen Putsch von 1923. Es war klar, dass wir uns bei diesem abgestraften Hochverräter nicht beschweren konnten. Die Justiz wurde von Schückelgruber ausgeschaltet, wo immer sie zeigte, dass sie nicht alles mitmachte. Es gab in diesem "Wahlkampf" keine Gemeinheit, die unsere Leute nicht schutzlos hätten aushalten müssen. Die Verleumdung, die Bedrohung, die Beschmutzung, die Misshandlung, die Hasspropaganda gegen unsere Leute feierten wahre Orgien[1110]. In Preußen wies Göring, in seiner Eigenschaft als oberster Kommissar des preußischen Staates, die gesamte Polizei zum rücksichtslosen Waffengebrauch nach links an. Gleichzeitig verbot er der Polizei, in die Unterkünfte der "nationalen Verbände", vor allem in diejenigen der S.A. und der S.S., einzudringen[1111]. Die wenigen Wochen parlamentsloser Schückelgruber-Regierung reichten deshalb aus, die Naziverbände gleich einer Armee zu bewaffnen, soweit sie nicht schon vorher Waffen besessen hatten. Wir in Bayern hatten keine solchen Anordnungen, da bei uns noch die Klerikalen herrschten. Sie taten immer noch, als ob sie etwas zu sagen hätten, und der bayrische Finanzminister Schäffer, den wir aus diesen Erinnerungen bereits als einen der Hauptschuldigen für die Aufpäppelung der Nazi-Bewegung in Bayern kennen, tat sogar den caesarisch-großartigen Ausspruch, man werde jeden "Kommissar", der "vom Norden" zur Beherrschung Bayerns sollte entsendet werden, an der bayrischen Grenze verhaften[1112]. Es setzte eine Massenflucht von Preußen nach Bayern ein, und in der Umgebung Münchens blühte der Grundstückshandel. Die Käufer waren Leute, die glaubten, unter der Herrschaft der bayrischen Klerikalen ein ruhigeres und gesicherteres Leben führen zu können, als dies in Norddeutschland möglich war. Aber auch "refugees" aus dem Kreise der linksstehenden Intellektuellen tauchten in München auf. Das stockreaktionäre Bayern war für sie plötzlich der Hort ihrer Hoffnungen, und das umgehende Gerede über eine Wiederherstellung

Reichsgerichts konnten nicht ermittelt werden. Vgl.: GERHARD EISFELD/KURT KOSZYK, Die Presse der deutschen Sozialdemokratie, 2. Aufl. Bonn 1980, S. 54 f.

[1109] Verordnung des Reichspräsidenten zum Schutze des deutschen Volkes vom 04. Februar 1933. Vgl.: RGBl. I, 1933, S. 36ff. Vgl.: KARL DIETRICH BRACHER, Stufen der Machtergreifung, Frankfurt u.a. 1983, S. 92 f.

[1110] Vgl.: KARL DIETRICH BRACHER, a.a.O., S. 92 f.

[1111] Vgl.: Ministerialblatt für die preußische innere Verwaltung I, 1933, S. 168.

[1112] Vgl.: FALK WIESEMANN, Die Vorgeschichte der nationalsozialistischen Machtübernahme in Bayern 1932/33, Berlin 1975, S. 183.

der bayrischen Monarchie erfüllte manche angeblich schwer grundsatztreue Republikaner mit Hoffnung. In der Gegend des traurig berühmten Dachau gab es auf einmal neue jüdische Hausbesitzer preußischer Herkunft. Sie ahnten nicht, dass der bayrische Klerikalismus nicht einmal ein Koloss auf tönernen Füßen, sondern eine leergewordene Attrappe geworden war, dass sein angekündigter Widerstand gegen nazistische Gewalt bloße Großsprecherei war, dass das kleinere und mittlere Bürgertum durch diese Großsprechereien nicht mehr abgehalten werden konnte, den wilden Versprechungen und der noch wilderen Hasspropaganda der nunmehr mit dem Schimmer der Amtlichkeit versehenen Nazis zu glauben.

Der Verband sozialdemokratischer Juristen ersuchte mich sofort nach Schückelgrubers Amtsantritt, darin zu willigen, dass mein in Berlin gehaltener Vortrag schnellstens in einer Massenauflage gedruckt werde und im Wahlkampf noch Verwendung finde. Dies war eine neue, schwere persönliche Belastung. In dem Vortrag waren nicht nur die verderblichen Wirkungen der Schwäche der Justiz gegen den Hitlerismus aufgezeigt, sondern auch, um nur ein für mich gefährliches Beispiel zu erwähnen, jene Beschwerde abgedruckt, die im Jahre 1924 die bayrische Staatsanwaltschaft gegen die bedingte Begnadigung des Schückelgruber eingelegt hatte, in der, wie wir aus diesen Erinnerungen erfahren haben, gegen die Begnadigung unter anderem auch um deswillen Opposition gemacht wurde, weil Schückelgruber nach seinem Charakter künftiges Wohlverhalten nicht zuzutrauen sei[1113]. Wiewohl die Erinnerung an diese Qualifikation des neuen Staatsoberhauptes seitens der bayrischen Strafverfolgungsbehörde in jenen Terrortagen alles andere als ein Vergnügen war, sagte ich zu. Die Broschüre war in zehn Tagen gedruckt und wurde im Wahlkampf noch in Tausenden von Exemplaren verbreitet. Die wesentlich größere Zahl von Tausenden, die vor dem Ausbruch der offenen Nazidiktatur nicht mehr verbreitet werden konnten, wurde von der Schückelgruber-Polizei später in der Druckerei beschlagnahmt. Die Broschüre war das letzte Verlagsprodukt des Parteiverlages J.H. Dietz Nachfolger, dessen Publikationen in der klassischen Zeit der Sozialdemokratie einen ruhmreichen Anteil an der öffentlichen Diskussion über die wesentlichsten Probleme von Staat, Wirtschaft und Gesellschaft gehabt hatten. Während des Wahlkampfes rief mich Erhard Auer, damals immer noch Vizepräsident des bayrischen Landtags, an und bat mich, ihm einige besonders zugkräftige Ideen für Wahlplakate zur Verfügung zu stellen. Ich besprach mich in dieser Angelegenheit mit

[1113] Vgl.: PHILIPP LOEWENFELD, Das Strafrecht als politische Waffe, Berlin 1933, S. 30.

einigen Freunden, und wir brüteten verschiedene nach unserer Meinung wirksame Einfälle für Bilder und Texte aus. Während wir uns besprachen, sagte der eine meiner Freunde, ein Berufskollege, zu mir: "Wenn wir Glück haben, werden wir uns noch einige Wochen in Deutschland halten können, dann aber werden wir entweder umgebracht oder herausgeworfen sein". Trotz allem, was ich mehr als ein Jahrzehnt lang miterlebt hatte und trotz der besonderen Scheußlichkeit der damaligen Zeit, widersprach ich ihm heftig und mit Überzeugung. Ich sagte, wohl könne ich es für möglich halten, dass die Nazis den einen oder anderen von uns ermorden. So könne ich es mir zum Beispiel gut vorstellen, dass Herr Röhm mich zu packen suchen werde, wenn er zu irgend welcher Macht in Bayern gelange. Auch von Frank II müsse ich Derartiges annehmen. Schückelgruber selbst werde für uns keine Zeit haben. Dass man uns aber aus Deutschland herauswerfen werde, könne ich nicht glauben, wiewohl mir bekannt sei, dass manche Nazis in der Agitation mit diesem Gedanken gespielt hätten. Die für einen solchen Plan nötige schurkische Gesinnung sei sicherlich vorhanden. Trotz meiner sehr niedrigen Einschätzung hielte ich aber die leitenden Nazis nicht für dumm genug für einen solchen Plan. Wenn sie die Rechte, die uns durch Geburt, Staatsangehörigkeit, Erziehung, Examina, Kriegsleistung, Berufszulassung zustünden, willkürlich kassierten, welche Konsequenzen würden sie damit gegen ihre eigenen Leute schaffen, für den Fall, dass es mit ihrer Herrschaft einmal zu Ende sei! Mein Freund musste über meine Weltfremdheit hellauf lachen und sagte, er könne es kaum glauben, dass ein Mann, der die Nazi-Mentalität und die Nazi-Moral so genau kenne, wie ich, annehmen könne, dass sie, wenn einmal der Weg für ihre Rachsucht, ihre Gier und ihre Niedertracht offen sei, sich durch irgendwelche Erwägungen des Verstandes oder des Sittengesetzes davon abhalten lassen könnten, alles zu ruinieren, was ruinierbar und alles zu stehlen, was stehlbar sei, nicht nur Geld und sonstiges Eigentum, sondern auch Ämter, Stellungen, Berufschancen, Früchte fremder Arbeit und vor allem auch die Ehre anderer. Er sagte, wenn ich das noch nicht verstanden hätte, müsse er mich als einen "hoffnungslosen Idealisten" ansehen. Der Mann hat leider allzu Recht gehabt. Unglaublicherweise konnte ich ihm damals noch nicht glauben und vertraute noch irgendwie darauf, dass die Armee, die Beamtenschaft, die Bildungsschicht, die Rücksicht nach außen und schließlich sogar die deutschnationalen Koalitionsgenossen den Nazikurs nach Beendigung der Wahlen wenigstens in den Bahnen einer gewissen Scheinlegalität halten würden. Es schien mir nichts zu beweisen, dass der jetzige Wahlkampf Züge besonderer Rohheit und Bestialität zeigte, denn die Wahlkampfzeiten in Deutschland waren schon in den Jahren zuvor in der Niedrigkeit ihres geistigen und moralischen Niveaus schwer überbietbar gewesen. Immerhin war nach dreiwöchiger Reichskanzlerschaft Schückelgrubers noch kein allgemeiner Einbruch in die private Rechtssphäre des einzelnen erfolgt. Bei einem Plädoyer vor dem deutschen Reichsgericht war man mir sogar eher noch mit größerer Höflichkeit als sonst begegnet. Die Verordnungen und Durchführungsverordnungen, die die Schückelgruber-Regierung unter dem lügenhaften Titel "zum Schutze des deutschen Volkes" erlassen hatte, befassten sich mit Verbot von Versammlungen und Aufzügen, Verbot von Parteiuniformen – das natürlich nur nach links angewendet wurde – Beschlagnahme und Verbot von Druckschriften, Verbot von Geldsammlungen zu politischen Zwecken und einer Anzahl ähnlicher Materien[1114]. Sie waren willkürlich und reaktionär und gaben die Handhabe zur Beseitigung der Gleichheit im politischen Kampf. Sie setzten aber immer noch voraus, dass es ein gewähltes Parlament, Wahlen zu diesem Parlament, Wahlagitation der der Regierung opponierenden Parteien und Richtungen gab. Keine der Verordnungen beseitigte absolut lebenswichtige Rechte von Einzelnen und Gruppen. Selbst ein formelles Verbot der kommunistischen Partei hatte die Schückelgruber-Regierung nicht ausgesprochen und den Deutschnationalen war die Zusage gegeben worden, dass sich nach der Wahl an der Kräfteverteilung im Reichskabinett nichts ändern werde. Hierfür hatte Schückelgruber den Deutschnationalen sein Ehrenwort verpfändet[1115]. Ich wusste, dass für einen wahren Nazi ein Ehrenwort nichts bedeutet. Schückelgruber hatte dem bayrischen Innenminister Schweyer sein Ehrenwort verpfändet, dass er niemals putschen werde. Er hatte es gebrochen. Schückelgruber hatte neben vielen anderen falschen Eiden als Braunschweigischer Regierungsrat sogar den Eid auf die Weimarer Verfassung geleistet und hatte ihn als Reichskanzler wenige Tage zuvor in die Hand des Greises Hindenburg noch einmal geleistet. In wie zynischer Weise Göring sein Offiziers-Ehrenwort gebrochen hatte, haben wir in diesen Erinnerungen erfahren. Der von Schückelgruber abgehängte und später ermordete Parteiführer Gregor Strasser hatte meinem Freund Dr. Hoegner, als ihm dieser im Reichstag Ehrenwortbruch vorwarf, öffentlich erwidert, im Dienste seiner Ziele sei er bereit, hundert falsche Ehrenworte zu geben[1116]. Immerhin war es ein Unterschied, ob die Nazis, um einer Strafverfolgung zu entrinnen oder politische Feinde zu täuschen, mit dem Mittel

[1114] Anspielung auf die "Verordnung des Reichspräsidenten zum Schutze von Volk und Staat" vom 28.02.1933. Vgl.: RGBl. I, 1933, S. 83.

[1115] Hitler gab sein Ehrenwort an die DNVP/Hugenberg nicht nur einmal, sondern dreimal. Vgl.: FRIEDRICH FREIHERR HILLER VON GAERTRINGEN, Die Deutschnationale Volkspartei, in: ERICH MATTHIAS/RUDOLF MORSEY (Hrsg.), Das Ende der Parteien 1933, Düsseldorf 1960, S. 587.

[1116] GREGOR STRASSER (31.05.1892-30.06.1934), NSDAP. In den Verhandlungen des

des falschen Ehrenwortes arbeiteten, oder ob sie nach Erringung der Macht Staatsmänner, die mit ihnen koalierten, politische Führer und Parteien durch Verpfändung falscher Ehrenworte betrogen. Dass ihnen auch das letztere zuzutrauen war, war gewiss. Dafür, dass sie diese letzte Stufe politischer Schamlosigkeit in der inneren und äußeren Politik erklimmen würden, lag noch kein Beweis vor.

131. *Reichstagsbrand*

Eine Woche später allerdings, noch vor der Beendigung des Wahlkampfes, begann das wahre Gesicht der Nazis für jedermann sichtbar zu werden. Die bei ihrer Führung einlaufenden Berichte über den Gang des Wahlkampfes waren offenbar so, dass sie Chancen, auf legalem Weg allein die Mehrheitsregierung in Deutschland zu bilden, nicht sahen. Es musste daher ein ganz großer Coup gestartet werden, um die noch nicht vier Wochen vorher gegebenen, friedlichen Zusicherungen in ihr Gegenteil zu verkehren und die Reste des Rechts- und Verfassungsstaates mit einem Schlage abzuschaffen. Dieser große Coup war der Brand des deutschen Reichstags, der am 28. Februar 1933, sechs Tage vor der Wahl, in Flammen aufging. Der Brandstifter Hermann Göring[1117] und seine Kumpane schrien in das Land, es habe sich um eine kommunistische Brandstiftung gehandelt. Das Verbrechen war von den Nazis so tüchtig organisiert, dass die Polizei in der Hosentasche des unbekannten Subjets, das man später als angeblich Schuldigen an diesem Verbrechen hinrichtete, nur zwei Urkunden "fand", nämlich ein kommunistisches Parteibuch und eine Druckschrift, die auf eine angebliche Verbindung der Sozialdemokraten mit den

Reichstags Bd. 444, S. 133 ist über das Wortgefecht in der 5. Sitzung vom 18.10.1930 zu lesen: Dr. Hoegner: "Werfen Sie nicht so mit Worten herum, wie Sie einmal mit einem gewissen Ehrenwort herumgeworfen haben..."
Abgeordneter Strasser: "Kommen Sie doch nicht immer mit dieser Spezialsache! Diesem System gegenüber kenne ich kein Ehrenwort"!...
Dr. Hoegner: "In der Politik scheinen Sie allerdings kein Ehrenwort zu kennen. Sie haben am 30. April 1923 Ihr Ehrenwort gegenüber den Offizieren der Landshuter Polizei, die Waffen in die Kaserne zu schaffen, gebrochen...."
Abgeordneter Strasser: "Jawohl, Herr Hoegner, das tue ich noch zehnmal, noch hundertmal"!
Dr. Hoegner: "Sie tun es offenbar, weil bei Ihnen der Zweck die Mittel heiligt, und bei Ihnen scheint der Bruch des Ehrenwortes ein politisches Mittel zu sein".
Abgeordneter Strasser: "Jawohl"!

[1117] Vgl.: Uwe Backes/Karl-Heinz Janßen/Eckhard Jesse/Henning Köhler/Hans Mommsen/Fritz Tobias, Reichstagsbrand. Aufklärung einer historischen Legende, München/Zürich 1986. Vgl.: Anmerkung 322.

Kommunisten in dieser Brandsache hinwies[1118]. Der "Brandstifter" hatte sich also genau das eingesteckt, was die Nazis politisch benötigten, um mittels dieses Verbrechens den Wahlkampf zu gewinnen. Die deutsche Justiz hat sich in dieser Angelegenheit trotz des rasenden, auf ihr lastenden Druckes nur zu einem Vergleich mit den Nazis bereit gefunden. Sie verweigerte einen Justizmord an den verhafteten kommunistischen Funktionären und sprach diese frei. Sie suchte aber auch durch das Urteil im Reichstagsbrandprozess Göring und die Nazipartei von dem Verdacht der Brandstiftung rein zu waschen und die Theorie aufrecht zu erhalten, der Reichstagsbrand sei nicht ein nazistisches, sondern ein kommunistisches Verbrechen gewesen, man habe nur leider die richtigen Kommunisten nicht gefunden. All das ereignete sich aber erst, als der Zweck des Reichstagsbrandes längst erreicht war[1119]. Ein großer Teil der deutschen Bevölkerung war nämlich jetzt bereit, aus Angst für die Nazis zu stimmen. Diese Angst war nicht nur aus der Furcht vor dem Bolschevismus geboren, dessen verbrecherischer Charakter durch die Brandstiftung unterstrichen werden sollte. Die weitesten Kreise bekamen vielmehr auch Angst vor der Abgabe ihrer Stimme gegen die Nazis und selbst vor den Folgen einer Wahlenthaltung. Stunden nach dem Bekanntwerden des Reichstagsbrandes war die "unvorbereitete" Schückelgruber-Regierung bereits in der Lage, zwei juristisch sorgfältig abgefasste Verordnungen[1120] "zur Abwehr kommunistischer staatsgefährdender Gewaltakte" herauszubringen und "zum Schutz von Volk und Staat" sowie als Mittel "gegen Verrat am deutschen Volk und hochverräterische Umtriebe" die Freiheit der Person und der Meinungsäußerung, die Pressefreiheit, das Vereins- und Versammlungsrecht abzuschaffen, das Brief-, Post-, Telegraphen- und Telephongeheimnis aufzuheben, Haussuchungen, Beschlagnahmen und Eigentumsbeschränkungen außerhalb der gesetzlichen Grenzen für zulässig zu erklären, das Strafrecht durch Einführung der Todesstrafe für eine Anzahl von Delikten zu verschärfen, die Gerichtsverfassung zu ändern und damit jede Person, Gruppe und Organisation vogelfrei zu machen, die es wagte, in irgend einer Weise den Brandstiftern und ihrem Anhang persönlich oder politisch Widerstand zu leisten. Als äußeres Zeichen der Einhaltung der gesetzlichen Ordnung

[1118] MARINUS VAN DER LUBBE (13.09.1909-08.01.1934), Maurer, Reichstagsbrandstifter, zum Tode verurteilt und hingerichtet, Vgl.: HORST KARASEK, Der Brandstifter, Berlin 1980.

[1119] Vgl.: FRITZ TOBIAS, Der Reichstagsbrand. Legende und Wirklichkeit, Rastatt 1962, S. 305-516. Freisprüche für Georgi Dimitroff, Blagoi Popoff, Wassili Taneff, Ernst Torgler. Vgl.: GEORGI DIMITROFF, Reichstagsbrandprozeß. Dokumente, Briefe, Aufzeichnungen, Berlin 1946.

[1120] Verordnung des Reichspräsidenten zum Schutze von Volk und Staat vom 28.02.1933, RGBl. I, 1933, S. 35.

waren alle diese verfassungsbrecherischen Gewaltakte, für die der Reichstagsbrand die dürftige Kulisse darstellen sollte, von dem Greise Hindenburg unterzeichnet, dessen geistige Verfassung damals bereits so war, dass er auch sein eigenes Todesurteil unterschrieben hätte, wenn ihm irgend jemand eingeredet hätte, er sei ein Kommunist. Die angeblich nur zur Abwehr "kommunistischer" Umtriebe erlassenen Verordnungen wurden jedoch sofort für Zwecke benutzt, die weder mit Kommunismus noch mit Umtrieben irgend etwas zu tun hatten. Binnen Stunden waren sämtliche sozialdemokratischen Zeitungen verboten, jede Wahlpropaganda der Sozialdemokraten unterbunden, sozialdemokratische und pazifistische Politiker in erheblicher Zahl verhaftet, ebenso Rechtsanwälte, die solche verteidigt hatten[1121]. Wer immer den Versuch machen wollte, der sofort einsetzenden Massengreuelpropaganda der Nazis mit der Waffe der Aufklärung entgegenzutreten, wurde entweder niedergeschrien oder verhaftet. Nach Bayern brandete dieser Terror nicht direkt. Auch in der letzten Wahlwoche ereigneten sich in München und Bayern keine größeren Gesetzesbrüche, und die Wahlpropaganda konnte trotz schärfster nazistischer Hetze leidlich geordnet durchgeführt werden. Angesichts dessen, was im Reich vorging, konnte sie allerdings keine größeren Wirkungen mehr ausüben.

Die Anziehungskraft Münchens für politisch Gefährdete war inzwischen noch gewachsen. Nun aber waren unter den refugees nicht nur mehr Juden und linksstehende Intellektuelle, vielmehr versammelten sich in der "Hauptstadt der Bewegung" auch eine Anzahl führender sozialdemokratischer Politiker, Mitglieder des zentralen Parteivorstandes, ehemalige Volksbeauftragte, Minister und Parlamentsabgeordnete[1122].

Zwei Tage vor dem Wahltag hatte ich beruflich in die Schweiz zu verreisen. Als Inhaber eines Auslandspasses konnte man damals noch völlig ungehindert ins Ausland und zurück fahren. Die Notwendigkeit von Einreisevisen war im Verhältnis zwischen Deutschland und den meisten europäischen Staaten noch unbekannt. Auf die Idee gar, dass die deutsche oder bayrische Polizei einen Passinhaber irgendwie an der Ausreise verhindern oder gelegentlich der Ausreise belästigen würde, kam trotz des in Norddeutschland wütenden Terrors bei uns noch kein Mensch. In Zürich fragten mich besorgte Freunde, ob ich nicht gleich dableiben wolle. Ich

[1121] PHILIPP LOEWENFELD erwähnt nicht den Terror gegen die KPD. Vgl.: Braunbuch über den Reichstagsbrand und den Hitlerterror, Basel 1933 (aus kommunistischer Sicht).

[1122] Darunter waren u.a. Wilhelm Dittmann, Artur Crispien, Philipp Scheidemann, Rudolf Breitscheid, Rudolf Hilferding, Otto Wels. Vgl.: WILHELM HOEGNER, Flucht vor Hitler. Erinnerungen an die Kapitulation der ersten deutschen Republik 1933, Frankfurt/M./ Berlin 1989, S. 86 f.

verstand garnicht, was sie von mir wollten, und erwiderte nur, sie wüssten doch, dass wir am Sonntag Wahl hätten. Meine Staatsbürgertreue erregte Heiterkeit bei den Schweizern. Heute weiss ich, dass sie berechtigt war. Gegenüber der Staatsorganisation von Verbrechern gibt es keine Verpflichtung der Loyalität. Ich hatte nur noch nicht gemerkt, dass die Verbrecher praktisch bereits gesiegt hatten.

Pünktlich zum Wahltag fand ich mich also wieder in München ein und am gleichen Tage wurde auch mein Haus ein refugees-Quartier. Ein ehemaliger deutscher Reichsminister[1123], der dem Deutschen Reich auch als Gesandter gedient hatte, mit Frau, Kind, Kindermädchen und Hund zogen bei uns als Gäste ein. Sie hatten nicht mehr riskieren wollen, in einem Berliner Wahllokal ihr Wahlrecht auszuüben. Mit einem sogenannten Wahlschein konnte man es an jedem deutschen Ort ausüben. Da sie auch ihr preußisches Landtagswahlrecht ausüben wollten, hätten sie an sich an einem preußischen Ort an der Wahlurne erscheinen müssen, was gleichfalls äußerst riskant war. In Württemberg gab es jedoch die winzige, territoriale Enklave Hohenzollern, die politisch zu Preußen zählte. So waren sie am Tag vor dem Wahltag nach der Hohenzollern'schen Stadt Sigmaringen gefahren, um am Morgen des Wahltages ihr Stimmrecht zum Reichstag und preußischen Landtag auszuüben, ohne das Risiko zu laufen, bei dieser Gelegenheit das Opfer gesetzloser Gewalt zu werden. Sofort nach ausgeübtem Wahlrecht fuhren sie nach München weiter. Es gab wohl keine sinnenfälligere Demonstration für die Sicherheitsverhältnisse, die seit dem Reichstagsbrand in Preußen und insbesondere in Berlin sich entwickelt hatten, als dieses Erlebnis. Denn es handelte sich nicht etwa um ängstliche Leute, sondern um solche, die im politischen Kampf in den schwierigsten Lagen ihren Mann gestanden hatten.

132. *Reichstagswahl 05.03.1933*

Am Abend des Wahltages saßen wir bis tief in die Nacht am Radio, um die Wahlergebnisse abzuhören. Üblichermaßen war ich an den Wahlabenden in unser Hauptquartier gegangen, um dort der Verkündung der Wahlergebnisse anzuwohnen. Diesmal versagte ich mir das, nicht nur wegen meines Gastes, dessen Erscheinen in unserem Hauptquartier zuviel Aufsehen gemacht hätte, sondern auch, weil mir vor der Stimmung graute,

[1123] OTTO LANDSBERG (04.12.1869-09.12.1957) SPD, Rechtsanwalt und Politiker, 1919 Reichsminister der Justiz, 1924-1933 MdR. Vgl.: BHE I, S. 415. Vgl.: NDB 13, S. 514 f.

die meiner Ansicht nach am Ende dieser Terrorwahlen dort herrschen musste. Das Ergebnis war in Bayern, dass die Sozialdemokratie und die bayrische Volkspartei ihren Stimmenbestand so ziemlich vollständig gehalten hatten, was im Hinblick auf den schweren politischen Druck, unter dem dieser Wahlkampf stattgefunden hatte, ein an sich erhebender Beweis der Treue und Organisationskraft der Anhängerschaft war. Die Nazis hatten jedoch auf Kosten der bürgerlichen Rechten und von Splitterparteien im Reich und in Bayern ihre Stimmenverluste vom November 1932 vollständig aufgeholt und darüber hinaus neue Stimmen gewonnen. Auch am 5. März 1933 war es ihnen trotz Reichstagsbrand und Ausnahmerecht nicht gelungen, die Mehrheit der Stimmen der deutschen Wahlberechtigten für sich zu buchen[1124]. Zusammen mit den Deutschnationalen aber, mit denen sie als Koalition in der Reichsregierung vereint waren, überschritten sie gerade um eine Kleinigkeit 50% der Wahlberechtigten. Wiederum war also, wenn Gesetz und Recht noch eine Geltung in Deutschland gehabt hätten, das Wahlergebnis nicht so, dass es das von den Nazis propagierte Einparteiensystem oder gar ihre Diktatur über Deutschland und die Zerschlagung des bisherigen Verfassungs-Staates gerechtfertigt hätte. Jedermann fühlte aber, dass die Nazis, wenn sie auch nur zusammen mit den Deutschnationalen eine kleine Mehrheit erringen würden, von offener Gewalt nicht mehr zurück zu halten sein würden und dass die Deutschnationalen, um ihr eigenes Mitschwimmen zu ermöglichen, den Nazis bei keiner Gemeinheit eine entscheidende Schwierigkeit machen würden. Wir begaben uns also in großer Beklommenheit zur Ruhe. Jedoch aus dieser Ruhe sollte nichts mehr werden. Als ich um ungefähr 3 Uhr nachts eben eingeschlafen war, wurde ich durch Geschrei vor meinem Hause aufgeweckt. Heller Lichtschein drang in meinen Schlafraum. Als ich, ohne die Vorhänge zu öffnen, auf die Straße hinuntersah, erblickte ich einen Trupp von etwa 50 braununiformierten S.A.-Leuten, die mit Fackeln vor meinem Hause erschienen waren. Es war ein S.A.-Trupp meines Wohnbezirkes Bogenhausen und ich konnte im Lichte der Straßenbeleuchtung einige mir bekannte Gesichter

[1124] Wahlergebnisse vom 05.03.1933:

	im Reich	*in Bayern*
NSDAP	43.9%	43,1% (+12,0%)
SPD	18,3%	15,5% (-0,9%)
KPD	12,3%	6,3% (-4,0%)
Zentrum/BVP	13,9% (11,2%/2,7%)	27,2% (-4,2%)
DNVP	8,0%	4,1% (-0,4%)

Vgl.: Jürgen W. Falter/Thomas Lindenberger/Siegfried Schumann, Wahlen und Abstimmungen in der Weimarer Republik, München 1986, S. 44. Vgl.: Heiner Haan, Ergebnisse der Landtagswahlen von 1869-1970, in: Max Spindler (Hrsg.), Bayerische Geschichte im 19. und 20. Jahrhundert Band 2, München 1978, S. 1299.

dieser Gesellschaft feststellen. In ihrem Siegesrausch hatten die Kerle nicht auf mich vergessen und brachten mir ein Ständchen dar. Viele von ihnen waren offensichtlich besoffen. Mit ihren rauhen Stimmen sangen sie im Chor: "Schmeisst sie raus die Judenbande aus dem deutschen Vaterlande, schafft sie nach Jerusalem"! Dann warfen sie ihre Fackeln in meinen Garten und zogen ab. Ich war nicht leutselig genug, mich der Bande am Fenster zu zeigen, sonst hätte ich möglicherweise ihre Wut herausgefordert und sie zu einem Versuch des Eindringens in mein Haus ermuntert. Was mich bei der Sache vor allem bedrückte, war, dass sich trotz des mindestens 10 Minuten lang dauernden Lärms kein einziges Polizeiorgan zeigte. Wenn um die gleiche Stunde ein Sozialdemokrat auf einem Fahrrad auf der falschen Straßenseite gefahren wäre, hätte ihn die Polizei bestimmt erwischt und zur Verantwortung gezogen. Ich entnahm aus dieser offenbar absichtlichen Abstinenz der Polizei, dass mit einem Polizeischutz im Falle ernsterer Zwischenfälle wohl kaum mehr zu rechnen sein würde. Dies erwies sich auch im Laufe des nächsten Tages, indem bei unserer bayrischen Parteileitung eine große Summe von Nachrichten über nazistische Gewalttätigkeiten aus den verschiedensten Teilen von Deutschland einliefen, wobei sich immer wieder die Polizei "neutral" verhalten hatte. Ich verbrachte den Tag nach dem Wahltag mit Berufsarbeit in meinem Büro. Als ich nach Büroschluss abends über den Odeonsplatz ging, auf dem sich anlässlich des Hitlerputsches von 1923 die Kämpfe mit der Reichswehr und der Landespolizei abgespielt hatten, sah ich, wie Hunderte von uniformierten Nazis sich von allen Seiten dem Platze näherten. Ich wartete eine Weile, um zu sehen, was sich ereignen werde, und es kamen immer noch welche nach. Um mir eine Kenntnis darüber zu verschaffen, was die Kerle im Sinn hätten, fragte ich einen der Uniformträger, der mich nicht kannte, was hier los sei. Er sagte, sie würden jetzt eine "Siegesfeier" an der Feldherrnhalle abhalten und fügte lachend hinzu, so etwas könnten sie ja glücklicherweise jetzt ohne Genehmigung machen. Das war nun allerdings keineswegs wahr. Nach der Schückelgruber-Verordnung vom 4. Februar "zum Schutze des deutschen Volkes" waren vielmehr alle Versammlungen und Aufzüge unter freiem Himmel spätestens 48 Stunden vorher der Polizei anzumelden und konnten im Einzelfall verboten werden. Offenbar hatten die Nazis ihre "Siegesfeier" nicht angemeldet. Denn wenn sie dies in gesetzlicher Weise getan hätten, hätten sie es ja schon vor der Wahl tun müssen. Es war also offenbar, dass sich die Nazis nicht einmal mehr um das Schückelgruber-Recht kümmerten, was mir nur von neuem bestätigte, dass dieses Recht garnicht für die Nazis, sondern nur gegen die Demokraten und die Anhänger der Verfassung geschaffen war. Denn auf dem Odeonsplatz standen eine ganze Reihe uniformierter Polizeibeamter, die dem Schauspiel mit größter Gemütsruhe zusahen. Ich fuhr sogleich zu einem Freund, der bayrischer Vertreter einer bedeutenden auswärtigen Zeitung war. Ich bat ihn, den bayrischen Innenminister Dr. Stützel[1125] anzurufen und ihn auf den Vorgang aufmerksam zu machen. Mein Freund tat dies, mit dem Hinzufügen, dass er spätestens nach einer halben Stunde die Mitteilung über die gesetzwidrige Kundgebung und das Versagen der Polizei an sein Blatt telefonieren werde, wenn bis dahin nicht Remedur geschaffen sei. Der Minister sagte zu, sofort nach dem Rechten zu sehen und tatsächlich war dann der Odeonsplatz durch bayrische Landespolizei nach höchstens einer viertel Stunde geräumt und die gesetzwidrige "Siegesfeier" unterbunden. Dies war wohl der letzte Fall, in dem in Bayern die staatliche Polizei des Zweiten Reiches gegen die Nazis zum Schutze der gesetzlichen Ordnung funktioniert hat.

133. *Reichskommissare in Bremen und Hamburg*

Am nächsten Tage lasen wir in München in den Zeitungen, dass in Hamburg und Bremen eine für die Nazis überaus charakteristische "Revolution" stattgefunden hatte. Vor den staatlichen Gebäuden waren bewaffnete Nazitruppen erschienen und hatten deren Übergabe verlangt[1126]. Die rechtmäßigen Regierungen hatten diese abgelehnt und die Polizeigewalt gegen die Meuterer aufgerufen. Im Reichsinnenministerium saß der Naziverbrecher Frick nunmehr als oberster Chef. Der § 2 der von ihm selbst herrührenden Verordnung "zum Schutz von Volk und Staat", die am Tage des Reichstagsbrandes erlassen worden war, lautete:

> "Werden in einem Lande die zur Wiederherstellung der öffentlichen Ordnung und Sicherheit nötigen Maßnahmen nicht getroffen, so kann die Reichsregierung in soweit die Befugnisse der obersten Landesbehörde vorübergehend wahrnehmen".

Frick argumentierte nun so: die öffentliche Sicherheit und Ordnung in den in Betracht kommenden Staaten ist gestört und bedroht, indem die bewaffneten Nazitruppen und die bewaffnete Polizei sich gegenüberstehen, woraus sich die Gefahr von Blutvergießen ergibt. Da die Landesregierungen dieser Länder diese Gefahr nicht behoben haben, – was sie nur hätten tun können, wenn sie der Polizei den Auftrag gaben, sich vor den Nazis

[1125] Dr. Karl Stützel (22.05.1872-25.07.1944), BVP, bayerischer Innenminister 1924-1933. Vgl.: BBB, S. 764 f. Bei dem Freund handelt es sich wahrscheinlich um Werner Richter, der für das Berliner Tageblatt tätig war.

[1126] Vgl.: MNN 07.03.1933. Vgl.: Herbert Schwarzwälder, Die Machtergreifung der NSDAP in Bremen 1933, Bremen 1966, besonders S. 73-86.

zurückzuziehen – hätten sie es "versäumt", die "Ordnung wiederherzustellen", sodass ein Eingreifen des Reiches geboten sei. Dies geschah in der Weise, dass Frick in seiner Eigenschaft als Reichsinnenminister in den beiden Ländern je einen Nazi zum obersten Vorgesetzten der sämtlichen Behörden ("Reichskommissar") ernannte[1127]. Der "Reichskommissar" stellte die "Ordnung" wieder her, indem er der Polizei den Befehl zum Zurückweichen vor den Nazis gab, die Landesregierung absetzte und eine "einstweilige" Naziregierung einsetzte. Vor dieser schmutzigen Schiebung waren die legalen Landesregierungen zurückgewichen, um "Schlimmeres" zu verhüten. Einer der höchsten Funktionäre des Staates Hamburg hat mir selbst erzählt, mit wie vollendeter "Höflichkeit" die Schiebung auf beiden Seiten ausgeführt wurde. Die neueingesetzten Nazifunktionäre machten den abgesägten, legalen Funktionären "Antrittsbesuche" in deren Büros, die die abgesetzten Funktionäre, unter Übergabe der Insignien, in den Büros der "Befreier" erwiderten. So etwas nannten die großprecherischen Nazis dann nachträglich "nationale Revolution". Die Abgesetzten aber fanden, es sei bei ihrer Verdrängung noch "relativ kultiviert" hergegangen. Die Reichsregierung deckte diese Art von "Revolution". Nun wusste jedermann, dass der Reichstag nicht nur gebrannt hatte, um ein besseres Wahlergebnis zu erzielen, sondern um den Nazis mit illegaler "Legalität" definitiv in den Sattel zu helfen. Mit demselben Rezept haben die Nazis dann innerhalb weniger als 3 Wochen ganz Deutschland "erobert". Dass sie dies im Wege einer "nationalen Revolution" oder auch nur einer "nationalen Erhebung" getan hätten, ist eine heroische Geschichtslüge. Wie die hier geschilderte Technik der Nazis beweist, haben sie die Diktaturmacht dadurch in Deutschland errungen, dass ein Krimineller, der an der Spitze des Reichsinnenministeriums stand, mit faulen juristischen Tricks die gesetzlichen Landesregierungen aus ihren Ämtern schwindelte und dass keine einzige der legalen Landesregierungen mehr wagte, Widerstand zu leisten.

Nachdem wir in München die Nachricht über Hamburg und Bremen empfangen hatten, war ich mir nicht mehr im Zweifel, dass dieses schlechte Beispiel sofort auch in anderen deutschen Einzelstaaten Schule machen werde. Dagegen rechnete ich noch damit, dass die bayrische Regierung, die in so großartiger Weise den schärfsten Widerstand Bayerns gegen ein solches Verfahren ankündigte, es nicht nur bei Worten bewenden lassen werde.

[1127] Reichskommissar für Bremen (06.03.1933): Dr. Markert. Vgl.: HERBERT SCHWARZWÄLDER, Die Machtergreifung der NSDAP in Bremen 1933, Bremen 1966, besonders S. 73-86. Reichskommissar für Hamburg (16.05.1933): Karl Kaufmann. Vgl.: HENNING TIMPKE (Hrsg.), Dokumente zur Gleichschaltung des Landes Hamburg 1933, Frankfurt/M. 1964, S. 312.

In dieser Situation erhielt ich am Tage nach dem Bekanntwerden der Ereignisse in Hamburg und Bremen einen mich in stärkster Weise überraschenden Brief. Der Schreiber dieses Briefes war Professor Dr. Konrad Beyerle, den wir als Nachfolger Karl von Amiras auf dem Lehrstuhl des germanischen Rechtes an der Münchener Universität in diesen Erinnerungen bereits kennengelernt haben. Dieser mutige und überzeugungstreue Gelehrte war ein führender Exponent des kleinen demokratischen Flügels der katholischen klerikalen Volkspartei in Bayern. Er hatte die bayrische Volkspartei im Reichstag vertreten. Weil er es wagte, bei der Gesamtabstimmung der Konstitution von Weimar zuzustimmen, hatte ihn die von Dr. Heim geführte, reaktionäre Mehrheit der bayrischen Volkspartei aus dem Parlament verdrängt, indem sie dafür sorgte, dass er nach Ablauf seines Reichstagsmandats in keinem Bezirk mehr als Kandidat der bayrischen Volkspartei aufgestellt werden konnte. Beyerle war aber Mitglied der klerikalen, bayrischen Volkspartei geblieben und sein Einfluss bei der jüngeren Generation des politischen Katholizismus war in den letzten Jahren vor 1933 erheblich gestiegen. Bei der jeweils am 11. August jeden Jahres von den in München stationierten Reichsbehörden abgehaltenen Feier zu Ehren der Weimarer Verfassung hatte er im Jahr zuvor eine geistig und ethisch gleich bedeutsame Festrede gehalten, in der er sich erneut im Widerspruch zu der Mehrheit seiner Partei zu dem Geist des Verfassungswerkes von Weimar bekannte und seinen entschlossenen Ausbau forderte[1128]. Beyerle sagte in seinem an mich gerichteten Brief, angesichts der schweren Ereignisse der letzten Tage fühle er das Bedürfnis, mir "noch einmal" in herzlicher Zuneigung die Hand zu drücken. Er fühle sich mit mir innerlich verbunden, weil ich, gleich ihm selbst, nicht so sehr die Meinungen der Parteipolitiker, als das wohlverstandene Beste der Allgemeinheit zur Richtschnur meiner Überzeugungen und Handlungen gemacht hätte, und weil ich deshalb, gleich ihm, meine Überzeugungen oft in schmerzlichem Kampf gegen parteipolitische Voreingenommenheit und Engstirnigkeit hätte durchsetzen müssen. Er hoffe jedoch innig, dass die grundsätzliche Gesinnungsgemeinschaft, wie sie sich in den Tagen von Weimar zwischen den Besten unserer beiderseitigen Richtungen angebahnt habe, einmal noch geistig und auch politisch zu Ehren kommen werde. Es würde ihm eine tiefe Genugtuung sein, wenn aus den gegenwärtigen dunklen Tagen Deutsch-

[1128] Rede KONRAD BEYERLES zum Verfassungstag 11.08.1932, Vgl.: MNN 12.08.1932. Vgl.: Bayerischer Kurier 12.08.1932.

lands eine solche Cooperation in eine bessere Zukunft hinüber gerettet werden könne.

Trotzdem ich die bedingungslose Anständigkeit dieses Briefes als etwas Erhebendes empfand, war ich durch die unerwartete Solidaritätskundgebung doch einigermaßen bedrückt. Das Ganze klang doch wie eine Art Nekrolog und es war zu spüren, dass die optimistische Schlusswendung nicht den wirklichen Erwartungen Beyerles entsprach, dass er vielmehr seinerseits mit dem Brief seinem gepressten Herzen etwas Luft zu machen suchte und sich dazu einen Adressaten erwählte, bei dem er für seinen wirklich tiefgefühlten Schmerz ein nicht bloß äußerliches Verständnis voraussetzen durfte.

Der Pessimismus Beyerles war nicht unbegründet. Es dauerte nicht mehr zwei Tage, bis in München dasselbe Theater begann, das vorher in Hamburg und Bremen gespielt worden war.

135. *Absetzung der bayerischen Regierung*

Am 9. März etwa 2 Uhr nachmittags erhielt ich in meinem Büro einen Anruf eines Beamten des bayrischen Außenministeriums, mit dem ich in langjährigen freundschaftlichen Beziehungen gestanden war. Er teilte mir mit, dass nationalsozialistische Wortführer bei dem Ministerpräsidenten Dr. Held sich eingefunden hätten und den Übertrag der bayrischen Staatsgewalt auf die Nazipartei verlangt hätten. Kurze Zeit darauf erhielt ich von einem von mir anwaltschaftlich vertretenen Journalisten einer Münchener Tageszeitung und auch aus den Kreisen meiner eigenen Partei telefonische Mitteilungen, die besagten, dass der Ministerpräsident einen Ministerrat einberufen habe, dessen Stellungnahme noch nicht bekannt sei. Im Laufe des Nachmittags und der frühen Abendstunden suchten meine Sozien und ich aus allen verfügbaren Quellen weitere Nachrichten zu gewinnen. Kurz darauf erfuhren wir, dass die Nazis den Landtag besetzt hätten und dass die Landespolizei, trotz aller vorhergegangenen, großen Redensarten der bayrischen Klerikalen, keinen ernsten Widerstand geleistet hatte. Auf öffentlichen Gebäuden wurde die Hakenkreuzfahne gehisst.

Wieder kurze Zeit später erhielten wir die Nachricht, dass Frick den General von Epp[1129] zwecks "Aufrechterhaltung der öffentlichen Sicherheit und Ordnung" zum Reichskommissar in Bayern ernannt habe. Der Widerstand des Ministeriums des Herrn Held bestand darin, dass es sich hilfesu-

[1129] General Franz Xaver Ritter von Epp, Vgl.: Anmerkung 80.

chend an den Münchener Reichswehrgeneral mit der Bitte wendete, die bewaffnete Macht gegen die Nazis aufmarschieren zu lassen[1130]. Allein dieser kerndeutsche Mann kümmerte sich so wenig um seinen geleisteten Eid, wie irgend ein anderer Angehöriger der deutschen Reichswehr es in diesen Tagen tat. Er wusste, dass das Zeitalter des Schückelgruber angebrochen war und lehnte jede Hilfe für die gesetzliche Regierung ab. Wir erfuhren, dass der General von Epp auf dem Odeonsplatz, an der Stelle, wo der Hitlerputsch von 1923 zusammengebrochen war, eine Rede halten werde, in der er sich als Reichskommissar einführen werde.

Diese Mitteilungen bedeuteten für uns das Ende eines formell demokratischen, tatsächlich reaktionären Staates, in dem aber immerhin insoweit das Recht geherrscht hatte, dass wenigstens im Prinzip Leben und Überzeugung, Beruf und Eigentum des einzelnen Bürgers geschützt waren. Damit war es jetzt offenbar aus und wir fühlten in schmerzhafter Weise, dass sich nun eine Periode tiefster Barbarei anbahnen werde und dass für uns alle, die wir die Nazi-Pest von ihrem ersten Entstehen an bekämpft hatten, in diesem barbarischen Gemeinwesen nur noch bestenfalls eine traurige Helotenstellung möglich sein würde. Wir hatten noch keinerlei nähere Vorstellung davon, wie sich dies alles auswirken werde und mir persönlich kam auch in diesen schweren Stunden keineswegs der Gedanke, dass ich gut daran tun würde, das Land zu verlassen.

136. *Triumphzug der SA*

Plötzlich war auf der Strasse vor unserem Büro, die das "Braune Haus" des Schückelgruber mit dem Odeonsplatz verband, der gleichförmige Schritt von marschierenden Truppen zu vernehmen. Es war aber nicht etwa die deutsche Reichswehr, die zum Schutze des bayrischen Staates ausgezogen wäre. Es waren die S.A.-Regimenter Röhms, die, einheitlich schwer bewaffnet und ausgerüstet, zum ersten Male in militärisch eingeteilten Gruppen und in offensichtlich militärisch gedrilltem Zustand in unabsehbarem Zuge an meinem Büro vorüberzogen. Mit eiserner Stirn

[1130] Die Verantwortung für die Vorgänge am 10.03.1933 hatte der Reichskommissar für Bayern, General a.D. Franz von Epp. Der Reichswehrgeneral war Generalmajor Wilhelm Ritter von Leeb, der an diesem Tag "vorsichtshalber abwesend" war, weshalb Oberst Wäger die Absage übermittelte. Vgl.: ORTWIN DOMRÖSE, Der NS-Staat in Bayern von der Machtergreifung bis zum Röhm-Putsch, München 1974. Vgl.: WINFRIED BECKER, Die nationalsozialistische Machtergreifung in Bayern. Ein Dokumentarbericht Heinrich Helds aus dem Jahr 1933, in: Historisches Jahrbuch 112. Jg. (1992), S. 412-435, hier 431 f.

hatte eine deutsche Regierung nach der anderen abgestritten, dass es bewaffnete Geheimorganisationen in Deutschland gebe, deren Existenz der Verfassung, dem Entwaffnungsgesetz und allen von Deutschland geschlossenen internationalen Vereinbarungen strikt zuwiderlief. Mit eiserner Stirne hatten die Nazis bestritten, dass sie solche Organisationen aufgestellt, ausgerüstet, bewaffnet und exerziert hätten. Nun aber waren sie auf einmal da, aus dem Boden gestampft, und zogen provokatorisch durch das Stadtinnere von München, offensichtlich bewusst, dass sie einen Sieg ohne Krieg, einen Triumph ohne Blutvergießen feiern würden, nachdem durch die Erbärmlichkeit angeblich nationaler Männer ihren verbrecherischen Führern die staatlichen Machtmittel in die Hand gespielt worden waren. Offensichtlich hatten sie jetzt nicht mehr zu fürchten, dass es wie beim Putsch von 1923 gehen könne, bei dem Schückelgruber eine Stunde zu früh losschlug. Jetzt war er als Reichskanzler oberster Befehlshaber derselben Reichswehr, die damals auf seine Leute geschossen hatte, und dieselbe Reichswehrgeneralität, die damals noch mit knapper Not Deutschland vor seinem verbrecherischen Zugriff gerettet hatte, war ihm jetzt dienstlich untergeben. Von der Reichswehr in Bayern hatte er deshalb Widerstand nicht mehr zu fürchten. Die bayrische Reichswehr hatte die Stärke einer kriegsmäßigen Division. Dazu zeigte jener Abend, dass die Nazis über militärisch geschulte und ausgerüstete Formationen verfügten, die sicher nicht kleiner waren, als die bayrische Reichswehr. Der bayrischen Regierung standen für einen etwaigen Widerstand nur die Formationen der bayrischen Landespolizei zu Verfügung, deren Stärke nicht einen Bruchteil der auf Naziseite stehenden Kräfte ausmachte und die über schwere Waffen, insbesondere Artillerie, nicht verfügten. Dazu war Befehlshaber der bayrischen Landespolizei immer noch derselbe Herr von Seißer, hinsichtlich dessen es schon 1923 bis zur allerletzten Minute nicht klar geworden war, ob er für oder gegen Schückelgruber war. Der bayrische Innenminister Dr. Stützel allerdings, der über den Einsatz der Landespolizei zu entscheiden hatte, war ein entschiedener Gegner der Nazis. Offenbar hatte er aber den Aufruf der Landespolizei zum Widerstand entweder nicht vorgenommen oder aber die Landespolizei war ihm nicht gefolgt. Denn über ihr Eingreifen war von meiner und meiner Kollegen Seite nichts in Erfahrung zu bringen. Erst später erfuhr ich, dass die Nazis in jener Nacht Dr. Stützel in seiner Wohnung "verhaftet", im Hemd ins Braune Haus gebracht und dort schwer verprügelt hätten, womit die "Frechheit", dass er wenige Tage zuvor die nazistische "Siegesfeier" durch Polizei hatte auflösen lassen, gerächt war. Die großen Politiker der bayrischen Volkspartei aber, die ihr Mundstück mit der Ankündigung des schärfsten Widerstandes soweit aufgemacht hatten, wurden vom Ausbruch des Dritten Reiches in Bayern beim

Kartenspielen in einem Wirtshaus überrascht. Nicht ein einziger von ihnen hat Widerstand geleistet[1131].

Noch am gleich Abend hatte ich in meinem Büro mit meinen anwaltschaftlichen Sozien eine Aussprache, an der auch befreundete Kollegen teilnahmen. Wir überlegten, wie es mit der Behandlung unserer Gerichtstermine gehalten werden könne, wenn wir möglicherweise in den nächsten Tagen Objekt irgendwelcher Gewalttätigkeiten von Nazis sein würden, und besprachen einiges über eine eventuelle Vertretung. Daran, dass es uns unter den neuen Verhältnissen baldigst an den Kragen gehen werde, zweifelten wir nicht mehr. Wiewohl wir von den norddeutschen Beispielen der seit dem Reichstagsbrand vorherrschenden Nazisitten genug hätten lernen können, hatten wir für die Schwere der Situation absolut noch kein Verständnis. Wieder einmal wurde mir in der eigenen Vaterstadt der Gedanke nahegelegt, ob wir in dieser Nacht in unsere Häuser gehen könnten, ohne uns den nazistischen Verbrechern auszuliefern. Trotzdem es an sich für jeden halbwegs Vernünftigen klar sein musste, dass dies nicht ratsam war, und wiewohl die Teilnehmer unserer Besprechung diesen Standpunkt auch mit Entschiedenheit einnahmen, entschloss ich mich, nach Hause zu gehen. Zwar kannte ich die Feigheit der Nazis, deren "Heroismus" immer dann erwachte, wenn sie in der zehnfachen Übermacht waren. Für solche Feigheitsakte hatten sie nun allerdings auf Grund der neuen Verhältnisse jede Möglichkeit. Mir war der Widerwille und Ekel noch gegenwärtig, der mich erfasst hatte, als ich mich nahezu zehn Jahre zuvor hatte bereden lassen, eine Nacht nicht in meine Wohnung zu gehen, um mich nicht den Nazis auszuliefern. Ich sagte also, lieber ließe ich mich von den Nazis fangen, als dass ich eine so widerwärtige Sache noch einmal wiederholen würde. Bei späterer Überlegung konnte ich mir nicht verhehlen, dass diese falsche Heroengeste meinerseits mehr Leichtsinn als Mut bewiesen hätte. Sie war leider immerhin insofern ansteckend, als nun auch mein älterer Sozius erklärte, er gehe nach Hause.

In meiner Wohnung angekommen, besprach ich mich mit meinen Gästen, die von den Ereignissen des Nachmittags noch keine Kenntnis hatten, und gab ihnen zu bedenken, dass sie bei der neuen Lage in meinem

[1131] Fritz Schäffer und Stützel waren dem Terror der SA ausgesetzt. Beim Kartenspielen befand sich Prälat Dr. Wohlmuth (BVP), der "ungekrönte König von Bayern" und Fraktionsführer der BVP im Bayerischen Landtag. Am 15.03.1933 reist der bayerische Ministerpräsident Held, ohne formal zurückzutreten, in die Schweiz. Vgl.: WOLF VOLKER WEIGAND, Bayern in der NS-Zeit, in: MANFRED TREML, Geschichte des modernen Bayern. Königreich und Freistaat, München 1994, S. 280. Ferner: FALK WIESEMANN, Die Vorgeschichte der nationalsozialistischen Machtübernahme in Bayern 1932/1933, Berlin 1975 und WILHELM HOEGNER, Flucht vor Hitler, (wie Anm. 1122) S. 76 und 110.

Hause möglicherweise gefährdet sein würden. Sie erklärten mir, dieses Risiko auf sich nehmen zu wollen.

137. *Verhaftung Max Hirschbergs*

Um etwa 6 Uhr morgens klingelte das Telefon auf meinem Nachttisch. Es meldete sich mit Grabesstimme mein älterer Sozius[1132] und sagte, er teile mir mit Einverständnis des neben ihm stehenden Polizeibeamten mit, dass er soeben im Namen der neuen Regierung verhaftet werde. Er bat mich, seine Interessen wahrzunehmen und für seine Vertretung zu sorgen; er vergaß nicht, hinzuzufügen, dass er morgens 9 Uhr einen Gerichtstermin habe, bei dem er vertreten werden müsse. Sodann verabschiedete er sich mit einem kurzen Wort.

Ich hatte wenig Zeit, mich den Gefühlen hinzugeben, in die mich dieser Vorgang versetzte. Ich war in den Nachmittag- und Abendstunden des vorangegangenen Tages durch die Wucht der Ereignisse noch einigermaßen betäubt und hatte zwar gefühlt, dass nun alles aus sei, ohne zu einem geordneten Nachdenken über diese Lage fähig zu sein. Nun aber stand das Ende mit grausamer Deutlichkeit vor meinen Augen. Mit unserem Dienst am Recht, mit unserem Kampf gegen Willkür und Gewalt, mit unserer beruflichen und wirtschaftlichen Existenz in der Heimat war es Schluss und es war kaum zu bezweifeln, dass es darüber hinaus die neuen Machthaber auf unsere physische Vernichtung abgesehen hatten. Der befreundete Kollege, der mich wenige Wochen zuvor wegen meines weltfremden Optimismus verlacht hatte, hatte Recht behalten.

Offensichtlich waren die Nazis entschlossen, unverzüglich alle unbeglichenen Rechnungen in Ordnung zu bringen, und es stand für mich außer Frage, dass auch die nötigen Dispositionen hinsichtlich meiner eigenen Person entweder schon getroffen waren oder in den nächsten Stunden würden getroffen werden. Denn dass man nur das eine Mitglied unseres Büros packen, das andere aber in Ruhe lassen werde, erschien mir undenkbar.

Den Umstand, dass mein verhafteter Sozius mich hatte anrufen können, legte ich damals dahin aus, dass der Polizeibeamte, der den Auftrag zu seiner Verhaftung ausgeführt hatte, es nicht gewagt hätte, ihn von sich aus zu warnen, wohl aber, dass er sich damit einverstanden erklärt hätte, dass ich gewarnt würde. Erst später erhielt ich davon Kenntnis, dass mein

[1132] Max Hirschberg. Vgl.: Anmerkung 637. Vgl.: MAX HIRSCHBERG, Jude und Demokrat. Erinnerungen eines Münchener Rechtsanwalts 1883-1939, München 1998, S. 275 - 284.

Sozius von dem Polizeibeamten die Erlaubnis erhalten hatte, sich anzuziehen und bei dieser Gelegenheit, ohne Wissen des auf ihn im Erdgeschoss wartenden Polizeibeamten, dieses Gespräch mit mir in der ebenerwähnten Form hatte führen können. In dem Irrtum, dass vielleicht irgend ein nennenswerter Teil der Polizei auf unserer Seite stehen werde, wurde ich noch dadurch bestärkt, dass ich tatsächlich noch an demselben Morgen von einer polizeilichen Seite eine Warnung erhielt, dass ich gefährdet sei. Leider kam diese erst, nachdem mein Sozius mir seine Verhaftung schon gemeldet hatte. Zunächst hieß es nun handeln. Die Überlegungen, die ich in dieser Beziehung anstellte und ausführte, waren ebenfalls alles andere als zweckentsprechend. Ich sah erst später ein, in welchem Maße in jenen Stunden meine Erziehung als deutscher Ordnungs- und Pflichtmensch mich selbst und mittelbar damit auch meine Angehörigen in äußerste Gefahr brachte, ohne dass mir dies bewusst wurde.

Meine Frau war Tage vor jener Nacht nach der Schweiz gefahren, um einer dort verunglückten Verwandten in der Klinik beizustehen. Meine Kinder erachtete ich durch die Nazis als vorerst nicht gefährdet. Es fiel mir nicht einmal ein, dass man mit weiblichen Familienangehörigen Geiselpolitik gegen den Mann treiben könne. Die Nazis hatten wegen des kommunistischen "Geiselmords" von 1919 jährlich öffentliche Gedenkfeiern in München gehalten, in denen sie ihrer namenlosen "Verachtung" über solche politischen Methoden Ausdruck gegeben hatten. Ich hatte zwar diese Deklamationen nie hoch eingeschätzt, hielt es aber doch für ausgemacht, dass sie sich an meinen Kindern nicht vergreifen würden. Hierin habe ich mich denn auch, wie wir noch sehen werden, nicht getäuscht. Es war dies allerdings ein mehr oder weniger unverdientes Glück, da es ja hinlänglich bekannt ist, zu welcher ruchlosen Geiselpolitik die Nazis in späteren Zeiträumen übergegangen sind[133]. Das Erste, was ich tat, war, dass ich meine Gäste weckte und ihnen nahelegte, sich nun einen sichereren Aufenthaltsort als mein Haus zu suchen. Sie wollten zuerst nicht glauben, dass dies notwendig sei. Im Laufe des Morgens entschieden sie sich dann, dass die Frau mit dem Kinde bleibe, während der Mann sich entschloss, nach Berlin zu fahren, um dort am nächsten Tag sein Gemeindewahlrecht ausüben zu können! Sie waren also in nicht geringerem Maße von Ordnungsvorstellungen beherrscht wie ich.

Sodann sagte ich mir, ich müsse sofort Schritte einleiten, um meinen gefangen genommenen Sozius zu schützen. Ich überlegte mir, welche Kollegen sich dazu eignen würden, und war mir klar, dass es unter den

[1133] Vgl.: Anatomie des SS-Staates Bd. 1: HANS BUCHHEIM: Die SS-Das Herrschaftsinstrument, 3. Aufl. München 1982, S. 47 und 74.

gegebenen Umständen sogenannte "Arier" sein mussten. Ich wählte zwei dem Adelsstand angehörende Kollegen aus. Der eine davon war der prominente Katholik Dr. Anton Graf von Pestalozza, den wir in diesen Erinnerungen als Vertreter Cossmanns und als meinen Gegner im Kriegsschuldprozess bereits kennengelernt haben. Im Laufe der Jahre hatte er sich immer mehr von den Anschauungen Cossmanns weg in die Richtung von Konrad Beyerle entwickelt. Er stand mit mir in einem Achtungs-, mit meinem gefangenen Sozius in einem Freundschafts-Verhältnis. Der andere Kollege war Dr. Scanzoni von Lichtenfels[1134], der Inhaber eines äußerst beschäftigten Anwaltsbüros, das vor allem die Interessen der feudalen und besitzenden Gesellschaft vertrat. Herr von Scanzoni, der sich politisch als "konservativ" bezeichnete, hatte in den letzten Jahren in einer Reihe sehr bedeutender Sachen meine Mitwirkung gesucht. In konsequenzenreichen Strafprozessen, in denen er die Verantwortung nicht allein tragen wollte, hatte er wiederholt meinen Sozius und mich zugezogen, auch in eigenen Angelegenheiten hatte er, trotz der großen Verschiedenheit unserer Einstellungen, meinen Rat und meine Hilfe in Anspruch genommen. Er war wiederholt Gast meines Hauses, ich Gast des seinigen gewesen. Beide Kollegen sagten mir zu, mich morgens um 7 Uhr zu treffen. Groteskerweise schlug ich als den Ort der Besprechung mein Büro vor. Keiner von beiden kam auf die glückliche Idee, mich hiervor zu warnen.

Bevor ich mein Haus verließ, meldete ich ein Telefongespräch nach Zürich an, um mit meiner Frau zu sprechen. Ehe die Verbindung vermittelt wurde, erhielt ich einen Anruf meiner Frau. Die Nachrichten über das in Bayern Geschehene waren bereits über die Schweizer Grenze gedrungen und meine Frau wollte von mir hören, wie die Dinge stünden. Ich sagte ihr, dass mein Sozius bereits verhaftet sei und dass ich nicht wisse, was mit mir in den nächsten Stunden sein würde. Meine Frau schlug vor, dass sie sich in der Pflege der verunglückten Verwandten vertreten lasse und sogleich nach München zurückkehre, damit auf alle Fälle jemand bei den Kindern sei, wenn mit mir etwas vorkomme. Sie nahm in Aussicht, spätestens mit dem Mittagszug von Zürich abzufahren und abends in München zu sein. Dass sie so handeln wollte, und dass ich sie nicht daran verhinderte, charakterisierte unsere rechtsstaatliche Einstellung. Wiewohl wir in Wirklichkeit von den Nazis alles zu befürchten hatten, hatten wir in diesem Moment für unsere persönliche Sicherheit kaum eine Sorge und selbst für den Fall

[1134] Dr. Gustav Scanzoni von Lichtenfels (03.10.1885-13.10.1977), Anwalt in München, Spezialist für Ehescheidungen, Kommentator des "Großdeutschen Ehegesetzes" (06.07.1938). Vgl.: Juristische Wochenschrift 1939, S. 747. Vgl.: Robert Heinrich, 100 Jahre Rechtsanwaltskammer München, München 1979, S. 94 f.

einer momentanen Verhaftung rechnete ich naiverweise im Bewusstsein meines guten Gewissens damit, dass diese höchstens von ganz kurzer Dauer sein könne und mit meiner vollen Rechtfertigung enden müsse.

Ein weiteres Telefongespräch führte ich vor dem Verlassen meines Hauses mit dem damaligen Vorsitzenden der Anwaltskammer München[1135], einem Kollegen, der trotz des Umstandes, dass sein eigener Sohn ein einigermaßen prominenter Nazi war, mir gegenüber immer eine sehr korrekte, um nicht zu sagen freundschaftliche Haltung eingenommen hatte. Ich teilte ihm die Verhaftung meines Sozius mit, und er erwiderte, er sei von diesem Ereignis tief erschüttert. Wir vereinbarten, dass ich ihn in seinem Büro morgens 8 Uhr zur Besprechung notwendiger Schritte aufsuche.

138. *Anwaltskollegen*

Als morgens 7 Uhr Graf von Pestalozza und Dr. von Scanzoni in meinem Büro erschienen, erhielt ich bereits eine eindrucksvolle Lehre über den Anbruch einer "neuen Zeit". Herr von Scanzoni hatte bisher seine freundschaftliche Einstellung zu meinem Sozius und mir garnicht genug betonen können. Nun erschien er leichenblass und sagte, er habe an diesem Morgen schon einen schweren Auftritt mit seiner Frau gehabt, weil er meinen Sozius vertreten wolle. Sie habe ihn daran erinnert, dass er sich 1919 unter den von den kommunistischen Räterepublikanern verhafteten Geiseln befunden habe, und gesagt, dass sie sich, wenn er sich jetzt in dieser Situation durch die Vertretung meines Sozius neuerdings exponieren und gefährden werde, von ihm trennen wolle. Er habe ihr, so fügte er mit pathetischer Gebärde hinzu, erklärt: "Wenn Du willst, dass ich meinen Freund verrate, dann geh"! Die Geste war wohlberechnet. Er atmete sichtlich erleichtert auf, als ich ihm erwiderte, dass wir derartige familiäre Opfer unmöglich von ihm annehmen könnten und ihm anheim stellten, nur "privat, unter der Hand" für meinen Sozius zu wirken. Graf Pestalozza konnte seinen Ekel nicht verbergen, schob seine Pfeife von einem Eck des Mundes in das andere und brummte: "Bei mir gibt es wegen der Solidarität mit einem Kollegen keine familiären Verwicklungen". Herr von Scanzoni entfernte sich darauf alsbald. Er hat sich nie mehr um meinen Sozius oder mich gekümmert. Dafür war er jedoch einer der Ersten, die das antisemitische Schild "Deutsche Kanzlei" an ihrer Türe anbrachten, zu einer Zeit, zu der

[1135] Vorsitzender der Anwaltskammer München im Jahr 1933 war JR Dr. Christoph Schramm (1871-1966). Vgl.: Anmerkung 1093. Vgl.: ROBERT HEINRICH, 100 Jahre Rechtsanwaltskammer München, a.a.O., S. 105.

noch 95% aller Kollegen sich an einer so schmutzigen Konjunkturmacherei zu beteiligen ablehnten. Graf Pestalozza dagegen ist meinem Sozius treu und mutig zur Seite gestanden[1136]. Nach Abschluss meiner Besprechung mit den beiden Kollegen fuhr ich vereinbarungsgemäß mit der Frau meines verhafteten Sozius zu dem Vorsitzenden der Anwaltskammer. Er schien voller Teilnahme zu sein und versicherte, er werde zur Befreiung des Kollegen alles tun, was ihm möglich sei. Insbesondere sagte er, er habe bereits telefonisch auf eine spätere Stunde des Vormittags eine außerordentliche Sitzung des Vorstandes der Anwaltskammer einberufen lassen. Er wolle versuchen, durchzusetzen, dass der Vorstand einen Protestbeschluss fasse und eine Delegation zu dessen Vertretung in das Braune Haus entsende. Er erklärte nachdrücklich, wenn man so mit einem allgemein als ehrenhaft anerkannten Kollegen umspringen dürfe, dann bedeute dies das Ende der freien Advokatur. Tatsächlich hat diese Sitzung des Vorstandes der Anwaltskammer auch stattgefunden[1137]. Es wurde jedoch mit Mehrheit beschlossen, dass die Angelegenheit "rein politisch" sei und dass der Vorstand nicht intervenieren könne. Die Herren, die sonst so viel von Kollegialität geschwatzt hatten, versagten also in demselben Moment, wo sie in der Stunde der Gefahr Solidarität und Anstand hätten zeigen sollen. Ihre persönliche Sicherheit war ihnen weit wichtiger als die Bewährung ihrer angeblichen Tugenden. Dies war meine zweite Erfahrung an ein und demselben Tage hinsichtlich der "neuen Zeit". Dass die jüdischen Mitglieder des Anwaltskammer-Vorstandes von der Sitzung wegblieben, nahm ich ihnen damals besonders übel. Heute verstehe ich es besser, dass sie sich ängstigten, noch irgend welchen Mannesmut zeigen zu sollen, denn sie fühlten offenbar zutreffend, dass sie vogelfrei waren, und wollten deshalb keine Vorwände für ihre eigene Beseitigung schaffen. Geholfen hat ihnen dies nicht das Allergeringste. Sie wurden von den Nazis genau so nach allen Regeln der Kunst entrechtet und ruiniert, wie alle anderen jüdischen Anwälte auch[1138].

[1136] Vgl.: MAX HIRSCHBERG, (wie Anm. 1132), S. 282 f.

[1137] Sitzung der Anwaltskammer (Vorstand) zur Verhaftung Hirschbergs 18.03.1933. Vgl.: ROBERT HEINRICH, a.a.O., S. 107. Vgl.: Akte Stadtarchiv München.

[1138] Die jüdischen Mitglieder des Vorstandes der Anwaltskammer waren: Dr. Bernhard Mayer II. (19.07.1865-29.08.1934), Vgl.: Bayerische Israelitische Gemeindezeitung Nr. 19 (1934), S. 392 f. Luitpold Schülein (1871-09.04.1933). Vgl.: ROBERT HEINRICH, a.a.O., S.155. Dr. Siegbert Feuchtwanger (1886-1956). Vgl.: PETER LANDAU, Juristen jüdischer Herkunft im Kaiserreich und in der Weimarer Republik, in: HEINRICHS/FRANZKI/SCHMALZ/STOLLEIS (Hrsg.), Deutsche Juristen jüdischer Herkunft, München 1993, S. 155, und HORST GÖPPINGER, Juristen jüdischer Abstammung im "Dritten Reich", 2. Aufl., München 1990, S. 279. Dr. Carl Oestreich (12.07.1877-16.12.1961), Vgl.: BHE I., S. 538. Robert Held (05.11.1889-19.08.1977), vgl.: BHE I., S. 282, und ROBERT HEINRICH, a.a.O., S. 110.

Meine dritte persönliche Erfahrung dieses Tages bewies mir wiederum, dass es mit bisher für selbstverständlich gehaltenen Anstandsverpflichtungen nunmehr aus sei. Mein Sozius hatte mich, wie wir gehört haben, darauf aufmerksam gemacht, dass er auf 9 Uhr vormittags als Verteidiger eines Angeklagten vor Gericht geladen sei. Mir fiel infolgedessen die Aufgabe zu, mich um den Schutz dieses Angeklagten zu kümmern. Vom Büro des Vorsitzenden der Anwaltskammer aus rief ich kurz nach 8 Uhr morgens den Richter[1139] an, der in dieser Sache den Vorsitz zu führen hatte. Der Mann hatte bisher als "unpolitisch" gegolten und hatte mir gegenüber immer eine betonte Freundlichkeit an den Tag gelegt, so sehr, dass es schon beinahe ein wenig liebedienerisch war. Ich sagte ihm, mein Sozius sei von der neuen Regierung festgenommen worden und sei infolgedessen verhindert, um 9 Uhr zu erscheinen. Ich bäte ihn deshalb, den Termin auf eine andere Zeit zu vertagen, um mir Gelegenheit zu geben, die Sache zu studieren, damit ich meinen Sozius so vertreten könne, wie es der Pflicht eines Verteidigers entspreche. Zu meiner nicht geringen Überraschung lehnte der Richter die Vertagung des Termines, trotz dieses gewiss triftigen Grundes, in der schroffsten und unhöflichsten Weise ab. Ich sagte darauf, er könne mir doch unmöglich zumuten, den Angeklagten ohne vorherige Vorbereitung zu verteidigen. Ich wüsste, dass es sich um eine einigermaßen komplizierte Sache handle. Er schrie mich darauf durch das Telefon an, er mute mir überhaupt nichts zu, müsse aber auf seiner Ablehnung der Vertagung bestehen. Hierauf sagte ich: "Nun gut, dann zwingen Sie mich eben, unvorbereitet zu dem Termin zu kommen". Er brüllte darauf: "Ich verbitte mir diese Anzapfung. Ich zwinge Sie zu garnichts, tun Sie, was Sie wollen"! Darauf hängte ich das Telefon ein. Juristisch hatte der Richter die Möglichkeit, ohne Bruch des Gesetzes so zu handeln. Denn eine Verteidigung war nach den Strafprozessgesetzen nur bei bestimmten schweren Kapitalverbrechen "notwendig", in dem Sinne, dass in Abwesenheit eines Verteidigers nicht verhandelt werden konnte. In dem hier in Betracht kommenden Fall handelte es sich nicht um ein solches Kapitalverbrechen. Der Richter konnte also die Verhandlung gegen den Angeklagten auch durchführen, wenn kein Verteidiger oder ein nicht genügend vorbereiteter Verteidiger erschien. Das Auftreten des Richters widersprach aber jedem anständigen Herkommen und auch seinen eigenen bisherigen Gepflogenheiten. Ich hatte den gleichen Richter bis dahin noch niemals vergeblich um eine Termin-

[1139] Der Richter der Verhandlung konnte nicht ermittelt werden.

verlegung ersucht, wenn für die Verteidigung irgend ein Hindernis bestand, einen angesetzten Termin wahrzunehmen. Offensichtlich war aber, so musste ich aus seinem jetzigen Benehmen schließen, seine bisherige Höflichkeit und Korrektheit mir gegenüber nur ein Firnis, der seine wahre Natur verdeckte. Nun konnte er mir, wie er spürbar fühlte, seine vermeintliche Überlegenheit in ihrer ganzen Größe und Herrlichkeit beweisen, als ein echter, feiger Germane, der erst frech wird, wenn er annimmt, dass man ihm nichts anhaben kann. Es war an diesem Morgen für mich ein höchst gefährliches Geschäft, ein deutsches Amtsgebäude zu betreten. Dass ich hineinkommen würde, hielt ich für sicher, ob ich auf freiem Fuß herauskommen würde, dagegen für höchst unsicher. Aber Pflicht ist nun einmal Pflicht. Zunächst hatte ich die Solidaritätspflicht gegenüber meinem Kollegen zu bewähren und sodann konnte ich auch den Angeklagten, dem unser Büro Verteidigung zugesagt hatte, nicht im Stich lassen.

Als ich mich dem Gerichtsgebäude näherte, stellte ich fest, dass dort eine braune Wache stationiert war. Die Gesichter der blutjungen Burschen, die den Wachdienst versahen, kannte ich nicht und offensichtlich kannte mich auch keiner von ihnen. So kam ich also in das Gerichtsgebäude unbehelligt hinein. Im Treppenhaus begegnete mir Richter Albert Frank AG München[1140], mit dem ich so viele und große Sachen in anderthalb Jahrzehnten behandelt hatte. Er war zu dieser Zeit der Präsident des Gerichts, dessen Richter mich am gleichen Tage in so pöbelhafter Weise behandelt und durch sein Verhalten zur Wahrnehmung des Termins unter solchen Umständen genötigt hatte. An diesem Tage war von Franks sonst zur Schau getragenen Jovialität nichts zu merken. Er war zitterig und nervös und schlug die Hände über dem Kopf zusammen, als er mich sah. Er fragte mich, wie ich es riskieren könne, noch in dieses Haus hereinzukommen, nachdem sie meinen Sozius "schon hätten", und meinte, es sei für mich doch das einzig Geratene, unverzüglich zu verduften. Ich erwiderte darauf, selbst wenn ich dies gewollt hätte, hätte ich es nicht gekonnt, weil einer seiner Richter mich hieran verhindert habe, indem er es abgelehnt habe, mir einen auf heute früh angesetzten Termin zu vertagen, obwohl ich in der Sache in keiner Weise vorbereitet sei, weil es sich um ein Mandat meines verhafteten Sozius handle. Hätte Richter Frank etwas Zivilcourage und seine oft demonstrativ betonte Zuneigung zu mir ernstlich besessen, dann hätte er mir anbieten können, bei dem ihm unterstellten Richter in dieser Angelegenheit zu intervenieren. Statt dessen zuckte er die Achseln und sagte, in dieser Sache könne er nicht "eingreifen", weil es nach dem Gesetz

[1140] ALBERT FRANK, Präsident des Amtsgerichts München, Vgl.: Anmerkung 628.

im Ermessen des Richters liege, ob er den Termin verlegen wolle oder nicht. Er drückte sich also von jeder Hilfsstellung, wiewohl er sehr genau wusste, dass ich ihm keine "legale" Intervention zugemutet hätte, sondern höchstens ein freundliches Wort an den ihm untergebenen Richter, mir gegenüber, wenn möglich, doch nicht so ungefällig zu sein. Diese negative Einstellung war umso bemerkenswerter, als Richter Frank immerhin glaubte, mir gegenüber seine Abneigung gegen die neueste Entwicklung scharf betonen zu müssen. Er erzählte mir erregt, dass die Nazis, unter Führung eines Rechtsanwalts, in der vorangegangenen Nacht in das mit dem Amtsgericht verbundene Untersuchungsgefängnis eingebrochen seien und dort eine Reihe von Nazis gewaltsam befreit hätten, (gegen) die am nächsten Tag vor dem Schwurgericht wegen Sprengstoffverbrechens hätte verhandelt werden sollen[1141]. Er sagte hiezu lakonisch: "Wenn es so angeht, dann ist es aus". Einige Monate später war er nicht nur von Schückelgrubers Gnaden zum Landgerichtspräsidenten befördert (01.05.1933 LG M II) und hatte diese Beförderung angenommen, sondern ließ er auch Kurse für die Schulung von Richtern "im nationalsozialistischen Geiste" abhalten. Er fand also rasch Anschluss an die Konjunktur, die er an jenem Morgen noch in zittriger Erregung ablehnte. Er war in dem Alter, in dem ein deutscher Richter in Pension gehen konnte, wenn er wollte, und hatte als kinderloser Witwer für niemand als für sich selbst zu sorgen. Für den Unterschied zwischen einem Gehalt und einer Pension aber blieb auch er. Als er mir an jenem Morgen zum Abschied die Hand drückte und mir ein rasches Verschwinden als notwendig empfahl, habe ich dies noch nicht für möglich gehalten. Wir wissen aus diesen Erinnerungen, dass ich Grund hatte, schon vor den neuen Ereignissen von der Anpassungsfähigkeit des Richters Frank mehr zu halten, wie von der Unbeugsamkeit seiner Charakterstärke. Die Entwicklung bewies aber, dass ich ihn immer noch schwer überschätzt hatte[1142].

Als ich mit einer Verspätung von fünf Minuten vom Treppenhaus des Amtsgerichts in den Sitzungssaal kam, in dem ich die Verteidigung zu führen hatte, hatte der Richter die Sache bereits aufgerufen, ohne mein Erscheinen abzuwarten und mit dieser ebenso unüblichen wie demonstrativen

[1141] Vgl.: Für Marxisten ist hier kein Platz. Bedeutsame Richtlinien des neuen Kommissars für das bayerische Justizwesen – Freilassung nationalsozialistischer Kämpfer aus den Gefängnissen, in: Völkischer Beobachter (Norddeutsche Ausgabe) 12./13. 03.1933, S. 2. Bei dem Rechtsanwalt handelt es sich um Dr. Wolf (Vgl.: StAM, Staatsanwaltschaft 3119).

[1142] Mit nur wenigen Richtern waren die Nationalsozialisten so zufrieden wie mit Albert Frank. Vgl.: Manfred Krohn, Die deutsche Justiz im Urteil der Nationalsozialisten 1920-1933, Frankfurt/M. u.a. 1991, S. 254.

Unhöflichkeit seine Entschlossenheit gezeigt, die Angelegenheit auf dem gleichen Niveau weiter zu behandeln, auf dem er dies bei dem morgendlichen Telefongespräch begonnen hatte. Als ich ihn sah, konnte mich dies allerdings nicht mehr wundern, denn es war auch eine äußere Veränderung mit ihm vorgegangen. Der "unpolitische" Mann glänzte nunmehr nämlich im Schmucke eines weithin sichtbaren Hakenkreuzes. Bisher war es auch für die reaktionärsten Parteibullen auf Richterstühlen undenkbar gewesen, in solcher Art im Gerichtssaal die eigene Voreingenommenheit und den eigenen Mangel an Unabhängigkeit zur Schau zu stellen. Formell genügte er der noch immer bestehenden Rechtslage, dass ein Richter keine politischen Demonstrationen vornehmen durfte. Er hatte nämlich das Hakenkreuz nicht an seiner Richterrobe oder an seinem Barett befestigt, sondern an seinem darunter befindlichen Anzug, hatte aber die Robe so weit offen gelassen, dass man das Hakenkreuz nicht übersehen konnte. Ich musterte das Konjunkturschmuckstück intensiv mit meinen Blicken, lächelte ein wenig verächtlich, sagte aber nichts und nahm am Verteidigertisch Platz. Er war seinerseits über den Ausdruck meiner stillschweigenden Verachtung sichtlich wütend und sah mich höhnisch an, als ob er sagen wollte: "Nun kannst Du mir nichts mehr anhaben, auch wenn ich meine wahre Natur und das volle Maß meiner Parteilichkeit zeige". Die Verhandlung der Sache selbst war dann von kurzer Dauer. Der Angeklagte war des ihm zur Last gelegten Deliktes geständig, und der Staatsanwalt beantragte nach dem Ende der Beweisaufnahme eine relativ maßvolle Strafe. Ich hatte gegen den Antrag des Staatsanwaltes nur wenig zu sagen. Der Richter erließ dann nach kürzester Überlegung ein Urteil, bei dem er, als wolle er mir noch besonders meine Überflüssigkeit in diesem Saale zum Bewusstsein bringen, noch etwas unter dem Strafantrag des Staatsanwalts blieb, den ich meinerseits nicht bekämpft hatte. Um 1/2 elf Uhr war die Sitzung bereits beendigt, und da das Gerichtsgebäude noch von denselben jungen Burschen bewacht war, die mich schon morgens gesehen hatten, gelangte ich ohne weitere Umstände wieder ins Freie.

140. *Letzter Bürovormittag*

Wohin geht ein deutscher Verteidiger nach Beendigung einer Gerichtssitzung? Die "Herrenrasse" war nicht selten bei Bier und Weisswurst zu finden. Die jüdische Unterrasse aber, in ihren meisten Exemplaren wenigstens, ging in ihr Büro. So machte ich es auch an diesem Vormittag, obwohl ich mir bei Aufwand auch nur einiger Vernunft hätte sagen müssen, dass ich auf solche Weise meinen Feinden ebenso leicht in eine Falle gehen könne, wie dies meinem Sozius schon in dieser Nacht passiert war und wie es mir selbst nur nicht auf Grund eines wahrhaft unverdienten Glückes passiert war. Sei es, dass ich durch mein früheres Leben gegen Gefahren einigermaßen abgebrüht war, sei es, dass ich eben nur einfach dumm war, ich rief nicht einmal erst dort an, ob die Luft rein sei. Auf dem Wege zu meinem Büro hörte ich von Bekannten, die mir begegneten, genug Dinge, die mich zur Vorsicht hätten veranlassen sollen. Es waren verschiedene Münchener Sozialdemokraten, darunter der Vorsitzende des sozialdemokratischen Vereins, ein sehr anständiger und ruhiger, städtischer Beamter, der den Nazis noch nie ernstlich gefährlich geworden war, verhaftet worden[1143]. Einen jüdischen Kollegen, der in der Polizeidirektion in einer Rechtssache eine Beschwerde vertreten wollte, hatten die Nazibanditen schwer misshandelt, bis auf das Hemd ausgezogen und im Hemd durch die Stadt geführt, mit einem Schild über die Brust, auf dem zu lesen stand: "Ich Jude werde mich nie mehr über die Polizei beschweren"[1144]. Es gingen Gerüchte um, dass der Rabbiner von München[1145] auf einen Exerzierplatz geschleppt worden sei, und dass die Kerle sich zu ihrer Erheiterung damit beschäftigt hätten, ihn durch Vorhalten von Revolvern und Gewehrläufen in Todesangst zu versetzen. Man hörte, dass die Nazis das Gewerkschaftshaus einschließlich des Reichsbanner-Büros "erobert" hätten[1146]. Die Stelle des bayrischen Justizministers war mit Frank II besetzt worden. Bayrischer Innenminister war ein gewisser Wagner[1147] geworden, den ich in seiner

[1143] Es handelt sich hierbei um den späteren Oberbürgermeister von München THOMAS WIMMER (07.01.1887-18.01.1964). Vgl.: HELMUT M. HANKO, Thomas Wimmer (1887-1964). Entwicklung und Weg eines sozialdemokratischen Kommunalpolitikers, München 1977, S. 96 ff.

[1144] MICHAEL SIEGEL (1882-05.03.1979), Rechtsanwalt in München von 1910-13.11.1938, danach Emigration nach Peru, ab 1948 wieder als Anwalt in München zugelassen. Vgl.: ERWIN FREIHERR VON ARETIN, in: Süddeutsche Zeitung 07./08.03.1953. Vgl.: Im Namen des Volkes. Justiz und Nationalsozialismus, hrsg. vom Bundesministerium der Justiz, Köln 1989, Abb 81. Vgl.: HORST GÖPPINGER, Juristen jüdischer Abstammung im "Dritten Reich", 2. Aufl., München 1990, S. 49 und 317.

[1145] Der Münchner Rabbiner DR. LEO BAERWALD (20.09.1883-08.04.1970) wurde entführt und es wurde ihm seine Erschießung angedroht. Vgl.: PETER HANKE, Zur Geschichte der Juden in München zwischen 1933 und 1945, München 1967, S. 30. Vgl.: BHE I, S. 32. Vgl.: WINFRIED BECKER, Die nationalsozialistische Machtergreifung in Bayern. Ein Dokumentarbericht Heinrich Helds aus dem Jahr 1933, in: Historisches Jahrbuch 112. Jg. (1992), S. 434 f.

[1146] Vgl.: LUDWIG EIBER, Polizei, Justiz und Verfolgung in München 1933-1945, in: München – "Hauptstadt der Bewegung", München 1993, S. 241-246.

[1147] ADOLF WAGNER (01.10.1890-15.04.1944), seit 1923 NSDAP; 1924 Mitglied des Landtages; 1928 Gauleiter Oberpfalz, 1929/30 Gauleiter München/Obb; ab 1933 bayerischer Innenminister; ab 1936 auch Kultusminister, 1942 Schlaganfall. Vgl.: PETER HÜTTENBERGER, Die Gauleiter. Studie zum Wandel des Machtgefüges in der NSDAP, Stuttgart 1969. Vgl.: BBB, S. 814.

Eigenschaft als Leiter des oberbayrischen Gaublattes der Nazis in den Jahren zuvor ein um das andere Mal der gerichtlichen Bestrafung und der Pfändung wegen der von ihm geschuldeten Anwaltskosten zugeführt hatte. Es konnte einem nur die Wahl weh tun, welcher von diesen beiden nunmehr für Justiz und Polizei verantwortlichen bayrischen Ministern der üblere Fanatiker, Judenhetzer und Demokratenfresser war. Von dem neuen bayrischen Ministerpräsidenten war irgend ein Schutz nicht zu erwarten[1148]. Es war der Bürgermeister des kleinen bayrischen Landstädtchens Lindau am Bodensee, eine Null, deren Namen in den Mund zu nehmen wahrhafter Überfluss wäre, ein nebensächlicher und unerheblicher Bürokrat, der sich früh den Nazis angeschlossen und trotz seiner anerkannten Talentlosigkeit nun vorläufig einmal auf das richtige Pferd gesetzt hatte. Dass die Nazis für die Leitung des Ministeriums des zweitgrößten deutschen Staates niemand anders zur Verfügung hatten, zeigte nicht nur ihren gänzlichen Mangel an Persönlichkeiten, es bewies vielmehr für jeden Kenner der Verhältnisse auch, dass sie mit den deutschen Einzelstaaten offenbar rasch würden aufräumen wollen. Ebensowenig aber waren mäßigende Einflüsse von dem über dem Ministerium thronenden "Reichskommissar", dem General von Epp, zu erwarten. Die nazistische Geschichtslüge, als sei dieser General, der sich im April 1919 willig für bares Geld in die Dienste der rein sozialdemokratischen Regierung Hoffmann stellte, der "Befreier" Münchens gewesen, haben wir bereits in allen Einzelheiten in diesen Erinnerungen kennen gelernt. Wir wissen auch bereits, dass er durch sein übermäßig frömmelndes Wesen sich selbst in dem überwiegend katholischen Bayern dem Gespött der Bevölkerung aussetzte, weil ihm niemand diese Frömmigkeit glaubte. Von dem Moment an, wo sich die Konjunktur zu Schückelgruber hinüberneigte, fand man ihn erst auf Seite der kulturlosen und kirchenfeindlichen Nazis. Als ich im Jahre 1929 eines Abends in das Münchener Restaurant Schleich zum Essen kam, sah ich zum ersten Mal Schückelgruber und Epp bei einem Glase Wein zusammen sitzen. Damals waren noch beide sichtlich unangenehm von dem Erscheinen eines kundigen Zeugen berührt, der den Wert dieser neuen Liebe zu ermessen vermochte. Epp hütete sich aber, als ein echter Konjunkturist, sich offiziell irgendwie für die Nazis zu exponieren, ehe er sich nicht ganz sicher glauben konnte, dadurch "zum Zuge" zu kommen.

[1148] Ludwig Siebert (17.10.1874-01.11.1942), NSDAP, Staatsanwalt; seit 1924 Oberbürgermeister von Lindau; seit 1931 NSDAP; 1933-1942 Mitglied des Reichstages; 1933-1942 bayerischer Ministerpräsident und Finanzminister, ab 1936 auch Wirtschaftsminister. Vgl.: Das deutsche Führerlexikon 1934/35, S. 457. Vgl.: BBB, S. 727.

Als ich kurz nach 11 Uhr vormittags in meinem Büro anlangte, herrschte dort nicht geringe Aufregung. Unseren Mitarbeitern und dem Personal steckte naturgemäß noch der Schrecken über die Verhaftung des ältesten ihrer drei Chefs in den Gliedern. Eine Viertelstunde zuvor aber hatte noch überdies das Personal eines der größten Münchener nazistischen Anwaltsbüros meinem Personal telefoniert, sie wüssten aus autoritativster Quelle, dass meine Verhaftung für diesen Nachmittag zwischen vier und fünf Uhr vorgesehen sei und man solle deshalb dafür sorgen, dass ich verschwinde. Ich kann dieses Büro nicht nennen, ohne die betreffenden Leute zu gefährden. Ich hatte aber allen Grund, die Warnung für fundiert zu halten. Der Grund der Zuneigung des Personals zu mir, die den Anlass zu dieser menschlich anständigen Warnung bildete, war mir bekannt. In einem großen Teil der Anwaltsbüros waren viele Jahre lang Angestelltengehälter von schändlicher Niedrigkeit bezahlt worden. Die Nazis, an ihrer Spitze Frank II, hatten sich durch schofle und unsoziale Haltung auf diesem Gebiet immer besonders ausgezeichnet. Bei mir hatte eines Tages eine Schreibkraft sich um eine Stellung beworben, der der vornehme Frank II für einen achtstündigen Arbeitstag ein Monatsgehalt von 40 Reichsmark, bezahlte. Ich hatte diesen Übelstand mit durchgreifendem Erfolg bekämpft. Zunächst hatte ich versucht, den Anwaltsverein München als die Standesorganisation zum Abschluss eines Tarifvertrages mit einigermaßen menschenwürdigen Mindestgehältern zu veranlassen. Die Leitung des Vereins berief zur Klärung dieser Frage eine außerordentliche Generalversammlung ein und ernannte zum Referenten einen tariffeindlichen Unternehmersyndikus. Um mich an die Beschlüsse des Vereins, wenn möglich, zu binden, tat man mir die Ehre an, mich zum einzigen Korreferenten zu ernennen. In der Generalversammlung erwies sich die Mehrheit des Vereins als tariffeindlich und der Antrag auf Abschluss eines Tarifvertrages mit den Angestelltenorganisationen wurde niedergestimmt. Ich hatte schon in meinem Korreferat angekündigt, dass die sozial eingestellten Anwälte sich mit einem negativen Beschluss nicht zufrieden geben würden. Nach der angestelltenfeindlichen Abstimmung des Vereins begründete ich, zusammen mit etwa fünfzig angestelltenfreundlichen Münchener Kollegen, eine freiwillige Gemeinschaft von Arbeitgebern aus dem Anwaltsstande, die mit den Angestelltenorganisationen, ohne einen Druck von außen, einen freiwilligen Tarifvertrag abschloss. Nach dem Gesetz konnte die staatliche Behörde einen freiwilligen Tarifvertrag zwangsweise für allgemein verbindlich erklären, wenn er im Tarifgebiet "überwiegende Bedeutung" erlangt hatte. Da in unserem Tarifgebiet außer diesem freiwilligen Tarifvertrag kein anderer bestand, hatte er von selbst "überwiegende Bedeutung" und wurde auf Antrag der Angestelltenorganisationen für allgemein verbindlich erklärt, worauf die Behörde viele Hunderte von widersetzlichen Anwaltsbüros einzeln vorlud und mit jedem von ihnen einen Zwangstarifvertrag auf der Basis unseres freiwilligen Tarifvertrages abschloss. Meine langjährigen Bemühungen um eine nachhaltige Verbesserung der sozialen Lage der Anwaltsangestellten hatten damit einen vollen Erfolg errungen. Die Konsequenz eines solchen Erfolges, die auch in diesem Fall eintrat, war immer dieselbe. Einerseits beschimpften mich die reaktionärsten Anwälte, denen jede Sozialgesetzgebung ein Dorn im Auge war, als Verräter des Standes, andererseits aber verleumdeten mich die Kommunisten, ich hätte es nur darauf abgesehen, im Interesse des Geldbeutels der Anwälte die Angestellten durch Friedensverträge zu "lähmen", um sie an der Durchführung "wahrer Klassenkämpfe" zu verhindern. Die Gewerkschaften aller Richtungen aber erkannten an, dass durch das selbstständige Vorgehen der sozial eingestellten Münchener Rechtsanwälte das Beste für die Angestellten herausgeholt worden sei, und die in den Gewerkschaften organisierten Angestellten bewahrten mir und den mit mir cooperierenden Anwälten freundliche Zuneigung. So konnte ich an diesem Tage ausnahmsweise von meiner politischen und sozialpolitischen Überzeugung einmal einen Vorteil einheimsen, indem Leute, die mich nicht persönlich kannten, mir durch diese Warnung ihre Verbundenheit zu beweisen suchten.

Unser dritter Sozius[1149] und die übrigen Angehörigen meines Büros bedrängten mich nun energisch, ich solle mich in Sicherheit bringen und ins Ausland gehen. Hiergegen wehrte ich mich entschieden und gebrauchte dabei Argumente, die ich heute nur als höchst unbegabt ansehen kann. Ich gab zu, dass mir momentan irgend eine öffentliche, ja auch nur berufliche Wirksamkeit unmöglich sein werde, hielt es aber für ausreichend, dass ich innerhalb der Stadt selbst für einige Tage verschwinde. Ich hielt immer noch das Ganze für einen Spuk, ja für einen Witz und glaubte keinesfalls, dass es Schückelgruber gelingen werde, Deutschland ohne wesentlichen Widerstand von vielen Seiten in seine Tasche zu stecken. Meine demokratische Erziehung erlaubte mir sozusagen einfach nicht, dies für möglich zu halten. Ich war zwar nicht so tüchtig wie Richter Frank, der kurz zuvor im Gespräch geäußert hatte, Schückelgruber könne in Bayern nicht regieren, weil er dort "keine Mehrheit" habe. Allein ich glaubte, dass nunmehr alle nichtfaschistischen Elemente in Deutschland zum Kampf gegen Schückelgruber aufzustehen hätten, in erster Linie der Reichstag und der Reichsrat, die verfassungstreuen Teile der Armee und der Justiz, – sol-

[1149] Dr. Ludwig Regensteiner (09.09.1889-Juli 1974 in Providence USA), Sozius von Loewenfeld. Vgl.: Anmerkung 971.

che gab es tatsächlich – die noch nicht in Schückelgrubers Hand befindlichen Regierungen der Einzelstaaten, die Kirche, die Intelligenz, insbesondere die Universitäten und vor allem schließlich die gesamte Arbeiterschaft und sogar ein wesentlicher Teil des deutschen Kapitalismus. Ich fand, dass man sich für diese große Auseinandersetzung bereit zu halten habe und dass ich deshalb das Land nicht verlassen könne. Meine Büroangehörigen redeten heftig im gegenteiligen Sinne auf mich ein und waren einigermaßen verzweifelt, als sie sahen, dass sie keine Wirkung erzielten.

Nach Schückelgruber ist der Jude in erster Linie ein Materialist. Wenn dies auch bestimmt nicht wahr ist, so muss ich doch bekennen, dass ich mich in jener Stunde durch eine rein materielle Erwägung bestimmen ließ, mich auf einige Tage in die Schweiz zu begeben, statt mich in München zu verstecken. Als wir gerade in heftigster Auseinandersetzung waren, erschien unsere treue Bürovorsteherin Anna Bachmaier in meinem Arbeitszimmer und zeigte mir den Terminkalender für die nächsten Tage. Aus ihm ergab sich, dass ich in einer Sache, in der ich einen Honorarvorschuss von 5000 Mark erhalten hatte, zwei Tage später in Zürich-Schweiz eine längst vereinbarte, berufliche Konferenz abzuhalten hatte. Diesen Vorschuss hätte ich vermutlich eingebüßt, wenn mir die Abhaltung der Konferenz nicht möglich gewesen wäre. Sobald ich hieran erinnert wurde, sagte ich: "Kinder, den Vorschuss schenke ich dem Schückelgruber nicht. Für mich ist der ganze Schückelgruber keine 5000 Mark wert. Ich fahre nach Zürich, wenn ich noch durchkommen kann". Dabei dachte ich nicht entfernt daran, dann etwa in Zürich zu bleiben. Ich hielt es vielmehr für selbstverständlich, dass ich zurückkommen würde, wie ich, weniger als eine Woche zuvor, von meiner letzten Reise nach Zürich zurückgekommen war. Ich entschied nun sofort, dass nichts in meine Wohnung bezüglich meines Vorhabens gemeldet werde, um weder meine Kinder noch meine Hausangestellten, noch die in München verbliebene Gattin meines Gastes zu gefährden. Es war mittlerweile zwölf Uhr geworden. Aus den vorliegenden Nachrichten wussten wir, dass mit einem Versuch meiner Verhaftung zwischen 4 und 5 Uhr nachmittags zu rechnen war, sei es, dass dieser Versuch in meiner Kanzlei, sei es, dass er in meiner Wohnung, sei es, dass er an beiden Stellen gemacht werde. Wir stellten aus dem Eisenbahnfahrplan fest, dass der nächste Schweizer Schnellzug 55 Minuten später abgehen und gegen fünf Uhr nachmittags die deutsche Grenzstation Lindau passieren werde. Falls ich mit diesem Schnellzug noch mitkommen konnte, musste ich damit rechnen, dass bei pünktlichem Beginn der Verhaftungsaktion von meinem Büro oder von meiner Wohnung aus telegraphische Grenzsperren für mich verhängt würden und dass ich auf diese Weise meinen Feinden in eine Falle gehen würde. Ich beschloss, auf dieses Risiko hin die Reise anzutreten.

Unser jüngerer Sozius wendete ein, ich hätte ja kein Gepäck. Nun war die Reihe der Heiterkeit an mir, trotz der erregten Stimmung, in der wir uns alle auf Grund der Situation befanden. So gab es also doch noch einen Menschen, der noch mehr Ordnungsvorstellungen hatte als ich. Ich ließ mir vom Personal als einziges "Gepäck" die Akten des Falles geben, den ich drüben erledigen sollte. Im Ausland hatte ich, als ein gesetzestreuer Deutscher, keinen Pfennig Geld. Die Freigrenze für die Mitnahme von Geld war nach den Devisengesetzen 200 Mark. Lediglich diesen Betrag steckte ich für die Reise ein. Denn einmal wollte ich den Nazis keinerlei Grund oder Vorwand geben, mich für "kriminell" zu erklären, und weiterhin hielt ich diesen Betrag für die kurze Zeit meines Auslandsaufenthaltes auch für vollständig ausreichend.

Als ich eben im Begriff war, das Büro zu verlassen, wurde ich ans Telefon gerufen. Es meldete sich unter voller Namensnennung ein Staatsanwalt, der in einem bayrischen Grenzbezirk amtierte. Ich hatte gelegentlich in Strafprozessen gegen ihn als den Vertreter der Anklagebehörde plädiert und wusste, dass er mich persönlich respektierte. Zu meiner nicht geringen Überraschung sagte mir der Beamte, er könne sich vorstellen, dass ich jetzt in erheblichen Schwierigkeiten wegen meiner Sicherheit sei. Wenn es mir von Nutzen sein könne, könne ich über ihn verfügen. Er kenne Weg und Steg im Grenzbezirk und garantiere mir, dass er mich ungefährdet über die Grenze bringen könne.

Ich war über den großen Anstand dieser zweifellos aufrichtig gemeinten Offerte ebenso gerührt, wie über die große Harmlosigkeit des Angebots über das staatliche Telefon niedergeschlagen. Ich erwiderte nur: "Mein lieber Herr Staatsanwalt, ich weiss Ihre menschliche Haltung hoch zu schätzen, nachdem Sie mir aber Ihre Offerte über das staatliche Telefon gemacht haben, kann ich sie schon aus diesem Grund nicht annehmen". Nun merkte der Mann erst, welche Dummheit er gemacht hatte und sagte nur in einem jämmerlichen Ton: "Ach je, ach je, was habe ich da gemacht"! Ich sagte nur noch kurz, es sei leider zu spät und auch nicht zweckmäßig, hierüber zu sprechen, und verabschiedete mich von ihm.

Auch wenn mir der Mann seine Offerte nicht über das Telefon gemacht hätte, hätte ich sie ohne weiteres abgelehnt. Denn ich war bereits entschlossen, offiziell, unter Vorzeigung meines gültigen Reisepasses, mit einem fahrplanmäßigen Zug die Grenze auf die Gefahr meiner Gefangennahme zu passieren. Hätte ich die deutsche Grenze illegal überschritten, dann war mir ja jede Rückkehr ins Inland versperrt, dann war ich als "flüchtig" abgestempelt und hatte, vom Standpunkt meiner Feinde gesehen, eine "Schuld" zugegeben. Ich war viel zu lange und nachhaltig als Verteidiger in Kriminalsachen jedweder Art berufstätig gewesen, um nicht die schwere Bedeutung des billigen Arguments zu kennen, der Angeklagte sei "geflohen". Den Gedanken einer "Flucht" lehnte ich deshalb energisch ab, ich war nur bereit, die Grenze regulär als ein in rechtmäßiger Ausübung seines Berufes befindlicher Rechtsanwalt zu überschreiten. Auch in soweit also war ich noch vollkommen von den Rechts- und Ordnungsvorstellungen der Vergangenheit beherrscht und überlegte keinen Moment, dass meine nazistischen Feinde nicht einer Rechtsordnung bedürfen würden, um mich zu vernichten. Mich gegen illegale Akte meiner Feinde irgendwie zu beschützen, hatte ich aber immer abgelehnt.

Mit meinen Büroangehörigen vereinbarte ich noch, dass ich nach erfolgreichem Überschreiten der Schweizer Grenze von der ersten Schweizer Schnellzugsstation die Worte: "Sache erledigt" depeschieren würde.

141. *Flucht in die Schweiz*

Der Hauptbahnhof München war heftig überfüllt, und die Hallen waren von uniformierten Nazis stark überwacht. Zu meinem Erstaunen aber waren an den Bahnsteigen keinerlei Kontrollen eingerichtet, sodass jedermann, der sich eine Fahrkarte gekauft hatte, in den Schweizer Schnellzug einsteigen konnte. Die vier Schnellzugsstunden von München bis zur Grenzstation verliefen einigermaßen quälend, obwohl ich nicht wusste, dass es meine letzte Fahrt durch die mir lieben und vertrauten Gegenden meiner Heimat sein werde. Ich legte mir wiederholt die Frage vor, ob es nicht doch eine große Dummheit sei, an einem für mich so gefährlichen Tage offiziell die sicherlich nazibewachte, deutsche Grenze zu überschreiten, ob es nicht richtiger gewesen wäre, doch dem unvorsichtigen Angebot des Staatsanwalts aus dem Grenzbezirk zu folgen, ob nicht gerade die Schweizer Grenze am stärksten bewacht sein werde und ob ich nicht besser die mir wohlbekannten Wege nach der Tschechoslowakei zu Fuß gemacht hätte, um mein Ziel eines, wenn auch nur kurzen Auslandsaufenthaltes zu erreichen. Von der Tschechoslowakei nach Zürich konnte man damals noch außen um Deutschland herum in zirka 18 Stunden fahren. So oft der Zug hielt, überlegte ich immer von neuem, ob ich nicht doch aussteigen und eine weniger gefährliche und weniger offizielle Route wählen sollte. Ich hatte bei dem Gericht der Grenzstation Lindau und bei dem diesem übergeordneten Gericht in früherer Zeit eine größere Reihe von Strafprozessen, darunter solche mit politischem Einschlag, geführt. Deshalb musste ich damit rechnen, von wachhabenden Nazis vielleicht erkannt zu werden. Ich bezwang mich aber in jeder einzelnen Station von neuem, sitzen zu bleiben und meinen einmal gefassten Entschluss auszuführen. Dass mich dies nervös machte, wiewohl ich sonst nicht als nervös gelte, konnte ich an verschiedenen Symptomen bemerken. Wie wohl ich damals schon seit Jahren ein Nichtraucher war, fühlte ich schließlich eine Art Zwang in mir, im Speisewagen eine Schachtel Zigaretten zu kaufen. Die fünfundzwanzig Stück hatte ich in weniger als drei Stunden geraucht. Sie konnten mich naturgemäß weder beruhigen noch mir die Reise angenehmer machen. An vielen Stellen sah man auf der Fahrt schon die Hakenkreuz-Fahne, das widerliche Symbol der Nazibanditen, flattern. Mir wurde das Herz schwer, als ich sehen musste, dass die Kerle zum Teil auch schon die liebliche Landschaft verschandelt hatten. Aus schönen bewaldeten Hügeln hatten sie Bäume in einer Anordnung herausgeschnitten, dass die leeren Stellen die Form eines Hakenkreuzes ergaben. Die Spannung wuchs immer mehr, je mehr sich der Zug der Grenzstation Lindau näherte.

Bevor ein Eisenbahnzug in den Bahnhof Lindau einfahren kann, hat er eine Brücke zu passieren, die über eine Bucht des Bodensees zu der auf einer Halbinsel liegenden Stadt Lindau führt. Die Eisenbahnzüge mussten auf dieser Brücke langsam fahren. Als mein Zug eben die "Seebrücke" passierte, begegnete er dem aus entgegengesetzter Richtung kommenden Schnellzug Zürich-München, der demnach soeben von der Schweiz auf deutschem Boden einpassiert war. Als sich die beiden Züge beinahe im Schritttempo kreuzten, sah ich plötzlich an einem Fenster des in Richtung München fahrenden Zuges meine Frau sitzen. Sie war in eine Zeitung vertieft und sah mich glücklicherweise nicht. Ich hätte, nachdem ich in München beschlossen hatte, in die Schweiz zu fahren, keine Möglichkeit mehr gehabt, meine Frau vor ihrer Abfahrt nach München zu verständigen, weil sie zu jener Zeit schon nicht mehr erreichbar gewesen wäre, auch wäre es undenkbar gewesen, ihr ins Ausland zu telefonieren, ohne den Erfolg meines Vorhabens zu gefährden. So hatte ich es in Kauf nehmen müssen, sie heftig zu erschrecken, wenn sie mich bei ihrer Ankunft in München nicht am Bahnhof finden würde und hatte unseren dritten Sozius gebeten, sie an meiner Stelle am Zuge abzuholen. Der Moment, in dem ich sie vorüberfahrend am Fenster sitzen sah, ist eine Art schmerzlicher Haltepunkt meines Gedächtnisses geworden.

Im nächsten Augenblick lief der Zug in die Lindauer Bahnhofshalle ein. Ich blickte zum Fenster hinaus und sah ein großes Aufgebot uniformierter S.A.-Leute, die offenbar zur Kontrolle der Passagiere bestellt waren. Niemand durfte den Zug vor dieser Kontrolle verlassen. Ich sah, wie sie in größerer Zahl in den vordersten Wagen hinter der Lokomotive einstiegen und hatte nun zu warten, bis sich die braune Pest langsam an mich heranschlich. Aus den Wagen vor mir hatten sie schon einige Leute herausgeholt, ehe sie endlich in mein Abteil gelangten. Zwei der Burschen traten ein und knurrten mich an: "Pass bitte"! Ich reichte ihnen meinen Pass hin, in der Erwartung, dass sie mich im nächsten Augenblick auch auffordern würden, aus dem Wagen herauszukommen, wenn sie meinen Namen lesen würden. Glücklicherweise schauten aber die Burschen garnicht auf den Namen, sondern nur auf die Seite, auf der verzeichnet war, wann der Pass ablaufe. Als sie gesehen hatten, dass der Pass noch gültig war, gaben sie ihn mir wortlos zurück und gingen weiter. Die ihnen folgenden offiziellen Grenzbeamten, die zu fürchten ich keinen Grund hatte, machten mir dann den Grenzübertrittsstempel in den Pass[1150].

Ich konnte aufatmen. Der gute Verlauf dieser Kontrolle schien mir zu beweisen, dass in der Grenzstation Lindau noch keinerlei Haftbefehl der Nazis gegen mich vorlag. Immerhin konnte er noch jeden Augenblick kommen, denn der Zug stand, nachdem ich kontrolliert worden war, noch mindestens zwanzig Minuten in der Bahnhofshalle. Als er sich endlich in der Richtung der Grenze langsam in Bewegung setzte, war es mir, als sei mir ein schwerer Stein vom Herzen gefallen. Das Abenteuerliche und Leichtsinnige meines Experimentes, den Nazis eventuell offiziell in die Hände zu fallen, kam mir stärker zum Bewusstsein, nachdem es geglückt war. Nach Durchfahrung des kleinen oesterreichischen Landstreifens, der an dieser Stelle Deutschland von der Schweiz trennte, erreichte ich die Schweizerische Grenzstation St.Margarethen und sandte während des kurzen Aufenthaltes in dieser Station das vereinbarte Telegramm: "Sache erledigt" an mein Büro ab. Das kurz darauf in meinem Büro eintreffende Telegramm konnte die Bürovorsteherin noch gerade in ihrer Bluse verschwinden lassen. Denn um diese Zeit war das zu meiner Verhaftung aufgebotene Detachement von Polizeibeamten und S.A.-Leuten bereits in meinem Büro eingetroffen und hielt Haussuchung. Es empfing von meiner Bürovorsteherin und unserem dritten Sozius die bedauerliche Nachricht, dass ich momentan nicht anwesend sei und dass man annehme, ich befände mich irgendwo in der Stadt zu einer Besprechung. Sie schienen dies nicht zu glauben, denn sie ordneten von meinem Telefon aus funkentelegraphische Benachrichtigung aller bayrischen Grenzstationen an, mit dem Hinweis, dass man mich festnehmen solle, wenn ich eine dieser Grenzstationen passierte. Wäre der Zug eine halbe Stunde später durch Lindau gekommen oder hätte er sich dort eine halbe Stunde länger aufgehalten, dann hätten mich die Nazibanditen demnach erwischt.

[1150] Vgl.: Der Reisepass ist erhalten geblieben und liegt heute im Schweizerischen Bundesarchiv in Bern (E 4264 1988/2: P 28'816 in Bd. 264).

Um acht Uhr abends traf ich in Zürich ein und begab mich zunächst zu einem dort wohnenden Verwandten, um mir einen Handkoffer auszupumpen, damit ich beim Absteigen in einem Hotel wenigstens "Gepäck" hatte. Er lieh mir außer dem Handkoffer noch ein Nachthemd, eine ungebrauchte Zahnbürste und ein Stück Seife, sodass ich in wahrhaft fürstlicher Ausstattung mich in die Gästeliste eines Züricher Hotels einschreiben konnte.

Noch an demselben Abend telefonierte ich mit meiner mittlerweile in München angelangten Frau. Wiewohl schon Grenzsperre und Haftbefehl gegen mich bestand, war die Telefonverbindung offenbar noch unkontrolliert. Der Terror funktionierte in den ersten Tagen der Naziherrschaft naturgemäß noch nicht lückenlos. Meine Frau konnte mir deshalb am staatlichen Telefon erzählen, dass nicht nur der Verhaftungsversuch in meinem Büro vorgenommen sei, sondern dass zu der gleichen Zeit auch ein größeres Detachement von S.A. und Polizei in meinem Hause erschienen sei, um sich meiner zu bemächtigen. Meine Frau war um diese Zeit in dem Hause noch nicht eingetroffen gewesen. Die noch anwesende Gattin meines Gastes hatte, nachdem sie sich rasch mit einer gehörigen Portion Cognac Mut angetrunken hatte, zusammen mit meiner ältesten Tochter und der Köchin, den ungewohnten Besuch empfangen und die Auskunft gegeben, dass ich vermutlich in meinem Büro sei. Als ihr erwidert wurde, dies sei nicht der Fall, sagte sie – was vollkommen der Wahrheit entsprach – nur, es liege keine andere Nachricht von mir vor. Die Eindringlinge nahmen darauf Haussuchung vor, bei der sie meine älteste, damals sechzehn Jahre alte Tochter führte. Sie schnüffelten vom Keller bis zum Dach alles durch, waren aber sonst anständig, stahlen auch nichts. Das Einzige, was sie mitnahmen, waren einige unwesentliche Mitglicdskarten von Vereinen. Meine Frau sagte mir, noch im Laufe des Abends sei weder in meinem Büro noch in meiner Wohnung eine Wiederholung des Versuches meiner Verhaftung gemacht worden. Naturgemäß musste für die Nacht und den nächsten Tag mit derlei gerechnet werden.

In den nächsten drei Tagen verfolgte ich in Zürich mit Spannung und Schaudern den Weitergang der Dinge in meiner Heimat. Nach Ablauf der drei Tage war ich soweit, dass ich meiner Frau und meinem Sozius mitteilte, ich würde nie wieder nach Deutschland zurückkehren. Was mich zu diesem Entschluss bewog, waren nicht die inzwischen errungenen weiteren Erfolge der Nazis, sondern die Summe der Mitteilungen, die ich über die Haltung der Nichtnazis empfing.

142. *Ende der SPD in Deutschland*

Mit den Leuten meiner Partei konnte ich keine Verbindung aufnehmen, ohne sie zu gefährden. Ich erfuhr aber durch meine Verbindungen in der Schweiz immerhin soviel, dass es weder in München und Bayern, noch in irgend einem anderen Teil von Deutschland zu einem organisierten Widerstand von sozialdemokratischen Organisationen oder Gewerkschaften gekommen war. Nach wenigen Tagen verlautete sogar, dass der Reichstag demnächst zusammentreten werde, dass Hitler von ihm ein Ermächtigungsgesetz verlangen werde, nach dessen Inhalt er praktisch mit Deutschland machen konnte, was er wollte, und dass jeder Abgeordnete, der diesem Gesetz nicht zustimmen werde, in persönlicher Gefahr sei. Dass dieses Gesetz eine Mehrheit finden werde, stand fest, wenn selbst nur Nazis und Deutschnationale dafür stimmten[1151]. Mir war es daher unfassbar, als ich hörte, dass die sozialdemokratische Fraktion sich als ein Ganzes an der Reichstagssitzung beteiligen und gegen das Gesetz stimmen werde. Ich verkannte nicht, dass hiezu hoher persönlicher Mut jedes einzelnen gehörte, jedoch ein Mut, der entschlossen für das Falsche eingesetzt wurde. Denn durch die Beteiligung der Sozialdemokraten an einer solchen, in ihrem Ergebnis von vorneherein feststehenden Komödie verliehen sie im Inland und im Ausland der ganzen Terrortagung den Schein einer Legalität, den ihr nicht zu verleihen in meinen Augen ihre oberste politische Pflicht gewesen wäre. Tatsächlich hat die sozialdemokratische Fraktion diese selbstmörderische Absicht ausgeführt. Ihre Ablehnung des Ermächtigungsgesetzes wurde von dem Parteivorsitzenden[1152] in sehr mutiger Weise begründet und zog der Fraktion nicht nur die erwartete Niederlage, sondern darüber hinaus eine von Schamlosigkeit, Hohn und Spott triefende Rede Schückelgrubers zu, die ihrem wesentlichen Inhalt nach nur besagte, es sei ihm angenehm, dass sich die Sozialdemokraten allein gegen ihn gewendet hätten, denn diese Gespenster seien abserviert und "nicht mehr benötigt"[1153]. Diese schmutzige Abfuhr hinderte die sozialdemokratische Fraktion nicht, fast zwei Monate später sich nochmals an einer sogenannten Reichstagssitzung zu beteiligen und bei der Gelegenheit sogar ihre Stimmen *für* die "Außenpolitik" Schückelgrubers abzugeben, nachdem ihnen von dem Nazi

[1151] Hier irrt Philipp Loewenfeld; denn zur Verfassungsänderung war eine 2/3 Mehrheit erforderlich.

[1152] Otto Wels (15.09.1873-16.09.1939), SPD, Parteivorsitzender. Vgl.: Wilhelm Heinz Schröder, Sozialdemokratische Parlamentarier in den Deutschen Reichs- und Landtagen 1867-1933, Düsseldorf 1986, S. 796. Vgl.: Max Domarus, Hitler. Reden und Proklamationen, Bd. 1/1, München 1965, S. 239 ff.

[1153] Vgl.: Max Domarus, a.a.O., S. 242-246.

Frick ihre Ermordung für den Fall der Nichtzustimmung angedroht worden war[1154]. Schückelgruber gebärdete sich bei dieser Reichstagsrede als "Pazifist". Er bestritt die Behauptung, dass es in Deutschland irgend eine Aufrüstung gebe. Er bestritt, dass das Naziprivatheer, die S.A. und die S.S., militärisch organisiert sei. Er bekannte sich zu Völkerbund und Frieden und erklärte, die Abwehr des Bolschewismus sei der einzige Grund der Naziumwälzung gewesen, Deutschland sei das einzige Land, das Angst vor einer Invasion haben müsse[1155]. Unter dem persönlichen Beifallsklatschen Schückelgrubers hat die gesamte[1156] sozialdemokratische Fraktion dieser unverschämtesten aller von ihm je gehaltenen Lügenreden einstimmig ihre Zustimmung gegeben. Sie war damit in der Tat endgültig als politisch erledigt anzusehen. Die Männer, die diese Zustimmung gaben, habe ich zum größten Teil persönlich gekannt. Keiner von ihnen war ehrlos. Sie handelten alle unter stärkstem erpresserischen Druck, weil jeder von ihnen glaubte, seine Abgeordneteneigenschaft nicht aufgeben zu können und es mit "Pflicht" verwechselte, einem Terrorstaat durch die Fortsetzung des alten Abstimmungsspieles noch einen falschen Schein demokratischer "Kultur" zu verleihen. Die verderbliche Theorie, dass es "Verrat" sei, in der Außenpolitik nach außen hin nicht der Meinung der Regierung zu sein, und dass die "Einheitlichkeit" der Außenpolitik auch um den Preis der Deckung von Lug und Trug ein Erfordernis "nationalen" Denkens und Fühlens sei, tat ihr Teil dazu, um diese Verwechslung zwischen einer ärmlichen Helotenhandlung und dem wahren Begriff der Pflicht herbeizuführen. Der Lump Schückelgruber revanchierte sich bei der sozialdemokratischen Partei für diese Helotenhandlung dadurch, dass er mit einer Verordnung vom 22. Juni 1933 und mit einer weiteren Verordnung vom 14. Juli 1933 die Partei für "volks- und staatsfeindlich" und alles Vermögen der Partei, ihrer Hilfs- und Ersatzorganisationen als dem Reich verfallen erklärte[1157].

[1154] Vgl.: KARL DIETRICH BRACHER, Stufen der Machtergreifung, 17.-19. Tsd., Frankfurt u.a. 1983, S. 275 f.

[1155] Hitlers Rede zur Außenpolitik vom 17. Mai 1933. Vgl.: Verhandlungen des Reichstags, Bd. 457, S. 47-54.

[1156] Es waren nur knapp die Hälfte der Fraktionsmitglieder erschienen, 65 von 120. Viele waren auch bereits verhaftet.

[1157] Verordnung vom 22.06.1933, in: SCHULTHESS 'Europäischer Geschichtskalender 1933, S. 159. Gesetz über die Einziehung volks- und staatsfeindlichen Vermögens vom 14.07.1933, in: RGBl. I, 1933, S. 479 f. Vgl.: hierzu ERICH MATTHIAS/RUDOLF MORSEY, Das Ende der Parteien, Düsseldorf 1960.

143. *Verbot der Parteien*

Mit gleicher Münze zahlte er den übrigen politischen Parteien, die ihm mit dem "Ermächtigungsgesetz" die Möglichkeit einer "legalen" Diktaturherrschaft verliehen hatten. Sie wurden, ohne jede Ausnahme, aufgelöst und verboten und jeder Versuch ihrer Neubildung gesetzlich mit entehrender Zuchthausstrafe bedroht. Auf diese Weise erloschen gleich der sozialdemokratischen Partei und zur gleichen Zeit mit ihr die "kluge", klerikale, bayrische Volkspartei[1158] und die klerikale Zentrumspartei[1159] des Reiches, deren Führer, einschließlich des ehemaligen Reichskanzlers Brüning, geglaubt hatten, auch im Schückelgruber-Reich mit "Diplomatie" das berühmte Spiel der "Verhütung des Schlimmeren" weiter führen zu können und die deshalb dem "Ermächtigungsgesetz" zustimmten, ebenso die längst zur Lächerlichkeit herabgesunkene "Deutsche demokratische Partei"[1160], die sich ebenfalls aus "nationalem Empfinden" an dieser Abschlachtung der demokratischen Verfassung durch Zustimmung zu dem Ermächtigungsgesetz beteiligen zu müssen glaubte, die schwerindustrielle "Deutsche Volkspartei"[1161], deren führende Kräfte in dem Wahne lebten, mit der Zustimmung zur gesetzlichen Ermordung der Demokratie wenigstens ihre persönlichen Vermögen erretten zu können. Ihr Ende fand damit aber auch die einzige offene Koalitionspartei der Nazis, die "deutschnationale Partei"[1162], die Partei von Hindenburg, Vater und Sohn, die Partei der preußischen Großgrundbesitzer, Industriebarone und Osthilfebetrüger. Die ihr von Schückelgruber ehrenwörtlich gegebene Zusicherung, dass sich nach den März-Wahlen an der politischen Zusammensetzung des Kabinetts und an der politischen Machtverteilung zwischen Nazis und Deutschnationalen nichts ändern werde, war damit, knapp sechs Monate, nachdem sie gegeben war, gebrochen. Damit zu dieser Tragödie das Satyrspiel nicht fehle, muss verzeichnet werden, dass eine sozialdemokratische Reichskonferenz drei Tage vor dem Parteiverbot, dieses Ergebnis noch dadurch abzuwenden suchte, dass sie sich von den ins Ausland gegangenen Mitgliedern des Parteivorstandes offiziell distanzierte und dies durch demonstrative Wahl eines neuen Parteivorstandes unterstrich[1163]. Der neue Parteivorsitzende war

[1158] Ende der BVP. Vgl.: KARL SCHWEND, in: MATTHIAS/MORSEY, a.a.O., S. 457-519.

[1159] Ende des Zentrums. Vgl.: RUDOLF MORSEY, in: MATTHIAS/MORSEY, a.a.O., S. 281-453.

[1160] Ende der DDP. Vgl.: ERICH MATTHIAS und RUDOLF MORSEY, in: MATTHIAS/MORSEY, a.a.O., S. 31-97.

[1161] Ende der DVP. Vgl.: HANS BOOMS, in : MATTHIAS/MORSEY, a.a.O., S. 523-539.

[1162] Ende der DNVP. Vgl.: FRIEDRICH FREIHERR HILLER VON GAERTINGEN, in: MATTHIAS/MORSEY, a.a.O., S. 543-652.

[1163] Die Reichskonferenz der SPD fand am 19.06.1933 statt. Vgl.: ERICH MATTHIAS, Mit noch nicht zwei Wochen später von den Nazis ermordet[1164]. Er und die übrigen Mitglieder des neugewählten Vorstandes waren infolge des Parteiverbotes über eine Amtsdauer von drei Tagen nicht hinausgelangt. Der neue Helotenstreich stattete aber wiederum den Gewaltakt des Parteiverbotes mit einem leichten Schimmer von Legalität aus, indem dadurch immerhin der Anschein erweckt werden sollte, als sei es denkbar, im Dritten Reich sozialdemokratische Politik zu treiben und als seien die ins Ausland gegangenen Parteiführer, die mit ihrer Emigration demonstriert hatten, dass sie dies für unmöglich hielten, irgendwie moralisch disqualifiziert.

144. *Ausbleiben von Widerstand*

Aber nicht nur die ersten Mitteilungen über die sich anbahnenden politischen Methoden der Sozialdemokraten waren für mich die Ursache des inneren Entschlusses, meinem Heimatlande künftig fern zu bleiben und in nicht mehr jungen Jahren die Neuverwurzelung auf einem anderen Boden anzubahnen. Die Sozialdemokraten waren um jene Zeit nicht mehr in irgend einem Sinne Machthaber in Deutschland. Es war mir gewiss sehr wichtig, was sie taten und unterließen, indessen war es wirklich so geworden, wie Schückelgruber es aussprach, dass es auf sie nicht mehr wesentlich ankam. Viel wichtiger war, was die Gruppen tun würden, die auch um jene Zeit noch eine wirkliche Machtposition zu repräsentieren schienen, wie etwa die Generalität, die Bischöfe, die Universitäten, die Wirtschaftsführer. Von keiner dieser Seiten wurde irgend eine Gegenbewegung sichtbar. Schückelgruber wagte damals bereits, Juden und Sozialdemokraten grundlos ihrer Freiheit zu berauben, sie zu misshandeln, sie zu ermorden. Gegenüber den wirklichen Machtfaktoren hätte er das Gleiche nicht gewagt, und hätte er es gewagt, so wäre sein Spiel mehr als unsicher gewesen. Alle Nachrichten aber sprachen dafür, dass ganz Deutschland auf der ganzen Linie vor Schückelgruber kuschte. Aus meiner Heimatstadt München wurden viele scheußliche Beispiele von feiger Anbiederung und schmutziger Gesinnungslumperei gemeldet.

dem Gesicht nach Deutschland. Eine Dokumentation über die sozialdemokratische Emigration, Düsseldorf 1968, S. 182 ff.

[1164] Ermordung des neuen Parteivorsitzenden der SPD am 22.06 1933 JOHANNES STELLING während der "Köpenicker Blutwoche" durch die SA. Vgl.: WILHELM HEINZ SCHRÖDER, Sozialdemokratische Parlamentarier in den Deutschen Reichs- und Landtagen 1867-1933, Düsseldorf 1986, S. 755.

145. *Wilhelm Kisch*

Eine der bedrückendsten Erfahrungen war, dass auch die Juristenfakultät der Münchener Universität, der mein Vater mehr als vierzig Jahre angehört hatte, von solchen Entwicklungen nicht verschont wurde. Wohl der peinlichste Fall in dieser Hinsicht war der des Professors Kisch[1165], eines älteren, sehr lebensfreudigen und klugen Junggesellen, der sich in den langen Jahren, in denen er der Münchener Juristenfakultät als Professor des Zivilrechtes und des Zivilprozessrechtes angehörte, immer als eine Art Hort der Demokratie ausgegeben und alles, was irgendwie nach Nazismus roch, mit der Lauge seines Spottes übergossen hatte. Kaum aber war das Dritte Reich ausgebrochen, als der reiche Mann, der ohne ein Universitätsamt in voller Unabhängigkeit leben konnte, der "Freund" jüdischer Professoren und Studenten, der Liebling jüdischer Studentinnen, nach wenigen Tagen eine der längsten Hakenkreuzfahnen Münchens an seinem Hause wehen ließ und es mit der Geschwindigkeit eines Kinorekords zum stellvertretenden Präsidenten der nazistischen "Akademie für deutsches Recht" brachte, sich also damit zum direkten Untergebenen des in weitesten Kreisen verachteten Frank II machte, der als "Präsident" an die Spitze dieses nazistischen Unternehmens zur Verschlechterung des deutschen Rechtes gestellt wurde. Gleich dem Renegaten Professor Carl Schmitt, dessen erbärmliche Rolle in Norddeutschland wir in diesen Erinnerungen schon kennenlernten, flüsterte Kisch "guten Bekannten", insbesondere jüdischen Professoren und Dozenten, zu, dass er alles dies nur "zum Scheine" tue, um auch seinerseits "Schlimmeres zu verhüten". Er ist jedoch in der Folgezeit mit den Nazis durch dick und dünn gegangen, solange er gelebt hat. Alle die Berufe, die mich näher angingen, die Richter, die Staatsanwälte, die Rechtsanwälte stellten sich in ihrer großen Masse umgehend auf den "Boden der Tatsachen" und gebärdeten sich in ihrer erdrückenden Mehrheit so, als wären sie von jeher Nazis gewesen und als hätten sie niemals Entrüstungskundgebungen von sich gegeben, wenn republikanisch und demokratisch eingestellte Männer Zweifel an ihrer Verfassungstreue geäußert hatten. Die Armee endlich schwenkte mit der Strammheit einer einzigen Kompagnie in das Schückelgruber-Regiment

[1165] Dr. Wilhelm Kisch (12.12.1874-09.03.1952), Professor für Zivilrecht und Zivilprozessrecht in München (seit 1916), während der NS-Zeit stellvertretender Präsident der Akademie für deutsches Recht, 1935 Aufgabe der Lehrtätigkeit wegen politischer Differenzen. Vgl.: NDB 11, S. 683. Vgl.: Hans-Reiner Pichinot, Die Akademie für deutsches Recht. Aufbau und Entwicklung einer öffentlich-rechtlichen Körperschaft des Dritten Reiches, jur. Diss. Kiel 1981.

ein und alle späteren gelegentlichen Eifersüchteleien einer winzigen monarchistischen und konservativen Generalsschicht[1166] – die diese ihre Einstellung mit ihrem Leben bezahlte – änderte nichts daran, dass die große Masse des deutschen Militärs es mit ihrem Treueeid gegen die Republik von Weimar nicht im Allergeringsten genauer nahm, als Schückelgruber selbst.

Die Einsicht in diese Entwicklungen wog für meine Entscheidungen viel schwerer, als die Kunde von den grauenhaften Mördereien, den Misshandlungen, den Wellen von Raub, Diebstahl und Niedertracht, deren abstoßende Einzelheiten man täglich von Neuem widerwillig zu erfahren hatte. Dass sich die Nazis, wenn sie einmal ungebändigt im Besitze der Macht sein würden, so verhalten würden, dass von ihnen nur unbegrenzte Zerstörung und Erniedrigung, niemals aber positive Reform ausgehen könne, war für jeden Kenner dieser geist-, kultur- und gefühllosen, traurigen Gesellen keine Überraschung. Dass sich dem sadistischen Unsinn ihrer sogenannten Gesellschaftstheorien und ihrer Vernichtungspraxis die Masse der Bevölkerung eines Landes anschließen würde, das einen Lessing und Johann Sebastian Bach, einen Goethe und Beethoven, einen Kleist und Schumann, einen Hölderlin und Hugo Wolff, einen Stefan George und Brahms hervorgebracht hatte[1167], dass das Mutterland der idealistischen Philosophie und einer bedeutsamen Wissenschaft der "Vereinheitlichung" auf dem Schlammboden des Schückelgruber-Schmutzes innerhalb der Reichsgrenzen keinen sichtbaren Widerstand leistete, belegte mir von neuem mein schon lange eingewurzeltes Gefühl, dass die geistigen und sittlichen Güter in einem Lande, das vom preußischen Generalstab de facto regiert wird, niemals die Oberherrschaft über das Niederträchtige gewinnen können.

[1166] Loewenfeld spielt hier wohl auf die Generäle Blomberg und Fritsch an, die 1938 entlassen wurden und von denen Fritsch bereits im September 1939 in Polen fiel. Vgl.: Klaus-Jürgen Müller, Das Heer und Hitler. Armee und nationalsozialistisches Regime 1933-1940, Stuttgart 1969.

[1167] Johann Sebastian Bach (21.03.1685-28.07.1750), Komponist; Johann Wolfgang von Goethe (28.08.1749-22.03.1832), Dichter. Ludwig van Beethoven (17.12.1770-26.03.1827), Komponist. Heinrich von Kleist (18.11.1777-21.11.1811), Dichter. Robert Schumann ((08.06.1810-29.07.1856), Komponist. Friedrich Hölderlin (1770-1843), Dichter. Hugo Wolf (13.03.1860-22.02.1903), Komponist. Stefan George (1868-1933), Dichter. Johannes Brahms (07.05.1833-03.04.1897), Komponist.

146. *Ausbürgerung Loewenfelds*

So begrüßte ich es aufrichtig, dass die Nazis unverzüglich mit der gesetzlichen Vertreibung der Juden aus dem Anwaltsberuf begannen[1168]. Auch wenn sie dies nicht getan hätten, wäre es für mich ein unmögliches Beginnen gewesen, als "Organ der Rechtspflege" in einem braunen Reiche zu wirken. Mitte Juli 1933 schufen sie zu meiner Genugtuung auch ein Gesetz, auf Grund dessen es dem Nazi Frick als Reichsinnenminister gestattet wurde, einzelne deutsche Staatsbürger nach seinem Ermessen ihres Bürgerrechtes zu berauben[1169]. Ich habe die Ehre, auf der Liste dieser Ausgebürgerten zu stehen[1170] und damit die offizielle Anerkennung der nazistischen Verbrecher in meinen Händen zu haben, dass sie sich von mir so restlos distanzieren, wie ich von ihnen. Es würde in der Tat nur ein Gefühl brennender Schande sein, auch nur durch den Besitz des Bürgerrechtes jenem politischen Gebilde zugerechnet zu werden, das den Namen "Deutsches Reich" täglich von neuem schändet und entehrt. Die unvergänglichen Werte, die deutsche Kultur im Laufe von Jahrhunderten geschaffen hat, sind Gemeinbesitz nicht nur der Deutschgeborenen, sondern der Welt. Wenn die Nazi-Coloradokäfer längst alles Zerstörbare zerstört haben werden, werden sie glücklicherweise nicht in der Lage sein, das Bewusstsein dieser Werte anzutasten, das nach meiner festen Überzeugung den nazistischen Ungeist überdauern wird.

147. *Nazismus als Weltgefahr*

Die Schweizerische Eidgenossenschaft gewährte mir, nach uralter Tradition dieses Landes, das politische Asylrecht in ihrem deutschsprachigen Teil. Ich bleibe ihr für diesen Akt demokratischer Kultur verbunden. Ich erlebte in der Schweiz die innenpolitische Entwicklung des Nazismus bis zur vollständigen Unterjochung Deutschlands und die ihr folgende außenpolitische Entwicklung dieses Systems zu einer Weltplage und einer Weltgefahr. Wenn die Leser dieser Erinnerungen in ihnen ein Stück Vorge-

[1168] Vgl.: ROBERT HEINRICH, (wie Anm. 1134), S. 103-127. Vgl.: Gesetz über die Zulassung zur Rechtsanwaltschaft vom 07.04.1933, in: RGBl. I, S. 188.

[1169] Vgl.: Gesetz über den Widerruf von Einbürgerungen und die Aberkennung der deutschen Staatsangehörigkeit vom 14.07.1933, in: RGBl. I, 1933, S. 480. Vgl.: Reichsbürgergesetz vom 15.09.1935, in: RGBl. I, 1935, S. 1146.

[1170] Ausbürgerungsliste 73 (Deutscher Reichsanzeiger und Preußischer Staatsanzeiger 242 (17.10.1938) in: MICHAEL HEPP (Hrsg.), Die Ausbürgerung deutscher Staatsbürger 1933-1945, München u.a. 1985, S. 87.

schichte des nazistischen Systems erkennen, so wird es ihnen leicht sein, festzustellen, dass seine Entwicklung zur Weltgefahr durch dieselben Fehler seiner außenpolitischen Gegner bedingt war, die seine Entwicklung im Inneren Deutschlands ermöglicht haben. Staatslenker verwechselten die Nazis mit Menschen und glaubten deshalb ihren Zusicherungen und Beteuerungen; Demokraten waren zu kraftlos, die Demokratie zu verteidigen und suchten im Kompromiss mit den Zerstörern der Demokratie ihr Heil; die Kräfte des Kommunismus wirkten mit allen Mitteln der Verhetzung und der offenen Hilfe als Zuhälter des Nazismus, bis es ihnen selbst an den Kragen ging; anstelle von Staatseinrichtungen, die ihre Entscheidungen nach den Anforderungen formellen Rechtes und materieller Gerechtigkeit treffen sollten, überwucherte immer mehr die Allmacht einer Bürokratie, die Massenschicksale auf Grund eines quallenhaften "Ermessens" zu bestimmen in der Lage war. An die Stelle der patriotischen Einordnung in das Ganze trat der Kampf und der Hass aller gegen alle; die Besitzgierigen, die Steuerscheuen, die Unsozialen, die Unzufriedenen, die zum Rassewahn Aufgehetzten aller Länder der Erde bildeten für sich eine blutige Koalition von Propagandisten, Spitzeln, Verrätern, mit dem Ziele, die eigenen Staatsordnungen niederzureissen und die Völker nach Schückelgruber-Methoden zu regieren; sie glaubten, damit besser zu fahren oder besser Rache nehmen zu können, als durch die Besinnung auf die ewigen Güter der Demokratie.

Ich war eben fünf Jahre in der Schweiz, als Oesterreich den Nazibanditen erlag[1171], ohne dass Europa einschritt. Bevor sie das nächste ihrer Opfer, die Tschechoslowakei, ohne Einschreiten Europas[1172] erledigen konnten, wusste ich, dass es für denjenigen, der sich von dem Boden der Demokratie und der Humanität keinesfalls freiwillig abdrängen lassen wollte, nur noch eine einzige reale Hoffnung gab: den Weg in die Vereinigten Staaten von Amerika.

[1171] Die Besetzung Österreichs erfolgte am 12.03.1938, am 13.03.1938 wurde von Dr. ARTHUR SEYß-INQUART (NSDAP) der Anschluss erklärt.

[1172] Die Besetzung der Tschechoslowakei fand in zwei Schritten, am 01.10.1938 (Sudetenland) bzw. am 16.03.1939 ("Protektorat Böhmen und Mähren") statt.

148. *Hoffnung auf Amerika*

Ich lebe nunmehr im fünften Jahre in dem Lande, dessen kulturelle und politische Führung das zu verwirklichen sucht, was ein demokratisch gesinnter Mensch[1173] im Leben braucht.

Es will nicht allein Antithese zum Nazitum sein, sondern die grundlegenden Prinzipien des Lebens erfüllen, die es lebenswert machen: persönliche Freiheit, politische Freiheit und soziale Freiheit.

Ich bin nicht so blind, dass ich nicht wahrnehmen würde, dass es auch in diesem Land große und gefährliche Gegenbewegungen gibt. Aber da der Geist der Demokratie solch tiefe Wurzeln in diesem Land geschlagen hat, hat der Versuch, die Demokratie zu beseitigen, keinen Erfolg gehabt. Wenn dieser Zustand aufrechterhalten wird, wird die Kenntnis der Vergangenheit dazu beitragen, die Aufgaben der Gegenwart und der Zukunft glänzend zu meistern.

[1173] Die Memoiren brechen hier ab! Die Weiterführung in deutscher Sprache ist verloren. Da sich aber eine englische Fassung erhalten hat, wird der Schluss nach dieser Ausgabe mitgeteilt, die übersetzt worden ist.
Der englische Text lautet: "Now I have been living for almost four years in this country whose cultural und political leadership try to put into effect those things without which a democratically minded man cannot live. It attempts not to be an antithesis to Nazidom alone, but to fulfill the basic principles of life which make it worth living: personal freedom, political freedom and social freedom. I am not so blind that I fail to realize that there are great and dangerous countertrends in this country, too. But as the spirit of democracy has taken such deep root in the people here, the attempt to break down democracy has met with no success. If this status is to be maintained, the knowledge of the past will contribute to a masterful handling of the present and the future."
An der unterschiedlichen Zeitangabe wird deutlich, dass diese englische Fassung früher entstanden ist.

ZUR EDITION UND KOMMENTIERUNG

Wir haben die Memoiren heute in drei Fassungen vorliegen. Die eine Fassung A ist auf Schreibmaschine geschrieben, in deutscher Sprache und auch in Deutsch korrigiert. Von dieser Fassung, deren Original im Leo-Baeck-Institute in New York liegt, besitzt die Bayerische Staatsbibliothek München eine Kopie.

Der Umfang des Manuskripts umfaßt 952 Seiten, und es ist ein Vorwort von 6 Seiten in römischen Zahlen vorangestellt.

Sodann gibt es eine Fassung B. Auch diese Fassung ist mit Schreibmaschine geschrieben, allerdings von einem anderen Typ. Sie ist in Englisch abgefasst und korrigiert und enthält 1000 Seiten, aber kein Vorwort. Sie stammt aus dem Besitz von Professor Harold Hurwitz, der sie von Philipp Loewenfeld 1945 erhalten hat, und liegt heute ebenfalls im Archiv des Leo-Baeck-Institutes, New York.

Sodann gibt es eine dritte Fassung C im Besitz von Eva Goldschmidt und Irene Loewenfeld, den beiden Töchtern von Philipp Loewenfeld. Diese Fassung ist identisch mit der Fassung B. Es scheint sich um einen Durchschlag der Fassung B zu handeln, denn der Schreibmaschinentyp, der Seitenumbruch und die Tippfehler sind identisch. Allerdings enthält diese Fassung ein englisches Vorwort, das eine wörtliche Übersetzung aus der Fassung A darstellt, aber mit der Überschrift "Bavaria, Birthland of Nazism" versehen ist. Auch sind die Korrekturen bzw. Streichungen von Loewenfelds Hand umfangreicher.

Die Frage ist nun, wie die Fassungen zusammenhängen und welche davon die ursprüngliche bzw. die letzte Fassung ist.

Zunächst geben die Memoiren selbst über die Entstehungszeit Auskunft. So steht in der deutschen Fassung A, Seite 952, dass sich Philipp Loewenfeld bereits im vierten Jahr in den USA befindet. Diese Angabe ist aber handschriftlich korrigiert, in das fünfte Jahr. In der englischen Fassung B dagegen steht unkorrigiert "vier Jahre". Schließt man einen Korrekturfehler aus, so bedeutet dies, dass die englische Fassung älter sein muss als die deutsche. Denkbar ist aber auch folgende Möglichkeit. Philipp Loewenfeld hat die Memoiren ca. 1942 in deutscher Sprache verfasst, wofür die korrigierten "vier Jahre" sprechen. Er hat im gleichen Jahr eine englische Übersetzung anfertigen lassen. Es wäre allerdings auch möglich, und dafür spricht die dezidierte Aussage von Frau Goldschmidt (Brief an Rolf Rieß vom 01.11.1997), dass die Arbeit auf Englisch geschrieben und dann ins Deutsche übersetzt wurde. Dagegen steht folgende Aussage (Brief an Rolf Rieß vom 07.06.1998): "I am convinced that the German text is not a translation from English. This makes no sense at all. It was much easier for my father to write German than English, although he knew enough English to get along in his business. Furthermore, my father wanted absolutely nothing whatsoever to do with Germany. If his intention was to publish the memoirs, it would have been to publish them here in English.

I believe that my father wrote the memoirs in German as a first draft; that he then translated them, with help from others, or had them translated. That would explain the extensive revisions in my sister's copy".

Sei es, wie es sei. Fest steht, dass die Memoiren 1942 verfasst worden sind. Loewenfeld berichtet darüber auch in einem Brief an Hermann Kesten vom 16.10.1942, worin es heißt: ". . .Ich habe in meinem heuer fertiggestellten Buch, das meine Wahrnehmungen zur Vorgeschichte des deutschen Fascismus enthaelt und das nur leider noch keinen Verleger hat, die schwere Blutschuld des bayrischen Klerikalismus an der Entstehung des Fascismus moeglichst getreu zu schildern gesucht. . . ." Die deutsche Fassung ist danach einer Korrektur unterzogen worden, irgendwann im Jahre 1943.

Loewenfeld plante anscheinend eine Veröffentlichung in den USA, später auch in Deutschland, wie Harold Hurwitz berichtet, dem Loewenfeld 1945 seine Memoiren anvertraut hat, um damit in Deutschland Aufklärungsarbeit zu leisten.

Möglicherweise hatte Philipp Loewenfeld Pläne, dieses Buch im Kampf gegen den Faschismus auch in deutscher Sprache einzusetzen. Die starken Streichungen in Fassung C betreffen fast ausschließlich persönliche Erinnerungen an einzelne Personen, die aber zur Erklärung der Genese des deutschen Faschismus wenig beitragen. Daher scheinen die Kürzungen bereits das amerikanische Publikum im Auge zu haben. Wann diese Kürzungen erfolgt sind, lässt sich allerdings schwer feststellen.

Wir haben für diese Edition die korrigierte deutsche Fassung zu Grunde gelegt, da diese speziell für den Interessierten mehr Informationen über das Leben in München und Bayern aus der Sicht eines bürgerlichen Sozialdemokraten bzw. sozialdemokratischen Bürgers enthält.

Varianten wurden zum Teil berücksichtigt, doch war es nie das Ziel, eine historisch-kritische Ausgabe vorzulegen. Diese Ausgabe ist vielmehr eine von den Herausgebern korrigierte Ausgabe letzter Hand.

Ergänzt wurde die Ausgabe lediglich um die letzte Seite, die aus der englischen Fassung übernommen wurde.

Die Texte wurden möglichst originalgetreu wiedergegeben. Offensichtliche Fehler der Orthographie, Interpunktion und Grammatik wurden stillschweigend verbessert.

Handschriftliche Änderungen wurden in ihrer vorliegenden Fassung in den Text eingearbeitet.

Da Philipp Loewenfeld seine Arbeit ohne Angaben der Quellen vorgelegt hat, war es ein Ziel, die Überprüfbarkeit der Aussagen zu dokumentieren. Es wurde daher versucht, die zeitgenössische Literatur, mit der Loewenfeld gearbeitet hat, zu rekonstruieren. Wo dies nicht möglich war oder wo es sich um veraltete Forschungspositionen handelte, wurde neuere Literatur herangezogen. Da die Zeitgeschichte dieser Jahre gut erfasst ist, konnten viele Monographien die Ansichten Loewenfelds bestätigen, aber auch in einzelnen Fällen, wie z.B. dem Reichstagsbrand, widerlegen.

Besonders schwierig gestaltete sich der Nachweis der Personen, der auch nicht immer erbracht werden konnte, da zur Zeit der Abfassung der Memoiren viele Personen noch lebten und durch die Nennung ihrer Namen bedroht worden wären. Bei den erfassten Personen soll die Literaturangabe einen schnellen Überblick ermöglichen bzw. dem Leser durch Verweis auf ein größeres, einschlägiges Werk weitere Anregungen bieten. Dabei wurde versucht, den neuesten Forschungsstand zu berücksichtigen. Ob dies bei der Fülle der behandelten Themen immer gelungen ist, muss dem Urteil des Lesers überlassen bleiben.

BIBLIOGRAPHIE

Bücher von Philipp Loewenfeld

Pensionskassen und Arbeitsvertrag, Diss. jur. Würzburg 11.12.1911,

Der Erfinderschutz der Privatangestellten, München 1914.

Das Erfinderrecht der Angestellten nach geltendem Recht und nach dem Entwurf des Patentgesetzes, München 1914.

Arbeitnehmer als Gläubiger und Schuldner in der Zwangsvollstreckung, Berlin 1929.

Das Strafrecht als politische Waffe (Die sozialistische Rechtsidee Heft 1, Schriftenreihe der Vereinigung sozialdemokratischer Juristen, hrsg. v. Franz Neumann) Berlin 1933.

HANS KILIAN, Der politische Mord, Zürich 1936.

Aufsätze

PHILIPP LOEWENFELD, "Die Angestelltenversicherung und die Bühnenangestellten"aus: "Der neue Weg", 40. Jg. Nr. 8, 25.02.1911, Seite 1.

PHILIPP LOEWENFELD, Unternehmer, Sozialpolitik und Wissenschaft, in: März, 1912, 3. Band, Seite 207-217.

PHILIPP LOEWENFELD, Neue Ziele und Wege des Berufsstandespolitik, in: Deutsche Musikerzeitung 07.09.1912.

PHILIPP LOEWENFELD, "Staatshilfe oder Selbsthilfe für Musiker", aus: Deutsche Musikerzeitung Nr. 49, 07.12.1912, Seite 15.

PHILIPP LOEWENFELD, Unsittliche Verträge über Unterricht mit Instrumenten-Kaufzwang, in: Deutsche Musikerzeitung 18.01.1913.

PHILIPP LOEWENFELD, "Der Kathedersozialismus am Pranger", Teil I und II, in: März, 1913/1, Seite 217-221.

PHILIPP LOEWENFELD, "Der Kathedersozialismus am Pranger", Teil III und IV, in: März, 1913/1, Seite 257-261.

PHILIPP LOEWENFELD, Der Kampf gegen die 'sturmfreien Buden' und das Problem der sexuellen Höherentwicklung, in: Münchner Akademische Rundschau 10.07.1913, Seite 297-303.

PHILIPP LOEWENFELD, Brief, in: Münchner Akademische Rundschau 29.05.1914, Seite 246.

PHILIPP LOEWENFELD, Rezension von Paul Lissmann, Geburtenrückgang und männliche sexuelle Impotenz, in: Sexualprobleme. Zeitschrift für Sexualwissenschaft, 10. Jahrgang (1914), Seite 510-514.

PHILIPP LOEWENFELD, "Wem gehört das Vermögen einer zu einem Unternehmen gehörigen Strafgelderkasse nach Einstellung des Betriebes"? aus: Arbeiterrechts-Beilage des Correspondenzblattes der General-Kommission der Gewerkschaften Deutschlands Nr. 4, 18.04.1914.

PHILIPP LOEWENFELD, Die Aufhebung des § 153 der Gewerbeordnung, in: Arbeitsrecht. Jahrbuch für das gesamte Dienstrecht der Arbeiter, Angestellten und Beamten 5. Jahrgang 1918, Seite 3-8.

PHILIPP LOEWENFELD, Zweierlei Maß, in: Neue Zeitung (München), 21.05.1919, Seite 1.

PHILIPP LOEWENFELD, In eigener Sache, Neue Zeitung (München), 129, 13.06.1919, Seite 2.

PHILIPP LOEWENFELD, ohne Titel, Münchener Beobachter Nr. 53, 33. Jahrgang (15.10.1919), Seite 6.

PHILIPP LOEWENFELD, Heinemann †, in: Sozialistische Monatshefte 1919, Seite 1179-1181.

PHILIPP LOEWENFELD, Zwangsorganisation, in: Sozialistische Monatshefte 1919, Seite 1181-1183.
PHILIPP LOEWENFELD, Totenliste, in: Sozialistische Monatshefte 1919, Seite 1183-1184.
PHILIPP LOEWENFELD, Kurze Chronik, in: Sozialistische Monatshefte 1919, Seite 1184-1185.
PHILIPP LOEWENFELD, Literatur, in: Sozialistische Monatshefte 1919, Seite 1185.
PHILIPP LOEWENFELD, Revolutionäres und konterrevolutionäres Sonderstrafrecht in Bayern, in: Sozialistische Monatshefte 1920, Seite 138-147.
PHILIPP LOEWENFELD, Liszt †, in: Sozialistische Monatshefte 1920, Seite 295.
PHILIPP LOEWENFELD, Eherecht, in: Sozialistische Monatshefte 1920, Seite 295-297.
PHILIPP LOEWENFELD, Deutscher Juristenbund, in: Sozialistische Monatshefte 1920, Seite 297.
PHILIPP LOEWENFELD, Österreich, in: Sozialistische Monatshefte 1920, Seite 297-298.
PHILIPP LOEWENFELD, Totenliste, in: Sozialistische Monatshefte 1920, Seite 298.
PHILIPP LOEWENFELD, Kurze Chronik, in: Sozialistische Monatshefte 1920, Seite 298-299.
PHILIPP LOEWENFELD, Literatur, in: Sozialistische Monatshefte 1920, Seite 299-300.
PHILIPP LOEWENFELD, Juristenreform, in: Sozialistische Monatshefte 1920, Seite 810-811.
PHILIPP LOEWENFELD, Weibliche Richter, in: Sozialistische Monatshefte 1920, Seite 811-813.
PHILIPP LOEWENFELD, Laienrichter, in: Sozialistische Monatshefte 1920, Seite 813-816.
PHILIPP LOEWENFELD, Strafregister, in: Sozialistische Monatshefte 1920, Seite 816-817.
PHILIPP LOEWENFELD, Kommentare, in: Sozialistische Monatshefte 1920, Seite 817-818.
PHILIPP LOEWENFELD, Lammasch †, in: Sozialistische Monatshefte 1920, Seite 818.
PHILIPP LOEWENFELD, Birkmeyer †, in: Sozialistische Monatshefte 1920, Seite 818-819.
PHILIPP LOEWENFELD, Binding †, in: Sozialistische Monatshefte 1920, Seite 819.
PHILIPP LOEWENFELD, Totenliste, in: Sozialistische Monatshefte 1920, Seite 820.
PHILIPP LOEWENFELD, Kurze Chronik, in: Sozialistische Monatshefte 1920, Seite 820-821.
PHILIPP LOEWENFELD, Literatur, in: Sozialistische Monatshefte 1920, Seite 821.
PHILIPP LOEWENFELD, Lotmar, in: Sozialistische Monatshefte 1921, Seite 49-50.
PHILIPP LOEWENFELD, Klassenjustiz, in: Sozialistische Monatshefte 1921, Seite 50-53.
PHILIPP LOEWENFELD, Richterauslese, in: Sozialistische Monatshefte 1921, Seite 53-54.
PHILIPP LOEWENFELD, Wucher, in: Sozialistische Monatshefte 1921, Seite 54-55.
PHILIPP LOEWENFELD, Vereins- und Versammlungsrecht, in: Sozialistische Monatshefte 1921, Seite 55.
PHILIPP LOEWENFELD, Totenliste, in: Sozialistische Monatshefte 1921, Seite 55.
PHILIPP LOEWENFELD, Kurze Chronik, in: Sozialistische Monatshefte 1921, Seite 55-56.
PHILIPP LOEWENFELD, Literatur, in: Sozialistische Monatshefte 1921, Seite 56.
PHILIPP LOEWENFELD, Militärisches Geheimnis, in: Sozialistische Monatshefte 1921, Seite 315-317.
PHILIPP LOEWENFELD, Ungarn, in: Sozialistische Monatshefte 1921, Seite 318-320.
PHILIPP LOEWENFELD, Kurze Chronik, in: Sozialistische Monatshefte 1921, Seite 320.
PHILIPP LOEWENFELD, Arbeitstarifgesetz und Gewerkschaftswesen, in: Sozialistische Monatshefte 1921, Seite 541-546.
PHILIPP LOEWENFELD, Sondergerichte, in: Sozialistische Monatshefte 1921, Seite 671-674.
PHILIPP LOEWENFELD, Arbeitsrecht, in: Sozialistische Monatshefte 1921, Seite 674-675.
PHILIPP LOEWENFELD, Kurze Chronik, in: Sozialistische Monatshefte 1921, Seite 675
PHILIPP LOEWENFELD, Deutschland: Politischer Mord, in: Sozialistische Monatshefte 1921, Seite 842-843.
PHILIPP LOEWENFELD, Richterkundgebungen, in: Sozialistische Monatshefte 1921, Seite 843-844.
PHILIPP LOEWENFELD, Ehrlose Gesinnung, in: Sozialistische Monatshefte 1921, Seite 844-846.

PHILIPP LOEWENFELD, Kurze Chronik, in: Sozialistische Monatshefte 1921, Seite 846-847.
PHILIPP LOEWENFELD , Literatur, in: Sozialistische Monatshefte 1921, Seite 847-848.
PHILIPP LOEWENFELD , Die Bestrafung der Abtreibung, in: Die Neue Generation, hrsg. von Helene Stöcker, 17. Jahr-gang 1921, Seite 63-75.
PHILIPP LOEWENFELD , Notreformen unserer Rechtspflege, in: Sozialistische Monatshefte 1922, Seite 27-31.
PHILIPP LOEWENFELD , Gierke †, in: Sozialistische Monatshefte 1922, Seite 133-134.
PHILIPP LOEWENFELD , Sozialdemokratisches Programm, in: Sozialistische Monatshefte 1922, Seite 134-136.
PHILIPP LOEWENFELD, Deutscher Juristentag 1921, in: Sozialistische Monatshefte 1922, Seite 136-137.
PHILIPP LOEWENFELD, Eid, in: Sozialistische Monatshefte 1922, Seite 137-138.
PHILIPP LOEWENFELD, Sexualrecht, in: Sozialistische Monatshefte 1922, Seite 138-139.
PHILIPP LOEWENFELD, Justizskandale, in: Sozialistische Monatshefte 1922, Seite 139.
PHILIPP LOEWENFELD, Kurze Chronik, in: Sozialistische Monatshefte 1922, Seite 139-140.
PHILIPP LOEWENFELD, Literatur, in: Sozialistische Monatshefte 1922, Seite 140.
PHILIPP LOEWENFELD, Der Kommunismus der Kommunisten, in: Münchener Post 07.01.1922, Seite 6.
PHILIPP LOEWENFELD, Zur Entwicklung des sozialen Gedankens im Arbeitsrechte, in: Arbeitsrecht. Zeitschrift für das gesamte Dienstrecht der Arbeiter, Angestellten und Beamten, 9. Jahrgang (1922), Spalte 433-440.
PHILIPP LOEWENFELD, Offener Brief an Herrn Professor Paul Nikolaus Coßmann, München, in: Münchener Post, 31.01.1923.
PHILIPP LOEWENFELD, Die Verurteilung Fechenbachs wegen des Ritter-Telegramms, in: Münchener Post 04.07.1923, Seite 1
ANONYM, Die Perlacher Ermordungen, in: Münchener Post, 07.07.1924, Seite 3 f.
PHILIPP LOEWENFELD, Canis ignotus, Die Hunde beim Diktator, in: Allgemeine Zeitung München 365, 12.09.1924,
ANONYM, Die Wahrheit über die Marinemeuterei I, in: Münchener Post, 26.01.1926, Seite 3 f.
ANONYM, Die Wahrheit über die Marinemeuterei II, in: Münchener Post, 29.01.1926, Seite 1 f.
ANONYM , Die Wahrheit über die Marinemeuterei III, in: Münchener Post, 03.02.1926, Seite 3 f.
ANONYM , Die Wahrheit über die Marinemeuterei IV, in: Münchener Post 17.02.1926, Seite 1 ff.
ANONYM , Die Wahrheit über die Marinemeuterei V, in: Münchener Post 16.03.1926, Seite 2.
ANONYM, Ein preußischer Staatsanwalt gegen bayerische Staatsanwälte. Eine neue Version, in: Münchener Post 07.10.1926, Seite 1.
PHILIPP LOEWENFELD, "Das Arbeitsgerichtsgesetz" aus: Der freie Gewerkschafter. Mitteilungsblatt des allgemeinen deutschen Gewerkschaftsbundes, Ortsausschuss München Nr. 25, 26, 27, vom 17., 24., 31.03.1927, Seite 1.
PHILIPP LOEWENFELD, "Das Arbeitsgerichtsgesetz und Zivilprozess", aus: Der freie Gewerkschafter (München) Nr. 1, 3 und 4, vom 29.09., 13.10. und 20.10.1927, Seite 1ff.
PHILIPP LOEWENFELD, Brief aus Prag in: Münchener Post, 08.08.1928, Seite 4 f.
PHILIPP LOEWENFELD, 50 Jahre deutsches Koalitionsrecht, in: Die Justiz, 4. Jg. 1929, Heft 3 Seite 233-266.
PHILIPP LOEWENFELD, Die Perlacher Erschießungen, in: Emil Julius Gumbel, "Verräter verfallen der Feme". Opfer/Mörder/Richter, 1919-1929, Berlin 1929, S. 86-96.
PHILIPP LOEWENFELD, Der Fall Jungmann, in: Monatsschrift für Kriminalpsychologie und Strafrechtsreform, 20. Jg, (1929), Seite 734-751.

PHILIPP LOEWENFELD, Bemerkungen zur Diskussion über Rechtsvertretung und Anwaltschaft, in: Die Justiz, 7.Jg. (1931/32), Band VII, Heft 10/11, Seite 446-455.
PHILIPP LOEWENFELD, Zum Gesetz über die Betäubung der Schlachttiere, in: Münchener Post, 28.01.1930, Seite 3 f.
ANONYM, Ein neudeutscher Wilhelm Tell, in: Münchener Post, 10.12.1930, Seite 3.
ANONYM , "Auf Nimmerwiedersehen du scheussliches Jahr", aus: Der freie Gewerkschafter (München) Nr. 13 vom 25.12.1930, Seite 1f.
ANONYM , Neue deutsche Kultur, in: Münchener Post, 27/28.12.1930, Seite 6.
ANONYM , Gipfel des Pharisäertums? in: Münchener Post, 03.02.1931, Seite 3 f.
ANONYM , Die Lügen des Herrn Stabchefs. Röhm-Auskehr, in: Münchener Post, 15/16.10.1932, Seite 1.
ANONYM, Das SA-Verbot, in: Münchener Post, 15.04.1932, Seite 1 f.
ANONYM, Der Geldwert nationalsozialistischer Führerehre, Tausend Mark oder mehr?, in: Münchener Post, 24.06.1932, S. 5
ANONYM, Loewenfeld, Die geistigen Grundlagen der Hitler-Bewegung, in: Münchener Post, 28.07.1932, Seite 7 f.
PHILIPP LOEWENFELD, Die Schwäche gegenüber dem Recht, Grundursachen der politischen Uebel, in: Münchener Post, 25.08.1932, Seite 3 f.
PHILIPP LOEWENFELD, Bemerkungen zur Diskussion über Rechtsvertretung und An-waltschaft, in: Anwaltsblatt. Nachrichten für die Mitglieder des Deut-schen Anwaltvereins, 19. Jg., (1932) , Seite 287-291.
HANS KILIAN, Die jüdische Rechtsanwaltschaft im "Dritten Reich", in: Deutsche Freiheit (Saarbrücken), 12.09.1934.
HANS KILIAN, Staatsnotwehr oder Mord. Anklageschrift gegen den Reichskanzler und den Reichsjustizminister, in: Deutsche Freiheit (Saarbrücken), 08./09.07.1934.
HANS KILIAN, Martin Hart, Tyrannenmord, in: Sozialistische Warte 11. Jg. (1936), Seite 507-511.
PHILIPP LOEWENFELD, The Bavarian Scandal, in: The New Republic 18.06.1945, Seite 841 f.
PHILIPP LOEWENFELD, The Bavarian Scandal (Letter to the editor), in: The New Republic 09.07.1945, Seite 49.
PHILIPP LOEWENFELD, Ohne Titel (Auszüge aus seiner Autobiographie), in: Jüdisches Leben in Deutschland Band 3, hrsg. von MONIKA RICHARZ, Stuttgart 1982, Seite 77-89.

Über Loewenfeld

GÜNTHER, ADOLF, Das Problem der Arbeiterpensionskassen und seine rechtlichen und sozialen Konsequenzen. in: Schmollers Jahrbuch 35.Jg., (1911), Heft 3
SINZHEIMER, LUDWIG, Der Kampf gegen den neuen Feudalismus, in: März. Eine Wochenschrift, hrsg. L. THOMA und H. HESSE, 5. Jg. (1911), Band 4, S. 9-10.
ANONYM, Unsittliche Wohlfahrt, in: Essener Arbeiterzeitung 28.03.1911.
ANONYM, Wohlfahrtsknebel, in: Der Proletarier 01.04.1911.
DÜWELL, WILHELM, Werkpensionskassen, in: Die Neue Zeit 29. Jg. (1911), S. 220-227.
ANONYM, Rezension von "Pensionskassen"., in: Deutsche Versicherungspresse 31.05.1911.
ANONYM, Rezension von "Pensionskassen"., in: Correspondenzblatt der Generalkommission der Gewerkschaften 01.07.1911.
ANONYM, Rezension von "Pensionskassen"., in: Soziale Kultur, November 1911.
ANONYM, Die Privatangestellten-Versicherung und die Ersatzkassen, in: Deutsche Musikerzeitung 21.10.1911.
F.S. DEIBLER, Die Privatangestellten-Versicherung und die Ersatzkassen, in: Bulletin of the American Economic Association, December 1911, p. 881f.

ANONYM, Wohlfahrtsgebimmel, in: Dortmunder Arbeiterzeitung 22.07.1912.
ANONYM, Wohlfahrtshumbug, in: Weckruf. Organ für die Interessen der Eisenbahner Deutschlands 07.09.1912.
ANONYM, Knebel, aber nicht Wohlfahrt, in: Vorwärts 14.09.1912.
BITTA, Justizrat, Pensionskassen und Arbeitsvertrag. (I. Teil) in: Deutsche Juristen-Zeitung, Nr. 4, 27. Jahrgang, 1912, S. 291.
BRAUN, HEINRICH, Rezension Loewenfeld, Pensionskassen und Arbeitsvertrag, in: Annalen für Soziale Politik und Gesetzgebung, hersg. von Heinrich Braun, Jahrgang, 1912, S. 390 f.
KRANOLD, HERMANN, Ein Urteil und seine Begründung, in: Münchner Akademische Rundschau 1914, S. 260-165, 277-281, 298 f.
SELIGMANN, MICHAEL, Aufstand der Räte, Die erste bayerische Räterepublik vom 7. April 1919, Grafenau 1989 , S. 171, 175, 179, 348, 497, 499-500, 513, 577, 640, 641.
ANONYM, Zweierlei Maß, in: Münchner Post, 22.05.1919, S. 1.
ANONYM, Eine Erklärung des Militärministers, in: Münchener Post, 12.06.1919, S 4.
ANONYM, Der Fall Dobner vor dem Münchner Schöffengericht, in: MNN -14- 12.01.1921, S. 5.
ANONYM, Der Fall Dobner vor dem Münchner Schöffengericht, in: MNN -16- 13.01.1921, S. 4.
ANONYM, Der Prozeß gegen Pracher, Dobner und Genossen, in: MNN -17- 14.01.1921, S. 4.
ANONYM, Der Prozeß gegen Pracher, Dobner und Genossen, in: MNN -18- 14.01.1921, S. 4.
ANONYM, Der Prozeß gegen Pracher, Dobner und Genossen, in: MNN -19- 15.01.1921, S. 5.
ANONYM, Der Kommunismus der Kommunisten, in: Münchener Post, 07.01.1922, S. 6.
ANONYM, Toller gegen den "Miesbacher Anzeiger". Eine Verhandlung in München-Au, in: Miesbacher Anzeiger 26 (01.02.1922), S. 2.
K.I., Eisners "Dokumente", in: MNN (Morgenblatt Nr. 179), 28.04.1922, S. 1 f, 4.
K.I., Urkunden über den Ursprung des Krieges, in: MNN (Abendblatt Nr. 180), S. 3 f.
K.I., Urkunden über den Ursprung des Krieges, in: MNN (Morgenblatt Nr. 181), S. 4 f. (Hertlingbrief)
K.I., Urkunden über den Ursprung des Krieges, in: MNN (Abendblatt Nr. 182), S. 5 f.
K.I., Urkunden über den Ursprung des Krieges, in: MNN (Abendblatt Nr. 183), S. 5 f.
K.I., Urkunden über den Ursprung des Krieges, in: MNN (Morgenblatt Nr. 184), S. 4.
K.I., Urkunden über den Ursprung des Krieges, in: MNN (Abendblatt Nr. 185), S. 3.
K.I., Eisners "Dokumente", in: MNN (Morgenblatt Nr. 186), S. 1 f.
K.I., Urkunden über den Ursprung des Krieges, in: MNN (Morgenblatt Nr. 186), S. 4 ff. (Eisners "Schuld").
K.I., Eisners "Dokumente", in: MNN (Abendblatt Nr. 187), S. 2.
K.I., Urkunden über den Ursprung des Krieges,in: MNN (Abendblatt Nr. 187), S. 5 f.
K.I., Urkunden über den Ursprung des Krieges, in: MNN (Morgenblatt Nr. 188), S. 6.
K.I., Eisners "Dokumente", in: MNN (Abendblatt Nr. 189), S. 1 f. (Eisners Persönlichkeit)
K.I., Urkunden über den Ursprung des Krieges, in: MNN (Abendblatt Nr. 189), S. 6 f. Loewenfelds Plädoyer
K.I., Urkunden über den Ursprung des Krieges, in: MNN (Abendblatt Nr. 191), S. 5.
K.I., Urkunden über den Ursprung des Krieges, in: MNN (Morgenblatt Nr. 201), S. 1 f. (Urteil)
Um die Kriegsschuldfrage, in: Münchener Post Nr. 104, 04.05.1922, S. 2.
Sozialdemokratischer Verein München, in: Münchener Post, 04.05.1922, S. 2.
ANONYM, Eine Fälschung, in: Münchner Neueste Nachrichten 30, 01.02.1923, S. 8.
MÜLLER-MEININGEN, ERNST, Aus Bayerns schwersten Tagen. Erinnerungen und Betrachtungen aus der Revolutionszeit, Berlin und Leipzig 1924.

ANONYM, Wichtige Fragen des Koalitionsrechtes, in: Münchner Post, 06.04.1925, S. 6.
ANONYM, 50 Jahre Koalitionsrecht, in: Münchner Post, 05.10.1928, S. 3.
NIPPERDEY, HANS CARL, Rezension, Dr. Philipp Loewenfeld, 50 Jahre deutsches Koalitionsrecht, in: Zeitschriftenschau, Monatsschrift für Kriminalpsychologie und Strafrechtsreform, 21. Jahrgang, Heidelberg 1930 S. 302.
ANONYM, Vorbereitung zur Nazi-Bartholomäusnacht. Das Braune Haus legt Listen an, in: Münchner Post, vom 25.11.1931, S. 1.
ANONYM, Der Geheimdienst der Nazipartei. Intimes aus dem Braunen Haus. in: Münchner Post Nr. 276, vom 28/29.11.1931, S. 1.
ANONYM, "Rudolf Borchardt verurteilt". in: Münchner Post, 27.01.1932, S. 7.
ST., Herr Loewenfeld und das Deutsche Volkstum oder die Berufsehre des Rechtsanwaltes, in: Deutsches Volkstum, Halbmonatsschrift für das deutsche Geistesleben, Jg. 1932, S. 234-235.
ST., Herr Loewenfeld klägerischerseits, wir beklagterseits in: Deutsches Volkstum. Halbmonatsschrift für das deutsche Geistesleben, Jg. 1932, S. 368-370.
ST., Loewenfeld erster Sieger. in: Deutsches Volkstum. Halbmonatsschrift für das deutsche Geistesleben, Jg. 1932, S. 637-638.
ST., Anwaltschaft und Judentum. Ein Beitrag zur Psychologie der Prozeßverhandlung. in: Deutsches Volkstum, Halbmonatsschrift für das deutsche Geistesleben, Jahrgang 1932, S. 752-757.
ANONYM, "Die 'legale' Bartholomäusnacht". Prozeß Hitler gegen Münchener Post. in: Münchener Post, 02./03.04 1932, S. 4-5.
ANONYM, "Dokumente für die Illegalität des Nationalsozialismus". in: Münchener Post, 04.04.1932, S. 7-11.
ANONYM, "Die 'legale' Bartholomäusnacht". Prozeß Hitler gegen Münchener Post. in: Münchener Post, 06.04.1932, S. 4f.
ANONYM , Hitler gegen Münchener Post. Die 'schwarzen Listen' nicht erwiesen, in: Münchner Neueste Nachrichten 93, 06.04.1932, S. 13.
ANONYM , Die gemeinen Fälschungsmethoden der marxistischen Presse gerichtlich gebrandmarkt. Der Sozialdemokrat Gruber muß die frechen Fälschungen der "Münchner Post" eingestehen und wird zu 2000 Mark Geldstrafe verurteilt. in: Völkischer Beobachter, 07.04.1932, S. 3.
ANONYM, In eigener Sache! Zivilgericht und Röhm-Briefe, in: Münchener Post, 23.06.1932, S. 3.
ANONYM, "Feme-Schulz verklagt die Münchener Post-". Er will kein Fememörder sein - Die Homosexuellenklique - Eine neue Sensation, in: Münchener Post, 25./26.06.1932, S. 7.
ANONYM, Röhm ohrfeigte sich selbst. Das Ende des röhmischen Scheinkrieges: Einstweilige Verfügung durch Versäumnisurteil aufgehoben, in Münchner Post, 21.07.1932, S. 2.
ANONYM, Hitlers Stabschef Röhm sucht Zuflucht beim Reichsbannerführer Major Mayr, in: Münchener Post Nr. 230, 04.10.1932, S. 1-6.
ANONYM, "Gerichtliche Widerlegung der systematischen Verleumdungen gegen Alfred Rosenberg" aber unverständliche Schonung der marxistischen Lügenpresse, in: Völkischer Beobachter, 27./28.11.1932, 1. Beiblatt.
(DITTENBERGER), Anwaltsblatt. Nachrichten für die Mitglieder des Deutschen Anwaltvereins, Jahrgang 19, 1932 , S. 284.
ANONYM, Das Recht als politische Waffe. Mahnwort in ernster Stunde, in: Vorwärts 50 (30.01.1933).
HART, MARTIN, Tyrannenmord, in: Sozialistische Warte 11.Jg. (1936), S. 441 f.
DIEWERGE, WOLFGANG, Ein Jude hat geschossen... Augenzeugenbericht vom Mordprozeß David Frankfurter, München 1937, S. 26.

HURWITZ, HAROLD J., The Bavarian revolution and its meaning to sociology of revolution and national development, New York 1945.

GUERSTER, EUGENE, The Bavarian Scandal (Letter to the editor), in: The New Republic 09.07.1945, S. 49.

M.S., Oberamtsrichter a.D., "Der Gute Richter" in: Bayerische Landeszeitung Nr. 31, vom 05.08.1950, S. 3,

HOEGNER, WILHELM, Der schwierige Aussenseiter. Erinnerungen eines Abgeordneten, Emigranten und Ministerpräsidenten, München 1959, S. 148-149.

MÜLLER, KARL ALEXANDER VON, Im Wandel einer Welt. Erinnerungen 1919-1932, Band 3, München 1966, S. 99 ff.

STAMPFER, FRIEDRICH, Mit dem Gesicht nach Deutschland. Eine Dokumentation über die sozialdemokratische Emigration. Aus dem Nachlaß von Friedrich Stampfer ergänzt durch andere Überlieferung. Bearbeitet von WERNER LINK, Düsseldorf 1968, S. 478.

HALLGARTEN, GEORGE W.F., "Als die Schatten fielen". Erinnerungen vom Jahrhundertbeginn zur Jahrtausendwende, Frankfurt/M. 1969, S. 156 f.

ANGRESS, WERNER, T., Deutsches Judentum in Krieg und Revolution 1916-1923, Ein Sammelband. Juden im politischen Leben der Revolutionszeit, Tübingen 1971.

HILLMAYR, HEINRICH, Roter und Weißer Terror in Bayern nach 1918. Ursachen, Erscheinungsformen und Folgen der Gewalttätigkeiten im Verlauf der revolutionären Ereignisse nach dem Ende des Ersten Weltkrieges, München 1974.

RICHTER, WERNER, Jahrbuch der Deutschen Schillergesellschaft, Jahrgang 1974, S. 715f.

HOEGNER, WILHELM, 01.10.1945 Niederschrift des Presseamtes der Bayerischen Staatskanzlei: Rundfunkinterview des Ministerpräsidenten Dr. Wilhelm Hoegner zu seinen Aufgaben als Ministerpräsident, in: Dokumente zur Geschichte von Staat und Gesellschaft in Bayern, Abteilung III, Band 9 (Bayern im 19. und 20. Jahrhundert), hrsg. von KARL BOSL, München 1976, S. 38.

MANN, THOMAS, Tagebücher 1935-1936, Frankfurt/M. 1978, S. 64, 67, 68, 96, 293, 404, 469.

HEINRICH, ROBERT, "100 Jahre Rechtsanwaltskammer München". Festschrift zum 100.Jahrestag des Inkrafttretens der Rechtsanwaltordnung vom 1. Juli 1878, München 1979.

KRITZER, PETER, Wilhelm Hoegner. Politische Biographie eines bayerischen Sozialdemokraten, München 1979.

Die Briefe THOMAS MANNS. Regesten und Register, Band II, Die Briefe von 1934 bis 1943, Frankfurt/M. 1980, S. 458.

MANN, THOMAS, Tagebücher 1937-1939, Frankfurt/M. 1980, S. 33, 287, 291, 294.

MANN, THOMAS, Tagebücher 1940-1943, Frankfurt/M 1982,S. 76.

MÜHSAM, ERICH, Briefe 1900-1934, Band 1, hrsg. G.W. JUNGBLUT, Vaduz 1984, S. 436f. und 449f.

GUSTAV RADBRUCH an Erich Mühsam in: ERICH MÜHSAM, Briefe Band 2, hrsg. G.W. Jungblut, Vaduz 1984, S. 793,

LÜTZELER, PAUL MICHAEL, Hermann Broch. Eine Biographie, Frankfurt/M. 1985, S. 264 und 279.

ALTENDORFER, OTTO, Fritz Schäffer als Politiker der Bayerischen Volkspartei 1888-1945, Teilband 1, Passau 1990.(Untersuchungen und Quellen zur Zeitgeschichte Band 2/1 hrsg. PETER EISENMANN, FRITZ HOPFENMÜLLER).

HENNING, DIETHARD, Hoffmann, Johannes. Sozialdemokrat und Bayerischer Ministerpräsident, München 1990, S. 344-345, 360-361.

RÜCKERT, JOACHIM, Philipp Lotmar,in: Deutsche Juristen jüdischer Herkunft, hrsg. HEINRICHS/FRANZKI/SCHMALZ/STOLLEIS, München 1993.

THOMAS MANN - ERICH VON KAHLER, Briefwechsel 1931-1955, Hamburg 1993, S. 12.

BUCHHOLZ, MARLIS/ROTHER, BERND, Der Parteivorstand der SPD im Exil. Protokolle der Sopade 1933-1940, (Archiv für Sozialgeschichte Beiheft 15), Bonn 1993, S. 213 und 428.

MÜHSAM, ERICH, Tagebücher (1910-1924), hrsg. v. CH. HIRTE, München 1994, S. 284.

GELBERG, KARL-ULRICH, Das Kabinett Schäffer: 28. Mai bis 28. September 1945, bearbeitet von KARL-ULRICH GELBERG, in: (Die Protokolle des Bayerischen Ministerrats 1945-1954/hrsg. von der Historischen Kommission bei der Bayerischen Akademie der Wissenschaften und der Generaldirektion der Staatlichen Archive Bayerns.) München 1995, S. 70.

NAMENSVERZEICHNIS